Psychologie de l'enfant

Richard Cloutier
André Renaud

Psychologie de l'enfant

gaëtan morin
éditeur

gaëtan morin éditeur

C.P. 180, BOUCHERVILLE, QUÉBEC, CANADA

J4B 5E6   TÉL. : (514) 449-2369   TÉLÉC. : (514) 449-1096

ISBN 2-89105-364-8

Dépôt légal 3e trimestre 1990
Bibliothèque nationale du Québec
Bibliothèque nationale du Canada

1 2 3 4 5 6 7 8 9 0   G M E 9 0   9 8 7 6 5 4 3 2 1 0

Révision linguistique : Christiane Desjardins
et Ginette Laliberté

À nos enfants Vincent, Jean-Philippe,
Geneviève et Antoine,
et à tous les jeunes qui nous ont permis
de découvrir la psychologie de l'enfant.

Remerciements

Nous remercions toutes les personnes qui nous ont aidés à l'élaboration de ce livre. Merci en particulier à Suzanne Chamberland pour son travail de traitement et de gestion des textes ; à Suzette Patry et Gilles Martin pour l'ensemble du graphisme ; à Debbie Scullion, Janique Allard et Nicole Dubé pour leur collaboration à la révision des figures et de l'autoévaluation ; à François Miller et au Service des ressources pédagogiques de la Faculté des sciences sociales de l'Université Laval ; et, chez l'éditeur, à Christiane Desjardins et Ginette Laliberté pour leur excellent travail de révision du manuscrit. Nous sommes aussi reconnaissants aux auteurs et éditeurs qui nous ont permis de reproduire certains textes cités dans cet ouvrage.

Avant-propos

Le présent ouvrage est une initiation de niveau universitaire au domaine de la psychologie de l'enfant. Bien qu'assez volumineux, il n'en est pas moins le résultat d'un effort sérieux pour synthétiser les connaissances dans ce vaste champ d'intérêt en constante évolution. C'est probablement parce que les enfants sont ce qu'il y a de plus précieux que l'intérêt pour leur monde est si vif.

Nous ne prétendons pas couvrir tous les aspects de la psychologie de l'enfant et nous ne rendons certainement pas justice à toutes les tendances connues à ce jour. Néanmoins, nous nous sommes efforcés de présenter les principales idées et approches relatives à l'enfance dans la psychologie contemporaine.

Les chapitres 10 à 14 ont été écrits par André Renaud et les autres par Richard Cloutier. Nous avons accordé une attention particulière à la bibliographie de façon à en faire un instrument utile aux lecteurs et aux lectrices qui désirent pousser leur recherche dans certains champs particuliers.

Les prétests et post-tests apparaissant au début et à la fin de chaque chapitre ont été préparés en vue de faciliter l'assimilation de la matière dans un cadre pédagogique. Nous suggérons aux utilisateurs et aux utilisatrices qui ne sont pas inscrits dans un programme scolaire et qui ne voient pas l'utilité de ces tests dans leur exploration personnelle du livre de passer outre.

Enfin, nous souhaitons que cet ouvrage contribue à améliorer la connaissance des enfants de 0 à 12 ans.

Richard Cloutier
André Renaud
École de psychologie
Université Laval
Québec, mai 1990.

Table des matières

Chapitre 1

Théories du développement de l'enfant

PLAN

PRÉTEST

1- Identifiez deux des fonctions de la théorie en psychologie du développement.

2- *Complétez la phrase.* Sur le plan cognitif, les deux premières années de la vie conduisent l'enfant à la pensée .... , niveau que seul l'humain semble atteindre et qui permet le langage et l'acculturation.

3- Pourquoi l'enfance est-elle considérée comme une période critique du développement humain ?

4- Expliquez brièvement. Le changement qui survient chez l'enfant ne peut être identifié qu'en fonction du maintien d'une invariance chez celui-ci.

5- En respectant l'ordre de leur mention, identifiez le courant théorique auquel est associée chacune des dimensions suivantes du développement : 1) la psychogénèse ; 2) le développement psychosexuel ; 3) les comportements sociaux.

    a) freudien ;
    b) de l'apprentissage social ;
    c) piagétien.

6- Identifiez une critique souvent exercée à l'endroit des modèles par stades du développement de l'enfant.

7- Identifiez une façon qu'ont utilisée certains auteurs (Anastasi et Hebb notamment) pour tenter de résoudre le dilemme « inné—acquis ».

8- Laquelle de ces perspectives théoriques est la plus déterministe ?

    a) behavioriste ;

    b) organismique.

9- Donnez deux exemples d'innovations théoriques ayant donné une signification à des conduites dont on croyait auparavant qu'elles n'en avaient pas.

10- Dans laquelle de ces deux sociétés anciennes la discipline envers les enfants était-elle la plus ferme ?

    a) la Grèce antique ;
    b) la société romaine.

11- Selon la description de saint Augustin (354-430) dans ses *Confessions*, à partir de quel âge les enfants romains allaient-ils à l'école au IVe siècle ?

12- Quelle était la principale source d'assistance sociale dans les pays occidentaux au Moyen-Âge ?

13- *Vrai ou faux.* Pour l'éducation des enfants, John Locke proposait une attitude punitive et restrictive à l'égard de l'enfant.

14- Qu'est-ce qu'implique le principe de la sélection naturelle par rapport à l'évolution des espèces vivantes ?

15- Quel est l'auteur à la source du mouvement behavioriste aux États-Unis ?

16- Dans quelle perspective théorique la contribution d'Erikson prend-elle racine ?

17- Comment Freud nomme-t-il l'énergie d'éros ?

18- Nommez deux des trois structures psychiques du modèle freudien.

19- Quelles entités définissent l'idéal du moi dans le modèle de Freud ?

20- Chez Freud, de quelle structure psychique dépendent la pensée logique et la mémoire ?

21- Donnez le nom de trois des mécanismes de défense freudiens.

22- À partir de quelle situation les stades de développement d'Erikson se définissent-ils ?

23- *Vrai ou faux.* Dans le modèle d'Erikson, la fin d'un stade marque la disparition définitive du thème dominant ce stade, ce qui laisse place aux nouveaux thèmes des stades ultérieurs.

24- Quelle remise en question le modèle d'Erikson relie-t-il à un événement important comme le fait d'émigrer dans un autre pays ?

25- *Complétez la phrase.* Le modèle d'Erikson utilise le principe de l'opposition entre des tendances contraires comme base de définition des .... dominant chaque stade du cycle de la vie.

26- Qu'est-ce qu'un « pattern fixe d'action » ?

27- Qu'est-ce qu'implique le concept de « moment critique du développement » ?

28- Selon John Bowlby, de quelles prédispositions résulterait l'attachement mère—enfant ?

29- Dès l'âge préscolaire, on a identifié une structure sociale hiérarchique dans les rapports spontanés entre les enfants en groupe. Expliquez brièvement.

30- À quoi le courant écologique du développement de l'enfant s'intéresse-t-il ?

31- En respectant l'ordre de leur mention, associez chacun des énoncés descriptifs suivants au système qui lui correspond dans la théorie écologique de Bronfenbrenner sur l'environnement de l'enfant : 1) le contexte qui n'est pas défini physiquement mais culturellement ; 2) l'enfant y joue un rôle direct en tant que personne participante ; 3) un milieu où l'enfant ne participe pas, mais dont les décisions peuvent influencer les contextes dans lesquels il évolue ; 4) le réseau des contextes auxquels participe directement l'enfant.

    a) le microsystème ;

    b) le mésosystème ;

    c) l'exosystème ;

    d) le macrosystème.

32- Mise à part la question de la compétence parentale, identifiez deux facteurs reliés à l'environnement familial qui peuvent influencer l'apparition de violence dans la famille.

33- Quel auteur est considéré comme le père du behaviorisme ?

34- Donnez un exemple de loi de l'apprentissage qui a été mise en évidence par le courant behavioriste classique.

35- Identifiez un phénomène complexe que l'approche behavioriste du développement a été incapable d'expliquer de façon satisfaisante.

36- Qu'est-ce que le modelage ?

37- Identifiez deux facteurs pouvant influencer l'effet du modelage sur l'enfant, en plus des caractéristiques et du comportement du modèle observé.

38- Identifiez deux contributions nouvelles du modèle social cognitif par rapport au courant traditionnel de l'apprentissage social.

39- *Complétez la phrase.* L'approche du traitement de l'information considère la pensée humaine comme un système complexe de manipulation de symboles fonctionnant comme un ....

40- En psychologie, quel est le premier objet d'étude du courant du traitement de l'information ?

41- Identifiez deux des principes de base de l'approche théorique du traitement de l'information.

42- Identifiez deux des idées importantes qui reflètent la conception du développement mental de l'enfant selon l'approche du traitement de l'information.

43- Si dans une tâche de mémorisation la différence entre la performance d'un enfant de 5 ans avec un autre de 10 ans ne vient pas de la place en mémoire comme telle, comment s'explique cette différence selon la théorie du traitement de l'information ?

44- Qu'est-ce qui se développe chez l'enfant dans la perspective du traitement de l'information ? Nommez deux de ces dimensions.

45- Sur quelle approche méthodologique repose l'ensemble de l'approche psychométrique du développement de l'enfant ?

46- En quoi consiste la méthode séquentielle de collecte de données ?

47- Quel est le premier auteur ayant proposé la loi de l'effet ?

48- Lequel des quatre consensus théoriques suivants est-il moins apparent dans les théories du développement de l'enfant ?

    a) la loi de l'effet ;

    b) l'évolution graduelle ;

    c) la continuité fonctionnelle ;

    d) l'intériorisation.

1.1 QU'EST-CE QU'UNE THÉORIE DU DÉVELOPPEMENT DE L'ENFANT ?

Une théorie du développement de l'enfant, c'est une explication de l'évolution humaine au cours de l'enfance. Lorsqu'on songe à un enfant, quelle image nous vient à l'esprit ? Spontanément, cette image peut se rapprocher de celle d'un enfant en particulier, d'un enfant que nous connaissons ou avons déjà connu. Cette première image spontanée peut être suivie d'autres images d'enfants de notre entourage présent ou passé. A ce moment, le nom, l'âge, le sexe, les caractéristiques physiques et psychologiques propres à chacun de ces enfants peuvent se différencier comme des volets spécifiques d'un même ensemble.

Si maintenant on se demande ce qu'est un enfant, qu'allons-nous répondre ? Il est probable que notre réflexion s'orientera davantage vers des éléments généraux, relatifs à l'ensemble des enfants plutôt que vers des caractéristiques idiosyncrasiques, c'est-à-dire propres à un enfant spécifique.

La représentation que nous avons de l'enfant trouve ses racines dans l'expérience vécue comme enfant ou auprès de l'enfant. Elle peut toutefois déborder l'image d'enfants particuliers pour tenter d'englober l'ensemble des enfants. Notre représentation de l'enfant en général demeure dépendante des informations que nous fournissent les enfants de notre entourage, telles qu'elles sont interprétées à la lumière de nos valeurs, de nos préjugés. Cette représentation de l'enfant en général correspond à notre théorie personnelle sur l'enfant. C'est cette théorie qui nous permet d'organiser nos connaissances sur l'enfant et qui est le reflet de notre compréhension de l'enfant.

Qu'est-ce qu'un enfant « bien élevé » ? Est-ce qu'un environnement favorable à l'enfant doit mettre l'accent sur un cadre de vie structuré lui permettant d'acquérir des règles de discipline, des principes moraux et des habiletés spécifiques, ou plutôt sur les chances offertes à son exploration spontanée, à sa libre expression, à sa recherche autonome de solution à des problèmes ? Est-il opportun de punir un enfant dans certaines circonstances ou doit-on éviter de le faire ? Un enfant qui vit une enfance heureuse deviendra-t-il de manière probable un adulte heureux ?

Chacune de ces questions complexes, auxquelles il n'est sans doute pas possible de répondre simplement par oui ou par non, s'adresse à notre théorie personnelle du développement de l'enfant. Le type de parent que nous avons été, que nous sommes ou serons dépend, pour une bonne part, de cette représentation de l'enfant que nous avons en tête. Chaque parent ou éducateur a une idée de ce qui est bon ou mauvais pour l'enfant. Chercher à développer cette idée en la confrontant à la réalité, en la remettant en question, en développant de nouvelles avenues, équivaut à élaborer une théorie sur l'enfant. Notre vision des enfants résulte d'une part des informations qu'ils nous révèlent sur eux mais plus encore, elle résulte de notre sensibilité vis-à-vis de cette information et du traitement qu'on en fait pour l'organiser. Ce n'est donc pas étonnant qu'il existe plusieurs conceptions différentes de l'enfant et de l'enfance, que celles-ci ont beaucoup évolué au cours des siècles et qu'elles évolueront encore dans le futur. Pour les psychologues du développement, la théorie possède les mêmes fonctions que pour chacun de nous. La théorie est un outil pour :

1- donner une signification aux faits puis les organiser ;
2- guider les conduites à adopter avec l'enfant ;
3- orienter la recherche.

1.2 LES QUESTIONS IMPORTANTES POSÉES AU SUJET DES THÉORIES DU DÉVELOPPEMENT DE L'ENFANT

Plusieurs questions importantes trouvent leur réponse en puisant dans les théories du développement de l'enfant élaborées au fil des ans. Voici cinq questions majeures ayant stimulé la recherche dans ce domaine :

1- Quel est le rôle de l'enfance dans le cycle de la vie ?
2- Qu'est-ce qui se développe chez l'enfant ?
3- Le développement s'opère-t-il selon des stades amenant chacun des changements qualitatifs (c'est-à-dire des changements dans les structures de fonctionnement) ou selon un continuum défini quantitativement (c'est-à-dire par une succession d'acquisitions nouvelles) ?
4- Quel est le rôle de l'« inné » par rapport à l'« acquis » dans le développement humain ?
5- Quelle est la nature fondamentale de l'humain ?

1.2.1 Le rôle de l'enfance

S'il existe un grand nombre de divergences de points de vue ou même de contradictions parmi les théories du développement de l'enfant, la majorité de celles-ci s'accordent pour attribuer à l'enfance un rôle privilégié en tant que déterminant des étapes ultérieures de la vie (Cloutier, 1985). La plupart des chercheurs spécialisés en développement conçoivent le bébé naissant comme un être déjà très complexe mais inachevé qui, pendant les premières années de sa vie, vivra des transformations majeures. Sur le plan physique, la première année de la vie apportera un taux de croissance inégalé par la suite. Sur le plan cognitif, les deux premières années de la vie conduiront le bébé à la pensée représentative, niveau que seul l'humain semble atteindre et qui permet le langage et l'acculturation. Sur le plan affectif, les premières relations d'attachement à des humains sont reconnues comme les bases premières typiques des relations interpersonnelles établies par la suite : les psychanalystes et les éthologistes s'accordent (et cela n'est pas toujours le cas) pour concevoir ces premières relations d'attachement comme cruciales dans le développement personnel.

Si tous n'approuvent pas complètement l'affirmation de Dodson (1987), *Tout se joue avant six ans*, la plupart des psychologues reconnaissent que les premières années de la vie constituent un laboratoire où l'enfant, organisme d'une très grande perméabilité, connaît des interactions qui laisseront une empreinte encore perceptible à des époques où l'organisme sera devenu moins plastique dans son évolution. L'enfance est considérée comme une période critique du développement humain parce qu'elle constitue une période de changements intenses ; c'est à ce titre qu'on lui accorde un rôle de fondation par rapport aux étapes ultérieures du cycle de la vie.

1.2.2 Qu'est-ce qui se développe chez l'enfant ?

Les notions de développement, de croissance et de changement sont si étroitement reliées à l'enfance qu'il est peut-être plus simple de chercher ce qui ne se développe pas que de dresser la liste des éléments qui se transforment.

Paradoxalement, le changement qui survient chez l'enfant ne peut être identifié qu'en fonction du maintien d'une invariance chez celui-ci. L'enfant qui se développe reste le même, il conserve son identité tout en se transformant. Comprendre le changement qu'il vit est se représenter le chemin parcouru dans la continuité de son identité. Si le fil conducteur d'une évolution n'est pas conservé, l'évolution n'existe plus, la réalité apparaissant alors en une série de tableaux disparates sans interaction.

Ne pas comprendre un enfant, c'est justement ne pas pouvoir se représenter le lien entre le changement qu'il vit et ce qu'il est. Les théories du développement de l'enfant tentent d'expliquer ce que fait ou vit l'enfant en fonction de ce qu'il est. Mais pourquoi leurs explications concernant l'enfance sont-elles si différentes les unes des autres ? En psychologie de l'enfant, on peut identifier deux grandes sources de variations entre les théories :

1- les dimensions du développement auxquelles elles s'intéressent ;

2- la méthode employée pour étudier le développement.

Les dimensions du développement de l'enfant sont nombreuses au point qu'aucune théorie du développement de l'enfant n'a vraiment réussi à les englober toutes. Ainsi, Freud s'est principalement intéressé au développement psychosexuel chez l'enfant en tant que source d'éclairage du fonctionnement adulte. Piaget s'est préoccupé de la psychogenèse en privilégiant le développement cognitif, sans vraiment aborder les dimensions socio-affectives du développement. La théorie de l'apprentissage social s'est concentrée sur l'acquisition, le maintien ou l'extinction des comportements sociaux chez l'enfant en contact avec un environnement social qu'il peut observer et auquel il peut répondre.

Un autre facteur peut aussi contribuer à expliquer les différences entre les théories du développement de l'enfant : l'approche méthodologique

privilégiée. Les moyens que Freud a utilisés pour comprendre l'enfance, c'est-à-dire l'écoute d'adultes présentant des problèmes cliniques, sans observation du comportement de l'enfant comme tel, découlaient peut-être du contexte médical dans lequel cet auteur s'inscrivait, mais ces moyens ont peu de points communs avec ceux employés par Piaget, biologiste de formation, appuyant constamment son discours sur l'observation d'enfants placés dans des situations spécifiques de résolution de problèmes.

La méthode utilisée par le psychologue est comparable à l'appareil-photo employé par un photographe ; la photo d'un même enfant peut donner des résultats très différents selon la sensibilité du film à la lumière, la distance focale de la lentille, le temps d'exposition, etc. La lentille à travers laquelle les chercheurs ont observé la réalité complexe de l'enfance, c'est-à-dire leur approche méthodologique, a donc contribué au fait que chaque théorie a mis l'accent sur un secteur particulier du développement, offrant ainsi une réponse particulière à la question « Qu'est-ce qui se développe ? ».

Ainsi, les théoriciens du développement de l'enfant se sont tous essentiellement intéressés aux changements qui surviennent au cours de l'enfance ; ils se distinguent donc entre eux par les secteurs qu'ils ont privilégiés à l'intérieur de ce vaste domaine. Ils se distinguent aussi par leur approche méthodologique particulière, par l'appareil-photo qu'ils utilisent pour filmer le même événement « enfance ».

1.2.3 Le développement est-il un escalier de stades ou une pente continue ?

Le développement est-il qualitatif, c'est-à-dire correspondant à une série de paliers, chacun étant défini selon une structure propre, ou plutôt le développement est-il quantitatif, c'est-à-dire correspondant à une évolution graduelle donnant lieu à l'accumulation d'unités qui s'ajoutent les unes aux autres ? La figure 1.1 tente d'illustrer figurativement ces deux conceptions du changement. À gauche, la figure se transforme en intégrant une quantité croissante d'éléments tout en conservant la même configuration. À droite, la figure progresse d'une marche à l'autre dans un escalier en intégrant de nouveaux éléments qui s'ajoutent aux précédents, mais selon une structure qualitativement différente d'un palier à l'autre.

Si un enfant de 3 ans peut nommer les chiffres de 1 à 5, et qu'un autre enfant de 8 ans puisse nommer les chiffres de 1 à 50, il est plausible de supposer que le plus âgé a mémorisé une quantité de chiffres plus grande que le plus jeune. Le développement est alors expliqué par un changement quantitatif. On

FIGURE 1.1 : Illustration des conceptions quantitative (à gauche) et qualitative (à droite) du développement d'un ensemble

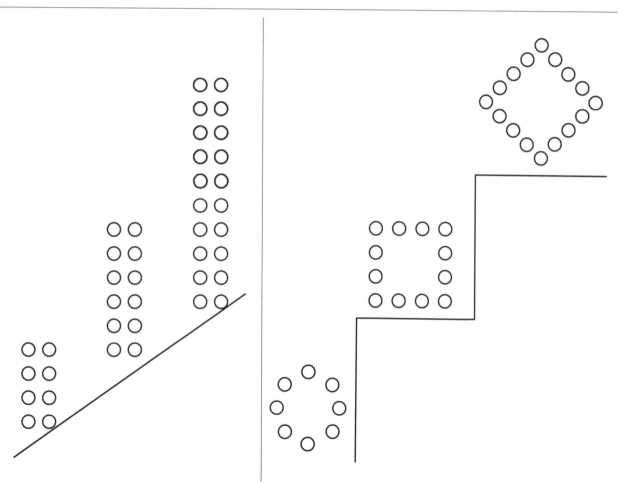

Changements quantitatifs par ajout d'éléments (par exemple dans l'apprentissage d'une nouvelle langue, alors que des mots nouveaux s'ajoutent progressivement à ceux déjà acquis).

Changements qualitatifs impliquant des changements dans l'organisation (la structure) des éléments (par exemple l'œuf qui devient chenille, qui devient cocon, qui devient papillon).

peut aussi croire que chez l'enfant de 8 ans, les chiffres mémorisés sont plus nombreux, mais que leur organisation est différente, donnant lieu à un concept, à une notion absente chez le plus jeune. Ainsi, l'enfant de 8 ans pourra dénombrer sans erreur un ensemble de cinq billes indépendamment de leur position dans l'espace. Par contre, le plus jeune croira au plus ou moins grand nombre de billes selon qu'on les rapproche ou qu'on les éloigne les unes des autres, sans vraiment pouvoir établir la correspondance entre chacun des chiffres qu'il connaît et chacune des billes qu'on lui demande de dénombrer. Cette dernière approche suppose que le développement procède selon des changements qualitatifs, et qu'une explication quantitative du développement est insuffisante pour rendre compte du changement qui survient chez l'enfant. Dans cet exemple mettant en jeu la notion de nombre, l'approche qualitative est préférable, car elle rend mieux compte des conduites observées chez les enfants : pour savoir compter, il ne suffit pas d'apprendre des chiffres par cœur. Dans d'autres cas, il est cependant plus difficile de rejeter l'approche quantitative comme insuffisant. Par exemple dans l'apprentissage de l'histoire à l'école, il peut s'avérer difficile de soutenir l'existence de stades universels.

Les stades sont commodes pour expliquer le développement parce qu'ils fournissent des points de repère pour comprendre l'évolution. Les jalons que constituent les stades permettent de situer plus facilement l'enfant, un peu comme chaque marche d'un escalier peut situer la progression entre deux étapes. Toutefois, deux critiques ont souvent été adressées aux modèles par stades :

1- ils n'expliquent pas clairement les mécanismes responsables du passage d'un stade à l'autre ;

2- ils ne rendent pas compte précisément des différences individuelles.

Quant à la première critique, il est vrai que l'on connaît peu ce qui, à un certain moment, déclenche le changement de structure, et pourquoi la nouvelle structure qui apparaît est, dans l'ordre invariant, la même pour tous les enfants. Quant à la deuxième critique, bon nombre de travaux ont montré qu'un

même enfant pouvait se trouver à des stades différents selon la dimension du développement que l'on considère, de sorte que pour rendre compte précisément du développement de plusieurs enfants, il faut recourir à des sous-stades formant presque un continuum global. Autrement dit, si l'on subdivise chaque marche d'un escalier en plusieurs sous-marches, cet escalier aura l'allure d'une pente continue.

1.2.4 Quel est le rôle de l'inné par rapport à l'acquis dans le développement ?

Cette question du rôle de l'hérédité par rapport à celui de l'environnement a constamment occupé une place privilégiée dans le tableau des questions théoriques. Comme soumise à un mouvement de balancier, cette question a pris plus ou moins d'importance selon les décennies, tantôt ravivée par des résultats sur l'héritabilité de l'intelligence, tantôt réprimée par les mouvements contre le racisme ou le sexisme puis resurgissant à nouveau, poussée par l'intérêt porté à l'observation de jumeaux identiques élevés séparément ou de nouveaux outils d'évaluation neurologique (Kagan, 1983).

Cette controverse entre l'inné et l'acquis n'est pas encore terminée, bien qu'elle ait cours depuis le temps des philosophes grecs. Par exemple Platon (427-347 avant notre ère) proposait que les idées sont innées parce que l'âme qui les contient précède le corps dans le temps. Selon lui, les idées sont contenues dans l'âme de l'homme dès sa naissance, et le développement des connaissances consiste à découvrir en soi ces idées.

Encore aujourd'hui, la question du partage entre inné et acquis demeure une question « chaude » où les observations dites objectives peuvent être interprétées, voire utilisées par des thèses plus subjectives soumises aux débats sociaux du moment. Un bel exemple de ce type de débat a été provoqué par les travaux de Jensen (1973) aux États-Unis, qui soutient que les Noirs américains possèdent une intelligence inférieure à celle des Blancs du même pays. Les critiques de cet énoncé ont fait valoir que les tests utilisés ne reflétaient pas les connaissances culturelles des Noirs, généralement moins favorisés et moins scolarisés, mais plutôt celles de la classe dominante, c'est-à-dire des Blancs. Ainsi, les résultats des Blancs américains seraient probablement tout aussi inférieurs comparativement aux Japonais, si on les testait avec un instrument imprégné de la culture nippone. Pour certains, il s'agit donc ni plus ni moins d'une thèse raciste ignorant l'influence du niveau socio-économique sur l'aptitude scolaire requise par les tests psychométriques utilisés pour évaluer le quotient intellectuel (QI).

Par ailleurs, les psychologues, sociologues et éducateurs sont sans doute plus attirés par une thèse qui réduit le rôle de l'inné à son minimum puisque ce dernier ne peut que réduire leur marge de manœuvre et diminuer l'influence qu'ils peuvent exercer sur la personne. Il est pourtant difficile de nier les ressemblances observées auprès de centaines de jumeaux élevés séparément, de contester l'influence de l'hérédité sur les risques de maladies cardiovasculaires ou endocrinologiques, d'ignorer les données obtenues chez les animaux de souches génétiques contrôlées.

Certains auteurs ont tenté de résoudre le dilemme « inné—acquis » en rejetant la question comme telle. Ainsi, Anastasi (1958) affirme que nous ne devrions pas nous demander dans quelle mesure un comportement ou un trait est inné ou acquis, mais comment l'inné et l'acquis interagissent pour provoquer son développement. Hebb (1971) affirmait que de s'interroger sur le rôle comparatif de l'inné et de l'acquis dans le comportement correspond à se demander si c'est la longueur d'un champ ou sa largeur qui contribue le plus à sa surface. Pour cet auteur, le comportement est déterminé à 100 % par l'hérédité et à 100 % par l'environnement, les deux interagissant de façon nécessaire dans l'expression du potentiel génétique à l'intérieur d'un comportement observable dans l'environnement ; le long parcours qui sépare l'information génétique du comportement manifeste laisse beaucoup de place à cette interaction inné—acquis (Hebb, 1980 ; Miller, 1989).

Dans les prochains chapitres sur les fondements biologiques du comportement et sur le développement prénatal, nous serons à même de saisir la valeur de cette réponse « interactioniste » au dilemme inné—acquis, lorsque nous découvrirons par exemple que même la structure dendritique des neurones est dépendante de l'expérience précoce après la naissance, ou encore que l'expérience intra-utérine peut laisser des traces permanentes chez l'enfant.

1.2.5 Quelle est la nature fondamentale de l'humain ?

Miller (1989) mentionne que les théories du développement humain témoignent des conceptions sur la nature humaine. Deux lignes de force se dessinent parmi ces conceptions :

1- le courant mécaniciste ;
2- le courant « organismique ».

Caricaturalement, on peut dire que le premier courant conçoit l'homme comme une machine, conception qui s'enracine dans la physique de Newton (Miller, 1989 ; Overton, 1984). L'organisme possède des caractéristiques fonctionnelles spécifiques qui, dans le temps et l'espace, réagissent aux forces que l'environnement exerce sur lui. Théoriquement, la connaissance complète de cette machine complexe qu'est l'humain devrait permettre une prédiction parfaite de son comportement. En conséquence, le développement est provoqué par des forces externes auxquelles réagit l'organisme selon ses particularités, et l'étude du développement peut fournir un éclairage sur ces dernières. Les théories behavioristes et celles relatives à l'apprentissage social s'inscrivent plutôt dans ce courant mécaniciste de la nature humaine. Elles sont plus déterministes que celles qui adhèrent à la perspective « organismique ».

Dans cette perspective organismique, l'humain n'est pas une machine mais un système vivant comme le sont les plantes et les animaux. Ces systèmes contiennent un plan qui, de façon prédéterminée, s'actualise dans le temps selon une horloge de vie interne et selon une fonction d'autorégulation permettant le maintien d'un équilibre. Ici l'organisme n'évolue pas en réagissant aux pressions de l'environnement mais plutôt en choisissant, en modifiant ou en rejetant ces pressions selon ses besoins ou ses buts propres. Cette conception, moins déterministe, laisse plus de place à l'intention et au libre arbitre, de sorte qu'il n'est pas possible de songer à une prédiction parfaite de la conduite même en atteignant une très grande connaissance du fonctionnement de l'organisme. Le développement est une construction où l'organisme joue lui-même le premier rôle en régissant son interaction avec l'environnement. La théorie de Piaget s'inscrirait plutôt dans cette conception « organismique » de la nature humaine.

1.3 LES CONCEPTIONS HISTORIQUES DE L'ENFANT

Ce n'est qu'au cours de la deuxième moitié du XXe siècle que la vision du bébé naissant comme un « tout indifférencié » a été remplacée par celle du « bébé compétent » (Pomerleau et Malcuit, 1983). Même chez Piaget, le caractère global et indifférencié des conduites du nouveau-né est souvent souligné, malgré le fait que cet auteur a activement contribué à donner un sens aux conduites précoces des jeunes enfants.

Lorsque l'on ne comprend pas quelque chose, on a parfois tendance à déclarer que cette chose n'a pas de sens, comme si l'on projetait hors de soi le vide ressenti en soi. Quel usager n'a pas déjà eu la conviction que l'ordinateur est défectueux au moment où, dans l'ignorance de la bonne façon de procéder, il ne parvient pas à réussir une opération informatique ? L'examen des conceptions de l'enfant dans l'histoire, et même encore trop souvent autour de nous dans certaines familles, semble refléter cette projection sur l'enfant de l'absence de compréhension de sa réalité : notre méconnaissance de l'enfant nous amène souvent à lui attribuer de l'incompétence. À cet égard, les grands théoriciens de l'enfance ont parfois innové en proposant un sens à des conduites dont on croyait auparavant qu'elles n'en avaient pas. Par exemple Piaget a compris que

les réponses erronées des enfants aux épreuves standardisées d'intelligence n'étaient pas fournies au hasard, mais qu'elles suivaient une logique cohérente en soi mais différente de celle des adultes. Freud savait que le contenu des rêves pouvait avoir un sens, un lien cohérent avec ce que vit la personne, et ainsi permettait de constituer une source privilégiée d'information sur la vie psychique. Les conduites de l'enfant ont un sens et c'est souvent notre incompréhension qui les en prive. Le mot enfant lui-même est dérivé du latin *infans* signifiant « qui ne parle pas », ce qui indique bien que la définition d'un enfant s'établissait surtout à partir de ce qu'il n'avait pas ou de ce qu'il ne pouvait faire que l'inverse.

Aussi loin que l'histoire sociale peut remonter dans le temps, la venue d'un enfant, premier symbole de fertilité, a toujours été considérée comme un bienfait, un don du ciel. Par contre, la stérilité a souvent été associée à la défaveur des dieux ou à la malchance des parents. Dans la plupart des cultures du millénaire précédant notre ère, l'on considérait que les enfants étaient fragiles, qu'ils avaient besoin de la protection des adultes et de leur aide pour s'alimenter, se déplacer, prendre des décisions, etc. Toutefois, l'infanticide était pratique courante, même s'il était plutôt pratiqué sur les enfants présentant un défaut à la naissance ou dans les cas de surplus d'enfants, surtout féminins. Dans les sociétés où l'esclavage était très présent, la valeur accordée à la vie humaine était beaucoup moins élevée que celle que nous lui accordons aujourd'hui.

L'enfant était dédié à servir les intérêts des dieux dans sa famille et la société ; il n'avait pas de statut en dehors de cela. La discipline était généralement autoritaire et souvent rude, comme l'était aussi la vie des adultes. (Borstelmann, 1983, p. 7.)

Dans la Grèce antique, où l'humanisme et la démocratie sociale prévalaient, l'on pratiquait une éducation souple basée sur l'encouragement et le soutien de l'enfant dans ses activités, tout en reconnaissant l'importance de l'apprentissage de l'autocontrôle dans un contexte discipliné. L'enfant y était décrit comme typiquement joyeux, affectueux, enjoué, turbulent, imitatif et craintif.

Plus tard, les Romains ont repris beaucoup de la conception grecque de l'enfant, mais en mettant moins l'accent sur les besoins particuliers de protection, de supervision et de soutien de cet individu vulnérable et davantage sur sa turbulence, son impulsivité, son ignorance. La fermeté de la discipline, avec punitions corporelles, était plus valorisée que chez les Grecs mais dans les deux cultures, les mauvais traitements physiques infligés à l'enfant étaient dénoncés (French, 1977). Les Romains distinguaient trois grands stades de développement : la petite enfance (0 à 3 ans), l'enfance (3 à 7 ans) et la fin de l'enfance et l'adolescence (7 ans à l'adolescence). French (1977) trouve la description suivante des séquences de développement pour chacun des trois stades dans les *Confessions* de saint Augustin (354-430).

Stade 1 (0 à 3 ans) :

au début, ne peut que sucer et pleurer ;
commence à sourire et à rire ;
frustré de ne pas pouvoir communiquer, il pleure davantage ;
facilement en colère ;
souvent maussade ;
jaloux des autres enfants.

Stade 2 (3 à 7 ans)

reste à la maison

apprend à parler : un mot à la fois ;
fait beaucoup de bruits et de grognements ;
apprend sans qu'un adulte lui enseigne directement ;
connaît le langage du corps, la communication non verbale ;
dépendant des consignes des adultes ;
désobéissant.

Stade 3 (7 ans à l'adolescence) :

va à l'école

turbulent et encore désobéissant ;
n'aime pas étudier ;
adore jouer ;
prie pour être épargné de la férule à l'école ;
amours et haines irrationnelles ;
constate que la curiosité conduit à l'apprentissage et que la peur de la punition nuit à l'apprentissage.

Même s'il semble naïf par rapport à certaines descriptions modernes plus différenciées, ce tableau évolutif permet de saisir que les Romains du IVe siècle étaient conscients des tâches de développement variables auxquelles l'enfant devait faire face au cours de son évolution personnelle.

Jusqu'au IVe siècle après Jésus-Christ, le père de famille romaine détenait l'autorité absolue sur sa famille ; il avait légalement le droit de vie ou de mort sur ses enfants, même lorsque ceux-ci avaient atteint l'âge adulte (French, 1977). Chez les Romains, une bonne part des efforts d'éducation étaient orientés vers le développement du contrôle personnel et de l'impulsivité chez les jeunes, et vers le développement des connaissances. Les manifestations de tendresse et d'affection envers les enfants sont bien présentes dans les documents romains, mais l'importance d'une discipline ferme l'est peut-être encore plus.

Dans l'Occident du Moyen Âge, pendant les siècles qui ont suivi le déclin de l'Empire romain (en 476), l'incertitude politique était grande, provoquée par les invasions et les changements fréquents de régimes. La religion chrétienne a alors joué un rôle important de conservation des valeurs éducatives et a soutenu une conception où l'enfant était un être doué d'une âme et dont la bonne éducation importait à Dieu. On comprenait que l'enfance était une période précieuse parce que très fertile pour l'apprentissage des bons principes et la formation du caractère. L'importance naturelle de la mère dans l'éducation de l'enfant était valorisée. Pendant tout le Moyen Âge, l'Église chrétienne s'est faite défenderesse des enfants pauvres et abandonnés ; par ailleurs, elle offrait à peu près la seule forme d'assistance sociale dans les pays occidentaux.

Avec la Renaissance (du XIVe au XVIIe siècle), l'importance de l'État s'est considérablement accrue dans la gouverne de la société. Lentement mais sûrement, la société féodale rurale allait s'urbaniser et s'industrialiser. Le monde du travail était important comme milieu de transmission des connaissances, surtout dans les classes défavorisées paysannes et ouvrières où les enfants commençaient à travailler très jeunes. Au XVIᵉ siècle, avec l'invention de l'imprimerie et l'importance croissante de la langue écrite dans la société, l'éducation officielle se développe, et une proportion accrue de garçons issus de familles bourgeoises peuvent apprendre à lire et à écrire, tout en étant initiés aux principes moraux de l'époque. L'éducation scolaire, fortement influencée par la conception chrétienne de l'heure, se faisait sous le signe du respect imposé de l'autorité et du maintien de l'effort sous la férule de l'enseignement. On concevait alors l'enfant comme une créature fragile de Dieu, mais aussi comme une créature entachée du péché originel et affichant des penchants naturels vers le mal ; l'éducation avait pour rôle de corriger ces mauvais penchants, de diriger bon gré mal gré vers le chemin de la vertu et du salut.

Aux XVIIᵉ et XVIIIᵉ siècles apparaissent de nouvelles philosophies de l'enfance avec les contributions de John Locke (1632-1704) en Angleterre et de Jean-Jacques Rousseau en Suisse et en France (1712-1778). Pour Locke, l'enfant naissant est une *tabula rasa*, c'est-à-dire qu'il est dépourvu de prédispositions particulières, de sorte que ce qu'il deviendra par la suite dépend de l'influence du milieu dans lequel il vit. Cette conception est l'ancêtre du behaviorisme moderne en ce sens qu'elle met l'accent sur l'énorme potentiel d'apprentissage des jeunes en même temps qu'elle accorde un rôle crucial aux exigences de l'environnement dans le processus d'acquisition. Plusieurs des idées de John Locke ont été validées empiriquement par la suite. Par exemple, dans ses écrits, il faisait valoir l'importance d'une utilisation consistante des récompenses et des punitions par les parents, déconseillant l'utilisation des châtiments corporels et préconisant les renforcements verbaux (félicitations, compliments, etc.). Dans l'éducation des enfants, Locke proposait donc de remplacer l'attitude punitive et restrictive par une attitude d'encouragement et d'ouverture à l'égard de l'enfant.

Par ailleurs, Jean-Jacques Rousseau ne croyait pas que les enfants naissaient « vides » pour être ensuite remplis progressivement par l'éducation ; il estimait plutôt que les enfants naissaient avec une prédisposition naturelle à un développement sain et ordonné. Rousseau croyait que cette bonté naturelle était menacée par la société corrompue ; le sens inné du bien et du mal de l'enfant pouvait être faussé par les influences néfastes du milieu. Contrairement à Locke, il ne faisait pas confiance à l'environnement pour éduquer l'enfant, mais il estimait préférable de laisser la nature faire son œuvre, d'où une conception essentiellement permissive de l'éducation. Dans son livre *Émile*, Rousseau présente l'enfant comme un agent actif de son propre développement ; de plus, il a été le premier véritable promoteur de l'ajustement des contenus éducatifs au stade où l'enfant était rendu (Bell, 1977). En effet, ce philosophe croyait que la nature provoquait le déploiement naturel du développement (maturation), selon un plan prévu à l'avance comprenant des étapes qui possèdent leurs caractéristiques propres (stades). Déjà à cette époque, il reconnaissait que l'intervention éducative devait s'adapter à l'âge de l'enfant.

Plus près de nous, au XIXᵉ siècle, le naturaliste anglais Charles Darwin (1809-1882) rapporte de ses expéditions dans des régions sauvages comme aux îles Galapagos, des observations, des spécimens végétaux et animaux qui ont servi d'appui à sa théorie sur l'évolution des espèces. Le darwinisme propose un principe d'évolution important : la sélection naturelle. Selon ce principe, les espèces survivent parce que leur système biologique et comportemental est adapté aux exigences de l'environnement ; à l'intérieur des espèces, les individus qui survivent sont les plus aptes à conserver les traits facilitant l'adaptation au milieu et ils sont les plus susceptibles de se reproduire. Ainsi, dans la lutte pour la survie, la vie et la mort sélectionnent naturellement les espèces et les individus selon leurs capacités de vie. De cette façon, les comportements qui favorisent la survie se maintiennent dans les espèces survivantes. Un animal dépourvu de l'équipement biologique ou comportemental pour se défendre dans son milieu ne vivra probablement pas suffisamment longtemps pour se reproduire et, ainsi, ses caractéristiques défavorables ne se transmettront pas. Pour la psychologie du développement, au moins deux contributions majeures sont attribuées au darwinisme :

1- L'idée que les comportements ayant une valeur de survie pour l'espèce ont tendance à se maintenir naturellement se trouve au centre de l'approche éthologique du développement de l'enfant (par exemple l'attachement parent–enfant).

2- La compréhension par le monde scientifique que l'origine de l'homme en tant qu'espèce (sa phylogénèse) autant que son origine en tant qu'individu (son ontogénèse) ne peuvent être saisies que dans la nature et chez l'enfant respectivement ; dans la nature parce que l'homme est une espèce animale soumise, comme les autres animaux, aux lois de l'évolution naturelle, et chez l'enfant parce que l'adulte est le résultat d'une évolution personnelle amorcée à la conception.

L'impact de la théorie de l'évolution sur la pensée occidentale concernant la nature et le développement de l'humanité fut immédiat, dramatique et décisif. Tous les pionniers de l'étude scientifique de l'enfant furent des adeptes immédiats de Darwin. En 1859, lorsque L'Origine des espèces *fut publiée, Prayer avait 17 ans, Hall 13, Freud 3, Binet 2, Dewey naissait et Baldwin allait naître deux ans plus tard. La deuxième génération des contributeurs majeurs—Terman, Watson, Thorndike et Gesell—est née dans la décennie 1870, lorsque des ouvrages plus psychologiques de Darwin furent publiés et que l'enthousiasme pour l'évolution florissait. Le fait que le large éventail d'intérêts et de théories sur l'enfant portent tous la marque d'origine darwinienne est indicatif de la force considérable des idées évolutionnistes.* (Borstelmann, 1983, p. 35.)

À la fin du xixe et au début du xxe siècle, l'empreinte évolutionniste faisait donc percevoir l'enfant comme « le père de l'homme » (ontogénèse), mais aussi comme le dépositaire d'une grande variété d'instincts hérités de l'histoire phylogénétique de son espèce. Aux États-Unis, le behaviorisme, sous l'initiative de John Broadus Watson (1878-1958), réagit à ce courant biologique en proposant au contraire un « environnementalisme » extrême selon lequel, avec les techniques d'entraînement (conditionnement) appropriées, on peut faire n'importe quel adulte de n'importe quel enfant en santé (Bell, 1977). Cependant, la conception de l'enfant au xxe siècle n'est pas le résultat d'une seule doctrine ; au contraire, la diversité des courants de pensée est une des caractéristiques dominantes de notre siècle en psychologie de l'enfant.

1.4 LA THÉORIE DES STADES PSYCHOSOCIAUX D'ERIKSON

De la même façon que la théorie de l'apprentissage social (Bandura, 1986) s'inscrit dans le prolongement de la tradition behavioriste, la contribution d'Erikson s'enracine dans la perspective psychanalytique en donnant une place privilégiée aux mécanismes de développement du moi dans l'ensemble de la vie et en y étudiant l'influence du milieu social. Le modèle d'Erikson (1950, 1968), plus encore que celui de Freud, se consacre au développement comme tel ; il présente l'une des premières descriptions complètes de l'évolution personnelle dans l'ensemble du cycle de la vie.

1.4.1 Erik Erikson

Erik Erikson est né en 1902 à Francfort en Allemagne. Il s'intéresse d'abord au dessin et à la peinture. Il est engagé comme professeur auprès d'enfants de spécialistes américains venus à Vienne pour suivre une formation en psychanalyse dans l'équipe de Freud. C'est ainsi qu'il s'approche de ce mouvement et suit lui-même une analyse didactique dirigée par Anna Freud, la fille de Sigmund Freud. D'origine juive, Erikson échappe à la menace du fascisme nazi en émigrant aux États-Unis en 1933. À partir de ce moment il occupe, à titre de psychanalyste d'enfants, différents postes dans des universités renommées comme Harvard (Cambridge, zone urbaine de Boston), l'Université de Californie (Berkeley) et l'Université de Yale (New Haven au Connecticut).

TABLEAU 1.1 : Description sommaire des principaux concepts freudiens intégrés dans le modèle d'Erikson

Concepts	Description
L'énergie psychique	
	Selon Freud, l'énergie psychique provient de l'énergie biologique du corps. L'organisme humain aurait deux instincts de base qui font des demandes, qui affirment des besoins à l'esprit. Le premier instinct est éros, l'*instinct de vie*, qui transmet à l'esprit des demandes relatives à la sexualité, à la survie, à l'amour, à l'équilibre, etc. L'énergie qui vient d'éros s'appelle la
— *l'instinct de vie*	
— la *libido*	*libido* ; elle joue un rôle central comme moteur du développement psychosexuel. Le deuxième
— *l'instinct de mort*	instinct est l'*instinct de mort* qui pousse l'homme à l'agression, à la destruction, à la haine, etc. Freud n'a pas nommé l'énergie provenant de l'instinct de mort, instinct moins important qu'éros dans sa théorie psychosexuelle. L'énergie psychique provient donc des instincts d'où proviennent des besoins. Le besoin crée une tension, une accumulation d'énergie. La satisfaction du besoin provoque la libération de l'énergie, ce qui donne du plaisir.
Les structures psychiques	
	Les besoins ne donnent pas directement lieu à un comportement. L'énergie psychique passe par des structures définissant l'architecture de l'esprit. Freud propose trois structures en constante interaction : le ça, le moi et le surmoi.
— le *ça*	Le *ça* est le réservoir de l'énergie psychique, le siège des instincts, des besoins biologiques. Freud a beaucoup appris sur le ça à partir de l'étude des rêves dont le contenu n'est pas directement censuré par la conscience et reflète la pensée primitive.
— le *moi*	Le *moi* est le médiateur entre les pulsions provenant du ça et les exigences de la réalité. De la même façon que le ça répond au principe du plaisir, c'est-à-dire à la tendance à libérer l'énergie pulsionnelle sans délai, le moi répond au principe de la réalité, c'est-à-dire à la tendance à canaliser l'énergie pulsionnelle en fonction des exigences de la réalité, augmentant ainsi les chances de satisfaire le besoin de façon adaptée, quitte à imposer des délais à la libération d'énergie. Le moi est absent à la naissance ; il résulte du développement psychosexuel qui donne lieu à l'émergence d'une pensée secondaire responsable du contact avec la réalité. Normalement, à mesure que l'enfant se développe, le moi devient plus fort, plus en mesure de canaliser l'énergie pulsionnelle vers des objets aptes à satisfaire les besoins en respectant la réalité. Le moi contrôle le ça comme le cavalier contrôle sa monture. Lorsque le moi est débordé par la tension et l'anxiété provenant des pulsions, qu'il ne peut plus canaliser l'énergie vers les objets appropriés, alors les mécanismes de défense entrent en fonction pour transformer la réalité dans le but de protéger le moi.
— le *surmoi*	Le *surmoi* est constitué de la conscience morale définie par les règles de conduite acquises des parents, de la culture, etc. et de l'idéal du moi défini par les standards et les objectifs que la personne se pose à elle-même. Dans le développement psychosexuel de l'enfant, le surmoi est la dernière structure à apparaître, le ça étant présent dès la naissance. Le surmoi pose des jugements sur les actions ou pensées issues du ça et du moi, il félicite, condamne, punit, etc.
Les zones de conscience	
	L'individu ne réalise pas nécessairement ce qui se passe dans ses structures psychiques ; Freud croit :
— *l'inconscient*	– que le ça fait partie de *l'inconscient*, cette zone psychique inconnue dont le contenu est banni de la conscience ;
	– que le moi et le surmoi chevauchent la zone inconsciente, préconsciente et consciente.
— le *préconscient*	Le contenu *préconscient* n'est pas banni comme tel de la conscience et peut être accessible au
— le *conscient*	*conscient* par des associations d'idées, des visualisations, etc. La zone du conscient correspond

TABLEAU 1.1 (suite)

Concepts	Description
	au champ mental actif sur le moment. La pensée logique et la mémoire sont issues de l'activité du moi et demeurent accessibles à la conscience.
Les mécanismes de défense	Dans son rôle de médiateur, le moi doit confronter les exigences de la réalité extérieure et les demandes souvent excessives du monde pulsionnel intérieur. Selon Freud, la capacité du moi de faire face au monde interne est plus faible parce que le moi en est proche ; il en faisait lui-même partie au départ. Les constants dangers provenant de « l'ennemi intérieur » (le ça) suscitent de l'anxiété que le moi tente d'éliminer en trouvant une solution réaliste. Mais lorsque cela n'est pas possible et que l'anxiété augmente au point de menacer l'équilibre du moi, les mécanismes de défense entrent en fonction. Ces mécanismes ont le rôle de faire diminuer l'anxiété, au moins partiellement, en transformant ou en déformant la réalité. Le refoulement, la formation réactionnelle, la projection, le déplacement, la négation, l'intellectualisation et la sublimation en sont des exemples.
Les étapes du développement psychosexuel selon Freud	Tout comme Piaget, Freud a proposé des stades de développement psychologique. Selon Freud, quatre stades marqueraient l'évolution psychosexuelle de tout individu, le troisième et le quatrième étant séparés par une période de latence. La façon dont les stades sont vécus au cours de l'enfance détermine les bases de la personnalité future, ce qui donne une grande importance aux premières années de la vie en tant que déterminants de l'adaptation future. Ce qui définit chaque stade est la zone corporelle particulière qui est alors la source principale de
— le *stade oral* (0-1 an)	satisfaction sexuelle. Pendant la première année de la vie, au cours du *stade oral*, c'est la bouche qui apporte le plus de plaisir à l'enfant ; sucer, mâcher et embrasser apportent beaucoup de satisfaction en libérant les tensions sexuelles. La zone orale (lèvres, langue, bouche, etc.) est alors investie d'énergie libidinale et demeurera plus ou moins importante pour le reste de la vie en tant que source de satisfaction. Entre 1 an et 3 ans, avec l'acquisition du contrôle des sphincters dans l'apprentissage de la propreté, c'est la zone anale qui devient la principale source de libération de tension. Les plaisirs oraux ne disparaissent pas, ils dominent moins. Au
— le *stade anal* (0-3 ans)	cours du *stade anal*, l'enfant apprend à contrôler, à garder, à attendre, à laisser aller volontairement (donner), etc. Dire « non », choisir, refuser ou accepter sont autant de sources potentielles de satisfaction qui entrent dans le répertoire de l'enfant sous la dominance du contrôle.
— le *stade phallique* (3-5 ans)	Entre 3 et 5 ans, avec le *stade phallique*, c'est la zone génitale qui devient la première région de satisfaction et de tension. Selon Freud, la possession du pénis pour le garçon et son absence chez la fille constituent la principale préoccupation des enfants de cet âge et les modalités orales et anales de satisfaction sexuelle ne disparaissent pas. Les pulsions sexuelles seraient dirigées vers le parent du sexe opposé, ce qui donnerait lieu au *complexe d'Œdipe*. Alors le garçon désire
— le *complexe d'Œdipe*	sa mère et veut la conserver pour lui seul, mais il craint que son père se venge en le castrant, ce qui amène le garçon à refouler son désir pour sa mère et son hostilité envers le père. Le conflit œdipien se résout lorsque le fils s'identifie au père en intériorisant ses valeurs, son image, etc. Chez la fille, le conflit œdipien est moins intense. Il implique le désir du père, l'envie du pénis qu'il a et qu'elle n'a pas. La fille en viendrait à préférer son père, à avoir l'impression d'avoir été castrée, ce qui l'amène à reprocher à la mère de l'avoir ainsi mise au monde, ce qui crée une certaine distance à l'égard de la mère. La *période de latence* va de 5 ans jusqu'à la puberté. Il s'agit
— la *période de latence* (5-12 ans)	d'une période d'accalmie psychosexuelle où l'enfant se tourne vers les connaissances scolaires, les amis du même sexe, de nouveaux modèles sociaux (professeurs, moniteurs, etc.). La puberté fait violemment renaître les pulsions « endormies » pendant la période de latence. Les pulsions sexuelles nouvelles, provoquées par les changements physiologiques, sont dirigées
— le *stade génital* (adolescence)	vers des pairs du sexe opposé : c'est le *stade génital* qui correspond à l'adolescence, et dont le principal but psychosexuel correspond à l'ouverture à la sexualité adulte.

1.4.2 Les concepts freudiens intégrés

Le modèle d'Erikson intègre les principaux concepts de la théorie de Freud, notions dont le tableau 1.1 fournit la description sommaire. Le lecteur désireux d'obtenir une vraie représentation du modèle freudien devra nécessairement compléter ce schéma. Le chapitre portant sur les stades du développement de la personnalité est fondé sur la théorie de Freud et fournit une description plus détaillée de son explication du développement de l'enfant. Par rapport à la théorie du développement psychosexuel de Freud, le modèle d'Erikson dépasse le plan personnel pour s'ouvrir au contexte social dans lequel se produit le développement.

Selon Erikson, le milieu culturel dans lequel se produit le développement psychosexuel de l'enfant particularise l'évolution personnelle. Ainsi, même si les enfants de toutes les cultures traversent les stades du développement selon la même séquence, la façon dont la culture encadre leurs comportements et répond à leurs besoins selon l'âge rendra chaque évolution unique. Par exemple, la façon dont les Inuit interagissent avec leurs enfants, les conduites qu'ils valorisent et celles qu'ils découragent en fonction de leurs valeurs culturelles sont distinctes de la façon dont les Québécois francophones encadrent l'évolution de leurs jeunes.

Erikson accepte les stades du développement psychosexuel de Freud mais il propose, en plus, que ce plan inné d'évolution s'effectue dans un contexte social : les parents, la fratrie, les amis, les éducateurs, etc. constituent les partenaires de développement. Ils sont eux-mêmes en développement, à une étape donnée de leur propre cycle de vie, et ils interagissent avec l'enfant qui se situe, lui aussi, à une étape de son cycle de vie. L'interaction entre ces partenaires permet de répondre aux besoins de chacun. Par exemple, le besoin du jeune parent qui se situe à l'étape où l'on ressent l'envie d'avoir un enfant et de s'en occuper entrera en synchronisme avec le besoin de soins ressenti par l'enfant. Le modèle d'Erikson ajoute donc la considération du contexte social au modèle freudien. Une deuxième contribution originale de ce modèle réside dans son ouverture à l'ensemble du cycle de la vie, de la naissance à l'âge avancé.

Si chacun des stades de Freud se caractérise par la zone érogène la plus favorable à la réduction de tension sexuelle, chaque stade d'Erikson se définit à partir d'un problème psychosocial principal, d'une crise psychosociale plaçant la personne entre deux pôles, l'un fournissant une solution adaptée au problème psychosocial, l'autre une solution inadaptée. Le tableau 1.2 fournit la description des huit stades d'Erikson. En observant la colonne des relations sociales, on peut constater l'ouverture progressive du monde social, l'élargissement du contexte dans lequel évolue la personne. Chaque stade amène aussi une modalité interactive particulière (voir la troisième colonne du tableau 1.2), les premiers stades définissant une modalité interactive semblable à celle que proposait Freud.

1.4.3 Les huit stades du développement psychosocial

Erikson propose donc huit stades à travers lesquels nous aurons tous à évoluer, chacun apportant un défi nouveau dans un contexte psychosocial particulier. Au cours de son développement, l'organisme s'ouvre de l'intérieur comme une plante, selon une programmation innée dont les étapes créent une sensibilité particulière à certains types d'interactions psychosociales. Par exemple une fillette de 11 ans n'est pas prête, physiquement, à avoir des enfants ; son défi en ce qui a trait au développement est autre. Dans 10 ou 15 ans toutefois, l'idée d'avoir ou pas des enfants sera probablement présente chez la femme qu'elle sera devenue, alors que plus tard encore, vers la cinquantaine, cette préoccupation appartiendra au passé. Selon Erikson, la maturation de l'organisme interagit avec le milieu social pour définir une problématique, un défi propre à chacun des huit stades. Le thème dominant à un stade ne disparaît pas lorsque celui-ci est terminé ; il est intégré dans le nouveau problème du stade subséquent. Ainsi l'identité personnelle, thème majeur de l'adolescence, demeure

TABLEAU 1.2 : Description sommaire des huit stades d'Erik Erikson

Stade	Problème psychosocial dominant	Dimensions en opposition	Modalités relationnelles dominantes
1- (0 à 1 an) confiance versus méfiance	Il s'agit d'acquérir la conviction que quoi qu'il arrive, quelqu'un vous aime et vous appuie ; l'acquisition de la *confiance de base*. Le bébé, par les contacts qu'il entretient avec la personne qui lui prodigue les soins, le plus souvent sa mère, doit développer une confiance de base en autrui et en lui-même. L'expérience intime d'une correspondance entre ses besoins personnels et la réponse du milieu créera cette confiance, cette assurance d'une compétence, d'une réussite et d'une sécurité. L'expérience d'un manque de correspondance, d'une insensibilité du milieu à ses besoins débouchera sur le contraire, c'est-à-dire sur l'anxiété, l'insécurité et la méfiance.	Confiance ←→ méfiance Une certaine dose de méfiance est utile à tout âge pour permettre d'anticiper le danger, d'identifier les personnes abusives ou injustes, les situations pièges, etc. Toutefois, si la méfiance domine sur la confiance, l'enfant (et plus tard l'adulte) aura tendance à être retiré, frustré, méfiant, manquant de confiance en soi, etc.	*S'approprier* selon les modalités d'incorporation disponibles (sucer, mâcher, mordre, manger, respirer) et *donner en retour* (selon les mêmes modalités inversées).
2- (1 à 3 ans) autonomie versus doute et honte	La maturation permet l'acquisition d'importantes habiletés de contrôle sur soi-même et l'environnement : la parole, la marche et le contrôle des sphincters. Les possibilités pour l'enfant de se déplacer vers les objets désirés ou de s'éloigner de ceux qui ne le sont pas, de retenir ou de laisser aller les excréments, de dire ou de ne pas dire, etc., impliquent un certain contrôle, la possibilité de choisir, donc une certaine indépendance ou autonomie. En revanche, la maturation entraîne aussi la conscience de pouvoir « n'être pas choisi », être séparé de ses parents, la peur de ne pas réussir à contrôler, la peur de l'échec qui abaisse l'estime de soi. Le problème se situe donc entre la réussite et l'échec du contrôle.	Autonomie ←→ honte et doute Le sentiment d'autonomie s'acquiert à travers la réussite du contrôle. La honte suppose la conscience de l'échec et la conscience d'être observé dans l'échec. Le doute correspond à l'incertitude quant à la réussite ; pour douter, l'enfant doit savoir que la réussite n'est pas la seule possibilité, qu'existe aussi l'échec. Le doute débouche sur l'ambivalence, la difficulté de faire des choix, de maintenir une position. Avoir peur de la séparation nécessite la capacité d'imaginer l'absence et la solitude de la même façon que la honte implique la conscience d'être observé. La pensée représentative est requise à ce stade.	Garder versus laisser aller, conserver versus rejeter, choisir versus éviter, l'ambivalence colore le monde psychosocial de l'enfant.

TABLEAU 1.2 (suite)

Stade	Problème psychosocial dominant	Dimensions en opposition	Modalités relationnelles dominantes
3- (4-5 ans) initiative versus culpabilité	Comme le troisième stade chez Freud, la dominante de ce stade est l'identification ; l'enfant réalise qu'il est une personne, la question devient « quel type de personne ? » Erikson croit que l'enfant veut être comme ses parents, c'est-à-dire puissant, beau, grand et aussi intrusif. L'enfant est placé entre des désirs de réalisations, d'initiatives, de puissance et la culpabilité associée au fait d'être allé trop loin, d'avoir été intrusif, d'avoir pénétré au-delà de la limite permise.	Initiative ⟷ culpabilité Comment le concept de l'« initiative » peut-il s'opposer à celui de la « culpabilité » ? Pour saisir cette opposition, il faut introduire la notion de conscience du surmoi, élément intervenant pour punir les initiatives immorales. Très proche du stade phallique de Freud avec sa composante œdipienne, ce troisième stade d'Erikson place l'enfant entre son désir de puissance, de réalisation, d'initiative, et la culpabilité d'avoir été intrusif, d'avoir transgressé des règles.	Initiative : réaliser, faire, imiter les modèles...
4- (6 ans à puberté) compétence versus infériorité	L'entrée à l'école et les nouvelles capacités cognitives de l'enfant ouvrent tout un monde de connaissances à l'enfant. Le thème dominant de ce stade est l'apprentissage. Sur le plan psychosexuel, la période de latence est un moment très propice à cette ouverture. Devant l'infinie quantité de connaissances à acquérir, le problème est celui de devenir compétent et d'éviter le sentiment d'infériorité associé à l'échec. Erikson croit que ce quatrième stade est plus calme que les précédents parce que les pulsions internes sont moins violentes.	Compétence ⟷ infériorité Compétence s'oppose ici à infériorité. La valeur recherchée est la maîtrise ; lorsqu'elle n'est pas atteinte, elle laisse un sentiment d'infériorité et d'incompétence. Encore ici, même si la compétence représente le pôle souhaitable, la conscience de la possibilité d'échec est utile à l'adoption d'une perspective réaliste.	Apprendre, construire des choses, faire des expériences, maîtriser des phénomènes, savoir.
5- (adolescence) identité versus diffusion	L'adolescence transforme le corps, elle apporte de nouveaux besoins sexuels, d'autres outils intellectuels, une société d'amis et des modèles différents. Si la confiance, l'autonomie, l'initiative et la compétence des stades antérieurs ont contribué à l'édification d'une identité personnelle, Erikson estime que c'est à l'adolescence que se pose le problème du « qui suis-je ? » de façon la plus aiguë. Identité sexuelle, identité des rôles à l'intérieur de sa propre person-	Identité ⟷ diffusion L'adolescent est placé à un carrefour où il doit faire des choix, adopter une route et accepter d'abandonner les autres. Il doit graduellement s'éloigner de sa famille et se construire un monde personnel. L'échec dans cette entreprise d'intégra-	Tenter d'être quelqu'un, être soi-même (ou ne pas l'être).

TABLEAU 1.2 (suite)

Stade	Problème psychosocial dominant	Dimensions en opposition	Modalités relationnelles dominantes
	nalité, d'une profession, d'un groupe social, etc. : l'adolescent doit choisir. Or choisir c'est aussi exclure, laisser de côté certaines possibilités ; il est impossible de s'identifier en voulant tout prendre, ne rien perdre, ou en refusant tout sans rien choisir.	tion des buts, des rôles, etc. débouche sur la diffusion, l'interrogation permanente, le « papillonnement » d'un projet inachevé à un autre. Encore ici, l'identité est le pôle souhaitable mais, de la même façon qu'il n'est pas toujours opportun de se marier avec le partenaire du premier amour adolescent, l'exploration des rôles et des buts fait partie du stade de la recherche d'une identité psychosociale.	
6- (jeune adulte) intimité— solidarité versus isolement	Le problème psychosocial dominant du jeune adulte est d'investir dans l'autre sans craindre de perdre son identité. Il faut avoir réussi à relever le défi du stade 5 pour s'abandonner à une autre personne en confiance, sans craindre de se perdre, de n'être plus soi-même. Erikson estime que le défi de la solidarité se pose dans le jeune couple mais aussi dans les relations d'amitié du même sexe.	Intimité—solidarité ⟷ isolement L'intimité qui permet la solidarité est le pôle souhaitable, mais la capacité de s'isoler et de se retirer peut être utile lorsque l'identité est menacée. Le jeune adulte incapable d'intimité aura des relations sociales distantes, froides ou stéréotypées.	Se perdre et se retrouver en quelqu'un d'autre.
7- (âge adulte) générativité versus centration sur soi	Le problème de l'investissement de son énergie dans le futur, pour la postérité, se pose à l'adulte de façon importante par rapport à l'investissement sur soi-même dans l'immédiat. Le futur, cela peut être ses enfants, mais aussi des réalisations qui laisseront des traces. Pour réussir, il faut croire en l'avenir, adhérer à des valeurs, avoir le souci du bien des autres.	Générativité ⟷ centration sur soi La générativité signifie œuvrer à des projets qui dépasseront le présent, travailler au futur, soutenir le développement des autres vs se centrer sur le présent, l'immédiat, sur soi-même, maintenant. Par ailleurs, s'oublier pour le futur, complètement, sans se soucier de bien vivre le présent, peut représenter un excès que la présence du pôle « centration sur soi » peut diminuer.	Prendre soin de — appuyer le développement — projeter et travailler au futur.

TABLEAU 1.2 (suite)

Stade	Problème psychosocial dominant	Dimensions en opposition	Modalités relationnelles dominantes
8- (troisième âge) intégrité versus désespoir	Au cours de ce dernier stade, le problème psychosocial se définit comme l'acceptation de ses réalisations avec leurs limites, en tant que contribution à un projet plus vaste qui transcende les personnes ou les époques, par opposition à regretter ce que l'on a fait ou non. Être en confiance, avoir l'âme en paix versus avoir peur de mourir, regretter le passé et vivre sans espoir.	Intégrité ←——→ désespoir Cette étape se caractérise par le fait d'accepter de laisser sa place versus avoir peur de ne plus être, se définir par ses réalisations passées versus regretter ce que l'on a fait ou non. Le pôle souhaitable de l'intégration peut bénéficier de la tendance inverse utile au maintien « jusqu'au bout » d'une participation active à la vie, au refus de l'abandon.	Être ce que l'on a été, accepter de ne plus être, de laisser la place.

un élément psychosocial bien présent dans la vie du jeune adulte de la même façon que la préoccupation à l'égard de l'autonomie qui dominait la crise du développement de l'enfant de 2-3 ans. Les thèmes se conservent donc d'un stade à l'autre tout en se redéfinissant : la notion d'autonomie n'est certainement pas la même à 21 ans qu'à 2-3 ans, mais certaines composantes subsistent. Erikson propose que si la crise du développement n'est pas résolue de façon satisfaisante au moment du stade concerné, la personne continuera à être préoccupée par le thème en question au cours des étapes ultérieures ; elle continuera à mener des combats déjà engagés.

Comme le décrit le tableau 1.2, chaque stade oppose deux tendances, ce qui justifie des termes comme « crise », « défi » ou « problème » dans la description des stades d'Erikson. Idéalement, au sortir d'un stade, la dimension positive domine la négative de sorte que le défi de développement est relevé, la personne est prête à entreprendre une autre étape en s'appuyant sur ses acquis. Cette victoire du positif sur le négatif est cependant relative. Le contexte social dans lequel la personne est plongée peut faire resurgir le défi d'un stade antérieur et souligner le caractère relatif de la « victoire » issue de cette période.

L'enfant dont les parents se séparent peut être replongé dans le problème de la confiance de base du stade 1 s'il ressent un abandon, une trahison parentale, ou encore dans le problème du stade 3 s'il ressent de la culpabilité parce qu'il se rend responsable de la séparation. De leur côté, les parents de cet enfant peuvent revivre le problème du stade 6 où « intimité—solidarité » s'oppose à « isolement », et ils peuvent aussi revivre le problème du stade 2 où « autonomie » fait face à « honte—doute ».

Selon le modèle d'Erikson, tout au cours de notre vie, les demandes du milieu requièrent de puiser dans nos acquis psychosociaux antérieurs. L'identité personnelle d'un émigré peut être fortement remise en question par la nouvelle culture, la nouvelle langue, etc. avec lesquelles il doit composer. Même si le bilan « identité » est positif au sortir de l'adolescence, un tel défi peut affaiblir les acquis et raviver la crise d'identité adolescente, crise que n'aura pas à vivre la personne qui ne bouge pas de son milieu d'origine, même si le bilan « identité » est moins positif pour cette dernière que pour l'émigré.

Les huit stades constituent donc des périodes critiques définies par l'époque de dominance d'une préoccupation personnelle de base, périodes mettant en jeu des dimensions présentes, à divers degrés, dans l'ensemble du cycle de la vie. La maturation physiologique (l'âge) structure l'évolution dans les étapes du cycle de vie proposées par Erikson, mais le contexte social dans lequel la personne s'inscrit en définit les enjeux. Sur le plan personnel, intrapsychique, l'opposition constante de deux tendances rappelle le combat du moi dans son rôle de médiateur entre les demandes (pulsions) du ça et les exigences de la réalité. Le modèle d'Erikson utilise le principe de l'opposition entre des tendances contraires comme base de définition des enjeux psychosociaux dominant chaque stade du cycle de la vie.

1.5 LA THÉORIE ÉTHOLOGIQUE DU DÉVELOPPEMENT DE L'ENFANT

Il est probable que l'approche éthologique du développement de l'enfant est le courant théorique le plus directement influencé par la contribution de Charles Darwin sur l'évolution des espèces. Sous l'impulsion des travaux zoologiques de Konrad Lorenz, de Karl von Frisch et de Niko Tinbergen sur le comportement de diverses espèces animales observées dans leur habitat naturel, différents patterns fixes d'action sont décrits chez les animaux. Les patterns sont inscrits dans le code génétique de l'espèce et, au contact de l'environnement approprié à leur déclenchement, ils feraient apparaître des conduites ayant une valeur de survie pour l'organisme. Parmi les plus connus de ces patterns fixes d'action, nous trouvons l'*imprinting*, ce phénomène par lequel certaines expériences vécues à un âge particulier laisseraient une trace permanente chez l'individu. Lorenz a mis en évidence l'*imprinting* en observant le comportement de certains jeunes canards qui se mettaient à suivre leur mère de près à un âge donné afin d'obtenir nourriture et protection, conduite qui pouvait apparaître même si la mère était remplacée par un autre objet comme un biberon mobile (Lorenz, 1966). La danse des abeilles est un autre exemple de pattern fixe d'action qui a été proposé par Karl von Frisch ; il s'agirait d'un système de communication basé sur la direction du vol de l'abeille et

qui aurait pour fonction d'indiquer aux autres abeilles de la ruche la direction et la distance de la zone de butinage.

De ces contributions zoologiques est né le concept de « moment critique du développement » selon lequel, pendant une période limitée de sa vie, l'organisme affiche une sensibilité particulière à certaines expériences vécues dans le milieu. À ce moment, les prédispositions biologiques codées génétiquement doivent entrer en interaction avec des conditions environnementales appropriées pour que l'acquisition se réalise. John Bowlby (1969) s'est inspiré de cette approche et a observé l'interaction de la mère avec son bébé. Il a proposé que l'attachement de l'enfant résulte de l'interaction entre les prédispositions biologiques de l'enfant à sourire, à gazouiller et à pleurer d'une part, et la sensibilité naturelle de la mère à son petit d'autre part. L'attachement parent—enfant, qui a une grande valeur de survie au début de la vie humaine, évoluerait graduellement depuis ses fondements instinctuels vers des assises plus symboliques de communication interpersonnelle. Les travaux de Mary Ainsworth (1969) ont permis de comprendre comment différents types d'attachement pouvaient s'installer entre une mère et son enfant selon les caractéristiques de l'interaction existant entre eux au début de la vie.

L'observation systématique du comportement en milieu naturel, principale méthode de collecte de données chez les éthologistes, a permis d'identifier chez l'enfant des structures de comportements sociaux analogues à celles que l'observation animale avait permis de décrire. De cette façon, des hiérarchies de dominance dans les rapports entre enfants à la garderie ainsi que des structures de coopération, de jeu ou de communication non verbale ont été mises à jour (Strayer, 1981, 1984). Dans cette optique, les rapports spontanés entre les enfants en groupe, même à l'âge préscolaire, témoignent d'une structure sociale où chaque individu occupe une certaine position hiérarchique dans le groupe. La reconnaissance de cette structure et des positions respectives des membres du groupe par les enfants serait utile à leur adaptation ; par exemple dans le but d'obtenir un jouet, un enfant entrant en conflit avec un autre plus fort que lui évitera l'échec en reconnaissant à temps que l'autre peut facilement gagner sur lui, tout en évitant au plus fort une progression agressive non désirée. Dans le domaine de la coopération, des réseaux sociométriques relativement stables ont été observés en garderie et en maternelle dans l'activité des enfants (Boivin, 1986 ; Boivin et Bégin, 1989).

Avec le courant éthologique, la psychologie du développement a donc réussi à emprunter des concepts et des méthodes mis au point en sciences naturelles, qui permettent de mieux comprendre la valeur adaptative des comportements observés dans le milieu naturel, comportements qui peuvent ensuite être provoqués en laboratoire. La réaction de l'enfant à la situation étrangère est un exemple d'une telle méthode expérimentale : il s'agit d'observer en laboratoire la réaction de l'enfant à la séparation et à la réunion avec sa mère dans une pièce où une personne étrangère est présente. Cette démarche a permis de mettre au point une typologie des types d'attachement existant entre une mère et son enfant (Ainsworth, Blehar, Waters et Wall, 1978).

1.6 L'ÉCOLOGIE DU DÉVELOPPEMENT DE L'ENFANT

L'approche écologique porte sur le développement de l'enfant en fonction du contexte particulier de ses manifestations. D'abord initié par les travaux de Barker (1968), ce courant a été fortement associé à l'œuvre de Urie Bronfenbrenner (1979 ; Bronfenbrenner et Crouter, 1983). Il a trait à la façon dont les processus du développement et les contextes sociaux où ils prennent place s'influencent réciproquement.

Comme dans l'approche éthologique du développement, l'environnement naturel de l'enfant fait ici l'objet d'une considération particulière avec une insistance spéciale sur les rapports existant entre différents contextes de vie comme la famille, les amis, le milieu de travail, l'école, la communauté, la culture, etc.

Sauf exception, la plupart des théories du développement de l'enfant présentent ce développement comme le résultat de l'interaction entre les caractéristiques de l'enfant et celles de son milieu, certaines approches mettant plus l'accent sur un pôle que sur l'autre. Certains auteurs se sont même spécifiquement employés à souligner le caractère réciproque de cette influence, c'est-à-dire que l'enfant exerce aussi une influence sur son environnement. Par exemple, Bell et Harper (1977) font état de toute une documentation indiquant que les enfants, par leurs besoins, leur apparence, leur comportement, exercent une influence sur leurs parents, leurs éducateurs et plus généralement sur leur environnement social.

La particularité de l'approche écologique du développement est qu'on y présente cette interaction sujet—milieu comme différente selon le contexte social. Ainsi, les pratiques parentales à l'égard des enfants peuvent varier selon la classe sociale considérée (ce qui a aussi été observé à l'intérieur d'autres approches). De plus, la façon dont ces pratiques entrent en interaction avec les caractéristiques de l'enfant est également influencée.

Bronfenbrenner (1979) propose que l'environnement de l'enfant est organisé selon quatre structures enchâssées hiérarchiquement l'une dans l'autre. La figure 1.2 fournit une illustration graphique du modèle écologique proposé par cet auteur. Le premier niveau, le microsystème, correspond au contexte dans lequel l'enfant joue un rôle direct en tant que personne participante, contexte qui possède ses propres caractéristiques physiques et sociales. La famille, la garderie, l'école et le groupe d'amis sont des exemples de microsystèmes de l'enfant. La majorité des études sur le développement de l'enfant dans son milieu ont concerné les microsystèmes, surtout celui relatif à la famille, mais trop souvent dans une perspective dyadique d'interaction (mère—enfant, père—enfant, etc.). L'approche écologique de la famille a permis de saisir que non seulement les membres s'influencent deux à deux, mais que la relation qui existe entre le père et l'enfant, par exemple, est influencée par la qualité de la relation existant entre les deux parents comme conjoints.

FIGURE 1.2 : Illustration de la structure du modèle écologique de Bronfenbrenner*

* Adaptée de BERK, L.E. (1989) *Child Development*, Boston, Allyn and Bacon, p. 22.

La deuxième couche du modèle écologique, le mésosystème, correspond aux relations qui existent entre les microsystèmes de l'enfant. Entre autres, les liens qui existent entre la famille et la garderie, la famille et l'école, la famille et le groupe d'amis, le groupe d'amis et l'école, etc., définissent le mésosystème de l'enfant. La motivation scolaire de l'enfant peut ainsi être influencée par la communication qu'entretiennent sa famille et son école, mais aussi par les liens qui caractérisent son groupe d'amis et son école. Le mésosystème correspond donc au réseau défini par les microsystèmes auxquels participe l'enfant directement.

La troisième couche du modèle, l'exosystème, renvoie aux contextes sociaux qui, sans concerner la participation directe de l'enfant, influencent ce qui lui arrive ou sont influencés par ce qui lui arrive. Le milieu de travail de la mère ou du père, le réseau social des parents ou de la fratrie, le conseil d'administration de la garderie, le comité d'école, le voisinage, etc., en sont des exemples. Ainsi, si l'employeur de la mère, seule à la tête de sa famille, lui annonce qu'elle devra travailler non plus 25 heures mais 35 heures les cinq jours de la semaine, il est clair que la supervision scolaire de l'enfant pourra être touchée. Par ailleurs, si le comité d'école recommande la fermeture du service de garde postscolaire parce qu'il n'est pas rentable, l'activité de l'enfant après les heures de classe en sera directement influencée. L'enfant ne participe pas directement à l'exosystème, mais sa vie peut être influencée par ce qui y survient ; les actions et décisions provenant de l'exosystème influencent le milieu de vie de l'enfant.

Le macrosystème, la couche la plus élargie du modèle écologique, n'est pas défini comme contexte physique mais plutôt comme contexte culturel. Il s'agit du système d'attitudes, de règles sociales, d'idéologies que véhiculent les sous-systèmes. Par exemple, l'importance accordée à l'enfance par une société conditionnera le soutien donné aux écoles, aux garderies et aux familles dans leur rôle éducatif auprès des jeunes.

Malgré l'attrait théorique incontestable que le modèle écologique revêt, il n'existe encore que peu d'études qui ont vraiment contribué à sa validation empirique. Certes, les défis que ce modèle pose à la recherche au sujet du contrôle des variables sont considérables. Cependant, volet par volet, la mosaïque se complète graduellement. Aujourd'hui, par exemple, nous disposons de données valables indiquant que la violence dans la famille peut résulter non seulement de l'incompétence parentale, mais aussi de la situation de stress dans laquelle se trouve la famille, de l'isolement dans lequel elle vit, du faible soutien social dont elle dispose (Bouchard et Desfossés, 1989 ; Emery, 1989). Nous savons aussi qu'une fermeture d'usine peut influencer le vécu de l'enfant à cause de la situation de chômage vécue par ses parents, ou qu'une taxe supplémentaire peut toucher l'enfant par son effet sur le budget familial. Bronfenbrenner et Crouter (1983) soulignent l'importance de maintenir les efforts de recherche pour mieux comprendre les interrelations entre les systèmes, seul moyen de rendre cohérentes les politiques sociales visant l'adaptation des milieux de vie et des personnes.

1.7 L'APPROCHE DE L'APPRENTISSAGE SOCIAL

Albert Bandura est aujourd'hui le principal auteur associé à l'approche sociale cognitive du développement de l'enfant. En 1986, il publiait un livre intitulé *Social Foundations of Thought and Action : A Social Cognitive Theory*. Ce volume présente une intégration valable de cette théorie qui prend ses racines dans l'important courant de recherche sur l'apprentissage animal et humain.

1.7.1 L'approche classique de l'apprentissage

Considérée comme la vraie théorie américaine (Miller, 1989), la théorie générale de l'apprentissage résulte d'un grand nombre de contributions et de recherches et non pas de l'œuvre d'un seul auteur, comme c'est le cas pour la théorie de Piaget. C'est donc dans la recherche sur l'apprentissage, courant qui a dominé la psychologie américaine jusqu'aux années 1970, que prend racine la théorie de l'apprentissage social de Bandura.

Au début du siècle, John B. Watson, le père du behaviorisme, s'était déclaré insatisfait de l'introspection (méthode fort en usage dans la recherche de l'époque) comme moyen de comprendre l'humain. Pour Watson, demander à quelqu'un de réfléchir à ses pensées et à ses sentiments intérieurs, c'est-à-dire de faire de l'introspection et de la verbaliser, ne peut donner qu'un reflet subjectif et partiel de la réalité que l'on veut comprendre. La psychologie doit tendre vers l'objectivité ; elle doit servir à prédire et à contrôler le comportement observable et non pas à spéculer sur des phénomènes intrapsychiques que l'on ne pourra jamais observer.

Nous reprenons ici l'intéressante citation que Miller (1989) présente comme témoin de cette volonté d'objectivité dans les conseils que Watson (1928) formulait aux parents dans son livre *Les Soins psychologiques du bébé et de l'enfant* (*Psychological Care of Infant and Child*).

Il y a une façon appropriée de prendre soin des enfants. Traitez-les comme s'ils étaient de jeunes adultes. Habillez-les, lavez-les avec soin et minutie. Faites en sorte que votre comportement soit toujours objectif et ferme tout en demeurant gentil. Ne les enlassez ou embrassez jamais, ne les laissez pas s'asseoir sur vos genoux. Si vous le devez, embrassez-les une fois sur le front lorsqu'ils vont au lit. Serrez-leur la main le matin. Caressez-leur la tête s'ils ont accompli un travail extraordinaire dans une tâche difficile. Essayez-le. En quelques semaines vous trouverez facile d'être parfaitement objectif avec votre enfant et d'être gentil en même temps. Vous serez honteux de la façon mielleuse et sentimentale dont vous les avez traités auparavant. (Watson, 1928, p. 81, 82 ; cité dans Miller, 1989, p. 200 ; traduction libre.)

Pendant une cinquantaine d'années, avec le courant behavioriste, on refusa de considérer la pensée comme objet d'étude, se concentrant sur les comportements que les stimuli de l'environnement et les renforcements peuvent faire apparaître, maintenir ou faire disparaître par apprentissage. Dans cette optique, l'apprentissage était défini comme le changement dans la probabilité qu'une réponse survienne.

Pendant ces 50 années, d'innombrables recherches, la plupart portant sur les animaux, avaient pour but de trouver des lois universelles d'apprentissage, c'est-à-dire applicables à tous (animaux ou humains) dans n'importe quel type de tâche. Voici quelques exemples de ce genre de lois :

1- plus le renforcement (la récompense) apparaîtra vite après l'émission de la réponse par le sujet, plus ce renforcement sera efficace à consolider la réponse ;

2- une réponse qui n'a été renforcée que de temps à autre, de façon intermittente, est plus difficile à faire disparaître qu'une réponse qui a été renforcée de façon continue ;

3- une réponse émise en présence d'un stimulus donné a tendance à se généraliser à des stimuli semblables.

Selon Miller (1989), l'application de ce type de lois s'est toutefois avérée difficile à démontrer dans tous les types de comportements (moteurs, cognitifs, sociaux, etc.), à tous les âges ou dans toutes les cultures. Elles n'en ont pas moins constitué la base de la conception du développement de l'enfant selon la théorie de l'apprentissage. Au fil des années, ce développement correspond à l'acquisition, par apprentissage, de tout un répertoire de réponses plus ou moins complexes. La pensée est définie ici comme une réponse du même type que les autres, c'est-à-dire induite par l'environnement, sauf qu'elle n'est évidemment pas observable de manière directe.

Bien qu'elle soit objective, l'approche behavioriste du développement de l'enfant n'a pas permis de fournir une explication satisfaisante à des phénomènes complexes comme le développement du langage ou comme les changements survenant dans la capacité d'apprentissage de l'enfant à certains âges (entre 5 et 7 ans ou entre 11 et 13 ans, par exemple). En effet, White (1965) a démontré qu'entre 5 et 7 ans l'apprentissage de l'enfant ne fait pas que s'améliorer du pont de vue des performances, il se transforme avec l'avènement d'un contrôle cognitif accru. Miller

(1989) rapporte que plusieurs décennies de recherche sur l'apprentissage de la discrimination chez l'enfant ont entraîné des constats importants, incompatibles avec les préceptes de Watson :

1- les enfants sont actifs dans leurs tentatives d'apprentissage, ils ne font pas que réagir aux stimuli de l'environnement ;

2- l'apprentissage n'est pas un processus uniforme au cours du développement, mais un processus qui se transforme (un enfant de 4-5 ans n'apprend pas de la même façon qu'un enfant de 8-9 ans) ;

3- à mesure que l'enfant se développe, son apprentissage est de plus en plus sujet au contrôle cognitif ; la notion de réponse simple à un stimulus (S-R) doit faire place à celles d'hypothèses ou de stratégies cognitives de réponses.

Bref, à l'approche « objective » du behaviorisme de Watson, situant l'apprentissage comme le changement dans la probabilité d'apparition d'une réponse, a été substituée une conception de l'apprentissage comme un changement dans la connaissance. L'intégration de la cognition à l'intérieur de théorie du développement est devenue manifeste dans la contribution de Bandura, que nous allons maintenant aborder.

1.7.2 La théorie sociale cognitive de Bandura

En matière de développement de l'enfant, la théorie sociale cognitive de Bandura représente une version raffinée de la conception plus traditionnelle du courant de l'apprentissage social. Version plus raffinée parce qu'elle s'intéresse directement aux processus cognitifs en jeu dans l'acquisition et le maintien des comportements, ainsi qu'au contexte de leur production.

La théorie sociale cognitive adhère à un modèle interactif de causalité où les événements de l'environnement, les facteurs personnels et le comportement se conjuguent tous comme déterminants les uns des autres. La causalité réciproque permet aux personnes de diriger leur destinée en même temps qu'elle établit les limites de l'autodétermination. (Bandura, 1986, p. XI.)

Avant de proposer son modèle social cognitif du développement, Bandura a œuvré activement dans le domaine de l'apprentissage social. Dès le début des années 1960, Bandura et Walters (1959, 1963) publient des résultats de recherche démontrant la puissance d'un modèle présenté à l'enfant en tant que source d'influence de son comportement. Ces travaux initiaux sur le modelage ou l'apprentissage par observation ont montré, par exemple, que des enfants d'âge préscolaire ayant vu un modèle adulte se comporter de façon agressive avec une grosse poupée gonflable (le modèle adulte frappait la poupée en proférant des injures) présentaient plus de conduites agressives avec la même poupée lorsqu'ils étaient laissés seuls avec elle, comparativement à des enfants ayant observé un modèle adulte non agressif envers la poupée ou n'ayant pas observé de modèle (Bandura, Ross et Ross, 1961).

Dans certaines conditions, l'observation d'un modèle peut provoquer une forme d'apprentissage chez l'enfant ; ce constat, maintes fois démontré, a été important dans l'évaluation de l'influence que la télévision peut avoir sur les enfants, notamment en ce qui concerne l'agression, dimension qui colore abondamment les contenus télévisuels (voir le chapitre 16, portant sur les agents de socialisation).

En matière d'agressivité chez l'enfant, l'approche de l'apprentissage social a permis de montrer que l'observation d'un modèle agressif pouvait provoquer différents effets chez l'enfant :

1- l'imitation de nouveaux comportements qui n'étaient pas dans son répertoire auparavant ;

2- le renforcement ou l'affaiblissement de son contrôle personnel sur ses tendances agressives. Par exemple, l'enfant peut avoir appris de ses parents qu'il est incorrect d'agir agressivement avec des personnes ou des objets, mais devant le spectacle d'un adulte qui agit de cette manière sans être puni, l'enfant peut voir ses inhibitions s'affaiblir. Au contraire, si le modèle observé est puni pour avoir été agressif, il est alors probable que les inhibitions acquises par l'enfant seront renforcées à l'égard de conduites agressives potentielles ;

3- l'observation de modèles évoluant dans des situations chargées de violence peut augmenter la réactivité de l'enfant à l'égard de l'environnement présenté, par le modelage. L'enfant qui observe un film à suspens se déroulant sur un bateau lors d'une tempête ou encore dans l'obscurité d'une forêt pourra développer une réactivité plus grande au contexte associé à une promenade en bateau par temps fort, ou à l'obscurité en forêt, etc.

Les travaux menés par les tenants de l'apprentissage social ont donc permis de montrer que le modelage pouvait agir de diverses façons sur les comportements imitatifs de l'enfant. Les études récentes ont aussi permis de comprendre que l'effet du modelage sur l'enfant n'est pas un phénomène fixe, mais qu'en plus d'être fonction du comportement et des caractéristiques du modèle, il peut aussi varier selon le contexte dans lequel il se produit et selon les caractéristiques de l'enfant observateur.

Le tableau 1.3 fournit une description schématique des processus en jeu dans l'approche récente de Bandura (1986), la théorie sociale cognitive de la pensée et de l'action, sans doute l'intégration la plus complète de la théorie de l'apprentissage social aujourd'hui. Ce tableau permet de saisir l'ampleur de la place occupée par les processus cognitifs dans la théorie sociale cognitive : nous sommes loin de l'époque où l'association directe entre le stimulus et la réponse (S-R) était le paradigme central du discours théorique. Le tableau 1.3 permet aussi de voir qu'il existe plusieurs étapes entre l'observation d'un modèle et l'imitation effective de son comportement dans la réalité : l'attention → la mémorisation → la motivation → la production du comportement.

On ne doit pas s'attendre à ce que le fait de présenter un modèle à l'enfant suffise pour que le comportement observé soit intégré dans le répertoire de l'enfant. Ce serait fort intéressant en éducation... Dans le modèle que propose Bandura (1986) au tableau 1.3, quatre processus sont donc essentiels à

ce passage de l'observation d'une conduite à son adoption par l'observateur, chaque processus agissant d'une part en rapport avec les caractéristiques personnelles de ce dernier et d'autre part avec les composantes relatives au contexte d'actualisation du processus. D'abord se produit le processus d'attention correspondant à la phase de saisie des informations, succède la rétention ou la mise en mémoire des informations, puis la production du comportement, conditionnée elle-même par les processus motivationnels présents chez le sujet.

Considérant cet ensemble de facteurs d'influence, on comprend bien qu'il ne suffit pas d'observer quelqu'un jouer du piano pour pouvoir reproduire sa conduite ultérieurement. En revanche, on peut aussi imaginer que lorsque certaines conditions propices se produisent, une seule observation d'un modèle suffit à l'enfant pour intégrer le comportement observé et le reproduire éventuellement.

Dans une bonne mesure, les souvenirs d'événements marquants vécus au cours de l'enfance et qu'on pourrait reconstituer de façon précise ressortent de l'apprentissage par observation tel qu'il est décrit par Bandura, le caractère marquant de tels événements étant sujet à l'influence des facteurs énumérés au tableau 1.3. L'observation de violence dans la famille, entre les parents, constitue un exemple d'événement à fort potentiel d'effet psychologique : par exemple, les fils qui observent des comportements violents de leur père à l'égard de sa conjointe seraient 10 fois plus sujets à être violents plus tard envers leur partenaire que les fils qui n'observent pas cette conduite chez leur père (Strauss, Gelles, Steinmetz, 1980). Plusieurs études ont souligné le rôle de l'observation de violence familiale dans la transmission entre générations de mauvais traitements physiques (Emery, 1989 ; Fantuzzo et Lindquist, 1989).

1.7.3 Les contributions de la théorie sociale cognitive de Bandura

La théorie de Bandura constitue un prolongement du courant traditionnel de l'apprentissage social par les principes de base qu'elle en retient et l'approche méthodologique expérimentale qu'elle utilise, mais elle n'en fournit pas moins un éclairage original du développement de l'enfant. Trois contributions nouvelles peuvent ainsi être identifiées. Premièrement, Bandura accorde une place prépondérante aux processus mentaux dans l'apprentissage, ce qu'on ne fait pas dans l'approche traditionnelle. Deuxièmement, Bandura décrit l'enfant comme un agent actif de son développement et non pas comme un organisme qui ne fait que réagir aux stimulations de l'environnement. Selon ses capacités, sa motivation, etc., l'enfant appréhende la réalité qui l'entoure, il peut la modifier et l'adapter à ses exigences. Il peut aussi l'emmagasiner sur un plan symbolique et, éventuellement, en retenir les composantes spécifiques sans que l'on puisse observer quoi que ce soit dans son comportement extérieur. Troisièmement, Bandura propose aussi un processus d'autorégulation dans l'apprentissage, processus concernant notamment les capacités :

1- d'établir des liens entre les apprentissages antérieurs et les situations observées sur-le-champ afin d'abstraire des règles, des stratégies de conduite tenant compte du contexte, etc. ;

2- de fixer des objectifs de performance par rapport à des valeurs ou à des standards intériorisés ;

3- d'évaluer son propre rendement en fonction de ses objectifs et de se donner à soi-même des récompenses ou des correctifs à la lumière de l'évaluation.

Bref, le modèle de Bandura permet d'intégrer les processus cognitifs avec l'approche traditionnelle de l'apprentissage ; il offre une perspective interactioniste où l'environnement n'est pas la seule source de détermination du comportement, mais plutôt une dimension qui entre en interaction avec la personne (avec ses caractéristiques personnelles) et son comportement tel qu'il est produit. Pour Bandura, l'apprentissage par observation est donc beaucoup plus que l'imitation permettant de copier les gestes observés chez un modèle.

Selon Miller (1989), la théorie de Bandura a l'avantage :

1- d'être vérifiable parce qu'elle repose sur des résultats de recherches empiriques sur le comportement et non pas seulement sur des concepts abstraits ;

2- d'être flexible parce qu'elle évolue à la lumière des résultats nouveaux fournis par la recherche ;

3- d'être englobante (*intégrative*) parce qu'elle permet d'intégrer des processus jusque-là isolés les uns des autres comme le conditionnement opérant, les processus de renforcement (direct et vicariant) et l'influence des modèles sociaux.

Miller (1989) croit cependant que la théorie de l'apprentissage social doit mieux approfondir le lien qui existe entre l'apprentissage par observation et le développement cognitif de l'enfant. Kaley et Cloutier (1984) avaient en effet observé que plusieurs des dimensions du modèle décrit au tableau 1.3 s'actualisent en fonction du niveau de développement cognitif atteint par l'enfant.

1.8 L'APPROCHE DU TRAITEMENT DE L'INFORMATION

Selon l'approche du traitement de l'information, la pensée humaine est un système complexe de manipulations de symboles fonctionnant comme un ordinateur. Les opérations de ce système mental peuvent se définir selon trois paramètres :

1- selon une direction reliant une entrée (input) et une sortie (output) ;

2- selon une séquence composée d'opérations distinctes ;

3- selon une organisation structurée hiérarchiquement définissant une stratégie cognitive où certaines opérations en commandent d'autres.

En psychologie, le premier objet d'étude de ce courant est donc le fonctionnement cognitif. L'approche du traitement de l'information n'a pas vraiment fourni une théorie intégrée du développement de l'enfant, mais dans le contexte de l'évolution contemporaine des connaissances sur le développement de l'enfant, cette approche fournit une contribution très

TABLEAU 1.3 : Processus en cause dans l'apprentissage par observation selon Bandura*

Processus d'attention	Processus de rétention	Processus de production	Processus motivationnels
• Caractéristiques du modèle ou de l'événement observé : – son effet perceptuel (visuel, auditif, etc.) – sa valeur affective – sa complexité – sa prévalence (son temps d'exposition, etc.) – sa valeur fonctionnelle (utilité, association avec la réussite, etc.)	• Encodage symbolique • Organisation cognitive • Répétition mentale de la conduite • Répétition gestuelle de la conduite	• Qualité de la représentation mentale de la conduite à adopter • Possibilité d'observer la production de la conduite et degré de disponibilité de l'information rétroactive sur la production • Justesse de l'évaluation de la correspondance entre la conduite à avoir et celle adoptée	• Récompenses directes diverses (concrètes, sociales, sensorielles, etc.) • Récompenses vicariantes (par exemple observation d'une autre personne recevant un prix pour la conduite adoptée) • Autorenforcements (être fier de soi, se féliciter de ses réussites, etc.)

Modèle présenté → → → → Comportement produit

CARACTÉRISTIQUES PERSONNELLES DE L'OBSERVATEUR

• Ses capacités perceptuelles • Ses dispositions perceptuelles (ses tendances) • Ses habiletés cognitives • Ses préférences • Sa vigilance	• Ses habiletés mentales • Ses structures cognitives	• Ses capacités physiques • Sa maîtrise des habiletés sous-jacentes à l'ensemble à produire (par exemple son agileté motrice dans une conduite sportive, la qualité de sa prononciation dans une tâche d'expression verbale, etc.)	• Ses préférences par rapport aux récompenses • Les standards extérieurs de performance auxquels l'observation se compare • Les standards internes que se pose l'observateur à lui-même

* Élaboré à partir de BANDURA, A. (1986) *Social Foundations of Thought and Action*, Englewood Cliffs (N.J.), Prentice-Hall.

importante, sinon la plus importante, en matière de cognition (Miller, 1989). Dans cette perspective théorique, le développement psychologique de l'enfant pourrait se comparer à l'élaboration de logiciels d'ordinateur. Les chercheurs intéressés au développement de la mémoire, des stratégies de résolution de problèmes, de la compréhension de textes, etc., n'ont pas l'impression d'adhérer à une théorie, comme c'est le cas pour les freudiens, les piagétiens, etc. ; ils ont plutôt l'impression de travailler dans un secteur donné du champ des processus cognitifs. C'est l'adhésion de ces chercheurs à certains principes de base qui permet de les regrouper selon une approche commune et d'identifier une conception du développement de l'enfant à travers leurs études des processus cognitifs.

1.8.1 Les trois principes de base dans l'approche du traitement de l'information

L'un des principes de base de cette approche est que l'humain serait un système qui traite l'information selon trois grandes phases : input — traitement — output. L'information arrive, elle est traitée puis un résultat en découle. Les opérations mentales se produisent entre l'entrée et la sortie, mais le système cognitif inclut les trois phases. L'input, c'est-à-dire la saisie de l'information, peut s'opérer à partir de différents médias sensoriels (vue, ouïe, toucher, etc.) ou différents supports (image, symbole, etc.). Déjà dans cette première étape, certains processus cognitifs peuvent jouer un rôle dans l'encodage ; l'attention, la motivation, la distractivité, la familiarité avec le support de l'information en sont des exemples. La deuxième étape, celle du traitement de l'information, est le principal objet d'intérêt de l'approche. Elle comprend toute une série de champs d'exploration comme la mémoire (à court ou à long terme), la résolution de problèmes, la compréhension de textes, etc. Enfin, l'output, ou la sortie, est la réponse qui résulte du traitement de l'information. Cette réponse peut correspondre à la mise en mémoire d'une information, à un geste physique, à une décision, etc. C'est en cherchant à mettre l'input en rapport avec l'output que l'on peut formuler des modèles du traitement de l'information. La figure 1.3 en fournit un exemple.

Un deuxième principe de l'approche du traitement de l'information est que l'utilisation de modèles serait une stratégie efficace pour comprendre les processus cognitifs. Un modèle peut être un programme d'ordinateur permettant de simuler l'opération mentale que l'on cherche à décrire, compte tenu de l'input et de l'output. Un modèle peut aussi être un diagramme logique comme celui de la figure 1.3. L'un des avantages de l'utilisation de modèles est le niveau de précision que l'on peut atteindre dans la proposition de composantes, de séquences opératoires ou d'interaction entre composantes et étapes d'opération.

Par exemple, un programme d'ordinateur servant de modèle à une stratégie de résolution de problème utilisée par un enfant n'acceptera pas d'omission ou d'approximation : il ne fonctionnera pas tant que tous les éléments de l'opération ne seront pas précisés.

Le but ultime de l'approche du traitement de l'information est de fournir un modèle qui rende compte de façon précise du fonctionnement cognitif. Un tel modèle ne ferait pas que décrire les composantes du système cognitif, mais aussi des mécanismes de contrôle de ces composantes et la façon dont ils se développent. À la limite, un tel système permettrait de reproduire exactement le fonctionnement cognitif humain (Miller, 1989).

En continuité directe avec le précédent, un troisième principe partagé par la plupart des tenants de l'approche du traitement de l'information, aussi appelés psychologues cognitifs ou « cognitivistes », veut qu'une analyse très fine de la tâche offerte et un contrôle rigoureux de la technique d'observation du sujet soient nécessaires pour formuler une description valable des processus mentaux. Ce principe de rigueur méthodologique découle de la psychologie expérimentale et permet aux cognitivistes d'aborder la complexité des processus mentaux avec plus d'assurance : l'encadrement rigoureux du processus à l'étude permet d'identifier plus clairement les sources de variance dans les réponses observées et de rendre compte de façon plus précise des interactions en jeu.

1.8.2 Le contexte d'émergence de l'approche du traitement de l'information

Selon Miller (1989), l'approche du traitement de l'information s'est d'abord développée par rapport aux processus mentaux adultes. La combinaison de deux tendances, au cours des années 1940 et 1950, serait à l'origine de ce courant d'intérêt. Premièrement, une crise est survenue dans le courant néobehavioriste : bon nombre de chercheurs se sont

FIGURE 1.3 : Diagramme des étapes logiques dans la compréhension d'un texte*

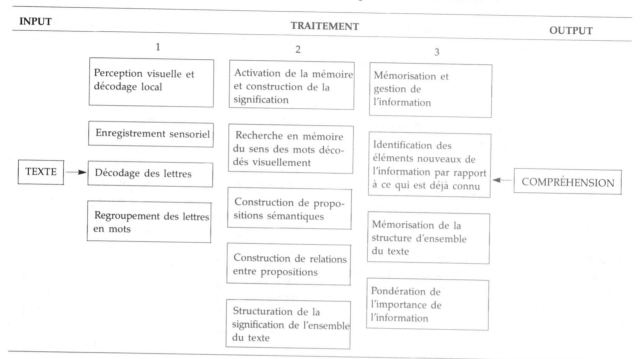

* Adaptée de Deschênes, A.-J. (1986) *La Compréhension, la production de texte et le développement de la pensée opératoire*, thèse de doctorat inédite, Québec, Université Laval.

progressivement rendu compte que ce n'est pas en étudiant la façon dont l'homme mémorise des syllabes sans signification (hra — tuc — ilq — dap — bse — eav...) présentées en laboratoire que l'on arriverait à comprendre les processus mentaux conduisant à des décisions dans la vie courante. Les arguments étaient plus nombreux à l'appui de l'existence de processus mentaux complexes tels que des règles abstraites, des stratégies dans le contrôle de l'activité mentale, au détriment des explications basées sur les associations conditionnées entre stimuli et réponses.

Dans ce contexte d'insatisfaction à l'égard des explications behavioristes des processus cognitifs, une deuxième force s'est manifestée : l'avènement des nouvelles technologies de communication et de traitement de l'information qui allaient donner

naissance à l'ordinateur. La théorie de l'information (Wiener, 1962) et la naissance de l'informatique ont permis d'aborder les processus mentaux humains d'une nouvelle façon : Miller, Galanter et Pribram (1960), Newell et Simon (1961, 1972), en quelques années seulement, ont bien fait comprendre que l'humain fonctionnait selon des stratégies, des plans organisés hiérarchiquement en objectifs, en étapes, etc.

L'approche du traitement de l'information, née en psychologie de ces deux sources contextuelles d'influence (crise néo-behavioriste et nouvelles technologies), n'a pas cessé de croître en importance, multipliant les programmes de recherche multidisciplinaires (informatique, psychologie, gestion, sciences biomédicales, pédagogie, etc.) et donnant lieu à des univers nouveaux comme celui de l'intelligence artificielle, à savoir des machines pouvant résoudre des problèmes, poser des diagnostics, apprendre, c'est-à-dire adapter leur fonctionnement au contexte, développer et tester des hypothèses, etc. Cette nouvelle « science de la cognition » relèvera vraisemblablement des défis formidables au XXIᵉ siècle.

1.8.3 La conception du développement mental chez l'enfant

L'approche du traitement de l'information a été progressivement appliquée à l'enfant parce que ses qualités (notamment l'utilisation de modèles et la rigueur méthodologique) étaient tout indiquées dans le contexte des questions importantes sur la nature et les mécanismes du développement de la pensée chez l'enfant. Selon cette approche, au moins quatre idées importantes reflètent la conception du développement mental de l'enfant :

1- l'enfant est un agent actif de son développement cognitif ;

2- le temps est important dans les processus cognitifs ;

3- la mémoire est importante pour la pensée ;

4- les stratégies de résolution de problèmes reflètent le fonctionnement de l'intelligence.

L'enfant : un agent actif de son développement cognitif

L'approche du traitement de l'information, à l'instar de celle de Piaget, présente une conception interactioniste du développement : l'enfant ne fait pas que réagir aux stimulations de son milieu, il participe activement au développement de ses connaissances en agissant sur son environnement. Ainsi, il interprète les stimuli qu'il perçoit, il applique des stratégies en les manipulant, il questionne les données, etc. L'approche du traitement de l'information décrit aussi l'enfant comme autorégulateur :

L'enfant essaie différentes règles ou stratégies dans ses tentatives pour percevoir, comprendre et se souvenir des évé-

nements de la vie courante. Il apprend à choisir les meilleures façons de résoudre un problème. En rejetant les façons inutiles et en retenant celles qui aident, l'enfant devient graduellement meilleur à traiter l'information. (Miller, 1989, p. 284.)

Le temps est important dans les processus cognitifs

L'approche du traitement de l'information accorde une importance particulière au fait que les processus cognitifs se déroulent dans le temps. Plusieurs études ont par exemple porté sur le temps de réaction : temps requis pour discriminer une forme visuelle d'une autre, temps requis pour réagir à un signal, temps pour trouver la solution à un problème logique, etc. Par rapport au temps, l'hypothèse de base est que plus un problème est résolu rapidement, plus le traitement de l'information est efficace. La comparaison du temps requis pour traiter l'information d'un problème donné, d'un âge à un autre, permet d'identifier les progrès du développement.

La mémoire est importante pour la pensée

Comparativement aux autres théories développementales, l'approche du traitement de l'information accorde une place beaucoup plus importante au développement de la mémoire. Dans cette optique, la façon dont l'enfant développe des stratégies pour mémoriser des contenus est un reflet intéressant de ses processus de traitement de l'information. Ces stratégies témoignent de ce que l'enfant arrive à faire pour dépasser les limites de ses capacités à traiter l'information. Par exemple, si vous demandez à un enfant de 5 ans de mémoriser un numéro de téléphone, il est probable qu'il n'y arrivera pas, tandis qu'un enfant de 10 ans y arrivera plus facilement. La différence entre les deux ne résiderait pas dans le fait de mémoriser comme tel mais dans la façon de gérer l'information en vue de se souvenir : l'enfant plus vieux répétera sans cesse le numéro pour le retenir (comme on le ferait sans doute soi-même) tandis que le plus jeune ne pensera pas à le faire. La différence viendrait donc surtout de la stratégie utilisée pour se souvenir : le jeune enfant serait capable de se répéter le numéro (il le ferait si on le lui demandait) mais il n'agit pas ainsi spontanément. Selon Flavell, les jeunes peuvent parfois disposer de stratégies appropriées pour aider leur mémoire, mais ils savent peu quand et comment les utiliser efficacement (Keeney, Cannizzo et Flavell, 1967).

Dans les domaines aussi complexes que la compréhension de textes, l'utilisation du rappel constitue une stratégie de recherche très importante. En effet, la méthode consiste souvent à présenter un texte à l'enfant puis à lui demander d'en résumer le contenu immédiatement après ou à la suite d'un délai variable. Le compte rendu que l'enfant produira du texte qu'on lui a présenté renseignera sur la façon dont il organise les données. Compte tenu du texte qui constitue un stimulus objectif, c'est-à-dire qui renferme un certain nombre d'éléments spécifiques organisés selon une séquence et une structure identifiables, le résumé que produira le sujet permettra notamment de fournir une réponse aux questions suivantes : quels sont les éléments retenus ? quelle est leur position séquentielle ? leur importance hiérarchique est-elle respectée ? quels sont les éléments ajoutés qui n'étaient pas dans le texte de départ ? comment les éléments rappelés sont-ils mis en relation entre eux comparativement à leurs liens dans le texte de départ ? quelle est la densité du contenu du texte de rappel ?

La présentation d'une même tâche dans un même contexte à des sujets d'âges différents permet de tracer l'évolution des stratégies d'organisation des contenus par le biais du rappel. De plus, en mesurant le niveau initial de connaissances des sujets sur le contenu du texte à retenir, on peut étudier la façon dont le sujet relie les connaissances nouvelles avec celles qu'il a déjà, et comment ces dernières influencent le résumé produit.

Avec l'approche de traitement de l'information, l'étude du développement des performances de rappel a permis l'acquisition de connaissances intéressantes sur l'évolution des erreurs typiquement commises par le sujet à différents âges, sur les règles qu'il uti-

lise, sur la façon dont il structure les données pour les mémoriser, etc.

Les stratégies de résolution de problèmes reflètent le fonctionnement de l'intelligence

Nous avons vu que l'approche du traitement de l'information utilisait le temps comme indicateur de performance cognitive et aussi la mémoire comme reflet de l'organisation des représentations mentales. L'étude de la résolution de problèmes a aussi constitué une zone importante de recherche dans cette approche, domaine qui a largement tiré profit des modèles et des simulations par ordinateur pour la compréhension des processus cognitifs en jeu.

Une conception de l'intelligence est ressortie de façon graduelle de l'ensemble de ces travaux, conception que la théorie de Sternberg (1985) reflète très bien (voir la section 7.2 pour une description de ce modèle).

Qu'est-ce qui se développe ?

L'approche du traitement de l'information est concentrée sur l'étude des processus cognitifs. Malgré le fait que sa contribution commence à se faire sentir dans des domaines comme celui du développement social de l'enfant (on peut en trouver des traces dans le modèle de l'apprentissage social de Bandura présenté au tableau 1.1), cette approche n'a pas encore intégré des dimensions psychologiques comme le développement émotionnel et affectif de l'enfant, ni l'influence du contexte dans lequel se produit le développement.

Dans cette optique, ce sont les processus cognitifs qui se développent. Brown (1975, 1979) résume efficacement la position de ce courant :

1- la connaissance du monde en général ;

2- la connaissance sur la connaissance, c'est-à-dire la métacognition ou la pensée sur les processus cognitifs eux-mêmes ;

3- la connaissance du « comment connaître », c'est-à-dire le développement des stratégies de recherche de la connaissance.

1.9 LES MÉTHODES D'ÉTUDE DU DÉVELOPPEMENT DE L'ENFANT

L'étude systématique du développement de l'enfant est relativement récente ; elle n'a vraiment commencé que lorsque la psychologie scientifique est devenue un courant distinct de la philosophie. La première méthode à avoir servi pour observer le développement de l'enfant est la biographie d'enfant. Cette dernière a été utilisée par plusieurs grands auteurs à l'intérieur de l'histoire de la psychologie. Il s'agit de consigner systématiquement dans un journal les observations des comportements de l'enfant pour en percevoir l'évolution dans le temps. Ainsi, Darwin enregistra ses observations au sujet de son fils en 1840 et en 1841 ; Alfred Binet observa ses filles et utilisa ce matériel pour donner des exemples de différences individuelles dans le développement mental de l'enfant ; Piaget appuya son principal ouvrage concernant la petite enfance (*La Naissance de l'intelligence chez l'enfant*) sur l'observation de ses trois enfants pendant leurs premières années ; Skinner observa l'évolution de sa fille dans la boîte (*baby box*) qu'il avait conçue pour contrôler la stimulation environnementale qui lui était offerte (Borstelmann, 1983). Pour ces hommes de science, le contact direct avec l'enfant a certainement constitué une source majeure d'inspiration, ce qui montre bien que le vécu personnel peut laisser sa trace même sur les modèles scientifiques rigoureux.

L'approche normative de l'enfant est une deuxième approche empirique apparue relativement tôt ; elle domina en matière de recherche sur l'enfant pendant la première moitié du xxᵉ siècle. Il s'agit de mesurer quantitativement différents comportements chez des populations d'enfants d'âges variables et de tracer la courbe typique, normale, du développement selon l'âge. Stanley-Hall (1844-1924) est reconnu comme le pionnier de cette méthode, mais c'est probablement Arnold Gesell (1880-1961) qui

en laissa l'héritage le plus important avec des tables précises de développement moteur et cognitif pour tous les âges de l'enfance (Gesell et Ilg, 1949). L'ensemble de la psychométrie du développement de l'enfant repose sur l'approche normative où il s'agit d'identifier des normes de développement de diverses fonctions psychologiques (intellectuelles ou autres) servant ensuite de guide pratique d'appréciation du niveau de développement de chaque individu. Deux méthodes ou techniques importantes de collecte des données ont été utilisées dans l'approche normative : la méthode transversale et la méthode longitudinale. Elles permettent toutes deux d'appréhender le développement sur plusieurs années.

La méthode transversale de collecte de données, la plus répandue, consiste à prendre un échantillon composé de plusieurs groupes d'enfants d'âges différents et à tracer le profil évolutif en fonction du temps, tout en mesurant l'ampleur des différences rencontrées à chaque tranche d'âge. Par ailleurs, la méthode longitudinale s'étale dans le temps : elle consiste à suivre un certain nombre de personnes et à répéter la mesure d'année en année. Qu'il s'agisse de la croissance physique, du rendement intellectuel ou de la personnalité, la méthode longitudinale permet de comparer chaque personne avec elle-même et non pas avec des individus différents vivant dans des environnements différents. En effet, on peut concevoir que la position d'un enfant dans son groupe d'âge varie d'une année à l'autre, celui-ci se trouvant parmi les forts une année et parmi les moins forts une autre, selon le contexte de sa vie. Si elle permet de mieux tenir compte de ce type d'influence contextuelle parce qu'on compare chaque personne avec elle-même dans le temps, la méthode longitudinale est très coûteuse en raison de sa durée prolongée et, de ce fait, elle porte souvent sur des échantillons restreints.

La méthode séquentielle de collecte des données est une combinaison des méthodes transversale et longitudinale : elle consiste à accumuler, à plusieurs reprises dans le temps (longitudinale), des données sur plusieurs groupes d'âges différents (transversale). Par exemple, l'échantillon peut comprendre trois groupes de 50 enfants âgés respectivement de 3, 6 et 9 ans, que l'on évalue chaque année pendant 3 ans. Le profil de développement qui résulte de cette étude commence donc à 3 ans et se termine à 12 ans, soit 9 ans d'étendue pour une recherche menée sur 3 ou 4 ans.

L'approche expérimentale du développement de l'enfant repose sur le modèle scientifique du contrôle systématique des variables. L'idée est de savoir, toutes choses étant égales par ailleurs, comment se comportent les enfants placés dans telle ou telle situation. L'influence d'une variable sur le comportement de l'enfant peut ainsi être évaluée avec le moins d'interférence possible. Toutefois, l'expérience contrôlée en laboratoire n'est pas toujours représentative de ce qui se passe dans la vie parce que l'on doit y faire abstraction d'une foule de variables reliées au contexte naturel. Par exemple je puis recueillir en laboratoire toute une série de données sur les étapes d'apprentissage de la notion de « plus petit commun dénominateur », avec un contrôle rigoureux de l'information donnée aux enfants, mais le profil que j'obtiens ainsi ne tient pas compte de toute l'influence du contexte de la classe avec les caractéristiques de l'enseignement et des pairs. De la même façon, dans une expérience contrôlée en laboratoire, je puis appliquer une méthode relative au traitement du bégaiement chez l'enfant qui donne des résultats très significatifs en fin d'expérience sans pour autant que l'on sache pourquoi. Trois semaines après le traitement, certains sujets sont revenus à leur niveau initial de bégaiement tandis que d'autres ont maintenu leur gain expérimental. Malgré ce problème de la réduction associé au contrôle expérimental, l'expérience contrôlée a certainement apporté une large contribution à la compréhension des processus en jeu dans le développement psychologique de l'enfant.

1.10 QUELQUES CONSENSUS THÉORIQUES SUR LE DÉVELOPPEMENT DE L'ENFANT

En tenant compte des grandes contributions théoriques depuis le début de la psychologie scientifique, Kagan (1983) offre une discussion intéressante des conceptions qu'elles partagent en matière de développement de l'enfant. Nous retenons quatre éléments ayant obtenu consensus lors de cette discussion :

1- la loi de l'effet ;
2- le caractère graduel de l'évolution ;
3- la continuité fonctionnelle du développement ;
4- l'intériorisation en tant que mécanisme de développement.

La loi de l'effet

Qu'est-ce qui pousse l'enfant à agir, à explorer son monde, à apprendre ? Dire que l'enfant a tendance à fuir la douleur et à rechercher le plaisir est quelque peu évident. Pourtant, cette tendance fondamentale se trouve à la base du dynamisme évolutif dans la plupart des théories du développement, qu'il s'agisse du processus d'équilibration chez Piaget, du principe du plaisir chez Freud (éros), du renforcement positif ou négatif à l'intérieur de l'apprentissage. Ainsi, la plupart des auteurs intéressés au développement humain proposent un mécanisme similaire à la loi de l'effet comme agent fondamental du façonnement du répertoire des conduites.

Selon la loi de l'effet, concept d'abord proposé par Thorndike (1911), les actes suivis de conséquences positives deviennent plus probables, tandis que ceux qui sont suivis de conséquences négatives deviennent moins probables. Kagan (1983) mentionne que ce concept était déjà présent dans la psychologie du XIXe siècle, mais qu'alors on attribuait à l'enfant une intention dans la recherche du plaisir ou l'évitement de la douleur : l'enfant agissait pour obtenir une satisfaction. Constatant que l'intention est souvent absente dans des conduites automatisées ou sans but précis, les psychologues du XXe siècle ont supprimé la volonté comme base dynamique du comportement, adoptant le principe de la loi de l'effet, qu'il existe ou non une composante intentionnelle dans l'agir.

L'évolution graduelle

Une autre notion qui se trouve présente, explicitement ou implicitement, à peu près dans toutes les théories sur l'enfant est le caractère graduel de son développement. Les nouveaux acquis n'arrivent pas d'un seul coup mais progressivement. Même les conceptions qui privilégient un développement par stades qualitativement différents les uns des autres, comme les théories de Piaget ou de Freud, décrivent des phases transitoires où il peut y avoir chevauchement entre deux étapes voisines. Si la notion de moment critique du développement renvoie à une intensité d'acquisition particulière à un moment donné de la vie, on ne trouve pas l'idée d'une apparition instantanée de nouvelles capacités dans les théories du développement de l'enfant.

La continuité fonctionnelle

Non seulement les auteurs s'accordent-ils pour décrire le développement comme un processus graduel, mais ils assument aussi que les phases de ce développement sont structurellement reliées les unes aux autres, c'est-à-dire qu'il y a continuité fonctionnelle dans le développement, les acquis d'une étape servant de base à l'implantation d'une étape ultérieure. Que l'on soit tenant d'une conception psycho-dynamique, cognitive—développementale ou d'apprentissage social, il semble clair que les habiletés complexes chez l'adulte reposent sur les acquis obtenus progressivement durant l'enfance. C'est ainsi que pour Piaget, par exemple, l'étude de l'intelligence relie fonctionnellement les schèmes réflexes innés du nouveau-né aux opérations formelles portant sur des abstractions.

L'intériorisation en tant que mécanisme de développement

Selon le principe de l'intériorisation, les représentations mentales ont pour origine des actions motrices répétées sur des objets ou des perceptions sensorielles des mêmes contenus d'information. Après maintes répétitions, ces actions ou percepts finissent par être représentées mentalement sous forme d'images mentales. L'image de soi est un autre exemple où ce processus interviendrait. L'enfant se construit une image de lui-même à partir de l'information positive ou négative que lui renvoie son environnement social ; il intériorise des informations obtenues de l'extérieur. L'ensemble du processus de socialisation, c'est-à-dire l'apprentissage à se comporter correctement et de façon autonome en société, procède aussi selon une intériorisation progressive des règles d'abord imposées de l'extérieur puis assimilées par l'enfant.

Kagan (1983) affirme que si l'on peut démontrer la présence de ce processus d'intériorisation dans plusieurs facettes du développement de l'enfant, il fait moins l'objet d'un consensus dans les théories contemporaines comparativement aux principes de continuité fonctionnelle, de moment critique ou d'évolution graduelle.

POST-TEST

1- Nommez trois questions importantes relevant des théories du développement de l'enfant.

2- Sur le plan affectif, quelles sont les relations que l'on reconnaît comme les prototypes des relations interpersonnelles ?

3- Quel rôle accorde-t-on à l'enfance par rapport aux étapes ultérieures du cycle de la vie ?

4- Identifiez deux grandes sources de variation existant entre les théories du développement de l'enfant.

5- À quoi s'intéressent essentiellement tous les tenants des théories du développement ?

6- *Vrai ou faux*. La conception d'un développement par stades propose des changements quantitatifs, tandis que la conception d'un développement continu propose des changements qualitatifs.

7- Sur quelle base Platon proposait-il que les idées étaient innées ?

8- En respectant l'ordre de leur mention, associez les courants suivants à la conception de la nature humaine qu'ils privilégient : 1) le courant organismique ; 2) le courant mécaniciste.

   a) L'homme est une sorte de machine ayant des caractéristiques fonctionnelles spécifiques ;

   b) L'humain est un système contenant un plan qui s'actualise dans le temps.

9- *Complétez la phrase*. La théorie de Piaget s'inscrirait plutôt dans la conception .... de la nature humaine.

10- Que signifie le mot latin *infans* dont est dérivé le mot français « enfant » ?

11- Identifiez les trois grands stades de développement que les Romains distinguaient dans le développement de l'enfant.

12- *Vrai ou faux*. Jusqu'au IVe siècle après Jésus-Christ, le père de famille romaine avait droit de vie ou de mort sur ses enfants, même lorsque ceux-ci avaient atteint l'âge adulte.

13- En respectant l'ordre de mention, reliez chaque auteur à la conception de l'enfant qu'il soutenait : 1) Jean-Jacques Rousseau ; 2) John Locke.

   a) L'enfant naît sans prédisposition naturelle, comme une *tabula rasa* ;

   b) L'enfant naît avec une prédisposition naturelle à un développement sain et ordonné.

14- Quel auteur a été le premier promoteur de l'ajustement de l'intervention éducative au stade du développement de l'enfant ?

15- Décrivez une des idées importantes que la psychologie du développement doit à Charles Darwin.

16- *Vrai ou faux*. La diversité des courants de pensée fut une des caractéristiques dominantes du XXe siècle en psychologie de l'enfant.

17- Selon Freud, l'énergie psychique provient de l'énergie biologique du corps. Identifiez les deux instincts de base qu'il considère comme la source des besoins, c'est-à-dire des demandes faites à l'esprit.

18- Dans la théorie freudienne, comment se nomme la structure psychique responsable de canaliser l'énergie pulsionnelle vers des objets aptes à satisfaire les besoins tout en respectant la réalité ?

19- Dans le développement psychosexuel de l'enfant décrit par Freud, quelle est la dernière structure psychique à apparaître ?

20- Selon Freud, quel est le rôle des mécanismes de défense qui entrent en jeu lorsque l'anxiété augmente au point de menacer l'équilibre du moi ?

21- Inscrivez les étapes suivantes selon leur séquence d'apparition chez l'enfant dans le modèle freudien du développement psychosexuel :

   a) le complexe d'Œdipe ;

   b) la période de latence ;

   c) le stade oral ;

   d) le stade génital ;

   e) le stade anal ;

   f) le stade phallique.

22- Erikson croit que chaque stade de développement crée une sensibilité particulière à certains types d'interactions psychosociales. Expliquez brièvement.

23- Dans le modèle d'Erikson du développement psychosocial de l'enfant, chaque stade se définit par un problème où s'opposent deux tendances contraires. Ordonnez les paires de tendances suivantes selon la séquence de leur apparition dans le développement humain :

   a) la compétence versus l'infériorité ;

   b) l'identité versus la diffusion ;

   c) la confiance versus la méfiance ;

   d) l'intégrité versus le désespoir.

24- Si c'est la maturation physiologique (l'âge) qui structure l'évolution dans les étapes du cycle de vie proposé par Erikson, qu'est-ce qui en définit les enjeux ?

25- *Complétez la phrase.* L'approche éthologique du développement de l'enfant est probablement le courant théorique le plus directement influencé par la contribution de .... sur l'évolution des espèces.

26- Identifiez deux exemples de patterns fixes d'action observés chez des animaux non humains.

27- Quelle est la principale méthode de collecte des données des éthologistes ?

28- Dans le contexte de l'approche éthologique, donnez un exemple d'une méthode expérimentale basée sur un comportement de l'enfant couramment observé dans son milieu naturel.

29- À quoi les tenants du courant écologique du développement de l'enfant s'intéressent-ils ?

30- *Vrai ou faux.* Sauf exception, la plupart des théories du développement de l'enfant s'accordent pour concevoir ce développement comme le résultat de l'interaction entre les caractéristiques de l'enfant et celles de son milieu.

31- En respectant l'ordre de leur mention, indiquez à quel système appartient chacune des réalités suivantes dans le modèle écologique de Bronfenbrenner : 1) la famille ; 2) le réseau d'amis des parents ; 3) la culture.

   a) le microsystème ;

   b) le mésosystème ;

   c) l'exosystème ;

   d) le macrosystème.

32- Dans quel courant de recherche la théorie de l'apprentissage social de Bandura prend-elle ses racines ?

33- Brièvement, en quoi consiste l'introspection ?

34- *Vrai ou faux.* Pendant une cinquantaine d'années, le courant behavioriste a refusé de considérer la pensée comme objet d'étude.

35- Selon la théorie de l'apprentissage, à quoi correspond le développement de l'enfant au fil des ans ?

36- Identifiez un des constats incompatibles avec les préceptes initiaux de Watson, que les recherches sur la discrimination chez l'enfant ont permis d'établir.

37- En matière de développement de l'enfant, en quoi la théorie sociale cognitive de Bandura est-elle une version plus raffinée de la conception traditionnelle de l'apprentissage social ?

38- En matière d'agressivité chez l'enfant, identifiez deux des effets que l'observation d'un modèle agressif peut provoquer chez l'enfant.

39- Dans son modèle socio-cognitif de l'apprentissage par observation, Bandura propose quatre types de processus : a) l'attention ; b) la rétention ; c) la production ; et d) la motivation. En respectant l'ordre de leur mention, associez chacun des éléments suivants à la catégorie à laquelle il appartient :

1) les récompenses directes ;

2) l'effet visuel du modèle observé ;

3) l'agileté motrice de l'observateur.

40- Dans le modèle socio-cognitif de Bandura, dans quel type de processus s'inscrit la capacité d'évaluer son propre rendement en fonction de ses objectifs et de se donner des récompenses ou des correctifs à la lumière de l'évaluation ?

41- Identifiez deux des paramètres selon lesquels les opérations du système mental peuvent se définir dans l'approche du traitement de l'information.

42- Sachant que les chercheurs intéressés aux processus cognitifs n'ont pas l'impression d'adhérer à une théorie en particulier mais plutôt de travailler dans un secteur donné du champ des processus cognitifs, qu'est-ce qui permet de les regrouper selon une approche commune ?

43- *Complétez la phrase.* En psychologie, l'approche du traitement de l'information est née de deux sources contextuelles d'influence : l'insatisfaction à l'égard des explications behavioristes des processus cognitifs et ....

44- Dans l'approche théorique du traitement de l'information, à quoi peut servir la comparaison du temps requis pour traiter l'information d'un problème donné, d'un âge à un autre ?

45- Identifiez deux dimensions psychologiques que l'approche du traitement de l'information n'a pas encore intégrées.

46- En quoi consiste la première méthode à avoir été utilisée pour l'étude empirique dans le but d'observer le développement de l'enfant ?

47- Identifiez les deux méthodes ou techniques de collecte de données les plus couramment utilisées dans l'approche normative du développement.

48- Comment s'appelle la méthode qui consiste à observer le comportement de l'enfant en contrôlant le plus possible les variables susceptibles de l'influencer ?

49- La plupart des auteurs intéressés au développement humain admettent un mécanisme similaire à la loi de l'effet comme agent fondamental du façonnement du répertoire des conduites. Qu'est-ce qu'implique la loi de l'effet ?

50- Que signifie la notion de continuité fonctionnelle dans le développement ?

51- Donnez un exemple d'actualisation du principe de l'intériorisation en tant que mécanisme de développement.

Chapitre 2

Fondements biologiques
du comportement

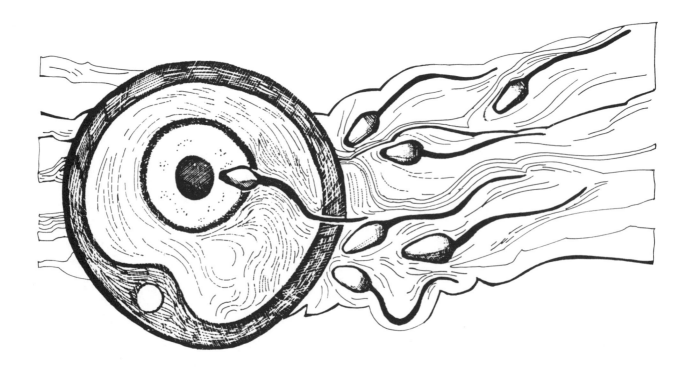

PLAN

PRÉTEST

1- Qu'est-ce que l'idée de la fixité des espèces implique ?

2- *Vrai ou faux.* La notion d'épigénèse renvoie à l'idée que les différents tissus spécialisés du corps sont transmis comme tels dans les gamètes.

3- *Vrai ou faux.* Selon la théorie de la pangénèse, une personne qui fait beaucoup d'exercice physique et développe une grosse musculature peut transmettre cette nouvelle caractéristique physique à ses enfants.

4- *Complétez la phrase.* Le processus par lequel chacun des 46 chromosomes contenus dans le noyau de la cellule se dédouble pour donner deux cellules complètes contenant aussi 23 paires de chromosomes s'appelle la ....

5- Choisissez la ou les affirmations qui sont vraies.

    a) L'ovule est la plus grosse cellule du corps de la femme ;

    b) Le spermatozoïde est la plus petite cellule du corps de l'homme ;

    c) Dès sa naissance, la femme possède dans ses ovaires tous les ovules qui matureront après sa puberté ;

    d) C'est généralement dans l'utérus que le spermatozoïde rencontre l'ovule pour le féconder.

6- *Vrai ou faux.* Il arrive que plusieurs spermatozoïdes fécondent l'ovule, ce qui donne lieu à des jumeaux.

7- *Vrai ou faux.* Toutes les cellules de notre corps contiennent la même information génétique.

8- *Complétez la phrase.* Les .... correspondent aux 22 paires de chromosomes de même type que l'on trouve chez les deux sexes tandis que la 23ᵉ paire différencie l'homme de la femme, il s'agit de la paire des chromosomes sexuels.

9- Lors de la division cellulaire, qu'est-ce qui arrive à l'escalier en tire-bouchon que constitue le chromosome ?

10- *Complétez la phrase.* Certains gènes sont appelés .... parce qu'en fonction des besoins de l'organisme ils activeront, ou pas, le fonctionnement d'autres gènes responsables de la production des protéines.

11- *Complétez la phrase.* Le caractère apparent chez la personne est le .... tandis que la combinaison génétique sous-jacente à cette caractéristique est le .... de l'individu.

12- Donnez un exemple de caractéristique individuelle considérée comme polygénétique.

13- *Complétez la phrase.* Un zygote XX à la 23ᵉ paire de chromosomes détermine le sexe ....
   a) masculin ;
   b) féminin.

14- Donnez deux exemples de maladies plus souvent rencontrées chez les individus XY que chez les XX.

15- *Vrai ou faux.* On s'accorde généralement pour dire que la présence d'un seul chromosome X sur la 23ᵉ paire n'est pas un facteur de vulnérabilité.

16- Distinguez « anomalie génétique » d' « anomalie chromosomique ».

17- Quelle est l'anomalie chromosomique associée au syndrome de Down ?

18- *Vrai ou faux.* Les personnes atteintes du syndrome de Down affichent généralement un tempérament difficile.

19- Les anomalies chromosomiques seraient responsables d'environ quelle proportion des avortements spontanés survenant pendant le premier trimestre de la grossesse ?
   a) 10 % ;
   b) 50 % ;
   c) 90 %.

20- Décrivez l'anomalie chromosomique associée au syndrome de Turner chez la fille.

21- Identifiez quatre syndromes chromosomiques connus.

22- Qu'est-ce que l'amniocentèse ?

23- Identifiez la description du phénomène conduisant éventuellement à la naissance de jumeaux dizygotes.
   a) la fécondation de l'ovule par deux spermatozoïdes en même temps ;
   b) la fécondation de deux ovules par deux spermatozoïdes ;
   c) la division du zygote en deux zygotes identiques avant son implantation dans l'utérus ;
   d) la division du zygote en deux zygotes différents avant son implantation dans l'utérus.

24- Indiquez, en respectant l'ordre de leur présentation, la proportion théorique de similitude génétique associée aux liens familiaux suivants :
   a) un frère et une sœur ;
   b) deux jumeaux identiques ;
   c) deux jumeaux dizygotes.

25- Ordonnez les trois dimensions personnelles suivantes, de la plus ressemblante à la moins ressemblante, chez des jumeaux identiques (monozygotes).

a) l'intelligence ;
b) la personnalité ;
c) la hauteur du corps.

2.1 INTRODUCTION

Le chapitre qui suit traite des bases biologiques du comportement humain. La section 2.2 intitulée « Le bagage héréditaire » portera sur les mécanismes de transmission héréditaire ; son objectif est de faire comprendre comment, dès notre naissance, nous possédons une série de particularités venant de nos parents et qui peuvent influencer notre développement psychologique. Les problèmes génétiques et chromosomiques pouvant toucher le développement de l'enfant seront ensuite considérés. Enfin, nous aborderons les informations intéressantes qui proviennent des études sur les jumeaux, dans le but de mieux saisir la relation entre l'hérédité et le comportement.

2.2 LE BAGAGE HÉRÉDITAIRE

2.2.1 Avant la naissance : l'évolution de nos connaissances

Il y a plus de 2000 ans, certaines civilisations savaient établir un lien de cause à effet entre la relation hétérosexuelle et la conception d'un enfant. Encore aujourd'hui cependant, plusieurs éléments du processus complexe de la reproduction humaine restent inconnus malgré les progrès scientifiques rapides des 100 dernières années.

Avant les années 1700, les scientifiques croyaient que plusieurs organismes, surtout les plus primitifs comme des insectes ou des vers, pouvaient apparaître spontanément, à partir de la combinaison d'un certain nombre d'éléments en décomposition. L'apparition de ce type d'organismes dans des déchets en décomposition avait été observée et servait de preuve à cette théorie de la génération spontanée. À

ce moment, on ne disposait pas encore de classification systématique des espèces vivantes et l'on croyait possible le croisement de toutes sortes d'espèces. L'idée de la fixité des espèces, c'est-à-dire le fait que deux espèces différentes ne peuvent s'accoupler pour produire un nouveau type de descendant, fit son apparition après 1750 avec la classification des espèces que fournit von Linné (Strickberger, 1985).

Mais lorsque Pasteur découvrit que c'étaient les microbes qui étaient responsables de la fermentation à la base de la putréfaction, et que sans microbes, la putréfaction organique ne se produisait pas, on adopta progressivement l'idée que la vie est un processus continu qui ne se transmet que d'un organisme vivant à un autre et ne peut apparaître spontanément.

Avec la découverte de l'ovule et des spermatozoïdes, au début du XVIIIe siècle, plusieurs milieux scientifiques imaginaient que l'ovule maternel contenait un bébé entier mais très petit. Le rôle du spermatozoïde fécondant l'ovule était de déclencher la croissance de ce minuscule bébé. D'autres croyaient que c'était la tête du spermatozoïde du père qui contenait le petit bébé et que l'utérus lui servait de milieu d'incubation.

Ces conceptions, dites « préformationnistes », décrivaient le développement comme un simple agrandissement des structures de l'organisme, toutes complètes et fonctionnelles dès le départ. L'idée du préformationnisme fut abandonnée lorsque l'on démontra que le tissu embryonnaire des plantes, des animaux et des hommes était uniforme et ne possédait certainement pas toutes les structures et les fonctions de l'organisme mature (Needham, 1959 ; Grinder, 1967). Ce fut le début de l'« épigénèse », c'est-à-dire de la conception moderne qui veut que

FIGURE 2.1 : *Homunculus.* **Représentation que l'on se faisait de l'enfant complet contenu dans le spermatozoïde aux** XVIIe **et** XVIIIe **siècles**

Dessins de spermatozoïdes faits au XVIIe siècle :
a) par Hartsaeker, montrant à l'intérieur un *homunculus,*
b) et c) par François Plantades, montrant des *homunculi* (1699).

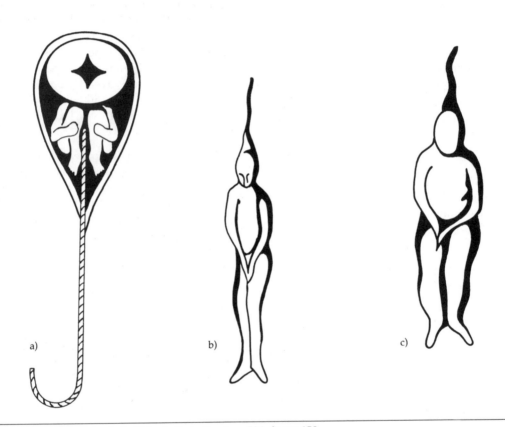

a)   b)   c)

Source : SINGER, C. (1934) *Histoire de la biologie*, Paris, Payot, p. 524, figure 159.

les différents tissus spécialisés qui composent le corps (os, neurones, muscles, etc.) ne soient pas directement transmis comme tels dans les gamètes, mais apparaissent progressivement avec la différenciation du zygote, ou embryon.

Mais avant la découverte des gènes, cette conception épigénétique semblait douteuse à certains : comment expliquer la transmission de certaines caractéristiques particulières d'une génération à l'autre si la cellule embryonnaire ne comportait pas un peu de chaque caractéristique ? Il devait y avoir quelque chose pour transmettre le message. Charles Darwin (1809-1882) par exemple, le père de la théorie moderne de l'évolution des espèces, croyait à la « pangénèse », c'est-à-dire à l'idée que des copies très petites de chacun des organes du corps appelées gemmules étaient transportées dans le sang jusqu'aux organes sexuels où elles étaient assemblées en gamètes pour être transmises au fœtus. La transmissibilité des caractéristiques maternelles et paternelles appuyait cette conception : puisqu'il était indéniable que certaines caractéristiques étaient transmises d'une génération à l'autre, il fallait bien que l'information sur les caractéristiques spécifiques du corps des parents soit véhiculée dans le mécanisme de la reproduction.

La théorie de la pangénèse voulait aussi que l'usage ou le non-usage d'un organe puisse affecter ses « gemmules » et conduire ainsi à modifier le bagage héréditaire transmis aux descendants concernant cet organe. Selon cette idée, une personne ayant acquis une grosse musculature par des exercices physiques intenses au cours des années peut transmettre à ses enfants cette nouvelle caractéristique acquise. Pour les scientifiques intéressés à

FIGURE 2.2 : Pangénèse versus germoplasmie*

Comparaison schématique entre les théories a) de la pangénèse, et b) de la germoplasmie dans la formation d'un humain. Dans la pangénèse, tous les organes et structures du corps fournissent une copie d'eux-mêmes à une cellule sexuelle. Dans la théorie de la germoplasmie, les plans pour le corps sont fournis seulement par les gamètes des organes sexuels et ces cellules jouent leur rôle très tôt dans le développement embryonnaire.

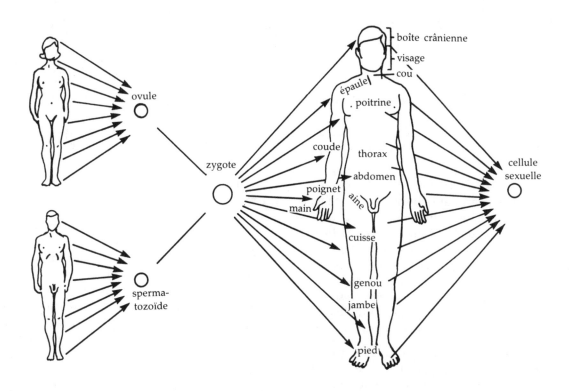

a) Théorie de la pangénèse : toutes les parties du corps contribuent à donner du matériel génétique aux cellules sexuelles.

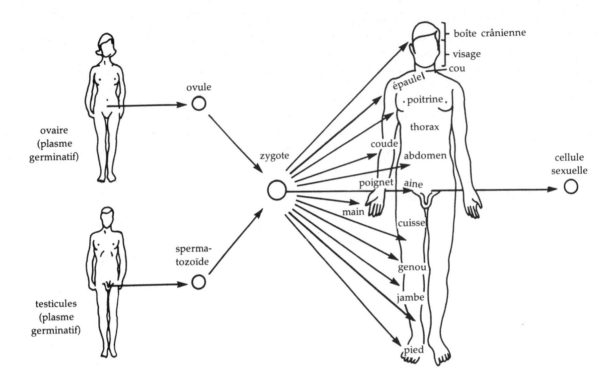

b) Théorie de la germoplasmie : seules les gonades contribuent à donner du matériel génétique aux cellules sexuelles.

---

*Figure élaborée à partir de STRICKBERGER, M.W. (1985) *Genetics*, 3e éd., New York, MacMillan Publishers, p. 5, figure 1-2.

l'évolution des espèces comme Darwin, cette conception était très intéressante puisqu'elle expliquait facilement les transitions d'une souche à l'autre dans l'échelle phylogénétique. Lamarck (1744-1829), l'un des plus ardents défenseurs de la pangénèse, croyait que les gemmules, ces petites copies des organes, étaient sensibles à l'environnement dans lequel vivait la personne parce qu'elles avaient une sorte de conscience qui recevait l'information du milieu pour la transmettre ensuite aux descendants.

Cette évolution des connaissances sur ce qui précède la naissance nous montre bien que même les hommes les plus savants de leur époque sont contraints de croire à des phénomènes plus ou moins magiques à défaut d'une explication mieux fondée. Tant que les gènes ne furent pas connus, on ne savait

pas quel était le véhicule de l'information transmise par l'hérédité.

Comme nous le verrons plus loin dans ce chapitre, la contribution de Mendel à nos connaissances sur les mécanismes de la reproduction fut considérable au XIXe siècle. C'est probablement à partir de ses découvertes sur les principes de la transmission héréditaire, c'est-à-dire la découverte de la génétique, que nous avons abandonné les croyances en des phénomènes plus ou moins magiques pour construire une théorie scientifique de la reproduction.

Comment expliquer l'unicité de chaque personne ? Dès la naissance, les différences individuelles sont perceptibles ; chacun a son profil personnel particulier. Comment expliquer, en même temps, les ressemblances entre membres de la même famille, entre jumeaux ? Pourquoi, dans une même race, chaque individu reste-t-il unique tout en partageant avec les autres des caractéristiques communes définissant l'appartenance à une même communauté physique ?

Dans le chapitre qui suit, nous étudierons le processus de la conception humaine, la façon dont l'information génétique est codée dans les chromosomes et comment les gènes des parents interagissent entre eux. La dynamique et les effets de certaines anomalies génétiques et chromosomiques seront ensuite présentés. Enfin, les liens entre l'hérédité et le comportement humain seront discutés à la lumière des connaissances que les études sur les jumeaux ont permis d'accumuler.

2.2.2 La conception

Les cellules qui composent le corps humain appartiennent à deux grandes catégories :

1- les cellules de reproduction ou « gamètes » ; et

2- toutes les autres cellules, c'est-à-dire les cellules « somatiques » qui forment les muscles, les os, les cellules nerveuses, etc.

La division des cellules somatiques s'effectue par mitose, un processus par lequel chacun des 46 chromosomes (23 paires) contenus dans le noyau de la cellule se dédouble pour donner deux cellules complètes contenant elles aussi 23 paires de chromosomes.

L'ovule et le spermatozoïde se distinguent des autres cellules du corps (les cellules dites « somatiques ») en ce qu'ils ne contiennent chacun que la moitié des chromosomes nécessaires à la formation d'un nouvel organisme. Au moment de la puberté, la maturation des cellules reproductrices donne lieu à un processus de multiplication cellulaire particulier : la méiose. Contrairement à la mitose, où chaque nouvelle cellule contient dans son noyau l'ensemble des chromosomes de la cellule mère, avec la méiose,

FIGURE 2.3 : Mitose—méiose

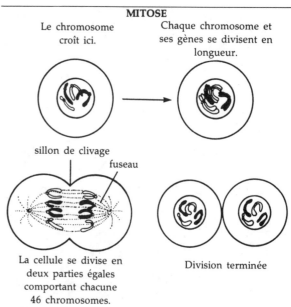

MITOSE

Le chromosome croît ici.

Chaque chromosome et ses gènes se divisent en longueur.

sillon de clivage

fuseau

La cellule se divise en deux parties égales comportant chacune 46 chromosomes.

Division terminée

De cette façon l'œuf fécondé produit des milliards de cellules du bébé, chacune ayant les mêmes chromosomes.

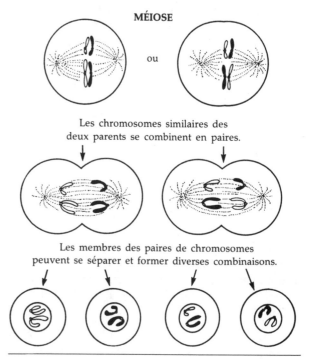

MÉIOSE

ou

Les chromosomes similaires des deux parents se combinent en paires.

Les membres des paires de chromosomes peuvent se séparer et former diverses combinaisons.

FIGURE 2.4 : Conception et implantation fœtale

Diagramme sommaire du cycle de l'ovaire, de la fécondation et du développement humain durant la première semaine. Le premier stade débute avec la fécondation et se termine par le zygote. Le deuxième stade (jours 2 et 3) comprend la division cellulaire (de 2 à environ 16 cellules) ou la morula. La troisième étape (jours 4 et 5) est constituée du blastocyste libre et non attaché. Et la quatrième étape (jours 5 et 6) est représentée par le blastocyste attaché au centre de la muqueuse utérine postérieure, lieu de l'implantation.

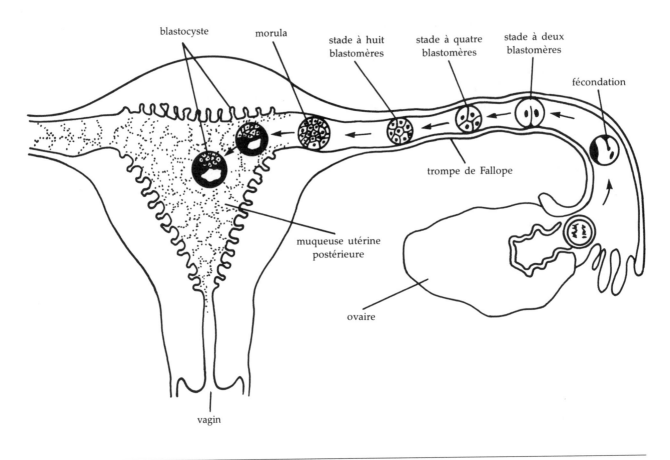

Source : MOORE, K.L. (1982) *The Developing Human*, 3ᵉ éd., Philadelphie, W.B. Saunders Co., p. 36, figure 2.18.

un seul chromosome de chaque paire se retrouve dans la cellule germinale. Chaque nouvelle cellule reproductrice (ovule ou spermatozoïde) contient donc 23 chromosomes plutôt que 23 paires de chromosomes.

La conception correspond à l'union de l'ovule de la mère et du spermatozoïde du père dans les voies génitales de la mère, ce qui résulte en un « zygote » qui s'implantera sur la paroi de l'utérus maternel. C'est donc l'union du gamète femelle et du gamète mâle qui génère un embryon.

L'ovule, la plus grosse cellule du corps de la femme, est 90 000 fois plus lourd que le spermatozoïde, qui est la plus petite cellule du corps de l'homme (Scheinfeld, 1965). Chaque éjaculation contient normalement environ 400 à 500 millions de spermatozoïdes. Dès sa naissance, la femme possède dans ses ovaires une réserve d'environ 400 000 ovules, qui, après la puberté, matureront à raison de 1 ovule par cycle menstruel de 28 jours. Au moment de l'ovulation, qui survient à peu près au milieu du cycle menstruel, l'un des deux ovaires libère un ovule parvenu à maturité qui se détache pour se diriger vers l'utérus en empruntant la trompe de Fallope. C'est à cet endroit, dans la trompe de Fallope, que l'ovule pourra éventuellement rencontrer des spermatozoïdes pour être fécondé. La fertilité pose de plus comme condition que cet ovule fécondé descende vers l'utérus et réussisse à s'implanter sur sa paroi.

Au cours de leur vie d'environ 48 heures dans le corps de la femme, une petite fraction des très nombreux spermatozoïdes libérés réussiront à faire le voyage depuis le vagin vers la trompe de Fallope pendant le courte vie de l'ovule : normalement, l'ovule doit être fécondé dans les 24 heures après sa libération. Cette combinaison de la longévité des spermatozoïdes et de l'ovule fait que la période de fécondité réelle est d'environ trois jours par cycle menstruel (Leridon, 1977).

Au moment de leur rencontre, plusieurs spermatozoïdes pourront pénétrer la paroi cellulaire de l'ovule mais un seul fécondera ce dernier. À ce moment, chacun des 23 chromosomes de la cellule maternelle se combine avec chacun des 23 chromosomes de la cellule paternelle pour former le zygote qui, lui, contient 23 paires de chromosomes. C'est de cette façon que les caractéristiques génétiques de la mère et du père se combinent moitié-moité pour se retrouver dans chacune des cellules du corps de l'enfant.

2.2.3 Les chromosomes, les gènes et le code génétique

Le noyau de chacune de nos cellules contient donc 46 chromosomes, organisés en 23 paires, qui contiennent notre code génétique particulier. Toutes nos cellules possèdent la même information génétique. Pour les deux sexes, 22 de ces 23 paires sont de même type (il s'agit des autosomes) tandis que la 23e paire différencie l'homme de la femme (il s'agit de la paire des chromosomes sexuels).

FIGURE 2.5 : Illustration des 23 paires de chromosomes

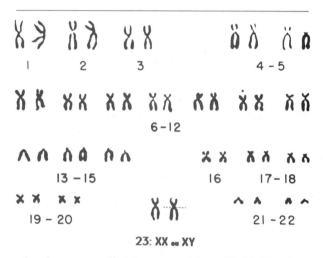

Les chromosomes féminins comptent deux « X » à la 23e paire tandis que les chromosomes masculins comptent un « X » et un « Y » à cette même paire (la partie au-dessus du pointillé est alors absente).

L'information génétique, ou code génétique, est contenue dans les chromosomes sous forme de gènes. Les gènes s'alignent sur la longueur des chromosomes, occupant sur chacun d'eux une position particulière selon leur fonction dans la détermination des caractéristiques héréditaires individuelles.

En 1962, Francis Crick, James Watson et Maurice Wilkins reçurent le prix Nobel pour leur étude du rôle de l'ADN dans l'encodage génétique. Leurs travaux ont montré que le code génétique est inscrit sur de longues molécules d'acide désoxyribonucléique (ADN). Ces molécules ont une forme de double spirale, comme un escalier en tire-bouchon pouvant comporter jusqu'à 2000 marches d'égale longueur, dont chacune contiendrait de l'information génétique (Watson et Crick, 1953 ; Wilkins, Stokes et Wilson, 1953). Chaque marche serait disposée dans un angle de 36 degrés par rapport à la précédente de sorte qu'en 10 marches l'escalier ferait un tour complet.

Les chromosomes contiennent donc une longue molécule d'ADN, et le gène correspond à une partie de ce filament. Chez l'humain, il y aurait environ 100 000 gènes (Pfeiffer, 1964 ; Strickberger, 1985 ; Watson, 1976). Les gènes, comme les chromosomes sur lesquels ils sont disposés, apparaissent en paires. Les chromosomes ainsi accouplés s'appellent « chromosomes homologues ». Sur chacun des deux chromosomes homologues, les gènes sont positionnés à des endroits spécifiques selon leur rôle dans le contrôle génétique. On appelle ces gènes correspondants « allèles ».

Ces gènes situés à un même endroit sur chaque chromosome homologue peuvent exercer une action différente dans l'apparition des mêmes traits chez la personne (par exemple la taille, la couleur des yeux, certaines postures, etc.) : un allèle peut être porteur de la caractéristique « yeux bleus » et l'autre, de la caractéristique « yeux bruns ».

La reproduction du chromosome au moment de la division cellulaire (mitose ou méiose) a attiré l'attention des chercheurs en tant que processus biochimique d'une très grande précision. D'abord, c'est comme si notre escalier en tire-bouchon se coupait longitudinalement en deux, chaque marche se divisant en deux moitiés, chacune étant restée attachée à un côté de la double spirale initiale. Ensuite, en utilisant comme modèle le demi-escalier, la molécule reconstruit sa partie manquante exactement selon le même code en utilisant le matériel chimique disponible dans la cellule environnante. C'est ce processus qui permettrait au code génétique initial de se transmettre dans chacune des milliards de cellules de notre corps.

La clé de la capacité de reproduction de la molécule d'ADN réside justement dans sa structure

en double spirale ou en escalier tire-bouchon. Chimiquement, les côtés de l'escalier sont constitués de deux longues chaînes de phosphate et de sucre tandis que les marches de l'escalier sont faites de base de nitrogène retenues ensemble par de faibles liens chimiques. Il y a quatre types différents de ces bases : l'adénine, la guanine, la cytosine et la thymine. La structure chimique de ces bases fait qu'elles ne peuvent s'unir que de deux façons pour faire une marche de notre escalier : l'adénine se retrouve toujours avec la thymine et la cytosine toujours avec la guanine (Watson, 1976).

C'est justement l'ordre de ces quatre bases qui définirait le code génétique. C'est comme si ces quatre bases constituaient un alphabet de 4 lettres qui se combinent en séquences de 3 lettres. Les mots de 3 lettres ainsi formés se nomment codons et, comme il y 4 lettres disponibles, 64 codons différents sont possibles (4 lettres à la 3e puissance). Chacun des gènes étalés sur la longueur du chromosome impliquerait plusieurs centaines de codons (Liebert, Wicks-Nelson et Kail, 1986).

Au cours de la division cellulaire, la faiblesse des liens chimiques entre les bases, c'est-à-dire les marches de notre escalier en tire-bouchon, facilite la séparation et la spécificité de leur association, et fait qu'une fois complétés les deux nouveaux escaliers contiendront le même code génétique que celui qui les a engendrés.

Dans la cellule, l'ADN occupe un rôle important de régulation biochimique. L'information contenue dans l'ADN (situé dans le noyau) serait transmise dans l'ARN, l'acide ribonucléique, aussi contenu dans la cellule. L'ARN a pour fonction de voyager depuis le noyau vers le cytoplasme de la cellule afin d'y influencer le développement des protéines, qui se fait à partir des acides aminés. Les protéines sont des substances complexes que l'on retrouve dans plusieurs parties de notre corps et qui forment aussi les enzymes, ces catalyseurs chimiques si importants dans la régulation des réactions biochimiques nécessaires à la vie. Donc l'ARN puise son information dans l'ADN du noyau et s'en va gérer le développement périphérique de la cellule selon le plan géné-

FIGURE 2.6 : Illustration du chromosome et de sa subdivision

a) Illustration détaillée d'un chromosome. Ce schéma permet de comprendre comment une structure biologique aussi petite peut contenir autant d'information : les hélices d'ADN s'étendent sur toute la longueur des fibres chromatiniennes.

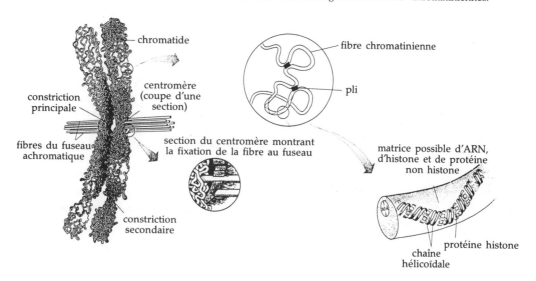

b) Dédoublement de l'ADN, selon le mécanisme de Watson et Crick.

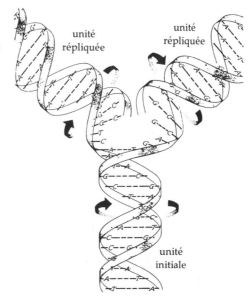

Sources : a) WOLFE, S.L. (1972) *Biology of the Cell*, Belmont, Wadsworth Publishing Co., Inc.
b) STENT, G.S. (1963) *Molecular Biology of Bacterial Viruses*, San Francisco, W.H. Freeman and Co., p. 159, figure 7.4.

tique. C'est ce qui fait que les cellules de notre corps ne se développent pas n'importe comment mais selon un plan précis.

Le dérèglement de ce plan génétique entraînerait un développement cellulaire anarchique ; les tumeurs cancéreuses constituent des exemples d'une telle « déprogrammation » du développement cellulaire.

Certains gènes sont appelés « modulateurs » parce qu'en fonction des besoins de l'organisme ils activeront, ou pas, le fonctionnement d'autres gènes responsables de la production des protéines. Le développement protéique et les changements qui surviennent dans ce développement constituent des facteurs clés dans l'évolution de l'organisme tout au long de la vie. Il suffit de comparer, chez le même individu, le processus de développement prénatal au vieillissement ou à la puberté pour comprendre que la programmation du développement est fort bien orchestrée (Scarr-Salapatek, 1975).

2.2.4 L'interaction des gènes

La base de ce que l'on connaît aujourd'hui sur l'interaction génétique nous a été léguée par le moine et scientifique autrichien Gregor Mendel (1822-1884) qui, vers les années 1865, commença à publier ses travaux sur des croisements de plantes. Mendel découvrit que certaines caractéristiques d'une plante parent pouvaient disparaître chez la génération fille pour réapparaître plus tard dans une génération ultérieure. Ce fut la découverte des gènes dominants et récessifs.

À travers sa combinaison génétique, chaque parent transmet à l'enfant une série de caractéristiques physiques comme la couleur des yeux ou des cheveux, la forme du nez ou des jambes, etc. Chaque parent transmet chacune de ces caractéristiques en fournissant la moitié des chromosomes du bébé ; les gènes responsables de chacune se présentent sous forme de paires, dont un élément, ou allèle, provient de la mère et l'autre du père.

Si les deux parents transmettent la même caractéristique à l'enfant (par exemple les yeux bruns), ce dernier est dit « homozygote » pour cette caractéristique génétique parce que les deux allèles transmettent le même trait. Si au contraire, les parents ne transmettent pas la même caractéristique, par exemple la mère transmettant les yeux bleus et le père les yeux bruns, l'enfant sera « hétérozygote » quant à la couleur des yeux.

Le caractère apparent chez la personne, ici la couleur des yeux, s'appelle le phénotype tandis que la combinaison génétique sous-jacente à cette caractéristique en est le génotype. Une personne peut avoir les yeux bruns en réalité mais être hétérozygote et avoir un allèle « yeux bleus » et un autre « yeux bruns ». Une caractéristique domine l'autre : le caractère « yeux brun » domine ici le caractère « yeux bleus » qui, lui, est récessif.

Mendel démontra que chez l'hétérozygote, la caractéristique qui se manifeste toujours dans le phénotype définit l'allèle dominant et que la caractéristique qui ne se manifeste qu'en l'absence de l'allèle

FIGURE 2.7 : Gregor Mendel

dominant définit l'allèle récessif. Pour qu'un gène récessif se manifeste dans le phénotype, l'individu doit être homozygote pour ce trait.

Chez l'humain, on constata plus tard que certains facteurs venaient complexifier les principes mendeliens de transmission héréditaire, mais qu'essentiellement ces derniers s'appliquent. On découvrit aussi que plusieurs anomalies transmises génétiquement reposaient sur des gènes récessifs, ce qui contribue heureusement à réduire leur propagation.

La génétique moderne permet donc d'évaluer la grandeur des découvertes de Mendel (on parle parfois des lois de Mendel), mais elle a aussi permis de nuancer leur interprétation, à la lumière notamment de la découverte de gènes modulateurs de l'effet d'autres gènes sur le phénotype. Ces gènes modulateurs pourront voiler, accélérer ou retarder l'expression des caractéristiques portées par d'autres gènes. Par exemple, l'âge d'apparition des cataractes (affection déterminée par un gène dominant), leur opacité et leur situation sur la cornée seraient modulées par d'autres gènes (Hetherington et Parke, 1986).

Par ailleurs, on sait aujourd'hui que plusieurs traits phénotypiques sont le résultat de l'interaction de plusieurs gènes et non pas d'un seul gène spécifique, comme Mendel en a surtout décrit. On parle alors de traits polygénétiques dont la manifestation est relative, plus ou moins forte, plutôt que « présente » complètement ou « absente » complètement. La taille, la couleur de la peau, l'intelligence ou le tempérament sont des dimensions considérées comme polygénétiques et, en plus, leur manifestation est influencée par des variables environnementales.

2.2.5 La détermination du sexe

En examinant la figure 2.5 on peut voir que la 23e paire de chromosomes est différente chez l'homme et chez la femme. Chez celui-ci, la 23e paire réunit un chromosome X et un chromosome Y (plus court), tandis que chez la femme, cette même 23e paire est composée de deux chromosomes X. Sachant que le gamète (ovule ou spermatozoïde) ne contient qu'un seul membre de chacune des 23 paires de chromosomes du futur organisme, on peut en déduire que c'est le 23e chromosome du spermatozoïde du père qui déterminera le sexe du bébé, selon qu'il sera X ou Y. L'ovule quant à lui contribue toujours des X puisqu'il ne comporte pas de Y.

Ainsi, lorsqu'un spermatozoïde X féconde un ovule, il en résulte un zygote XX femelle, tandis que lorsque c'est un spermatozoïde Y qui féconde l'ovule, il en résulte un zygote XY mâle. On comprend alors que dès le moment où le spermatozoïde féconde l'ovule le sexe du futur bébé est déterminé.

En théorie, il devrait y avoir un nombre égal de zygotes mâles et femelles, le hasard voulant qu'il y ait autant de spermatozoïdes X que Y. Dans la pratique cependant, on dénombre plus de zygotes mâles que de femelles. Une explication possible à ce plus grand nombre de zygotes mâles est que les spermatozoïdes Y sont moins lourds et donc plus rapides à pénétrer l'ovule que les X.

2.3 LES PROBLÈMES HÉRÉDITAIRES

2.3.1 Les anomalies génétiques et chromosomiques

Une des conséquences de la combinaison XY chez le zygote est que les deux chromosomes ne sont pas homologues comme tels : certains gènes du chromosome X ne trouvent pas leur équivalent sur le chromosome Y, ce qui peut entraîner de façon plus probable la manifestation, dans le phénotype, de caractéristiques héréditaires récessives. Puisque l'homme n'a qu'un chromosome X, si l'allèle récessif d'une maladie est présent sur ce chromosome X, la maladie apparaîtra chez le bébé mâle puisqu'il n'y a pas d'allèle équivalent qui pourrait dominer cette affection récessive. Si le même allèle récessif apparaissait chez un zygote femelle, il y aurait des chances que sa manifestation dans le phénotype soit empê- chée par la présence de l'allèle dominant sur le chromosome homologue X de la paire XX.

L'hémophilie, c'est-à-dire la difficulté pour le sang de se coaguler normalement, est un exemple de ce phénomène. Il s'agit d'une affection récessive portée par le chromosome X. Chez la fille, il faudra que les deux chromosomes X soient porteurs de cette affection, donc qu'elle soit homozygote pour ce trait, pour que la maladie apparaisse comme telle ; autrement, un gène dominant viendra empêcher la manifestation du gène récessif. Par ailleurs, si le garçon reçoit du chromosome X de sa mère le gène porteur de l'hémophilie, celle-ci se manifestera puisqu'il ne dispose pas d'un autre chromosome X homologue qui pourrait porter un gène dominant l'affection récessive.

Le daltonisme (incapacité à différencier certaines couleurs), certaines formes de diabète, de dystrophie musculaire, l'atrophie du nerf optique, constituent d'autres exemples de problèmes reliés au sexe masculin. Hetherington et Parke (1986) rapportent que même s'il naît 106 garçons pour 100 filles on observe un plus grand nombre d'avortements naturels de garçons (ce qui laisse supposer une différence encore plus grande à la conception), et que l'avantage numérique masculin est vite éliminé par un taux de mortalité infantile plus élevé. Même si des facteurs comportementaux et environnementaux peuvent interagir dans ce phénomène, on s'accorde pour constater que la présence d'un seul chromosome X sur la 23ᵉ paire constitue un élément de vulnérabilité pour le garçon.

À la lumière de ce qui précède, on peut facilement imaginer la grande complexité de la mécanique génétique. Dans la recherche des causes de problèmes de développement, on est arrivé à identifier clairement la dynamique génétique de certaines affections chez l'enfant. Le nombre de possibilités de transmission héréditaire d'anomalies est presque infini. Nous nous attarderons brièvement ici à une anomalie dite « génétique » parce qu'elle est portée par un gène, la phénylcétonurie ou PKU, et à quelques anomalies dites « chromosomiques » parce qu'elles

proviennent d'une mauvaise distribution d'un chromosome entier et non pas seulement d'un gène dans un chromosome quelconque. Nous examinerons la trisomie 21 en tant qu'anomalie au niveau d'un chromosome somatique et nous examinerons brièvement deux anomalies au niveau des chromosomes sexuels (donc au niveau de la 23ᵉ paire de chromosomes) : le syndrome de Turner chez les filles et le syndrome de Klinefelter chez les garçons.

2.3.2 Une anomalie génétique : la phénylcétonurie (PKU)

La phénylcétonurie (PKU) est un exemple classique d'anomalie génétique. Il s'agit d'un trouble porté par un gène récessif qui entraîne un déficit, dans le corps, d'un enzyme nécessaire au métabolisme de la phénylalanine. La phénylalanine est une protéine contenue dans le lait. L'enfant atteint ne peut donc pas assimiler la phénylalanine parce qu'il ne possède pas l'enzyme qu'il faut pour la convertir en tyrosine, ce qui a pour effet une accumulation d'acide phénylpyruvique dans le corps.

Cette intoxication affecte le développement du système nerveux et provoque l'apparition de symptômes physiques et psychologiques typiques : l'enfant aura une plus petite tête et une faible pigmentation des cheveux et de la peau. Psychologiquement, le sujet manifestera une arriération mentale plus ou moins profonde, de l'irritabilité, des problèmes d'hyperactivité, des convulsions et des problèmes de coordination motrice plus ou moins graves. La figure 2.8 illustre la transmission génétique de cette anomalie.

Les problèmes vécus par l'enfant affecté de PKU peuvent être grandement diminués si on intervient assez tôt (intervention précoce). C'est ce qui explique que dans la plupart des hôpitaux, on effectue des tests de dépistage routiniers auprès des nouveau-nés. Les tests se basent sur l'analyse du taux de l'acide phénylpyruvique dans le sang de l'enfant. L'intervention précoce implique une alimentation à base de lait synthétique contenant peu de phénylala-

FIGURE 2.8 : La transmission génétique de la phénylcétonurie chez l'enfant de parents hétérozygotes porteurs de l'allèle récessif de la phénylcétonurie*

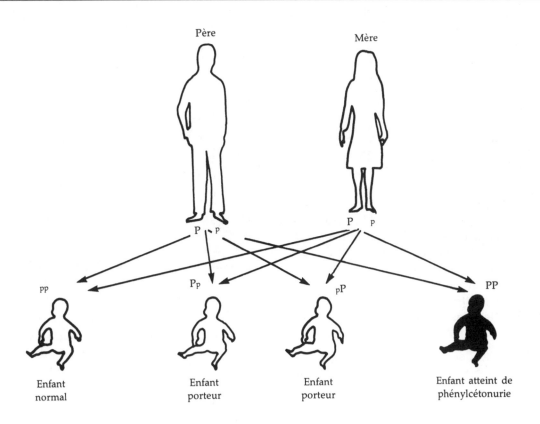

P indique l'allèle dominant ; p indique l'allèle récessif.

* Figure élaborée à partir de Hetherington, E.M. et Parke, R.D. (1986) *Child Psychology : A Contemporary Viewpoint*, 3e éd., New York, McGraw-Hill, p. 58, figure 3.5.

nine. Le régime spécial peut se prolonger jusque vers 8-10 ans, moment où le système nerveux a eu suffisamment le temps de se développer pour ne plus être affecté par un taux élevé d'acide phénylpyruvique dans le corps. Si l'intervention n'est pas pratiquée dans les toutes premières semaines, les dommages deviennent progressivement, mais rapidement, irréversibles. Dans les meilleurs cas de traitement, les enfants affectés se différencient tout de

même des enfants non affectés par une plus grande irritabilité, des problèmes d'apprentissage et un quotient intellectuel plus bas (Kopp et Parmelee, 1979).

Lorsqu'un homme porteur homozygote de PKU se reproduit, il transmet son gène récessif dont l'effet peut cependant être annulé par un gène normal dominant chez la mère. Mais lorsqu'une femme porteuse homozygote se reproduit, il semble qu'en plus de la transmission du gène récessif affecté, elle n'offre pas à son fœtus un environnement prénatal adéquat : une étude a observé que 16 seulement des 121 bébés nés de 33 femmes porteuses de PKU étaient normaux à la naissance, les autres affichant des problèmes graves tels que la microcéphalie (très petite tête) et un retard du développement généralisé (Howell et Stevenson, 1971).

2.3.3 Une anomalie d'un chromosome somatique : la trisomie 21

La trisomie 21, ou syndrome de Down, survient lorsqu'un troisième chromosome se glisse entre la 21e paire de chromosomes de l'enfant. Cette anomalie chromosomique constitue l'un des problèmes de naissance les plus fréquents. Les yeux bridés des sujets atteints amenèrent Landgon Down, un médecin anglais du XIXe siècle, à donner le nom de « mongolisme » à ce syndrome : selon lui, les yeux en forme d'amandes des trisomiques ressemblent à ceux des Orientaux habitant la Mongolie.

Sur le plan de l'apparence physique, les personnes atteintes de trisomie 21 affichent plusieurs caractéristiques typiques : une tête plus petite proportionnellement au corps et posée sur un cou très court, les yeux bridés et inclinés en biais, un nez aplati sans pont entre les yeux, une protrusion de la langue, des doigts et orteils courts et trapus, des cheveux très fins, etc.

Pendant des années, le terme « trisomie 21 » a été synonyme d'arriération mentale profonde et de placement permanent en établissement, mais plus maintenant.

Lorsque Mindie est née, les médecins ont dit qu'elle serait déficiente pour toujours, qu'elle ne s'assoirait jamais, ne parlerait pas. « Elle ne saura jamais que vous êtes sa mère, dirent-ils à Diane Crutcher, 25 ans. Dites à votre parenté que votre bébé est mort. »

Aujourd'hui, l'enfant qui ne devait pas marcher est une élève enjouée de 7e année. L'enfant qui ne devait jamais marcher est souvent la vedette de spectacles communautaires de danse. L'enfant qui ne devait jamais parler ni connaître sa propre mère raconta à un symposium de médecins qu'elle était heureuse que sa mère et son père lui aient donné une chance.

Les experts avaient cependant raison sur un point : Mindie est en effet atteinte du syndrome de Down, un problème génétique qui survient lorsqu'un troisième chromosome se glisse entre la 21e paire de chromosomes (trisomie 21). Une des anomalies de naissance les plus répandues et la première cause physique de déficience mentale, le syndrome survient à raison d'environ 1 naissance sur 1000 en Amérique du Nord. La probabilité qu'une femme donne naissance à un enfant trisomique est d'environ 1 sur 1500 lorsque la mère est âgée de 20 à 24 ans, mais de 1 sur 100 lorsqu'elle atteint l'âge de 40 ans.

En plus de leur retard mental, les enfants trisomiques souffrent souvent de troubles cardiaques, d'anomalies du système digestif, et d'autres problèmes : visuels, de tonus musculaire, d'audition et de respiration. Certains experts estiment que plus l'enfant présente de ces problèmes, moins son potentiel intellectuel et social est élevé. Par contre, d'autres ne sont pas d'accord avec cela et, même s'il y a une corrélation, la plupart des experts croient qu'il est erroné de dire aux parents : « Votre enfant affiche un nombre X de caractéristiques, il ne pourra donc jamais apprendre à lire. »

En effet, les experts sont devenus de plus en plus hésitants à faire des prédictions concernant ce que l'enfant pourra ou ne pourra pas faire. On avait l'habitude de croire que ces enfants seraient profondément arriérés et étaient destinés à passer leur vie en établissement. « Les gens normaux ont le sentiment que le monde leur est ouvert », explique M. Crutcher, directeur exécutif du National Down Syndrome Congress. « Ils savent qu'ils ont la chance de grandir et de devenir quelqu'un. Cette perspective a été refusée aux enfants trisomiques, ce qui éteignait les espoirs de leurs parents. »

Mais la recherche récente a montré que les enfants trisomiques ne sont pas tous pareils, que plusieurs d'entre eux peuvent réussir très bien en dehors des établissements, que la plupart ne sont que légèrement déficients et que quelques-uns parviennent même à atteindre des niveaux normaux d'intelligence. Cela a entraîné une redéfinition de la notion de syndrome de Down.

Les chercheurs croient maintenant que l'une des raisons pour lesquelles on a ignoré le potentiel de plusieurs enfants trisomiques est qu'ils affichent tous les caractéristiques faciales typiques : les yeux en biais, le nez aplati et la langue protubérante. À cause de leur apparence, ces enfants ont toujours vivement ressenti le fardeau de la discrimination.

Même si le médecin J. Langdon Down, qui décrivit le syndrome en 1866, croyait que ces enfants étaient capables d'apprendre, d'autres au cours des années les ont désignés par des termes allant de « orangs-outans » (1924) à « non éducables » (1975), en passant par « non-personnes » (1968), pour ensuite les enfermer. Jusqu'aux années 1970 aux États-Unis, la moitié des patients dans les gros hôpitaux psychiatriques d'État avait le syndrome de Down. Parce que les enfants trisomiques se ressemblent beaucoup, il était facile de croire qu'ils avaient des habiletés intellectuelles semblables. Les experts savent maintenant que ces enfants affichent des différences individuelles considérables et que, pour plusieurs, le retard mental est autant dû à de faibles attentes à leur égard, à la sous-stimulation et à un manque d'éducation qu'à une déficience génétique.

Les premiers indices d'un changement d'attitude apparurent aux États-Unis en 1975 avec l'adoption de la loi sur l'éducation obligatoire de tous les enfants handicapés, qui requérait une éducation pour tous les enfants handicapés, dans le contexte environnemental le moins restrictif possible. Ainsi, on a dû instruire des milliers d'enfants « institutionnalisés » et ce, dans la mesure du possible, dans des classes régulières.

La surprise des éducateurs fut de constater que plusieurs enfants trisomiques sont des étudiants avertis. Certains sujets, comme Paige Barton, 35 ans maintenant, ont une forme rare du syndrome de Down appelée « mosaïque ». De tels sujets ont parfois un potentiel intellectuel normal, mais Paige Barton a été placée en établissement parce qu'avant 1975 c'est tout ce que l'on faisait des enfants trisomiques. Après l'adoption de cette nouvelle loi, Paige a commencé sa formation scolaire et, en 1980, elle sortit de l'hôpital qui avait été sa maison avec un diplôme et un rêve : elle fut diplômée d'un programme de deux ans en éducation de la petite enfance à l'Université du Maine et elle espère commencer un programme de quatre ans en éducation spécialisée. « Quelqu'un m'a dit qu'une personne trisomique ne pourra jamais obtenir de diplôme universitaire, dit-elle tristement. Je crois que la société ne devrait jamais nous sous-estimer ni placer d'étiquette sur nous car une fois que nous avons cette étiquette, elle nous suit pour le reste de notre vie. »

Avec la volonté d'éduquer les trisomiques est venue la recherche d'une pédagogie qui leur est adaptée, et cette recherche a montré que les programmes d'intervention précoce, commençant souvent tôt après la naissance, peuvent être la clé pour libérer le potentiel de ces enfants. Une recherche menée par le chercheur James MacDonald et ses collègues, à l'Université d'État de l'Ohio, a montré qu'on pouvait apprendre aux parents des enfants trisomiques à aider leur jeune à développer des habiletés langagières. Les enfants des parents qui ont suivi cette formation ont utilisé plus de mots et une grammaire plus riche que les autres enfants trisomiques.

En 1975, la psychologue Reetta Bidder et ses collègues du Welsh National School of Medicine ont mené une étude où les mères d'enfant trisomique avaient été formées à utiliser des techniques de modifications du comportement pour augmenter les habiletés verbales, la coordination motrice et l'autonomie dans les soins personnels chez leur enfant. Même si ce programme de six mois n'a pas eu d'effet sur la coordination motrice des enfants, leurs habiletés verbales se sont développées et les enfants sont devenus plus indépendants.

Selon les psychologues John Rynders et ses collaborateurs de l'Université du Minnesota, un apprentissage parent—enfant intensif peut améliorer le niveau de langage de plusieurs enfants trisomiques. Leur recherche menée sur cinq ans et appelée EDGE (pour *Expanding Developmental Growth through Education*) a tenté d'améliorer les habiletés de communication à partir de leçons sous forme de jeux impliquant le parent et l'enfant, après que celui-ci avait atteint l'âge de 30 mois. Lorsque l'on administra un test de QI aux 35 enfants de 5 ans participant au projet, 11 des 17 ayant suivi les leçons spéciales se classèrent dans la zone « éducable », ce qui veut dire, entre autres choses, qu'ils pouvaient apprendre des habiletés scolaires de base et vivre hors établissement. Des 18 enfants qui n'avaient pas reçu les leçons spéciales, seulement 9 se sont classés à ce niveau, et 3 n'étaient pas capables de passer le test comme tel. Aujourd'hui, certains enfants du projet EDGE sont allés à l'école publique pendant 10 ans après leur période initiale de formation expérimentale précoce. En 1984, une étude de suivi de 13 enfants du projet EDGE a montré que 11 d'entre eux lisaient au niveau de compréhension de 2e année ou mieux, ce que Rynders croit représenter « un dur coup » pour l'argument contre l'éducabilité. Sept des 13 enfants fonctionnent dans des classes spéciales ou une combinaison de classe spéciale et de classe ordinaire.

À partir d'une revue des écrits, Rynders conclut qu'il est relativement courant, pour les gens atteints du syndrome de Down, d'afficher un QI du niveau « éducable ». Les résultats de son projet suggèrent qu'au moins la moitié des enfants triso-

miques qui sont élevés à la maison dans une famille de classe moyenne ou moyenne-supérieure peuvent s'attendre à se classer au niveau « éducable » à leur entrée à l'école. Il croit aussi que les enfants ayant bénéficié d'une intervention précoce peuvent s'attendre à pouvoir lire au niveau de compréhension de la 2e année vers le milieu de leurs études primaires. « Près de 75 % des enfants du programme EDGE (qui ont reçu l'apprentissage spécial) lisent à ce niveau de compréhension maintenant, dit l'auteur. Il leur reste plusieurs années d'école qui devraient leur permettre d'atteindre des niveaux bien supérieurs à cela. »

Les programmes d'intervention précoce destinés aux parents sont utiles, mais le plein développement du potentiel des enfants trisomiques dépend aussi de l'éducation formelle qu'ils reçoivent. L'un des plus gros problèmes des parents d'enfants trisomiques, cependant, c'est que lorsque leur enfant est prêt pour l'école, l'école n'est pas prête à les accueillir. Plusieurs districts scolaires sont réticents à intégrer ces enfants dans les classes ordinaires, selon Rynders et d'autres experts. Le mouvement d'intégration scolaire (*mainstreaming*) n'a que 10 ans, et même si les spécialistes peuvent avoir réussi à convaincre les gens que les enfants trisomiques ne sont pas des « orangs-outans », ils n'ont pas encore convaincu toutes les écoles publiques que ces enfants pouvaient profiter de l'école.

« Nous recevons régulièrement des appels téléphoniques de parents qui croient que leur enfant est prêt à aller dans un programme beaucoup plus structuré, mais il n'y en a aucun de disponible », affirme Donna Rosenthal, directrice de la National Down Syndrome Society. En conséquence, cette Société et la Commission scolaire de New York ont élaboré un programme pour intégrer les enfants de 6 et 7 ans dans les classes ordinaires pour les matières de base. La Société espère que le programme, qui réunit des enseignants et des éducateurs spécialisés dans quatre écoles de la ville, servira de modèle d'intégration.

Une des objections principales à l'idée de donner plus qu'une éducation minimale aux enfants trisomiques vient de la croyance que ces enfants atteignent rapidement un plateau intellectuel au delà duquel ils ne peuvent plus progresser. Cette croyance est fondée sur le fait que les résultats aux tests se nivellent, et peuvent même baisser, après les premières années de scolarisation. Pour cette raison, les gens affirment que de pousser plus loin la scolarisation est inutile.

Mais d'autres sont en désaccord. Ils font ressortir que les résultats aux tests comparent les enfants trisomiques, non pas avec leur propre rendement antérieur, mais avec la performance des enfants normaux. Ces derniers progressent plus vite que les enfants trisomiques qui semblent ainsi ne pas faire de progrès ou même régresser. En réalité cependant, ils avancent, même si cela se produit plus lentement que chez leurs pairs non handicapés. Rynders ajoute que « même si le plateau était réel, cela ne veut pas dire que nous cesserions de les scolariser. Ils peuvent continuer à apprendre. En fait, nous avons la preuve qu'ils continuent de développer des habiletés intellectuelles jusque tard dans l'adolescence. »

Avec un nombre accru d'études et des témoignages réels comme ceux de Mindie Crutcher et de Paige Barton, le National Down Syndrome Congress cherche à faire progresser l'intervention précoce, les loisirs, le marché du travail et la formation des parents. « Nous assistons à une ouverture de la conscience, affirme Diane Crutcher, mais les attitudes changent lentement. Nous avons tous une bataille à mener pour convaincre les gens de tenir leur bout lorsque des enfants trisomiques sont concernés. » Elle note qu'en dépit de la preuve que plusieurs enfants trisomiques peuvent profiter de la scolarisation, la résistance est forte. « Il s'agit d'un sérieux problème pour les parents, selon Mᵐᵉ Crutcher. Je peux travailler avec le district scolaire local et vaincre la résistance parce que je connais bien la question. Mais qu'en est-il des milliers de parents qui ne sont pas aussi bien informés ? Je crois que plusieurs d'entre eux et leurs enfants sont victimes du système. »

Mais la situation s'améliore. De plus en plus de parents s'arment de faits et commencent à s'exprimer. Le plus important peut-être, c'est que des gens trisomiques se manifestent. Une femme trisomique de 21 ans a témoigné devant une sous-commission législative du Wisconsin en 1982. Elle parla éloquemment de la cause des trisomiques et rappela aux législateurs que les gens sont mieux jugés sur la base de ce qu'ils peuvent faire que sur la base de ce qu'ils ne peuvent pas faire : « Il y a beaucoup de choses que je peux faire. Je peux nager. Je peux lire. Je peux me faire des amis. Je peux écouter mes disques. Je peux regarder la télévision. Je peux aller voir un film. Je peux prendre l'autobus pour aller à Chicago et au travail. Je peux compter de l'argent. Je peux chanter comme un oiseau. Je peux brosser mes dents. Je peux faire des tapis au crochet. Je peux préparer un repas. Je peux penser. Je peux prier. Je peux danser. Je peux jouer de la batterie. Je sais ce qui est bien. Je sais ce qui est mal. »

On est capable de changer l'apparence de la déficience mentale. Les spécialistes de la chirurgie plastique peuvent redresser les yeux en biais, développer la mâchoire petite et diminuer la protrusion de la langue généralement rencontrés chez les enfants trisomiques. Mais devraient-ils le faire ? La chirurgie plastique demeure le traitement le plus controversé qui soit offert aux enfants trisomiques.

L'opération dure entre une heure et demie et deux heures et demie et ne pose généralement pas de problème. Les chirurgiens peuvent grossir le pont du nez, la mâchoire et le menton avec des greffes osseuses ou du matériel synthétique, changer l'inclinaison des yeux et enlever du gras sous les paupières inférieures. Il n'y a généralement pas de cicatrice faciale parce que le travail se fait à partir de la bouche ou en coupant des sections de peau derrière la ligne des cheveux. La langue, qui semble trop grosse et déborde d'une cavité orale particulièrement petite, est réduite d'environ un cinquième de sa taille.

Les tenants de la chirurgie croient que les enfants trisomiques sont rejetés au moins partiellement en raison de leur apparence physique, de sorte que l'amélioration de leur apparence peut amener une meilleure acceptation sociale. Les critiques rétorquent qu'il n'y a pas beaucoup de preuve que la chirurgie a ces effets. En fait, on doit reconnaître que même le plasticien le plus doué ne peut donner à un enfant trisomique une apparence tout à fait normale. Après la chirurgie, la démarche, le cou et les proportions du corps sont encore clairement différents. « Je n'ai pas encore vu un enfant qui après l'opération ne ressemblait pas à un trisomique », affirme Diane Crutcher du National Down Syndrome Congress. De plus, selon certains critiques, la chirurgie est une marque de rejet en elle-même, un message selon lequel les enfants ne sont pas acceptables tels qu'ils sont. C'est la préoccupation de notre société à l'égard de la belle apparence qui devrait changer, non pas le visage des enfants trisomiques.

Même ceux qui approuvent l'opération admettent que les enfants trisomiques ne sont pas tous de bons candidats pour la chirurgie, et que les deux parents et l'enfant doivent passer un examen intensif de dépistage avant que le chirurgien ne s'exécute. « La chirurgie ne devrait être pratiquée que sur les enfants dont la qualité de la vie peut être améliorée par l'opération », affirme Garry S. Brody, professeur clinique de chirurgie plastique à l'Université de Southern California. La chirurgie est immédiatement éliminée si l'enfant est déficient profond ou s'il est atteint d'un problème physique qui menace sa vie. De plus, les parents doivent être réalistes par rapport aux effets de la chirurgie. « Si vous croyez que l'enfant sortira de la salle d'opération avec 20 points de QI de plus, dit Diane Crutcher, vous serez déçu. » En même temps qu'elle est controversée, la chirurgie plastique semble demeurer une option possible pour ceux qui sont prêts à explorer toutes les avenues (Turkington, 1987).

FIGURE 2.9 : Avant et après une chirurgie plastique

Les partisans de la chirurgie plastique affirment que celle-ci réduit les traits faciaux caractéristiques du syndrome de Down. Par contre, les critiques croient que le recours à l'intervention démontre que l'image naturelle de l'enfant est inacceptable socialement.

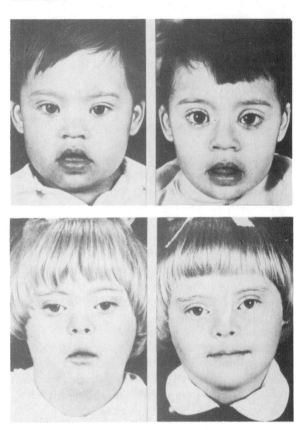

Source : TURKINGTON, C. (1987) « Special Talents », *Psychology Today*, vol. 21, n° 9, sept., p. 45.

Sur le plan physiologique, les conséquences de cette anomalie chromosomique sont multiples : une fréquence plus élevée de problèmes cardiaques, de troubles visuels et auditifs, de problèmes de tonus musculaire, un taux élevé de problèmes digestifs, une plus grande susceptibilité à la leucémie et une fragilité du système respiratoire rendant les sujets vulnérables aux infections pulmonaires. Ces troubles

FIGURE 2.10 : Caryotype d'un sujet atteint du syndrome de Down*

Cette illustration des chromosomes d'une fillette affectée de trisomie 21 (photos du bas, figure 2.9) montre les trois chromosomes présents à la 21e paire.

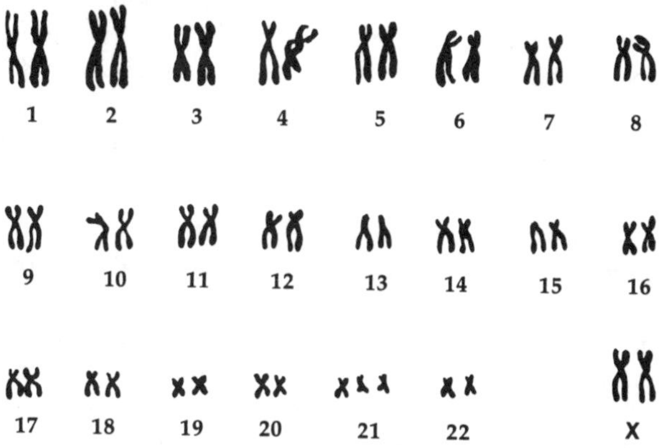

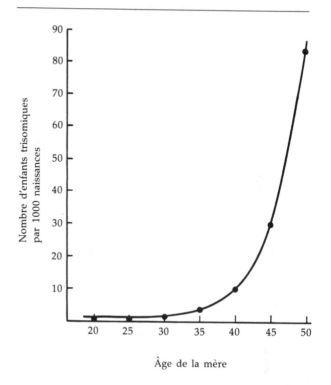

FIGURE 2.11 : Fréquence d'apparition du syndrome de Down chez les enfants par rapport à l'âge de la mère*

* Figure élaborée à partir de STRICKBERGER, M.W. (1985) *Genetics*, 3e éd., New York, MacMillan, p. 424, figure 21-20.

* Figure élaborée à partir de STRICKBERGER, M.W. (1985) *Genetics*, 3e éd., New York, MacMillan, p. 423, figure 21-19.

fonctionnels touchent significativement la longévité des trisomiques 21 : pendant longtemps, il fut rare d'en voir atteindre l'âge adulte. De nos jours cependant, les développements pharmacologiques et médicaux peuvent diminuer grandement la fréquence de la mortalité infantile chez ces sujets.

Sur le plan psychologique, la trisomie 21 s'accompagne d'une déficience mentale plus ou moins profonde, et pendant longtemps on a entretenu peu d'espoir de développer le potentiel d'éducabilité de ces personnes. Leur taux d'institutionnalisation a traditionnellement été très élevé. Aujourd'hui, on sait que des efforts soutenus entrepris de façon précoce auprès des parents et des enfants peuvent amener ces derniers à un niveau acceptable d'autonomie personnelle, et à lire et à écrire comme des enfants de 2e ou 3e année du primaire peuvent le faire (Turkington, 1987). Évidemment, leur rythme de développement ne peut être comparé à celui d'enfant normaux. Leurs progrès sont beaucoup plus

lents, mais ils peuvent quand même être notés, ce qui constitue un argument important pour les défenseurs d'une intégration de ces enfants au système d'éducation. Le tempérament de ces personnes est habituellement agréable et enjoué, ce qui leur facilite le développement de relations sociales positives.

En 1959, Claude Lejeune a découvert que le syndrome de Down était habituellement causé par la présence d'un chromosome additionnel au niveau de la 21e paire, probablement parce que lors de la méiose de la cellule de reproduction, les chromosomes de cette paire ne se sont pas séparés. La figure 2.10 fournit une image de cette configuration chromosomique. Au lieu de ne contenir qu'un seul chromosome à ce niveau, un gamète en contiendrait deux qui, lorsque combinés avec le 21e chromosome de l'autre gamète, en font trois dans le zygote (Frias, 1975 ; Lamb et Bornstein, 1987).

La figure 2.11 illustre la progression de la fréquence de la trisomie 21 en fonction de l'âge de la mère. Cette progression marquée constitue un argument pour soutenir qu'en vieillissant, le processus de maturation des ovules se détériorerait, rendant ce type d'anomalie plus probable. Certains travaux ont par ailleurs observé que le spermatozoïde du père portait le chromosome superflu dans environ 25 % des cas (Magenis et coll., 1977).

D'autres formes de trisomie peuvent se manifester sur d'autres chromosomes somatiques. Le syndrome de Patau, causé par une trisomie de la 13e paire, s'accompagne d'un grand nombre de malformations qui entraînent généralement la mort du bébé en moins de trois mois. Le syndrome d'Edwards provient d'une trisomie 18 et comporte aussi de nombreuses malformations qui réduisent la longévité moyenne à six mois (Strickberger, 1985).

En fait il semble que la plupart des chromosomes humains peuvent rater la séparation lors de la méiose et provoquer une anomalie chromosomique située à un certain endroit. On estime actuellement que, lors de la conception, environ 4 % de tous les embryons humains affichent une anomalie chromosomique, mais que seulement 10 % de ce nombre vivent jusqu'à la naissance, et qu'une autre bonne proportion des bébés nés avec de telles anomalies ne vivent pas jusqu'à l'âge adulte. On estime qu'environ 50 % des avortements spontanés survenant au cours des trois premiers mois de grossesse impliquent une anomalie chromosomique quelconque qui empêche l'implantation utérine ou rend impossible le développement viable de l'organisme (Strickberger, 1985).

2.3.4 Les anomalies des chromosomes sexuels

Le syndrome de Turner

Le syndrome de Turner se trouve chez la fille et consiste à ne posséder que 45 chromosomes parce que le deuxième chromosome X de la 23e paire est absent. Au lieu d'avoir deux chromosomes sexuels XX comme les filles normales, celles qui sont atteintes de ce syndrome n'en ont qu'un seul, elles ont un caryotype XO.

Les conséquences physiques du syndrome de Turner sont : une taille petite, des doigts courts, dans certains cas une malformation de la bouche et des oreilles et un déficit du développement pubertaire en raison d'un manque d'estrogène (l'hormone sexuelle féminine), ce qui fait que les seins ne se développent pas et que les caractéristiques sexuelles secondaires n'apparaissent pas.

À la puberté, le développement des caractéristiques sexuelles féminines de ces personnes peut être stimulé par l'administration d'estrogène, mais elles demeureront stériles même avec un tel traitement (Hetherington et Parke, 1986).

Psychologiquement, les filles affectées du syndrome de Turner semblent posséder des capacités intellectuelles normales, mais certains problèmes d'apprentissage seraient reliés chez elles à des difficultés visuospatiales touchant leur capacité d'écrire, et ce malgré un rendement verbal dans la normale (Pennington et coll., 1982).

Les syndromes XXY et XYY

Le syndrome de Klinefelter est causé par la présence d'un chromosome sexuel X supplémentaire chez le garçon, ce qui résulte en une série XXY en 23e place au lieu de la paire XY normale. Cette insertion d'un chromosome additionnel entre une paire de chromosomes est du même type que celle qui est associée au syndrome de Down (trisomie 21), à l'exception qu'elle concerne les chromosomes sexuels plutôt que les chromosomes somatiques. Comme dans le cas de la trisomie 21, cette anomalie survient plus fréquemment à mesure que la mère est plus âgée.

Les hommes affichant le syndrome de Klinefelter sont stériles même s'ils possèdent des testicules. La présence de ce chromosome X supplémentaire entraîne chez eux une taille plus grande que la normale et l'apparition de caractéristiques sexuelles féminines telles que le développement des seins et l'arrondissement des hanches. Il existe des traitements basés sur l'administration de testostérone (l'hormone sexuelle mâle) qui stimuleraient l'apparition de caractéristiques sexuelles masculines secondaires chez ces personnes (croissance du pénis, pilosité, mue de la voix, etc.).

Sur le plan psychologique, Bancroft, Axworthy et Ratcliffe (1982) rapportent qu'environ le quart des hommes de type XXY sont mentalement déficients. Les sujets de type XXY seraient plutôt introvertis, passifs, timides, manquant de confiance en eux et n'affichant pas beaucoup d'intérêt sexuel. Après une revue de plusieurs recherches sur le sujet, Ellis (1982) mentionne que les hommes XXY présenteraient un plus haut taux de criminalité que les XY (normaux), mais moins que les XYY.

Le syndrome XYY est une autre anomalie chromosomique spécifiquement mâle qui repose sur la présence de 47 chromosomes plutôt que de 46. Il s'agit ici de la présence d'un chromosome Y supplémentaire entre les 2 chromosomes de la 23e paire. On observe chez les sujets atteints une taille généralement plus grande que la normale et, sur le plan psychologique, de la déficience mentale et une propension à l'agressivité et aux comportements antisociaux.

L'association entre le chromosome Y et l'agressivité a suscité beaucoup d'intérêt car il y aurait là une base explicative aux différences entre les hommes et les femmes en matière de violence. Plusieurs études ont en effet observé une surreprésentation de sujets atteints du syndrome XYY en pri-

son. Ellis (1982) fait état de recherches qui se sont intéressées aux parents des sujets de caryotype XYY au regard du taux de criminalité. Sachant que l'anomalie XYY est le résultat d'une rare mutation et non pas d'une transmission génétique normale, la parenté des sujets de type XYY devrait afficher un taux de criminalité moindre que la parenté de criminels XY (sans l'anomalie génétique). Les résultats de quelques recherches appuient cette idée : elles ont trouvé que les criminels XYY ont moins de criminels dans leur parenté que d'autres criminels comparables (Ellis, 1982).

Une importante étude danoise a trouvé seulement 12 sujets XYY et 16 sujets XXY parmi 4139 hommes issus des 16 % les plus grands de taille de la population (Witkin et coll., 1976). La recherche a démontré que les sujets affectés d'une anomalie chromosomique XYY ou XXY affichaient des habiletés mentales plus faibles que les sujets normaux, mais que seulement les XYY manifestaient un taux de criminalité plus élevé. Cependant, les crimes commis par ce groupe n'étaient généralement pas de nature violente (Witkin et coll., 1976). Or comme la recherche a trouvé par ailleurs que parmi les sujets ayant des chromosomes normaux (XY) il y avait plus de criminalité chez les sujets à faible intelligence, il semble que le plus haut taux de criminalité chez les sujets de type XYY ne serait pas relié seulement à la présence du chromosome Y supplémentaire mais aussi à la déficience mentale de ceux du type XYY.

Enfin, Ratcliffe et Field (1982), dans une recherche, n'ont pas observé de prédisposition particulière à la violence chez quatre cas de garçons de caryotype XYY mais plutôt une réaction dépressive au stress. La question du rôle du chromosome Y en matière d'agressivité et de conduite antisociale n'est pas encore tranchée.

Enfin, même si les données de recherche vont dans le sens de l'affirmation d'un lien entre la criminalité et l'anomalie XYY, le rôle exact de ce chromosome Y supplémentaire n'est pas encore connu.

2.3.5 Le dépistage des anomalies génétiques et chromosomiques

Les connaissances modernes, quoique encore récentes et imparfaites en ce qui concerne les possibilités d'anomalies génétiques et chromosomiques, ont rapidement été mises en application. Des programmes et des cliniques de dépistage et de consultation génétique sont apparus dans la plupart des grands centres urbains occidentaux. Ces ressources communautaires poursuivent généralement un objectif de diffusion d'information sur les risques génétiques et leurs mécanismes de transmission, elles fournissent des services de dépistage d'anomalies génétiques et chromosomiques, et elles donnent aussi des conseils aux gens qui sont aux prises avec de telles anomalies.

Les techniques de dépistage peuvent s'appliquer aux adultes parents ou futurs parents et aux fœtus. Les adultes qui ont eux-mêmes, ou dans leur famille, des handicaps pouvant être associés à des anomalies génétiques ou héréditaires peuvent consulter de tels centres en vue d'évaluer leurs risques de transmettre ces problèmes à leurs descendants. À ce moment, des données sur l'histoire de la famille, des analyses du sang, de l'urine, des cellules de la peau peuvent fournir des informations précieuses sur les risques d'anomalies. Une fois les risques connus, les adultes concernés peuvent être aidés dans l'examen des stratégies qui s'offrent à eux pour éviter les graves conséquences associées à la naissance d'un enfant atteint génétiquement. La stérilisation, la reproduction *in vitro*, l'insémination artificielle, la participation d'une mère porteuse, l'adoption, sont autant d'exemples de possibilités qui existent aujourd'hui pour les adultes présentant de hauts risques de transmission d'anomalies génétiques. Mais comme nous le verrons plus loin, les questions d'éthique ou de morale reliées aux nouvelles technologies de la reproduction ne sont pas facilement réglées, même par l'assistance professionnelle la plus attentive.

Pour la femme déjà enceinte, l'amniocentèse et l'échographie constituent des techniques de dépistage couramment pratiquées. L'amniocentèse consiste à prélever, à l'aide d'une seringue à longue aiguille, un échantillon du liquide amniotique. Ce liquide contient des cellules que le fœtus a rejetées au cours de sa croissance normale, mais qui peuvent tout de même traduire sa constitution chromosomique, puisque chaque cellule de l'organisme témoigne de son code génétique. Les cellules ainsi prélevées doivent cependant être développées en milieu de culture, ce qui prend encore de trois à quatre semaines. Cette technique, quoique présentant le défaut d'être lente, permet le dépistage d'une soixantaine d'anomalies comme la trisomie 21 ou le syndrome de Turner (Hetherington et Parke, 1986).

Idéalement, cette ponction à travers l'abdomen de la femme enceinte est pratiquée entre la 14e et la 16e semaine de grossesse car, à cette période, il y a suffisamment de cellules fœtales dans le liquide amniotique et il n'y a pas grand risque de toucher le fœtus, celui-ci étant encore assez petit. Enfin, l'induction d'un avortement est encore possible lorsque les résultats de l'amniocentèse sont connus.

L'échographie permet, à l'aide du retour (de l'écho) d'ultrasons émis en direction du fœtus, d'obtenir une image de ce dernier. Fonctionnant un peu comme un radar, l'échographie sert donc à tracer une configuration du fœtus pour y détecter des malformations éventuelles par une estimation de la dimension du crâne, du corps fœtal, etc.

2.4 L'HÉRÉDITÉ ET LE COMPORTEMENT : ÉTUDES SUR LES JUMEAUX

Compte tenu du nombre de gènes existant chez l'humain, la probabilité que deux personnes indépendantes reçoivent la même combinaison génétique est presque inexistante. Toutefois, cette infime probabilité exclut le phénomène remarquable de la conception multiple, c'est-à-dire la conception de jumeaux ou de triplets (etc.) identiques.

FIGURE 2.12 : Illustration de l'amniocentèse

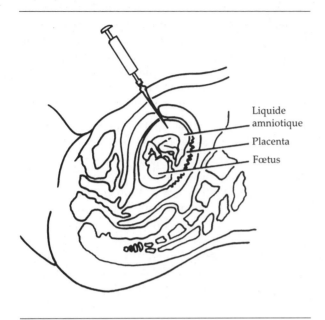

Liquide
amniotique

Placenta

Fœtus

Il existe deux façons d'obtenir des jumeaux :

1- lorsque deux ovules sont libérés et fécondés par deux spermatozoïdes différents, donnant lieu à des jumeaux « dizygotes » ; et

2- lorsqu'un seul ovule est fécondé par un même spermatozoïde pour donner un zygote qui se divise en deux zygotes identiques avant l'implantation dans l'utérus, ce qui donne lieu à la conception de jumeaux monozygotes que l'on appelle souvent « identiques ».

Ces derniers ont exactement le même bagage héréditaire puisqu'ils sont conçus par les deux mêmes gamètes ; évidemment, ils sont toujours de même sexe. Les jumeaux dizygotes sont comme des frères ou sœurs ordinaires sur le plan génétique : ils ont été conçus par des gamètes différents même si la conception a eu lieu au cours de la même période et donne lieu à la même grossesse.

Les quintuplées Dionne, que l'on a appelées les jumelles Dionne, nées en 1934 au Canada, sont devenues célèbres mondialement en raison de l'ex-

trême rareté d'une telle conception monozygote. La probabilité d'avoir des jumeaux dépendrait de la fréquence de ce type de conception dans la famille des parents, de l'âge de la mère et du nombre d'enfants qu'elle a déjà eus. La race serait aussi un facteur : les femmes noires donnent plus souvent naissance à des jumeaux monozygotes que les blanches qui, à leur tour, en ont plus souvent que les jaunes (Scheinfeld, 1973).

Les ressemblances existant entre jumeaux monozygotes ne se limitent pas à leur apparence physique comme telle ; des études ont observé des similitudes parfois étonnantes même chez des personnes élevées séparément. Les ressemblances touchent des dimensions comme les préférences pour la nourriture ou les loisirs, le type d'amis ou de conjoint choisi, la profession exercée, l'intelligence, etc. (Bouchard et McGue, 1981 ; Mead-Rosen, 1987).

Le corps étant un élément de base de l'identité humaine, le fait pour deux personnes de posséder exactement le même corps rendra leur différenciation plus difficile à leur environnement social qui aura tendance à les traiter comme un même individu. Face à cette indifférenciation sociale, certains jumeaux monozygotes feront activement des efforts pour se distinguer l'un de l'autre dans le but d'accéder à une identité propre. Les jumeaux bivitellins (ou dizygotes, c'est-à-dire non identiques), quant à eux, ne vivent pas aussi intensément cette confusion d'identité ; la similitude plus grande de leur environnement, par rapport à celui des frères ou sœurs non jumeaux, viendrait de ce qu'ils vivent plus de choses en même temps, ayant le même âge (transitions de vie comme l'entrée à la garderie ou à l'école, anniversaires, etc.).

Il est intéressant de s'interroger sur les effets psychologiques d'une enfance menée dans un environnement où quelqu'un d'autre a exactement le même corps que soi. La recherche d'une identité personnelle, la différenciation de ce qui est « soi » et de ce qui ne l'est pas, l'attachement différentiel aux autres et la recherche de sa propre indépendance sont des exemples de domaines psychologiques susceptibles d'en être affectés. L'autre jumeau est tellement présent, tellement semblable qu'il constitue naturellement une sorte de miroir de soi-même, un alter ego, qui peut devenir presque aussi important que soi-même.

Mentionnons toutefois que les jumeaux monozygotes ne sont jamais exactement identiques. Les gènes, dans leur action, possèdent une certaine variance de sorte que des caractéristiques comme les empreintes digitales ne sont pas exactement les mêmes. Aussi, dès la vie prénatale, l'expérience des deux individus diffère : l'un des jumeaux, mieux placé dans l'utérus, pourra se développer plus vite et naître avec un poids supérieur, prenant ainsi de l'avance sur l'autre dès la naissance. Ensuite, l'expérience de chacun au cours de l'enfance peut varier : accidents, maladies, etc.

La plupart des recherches sur les jumeaux se sont intéressées à l'intelligence comme facteur susceptible d'être influencé génétiquement. Bouchard et coll. (1981) ont compilé les résultats de 111 études différentes sur les jumeaux, menées dans différents pays du monde. Ces auteurs observent que le quotient intellectuel (QI) de jumeaux bivitellins élevés dans la même famille est le même dans 60 % de cas pour l'ensemble de ces recherches, tandis que ce taux passe à 86 % pour les jumeaux identiques élevés ensemble. Ce lien très élevé, pour une dimension aussi complexe que l'intelligence, donne un appui sérieux à l'hypothèse de l'héritabilité de certaines caractéristiques psychologiques.

Ce ne serait pas seulement le QI global, c'est-à-dire le rendement intellectuel dans son ensemble, qui serait plus étroitement relié chez les jumeaux monozygotes que chez les dizygotes, mais aussi le rythme du développement mental pendant l'enfance et le profil des différentes habiletés verbales, sensori-motrices, etc. (Wilson, 1983 ; Nichols, 1978). Le tableau 2.1 fournit aussi les corrélations observées entre les deux types de paires de jumeaux dans différentes tâches intellectuelles.

Le tempérament et la sociabilité sont aussi des dimensions psychologiques où les études sur les jumeaux ont appuyé l'hypothèse des racines génétiques du comportement. Dans le domaine de la criminalité, selon Ellis (1982), les études sur les jumeaux, sur l'adoption et sur les anomalies chromosomiques (XXY et XYY) nous permettent de croire que l'hypothèse d'une implication génétique dans les comportements délinquants approche des limites de la certitude.

Dans le domaine de la psychopathologie, le rôle de l'hérédité a été étudié par rapport à plusieurs affections : névrose, dépression, alcoolisme, tendances suicidaires, psychose maniaco-dépressive, etc. Cependant, c'est peut-être la relation entre l'hérédité et la schizophrénie qui a stimulé le plus de recherche (Hetherington et Parke, 1986). La schizophrénie est une forme de psychose qui constitue l'une des plus fréquentes causes d'institutionnalisation psychiatrique. Elle se traduit généralement par une perte de contact avec la réalité, des comportements et des attitudes bizarres, et elle peut impliquer des hallucinations. Dans une compilation basée sur plusieurs études, Gottesman et Schields (1982) rapportent que chez les jumeaux identiques, lorsque la schizophrénie est présente chez l'un, elle l'est chez l'autre dans 35 à 69 % des cas, selon la recherche en jeu, comparativement à une concordance allant de 0 à 26 % chez les jumeaux non identiques.

Wender et coll. (1974) rapportent que des enfants dont les parents biologiques étaient schizophrènes mais qui ont été adoptés par des parents normaux en bas âge sont deux fois plus susceptibles de développer une schizophrénie que des enfants nés de parents biologiques normaux mais ayant vécu auprès de parents adoptifs schizophréniques. Cette recherche indique que le lien biologique serait plus puissant que le lien environnemental.

Ces données vont nettement dans le sens d'un rôle significatif de l'hérédité dans le comportement humain. Cependant le rôle potentiel de l'environnement ne peut être ignoré dans le façonnement psychologique : aucune des études mentionnées ici ne nie la constante interaction entre la biologie et l'environnement dans la construction de la personne.

TABLEAU 2.1 : Pourcentage de concordance entre des jumeaux monozygotes et dizygotes*

Ces jumeaux ont été considérés lorsqu'ils portaient tous deux des phénotypes similaires à l'intérieur d'un petit écart mesurable. Les nombres entre les parenthèses indiquent le nombre de paires de jumeaux notées.

	Jumeaux			
	monozygotes		dizygotes	
1- Caractéristiques relatives à l'apparence		%		%
couleur des yeux	(256)	99,6	(194)	28
couleur des cheveux	(215)	89	(156)	22
préférence manuelle	(343)	79	(319)	77
2- Anomalies physiques				
syndrome de Down	(18)	89	(60)	7
bec-de-lièvre	(19)	42	(67)	5
pied bot	(40)	32	(134)	3
3- Maladies physiques				
rachitisme	(60)	88	(74)	22
lèpre	(23)	83	(12)	17
épilepsie	(61)	72	(197)	15
diabète	(65)	65	(116)	18
scarlatine	(31)	64	(30)	47
tuberculose	(381)	53	(843)	22
poliomyélite	(14)	36	(33)	6
cancer de l'estomac	(11)	27	(24)	4
cancer du sein	(18)	6	(37)	3
cancer de l'utérus	(16)	6	(21)	0
4- Particularités comportementales				
homosexualité (masculine)	(44)	100	(51)	25
consommation d'alcool	(34)	100	(43)	86
habitude de fumer	(34)	91	(43)	65
criminalité	(143)	68	(142)	28
5- Problèmes psychiatriques				
déficience mentale	(217)	94	(260)	47
schizophrénie	(395)	80	(989)	13
psychose maniaco-dépressive	(62)	77	(165)	19

* Tableau élaboré à partir de STRICKBERGER, M.W. (1985) *Genetics*, 3ᵉ éd. New York, MacMillan, p. 171, figure 10-3.

Quelle proportion de ce que vous êtes maintenant, en tant que personne, attribuez-vous à votre bagage héréditaire par rapport à la proportion que vous attribuez à l'influence de l'environnement sur votre développement ? Le psychologue D.O. Hebb de l'Université McGill avait l'habitude de se déprendre de ce type de question de 100 \$, concernant l'inné versus l'acquis, en disant que cela est aussi absurde que de demander : Quelle est la contribution de la longueur d'un champ comparativement à sa largeur dans la détermination de sa surface ?

À la lumière des travaux examinés ici, n'est-il pas vrai que l'on peut avoir tendance à surestimer le rôle de l'environnement dans le développement psychologique en allant parfois jusqu'à nier la possibilité d'une fonction héréditaire significative ? Cette « illusion de contrôle » est peut-être favorisée par l'insistance marquée des sciences humaines, la psychologie notamment, sur les possibilités de façonner l'organisme en intervenant auprès de lui de façon appropriée.

Il est étonnant que les règles admises de tous quant à la reproduction animale, dans le domaine de l'élevage spécialisé par exemple (animaux de boucherie, chevaux de course, etc.), soient si difficiles à faire accepter pour la reproduction humaine. Chacun sait que pour développer un cheval de course qui puisse vraiment gagner un jour, il est essentiel de prendre son pedigree en considération. Or, chez l'humain, il peut parfois être difficile d'admettre les limites que nous impose notre bagage héréditaire. L'illusion de pouvoir changer, se transformer, se développer, est plus séduisante que le fatalisme imposé par la génétique. Pourtant, les compagnies d'assurances sur la vie savent bien que les antécédents familiaux des clients peuvent augmenter significativement les risques qu'elles doivent absorber.

L'homme scrute méticuleusement le caractère et le pedigree de ses chevaux, de son bétail et de ses chiens avant de les accoupler ; mais lorsque vient le temps de son propre mariage, il ne prend que rarement, ou jamais, un tel soin.
(Charles Darwin, 1871, *in* Marsh et Katz, 1984, p. 5.)

Les retrouvailles des triplets et l'étude Minnesota

Battelle (1981) rapporte l'histoire impressionnante de triplets identiques élevés séparément qui se retrouvent par hasard à l'âge de 19 ans. On sait que des naissances multiples peuvent impliquer des jumeaux monozygotes et un ou plusieurs autres jumeaux dizygotes par rapport aux premiers, mais ici, il s'agirait bien de trois garçons issus d'un même zygote.

En septembre 1980, Bobby Shafran, inscrit depuis quelques jours à un nouveau collège dans l'État de New York, était surpris de voir que tant de nouveaux collègues semblaient bien le connaître et l'appelaient Eddy. Lorsqu'on lui montra une photo d'Eddy Galland, il dit : « Il n'y a pas de doute, c'est bien moi. » Eddy Galland avait fréquenté ce collège l'année précédente mais étudiait ailleurs cette année-là. Bobby téléphona à Eddy pour lui dire qu'il croyait être son frère jumeau. Les deux se rencontrèrent pour constater qu'en effet ils étaient nés le même jour en juin 1961, au même hôpital de Long Island. L'histoire fit l'objet d'un article dans les journaux locaux, ce qui amena David Kellman, en se reconnaissant lui-même à la vue de la photo des jumeaux, à communiquer avec la famille Galland pour s'annoncer comme le troisième ! En effet, il s'agissait bien de triplets identiques ayant été adoptés en bas âge sans que l'agence d'adoption n'ait informé les parents adoptifs de leur condition de triplets.

Les similitudes sur les plans du rendement intellectuel, des préférences sociales, des goûts pour la nourriture, la musique et les loisirs, étaient frappantes chez eux.

Dans l'une des plus grandes études sur les jumeaux (« The Minnesota Twin-Study »), des chercheurs de l'Université du Minnesota à Minneapolis ont réussi à obtenir des données extensives sur plusieurs centaines de paires de jumeaux. De ce nombre, 77 paires (dont plusieurs monozygotes) ont été élevées séparément dans des familles adoptives. Dans cette étude, chaque sujet est testé individuellement pendant six jours. Des données physiologiques, psychologiques, historiques (famille, école, événements stressants vécus, etc.) sont recueillies minutieusement (Rosen, 1987). Les résultats qui commencent à sortir de cette recherche confirment l'impressionnante similitude que peuvent afficher deux individus possédant la même hérédité et ayant vécu séparément. En voici un exemple frappant, choisi parmi plusieurs autres du même genre : l'étude a réuni deux jumeaux de l'Ohio, appelés tous deux « Jim » (par hasard, évidemment !), fumant la même marque de cigarette, conduisant le même modèle de voiture, occupant le même emploi, se rongeant tous deux les ongles et ayant développé des migraines au même âge (Rosen, 1987).

Certes, l'aspect spectaculaire de ces ressemblances extraordinaires attire sans doute davantage l'attention que les différences observées entre les jumeaux. L'étude Minnesota a cependant permis de recueillir de l'information intéressante dans cette voie. On a remarqué par exemple que certains jumeaux d'allure identique pouvaient être dizygotes, et que certains monozygotes pouvaient afficher des différences de poids ou d'apparence (lunettes, coiffure, type de vêtements, etc.) qui les faisaient paraître presque étrangers.

Certaines dimensions, comme la grandeur (hauteur), semblent très fortement reliées aux gènes : les chercheurs estiment en effet que 90 % de la variance de la grandeur est déterminée génétiquement tandis que les autres 10 % seraient dus à l'environnement. Le quotient intellectuel de jumeaux identiques élevés séparément serait similaire dans 76 % des cas, même en incluant les paires dont le niveau de scolarité est différent. Les nombreuses données recueillies sur la personnalité indiquent que l'hérédité et l'environnement contribueraient moitié-moitié au façonnement du profil personnel.

On note un fait étonnant : certains traits personnels seraient plus étroitement reliés chez des monozygotes élevés séparément que chez d'autres élevés ensemble. Selon les auteurs, ce phénomène serait dû aux efforts de différenciation que les jumeaux élevés ensemble déploient. La recherche d'une identité à soi créerait une pression vers la différence que les jumeaux élevés séparément ne vivraient pas, laissant libre cours à l'expression de leur inclinaisons génétiques.

Ces travaux nous aident à comprendre comment notre interaction avec notre milieu est influencée par ce que nous sommes au départ : deux personnes identiques auront tendance à susciter des réactions analogues de leur environnement social, ce qui les entraînera vers des expériences de vie éventuellement semblables.

POST-TEST

1- Qu'est-ce que sous-tend la théorie de la pangénèse ?

2- *Complétez la phrase.* Les cellules du corps humain appartiennent à deux grandes catégories : les cellules de reproduction ou .... et toutes les autres cellules, c'est-à-dire les cellules ....

3- Qu'est-ce qui distingue la méiose de l'autre type de division cellulaire ?

4- *Complétez la phrase.* La conception qui correspond à l'union de .... de la mère avec .... du père résulte en un .... qui s'implantera sur la paroi de l'utérus maternel.

5- *Vrai ou faux.* La combinaison de la longévité des spermatozoïdes et de l'ovule fait que la période de fécondité réelle est d'environ huit jours par cycle menstruel.

6- De quelle façon les caractéristiques génétiques de la mère se combinent-elles avec celles du père dans les cellules de l'enfant ?

7- *Complétez la phrase.* Les .... sont des gènes situés à une position correspondante sur des chromosomes homologues et exercent une action différente dans l'apparition de la même caractéristique physique.

8- *Vrai ou faux.* L'adénine, la guanine, la cytosine et la thymine, les quatre bases chimiques responsables de l'encodage génétique, peuvent s'unir entre elles de n'importe quelle façon.

9- L'acide ribonucléique (ARN) est le message de l'acide désoxyribonucléique (ADN) dans la cellule. Expliquez.

10- *Vrai ou faux*. Une personne est dite « hétérozygote » pour un trait donné si les gènes qui en sont responsables sont porteurs du même trait.

11- *Complétez la phrase*. Pour qu'un gène récessif se manifeste réellement chez la personne, celle-ci doit être .... pour ce trait.

12- *Complétez la phrase*. Certains gènes influencent l'effet d'autres gènes sur le phénotype. Par exemple, l'âge d'apparition des cataractes aux yeux serait conditionné par l'effet de ces gènes dits « .... ».

13- *Vrai ou faux*. Dès le moment de la fécondation de l'ovule par le spermatozoïde, le sexe de l'enfant est déterminé.

14- Comment la combinaison XY représente-t-elle un risque plus élevé de transmission génétique d'une anomalie génétique comparativement à la combinaison XX ?

15- Identifiez deux symptômes physiques ou psychologiques typiquement associés à la phénylcétonurie (PKU).

16- Identifiez une méthode d'intervention précoce contre le PKU chez l'enfant.

17- Identifiez deux troubles physiologiques observés plus fréquemment chez les sujets atteints du syndrome de Down.

18- Identifiez le nom d'un autre syndrome relié à une trisomie chromosomique autre que la trisomie 21.

19- *Vrai ou faux*. Chez les filles atteintes du syndrome de Turner, les caractéristiques sexuelles apparaissent très tôt en raison d'un manque d'estrogène dans l'organisme.

20- *Vrai ou faux*. Certaines recherches ont associé la plus fréquente criminalité des sujets atteints du syndrome XYY à l'agressivité plus grande que le chromosome Y supplémentaire apporterait, ainsi qu'à leur faible intelligence.

21- L'................................... est une technique qui, à l'aide d'ultrasons dirigés en direction du fœtus, permet d'obtenir une image de ce dernier et de déceler chez lui des malformations éventuelles.

22- Expliquez par quel mécanisme (génétique ou biologique) les jumeaux monozygotes ne sont pas exactement semblables.

23- *Vrai ou faux*. Les recherches connues permettent de croire que l'hypothèse d'une implication génétique dans les comportements délinquants approche des limites de la certitude.

24- Est-ce que l'enfant dont les parents biologiques sont affectés de schizophrénie mais qui est élevé en famille adoptive a plus de chances d'être lui-même affecté par la schizophrénie que l'enfant dont les parents biologiques n'en sont pas atteints mais qui est élevé par une famille adoptive dont les parents en sont atteints ? En d'autres termes, est-ce le lien biologique ou le lien environnemental qui est le plus puissant prédicteur de la schizophrénie chez l'enfant ?

    a) le lien biologique ;

    b) le lien environnemental.

Chapitre 3

Développement prénatal

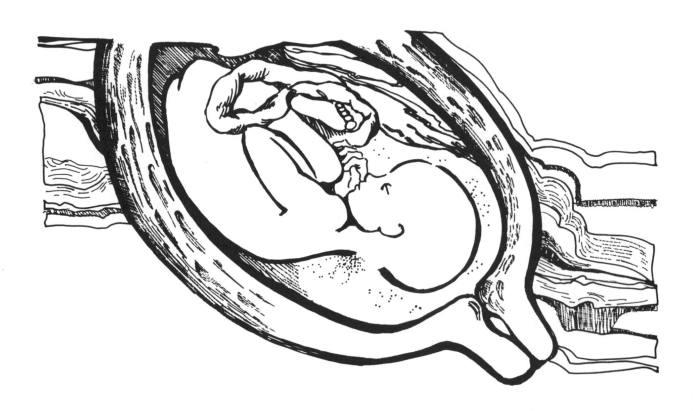

PLAN

PRÉTEST

1- *Complétez la phrase.* Le nom du mécanisme de division cellulaire en jeu dans le développement de l'embryon après la fécondation est la ....

2- À partir de combien de semaines de grossesse, le fœtus commence-t-il à être viable ?

   a) 22 semaines ;

   b) 28 semaines ;

   c) 38 semaines ;

   d) 42 semaines.

3- *Complétez la phrase.* Avant de s'appeler embryon, avant son implantation, l'organisme que constitue l'ovule fécondé s'appelle ....

4- Les cellules de l'écusson embryonnaire se spécialisent en trois couches différenciées qui donneront lieu au développement de différentes parties du corps de l'enfant : 1) l'ectoderme ; 2) le mésoderme ; et 3) l'endoderme. En respectant l'ordre de mention qui précède, identifiez les tissus qui se développeront de chaque couche parmi les suivants :

   a) le squelette, le système cardio-vasculaire, le sang et les muscles ;

   b) la peau, les organes sensoriels et les tissus nerveux ;

   c) le système digestif et le système respiratoire.

5- *Vrai ou faux.* Le sang de la mère coule directement dans les veines du bébé en empruntant la voie du cordon ombilical.

6- *Complétez la phrase.* Au cours du développement prénatal, l'organisme commence à pouvoir bouger au cours de la période ....

7- *Vrai ou faux.* L'organisme dort et peut pleurer à compter du sixième mois de grossesse.

8- Combien y a-t-il de stades dans le processus de différenciation sexuelle ?

9- Quel est le nom de l'hormone sécrétée par les testicules qui stimule le développement du canal de Wolff dans la différenciation sexuelle ?

10- Quel est l'indice populaire le plus utilisé pour déceler la grossesse ?

11- *Choisissez la bonne réponse.* Le facteur le plus déterminant de la capacité d'une femme de porter facilement un enfant est :

a) les réserves physiques qu'elle a accumulées au cours de sa propre croissance physique ;

b) l'alimentation ou le régime qu'elle entreprend au moment où elle sait qu'elle est enceinte ;

c) les suppléments de vitamines et de minéraux que contient sa diète courante.

12- *Choisissez la bonne réponse.* Au cours de la grossesse, le volume sanguin du corps de la mère s'accroît d'environ :

a) 5 % ;

b) 10 % ;

c) 20 % ;

d) 35 % ;

e) 50 %.

13- *Complétez la phrase.* Les agents perturbateurs du développement prénatal normal sont appelés « .... ».

14- Nommez trois des quatre grandes catégories de tératogènes.

15- Identifiez deux des trois façons dont agissent les tératogènes.

16- *Choisissez la bonne réponse.* Quelle est la période de la vie de la femme où il y a le moins de risque entourant la grossesse et la naissance ?

a) 13 à 23 ans ;

b) 25 à 40 ans ;

c) 30 à 45 ans ;

d) 18 à 35 ans.

17- Identifiez deux agents tératogènes physiques potentiels.

18- *Vrai ou faux.* Non seulement le fœtus exposé aux radiations peut-il présenter des anomalies du développement mais ses propres cellules germinales pourront en être affectées pour le futur par mutation génétique.

19- Identifiez quatre des cinq grandes catégories d'éléments nutritifs essentiels à la femme enceinte.

20- Identifiez deux systèmes de l'organisme susceptibles d'être perturbés par l'infection cytomegalovirale (CMV) congénitale ?

21- Identifiez trois maladies transmissibles sexuellement qui, lorsqu'elles sont contractées par la femme enceinte, peuvent avoir des effets dommageables sur l'enfant à naître.

22- *Vrai ou faux.* Le VIH (virus de l'immunodéficience humaine) est l'affection à la base du SIDA. Toutes les personnes porteuses du VIH développeront le SIDA comme tel à l'intérieur d'une période de cinq ans environ.

23- Donnez deux exemples d'agents chimiques potentiellement tératogènes contenus dans les polluants environnementaux.

24- *Vrai ou faux.* Les études indiquent que les femmes enceintes qui fument tendent à avoir des bébés plus petits que celles qui ne fument pas.

25- Comment certains travaux ont-ils réussi à montrer que l'enfant entendrait la voix de sa mère dans l'utérus ?

3.1 INTRODUCTION

Le présent chapitre porte sur le développement prénatal. Les trois grandes périodes de ce développement feront d'abord l'objet de notre attention : nous verrons à ce moment comment l'œuf fécondé s'implante dans l'utérus et évolue rapidement dans la formation des différentes structures et fonctions de l'organisme, en examinant la séquence d'apparition des différents éléments de l'organisme au cours du développement embryonnaire et fœtal, ainsi que le mécanisme de la différenciation sexuelle. Ensuite, nous aborderons la maternité en tant qu'expérience physique et psychologique pour la femme. La troisième section du chapitre sera consacrée aux facteurs d'influence du développement prénatal, soit l'âge des parents, le régime alimentaire de la femme enceinte et les quatre grandes catégories de tératogènes. L'effet possible de l'état émotionnel de la mère sur la grossesse sera ensuite examiné.

Lorsque l'on songe au caractère intensif du développement qui se produit dans l'utérus avant la naissance, il est facile de concevoir l'importance que revêt la qualité de cet environnement pour l'enfant à naître. Évidemment, la satisfaction des besoins de l'embryon est complètement dépendante de la contribution de l'environnement intra-utérin. Si la grande proportion de naissances de bébés en bonne santé nous oblige à reconnaître la force de la nature humaine et le raffinement du plan prénatal de développement biologique, nous devons aussi reconnaître que cette évolution est fragile parce que sensible à plusieurs agents perturbateurs appelés tératogènes.

La figure 3.1 indique que, pendant les deux premières semaines du développement, l'embryon est généralement moins sensible aux agents tératogènes, mais que leur action éventuelle peut être fatale ou négligeable : ou bien toutes ou la plupart des cellules sont endommagées, ce qui provoque la mort de l'organisme, ou bien quelques cellules seulement sont affectées et l'organisme peut récupérer complètement pendant le cours de la grossesse. C'est à compter de la troisième semaine de gestation que la période critique s'amorce : l'intensité du développement embryonnaire à cette période est telle que les agents toxiques peuvent alors laisser des séquelles permanentes sur l'enfant à naître (cerveau, cœur, yeux, oreilles, membres, etc.). Enfin, à mesure que la gestation s'approche de son terme, la sensibilité aux agents toxiques diminue.

3.2 LES TROIS PÉRIODES DU DÉVELOPPEMENT PRÉNATAL

Les 40 semaines du développement prénatal sont habituellement divisées en trois grandes étapes :

1- la période germinative ;

2- la période embryonnaire ;

3- la période fœtale.

Le tableau 3.1 résume les caractéristiques de l'évolution à chacune des périodes.

FIGURE 3.1 : Illustration schématique des zones sensibles aux effets d'agents toxiques (tératogènes) selon le stade de gestation

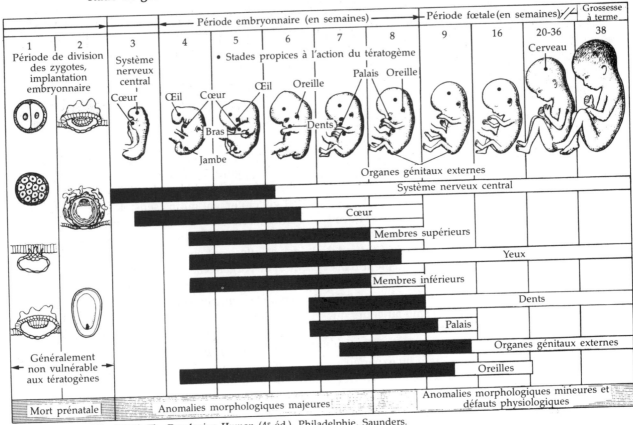

Source : MOORE, K.L. (1988) *The Developing Human* (4ᵉ éd.), Philadelphie, Saunders.

3.2.1 La période germinative (10 à 15 jours)

La période germinative, aussi appelée « stade germinal », s'étend de la fécondation jusqu'au moment où le zygote s'implante sur la paroi utérine. Cette période dure de 10 à 15 jours.

Rappelons ici quelques données relatives à la fécondation. L'ovule est la plus grosse cellule du corps de la mère. Vu au microscope, l'ovule ressemble à un œuf ; sa membrane externe relativement résistante renferme un liquide blanchâtre où se trouve un noyau. Au moment de la fécondation,

l'ovule se trouve dans les trompes de Fallope, de sorte que les spermatozoïdes doivent y remonter sous l'action de leur longue queue. Des quelque 400 à 500 millions de spermatozoïdes éjaculés par le père, un seul verra son noyau s'unir à celui de l'ovule pour former le zygote. Sur les 28 jours du cycle menstruel de la mère, l'ovule ne peut être fécondé que pendant 3 jours environ. Il doit donc y avoir synchronisation de cette période de fécondité avec la présence de spermatozoïdes viables dans l'utérus. La vie d'un spermatozoïde étant d'environ 48 heures dans des conditions normales, il est possible que plusieurs traversent l'utérus et remontent les trompes de Fallope jusqu'à l'ovule sans réussir à pénétrer sa

TABLEAU 3.1 : Chronologie du développement prénatal durant le premier trimestre de la grossesse

	Semaines	
	− 2	Dernières menstruations de la mère
Période germinative	0	- Fécondation et début de la division cellulaire
	2e	- Implantation de l'embryon sur la paroi de l'utérus - Début de la différenciation cellulaire - Première absence des menstruations, qui permet alors de soupçonner la grossesse, ce qui justifie un test de grossesse
Période embryonnaire	3e	- Début de la formation du système nerveux central - Amorce du processus d'ossification par la transformation du cartilage en os - Formation du placenta et du cordon ombilical
	4e	- Début de la formation du cœur
	5e	- Apparition progressive des yeux, des oreilles, des bras et des jambes
	6e	- Formation des gonades, des lèvres fusionnées, du palais, des dents
	8e	- Identification de la grossesse par examen physique
Période fœtale	10e	- L'embryon possède la forme d'un bébé humain en miniature et il peut répondre à la stimulation. - La différenciation sexuelle apparaît : les gonades deviennent des ovaires ou des testicules.
	12e	- Le cœur bat et le sang circule.

membrane résistante. Et même si parfois plus d'un spermatozoïde pénètre l'ovule, un seul le féconde en participant à la fusion de leurs deux noyaux. La figure 3.2 présente l'image d'un ovule fécondé.

Le zygote commence son existence au moment de cette fusion des noyaux du spermatozoïde et de l'ovule. Quelques heures après la fécondation, le processus de division cellulaire, la « mitose », commence, puis transforme le zygote unicellulaire en organisme à deux cellules, chacune possédant les mêmes chromosomes que la cellule d'origine. Ces deux cellules, par mitose, se subdivisent ensuite en quatre puis en huit, etc. Le nouvel organisme entreprend ensuite sa descente vers l'utérus. Son mouvement est provoqué par les effets de contraction et de succion de la trompe de Fallope.

La descente vers l'utérus dure environ trois jours, et l'implantation sur la paroi utérine n'a lieu qu'après quelques jours de flottement libre dans l'utérus. La division cellulaire s'est poursuivie pendant ce temps et l'organisme, appelé « blastocyste » à cette période, correspond à une sphère de cellules qui contient du liquide.

D'un côté de la sphère cellulaire que constitue le blastocyste, il y a une agglomération de cellules appelée « écusson embryonnaire » à partir desquelles le fœtus se développera. Ces cellules se spécialisent ensuite en trois couches différenciées :

1- l'ectoderme, situé plus à l'extérieur, donne lieu au développement de la peau, des organes sensoriels et du système nerveux ;

FIGURE 3.2 : Un ovule fécondé*

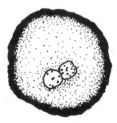

Lorsqu'un ovule est fécondé, les noyaux mâle et femelle reposent côte à côte pendant quelques heures avant d'être unis.

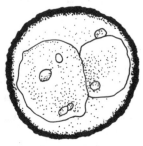

Quelques heures après que les noyaux mâle et femelle se sont joints, l'ovule se sépare en deux cellules.

Durant les 72 premières heures de vie, l'ovule se développe en 32 cellules environ.

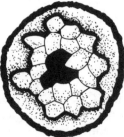

À l'âge de 4 jours, l'ovule est constitué d'environ 90 cellules.

* D'après des photographies de Landrum Shettles (1967), *in* Havemann, E.H. **Birth Control**, Time, Inc.

2- le mésoderme, situé au milieu de l'écusson embryonnaire, forme le squelette, le système cardio-vasculaire, le sang et les muscles ;

3- l'endoderme, d'où se développent le système digestif (intestin, foie, pancréas, glandes salivaires, etc.) et le système respiratoire.

La figure 3.3 illustre ces différentes couches cellulaires.

FIGURE 3.3 : Les différentes couches cellulaires

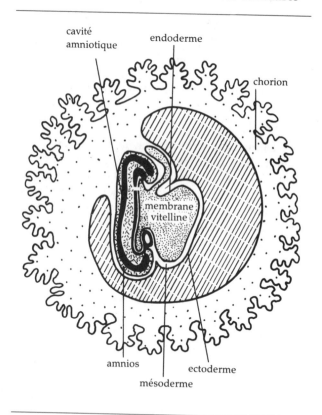

Au cours de la période germinative, d'autres parties du blastocyste se développeront pour produire le placenta, le cordon ombilical et le sac amniotique. La couche externe de cette masse cellulaire produit des filaments qui pénétreront la couche poreuse revêtant la paroi utérine, ce qui produit l'im-plantation comme telle, étape marquant la fin de la période germinative. À partir de ce moment, l'organisme porte le nom d'embryon.

Avant que la future mère ne se rende compte du retard de ses menstruations, indice qui l'amènera généralement à passer un test de grossesse, le développement prénatal est donc bien amorcé. Ce développement est relativement rapide puisque, de nos jours, le fœtus est normalement viable après 28 semaines de grossesse.

3.2.2 La période embryonnaire (de la 2e à la 8e semaine)

La période allant de la deuxième à la huitième semaine après la conception est le moment d'une croissance très rapide. Au cours de cette période embryonnaire, le cordon ombilical se développe, reliant l'organisme au point d'implantation appelé placenta. À maturité, le placenta correspondra à un disque de tissus fortement vascularisé d'environ 2 centimètres d'épaisseur et 15 centimètres de diamètre ; d'un côté il sera rattaché à la paroi utérine et de l'autre, au cordon ombilical. Le rôle du cordon ombilical est d'assurer les échanges de substances entre l'embryon et la mère (et vice versa) à travers le placenta. Ces échanges mère—embryon ne se font cependant pas directement, mais par l'intermédiaire de petits capillaires dans le placenta, qui séparent le flux sanguin de chaque organisme comme une barrière : c'est la barrière placentaire. Le sang de la mère ne coule donc pas directement dans les veines du bébé. Toutefois, certaines substances immunologiques traversent cette barrière de la mère vers l'enfant pour le protéger contre les infections. D'autres substances chimiques (drogues, vitamines, etc.) absorbées par la mère pourront aussi déjouer la barrière placentaire et affecter directement l'embryon.

Au début de la grossesse, le placenta joue le rôle des reins, de l'intestin, du foie et des poumons du fœtus : il transmet au fœtus l'oxygène et les éléments nutritifs en provenance de la mère et retourne le dioxyde de carbone et les autres déchets du fœtus vers la mère pour élimination. Le placenta fabrique aussi des hormones affectant à la fois l'enfant et la mère.

Arrivé à maturité, le cordon ombilical reliant le fœtus au placenta mesurera environ 50 centimètres et possédera une rigidité suffisante pour permettre un échange pressurisé du flot sanguin sans qu'il puisse s'y former de nœud (sauf au moment de la naissance où le cordon se ramollit et peut, dans certains cas, s'enrouler autour du bébé).

Vers la quatrième semaine, l'embryon, disposé en forme de « C », prend une configuration quasi humaine avec ses quelque 5 ou 6 centimètres de longueur. La tête de l'embryon occupe près de la moitié de cette longueur comparativement à un quart de la longueur chez le nouveau-né, et à un huitième chez l'adulte. Le développement procède de la partie antérieure de l'organisme (c'est-à-dire la tête) vers la partie postérieure. La figure 3.4 illustre la configuration de l'embryon.

On peut distinguer les yeux, les oreilles, la bouche vers la huitième semaine ; les membres commencent alors à poindre, l'épine dorsale se dessine et la plupart des organes existent sous une forme rudimentaire alors que le cœur est déjà en fonction depuis la troisième ou quatrième semaine. La figure 3.4 présente l'image de l'embryon et du fœtus à différents stades du développement prénatal.

3.2.3 La période fœtale (de la 9ᵉ à la 40ᵉ semaine, c'est-à-dire à la naissance)

À compter du début de son troisième mois d'existence intra-utérine, l'organisme est appelé fœtus. Au cours de cette période, la croissance et la différenciation des organes se poursuivent et l'on assistera à leur entrée en fonction définitive. L'organisme devient capable d'une activité motrice se traduisant par des mouvements des bras et des jambes, de la tête et du tronc. La mère peut percevoir des mouvements dès le quatrième mois de grossesse,

mais c'est à compter du sixième mois que l'activité spontanée du fœtus devient vraiment facile à percevoir. À partir du cinquième mois, le fœtus est capable d'une activité motrice plus fine : cligner des yeux, loucher, froncer les sourcils, ouvrir la bouche, plier le poignet, ouvrir et fermer la main, etc. Sur le plan sensoriel, les réactions plus globales du début de la période fœtale se raffinent peu à peu et des réflexes comme la succion, la déglutition ou la toux font leur apparition. Le fœtus dort, s'éveille et peut pleurer à compter du sixième mois.

La croissance de l'ensemble de l'organisme atteint son rythme maximal au début de cette période fœtale et ralentit quelque peu par la suite. Cette croissance se traduit surtout par des changements dans les dimensions et proportions du corps, la tête perdant de sa prépondérance. L'ossification s'intensifie et le squelette se redresse progressivement.

La majorité des organes étant déjà apparus au cours de la période précédente, seuls quelques éléments nouveaux s'ajoutent : les cheveux, les ongles, les cils. Les organes sexuels externes deviennent perceptibles. Une substance visqueuse enveloppant tout le corps apparaît au sixième mois, c'est le *vernix caseosa*, un enduit sébacé dont le rôle est de protéger la peau délicate du fœtus.

Comme nous l'avons vu précédemment, dès le moment de la conception, la détermination sexuelle dépend de la combinaison chromosomique du spermatozoïde et de l'ovule. Ce dernier contient toujours un 23ᵉ chromosome X tandis que le spermatozoïde peut contenir un 23ᵉ chromosome X ou Y. Lorsque deux chromosomes X s'unissent, cela produit une fille (23ᵉ paire : XX), et lorsqu'un chromosome X s'unit avec un Y, cela produit un garçon (23ᵉ paire : XY). On peut distinguer quatre stades de différenciation sexuelle au cours du développement prénatal, étapes schématisées à la figure 3.5.

Au premier stade, la différenciation chromosomique initiale n'a que très peu d'effet direct sur le

FIGURE 3.4 : L'embryon et le fœtus de 5 à 32 semaines de gestation

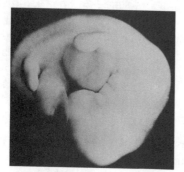

L'embryon à 38 jours

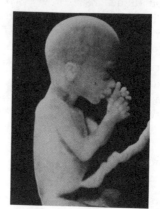

L'embryon à 2 mois

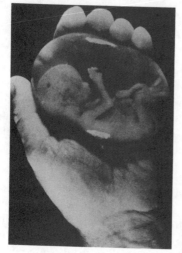

Le fœtus à 12 semaines

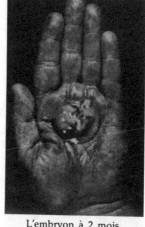

Le fœtus à 17 semaines

Le fœtus à 8 mois

Source : RUGH, R. et SHETTLES, L. (1971) *Conception to Birth : The Drama of Life's Beginnings*, New York, Harper and Row.

développement du blastocyste puisque, pendant le premier mois et demi de la grossesse, la mâle et la femelle possèdent un système gonadique de base qui est semblable. Au cours de ce premier stade de la différenciation sexuelle, le mâle et la femelle possèdent tous deux :

1- le corps de Wolff servant de fondement au développement des conduits internes masculins ; et

2- le corps de Müller, précurseur du système de reproduction interne de la femme, c'est-à-dire l'utérus et les trompes de Fallope (Lamb et Bornstein, 1987 ; Money, 1987 ; Reinisch, Rosenblum et Sanders, sous presse).

Au deuxième stade de la différenciation sexuelle, lors de la période embryonnaire, cette « bisexualité » gonadique laisse progressivement place à l'apparition de testicules ou d'ovaires, selon que le code XY ou XX est présent chez l'embryon. Au cours du deuxième mois de gestation, les testicules du mâle commencent à sécréter de la testostérone qui stimulera le développement du corps de Wolff et une autre hormone, « déféminisante », dont le rôle est d'inhiber le développement du corps de Müller. On peut noter à la figure 3.5 que la structure externe initiale appelée « tubercule génital » est la même pour les deux sexes, le clitoris et le pénis étant homologues.

Au cours du troisième stade de la différenciation, les organes sexuels externes se forment. Les tissus qui deviendront les petites lèvres vaginales chez la fille entourent le pénis chez le garçon et se fusionnent en dessous pour constituer l'urètre (le conduit servant à l'élimination de l'urine depuis la vessie et à l'éjaculation du sperme chez l'homme). D'autre part, les renflements qui deviendront les lèvres vaginales externes chez la fille se fusionnent au centre pour devenir le scrotum chez le garçon.

Pendant le quatrième stade de la différenciation sexuelle, la testostérone sécrétée par les testicules du garçon supprime le caractère rythmique typiquement femelle de la sécrétion hormonale en intervenant sur la glande pituitaire et l'hypothalamus. Si ce n'est pas le cas au cours des deuxième et troisième trimestres de la gestation, la glande pituitaire établit le cycle féminin de sécrétion hormonale. Cette suppression de la sécrétion hormonale cyclique sera renforcée chez le garçon au moment de la puberté avec une poussée de testostérone (Lamb et Bornstein, 1987). En l'absence de testostérone, c'est donc le modèle féminin de développement qui apparaît.

Au cours du développement prénatal, la testostérone influence le développement des organes génitaux mais aussi les structures cérébrales responsables du fonctionnement de ces derniers. Les comportements sexuels typiques de chaque sexe seraient associés à l'action de cette hormone sur le cerveau, qui interagit avec l'apprentissage social pour former l'identité sexuelle. Reinisch (1981) rapporte que des filles dont la mère avait absorbé des hormones sexuelles mâles pendant leur grossesse afin de parer un éventuel avortement affichaient plus de comportements agressifs que leurs sœurs et frères dont le développement prénatal n'avait pas été associé à l'absorption maternelle de telles hormones.

Money (1987) fait une revue de cette question et conclut que l'action de la testostérone sur le cerveau au stade prénatal influence l'orientation sexuelle subséquente : hétérosexualité, bisexualité ou homosexualité. Tandis que chez les mammifères inférieurs l'action prénatale de cette hormone aurait une action relativement directe, chez les primates supérieurs et chez l'homme, elle interagirait avec l'apprentissage social dans l'adoption de l'orientation sexuelle adulte.

Ce bref examen du processus de différenciation sexuelle au cours du développement prénatal permet de comprendre que les hommes et les femmes sont finalement très proches les uns des autres mais aussi que, très tôt dans la formation de leur organisme, la biochimie hormonale différencie non seulement leur anatomie, mais en même temps les bases de leur fonctionnement psycho-

FIGURE 3.5 : Les étapes de la différenciation sexuelle

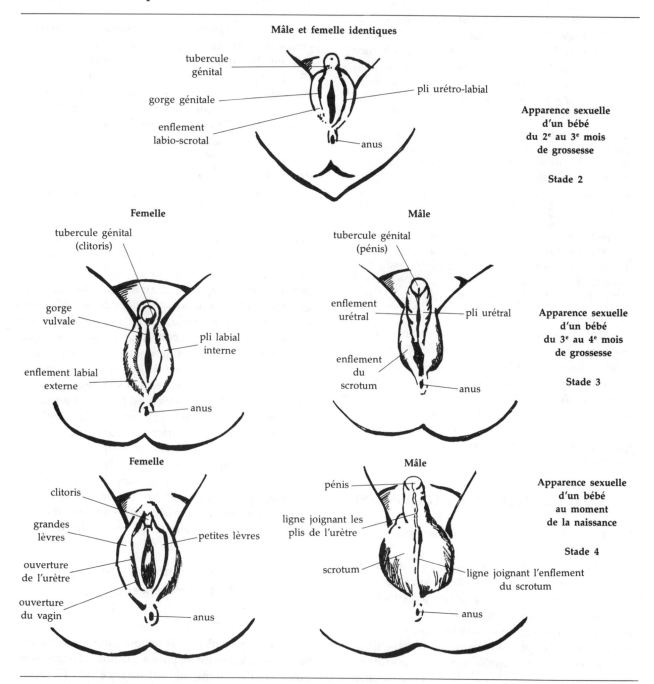

Mâle et femelle identiques

tubercule génital

gorge génitale

enflement labio-scrotal

pli urétro-labial

anus

Apparence sexuelle d'un bébé du 2ᵉ au 3ᵉ mois de grossesse

Stade 2

Femelle

tubercule génital (clitoris)

gorge vulvale

pli labial interne

enflement labial externe

anus

Mâle

tubercule génital (pénis)

enflement urétral

pli urétral

enflement du scrotum

anus

Apparence sexuelle d'un bébé du 3ᵉ au 4ᵉ mois de grossesse

Stade 3

Femelle

clitoris

grandes lèvres

petites lèvres

ouverture de l'urètre

ouverture du vagin

anus

Mâle

pénis

ligne joignant les plis de l'urètre

scrotum

ligne joignant l'enflement du scrotum

anus

Apparence sexuelle d'un bébé au moment de la naissance

Stade 4

Source : MONEY, J. (1987) « Sin, Sickness, or Status ? Homosexual Gender Identity and Psychoneuroendocrinology », *American Psychologist*, 42(4), p. 387.

sexuel futur. D'autre part, sans nier l'importance de l'apprentissage social dans la définition de l'identité sexuelle de la personne, les connaissances actuelles sur les variations possibles de l'influence prénatale de l'hormone sur l'organisme rendent plausible l'hypothèse d'un lien entre des particularités de ce processus et l'orientation sexuelle ultérieure de la personne.

Il y a plusieurs syndromes hermaphrodites chez l'humain, chacun contribuant de façon spécifique à la sexologie de l'homosexualité et à la compréhension des déterminants génétiques, hormonaux-prénatals, hormonaux-pubertaires et sociaux de l'homosexualité, de l'hétérosexualité ou de la bisexualité d'une personne. Ensemble, ils indiquent que l'homosexualité n'est pas sous la gouverne directe des chromosomes et des gènes, et que, si elle n'est pas prédestinée par l'action de la testostérone sur le cerveau avant la naissance, elle en subit l'influence, et elle est aussi fortement dépendante de la socialisation post-natale. (Money, 1987, p. 384.)

Les deux derniers mois de la vie intra-utérine amènent un accroissement considérable du poids fœtal en raison de l'accumulation de graisse. L'organisme se prépare à vivre indépendamment : les fonctions vitales comme la respiration, la déglutition, les mouvements gastro-intestinaux sont exercés malgré le fait que l'oxygène et la nourriture continuent de parvenir à l'organisme par le biais du cordon ombilical.

3.3 L'EXPÉRIENCE DE LA GROSSESSE

3.3.1 Le diagnostic de la grossesse

C'est l'arrêt des menstruations qui constitue l'indice populaire le plus utilisé pour déceler la grossesse. Il ne s'agit toutefois pas d'un indice sûr puisque plusieurs autres facteurs peuvent interrompre les menstruations (stress, maladie, âge) et que, dans certains cas, elles peuvent continuer d'apparaître au premier et même au deuxième mois de la grossesse. Des changements dans les seins, soit un gonflement, des picotements et de l'hypersensibilité, peuvent être causés par la grossesse avant même que l'arrêt

des menstruations soit noté (Smart et Smart, 1977).

Les changements biochimiques qu'amène la grossesse seraient la cause des nausées qui apparaissent chez une femme sur deux environ (Grimm, 1967). Le plus souvent, ces nausées se produisent au début de la grossesse et cessent au cours du deuxième mois. Elles se manifestent surtout le matin et disparaissent graduellement au cours de la journée. D'autres symptômes comme la fatigue, la somnolence et un fonctionnement urinaire accéléré surgissent souvent dès le début de la grossesse.

La façon la plus sûre de diagnostiquer la grossesse est l'analyse d'urine en laboratoire lors d'un retard dans l'apparition des menstruations. Quelques jours après l'implantation de l'embryon, il y a dans le sang et l'urine de la femme une augmentation marquée d'une hormone sécrétée par l'hypophyse, que l'on appelle couramment l'hormone de grossesse, et dont le taux est alors 2000 à 5000 fois supérieur à la normale (Dana et Marion, 1980). Autrefois, pour déceler cette augmentation, on injectait de l'urine ou du sérum sanguin à une souris ou à une lapine : si le volume de l'utérus et des ovaires de l'animal augmente au cours des 48 heures suivant l'injection, le test de grossesse est positif. Aujourd'hui, on a remplacé les animaux par un liquide sensibilisé qui, lorsque placé en contact avec l'urine ou le sérum sanguin de la femme, permet d'enregistrer une réaction d'agglutination témoignant de la présence ou de l'absence de l'hormone de grossesse dans l'échantillon. Ce type de test peut être fait en une heure ou deux en pharmacie. Il existe aussi en vente libre des tests de grossesse que l'on peut effectuer soi-même.

3.3.2 Les changements physiques chez la femme enceinte

Le gain de poids

Le corps entier de la femme est mis à contribution lors de la grossesse puisque le nouvel organisme puise entièrement la subsistance et l'énergie nécessaires à son développement chez la mère. Tout ce que l'embryon ou le fœtus consomme ou rejette provient de sa mère ou s'en va vers celle-ci : l'utérus maternel constitue son environnement total. Sur le plan nutritif, les réserves dont dispose la mère de même que les éléments qu'elle tire de sa diète déterminent le degré d'épuisement que connaîtra son corps au cours de la grossesse. Il semble que même si l'alimentation de la femme enceinte possède une influence très grande, ce sont les réserves qu'elle a accumulées antérieurement au cours de sa propre croissance qui constituent le facteur le plus déterminant de sa capacité de porter facilement un enfant (Grotberg, 1969). Ainsi, un supplément de calcium dans la diète est certainement souhaitable en cours de grossesse, mais il ne suffira pas nécessairement à la demande si les réserves accumulées dans les os de la mère sont insuffisantes.

La qualité de l'environnement prénatal dépend donc surtout de la constitution et de la condition physique préalable de la mère, et son alimentation en cours de grossesse n'a pas à subir de changements qualitatifs importants si ses réserves physiques sont normalement maintenues par des habitudes alimentaires saines.

Si la diète de bonne qualité nutritive est reconnue comme nécessaire pour la femme enceinte, ses gains de poids font souvent l'objet d'une attention restrictive. La figure 3.6 fournit la courbe d'augmentation moyenne du poids pendant la grossesse.

Les quelque 10,5 kilos représentant le gain moyen de poids ont traditionnellement fait l'objet de l'attention médicale. On présentait souvent les arguments suivants à l'appui des restrictions des calories absorbées : un bébé moins lourd naît plus facilement, une mère moins grasse élimine mieux, proportionnellement, et risque moins d'avoir des problèmes de toxémie (c'est-à-dire une intoxication résultant d'une mauvaise élimination des déchets des organismes maternel et fœtal) ; elle aura moins de poids à perdre après la grossesse et, de toute façon, le fœtus prend ce dont il a besoin (Smart et Smart, 1977).

Cette tendance à restreindre le gain de poids de la femme enceinte a toutefois été remise en question

FIGURE 3.6 : Augmentation moyenne normale du poids pendant la grossesse

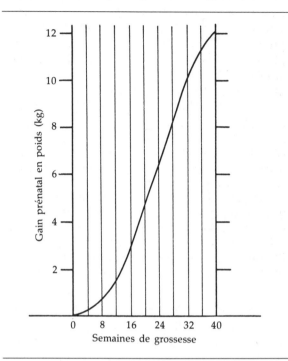

Source : Shank, R.E. (1970) « A Chink in our Armor », *Nutrition Today*, 5(2), p. 6.

au cours des deux dernières décennies. Tout en maintenant l'objectif de ne pas trop excéder le gain normal illustré à la figure 3.6, on reconnaît maintenant que la grossesse n'est pas un bon moment pour perdre des surplus adipeux, et il n'y a pas de preuve selon laquelle une augmentation de graisse provoque directement la toxémie (Shank, 1970). Le gain de poids peut aussi varier selon le poids initial de la mère, le fait qu'elle porte des jumeaux ou non, ou l'expérience de maternités antérieures ; les primipares ont tendance à prendre un peu plus de poids. Compte tenu de ces considérations et du fait qu'une restriction calorifique sévère peut être dommageable à la mère comme à l'enfant, on a maintenant tendance, dans les cas de santé normale, à laisser la mère manger comme elle le désire dans la mesure où son régime est équilibré (Smart et Smart, 1977).

3.3.3 Les changements des capacités fonctionnelles de la mère

Au cours de la grossesse, la capacité du sac utérin passe de quelques centilitres à environ 5 à 6 litres. L'irrigation sanguine de l'utérus augmente et le volume sanguin du corps de la mère s'accroît d'environ 20 %. La musculature de l'utérus connaît aussi des transformations profondes : ses fibres musculaires s'étirent jusqu'à 10 fois leur longueur initiale afin de permettre éventuellement les contractions nécessaires à l'expulsion du bébé et à l'arrêt du flot sanguin reliant la mère et l'enfant. Parallèlement, l'évolution de la grossesse amène un assouplissement musculaire du col utérin et du canal vaginal. Et le passage du bébé est facilité par des sécrétions vaginales lubrifiantes et antibactériennes.

Les seins connaissent aussi des transformations : ils augmentent en volume et voient leur composition adipeuse diminuer au profit de la masse glandulaire devant sécréter le lait. L'irrigation sanguine des seins augmente et, dès le quatrième mois de la grossesse, on y observe parfois la sécrétion de colostrum, ce liquide jaunâtre très riche en protéines qui constituera la première nourriture du nouveau-né s'il est allaité.

Sur le plan métabolique, la femme enceinte accroît ses capacités d'absorption d'éléments nutritifs utiles. Les reins augmentent leur rendement afin d'assurer l'élimination des déchets du fœtus. Enfin, l'équilibre hormonal général doit s'ajuster à la « présence grandissante » du fœtus et des masses liquides qui l'entourent, dont le poids total avant la naissance peut représenter plus de 15 % de celui de la mère.

3.3.4 Les implications psychologiques de la grossesse

Sur le plan des implications psychologiques, il n'est pas possible d'établir une norme applicable à toutes les grossesses. Certes, les changements physiques décrits plus haut se produisent chez toutes les femmes enceintes, à des degrés divers. Lorsqu'ils sont vécus pour la première fois, ils peuvent s'avérer difficiles à interpréter subjectivement et provoquer certains déséquilibres émotionnels (Schulz et Rodgers, 1980). L'attitude positive ou négative à l'égard de la grossesse, la préparation à cet événement, le soutien offert par l'environnement, l'état de santé de la mère et les soins dont elle bénéficie ne sont que quelques exemples de facteurs pouvant faire de la grossesse une expérience heureuse ou malheureuse pour la mère.

Dans tous les cas, il semble que le fait de porter un enfant et de lui donner naissance constitue un défi devant lequel la femme ressent une certaine solitude. L'expérience subjective de la transformation de son corps, les nouvelles sensations inconnues et difficiles à interpréter, les malaises relativement nombreux, sont autant d'éléments que la femme doit affronter. Au-delà de l'importance reconnue des bienfaits du soutien du milieu sur le vécu de la grossesse, il reste que c'est la femme qui doit maîtriser son évolution intime et, comme c'est le cas pour les réserves physiques de son corps, ses acquis psychologiques antérieurs sont certainement mis à l'épreuve au cours de cette période. Sa perception de la grossesse semble être fortement influencée par l'information éducative qui lui a été transmise à ce sujet dans sa culture et à l'intérieur de sa propre famille. Dans certains milieux la grossesse n'est que beauté naturelle sans problème, alors qu'ailleurs elle est vue comme une épreuve de souffrance et d'angoisse. L'information la meilleure est probablement celle qui facilite le plus l'élaboration d'attentes réalistes face à cette étape de la vie où, incontestablement, réside un défi personnel pour la femme.

Le vécu de la grossesse

Laperrière et Quéniart (1985) ont mené une recherche exploratoire intéressante sur le vécu de la maternité chez des femmes québécoises. Dans une entrevue semi-structurée d'une durée d'environ 90 minutes, elles ont demandé à 15 femmes recrutées dans des cours prénatals : « Pouvez-vous nous raconter votre expérience de grossesse et d'accouchement ? » Spontanément, les répondantes ont fait le récit de leur expérience selon les trois trimestres de la grossesse, chronologie couramment utilisée dans le langage scientifique. Il est intéressant de mentionner que dans le récit spontané de leur grossesse et de leur accouchement, les répondantes ont omis de parler de leur conjoint ; cette dimension a dû être introduite par la personne dirigeant l'entrevue. Les auteures interprètent cette omission comme le reflet d'un vécu individuel ou intime de la grossesse qui exclut les hommes ; ceux-ci ne vivraient cette expérience qu'à travers ce que les femmes leur en disent. Le texte suivant est tiré de la conclusion de cette étude :

En fait, loin d'être linéaire, l'évolution du rapport qu'entretiennent nos répondantes avec leur corps et avec les autres, est faite de va-et-vient : à des périodes d'insécurité, de questionnement succèdent des moments de sérénité, puis, à nouveau, des instants de peur, de craintes. Ainsi, que la grossesse soit planifiée ou non, toutes les femmes interrogées éprouvent, au cours du premier trimestre, une insécurité à trois niveaux. En premier lieu, la situation « objective » — venue d'un enfant dans la vie du couple — de même que le peu de quadrillage de la littérature en ce domaine en termes du vécu affectif, entraînent, chez l'homme et encore plus chez la femme, une peur diffuse, face à l'avenir en général, de ce qu'implique, en termes de responsabilités, la venue d'un enfant — peur de perdre une certaine liberté. Cette insécurité est accentuée par l'impossibilité qu'a le couple de prévoir les conséquences à long terme de la maternité. En second lieu, un grand nombre de répondantes éprouvent des craintes face à ce qui pourrait arriver au bébé — malformations, prématurité, etc. En troisième lieu, elles ressentent une insécurité plus profonde dans et par rapport à leur corps : on se demande ce qu'il va lui advenir après l'accouchement, s'il lui restera des traces de cette expérience — vergetures, varices, etc. —, mais surtout, on vit, sans toujours l'exprimer explicitement, une insécurité, là encore diffuse, qui est due au décalage entre le fait qu'on se sait enceinte mais que personne ne peut le voir : ceci amène certaines de nos répondantes à se percevoir et à se sentir perçues comme des « femmes ayant grossi » plutôt que comme des femmes enceintes. Au cours du deuxième trimestre, le questionnement des

femmes face au développement de leur bébé, de même que l'insécurité vis-à-vis de leur corps vont être comblés en partie par les visites chez le médecin. Ce dernier, par le biais de l'échographie, de l'écoute du cœur du fœtus, des examens gynécologiques, va être en mesure de confirmer la bonne évolution de la grossesse et ainsi, de rassurer les femmes. En outre, ces « interventions » permettent à celles-ci de réaliser qu'elles sont enceintes, de se sentir enceintes, et ce d'autant plus que dans le même temps, leur ventre grossit, les faisant passer d'un état un peu équivoque et peu valorisant — femme grosse — à un état clairement défini et auquel est attachée une certaine reconnaissance sociale — femme enceinte. Cependant, si le médecin rassure sur le plan médical, il déçoit bien des femmes sur le plan humain : on critique ici son approche qui laisse peu de place aux questions des femmes, à l'expression de leurs craintes, etc. Par ailleurs, si le second trimestre se caractérise par une relative sérénité de la femme par rapport à son corps et au développement du bébé, par contre il représente, sur le plan de la relation de couple, une période difficile. En effet, si pour la femme l'enfant est déjà là, de par les mouvements qu'elle peut percevoir, pour le futur père il reste quelque chose d'abstrait : sa paternité n'est vécue/ ressentie essentiellement qu'à travers ce que la femme en perçoit et en décrit. Ce faisant, la plupart des conjoints se sentiraient exclus d'une grande partie du vécu de la grossesse, tandis que leurs femmes éprouvent une certaine solitude, et ce, comme on l'a vu, même si eux s'impliquent — en allant aux visites chez le médecin, etc. — et même si les femmes, elles, font tout pour les impliquer. C'est au cours du dernier trimestre que ces difficultés « de communication » vont se résoudre. En effet, d'une part les conjoints vont être à même de percevoir les mouvements du bébé, ce qui, aux dires de plusieurs femmes, rapproche le couple et crée une relation à trois ; d'autre part, les cours prénatals vont briser l'isolement dans lequel les femmes, parce qu'elles sont enceintes, ont le sentiment d'être enfermées, par le partage du vécu de chacune qu'ils favorisent. Cependant, de nouveau, bien des femmes vont éprouver une insécurité par rapport à leur corps, qui est due essentiellement au regard des autres sur elles. En effet, si pour certaines, le gros ventre entraîne l'attention générale, voire même une certaine reconnaissance sociale, par contre pour d'autres, il les marginalise par rapport aux autres femmes : elles se sentent définies, perçues comme des « intouchables », « peu sexy », et même « asexuées », leur ventre étant le symbole de leur appartenance à un

homme. Pour terminer ce bref résumé de la grossesse, ajoutons que c'est avec une grande confiance que les femmes interrogées envisagent leur accouchement. Cette espèce de sérénité qu'elles éprouvent est due en partie, selon elles, au fait d'avoir suivi des cours prénatals, c'est-à-dire de posséder un certain savoir théorique et pratique sur ce processus, de savoir « à quoi s'attendre ».
(Laperrière et Quéniart, 1985, p. 76 à 78.)

3.4 LES FACTEURS D'INFLUENCE DU DÉVELOPPEMENT PRÉNATAL

Plusieurs facteurs peuvent venir perturber le développement prénatal normal ; ces agents de perturbation sont appelés « tératogènes ». La science médicale qui s'intéresse à l'étude de ces facteurs environnementaux impliqués dans l'apparition d'anomalies du développement prénatal se nomme la tératologie.

Même si depuis des siècles les intervenants en santé humaine se sont transmis des croyances et des connaissances concernant des agents tératogènes, cette science n'est vraiment sortie du folklore qu'à partir des années 1950 (Warkany, 1977). Cette discipline a connu un progrès important sous l'impulsion des tragédies associées à la thalidomide et à l'épidémie de rubéole du début des années 1960 (Hanson, 1983). Même si la dynamique des agents environnementaux sur le développement prénatal est encore très mal connue, il apparaît maintenant que la majorité des anormalités observées chez les bébés naissants ne peut être attribuée à des facteurs génétiques : ce sont des agents tératogènes qui seraient le plus souvent en cause. Le souci de prévenir l'exposition des femmes enceintes à de tels agents est donc devenu très présent.

On reconnaît généralement quatre grandes catégories de tératogènes :

1- les agents physiques ;

2- les problèmes métaboliques et génétiques de la mère ;

3- les agents infectieux ; et

4- les agents chimiques ou drogues.

Ces agents tératogènes agissent selon un nombre limité de façons ; ils peuvent :

a) provoquer la mort de cellules de l'embryon ou du fœtus ;

b) affecter la croissance des tissus (hyperplasie, hypoplasie ou perturbation du rythme de croissance) ; ou

c) perturber la différenciation cellulaire ou d'autres processus morphogénétiques de base (Wilson, 1977 ; Persaud, Chudley et Skalko, 1985).

Un seul agent tératogène peut être impliqué dans plusieurs de ces effets, comme plusieurs agents peuvent être impliqués dans un seul d'entre eux. Une anomalie morphogénétique donnée n'est donc pas nécessairement spécifique à un agent environnemental particulier, et plusieurs individus affectés par un même agent peuvent afficher une grande variabilité dans l'intensité de leur affection.

C'est par l'étude de l'ensemble du problème de croissance que les recherches peuvent retracer le ou les agents en cause. Les quatre grands facteurs responsables de cette variabilité dans les effets des agents tératogènes sont :

1- la dose de l'agent à laquelle est exposé l'organisme ;

2- le moment de l'exposition dans le cours du développement prénatal ;

3- la susceptibilité de l'organisme affecté, selon ses caractéristiques métaboliques ; et

4- l'interaction éventuelle avec d'autres agents environnementaux présents (Wilson, 1977).

Le deuxième facteur vient du fait que le développement prénatal procède selon une série d'étapes caractérisées par l'apparition séquentielle de structures anatomiques ou de fonctions physiologiques spécifiques. Cette programmation séquentielle du développement prénatal fait que l'impact d'un tératogène donné dépend de la période de grossesse où il frappera.

Par exemple, comme le système nerveux central, le cœur et les membres apparaissent entre la troisième et la neuvième semaine de grossesse (ce qui correspond, en gros, à la période embryonnaire décrite au tableau 3.1), la susceptibilité de ces organes à certains tératogènes sera très grande pendant cette période. Les mêmes agents perturbateurs n'auront plus la même force d'impact plus tard, au cours de la période fœtale avancée. La vulnérabilité de l'organisme en développement dépend donc du moment d'exposition à l'agent.

La constitution génétique de la mère et de l'embryon ainsi que leur capacité métabolique peuvent affecter la sensibilité à un tératogène. Par exemple, ce ne sont pas tous les bébés nés d'une mère ayant eu la rubéole au cours du premier mois de grossesse qui affichent des problèmes cardiaques ou sensoriels ; certains organismes semblent pouvoir résister à cette exposition.

La condition physique générale de la mère est une autre variable pouvant avoir une influence sur l'effet d'un tératogène : un déficit alimentaire en cours de grossesse chez une femme de forte constitution physique n'aura pas les mêmes conséquences pour le bébé que le même déficit alimentaire chez une femme dont l'état de santé est précaire.

3.4.1 L'âge des parents

L'âge de la mère

L'âge de la femme enceinte peut influencer l'évolution du développement prénatal ; cela est connu depuis fort longtemps même si l'effet physiologique exact du vieillissement maternel est loin d'être complètement décrit. Les femmes de moins de 18 ans et de plus de 35 ans courent plus de risques d'avorter naturellement ou de donner naissance à un enfant malformé ou prématuré. Le système reproductif serait encore inachevé chez certaines adolescentes pubères, tandis que chez les femmes plus âgées, ce système connaîtrait un vieillissement susceptible d'affecter des processus complexes comme la méiose des gamètes. Nous avons vu plus haut que certaines anomalies chromosomiques comme la trisomie 21 sont en corrélation significative avec l'âge de la mère.

Comme nous l'avons mentionné précédemment, la femme possède l'ensemble de ses ovules dès sa naissance, de sorte que chez une femme de 40 ans l'ovule qui parvient à maturité à chaque cycle menstruel a 40 ans lui aussi. Compte tenu de la très grande précision des transformations que cette cellule mère aura à assurer, il est possible que son vieillissement entraîne plus de risques d'erreurs gestationnelles.

En tant que facteur global d'influence de la grossesse, l'âge maternel ne peut toutefois pas être isolé d'une foule d'autres variables avec lesquelles il interagit. Soit, à lui seul, l'âge de la mère constitue un facteur de risque documenté, mais ce n'est encore que dans le contexte plus général du profil de la femme que son effet peut être évalué. Ainsi, le risque associé à l'âge sera différent pour une femme enceinte de 40 ans qui n'a jamais eu d'enfant que pour celle qui a déjà eu deux enfants sans problème. La constitution physique de la femme altère aussi l'influence du facteur âge, ainsi que son régime alimentaire et ses habitudes de vie.

Il n'est pas rare, de nos jours, de voir une femme de plus de 35 ans amorcer sa première grossesse après avoir évolué dans une carrière professionnelle qui l'en avait plus ou moins empêchée auparavant. Il n'est pas rare non plus de voir de telles grossesses se rendre à terme sans complication. Les méthodes modernes de suivi gynécologique et obstétrique permettent de mieux éclairer l'évolution de la grossesse et de fournir des informations utiles aux prises de décisions reliées à de tels projets de maternité tardive.

L'âge du père

Les travaux concernant les tératogènes portent surtout sur la mère porteuse du fœtus. Plus récemment toutefois, certaines études ont touché les facteurs de risque dont le père peut être porteur (Lian,

Zack et Erickson, 1986). Par exemple, on s'est intéressé aux risques que pouvaient représenter les vétérans américains de la guerre du Vietnam qui ont été exposés au défoliant utilisé alors (l'« agent orange ») et qui contenait un agent très toxique.

Lian et coll. (1986), dans leur étude de 7490 cas d'enfants nés avec diverses formes d'anomalies dans la région d'Atlanta entre 1968 et 1980, observent que lorsqu'on contrôle l'âge de la mère et la race, les pères plus âgés courent plus de risques d'engendrer un enfant présentant une anomalie quelconque. La même étude n'a pas pu identifier de relation entre l'âge plus élevé de la mère et le risque d'anomalies.

3.4.2 Le régime alimentaire de la femme enceinte

Le régime alimentaire de la mère est important pour le développement du bébé parce que l'alimentation de ce dernier dépend entièrement de ce que la mère a à lui offrir. Ce principe est bien connu, mais il reste que l'effet spécifique de la malnutrition de la mère est difficile à isoler de certains autres facteurs de risque : les femmes mal nourries vivent généralement dans un milieu pauvre, où l'hygiène, les soins médicaux et les connaissances sanitaires font défaut (Gaber, 1981). Au contraire, le plus souvent, les femmes ayant une alimentation saine entretiennent des habitudes de vie favorables à la grossesse.

Plusieurs recherches ont démontré qu'il y avait un lien entre la richesse protéique et vitaminique de l'alimentation maternelle et :

1- la résistance, le poids, la taille et le développement psychomoteur du bébé ;

2- la fréquence des complications en cours de grossesse et à l'accouchement ; et

3- le taux de mortalité infantile (Hetherington et Parke 1986 ; Pitkin, 1976 ; Warren, 1973).

Les effets de la malnutrition prénatale sont-ils irréversibles pour l'enfant ? Stein, Susser, Saenger et Morella (1975) ont retracé des personnes nées dans l'ouest de la Hollande au printemps de 1945, après que le pays eut vécu une famine intense de six mois

provoquée par l'interruption complète, par les nazis, de l'approvisionnement en nourriture. Au cours de cette période de famine, le taux de naissance a baissé de 50 % et le poids des bébés naissants de 10 %. Les auteurs ont observé, contrairement aux attentes, que les bébés ayant survécu à la famine *in utero* n'affichaient pas de déficit physique ou intellectuel à long terme par rapport à une population témoin. Cette étude indiquerait que les effets d'une telle privation peuvent être compensés ultérieurement (Lamb et Bornstein, 1987).

Winick, Knarig et Harris (1975) ont obtenu des résultats semblables avec des enfants coréens ayant souffert de malnutrition en bas âge mais ayant été adoptés par des parents américains : leurs sujets affichaient un rendement intellectuel égal ou supérieur à un groupe témoin d'enfants américains.

Les connaissances actuelles des effets de la malnutrition maternelle sur le développement prénatal contribuent à rendre encore plus criant le contraste entre le développement humain dans les pays pauvres de la terre (généralement concentrés dans l'hémisphère sud) et les pays riches (généralement concentrés dans l'hémisphère nord). Les pays pauvres ont le plus haut taux de natalité mais détiennent aussi le record des famines récurrentes. La proportion d'enfants nés de mères mal nourries augmente ; à nous d'imaginer les conséquences à long terme de cet état de fait sur la population du globe.

Au cours d'une grossesse normale, la femme doit prendre environ 10 kilos de poids supplémentaire. La suralimentation de la mère ne constitue pas un avantage pour le développement de l'enfant ; il est plus important de viser la qualité que l'abondance alimentaire. Le tableau 3.2 présente les cinq grandes catégories d'éléments nutritifs requis dans l'alimentation de la femme enceinte :

1- les protéines ;

2- les graisses ou lipides ;

3- les sucres ou glucides ;

4- les éléments minéraux ; et

5- les vitamines.

TABLEAU 3.2 : Catégories d'éléments nutritifs nécessaires à la femme enceinte*

Conseils donnés aux femmes enceintes concernant leur nutrition

Les conseils donnés aux femmes enceintes concernant leur régime alimentaire varient d'une culture à l'autre de même que d'une génération à l'autre. Le fait que des bébés en santé sont nés autrefois et naissent encore maintenant dans différents pays dont les coutumes alimentaires pendant la grossesse sont fort différentes démontre qu'il n'y a pas qu'une seule façon de procurer au fœtus et à la mère les éléments nutritifs dont ils ont besoin. La quantité totale de calories absorbées serait le facteur nutritif le plus important durant la grossesse, et la femme enceinte aurait besoin de 300 calories par jour de plus qu'en temps normal. Le tiers environ de ce surplus serait consacré à la croissance du tissu adipeux de la mère tandis que le reste irait à de nouveaux tissus. Une absorption de 75 à 100 grammes de protéines par jour est considérée comme suffisante et il est préférable que celles-ci proviennent d'aliments faibles en gras saturés comme les poissons, le lait à faible teneur en gras, les légumes riches en protéines, plutôt que des viandes rouges, des crèmes ou des fromages. En moyenne, la femme enceinte devrait prendre un gain total de poids de 10 à 12 kilos pendant sa grossesse.

Il est conseillé d'utiliser une alimentation variée, faible en gras animal et d'éviter les aliments de faible valeur nutritive comme les pâtisseries, les boissons gazeuses ou alcooliques, les croustilles, bonbons, etc. Un supplément de vitamines et de minéraux (30 à 60 mg de fer par jour et de la vitamine D, notamment) peut être approprié si la valeur nutritive des aliments consommés n'est pas suffisante.

Apports nutritionnels supplémentaires requis lors de la grossesse

Élément recherché	*Exemples d'aliments appropriés*
Protéines : 75-100 g en tout par jour	Lait 2 %, poisson, fèves
Fer : 30 à 60 mg par jour	Foie de porc : 12,1 mg par portion
	Céréales d'avoine : 12,4 mg par portion
Calcium : 1200 mg par jour	Une tasse de lait par jour
Sodium : gain total de 22 g pendant la grossesse (en raison de l'augmentation de la masse d'eau dans le corps)	Sel iodé : le fait de saler les aliments sans excès suffit
Acide folique (utile à la synthèse des tissus) : 200-400 mg par jour	Laitue, oranges, légumes, céréales de blé entier

Éléments nutritifs	Sources courantes requises	Quantité quotidienne	Rôle pour l'organisme	Exemples de la teneur de certains aliments
PROTÉINES	lait poissons œufs viandes	1,5 g par kg de poids	Éléments de base pour la formation des cellules du corps	100 g de viande et 0,5 L de lait apportent environ 18 g de protéines
LIPIDES (OU GRAISSES)	beurre huile fromage noix	1 g par kg de poids	Sources de calories, c'est-à-dire d'énergie pour le corps	
GLUCIDES (OU SUCRES)	pain fruits chocolat miel pommes de terre	5 à 6 g par kg de poids	Sources d'énergie pour le corps, notamment pour l'activité musculaire	
MINÉRAUX : CALCIUM	lait œufs yogourt	1,5 g par jour	Essentiels à la formation des os et des dents du bébé	0,5 L de lait donne 0,6 g de calcium environ
FER	épinard foie persil jaune d'œuf	0,025 g par jour	Importants pour l'équilibre de la formule sanguine	

* Tableau élaboré à partir de King, J.C. et Butterfield, G. (1986) « Nutritional Needs of Physically Active Pregnant Women », *in* Artal, R. et Wiswell, R.A. (édit.) *Exercice in Pregnancy*, Baltimore (Ma.), Williams and Wilkins.

3.4.3 Les tératogènes physiques

Les radiations, la chaleur intense ou des pressions mécaniques exercées sur le fœtus constituent des agents tératogènes potentiels. Ainsi l'exposition du fœtus à de fortes doses de radiations au cours de la période allant de la deuxième à la sixième semaine de grossesse aurait été reliée à des retards du développement prénatal, à des anomalies du système nerveux central et à des problèmes oculaires (Hanson, 1983).

Mais les radiations provenant par exemple de rayons X, de substances radioactives sont aussi un agent mutagène potentiel, c'est-à-dire qu'elle peuvent provoquer une mutation génétique. La mutation génétique correspond à un changement dans le nombre, l'organisation ou le contenu des gènes, changement qui n'est pas dû à une recombinaison entre chromosomes homologues. Il s'agit plutôt d'une sorte d'accident dans la combinaison des gènes qui provoque l'apparition d'une nouvelle caractéristique observable chez le descendant. Théoriquement, la mutation peut impliquer la modification d'un chromosome entier ou la modification de certains gènes en un point spécifique d'un chromosome. Par convention, on appelle « anomalie chromosomique » le premier type de transformation et « mutation génétique » le deuxième.

Chez la future mère (ou le futur père) les radiations peuvent provoquer une telle mutation génétique, c'est-à-dire affecter un ou des gènes situés à un endroit quelconque d'un chromosome d'une cellule de reproduction et ainsi provoquer la transmission d'une anomalie génétique au moment de la conception. La mutation se produit donc alors dans une cellule de reproduction d'un parent, avant même la fécondation.

Ainsi, non seulement le fœtus exposé aux radiations peut-il présenter des anomalies dans son développement prénatal (effet tératogène des radiations), mais aussi les cellules germinales de ce fœtus, exposées aux radiations, pourront éventuellement affecter ses enfants (effet mutagène). La démonstration des effets des radiations n'est cependant pas

claire : certaines études sérieuses menées auprès de populations à risques (les enfants de radiologistes, les populations japonaises exposées aux radiations de la bombe atomique lors de la Deuxième Guerre mondiale, etc.) n'ont pas trouvé de différence par rapport à la population normale quant à l'apparition de mutations génétiques (Hetherington et Parke, 1986).

Certains facteurs peuvent entraîner une compression physique du fœtus en développement : une malformation utérine, des brides se développant dans le liquide amniotique (*intra-amniotic fibrous bands*), etc. De telles compressions peuvent provoquer des difformités squelettiques et des problèmes fonctionnels divers. Ainsi, différentes structures anatomiques verront leur développement compromis parce qu'elles n'auront pas l'espace requis dans l'utérus.

Des travaux menés sur des animaux ont montré que l'exposition du fœtus à la chaleur pendant certaines périodes prénatales peut avoir un effet critique sur le développement du système nerveux ; chez l'homme, les travaux scientifiques sont rares, mais certaines données vont dans le sens de la confirmation d'un risque d'anomalie neurologique (Hanson, 1983). Il demeure que les effets potentiels de fièvres maternelles prolongées en début de grossesse, de la vie en milieu torride ou de la prise régulière de saunas ont reçu un intérêt croissant en raison de la prise de conscience des dangers pour le développement prénatal.

3.4.4 Les problèmes métaboliques et génétiques de la mère

Le diabète sucré

Les femmes enceintes qui souffrent de diabète sucré, cette maladie qui consiste à avoir un taux de sucre élevé dans le sang et qui se traite par l'absorption d'insuline, connaissent une proportion très élevée de complications prénatales : sans traitement, elles auraient 50 % de risques d'avorter ou de donner naissance à un enfant mort-né. Lorsqu'il est mené à terme, leur bébé risque d'hériter du diabète, de présenter des problèmes métaboliques, respiratoires et circulatoires, un surplus de poids. De nos jours, le traitement médical de cette maladie non infectieuse diminue significativement ces risques (Moore, 1983).

Les femmes atteintes de diabète insulino-dépendant courent deux à trois fois plus de risques de donner naissance à des enfants souffrant d'anomalies que la population normale (Hanson, 1983). Ce problème métabolique de la mère serait relié à des anomalies cardiaques chez l'enfant.

La phénylcétonurie

La mère affectée de phénylcétonurie (PKU) serait à hauts risques d'anomalies fœtales : puisqu'on arrête généralement les traitements contre la concentration excessive de phénylalanine dans le sang à l'âge de 10 ans ou moins, les femmes atteintes de phénylcétonurie présentent une forte concentration de cet agent toxique. Sans traitement, la mère transmet cet agent et intoxique son fœtus, ce qui, dans 90 % des cas, provoque une arriération mentale et, dans plus de 25 % des cas, diverses formes d'anomalies congénitales, dont le retard de croissance et la microcéphalie sont les plus communes (Shepard, 1977). De plus, le traitement des femmes enceintes atteintes de phénylcétonurie est difficile, il demande un régime alimentaire très sévère pouvant lui-même avoir des effets négatifs sur la croissance du fœtus ; Hanson (1983) mentionne que relativement peu d'enfants apparemment normaux seraient nés de femmes que l'on a tenté de traiter.

3.4.5 Les infections

Plusieurs agents infectieux peuvent franchir la barrière placentaire et attaquer le fœtus dans l'utérus. Des virus, des bactéries ou des parasites peuvent ainsi envahir directement le fœtus et affecter de façon plus ou moins grave son développement. Les effets reconnus de ces agents incluent la mort du fœtus, le retard du développement prénatal, des anomalies congénitales ayant toutes sortes de conséquences possibles, dont l'arriération mentale.

La rubéole

Les effets de la rubéole prénatale varient de façon importante selon le moment de la gestation où survient l'infection. Contractée au début de la période embryonnaire, donc souvent avant même que la femme sache qu'elle est enceinte, la rubéole peut entraîner la rubéole congénitale évolutive, qui peut provoquer l'avortement ou une grande variété d'anomalies de naissance : la cécité ou des problèmes visuels (cataracte ou problèmes de pigmentation de la rétine, microphtalmie, glaucome, etc.), la surdité, des problèmes cardio-vasculaires multiples et une affection du système nerveux central (microcéphalie, arriération mentale, hypotonie, convulsions). Cooper (1975) indique que de 15 à 25 % des enfants affectés par la rubéole au cours des trois premiers mois de leur développement prénatal en affichent la forme congénitale évolutive, et que les effets d'une infection au cours des quatrième et cinquième mois de gestation sont significativement moins importants, même si de la surdité ou des retards de développement ont été observés dans certains cas. Par la suite dans la grossesse, le risque que la rubéole affecte le fœtus ne serait plus très grand.

L'infection cytomégalovirale

Au cours des périodes où la rubéole n'est pas épidémique dans la population, le cytomégalovirus (CMV) serait la première cause infectieuse de transmission congénitale d'anomalies du système nerveux central, de déficience mentale et de surdité (Hanson, 1983). Il y aurait entre 5 et 6 % des femmes enceintes qui seraient infectées, mais seulement 3 % environ des nouveau-nés affichent des signes d'infection au CMV. De ce nombre, il n'y aurait pas plus de 5 % qui développeraient éventuellement des anomalies reliées à l'infection comme telle.

Même si la plupart des enfants touchés par le CMV n'affichent pas de symptôme dans leur petite enfance, une proportion significative de ces cas d'infection latente peut développer des séquelles neurologiques par la suite : retard mental, problèmes de coordination motrice, troubles du comportement et pertes auditives (Hanson, 1983).

La longue liste d'anomalies spécifiques reliées au syndrome concerne le système nerveux central, le système visuel, le système auditif, des malformations du système digestif et des anomalies musculaires et squelettiques. Le système cardio-vasculaire serait moins susceptible d'être affecté par le CMV que par la rubéole congénitale. Il n'existe pas, à l'heure actuelle, de vaccin sûr contre cette infection.

L'herpès

Contrairement à la rubéole et au CMV, la plupart des enfants affichant une infection à l'*herpes simplex* l'auraient contractée non pas au cours de la gestation mais lors de leur naissance ou peu avant : la transmission au fœtus en cours de gestation serait rare. Le retard mental est une conséquence probable de cette infection prénatale pour laquelle il n'existe pas encore de vaccination adéquate. Cependant, un dépistage précoce de l'infection chez la femme enceinte permet de prendre des précautions obstétriques qui peuvent souvent éviter l'infection du bébé lors de l'accouchement.

La syphilis

La syphilis n'est pas un virus mais une bactérie. Il existe une foule de bactéries capables d'infecter le fœtus avant sa naissance, mais la syphilis serait l'une des rares à avoir un effet tératogène. Il s'agit probablement de l'infection tératogène la plus ancienne que l'homme ait identifiée. La syphilis primaire ou secondaire non traitée d'une femme enceinte peut entraîner un avortement, mais aussi provoquer la cécité, l'arriération mentale ou une infection syphilitique congénitale du bébé.

La blennorragie (gonorrhée)

La blennorragie est une maladie transmissible sexuellement, dont les symptômes ne sont pas toujours apparents chez la femme, ce qui en complique le dépistage. Lorsque la blennorragie n'est pas traitée adéquatement, le gonocoque qui en est responsable peut affecter le bébé au moment de la naissance, lors de sa traversée du passage pelvien (comme c'est le cas pour l'*herpes simplex*). Le bébé pourra alors manifester des problèmes majeurs des yeux pouvant conduire à la cécité. Il existe une méthode préventive qui consiste à injecter systématiquement dans les yeux des bébés naissants quelques gouttes de nitrate d'argent ou de pénicilline (Schell et Hall, 1980).

Le SIDA

La présence du SIDA (syndrome d'immunodéficience acquise) chez la mère, cette maladie infectieuse fatale pour laquelle on ne connaît pas de traitement efficace aujourd'hui, pourrait se transmettre à l'enfant dans 65 % des cas (Lamb et Bornstein, 1987). La prise de conscience des effets catastrophiques de cette maladie incurable s'est effectuée violemment au début des années 1980 lorsque, notamment, les milieux homosexuels masculins en ont connu une véritable épidémie. On s'est vite rendu compte que les relations sexuelles non protégées doublées de fréquents changements de partenaires constituent un moyen très actif de transmission du SIDA. On s'est rendu compte aussi que le risque élevé n'est pas limité aux milieux homosexuels des grands centres urbains mais vaut aussi pour les milieux de consommation de drogues injectées. Les prostituées sont aussi vulnérables à cette affection.

Le virus responsable du SIDA se trouverait probablement dans toutes les sécrétions du corps, en concentrations très variables, et la transmission ne s'effectuerait que par certains fluides corporels où cette concentration est plus forte. Il semble que l'on puisse retracer le virus dans le sang, le liquide céphalo-rachidien, le sperme, le lait maternel, la salive, la sueur et les larmes (McKusick, 1986).

Le sang, le liquide céphalo-rachidien et le sperme seraient porteurs des plus fortes concentrations, tandis que la salive et les larmes en contiendraient de faibles concentrations, ce qui en fait une cause beaucoup moins probable de transmission. En conséquence, les contacts sexuels, les transfusions sanguines ou les échanges de seringues pour injection de drogue représentent les facteurs de risques les plus élevés.

Chez la femme enceinte atteinte du SIDA, il semble que le virus puisse traverser la barrière placentaire mais que tous les bébés ne soient pas atteints du VIH (virus de l'immunodéficience humaine) (Scott et coll., 1985). Le lait maternel peut transmettre le virus à l'enfant (McKusick, 1986).

L'affolement social entourant le SIDA n'a pas fini de se manifester, et les sujets atteints sont considérés comme des parias. Imaginons les pressions communautaires que doit subir une famille dont un membre est un porteur connu du virus. La question de l'intégration ou du rejet scolaire des enfants fait l'objet de débats qui permettent de comprendre l'enjeu social du problème. Les connaissances épidémiologiques en demeurent fragiles et très incomplètes, ce qui alimente facilement la panique à l'égard des possibilités de transmission.

Le SIDA et le développement prénatal

Le SIDA est causé par le virus de l'immunodéficience humaine. Comme tous les autres virus, ce microorganisme ne peut survivre que dans les cellules d'un autre organisme vivant. Le VIH est un rétrovirus, c'est-à-dire qu'il peut s'incorporer au bagage génétique de la cellule. Le VIH attaque le système immunitaire du sujet, le rendant beaucoup plus vulnérable aux infections. Celles-ci sont appelées « infections opportunistes » parce qu'elles profitent de la faiblesse des défenses de la personne pour s'implanter.

Les maladies les plus couramment trouvées chez les personnes atteintes du SIDA sont une forme rare de pneumonie appelée « pneumocystose » ou « pneumonie interstitielle à *Pneumocystis carinii* » (*PCP* en anglais) et une forme rare de cancer de la peau appelée « sarcome de Kaposi ». Ce sont les cancers et les infections opportunistes qui causent la mort, et non pas le SIDA lui-même (Richardson, 1987). On appelle l'ensemble des affections associées au SIDA « affections reliées au SIDA » (ARS).

Le VIH peut entraîner plusieurs types de problèmes dont le SIDA est le plus grave. Ces maladies ne sont pas toutes fatales, mais l'on estime qu'une proportion significative de personnes atteintes développeront éventuellement le SIDA. Richardson (1987) mentionne qu'il y aurait 100 fois plus d'individus atteints du VIH que du SIDA, les premiers n'affichant pas nécessairement des symptômes observables. Pour dépister la présence du virus, il faut un test sanguin qui signale les éventuels anticorps du virus. La présence de tels anticorps dans le sang indique que la personne a été infectée par le VIH à un moment donné, et que son système y a réagi. Cela ne veut pas nécessairement dire qu'elle aura un jour le SIDA, mais cela veut dire qu'elle pourrait probablement transmettre le virus à quelqu'un d'autre. Dubois et Labrecque (1987) rapportent que sur une période de sept ans, il y aurait 35 % des personnes atteintes du VIH qui ont développé le SIDA.

Pour la femme qui obtient un résultat positif au test d'anticorps, la grossesse est contre-indiquée car le risque de transmission du VIH à l'enfant, à travers le placenta, est actuellement considéré comme élevé. Ce risque est encore plus élevé pour les enfants des femmes affectées du SIDA lui-même. Aussi, la femme enceinte atteinte du VIH serait davantage susceptible de développer le SIDA. Certains chercheurs croient que ce sont les changements hormonaux reliés à la grossesse ou la suppression immunologique survenant alors pour éviter le rejet du fœtus qui rendraient la femme plus vulnérable (Richardson, 1987).

En Afrique, le problème du SIDA infantile a pris des proportions alarmantes au cours des dernières années. Ndikuyeze (1987), un épidémiologiste de l'Université centrale de santé publique, à Butare, au Rwanda, rapporte que le pays connaît une manifestation bimodale du SIDA dans la population : les enfants de moins de trois ans et les adultes sexuellement actifs de 20 à 40 ans sont les deux groupes les plus touchés. Les jeunes enfants représenteraient 35 % de tous les cas de SIDA recensés dans ce pays. D'autres régions de l'Afrique centrale (Zambie, Zaïre) rapportent que le SIDA infantile représente plus de 20 % des cas identifiés. Pour certains observateurs, les progrès réalisés au cours des dernières années dans la lutte contre la mortalité infantile africaine sont menacés par la croissance dramatique des cas de SIDA infantile. En Afrique, il y a autant de femmes que d'hommes affectés par le SIDA ; or, les femmes africaines ayant le plus haut taux de natalité du monde, les risques de propagation aux enfants sont très élevés.

Le profil épidémiologique est différent en Amérique du Nord, où le SIDA est beaucoup plus répandu chez l'homme (homosexuels et consommateurs de drogues injectées), ce qui restreint le SIDA infantile, mais ce profil peut évoluer rapidement.

3.4.6 Les agents chimiques et les drogues

Il est maintenant bien connu que la pollution, l'intoxication, la consommation de médicaments, de psychotropes, de nicotine ou d'alcool ne font pas bon ménage avec une grossesse saine. Les effets biochimiques d'une foule d'agents chimiques sont mal connus, mais il est clair que les drogues et les agents chimiques peuvent réellement avoir des répercussions négatives sur la santé du bébé. Dans certains cas toutefois, la consommation de médicaments fait partie d'un traitement qui ne peut être évité, comme l'insuline contre le diabète ou des médicaments contre les convulsions épileptiques, etc. Nous examinerons ici certains effets connus :

1- d'agents chimiques environnementaux ;

2- de drogues non prescrites et de psychotropes ;

3- de médicaments prescrits.

Les agents chimiques dans l'environnement

Le souci concernant la détérioration progressive de notre environnement augmente d'année en année. Pendant plus de 100 ans, l'industrialisation a perçu l'usine, bien installée près du cours d'eau avec sa longue cheminée fumante, comme le symbole de l'emploi et de la prospérité moderne. Cette perception s'est un peu modifiée, heureusement. Il apparaît de plus en plus clair que l'un des héritages que nous allons léguer aux générations qui nous suivent correspond à un environnement dégradé. Depuis 100 ans, sur la presque totalité du globe, les disparitions d'espèces animales augmentent, la pollution des cours d'eau et de l'air atteint des taux au sujet desquels on s'interroge sérieusement sur la réversibilité. Autour de nous, des plans d'eau douce comme le lac Saint-Jean ou les Grands Lacs canadiens se sont considérablement dégradés sous l'effet des vidanges quotidiennes de quantités industrielles de polluants, dont certains sont hautement toxiques (BPC, etc.). Chaque année, on trouve des bélougas morts sur les rives du fleuve dans le Bas-Saint-Laurent : des autopsies révèlent que ces petites baleines sont infestées de polluants et présentent certaines formes de cancer (de la vessie notamment) que l'on peut relier aux polluants émis par des usines spécifiques.

Le fœtus humain est certainement une espèce sensible aux agents chimiques contenus dans l'environnement. On ne connaît cependant pas grand-chose sur le potentiel de ces agents à produire des anomalies dans le développement prénatal. Cette ignorance est l'argument rêvé pour l'inaction : on sait que la pollution de l'environnement est nuisible, mais comme on ne peut pas faire la preuve « hors de tout doute » que tel agent est la cause de tel problème, les pollueurs revendiquent leur droit à la « libre entreprise ».

Le mercure

L'un des agents les mieux identifiés comme une cause d'anomalies fœtales est le mercure, contenu dans différentes substances chimiques ou organiques. La chaîne alimentaire (la nourriture) en constitue la source privilégiée d'absorption. La femme enceinte qui consomme régulièrement du poisson contaminé au mercure peut donner naissance à un bébé présentant une détérioration du système nerveaux central accompagnée d'autres anomalies (microcéphalie, certaines anomalies dentaires et des malformations de l'oreille externe) (Hanson, 1983).

Les autres agents chimiques environnementaux

Les BPC (biphényles polychlorés), la dioxine, certains solvants chimiques industriels et divers herbicides sont connus comme tératogènes potentiels, mais l'information épidémiologique est anecdotique quant à leurs effets sur le développement prénatal. Miller (1971) rapporte que l'ingestion de BPC contenus dans de l'huile utilisée pour la cuisson par des femmes enceintes japonaises a été associée à des retards du développement fœtal et à une coloration foncée de la peau du bébé. D'autres travaux menés auprès de population ayant été en contact avec des agents chimiques toxiques n'ont pas obtenu de résultats concluants (Hanson, 1983). Le plomb et le cadmium sont d'autres agents chimiques potentiellement tératogènes contenus dans les polluants environnementaux avec lesquels les femmes enceintes entrent en contact.

Les drogues non prescrites

Le tabac et l'alcool se situent actuellement parmi les premières menaces à la santé publique, et leurs effets sur le développement fœtal constituent une préoccupation sanitaire importante. D'autre part, il y a toute une panoplie de médicaments non prescrits accessibles en pharmacie ou en épicerie contre toutes sortes de maux (allant du mal de tête à la constipation, en passant par l'insomnie) et dont les effets sur le développement prénatal ne sont pas documentés systématiquement.

L'alcool

L'alcool éthylique ou éthanol, cet aliment si bien enraciné dans la vie sociale moderne, est considéré comme un agent tératogène important : les dommages au fœtus causés par l'abus d'alcool seraient parmi les principales causes d'arriération mentale (Hanson, 1983). La dose et la fréquence de la consommation d'alcool sont des facteurs majeurs à considérer dans l'évaluation du risque. Les femmes enceintes affectées d'alcoolisme avancé peuvent, avec un facteur de risque pouvant dépasser 50 %, donner naissance à des enfants alcooliques : c'est le syndrome alcoolique fœtal (Randall et Taylor, 1979). Les enfants affectés de ce syndrome présentent une série de caractéristiques distinctives : la configuration faciale typique illustrée à la figure 3.7, un retard du développement à la naissance et des difficultés de survie post-natale, des possibilités de problèmes associés au sevrage alcoolique, des possibilités de malformations cardiaques et squelettiques, des anomalies neurologiques diverses.

Par ailleurs, certaines études ont relié une consommation beaucoup plus légère, comme deux verres par jour ou une intoxication occasionnelle en début de grossesse, à une probabilité plus élevée d'avortement et d'anomalies de naissance (Hanson, Streissguth et Smith, 1978).

À plus long terme, Streissguth et coll. (1984) ont trouvé que la consommation d'alcool et de tabac pendant la grossesse était associée à des problèmes d'attention en classe maternelle, quatre ans après la naissance. Ici cependant, la part exacte de responsabilité de la période prénatale par rapport à ce qui vient après la naissance, dans un milieu familial où les parents fument et boivent, est difficile à établir : au moins une partie de ces problèmes d'attention chez l'enfant de quatre ans peuvent être favorisés par des caractéristiques de l'environnement familial et non pas prénatal lui-même.

La démonstration d'un risque est claire ; la consommation d'alcool chez la femme enceinte ou qui prévoit le devenir est certainement déconseillée.

FIGURE 3.7 : Configuration faciale typique de sujets affectés du syndrome alcoolique fœtal

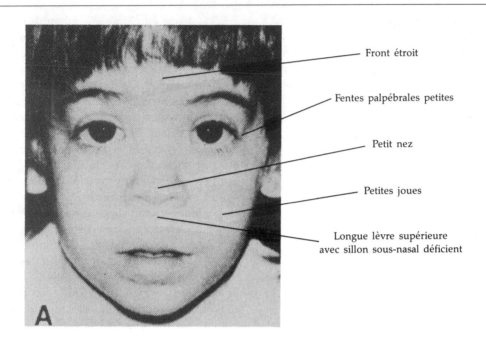

Front étroit

Fentes palpébrales petites

Petit nez

Petites joues

Longue lèvre supérieure
avec sillon sous-nasal déficient

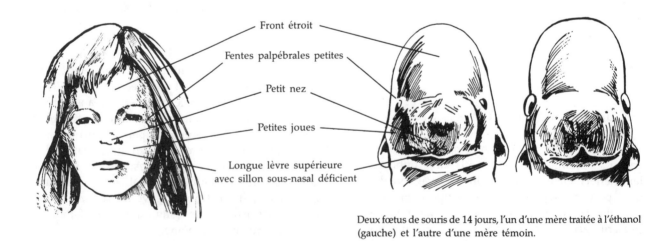

Front étroit

Fentes palpébrales petites

Petit nez

Petites joues

Longue lèvre supérieure
avec sillon sous-nasal déficient

Deux fœtus de souris de 14 jours, l'un d'une mère traitée à l'éthanol
(gauche) et l'autre d'une mère témoin.

Source : Sulik, K.K., Johnston, M.C. et Webb, M.A. (1981) « Fetal Alcohol Syndrom : Embryogenesis in a Mouse Model », *Science*, vol. 214,
nov., p. 937, figure A.

Le tabac

Contrairement à l'alcool dont l'usage ne semble pas en baisse chez la population en âge d'avoir des enfants, l'usage du tabac a connu au Canada une baisse de l'ordre de 5 % par an au cours des dernières années. La consommation de tabac reste néanmoins un agent tératogène important en raison du nombre de femmes qui s'y adonnent, nombre qui décroît moins vite que chez les hommes. Encore ici, le risque augmente en fonction de l'intensité de l'usage. Les études indiquent que les femmes enceintes qui fument sont plus susceptibles de ne pas mener leur grossesse à terme ou d'avoir un accouchement prématuré, et que leurs bébés tendent à être plus petits (poids, taille et circonférence de la tête), par rapport aux femmes enceintes qui ne fument pas (Christianson, 1980).

Par ailleurs, l'habitude de fumer jointe à d'autres habitudes de consommation (alimentation moins saine, alcool, médicaments, etc.) peut faire connaître des risques plus élevés aux femmes enceintes que le tabac seul. En effet, il y aurait une interaction entre les effets tératogènes de l'alcool et du tabac : Lamb et Bornstein (1987) rapportent une étude indiquant que lorsque le facteur de risque de retard dans la croissance intra-utérine est de 2,4 chez les consommatrices d'alcool, de 1,8 chez les fumeuses, il devient de 3,9 chez les fumeuses qui boivent.

La thalidomide

La conscience sociale des effets possibles sur l'enfant des produits consommés par la femme enceinte a fait un grand bond en avant vers le début des années 1960, avec la tragédie de la thalidomide, un sédatif mis en vente libre (sans prescription) en Europe d'abord puis en Amérique. On découvrit alors que des femmes ayant absorbé ce médicament en début de grossesse pouvaient donner naissance à des enfants présentant une série d'anomalies anatomiques majeures, dont l'absence totale ou partielle de certains membres (avec des mains et des pieds directement attachés au tronc).

On a mis beaucoup de temps à identifier le médicament comme tératogène, car une faible proportion seulement des enfants nés de femmes ayant absorbé de la thalidomide en cours de grossesse affichèrent des malformations, et les mères ne ressentaient pas d'effets secondaires. Le médicament, qui s'est avéré nocif entre les 20e et 35e jours de grossesse seulement, aurait tout de même affecté 10 000 enfants environ, entre 1958 et 1963 (Hanson, 1983).

Des démarches légales intensives ont dû se poursuivre pendant plusieurs années avant que la responsabilité de cette tragédie puisse être clairement établie. Cette épidémie d'anomalies de naissance a servi de modèle en matière de responsabilité sociale des compagnies pharmaceutiques.

L'héroïne et les autres psychotropes non prescrits

On sait depuis longtemps que l'héroïne peut traverser la barrière placentaire et créer une dépendance chez le bébé qui naît alors héroïnomane et peut connaître le syndrome de sevrage si on ne s'en aperçoit pas à temps. Les effets prénataux de la consommation maternelle de drogues telles que le LSD, la cocaïne, la marijuana, etc. ne peuvent certainement pas tous être considérés comme aussi graves, mais ces drogues ont quelque chose en commun : leurs effets biochimiques sur l'embryon et le fœtus sont mal connus et sont probablement négatifs. Il est difficile de départager les dangers identifiés sous le coup de la crainte sociale (on a cru à une certaine époque que le LSD entraînait des mutations génétiques chez le bébé) de ceux qui sont fondés scientifiquement, mais l'expérience a montré que des effets tragiques peuvent prendre plusieurs années avant d'être découverts. La thalidomide en est un exemple.

Les médicaments prescrits

Un grand nombre de médicaments dits « thérapeutiques » sont soupçonnés d'avoir un potentiel tératogène, mais les démonstrations scientifiques de leurs effets spécifiques sur le développement prénatal sont beaucoup moins nombreuses. Les connaissances des risques ont toutefois progressé rapidement au cours des dernières décennies. Nous n'étudierons pas ici tous les effets connus de ces drogues sur le développement prénatal. Mentionnons cependant que le choix entre le traitement de la femme qui a besoin d'un médicament pour sa propre santé et les risques que ce médicament fait subir à son fœtus peut représenter un véritable dilemme.

Parmi les grandes catégories des médicaments prescrits qui soulèvent des questions quant aux risques d'anomalies prénatales, nous trouvons :

— les nombreux agents psychotropes (utilisés dans les traitements psychiatriques) ;

— les anticoagulants (utilisés dans le traitement des personnes affichant des problèmes cardio-vasculaires) ;

— les antibiotiques (utilisés contre les infections) ;

— les médicaments anticonvulsifs (utilisés dans les cas d'épilepsie) ;

— les hormones (utilisées pour le traitement des problèmes endocriniens, tels que des problèmes fonctionnels de la glande thyroïde).

La prescription de DES (diéthylstilbestrol), une hormone femelle synthétique destinée à aider les femmes qui avaient de la difficulté à rendre leur grossesse à terme, a cessé subitement en 1971, lorsque l'on découvrit, après une trentaine d'années, que les filles ayant été exposées à ce produit avant leur naissance étaient à hauts risques de connaître une rare forme de cancer du col et du vagin, et que les garçons exposés pouvaient présenter des kystes dans les canaux de conduction du sperme, une faible densité de spermatozoïdes dans le sperme et certaines malformations des spermatozoïdes. Les hauts taux d'estrogène en circulation au moment de la formation des organes sexuels seraient à l'origine de ces déficiences (Lamb et Bornstein, 1987).

La considération de tous ces facteurs de risque fait comprendre l'immense atout que représente une bonne santé pour la mère, c'est-à-dire l'indépendance face à tous ces palliatifs. Malheureusement, ceux-ci s'avèrent indispensables dans certains cas, que l'on songe par exemple à la femme qui vit des problèmes psychiatriques et dont l'équilibre mental nécessite des doses de médicaments importantes.

3.4.7 L'état émotionnel de la mère

Comment l'état émotionnel de la mère peut-il avoir un effet sur le développement prénatal ? Le corps de la mère constitue l'environnement prénatal de l'enfant. C'est dans la mesure où l'état émotionnel influence le corps concrètement que le milieu de vie prénatale sera affecté par cet état.

Il est toutefois difficile de départager exactement les causes et les effets dans ce domaine, de savoir si, par exemple, le tempérament possède des bases génétiques, si les particularités observées chez certains nouveau-nés peuvent avoir une origine héréditaire plutôt que d'être causées par l'environnement prénatal. Par ailleurs, une femme perturbée émotionnellement risque plus d'avoir des difficultés à remplir son rôle très exigeant de mère d'un nouveau-né, de sorte que ce qui est observé chez l'enfant peut être causé par la relation post-natale plutôt que par l'environnement prénatal comme tel.

Malgré ce qui précède, lorsqu'ils sont présents de façon marquée chez la mère, l'anxiété, le stress ou les perturbations émotionnelles ont été reliés, chez les animaux mais aussi chez les humains, à un degré d'activité intra-utérine plus élevé, à des anomalies congénitales plus fréquentes et à des problèmes comportementaux pendant l'enfance (Hetherington et Parke, 1986 ; Liebert et coll., 1986).

Les attitudes et le soutien de l'entourage social ont été associés à l'état émotionnel de la femme enceinte. Par exemple, un conjoint qui partage avec la femme une attitude positive à l'égard de la venue de l'enfant et qui lui apporte de l'aide et du réconfort favorisera une évolution plus facile de la grossesse. Dans une famille ouverte à la communication, les enfants plus vieux exprimeront généralement de l'intérêt à l'égard de la grossesse de leur mère, et la venue d'un nouveau membre sera pour eux un événement excitant, même s'il peut comporter une certaine dose de stress par rapport aux changements probables qui l'accompagneront.

Kolata (1984) et Hetherington et Parke (1986) rapportent les travaux de Fifer et DeCasper qui aident à comprendre l'effet de l'environnement prénatal sur le développement humain : l'enfant serait capable d'apprendre dans l'utérus. Sachant que les nouveau-nés peuvent régir leur façon de sucer, ils ont fait entendre la voix de leur mère à des bébés lorsqu'ils suçaient la tétine d'une certaine façon et la voix d'une personne étrangère lorsqu'ils suçaient autrement. L'étude a démontré que les nourrissons préféraient la voix de leur mère à celle d'une personne étrangère et adoptaient un type spécifique de succion afin de l'entendre. Mais cette préférence avait-elle été acquise avant ou après la naissance ? Le fœtus entend-il la voix de sa mère ? Afin de répondre à ces questions, les auteurs ont demandé à 16 femmes enceintes de lire un poème pour enfant (*The cat in the hat*, de Seuss) deux fois par jour, à voix haute, pendant les six dernières semaines et demie de leur grossesse. Après la naissance, on enregistra la voix de la mère lisant le même poème et un autre dont le rythme était différent du premier. Les bébés pouvaient entendre leur mère lire le « poème prénatal » ou le nouveau poème selon qu'ils suçaient une tétine d'une certaine façon ou d'une autre. Les bébés préféraient le poème qu'ils avaient entendu avant leur naissance, ce qui poussa les chercheurs à conclure que nous apprenons avant notre naissance. L'expérience prénatale laisserait donc des traces perceptibles après la naissance.

3.5 LES NOUVELLES TECHNOLOGIES DE LA REPRODUCTION

La fertilité humaine est conditionnelle au succès de plusieurs processus, notamment :

1- du processus de maturation ovulaire dans le cycle menstruel ;

2- de la fécondation de l'ovule par un spermatozoïde ;

3- du transport du zygote vers l'utérus ; et

4- de l'implantation de l'œuf sur la paroi utérine.

La reproduction n'est certainement pas un processus parfait qui se déroule quasiment sans incidents depuis le moment de la fécondation ; il s'agit plutôt d'un système autorégulateur qui corrige ses défaillances importantes en les éliminant. Le taux de ces éliminations est élevé : au moins 40 % et peut-être 60 %. Même lorsque la fécondation a lieu, elle n'est pas utile dans les cas où l'ovule fécondé est affecté au point d'être condamné à une destruction rapide. (Leridon, 1977, p. 7.)

Le développement de nouvelles technologies de la reproduction a été fortement stimulé par le désir d'apporter des solutions aux problèmes d'infertilité humaine. Toute une gamme de techniques sont maintenant connues qui représentent des solutions de rechange ou des appuis au processus naturel de conception. L'insémination artificielle et la fécondation *in vitro* en sont des exemple connus.

L'insémination artificielle est une technique pratiquée depuis longtemps dans l'élevage des animaux de race. Il s'agit, au moment choisi du cycle menstruel, d'injecter du sperme dans les voies génitales de la femelle afin de provoquer la conception.

Avec la fécondation *in vitro*, il est possible d'exposer un ovule à des spermatozoïdes en dehors du corps d'une femme, en laboratoire, et de procéder à l'insertion ultérieure de l'œuf fécondé dans un utérus pour qu'il s'implante et se développe en un bébé. Dans le but de maximiser les chances de succès de l'implantation, on procède souvent à l'injection de deux embryons dans l'utérus (Leeton, Trounson et Wood, 1982).

Initialement, cette technique visait à apporter une solution à l'infertilité causée par des problèmes dans les trompes de Fallope, problèmes qui empêchent ces organes d'assumer leur fonction dans la collecte de l'ovule ou son transport vers l'utérus. C'est après l'échec d'interventions chirurgicales au niveau des trompes, interventions qui réussiraient dans 30 à 40 % des cas, que les tentatives de fécondation *in vitro* ont été entreprises, au début des années 1980 (Leeton et coll., 1982).

Plusieurs questions peuvent se poser avec les nouvelles techniques de reproduction : De qui provient le sperme utilisé ? De qui provient l'ovule ? Dans quel utérus l'embryon sera-t-il implanté ? Combien d'embryons ont-ils été conçus, c'est-à-dire existe-t-il un surplus d'embryons et que fait-on d'eux ? Qu'adviendra-t-il des rapports hommes—femmes dans la perspective où la reproduction est déconnectée de la sexualité ? Quel est le prix que l'on doit payer pour se faire faire un enfant ? Quelles sont les implications sociales et morales de la « commercialisation » dans le domaine de la reproduction humaine ? Chacune de ces questions soulève un problème éthique considérable ; ici, nous ne pourrons malheureusement pas pousser très loin notre réflexion sur ce sujet, mais il importe de souligner le caractère fondamental de ces considérations pour le développement de la personne, particulièrement par rapport à la signification psychologique du lien de naissance.

Connaissant l'importance potentielle de l'hérédité sur le comportement, on ne peut plus négliger la question de l'affiliation génétique : le fait d'avoir été conçu avec le sperme d'un donneur quelconque provenant d'une banque de sperme n'est pas négligeable. Connaissant par ailleurs l'importance potentielle de l'environnement prénatal sur le développement fœtal et l'attachement mère—enfant, le fait d'avoir été porté par une mère porteuse « contractuelle » n'est pas, non plus, négligeable pour un individu.

Le donneur à une banque de sperme comprend-il bien que, sous le couvert de l'anonymat souvent entretenu par les « banquiers », il fournit la moitié de l'hérédité à un nombre indéterminé d'individus qui seront donc, génétiquement, ses enfants, sans jamais se préoccuper de leur sort ? Par ailleurs, sachant qu'il est techniquement possible de congeler un embryon pour le conserver et de l'implanter ultérieurement, un couple ayant conçu de tels embryons « conservés en réserve » peut-il ne pas se préoccuper de leur sort ? L'importance des retrouvailles des parents ou des enfants ou des jumeaux séparés par l'adoption démontre bien la signification symbolique du lien génétique, en plus du façonnement comportemental qu'il conditionne. Dans une certaine mesure, la réponse à la question « qui suis-je ? » passe par la réponse à la question « qui sont mes parents ? ».

Derrière ces considérations troublantes nous trouvons la grande question du statut de l'embryon : L'embryon est-il une personne ? À partir de quand l'individu existe-t-il ? Quel acte commet-on lorsque l'on détruit des embryons produits en surplus *in vitro* ? Les questions morales que soulève l'avortement se posent aussi, dans une aussi forte mesure, pour les nouvelles technologies de la reproduction.

Le clonage

Une des méthodes de clonage consiste à enlever le noyau d'un ovule mature mais non fécondé, par microchirurgie ou irradiation, et de remplacer ce noyau par celui d'une cellule somatique quelconque provenant par exemple de la peau, de la paroi intestinale ou des voies respiratoires d'une personne adulte. Il se produit alors quelque chose d'extraordinaire : la cellule se comporte comme un zygote, comme si une fécondation sexuelle avait eu lieu. Par la suite, une implantation de ce zygote dans un milieu propice à sa gestation permettra son développement (Walters, 1982).

Les chercheurs intéressés au clonage ont observé que si un noyau de certaines cellules d'un embryon de grenouille était transplanté dans un œuf fécondé de la même espèce, dont le noyau avait été détruit préalablement, un animal normal se développait par la suite. La membrane de la cellule où l'on a inséré un nouveau noyau avec une micropipette peut donc se refermer. Le premier clonage fut réussi en 1952 par Briggs et King (1952). L'animal résultant de cette opération possède les mêmes caractéristiques génétiques que celui qui a donné le noyau puisque ce dernier contient le bagage génétique.

Markert et Petters (1977 ; 1978) ont réussi à provoquer le doublage des chromosomes d'un ovule de souris non fécondé, comme si l'ovule avait été fécondé. En prenant ensuite l'embryon au stade où il comptait quatre ou huit cellules et en isolant ces dernières, chacune se mettait à se développer comme un nouvel embryon. De cette façon, ces chercheurs ont pu produire des souris identiques par parthénogénèse, c'est-à-dire sans père, et comme elles provenaient de chromosomes doublés depuis l'ovule, elles étaient toutes femelles. Les souris filles ainsi obtenues n'étaient pas identiques génétiquement à la mère puisque les chromosomes de l'ovule maternel ayant été doublés initialement ne représentaient, comme dans tous les gamètes, que la moitié des chromosomes de la souris mère (23 chromosomes et non pas 23 paires). Les souris filles, toutefois, étaient homozygotes, c'est-à-dire que la procédure de doublage des chromosomes rendait les deux membres de chaque paire identiques l'un à l'autre. De cette façon, si cette procédure de clonage était répétée à partir des souris filles, les animaux produits seraient alors génétiquement identiques à leur mère.

Zimmerman (1984) rapporte qu'il est aussi possible d'obtenir des clones à partir d'un zygote fécondé normalement. Dans les deux procédures de clonage cependant, un nombre limité de souris identiques peut être produit, car la probabilité que les cellules embryonnaires séparées donne chacune un nouvel organisme baisse considérablement à partir du stade de 16 cellules. Cette méthode peut servir à produire différents types d'animaux identiques, comme des veaux, qui peuvent être implantés dans l'utérus de vaches différentes pour se rendre à terme.

Serait-il possible de faire la même chose avec les humains ? Théoriquement, il semble que oui, mais pratiquement l'expérience ne semble pas avoir été tentée encore. Imaginez que l'on puisse un jour produire des personnes identiques à soi-même, de 20 ans en 20 ans, et ainsi s'immortaliser...

POST-TEST

1- Qu'est-ce qui provoque le mouvement de l'ovule fécondé, depuis la trompe de Fallope vers l'utérus ?

2- Identifiez, en respectant leur ordre d'apparition chronologique dans la gestation, les trois périodes du développement prénatal.

3- Au cours de quelle période du développement prénatal l'implantation sur la paroi utérine survient-elle ?

4- *Vrai ou faux.* Le placenta est un disque de tissus fortement vascularisés qui, à maturité, mesure environ 1 cm d'épaisseur et 5 cm de diamètre.

5- Qu'est-ce que le « vernix caseosa » ?

6- Laquelle des combinaisons chromosomiques suivantes détermine-t-elle le sexe masculin ?

   a) XX

   b) XY

7- *Vrai ou faux.* En l'absence de l'hormone sécrétée par les testicules, c'est le modèle féminin de développement qui apparaît automatiquement.

8- *Complétez la phrase.* L'examen du processus de différenciation sexuelle des embryons mâle et femelle, au cours du développement prénatal, permet de comprendre que la biochimie hormonale oriente non seulement leur anatomie, mais en même temps les bases de leur fonctionnement .... futur.

9- Identifiez deux symptômes qui apparaissent souvent chez la femme en début de grossesse.

10- *Vrai ou faux.* Au cours des dernières décennies, on a remis en question la stratégie consistant à restreindre avec insistance le gain de poids de la femme enceinte : on reconnaît que la grossesse n'est pas un bon moment pour perdre des surplus adipeux.

11- Identifiez deux zones d'insécurité ou de craintes dont témoignent souvent les femmes enceintes au début de leur grossesse.

12- *Vrai ou faux.* Même si la dynamique des agents environnementaux sur le développement prénatal est encore mal connue, il apparaît maintenant que la majorité des anormalités observées chez les bébés naissants peut être attribuée à des facteurs génétiques.

13- Nommez deux facteurs responsables de la variabilité de l'expression des agents tératogènes.

14- *Vrai ou faux.* Au cours de la période prénatale, la vulnérabilité de l'organisme en développement est constante face aux agents tératogènes.

15- *Vrai ou faux.* L'âge de la mère influence les risques de problèmes de grossesse mais l'influence de ce facteur âge sera différente pour une femme qui a déjà eu des enfants auparavant que pour celle qui n'en a pas eu.

16- Qu'est-ce qu'une mutation génétique ?

17- *Vrai ou faux.* Les travaux sur les effets à long terme d'une malnutrition temporaire en bas âge indiquent qu'une compensation au déficit est possible ultérieurement.

18- Identifiez la période où les effets de la rubéole contractée par la femme enceinte risquent d'être les plus dommageables :

   a) les trois premiers mois de grossesse ;

   b) les 4e et 5e mois de la grossesse ;

   c) les 6e et 7e mois de la grossesse ;

   d) les 8e et 9e mois de la grossesse.

19- *Vrai ou faux.* La plupart des enfants affichant une infection de l'herpès simplex l'ont acquise en début de gestation.

20- Que veut dire le sigle « SIDA » ?

21- Donnez un exemple de médicament qui peut avoir des effets sur le développement prénatal mais qui fait partie d'un traitement maternel qui ne peut être évité.

22- Identifiez deux conséquences du syndrome alcoolique fœtal.

23- *Complétez la phrase.* Au début des années 1960, on découvrit qu'un sédatif en vente libre pouvait, s'il était consommé entre le 20e et le 35e jour de grossesse, entraîner des anomalies physiques majeures chez l'enfant. Il s'agit de la ....

24- En respectant leur ordre de mention, indiquez à quelle définition se rattachent les concepts suivants : 1) fécondation *in vitro* ; 2) insémination artificielle ; 3) utilisation d'une banque de sperme.

a) Injection de sperme dans les voies génitales au moment propice du cycle menstruel ;

b) utilisation du sperme fourni par un donneur quelconque et conservé par un organisme pour l'aide à la reproduction ;

c) exposition d'un ovule à des spermatozoïdes en dehors du corps de la femme et insertion ultérieure de l'œuf fécondé dans l'utérus pour l'implantation.

Chapitre 4

Naissance et périnatalité

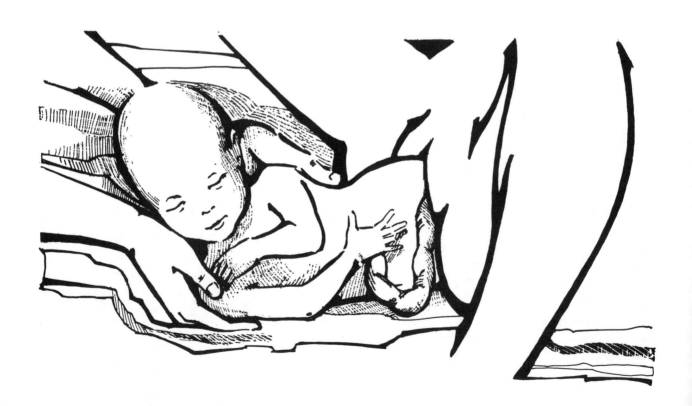

PLAN

PRÉTEST

1- Qu'est-ce que la parturition ?

2- Nommez les trois phases de l'accouchement.

3- *Complétez la phrase.* L'hormone appelée .... intervient dans l'accouchement en provoquant les contractions utérines et l'expulsion du fœtus.

4- *Complétez la phrase.* Les contractions utérines et la .... des tissus du cervix sont les deux actions complémentaires de la phase 1 de l'accouchement permettant l'engagement de la tête du bébé vers la sortie.

5- Comment expliquer que l'étape 2, l'accouchement proprement dit, soit généralement plus rapide pour un deuxième bébé que pour un premier ?

6- Qu'est-ce que l'épisiotomie ?

7- *Vrai ou faux.* La boîte crânienne est la partie du corps du bébé qui possède le plus grand diamètre de sorte qu'une fois la tête sortie, la naissance est pratiquement terminée.

8- Identifiez certaines caractéristiques de l'environnement physique et social de l'accouchement que préconise Leboyer afin de favoriser une naissance sans violence.

9- Qu'est-ce que l'anoxie du fœtus lors de la naissance ?

10- *Complétez la phrase.* On considère qu'une naissance est prématurée lorsqu'elle survient avant la ....ᵉ semaine de grossesse.

11- Identifiez deux types de problèmes souvent rencontrés chez les bébés prématurés.

12- Qu'est-ce que le surfactant ?

13- *Vrai ou faux.* Les jumeaux ont tendance à naître plus gros que la moyenne des enfants.

14- Qu'est-ce qu'une hystérotomie ?

15- Identifiez deux conséquences possibles pour l'enfant, de l'utilisation forte d'anesthésiques lors de l'accouchement.

16- Parmi les réflexes suivants, identifiez ceux qui tombent dans la catégorie des réflexes d'approche :

    a) la toux ;

    b) la succion ;

    c) le clignement des yeux ;

    d) la respiration ;

    e) la déglutition.

17- Que veut dire l'expression « le sommeil du nouveau-né n'est pas polarisé » ?

18- Wolff (1966) a identifié les six états de vigilance suivants chez le jeune bébé :

    a) le sommeil régulier ;

    b) le sommeil paradoxal ;

    c) l'assoupissement ;

    d) la vigilance passive ;

    e) la vigilance active ;

    f) la détresse.

Identifiez la période où :

    1) le rythme respiratoire du bébé est normalement lent et régulier ;

    2) l'on observe des périodes de mouvement rapide des globes oculaires ;

    3) le bébé fait des mouvements diffus, respire moins régulièrement et émet des vocalises.

19- *Vrai ou faux.* Le bébé, immédiatement après sa naissance, est sensible à la lumière.

20- *Vrai ou faux.* On a observé que l'acuité visuelle du bébé de 3 mois était moins développée que celle d'un adulte, mais que vers 1 an la différence était pratiquement disparue.

21- Donnez un exemple de relation privilégiée entre le développement des capacités perceptuelles et le développement socio-émotionnel chez l'humain.

22- Ordonnez, selon la préférence décroissante du nouveau-né, les goûts suivants :

a) goût amer ;

b) goût sucré ;

c) goût neutre.

23- Décrivez sommairement une expérience démontrant la capacité d'appariement intersensoriel du nouveau-né.

24- Par rapport au réflexe de clignement des yeux, lequel des stimuli suivants a naturellement le rôle de stimulus inconditionné :

a) une lumière verte ;

b) une lumière rouge ;

c) un bruit violent ;

d) un bruit feutré.

25- Qu'est-ce que l'habituation ?

26- Que pouvons-nous conclure de l'expérience suivante ?

À plusieurs reprises, on a présenté à un bébé des objets divers partageant toujours la caractéristique suivante : une forme ronde. Par la suite lorsqu'on présentait une forme ronde quelconque simultanément à une forme nouvelle, le bébé, habitué aux formes rondes, avait tendance à fixer davantage l'autre forme. Enfin, on a présenté au bébé des objets ronds nouveaux, c'est-à-dire qu'il n'avait jamais vus auparavant, en même temps que d'autres formes nouvelles pour lui. Encore là, l'enfant explora davantage des yeux les formes qui n'étaient pas rondes, même si tous ces objets étaient nouveaux pour lui.

27- *Vrai ou faux.* Au début de la vie, il y aurait surproduction de dendrites et de synapses parmi lesquels un processus de sélection se ferait selon les expériences vécues par l'organisme dans son environnement. Ainsi l'expérience précoce influencerait la circuiterie même du système nerveux.

4.1 INTRODUCTION

Après environ 266 jours de gestation, la glande pituitaire maternelle, située dans l'hypophyse, libère de l'ocytocine, une hormone qui provoque des contractions utérines et l'expulsion du fœtus. De même, l'hypophyse du bébé participe au déclenchement du travail en libérant de l'ocytocine. C'est la naissance de l'enfant qui s'amorce. Ce mécanisme n'est pas connu exactement, et des variations chronologiques sont couramment observées : on a vu des bébés naître et survivre après 180 jours de gestation et d'autres ne venir au monde que 334 jours après leur conception (Schell et Hall, 1980).

Le symbolisme rattaché à la naissance est certainement considérable, et de nombreux rites religieux ou culturels entourent cet événement dans toutes les régions du globe. À l'intérieur de la famille, l'arrivée d'un enfant a des répercussions multiples, dont voici quelques exemples : le nouveau-né provoque une réorganisation de l'espace physique de la maison, puisqu'il a besoin de place ; il amène des changements d'habitudes horaires plus ou moins importants ; les besoins matériels du nouveau membre ont une influence certaine sur le budget familial ; enfin, les parents, mais aussi les frères et sœurs le cas échéant, développent un nouveau lien d'attachement qui pourra entraîner un remaniement des relations entre les membres de la famille. La naissance d'un enfant est donc un événement d'une grande signification psychologique parce qu'elle constitue l'un des projets les plus importants dans la vie des parents, mais aussi parce qu'elle apporte aux membres de la famille une dose de stress qui met à contribution les ressources matérielles et humaines. La famille qui ne dispose que de faibles moyens matériels et humains vivra ce stress plus difficilement que celle qui jouit de bonnes réserves d'énergie et de connaissances, et qui n'est pas dans le besoin.

Ce chapitre traite premièrement de la naissance en tant que processus, pour la mère et pour l'enfant. Après une brève réflexion sur la signification psychologique de cet événement fondamental de la vie humaine, les étapes de l'accouchement seront décrites. L'enfant pendant sa naissance fera aussi l'objet de notre attention. Ensuite, on présentera certaines complications pouvant survenir à l'accouchement (césarienne, traumatisme crânien, anoxie), ainsi que les effets de certains anesthésiques.

Les implications d'une naissance prématurée feront l'objet d'une section particulière qui sera suivie de la présentation d'une méthode générale d'examen du nouveau-né : l'indice d'Apgar. Les fonctions de base à la naissance, y compris l'évolution des états de veille et de sommeil au cours des premiers mois, seront étudiées. Le syndrome de mort subite, ce problème encore mal connu qui représente l'une des principales causes de décès des bébés de moins de 1 an, sera sommairement présenté.

Enfin, dans les deux dernières sections du chapitre, nous serons à même de constater que le très jeune bébé affiche déjà des capacités sensorielles impressionnantes et qu'il peut déjà apprendre. Le rôle de l'expérience est déterminant à ce « moment critique » de la vie que constituent les premiers mois après la naissance : la circuiterie neurologique elle-même est influencée de façon permanente par ce que vit le bébé au début de sa vie.

4.2 LA NAISSANCE

L'association entre la douleur et l'enfantement est étroite au point de faire partie du message biblique : « Et Dieu dit aussi à la femme : Vous enfanterez dans la douleur. » (Bible de Sacy.) Les douleurs de l'accouchement et l'imprévu reliés au travail ont, depuis des siècles, conféré à l'événement « naissance » un caractère d'épreuve, de défi personnel majeur à surmonter pour la femme qui se trouve seule devant cette expérience si importante.

Les grands progrès médicaux réalisés au cours du xxᵉ siècle ont permis une forte diminution des complications périnatales et des douleurs associées au travail et à l'accouchement. La figure 4.1 fournit des statistiques canadiennes concernant les naissances et la mortalité infantile au cours des dernières années. Si un grand nombre de personnes doivent leur vie aux progrès scientifiques et à des interventions obstétriques d'urgence, une certaine réaction négative face à la médicalisation excessive du processus de l'accouchement est apparue récemment dans les pays occidentaux. Ce mouvement s'élève contre la transformation systématique de tout accouchement en un événement médico-chirurgical inscrit dans un environnement technique et aseptisé. Sans diminuer l'importance de la disponibilité de services adaptés aux urgences, les précurseurs de cette nouvelle tendance, comme Dick-Read (1944), La Maze (1970) et Leboyer (1974), prônent une revalorisation de l'interaction mère—enfant lors de l'accouchement, afin qu'ils vivent « une naissance sans violence ».

La naissance, point de départ reconnu de la vie, est probablement l'événement référentiel le plus important de l'histoire personnelle, car elle constitue l'origine de l'identité psychologique et sociale. Mais la naissance est aussi un processus biologique précis qui met un terme à la relation prénatale qu'ont entre-

FIGURE 4.1 : Taux de mortalité infantile pour 100 000 naissances au Canada de 1950 à 1976*

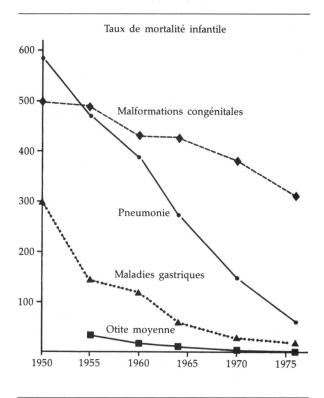

Taux de mortalité infantile

Malformations congénitales

Pneumonie

Maladies gastriques

Otite moyenne

* Figure élaborée à partir des données de Statistique Canada (1978) *Statistiques démographiques*, vol. III, nov.

tenue la mère et le nouvel organisme pendant les neuf mois de la gestation. De tout temps le concept de naissance est symboliquement associé à une fête, à un espoir, en même temps que le concept d'accouchement est relié à l'idée de souffrance puis de délivrance.

La naissance est souffrance. Et non point seulement l'accouchement. Venir au monde est douloureux. Autant que l'était donner la vie [...] On croit que le nouveau-né ne sent rien. Il sent tout. Tout, totalement, sans choix, sans filtre, sans discrimination. Le raz-de-marée des sensations qui l'emporte dépasse tout ce qu'on peut imaginer. C'est une expérience sensorielle si vaste que nous ne pouvons la concevoir. (Leboyer, 1974, p. 33.)

Dans cette optique, l'apprivoisement du processus de la naissance ne réside pas seulement dans une solution chimique à la douleur de la mère ou de l'enfant, mais aussi dans le respect de l'interaction unique qu'ils vivent tous les deux. Eux seuls font face à l'effort physique de la naissance, mais leur entourage physique et social peut contribuer, par l'atmosphère et le soutien naturel destiné à « écouter » l'accouchement plutôt qu'à le diriger, à faire de cet événement une réussite personnelle pour la mère et pour l'enfant. Leboyer (1974) propose par exemple un environnement physique calme, la pénombre, la chaleur, le silence et le recueillement, afin de favoriser la tranquillité pour la mère et un accueil chaleureux pour l'enfant qui vient au monde. Il suggère que la mère ait à ses côtés le père ou une autre personne significative qui l'appuie psychologiquement dans le travail de l'accouchement et participe à l'accueil de l'enfant, en lui donnant le bain post-natal par exemple.

Un bain a été préparé dans une petite baignoire, un baquet. À la température du corps, ou un peu plus, trente-huit, trente-neuf degrés. On prend l'enfant et on l'y fait entrer. Une fois encore avec une grande lenteur. À mesure que le bébé s'enfonce, la pesanteur s'annule. L'enfant reperd le corps qui vient de l'accabler. Ce corps nouveau et son fardeau d'angoisses. L'enfant flotte ! Une fois encore immatériel, léger. Et libre comme aux beaux jours lointains de la grossesse où il pouvait jouer, gesticuler tout à son aise dans l'océan illimité. Sa surprise, sa joie, sont sans bornes. Retrouvant son élément, sa légèreté, il oublie ce qu'il vient de quitter. Il oublie sa mère. Il y est rentré ! (Leboyer, 1974, p. 114.)

Au cours des dernières années, on a observé, dans les pays occidentaux les plus touchés par les médications antidouleurs des années 1950 à 1970, un retour vers l'accouchement naturel. La documentation sur les effets négatifs des anesthésies pour la mère et le bébé (Conway et Brackbill, 1970), associée à une éducation populaire et à une meilleure préparation des femmes à l'accouchement, a favorisé ce changement social. Mead et Newton (1967), dans leur étude des importantes variations culturelles en matière d'attitudes face au processus de la naissance, rapportent que dans les sociétés où l'accouchement est craint, caché et mythifié négativement la parturition est vécue plus difficilement que dans les sociétés qui le perçoivent comme un phénomène naturel générateur d'espoir et de renouvellement.

Il est toutefois de plus en plus clair que la notion d'accouchement sans douleur est une utopie pour plus de 95 % des femmes (Melzack, 1987). Si la préparation prénatale physique et psychologique favorise une meilleure « traversée » de cette épreuve, la douleur n'en est pas exclue pour autant.

4.3 LES ÉTAPES DE L'ACCOUCHEMENT

La parturition, nom technique de l'accouchement naturel, se divise en trois étapes :

1- le travail ;

2- le passage du bébé ; et

3- l'expulsion du placenta.

Vers la fin de la grossesse, le fœtus prend généralement sa position pour la naissance, c'est-à-dire la tête vers le bas. La libération de cortisone par la glande surrénale du fœtus, le changement de volume de l'utérus relié à la maturation de l'organisme qui crée une pression sur la membrane, certaines conditions psychologiques de la mère, l'ocytocine, hormone sécrétée par l'hypophyse de la mère et de l'enfant et provoquant les contractions de l'utérus, sont autant de facteurs associés au déclenchement du processus de l'accouchement. Au cours du dernier mois de la grossesse, des contractions utérines sporadiques et de faible intensité peuvent apparaître.

4.3.1 L'étape 1 : le travail

La figure 4.2 illustre les trois étapes de l'accouchement. L'étape 1, le travail, est la plus longue puisqu'elle peut durer de 7 à 14 heures, pendant lesquelles le col de l'utérus se dilate pour permettre l'engagement de la tête du bébé dans le canal vaginal. Cette première phase se caractérise par des contractions rythmiques dont la fréquence et l'intensité s'accroissent graduellement. Ces contractions sont involontaires, et la seule façon naturelle de faciliter l'évolution du travail semble être la relaxation de la mère, souvent induite par la maîtrise respiratoire et la concentration mentale sur les groupes musculaires à détendre. En se contractant, les fibres musculaires utérines exercent une pression de l'ordre de 14 kg sur le liquide amniotique contenu dans une membrane, pression qui force la dilatation du col à la base de l'utérus, dont les tissus musculaires s'assouplissent pour faciliter cette ouverture nécessaire au passage. Ainsi, les contractions utérines et la dilatation des tissus du col sont les deux actions complémentaires caractéristiques de la phase 1, qui s'achève normalement par une dilatation du col utérin de 8 à 10 cm ; la tête du bébé peut alors s'engager pour sortir.

4.3.2 L'étape 2 : le passage du bébé

L'étape 2 correspond à l'accouchement proprement dit. Il dure en moyenne une heure et demie pour le premier enfant et environ une demi-heure pour le deuxième et les suivants qui évoluent dans un passage qui a déjà été dilaté. Cette phase commence au moment de la dilatation complète du col (l'« effacement du col »), se poursuit avec la sortie du bébé de l'utérus et son expulsion à travers le canal vaginal. Pendant cette deuxième étape, les contractions peuvent ralentir mais elles demeurent fortes, et la mère participe à l'expulsion du bébé en exerçant en même temps que la contraction une pression volontaire du thorax vers le bas. Eastman et Hellman (1966) rapportent que chez une primipare cette étape comprend environ 20 contractions, par rapport à 10 et moins pour les accouchements subséquents. Lorsqu'on le juge nécessaire, on pratique à ce moment une épisiotomie, c'est-à-dire l'incision chirurgicale du bord de l'ouverture vaginale, en direction de l'anus. Cette opération évite le déchirement du périnée (tissu séparant l'anus du vagin) lors du passage de la tête du bébé. Après l'accouchement, on recoud les tissus ainsi sectionnés et la cicatrisation est généralement rapide.

FIGURE 4.2 : **Différents stades de dilatation du col utérin à la grossesse et à l'accouchement, et phases de l'accouchement**

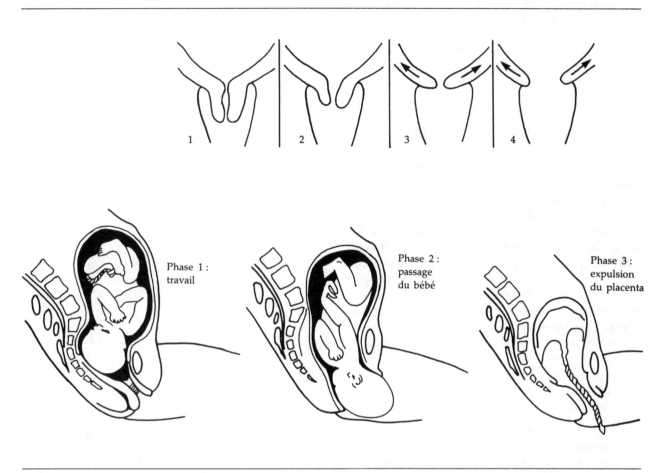

Phase 1 : travail

Phase 2 : passage du bébé

Phase 3 : expulsion du placenta

Source : STEELE, S.J. (1985) *Gynaecology, Obstetrics and the Neonate*, Londres, Edward Arnold Publishers, p. 15, figure 2.1.

À cette étape, la confiance de la femme constitue un élément psychologique majeur pour l'évolution de la naissance. La peur, la fatigue et la tension contribuent à augmenter la douleur ressentie et nuisent à la coordination rythmique des efforts de poussée volontaire avec les contractions. Encore là, une connaissance préalable du processus et la relaxation induite par la maîtrise respiratoire, un environnement calme, aidant et non envahissant, favorisent la prise en charge et la confiance en soi chez la femme qui accouche.

Obscurité, ou presque, silence... Une paix profonde s'installe, sans même qu'on y prenne garde. Et le respect avec lequel il convient d'accueillir le messager qui nous arrive, le bébé. Dans une église, on ne crie pas. D'instinct on baisse la voix. S'il est un lieu saint, c'est ici. Pénombre, silence, que faut-il encore ? De la patience. Ou plus exactement l'apprentissage d'une extrême lenteur. Voisine de l'immobilité. Faute d'accéder à cette lenteur, on ne peut espérer le succès. On ne peut communiquer avec un bébé. Accepter cette lenteur, s'en pénétrer, se ralentir, est encore un exercice, demande une préparation. (Leboyer, 1974, p. 62.)

4.3.3 L'étape 3 : l'expulsion du placenta

L'étape 3 correspond à l'expulsion des membranes et du placenta auquel est rattaché le cordon ombilical. Cette dernière phase ne dure que quelques minutes (entre 5 et 20). Si la mère désire allaiter son enfant, elle peut lui donner une première tétée à ce moment.

4.4 L'ENFANT PENDANT SA NAISSANCE

Normalement, l'enfant naît la tête la première (dans 90 % des cas), mais il survient des présentations par le siège ou les pieds (dans 4 % des cas, selon Lerner et Hultsch, 1983). La figure 4.3 illustre les types de présentation du bébé pour l'accouchement. La boîte crânienne est la section du corps du bébé qui possède le plus grand diamètre, de sorte qu'une fois la tête sortie, la naissance est pratiquement terminée. Les fontanelles, c'est-à-dire les espaces membraneux reliant les os de la calotte crânienne de l'enfant, permettent à la tête de modifier sa forme, de se rétrécir pour s'adapter d'une certaine façon au passage pelvien et faciliter l'évolution. Cette plasticité crânienne relative laisse parfois à la tête du nouveau-né une légère déformation qui disparaîtra au cours des premiers jours de la vie.

Les contractions utérines exercent une pression relativement forte sur le bébé et provoquent des variations assez importantes de son rythme cardiaque. Celles-ci se traduisent typiquement en une accélération au début de la contraction, une décélération par la suite, suivie d'une autre accélération, et ainsi de suite.

La figure 4.4 permet de se représenter la dynamique du passage normal de la tête dans le canal pelvien lors de l'accouchement (Steele, 1985). Il est intéressant de noter la rotation de la tête qui s'effectue à ce moment.

Pour le nouveau-né, la naissance est certainement une épreuve physique considérable : c'est son corps qui subit les contrecoups des tensions corporelles importantes de la mère.

FIGURE 4.3 : Types de présentation du bébé dans l'utérus

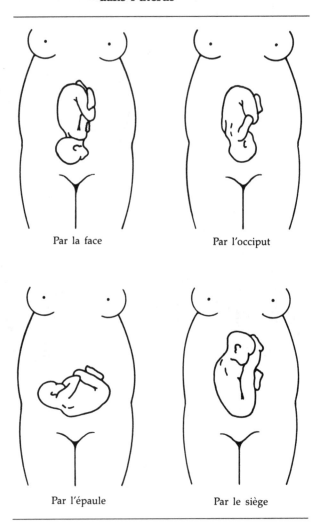

Par la face Par l'occiput

Par l'épaule Par le siège

4.5 LES COMPLICATIONS À L'ACCOUCHEMENT

4.5.1 La césarienne

La césarienne ou hystérotomie consiste à faire naître l'enfant par une incision pratiquée dans le ventre et dans l'utérus de la mère. Aujourd'hui, cette intervention chirurgicale est bien maîtrisée et consti-

FIGURE 4.4 : Passage de la tête du fœtus à travers le bassin. Noter la rotation de la tête

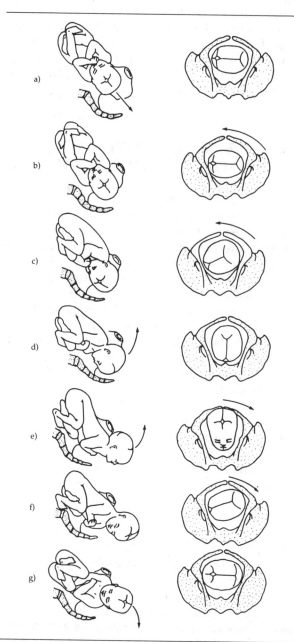

a)

b)

c)

d)

e)

f)

g)

Source : STEELE, S.J. (1985) *Gynaecology, Obstetrics and the Neonate*, Londres, Edward Arnold Publishers, p. 24-25, figure 2.4.

tue une solution courante à plusieurs difficultés lors de l'accouchement. En effet, lorsque le bébé se présente mal et qu'on ne peut rectifier sa position en intervenant par le canal pelvien, lorsque la dimension crânienne est trop grande pour le bassin maternel, ou lorsqu'il y a risque d'infection lors du passage dans le canal vaginal (gonocoque, etc.), on a recours à la césarienne.

L'hystérotomie est une opération chirurgicale qui nécessite une anesthésie mais, lorsque c'est possible de le faire, cette dernière peut être partielle, ce qui permet à la mère d'être éveillée pendant la naissance de son enfant.

L'opération complète dure généralement entre 30 et 45 minutes, et l'enfant naît de 5 à 15 minutes après le début (Lerner et Hultsch, 1983). L'incision pratiquée dans le ventre de la mère peut être horizontale, traversant le ventre en dessous de la ligne des poils pubiens, ceux-ci dissimulant la cicatrice ultérieurement. L'incision peut aussi être verticale, pratiquée au centre du ventre, depuis la région sous le nombril jusqu'à l'os pubien. Cette dernière méthode est plus rapide et est préférée lorsque le temps presse, mais elle laissera sur le ventre de la mère une cicatrice visible. Une fois la peau sectionnée, l'incision est pratiquée sur la couche de graisse sous-cutanée, les muscles abdominaux sont séparés, le péritoine est ouvert ; la vessie qui est tenue vide à l'aide d'une sonde est écartée soigneusement. Une fois atteint, l'utérus est sectionné, habituellement dans sa partie inférieure ; on aspire le liquide amniotique, puis on sort le bébé de l'utérus. On aspire ensuite le mucus pouvant s'être logé dans les narines et la bouche du bébé qui commence à respirer comme dans le cas d'une naissance par voie vaginale.

Il reste à recoudre les différentes couches du ventre de la mère, la naissance est réalisée. On place alors la mère sous surveillance pendant quelques heures dans une salle de réveil, afin de faire le suivi des signes vitaux après l'opération.

4.5.2 Les traumatismes crâniens et l'anoxie

Malgré leurs grandes capacités naturelles d'adaptation physique réciproques, l'accouchement place la mère et l'enfant dans une telle intensité d'interaction que certaines complications périnatales peuvent surgir. Le passage de la tête fœtale dans le canal pelvien peut être difficile et imprimer au crâne une compression au-delà du seuil tolérable, provoquant alors une lésion cérébrale plus ou moins importante. Cette difficulté peut être attribuable à l'étroitesse du passage offert par le bassin maternel par rapport au diamètre crânien.

Par ailleurs, cette phase 2 de l'accouchement peut être néfaste en raison d'une trop longue durée, due à une mauvaise position du bébé. Celui-ci peut en effet avoir la figure en avant (présentation faciale avec menton relevé, voir figure 4.3) plutôt qu'orientée vers le bas dans le passage, ou encore il peut se présenter de façon transversale. Si alors il est impossible de replacer l'enfant dans un axe vertical, tête première ou même siège premier, on procédera généralement à une césarienne. Car si l'enfant est engagé dans le canal dans une telle position transversale, le temps de passage peut se prolonger (quand il n'y a pas carrément blocage) jusqu'à causer une carence d'oxygène (ou anoxie) par compression du cordon ombilical. Le système nerveux est particulièrement sensible à l'anoxie, et des lésions neurologiques peuvent alors se produire. Une hémorragie importante de la mère en travail peut aussi réduire l'approvisionnement en oxygène à travers le flot sanguin.

Le risque d'anoxie est plus élevé dans les cas où la période de travail est très longue mais aussi, ce qui peut paraître surprenant, lorsque la période de travail est très courte. Dans ce dernier cas, la transition trop rapide vers le monde de l'oxygène ferait que le bébé a de la difficulté à commencer à respirer, ce qui résulterait en une anoxie. Amiel-Tison (1975) a par ailleurs posé l'hypothèse que l'anoxie serait un effet d'une lésion cérébrale plutôt que sa cause : un problème neurologique pourrait en effet être à l'origine de la difficulté à déclencher une respiration normale.

Selon Sameroff et Chandler (1975), des études longitudinales montrent que les effets négatifs de l'anoxie légère de naissance peuvent s'estomper avec le temps, puisqu'une forte proportion de bébés en ayant souffert affichent une intelligence normale à l'âge de 7 ans. Dans ces cas, de nouveaux circuits neurologiques se développeraient au cours de l'enfance pour assurer les fonctions des régions lésées par l'anoxie à la naissance.

4.6 L'EFFET DE CERTAINES ANESTHÉSIES À L'ACCOUCHEMENT

Lors de l'accouchement, l'utilisation d'anesthésiques pour diminuer la douleur est pratique courante. Cependant, un bon nombre de travaux ont observé que certains produits anesthésiques peuvent réduire la quantité d'oxygène alors disponible au fœtus. De tels produits peuvent aussi, à court et à moyen terme, influencer l'interaction entre la mère et le nouveau-né (Brackbill, 1979 ; Scanlon et Hollenbeck, 1983). En effet, d'une part le niveau de réponse du bébé dont l'attention et les habiletés motrices sont affectées par l'anesthésie est plus faible, et d'autre part la sensibilité de la mère est altérée par certains produits.

Aux États-Unis, où 95 % de toutes les naissances sont accompagnées d'une forme ou une autre de médication, Brackbill (1977) a obtenu des données longitudinales sur 3500 enfants normaux et nés à terme après un accouchement sans complication. Ses tests ont comparé, à 4, à 8 et à 12 mois, les enfants dont la mère avait reçu une forte dose d'anesthésique à l'accouchement à ceux dont la mère n'avait reçu qu'une faible dose. Ils ont montré que le premier groupe affichait, à chaque âge, un déficit dans les habiletés suivantes : se tenir assis, debout, se déplacer, cesser de pleurer lorsqu'on les console et éviter de répondre à des stimuli les distrayant d'une tâche. Cette étude d'envergure a aussi indiqué que, plus tard dans l'enfance, les enfants dont la mère avait absorbé une forte médication affichaient un certain déficit langagier (Lerner et Hultsch, 1983).

On a observé un effet de certains produits sur l'interaction mère—enfant même lorsqu'ils étaient administrés à la femme après l'accouchement, ce qui indique que non seulement l'enfant mais aussi sa mère sont en jeu dans la modification de l'interaction (Hollenbeck et coll., 1984).

Cette question de l'utilisation plus ou moins importante de l'anesthésie en obstétrique est délicate : l'accouchement constitue certainement l'une des expériences de douleur les plus intenses dans la vie humaine et la souffrance peut elle-même, dans certains cas, interférer avec la naissance. Les praticiens modernes sont conscients de l'équilibre qu'il faut maintenir entre les effets secondaires (sur l'interaction mère—enfant notamment) des doses à administrer et l'objectif de rendre moins douloureuse l'expérience de l'accouchement.

4.7 LA NAISSANCE PRÉMATURÉE ET LE RETARD DE CROISSANCE PRÉNATALE

Le temps de gestation est certes un élément majeur dans le développement prénatal. Même si moins de 5 % des enfants naissent exactement le 280e jour après les dernières menstruations de la mère (266 jours après l'ovulation), 75 % d'entre eux voient le jour à deux semaines ou moins de ce classique point de repère chronologique (Smart et Smart, 1977).

4.7.1 Le bébé prématuré

La durée normale de la période de gestation est de 40 semaines après les dernières menstruations de la mère, et lorsque le bébé naît avant la fin de la 37e semaine, il est considéré comme prématuré. La longueur de l'avance par rapport à la gestation normale détermine l'importance de la prématurité. Un enfant né à 20 semaines de gestation affichera évidemment une prématurité beaucoup plus grave que celui qui naît à 36 semaines, et les risques associés varieront en conséquence.

Les conséquences d'une naissance qui survient avant que la période de développement prénatal soit terminée sont nombreuses, mais elles gravitent généralement autour du principe que le bébé n'est pas encore complètement prêt pour s'adapter normalement à la vie, pour remplir les tâches qu'elle requiert normalement de lui. Le poids à la naissance est l'un des indicateurs les plus simples de risques périnatals.

Le gain de poids devient alors un élément important : les bébés prématurés, dont le poids peut être aussi bas que 750 g, ne possèdent que très peu de réserves adipeuses pour se protéger des variations de température. Ce problème de thermorégulation est l'une des raisons pour lesquelles on place les bébés prématurés en incubateur afin de contrôler rigoureusement la température de leur environnement. Les grands prématurés présentent aussi des problèmes respiratoires : leurs poumons n'ont pas suffisamment de surfactant, cette substance visqueuse qui tapisse les alvéoles pulmonaires et facilite la consommation de l'oxygène, c'est-à-dire son passage depuis l'air inspiré jusqu'au sang. Ce danger respiratoire est la raison pour laquelle la concentration d'oxygène est souvent augmentée dans les incubateurs, concentration qui doit être dosée avec soin car un excès d'oxygène peut provoquer des dommages rétiniens et affecter la vue en permanence (fibroplasie rétrolentale).

Les soins offerts aux bébés prématurés doivent leur permettre de terminer leur développement, normalement prénatal, en les soustrayant aux éléments environnementaux menaçants. Les prématurés peuvent éprouver non seulement des problèmes de thermorégulation ou de respiration qui justifient leur placement en incubateur pendant leurs premières semaines de vie, mais aussi des problèmes de succion, de déglutition ou de digestion qui requièrent une assistance médicale particulière.

Selon Goldberg et DiVitto (1983), entre 80 et 85 % des prématurés pesant de 1 à 1,5 kg survivent lorsqu'ils bénéficient de soins appropriés à leur condition, comparativement à seulement 50 à 60 % de ceux qui pèsent entre 750 g et 1 kg à la naissance.

De ce dernier groupe, environ le quart sont affectés de problèmes permanents qui vont du handicap mental profond aux problèmes visuels ou respiratoires moins aigus.

Un bébé peut être prématuré sans présenter de retard de croissance ; son développement correspond alors à son âge gestationnel réel. Un bébé, prématuré ou non, affiche un retard de croissance prénatale lorsqu'il est significativement plus petit que les autres du même âge gestationnel. Sa croissance prénatale n'a pas été aussi rapide et aussi complète que celle des autres.

La question de la nutrition du fœtus est souvent mise en cause dans ces retards, ce qui signifie plus probablement la nutrition à long terme de la mère et sa capacité physique générale que sa diète pendant la grossesse, même si ce dernier facteur est important et peut à lui seul occasionner des retards de croissance prénatale (Lowrey, 1973). La quantité et la qualité du placenta sont des facteurs majeurs de croissance pour le fœtus. Puisque cette masse plus ou moins grande de tissu sert de médiateur pour les éléments nutritifs, l'oxygénation et l'élimination, plus elle sera petite moins elle apportera au fœtus en croissance. La moins grande disponibilité de tissu placentaire pour chaque fœtus peut expliquer la tendance qu'ont les jumeaux ou les triplets à naître plus petits que la moyenne (sans pour autant que l'on puisse parler systématiquement de « retard développemental » dans ces cas).

Au-delà de la nutrition fœtale comme telle, des retards de croissance prénatale associés à des dysfonctions physiques et mentales peuvent être amenés par des facteurs génétiques (donc transmis par les parents) ou par des problèmes précoces de la grossesse (Lowrey, 1973).

4.7.2 L'attachement parent−enfant prématuré

Au-delà de leurs difficultés fonctionnelles spécifiques, les enfants très petits à la naissance sont défavorisés du fait qu'il est plus difficile pour les parents de développer un attachement sécurisant avec eux : il est plus difficile de décoder les signaux qu'ils expriment et de répondre de façon sensible à leurs besoins qui sont eux-mêmes plus irréguliers et instables. Leur sommeil est souvent plus irrégulier, leur appétit fréquent mais peu soutenu, leurs pleurs plus difficiles à associer à une cause particulière. Certains chercheurs se sont justement intéressés aux particularités des pleurs des enfants prématurés et ont montré qu'ils pouvaient fournir des informations utiles dans le dépistage de certaines anomalies développementales et dans l'établissement de pronostics de développement (Lester, 1983). Malheureusement, la très grande majorité des parents de prématurés ne sont pas en mesure de décoder de telles informations dans les manifestations sonores de leur nouveau-né.

Tout cela entraîne, chez les parents, un stress plus grand et un sentiment d'incompétence, en même temps que le bébé, qui échoue dans ses tentatives de communication sociale, tarde à développer cette confiance de base en la possibilité de jouer un rôle dans ce qui lui arrive (Cloutier, 1985). Ce phénomène serait comparable à celui de l'« impuissance apprise » décrit par Seligman (1974) quant à la dynamique cognitive de la dépression chez les adultes : lorsque nos tentatives échouent de façon systématique, nous apprenons que nous n'avons pas d'influence, nous développons la conviction que nous sommes impuissants.

La fragilité du prématuré peut donc nuire à l'établissement d'une communication sensible avec ses parents. Le défi pour ces derniers est d'autant plus grand que le bébé a plus de besoins en même temps que les gratifications qu'il peut générer sont plus rares, comparativement aux bébés de poids normal nés à terme qui prennent rapidement un régime régulier de vie, sourient plus souvent, pleurent moins, sont davantage en mesure de supporter les délais (notamment parce que leurs réserves de graisse permettent d'atténuer l'irritation hypoglycémique lorsque la faim survient). Au moins à court terme, le prématuré apporte à ses parents plus de soucis et moins de gratifications. Or, pour une bonne proportion de ces enfants, la différence entre le rattrapage et le retard définitif se situe justement dans la qualité des soins et des stimulations environnementales offertes au début de la vie. C'est pourquoi il est très important que des intervenants en périnatalité identifient bien les enfants à risques et offrent de l'aide aux parents dans leur rôle auprès de l'enfant (Knopp, 1983).

4.8 L'EXAMEN DU NOUVEAU-NÉ

Tout de suite après la naissance et environ cinq minutes plus tard, il est d'usage pour les intervenants qui aident à l'accouchement d'évaluer le fonctionnement global du bébé. Cette évaluation se fait généralement à l'aide de l'échelle que Virginia Apgar (1953) a élaborée et qui consiste à coter de 0 à 2 cinq dimensions fonctionnelles chez l'enfant :

1- l'Apparence, c'est-à-dire la couleur du bébé ;

2- le Pouls du cœur ;

3- la Grimace, c'est-à-dire le réflexe d'irritabilité ;

4- l'Activité mesurée par le tonus musculaire ;

5- la Respiration évaluée selon l'effort déployé pour respirer régulièrement ou la force des pleurs.

Notons que la réunion de chaque première lettre de ces cinq indicateurs forme le nom de l'auteure de l'échelle : Apgar. Le tableau 4.1 présente l'échelle d'Apgar pour l'évaluation des enfants à la naissance. Cette échelle sert à graduer la condition du bébé : un score total de 7 à 10 témoigne d'une bonne condition, une cote de 5 ou de 4 peut indiquer certaines anomalies développementales, et une cote de 3 et moins suggère des mesures d'urgence immédiates puisque la survie de l'enfant peut être menacée.

Il existe d'autres échelles de développement néonatal, l'échelle de Dubowitz (Dubowitz et coll., 1970) et celle de Brazelton (Brazelton, 1973) en constituent des exemples connus.

Les réflexes sont des réponses innées, communes à tous les individus de l'espèce. On classe généralement les réflexes selon trois grandes catégories :

1- Les réflexes d'approche, comportant une forme quelconque d'appropriation ou d'inclusion par l'organisme, comme la succion, la respiration, la déglutition, l'orientation, etc.

2- Les réflexes d'évitement, qui consistent à rejeter ou à fuir une stimulation quelconque ; la toux, l'éternuement, le clignement des yeux et le retrait

TABLEAU 4.1 : Échelle d'Apgar d'évaluation du bébé à la naissance*

Score	A Apparence (couleur)	P Pouls (rythme cardiaque)	G Grimace (irritabilité)	A Activité (tonus)	R Respiration (effort respiratoire)
0	bleu pâle	absent	pas de réponse	déficitaire	absente
1	corps rose, extrémités bleues	moins de 100/min	grimace, flexion	quelque activité, irrégulière aux extrémités	lente
2	tout rose	entre 100 et 140/min	flexion, réponse vigoureuse à la stimulation	mouvement actif	régulière avec pleur normal

* Traduit et adapté d'APGAR, V.A. (1953) « A Proposal for a New Method of Evaluation of the Newborn Infant », *Current Research in Anesthesia and in Analgesia*, 32, p. 260 à 267.

musculaire sont des exemples de cette deuxième catégorie ;

3- Les autres réflexes, qui ne se classent pas directement dans l'approche ou l'évitement et qui, comme tous les autres réflexes, auraient une valeur pour la survie à certaines époques de l'évolution phylogénétique de l'espèce humaine ; les réflexes de Moro et le signe de Babinski, décrits au tableau 4.2, constituent des exemples de cette troisième catégorie. La valeur de survie de ces réflexes est toujours présente chez certains primates : par exemple chez certains singes, les réflexes de Moro et de préhension aideront le nouveau-né à se tenir proche de sa mère ou à s'accrocher à ses poils pour le transport.

La présence normale chez tous les humains de ce bagage comportemental fournit un moyen précieux d'évaluation du développement périnatal du bébé : les réflexes témoignent du fonctionnement des circuits nerveux. Plusieurs des réflexes apparus au cours du développement prénatal disparaissent avant le premier anniversaire du bébé (le moment approximatif de cette disparition est indiqué au tableau 4.2). Leur disparition serait associée à l'émergence des fonctions corticales du cerveau : les réflexes seraient régis par les parties primitives (sous-corticales) du cerveau de sorte que lorsque ces régions dominent l'activité neurologique, les réflexes se manifestent, mais la mise en branle des fonctions corticales supérieures aurait pour conséquence la disparition de ces structures comportementales innées (Thelen, Fisher et Ridley-Johnson, 1984). À l'appui de cette hypothèse, certains chercheurs ont observé la réapparition de certains réflexes néonatals chez des vieillards séniles en raison, probablement, d'une atrophie du cortex cérébral (Lamb et Bornstein, 1987).

TABLEAU 4.2 : Description de certains réflexes connus chez le nouveau-né

Nom du réflexe	Façon de le susciter	Réaction du bébé	Moment de disparition
Signe de Babinski	Caresse de la plante du pied, du talon vers les orteils	Extension verticale du gros orteil et étirement des autres vers l'extérieur du pied	Vers 12 mois
Clignement des yeux	Forte stimulation lumineuse soudaine	Fermeture momentanée des yeux	Ne disparaît pas
Réflexe de la marche	Maintien du bébé en position debout avec contact du pied au sol, flexion du genou et inclinaison vers l'avant	Le bébé place ses jambes et ses pieds alternativement comme pour marcher même s'il ne peut pas réellement supporter son poids	Vers 3-4 mois
Réflexe de Moro	Privation soudaine de support de la tête et du cou ou encore bruit violent	Extension des bras vers l'extérieur puis fermeture comme pour étreindre	Vers 5-6 mois
Réflexe des points cardinaux	Légère stimulation de la joue du bébé avec l'index	Le bébé tourne sa tête en direction du doigt et ouvre la bouche comme pour essayer de sucer le doigt	Vers 3-4 mois
Réflexe de succion	Insertion de l'index dans la bouche (3 à 4 cm)	L'enfant suce le doigt de façon rythmique	
Réflexe de préhension	Pression d'un doigt ou d'un crayon sur les paumes du nouveau-né	L'enfant referme sa main sur l'objet	Vers 3-4 mois

4.9 LES FONCTIONS DE BASE À LA NAISSANCE

4.9.1 L'apparence du bébé naissant

La naissance fait vivre à l'organisme une transition physiologique d'une ampleur sans pareille au cours du reste de la vie : d'un milieu aquatique à température contrôlée, avec peu de stimulation visuelle ou sonore directe, il passe en quelques heures à un environnement aérien relativement sec où il doit assurer lui-même sa respiration et sa nutrition, puis affronter les différences de température, les stimulations visuelles, auditives et tactiles, etc. Cette transition n'est pas de tout repos puisqu'elle peut même imprimer des difformités temporaires au crâne qui, heureusement, est suffisamment souple pour supporter sans dommage les pressions du passage dans le canal pelvien.

À sa naissance, le nouveau-né n'est pas très attirant : les yeux bouffis, le visage tuméfié, le corps taché du sang maternel, voilà des caractéristiques courantes. Cela n'empêche pas la beauté touchante de la scène où la mère prend le bébé sur son ventre pour la première fois, établissant le premier contact dans le monde extérieur et continuant le lien qui s'est amorcé de l'intérieur il y a neuf mois. Il n'est pas rare, même après l'épreuve considérable qu'ils viennent de traverser, de voir un bébé et une mère tous deux bien calmes dans cette situation.

Le tableau 4.3 présente les normes courantes de poids et de grandeur des bébés naissants d'après Tanner (1973).

Le nouveau-né est recouvert d'un enduit visqueux appelé *vernix caseosa* qui rend son corps très glissant, ce qui facilite le passage dans le canal pelvien. Mais si, par exemple, le bébé ne se présente pas de façon correcte, cet enduit visqueux peut rendre plus délicates les manipulations obstétriques visant à corriger la position. Après l'accouchement, un membre du personnel médical ayant assisté à l'accouchement verra généralement à aspirer les mucosités pouvant s'être logées dans les voies respiratoires du bébé et à installer un désinfectant dans les yeux afin de prévenir une infection quelconque. Le bain donné à la naissance (le père qui a assisté à l'accouchement peut le donner à son enfant) a pour but d'enlever le *vernix caseosa*.

Dans les heures qui suivront cette transition équivalant pour l'organisme à un changement de planète, l'apparence de l'enfant évoluera graduellement vers l'image typique du bébé. Les parents pourront rapidement se convaincre que leur bébé est le plus beau de toute la pouponnière, retracer les indices de ressemblance au père, à la mère et même à certains autres membres appréciés de la parenté.

TABLEAU 4.3 : Moyennes et écarts types des mensurations des garçons et des filles à la naissance*

	Garçons		Filles	
	Moyenne	Écart type**	Moyenne	Écart type
Longueur du corps	50 cm	1,94 cm	49,5 cm	1,94 cm
Poids	3500 g	53 g	3400 g	57 g
Circonférence de la tête	36 cm	1,97 cm	34 cm	1,6 cm

* D'après TANNER, J.M. (1973) «Physical Growth and Development», *in* FORFAR, J.O. et ARNEIL, G.C. *Textbook of Pediatrics*, Londres, Churchill Livingstone.

** Selon la courbe normale, il y a 68 % de la population dans l'intervalle défini par le point situé à moins un écart type de la moyenne et celui situé à plus un écart type de la moyenne.

4.9.2 La température du corps du bébé

Dans l'utérus, l'enfant vivait à 37°C, et la pièce dans laquelle il naît, mouillé, est généralement à moins de 30°C ; il y a donc pour lui une déperdition de température assez considérable. La régulation thermique est un élément important de l'adaptation du bébé dans son nouveau monde puisque la régulation de plusieurs fonctions organiques et cellulaires est assurée par des enzymes qui n'ont d'effet qu'à l'intérieur des limites normales de température corporelle. Les réserves d'énergie sont alors fortement sollicitées de sorte que si ces réserves ne sont pas suffisantes, comme dans le cas des prématurés de faible poids, on doit assurer artificiellement ce contrôle thermique en plaçant l'enfant en incubateur.

Lorsque la température est trop basse (hypothermie), il y a danger de ralentissement métabolique, c'est-à-dire d'un ralentissement respiratoire et cardiaque qui s'accompagne d'un manque d'oxygène. Lorsque la température est trop élevée (hyperthermie), les enzymes peuvent être inhibés dans leur fonctionnement, et la respiration alors plus rapide peut provoquer une augmentation du taux d'acidité sanguine qui s'accompagne aussi de perturbations métaboliques.

4.9.3 Les états de veille et de sommeil

Une des caractéristiques les plus typiques du fonctionnement des nouveau-nés réside dans la répartition de leurs périodes de veille et de sommeil. En fait, ces deux états ne sont pas polarisés dans le temps, c'est-à-dire qu'il n'y a pas, comme chez l'adulte, une longue période de sommeil (généralement la nuit) et une longue période de veille (généralement le jour). Le nouveau-né dort normalement 16 heures par jour, mais ce long sommeil se distribue en 7 ou 8 périodes suivies de périodes de veille. Même s'il y a des différences individuelles assez grandes dans la distribution du sommeil, on assiste à une polarisation progressive du sommeil chez tous les enfants : dès le premier mois, les périodes de sommeil s'allongent et, heureusement pour les

parents, la période de veille nocturne diminue au profit du sommeil. À huit semaines, l'enfant dort généralement plus la nuit que le jour, ce qui constitue un pas important dans l'adaptation de son biorythme au monde extérieur : vivre auprès d'un bébé qui « fait ses nuits » ou presque est beaucoup plus facile pour la famille.

La figure 4.5 montre que le temps de veille augmente, mais plus encore la longueur des périodes de sommeil. À 2 ans, l'enfant dormira encore 12 heures et plus par jour avec une ou deux bonnes siestes pendant le jour, mais son sommeil sera principalement concentré en période nocturne. La polarisation des périodes de veille et de sommeil est donc un phénomène dominant dans cette évolution.

Chez le jeune bébé, il n'y a pas que le sommeil et l'éveil : Wolff (1966) a identifié chez lui six états distincts de vigilance :

1- *Sommeil ordinaire* : le bébé a les yeux fermés, il respire lentement et normalement (environ 36 respirations par minute), son tonus musculaire est faible ainsi que son activité motrice (il ne bouge pas beaucoup).

2- *Sommeil profond ou paradoxal (REM)* : l'activité motrice et le tonus musculaire sont augmentés, le bébé fait des grimaces et des sourires ; on observe des périodes de mouvement rapide des globes oculaires (d'où l'expression anglaise *REM* pour *Rapid Eye Movements*), la respiration est moins régulière et elle augmente à un rythme de 48 par minute environ.

3- *Assoupissement* : il s'agit d'un état intermédiaire entre les deux précédents, c'est-à-dire qu'il y a plus d'activité que dans le sommeil régulier mais moins que dans le sommeil profond ; les yeux peuvent s'ouvrir et se fermer de façon intermittente, offrant un regard vide lorsqu'ils sont ouverts, la respiration est plus régulière et plus lente que dans le sommeil profond mais plus rapide que dans le sommeil ordinaire.

4- *Vigilance passive* : le bébé est éveillé, attentif, mais plutôt inactif sur le plan moteur, ses yeux vifs

FIGURE 4.5 : **Cycle de veille et de sommeil d'un bébé (fille) représentant la maturation qui s'effectue au cours des six premiers mois de vie**

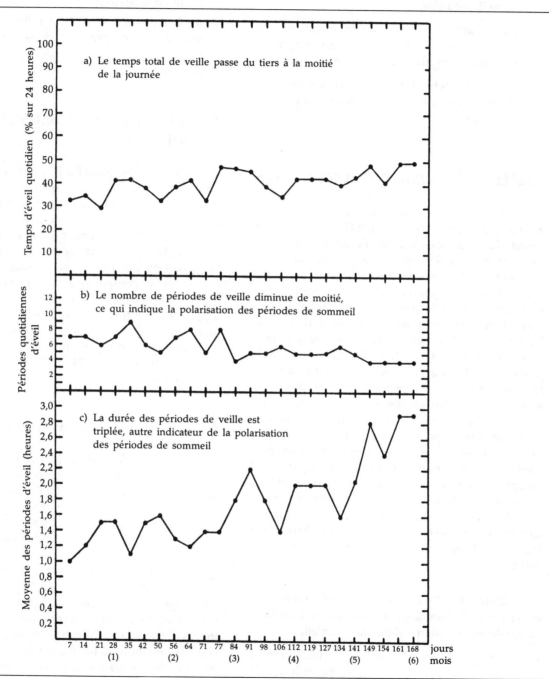

a) Le temps total de veille passe du tiers à la moitié de la journée

b) Le nombre de périodes de veille diminue de moitié, ce qui indique la polarisation des périodes de sommeil

c) La durée des périodes de veille est triplée, autre indicateur de la polarisation des périodes de sommeil

Source : Lamb, M.E. et Bornstein, M.H. (1987) *Development in Infancy : An Introduction*, 2ᵉ éd., New York, Random House.

peuvent suivre un objet en mouvement ; sa respiration est régulière et plus rapide que dans le sommeil ordinaire.

5- *Vigilance active* : le bébé fait fréquemment des mouvements diffus de tout son corps, respire de façon moins régulière et émet des vocalises.

6- *Détresse* : le bébé fait des mouvements diffus vigoureux, des grimaces et il pleure ; sa peau est plus rouge.

4.10 LE SYNDROME DE MORT SUBITE

Le syndrome de mort subite signifie que le nouveau-né cesse spontanément de respirer et meurt. Le plus souvent, cet événement tragique survient pendant le sommeil de bébés dont l'âge varie entre 2 et 4 mois, rarement à plus de 6 mois. Il s'agit de la cause la plus importante de mortalité chez les petits enfants : le tiers des décès des bébés âgés entre 1 semaine et 1 an en résultent (Lerner et Hultsch, 1983). Ce phénomène, encore mal compris, se trouve plus souvent chez les garçons dont le poids était faible à la naissance et qui ont déjà manifesté des problèmes respiratoires. Le problème ne serait pas dû à un étouffement mais plutôt à un défaut de réagir au manque d'oxygène causé par l'arrêt respiratoire appelé « apnée du sommeil », qui se produit souvent dans les périodes de sommeil profond (c'est-à-dire les périodes de sommeil paradoxal où apparaissent les mouvements oculaires rapides). C'est comme si le système d'alarme poussant l'enfant à réactiver le réflexe respiratoire ne fonctionnait pas. La période critique de vulnérabilité à ce phénomène (entre 2 et 4 mois) se terminerait avec la maturation neurologique.

Lerner et Hultsch (1983, p. 128) résument ainsi les facteurs épidémiologiques connus relativement au syndrome de mort subite chez l'enfant :

1- les enfants de 1 à 12 mois sont principalement touchés, et le risque atteint son sommet entre 2 et 4 mois ;

2- le phénomène survient surtout chez les enfants prématurés et dans les classes moins favorisées de la population ;

3- il est souvent associé à un rythme accompagné d'irritabilité, de privation de sommeil ; et

4- l'enfant ne crie pas ou ne fait pas de bruit, la mort est silencieuse.

4.11 LES CAPACITÉS SENSORIELLES DU BÉBÉ

L'idée selon laquelle le nouveau-né est « un tout indifférencié » n'ayant qu'un contact végétatif avec son environnement au moyen de ses réflexes et de ses fonctions de base a été graduellement abandonnée à partir des années 1960, période où il est devenu clair que cet organisme voyait et entendait beaucoup plus qu'on ne l'avait imaginé auparavant. La notion de compétence chez le nouveau-né est donc apparue à partir du moment où l'on a su développer des méthodes suffisamment sensibles pour mettre en évidence ce que le bébé pouvait vivre sur les plans sensoriel et moteur (Fantz, 1958, 1963 ; Brazelton, 1969 ; Bower, 1974 ; Bronson, 1974 ; Banks et Salapatek, 1983).

4.11.1 Des méthodes adaptées au bébé

Comment faire pour être certain que le bébé voit, entend, reconnaît ou préfère une stimulation quelconque ? C'est à partir de l'utilisation des fonctions de base ou des schèmes de réflexes de l'enfant qu'on en est progressivement venu à mieux saisir ce qu'il percevait. Par exemple, on a utilisé la succion du bébé comme moyen de communication : un changement dans sa façon de sucer (rythme ou force) pouvant révéler sa préférence pour une stimulation par rapport à une autre, etc. On a aussi utilisé les variations du rythme respiratoire ou les mouvements des yeux dans d'autres expériences. La capacité d'habituation du bébé aux stimuli a été un autre moyen utile pour décoder ses réactions perceptives : lorsque le même stimulus est présenté de façon répétée, le bébé finit par le regarder de moins en moins longtemps ; il s'y habitue. Après une période d'habituation à un stimulus, le bébé aura tendance à explorer plus activement un nouveau stimulus présenté en même temps que le premier. La différence dans le temps de fixation visuelle témoigne du fait que le bébé distingue un stimulus de l'autre. Dans certains cas cependant, un stimulus connu pourra attirer davantage l'attention de l'enfant qu'un stimulus neutre présenté simultanément ; c'est le cas du visage de la mère comparativement à celui d'une femme inconnue du bébé. Encore là, la différence de temps de fixation visuelle peut servir d'indicateur de la distinction que fait le bébé.

4.11.2 La perception visuelle du bébé

La vision est probablement le sens qui fournit le plus d'information directe sur l'environnement : pour le nouveau-né, c'est un outil de développement psychologique fondamental. Il est intéressant de noter que jusqu'à la fin des années 1950 on croyait que le nouveau-né ne pouvait pas traiter l'information visuelle de façon cohérente. On sait maintenant qu'immédiatement après sa naissance le bébé est sensible à la lumière et que, quelques jours plus tard, il peut suivre des yeux un objet en mouvement même si cette tâche est encore réussie de façon irrégulière et que l'enfant perd facilement la cible de vue (Bronson, 1974).

Banks et Salapatek (1983) rapportent que les nouveau-nés sont visuellement sensibles aux couleurs (au moins à partir de l'éclat distinct de chacune d'elles) et que vers 4 mois, le bébé les perçoit selon les mêmes catégories que les adultes. Cette découverte est importante parce qu'elle implique que nous avons une capacité innée d'organiser les couleurs en catégories spécifiques : ce ne serait pas à partir du langage appris que le jaune, le rouge, le bleu, etc. deviendraient des catégories perceptuelles particulières mais à partir de notre équipement sensoriel lui-même.

Liebert, Wicks-Nelson et Kail (1986) rapportent des travaux qui ont montré que l'acuité

visuelle du jeune bébé, c'est-à-dire sa capacité de distinguer une partie ou un détail dans un ensemble, était moins développée que celle d'un adulte. Si, au loin, on présente à l'adulte une image constituée de lignes noires et blanches parallèles de même largeur, cette image lui apparaîtra d'un gris uni parce que l'acuité visuelle ne permet pas, à cette distance, de différencier les lignes entre elles. Si l'on approche le tableau graduellement, à un certain point donné, les lignes apparaîtront distinctement. Selon que la vision a une acuité normale ou pas, la distance à laquelle se produit la différenciation sera plus ou moins grande. On a ainsi observé que les très jeunes bébés distinguaient à 3 m ce que les adultes distinguent normalement à plus de 50 m, mais que, vers 1 an, la différence entre leur acuité visuelle respective était à peu près disparue (Marg, Freeman, Peltzman et Goldstein, 1976).

Le bébé est-il capable de reconnaître des formes ? Les travaux classiques de Robert Fantz (1958, 1961) ont montré que le bébé de 2 ou 3 mois pouvait reconnaître des formes. En plaçant le bébé dans un berceau doté d'une sorte de ciel de lit gris où apparaissaient, par paires, des formes variées, le chercheur pouvait voir les yeux du bébé par un trou dans ce ciel de lit et mesurer le temps pendant lequel l'enfant regardait chaque forme, c'est-à-dire sa préférence visuelle. Lorsque les deux formes étaient identiques, le temps de fixation de chacune était le même, mais lorsque les formes étaient différentes, cette durée variait, indiquant ainsi que le bébé pouvait discriminer une forme d'une autre. Cet auteur découvrit aussi que les bébés avaient tendance à préférer les figures plus complexes, c'est-à-dire comportant plusieurs éléments, plusieurs angles, etc. La figure 4.6 permet de comparer le temps de fixation de différentes formes mesuré chez des enfants de 2 à 3 mois. D'autres travaux plus récents ont confirmé le fait que le visage humain avait un attrait particulier pour le bébé.

Afin de savoir si cette capacité de différenciation est innée ou acquise au cours des deux ou trois mois après la naissance, Fantz (1963) fit le même type d'expérience auprès de nouveau-nés âgés de 48 heures seulement. Il observa alors que les figures

FIGURE 4.6 : Temps de fixation de différentes formes mesuré chez des enfants de 2 à 3 mois

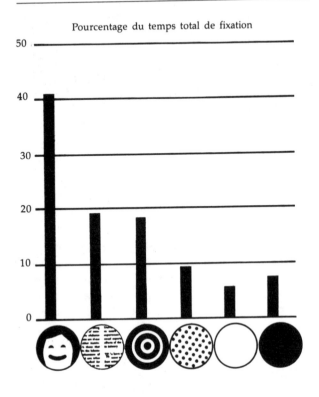

Pourcentage du temps total de fixation

L'importance du motif plutôt que de la couleur et de la brillance était exprimée par les réponses des enfants face à un visage, une pièce de papier imprimé, une cible et des disques rouge, blanc et jaune. Même les enfants plus jeunes préféraient l'imprimé. Les barres noires montrent les temps de fixation obtenus avec des enfants âgés entre 2 et 4 mois.

Source : FANTZ, R.L. (1961) « Importance of Pattern, the Origin of Form Perception », *Scientific American*, vol. 204, n° 5, mai, p. 72.

complexes telles qu'une cible de tir ou un visage humain étaient fixées plus longtemps que les figures simples comme un cercle jaune ou rouge, ce qui appuie l'idée que l'humain aurait une capacité innée de différencier les formes.

Kaufmann-Hayoz, Kaufmann et Stucki (1986) se sont intéressés à évaluer la capacité de bébés de 14 semaines d'utiliser le mouvement pour organiser l'information visuelle. Leurs 72 sujets (34 garçons et 38 filles) étaient placés devant une image comme celle qui est représentée à la figure 4.7a, où les formes illustrées en 4.7b sont camouflées. Un adulte peut distinguer ces formes lorsqu'elles se mettent à bouger sur ce fond dont la texture est exactement semblable à la leur ; c'est donc le mouvement qui permet de les percevoir. Les chercheurs ont observé que les bébés pouvaient discriminer les deux figures l'une de l'autre lorsqu'elles étaient en mouvement ; également s'ils avaient été habitués à en regarder une en mouvement et qu'ensuite on leur présentait les deux sans mouvement (figure 4.7c), les sujets fixaient plus longtemps la forme qu'ils ne connaissaient pas, témoignant ainsi de leur reconnaissance de l'autre forme qui leur avait pourtant été présentée avec une texture complètement différente. Les auteurs concluent de cette expérience qu'à 3 mois déjà le bébé peut utiliser le mouvement pour organiser les structures qu'il perçoit visuellement.

4.11.3 La perception de la profondeur

À quel âge le bébé acquiert-il la perception de la profondeur, cette faculté si utile pour éviter de tomber dans des trous ou de buter sur des obstacles ? En 1960, afin d'apporter une réponse à cette question, Gibson et Walk mirent au point l'appareil ingénieux illustré à la figure 4.8. Il s'agit d'une surface recouverte d'un tissu en damier ; la moitié de la plate-forme est surélevée d'environ 1,5 mètre, une surface vitrée prolonge celle-ci par-dessus la partie basse et l'éclairage est conçu pour éviter les réflexions. Placé sur la partie haute, le bébé voit sa mère à l'autre extrémité de la partie basse qui l'invite à ramper jusqu'à elle en passant par-dessus la partie profonde. Les résultats ont montré que les enfants en âge de ramper possèdent la perception de la profondeur puisque la grande majorité des sujets ont refusé de

FIGURE 4.7 : Texture et figures utilisées lors des expérimentations

a) fond de texture

b) figures de
même texture,
qui bougent
sur le fond

c) figures et fond
en position fixe

Source : KAUFMANN-HAYOZ, R., KAUFMANN, F. et STUCKI, M. (1986) « Kinetic Contours in Infants' Visual Perception », *Child Development*, 57, p. 294, figure 1.

s'aventurer au-delà de la partie haute, c'est-à-dire par-dessus la « falaise ». Afin d'éliminer le besoin de ramper dans cette expérience et de voir si des bébés plus jeunes encore pouvaient percevoir la profondeur, Campos, Langer, et Krowitz (1970) ont placé de jeunes bébés sur la partie haute, puis sur la partie basse (recouverte d'une vitre) du même appareil : leurs résultats ont montré que dès l'âge de 2 mois, le rythme cardiaque des bébés se modifiait quand on les changeait de niveau, indiquant ainsi une sensibilité à la profondeur.

4.11.4 La reconnaissance des visages humains

Maurer et Salapatek (1976) croient que les nouveau-nés sont attirés par le visage humain parce qu'il s'agit d'un stimulus dont certains éléments bougent (les yeux et la bouche) et qui offrent une certaine complexité et des contrastes de couleur (peau, yeux, bouche, cheveux, etc.). Vers 1 mois, les bébés concentrent leur attention sur les contours du visage, comme s'ils étaient surtout attirés par l'ensemble de

la forme, alors que vers 3 mois ce sont davantage les parties intérieures du visage comme les yeux et la bouche qui sont fixées. Peu à peu, le visage est intégré comme un ensemble permettant de distinguer une figure d'une autre et un état émotionnel d'un autre. La figure 4.9 illustre le parcours typique de fixation visuelle d'un visage par un bébé à 1 et à 2 mois.

Selon Maurer et Salapatek (1976), la capacité de reconnaître et de différencier les visages humains et de comprendre l'expression faciale des émotions revêt une importance sociale évidente. Il s'agit là d'un lien privilégié entre le développement des capacités perceptuelles et le développement socio-émotionnel chez l'humain. La technique la plus souvent utilisée pour voir si le bébé différencie les expressions faciales d'émotions consiste à lui présenter deux visages d'expression différente dont l'un est déjà connu de l'enfant et de mesurer le temps de fixation de chacun. Comme le bébé a tendance à fixer davantage les stimuli qui présentent un attrait par leur nouveauté, il regardera plus longtemps le nou-

FIGURE 4.8 : Le test de perception de la profondeur

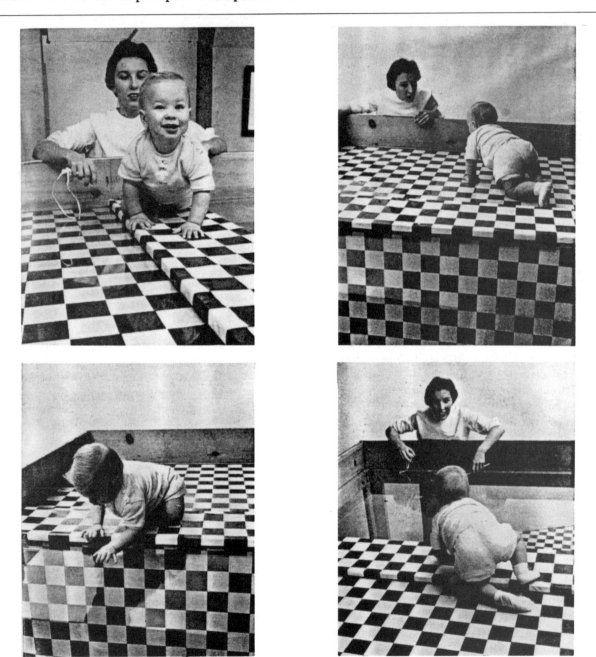

L'enfant tapote le verre du côté profond, mais il refuse quand même de traverser jusqu'à sa mère par-dessus le « gouffre ».

Source : Photographies de William Vandivert (1960), *in* Gibson, E.J. et Walk, R.D. « The Visual Cliff », *Scientific American*, vol. 202.

veau visage s'il le perçoit comme différent du premier déjà vu.

Nelson (1987) souligne cependant l'importance de ne pas confondre la « compréhension » d'une émotion avec la capacité de distinguer deux visages affichant deux expressions distinctes. Les travaux montrent clairement qu'un bébé de 2-3 mois peut distinguer deux visages d'expression différente mais qu'il faut attendre jusque vers 2 ans pour observer une réelle utilisation sociale de la signification d'expressions émotionnelles comme la joie ou la colère. Cette compréhension fondant la différenciation des expressions faciales (joie, colère, tristesse, peur, dégoût, surprise) se développera pendant plusieurs années avant d'être achevée (Kirouac, Doré et Gosselin, 1985).

TABLEAU 4.4 : Les grandes étapes de la perception visuelle*

---

0 à 2 mois

perception des lignes, des angles, des contrastes marqués ;

concentration de l'exploration visuelle sur les contours et les coins des figures, là où les contrastes sont plus importants

2 à 4-5 mois

l'exploration visuelle n'est plus centrée sur les contours mais porte aussi sur les parties centrales des figures ou des formes perçues ;

différenciation des couleurs et des formes selon des catégories (jaune, bleu, rouge, cercle, carré, etc.) ;

début de la perception de relations abstraites :

- à 3 mois un bébé peut différencier un ensemble de trois points alignés d'un ensemble de trois points disposés en triangle ;

- à 5 mois un bébé perçoit un stimulus complexe tel un visage humain comme un tout et non pas seulement comme un assemblage d'éléments séparés.

---

* Élaboré d'après LIEBERT, R.M., WICKS-NELSON, R. et KAIL, R.V. (1986) *Developmental Psychology*, 4e éd., Englewood Cliffs (N.J.), Prentice-Hall, p. 111.

FIGURE 4.9 : Séquence selon laquelle des enfants de 1 et 2 mois scrutent le visage humain*

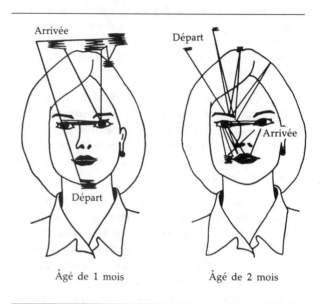

Âgé de 1 mois   Âgé de 2 mois

---

* Figure élaborée à partir de HETHERINGTON, E.M. et PARKE, R.D. (1986) *Child Psychology : A Contemporary Viewpoint*, 3e éd., New York, McGraw-Hill, p. 167, figure 5.7.

4.11.5 La perception auditive après la naissance

Nous avons vu plus haut que certaines études ont démontré que le fœtus pouvait être sensible à la voix de sa mère, puisque après la naissance il affiche une préférence pour un poème qu'il avait régulièrement entendu sa mère lire pendant les six dernières semaines de sa vie intra-utérine (Kolata, 1984).

Dès sa naissance, l'enfant manifeste différentes réponses physiologiques (changement de rythme respiratoire ou cardiaque) et comportementales (variation du niveau d'activité, mouvements brusques, clignement des yeux, etc.) en réponse à des stimulations sonores (Acredolo et Hake, 1982). Le nouveau-né peut tourner ses yeux dans la direction de la source sonore, mais il n'est pas encore capable de la localiser exactement (Bower, 1974). On a aussi démontré que le jeune bébé était capable de différencier la force, le ton et la durée des sons, un élément important dans le développement du langage. Différents tons de la voix humaine auront sur lui des effets spécifiques : les tons aigus ont tendance à l'activer tandis que les tons graves exercent sur lui un effet calmant (Eisenberg, 1976 ; Aslin, Pisoni et Jusczyk, 1983).

Dès la naissance, les réponses motrices et le rythme cardiaque témoignent d'une distinction entre des sons organisés selon un ensemble et des sons désorganisés, puis entre 1 et 3 mois, des catégories s'établissent parmi les signaux de la parole humaine (Acredolo et Hake, 1982).

La voix humaine exerce un attrait plus grand sur le nouveau-né que des sons provenant d'objets inanimés (cloche, percussion, etc.) ou des voyelles prononcées de façon déconnectée. Ces résultats appuient l'hypothèse selon laquelle l'humain posséderait un équipement inné pour l'apprentissage du langage parlé, cette fonction exclusive à l'espèce humaine.

4.11.6 Le goût et l'odorat

Dès sa naissance, le bébé semble être en mesure de différencier les goûts, c'est-à-dire le sucré, le salé, l'amer et l'aigre ou le sur, et il affiche certaines préférences dans ce domaine (Johnson et Salisbury, 1975). Plusieurs recherches ont ainsi observé que le nouveau-né suçait plus lorsqu'on lui présentait un liquide sucré que lorsqu'il s'agissait d'un liquide neutre comme de l'eau, et qu'il suçait moins lorsque la solution était amère ou sure (Crook, 1978 ; Bornstein, 1981). On a d'ailleurs retrouvé cette échelle de préférence, c'est-à-dire « sucré — neutre — salé-amer ou sur » chez d'autres espèces, ce qui indiquerait que la difficulté de contrôle de la consommation du sucre dans l'alimentation ne serait pas seulement due à de mauvaises habitudes alimentaires acquises mais viendrait de racines innées.

L'odorat est sans doute moins important dans l'adaptation humaine que dans l'adaptation de plusieurs espèces animales et il a reçu moins d'attention de la part de la recherche. Néanmoins, des données intéressantes permettent d'affirmer qu'il s'agit d'un des sens humains les plus développés à la naissance. Steiner (1977, 1979) a montré que des bébés de quelques jours affichaient une expression faciale de plaisir lorsqu'on leur faisait sentir du beurre de banane, une expression positive ou neutre lorsqu'on leur présentait de la vanille, une expression de rejet devant une odeur de poisson et l'expression de dégoût à l'odeur des œufs pourris.

Cernoch et Porter (1985) ont mené une expérience intéressante auprès de nouveau-nés normaux (c'est-à-dire nés après 37 semaines de gestation et présentant un indice d'Apgar de 6 à 10) âgés de 12 à 18 jours, afin de voir s'ils différenciaient l'odeur de leur mère, de leur père et d'une personne étrangère. Ils ont demandé aux adultes de porter un tampon de coton (10 sur 10 cm) sous leur bras pendant la nuit précédant l'expérience (environ 8 heures) et de ne pas utiliser de déodorant. À deux reprises, séparées d'un intervalle de deux minutes, chacun des deux tampons était placé pendant une minute de chaque côté de la tête du bébé éveillé, sans contact direct avec lui, et l'on mesurait le temps d'orientation de la tête vers l'un ou l'autre. Les résultats ont montré que les bébés nourris au sein par leur mère orientaient leur tête vers le tampon porté par cette dernière de préférence à celui porté par une autre mère qui allaitait son enfant, indiquant par là une distinction de l'odeur spécifique et non pas une sensibilité générale au lait de femme. Cette différenciation de l'odeur maternelle n'apparaissait pas chez les bébés nourris au biberon, et l'ensemble des bébés n'affichaient pas de conduite différente pour les odeurs associées à leur père ou à une personne étrangère. Donc, les nourrissons en contact avec leur mère par l'allaitement maternel peuvent reconnaître l'odeur corporelle de celle-ci parmi d'autres odeurs corporelles.

La réciproque de cette capacité subtile du nourrisson de différencier l'odeur de la femme qui l'allaite se retrouve dans la capacité des mères de différencier l'odeur de leur bébé quelques jours seulement après l'accouchement (Russell, Mendelson et

Peeke, 1983). On a de plus observé que même les mères ayant subi une césarienne, et qui n'avaient donc eu qu'un contact limité avec leur enfant, reconnaissaient leur bébé de 21 à 42 heures par l'odeur seulement (Porter, Cernoch et McLaughlin, 1983).

La subtilité de l'odorat comme moyen de communication entre la mère et l'enfant fait contraste avec le peu d'importance reconnu à cette fonction dans l'interaction humaine. Il est possible que nous soyons plus influencés par l'odorat que nous ne le croyons dans nos interactions sociales.

4.11.7 Le toucher

Dès sa naissance, l'enfant réagit aux stimulations tactiles : un toucher piquant sur la plante du pied provoque une réaction de retrait tandis que le fait de prendre l'enfant sur son épaule et de lui caresser le dos et la tête a pour effet de le consoler. La circoncision, cette opération chirurgicale qui consiste à enlever le prépuce du pénis, provoque des réactions qui démontrent sans équivoque la perception de la douleur (Gunnar, Malone et Fish, 1985). Porter, Miller et Marshall (1986), en faisant l'analyse spectographique des vocalisations émises par 30 garçons normaux de 1 ou 2 jours, ont observé que les pleurs du nouveau-né varient systématiquement en fonction de l'intensité de la stimulation douloureuse induite lors de la circoncision. La même expérience a montré que des adultes associaient correctement l'intensité des pleurs des nouveau-nés à l'intensité de la douleur induite par l'opération, ce qui témoigne d'une structure cohérente de communication de la douleur entre le nouveau-né et l'adulte.

La bouche constitue une zone du toucher particulièrement sensible chez le nourrisson et devient pour lui un moyen privilégié d'exploration des objets.

Meltzoff et Borton (1979) ont fait une expérience indiquant que le bébé peut reconnaître visuellement les objets qu'il a explorés dans sa bouche auparavant. Ces chercheurs ont donné à une soixantaine d'enfants de 1 mois l'une ou l'autre, au hasard, de deux sucettes de caoutchouc de forme différente. L'une était unie et l'autre avait des petites bosses. Ensuite, ils ont montré aux nourrissons un réplique en polystyrène de chacune des sphères et ont observé que 70 % des bébés regardaient plus longtemps le modèle qu'ils avaient exploré oralement que l'autre, moins familier, ce qui, pour les auteurs, indique la reconnaissance de l'objet. Il s'agit là d'une démonstration de la capacité du bébé de reconnaître visuellement un objet exploré tactilement, c'est-à-dire d'appariement intersensoriel.

Le toucher représente donc pour le bébé un autre moyen de communication avec le monde, une autre façon de développer des connaissances, d'expérimenter des sensations agréables et de se protéger contre des situations nuisibles à l'organisme.

FIGURE 4.10 : Sucettes utilisées pour tester les capacités d'appariement intersensoriel des enfants

Source : MELTZOFF, A.N. et BORTON, R.W. (1979) « Intermodal Matching by Human Neonates », *Nature*, vol. 282, nov., p. 403, figure 1.

Acredolo et Hake (1982, p. 276) résument ainsi leur revue des publications sur la perception chez le jeune enfant :

Même s'il n'est pas complet, le tableau qui se dégage des ouvrages présente l'enfant comme un organisme actif et prédisposé à rechercher la stimulation en provenance de l'environnement. La stimulation n'est cependant pas recherchée au hasard, et le bébé affiche déjà certaines préférences dès son entrée dans le monde. Les nouveau-nés préfèrent regarder des zones de fort contraste, examiner les contours extérieurs des objets, goûter des solutions sucrées, sentir des odeurs agréables et écouter des sons rythmés. Vers 1 ou 2 mois, sinon plus tôt, le bébé examine les images avec beaucoup plus d'attention, perçoit la couleur, donne priorité aux relations entre les angles des formes dans son exploration visuelle et distingue plusieurs sons du langage oral. Vers 3 mois, les deux yeux convergent, l'acuité visuelle et l'accommodation de l'œil sont grandement améliorées, la constance des formes est établie, la complexité des images préférées est plus grande, les relations spatiales entre des éléments isolés sont abstraites et les associations entre des sons et des formes spécifiques sont retenues. À 4 ou 5 mois, l'enfant reconnaît des objets même s'ils sont représentés en deux dimensions et il est en mesure de réagir à des stimuli composites en tant qu'unités globales en pairant les sons et les formes selon leurs caractéristiques temporelles communes (par exemple, de deux films présentés simultanément au bébé, celui qui correspond à la bande sonore unique présentée par un haut-parleur situé au centre des deux écrans sera préféré à l'autre film dont l'image ne correspond pas au son). Dans certaines conditions, le transfert intersensoriel d'information est possible entre la main et l'œil à 6 mois (et peut-être plus tôt) et l'orientation spatiale existe, même si elle demeure ˙rtement dépendante de relations égocentriques.

4.12 L'APPRENTISSAGE CHEZ LE BÉBÉ

Les connaissances sur les capacités sensorielles du nouveau-né démontrent sa grande sensibilité à son environnement. Cette sensibilité laisse-t-elle des traces durables chez lui ? À quel moment l'enfant commence-t-il à apprendre des choses sur le monde qui l'entoure ? L'apprentissage peut se définir comme l'acquisition ou la modification d'un com-

FIGURE 4.11 : Illustration du schème de conditionnement classique

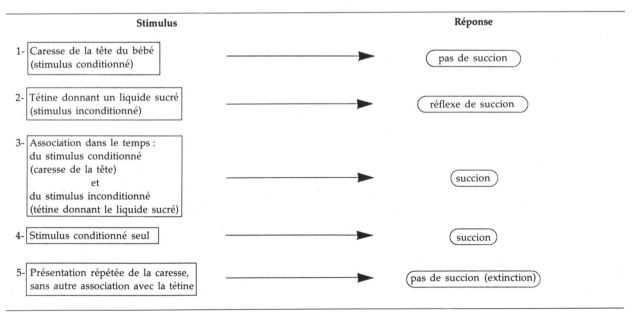

portement résultant de l'expérience. Les chercheurs intéressés à l'effet de l'expérience sur le comportement ont étudié plusieurs types d'apprentissage chez le bébé :

1- le conditionnement classique ;

2- le conditionnement instrumental ou opérant ;

3- l'habituation et la préférence pour la nouveauté ; et

4- l'imitation.

La recherche moderne a permis de comprendre que l'expérience du nouveau-né a un effet crucial sur son développement neurologique : le type de stimulation connue à des périodes spécifiques du début de la vie influencerait la structure des liens entre les cellules nerveuses.

4.12.1 Le conditionnement classique chez le bébé

Au début du siècle, le psychologue russe Ivan Pavlov (1849-1936) a découvert que certaines associations automatiques (réflexes) entre un stimulus et une réponse pouvaient se transférer à d'autres stimuli. Par exemple, un bruit violent entraîne un clignement des yeux « automatique », il s'agit d'un réflexe. Si on accompagnait le bruit d'une lumière rouge qui le précède d'une fraction de seconde, on pourrait assister à un transfert des propriétés du stimulus inconditionné (bruit) vers un stimulus conditionné qui était neutre au départ (lumière rouge). Une lumière rouge donne maintenant lieu à un clignement des yeux : voilà le résultat d'un conditionnement « classique ».

FIGURE 4.12 : Le psychologue « conditionné »

On a montré que le nouveau-né pouvait apprendre par conditionnement classique. Lipsitt, Kaye et Bosack (1966) ont joint l'insertion d'un petit tube (stimulus conditionné) dans la bouche d'un groupe expérimental de bébés de 2 à 4 jours à l'apparition subséquente d'une tétine fournissant un liquide sucré pendant cinq secondes (stimulus inconditionné produisant automatiquement la succion). Lorsque le tube était présenté, il suscitait beaucoup de succions chez ce groupe expérimental, ce qui n'était pas le cas chez le groupe témoin de bébés qui, eux, recevaient les deux stimuli mais sans qu'ils soient associés dans le temps. Ensuite, les auteurs ont cessé de donner du liquide sucré après la présentation du petit tube pour constater que la réponse de succion du groupe expérimental diminuait au même niveau que celle du groupe témoin ; c'est le phénomène d'extinction.

Blass, Ganchrow et Steiner (1984) ont montré qu'un tel conditionnement classique pouvait fonctionner chez des bébés de 2 à 48 heures : en présentant une solution sucrée dans la bouche du bébé (stimulus inconditionné) après avoir caressé doucement la tête de l'enfant (stimulus conditionné), les auteurs ont observé une augmentation significative du nombre de succions associées à la caresse, ce qui ne se produisait pas chez le groupe témoin. Dans cette étude, l'extinction de la réponse a aussi été obtenue lorsque l'association cessait, c'est-à-dire lorsque la caresse n'était plus suivie du liquide. Cette expérience démontre que l'enfant peut apprendre dès les premières heures de sa vie.

4.12.2 Le conditionnement instrumental

Le conditionnement « instrumental » ou « opérant » diffère du conditionnement classique en ce qu'il repose sur une réponse fournie spontanément par l'organisme au lieu de provoquer un réflexe. Skinner (1932) a fait connaître ce type d'apprentissage en plaçant un rat dans sa fameuse boîte où une pression d'un levier de la part de l'animal affamé amenait l'apparition de nourriture. Dans cette situation, la nourriture, ou « renforcement », a pour conséquence d'augmenter la probabilité d'apparition de la réponse (presser le levier). DeCasper et Fifer (1980) ont montré que des bébés de 3 jours pouvaient apprendre à modifier leur rythme de succion afin d'entendre la voix de leur mère : les bébés pouvaient augmenter ou diminuer leur rythme de succion selon que l'on faisait suivre les pauses courtes ou longues entre chaque succion de la voix de la mère.

Lamb et Bornstein (1987) rapportent qu'il serait plus facile de susciter un apprentissage instrumental chez le nouveau-né qu'un conditionnement classique.

4.12.3 L'habituation et la préférence de la nouveauté

L'habituation ou l'accoutumance amène la diminution progressive de la réponse suscitée par un stimulus : l'organisme s'habitue et cesse de réagir. Par exemple, le temps de fixation visuelle d'une image présentée au bébé à plusieurs reprises diminuera graduellement. Nous avons vu plus haut que cette propriété d'habituation était couramment utilisée chez l'enfant comme indice de discrimination de l'expression faciale : le bébé fixera une expression faciale nouvelle plus longtemps qu'une autre à laquelle il a déjà été exposé auparavant. Il y a donc chez le bébé une préférence naturelle pour la nouveauté. L'habituation et la préférence pour la nouveauté sont donc deux facultés proches l'une de l'autre et importantes pour le développement de plusieurs fonctions : la détection et la discrimination, la mémoire, la catégorisation et, éventuellement, la formation de concepts (Lamb et Bornstein, 1987).

Le fait de ne pas continuer à consacrer autant de temps aux stimulations connues permet d'explorer le nouveau, d'agrandir le champ cognitif. Les stimuli auxquels l'enfant s'accoutume sont, d'une certaine façon, reconnus, gardés en mémoire, font partie d'une catégorie « déjà vu » qui peut jeter les bases des processus de catégorisation mentale. Ainsi, le bébé construirait des catégories d'équivalence perceptuelles qui constitueraient les premières formes de classification mentale (Bornstein, 1984).

Par extension, les chercheurs se sont intéressés au développement de concepts chez le bébé. En présentant au sujet plusieurs objets qui partagent un même critère, par exemple la forme ronde, on arrive à créer une habituation à l'ensemble des objets partageant cette caractéristique. Les bébés sont alors testés avec des spécimens connus et des spécimens nouveaux du même concept, puis avec des exemples d'un autre concept : le maintien de l'habituation aux objets connus et sa généralisation aux objets nouveaux partageant la même caractéristique conceptuelle (par exemple la forme ronde), ainsi qu'une préférence visuelle pour les objets illustrant un concept nouveau constituent alors le critère d'acquisition d'un concept. Des recherches utilisant ce paradigme d'habituation multiple ont permis d'étudier le développement de plusieurs concepts : l'angularité, la couleur, le nombre, etc. (Lamb et Bornstein, 1987).

Cette faculté de porter plus d'intérêt aux stimuli nouveaux est un moyen privilégié pour comprendre le développement cognitif, c'est une sorte de moyen de communication entre le chercheur et le jeune bébé.

4.12.4 L'imitation

L'imitation du comportement des autres est un moyen très efficace de développement : si chaque personne devait réinventer tout le répertoire comportemental de sa communauté, le processus serait certainement moins rapide. Meltzoff et Moore (1983) ont observé que des nouveau-nés de 7 à 72 heures pouvaient imiter un adulte ouvrant le bouche et tirant la langue. Les capacités d'imiter elles-mêmes évoluent : au début, seuls des comportements simples peuvent être reproduits mais, graduellement, pendant les deux premières années, des chaînes plus complexes peuvent être acquises par l'observation. Comme on le verra lors de l'examen du développement cognitif, l'imitation est un moyen utile pour la socialisation (dans l'apprentissage du langage notam-

FIGURE 4.13 : Capacité de l'enfant à imiter les expressions d'un modèle

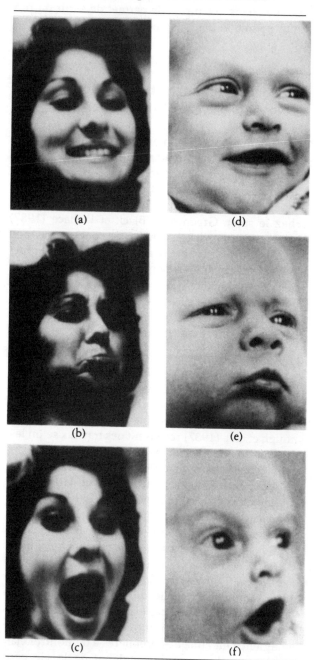

(a)

(b)

(c)

(d)

(e)

(f)

Source : LIEBERT, R.M., WICKS-NELSON, R. et KAIL, R.V. (1986) *Developmental Psychology*, 4e éd., Englewood Cliffs (N.J.), Prentice-Hall, p. 104, fig. 4.2

ment), mais aussi un pont très important vers la pensée symbolique, parce que lorsque l'imitation est décalée dans le temps, elle permet de sortir du présent immédiat dans lequel est plongé le bébé.

4.12.5 L'expérience et le développement du cerveau

La notion de « moment critique » dans le développement renvoie notamment à l'idée que certains apprentissages doivent s'accomplir à un âge particulier, sinon ils ne pourront plus être réalisés par la suite, ce qui pourra provoquer un déficit permanent chez le sujet. Greenough, Black et Wallace (1987) présentent une discussion de ce concept qui met bien à profit la recherche récente sur le développement du cerveau. Bon nombre d'études concernant surtout le système visuel ont montré qu'il y a des périodes critiques au cours desquelles la manipulation de l'expérience influence profondément le développement du système sensoriel.

On a observé que la privation de stimulation visuelle chez l'animal, au début de la vie, affectait le système de connexions synaptiques du cortex visuel, et que si la privation était suffisamment prolongée, des dommages irréversibles subsistaient. Greenough et coll. (1987) recensent des travaux selon lesquels l'axe de développement des dendrites des cellules nerveuses du cortex visuel chez les chats a été lui-même influencé par le fait que les animaux ont été élevés en ne percevant que des lignes horizontales ou verticales. Hirsch et Spinelli (1970) ont en effet constaté que des chats ne voyant jusqu'à 12 semaines que 3 lignes verticales sur fond blanc d'un œil et 3 lignes horizontales sur fond blanc de l'autre œil, à l'aide d'un masque les privant de toute autre stimulation visuelle, développent un handicap permanent de la vue qui s'explique par une orientation particulière des dendrites du cortex visuel. Cette expérience fut l'une des premières à démontrer clairement que l'expérience du début de la vie peut influencer de façon permanente le développement des circuits neurologiques.

Au début de la vie, il y aurait surproduction de dendrites et de synapses (les connexions entre les neurones). Un processus de sélection aurait alors lieu en fonction de l'expérience vécue par l'organisme ; certaines synapses survivraient parce qu'elles sont stimulées et d'autres dépériraient parce qu'elles ne le sont pas. La structure des circuits ainsi établis demeurerait permanente. Pourquoi le développement neurologique dépend-il de l'expérience vécue dans l'environnement à certaines périodes critiques de la vie ? Selon Greenough et coll. (1987), il peut sembler illogique qu'un organisme soit handicapé de façon permanente si, dans son milieu de vie, certaines expériences sensorielles déterminées ne lui arrivent pas à une époque donnée de sa vie. Il est cependant aisé de comprendre que cet organisme développera des capacités beaucoup plus grandes en mettant à profit les expériences présentes dans tout environnement normal. Aussi la programmation génétique des circuits neurologiques n'a pas à être aussi précise, elle peut être plus floue et laisser à l'interaction avec l'environnement le soin de programmer les détails complexes de la circuiterie.

Le processus de sélection s'accomplirait donc sur une base de compétition : parmi les connexions synaptiques trop nombreuses, seules celles qui sont stimulées sont préservées, les autres seraient éliminées (Singer, 1986). Il est intéressant de noter que cette hypothèse avait été formulée dès 1949 par le professeur Donald Hebb de l'Université McGill à Montréal : d'après sa théorie des *cell-assemblies*, la circuiterie du cerveau se développe en fonction de l'interaction avec l'environnement, et la stimulation des synapses est essentielle à leur survie. La recherche récente ajoute le principe de la production excessive de synapses au début de la vie, dont une partie seulement sera conservée parce qu'elle aura été stimulée par l'interaction avec l'environnement.

Les effets de la privation sensorielle sélective chez les animaux ne peuvent sans doute pas être généralisés directement chez l'humain, mais la probabilité que le même principe de dépendance à l'égard de l'expérience soit en jeu est très forte. La complexité des effets expérientiels devrait être encore beaucoup plus grande compte tenu de la structure neurologique plus complexe chez l'humain, où un seul neurone du cortex peut recevoir jusqu'à 30 000 connexions synaptiques dans un cerveau qui compte un million de millions de neurones (Greenough et coll., 1987 ; Tanner, 1978).

Ces données indiquent que la sensibilité de l'enfant à l'interaction avec l'environnement non seulement se traduit par des apprentissages rapides mais transparaît dans la structure même de la circuiterie neurologique. Il s'agit là d'une démonstration fort convaincante de l'importance de l'expérience dès le début de la vie. Tout au long de notre étude du développement psychologique de l'enfant, cette notion de moment critique resurgira en tant qu'hypothèse explicative des points tournants de l'enfance.

POST-TEST

1- Identifiez deux facteurs entrant en jeu dans le déclenchement du processus de l'accouchement.

2- Quelle est la phase la plus longue de l'accouchement ?

3- *Choisissez la bonne réponse.* Le temps normal de la gestation humaine est de :

a) 180 jours ;

b) 334 jours ;

c) 266 jours ;

d) 405 jours.

4- *Vrai ou faux.* Lors de la deuxième phase de l'accouchement, les contractions peuvent ralentir leur rythme mais elles demeurent fortes.

5- *Vrai ou faux.* On ne peut prédire l'effet à long terme d'une anomalie de naissance sans tenir compte des forces et des faiblesses de l'environnement qui appuient le développement de l'enfant.

6- Décrivez ce qui se passe lors de la troisième phase de l'accouchement.

7- Qu'est-ce que le *vernix caseosa* ?

8- Identifiez deux façons naturelles de favoriser la relaxation de la mère en vue de faciliter l'évolution de la phase 1 de l'accouchement.

9- *Vrai ou faux.* Les recherches sur la douleur indiquent que l'accouchement sans douleur peut être réalisé par la plupart des femmes.

10- *Vrai ou faux.* Le risque d'anoxie à la naissance est plus élevé dans les cas où la période de travail est très longue mais aussi dans les cas où elle est très courte.

11- Pourquoi la naissance prématurée constitue-t-elle généralement un risque pour l'enfant ?

12- Un bébé prématuré peut ne pas afficher de retard de croissance gestationnel. Expliquez brièvement.

13- Comment la prématurité du bébé peut-elle nuire à l'attachement parent-enfant ?

14- Pourquoi la régulation thermique du nouveau-né est-elle un élément très important dans son adaptation au monde ?

15- Comment nomme-t-on l'appareil qui sert à assurer artificiellement le contrôle thermique du nouveau-né ?

16- Identifiez trois des cinq dimensions du fonctionnement physiologique du bébé que l'indice Apgar évalue.

17- *Vrai ou faux.* Plusieurs des réflexes présents à la naissance sont apparus au cours du développement prénatal et disparaîtront avant même que l'enfant n'atteigne 1 an.

18- *Vrai ou faux.* Au cours des premiers mois de vie, ce n'est pas tant la durée totale du sommeil quotidien qui diminue, mais plutôt la longueur des différentes périodes de sommeil qui augmente.

19- Identifiez la ou les propositions qui sont vraies en rapport avec le syndrome de mort subite :

  a) c'est la première cause de mortalité chez les enfants âgés de 1 semaine à 1 an ;

  b) il est précédé de cris et de pleurs de la part du bébé ;

  c) il n'a pas été associé à un problème respiratoire chez l'enfant ;

  d) la période où le risque est le plus important se situe entre 6 et 12 mois.

20- Dans les recherches sur la perception du bébé, identifiez un moyen utilisé pour comprendre ce que le nourrisson perçoit ?

21- Pourquoi les nouveau-nés seraient-ils particulièrement attirés par les visages humains ?

22- *Vrai ou faux.* Pour certains chercheurs, l'attrait particulier que la voix humaine exerce sur le nouveau-né témoignerait d'une capacité innée pour l'apprentissage du langage parlé.

23- *Vrai ou faux.* On a démontré que de très jeunes bébés pouvaient différencier non seulement l'odeur de leur mère qui les nourrissait au sein mais aussi l'odeur de leur père parmi d'autres odeurs corporelles d'adultes.

24- Sur quelle base le conditionnement instrumental diffère-t-il du conditionnement classique ?

25- Identifiez deux fonctions dont le développement est relié à la capacité d'habituation et à la préférence pour la nouveauté.

26- *Complétez la phrase.* La notion de .... dans le développement, renvoie notamment à l'idée que certains apprentissages doivent se faire à un âge particulier sinon ils ne pourront plus être réalisés par la suite, ce qui pourra provoquer un déficit permanent chez le sujet.

Chapitre 5

Développement physique et moteur de l'enfant

PLAN

PRÉTEST

1- Donnez deux arguments permettant d'affirmer que l'enfant n'est pas seulement un adulte en miniature.

2- *Vrai ou faux.* La croissance physique est un processus irrégulier qui affiche des arrêts momentanés dans le temps et des regains plus marqués par la suite.

3- Qu'est-ce que le principe de développement céphalo-caudal pour le corps ?

4- Quelle proportion de la hauteur du corps du bébé la tête représente-t-elle à la naissance ?

5- Qu'est-ce qu'une plaque de croissance ?

6- *Vrai ou faux*. Des chercheurs ont illustré le contrôle génétique du plan de croissance des os en provoquant la croissance d'os d'apparence normale en milieu artificiel.

7- *Vrai ou faux*. Il est couramment admis qu'à la naissance, nous possédons l'ensemble de nos faisceaux musculaires.

8- *Choisissez la bonne réponse*. À la naissance, le poids du cerveau humain représente quelle proportion du poids du cerveau adulte ?

    a) 10 % ;

    b) 25 % ;

    c) 50 % ;

    d) 75 %.

9- Quel est le rôle des cellules de soutien dans le cerveau ?

10- Identifiez deux caractéristiques physiques associées à l'« air sympathique » du bébé.

11- *Vrai ou faux*. Dès la naissance, les deux hémisphères du cerveau affichent une asymétrie anatomique.

12- Parmi les fonctions psychologiques suivantes, identifiez celles qui sont principalement sous la responsabilité de l'hémisphère droit chez la plupart des gens.

    a) l'orientation dans l'espace ;

    b) la compréhension du langage verbal ;

    c) la compréhension musicale ;

    d) la perception des distances ;

    e) la reconnaissance de l'expression faciale d'émotions ;

    f) le contrôle de la moitié droite du corps ;

    g) le contrôle de la main droite.

13- *Vrai ou faux*. Certains animaux, comme le singe ou le chat, peuvent afficher une préférence pour une main ou une patte ; dans l'ensemble des espèces animales, il y a autant de gauchers que de droitiers.

14- *Vrai ou faux*. La disposition des structures microscopiques de base et des structures internes du corps appuie l'idée que la symétrie bilatérale est une tendance naturelle.

15- Expliquez comment, dans l'évolution de l'espèce humaine, la marche sur deux pattes aurait favorisé l'apparition du langage verbal.

16- *Vrai ou faux*. Les différences d'organisation cérébrale entre garçons et filles ont une origine chromosomique et ne sont pas influencées par l'interaction avec l'environnement prénatal comme tel.

17- Votre fille de 2 ans mesure 0,85 m de hauteur. Quelle serait une estimation vraisemblable de sa hauteur à l'âge adulte ? Décrivez votre méthode de prédiction.

18- Par quel mécanisme les enfants qui ont une apparence physique plus attrayante risquent-ils de vivre des expériences sociales objectivement différentes des enfants moins attirants physiquement ?

19- Identifiez deux causes probables de la tendance séculaire observée aux XIXe et XXe siècles.

20- Donnez deux explications du fait que des retards de croissance ont souvent été observés chez les enfants en période de guerre.

21- Qu'est-ce que l'anorexie mentale ?

22- Ordonnez selon leur séquence d'apparition (de la première à la plus tardive) les acquisitions motrices suivantes chez l'enfant :

    a) marche seul ;

    b) se tient assis sans aide ;

    c) marche à quatre pattes ;

    d) se tient debout en s'appuyant sur un meuble ;

    e) grimpe des marches à quatre pattes.

23- Quel est le critère utilisé pour juger de la capacité de courir chez l'enfant ?

5.1 INTRODUCTION

Le chapitre qui suit comporte deux parties : la première porte sur la croissance physique de l'enfant et la deuxième sur le développement moteur. La notion de « croissance » est probablement celle qui est la plus directement associée à celle de « développement ». En fait, ce n'est que récemment, avec la considération du développement sur l'ensemble du cycle de la vie, que la psychologie s'est ouverte à une conception du développement humain qui n'est pas directement équivalente à celle de croissance : le développement qui survient entre 30 et 50 ans ne veut pas nécessairement dire « croissance ». En ce qui a trait à l'enfant, toutefois, la croissance du corps est certainement l'indicateur le plus direct du niveau de développement ; l'apparence du corps permet en effet de savoir où l'enfant se trouve dans son cheminement vers l'âge adulte.

La première partie du chapitre décrit l'évolution, la courbe de croissance du corps et les particularités du développement de certains tissus, particulièrement des tissus nerveux. Ensuite, les effets psychologiques du développement corporel (le rythme de croissance et l'apparence physique) sont considérés. Enfin, nous examinons l'impact psychologique de certains problèmes de croissance physique.

Nous abordons dans la deuxième partie du chapitre, plus courte que la première, le développement moteur de l'enfant quant à son évolution typique et quant à certains problèmes qui peuvent en affecter le rythme ou la qualité (coordination motrice).

C'est donc parce que le corps constitue le fondement de notre identité personnelle et notre premier outil d'adaptation au monde que, dans une perspective psychologique, il importe de bien saisir son histoire au cours de cette période d'évolution si rapide : l'enfance.

Première partie

LA CROISSANCE PHYSIQUE DE L'ENFANT

5.2 LA COURBE DE CROISSANCE

Le bébé n'est pas seulement plus petit que l'adulte, ses proportions sont différentes et un bon nombre de ses fonctions physiques et physiologiques ne sont pas encore achevées. Pendant longtemps, on a perçu l'enfant comme un adulte en miniature. L'examen de tableaux anciens représentant des enfants permet de comprendre cette conception (figure 5.1) : les proportions de la tête et des membres de l'enfant par rapport à son corps sont vraiment les mêmes que chez un corps d'adulte. En réalité, la tête de l'enfant est beaucoup plus grosse par rapport à son corps et par rapport à la tête d'un adulte. L'Enfant Jésus, représenté à la figure 5.1 par le peintre Joos van Cleve, célèbre au XVIe siècle, traduit bien la conception de l'enfant « adulte en miniature » qui avait cours autrefois.

La croissance physique est déterminée génétiquement, mais elle peut subir l'influence de facteurs environnementaux. Le contrôle génétique de la croissance physique est assuré par l'information que transportent les hormones dans le corps. L'hypothalamus et la glande pituitaire jouent un rôle essentiel dans l'équilibre endocrinien (voir figure 5.2). L'hormone « de croissance » sécrétée par la glande pituitaire est nécessaire à la croissance normale depuis la naissance jusqu'à la maturité. La thyroxine, sécrétée par la glande thyroïde, est un autre exemple d'hormone jouant un rôle essentiel dans la croissance physique : elle assure la synthèse des protéines et le développement des neurones dans le système nerveux du fœtus et du jeune enfant. À mesure que

FIGURE 5.1 : *Adoration des mages*, du peintre flamand Joos van Cleve (1491-1540)

Les proportions du corps de cet Enfant Jésus le font ressembler à un adulte en miniature.

le cerveau évolue vers la maturité, le rôle de la thyroxine devient moins prépondérant (Tanner, 1978).

La croissance physique intéresse les chercheurs spécialisés en développement depuis fort longtemps et elle constitue probablement la référence la plus simple pour identifier l'étape du déve-

FIGURE 5.2 : La glande pituitaire

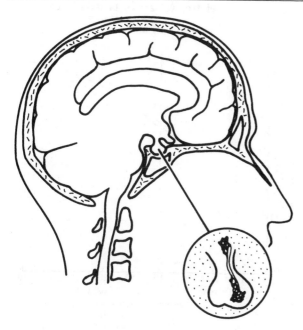

La glande pituitaire est située juste en bas et reliée au cerveau. L'hypothalamus est la partie inférieure du cerveau, juste au-dessus de la glande pituitaire. Le cercle montre le système des vaisseaux sanguins allant de l'hypothalamus jusqu'à la partie antérieure de la glande pituitaire.

Source : TANNER, J.M. (1978) *Fœtus into Man : Physical Growth from Conception to Maturity*, Cambridge (Mass.), Harvard University Press.

FIGURE 5.3 : Croissance du fils de Montbéliard de la naissance à 18 ans (1759-1777)

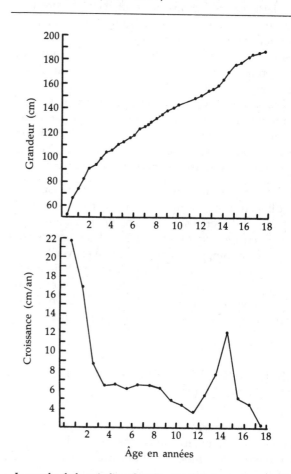

La courbe du haut indique la taille atteinte à chaque âge et celle du bas, la vitesse de croissance d'année en année.

Source : SCAMMON, R.E. (1927) « The First Seriation Study of Human Growth », *American Journal of Physical Anthropology*, n° 10, p. 329 à 336.

loppement d'une personne. La petite enfance, l'enfance et l'adolescence, en tant que périodes universelles du développement humain, se définissent d'abord par la taille du corps. Tanner (1978), cet auteur anglais qui est à l'étude de la croissance physique ce que Jean Piaget est au développement de l'intelligence, rapporte que la courbe 1 de la figure 5.3 représente le plus ancien compte rendu longitudinal de la croissance physique humaine.

Entre 1759 et 1777, le comte Philibert Guéneau de Montbéliard enregistra la hauteur de son fils tous

les six mois depuis sa naissance. La courbe du haut représente la hauteur à chaque âge, en centimètres, tandis que celle du bas illustre le gain en hauteur selon l'âge. La courbe du bas de la figure 5.3 montre que vers 13-14 ans, la hauteur augmente plus rapidement. En fait, le taux de croissance de la longueur du corps diminue rapidement depuis le quatrième mois du développement prénatal (figure 5.4), puis connaît un plateau vers 4-5 ans pour afficher une dernière augmentation au moment de la puberté. Pendant les premiers mois de la vie post-natale, la croissance est très rapide : le poids du bébé double au cours des trois premiers mois et il triple avant la fin de la première année. McCall (1979) a calculé que si le taux de croissance physique des six premiers mois devait se maintenir, l'enfant de 10 ans mesurerait environ 30 m de hauteur et pèserait environ 20 millions de kg, ce qui est aussi haut qu'un édifice de 15 étages et 20 fois plus lourd (Hetherington et Parke, 1986).

La croissance physique est un processus très régulier qui ne comporte pas d'arrêts suivis de départs, et la croissance en hauteur n'alterne pas avec la croissance en largeur. Plus les mesures sont prises avec soin, plus cette continuité est vérifiée : la mesure d'os particuliers à l'aide de rayons X démontre bien que la croissance connaît des changements graduels de vélocité d'un âge à un autre, mais pas d'interruptions comme telles avant l'âge adulte.

5.3 LA CROISSANCE PARTICULIÈRE DE CERTAINS TISSUS

Le processus de développement physique et moteur suit deux directions : de haut en bas (depuis la tête vers les jambes) et du centre vers l'extérieur. La figure 5.5 montre que la tête d'un fœtus de 2 mois représente 50 % de la hauteur du corps tandis qu'à 25 ans elle n'en représente plus que 15 % environ ; cela souligne le caractère précoce du développement de la tête par rapport au reste du corps. À la naissance, la tête du bébé représente environ 25 % de la longueur totale de son corps.

Contrairement à la croyance populaire, la croissance du corps ne cesse pas complètement à la fin de l'adolescence. Les os des membres arrêtent de grandir, mais la colonne vertébrale continue de croître jusque vers 30 ans, ce qui s'accompagne d'une faible croissance (3 à 5 mm par an). La hauteur demeure

FIGURE 5.4 : Courbes de grandeur et de vélocité corporelle à la période prénatale et très tôt après la naissance

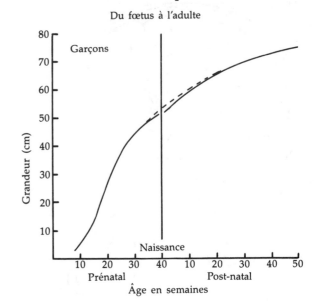

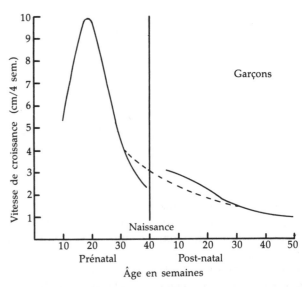

Les lignes continues représentent la croissance et la vitesse de croissance réelles, tandis que les lignes pointillées représentent la courbe présumée si aucune restriction utérine ne survenait.

Source : TANNER, J.M. (1978) *Fœtus into Man : Physical Growth from Conception to Maturity*, Cambridge (Mass.), Harvard University Press, p. 40.

FIGURE 5.5 : Changements corporels associés à l'âge*

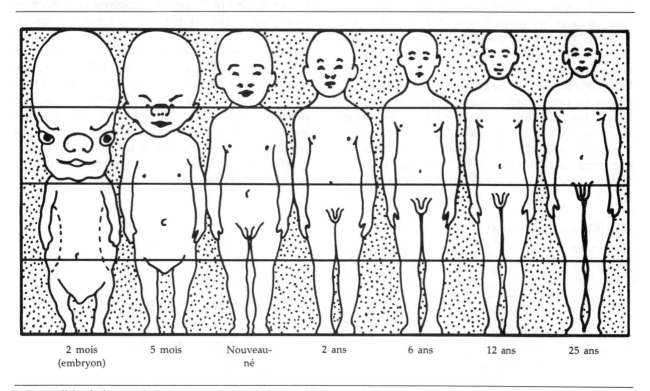

| 2 mois (embryon) | 5 mois | Nouveau-né | 2 ans | 6 ans | 12 ans | 25 ans |

* Figure élaborée à partir de Robbins et coll. (1929) *Growth*, New Haven, Yale University Press.

stationnaire entre 30 et 45 ans pour diminuer lentement par la suite. Le corps continue donc de se modifier après la fin de l'âge adulte ; par exemple, la hauteur et la largeur de la tête et le diamètre facial continuent de croître légèrement pendant toute la vie. Mais comme il est utile d'identifier un âge où la croissance physique cesse virtuellement, c'est-à-dire le moment après lequel il y aura moins de 2 % d'augmentation de la hauteur dans toute la vie, on fixe un âge d'arrêt (Tanner, 1978). Dans les pays occidentaux, actuellement, cet âge d'arrêt de croissance physique est situé en moyenne à 17 ans 1/2 pour les garçons et à 15 ans 1/2 pour les filles.

Considérés individuellement, la plupart des organes du corps grandissent approximativement selon la courbe de la hauteur du corps. Le squelette, les muscles, le volume sanguin, les organes internes tels que le foie, les reins ou la rate suivent globalement cette courbe. La figure 5.7 montre cependant qu'il existe des exceptions à cette règle générale : le cerveau et le crâne, les tissus lymphoïdes (dans les amygdales, dans l'intestin, etc.) et les organes de reproduction (testicules, ovaires, épididyme, prostate, vésicules séminales, trompes de Fallope) en sont des exemples.

5.3.1 Le développement squelettique

Les os sont issus de tissus cartilagineux, relativement mous, qui s'ossifient graduellement pour devenir durs. Le processus d'ossification amorcé pendant le développement prénatal se poursuivra, pour certains os, jusqu'à la fin de l'adolescence.

Chez le fœtus, les os longs, comme le radius de l'avant-bras, sont d'abord constitués de cellules cartilagineuses qui se transforment en os ; il s'agit des premiers centres d'ossification. Après la naissance, de seconds centres d'ossification se développent, généralement aux deux bouts des os longs. Comme l'illustre la figure 5.6, l'épiphyse située à chaque bout de l'os est une surface osseuse séparée du tronc de l'os par une plaque cartilagineuse appelée « cartilage de conjugaison ». Il s'agit d'une zone d'accroissement des os longs où les tissus cartilagineux se transforment graduellement en tissus osseux. Ainsi, la croissance des os longs des membres se fait vers l'intérieur, à partir de chacun des bouts. La plupart des os des membres ont des épiphyses à chacun de leurs bouts, mais certains d'entre eux, comme le fémur de la cuisse, grandissent plus à partir du cartilage de conjugaison du bas, au genou, qu'à partir de celui du haut, à la hanche (Tanner, 1978). À mesure que la croissance de l'os ralentit, la zone cartilagineuse rapetisse et, à la fin de l'adolescence, lorsque la croissance est terminée, l'épiphyse se referme, c'est-à-dire qu'elle se soude avec le tronc de l'os. La croissance en largeur de l'os se fait par l'addition progressive de couches de cellules osseuses sur la surface extérieure de l'os déjà existant.

FIGURE 5.6 : Cellules et croissance des tissus

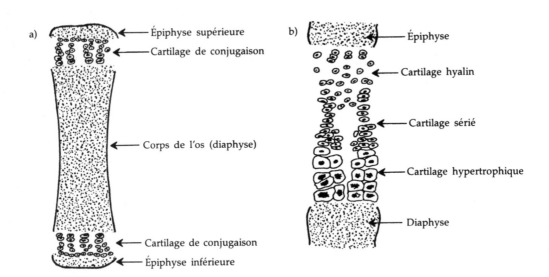

a) Diagramme d'un os long, avec les épiphyses supérieure et inférieure

b) Grossissement au microscope du cartilage de conjugaison qui relie l'épiphyse au corps de l'os (diaphyse), afin de montrer les zones de cellules. Les nouvelles cellules sont formées dans le cartilage hyalin ; dans une deuxième couche, le cartilage sérié, elles forment des rangées parallèles ; puis les cellules cartilagineuses deviennent énormes au niveau du cartilage hypertrophique, pour former ensuite un tissu osseux spongieux.

Source : TANNER, J.M. (1978) *Fœtus into Man : Physical Growth from Conception to Maturity*, Cambridge (Mass.), Harvard University Press, p. 33, figure 13.

La croissance des os est contrôlée génétiquement et comporte plusieurs étapes de réabsorption de l'os par le corps, étapes où l'os est remodelé successivement. La forme de l'os en croissance évolue avec le temps et ne correspond donc pas simplement à l'addition de cellules en longueur et en largeur. Tanner (1978) rapporte que des chercheurs ont réussi à faire croître des os en milieu artificiel et que leur apparence finale était relativement semblable à celle des os en milieu naturel ; cette expérience démontre la régulation génétique (dans l'os lui-même) du plan de croissance. La configuration finale de l'os dépend aussi des pressions et tensions que lui impriment les muscles. Cela est particulièrement vrai pour les os des mâchoires, dont la grande plasticité permet des corrections naturelles de l'occlusion des dents et rend possible les traitements orthodontiques basés, justement, sur des tractions ou des pressions exercées sur les dents ou sur les mâchoires.

Cette plasticité des os au cours de l'enfance les rend fragiles aux déformations ; c'est la raison pour laquelle la pratique de certains exercices physiques est déconseillée aux jeunes, par exemple l'haltérophilie ou certains lancers au baseball qui exercent un stress particulier sur les os et les articulations.

5.3.2 Le développement musculaire

Les muscles se développent parallèlement aux os sur lesquels ils se greffent. À la naissance, le bébé possède déjà l'ensemble des faisceaux musculaires qui, évidemment, croîtront considérablement en longueur comme en largeur au cours de l'enfance et de l'adolescence. Les muscles près du cou et de la tête se développent plus tôt que ceux des extrémités, conformément au principe de développement « céphalocaudal » (du grec « tête » et « queue », c'est-à-dire du haut vers le bas). Aussi, selon le principe de développement proximo-distal, le contrôle moteur s'acquiert à partir du centre vers les extrémités, et le bébé maîtrisera plus tôt les mouvements de ses épaules que ceux de ses bras ou de ses mains.

5.4 LE DÉVELOPPEMENT DU SYSTÈME NERVEUX

En raison de sa très grande importance psychologique, le développement des tissus nerveux fait ici l'objet d'une section particulière. On a vu au chapitre 4 que, dès la naissance, l'expérience exerce une influence sur le développement des connexions nerveuses : la stimulation des cellules, à certaines périodes clés du développement, aurait pour effet de renforcer leurs connexions, tandis que les dendrites non utilisées dépériraient. Nous nous intéressons ici :

1- à la relation entre la maturation neurologique, la myélinisation des neurones et l'apparition de certaines fonctions sensorimotrices ;
2- à la spécialisation hémisphérique ; et
3- aux différences cérébrales entre garçons et filles.

Malgré la très grande intensité de la recherche sur le fonctionnement du système nerveux et les progrès marqués des connaissances au cours des 30 dernières années, le nombre de questions sans réponse demeure très grand. Le cerveau humain comporte environ un million de millions de neurones, et un seul neurone peut avoir jusqu'à 30 000 connexions ou « dendrites » le reliant avec 3000 autres neurones (Tanner, 1978). Le nombre de possibilités fonctionnelles est donc gigantesque. De plus, le cerveau se transforme pendant tout le cours de la vie. Comme c'est pendant la période de croissance physique que l'évolution est la plus rapide (surtout au cours de la gestation et pendant la petite enfance), on a maintenant acquis la conviction que l'apprentissage implique de nouvelles connexions dendritiques. Donc, si une personne de 60 ans apprend une nouvelle langue par exemple, les neurones responsables de cette nouvelle activité doivent développer une nouvelle circuiterie. Le fonctionnement précis de cette circuiterie dans les processus mentaux demeure toutefois mal connu.

L'adaptation du cerveau à certaines lésions est très grande pendant l'enfance, au moment où les neurones sont encore en croissance. À ce moment, si une partie des cellules sont détruites, il y aura compensation des fonctions par un réarrangement des cellules. Cette capacité de compenser des fonctions entières, comme l'usage de la parole après une aphasie (perte de l'usage de la parole), ne dure pas toute la vie, mais on ne sait pas encore exactement quand elle cesse d'être possible.

5.4.1 La maturation neurologique, la myélinisation des neurones et l'apparition des fonctions cognitives

Le cerveau est constitué de deux types de cellules : les cellules nerveuses comme telles ou « neurones » et les « nevroglies » ou cellules de soutien. Ces dernières ne transportent pas d'influx nerveux ; elles servent d'intermédiaires entre les neurones et le sang qui apporte la nourriture aux cellules. Elles transmettent du glucose, des acides aminés et d'autres substances aux neurones qui utilisent ce matériel pour produire leur énergie et manufacturer des protéines. Les nevroglies occupent à peu près la moitié du volume du cerveau et, comme elles sont plus nombreuses que les neurones, elles sont aussi plus petites.

À la figure 5.7, on peut voir que le système nerveux (le cerveau, la moelle épinière et les nerfs) évolue rapidement vers une maturité de proportions presque complète. À la naissance, le poids du cerveau représente environ 25 % de celui de l'adulte, ce qui est une proportion beaucoup plus importante que la plupart des organes du corps (à l'exception des yeux) ; à 6 mois, le poids du cerveau représente 50 % de celui de l'adulte ; à 2 ans, 75 % ; à 5 ans, 90 % ; et à 10 ans, 95 % (Tanner, 1978). Comme le poids total du corps à la naissance représente environ 5 % du poids du corps adulte, il est clair que le cerveau de l'enfant est relativement en avance par rapport aux autres structures anatomiques. Le phénomène de « maturation précoce du cerveau »

FIGURE 5.7 : Courbes de croissance de différents tissus et parties du corps

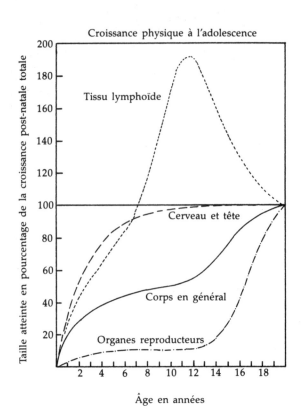

Toutes les courbes représentent la grandeur atteinte et chacune d'elle est présentée sous forme de pourcentage du gain total de la naissance à 20 ans. De cette façon, à l'âge de 20 ans, la courbe indique nécessairement 100 sur l'échelle verticale.

Source : TANNER, J.M. (1962) *Growth at Adolescence* (2ᵉ éd.), Oxford, Blackwell Scien. Pub.

reflète bien l'importance du développement neurologique prénatal.

La figure 5.8 présente les différentes parties d'une cellule nerveuse, le neurone.

FIGURE 5.8 : Le neurone

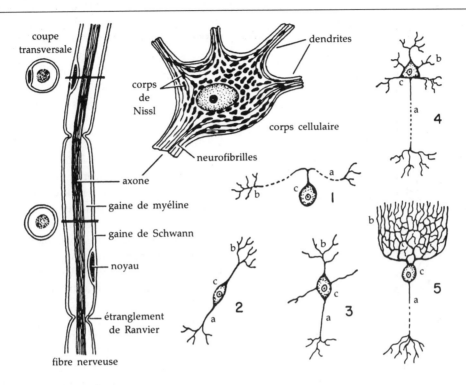

Vue microscopique détaillée des différents types de cellules, d'un corps cellulaire et d'une fibre nerveuse.
1- Cellule unipolaire ; 2- Cellule bipolaire ; 3- Cellule du cortex cérébral ; 4- Cellule motrice ; 5- Cellule de Purkinje du cortex du cervelet ; a) Axone ; b) Dendrites ; c) Corps cellulaire.

Source : BROOKS, S.M. (1975) *Basic Science and the Human Body : Anatomy and Physiology*, Saint Louis, The C.V. Mosby Co.

La maturation précoce du cerveau ne se retrouve pas seulement chez l'humain, car plusieurs espèces animales partagent la caractéristique d'une grosse tête et de petits membres par rapport au corps, à la naissance. La disposition même des organes sur la tête varie de l'enfant à l'adulte. Puisque la partie inférieure du visage (nez, bouche, mâchoires, etc.) connaîtra une croissance proportionnellement plus importante que la partie supérieure (crâne, front, yeux), les bébés, comme plusieurs espèces animales, ont de grands yeux qui semblent placés au centre de la tête (figure 5.9). Les auteurs de dessins animés utilisent ce principe pour donner un air plus ou moins bébé ou sympathique aux personnages animaux : ils placent de grands yeux sous un large front et les rapprochent du nez et de la bouche (Gould, 1979).

Le développement du système nerveux conditionne directement l'apparition des fonctions sensori-motrices et cognitives : la perception visuelle et l'intégration de l'information provenant de l'œil à

FIGURE 5.9 : Les éléments faciaux et l'air « bébé »*

L'emplacement et la dimension relative des éléments faciaux sont responsables du fait qu'un visage a l'air « bébé » (mignon) ou pas. Ainsi, l'écartement des yeux donne l'impression que les faces de gauche sont plus âgées que celles de droite.

---

* Figure élaborée à partir de HARRIS, J.R. et LIEBERT, R.M. (1987) *The Child, Development from Birth through Adolescence*, Englewood Cliffs (N.J.), Prentice-Hall, p. 168, figure 5.3.

celle provenant de l'oreille, par exemple, ne peuvent se faire sans que les cellules nerveuses concernées dans le cerveau soient arrivées à maturité. La « myélinisation » des neurones est un processus fondamental dans la maturation du système nerveux. La myélinisation correspond au développement d'une gaine de tissu gras et blanc, la « myéline », qui entoure la fibre nerveuse et permet une meilleure conduction de l'influx nerveux. L'étude de la myélinisation des zones corticales, en même temps que l'étude de l'apparition des capacités sensorielles et motrices chez l'enfant, a permis d'identifier la séquence du développement de plusieurs structures

nerveuses. Il y aurait correspondance entre le moment d'apparition des fonctions comportementales et celui de la myélinisation des structures nerveuses responsables de ces comportements. J.L. Conel, un chercheur de l'Université Harvard à Boston, a travaillé de 1939 à 1967 à identifier la séquence de maturation des structures neurologiques chez l'enfant (Conel, 1939-1967). Sans entrer dans tous les détails, il est intéressant de noter quelques jalons de cette maturation nerveuse.

La poussée de myélinisation des cellules du cortex visuel commencerait vers le septième mois de gestation et serait déjà terminée quelques mois après la naissance. Ce phénomène expliquerait la précocité de la perception visuelle du nouveau-né. La myélinisation de la région responsable de la perception auditive commencerait dès le sixième mois de gestation, mais se poursuivrait jusqu'à quatre ans après la naissance, rythme de maturation qui semble relié au développement du langage chez l'enfant (Tanner, 1978). La myélinisation de certaines cellules nerveuses continuerait de se produire jusqu'à la fin de l'adolescence et même à l'âge adulte et serait mêlée à l'apparition des fonctions cognitives supérieures comme le raisonnement formel décrit par Piaget (voir chapitre 6). Le développement des régions responsables du contrôle moteur débute très rapidement après la naissance et se poursuit vraisemblablement jusqu'à la fin de l'adolescence, suivant une trajectoire parallèle au raffinement progressif des fonctions motrices.

La figure 5.10 illustre bien la division du cerveau en deux moitiés : les hémisphères gauche et droit. Les deux hémisphères cérébraux sont reliés ensemble par le corps calleux, une structure nerveuse permettant une très grande quantité de connexions inter-hémisphériques.

Le contrôle moteur et la sensibilité de chaque moitié du corps sont sous la responsabilité d'un hémisphère particulier : le côté droit du corps est régi par l'hémisphère gauche et le côté gauche par l'hémisphère droit. Le partage des responsabilités des hémisphères n'est cependant pas complètement symétrique. La préférence manuelle est un exemple

FIGURE 5.10 : Les hémisphères gauche et droit du cerveau

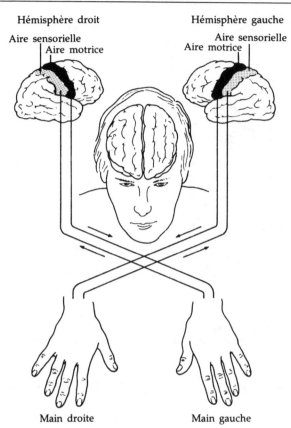

Hémisphère droit

Aire sensorielle
Aire motrice

Hémisphère gauche

Aire sensorielle
Aire motrice

Main droite

Main gauche

Le contrôle moteur et sensoriel du cerveau sur le reste du corps s'exerce dans une direction croisée. Ainsi, chaque main est contrôlée essentiellement par l'hémisphère cérébral du côté opposé.

Source : SPRINGER, S.P. et DEUTSCH, G. (1985) *Left Brain, Right Brain*, New York, Freeman.

important de cette asymétrie fonctionnelle du cerveau : très peu de gens sont vraiment ambidextres, et la quasi-totalité des humains préfèrent se servir d'une main plutôt que de l'autre dans les fonctions motrices complexes. Par ailleurs, la préférence manuelle est indicatrice de la zone de contrôle du langage : chez les droitiers l'hémisphère gauche est responsable de la main préférée mais aussi du contrôle du langage verbal.

5.4.2 La spécialisation hémisphérique

Les deux hémisphères du cerveau remplissent donc des fonctions distinctes et leur développement anatomique n'est pas symétrique. Après avoir examiné de nombreux travaux sur le sujet, Springer et Deutsch (1985) concluent que les deux hémisphères cérébraux ne sont pas symétriques à la naissance, ce qui signifierait une programmation génétique de leur inégalité. Certaines contradictions subsistent toutefois concernant les mécanismes de transmission héréditaire de cette asymétrie.

Même si l'on attribue généralement à Marc Dax, un médecin de Montpellier en France, la découverte (en 1836) du rôle de l'hémisphère gauche dans le langage, c'est Paul Broca, un chirurgien français, qui contribua le plus à attirer l'attention de la communauté scientifique sur le rôle important de l'hémisphère dit « dominant », c'est-à-dire le gauche pour plus de 90 % des gens, dans le langage humain. En pratiquant des autopsies, Broca se rendit compte que plusieurs patients droitiers ayant perdu l'usage de la parole avant leur décès avaient une région du lobe frontal de l'hémisphère gauche détériorée. La figure 5.11 situe cette région appelée depuis l'« aire de Broca ».

Des nuances ont été apportées à la notion de dominance générale de l'hémisphère gauche avec, en particulier, la découverte de la dominance de l'hémisphère droit pour certaines fonctions non verbales comme l'orientation dans l'espace, les relations visuospatiales entre les objets et la compréhension musicale. La notion de spécialisation hémisphérique a remplacé celle de dominance générale puisque ce n'est que pour certaines fonctions spécialisées qu'un hémisphère cérébral domine l'autre.

Les connaissances actuelles indiquent que le langage verbal, dans sa compréhension comme dans sa production, est principalement sous la responsabilité de l'hémisphère gauche pour la plupart des

FIGURE 5.11 : L'aire de Broca ou aire de la parole*

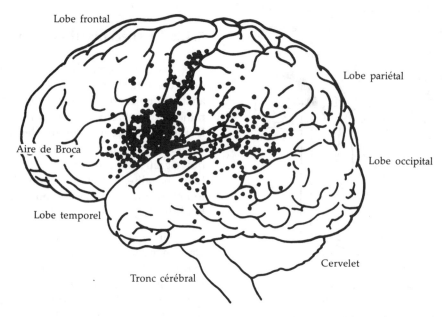

L'aire de Broca se situe dans l'hémisphère cérébral gauche. Les points sur la surface de cet hémisphère marquent les endroits où la stimulation électrique résulte en une interférence au niveau de la parole. Cette interférence peut prendre les formes suivantes : arrêt total du discours, hésitation, problèmes d'articulation, répétition de mots, incapacité de nommer les choses reconnues.

---

* Figure élaborée à partir de SPRINGER, S.P. et DEUTSCH, G. (1985) *Left Brain, Right Brain*, New York, Freeman, p. 10, figure 1.3 et p. 19, figure 1.5.

gens, tandis que le droit est responsable des fonctions perceptuelles fondamentales (profondeur, distance, couleur, etc.) et de la reconnaissance et de l'expression d'émotions. Cette spécialisation n'est cependant pas absolue mais plutôt relative. Il n'est pas juste de désigner l'hémisphère gauche comme le « verbal » et le droit comme le « non verbal ». On a démontré que l'hémisphère droit pouvait comprendre du matériel verbal et le gauche jouer un rôle dans certaines fonctions spatiales (Corballis, 1983).

La spécialisation hémisphérique ne se retrouve pas de façon aussi marquée chez les autres primates. Bien que l'on ait identifié des différences anatomiques entre les hémisphères chez certains singes, les deux auraient chez eux des fonctions équivalentes.

LeDoux, Wilson et Gazzaniga (1977) croient qu'avec l'apparition du langage chez l'espèce humaine, la place occupée dans l'hémisphère gauche par les connexions consacrées aux fonctions spatiales a été sacrifiée au profit des circuits nerveux du langage. L'autre hémisphère, le droit, a alors pris charge de ces fonctions autrefois partagées entre les deux hémisphères, comme c'est encore le cas chez les animaux qui ne parlent pas.

Il est important de souligner que la spécialisation hémisphérique ne concerne pas seulement le langage mais aussi la latéralité, tel que l'illustre la préférence manuelle. On sait que la préférence manuelle est relative plutôt qu'absolue : il s'agit d'un continuum et non pas d'une dichotomie. Le

TABLEAU 5.1 : Échelle de préférence manuelle d'Edimbourg*

Directives : Le répondant doit, en inscrivant un « + » dans la colonne de son choix, indiquer sa préférence quant à l'utilisation d'une main par rapport à l'autre pour chacune des activités proposées. Lorsque la préférence est si forte qu'il ne saurait être question d'utiliser l'autre main à moins d'y être forcé, le répondant inscrit « + + » dans la colonne de son choix. Lorsque l'usage d'une main ou de l'autre ne fait pas de différence, inscrire un « + » dans chaque colonne.

Certaines des activités proposées requièrent l'usage des deux mains ; dans ces cas, la partie de la tâche pour laquelle on veut connaître la préférence est indiquée entre parenthèses.

Le répondant est prié de répondre à toutes les questions en ne laissant en blanc que les tâches à l'égard desquelles il n'a aucune expérience.

Tâche	Main *gauche* préférée	Main *droite* préférée
1- Écrire		
2- Dessiner		
3- Lancer		
4- Découper avec des ciseaux		
5- Se brosser les dents		
6- Utiliser un couteau (sans fourchette)		
7- Utiliser une cuillère		
8- Balayer (main du haut)		
9- Frotter une allumette (main qui tient l'allumette)		
10- Ouvrir une boîte (main sur le couvercle)		

Score : Pour établir le quotient de latéralité il faut additionner le nombre de signes dans chaque colonne ; on soustrait ensuite le total de la colonne « gauche » de celui de la colonne « droite », on divise le reste par le nombre total de signes et on multiplie par 100.

* D'après OLDFIELD, R.C. (1971) « The Assessment and Analysis of Handedness : The Edinburgh Inventory », *Neuropsychologia*, 9, p. 97 à 114.

tableau 5.1 présente un instrument typique pour évaluer la latéralité et fait comprendre que l'on peut être plus ou moins droitier ou gaucher. Mais pourquoi, chez la plupart des humains, la main droite est-elle préférée à la gauche pour les activités motrices ? Cette latéralité serait exclusive à l'espèce humaine. Selon Corballis (1983), certains animaux, comme les singes ou les chats, peuvent afficher une préférence pour une main ou une patte pour certaines activités motrices, mais il s'agit là d'une tendance individuelle puisque, chez ces espèces, il y a autant de « gauchers » que de « droitiers ».

Selon Corballis (1983), la symétrie bilatérale du corps n'est pas complète chez l'humain, ni chez un très grand nombre d'espèces animales. Elle serait une caractéristique apparue pour permettre une meilleure adaptation à l'environnement. La locomo-tion serait fortement concernée dans cette symétrie corporelle : si les jambes pour la marche, les nageoires pour la natation ou les ailes pour le vol n'étaient pas symétriques, cela causerait sans doute une difficulté de maîtrise de la direction de la locomotion. En conséquence, le squelette et les muscles directement associés à la locomotion affichent une morphologie symétrique. La symétrie bilatérale des organes senso-riels comme les yeux ou les oreilles ont aussi une valeur pour la survie : puisque dans l'environnement il n'y a pas de biais en faveur de la gauche et de la droite et qu'un stimulus ou un prédateur peut surgir autant d'un côté que de l'autre, le fait d'être privé d'un œil, par exemple, peut avoir des conséquences néfastes pour la survie de l'animal. La symétrie des deux hémisphères et du système nerveux serait une conséquence de cette symétrie bilatérale retrouvée pour la locomotion, la perception visuelle, etc.

La symétrie bilatérale aurait ainsi une fonction d'adaptation à l'environnement, et les structures qui ne sont pas directement en cause dans les rapports avec l'environnement ne sont pas symétriques : nous n'avons qu'un cœur et il est situé à gauche alors que notre foie est à droite, etc. Il y aurait au contraire une tendance naturelle vers l'asymétrie organique, comme en témoignent les structures microscopiques de base responsables de la vie, telles les protéines ou les acides nucléiques (Monod, 1969).

Il y a environ 12 millions d'années, lorsque l'ancêtre de l'humain a commencé à marcher sur deux pattes, ses deux mains ont été libérées de la locomotion et n'eurent plus à fonctionner de façon symétrique l'une par rapport à l'autre. Les mains ont alors pu se spécialiser dans des fonctions comme la préhension, la manipulation ou le transport d'objets, tâches que la bouche devait assumer auparavant, au temps où la locomotion se faisait à quatre pattes. La bouche s'est donc trouvée libérée à son tour et a pu se spécialiser dans la communication qui a évolué vers le langage verbal (Corballis, 1983). C'est ainsi que la locomotion sur deux pattes serait reliée au développement du langage chez l'humain.

La latéralité manuelle et cérébrale aurait d'abord émergé dans le contexte de la manipulation favorisée par un système d'actions complémentaires plutôt que symétriques : chez le droitier, la main gauche est habituellement occupée à tenir l'objet tandis que la main droite opère sur lui. Comme le dit Corballis, « la main gauche tient la banane tandis que la main droite la pèle ; la main gauche tient le clou tandis que la main droite le frappe avec le marteau ; la main gauche tient la feuille de papier tandis que la main droite écrit dessus avec le crayon » (1983, p. 124).

Les manipulations correspondent plus à des actions dirigées vers l'environnement qu'à des réactions à l'environnement ; elles sous-tendent une planification, une intention dans la poursuite d'un but. La symétrie n'est alors pas un avantage puisqu'il peut y avoir conflit entre deux hémisphères également disposés à engager une action. La prévalence de l'un sur l'autre dans le contrôle de la manipulation devient alors un bienfait. De plus, le contrôle d'un tel processus de manipulation, qui est devenu de plus en plus raffiné, a créé une demande supplémentaire pour le système nerveux. Alors, la spécialisation d'un hémisphère dans ce contrôle pendant que l'autre continue d'assumer les autres fonctions s'est avérée une économie dans un contexte de compétition pour la « place neurologique » (Corballis, 1983).

Mais pourquoi y a-t-il plus de droitiers chez l'humain, alors que la latéralité observée chez la plupart des autres espèces animales (préférence d'une main chez le singe ou d'une patte chez le chat et la souris, dominance d'une pince chez le homard ou le crabe, etc.) s'installe au hasard d'un individu à l'autre ? Corballis (1983) discute relativement à fond les hypothèses voulant expliquer le fait que l'hémisphère gauche, plutôt que le droit, est généralement dominant pour le langage et la main chez l'homme. Il rapporte même une explication selon laquelle les guerriers anciens, portant leur bouclier de la main gauche afin de protéger leur cœur, auraient avec l'usage de l'épée de la main droite développé la préférence pour cette dernière et la dominance de l'hémisphère gauche pour cette fonction. Toutefois, le constat que les femmes sont mieux latéralisées que les hommes et qu'elles ne combattaient pas avec des épées permet d'écarter cette hypothèse quelque peu centrée sur l'histoire masculine... La majorité droitière place d'ailleurs les gauchers dans une situation concrète de minorité, l'environnement étant conçu en fonction des droitiers (voitures, maisons, etc.) ; et le fait d'être « droit » a toujours été plus valorisé dans l'histoire que le fait d'être « gauche ». À l'heure actuelle, la réponse à cette question n'est pas encore certaine. Il existe cependant des indications de transmission génétique de la latéralité dont l'existence a été observée dès la naissance. Également, les embryologistes ont observé que l'hémisphère gauche se développerait légèrement plus vite que le droit pendant la gestation (Springer et Deutsch, 1985).

TABLEAU 5.2 : **Comparaison de l'organisation du cerveau de l'homme et de la femme dans certaines fonctions psychologiques***

Fonction psychologique	Localisation cérébrale du centre de contrôle		Différence entre l'homme et la femme
	Homme	Femme	
Production du langage oral	Partie avant et arrière de l'hémisphère gauche	Surtout la partie avant de l'hémisphère gauche	Le centre de contrôle est moins précisément localisé chez l'homme
Contrôle moteur des mains dans les tâches manuelles	Partie avant et arrière de l'hémisphère gauche	Surtout la partie avant de l'hémisphère gauche	Le centre de contrôle est moins précisément localisé chez l'homme
Définition des mots (vocabulaire)	Partie avant et arrière de l'hémisphère gauche	Partie avant des deux hémisphères	Le centre de contrôle est moins précisément localisé chez la femme
Autres habiletés verbales (nommer des mots commençant par une certaine lettre, décrire le comportement social qui convient dans une situation donnée, etc.)	Partie avant de l'hémisphère gauche	Partie avant de l'hémisphère gauche	Pas de différence organisationnelle

* D'après KIMURA, D. (1985) « Male Brain, Female Brain : The Hidden Difference », *Psychology Today*, nov., p. 50 à 58.

5.4.3 Les différences cérébrales entre les garçons et les filles

Pourquoi les femmes ont-elles généralement un raisonnement verbal plus développé alors que les habiletés spatiales et mathématiques de l'homme sont supérieures (Kimura, 1985) ? Depuis plus de 25 ans maintenant, on sait que le cerveau possède des particularités en fonction du sexe. Le tableau 5.2 compare l'organisation cérébrale de l'homme à celle de la femme.

La dominance de l'hémisphère gauche dans le contrôle du langage serait moins importante chez la femme que chez l'homme. Doreen Kimura (1985) fait le bilan des connaissances disponibles sur le sujet et indique que la fonction du langage serait située différemment chez la femme que chez l'homme. Dans les deux cas, c'est l'hémisphère gauche qui en est le siège, mais chez l'homme la zone serait plus étendue ; cela explique que la perte du langage (aphasie) est plus fréquente chez les hommes lors d'une lésion dans cet hémisphère gauche que chez la femme.

Par contre, l'auteure rapporte aussi que la capacité de définir les mots (le vocabulaire) est affectée chez la femme lors d'une lésion gauche ou droite, tandis que chez l'homme, seule une lésion de l'hémisphère droit produit cet effet. Cette constatation suggère que la fonction « vocabulaire » est plus diffuse chez la femme que chez l'homme, contrairement à la capacité de parler.

Kimura (1985) résume de la façon suivante les différences entre les hommes et les femmes relativement à l'organisation cérébrale :

En bref, nous trouvons que, selon la fonction intellectuelle particulière considérée, le cerveau de la femme peut afficher une organisation plus, moins ou également diffuse comparativement à l'homme. Il n'y a pas de règle unique en cette matière. Quand il s'agit de parler ou de faire des mouvements précis des mains, les centres nerveux concernés sont beaucoup plus spécifiquement localisés chez la femme que chez l'homme. Ceci peut être relié au fait que les filles parlent généralement plus tôt que les garçons, articulent mieux quand elles parlent et possèdent aussi un meilleur contrôle de la motricité fine des mains. Aussi, une proportion plus grande de femmes sont droitières, et leur préférence pour la main droite est plus nette que chez les droitiers masculins. Mais lorsqu'il s'agit de fonctions plus abstraites comme la définition de mots, les centres nerveux en cause sont moins spécifiquement localisés chez la femme malgré que le vocabulaire des femmes ne diffère pas de celui des hommes. (Kimura, 1985, p. 54.)

Ces différences entre les sexes seraient dues à un processus dynamique et non pas simplement à une base génétique définitive. La recherche dans ce domaine insiste beaucoup plus sur les différences que sur les ressemblances. Or, il y a évidemment beaucoup plus de similitudes entre les sexes que de différences. Bon nombre de filles possèdent de meilleures habiletés spatiales que la majorité des garçons, et bon nombre de garçons affichent un contrôle verbal meilleur que la majorité des filles, même si la tendance générale va dans le sens contraire. La prédiction des habiletés d'un individu à partir d'une telle tendance générale entre les sexes comporterait une marge d'erreur très élevée !

Les différences cérébrales entre les garçons et les filles auraient leur origine au niveau chromosomique (XX versus XY), mais l'expression de cette différence génétique initiale serait conditionnée par l'interaction avec l'environnement dès la période prénatale. La plus ou moins grande disponibilité de certaines hormones au fœtus stimule · ou freine l'expression de la différence génétique. Celle-ci influence le rythme de développement du corps avant et après la naissance. Selon Levy et Levy (1978), les deux moitiés du corps, y compris les hémisphères cérébraux, se développent à des rythmes différents selon le sexe : l'hémisphère gauche se développe plus rapidement chez la fille, et l'hémisphère droit plus rapidement chez le garçon, ce qui favoriserait les habiletés verbales chez la fille et les habiletés spatiales chez le garçon.

Il est clair que la fille et le garçon sont différents sur les plans génétique, physiologique et psychologique. Dès la période prénatale, puis pendant l'enfance et l'adolescence, les hormones et la stimulation de l'environnement interagissent pour augmenter ou diminuer l'expression de la différence inscrite initialement dans les chromosomes et dont le système hormonal assure la médiation (voir le processus de différenciation sexuelle au chapitre 3).

5.5 LES EFFETS PSYCHOLOGIQUES DU RYTHME DE CROISSANCE

Comme l'indique la figure 5.12, pendant l'enfance, la courbe de croissance des garçons suit de très près celle des filles, et ce n'est qu'à partir de la puberté que les deux sexes se distinguent vraiment. Des différences individuelles importantes peuvent cependant être observées autant chez les filles que chez les garçons. La croissance physique étant fortement déterminée par l'hérédité, on peut faire certaines prédictions de la taille adulte de l'enfant à partir de celle de ses parents et à partir de sa propre croissance en bas âge.

La corrélation entre la hauteur des parents et celle de leur enfant devenu adulte est de 0,71. Il s'agit là d'un lien significatif, mais qui laisse encore beaucoup de place à la variation (une corrélation de 0,7 indique une variance commune de 49 %, laissant donc 51 % de variance non expliquée par la relation).

Le rythme de croissance serait fortement régi par l'hérédité de sorte que le patron de croissance de l'enfant est un indicateur potentiellement puissant de la taille adulte. On doit cependant attendre quelques années avant que ce rythme puisse être stabilisé. À la naissance, en effet, la taille et le poids sont fortement affectés par les conditions prénatales. De plus, une bonne proportion des effets génétiques ne se manifestent qu'après la naissance. Ceci fait que plusieurs enfants de 18 mois et moins changeront de rang, de hauteur et de poids dans leur groupe d'âge. À partir de 2 ans, la corrélation entre la hauteur de l'enfant et celle qu'il aura à l'âge adulte est de l'ordre de 0,8 (Tanner, 1978).

S'il n'est pas possible de prédire avec exactitude la taille adulte à partir de la taille à la naissance,

FIGURE 5.12 : Courbes de croissance type du garçon et de la fille

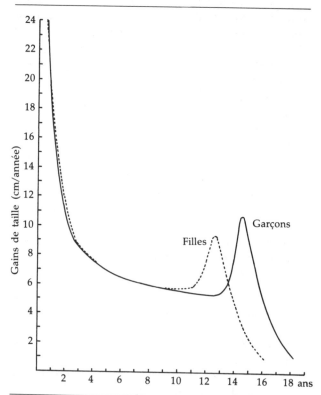

Source : TANNER, J.M. (1978) *Fœtus into Man : Physical Growth from Conception to Maturity*, Cambridge (Mass.), Harvard University Press, p. 14, figure 5.

on peut le faire avec une meilleure précision à 2 ans. Une façon courante de procéder consiste à multiplier par deux la hauteur du garçon à 2 ans et par 1,9 celle de la fille du même âge. Selon Tanner (1978), cette méthode de prédiction peut quand même comporter une marge d'erreur maximale de 7 cm environ, en plus ou en moins.

Tanner (1978) fait bien ressortir le fait que la croissance est un processus continu ne comportant pas d'arrêts comme tels, mais plutôt certains changements de rythme. L'explosion de croissance pubertaire est probablement le plus perceptible de ces changements de rythme, et on a souvent décrit les effets psychologiques d'une puberté plus ou moins pré-

coce (Cloutier, 1982). Dès l'enfance cependant, des différences individuelles importantes se manifestent : certains enfants grandissent plus vite que d'autres. Y a-t-il des effets psychologiques associés au rythme de maturation physique chez l'enfant ?

Les travaux sur ce sujet distinguent généralement les filles des garçons, notamment parce que l'âge de la puberté de ces derniers est décalé de près de deux ans et que les changements corporels et psychosociaux amenés par la maturation sexuelle ne possèdent pas la même signification pour les deux sexes. Pour les garçons, une maturation précoce à l'adolescence a constamment été rattachée à des avantages dans les rapports sociaux et pour l'image de soi : être traité plus tôt comme une grande personne, obtenir de meilleurs résultats sportifs, constituer un partenaire plus désirable pour les filles (qui mûrissent plus vite en général) en sont des exemples (Cloutier, 1982). Pour les jeunes filles, une maturation précoce a été associée à un concept de soi plus négatif, et les filles qui se développent très « normalement » dans le temps auraient une image plus positive d'elles-mêmes (Tobin-Richards, Boxer et Petersen, 1984). Il est probable qu'une réaction moins positive de l'environnement social à une maturation féminine précoce entre en jeu ici, en même temps que la réaction de l'adolescente elle-même à ses transformations physiques par rapport à ses pairs d'allure plus enfantine. Mais dans certains contextes sociaux, une maturation féminine précoce peut certainement comporter des avantages.

Jusqu'à 10 ans environ, période où les garçons et les filles ont un rythme de croissance à peu près équivalent (voir la figure 5.12), est-il préférable d'être grand ou grande pour son âge ou l'inverse ? Le rythme de croissance physique étant une caractéristique individuelle relativement constante (c'est d'ailleurs ce qui permet de prédire la taille adulte à partir de celle de l'enfant de 2 ans), les enfants qui grandissent rapidement seront probablement des adolescents précoces. Pour cette raison, les travaux qui étudient les effets psychologiques du rythme de maturation à la puberté obtiennent des résultats qui incorporent les effets de toute une histoire de maturation précoce au cours de l'enfance. Relativement peu de recherches chez l'enfant portent donc spécifiquement sur cette question, comparativement à celles qui concernent les effets psychologiques de l'apparence physique.

Cependant, si l'on accepte l'idée que la maturation physique s'accompagne d'une augmentation des capacités d'adaptation à l'environnement, théoriquement, un rythme de croissance plus rapide offrira plus tôt à l'enfant des outils de développement de ses connaissances. Certes, la très grande majorité des adultes peuvent marcher, parler, etc., et il est très difficile de trouver chez eux les effets d'un accès plus ou moins précoce à ces capacités, mais le fait d'avoir acquis ces dernières plus tôt leur a probablement permis d'explorer plus vite leur environnement physique et social, et d'en retirer des connaissances utiles à l'adaptation. Duke et coll. (1982) ont trouvé que le QI de garçons affichant un rythme plus lent de maturation était plus faible que leurs pairs plus précoces entre 8 et 11 ans. Lorsque favorablement accueillie par l'environnement social, la maturation précoce est probablement un atout pour le développement de l'enfant.

5.6 LES EFFETS SOCIAUX DE L'APPARENCE PHYSIQUE DE L'ENFANT

L'apparence physique de l'enfant importe-t-elle pour son développement psychologique ? De la même façon que chez l'adulte, on a observé que les enfants physiquement plus attirants sont perçus par les adultes et par leurs pairs comme plus aimables et plus doués que ceux qui sont moins beaux (Langlois et Stephan, 1977 ; Lerner et Lerner, 1977 ; Patzer, 1985 ; Stephan et Langlois, 1984). Ce phénomène vient du fait que la société a profondément tendance à croire que ce qui est beau est bon.

Socialement, les enfants moins attirants recevraient moins de gratifications que les autres et ils en viendraient à intérioriser cette image et à se comporter en conformité avec elle. Au contraire, les gens répondraient plus positivement aux beaux enfants qui en viendraient d'ailleurs à attendre de telles réponses positives de la part des autres. Le résultat de cette interaction serait que la vie des enfants (et plus tard des adultes) plus attrayants physiquement constitue une expérience plus agréable que pour les autres enfants. Langlois et Downs (1979) ont observé qu'à 5 ans, des enfants moins attirants physiquement émettaient réellement plus de comportements indésirables que les enfants physiquement plus attrayants.

Mazur (1986) affirme que l'apparence physique constitue peut-être la forme la plus odieuse de discrimination ouverte dans notre société : les gens beaux sont plus désirés, ils sont mieux traités et ne se rendent pas compte qu'ils ont plus de chance.

Reste à savoir comment l'on définit la beauté physique et quels sont les critères utilisés pour la mesurer. Est-ce la même chose pour les deux sexes ? Peut-on généraliser d'une culture à l'autre ? Dans son livre sur ce phénomène, Patzer (1985) recense plus de 700 études sur l'apparence physique sans pour autant convaincre Mazur (1986), qui fait l'examen critique de son ouvrage, que l'on connaît vraiment l'effet de l'apparence physique sur les gens : l'apparence physique semble avoir un effet réel sur l'interaction sociale et sur le concept de soi, mais la dynamique précise de cet effet est encore mal cernée.

Enfin, la littérature renferme un bon nombre de travaux montrant que les enfants obèses ou handicapés physiquement sont moins attirants socialement. Cela diminue pour eux la probabilité d'expériences sociales enrichissantes et affecte négativement leur image d'eux-mêmes (Sirois et Cloutier, sous presse ; Lerner, 1972), ce qui, en retour, empêche ou ralentit le développement des compétences sociales appropriées.

5.7 LES RELATIONS ENTRE CERTAINES CARACTÉRISTIQUES PHYSIQUES ET PSYCHOLOGIQUES CHEZ L'ENFANT

L'apparence physique de l'enfant a donc un effet social et psychologique parce qu'elle influence l'attitude des gens à l'égard de la personne et, en retour, influence l'image de soi.

Dans un autre ordre d'idées, certains travaux ont observé que l'apparence physique pouvait témoigner de certaines prédispositions psychologiques congénitales. À titre illustratif, nous examinerons maintenant deux de ces courants de recherche :

1- la relation entre certaines anomalies physiques mineures et l'hyperactivité chez le garçon ; et

2- la relation entre la pigmentation des yeux et l'inhibition comportementale.

L'association entre certains traits physiques et certaines dimensions psychologiques a été étudiée depuis fort longtemps. À la fin du XIXᵉ siècle et encore au début du XXᵉ, il existait une science appelée la phrénologie, qui déterminait les caractéristiques intellectuelles et personnelles de l'individu à partir de l'observation de la configuration et des bosses du crâne. Le psychiatre hongrois Léopold Szondi a mis au point un test psychologique basé sur l'apparence du visage et qui prétendument permet de situer les tendances personnelles et pathologiques des personnes. Selon Szondi (1972), il existerait huit facteurs ou besoins pulsionnels fondamentaux reliés au bagage génétique de la personne. Ces tendances s'expriment dans les choix sociaux de la personne ; on peut utiliser ces choix pour comprendre l'individu. Cette approche a soulevé un grand nombre de critiques. Le plus souvent, de telles associations ont été abandonnées par la communauté scientifique parce qu'elles se sont avérées non fondées, inexactes ou inexpliquées.

En dépit de la résistance des psychologues à accepter une détermination biologique du comportement, certaines études plus récentes et bien fondées empiriquement démontrent l'existence de liens entre certaines caractéristiques physiques et des traits psychologiques (Waldrop et coll., 1978 ; Paulhus et Martin, 1986 ; Rosenberg et Kagan, 1987). Il ne s'agit évidemment pas de relations causales ; ce n'est pas la caractéristique physique qui provoque l'apparition du trait comportemental. Il ne s'agirait pas, comme dans le cas de l'apparence physique, du résultat de la rétroaction sociale à l'égard de la caractéristique physique particulière de la personne, mais plus probablement d'une association d'origine génétique entre la particularité physique externe observable et une particularité physiologique des structures responsables des comportements concernés. Ainsi, la particularité physique serait l'une des résultantes de la caractéristique génétique, la prédisposition psychologique en étant une autre, comme c'est le cas pour l'apparence physique typique des trisomiques 21 et leurs prédispositions psychologiques (voir chapitre 2).

Waldrop et Halverson (1971) ont mené une série de cinq études chez des enfants normaux, indiquant une relation entre la présence de certaines anomalies physiques mineures et l'hyperactivité chez le garçon. L'hyperactivité est définie ici comme un comportement caractérisé par un manque général de contrôle : de l'impulsivité, de la difficulté à demeurer immobile, de l'impatience, de l'agressivité et de la difficulté à se conformer à des règles de conduites. Chez la fille, la présence des mêmes anomalies physiques mineures n'a pas été associée de façon stable avec l'hyperactivité. Dans une des études, les résultats étaient les mêmes que pour les garçons, et les filles qui manquaient de contrôle comportemental affichaient une plus grande incidence de ces particularités physiques, tandis que dans une autre, les filles affichant un surplus de contrôle comportemental (forte inhibition, entêtement, etc.) étaient aussi plus sujettes à présenter de telles anomalies.

Le tableau 5.3 présente une brève description de ces anomalies physiques mineures dont l'origine serait chromosomique puisque, dans leur ensemble, elles se trouvent typiquement chez les trisomiques 21 et chez certains enfants affectés d'anomalies chromo-

TABLEAU 5.3 : Description des anomalies physiques mineures associées à l'hyperactivité chez le garçon*

Région de la tête

1- Cheveux fins et « électriques »

Il s'agit alors de cheveux très fins, habituellement blonds, qui ne peuvent être peignés parce qu'ils restent droits en raison de leur charge constante d'électricité statique.

2- Deux ou plusieurs rosettes sur la tête

La plupart des gens ont une rosette au sommet derrière la tête autour de laquelle poussent les cheveux. Cette rosette peut être à gauche ou à droite. Certaines personnes ont plus d'une rosette, et d'autres une ligne autour de laquelle poussent les cheveux. L'anomalie mineure est considérée comme présente s'il y a deux rosettes ou plus, ou s'il s'agit d'une ligne de plus de 2,5 cm de long.

3- Circonférence de la tête en dehors de l'étendue normale

L'anomalie est considérée comme présente si la circonférence de la tête s'écarte de plus d'un écart type de la moyenne pour l'âge du sujet.

Région des yeux

4- Épicanthus

L'épicanthus correspond au recouvrement partiel ou total par la peau du canal lacrimal interne de l'œil : le coin de l'œil près du nez est recouvert par la peau. Cette caractéristique est présente chez 75 % des bébés de 3 mois mais disparaît généralement au début de l'enfance (Waldrop et Halverson, 1971). Ce n'est donc que lorsqu'elle se maintient chez l'enfant qu'elle est considérée comme une anomalie physique mineure.

5- Hypertélorisme

L'hypertélorisme correspond à une distance plus grande que la normale entre les deux yeux. Cependant, il existe des différences entre les races à cet égard et les normes utilisées doivent en tenir compte.

Région des oreilles

6- Oreilles basses

Les oreilles sont considérées comme plus basses que la normale si le repli supérieur de l'oreille est situé en dessous d'une ligne droite horizontale passant par le centre de l'œil.

7- Lobes de l'oreille adhérents

Cette anomalie physique mineure est considérée comme présente si le point d'attachement de l'oreille à la tête est plus bas que le bas de la courbe du lobe de l'oreille.

8- Oreilles mal formées

Cette particularité est rare et considérée comme présente dans les cas où la forme de l'oreille est vraiment très différente de la morphologie courante.

9- Asymétrie des oreilles

Cette particularité est considérée comme présente lorsqu'elle peut être décelée sans instrument de mesure : une oreille est plus grosse que l'autre, de forme significativement différente, s'éloigne nettement plus de la tête ou est plus basse que l'autre.

10- Oreilles molles

Lorsque les oreilles sont repliées vers l'avant sans présenter la résistance cartilagineuse habituelle et qu'elles prennent du temps à reprendre leur position par elles-mêmes, cette anomalie physique mineure est considérée comme présente.

Région de la bouche

11- Palais pointu

Normalement, la voûte du palais de la bouche est en forme de dôme, sa ligne supérieure correspondant à peu près à un arc de cercle. Le palais est considéré comme « pointu » si son sommet correspond à un angle plutôt qu'à un arc ou si sa forme angulaire se termine au sommet par une surface plate. La forme du palais évolue au cours des premières années de la vie et ce n'est que lorsque cette particularité physique subsiste au cours de l'enfance qu'elle est considérée dans cette échelle.

12- Langue à plus d'un sillon

Cette caractéristique varie avec l'âge et se trouve plus souvent chez les enfants d'âge préscolaire que chez les bébés ou chez les enfants d'âge scolaire (Waldrop et Halverson, 1971). Elle correspond à la présence de plus d'un sillon sur la langue ou à un sillon qui n'est pas situé au centre.

13- Langue à relief irrégulier (*smooth-rough spots*)

Cette rare caractéristique est présente lorsque des épaississements localisés de la surface sont clairement présents sur la langue. Il ne faut cependant pas confondre ceci avec le relief des papilles que la consommation de certains aliments peut entraîner.

Région de la main

14- Petit doigt recourbé

Cette caractéristique correspond à un recourbement du petit doigt vers l'annulaire.

15- Pli palmaire transversal unique

Généralement, deux plis traversent en largeur l'intérieur de la main entre la base des doigts et la paume. Lorsqu'un seul pli transversal est observé, cette anomalie physique mineure est considérée comme présente.

Région des pieds

16- Troisième orteil plus long que le deuxième

Cette particularité physique est relativement courante chez les enfants d'âge préscolaire, mais plus rare chez les enfants d'âge scolaire. L'anomalie est considérée comme présente lorsque chez ces derniers (après 7 ans) le troisième orteil dépasse en longueur le deuxième.

17- Rattachement palmaire partiel de deux orteils du milieu

Cette anomalie physique mineure est considérée comme présente lorsque deux orteils du milieu (2e et 3e ou 3e et 4e) sont légèrement palmés entre eux.

18- Grand écart entre le gros orteil et le deuxième

Lorsque l'espace entre le gros orteil et le deuxième correspond à une surface plate mesurant la moitié ou plus de la largeur du deuxième orteil, cette anomalie mineure est considérée comme présente.

---

* D'après WALDROP, M.F. et HALVERSON, C.F. (1971) « Minor Physical Anomalies and Hyperactive Behavior in Young Children », *in* HELLMUTH, J. (édit.) *Exceptional Infant, Studies in Abnormalities*, New York, Brunner-Mazel.

---

somiques majeures. (Pour une description plus détaillée des critères utilisés, voir Waldrop et Halverson, 1971.)

À partir de l'examen physique de l'enfant, les auteurs lui attribuent une cote selon le nombre d'anomalies mineures qu'il affiche. Leurs résultats indiquent une relation significative entre l'élévation de la cote et une série d'indices indépendants d'hyperactivité (incapacité de supporter un délai, mouvement continu, impulsivité, incapacité de soutenir son attention, d'intégrer des règles de contrôle comportemental, etc.). Or comme la présence de ces anomalies physiques mineures peut être décelée tôt après la naissance (sauf pour la première du tableau 5.3, évidemment), les auteurs ont proposé leur échelle comme un moyen intéressant de dépister les risques d'hyperactivité en vue d'interventions préventives. Il faut bien comprendre ici que la plupart des gens affichent certaines de ces anomalies physiques mineures et que le lien avec le style de contrôle comportemental grandit avec le résultat obtenu à l'échelle.

5.8 LA TENDANCE SÉCULAIRE DE LA CROISSANCE PHYSIQUE

Au cours des 100 dernières années dans les pays industrialisés, les enfants ont affiché une tendance à être plus grands et à grandir plus rapidement. C'est ce que nous appelons la « tendance séculaire » de croissance physique. La figure 5.13 illustre les effets de cette tendance sur la hauteur des garçons et des filles en Suède, pays où les données disponibles sont les plus complètes pour cette période, et sur l'âge d'apparition des premières menstruations dans plusieurs pays. Au Canada, la tendance séculaire serait du même ordre et ferait que, depuis 1900, les enfants de 5 à 7 ans élevés dans des conditions économiques moyennes ont affiché une augmentation moyenne de hauteur de 1 à 2 cm par décennie.

En Angleterre, des fouilles archéologiques dans des cimetières comprenant la mesure d'os de corps inhumés entre les XIVe et XIXe siècles ont permis d'estimer à 1,67 m (5 pi 6 po) la taille de l'homme moyen de l'époque, alors qu'en 1976 cette taille était de 1,75 m (5 pi 9 po) (Hamill et coll., 1976). Ainsi, entre les XIVe et XIXe siècles, cette tendance séculaire ne se serait pas manifestée puisque la taille moyenne est demeurée stable. La tendance séculaire serait apparue au milieu du XIXe siècle dans les pays industrialisés et serait associée à l'amélioration de la santé et de l'alimentation publiques.

Tel qu'on peut le voir par les courbes des données de la figure 5.13, cette tendance séculaire s'arrête graduellement en Suède mais aussi dans les pays industrialisés. Une étude américaine menée auprès de familles envoyant leurs fils adolescents à l'Université Harvard (Boston) pendant plusieurs générations a indiqué une différence de 2,6 cm entre la hauteur moyenne de la génération de 1858 et celle de 1888, de 1,1 cm entre 1888 et 1918, et aucune différence entre 1918 et 1941. La tendance continuerait cependant de se manifester dans les populations plus pauvres (Tanner, 1978).

La nutrition, en bas âge notamment, serait à l'origine de cette tendance séculaire ; la diminution des maladies associée aux progrès scientifiques y a sans doute aussi contribué également. Aussi, le plafonnement de la tendance pour les populations ayant déjà bénéficié de ces facteurs favorables à la croissance, par rapport à des populations plus pauvres où la tendance se prolonge, appuierait l'explication environnementale. Par ailleurs, certains chercheurs ont posé l'hypothèse que les gènes responsables d'une taille plus grande auraient tendance à dominer, de sorte que lorsqu'ils sont unis à des gènes associés à une petite taille, l'enfant aurait une taille plus proche de celle du parent plus grand que du parent plus petit (Muuss, 1972 ; Tanner, 1978).

5.9 LES PROBLÈMES DE CROISSANCE PHYSIQUE

Compte tenu du génotype de l'enfant, sa croissance physique normale est un bon indicateur de sa santé physique et, jusqu'à un certain point, mentale. La société moderne reconnaît la grande importance de ce phénomène fondamental, et des centres spécialisés existent maintenant pour le dépistage et l'intervention en matière de croissance physique.

La plupart des enfants faisant l'objet de consultations dans de tels centres ont un problème de faible croissance. Tanner (1978) énumère les facteurs suivants comme causes possibles d'une courte stature chez l'enfant :

1- une taille courte déterminée génétiquement de façon normale ;

FIGURE 5.13 : Tendance séculaire des changements de taille et de poids

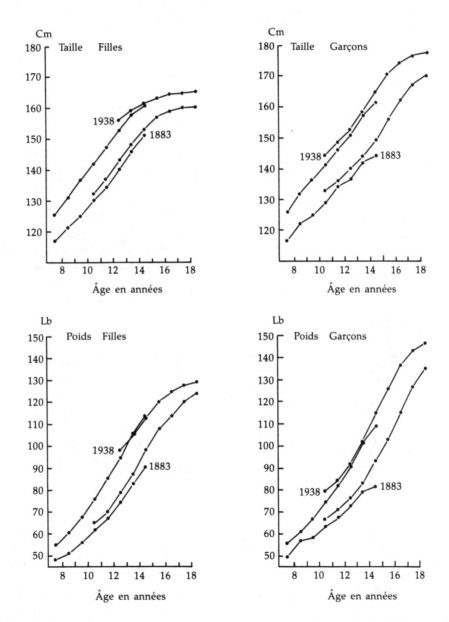

Les sujets étudiés étaient de jeunes Suédois et Suédoises âgés entre 7 et 14 ans (écoles primaires) et entre 10 et 18 ans (écoles secondaires). Les observations ont été effectuées dans les années 1883 et 1938.

Source : BROMAN, B., DAHLBERG, C. et LICHTENSTEIN, A. (1942) « Height and Weight during Growth », *Acta Paediatrica Scandinavia*, 30.

2- un retard statistiquement normal dans le rythme de croissance ;

3- des anomalies chromosomiques ;

4- un problème de développement intra-utérin ;

5- un trouble au niveau des glandes responsables de la croissance ;

6- un stress psychologique ;

7- des troubles au niveau des cartilages et des os ;

8- des problèmes dans l'absorption de la nourriture ;

9- des maladies organiques mettant en cause les reins, le cœur, etc. (Tanner, 1978, p. 206).

Nous examinerons brièvement ici les effets des six premiers facteurs sur la croissance physique.

5.9.1 Une courte stature héréditaire

Lorsque l'enfant affiche une taille très petite pour son âge, c'est-à-dire dans les 3 % inférieurs de son groupe d'âge, il est pertinent de consulter un centre spécialisé. À ce moment, on mesurera la hauteur de ses parents pour voir si la position de l'enfant correspond à ce que l'on peut attendre normalement, compte tenu du bagage héréditaire. Il n'y a pas de traitement efficace pour corriger une courte stature déterminée génétiquement ; ces personnes sécrètent autant d'hormone de croissance que les autres et la prescription d'hormones supplémentaires est alors sans effet (Tanner, 1978).

5.9.2 Un retard de croissance statistiquement normal

Compte tenu de la distribution normale de la vélocité de la croissance dans la population (le rythme de croissance), il est inévitable et « normal » que certains enfants affichent un retard de deux ans (et même plus) par rapport à la moyenne. En soi, un retard de croissance n'est pas une maladie et la puberté finit par arriver. Katchadourian (1977) rap-

porte qu'environ 25 % des enfants qui consultent parce qu'ils ne grandissent pas assez vite font partie de cette catégorie de « retards constitutionnels ».

Cependant, pour l'enfant, savoir que le délai est « normal » ne résout pas le fait d'être petit par rapport aux autres de son âge. Lorsqu'un tel retard touche un enfant dont les parents sont déjà petits, l'effet social est encore plus vif en raison du contraste plus marqué avec ses pairs. Certaines hormones accéléreront le rythme de maturation. Dans certains cas toutefois, comme avec la testostérone, il y aura accélération du rythme de maturation et accès plus rapide à la puberté, mais aussi un vieillissement plus rapide des os. Si les os vieillissent plus vite que l'enfant ne grandit, la hauteur finale sera diminuée en raison de la fermeture précoce des plaques de croissance osseuses. Tanner (1978) mentionne qu'il existe maintenant des médicaments qui ont plus d'effet sur la croissance et moins sur le vieillissement osseux que la testostérone. Ils peuvent donc atténuer plus efficacement les effets d'un retard de croissance en amenant moins de conséquences néfastes.

5.9.3 Un retard causé par une anomalie chromosomique

La trisomie 21 et le syndrome de Turner constituent les deux anomalies chromosomiques les plus couramment associées à une courte stature. Même si l'apparence générale permet souvent de formuler tôt l'hypothèse d'une anomalie chez les enfants atteints, la méthode diagnostique consiste à produire un caryotype du sujet, c'est-à-dire à photographier, à l'aide d'un microscope électronique, le noyau d'une cellule dans lequel les chromosomes apparaissent pêle-mêle et non appariés, puis à replacer dans l'ordre les 23 paires par découpage.

La trisomie 21 est le syndrome de Down qui implique la présence d'un chromosome X supplémentaire à la 21e paire. Typiquement, les trisomiques sont petits et rondelets pendant toute leur vie.

Le syndrome de Turner correspond pour la fille au fait de n'avoir qu'un seul chromosome X par cellule, ce qui donne une paire XO. Souvent, mais pas toujours, les filles affectées du syndrome de Turner auront les mains et les pieds bouffis tôt après la naissance, un cou trapu, une poitrine large et un visage typique. L'absence d'ovaires fait qu'elles ne connaissent pas l'explosion de croissance reliée à la puberté. Même si la cause de la faible croissance n'est pas connue (ces sujets ont une sécrétion normale d'hormone de croissance), certains traitements hormonaux peuvent atténuer les effets du syndrome de Turner sur l'apparition de caractéristiques sexuelles secondaires chez ces filles qui resteront cependant stériles. Tanner (1978) mentionne que la hauteur finale de ces personnes est en moyenne de 1,40 m mais qu'elle demeure reliée à la taille des parents.

5.9.4 Un retard dû à un problème de développement intra-utérin

Un problème de développement intra-utérin peut entraîner une petite taille, compte tenu de l'âge fœtal et de la taille des parents. Ici, il ne s'agit pas d'une petitesse reliée à une naissance prématurée où la taille peut être normale pour l'âge fœtal. Un problème de développement intra-utérin peut être dû à plusieurs facteurs : anomalie de l'embryon, problème du placenta limitant le flot de nourriture et d'oxygène, maladie ou malnutrition grave de la mère, etc.

Ces enfants « petits pour leur âge fœtal » ont une apparence typique que les pédiatres Silver et Russell ont décrit au cours des années 1950 (Tanner, 1978). Leur visage est triangulaire avec un front large et de grands yeux, une petite mâchoire inférieure avec une bouche dont les coins vont vers le bas, des oreilles décollées et placées bas sur la tête. Ces enfants sont actifs et se développent généralement normalement, physiquement comme mentalement, sauf qu'ils restent plus courts que la taille des parents pourrait le laisser prédire. Il ne semble pas exister de traitement efficace pour ces enfants à l'heure actuelle.

5.9.5 Un retard d'origine endocrinienne

Un problème de la glande thyroïde et un déficit d'hormone de croissance constituent les deux principales causes endocriniennes d'une petite taille chez l'enfant. Certains troubles glandulaires précipitant l'apparition de la puberté peuvent aussi être responsables d'un arrêt précoce de la croissance physique après que l'enfant affecté eut été « très en avance » pour son âge pendant un certain temps. Les enfants affectés d'un déficit d'hormone de croissance sont habituellement gras mais d'apparence normale par ailleurs.

La plupart des déficiences d'hormone de croissance ont une origine inconnue ; dans les autres cas, certaines tumeurs au cerveau ou sur la glande pituitaire située sous l'hypothalamus peuvent être en cause. Les techniques médicales modernes réussissent souvent à localiser et à enlever ces tumeurs, de façon à permettre une reprise de la croissance physique normale (voir la notion de « croissance compensatoire » à la sous-section 5.9.1).

Le traitement d'un déficit d'hormone de croissance est maintenant tout à fait possible. Il consiste en l'injection intramusculaire d'hormone de croissance humaine pendant toute la durée de la croissance. Comme cette hormone est spécifique à l'espèce, elle doit être prélevée sur les corps à l'autopsie ; la glande pituitaire de l'adulte en contient autant que celle de l'enfant en croissance. Lorsque le traitement commence suffisamment tôt (au moins avant 6 ans), le résultat est généralement excellent (Tanner, 1978).

5.9.6 Les causes psychologiques

Chez l'enfant, le fait de vivre un stress important et prolongé peut avoir pour conséquence une diminution significative de sécrétion de l'hormone de croissance. Comme dans les autres cas de déficit d'hormone de croissance, ces enfants seront plutôt gras. Une dynamique familiale qui soumet constamment l'enfant à des tensions majeures peut provoquer un tel résultat. À un niveau beaucoup moindre d'intensité, Tanner (1978) rapporte avoir constaté dans une recherche qu'il a menée avec Whitehouse auprès de garçons pensionnaires que ces derniers grandissaient plus vite pendant les vacances que pendant la période scolaire.

Des facteurs psychologiques sont aussi fortement en cause dans les problèmes de consommation alimentaire chez l'enfant. En fait, un environnement malsain est souvent associé à des problèmes alimentaires. La figure 5.14 présente des photos d'une paire de jumeaux identiques adultes élevés séparément depuis la naissance. Le plus petit des deux a été élevé par un père abusif et privé physiquement et psychologiquement pendant tout le cours de son développement. Le bagage génétique entre donc en interaction avec les facteurs environnementaux qui peuvent favoriser ou défavoriser l'expression du potentiel des gènes dans le phénotype.

5.10 L'INFLUENCE DE L'ENVIRONNEMENT SUR LA CROISSANCE PHYSIQUE DE L'ENFANT

L'hérédité détermine le potentiel de développement de l'ensemble des cellules du corps mais, comme nous l'avons vu dans les chapitres précédents, l'environnement joue un rôle important dans l'affirmation du potentiel génétique dès le début de la vie prénatale, dans l'utérus. Après la naissance, la nourriture, les maladies, le stress psychologique, le climat ou la qualité écologique de l'environnement peuvent interférer avec le plan génétique initial et influencer la croissance physique. Howe et Schiller (1952) rapportent qu'au cours de la Seconde Guerre mondiale, l'âge moyen d'apparition des menstruations chez les adolescentes françaises, dont le pays était alors occupé par les Allemands, était de trois ans en retard sur l'âge moyen précédant la guerre. Des retards de croissance ont souvent été observés chez les enfants des populations en guerre. En plus d'une alimentation généralement appauvrie, le contexte de

FIGURE 5.14 : Jumeaux monozygotes élevés séparément et dans des environnements différents

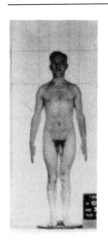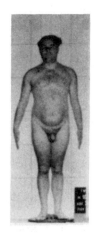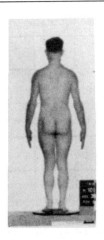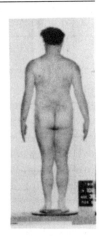

Source : TANNER, J.M. (1978) *Fœtus into Man : Physical Growth from Conception to Maturity*, Cambridge (Mass.), Harvard University Press, p. 120, figure 37.

guerre s'accompagne souvent aussi de stress psychologique important, d'une diminution notable de la qualité de l'environnement et des conditions sanitaires générales. Selon la durée, l'intensité de la privation et l'âge où l'enfant la subit, il y aura plus ou moins de chances de rétablissement par la suite dans le cours du développement.

5.10.1 Le phénomène de croissance compensatoire

Tanner (1978) décrit le phénomène de « croissance compensatoire » par lequel, lorsque placé en situation de rétablissement, l'organisme a naturellement tendance à rejoindre sa trajectoire normale de développement après une privation ayant ralenti sa croissance physique. Ce phénomène a été observé notamment auprès des enfants traités pour un manque d'hormone de croissance : le traitement a alors pour effet d'accélérer la croissance physique, mais seulement jusqu'à l'atteinte de la courbe de croissance définie par le potentiel génétique, ni plus ni moins. Lorsque la privation survient au cours du développement prénatal, ce phénomène de croissance compensatoire ne se manifeste pas, ce qui rend le retour à la normale moins probable.

Selon Tanner, ce phénomène de croissance compensatoire qui survient après un ralentissement de croissance provoqué par un manque des éléments essentiels serait le résultat d'une reconnaissance par l'organisme (vraisemblablement par l'hypothalamus) d'une différence entre la progression codée génétiquement et celle, plus lente, que le corps affiche. Une sorte de mémoire de la courbe de croissance servirait de guide pour le rétablissement : lorsque les éléments essentiels à la croissance redeviennent disponibles, l'organisme les utiliserait le plus rapidement possible pour rejoindre la taille programmée génétiquement et il reprendrait son rythme normal par la suite. Si la privation survient avant la création des structures responsables de cette « mémoire » du plan de croissance, le phénomène de croissance compensatoire ne peut se produire.

5.10.2 L'alimentation et la croissance physique

Compte tenu des facteurs génétiques reliés à la race, les classes sociales mieux nanties se développent généralement davantage physiquement que les plus défavorisées. Le fait de trop manger ou de ne pas manger suffisamment a évidemment plus d'effet sur le poids que sur la hauteur du corps. Sirois et Cloutier (sous presse) observent par ailleurs que l'effet de la classe sociale sur le poids varie d'une culture à l'autre : dans les pays riches, les classes défavorisées comptent plus d'obèses, tandis que dans les pays pauvres, les classes les mieux nanties affichent plus d'obésité.

Comme c'est le cas pour la grandeur, un problème de poids peut toucher significativement le développement psychologique de l'enfant. L'anorexie et l'obésité constituent deux extrêmes à cet égard.

5.11 L'ANOREXIE MENTALE (*ANOREXIA NERVOSA*)

L'anorexie mentale est la tendance à se priver de nourriture de façon excessive afin de perdre du poids. Levenkron (1982) rapporte que cette affection touche 1 adolescente sur 250 dans les pays industrialisés. C'est l'hypothèse d'un enracinement dans l'histoire de l'enfance qui justifie notre considération de ce problème apparaissant généralement à l'adolescence. Le tableau 5.4 donne la liste de symptômes associés à l'anorexie mentale ainsi que les critères de diagnostic clinique couramment employés.

La fréquence de l'anorexie augmente d'année en année, et si les jeunes femmes de 13 à 22 ans en constituent encore la population à plus hauts risques, les cliniques d'intervention traitent maintenant des patientes de 60 ans ; il s'agit d'un problème féminin dans plus de 90 % des cas. Ce phénomène encore mal compris fait l'objet de nombreux travaux. Il semble que le problème devient grave ou « clinique » lorsque la personne ne peut plus cesser de se priver de nour-

TABLEAU 5.4 : Symptômes psychologiques associés à l'anorexie et critères couramment utilisés pour le diagnostic*

Symptômes psychologiques

1- Phobie ou peur excessive de changer d'apparence corporelle, de gagner du poids
2- Préoccupation obsessive, c'est-à-dire incessante, à l'égard de la consommation de nourriture solide ou liquide
3- Organisation de la journée autour d'une série de rites auxquels la personne s'attache rigidement
4- Sentiment d'infériorité en matière d'intelligence, de personnalité ou d'apparence générale
5- Difficulté à prendre des décisions et forte crainte de faire des erreurs, ce qui incite à éviter le nouveau et à s'en tenir strictement aux habitudes
6- Réaction passive-agressive, c'est-à-dire un immobilisme entêté, face aux pressions (parfois maladroites et violentes) de l'environnement pour faire consommer de la nourriture
7- Désintérêt à l'égard de la sexualité, peur de l'intimité, de contacts physiques ou émotionnels
8- Perception erronée de la réalité principalement par rapport à l'apparence du corps et des quantités de nourriture consommées : négation de sa propre maigreur et perception d'autres personnes, pourtant nettement plus lourdes, comme plus minces que soi
9- Peur extrême des critiques des autres, principalement de se faire considérer comme « grosse »
10- Dépression possible, surtout chez les anorexiques chroniques
11- Anxiété ressentie, réduite seulement par le jeûne et la perte de poids

Critères utilisés pour le diagnostic clinique de l'anorexie mentale

1- Perte de poids de l'ordre de 25 % du poids normal
2- Cessation des menstruations (aménorrhée)
3- Amincissement des cheveux
4- Dessèchement de la peau
5- Constipation
6- Apparition de duvet sur la peau
7- Baisse de pression sanguine (80/50 n'est pas rare)
8- Baisse de la température du corps (34-35°C)
9- Baisse du rythme cardiaque (de 60 à 39 battements par minute)
10- Baisse des niveaux de potassium et de chlorure si la personne a l'habitude de vomir

* Traduit et adapté de LEVENKRON, S. (1982) *Treating and Overcoming Anorexia Nervosa*, New York, Charles Scribner's Sons, p. 2 à 13.

riture et que cette habitude compulsive affecte objectivement sa santé (affectation généralement niée par la personne, même si elle apparaît évidente à l'entourage).

Levenkron (1982) rapporte que l'anorexique n'est généralement pas l'aînée de la famille (80 % des cas). Au cours de son enfance, elle aurait une histoire scolaire caractérisée par la réussite et la bonne conduite. Dans sa famille, l'anorexique aurait vécu son enfance auprès d'un ou de parents préoccupés par leurs propres problèmes (anxieux ou dépressifs parfois) et affichant dans certains cas une sorte de dépendance à l'égard de cette fille « forte », qui coopère bien et à qui l'on confie des responsabilités plus importantes que la normale. Dans cette dynamique,

les propres besoins de l'enfant sont ignorés de ses parents et elle est appréciée surtout parce qu'elle apporte beaucoup aux autres. L'enfant n'apprend pas à percevoir et à exprimer ses propres besoins. Seule et sans appui émotionnel dans l'accomplissement de ces responsabilités, elle développe la conscience que les autres ne s'occupent pas d'elle et qu'elle doit, elle-même, se prendre en charge. Le souci de bien réussir cette prise en charge, de se mettre à l'abri, devient très important et les exigences qu'elle s'impose se font de plus en plus grandes.

Le rite de la maîtrise du poids et de l'alimentation relèverait de cette recherche de perfection (recherche de la maigreur « idéale ») en même temps que du recul de l'entrée dans le monde adulte, qui comporte notamment l'intimité émotionnelle et la sexualité. L'arrêt des menstruations et la disparition des seins et des rondeurs de hanches associés à l'anorexie permettent en quelque sorte d'éviter d'avoir l'air d'une femme et d'affronter la sexualité. Certains auteurs relient aussi l'avènement de l'anorexie à l'adolescence à la volonté de prendre des distances par rapport à des parents qui affichent des résistances à son accession à l'autonomie ; la réaction anorexique serait une conséquence de la volonté d'acquérir au moins un contrôle sur soi-même, à l'abri des demandes des parents (Bruch, 1977).

Même si elle est la plus courante, cette explication plutôt psycho-dynamique du développement de l'anorexie mentale pendant l'enfance n'est probablement pas la seule possible. Le mythe social de la minceur a certainement contribué à stimuler ce phénomène en expansion. On peut d'ailleurs faire une comparaison intéressante entre la valorisation des modèles féminins « ultra-minces » et celle de la bonne condition physique qui pousse, non pas surtout des femmes cette fois, mais surtout des hommes à faire du jogging de façon compulsive, de plus en plus, jusqu'à la blessure. L'accumulation avide d'un capital de « bonne forme physique » est comparable au capital de « minceur » que l'anorexique recherche.

5.12 L'OBÉSITÉ INFANTILE

L'obésité infantile est un puissant prédicteur de l'obésité adulte. Les facteurs héréditaires exercent une influence réelle sur le surplus théorique de poids de l'enfant. Cette donnée de base est trop souvent négligée, ce qui provoque une culpabilisation de l'enfant (et de ses parents). L'opinion couramment répandue selon laquelle avec un régime donné n'importe qui peut atteindre n'importe quel poids est tout à fait erronée. Cette illusion de maîtrise, entretenue notamment par les marchands de techniques amaigrissantes, crée des déceptions qui peuvent laisser des traces irréversibles sur le concept de soi et la perception de l'efficacité personnelle (Sirois et Cloutier, sous presse). La maîtrise possible du poids est circonscrite par les limites du bagage héréditaire.

Ceci étant dit, les habitudes alimentaires développées dans la famille apparaissent comme un élément crucial expliquant le surplus de poids. Non seulement la consommation de nourriture a-t-elle des effets directs sur le physique de l'enfant, mais psychologiquement, l'enfant peut apprendre à interpréter de façon erronée les indices proprioceptifs associés à la faim. Une fausse interprétation de la sensation de faim ou de satiété peut se développer et engendrer une dépendance artificielle à la nourriture.

Deuxième partie
LE DÉVELOPPEMENT MOTEUR DE L'ENFANT

5.13 LE DÉVELOPPEMENT MOTEUR AVANT 2 ANS

Nous avons vu au chapitre 4 qu'à la naissance l'enfant affiche une série de réflexes qui, après quelques mois, ont tendance à disparaître. Avec le temps, l'enfant acquiert des habiletés motrices de plus en plus raffinées qui lui permettent d'explorer son environnement de plus en plus efficacement. Comme la croissance physique, la motricité connaît des progrès impressionnants au cours de la première année ; la figure 5.15 illustre différentes acquisitions importantes des premiers mois de la vie. Évidemment, plusieurs de ces acquisitions motrices reposent en partie sur la perception sensorielle, ce qui donne un caractère un peu artificiel à la division que nous faisons ici entre le « sensoriel » et le « moteur ».

Nous verrons au chapitre 6 comment le développement sensorimoteur joue un rôle déterminant dans le développement de l'intelligence de l'enfant. En effet, la capacité de percevoir l'environnement et celle d'agir sur lui constituent les outils de base dans l'accroissement des connaissances. En examinant chacune des acquisitions illustrées à la figure 5.15, on peut se demander si cette habileté dite « motrice » serait possible sans l'appui sensoriel qui la sous-tend. Dans chaque cas, le système de rétroaction que forment le toucher, les informations stato-acoustiques,

FIGURE 5.15 : Développement moteur durant les 15 premiers mois de la vie*

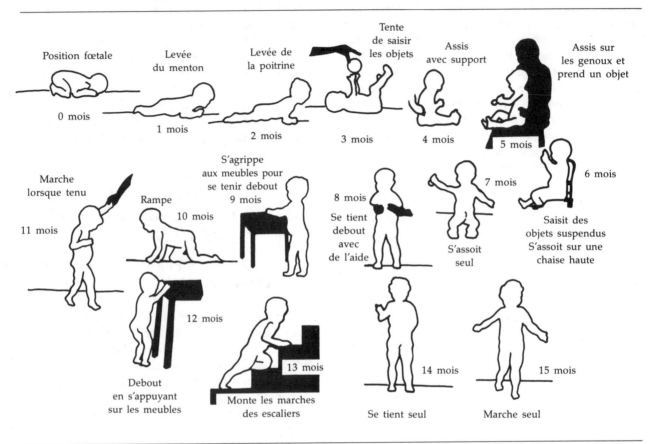

* Position fœtale — 0 mois
* Levée du menton — 1 mois
* Levée de la poitrine — 2 mois
* Tente de saisir les objets — 3 mois
* Assis avec support — 4 mois
* Assis sur les genoux et prend un objet — 5 mois
* Saisit des objets suspendus — 6 mois
* S'assoit sur une chaise haute — 7 mois
* Se tient debout avec de l'aide — 8 mois
* S'assoit seul
* S'agrippe aux meubles pour se tenir debout — 9 mois
* Rampe — 10 mois
* Marche lorsque tenu — 11 mois
* Debout en s'appuyant sur les meubles — 12 mois
* Monte les marches des escaliers — 13 mois
* Se tient seul — 14 mois
* Marche seul — 15 mois

* Figure élaborée à partir de Shirley, M. (1933) *The First Two Years. A Study of Twenty-Five Babies*, vol. II, Minneapolis, University of Minnesota Press.

la vue, etc., semblent faire partie intégrante du mécanisme de contrôle en jeu. Comment prendre un objet que l'on ne sent ni ne voit ? Comment se tenir en équilibre debout si l'on ne ressent pas la position de son corps dans l'espace ? C'est donc en gardant à l'esprit ce lien intrinsèque avec le domaine sensoriel que nous étudierons maintenant le développement du contrôle moteur chez l'enfant.

Malgré la grande régularité de la séquence des acquisitions décrites à la figure 5.15, ce n'est pas la maturation physique à elle seule qui fait apparaître les progrès. L'expérience acquise dans l'environnement interagit avec la croissance physique pour permettre les acquisitions ; les différences interculturelles observées le démontrent. Certes, il existe certaines différences physiques à la naissance qui possèdent des racines génétiques. Tanner (1978) rapporte par exemple que les Africains ont un développement squelettique et moteur plus avancé que les Blancs à la naissance. Cette différence se maintient pendant deux ou trois ans pour disparaître ensuite, probablement en raison d'un désavantage alimentaire en Afrique, puisque les Afro-américains conservent leur avantage aux États-Unis où la nutrition est meilleure.

Les bases génétiques définiraient ainsi certaines limites, mais plusieurs études interculturelles ont montré que les soins apportés au bébé peuvent influencer son développement moteur. La possibilité de pratiquer certains mouvements des mains et des pieds joue un rôle majeur dans la mise en place des schèmes responsables de la locomotion ou de la préhension (Piaget, 1936 ; Thelen, 1981). Les bébés passent une partie importante de leur temps d'éveil à pratiquer des mouvements du corps ou des membres. Thelen (1981) observe que les coups de pied augmentent significativement en fréquence avant le début de la locomotion (ramper et marcher), que le fait de se bercer sur les mains et les pieds précède la marche à quatre pattes, et que des mouvements rythmiques des mains et des bras précèdent les acquisitions d'habiletés manuelles complexes. Le bébés pratiquent donc les mouvements inclus dans une activité comme la marche avant de pouvoir actualiser l'habileté comme telle.

Zelazo (1984) a montré que si l'on entraînait de jeunes bébés à exercer leur réflexe de la marche, qui disparaît généralement deux ou trois mois après la naissance, ce réflexe se maintenait et le bébé affichait une précocité pour la marche avant la fin de la première année. Selon Thelen (1984), le réflexe de la marche disparaît parce que, normalement, les jambes du bébé qui engraisse deviennent trop lourdes pour qu'il puisse les bouger lorsqu'il est placé debout. Au contraire, la musculature des bébés entraînés est suffisamment forte pour leur permettre de bouger les jambes.

L'exercice influence donc l'apparition des habiletés motrices, mais l'on peut s'interroger sur la pertinence de stimuler l'apparition précoce d'habiletés comme la marche chez des enfants qui ne sont pas munis par ailleurs de la capacité nécessaire pour se protéger (la tête notamment), advenant une chute par exemple. La capacité de l'enfant de rattraper les retards momentanés dus à une privation d'expérience reliée à des coutumes culturelles a été démontrée par l'observation de bébés indiens Hopis qui passent les neuf premiers mois de leur vie solidement enveloppés dans leur berceau. Pourtant, ils apprennent à marcher à peu près en même temps que les autres enfants, entre 12 et 15 mois, sans doute parce qu'ils ont le temps de rattraper l'apprentissage moteur à partir de 9 mois. La figure 5.16 illustre une « bergère » pour enfant, c'est-à-dire un appareil fabriqué avec des cercles de barrique et une planche inclinée soutenue par deux boutants. On y plaçait l'enfant emmailloté en lui laissant les mains libres. Cette bergère, utilisée en France aux XVIIIe et XIXe siècles, nous montre que les jeunes enfants n'ont pas toujours été libres de ramper librement dans leur environnement. En 1929, Arnold Gesell avait fait une expérience intéressante sur cette question de l'entraînement précoce. Il avait entraîné l'une de deux jumelles identiques à monter un escalier en rampant pendant sa première année. À l'âge de 1 an, la jumelle entraînée pouvait monter l'escalier beaucoup plus rapidement et facilement que sa sœur non entraînée, mais deux semaines seulement après, cette dernière avait corrigé son « déficit » et il n'y avait plus de différence entre les performances des deux jumelles (Gesell et Thompson, 1929).

FIGURE 5.16 : « Bergère » pour enfant

Cet appareil était utilisé autrefois pour garder l'enfant debout, emmailloté, les mains libres.

Dans les cas de privation extrême et prolongée cependant, les traces peuvent devenir irréversibles. René Spitz (1945) a attiré l'attention sur le fait que des orphelins gardés dans un berceau, sans stimulation matérielle ou humaine suffisante, pouvaient afficher des retards développementaux irréversibles. L'auteur a ainsi décrit le syndrome de l'hospitalisme impliquant des retards développementaux de plusieurs années dans l'acquisition de fonctions de base telles que la propreté, la maîtrise de la salive, la marche et la parole, chez des enfants neurologiquement normaux par ailleurs.

Les travaux de Campos et Bertenthal (1984) illustrent bien l'importance du développement moteur dans le développement perceptuel. Pendant longtemps, on a cru que l'enfant avait une peur innée des hauteurs. Ces auteurs se sont rendu compte que ce n'est qu'à partir du moment où l'enfant peut ramper par lui-même que la peur des hauteurs apparaît, même si dès l'âge de 2 mois, l'enfant peut percevoir la profondeur (voir chapitre 4, figure 4.8, l'expérience du précipice visuel). La capacité de ramper permettrait à l'enfant de mieux mesurer les hauteurs et de comprendre le danger qu'elles peuvent représenter, lui qui sait maintenant que l'on peut tomber et se faire mal parce qu'il a commencé à l'expérimenter. Les parents peuvent aussi contribuer à cette association entre la hauteur et la peur par leur enseignement à l'enfant. Lamb et Bornstein (1987) rapportent d'ailleurs que les enfants qui ont accès à une *marchette* leur permettant de se déplacer plus tôt par eux-mêmes affichent plus jeune la peur des hauteurs que ceux qui n'en utilisent pas. La locomotion fournit à l'enfant une chance unique d'explorer son environnement et d'apprendre à s'y adapter.

La pertinence des tentatives d'accélérer les acquisitions motrices reste douteuse, et le caractère souvent éphémère de « modes éducatives » telles que l'usage de *marchettes* pour bébé témoigne de l'ambivalence à cet égard. Le synchronisme naturel entre l'apparition des fonctions motrices et la maturation physique mérite d'être considéré avec soin avant qu'on intervienne artificiellement dans le développement sensorimoteur.

En 1961, Held et Bossom firent une expérience où un groupe d'adultes devait porter des lunettes prismatiques déplaçant perceptuellement la position des objets dans l'environnement d'environ 11 degrés. Un sous-groupe pouvait se promener dans une petit parc bordé d'arbres et de bâtiments. Un autre sous-groupe d'adultes portant ces lunettes spéciales avait accès à ce parc, mais de façon passive, dans un fauteuil roulant poussé par une autre personne. Après un certain nombre d'heures d'exposition, les sujets ont passé un test d'habileté à situer la position d'objets qu'on leur présentait alors qu'ils portaient leurs lunettes expérimentales. Ceux qui avaient été actifs dans l'exploration de l'espace réussirent beaucoup mieux que ceux qui avaient été maintenus passifs dans le même environnement. Les sujets actifs compensaient pour l'effet des lunettes dans leurs mouvements vers les objets tandis que les autres se faisaient encore prendre par la distorsion visuelle.

Cette expérience appuie bien l'idée de Jean Piaget selon laquelle l'action est une composante majeure dans le développement de nos connaissances. La simple exposition passive à un environnement n'a pas la même valeur cognitive que la possibilité d'agir et ainsi d'apprendre à interagir avec les stimulations de ce même environnement. À plusieurs reprises dans le présent ouvrage, l'importance de ce concept d'activité resurgira en tant que facteur primordial du développement psychologique de l'enfant.

L'activité motrice quotidienne du jeune enfant est très intense. Lamb et Bornstein (1987) mentionnent qu'un athlète olympique en grande forme physique, à qui l'on avait demandé de faire exactement ce qu'un jeune enfant faisait, a dû abandonner l'imitation après quelques heures pour cause d'épuisement, alors que l'enfant a continué sa journée normale sans afficher de signe particulier de fatigue.

5.14 LE DÉVELOPPEMENT MOTEUR À PARTIR DE 2 ANS

La séquence des acquisitions motrices décrite au tableau 5.5 concerne les progrès observés chez le bébé. Évidemment, la marche n'est pas la fin du développement moteur qui, en fait, se poursuivra jusqu'à l'âge adulte. À partir de 2 ans, l'enfant affiche des progrès graduels dans sa capacité de locomotion : courir, sauter, sauter à cloche-pied, monter ou descendre un escalier, se tenir en équilibre, sont autant de nouveaux éléments à son répertoire. Le tableau 5.5 décrit brièvement chacune de ces acquisitions en la situant dans le temps. Il présente aussi une brève description de la capacité de lancer et d'attraper une balle.

Au cours de l'enfance, la séquence des acquisitions motrices est reliée à la maturation neurologique. Cette maturation, intimement associée à la myélinisation des neurones responsables de l'activité, est contrôlée génétiquement. Ce n'est qu'au-delà de cette programmation génétique que l'interaction avec l'environnement pourra influencer les gains moteurs de l'enfant. L'acquisition de la motricité globale, comme la maîtrise de la posture ou de la marche, serait relativement peu sujette à l'influence de l'environnement, tandis que la motricité fine (usage d'ustensiles pour manger, d'une crayon pour dessiner, etc.) dépendrait davantage des possibilités offertes par l'environnement (Graham, 1986).

Bien avant la fin de la première année, l'enfant sera en mesure d'effectuer des mouvements complexes, comme le fait de prendre le biberon qu'il voit devant lui et de le porter à sa bouche, témoignant ainsi d'une capacité d'agir intentionnellement sur l'environnement en poursuivant des buts précis. L'exploration motrice de l'environnement requiert des processus cognitifs de plus en plus complexes pour planifier et coordonner les unités motrices entre elles dans la recherche d'un but. Le développement moteur constitue donc une dimension très importante du développement psychologique de l'enfant. À titre indicatif, le tableau 5.6 fournit les âges moyens d'accession à certaines habiletés motrices reliées à l'alimentation et à l'habillage de l'enfant.

5.15 LES PROBLÈMES DE DÉVELOPPEMENT MOTEUR

5.15.1 Le retard général du développement moteur

L'étroite association entre le développement neurologique et le développement moteur fait qu'un retard significatif dans le développement moteur est souvent associé à un retard de langage et, plus généralement, à un retard mental comme tel. Le contraire n'est toutefois pas nécessairement vrai puisqu'un retard mental peut exister sans être accompagné d'un retard moteur. La paralysie cérébrale, des anomalies spécifiques du système nerveux central peuvent être à l'origine d'un retard moteur général.

Le tableau 5.7, tiré de Graham (1986), fournit quelques indications de délais que l'on doit laisser passer avant de considérer qu'une acquisition motrice est en retard. Comme le disait Gesell (1940, p. 240) :

L'ensemble du développement de l'enfant ne doit pas être évalué à partir de ses habiletés motrices seulement. L'enfant de 3 ans qui ne marche pas affiche sans doute un retard dans l'acquisition de la marche, mais il n'est pas pour autant un enfant retardé.

Le développement de l'enfant ne peut être évalué à partir de la considération d'une seule habileté ou d'un seul domaine de comportement.

5.15.2 Les problèmes de coordination motrice (dyspraxie motrice spécifique)

Les enfants qui affichent des difficultés de coordination motrice, c'est-à-dire de la maladresse importante, tardent souvent à marcher, à devenir autonomes à table, à s'habiller seuls, même si leur langage peut être normal (Graham, 1986). À mesure qu'ils avancent dans l'enfance, les enfants atteints de dyspraxie motrice ont plus de difficulté à suivre les activités scolaires requérant la manipulation de crayons, à être compétitifs dans les activités physiques, ce qui peut influencer négativement leur

TABLEAU 5.5 : Description des progrès de certaines habiletés motrices de 2 à 11 ans

La course

Dès l'âge de 18 mois, on peut observer l'enfant courir lorsqu'il joue à fuir ou à attraper quelqu'un. Au début, cette « course » est une sorte de marche rapide puisque la force et l'équilibre ne sont pas encore suffisants pour permettre aux deux pieds de quitter complètement le sol, ce qui constitue le critère de la course (Zaichkowsky, Zaichkowsky et Martinek, 1980). C'est entre 2 et 3 ans que la vraie course apparaît avec le saut réel qui caractérise ce rythme de locomotion. D'abord maladroite, la course gagne en souplesse et en coordination pour apparaître, vers 4-5 ans, comme un schème bien coordonné et beaucoup plus rapide qu'à 2-3 ans. Pendant toute l'enfance, la vitesse de la course augmente graduellement, les garçons étant en moyenne constamment plus rapides que les filles.

Le saut

Le saut, qui est une constituante du schème de la course, n'est au départ qu'un pas de marche étiré. Vers 2 ans 1/2, lorsque la musculature des jambes le permet, les deux pieds quittent le sol momentanément pour effectuer un saut réel. Aidé par sa capacité de courir pour prendre de l'élan, l'enfant peut franchir des obstacles lors d'un saut en longueur pouvant s'allonger de 36 à 60 cm, à 3 ans (Bayley, 1935). Vers 2 ans 1/2 environ, l'enfant pourra sauter à pieds joints.

La performance du saut en hauteur augmente linéairement entre 7 et 11 ans (Johnson, 1962) et, après 7 ans, les garçons sautent plus haut que les filles. Les performances du saut en longueur suivent sensiblement le même patron de développement au cours de cette période.

Le saut à cloche-pied

Le saut à cloche-pied consiste à avancer en sautant sur un seul pied. Cet exercice requiert de l'équilibre en même temps que de la force suffisante des jambes. L'équilibre statique sur un pied n'est pas vraiment acquis avant 2 ans et 1/2, et ce n'est généralement que vers 4 ans que l'enfant peut sauter à cloche-pied.

Monter ou descendre un escalier

Les premières fois qu'un enfant parcourt un escalier, c'est généralement à quatre pattes. Il peut tenter de descendre la tête la première au début, mais l'insuccès aura pour conséquence de le faire descendre à reculons. À partir du moment où il marche, une rampe aidant, l'enfant peut monter et descendre debout, mais il n'abandonne complètement l'arrêt des deux pieds sur la même marche que vers 4 ans, moment où il pourra progresser d'une marche par pied, en alternance, même en descendant l'escalier. Le confort moteur dans l'escalier progresse ensuite pendant toute l'enfance pour atteindre parfois le stade de la témérité au seuil de l'adolescence.

L'équilibre

Avant 2 ans, il n'y a pas vraiment d'équilibre statique ni d'habileté à marcher sur une ligne droite, mais vers 3 ans, l'enfant peut généralement se tenir en équilibre sur une jambe pendant 3 ou 4 secondes et franchir une distance de 3 m sur une ligne au sol d'une largeur de 2,5 cm. Vers 5 ans, les filles seraient supérieures aux garçons dans les tâches d'équilibre statique, alors qu'après 6-7 ans, il n'y aurait plus de différence entre les sexes ; par la suite cette habileté ne progresse que lentement jusqu'à l'adolescence. Sur le plan de l'équilibre dynamique illustré par la capacité de marcher sur une poutre, les progrès seraient aussi relativement lents (par rapport à la course par exemple) et les filles ont tendance à être supérieures aux garçons (Zaichkowsky, Zaichkowsky et Martinek, 1980).

Lancer et attraper une balle

Avant 2 ans, l'enfant debout peut projeter une balle avec ses mains, mais il ne s'agit pas vraiment de lancers comme tels : les deux mains sont utilisées ou le mouvement s'effectue sans maîtrise de la direction comme tel. Vers 2 ou 3 ans, le lancer s'effectue en utilisant l'avant-bras, sans positionnement des pieds ni rotation du tronc. Entre 3 et 4 ans, l'enfant utilise plus la rotation du tronc, et son bras s'étend davantage dans le mouvement de lancer. Entre 5 et 6 ans, il fait un pas en avant au moment de faire le mouvement du bras, mais le pied avancé est celui du côté du bras qui lance. C'est après 6 ans que le schème de lancer du type « baseball » est coordonné avec, pour un enfant droitier, le poids qui part du pied droit et va sur le gauche par un pas en avant en même temps que l'avant-bras effectue son extension aidé d'une rotation des hanches. Il semble que le rôle de l'entraînement est déterminant dans l'acquisition de ce type d'habileté, ce qui peut expliquer les grandes différences de rythme d'accession entre les sexes, les cultures et les individus. Entre 7 et 11 ans, on observe, chez les filles comme chez les garçons, une amélioration de 100 % dans la précision des lancers.

Attraper une balle en vol est difficile parce que le geste porte sur un objet en mouvement, ce qui requiert beaucoup de précision et de vitesse dans la coordination vision—préhension. Les premiers vrais succès avec une balle de 20 cm de diamètre qui arrive au poitrail après avoir fait un bond à 4 ou 5 m ne sont réalisés, dans 60 à 80 % des essais, que vers 5 ans. Les progrès se font ensuite graduellement, sous la forte influence de l'exercice, jusqu'à l'âge adulte (Zaichkowsky, Zaichkowsky et Martinek, 1980).

TABLEAU 5.6 : Chronologie de l'acquisition de certaines habiletés motrices usuelles chez l'enfant*

Habiletés reliées à la table (manger)

15 mois	L'enfant est capable de prendre un gobelet avec ses doigts, mais il maîtrise mal la rotation du poignet et risque de renverser le contenu.
	Il peut tenir une cuillère et la diriger dans la nourriture, mais il réussit mal à la remplir ; il ramène la cuillère à la bouche, il risque de la retourner à l'envers avant d'atteindre la bouche.
18 mois	Il prend le gobelet, l'amène à sa bouche et boit correctement, mais il peut laisser tomber le contenant lorsque c'est terminé.
	Il réussit à remplir une cuillère, mais éprouve certaines difficultés à l'entrer dans la bouche ; la nourriture déborde de la bouche.
24 mois	Il peut tenir d'une main un petit verre de vitre et y boire correctement sans trop de risques.
	Il est capable de manger avec une cuillère sans trop renverser.
36 mois	Il peut utiliser un pot pour verser un liquide dans un verre.
	Les filles peuvent prendre une cuillère en la soutenant par en dessous avec les doigts, comme les adultes, avec peu de renversements.

Habiletés reliées à l'habillage

15 mois	L'enfant coopère à l'habillage en étirant le bras ou la jambe.
18 mois	Il peut enlever ses mitaines, son chapeau ou ses bas.
	Il peut descendre une fermeture éclair.
24 mois	Il peut retirer ses chaussures si les lacets sont détachés.
	Il aide à l'habillage en trouvant les manches et en y insérant son bras (même chose pour la jambe).
	Il peut monter ou descendre sa culotte.
	Il peut se laver les mains et les essuyer, mais plutôt maladroitement.
36 mois	Il peut enlever plusieurs vêtements par lui-même, mais a besoin d'aide pour certains vêtements tels que les chandails ou chemises.
	Il peut déboutonner ses vêtements à l'avant ou sur le côté.
	Il ne différencie pas bien l'avant de l'arrière des vêtements, et peut mettre ses culottes ou ses souliers à l'envers, etc.
	Il se lave et se sèche les mains correctement.
	Il peut se brosser les dents avec de l'aide.
48 mois	Il peut s'habiller et se déshabiller avec un peu d'aide.
	Il distingue le sens des vêtements et les met correctement.
	Il peut se laver les mains et la figure.
	Il se brosse les dents seul.
60 mois	Il s'habille et se déshabille avec soin.
	Il peut être capable d'attacher ses lacets (habituellement vers 6 ans).

* D'après GESELL, A. (1940) *The First Five Years of Life : A Guide to the Study of the Preschool Child*, New York, Harper & Brothers.

image d'eux-mêmes et occasionner des difficultés dans l'adaptation scolaire. Le dépistage précoce de ce type de dyspraxie peut donner lieu à des interventions salutaires par la physiothérapie ou l'ergothérapie. La connaissance de la nature réelle du problème peut aussi contribuer à assurer une attitude plus compréhensive de la part de l'environnement familial et social.

TABLEAU 5.7 : Âges moyens d'accession à certaines capacités motrices et âge à atteindre avant de considérer l'existence d'un retard*

Capacité motrice	Âge moyen d'accession (en mois)	Âge à atteindre avant de penser à un retard développemental
Motricité globale		
Supporte sa tête lorsque tenu assis	3	5
Se tient assis sans support	7	10
Se tient debout en s'appuyant	10	15
Marche 2 ou 3 pas sans aide	14	18
Monte un escalier en tenant la rampe	20	30
Saute à pieds joints	30	42
Saute à cloche-pied	48	72
Motricité fine		
Saisit un hochet	3	5
Transfère un cube d'une main à l'autre	7	10
Saisit un petit objet entre le pouce et l'index	9	12
Boit dans un gobelet	14	20
Construit une tour avec 4 cubes	20	33
Copie le dessin d'un cercle	36	42
Enfile des perles	40	48
Copie le dessin d'une croix (+)	48	54
Copie le dessin d'un carré	54	66

* Traduit et adapté de GRAHAM, P. (1986) *Child Psychiatry : A Developmental Approach*, Oxford, Oxford University Press.

Les tics

Le tic correspond à un mouvement musculaire involontaire qui se produit rapidement et de façon répétitive. Même si des tics peuvent apparaître tôt dans l'enfance et tard dans l'adolescence, c'est le plus souvent entre 5 et 7 ans qu'ils surgissent chez l'enfant. Il y aurait environ 10 % des enfants qui en seraient affectés légèrement, la prévalence étant beaucoup plus grande chez le garçon que chez la fille (3 garçons pour 1 fille).

Souvent, le tic est une réaction à une situation de stress (entrée à l'école, problème familial, pression environnementale, etc.). Il est fréquent de voir disparaître ce problème moteur de lui-même après quelques mois. Dans les cas de tics légers, l'intervention courante consiste à tenter d'enlever les sources de stress identifiables pour l'enfant, à ne pas accorder d'attention au tic et à donner du soutien émotionnel à l'enfant. Il existe par ailleurs des méthodes behavioristes de traitement des tics persistants qui peuvent donner de bons résultats (voir Ladouceur, 1979 ; Bouchard et Ladouceur, 1988).

POST-TEST

1- Dessinez l'allure globale de la courbe du gain en hauteur du corps des filles et des garçons.

2- Qu'est-ce que le principe de développement proximo-distal pour le corps ?

3- *Vrai ou faux.* La croissance physique du corps ne se termine pas à la fin de l'adolescence mais continue jusque vers l'âge de 30 ans.

4- Quel est le premier centre d'ossification ?

5- Comment se fait la croissance en largeur de l'os ?

6- Donnez un exemple d'exercices physiques déconseillés aux jeunes en raison du trop grand stress qu'ils imposent aux articulations.

7- Dites ce qu'est un neurone et mentionnez trois de ses éléments constituants.

8- *Complétez la phrase.* Le cerveau est constitué de deux types de cellules : les .... et les ....

9- Qu'est-ce que la myélinisation des neurones ?

10- Illustrez par un exemple le fait que la myélinisation du système nerveux conditionne l'apparition des fonctions sensorimotrices chez l'enfant.

11- *Complétez la phrase.* Le terme « .... » renvoie au phénomène par lequel les deux hémisphères cérébraux sont responsables de fonctions distinctes.

12- Comment Broca se rendit-il compte du rôle important de l'hémisphère dit « dominant » dans la compréhension du langage ?

13- *Complétez la phrase.* Les deux hémisphères cérébraux sont reliés ensemble par ....

14- Comment la locomotion aurait-elle été en cause dans le développement de la symétrie corporelle au cours de l'évolution des espèces ?

15- Comment la symétrie bilatérale du cerveau peut-elle être un inconvénient dans la manipulation ?

16- Les hommes et les femmes affichent certaines différences quant à la localisation cérébrale du centre de contrôle de certaines fonctions psychologiques. Identifiez les énoncés qui sont corrects parmi les suivants :

a) La zone de contrôle de la production du langage oral est plus précisément localisée chez la femme ;

b) La zone de contrôle du vocabulaire est plus précisément localisée chez l'homme ;

c) La zone de contrôle de la motricité des mains est plus précisément localisée chez l'homme.

17- *Vrai ou faux.* Il y a peu d'études spécifiquement consacrées aux effets psychologiques du rythme de croissance chez l'enfant, mais il est probable que le fait d'acquérir plus tôt différentes capacités d'adaptation représente un désavantage pour l'enfant.

18- Qu'est-ce que l'on entend par « tendance séculaire » en matière de croissance physique ?

19- *Vrai ou faux.* Dans les pays industrialisés où la tendance séculaire est apparue dès le XIXᵉ siècle, cette tendance se maintient fortement encore aujourd'hui.

20- Énumérez quatre causes possibles d'une faible croissance physique chez l'enfant.

21- Qu'est-ce que le phénomène de croissance compensatoire ?

22- Identifiez deux critères utilisés pour le diagnostic clinique de l'anorexie mentale.

23- Parmi les suivants, quel est le groupe d'âge à plus hauts risques de vivre une anorexie mentale ?

    a) 6 à 12 ans ;

    b) 13 à 22 ans ;

    c) 23 à 32 ans ;

    d) 33 à 44 ans ;

    e) 45 ans et plus.

24- Donnez un exemple illustrant le fait que le bébé pratique les mouvements inclus dans une fonction motrice avant sa maîtrise comme telle.

25- Indiquez l'âge à partir duquel l'enfant est généralement en mesure de marcher en équilibre sur une droite tracée sur le sol ?

    a) 1 an 1/2 ;

    b) 2 ans ;

    c) 3 ans ;

    d) 4 ans.

Chapitre 6

Stades du développement cognitif

PLAN

PRÉTEST

1- Quelle était la nationalité de Jean Piaget ?

2- De quoi Piaget prit-il conscience devant les réponses erronées des enfants parisiens qu'il interrogea lorsqu'il était en stage à Paris ?

3- Qu'est-ce que le développement psychique et la croissance organique ont de commun pour Piaget ?

4- Pour Piaget, l'intelligence est un équilibre. Expliquez dans vos propres termes.

5- Quelles sont les quatre grandes périodes de développement identifiées par Piaget dans le développement de l'intelligence ?

6- *Vrai ou faux.* Piaget est d'avis que le chemin que l'enfant parcourt dans le développement de son intelligence est le même que celui qu'a franchi l'humanité au cours des siècles dans le développement des connaissances.

7- Donnez un exemple de schème sensorimoteur.

8- Identifiez les quatre facteurs responsables du développement de l'intelligence selon Piaget.

9- Un enfant aligne des jetons et les compte. Il y en a six. Ensuite il les place en cercle, les compte à nouveau et, surpris, il se rend compte qu'il y en a encore le même nombre. Il découvre que le nombre d'objets est indépendant de leur position dans l'espace. De quel type d'expérience s'agit-il ?

10- *Vrai ou faux.* Au cours de sa première année de vie, l'enfant peut se souvenir d'événements passés, mais il ne peut anticiper l'avenir, c'est-à-dire faire des projets.

11- À la période sensorimotrice, pourquoi le premier type de réaction circulaire est-il dit « primaire » ?

12- Quel est le rôle de la bouche dans la coordination vision—préhension ?

13- Indiquez une des deux limites que Piaget a identifiées chez l'enfant de stade 3 de la période sensorimotrice (de 4 à 8 mois) dans sa capacité d'imiter un modèle.

14- Qu'est-ce qui domine l'activité de l'enfant de 12 à 18 mois selon Piaget ?

15- En quoi l'invention de moyens nouveaux apparaissant au stade 6 de la période sensorimotrice se distingue-t-elle de la découverte de moyens nouveaux qui est apparue au stade 5 ?

16- *Complétez la phrase.* La conviction que les éléments qui nous entourent sont indépendants de nous, qu'ils continuent d'exister même lorsque nous ne les percevons pas constitue la notion de ....

17- *Vrai ou faux.* Vers 2 mois, l'enfant témoin de la disparition d'un objet qui l'intéresse pourra amorcer des recherches pour le trouver.

18- *Choisissez la bonne réponse.* Dans la situation suivante relative à l'acquisition de la permanence de l'objet, que fera un enfant du stade 5 (de 12 à 18 mois) qui comprend les déplacements visibles de l'objet mais ne maîtrise pas encore les déplacements invisibles ? L'enfant voit disparaître un petit objet sous un gobelet ; ce gobelet est ensuite glissé sous un voile où il est vidé de son contenu pour être présenté, vide, à l'enfant.
   a) Voyant que le gobelet est vide, l'enfant ira voir sous le voile où l'objet peut avoir été placé lorsqu'on ne pouvait voir ;
   b) L'enfant ne recherchera pas l'objet qu'il a oublié parce qu'il n'a pas la permanence de l'objet ;
   c) L'enfant recherchera l'objet dans le gobelet mais ne l'y trouvant pas, il ne poursuivra pas plus loin sa recherche.

19- La pensée symbolique permet à l'enfant de sortir des frontières jusque-là tracées par son activité sensorimotrice. Expliquez brièvement.

20- Comment s'appelle la capacité de représenter quelque chose, un « signifié » par un « signifiant » ?

21- La fonction symbolique permet à l'enfant de décrire tout ce qu'il connaît : il y a symétrie entre l'ensemble de ce que l'enfant connaît et ce que couvre sa fonction symbolique. Piaget et Inhelder (1971) ont identifié cinq conduites de l'enfant supposant l'utilisation d'un signifiant pour représenter un signifié absent. Identifiez-en trois sur cinq.

22- En quoi le jeu symbolique est-il une « activité sans contrainte » ?

23- Nommez trois des quatre catégories de jeu que Piaget a identifiées.

24- Les premières conduites symboliques (imitation, jeu, image mentale, dessin et langage) ne sont pas indépendantes l'une de l'autre. Expliquez brièvement.

25- Comment nomme-t-on la caractéristique du raisonnement pré-opératoire selon laquelle l'enfant raisonne de façon unidimensionnelle, ne peut tenir compte de deux aspects de la réalité à la fois ?

26- *Complétez la phrase.* On présente des ronds et des carrés de couleur rouge ou bleue à un enfant de 4 ans. On lui demande de placer ensemble ceux qui sont semblables. Il commence à aligner des ronds, donc selon la forme, puis place un carré rouge à la suite d'un rond rouge sans se préoccuper du fait que c'est maintenant la couleur rouge qui est devenu son critère de classement. Cet exemple illustre le caractère .... du raisonnement pré-opératoire.

27- *Vrai ou faux.* L'enfant de la période pré-opératoire (3 ou 4 ans) a tendance à estimer le nombre d'une série de jetons alignés à partir de l'espace occupé par l'alignement ; l'équivalence de deux collections est reconnue sur la base de la correspondance visuelle de l'espace qu'elles occupent.

28- Comment s'appelle la méthode piagétienne d'interrogation de l'enfant où l'expérimentateur recherche activement de l'information auprès de l'enfant sur sa façon de résoudre des problèmes ?

29- *Expliquez brièvement.* La réversibilité d'une opération repose sur l'existence d'un invariant.

30- *Choisissez la bonne réponse.* Dans l'épreuve de conservation des liquides, si l'on propose un gros verre A et un verre plus mince B, tous deux remplis au même niveau, à un sujet pré-opératoire, quelle sera sa réponse à la question suivante : « Est-ce qu'il y a plus à boire ici (A), plus à boire ici (B) ou la même quantité à boire dans les deux ? »

   a) plus à boire en A ;
   b) plus en B ;
   c) la même quantité à boire dans les deux.

31- Dans l'épreuve de conservation des liquides on peut trouver les trois arguments logiques de conservation identifiés par Piaget : 1) l'argument de compensation ; 2) l'argument d'identité ; et 3) l'argument de réversibilité.

Ordonnez les réponses suivantes en fonction de l'argument qu'elles représentent, selon l'ordre de mention précédent.

   a) « Si on renversait le liquide dans le verre du début, ce serait pareil » ;
   b) « C'est plus haut mais plus mince » ;
   c) « C'est le même liquide, on n'en a pas ajouté ni enlevé ».

32- Nommez deux épreuves piagétiennes portant sur la conservation de l'espace.

33- Dans l'épreuve de conservation du nombre, quel est l'élément essentiel que l'enfant doit saisir pour intégrer le concept de nombre comme tel ?

34- Décrivez la relation de transitivité impliquée dans la mesure, et que l'épreuve de « construction d'une tour » permet d'identifier.

35- Donnez un exemple d'emboîtement hiérarchique de classes.

36- Dans l'épreuve des fleurs portant sur la classification logique, comment s'appelle la conduite pré-opératoire qui consiste à rassembler les objets selon une histoire fantaisiste ?

37- Donnez un exemple illustrant pour un objet la possibilité de double appartenance à la classe et à la sous-classe.

38- Que signifie l'affirmation suivante : « La pensée concrète est dépendante de l'action » ?

39- Donnez un exemple de contenu qui fait l'objet d'un décalage vertical.

6.1 INTRODUCTION

Avec ce sixième chapitre, nous entrons dans le domaine du développement de l'intelligence chez l'enfant. L'intelligence est une dimension psychologique de première importance parce que toute la vie mentale repose sur elle. La façon dont on perçoit le monde physique et social autour de soi, la façon dont on interprète les événements que l'on vit, la façon dont on se perçoit soi-même, reposent sur le fonctionnement de notre intelligence. L'ensemble de l'expérience subjective est déterminée par le « film mental » qui se déroule dans sa tête. Or cette faculté que l'on appelle « intelligence » se transforme radicalement entre 0 et 12 ans, et c'est ce qui justifie la place que nous lui accordons dans le présent ouvrage : les quatre prochains chapitres y sont directement consacrés.

Malheureusement, les concepts réellement intéressants de ce monde échappent le plus souvent à nos tentatives les plus déterminées de les cerner, de leur donner une définition et de les contraindre à y adhérer par la suite. De façon perverse, leur définition demeure multiple, ambiguë, imprécise et, par-dessus tout, instable et ouverte, ouverte aux accords et aux désaccords, à certaines reformulations et à l'introduction d'exemples nouveaux qui cadrent parfois très mal avec l'idée initiale. Mais il n'est peut-être pas mauvais que nos concepts de marque affichent ce type de complexité et d'instabilité (certains parleraient de richesse, de créativité). (Flavell, 1985, p. 2.)

Dans les chapitres qui suivent, nous nous attaquons à de tels « concepts de marque » (l'intelligence, la créativité, les stades de développement, etc.), selon le point de vue que Flavell (1985) en donne dans la citation précédente. Cependant, sans vouloir faire abstraction de la diversité des positions relatives à ces idées, nous nous efforcerons de fournir un cadre à notre étude de ces concepts importants, cadre qui aura certainement pour effet de limiter le spectre de notre analyse, mais qui nous évitera de nous perdre dans la multitude des approches existantes.

Premièrement, nous inscrivons notre étude du développement de l'intelligence dans le cadre piagétien. Jean Piaget (1896-1980) n'est certainement pas le seul qui ait décrit le développement de la pensée humaine sous forme de stades ; certains diront aussi que sa théorie est dépassée parce qu'elle n'inclut pas certains champs du développement. Par exemple, Piaget n'a pas vraiment considéré les dimensions affectives et sociales du développement mental de l'enfant ; il n'a pas fourni non plus de description du développement cognitif adulte, son analyse s'arrêtant à l'adolescence. Malgré le fondement de ces critiques, qui confirment d'ailleurs la citation précédente, la théorie de Piaget est probablement, au xxᵉ siècle, le modèle le mieux articulé du développement de l'intelligence chez l'enfant, de là l'importance que nous lui accordons dans le chapitre qui suit.

La perspective piagétienne est d'ailleurs tout indiquée pour faire la transition entre le développement du corps que nous avons étudié dans les chapitres précédents et celui de l'intelligence : pour Piaget, l'équilibre intellectuel s'inscrit dans le prolongement direct de l'équilibre biologique et répond aux mêmes grands invariants fonctionnels (adaptation et organisation). L'activité physique de l'enfant est la base première de son activité mentale. Dans cette optique, le développement physique et moteur que nous quittons avec le chapitre 5 constitue le point de départ du présent chapitre 6, consacré aux stades du développement cognitif selon la théorie de Jean Piaget.

6.2 JEAN PIAGET : L'HOMME ET L'ŒUVRE

Jean Piaget est né le 9 août à Neuchâtel en Suisse. Il acquiert sa formation initiale en biologie.

Dès l'âge de 10 ans, il publie un premier article dans un journal d'histoire naturelle de Neuchâtel : une note d'une page sur un moineau partiellement albinos qu'il avait observé dans un parc (Piaget, 1976). Très tôt passionné pour la recherche scientifique, il travaille, pendant les quatre années de ses études secondaires, comme assistant de laboratoire pour M. Paul Godet, directeur du musée d'histoire naturelle de Neuchâtel. Au cours de cette période très importante pour le développement de sa pensée scientifique, il publie plusieurs articles sur les molusques : avant même d'atteindre l'âge de 21 ans, Piaget a produit une vingtaine de publications sur les mollusques de Suisse et de France.

Déjà au cours de son adolescence, Piaget s'intéresse à diverses questions philosophiques, religieuses ou psychologiques, en conservant constamment la biologie comme référence de base. Cette perspective biologique demeurera présente dans toute son œuvre, dont le fil conducteur principal est l'explication biologique de la connaissance (Piaget, 1976). Dès les années du baccalauréat, qu'il obtient en 1915, Piaget lit et écrit beaucoup. Ses lectures en philosophie (Bergson, Kant, Spencer) et en psychologie (James, Janet) ajoutées à sa formation poussée en biologie l'amènent à cette constatation :

... entre la biologie et l'analyse de la connaissance, il me fallait quelque chose de plus que la philosophie. Je crois que c'est à ce moment-là que je découvris un besoin qui ne pouvait être satisfait que par la psychologie. [...] Ce fut dans ce champ de recherche que les habitudes mentales que j'avais acquises au contact de la zoologie devaient me rendre de grands services. Je n'ai jamais cru à un système sans contrôle expérimental précis. (Piaget, 1976, p. 5 et 7.)

Pour des raisons de santé, Piaget doit se retirer un an à la montagne où il occupe ses temps libres à lire et à rédiger ses réflexions philosophiques, publiées en 1917 sous le titre *Recherche*. En 1918, à l'âge de 22 ans, il termine un doctorat en sciences naturelles avec une thèse qui sera publiée en 1921 sous le titre *Introduction à la malacologie valaisanne*. À la suite de son doctorat, Piaget se rend à Zurich pour y faire un stage dans les laboratoires de Lipps, à la clinique psychiatrique de Bleuler. Ensuite, en 1919, il se rend à Paris où il s'intègre à l'équipe de Simon, asso-

cié de Binet et coauteur du Binet-Simon, l'un des premiers tests standardisés de l'intelligence.

Piaget avait comme tâche de standardiser les tests d'intelligence du psychologue anglais Burt sur une population normale d'enfants parisiens. À cette époque, il réalise que les réponses erronées des enfants aux items des tests ne sont pas fournies au hasard, mais suivent une logique intéressante qu'il s'empresse d'étudier au moyen de ce qui va devenir sa « méthode clinique ». Cette méthode consiste à sous-questionner le sujet dans le but de recueillir son raisonnement spontané face à certains problèmes spécifiques ; l'analyse de ce raisonnement permet d'en dégager la structure de la pensée. Il s'agit d'un énorme progrès par rapport à l'attitude « normative » de la recherche psychométrique d'alors.

Enfin, j'avais découvert mon champ de recherche [...] Ainsi mes observations montrant que la logique n'était pas innée, mais qu'elle se développe peu à peu, semblaient compatibles avec mes idées sur la formation de l'équilibre vers lequel tendent les structures mentales ; en outre, la possibilité d'étudier directement le problème de la logique était en accord avec mes intérêts philosophiques antérieurs. Enfin, mon but qui était de découvrir une sorte d'embryologie de l'intelligence était adapté à ma formation biologique... (Piaget, 1976, p. 10.)

Après la publication de quatre articles à partir de ces recherches (Piaget, 1921a, 1921b, 1922a, 1922b), Piaget se voit offrir par Édouard Claparède le poste de chef des travaux à l'Institut Jean-Jacques Rousseau de Genève. La psychologie et l'épistémologie génétiques vont dorénavant devenir ses deux principales zones de publication bien qu'il continue de publier des travaux en biologie jusqu'en 1930 (Droz et Rahmy, 1972).

En 1925, 1927 et 1931, trois enfants naissent dans la famille de Piaget : Lucienne, Jacqueline et Laurent. Aidé de son épouse, l'auteur entreprend alors une observation active du développement de ses trois enfants au cours des trois ou quatre premières années de leur vie. Cette démarche lui permet de comprendre et de décrire le lien qui existe entre les actions sensorimotrices et les opérations intellectuelles, avant même que le langage n'apparaisse. Ne pouvant interroger des enfants si jeunes, Piaget commence à cette époque à utiliser l'activité de l'enfant sur des objets comme source d'information sur sa pensée. Trois importants ouvrages ont découlé de cette recherche familiale (Piaget, 1936, 1937, 1946).

En psychologie de l'enfant, l'œuvre de Piaget est probablement la plus importante du xxᵉ siècle, quantitativement et qualitativement ; pendant 60 ans, les publications se sont succédées à un rythme exceptionnel, autant en psychologie génétique qu'en philosophie (épistémologie), en sociologie ou en pédagogie. « Fondamentalement, je suis un anxieux que seul le travail soulage » (Piaget, 1976, note 17, p. 21), donnait-il en explication à ceux qui lui demandaient comment il faisait pour écrire autant à travers ses multiples charges universitaires. Pendant ses nombreuses années de production, un nombre imposant de collaborateurs et de collaboratrices ont participé activement à alimenter son œuvre ; de ce nombre, Mᵐᵉ Barbël Inhelder est certainement la plus importante, comme en témoigne la série d'ouvrages qu'elle a signés avec lui.

Aujourd'hui, Piaget est connu internationalement parce que ses ouvrages ont été traduits dans plusieurs langues et parce que les chercheurs qu'il a formés ont continué, dans différents pays, à développer les connaissances sur la psychogenèse.

6.3 LA CONCEPTION PIAGÉTIENNE DE L'INTELLIGENCE

Le développement psychique qui débute dès la naissance et prend fin à l'âge adulte est comparable à la croissance organique : comme cette dernière, il consiste essentiellement en une marche vers l'équilibre. De même, en effet, que le corps est en évolution jusqu'à un niveau relativement stable, caractérisé par l'achèvement de la croissance et par la maturité des organes, de même la vie peut être conçue comme évoluant dans la direction d'une forme d'équilibre finale représentée par l'esprit adulte. Le développement est donc en un sens une équilibration progressive, un passage perpétuel d'un état de moindre équilibre à un état d'équilibre supérieur. (Piaget, 1964, p. 9.)

Pour Piaget, le développement du corps et celui de l'intelligence procèdent tous deux d'un mécanisme d'équilibration progressive. Le développement correspond au passage d'un état d'équilibre à un autre, d'un stade à un autre. Chaque nouveau stade intègre les éléments du précédent, mais les réorganise en y ajoutant des éléments nouveaux, processus qui augmente la capacité d'adaptation de l'organisme.

La citation qui précède révèle aussi que, chronologiquement, Piaget identifie la naissance et l'âge adulte comme les limites à l'intérieur desquelles se produit le développement. Aujourd'hui, ces limites ne sont plus acceptées : notre examen du développement prénatal a en effet permis de comprendre qu'avant même de naître, les fondements de l'activité mentale connaissent une évolution, et qu'à la naissance, certaines compétences existent déjà qui obligent à reconnaître une origine prénatale au développement de l'intelligence chez l'enfant. D'autre part, la recherche contemporaine sur le développement dans l'ensemble du cycle de vie démontre que l'âge adulte ne marque pas la fin de l'évolution des processus mentaux. Nous savons en effet que l'âge adulte s'accompagne de changements de l'activité cognitive qui ne sont pas seulement quantitatifs (éléments nouveaux de connaissance), mais aussi qualitatifs, c'est-à-dire de changements dans la manière même de penser (Levinson, 1986).

Dans son autobiographie, Piaget mentionne :

Mon unique idée, que j'ai exposée sous des formes diverses en (hélas !) 22 volumes, a été que les opérations intellectuelles procèdent en termes de structures d'ensemble. Ces structures déterminent les types de l'équilibre vers lequel tend l'évolution tout entière ; à la fois organiques, psychologiques et sociales, leurs racines descendent jusqu'à la morphogénèse biologique même. (Piaget, 1976, p. 23.)

Ducret (1984) identifie quatre grands axes dans l'œuvre de Piaget :

1- la dimension génétique, qui rend compte de la hiérarchisation des conduites ;

2- le structuralisme, qui propose que les connaissances constituent des systèmes organisés ;

3- le constructivisme, donnant un rôle primordial à l'activité du sujet dans l'élaboration (la construction) de ses connaissances ; et

4- l'interactionisme, qui situe l'adaptation de l'organisme à son milieu comme le résultat de l'interaction entre l'assimilation du milieu à la structure du sujet et l'accommodation de cette structure au milieu.

6.3.1 La définition de l'intelligence selon Piaget

Définir l'intelligence par la réversibilité progressive des structures mobiles qu'elle construit, c'est donc redire, sous une nouvelle forme, que l'intelligence constitue l'état d'équilibre vers lequel tendent toutes les adaptations successives d'ordre sensorimoteur et cognitif, ainsi que tous les échanges assimilateurs et accommodateurs entre l'organisme et le milieu. (Piaget, 1967, p. 17.)

Cette phrase est complexe, mais elle contient tous les ingrédients permettant de saisir la conception piagétienne de l'intelligence. L'intelligence est un équilibre. Cet équilibre est le résultat d'une interaction entre le sujet et son milieu, interaction qui est influencée par les caractéristiques du sujet et par celles du milieu. Les façons d'échanger avec le milieu évoluent, elles se développent selon un plan génétique, précodé mais qui ne se réalise qu'avec l'expérience du sujet dans son milieu. Le développement est une construction qui résulte de l'activité du sujet. Sans celle-ci, le simple passage du temps amène une maturation de l'organisme qui n'est pas garante d'une évolution des connaissances. C'est dire l'importance, pour le développement de l'intelligence, d'une participation active du sujet dans un milieu stimulant.

Au fil de ce chapitre, ces notions deviendront progressivement plus simples, grâce à des schèmes de référence qui faciliteront leur assimilation.

6.4 LES DEUX GRANDS INVARIANTS FONCTIONNELS

Sur le plan cognitif comme sur le plan biologique, Piaget croit que le fonctionnement repose sur deux grands principes ou invariants : l'adaptation et l'organisation. L'organisme possède une organisation propre et il vit dans un milieu avec lequel il interagit pour s'adapter. Son adaptation à l'environnement dépend de son organisation interne, mais aussi des caractéristiques du milieu. Ces deux principes valent autant pour l'adaptation biologique que pour l'adaptation mentale, l'activité intellectuelle étant un prolongement des activités plus primitives de l'organisme que sont ses actions sensorimotrices, par exemple.

6.4.1 L'adaptation

Nous pouvons prendre la nutrition comme exemple d'adaptation. Quand les organismes vivants se nourrissent, ils incorporent des éléments provenant de leur milieu. L'énergie nécessaire à la croissance et à la survie de leur corps est ainsi puisée dans l'environnement selon les besoins définis par les caractéristiques de l'organisme et selon ce que le milieu a à offrir. Les aliments sont assimilés, c'est-à-dire transformés par l'appareil digestif de l'organisme pour être incorporés aux cellules. Mais cette assimilation dépend aussi des caractéristiques des aliments : ceux-ci sont plus ou moins faciles à digérer, de sorte que le système digestif devra s'accommoder des caractéristiques de la nourriture. Piaget appelle « schèmes » les structures d'activité de l'organisme.

Dans notre exemple de nutrition, l'organisme digère les aliments d'une certaine manière, selon une séquence ou un programme. Les différents organismes auront des manières différentes de se nourrir : un mollusque n'absorbera pas sa nourriture de la même façon qu'un cheval ou qu'un homme. La structure d'assimilation de chacun est particulière, mais tous se nourrissent en incorporant des éléments en provenance du milieu. La nutrition constitue un exemple du processus par lequel l'organisme assimile des éléments extérieurs à lui : les transforme pour les incorporer à ses propres structures en s'y accommodant, c'est-à-dire en adaptant sa digestion selon leurs caractéristiques. Deux mécanismes sont donc à la base de l'adaptation : l'assimilation et l'accommodation.

Selon Piaget, notre intelligence est une fonction qui s'adapte selon les mêmes principes que notre corps biologique. L'adaptation y constitue aussi un état d'équilibre entre l'assimilation et l'ac-

commodation. Le tableau 6.1, tiré de Cloutier (1982), donne la définition des mécanismes d'assimilation et d'accommodation, et fournit des exemples de leur interaction dans différentes fonctions humaines.

L'adaptation résultant de l'équilibre entre les pôles « assimilation » et « accommodation » évolue à travers différents niveaux d'organisation ou stades de développement. Chacun des actes posés implique une interaction entre les caractéristiques du sujet, ses structures et celles du milieu. Cette interaction met donc en jeu l'organisation du sujet.

TABLEAU 6.1 : L'adaptation définie en fonction des mécanismes d'assimilation et d'accommodation selon Piaget (1963)

Adaptation

L'adaptation est l'équilibre entre l'assimilation et l'accommodation. Elle est le résultat de l'assimilation d'éléments en fonction des structures préexistantes dans l'organisme, et de l'accommodation des structures aux éléments et aux situations nouvelles. Théoriquement, la recherche d'équilibre, c'est-à-dire l'équilibration, est constante pendant le développement et ne s'achève que lorsqu'un système stable d'adaptation est constitué. L'adaptation combine donc les transformations que l'organisme imprime à son milieu (assimilation) et celles qu'il subit lorsqu'il incorpore le nouveau (accommodation). C'est l'équilibre entre ces deux pôles qui constitue l'adaptation.

Assimilation	**Accommodation**
L'assimilation est le mécanisme par lequel l'organisme incorpore les éléments extérieurs en fonction de ses structures propres.	L'accommodation est le mécanisme par lequel l'organisme modifie ses structures afin de s'adapter à une réalité ou à une expérience nouvelle.

L'ensemble des conduites humaines comporte une certaine dose d'assimilation et d'accommodation, depuis le plan biologique jusqu'aux activités mentales complexes. En voici quelques exemples :

Exemple 1 : La digestion. Lorsqu'une personne se nourrit, les éléments incorporés sont digérés, c'est-à-dire assimilés au corps, à ses structures. Cette incorporation se fait toutefois de façon différente selon le type d'aliment. Le fonctionnement digestif s'accommode ou se plie aux caractéristiques des aliments de sorte que la transformation pourra être de deux à trois fois plus longue pour certaines viandes crues que pour certains potages légers.

Exemple 2 : Le manche de hache. Au début du siècle, les bûcherons se sculptaient parfois de nouveaux manches de hache en début de saison de coupe. Une certaine période d'adaptation à l'outil pouvait alors être observée où la main de l'homme (c'est-à-dire la structure de l'organisme) assimilait l'outil par frottement et en usait des parties de façon distinctive. La main s'accommodait par ailleurs à la carrure du manche en développant des ampoules puis de la corne à certains endroits spécifiques selon le frottement. La main et la hache s'adaptaient l'une à l'autre.

Exemple 3 : La résolution du problème. La solution à un problème posé suppose au préalable que ses données soient assimilées, c'est-à-dire intégrées aux structures mentales, lesquelles à leur tour doivent s'accommoder aux caractéristiques spécifiques des données du problème. La solution du problème, c'est-à-dire l'adaptation, est le résultat de la rencontre entre les opérations mentales dont le sujet est capable (pôle d'assimilation) et l'application appropriée de ces structures au contexte du problème (pôle d'accommodation).

Source : CLOUTIER, R. (1982) *Psychologie de l'adolescence*, Chicoutimi, Gaëtan Morin ; élaboré à partir de PIAGET, J. (1963) *La Naissance de l'intelligence*, 4e éd., Neuchâtel, Delachaux et Niestlé.

6.4.2 L'organisation

Chacune des étapes de cette évolution mentale correspond à un palier d'équilibre défini par une structure, par une « organisation » des actions possibles. Piaget propose quatre grandes périodes de développement de l'intelligence :

1- la période sensorimotrice (de 0 à 2 ans) ;

2- la période pré-opératoire (la pensée symbolique [de 2 à 5 ans] et la pensée intuitive [de 5 à 7 ans]) ;

3- la période des opérations concrètes (de 7 à 12 ans) ;

4- la période opératoire formelle (de 12 ans à l'âge adulte).

Chacune de ces grandes périodes correspond à une façon de penser ou de s'adapter mentalement, mais chacune peut se subdiviser en différents stades particuliers.

Un stade de développement de l'intelligence correspond donc à un niveau particulier d'organisation de la pensée. Selon Piaget, l'ordre dans lequel les enfants traversent les différents stades est invariant : il est le même pour tous. Le rythme d'évolution peut cependant varier selon les individus, en fonction de leurs caractéristiques personnelles, de la stimulation reçue du milieu ou du domaine cognitif concerné. Chaque nouveau stade correspond à un palier d'équilibre qui intègre les acquis des stades antérieurs dans une nouvelle organisation plus souple, qui permet une meilleure adaptation. C'est pour cette raison que Piaget parle de l'emboîtement hiérarchique des stades.

Piaget s'est aussi intéressé au développement de l'intelligence chez l'enfant parce qu'il croyait que le chemin que chacun parcourt dans sa psychogenèse est le même que celui que toute l'humanité a parcouru dans le développement de ses connaissances, de sorte que si l'on reculait dans l'histoire humaine, on pourrait rencontrer des époques où les hommes pensaient comme des enfants de 10 ans ou de 5 ans, etc.

6.4.3 Les structures cognitives

La notion de structure est centrale dans la conception piagétienne de l'intelligence. Les actions comme les pensées ne se font pas n'importe comment. Chacun a une façon de tenir un crayon, de parcourir des yeux un texte qu'il lit. L'individu ne peut pas, subitement, changer sa manière de tenir un crayon ou de parcourir ce texte des yeux et maintenir le même niveau d'efficacité dans ces tâches perceptuelles et motrices. Certes, il serait possible d'apprendre à écrire de la main gauche si on a l'habitude d'écrire de la main droite, mais il faudrait « réapprendre », c'est-à-dire reconstruire un nouveau schème d'action, une nouvelle structure. De même, le sujet pourrait réapprendre à lire en parcourant le texte à partir d'un miroir, mais ce serait sans doute là une toute nouvelle façon de faire.

L'adaptation, comme l'organisation, repose sur des structures de fonctionnement, sur des schèmes. Le schème, c'est ce qu'il y a de commun dans une activité qui se répète. Lorsqu'on prend un dictionnaire, une disquette d'ordinateur ou un crayon, il y a des gestes communs à chacune de ces actions : c'est le schème de préhension. Il y a aussi des éléments différents dans chacune de ces actions : le schème de préhension s'accommode à la forme particulière des objets, sans quoi l'action est inadaptée. Il est impossible de prendre un dictionnaire de la même façon qu'un crayon, etc.

Dans le livre *La Naissance de l'intelligence*, Piaget (1963) décrit de façon détaillée l'évolution des schèmes sensorimoteurs depuis les réflexes présents à la naissance jusqu'au développement de la représentation mentale des structures d'actions. Par exemple, le nouveau-né possède le réflexe de succion, si important pour sa survie. Le schème de succion évolue et intègre progressivement d'autres objets que le mamelon ou la tétine pour devenir l'un des moyens privilégiés d'exploration de l'environnement. La structure d'action sous-jacente à la succion se répète, mais elle évolue pour se généraliser à d'autres fonctions que la fonction nutritive : la bouche, que le bébé contrôle très tôt dans sa vie, devient un moyen d'entrer en contact avec l'environnement, de connaître les objets. À mesure que la préhension et la vision se coordonnent, la succion perd de sa valeur exploratoire, car l'enfant développe d'autres structures, d'autres schèmes pour entrer en contact avec son monde. Les structures d'actions restent présentes, mais d'autres structures plus complexes et plus généralisables se développent en mettant à profit la capacité de se représenter mentalement la réalité. Ainsi apparaissent des actions mentales réversibles, les opérations. Nous verrons plus loin comment Piaget applique cette idée de structure à chacun des stades de développement de l'intelligence qu'il a identifiés.

6.5 LES FACTEURS DE DÉVELOPPEMENT

Dans l'optique piagétienne donc, l'activité mentale correspond au prolongement de l'activité physique, ces deux niveaux d'adaptation impliquant une interaction du sujet avec son milieu, interaction définie par le niveau d'organisation des structures du sujet et par les caractéristiques du milieu. Le développement correspond au passage d'un niveau d'organisation à un autre, chaque niveau étant nécessaire à l'apparition du suivant, ce qui explique l'ordre invariable dans l'apparition des stades. Mais qu'est-ce qui explique le développement, c'est-à-dire le fait que l'on passe d'un stade à un autre plutôt que de rester constamment au même niveau ?

Piaget propose quatre facteurs responsables du développement de l'intelligence :

1- la maturation de l'organisme ;
2- l'expérience de l'environnement physique ;
3- l'influence du milieu social ; et
4- l'équilibration.

6.5.1 La maturation

La maturation physique de l'organisme joue un rôle dans le développement de l'intelligence parce qu'elle met en place les structures neurologiques sur lesquelles repose l'activité mentale. Même si l'on ne

connaît pas encore bien les liens biochimiques entre le fonctionnement mental et les structures du cerveau, on sait que ces dernières entrent en fonction et se différencient à divers âges et qu'il existe des moments privilégiés pour l'acquisition de certaines fonctions comme le langage, le raisonnement abstrait, etc. Mais si la maturation rend les structures nerveuses disponibles pour recevoir des contenus mentaux, elle n'en garantit pas l'acquisition. Les pensées ne sont pas innées et d'autres facteurs doivent intervenir pour les expliquer.

6.5.2 L'expérience du monde physique

Nous avons vu au chapitre 5 qu'il existe des moments critiques où l'organisme doit vivre certaines expériences dans son environnement pour que ses fonctions sensorimotrices se développent normalement. Chez le chat par exemple, le développement de certaines structures nerveuses comme le cortex visuel serait compromis si, à une certaine époque de la maturation post-natale, l'animal ne recevait pas les stimulations nécessaires à la mise en place de la circuiterie nerveuse responsable de la vision.

Piaget (1970) distingue trois catégories d'expérience avec l'environnement physique :

1- l'exercice ;
2- l'expérience physique des objectifs ; et
3- l'expérience logico-mathématique.

Chacune de ces trois catégories repose sur l'action du sujet puisqu'il ne peut y avoir d'expérience sans activité.

Avec l'exercice, l'organisme répète ses actions (ses schèmes) pour les consolider. L'exercice de la succion chez le bébé permet de consolider son réflexe et de l'étendre éventuellement à des objets nouveaux. De même les opérations mentales, pour se maintenir fonctionnelles, doivent être exercées. Dans l'exercice, la principale source de développement est donc le sujet lui-même.

À l'opposé, dans l'expérience physique des objets, la principale source de connaissance vient des objets sur lesquels porte l'activité du sujet. C'est en entrant en contact visuel avec différents objets que l'enfant pourra en abstraire des caractéristiques comme la couleur ou la forme ; c'est en manipulant des objets que des notions comme la chaleur ou le poids pourront se développer. Ces connaissances ne pourraient s'acquérir par l'exercice seul puisqu'elles proviennent de l'abstraction de propriétés des objets.

La connaissance qui provient de l'expérience logico-mathématique est le résultat des actions du sujet sur les objets et non pas des propriétés physiques des objets elles-mêmes. Piaget (1970) donne l'exemple de l'enfant qui aligne des jetons pour les compter plus facilement et découvre qu'il obtient le même nombre en les comptant de gauche à droite ou de droite à gauche ; il les dispose ensuite en cercle et se rend compte qu'il arrive encore au même résultat. Il s'agit là d'une expérience logico-mathématique où l'enfant découvre que le nombre des objets est indépendant de leur position dans l'espace ou de l'ordre dans lequel ils sont comptés ; c'est la conservation du nombre. À ce moment, ce ne sont ni les objets eux-mêmes ni l'exercice du sujet à lui seul qui sont responsables de la connaissance, mais c'est le résultat de l'action du sujet sur les objets qui donne lieu à la découverte.

6.5.3 L'influence du monde social

L'influence de l'environnement social constitue le troisième facteur de développement. Le fait que le rythme de développement de la pensée peut être accéléré par des interventions éducatives appropriées (Cloutier, 1978) démontre que l'environnement social joue un rôle significatif dans l'éveil cognitif. Cependant, le fait que l'ordre de succession des stades soit le même partout démontre l'impossibilité d'attribuer à l'environnement la responsabilité de cet ordre (Piaget, 1976).

En fait, les influences sociales et éducatives et l'expérience physique sont sur le même pied à cet égard, elles ne peuvent avoir d'effet sur le sujet que s'il est prêt à les assimiler, et il ne peut arriver à cela que s'il possède déjà les instruments

ou structures adéquats (ou leurs formes primitives). En fait, ce qui est enseigné n'est effectivement assimilé que lorsqu'il donne lieu à une reconstruction active et même à une réinvention de la part de l'enfant. (Piaget, 1970, p. 721.)

6.5.4 L'équilibration

Piaget croit cependant que ces trois premiers facteurs de développement ne sont pas suffisants à eux seuls pour expliquer la séquence invariante du développement. Ces trois facteurs hétérogènes ne peuvent donner lieu à un résultat aussi cohérent et constant s'ils ne sont pas coordonnés entre eux dans un tout équilibré. Un quatrième facteur de développement est donc proposé, soit l'équilibration, ce processus d'autorégulation par lequel l'organisme recherche un équilibre adaptatif en intégrant les données du milieu à ses structures (assimilation) et en ajustant ces dernières aux exigences du milieu (accommodation).

Si un enfant de 4 ans est placé devant deux boulettes de pâte à modeler identiques et que, devant lui, l'une d'elle est transformée en forme de saucisse, il affirmera que la quantité de pâte à modeler n'est plus la même. Pour lui qui ne considère qu'une seule dimension, la saucisse contient plus parce qu'elle est plus longue que la boulette (voir figure 6.1.b). Si la transformation se poursuit dans le même sens, la saucisse devenant de plus en plus mince et de plus en plus longue, comme un fil, l'enfant pourra dire que, maintenant, il y a moins de pâte à modeler parce que « c'est mince comme un fil ». À cet âge, l'enfant n'est pas préoccupé par ses contradictions ; il raisonne sur des états, des apparences, et pour lui, une transformation qui modifie l'apparence peut changer la quantité de matière (voir figure 6.1.c).

Un enfant de 5-6 ans placé dans la même situation pourra, lui aussi, dire au début que la saucisse contient plus de pâte à modeler parce qu'elle est plus longue. La poursuite de la transformation amènera toutefois de l'incertitude chez lui : il pourra se demander comment, en continuant la même transformation, ce n'est plus une augmentation de la quantité de pâte à modeler qui semble résulter, mais une diminution (« c'est mince comme un fil »). Cette hésitation ou oscillation entre deux pôles de réponse (« tantôt il y en a plus, tantôt il y en a moins... ») crée un déséquilibre dans sa pensée et le pousse à reconsidérer sa façon d'apprécier le problème, à chercher une solution à cette contradiction. Cette tendance à rechercher une réponse qui résolve la contradiction est l'équilibration. Dans cet exemple, c'est ce processus d'autorégulation qui pousse l'enfant de 5-6 ans à ne plus raisonner exclusivement sur les apparences, mais à intégrer progressivement dans son raisonnement la transformation dont il a été témoin. Il peut se rendre compte que la longueur et la largeur de la forme sont reliées entre elles et dépendent de la transformation. Il pourra alors compenser une dimension par l'autre en constatant que « c'est plus long mais c'est plus mince » ou sortir de l'image présente et renverser la transformation (réversibilité) (« si l'on refait la boulette comme tout à l'heure, il y en aura pareil »).

Pour Piaget,

... la transition d'un stade à un autre est donc une équilibration dans le sens le plus classique du mot. Mais comme ces déplacements du système sont des activités du sujet, et puisque chacune de ces activités consiste à corriger celle qui la précède immédiatement, l'équilibration devient une séquence d'autorégulations dont les processus rétroactifs résultent finalement en la réversibilité opératoire. (Piaget, 1970, p. 725.)

6.6 LA PÉRIODE SENSORIMOTRICE (DE 0 À 2 ANS)

Dans la théorie de Piaget, l'intelligence sensorimotrice est une intelligence d'action. L'enfant n'a pas encore de représentation mentale, de sorte que sa pensée porte sur ce qui se passe autour de lui « ici et

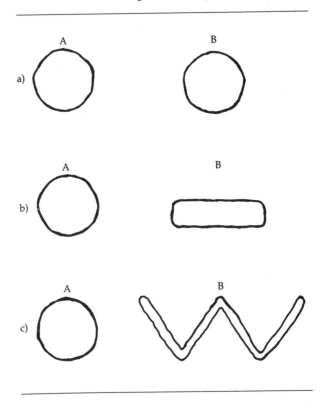

FIGURE 6.1 : L'expérience de la conservation de la quantité de pâte à modeler

maintenant ». À la fin de la deuxième année, le pensée aura progressivement franchi ces limites imposées par le présent : le souvenir des choses, c'est-à-dire leur représentation mentale, permettra de sortir du présent et d'anticiper le futur.

Ces deux premières années de la vie donnent lieu à un progrès considérable dans la capacité d'adaptation. La différence entre les capacités du nouveau-né et celles de l'enfant de 2 ans est telle que Flavell (1985) considère que l'écart entre le premier et le second est plus grand que celui qui sépare ce dernier de l'adulte.

La période sensorimotrice, comme son nom l'indique, est dominée par le développement sensoriel et moteur. Si l'on peut parler d'une intelligence sensorimotrice, c'est certainement d'une intelligence de perception et d'action dont il s'agit et non pas d'une pensée basée sur des symboles ou des représentations mentales de la réalité. La source des connaissances nouvelles correspond alors à l'observation des objets, mais aussi à l'effet de l'action du sujet sur eux.

Le nourrisson « connaît », en ce sens qu'il identifie les objets et événements familiers, et il « pense », en ce sens qu'il se comporte envers eux avec sa bouche, sa main, ses yeux et ses autres instruments sensorimoteurs d'une façon prédictible, organisée et souvent bien adaptée. (Flavell, 1985, p. 13.)

Piaget propose six stades de développement sensorimoteur, chacun étant caractérisé par des acquisitions qui le particularisent. C'est l'observation séquentielle de ses trois enfants qui a permis à l'auteur de structurer sa théorie du développement sensorimoteur. Les âges d'accession aux stades sont fournis à titre indicatif et servent de points de repère. Elles ne constituent pas des normes précises de développement, et des différences individuelles parfois importantes peuvent être observées quant au moment d'apparition de certaines conduites.

Piaget estime que les conduites particulières de chaque stade ne se succèdent pas de façon linéaire, chaque nouvelle faisant disparaître l'ancienne, mais s'associent entre elles comme les couches d'une pyramide : les nouveaux patrons de comportement se combinent aux anciens pour les compléter ou les améliorer (Piaget, 1963). C'est grâce aux schèmes que Piaget a pu distinguer des particularités propres à chaque stade. En effet, les conduites ne se présentent pas au hasard, mais sont structurées, organisées. Le schème correspond à la structure ou à la base mentale de l'action. Cela est vrai pour les actions sensorimotrices, mais aussi pour les opérations mentales qui apparaîtront ultérieurement. Ainsi, l'activité du bébé peut être étudiée par l'observation des unités d'actions qui se répètent, puis se modifient et se combinent entre elles (coordination des schèmes) pour donner lieu à des structures plus vastes permettant l'adaptation à des situations plus complexes.

Les acquis de chaque palier sont donc repris, et non pas abandonnés, pour donner lieu à des unités ou schèmes d'action plus complexes apparaissant dans le stade suivant.

6.6.1 Le stade 1 : l'exercice des réflexes (de 0 à 1 mois)

Comme nous l'avons vu au chapitre 5, le nouveau-né dispose d'une série de réflexes dont certains disparaîtront et d'autres se maintiendront. Depuis la publication des travaux de Piaget sur le développement sensorimoteur au cours des années 1930, bon nombre d'études ont mis en évidence le fait que le nouveau-né possède des capacités plus différenciées que l'on croyait à l'époque. Flavell (1963) commence la description du stade 1 de la période sensorimotrice en affirmant : « Il est évident, pour n'importe qui ayant déjà observé un nouveau-né, que le répertoire comportemental qu'il possède est extrêmement limité. » (P. 89.) Depuis lors, ce type d'affirmation s'est fait de plus en plus rare à mesure que l'on s'est rendu compte, avec des moyens d'observation plus subtils, que le nouveau-né dispose d'un répertoire comportemental plus impressionnant que ne peut le voir l'observateur profane.

Les données plus récentes n'ont toutefois pas entraîné le rejet de la description piagétienne du développement sensorimoteur. Au contraire, l'hypothèse piagétienne selon laquelle les différents stades possèdent un ordre invariant a été confirmée par des recherches récentes sur les animaux comme le primate ou le chat, dans le développement de la permanence de l'objet par exemple (Dumas, 1985).

Pour Piaget, les réflexes dont l'enfant est équipé à sa naissance constituent les premiers schèmes, les premières structures de conduite. Pendant le premier mois, l'exercice de ces schèmes permettra leur différenciation et leur généralisation à des objets nouveaux. Par exemple, Bruner écrit :

Le schème de succion initial du nouveau-né consiste en un tout indissociable, un mouvement d'ensemble dont le but est de créer une pression négative dans toute la cavité buccale. Dès la première exécution, l'ensemble de ce schème se met en branle. Par la suite cependant, il y a du changement. Il est intéressant de remarquer qu'autour de la quatrième semaine, cet ensemble comportemental indifférencié est devenu une série d'éléments intégrés mais différenciés, qui peuvent se manifester indépendamment. (1967, p. 7-8.)

6.6.2 Le stade 2 : les réactions circulaires primaires (de 1 à 4 mois)

Le premier mois de la vie ayant été principalement consacré à la consolidation des réflexes par leur exercice, le deuxième stade apparaît lorsque ces réflexes commencent à se modifier pour devenir ce que Piaget nomme les premières habitudes.

Au début de la vie, le schème, c'est-à-dire le pôle assimilation de la conduite, n'est pas différencié du pôle accommodation puisque le réflexe se présente comme une unité automatique de comportement qui ne s'adapte pas aux exigences du milieu. Avec l'expérience, ce schème sortira de son moule fixe pour s'accommoder à l'environnement. Par exemple, lorsque le bébé devient en mesure de sucer son pouce, non pas par hasard mais par coordination main—bouche, Piaget parle d'accommodation acquise, car ni le réflexe de la bouche (succion) ni celui de la main (préhension) ne peuvent expliquer à eux seuls cette acquisition : c'est l'effet de l'expérience qui se manifeste.

L'enfant commence donc à afficher des conduites qui ne sont plus seulement des réflexes mais des extensions de ceux-ci. À ce stade apparaît la réaction circulaire primaire, c'est-à-dire « un exercice fonctionnel acquis, prolongeant l'activité réflexe et ayant pour effet de fortifier et d'entretenir non plus seulement un mécanisme tout monté, mais un ensemble sensorimoteur à résultats nouveaux poursuivis pour eux-mêmes » (Piaget, 1963, p. 64). La succion du pouce, la protrusion de la langue, l'exploration systématique du regard, le gazouillis, constituent des exemples de réactions circulaires primaires apparaissant à cette époque. La réaction circulaire est dite primaire parce qu'elle est surtout centrée sur le corps propre de l'enfant, sur la réussite d'un mouvement, d'un geste, plutôt que dirigée vers une interaction

avec ou un des objets extérieurs, comme ce sera le cas pour la réaction circulaire secondaire apparaissant au stade 3.

Voici deux exemples de description que fournit Piaget (1963) en observant ses enfants à 2 mois :

Dès 0;2(8) [2 mois et 8 jours], Laurent se tripote constamment la figure, avant, pendant ou après la succion des doigts. Cette conduite acquiert peu à peu de l'intérêt pour elle-même et donne ainsi naissance à deux habitudes nettes. La première consiste à se tenir le nez. Ainsi, à 0;2(17), Laurent gazouille et sourit seul, sans aucune envie de sucer, tandis qu'il se tient le nez de la main droite. Il recommence à 0;2(18) pendant sa succion (il se tient le nez des quatre doigts tout en suçant le pouce), puis continue après. À 0;2(19), il se saisit le nez, tantôt de la droite, tantôt de la gauche, se frotte l'œil en passant, mais revient constamment au nez. Le soir, il se tient le nez des deux mains. À 0;2(22), il semble diriger sa main droite vers le nez alors que je le lui pince. À 0;2(24) et les jours suivants, nouveaux attouchements du nez. (P. 88, observation n° 57.)

Vers 0;2(16), elle [Lucienne] tripote un oreiller. À 0;2(20), elle ouvre et ferme les mains à vide, et gratte une étoffe. À 0;2(27), elle garde quelques instants sa couverture dans la main, puis un coin de drap qu'elle a saisi par hasard, puis une petite poupée que j'ai appliquée contre la paume de sa main droite. À 0;3(3), elle heurte un édredon de la main droite : elle le gratte en regardant très attentivement ce qu'elle fait, puis le relâche, le reprend, etc. Elle perd ensuite le contact, mais dès qu'elle le sent à nouveau, elle le saisit sans le gratter. Même réaction plusieurs fois de suite. Il y a donc réaction circulaire assez systématique orientée par le toucher et non pas par la vue. (P. 87, observation n° 54.)

La réaction circulaire est donc une conduite cyclique dont la dernière phase amorce la première, jusqu'à ce que le désintérêt s'installe. La réaction circulaire primaire porte sur le geste lui-même plus que sur la réussite d'une interaction avec un objet ; il y a début d'accommodation à l'objet sur lequel porte la conduite, mais ce n'est qu'avec les réactions circulaires secondaires que l'intérêt se tournera vers lui.

L'apparition des premières habitudes permet d'identifier une structure suivant laquelle des étapes se répètent dans la conduite, mais il n'y a pas encore d'intentionnalité comme telle à ce stade. Dans la plupart des cas, l'activité du sujet est poursuivie pour elle-même, parce qu'elle procure des résultats intéressants et non pas dans la poursuite intentionnelle d'un but. C'est vers la fin de ce stade 2 et avec le stade 3 que l'activité intentionnelle apparaîtra. À ce moment, on assiste aussi à une acquisition de toute première importance : la coordination vision—préhension. Il s'agit de l'intégration fonctionnelle de la préhension et de la vision, jusque-là isolées l'une de l'autre, permettant à l'enfant de prendre les objets qu'il voit.

La coordination vision—préhension

Piaget décrit cinq étapes dans la coordination vision—préhension. Nous les considérerons brièvement, car elles permettent de bien comprendre comment des schèmes initialement disjoints entrent en combinaison pour donner une nouvelle unité fonctionnelle. Il est aussi très intéressant de comprendre comment la succion joue un rôle de trait d'union entre la vision et la préhension.

Voici les cinq étapes proposées :

1- L'enfant exerce ses réflexes de préhension, de mouvement des yeux et de succion.

2- Les réactions circulaires primaires comprennent la préhension d'objets touchés, l'exploration visuelle d'objets perceptibles, la succion. Un parallélisme s'établit aussi entre la succion et le mouvement des mains : le bébé pourra ouvrir et fermer sa bouche en même temps qu'il ouvre ou ferme sa main.

3- La coordination main—bouche apparaît : l'objet pris dans la main est porté immédiatement à la bouche pour être sucé. Il n'y a pas encore de coordination entre la vision et la préhension parce que l'enfant ne saisit pas encore ce qu'il voit ni ne regarde sa main lorsque celle-ci est retenue ; les objets saisis ne le sont encore que par hasard. On comprend ici que la bouche (et l'activité de succion qui s'y rattache) agit comme intermédiaire dans l'asso-

ciation vision—préhension : le lien initial main—bouche sert à faire entrer la main et l'objet qu'elle peut tenir dans le champ de vision, ce qui favorise l'association entre la vue et la main.

4- L'enfant prend l'objet qu'il voit près de sa main. La main et l'objet doivent tous deux se trouver dans le champ de vision pour être reliés mentalement : la vue de la main seule ou de l'objet seul ne produit pas ce résultat.

5- La perception visuelle de l'objet seul déclenche la préhension : ce qui est vu peut être pris, la coordination entre la vision et la préhension est donc achevée. La coordination vision—préhension est un exemple typique du processus de combinaison de deux unités de conduites isolées l'une de l'autre pour former un schème permettant de nouvelles adaptations. Pour le bébé, le schème de vision—préhension devient un puissant outil d'exploration de son monde, une voie privilégiée d'acquisition de connaissances.

6.6.3 Le stade 3 : les réactions circulaires secondaires (de 4 à 8 mois)

C'est avec ce troisième stade que les adaptations sensorimotrices intègrent l'intentionnalité proprement dite. Pour Piaget, la différenciation des moyens et des buts constitue un critère de conduite intelligente.

Le bébé du stade 3 est plus intéressé qu'auparavant par les conséquences de ses actes ; la réaction circulaire secondaire consiste justement à faire durer les conséquences intéressantes provoquées par l'action. Le but n'est donc pas posé à l'avance, mais plutôt relié aux effets de l'action qu'il veut faire durer ; cela nécessite tout de même la compréhension du lien entre l'action et l'effet. Par exemple, l'enfant dont la main secoue un mobile suspendu devant lui répétera le cycle « secouer, regarder et écouter bouger, secouer » de façon circulaire pour entretenir l'expérience sensorielle déclenchée fortuitement au départ. Comparativement à la réaction circulaire primaire, où le geste lui-même était le centre de l'intérêt, c'est maintenant l'objet, dans sa réaction au geste, qui devient le centre d'intérêt.

À ce stade, l'enfant s'ouvre donc au monde qui l'entoure, entreprise qui se poursuivra pendant tout son développement cognitif. Socialement, cette ouverture se traduira par l'apparition de la capacité d'imiter. Piaget estime que cette imitation est cependant encore limitée :

1- L'enfant ne peut imiter le modèle que dans des conduites qu'il a lui-même déjà produites spontanément, sans pouvoir imiter des conduites qui sont nouvelles pour lui ; et

2- Il ne peut imiter que des conduites qu'il peut s'entendre ou se voir faire ; par exemple, il lui est impossible de reproduire des expressions faciales qu'il ne se voit pas faire (Flavell, 1985).

6.6.4 Le stade 4 : la coordination des schèmes secondaires (de 8 à 12 mois)

Au stade 2, nous avons vu que des schèmes individuels comme la vision, la succion ou la préhension entraient progressivement en interaction ; il s'agissait de la coordination de schèmes primaires. À ce stade 4, des schèmes secondaires, déjà eux-mêmes composés de plusieurs schèmes primaires, se combineront entre eux.

De plus, ces schèmes dits secondaires ne seront plus simplement utilisés dans le but de faire durer une stimulation intéressante découverte plus ou moins fortuitement, mais dans une perspective intentionnelle. Par exemple, l'enfant désireux d'accéder à un objet donné pourra s'avancer, pousser un objet qui gêne son accès et poursuivre ensuite son avancement vers l'atteinte du but. L'enfant peut mettre une action au service d'une autre dans la poursuite de son but.

Au stade 2, l'enfant avait commencé à s'ouvrir à l'extérieur, à planifier sa propre activité. Par exemple, il pouvait commencer à sucer à la vue du biberon. Au stade 4, cette ouverture amène plus que la possibilité de prévoir sa propre action mais aussi celle d'autrui. Ainsi, l'enfant de ce niveau pourra comprendre que sa mère s'apprête à préparer de la nourriture en la voyant manipuler un plat connu. Donc, l'ouverture sur le monde permet non plus seulement d'organiser sa propre conduite, mais aussi de prévoir la venue d'événements extérieurs.

Les deux limites de la capacité d'imiter identifiées au stade précédent disparaissent au stade 4, et l'enfant peut dorénavant intégrer de nouvelles conduites par l'observation des autres. Il réussira par exemple à imiter un modèle qui ouvre et ferme ses yeux (donc imiter un geste qu'il ne se voit pas répéter) ou pourra reproduire, approximativement au moins, une conduite qu'il n'a jamais affichée auparavant.

Le stade 4 est donc marqué par :

1- Une nouvelle capacité de coordonner des séquences d'actions dans la poursuite intentionnelle d'un but ; et

2- une capacité accrue de relier fonctionnellement les objets et événements de son environnement.

6.6.5 Le stade 5 : la réaction circulaire tertiaire (de 12 à 18 mois)

Le stade 5 met en scène un enfant de plus en plus capable de se déplacer vers les objets pour les choisir, de les manipuler et de comprendre leur réaction et leur fonctionnement. Il s'agit d'un stade qui se caractérise par une expérimentation active, une recherche constante de nouveauté, et où l'exploration par essais et erreurs domine l'activité.

Les unités de conduite prennent alors la forme de « réactions circulaires tertiaires » parce que l'enfant ne répète plus les actions qui l'ont conduit au résultat intéressant de la même manière d'une fois à l'autre, comme dans le cas de la réaction circulaire secondaire, mais il les fait varier pour voir la différence.

Il ne s'agit plus seulement pour l'enfant d'appliquer des schèmes connus à l'objet nouveau, mais de saisir par l'esprit cet objet en lui-même. À cet égard, faire varier les positions, lancer ou rouler les objets, redresser une boîte, faire flotter, verser de l'eau, etc., sont des expériences actives qui sont bien loin, cela va sans dire, de la vérification d'une déduction préalable, comme dans l'expérience scientifique, mais qui constituent déjà l'équivalent fonctionnel de l'expérience pour voir. (Piaget, 1963, p. 240-241.)

La notion de réaction circulaire tertiaire renvoie donc à l'idée que la séquence comportementale (le cycle de la réaction) intègre la relation entre le sujet et les objets mais aussi celle des objets entre eux. Piaget donne des exemples de conduites où l'enfant réussit à attirer à lui un objet en tirant sur une ficelle qui y est attachée, puis en tirant le tapis sur lequel l'objet est posé, etc. La poursuite du but n'est plus la seule préoccupation, l'intérêt porte aussi sur les diverses manières de l'atteindre, si bien que parfois le but perdra son attrait principal au profit du moyen. C'est le cas, par exemple, où l'enfant doit pousser une boîte de carton qui nuit à son accès à une chaise, et où le renversement de la boîte de toutes sortes de façons devient plus intéressant que l'atteinte de la chaise : l'enfant se captive par les différentes façons de déplacer l'obstacle et néglige le but.

6.6.6 Le stade 6 : l'invention de moyens nouveaux (de 18 à 24 mois)

Entre 1 an 1/2 et 2 ans, l'enfant s'éloigne progressivement de l'action pour entrer dans la représentation mentale. Le stade 6 donnera lieu à des découvertes résultant non plus nécessairement de l'actualisation pratique de diverses actions (expérimentations), mais de combinaisons mentales (inventions). C'est la transition entre l'intelligence sensorimotrice et l'intelligence représentative.

Voici un exemple typique de cette nouvelle possibilité :

À 1 an 8 mois et 9 jours, Jacqueline arrive devant une porte fermée avec une herbe en chaque main. Elle tend la main droite vers la poignée mais voit qu'elle ne pourra pas s'en tirer sans lâcher l'herbe. Elle la pose donc à terre, ouvre la porte, reprend l'herbe et entre. Mais lorsqu'elle veut ressortir de la chambre les choses se compliquent. Elle pose l'herbe à terre et prend la poignée. Mais elle s'aperçoit alors qu'en tirant à elle le battant de la porte elle va du même coup chasser l'herbe qu'elle a posée entre ce battant et le seuil. Elle la ramasse donc pour la mettre en dehors de la zone d'attraction du battant.

Cet ensemble d'opérations qui ne constituent en rien une invention remarquable est cependant bien caractéristique des actes d'intelligence fondés sur la représentation ou la conscience des relations. (Piaget, 1963, p. 294-295.)

L'enfant du stade 6 peut donc imaginer des essais et ne passer à l'action que lorsque la solution est trouvée, contrairement à celui du stade 5, qui devait actualiser les différentes possibilités dans son activité même. Au stade 6, on parle d'invention de moyens nouveaux parce que la recherche d'une procédure adaptée à la poursuite du but se fait mentalement plutôt que pratiquement dans l'action sur les objets.

Le développement survenant au cours de la période sensorimotrice se traduit donc par une progression de l'intérieur vers l'extérieur. Le nouveau-né, très centré sur lui-même au départ, s'ouvrira progressivement aux objets qui l'entourent. Le bébé explore de plus en plus activement le monde qui l'entoure en exerçant ses schèmes d'action de plus en plus sophistiqués. On peut concevoir l'ensemble du développement sensorimoteur comme une extroversion progressive (Flavell, 1985).

6.6.7 Le développement de la permanence de l'objet

L'adulte est convaincu que les objets qui l'entourent ont leur existence propre, c'est-à-dire qu'ils sont indépendants de lui et continuent d'exister même lorsqu'il ne les perçoit pas. Pour l'adulte, il n'y a pas de confusion entre sa perception des objets, ses actions sur eux et les objets eux-mêmes dans son environnement. Il sait qu'ils occupent une place constante et qu'ils peuvent connaître à son insu des déplacements dans l'espace. Il possède la notion de permanence de l'objet.

L'une des grandes découvertes de Piaget fut de démontrer que cette notion d'objet n'est pas présente chez le jeune bébé mais qu'elle se construit par étapes au cours des deux premières années de sa vie. La permanence de l'objet constitue un invariant cognitif de grande importance, c'est-à-dire une référence mentale de base sur laquelle repose la fonction symbolique. Pour que l'on puisse se représenter un objet mentalement, ce dernier doit avoir son identité propre, c'est-à-dire :

1- qu'il doit être conçu comme distinct de soi ou de ses actions sur lui ; et

2- que cette identité soit permanente, qu'elle ne change pas constamment.

La représentation des objets à l'aide de noms repose sur cette invariance de l'identité de l'objet, sur la permanence de l'objet.

Piaget a décrit le développement de la permanence de l'objet en six étapes, correspondant aux six stades du développement sensorimoteur. Pour décrire ce développement, Piaget a observé les réactions d'enfants face à la disparition d'objets intéressants. Nous ferons maintenant un bref examen de cette séquence de développement.

Les stades 1 et 2 (de 0 à 4 mois)

Au cours de ses quatre premiers mois, la disparition d'un objet ne provoque pas de réaction de la part de l'enfant. Tout au plus, à la fin de cette période, l'enfant fixe l'endroit où l'objet est disparu sans amorcer de recherche. L'enfant devient habile à poursuivre des yeux les objets en mouvement et à les fixer lorsqu'ils s'arrêtent, mais leur disparition ne suscite pas de recherche comme telle.

Le stade 3 (de 4 à 8 mois)

À ce stade apparaît la capacité de prévoir les positions de l'objet à partir de la direction observée de son mouvement. Si par exemple un objet tombe du berceau, l'enfant pourra se pencher pour le suivre visuellement plutôt que de rester fixé à l'endroit du champ visuel où il a cessé d'être perçu. Flavell (1985) mentionne qu'un enfant de ce stade observant un train électrique faire des tours sur une piste circulaire pourra prévoir l'apparition du train à la sortie d'un tunnel plutôt que de fixer l'entrée où le train est disparu.

L'enfant réussit aussi à reconnaître des objets familiers même s'ils ne sont que partiellement visibles. La perception d'une partie seulement du biberon suscitera sa recherche, mais sa disparition lente et visible derrière un écran opaque n'entraînera pas de recherche. Si un voile opaque recouvre sa main tenant un objet, l'enfant ne ramènera pas ce dernier à lui ; il recherchera visuellement l'objet comme s'il ne se rendait pas compte qu'il le tient ou le laissera tomber sans amorcer de recherche. Si le voile utilisé est transparent, l'enfant ramènera l'objet à lui. Il semble donc qu'avant 8 mois l'objet ne possède pas encore une identité propre pour l'enfant.

Le stade 4 (de 8 à 12 mois)

C'est à ce stade que l'enfant arrive à rechercher l'objet intéressant qu'il a vu disparaître derrière un écran ou un voile opaque. Au début, il n'y arrive que si l'objet disparaît au moment où il s'apprête à le prendre ; le mouvement sert donc de mémoire à ce moment. À la fin de ce stade, l'enfant recherchera l'objet même s'il n'est pas engagé dans un mouvement vers lui. Un phénomène intéressant a cependant été observé par Piaget qui l'a identifié comme l'« erreur de stade 4 ».

L'erreur de stade 4 consiste à rechercher l'objet disparu à l'endroit où il a déjà été retrouvé avec succès auparavant, même si ce n'est pas à cet endroit qu'il est disparu la dernière fois. Pour Piaget, cela signifie que l'objet n'est pas encore complètement indépendant de l'action du sujet, l'objet serait encore psychologiquement contenu dans l'unité d'action globale, dans l'habitude acquise auparavant.

> L'erreur de stade 4 est typiquement commise par les enfants de ce stade de la période sensori-motrice. Voici ce qui se passe. Devant l'enfant, on dissimule un petit objet intéressant en le déposant dans un contenant A (ce peut être sous un voile). L'enfant de stade 4 voit disparaître l'objet et va le chercher dans le contenant. On répète plusieurs fois ce jeu de cache-cache où l'enfant réussit à retrouver son objet. Ensuite, devant l'enfant, on fait disparaître l'objet dans un contenant B différent du premier A.
>
> L'enfant de stade 4 a alors tendance à aller chercher l'objet dans le contenant A où il avait l'habitude de le retrouver. Devant son insuccès, il cessera sa recherche plutôt que d'aller voir dans le contenant B. C'est l'erreur de stade 4.

Piaget (1977) explique cette erreur, qui disparaît au stade 5, par le fait que l'enfant est encore trop centré sur son action pour s'en défaire et ne tenir compte, comme le problème l'exige, que de la position où il a vu l'objet disparaître la dernière fois. C'est comme si l'habitude de retrouver l'objet en A empêchait l'enfant d'enregistrer le nouveau lieu de dissimulation B. Maury (1980), Dumas (1985) et Perreault (1985) discutent l'erreur de stade 4 avec plus de détails.

Le stade 5 (de 12 à 18 mois)

Au stade 5, l'enfant n'est plus dépendant de l'habitude de réussite et peut rechercher l'objet derrière l'écran où il est disparu, sans égard au nombre de fois qu'il avait réussi à le retrouver dans un autre lieu. L'enfant comprend les déplacements visibles de l'objet, c'est-à-dire qu'il sait le rechercher aux endroits où il l'a vu disparaître.

À ce stade toutefois, le bébé n'arrive pas encore à maîtriser les déplacements invisibles, c'est-à-dire qu'il ne sait pas diriger sa recherche ailleurs que là où il a vu l'objet disparaître. Par exemple, si on cache un petit objet sous un gobelet opaque à l'envers, l'enfant pourra l'y retrouver sans difficulté. Si toutefois on glisse le gobelet contenant l'objet sous un voile et que, laissant l'objet sous le voile, on ramène le gobelet vide devant l'enfant, ce dernier recherchera l'objet sous le contenant mais cessera sa recherche devant l'absence de l'objet. Il ne songera pas à aller voir sous le voile, c'est-à-dire à inférer que l'objet peut avoir été déplacé de son contenant au moment où ce dernier n'était pas visible, ce qui correspond à un déplacement invisible.

Le stade 6 (de 18 à 24 mois)

À ce dernier stade de la période sensori-motrice, l'enfant devient en mesure de se représenter des déplacements de l'objet qui ne sont pas visibles. À partir de maintenant, c'est comme si l'enfant avait la conviction que l'objet a vraiment son identité propre, sa permanence et que s'il ne se trouve pas à un endroit, il doit se trouver à un autre. Piaget (1963) rapporte l'expérience suivante pour illustrer ce niveau de conduite :

Jacqueline, à 1;7(23), est assise en face de trois objets-écrans A, B, C, alignés à égale distance les uns des autres (un béret, un mouchoir et sa jaquette). Je cache un petit crayon dans ma main en disant : « Coucou, le crayon », je lui présente ma main fermée, la met sous A, puis sous B, puis sous C (en laissant le crayon sous C) ; à chaque étape, je présente à nouveau ma main fermée, en répétant : « Coucou, le crayon ». Jacqueline cherche alors le crayon directement en C, elle le trouve et rit. (P. 71.)

Dans cet exemple, la petite fille aurait pu commencer sa recherche en A mais l'aurait poursuivie jusqu'en C au besoin. L'enfant dispose maintenant d'une représentation interne de l'objet, et sa disparition subite n'est pas acceptable. Pour la première fois, l'observation d'un magicien qui fait disparaître des objets dans son chapeau est susceptible d'attirer l'attention de l'enfant car, pour trouver incongrue la disparition d'un objet, il faut posséder la notion de permanence de l'objet. Pour le sujet des premiers stades de la période sensorimotrice, l'objet qui disparaît dans le chapeau du magicien n'a rien de vraiment très particulier puisque dans son monde, il est « normal » que les objets apparaissent ou disparaissent.

6.6.8 Les origines de la fonction symbolique

Nous avons vu qu'au début de la période sensorimotrice, l'activité du sujet et les objets sur laquelle elle porte ne sont pas différenciés. Flavell (1985) rapporte : « Tant que les éléments externes ne parviennent pas au statut d'entité indépendante, conceptuellement, ils ne peuvent être des objets de référence symbolique. » (P. 29-30.) Lorsque l'enfant exécute ses premières imitations, il affiche un début de cette différenciation entre lui et l'objet ou le modèle qu'il imite. L'action représentant l'objet peut être plus ou moins distante de la réalité de ce dernier, par exemple dans l'émission d'un gazouillis pour imiter l'automobile qui passe, mais le geste n'en constitue pas moins une référence à l'objet. Flavell (1985) rapporte la suggestion intéressante de Werner et Kaplan selon laquelle le fait de montrer du doigt un objet constituerait une forme précoce de comportement référentiel :

Le fait d'attirer l'attention de façon consciente et délibérée de quelqu'un vers un objet en pointant ce dernier du doigt constitue un acte symbolique. On peut en effet prétendre que d'être en mesure d'actualiser ce type de conduite implique l'acquisition d'une différenciation relativement claire entre soi et l'objet qui est pointé, c'est-à-dire une idée relativement claire que la personne est une chose et que l'objet pointé en est une autre. (P. 30.)

La représentation symbolique d'un objet requiert donc que l'identité de cet objet soit reconnue comme distincte en même temps qu'elle requiert un symbole, lui aussi distinct, mais possédant un lien avec l'objet. Le lien peut être physique comme l'empreinte du pied dans la neige, il peut être une image comme un dessin de l'objet, il peut être

conventionnel comme un mot utilisé pour nommer l'objet, etc. Dans la théorie de Piaget, la fonction symbolique, c'est-à-dire le fait de pouvoir utiliser un système de représentation des objets, repose sur la permanence de l'objet. Cette permanence de l'objet implique l'intériorisation de l'image de l'objet, image sur laquelle un symbole ou une étiquette pourra être apposé pour servir de référence dans la communication et les opérations mentales.

6.7 LA PÉRIODE PRÉ-OPÉRATOIRE (DE 2 À 6-7 ANS)

À partir de 2 ans environ, la pensée de l'enfant entre dans une nouvelle période, marquée par le développement de la fonction symbolique (ou sémiotique). L'enfant sort progressivement des frontières jusque-là tracées par son activité motrice pour y ajouter le monde symbolique, l'imaginaire. Il s'agit d'une véritable révolution cognitive : le présent immédiat ne sera plus le seul champ d'activité mentale, et des objets absents, éloignés dans l'espace ou dans le temps, pourront être ramenés à volonté, selon les besoins de l'imaginaire ou de la communication. Les souvenirs passés, les projets futurs, s'ajouteront donc au présent immédiat en tant qu'univers mentalement accessibles. L'univers de la représentation est beaucoup plus vaste que l'univers de l'action auquel était confiné le bébé durant la période sensorimotrice.

Au cours de la période pré-opératoire, l'enfant développe une pensée appuyée sur un système représentatif de plus en plus différencié, lui permettant de communiquer avec autrui et de confronter ses idées avec celles des autres. Cette fonction symbolique appuie le développement du langage, outil majeur de socialisation. Mais cette évolution s'accomplit progressivement, car plusieurs limites contraignent encore l'activité intellectuelle. En fait, une bonne partie de ce que nous connaissons de cette période repose sur des comparaisons avec la période opératoire. Le terme pré-opératoire lui-même renvoie à l'idée que l'opération mentale comme telle n'est pas encore acquise.

Ces cinq années de développement donnent lieu à deux grandes phases de développement : la phase préconceptuelle (de 2 ans à 4-5 ans environ) et la phase intuitive (de 4-5 à 6-7 ans). Cette dernière phase est une phase de transition vers les opérations ; l'enfant affiche plus de mobilité et moins de centration que lors de la phase préconceptuelle, mais la réversibilité n'est pas encore présente.

Nous aborderons la période pré-opératoire à partir d'une description des bases du système représentatif, puis nous étudierons les premières conduites symboliques pour ensuite considérer les limites de la pensée préconceptuelle telles qu'elles s'illustrent dans des situations expérimentales piagétiennes. Enfin, nous terminerons notre examen des caractéristiques de la pensée pré-opératoire par un bref examen de la transition vers l'opération que constitue la pensée intuitive.

6.7.1 Le système représentatif

À la fin de la période sensorimotrice apparaît une fonction cruciale pour l'activité intellectuelle, soit la capacité de se représenter mentalement des objets, des événements ou des actions. Cette intériorisation du monde est la base du développement de la fonction symbolique. Sur cette possibilité de conserver une image mentale de l'objet disparu ou absent s'établira ce que Piaget appelle la fonction symbolique : la capacité de représenter quelque chose, un « signifié » par un « signifiant » qui lui est particulier. Le signifié est l'objet ou l'image mentale de l'objet et le signifiant, c'est l'étiquette ou le symbole qui sert de représentant au premier. Ainsi, les mots que nous utilisons dans la langue sont des signifiants de ce qu'ils représentent, les signifiés.

Le système représentatif impliquant l'utilisation de symboles pour évoquer les réalités en leur absence se développe progressivement. Au départ, le jeune enfant ne possède pas un système de symboles ou de signifiants très sophistiqué. Il existe alors une différence assez grande entre ce que l'enfant connaît mentalement et ce qu'il peut nommer avec un signifiant différencié, propre à l'entité qu'il veut évoquer.

Mandler (1983) décrit cette asymétrie entre l'ensemble de ce que l'enfant connaît et ce que couvre sa fonction symbolique. Par exemple, un enfant peut avoir une représentation de sa maison, de la disposition des pièces ou des objets, mais ne pas être en mesure d'évoquer chacune de ces réalités avec un signifiant approprié, c'est-à-dire d'en faire une description. Dans cette optique, la fonction symbolique ne couvrirait qu'une partie de l'ensemble du système représentatif : pour décrire une chose, l'enfant doit obligatoirement la connaître, mais il peut connaître quelque chose sans pouvoir la décrire.

Les schèmes, ou structures des actions physiques et, plus tard, des actions mentales (opérations), correspondent à cette catégorie plus vaste de connaissances qui peut échapper à la fonction symbolique. Il existe des choses que l'on connaît et des choses que l'on peut faire sans pour autant en avoir une représentation supportée par des symboles utiles pour les décrire. Par exemple, si l'on vous demande d'expliquer ce qu'est une spirale, il est possible que vos signifiants langagiers fassent défaut et que vous soyez confiné aux ressources sensorimotrices, c'est-à-dire à l'imitation gestuelle d'une spirale.

6.7.2 Les premières conduites symboliques

Piaget et Inhelder (1971) identifient cinq conduites de l'enfant supposant l'utilisation d'un signifiant pour représenter un signifié absent :

1- l'imitation différée ;

2- le jeu symbolique ;

3- le dessin ;

4- l'image mentale ;

5- l'évocation verbale.

Selon les auteurs, ces conduites suivent un ordre de complexité croissante. Nous examinerons maintenant chacune d'elles en dégageant leur rôle respectif de précurseurs de la représentation mentale.

L'imitation différée

L'imitation différée correspond à une imitation exécutée en l'absence du modèle imité, c'est-à-dire reportée dans le temps. Selon Piaget, ce type de conduite, qui apparaît déjà à la période sensorimotrice, n'implique pas de représentation en pensée. Lorsque l'enfant, dans un premier temps, imite un modèle qu'il perçoit devant lui et, plus tard, reproduit les gestes observés, l'action constitue le support de ce qui est gardé en mémoire. Il s'agit donc du début d'une représentation mais qui n'est pas encore présente en pensée ; le geste imitateur joue le rôle d'un signifiant pour l'activité du modèle, le signifié.

Selon Piaget, l'imitation joue un rôle très important dans l'acquisition du système représentatif puisque quatre des cinq premières conduites symboliques décrites ici reposent sur elle (l'imitation différée, le jeu symbolique, le dessin et l'image mentale), et que même le langage s'acquiert nécessairement dans un contexte d'imitation. En effet, si l'enfant qui prononce des mots ne répète pas nécessairement un modèle, les mots eux-mêmes sont issus d'un code conventionnel, la langue, appris à partir de l'imitation des modèles sociaux.

L'imitation est une préfiguration de la représentation, c'est une représentation en acte qui, à la fin de la période sensorimotrice, devient suffisamment détachée du modèle pour pouvoir apparaître seule, en imitation différée : « Ainsi détaché de son contexte, l'acte devient signifiant différencié et, par conséquent, en partie déjà représentation en pensée. » (Piaget et Inhelder, 1971, p. 44.)

Le jeu symbolique

Le jeu symbolique constitue un moyen privilégié pour l'enfant d'exercer sans contrainte ses schèmes à lui, en réponse à ses propres besoins affectifs et intellectuels. On qualifie cette activité de sans contrainte parce qu'elle n'est pas dirigée vers une adaptation au monde réel : les symboles sont empruntés à l'imitation, mais ils n'ont pas à se conformer au modèle, et l'enfant les utilise et les transforme à sa guise selon les désirs de son imaginaire.

Obligé de s'adapter sans cesse à un monde social d'aînés, dont les intérêts et les règles lui restent extérieurs, et à un monde physique qu'il connaît encore mal, l'enfant ne parvient pas comme nous à satisfaire les besoins affectifs et même intellectuels de son moi dans ces adaptations, qui, pour les adultes, sont plus ou moins complètes, mais qui demeurent pour lui d'autant plus inachevées qu'il est jeune. Il est donc indispensable à son équilibre affectif et intellectuel qu'il puisse disposer d'un secteur d'activité dont la motivation ne soit pas l'adaptation au réel mais, au contraire, l'assimilation du réel au moi, sans contraintes ni sanctions : tel est le jeu, qui transforme le réel par assimilation plus ou moins pure aux besoins du moi, tandis que l'imitation (lorsqu'elle constitue une fin en soi) est accommodation plus ou moins pure aux modèles extérieurs et que l'intelligence est équilibre entre l'assimilation et l'accommodation. (Piaget et Inhelder, 1971, p. 46.)

Piaget donne l'exemple d'une fillette qui fait semblant de dormir « assise et souriant largement, mais en fermant les yeux, la tête penchée, le pouce dans la bouche... » (1971, p. 43). Encore ici, c'est l'action d'imiter le sommeil qui constitue le support représentatif, mais des objets symboliques pourront être intégrés à cette action, comme un papier tenant lieu de couverture, etc.

Cette grande puissance du jeu symbolique à combler les besoins enfantins se révèle sans équivoque lors de l'observation en garderie, où les enfants, lorsque laissés libres d'agir spontanément, passent une forte proportion de leur temps à jouer à « faire semblant » (Bissonnette, Cloutier et Ingels, 1984). Sur les plans affectif et social, le jeu symbolique permet de régler des conflits, de jouer des rôles sans contrainte extérieure, au fil des besoins intérieurs. Il s'agit essentiellement d'une activité centrée sur le moi. Pas étonnant que l'on y observe des paradoxes comme les monologues collectifs, où plusieurs enfants parlent en groupe, non pas tellement pour communiquer entre eux, mais pour s'exprimer individuellement, sans considération de ce que raconte autrui.

Si cette fonction adaptative du jeu imaginaire dégagé des contraintes du réel est une caractéristique dominante de l'activité spontanée entre 2-3 et 5-6 ans, elle n'en continuera pas moins de se manifester pendant toute l'enfance et, en se modifiant, elle sera perceptible peut-être pendant toute la vie. Piaget distingue quatre catégories de jeu :

1- le jeu d'exercice, apparaissant dès le stade sensorimoteur et dont la fonction est de consolider un savoir nouvellement acquis ;

2- le jeu symbolique, que nous venons de décrire ;

3- le jeu de règles (marelle, cache-cache, etc.) avec une composante sociale importante ; et

4- le jeu de construction ou de solution de problèmes (jeu-questionnaire, jeu de chimie, construction mécanique, etc.), qui possède encore un caractère ludique mais vise des adaptations tenant nettement compte du réel.

Le dessin

Piaget situe le début de la représentation graphique à mi-chemin entre le jeu symbolique et l'image mentale : ce n'est pas une copie immédiate du réel comme l'est davantage l'image mentale, et ce n'est pas l'activité ludique sans contrainte puisqu'il y a tentative de produire une image. L'auteur n'en constate pas l'apparition avant 24 ou 30 mois sous forme de gribouillage s'apparentant davantage au jeu symbolique pur, mais qui évolue assez rapidement vers une reconnaissance de formes, produites fortuitement d'abord et mieux contrôlées ensuite. Le réalisme du dessin passe par différentes phases : le sujet dessine d'abord ce qu'il sait des choses, plutôt que ce qu'il en voit réellement et, progressivement, il intègre les caractéristiques spatiales objectives. L'évolution du dessin se poursuit jusqu'à l'âge adulte (directions, axes, perspectives, etc.) (Noelting, 1973).

L'image mentale

Pour Piaget, l'image mentale peut être considérée, à ses débuts, comme une imitation intériorisée, c'est-à-dire comme la reproduction d'une action de l'intérieur, sans son pendant observable. Cette façon de voir illustre bien la conviction piagétienne selon laquelle la pensée est le prolongement de l'action. La permanence de l'objet constitue l'une des premières indications de la présence de l'image mentale. Le fait que cette dernière n'apparaît qu'avec le début de la fonction symbolique est une indication qu'il ne s'agit pas d'une prolongation directe de la perception : si c'était le cas, il y aurait des images mentales dès la période sensorimotrice, où la perception est évidemment bien présente.

L'auteur propose deux types d'images mentales : l'image reproductrice et l'image anticipatrice. L'image reproductrice est consacrée à la copie de tableaux connus, sans mouvements ni transformations. Ce type d'image statique ou d'image-copie est typique de la pensée pré-opératoire, où le sujet n'arrive pas à opérer des transformations mentales. Vers 6-7 ans, avec l'avènement des opérations concrètes, apparaissent les images anticipatrices ou de transformations, plus mobiles, capables de contenir des changements. Il s'agit du support symbolique nécessaire à l'action intériorisée, ou opération, qui fera son apparition vers 7-8 ans.

Le langage

L'évocation verbale d'objets ou d'événements absents implique l'utilisation de signifiants différenciés par rapport aux signifiés évoqués. Le langage permet à l'enfant de sortir du présent auquel est confinée l'action sensorimotrice, en rappelant le passé ou en prévenant le futur, comme il permet de sortir du contexte spatial immédiat en faisant appel à des réalités situées ailleurs. Contrairement aux autres conduites symboliques mentionnées plus haut, le langage n'a pas à être entièrement construit par l'enfant : il constitue un code déjà tout élaboré contenant des concepts, des relations qui contribueront activement à stimuler le développement de la pensée. Le langage correspond donc à un outil de développement logique en même temps qu'il est le canal privilégié de communication interpersonnelle que nous savons.

L'interdépendance des conduites symboliques

Il faut souligner que ces premières conduites symboliques ne sont pas indépendantes l'une de l'autre ; fréquemment elles apparaîtront ensemble dans un jeu ou une imitation où le langage accompagne le geste, où le dessin pourra appuyer le jeu, etc. Considérée dans son ensemble, la fonction symbolique est la capacité d'évoquer des objets ou des situations non perçus au moyen de symboles différenciés qui les représentent. Les moyens de réaliser ces évocations sont l'imitation, le jeu, l'image mentale, le dessin ou le langage. Ces moyens se développent considérablement entre 2 ans et 6-7 ans ; il suffit de comparer le niveau de langage à ces deux âges, ou de mettre en parallèle le type de jeux affichés pour mesurer l'ampleur du progrès en cause.

La fonction symbolique permet de sortir du lieu immédiat en évoquant l'ailleurs, elle permet de quitter le présent en intégrant le passé ou en projetant le futur, ce qui donne plus de vitesse, plus de mobilité et un répertoire beaucoup plus grand aux conduites mentales.

Malgré les progrès rapides réalisés au cours de cette période, les limites de la pensée y sont encore nombreuses comparativement au raisonnement adulte. En nous servant d'exemples pratiques décrits par Piaget, nous étudierons maintenant les caractéristiques de la pensée pré-opératoire.

6.8 LES CARACTÉRISTIQUES DE LA PENSÉE PRÉ-OPÉRATOIRE

Dans une forte mesure, la pensée pré-opératoire, comme son nom l'indique, a été définie en fonction de la capacité opératoire, c'est-à-dire à partir de ce qu'elle n'a pas, par défaut. Aussi, lorsqu'il s'agit d'identifier les caractéristiques de la pensée pré-opératoire dans la théorie de Piaget, il est surtout question de limites. Dans la section suivante, les limites de la pensée pré-opératoire seront d'abord présentées théoriquement. Ensuite, nous trouverons des indicateurs de ces limites dans des situations expérimentales typiquement utilisées par Piaget.

6.8.1 Les limites de la pensée préconceptuelle (de 2 à 4-5 ans)

Les limites que nous présenterons théoriquement sont :

1- l'égocentrisme ;

2- la centration ;

3- le raisonnement statique ;

4- la non-réversibilité ; et

5- les préconcepts.

Ces caractéristiques ne sont pas isolées les unes des autres mais interreliées, chacune partageant avec les autres une partie de sa réalité.

L'égocentrisme

Au cours de la période pré-opératoire, l'enfant passe du vécu présent et immédiat de l'action et du tableau perceptuel (intelligence sensorimotrice) à un monde intériorisé, représenté. De la même façon que le progrès sensorimoteur s'était opéré depuis le sujet lui-même vers l'extérieur, donnant lieu à une ouverture de plus en plus grande sur le monde, la reconstruction qui se produit sur le plan de la représentation s'accomplit à partir du sujet lui-même. Le système représentatif de l'enfant est d'abord collé à son univers à lui, l'enfant est égocentrique. Les mots utilisés renvoient à son image mentale à lui et non pas à un concept général. L'enfant vit dans son monde particulier, où le mot chien ne désigne pas l'ensemble d'une espèce animale, mais les instances particulières qu'il a rencontrées, son image mentale à lui du chien.

Dans l'espace, l'égocentrisme se manifeste par l'incapacité de l'enfant à la période pré-opératoire d'adopter, en pensée, une autre perspective que la sienne propre, d'adopter un autre point de vue que le sien. Socialement, l'égocentrisme peut se traduire par la difficulté à adapter son langage aux besoins de son interlocuteur, comme en témoignent les monologues collectifs que l'on peut observer à cet âge.

La centration

Il n'est pas étonnant que l'enfant dont le raisonnement est caractérisé par l'égocentrisme affiche de la centration sur une dimension d'une situation et néglige les autres. La centration sur son point de vue propre soulignée par l'égocentrisme spatial ou social en fait foi. L'incapacité de se décentrer d'une dimension ou d'une perspective amène l'enfant à raisonner de façon unidimensionnelle ; par exemple, il ne peut compenser un aspect de la réalité, comme la largeur d'un champ, par un autre, comme la longueur, dans l'estimation de la surface. Cette tendance à ne considérer qu'une dimension à la fois entraînera l'enfant dans des erreurs typiques de raisonnement, comme l'indiquent les nombreuses expériences conçues par Piaget et ses collaborateurs afin de vérifier la présence des conservations.

La pensée statique

La pensée pré-opératoire est statique parce qu'elle ne peut tenir compte des transformations. L'enfant raisonne sur des tableaux, sur ce qu'il voit, sans pouvoir tenir compte des changements qui ont eu lieu auparavant ou de ceux qui pourraient se produire ultérieurement. Par exemple, dans l'évaluation de la quantité de liquide que contiennent deux verres, l'enfant fondera sa réponse exclusivement sur la hauteur de la colonne de liquide. Si les deux verres sont identiques et contiennent la même quantité de liquide, l'égalité du niveau permettra à l'enfant de constater, avec justesse, l'égalité de la quantité de liquide. Mais si, devant lui, on verse le liquide de l'un des deux verres qu'il vient de reconnaître comme égaux dans un verre plus haut et plus mince, l'enfant dira qu'il y a plus de liquide dans ce dernier car « il monte plus haut ».

L'enfant de la période pré-opératoire se fait prendre par l'apparence des choses, il raisonne sur des états sans pouvoir intégrer les transformations : sa pensée est statique. Une des conséquences de cette incapacité de relier les états entre eux est que l'enfant ne perçoit pas les contradictions manifestes dans sa logique : ce qui était égal il y a un instant est maintenant plus grand, et reviendra égal bientôt, sans que cela ne lui paraisse suspect. L'enfant dira tantôt que les petits bateaux de bois flottent parce qu'ils sont légers et que les gros bateaux de bois flottent parce qu'ils sont lourds (Piaget, 1924, p. 138).

La non-réversibilité

Une des caractéristiques centrales de l'opération mentale est sa réversibilité, c'est-à-dire la possibilité d'être effectuée en sens inverse, renversée mentalement. Dans l'exemple précédent des transvasements de liquides, la réversibilité impliquerait que l'enfant puisse imaginer que le liquide est versé à nouveau dans le verre de départ identique au verre témoin. Dans ce cas, l'annulation mentale de la transformation de la colonne de liquide est la base de la conservation : « si je reverse le liquide dans le verre de tout à l'heure, ce sera égal », donc la transformation en apparence peut être compensée par la transformation inverse.

Dans la théorie de Piaget, la réversibilité est un ingrédient essentiel de l'équilibre des structures cognitives. L'enfant de la période pré-opératoire, qui n'a pas encore acquis la réversibilité, se trouve donc esclave des transformations qu'il ne peut renverser mentalement et qui lui feront croire, selon la prégnance d'une dimension, qu'une même réalité est tantôt plus grande ou plus petite, selon son apparence du moment.

Les préconcepts

Les préconcepts sont les notions attachées par l'enfant aux premiers signes verbaux dont il acquiert l'usage. Le caractère propre de ces schèmes est de demeurer à mi-chemin entre la généralité du concept et l'individualité des éléments qui le composent, sans atteindre ni l'une ni l'autre. (Piaget, 1967, p. 137.)

L'enfant de la période pré-opératoire, lorsqu'il évoque une maison, n'en est plus au tableau individuel d'une seule maison (comme l'enfant de la période sensorimotrice qui nommerait l'image d'une maison qu'il a devant lui), mais il n'en est pas encore à la classe généralisable de « maison » ; il dispose du précurseur du concept de maison, un préconcept de maison.

Le raisonnement transductif est une des conséquences de cette absence de concepts généralisables. Le raisonnement transductif consiste à relier entre eux, de proche en proche, plusieurs préconcepts. Un exemple de raisonnement transductif peut être tiré de l'expérience de classification où l'enfant doit construire une classe d'objets semblables. On lui propose alors des ronds rouges, des ronds bleus, des triangles rouges et des triangles bleus. Sa collection pourra être faite selon la forme d'abord, alignant des ronds, puis un rond rouge pourra être suivi d'un triangle rouge puis d'un triangle bleu. L'enfant raisonnant de façon transductive ne se rendra pas compte qu'il vient alors de changer de critère de classification, passant du critère « forme » au critère « couleur ». La transduction, ou changement de critère (par analogie immédiate entre deux éléments voisins de la collection de forme ronde à couleur rouge puis à forme triangulaire), ne sera pas perçue comme contradictoire parce que la classe est construite de proche en proche : chaque élément voisin partage une chose en commun, sans généralisation à toute la classe. À mesure qu'il évoluera vers le stade opératoire, les ensembles représentatifs de la pensée s'éloigneront du proche en proche pour intégrer des ensembles plus vastes, des concepts généralisables.

6.8.2 La pensée intuitive (de 4-5 à 6-7 ans)

Le stade du raisonnement intuitif, en tant que sous-période de la période pré-opératoire, est considéré comme une étape de transition vers l'opération. Les limites du raisonnement préconceptuel sont gra-

duellement franchies, mais la mobilité opératoire fait encore défaut. Il s'agit d'une étape du développement à propos de laquelle Piaget a produit beaucoup de documents, notamment parce qu'à partir de 4-5 ans, l'enfant devient en mesure de mieux s'exprimer, ce qui facilite la collecte de données sur sa façon de penser.

En effet, de 4 à 7 ans, on assiste à une coordination graduelle des rapports représentatifs, donc à une conceptualisation croissante qui, dans la phase symbolique ou préconceptuelle, conduira l'enfant au seuil des opérations. Mais, chose très remarquable, cette intelligence dont on peut suivre les progrès souvent rapides demeure constamment prélogique... (Piaget, 1967, p. 139.)

À la figure 6.2, on aperçoit deux verres A et B identiques, contenant un certain nombre de perles. L'enfant de 4-5 ans reconnaîtra l'équivalence du nombre de perles dans les deux contenants « parce qu'il y en a égal dans les deux verres ». Mais si devant lui, nous versons les perles du verre B dans un verre C de forme plus mince et plus haute, l'enfant dira qu'il y en a plus en B « parce que ça monte plus ». Il s'agit là d'un exemple typique de non-conservation de la quantité par centration sur une dimension perceptivement prégnante du contenant (ici, la hauteur). Si, par la suite, on verse les perles du verre B dans un verre D encore plus haut mais aussi beaucoup plus mince, l'enfant renversera sa réponse et affirmera que maintenant il y en a moins « parce que c'est trop mince ».

Cette alternance entre une centration et une centration opposée conduisant au renversement de la réponse correspond pour Piaget à une régulation intuitive témoignant d'une évolution vers l'opération. Dans l'opération, les deux dimensions (hauteur et largeur) seront combinées logiquement tandis que, dans cette régulation, elles sont considérées alternativement.

Dans la même situation expérimentale, si l'on place l'enfant devant les verres A et C vides et qu'on lui demande de mettre simultanément une perle en A avec la main gauche et une perle en C avec la main droite, il maintiendra une réponse d'équivalence jusqu'à ce que la différence perceptuelle soit trop pro-

FIGURE 6.2 : L'expérience de la conservation du nombre de billes

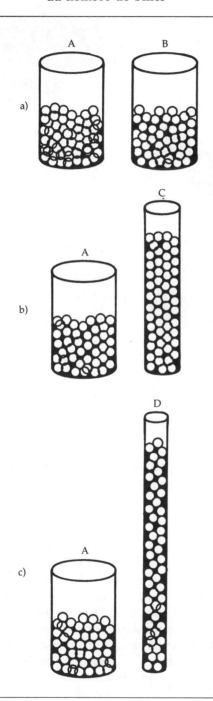

noncée, moment où il abandonnera sa réponse d'égalité pour affirmer qu'il y en a plus d'un côté que de l'autre (Piaget, 1967).

La figure 6.3 illustre une série de huit jetons blancs présentés avec un certain espacement. S'il comprend la question, l'enfant de 3-4 ans à qui l'on demande de faire une rangée comptant le même nombre à partir d'un tas de jetons noirs construira une rangée de manière qu'elle soit de la même longueur que le modèle, sans s'occuper de l'espacement (voir figure 6.3.b) ; sa rangée noire pourra comporter plus de jetons que le modèle à reproduire.

De son côté, le sujet intuitif de 5-6 ans réussira à conserver la correspondance perceptive en disposant chacun de ses jetons noirs vis-à-vis de chaque jeton blanc. Cette correspondance terme à terme le fera réussir le problème. Si toutefois, devant ce dernier sujet, on resserre la rangée de jetons blancs, il conclura qu'il y en a plus dans la rangée noire « parce que c'est plus long » (voir figure 6.3.c). Si l'on reconstruit la correspondance visuelle, il conclura à nouveau à l'égalité. L'enfant détecte donc l'équivalence tant que la correspondance visuelle existe, mais cette conservation ne résiste pas à l'écart perceptuel. Il s'agit d'un exemple de schème intuitif d'équivalence.

L'expérience des trois perles enfilées sur un fil de fer rigide qui traversent un tunnel (voir figure 6.4) constitue un autre exemple illustrant les limites de la pensée intuitive. L'enfant doit prévoir l'ordre de sortie du tunnel des trois perles A, B et C. À partir de 4 ans, l'enfant arrive à prévoir l'ordre de sortie, qui est le même que celui d'entrée (A, B, C), mais il n'arrive pas à renverser cet ordre dans sa tête pour prévoir l'ordre de retour de la série (C, B, A) si le « train » revient sur son chemin pendant qu'il est engagé dans le tunnel.

Dans l'expérience de la perspective (voir figure 6.5), où le sujet doit trouver la photo prise d'un autre point de vue que le sien, la pensée préconceptuelle typique enfermait l'enfant dans un seul point de vue : le sien. Dans cette même situation, l'enfant de 4-5 ans peut avoir l'intuition que d'autres ont un point de vue différent du sien, mais il n'arrive pas

FIGURE 6.3 : L'expérience de la conservation du nombre de jetons

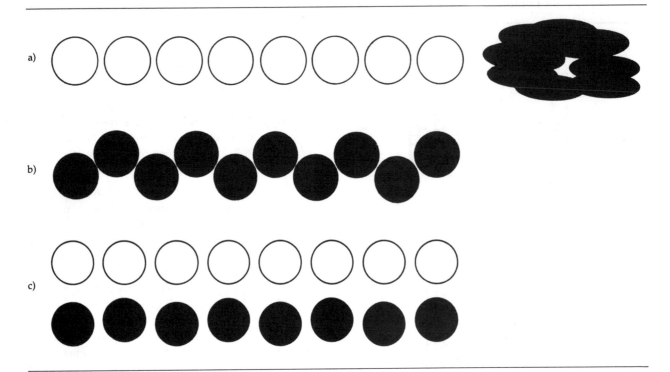

encore à réorganiser, dans sa tête, les relations spatiales entre les objets pour reconstruire le paysage tel qu'il apparaît dans une autre perspective que la sienne.

La conduite de l'enfant de niveau intuitif dans ces différentes situations permet de comprendre qu'à partir de 4-5 ans, une deuxième étape de la pensée pré-opératoire s'amorce, qui préparera l'opération comme telle. On observe alors des régulations, c'est-à-dire le passage d'une réponse à une autre, en alternance et non pas simultanément, avec une dépendance aux perceptions qui subsiste encore. Lorsque l'enfant arrivera à prendre simultanément en considération différents aspects des problèmes, il pourra se dégager de l'apparence des choses pour compenser une dimension par une autre, pour renverser une situation ou défaire une transformation qui vient de se produire devant lui.

Cette mobilité donnant accès à la pensée réversible correspond à l'opération.

6.8.3 Quelques conduites pré-opératoires typiques

Nous avons vu plus haut que Piaget identifie deux phases de développement dans cette période pré-opératoire qui va de 2 à 6-7 ans : la phase pré-conceptuelle (de 2 à 4-5 ans) et la phase intuitive (de 4-5 à 6-7 ans). Au cours de cette dernière phase, l'enfant évolue progressivement vers une pensée plus mobile, vers l'opération. Dans la section suivante, nous présenterons des exemples de raisonnement que des sujets de la période pré-opératoire fournissent lors d'épreuves ou expériences typiquement utilisées par Piaget et ses collaborateurs pour comprendre la pensée de l'enfant de cet âge.

FIGURE 6.4 : L'expérience de la conservation de l'ordre (train et tunnel)

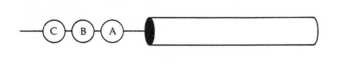

Généralement, trois niveaux de réussite sont décrits pour ces problèmes : l'échec, la transition et la réussite. Le niveau « transition » correspond à la phase intuitive, l'échec correspond à la phase pré-conceptuelle et la réussite à l'avènement de l'opération concrète. Cette description nous permettra de relier la période pré-opératoire à celle des opérations concrètes marquée par l'accession à la pensée réversible. Nous utilisons donc ici certaines épreuves piagétiennes pour illustrer les caractéristiques de la pensée pré-opératoire dans des situations concrètes.

FIGURE 6.5 : L'expérience de la perspective

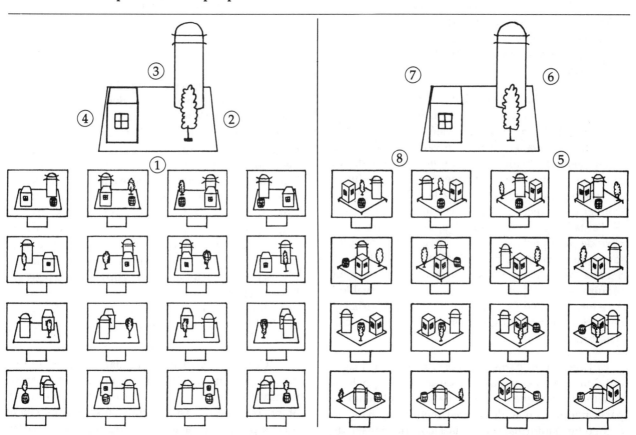

Consigne : On présente au sujet l'image d'une île où se trouvent une maison, un phare, un arbre et un baril. On lui montre aussi une série de photos prises de différents points de vue à partir d'un avion en vol autour de l'île. Certaines photos sont impossibles. Le sujet doit inscrire, dans le carré sous la photo, le numéro de la position à partir de laquelle la photo aérienne a été prise.

Source : NOELTING, G. (1973) Le Phare, *in **Stadex collectif**,* série de 10 épreuves de développement cognitif, Québec, École de psychologie, Université Laval.

La méthode clinique

Parmi les contributions importantes de Piaget à la psychologie de l'enfant, son approche expérimentale est sans doute l'une des plus significatives. Dès ses premiers contacts avec les enfants, au moment où il était en stage à Paris au laboratoire de Théodore Simon, au tout début du xxᵉ siècle, Piaget s'est rendu compte qu'une interrogation standardisée de l'enfant pour vérifier chez lui la présence ou l'absence de bonnes réponses à des questions était moins fertile en information sur sa pensée qu'une approche plus souple. Avec celle-ci, le chercheur s'intéresse soit aux conduites non verbales spontanées, soit au mélange des conduites non verbales et des commentaires verbaux que l'enfant produit, ou encore au pourquoi de ses réponses, qu'elles soient bonnes ou mauvaises.

Lorsque Piaget regardait ses propres enfants évoluer à travers la période sensorimotrice, il fut souvent amené à observer systématiquement les conduites spontanées sans intervenir, mais aussi à provoquer des situations pour vérifier des hypothèses plutôt que d'attendre passivement que les conduites surviennent spontanément chez le bébé. Le défi de trouver des indices reflétant avec justesse la pensée de l'enfant s'est posé avec vigueur au cours de la période pré-opératoire, où le langage n'est pas suffisamment développé pour permettre à l'enfant de décrire ce qu'il en pense, mais où l'on ne peut réduire ses raisonnements à ses gestes observables. À ce moment, l'étude conjointe du matériel verbal et de l'action concrète du sujet s'est avérée une approche très fertile.

Une bonne partie des observations de Piaget ont donc été obtenues à l'aide de ce qu'il a appelé sa « méthode clinique » : une situation impliquant la participation active de l'expérimentateur dans la recherche d'information sur la façon de penser de l'enfant qui résout des problèmes concrets. Une situation pratique est donc proposée au sujet, souvent un problème présenté comme un jeu, où il doit répondre à une question. Une fois sa réponse fournie, l'expérimentateur intervient pour connaître comment le sujet y est arrivé, comment il peut expliquer ce qu'il pense (Piaget, 1926). L'objectif est de recueillir le maximum d'information sans influencer le raisonnement. La notion de bonne ou mauvaise réponse est alors tout à fait secondaire par rapport à l'objectif de connaître la logique sous-jacente à la réponse de l'enfant. Évidemment, l'interrogation de plusieurs sujets à l'aide de cette méthode clinique ne débouche pas sur des protocoles exactement semblables, puisque des sujets différents répondront de manière différente à une même situation et entraîneront des sous-questions variables. C'est alors la structure du problème, les items en jeu qui permettront de comparer les sujets entre eux.

Les conservations

Dans la perspective piagétienne, le développement de l'intelligence donne lieu à l'apparition de structures cognitives. Chacune des notions se développe selon des stades qui définissent une forme d'équilibre, c'est-à-dire une façon d'intégrer les données du problème. Une fois acquise complètement, la notion constitue quelque chose d'invariant, de stable, auquel le sujet peut se référer pour comprendre les situations changeantes dans lesquelles il se trouve. Ainsi, les conservations sont des notions qui définissent des invariants, c'est-à-dire qui ne changent pas selon le moment ou l'apparence des choses. La réversibilité caractéristique de l'opération repose sur l'existence d'un invariant : une transformation (ou opération) ne peut être inversée que dans la mesure où elle laisse quelque chose d'invariant lorsqu'elle se produit.

Comme nous l'avons vu dans notre étude du développement cognitif, la notion d'objet constitue un invariant en ce qu'elle permet de croire qu'un objet continue d'exister même s'il est partiellement ou complètement caché, ou qu'il conserve son identité même s'il apparaît plus petit parce qu'il est placé plus loin. Piaget a décrit le développement de plusieurs types de conservations dans les domaines des quantités physiques, du nombre, de l'espace, etc. Nous en présentons ici trois exemples en soulignant que ces schèmes ou invariants ne se construisent pas tous en même temps : leur acquisition donne lieu à des décalages horizontaux, notion qui sera présentée à la sous-section 6.9.2.

La conservation du liquide

L'épreuve de la conservation du liquide est probablement l'expérience piagétienne la plus connue. La figure 6.6 illustre le matériel utilisé pour les quatre problèmes posés à l'enfant dans cette expérience. Le jeu proposé à l'enfant est celui des « liquides » ou des « transvasements ».

Comme dans toutes les épreuves piagétiennes de ce type, une fois le contact bien établi avec l'enfant, la première étape de l'administration consiste à présenter le matériel à l'enfant en lui demandant d'identifier les éléments.

— « Qu'est-ce que nous avons ici... tu peux me dire ce que c'est ça ?

— Un verre...

— Et ça ?

— Un autre verre pareil à l'autre...

— Et ça ?

— Un pot de jus d'orange... »

(Il convient d'utiliser couramment le prénom de l'enfant lorsqu'on s'adresse à lui ou à elle.) Une fois ces étapes franchies, on demande au sujet de bien regarder et l'on verse, devant lui, dans les deux verres identiques, une quantité égale de liquide.

1- Item 1

On lui demande alors : « Supposons que ceci est ton verre et que ceci est le mien et que nous buvons chacun notre jus complètement ; est-ce que j'aurai plus à boire que toi, est-ce que tu auras plus à boire que moi ou est-ce que nous aurons tous les deux la même chose de jus à boire ? » Les deux verres étant identiques (voir figure 6.6.b), même les sujets de la période pré-opératoire qui fondent leur réponse sur la hauteur du niveau du liquide dans les deux verres peuvent dire, avec raison, que les deux en auront « la même chose à boire ».

2- Item 2

Ensuite, on dit à l'enfant : « Maintenant, regarde bien ce que je vais faire. Je vais verser le jus de mon verre dans ce verre-ci (verre haut et mince, figure 6.6.c). Alors, maintenant, si je bois ce jus (verre haut et mince) et que tu boives ce jus (verre témoin), est-ce que j'aurai plus à boire que toi, est-ce que tu auras plus à boire que moi, ou est-ce que nous aurons tous les deux la même chose à boire ? » Après avoir enregistré la réponse de l'enfant et lui avoir demandé : « Comment fais-tu pour le savoir ? », on demande au sujet de dire ce qui se passerait si on reversait le jus du verre haut et mince dans le verre témoin comme au début. Une fois sa réponse fournie et la justification obtenue, on reverse effectivement le contenu du verre haut et mince et demande au sujet de confirmer l'égalité de contenu des deux verres témoins.

La conduite pré-opératoire typique est ici la centration sur la hauteur de la colonne de liquide : le sujet dit qu'il y a plus à boire dans le verre haut et mince « parce qu'il y en a plus, ça monte plus haut ».

3- Item 3

On poursuit le jeu de la même façon avec, cette fois, un verre très haut et très mince pouvant, le cas échéant, provoquer une décentration de la hauteur en raison de la prégnance de la « minceur » du contenant. Certains sujets intuitifs pourront afficher une telle décentration et dire qu'il y a maintenant moins à boire dans le verre très haut et très mince « parce que c'est trop mince ». Comme pour l'item 1, on demande au sujet de prédire ce qui se passerait si on reversait le contenu dans le verre témoin du début, puis, une fois la réponse obtenue, on verse effectivement le liquide dans le verre témoin pour constater l'égalité.

FIGURE 6.6 : L'expérience de la conservation du liquide

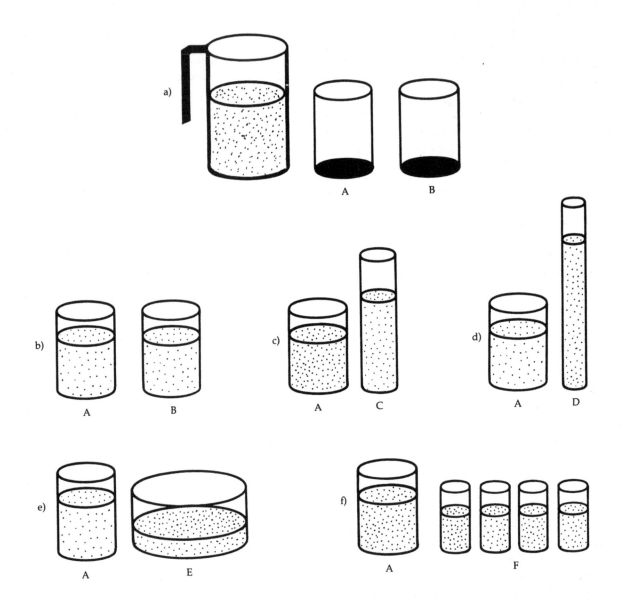

4- Items 4 et 5

L'interrogation se poursuit de la même manière avec le verre bas et large et les quatre petits verres, respectivement. Encore ici, la conduite pré-opératoire typique est de répondre en fonction d'une seule dimension du contenu, la hauteur ou la largeur, selon la prégnance perceptuelle. La conduite intuitive pourra se manifester par l'alternance entre la centration et la décentration et, la conservation achevée, par l'affirmation de l'invariance de la quantité de liquide. Le sujet de niveau opératoire concret pourra en effet dépasser l'apparence des choses soit en compensant la hauteur par la largeur (argument de compensation), soit en affirmant que c'est le même liquide que tout à l'heure et qu'on n'en a ni enlevé ni ajouté (argument d'identité), soit en renversant mentalement la transformation en affirmant que si on reversait le liquide dans le verre du début ce serait pareil (argument de réversibilité).

La conservation des longueurs

La longueur, comme la surface, est une propriété spatiale, c'est-à-dire qu'elle fait partie du domaine de la connaissance de l'espace. Deux expériences simples à reproduire peuvent être utilisées pour évaluer la présence de la conservation de la longueur, soit l'expérience des baguettes déplacées et celle des baguettes sectionnées.

1- Les baguettes déplacées

En utilisant le même type d'introduction à ce jeu que celle déjà décrite pour la conservation du liquide, on met l'enfant en présence de deux baguettes identiques et lui fait reconnaître l'équivalence de longueur. Avec le matériel illustré à la figure 6.7, c'est-à-dire deux baguettes identiques de 12 cm disposées parallèlement avec un écart de 5 cm environ, on dit à l'enfant qu'on va jouer aux autobus ou aux autos selon que l'on dispose de deux autobus ou deux automobiles miniatures.

On recherche d'abord le constat de l'égalité de la longueur des deux baguettes en demandant à l'enfant : « Si je parcours tout ce chemin (la distance du début à la fin de la baguette) avec mon autobus et que tu parcours tout ce chemin avec ton autobus (idem sur l'autre baguette), est-ce que je ferai plus long de chemin que toi avec mon autobus, est-ce que tu feras plus long de chemin que moi ou est-ce que nous ferons tous les deux la même longueur de chemin avec nos autobus ?... Comment sais-tu cela ? »

Ensuite, l'expérimentateur décale la baguette A d'environ 5 cm vers la gauche. Il place les deux autobus au début de leur route respective et demande : « Est-ce que mon autobus a plus de chemin à parcourir sur la route, est-ce que le tien en a plus à parcourir ou est-ce qu'ils ont tous deux le même chemin à parcourir ? »

Puis, l'expérimentateur fait parcourir la moitié du chemin à son autobus (en A) et, en plaçant l'autobus de l'enfant au début de son parcours B, il demande alors à l'enfant de « faire parcourir le même chemin à son autobus » sur sa route à lui. Si l'enfant arrête son autobus vis-à-vis de l'autobus de l'expérimentateur, cela témoigne d'une centration. S'il continue « un peu » sur son chemin mais sans respecter la distance du décalage, cela témoigne d'une compensation intuitive qui demeure qualitative. Si l'autobus du sujet dépasse l'autobus de l'expérimentateur selon la même distance que le décalage des baguettes, il y a conservation.

On peut proposer d'autres décalages et distances et étudier comment l'enfant compense les décalages de la route elle-même avec les distances parcourues par son autobus.

2- Les baguettes sectionnées

Une autre épreuve bien connue de conservation des longueurs consiste à adresser les mêmes questions à l'enfant dans le cadre d'un jeu d'autobus (ou d'autos, etc.), mais en comparant la longueur de la baguette témoin A (12 cm) avec

FIGURE 6.7 : L'expérience de la conservation de la longueur

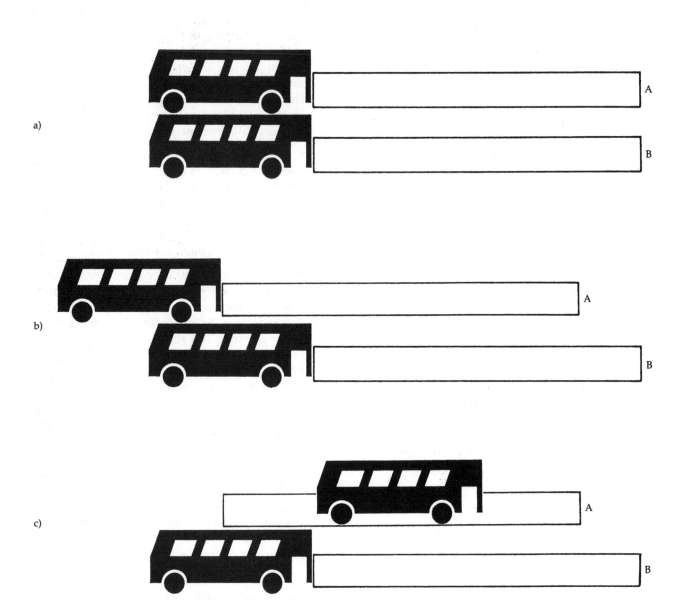

quatre sections de baguette de 3 cm de longueur. Après avoir obtenu le constat d'égalité des deux chemins à parcourir en alignant bout à bout les quatre segments en parallèle avec la baguette témoin, on dispose ces derniers comme l'illustre la figure 6.8.b, en prenant soin de faire en sorte que les bouts des chemins soient décalés.

Il s'agit d'un problème plus difficile car il n'offre pas de correspondance visuelle. Une fois la réponse obtenue, on demande au sujet : « Comment fais-tu pour en être certain ? » Les trois arguments de conservation (identité, compensation ou réversibilité) peuvent être utilisés par le sujet qui conserve, mais aussi ce dernier peut avoir recours à un autre invariant : un instrument de mesure de la longueur comme une ficelle ou une règle à mesurer.

FIGURE 6.8 : L'expérience des baguettes sectionnées

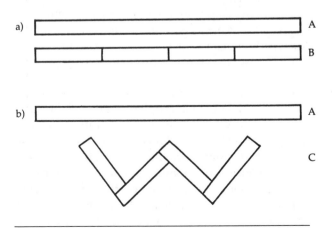

La conservation de la surface

La figure 6.9 illustre le matériel utilisé pour cette épreuve intitulée le jeu des champs et des vaches. On explique à l'enfant que chacune des deux vaches a son champ d'herbe pour manger, mais qu'il peut aussi y avoir des maisons construites dans les champs.

Au début, il s'agit encore ici de faire constater l'égalité des deux champs et le caractère identique de toutes les petites maisons. Ensuite, à raison d'une maison par main, on place une maison sur chaque champ, puis une autre, et ainsi de suite, en prenant soin de bien les aligner sur le champ A et de les disperser sur le champ B. On demande alors à l'enfant de dire si la vache en A aura plus d'herbe à manger, si c'est celle de B qui en aura le plus, ou si elles auront toutes deux la même quantité à manger. La conservation exige ici que l'enfant surmonte l'apparente différence des deux surfaces en se rappelant que les champs sont identiques et que l'on a mis le même nombre de maisons dans chacune.

Le sujet de la période pré-opératoire, qui base sa réponse sur l'apparence des choses, dira que la vache A a plus d'herbe à manger « parce qu'elle a tout cet espace, toute cette herbe pour elle, tandis que la vache B a toutes ces maisons qui prennent de la place sur l'herbe ». À partir du moment où l'enfant peut conserver le nombre, c'est-à-dire se rappeler qu'à chaque fois qu'on a mis une maison en A on en a aussi mis une en B, il possède une base pour construire l'invariance de l'espace dans cette situation. L'acquisition de la conservation de la surface se produit vers 7 ans environ, en même temps que l'acquisition de la réversibilité.

Les notions mathématiques

Le concept de nombre

Un enfant de 4 ans peut avoir appris à compter jusqu'à 10 sans faute et ne pas pouvoir dénombrer correctement 8 jetons qui sont alignés devant lui. Il a

FIGURE 6.9 : Le jeu des champs et des vaches

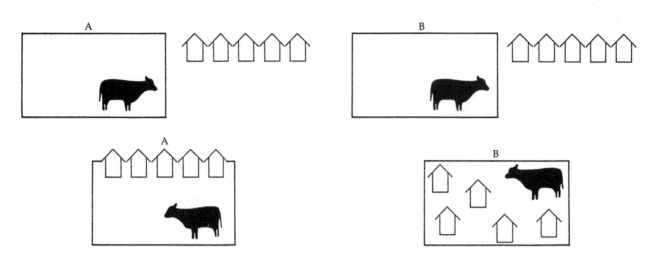

Consigne : Après avoir constaté l'équivalence des champs et des maisons en A et en B, l'enfant doit évaluer si les vaches disposent de la même quantité d'herbe à brouter après qu'un même nombre de maisons ait été placé dans leur champ respectif.

appris par cœur une séquence de 10 mots sans pour autant savoir faire la correspondance terme à terme entre chaque mot et chaque élément à dénombrer. Plus tard, à 5 ans par exemple, il pourra dénombrer les 8 jetons lorsque ceux-ci sont bien disposés en ligne, mais pourra se tromper dans son dénombrement lorsque les mêmes jetons sont empilés ou disposés en cercle (Piaget, 1953).

L'enfant peut nommer les chiffres mais il n'a pas encore acquis l'élément essentiel du concept de nombre, à savoir le fait que le nombre d'éléments d'un ensemble demeure invariant (il est conservé, il ne change pas) même si l'on modifie sa disposition dans l'espace. Comme nous l'avons vu à la sous-section 6.8.2, l'enfant de la période pré-opératoire croit que le nombre de jetons varie selon l'espace occupé par la série : une série de 8 jetons espacés chacun de 2 cm sera considérée comme comprenant un plus grand nombre d'éléments qu'une série de 8 jetons espacés chacun de 1 cm. L'espace occupé constitue la base de l'évaluation numérique. Il est intéressant de noter que certaines tribus anciennes utilisaient l'espace occupé par leur troupeau pour en désigner le nombre ou l'importance.

Selon Piaget (1953), la conservation du nombre repose sur celle de la quantité. Pour conserver la quantité numérique d'un ensemble, l'enfant doit comprendre qu'en changeant la forme ou la disposition spatiale d'une série de jetons, de billes dans un pot, etc., on ne change pas leur nombre. En effet, il est possible d'affirmer que les billes que contient un bocal conservent leur nombre lorsqu'on les vide dans un contenant haut et mince. Le principe logique de la conservation prévaut même si l'on ignore le nombre de billes que contient le pot. Piaget (1953) démontre que ce principe logique de la conservation de la quantité précède l'application de la correspondance terme à terme entre chaque chiffre et chaque élément, qui est opérée lors du dénombrement d'un ensemble. Compter un ensemble d'objets implique donc de faire correspondre un chiffre (et un seul) à chaque élément. On parle de correspondance terme à terme parce que si un élément est oublié ou compté deux fois, il y aura erreur de dénombrement.

La notion de mesure

Piaget et Inhelder ont proposé à des enfants un jeu où il s'agit de construire avec des blocs, depuis le plancher, une tour de la même hauteur que le modèle qui, lui, est placé sur une table basse ou une tribune. La figure 6.10 illustre cette épreuve appelée « construction d'une tour ». L'enfant dispose de matériel utile pour mesurer la hauteur, soit une corde et une baguette (Piaget, 1953).

FIGURE 6.10 : La construction d'une tour

Le premier niveau de conduite observé, typiquement pré-opératoire, consiste en la construction d'une tour dont le sommet semble du même niveau que le modèle, indépendamment des points de départ différents pour chacun (le modèle est disposé sur une tribune et la construction de l'enfant part du sol). Certains sujets vont même jusqu'à placer une baguette à l'horizontale sur les deux sommets pour faire la preuve de l'égalité des hauteurs.

Vers 6 ans, les enfants commencent à se rendre compte que le fait que le modèle ne part pas du plancher doit être pris en considération. Certains pensent à déplacer leur tour près du modèle, mais la consigne ne le permet pas. Ils recherchent alors un autre objet pour transposer la hauteur d'une tour à l'autre. Ce premier instrument de mesure est souvent leur propre corps : ils s'approchent de leur construction et marquent de leur main la hauteur de l'objet pour ensuite aller évaluer la tour modèle. Un peu plus tard, cet invariant « élastique » que le corps peut constituer est remplacé par un objet, comme une baguette ou une ficelle, sur laquelle la hauteur de la tour à mesurer peut être indiquée. C'est alors la découverte de la notion de mesure comme telle, qui correspond à la relation de transitivité : si A (tour construite) est égal à B (instrument de mesure) et que B soit égal à C (tour modèle), donc A est égal à C. La capacité d'effectuer cette relation de transitivité révèle un niveau opératoire chez le sujet.

6.9 LA PÉRIODE DES OPÉRATIONS CONCRÈTES (DE 6-7 À 11-12 ANS)

L'âge de 6-7 ans correspond à un point tournant dans le développement de la pensée : c'est le début de la capacité d'effectuer mentalement des liens entre des actions, d'agir en pensée, c'est-à-dire d'opérer.

Dans la théorie de Piaget, la notion d'action est centrale à toutes les étapes du développement. Nous avons vu que l'intelligence sensorimotrice est une intelligence d'action, c'est-à-dire que la pensée et l'action sont très proches l'une de l'autre ; l'enfant recherche alors la réussite de l'action et non pas la compréhension des phénomènes ou la vérité. Pendant la période pré-opératoire, l'action demeure l'instrument principal du développement des connaissances, mais elle est sortie du présent immédiat dans lequel elle se trouvait enfermée lors de la période sensorimotrice pour se produire dans différents contextes sous forme d'imitation ou de jeu symbolique.

Mais au cours de la période pré-opératoire, l'action, tout intériorisée soit-elle, demeure constituée de tableaux qui ne sont pas reliés les uns aux autres fonctionnellement. L'enfant peut se représenter une action dans sa tête et, le cas échéant, la reproduire dans un jeu ou une imitation différée, mais il reste dépendant des apparences, de ses perceptions, et il ne possède pas la mobilité requise pour relier les images entre elles, pour opérer des transformations mentalement. C'est ce qui explique que le raisonnement de l'enfant est l'esclave des apparences, qu'il n'intègre pas les transformations pour les renverser (réversibilité) ou les combiner (compensation, emboîtements hiérarchiques de classes, etc.) entre elles.

C'est justement cette mobilité qui apparaîtra à compter de 6-7 ans. Elle ne se produit cependant pas dans tous les contextes en même temps, mais plutôt par étapes : la même structure de raisonnement n'est pas appliquée simultanément dans tous les problèmes, ce qui donne lieu à des décalages dans le temps ; ce sont les décalages horizontaux, que nous décrirons bientôt.

L'apparition de l'opération mentale vers 6-7 ans marque donc le début d'une ère nouvelle sur le plan de l'intelligence. Cette nouvelle capacité cognitive connaît cependant une limite : elle est concrète et non pas abstraite, c'est-à-dire qu'elle porte directement sur les objets et non pas sur des idées ou propositions abstraites.

6.9.1 Les groupements d'opérations

Pour Piaget donc, l'opération mentale est une action intériorisée, une transformation effectuée en

pensée. Donnons-en un exemple simple. Si j'écris 4 + 3 = 7, je représente une série d'actions combinées en un ensemble : le symbole 4 implique la reproduction de l'unité à quatre reprises, le symbole 3 à trois reprises, le symbole + la réunion des deux ensembles 4 et 3, tandis que le signe = désigne l'action de remplacer les deux ensembles réunis par l'ensemble 7 qui reproduit l'unité sept fois. Ces actions pourraient être effectuées concrètement sur des objets physiques comme des pommes, que l'on rassemblerait en ensemble (3, 4) puis réunirait en un ensemble plus grand (7), etc., avec la possibilité de revenir de 7 à 4 et 3, etc. En mathématiques, ces actions concrètes sont intériorisées. Ainsi, l'opération mentale est une action réelle mais intériorisée.

Dans le domaine de la logique, des opérations de même type sont effectuées lorsque l'on regroupe la classe des roses et celle des tulipes dans la classe plus grande des fleurs, qui à son tour peut être réunie à celle des arbres dans la classe plus grande des végétaux, qui à son tour peut s'emboîter avec la classe des animaux dans l'ensemble « organismes vivants », etc. Ces emboîtements hiérarchiques de classes se définissent par des relations d'addition, de soustraction, d'égalité, de « plus grand que », « plus petit que », etc. qui pourraient être représentées par des actions concrètes mais que, maintenant, le sujet n'a pas à faire comme telles puisqu'il peut les faire en pensée. « Bref, le caractère essentiel de la pensée logique est d'être opératoire, c'est-à-dire de prolonger l'action en l'intériorisant. » (Piaget, 1967, p. 41.)

Mais l'opération mentale n'est pas qu'une simple intériorisation du mouvement physique, comme en était capable le sujet de la période pré-opératoire, qui pouvait se représenter mentalement l'action de verser, de tourner, etc.

La nature spécifique des opérations, comparées aux actions empiriques, tient au contraire au fait qu'elles n'existent jamais à l'état discontinu. C'est par une abstraction entièrement illégitime que l'on parle d'« une » opération : une seule opération ne saurait être une opération car le propre des opérations est de constituer des systèmes. (Piaget, 1967, p. 42.)

C'est ce qui amène Piaget à parler de groupements opératoires, c'est-à-dire des systèmes organisés d'opérations.

Ces notions piagétiennes ne sont pas toujours faciles à bien saisir, mais il importe de prendre le temps de comprendre cette dernière, c'est-à-dire l'idée que l'opération est une action intériorisée, non pas un geste isolé, mais plutôt la manifestation d'un système organisé. La notion de classe suppose l'existence d'un système de classification. Justement, l'enfant de la période pré-opératoire qui ne dispose pas d'un système cohérent de classification n'arrive pas à opérer correctement sur des classes.

À la figure 6.11, on a dessiné des fleurs (une marguerite, trois roses et six tulipes), quelques outils pour jardiner (un rateau et une pelle), une poupée et un crayon. Si, devant cette collection d'objets, on demande à un enfant de 3-4 ans de mettre ensemble les objets qui vont bien ensemble, nous pourrons observer des conduites comme un alignement dans l'espace (une rangée d'objets) ou encore une organisation fondée sur une histoire fantaisiste comme « la petite fille (poupée) joue au jardin avec des fleurs », etc., et certaines fleurs, les outils et la poupée seront regroupés à partir de ce thème. C'est ce type de conduite que Piaget appelle « collection figurale ». Vers 4-5 ans, l'enfant pourra distinguer la poupée, les fleurs et les outils en tant qu'ensembles distincts. Si l'on prend toutes les fleurs et qu'on dise : « Comment s'appellent ces choses que j'ai ici ? », l'enfant répondra probablement qu'il s'agit de fleurs si on lui désigne l'ensemble et il différenciera les sortes de fleurs si on lui désigne les sous-groupes ; « Oui, très bien, maintenant est-ce qu'il y a plus de tulipes que de roses ? », l'enfant constatera qu'il y a plus de tulipes. Mais si l'on demande : « Dans tout cela, à ton avis, est-ce qu'il y a plus de tulipes que de fleurs ? », l'enfant répondra qu'il y a plus de tulipes.

Cette version de l'expérience des « tous et quelques » de Piaget indique que l'enfant de niveau intuitif organise des ensembles distincts prolongeant la perception, ensembles qu'il peut comparer deux à deux, mais sans posséder de système cohérent de classification où un objet peut à la fois appartenir à une classe et à une sous-classe. Comprendre que chaque tulipe fait à la fois partie de la classe des fleurs et de la sous-classe des tulipes, c'est disposer d'un système où « classe » et « sous-classe » s'emboîtent hiérarchiquement ; c'est disposer d'un système de classification. La compréhension de l'emboîtement hiérarchique de catégories géographiques telles que « continent-pays-province-ville-quartier-rue, etc. » repose sur un tel système de classification.

Piaget (1967) tire des travaux d'André Rey un autre exemple illustrant bien cette intégration des opérations en systèmes d'ensembles, en groupements qui les structurent :

Prenons comme exemple une intéressante expérience due à notre collaborateur André Rey : un carré de quelques centimètres étant dessiné sur une feuille de papier également carré (de 10 à 15 cm de côté), on demande au sujet de dessiner le plus petit carré qu'il puisse tracer au crayon, ainsi que le plus grand carré qu'il soit possible de représenter sur une feuille. Or, tandis que les adultes (et les enfants dès 7-8 ans) parviennent d'emblée à fournir un carré de 1-2 mm de côté, ainsi qu'un carré doublant de près les bords du papier, les enfants de moins de 5-6 ans ne dessinent d'abord que des carrés à peine plus petits et à peine plus grands que le modèle, puis procèdent par tâtonnements successifs et souvent infructueux, comme s'ils n'anticipaient à aucun moment les solutions finales. On voit immédiatement, en ce cas, l'intervention d'un « groupement » de relations asymétriques (A<B<C...), présent chez les grands et qui semble absent au-dessous de 7 ans : le carré perçu est situé en pensée dans une série de carrés virtuels de plus en plus grands et de plus en plus petits par rapport au premier. On peut alors admettre :

1- que le schème anticipateur n'est que le schème du groupement lui-même, c'est-à-dire la conscience de la succession ordonnée des opérations possibles ;

2- que le remplissage du schème est la simple mise en œuvre de ces opérations ;

3- que l'organisation du « complexe » des notions préalables tient aux lois mêmes du groupement. (Piaget, 1967, p. 45.)

Dans plusieurs épreuves opératoires, on peut reconnaître la présence ou l'absence de tels systèmes d'opérations expliquant les conduites des sujets ; les invariants sous-jacents aux conservations des quantités physiques, de l'espace ou du nombre en sont des exemples.

FIGURE 6.11 : L'épreuve des fleurs ou du « tous ou quelques »

Consigne : Après avoir identifié chacun des éléments dessinés, l'enfant est invité à « mettre ensemble les choses qui vont bien ensemble ». L'objectif est de voir comment l'enfant arrive à créer des classes (organismes vivants, objets inanimés, etc.) et comment il peut comprendre l'emboîtement des classes et des sous-classes (fleurs : tulipes, roses, marguerite ; outils : râteau, pelle, crayon).

FIGURE 6.12 : L'expérience du plus petit et du plus grand carré

a)

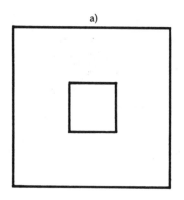

b)

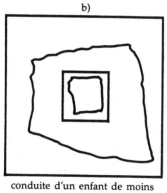

conduite d'un enfant de moins
de 5-6 ans

c)

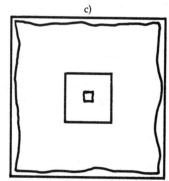

conduite d'un sujet de plus
de 7-8 ans

Consigne : On présente à l'enfant une feuille a) sur laquelle on a dessiné un carré. On lui demande alors de dessiner le plus petit carré possible ainsi que le plus grand carré possible sur la feuille. Les enfants du stade pré-opératoire vont alors tracer un carré à peine plus petit et un autre à peine plus grand que le modèle. Les sujets du stade opératoire fourniront des dessins qui vont aux limites du plus petit et du plus grand carré possibles.

Dans l'expérience très simple de la conservation de la distance, on peut retracer l'existence d'un tel invariant structurant les réponses du sujet opératoire. Si on place face à face deux figurines miniatures (genre Schtroumpfs) à une certaine distance l'une de l'autre (20 cm environ) et que, devant l'enfant, on place un livre assez épais entre les deux, l'enfant de la période pré-opératoire croira que la distance entre les figurines est plus petite lorsque le livre y est ; pour lui, l'épaisseur du livre réduit la distance « puisqu'elle ne compte pas », comme si un espace rempli n'avait pas la même valeur qu'un espace vide quand il s'agit de distance (Piaget, 1953). À partir de 6-7 ans, l'invariant apparaît, qui permet de concevoir la distance comme une fonction absolue de l'écartement de deux points, sans égard aux objets situés dans cet écartement.

6.9.2 Les limites du concret et les décalages horizontaux

Nous avons vu que l'avènement de l'opération permet au sujet de 6-7 ans de sortir de la centration sur des dimensions particulières de la réalité ou de son point de vue particulier ; l'opération amène une décentration :

La pensée ne s'attache plus alors aux états particuliers de l'objet, mais elle s'astreint à suivre les transformations successives elles-mêmes, selon leurs détours et leurs retours possibles ; elle ne procède plus d'un point de vue particulier du sujet, mais coordonne tous les points de vue distincts en un système de réciprocités objectives. (Piaget, 1967, p. 152.)

Entre 6-7 et 11-12 ans, l'enfant acquiert progressivement les différents groupements d'opérations logico-arithmétiques (sériation, classification, nombre, etc.) et spatio-temporelles (distance, longueur, surface, volume, durée, etc.). Mais il est important de noter qu'il ne les acquiert pas tous en même temps et que ces opérations ne sont possibles que lorsqu'elles sont appuyées sur du concret. Par exemple, l'enfant de 8 ans pourra résoudre facilement le problème « si François est plus grand que Geneviève et Geneviève plus grande qu'Anne-Marie, alors François est-il plus petit que, plus grand que ou de même grandeur que Geneviève ? » lorsque les personnages sont représentés matériellement ou graphiquement, mais il n'y arrivera pas sans se créer une forme de trace concrète des propositions. La pensée concrète est dépendante de l'action ; jusqu'au seuil de l'adolescence, la logique de l'enfant n'est pas encore indépendante de son action, les relations portent sur des réalités concrètes et non pas encore sur des propositions abstraites. Cette dépendance à l'égard de concret fait que les groupements d'opérations ne sont pas généralisables à tous les contenus ; ils sont encore cloisonnés dans des zones conceptuelles. C'est ce qui donne lieu aux décalages horizontaux.

La notion de décalage renvoie à la répétition d'une même acquisition cognitive à des âges différents dans le développement du sujet. Piaget a identifié deux types de décalages, soit les décalages verticaux et horizontaux. Nous situerons brièvement le premier type de décalage pour nous attarder plus longuement au deuxième qui nous intéresse ici dans le contexte des opérations concrètes.

Le décalage vertical

Le décalage vertical est une acquisition cognitive à deux périodes différentes du développement plutôt qu'à l'intérieur de la même période. Les deux acquisitions portent sur un même univers de contenu et peuvent partager une certaine similitude structurale, mais elles impliquent deux niveaux de fonctionnement cognitif complètement différents.

À des périodes différentes du développement, le décalage vertical consiste en l'application d'opérations de niveau différent de structuration à un même contenu. Voici deux exemples de décalage vertical.

Visuellement, le bébé de la période sensorimotrice avait développé la constance perceptuelle de l'objet, c'est-à-dire qu'il pouvait le reconnaître même sous une perspective différente. Ainsi, un tout jeune enfant peut reconnaître son biberon ou un autre objet familier même si l'angle sous lequel il perçoit l'objet varie ; sur la rétine, le stimulus diffère, mais dans son activité sensorimotrice, l'enfant démontre qu'il reconnaît que l'objet est constant. Pourtant, ce n'est que vers 8-9 ans que l'enfant sera en mesure de coordonner les perspectives, c'est-à-dire de se représenter l'image qu'il verrait s'il était placé dans une autre position. Dans les deux cas, la structure en jeu porte sur la coordination de perspectives, et dans les deux cas le contenu correspond à des objets perçus selon différents angles. Le niveau cognitif en jeu diffère toutefois de façon marquée : des actions sensorimotrices dans le premier cas, et une opération mentale sur des relations spatiales dans le deuxième.

Un autre exemple se trouve dans la comparaison de la capacité du jeune enfant, dès le niveau sensorimoteur, de se construire une représentation de l'espace dans lequel il vit (le plan intérieur de sa maison par exemple), avec la capacité, acquise beaucoup plus tardivement, de dessiner un plan de cet espace. Encore ici, on a une similarité de structure (l'organisation d'un espace familier) et de contenu (des éléments à situer dans l'espace), mais deux niveaux d'activité mentale fort différents ; le premier met en cause la coordination de l'activité sensorimotrice dans l'espace, capacité que l'on retrouve bien chez certains animaux (comme le chien qui retrouve facilement son chemin dans un quartier), et le deuxième comporte une activité de reconstruction au niveau représentatif des relations spatiales dans un tout cohérent.

Le décalage vertical est donc le phénomène par lequel une même réalité est appréhendée à deux niveaux différents de développement, chaque niveau possédant son « appareil mental » distinct.

On peut imaginer le décalage vertical comme l'expérience de se retrouver après plusieurs années d'absence dans un lieu, une maison ou une cour par exemple où l'on a passé beaucoup de temps au cours de son enfance : il est alors étonnant de constater que le souvenir que nous avions du lieu est fort différent de l'image qui nous apparaît maintenant. Souvent l'espace apparaît plus grand aux yeux de l'enfant qu'à ceux de l'adulte.

Le décalage horizontal

Lorsqu'un délai sépare, dans une même période de développement, l'application réussie d'une même structure cognitive à deux contenus différents, il s'agit d'un décalage horizontal. On parle de décalage horizontal parce que l'écart temporel se produit dans la même tranche du développement. La figure 6.13 fournit la description d'un décalage horizontal typique, celui que l'on trouve dans l'acquisition de la conservation de la quantité de matière, du poids et du volume. Il est important de noter que les trois épreuves mettent en jeu le même matériel et les mêmes transformations physiques ; en outre, leur résolution peut être justifiée par l'un ou l'autre des trois mêmes arguments logiques. Le décalage de deux ans observé dans l'acquisition de chaque notion illustre un décalage horizontal.

On peut voir à la figure 6.13 que la conservation de la substance sous-tend le même raisonnement avec les trois mêmes arguments que la conservation du poids ou du volume :

1- la compensation d'une dimension de la forme de pâte à modeler par une autre (« c'est plus long mais plus mince ») ;

2- l'identité de la matière (« c'est la même pâte à modeler, on n'en a ni enlevé ni ajouté ») ; et

3- la réversibilité (« on a seulement changé la forme, si on refaisait la même forme que tout à l'heure, ce serait pareil »).

Ainsi, la période des opérations concrètes (de 6-7 à 11-12 ans) donne lieu à la mise en place d'une structure opératoire, c'est-à-dire d'un système d'actions mentales réversibles. Ces opérations demeurent cependant reliées aux objets concrets sur lesquels portent l'activité. Or certains objets ou contenus se prêtent moins facilement à l'application des structures opératoires, ce qui donne lieu aux décalages horizontaux.

L'action mentale de l'enfant n'est donc pas encore indépendante du contenu sur lequel elle porte, comme cela deviendra le cas plus tard, à la *période des opérations formelles*. En effet, la réflexion de l'adolescent pourra s'ouvrir à l'abstrait, porter sur des hypothèses et donner lieu à des théories plutôt que d'être confinée à l'expérience concrète comme chez l'enfant.

FIGURE 6.13 : Décalage horizontal typique dans l'acquisition des notions de conservation de quantité

Conservation	Description du matériel et de la transformation effectuée à chacun des quatre items, et question	

	item n° 1	item n° 2
	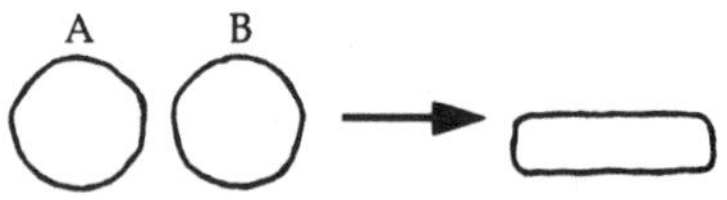 A B → ▭ Soit deux boules de pâte à modeler identiques A et B, on écrase B pour en faire une galette plate et large.	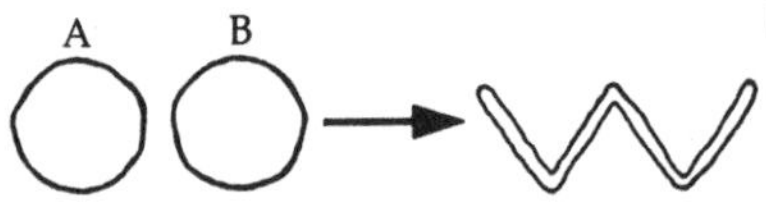 A B → ⌁ Soit deux boules de pâte à modeler identiques A et B, on roule B pour en faire une saucisse longue et mince.
Quantité de matière	« Maintenant qu'on a fait une galette, est-ce qu'il y a plus de pâte à modeler dans la boule A, plus dans la galette, ou la même chose dans les deux ? »	« Maintenant qu'on a fait une saucisse, est-ce qu'il y a plus de pâte à modeler dans la boule A, plus dans la saucisse, ou la même chose dans les deux ? »
Poids	« Si je dépose la boule sur un plateau de la balance, et cette galette sur l'autre plateau, est-ce que la boule pèsera plus lourd, est-ce que la galette pèsera plus lourd, ou si les deux pèseront la même chose ? »	« Si je dépose la boule sur un plateau de la balance, et cette saucisse sur l'autre plateau, est-ce que la boule pèsera plus lourd, est-ce que la saucisse pèsera plus lourd, ou si les deux pèseront la même chose ? »
Volume	« Si maintenant je plonge la boule dans un bocal d'eau et la galette dans un autre, est-ce que l'eau montera plus du côté de la boule, plus du côté de la galette, ou la même chose dans les deux bocaux ? »	« Si maintenant je plonge la boule dans un bocal d'eau et la saucisse dans un autre, est-ce que l'eau montera plus du côté de la boule, plus du côté de la saucisse, ou la même chose dans les deux bocaux ? »

de matière, de poids et de volume

posée à l'enfant	Âge d'acquisition

item n° 3

A   B

Soit deux boules de pâte à modeler identiques A et B, on émiette B en une série de petits morceaux.

« Maintenant qu'on a fait des miettes, est-ce qu'il y a plus de pâte à modeler dans la boule A, plus dans la galette, ou la même chose dans les deux ? »	7-8 ans
« Si je dépose la boule sur un plateau de la balance, et ces miettes sur l'autre plateau, est-ce que la boule pèsera plus lourd, est-ce que les miettes pèseront plus lourd, ou si les deux pèseront la même chose ? »	9-10 ans
« Si maintenant je plonge la boule dans un bocal d'eau et les miettes dans un autre, est-ce que l'eau montera plus du côté de la boule, plus du côté des miettes, ou la même chose dans les deux bocaux ? »	11-12 ans

POST-TEST

1- Dans quelle discipline Piaget reçut-il sa première formation scientifique ?

2- Quel est le nom de la principale collaboratrice de Piaget ?

3- Nommez deux des quatre grands axes que Ducret (1984) identifie dans l'œuvre de Piaget.

4- Quels sont les deux grands invariants fonctionnels proposés par Piaget ?

5- *Vrai ou faux.* Selon Piaget, l'ordre dans lequel les enfants traversent les stades peut varier, mais le rythme d'évolution d'un stade à l'autre est invariant.

6- Que veut-on dire par « emboîtement hiérarchique des stades » ?

7- Qu'est-ce qu'un schème ?

8- *Vrai ou faux.* Pour Piaget, l'activité mentale correspond au prolongement de l'activité physique.

9- Distinguez l'une de l'autre les catégories suivantes d'expérience avec l'environnement physique comme principale source d'information pour l'enfant, soit l'exercice et l'expérience physique des objets.

10- *Vrai ou faux.* Selon Piaget, on peut enseigner des contenus à l'enfant même s'il n'a pas les structures mentales pour les assimiler.

11- Quels sont les premiers schèmes d'action dont est équipé le nouveau-né ?

12- Donnez deux exemples de réaction circulaire primaire.

13- *Vrai ou faux.* Dans la réaction circulaire secondaire, le but n'est pas posé à l'avance mais plutôt relié aux effets de la compréhension du fait que l'action cause l'effet.

14- Au stade 4 de la période sensorimotrice (de 8 à 12 mois), en quoi consiste la coordination de schèmes secondaires ?

15- La réaction circulaire tertiaire renvoie à l'idée que la séquence comportementale (le cycle de la réaction) intègre la relation entre le sujet et les objets, mais aussi entre les objets entre eux. À quel stade de la période sensorimotrice les réactions circulaires tertiaires font-elles leur apparition ?

16- *Choisissez la bonne réponse.* En considérant l'ensemble de la période sensorimotrice, on peut affirmer que le développement s'y traduit par une progression

   a) de l'extérieur vers l'intérieur ;
   b) de l'intérieur vers l'extérieur.

17- Identifiez une des deux conditions nécessaires à la représentation mentale d'un objet.

18- Dans le processus d'accession à la permanence de l'objet, en quoi consiste l'erreur de stade 4 décrite par Piaget ?

19- *Vrai ou faux.* Pour le sujet des premiers stades de la période sensorimotrice, l'objet qui disparaît dans le chapeau du magicien n'a rien de vraiment surprenant puisque dans son monde, il est normal que les objets apparaissent ou disparaissent.

20- Identifiez les deux phases qui subdivisent la période pré-opératoire dans la théorie de Piaget.

21- L'imitation est une préfiguration de la représentation. Expliquez brièvement.

22- Comment appelle-t-on le phénomène suivant : plusieurs enfants parlent en groupe, non pas tellement pour communiquer entre eux, mais pour s'exprimer individuellement, sans considération de ce que raconte autrui ?

23- *Vrai ou faux*. La permanence de l'objet constitue l'une des premières indications de la présence de l'image mentale.

24- *Vrai ou faux*. Pour Piaget, la fonction symbolique de l'enfant de 3-4 ans comprend deux types d'images mentales : l'image reproductrice (consacrée à la copie de tableaux connus) et l'image anticipatrice ou de transformation (capable de représenter des changements dans la réalité).

25- L'égocentrisme de la pensée préconceptuelle se manifeste notamment sur les plans représentatif, spatial et social. Décrivez-en brièvement deux illustrations.

26- *Complétez la phrase*. L'enfant de la période pré-opératoire raisonne sur des états sans pouvoir intégrer les transformations ; sa pensée est ....

27- *Complétez la phrase*. Une alternance entre une centration et une centration opposée conduisant au renversement de la réponse correspond pour Piaget à ....

28- Piaget a généralement identifié trois niveaux de réussite dans les épreuves qu'il a employées pour étudier la transition entre les raisonnements pré-opératoire et opératoire concret. Identifiez ces trois niveaux en les plaçant en correspondance avec le stade de développement auquel ils correspondent respectivement.

29- *Vrai ou faux*. Dans la méthode piagétienne d'interrogation de l'enfant, la bonne ou mauvaise réponse de l'enfant est le premier indicateur de la logique de sa solution.

30- Une fois le contact bien établi avec l'enfant, quelle est généralement la première étape de l'administration d'une épreuve piagétienne ?

31- *Vrai ou faux*. Dans l'épreuve de conservation des liquides, l'enfant de la phase intuitive a tendance à juger de la quantité de liquide en fonction d'une seule dimension du contenant. Si l'on verse le liquide dans un verre extrêmement mince, la colonne de liquide montera très haut mais l'enfant sera frappé par la minceur du contenant comparativement au verre témoin. Il aura alors tendance à répondre qu'il y a moins de liquide dans le verre haut car « c'est trop mince ».

32- Dans l'épreuve des « baguettes déplacées », donnez une réponse basée sur :

a) l'argument d'identité ;

b) l'argument de compensation.

33- *Vrai ou faux*. L'acquisition de la conservation de la surface se fait vers 7 ans environ, en même temps que l'acquisition de la réversibilité.

34- Dénombrer un ensemble d'éléments correspond à établir une correspondance terme à terme ; expliquez brièvement.

35- Qu'est-ce qu'une opération mentale ?

36- Qu'est-ce qu'un groupement opératoire ?

37- Décrivez brièvement la conduite d'un sujet de la période pré-opératoire à qui l'on présente une feuille où est dessiné un carré (de 10 à 15 cm de côté) et à qui l'on demande de dessiner le plus petit carré possible et le plus grand carré possible.

38- Laquelle des définitions suivantes s'applique au décalage vertical ?

a) à des périodes différentes du développement, l'application d'opérations de niveau différent de structuration à un même contenu ;

b) à l'intérieur d'une même période de développement, l'application décalée dans le temps, d'une même structure cognitive à des contenus différents.

39- Énumérez des notions donnant lieu à un décalage horizontal.

Chapitre 7

Intelligence et différences individuelles

PLAN

PRÉTEST

1- Binet (1903) a formulé une définition « opérationnelle » de l'intelligence. Complétez la phrase suivante à partir de l'idée de Binet : « l'intelligence c'est ce que .... ».

2- Dans la comparaison que Sternberg et Detterman (1986) ont établie entre la conception de l'intelligence chez des experts de 1921 et celle de 1986, identifiez une notion qui est apparue en 1986 mais qui n'était pas courante en 1921.

3- À travers quelle approche théorique utilise-t-on l'ordinateur pour simuler et évaluer les processus mentaux humains ?

4- *Vrai ou faux.* Pour Galton, au début du XXᵉ siècle, les différences d'intelligence entre les individus pouvaient être mesurées à partir du temps de réaction à un signal.

5- *Vrai ou faux.* Les jeunes enfants (de moins de 4 ans) n'ont pas tendance à répéter dans leur tête les contenus à mémoriser, ni à regrouper les unités de contenu selon leur ressemblance ou leur signification.

6- Lorsque l'on fait l'analogie entre le développement de l'intelligence chez l'enfant et le fonctionnement d'un ordinateur, à quoi associe-t-on :

    a) la maturation neurologique de l'enfant ; et

    b) l'acquisition de nouvelles stratégies cognitives ?

7- *Vrai ou faux.* Dans le domaine de l'attention sélective, le développement se traduit par le passage d'une exploration basée sur une recherche organisée logiquement (chez les enfants plus jeunes) vers une exploration centrée sur les caractéristiques du stimulus (chez les enfants plus âgés).

8- Identifiez deux habiletés cognitives qui augmentent progressivement à mesure que l'enfant se développe, selon l'approche du traitement cognitif de l'information.

9- *Vrai ou faux.* En 1929, Lashley, constatait que la performance du rat dans le labyrinthe se détériore en fonction de la masse de cortex détruite chez lui et non pas en fonction de l'emplacement de la lésion cérébrale.

10- *Vrai ou faux.* Selon Hebb (1982), les centres cérébraux responsables d'une tâche cognitive réussissent à maintenir la concentration mentale sur cette tâche, non pas en empêchant les autres centres de faire du bruit mais en obtenant leur collaboration et en imposant son ordre dans le cerveau.

11- *Complétez la phrase.* L'explication neuropsychologique de l'intelligence et des différences individuelles relève en grande partie du principe d' ....

12- Donnez deux exemples de mesures d'aptitudes psychophysiques que Galton mit au point dans ses travaux sur la mesure de l'intelligence.

13- Quel est le premier auteur à avoir proposé une méthode d'évaluation de l'intelligence des jeunes enfants ?

14- Qu'est-ce que le facteur « G » de l'intelligence ?

15- Donnez une indication concrète du fait que l'approche psychométrique de l'intelligence tient compte du développement cognitif au cours de l'enfance et de l'adolescence.

16- *Vrai ou faux.* L'approche psychométrique de l'intelligence ne fournit pas d'explication structurale du développement de l'intelligence.

17- Que veut-on dire lorsque l'on affirme qu'un enfant de 5 ans a un âge mental de 7 ans ?

18- Identifiez deux facteurs autres que l'âge et le potentiel intellectuel pouvant, dans certains cas, influencer le rendement à un test.

19- Identifiez deux des trois dimensions du rendement dont tiennent compte la majorité des tests d'intelligence.

20- *Vrai ou faux.* Les indicateurs de performance chez les jeunes enfants reflètent plus la maîtrise des habiletés sensori-motrices que celles des processus mentaux supérieurs couramment associés à la notion d'intelligence.

21- Voici une série d'items couramment utilisés dans les échelles d'évaluation des capacités mentales des petits enfants. Ordonnez les habiletés mentionnées depuis celle qui est normalement acquise le plus tôt vers celle qui est normalement acquise le plus tard par l'enfant :

a) peut nommer trois images ;

b) réagit au son d'une cloche ;

c) peut exprimer des choses en baragouinant ;

d) peut prendre un anneau qu'on lui offre.

22- Voici trois items que l'on peut rencontrer dans des tests d'intelligence pour enfants. Identifiez l'habileté verbale en jeu dans chacun des problèmes suivants :

a) On présente à l'enfant une image sur laquelle un garçon se sert d'une cuillère pour écrire sur une feuille et on lui demande : « Dis-moi ce qui ne va pas dans cette image, quelle est l'erreur ? » ;

b) On dit à l'enfant : « En quoi une pomme et une orange sont-elles semblables ? » ;

c) On demande à l'enfant : « Qu'est-ce qu'une enveloppe ? ».

23- *Vrai ou faux.* L'idée de fond sous-jacente à l'utilisation systématique des tests pour le classement scolaire pourrait se résumer comme suit : l'intelligence est une caractéristique personnelle stable dans le temps, dont la mesure est possible avec une approche standardisée et dont l'indice constitue un bon prédicteur du succès scolaire futur.

24- *Vrai ou faux.* L'effet Pygmalion renvoie à l'idée que les attentes positives des intervenants éducatifs à l'égard du potentiel de l'enfant peuvent avoir un effet significatif sur le rendement intellectuel ou scolaire de ce dernier.

25- *Vrai ou faux.* Dans ses travaux sur l'intelligence humaine, Jensen a distingué deux niveaux d'habiletés intellectuelles ; le niveau 1 renvoie aux habiletés à établir des relations ou des stratégies tandis que le niveau 2 renvoie aux habiletés qui n'impliquent pas de manipulation consciente de l'information, comme la mémoire à court terme.

26- Identifiez deux facteurs reliés à la tâche susceptibles d'influencer le rendement intellectuel d'un enfant à un test.

27- *Vrai ou faux.* Lorsque la tâche proposée à l'enfant est utile pour l'adaptation réelle au monde qui l'entoure, on fait alors référence à une bonne validité écologique.

28- Que fait-on varier en fonction de l'âge dans les tâches destinées à mesurer le rendement intellectuel ?

29- Identifiez deux facteurs reliés à l'environnement externe susceptibles d'influencer le résultat obtenu par l'enfant à un test d'intelligence.

7.1 INTRODUCTION

Qu'est-ce que l'intelligence ?

Les animaux possèdent-ils une intelligence ?

Les hommes primitifs possédaient-ils une intelligence différente de celle des animaux ?

En quoi l'intelligence de l'enfant diffère-t-elle de celle de l'adulte ?

Les ordinateurs peuvent-ils faire preuve d'intelligence ?

Les chapitres 6, 7, 8 et 9 portent sur le développement de l'intelligence chez l'enfant. Leurs titres eux-mêmes fournissent des éléments de réponse à la question « Qu'est-ce que l'intelligence ? » Les notions de créativité, de jeu, de différences individuelles, d'apprentissage, etc., laissent entrevoir autant de composantes de l'intelligence.

Or, même si depuis les débuts de la psychologie scientifique la nature de l'intelligence a constitué l'un des tout premiers problèmes en importance, les débats qu'elle soulève se sont sans cesse renouvelés. Près d'un siècle plus tard, il n'y a pas de définition unique à cette réalité.

On se souvient encore de la définition « opérationnelle » de l'intelligence fournie par Binet (1903) et reprise par Boring (1923), selon laquelle l'intelligence « c'est ce que les tests d'intelligence mesu-

rent » ; malgré la tautologie un peu choquante qu'elle renferme, cette définition se dresse encore pour rappeler qu'à défaut de mieux, c'est encore les instruments d'évaluation de l'intelligence qui reflètent le mieux notre conception de l'intelligence. Cela ne veut pas dire que la recherche sur l'intelligence n'a pas progressé depuis 100 ans, mais plutôt que la question n'est pas encore vidée. Nous aimerions pouvoir commencer ce chapitre par une définition arrêtée que les chercheurs s'accordent à donner à l'intelligence, mais un tel consensus n'existe pas (et n'existera peut-être jamais). Nous brosserons donc un tableau des conceptions de l'intelligence qui ont été marquantes au xxᵉ siècle.

Sternberg et Detterman (1986) ont recueilli les réponses de 24 chercheurs anglophones de différents pays (États-Unis, Canada, Australie, Angleterre) aux questions suivantes :

1- Selon vous, qu'est-ce que l'intelligence et comment peut-elle être mesurée ?

2- Quelles sont les prochaines étapes les plus importantes pour la recherche dans ce domaine ?

En 1921, les éditeurs du *Journal of Educational Psychology* avaient posé les mêmes questions à 14 experts dans le cadre d'un symposium sur l'intelligence. Sternberg et Berg (1986) ont comparé les définitions obtenues alors avec celles de 1986 et noté l'existence de ressemblances mais aussi de différences.

Chez les deux cohortes d'experts, les notions d'« adaptation à l'environnement », de « processus mentaux de base » et de « pensée abstraite » (raisonnement, résolution de problèmes, prise de décision, etc.) ont été fréquemment mentionnées en tant que composantes de l'intelligence. Dans les deux cohortes, on observe aussi la présence du débat sur la nature unique ou multiple de l'intelligence, ou sur son caractère restrictif ou ouvert à de vastes réalités. La comparaison révèle aussi que la métacognition, c'est-à-dire la pensée sur la pensée ou l'activité de régulation de l'activité mentale, n'existait pas en 1921 alors qu'elle fait l'objet de plusieurs mentions en 1986. Sternberg et Berg (1986) attribuent cette apparition aux connaissances nouvelles qu'ont apportées les travaux sur le fonctionnement des ordinateurs et l'intelligence artificielle. Le contexte culturel et les connaissances (de même que leur interaction avec les processus mentaux), en tant que facteurs significatifs dans l'intelligence, sont aussi des composantes caractéristiques des réponses des experts de 1986.

Quant aux aspects importants sur lesquels devrait porter la recherche, les deux groupes d'experts s'accordent pour mettre l'accent sur le développement de l'intelligence, l'étude d'habiletés autres que cognitives, l'étude de l'intelligence dans des domaines spécifiques et dans ses manifestations de la vie courante. Les experts du début du siècle étaient plus préoccupés par des questions statistiques reliées à la psychométrie et aux processus mentaux supérieurs, tandis que ceux de la fin du siècle ont plutôt souligné les demandes cognitives de l'environnement, la construction de modèles précis de tâches cognitives et une meilleure compréhension des processus élémentaires qui sous-tendent l'intelligence (Sternberg et Berg, 1986).

Sternberg et Detterman (1986), dans leur livre consacré à la nature de l'intelligence, reprennent la stratégie employée en 1921 par les éditeurs du *Journal of Educational Psychology*. Ils demandent donc à plusieurs experts intéressés au sujet de définir l'intelligence et d'identifier les questions importantes qui se posent à la recherche en ce domaine. De Montpellier (1977) a aussi publié un livre intitulé *Qu'est-ce que l'intelligence ?* où plusieurs conceptions européennes sont présentées.

Le tableau 7.1, inspiré de ces deux ouvrages, fournit un éventail des conceptions de l'intelligence rencontrées dans la littérature contemporaine.

TABLEAU 7.1 : Nature de l'intelligence et questions importantes à cet égard selon divers spécialistes*

a) Ce que je crois être l'intelligence et comment elle peut être mesurée	b) Les questions importantes qui se posent à la recherche sur l'intelligence
Anne Anastasi (Fordham University, Bronx, New York) L'intelligence n'est pas une entité située dans l'organisme mais plutôt une caractéristique du comportement. Le comportement intelligent est essentiellement adaptatif dans la mesure où il intègre des moyens efficaces pour répondre aux exigences changeantes de l'environnement.	1- Les changements qualitatifs de l'intelligence avec l'âge ; 2- Les exigences que l'environnement pose à la personne ; 3- Le rôle de l'éducation scolaire dans le développement de la pensée ; 4- Le rôle des connaissances dans le comportement intelligent ; 5- Les processus de résolution de problèmes ; 6- Le développement de tests d'intelligence adaptés à la culture des gens à qui ils s'adressent.
Jonathan Baron (University of Pennsylvania) L'intelligence est l'ensemble des habiletés qui permettent à la personne d'atteindre les buts qu'elle se fixe. Il y a deux types d'habiletés : a) les capacités telles que la vitesse mentale, l'énergie mentale ; b) les dispositions comme le souci du travail bien fait ou l'autocritique.	1- Le développement et l'évaluation de tests ; 2- L'étude des stratégies et des biais de pensée dans l'optique d'une meilleure adaptation des stratégies éducatives.

TABLEAU 7.1 (suite)

a) Ce que je crois être l'intelligence et comment elle peut être mesurée	b) Les questions importantes qui se posent à la recherche sur l'intelligence

Alfred Binet (psychologue français du début du siècle)

L'intelligence est avant tout une faculté de connaissance, qui est dirigée vers le monde extérieur, et qui travaille à le reconstruire en entier, au moyen des petits fragments qui nous en sont donnés. Compréhension, invention, direction, censure, l'intelligence tient dans ces quatre mots. (Binet, 1911, p. 118.)

Ann Brown et J.C. Campione (University of Illinois)

Les mécanismes d'apprentissage et de transfert de l'acquis sont les fondements de l'intelligence. La compréhension et le contrôle que la personne possède sur la situation d'apprentissage, c'est-à-dire la métacognition, exercent une influence significative sur l'activité intellectuelle. Le soutien social peut jouer un rôle important dans le développement intellectuel. Les indicateurs des capacités d'apprentissage doivent être dynamiques plutôt que statiques, c'est-à-dire qu'ils doivent se fonder sur ce que la personne peut acquérir de neuf maintenant plutôt que sur ce qu'elle a acquis dans son histoire passée ; les indicateurs les plus valables sont ceux qui reflètent les changements dans la façon d'apprendre plutôt que la quantité ou la vitesse d'acquisition.

1- Les indices de capacités d'apprentissage dans des domaines spécifiques ;
2- Les différences entre la compréhension des débutants et celle des experts ;
3- Les nouvelles technologies pour atteindre ces objectifs.

Édouard Claparède (psychologue français)

L'intelligence est la capacité de résoudre par la pensée des problèmes nouveaux. De ce point de vue, ce qui la caractérise en propre, c'est qu'elle est une activité de recherche. (Claparède, 1934, p. 3.)

La genèse de l'hypothèse, c'est-à-dire comment naissent les solutions possibles aux problèmes.

J.P. Das (University of Alberta, Edmonton)

L'intelligence est la somme de tous les processus cognitifs, incluant la planification, l'encodage de l'information et l'attention.

Les outils pour mesurer certaines dimensions rencontrées chez des personnes intelligentes mais qui n'ont pas encore fait l'objet de mesure : l'habileté en musique, au jeu d'échecs, dans les relations interpersonnelles.

W.K. Estes (Harvard University, Boston)

Une des meilleures façons de bonifier notre compréhension de l'intelligence est d'utiliser trois habiletés de base identifiées dans le domaine de l'intelligence artificielle :
a) la capacité de manipuler des symboles ;
b) la capacité d'évaluer les conséquences de différents choix offerts ;
c) la capacité d'utiliser des connaissances et des principes heuristiques dans les recherches effectuées à travers des séries de symboles (différents mouvements dans une joute de hockey, différentes décisions dans une tâche de classification, etc.).

1- Évaluer la recherche au moyen d'indicateurs moins reliés au QI ;
2- Baser l'évaluation de l'intelligence d'une personne sur la façon dont elle s'y prend pour résoudre un problème plutôt que sur le nombre de tâches standardisées qu'elle peut effectuer.

Hans J. Eysenck (Institute of Psychiatry, Londres)

L'intelligence correspond à la capacité du cerveau de transmettre sans erreur de l'information. La vitesse mentale, la reconnaissance d'erreurs, de différences ou de relations et la continuation constituent des composantes de base de l'intelligence.

La recherche d'explications biologiques aux différences individuelles pourrait passer par une meilleure connaissance du fonctionnement neurologique du cerveau. Ce dernier indicateur pourrait fournir un éclairage sur le développement et le vieillissement de l'intelligence.

TABLEAU 7.1   (suite)

a) Ce que je crois être l'intelligence et comment elle peut être mesurée	b) Les questions importantes qui se posent à la recherche sur l'intelligence
Robert Glaser (University of Pittsburg) L'intelligence correspond à la compétence dans le rendement cognitif intellectuel. Le mot intellectuel est utilisé ici en opposition à émotionnel. La performance peut concerner des domaines circonscrits de façon formelle, comme le domaine scolaire, et des domaines naturels d'activité cognitive, comme la langue maternelle, la connaissance de l'espace environnant, etc.	1- Le lien entre la performance dans les domaines formels et la performance dans les domaines naturels de développement cognitif ; 2- L'évolution des processus et des structures cognitifs ; 3- Les caractéristiques distinctives de différents niveaux de performance.
John Horn (University of Southern California) L'intelligence en tant qu'entité unique n'existe pas ; ce qui existe, c'est une série d'habiletés cognitives s'inscrivant dans des domaines déjà très vastes tels que : la pensée visuelle, la pensée auditive, la mémoire à court terme, la mémoire à long terme, la flexibilité du raisonnement, etc.	Les différentes habiletés cognitives plutôt qu'une entité unique illusoire de l'activité mentale.
Arthur R. Jensen (University of California, Berkeley) Le facteur « G » est un représentant utile et opérationnel de l'intelligence. Il s'agit du facteur commun qui ressort des résultats obtenus à plusieurs tests mentaux. Ce facteur général est la principale source de différences individuelles et c'est pourquoi il est préférable à plusieurs facteurs spécifiques en tant que représentant de l'intelligence.	Le développement du facteur « G » chez l'individu quant aux processus de traitement d'information qu'il sous-tend et aux substrats biologiques sur lesquels il repose.
Gérard de Montpellier (Université de Louvain, Belgique) *L'activité intelligente consisterait en un double processus : compréhension et invention, la compréhension, c'est-à-dire la mise ensemble des éléments jusque-là séparés, étant réalisée par invention.* (De Montpellier, 1979.)	La relation fonctionnelle entre la compréhension et l'invention dans l'acte intelligent.
Jean Piaget (psychologue suisse) L'activité intelligente est un processus d'adaptation résultant d'un équilibre entre les actions de l'organisme sur le milieu (assimilation) et celles du milieu sur l'organisme (accommodation).	Le développement de l'intelligence chez l'enfant, c'est-à-dire le développement des structures opératoires comme moyen privilégié de comprendre la nature de la fonction cognitive.
Robert J. Sternberg (Yale University) L'intelligence, c'est l'autorégulation mentale (développement de règles, exécution, évaluation) qui donne au sujet les moyens de se gouverner de façon que ses pensées et actions soient organisées, cohérentes et sensibles aux demandes de l'environnement interne et externe.	Les composantes multiples en jeu dans les mécanismes responsables de l'efficacité de l'autorégulation.

* Tableau élaboré à partir de : — STERNBERG, R.J. et DETTERMAN, D.K. (1986) *What Is Intelligence ?*, Norwood (N.J.), Ablex Publishing ;
— DE MONTPELLIER, G. (1977) *Qu'est-ce que l'intelligence ?*, Bruxelles, Palais des Académies.

Après ce tour d'horizon de différentes conceptions de l'intelligence, nous nous tournerons maintenant vers sa mesure et les différences entre les individus qu'elle permet de mettre en évidence. Auparavant, nous ferons un bref examen de certaines théories importantes de l'intelligence, différentes de celle de Piaget, afin d'obtenir un meilleur tableau d'ensemble.

7.2 QUELQUES THÉORIES DE L'INTELLIGENCE

D'après ce que l'on vient de voir, fournir une définition de l'intelligence qui fasse l'unanimité est un défi et la psychologie n'y est pas encore complètement arrivée. Tant que nous ne posséderons pas une compréhension complète du fonctionnement de l'intelligence, la définition en restera imparfaite. Dans l'étude du développement et du fonctionnement de l'intelligence, ce sont les théories qui représentent les moteurs les plus puissants de l'avancement scientifique. Dans le domaine de l'intelligence comme dans la plupart des autres domaines scientifiques, la recherche s'articule généralement autour d'un modèle hypothétique, c'est-à-dire d'une théorie que l'on cherche à vérifier empiriquement et qui sert à organiser les idées de façon cohérente. Cette méthode semble plus efficace que le travail par essais et erreurs, de proche en proche. C'est pourquoi, dans le contexte de notre étude de l'intelligence chez l'enfant, nous considérons certains des principaux modèles théoriques en psychologie.

Nous avons vu au chapitre 6 la théorie de Jean Piaget et sa description très articulée du développement de l'intelligence chez l'enfant. Si aucun autre courant théorique n'a fourni une explication aussi complète de l'évolution cognitive au cours de l'enfance, d'autres auteurs ont apporté un éclairage intéressant et utile sur cette question fondamentale de la psychologie. En effet, la qualité de l'adaptation humaine ne peut être séparée de l'activité cognitive de sorte que la plupart des modèles psychologiques importants offrent une explication des processus mentaux supérieurs.

Ce que l'humain saisit de la réalité physique qui l'entoure, mais aussi ce qu'il comprend des autres et de lui-même repose sur sa capacité cognitive. C'est pourquoi la conception que les enfants ont d'eux-mêmes, des autres ou des phénomènes physiques (jours—nuits, saisons, temps, vitesse, distances, etc.) se transforme à mesure que leur appareil mental se développe. Les sentiments et les émotions dépendent de l'intelligence, de sorte qu'une déficience intellectuelle affecte la conception de soi-même, la capacité d'inférer de ce que les autres ressentent, pensent, veulent, etc.

7.2.1 Le traitement cognitif de l'information

Cette approche (*cognitive processing theory*) vise à comprendre la façon dont les gens se représentent et traitent l'information lorsqu'ils règlent différents problèmes. Ainsi, les nouvelles connaissances sur le fonctionnement des ordinateurs ont amené les chercheurs à faire des analogies entre le traitement de l'information électronique et le traitement de l'information chez l'humain. On simule la pensée humaine par des programmes d'ordinateurs où l'efficacité des stratégies, les règles et les procédures d'exécution peuvent être évaluées et comparées à celles des humains.

Charles Spearman, psychométricien et mathématicien anglais bien connu (1863-1945), est considéré comme l'un des pionniers de cette approche de traitement cognitif de l'information. Dans le contexte de la résolution d'un problème analogique, Spearman (1923) propose trois principes cognitifs de base correspondant à des étapes du processus cognitif :

1- l'appréhension des données ;

2- l'extraction de relations ;

3- l'extraction de la corrélative.

Dans le problème suivant : « L'aéroport est à l'avion ce que la port est au _____ », il y aurait ainsi une première étape correspondant à la saisie de la signification des termes de la phrase (aéroport, avion, port). La deuxième étape, soit l'extraction de relations, consisterait en la découverte du lien entre l'aéroport et l'avion. La troisième étape correspondrait à l'extrapolation de la relation entre le troisième terme de l'analogie et un quatrième terme, nouveau, qui respecte cette relation, c'est-à-dire « bateau ».

Sternberg (1986) rapporte que 40 ans plus tard, Newell, Shaw et Simon (1958) et Miller, Galanter et Pribram (1960) ont utilisé cette même approche de traitement cognitif de l'information et ont démontré que l'ordinateur pouvait être très utile pour comprendre les processus cognitifs. Pour ces auteurs, le comportement humain suit un plan où des unités de conduite sont organisées en séquence et selon une hiérarchie de contrôle. Le plan est au comportement ce que le programme est à l'ordinateur. Dans cette optique, différents niveaux d'étude ont été privilégiés pour comprendre le fonctionnement de l'intelligence.

Au début du siècle, certains auteurs comme Galton et Cattell se sont intéressés à la vitesse de traitement de l'information. Pour eux, les différences d'intelligence entre les individus peuvent être identifiées à partir du temps de réaction : le sujet doit exécuter une réponse simple le plus vite possible, comme peser sur un bouton après la présentation d'un stimulus, telle l'apparition d'une lumière. Les études ont toutefois montré que la relation était faible entre la vitesse pure de réaction à une stimulation et des mesures standardisées de l'intelligence.

D'autres travaux sont partis du postulat que l'intelligence était non pas reliée à la vitesse pure de réaction mais à la vitesse de choix : on présente l'un ou l'autre des deux stimuli au sujet qui doit exécuter une réponse simple dans un cas et une autre dans l'autre cas.

Enfin, d'autres chercheurs se sont penchés sur des processus plus complexes de traitement de l'information, en jeu dans la résolution de problèmes de raisonnement analogique, de séries à compléter ou de syllogismes. Sternberg (1986) distingue deux voies à l'intérieur de ce courant :

1- les travaux portant sur la description des unités cognitives qui interviennent dans la résolution d'une tâche (inférence d'une relation entre deux termes, extrapolation de la relation à deux autres termes, etc.), unités que l'on croit indépendantes de la tâche spécifique et généralisables à plusieurs performances cognitives ;

2- l'étude de l'exécution des tâches, c'est-à-dire comment et pourquoi la personne planifie, actualise, évalue ou corrige son activité mentale lors de la résolution d'un problème donné.

Mais le traitement de l'information se fait-il de la même façon sans égard à l'âge ? Cette approche du traitement cognitif de l'information fournit-elle une perspective du développement ? En utilisant la mémorisation comme zone d'activité mentale, nous tenterons de répondre brièvement à ces interrogations.

La figure 7.1 illustre le processus de mémorisation d'un numéro de téléphone par un enfant de 10 ans dans une situation de semi-urgence.

FIGURE 7.1 : Illustration de stratégies mnémotechniques

Luc, un garçon de 10 ans, se rend seul par autobus chez son oncle dans une ville qu'il ne connaît pas bien. Arrivé à la gare, il compose le numéro de son oncle, inscrit sur la fiche que sa mère lui a remise. Mais c'est la téléphoniste qui répond lui disant que le numéro a été changé pour le 982-4510. Sans crayon pour noter, Luc doit mémoriser tout de suite le nouveau numéro. Le schéma constitue un modèle de la stratégie qu'il utilise. Quelle serait votre propre stratégie de mémorisation de ce numéro de téléphone ? En quoi diffère-t-elle de celle de Luc dans notre exemple ?

NUMÉRO FOURNI PAR LA TÉLÉPHONISTE : 982-4510

Stratégies possibles du garçon :

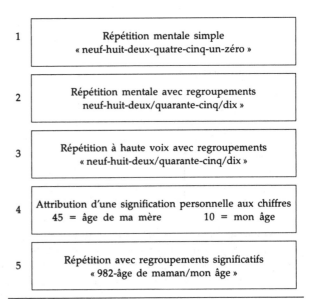

1 | Répétition mentale simple « neuf-huit-deux-quatre-cinq-un-zéro »

2 | Répétition mentale avec regroupements neuf-huit-deux/quarante-cinq/dix »

3 | Répétition à haute voix avec regroupements « neuf-huit-deux/quarante-cinq/dix »

4 | Attribution d'une signification personnelle aux chiffres 45 = âge de ma mère   10 = mon âge

5 | Répétition avec regroupements significatifs « 982-âge de maman/mon âge »

La stratégie utilisée par le garçon de la figure 7.1 ne sera pas retrouvée telle quelle à tous les âges ; ainsi, la mémorisation d'un nouveau numéro de téléphone n'est pas à la portée d'un enfant de 3-4 ans qui n'a pas d'emprise mentale sur les chiffres, pas plus d'ailleurs que nous n'en aurions sur un numéro de téléphone en chinois. Les jeunes enfants n'ont pas tendance à répéter dans leur tête les contenus à mémoriser, ni à regrouper les unités de contenu en fonction de leur ressemblance ou de leur significa-tion. DeLoache (1984) rapporte cependant que les enfants d'âge préscolaire peuvent aussi utiliser des stratégies mnémotechniques, c'est-à-dire des moyens de mieux se souvenir, lorsque les contenus sont suf-fisamment simples pour être à leur portée.

Dans le domaine des stratégies d'étude, Brown et Smiley (1978) ont proposé un texte d'environ 400 mots à des élèves de 5e à 12e année : après leur avoir lu le texte à haute voix, on leur en remet copie écrite pour cinq minutes au cours desquelles ils peu-vent faire tout ce qu'ils veulent afin de mieux le mémoriser. Les auteurs ont observé que seulement 6 % des élèves de 5e prenaient spontanément des notes comparativement à 50 % pour les plus vieux. Ces derniers soulignaient aussi le texte à mémoriser plus que leurs cadets et, surtout, en soulignaient de façon plus sélective les passages importants.

Deschênes et Cloutier (1987a, 1987b) ont mis clairement en évidence que la compréhension comme la production de textes évoluent chez l'en-fant et l'adolescent de façon parallèle au raisonne-ment opératoire : les processus de traitement de l'information écrite se transforment en même temps que se développe l'appareil cognitif.

Selon l'approche du traitement cognitif de l'in-formation, l'analogie entre le développement de l'in-telligence chez l'enfant et le fonctionnement de l'ordinateur permet de concevoir la maturation neu-rologique comme le développement des circuits électroniques (du matériel) et l'acquisition de nou-velles stratégies cognitives chez l'enfant comme le perfectionnement des programmes (du logiciel) de l'ordinateur. L'étude des étapes spécifiques de réali-sation d'une tâche cognitive par l'enfant, les procé-

dés de vérification et de correction qu'il y utilise, les facteurs qui l'induisent en erreur ou qui favorisent sa découverte, etc., permettent de développer des modèles suffisamment précis pour simuler le fonc-tionnement cognitif. De tels modèles fournissent des représentations dynamiques des processus cognitifs et ils peuvent être utiles pour vérifier des hypothèses de façon opérationnelle.

À titre illustratif, le tableau 7.2, élaboré à partir d'Estes (1980), présente une comparaison entre le fonctionnement de la mémoire humaine et celui d'un ordinateur. Il est facile d'y constater des dif-férences fondamentales qui doivent être prises en considération dans l'utilisation de l'ordinateur pour simuler l'activité mnésique humaine : pour que l'ordinateur imite vraiment la mémoire humaine, il faut le programmer de façon qu'il uti-lise les stratégies humaines, sans quoi la simula-tion est erronée. Imaginons ce que serait la vie mentale si la mémoire humaine, comme celle de l'ordinateur, conservait en permanence tout ce qui a été mémorisé une fois, sans égard à l'exercice de rappel.

L'imitation du fonctionnement cognitif humain pose un défi considérable à la recherche : Com-ment programmer l'ordinateur pour qu'il tienne compte du contexte dans sa capacité de rappel ? Comment obtenir un ordinateur qui ait « du gros bon sens » ? Un vif intérêt pour le développement de systèmes d'experts, c'est-à-dire des programmes d'ordinateurs qui puissent guider des opérations comme le ferait un expert, s'est manifesté dans des domaines variés au cours des dernières années : analyse de symptômes en médecine, évaluation de la personnalité en psychologie, forage de puits de pétrole, sondages auprès du public. On a même tenté d'utiliser l'ordinateur comme psychothérapeute. Il reste beaucoup de chemin à parcourir dans cette voie où les limites proviennent surtout, non pas de la machine, mais des capacités à définir clairement les processus en jeu dans des activités complexes comme la psy-

TABLEAU 7.2 : **Comparaison du fonctionnement de la mémoire humaine avec celui de l'ordinateur***

Caractéristiques	Chez l'humain	Chez l'ordinateur
Stratégie préférée d'emmagasinage	En fonction du temps : degré de récence et durée du contact	Par listes d'éléments
Rétention de l'information	Graduée : allant de précise à floue	Tout ou rien
Efficacité	Faible	Élevée
Capacité	Variable selon l'expérience	Fixe : indépendante de l'expérience
Rappel	Dépendant du contexte et de l'exercice antérieur de rappel	Indépendant du contexte ou de l'exercice de rappel

* Élaboré à partir d'Estes, W.K. (1980) « Is Human Memory Obsolete ? », *American Scientist*, 68, p. 62 à 69.

chothérapie (Joyce, 1988). Programmer un ordinateur pour une intervention psychologique pertinente et efficace implique une compréhension exhaustive de la dynamique de l'intervention. Un jour, l'ordinateur fournira une aide efficace dans l'accomplissement de tâches complexes mais, dès maintenant, il constitue un stimulant puissant pour la compréhension des phénomènes psychologiques.

Dans leur examen des ouvrages sur l'évolution du contrôle de l'attention au cours de l'enfance, Paris et Lindauer (1982) recensent plusieurs indications du passage d'un état de dépendance par rapport au stimulus vers un stade de contrôle interne de l'exploration perceptuelle. Par exemple, on a observé les mouvements oculaires d'enfants de 4 à 9 ans invités à comparer deux à deux des images tantôt identiques tantôt présentant une petite différence, et à dire si elles sont pareilles ou non. On a observé que les enfants de 4 ans n'examinent pas les images systématiquement mais sont attirés par leurs caractéristiques les plus frappantes, sans comparer des éléments précis d'une figure à l'autre. À partir de 6-7 ans, les sujets explorent les images de façon moins impulsive et plus réflexive : ils explorent l'ensemble systématiquement, accordent plus d'importance aux informations pertinentes pour la tâche de comparaison (Vurpillot et Ball, 1979). Ainsi, dans le domaine de l'attention sélective, on note une tendance du développement qui va d'une exploration centrée sur les caractéristiques du stimulus vers une recherche plus logiquement organisée et dont le contrôle est intériorisé.

Pour l'approche du traitement cognitif de l'information, l'enfant qui se développe devient progressivement :

1- capable de traiter une plus grande quantité d'information ;

2- plus systématique et plus sélectif dans sa recherche d'information ;

3- en mesure d'appliquer des stratégies de plus en plus nombreuses et complexes ;

4- plus efficace à assurer le suivi et le contrôle de son activité mentale.

Les travaux sur les processus de traitement de l'information chez l'enfant traduisent donc une évolution dans les procédures d'exécution de tâches mentales, mais aussi une évolution dans les stratégies de contrôle de leur propre appareil mental. Nous reviendrons plus loin sur cette dimension intéressante qu'est l'autorégulation mentale ou la métacognition.

7.2.2 La neuropsychologie

Dans quelle partie du corps l'intelligence réside-t-elle ? Il ne fait pas de doute que l'intelligence a son siège dans le cerveau. Chez les animaux dotés d'un système nerveux, il existe une relation entre l'intelligence et la grosseur du cerveau, et c'est l'homme qui possède le rapport le plus élevé entre le poids de son cerveau et le poids de son corps. Il reste toutefois un long chemin à parcourir avant que l'on puisse décrire clairement les bases neurologiques de l'activité mentale (Farrell, 1983). La relation corps—esprit (comportement et cerveau, intelligence et activité neurologique) n'en constitue pas moins une question centrale dans toute l'histoire de la psychologie.

Comment le cerveau fonctionne-t-il ? D'un côté, il y a le neurone dont la biochimie et les techniques modernes d'observation électronique arrivent de mieux en mieux à décrire le fonctionnement spécifique ; de l'autre côté, il y a le comportement et l'expérience subjective que la psychologie scrute sous tous leurs angles, depuis la simple vitesse de réaction à un stimulus jusqu'à la métacognition, c'est-à-dire la pensée sur la pensée. Mais entre ces deux pôles, les zones grises abondent. Est-ce que chaque fonction cognitive a son siège dans un endroit spécifique du cerveau comme le voudrait la perspective de localisation, ou est-ce que le cerveau est une unité d'ensemble dont les zones sont équipotentielles, et soumises à l'« action de masse » ? Lashley a mis de l'avant cette dernière hypothèse lorsqu'il a constaté que chez le rat, une partie du cerveau restant après l'ablation d'une autre partie peut fonctionner pour l'ensemble et que la performance de l'animal dans le labyrinthe se détériore en proportion directe de la masse de cortex détruite et non pas en fonction de l'emplacement de la lésion (Lashley, 1929).

Après un examen approfondi de la recherche sur cette question fondamentale de la localisation ou non-localisation des fonctions cérébrales, Pribram (1982) conclut :

On a démontré que le contenu de la mémoire est distribué à travers le cortex cérébral et que les opérateurs décisionnels en jeu dans l'encodage et le rappel sont situés dans des régions spécifiques. On peut concevoir ces opérateurs comme des systèmes cérébraux séparés, tenant leur fonction du bagage génétique mais dépendant de la stimulation sensorielle de l'environnement pour l'activation et le façonnement de leur développement. En bref, il y a des « boîtes » dans le cerveau, chaque boîte correspondant à une « faculté de l'esprit ». Mais ces boîtes fonctionnent d'après une matrice distribuée qui n'est pas locale et, par conséquent, à laquelle toutes ont accès. (Pribram, 1982, p. 291.)

La neuropsychologie en tant que discipline s'inscrit au centre de ces questions de la relation entre le cerveau, le comportement et l'expérience subjective. Selon Beaumont (1983), la théorie « interactioniste », compatible avec l'affirmation précédente de Pribram, est la plus couramment acceptée en neuropsychologie en ce qui a trait à la localisation ou la non-localisation des fonctions mentales.

Les habiletés supérieures sont construites à partir de la combinaison d'habiletés plus fondamentales. Dans le cas de la parole, les habiletés de base que sont l'audition, la discrimination des sons et le contrôle de l'appareil phonateur sont associées pour produire l'habileté supérieure. La perte de la parole peut être due à une lésion à l'une ou plusieurs de ces fonctions de base, et une lésion à un endroit particulier peut affecter plusieurs habiletés supérieures dont le fonctionnement requiert la participation de cette zone lésée. (Beaumont, 1983, p. 202.)

On s'accorde généralement pour reconnaître qu'il n'y a pas d'apprentissage ou fonction cognitive dépendant exclusivement d'une région spécifique du cortex cérébral et que chaque partie du cerveau joue un rôle plus ou moins important dans différentes fonctions mentales.

Concernant l'apprentissage, phénomène crucial dans le développement de l'intelligence de l'enfant, Hebb (1982) estime que le modèle de réponses conditionnées explique mal cette activité complexe qui requiert la perception de relations et leur généralisation dans les comportements futurs. Lorsque l'on attribue à une faible capacité d'attention un problème d'apprentissage chez l'enfant, que veut-on dire exactement ? Hebb croit que l'attention n'est pas un trait dont l'enfant dispose en quantité plus ou moins grande, mais plutôt une conséquence de la perception et de l'activité cognitive qui a cours en même temps que l'activité perceptuelle. Être attentif à une tâche veut dire maintenir un ensemble d'activités corticales en dépit des distractions occasionnées par d'autres stimulations de l'extérieur et en dépit de l'activité d'autres ensembles nerveux non engagés dans la tâche en question. Selon cet auteur, il est invraisemblable que ce soient les cellules nerveuses engagées dans la tâche, très minoritaires par rapport à l'ensemble des autres, qui réussissent à inhiber toutes les autres pour les empêcher de faire du « bruit » pendant que la personne est concentrée sur la tâche.

Pour Hebb, la concentration correspond plutôt à une sorte de contagion de l'action nerveuse où les cellules nécessaires à une tâche obtiennent le soutien de toutes sortes d'autres centres corticaux non essentiels à cette tâche mais qui assurent la continuité de la concentration mentale sur les aspects pertinents de l'environnement. En d'autres mots, au lieu que ce soit le petit nombre de cellules engagées dans l'apprentissage qui inhibent l'ensemble des autres cellules du cerveau, beaucoup plus nombreuses, la minorité attirerait la majorité et la régirait comme une partie d'elle-même, donnant ainsi lieu à un ensemble organisé. Cette réverbération passerait par différentes strates organisées hiérarchiquement, des unités plus simples se combinant pour donner lieu à des rassemblements cellulaires de deuxième, de troisième et de quatrième niveau, etc.

Ce serait l'expérience précoce au cours de l'enfance qui influencerait cette capacité de coordination de l'activité corticale.

Je crois que le développement de l'habileté normale à se concentrer et à garder son attention fixée sur une tâche donnée est la conséquence d'abord du développement des unités supérieures d'activité nerveuse (higher order cell-assembly activities), et ensuite de leur enrichissement par le développement de leurs interconnexions comme dans une tapisserie. Par la suite, les processus centraux pour une activité mentale donnée peuvent diminuer les conflits, non pas en inhibant l'activité des autres centres nerveux mais

en obtenant leur collaboration et en imposant un ordre à travers le cerveau. (Hebb, 1982, p. 486.)

Cette hypothèse montre l'importance et la permanence des dommages occasionnés par la privation sensorielle en bas âge chez l'enfant. Elle permet aussi de croire que des lésions cérébrales mineures chez l'enfant peuvent retarder le développement de cette coordination hiérarchique des ensembles cellulaires. L'enfant serait alors plus sujet à la distraction causée par les stimuli environnementaux extérieurs à la tâche et par l'activité des neurones qui ne sont pas nécessaires à l'activité mentale comme telle.

Du côté de la neuropsychologie clinique, sans pour autant pouvoir expliquer le détail de l'organisation cérébrale, on s'intéresse à mesurer les effets de lésions cérébrales sur le comportement sensorimoteur, l'intelligence et la personnalité à des fins de diagnostic et de réadaptation.

L'explication neuropsychologique de l'intelligence et des différences individuelles à ce chapitre relève en grande partie du principe de l'efficacité neurale. Après avoir décrit trois modèles inscrits dans cette perspective, Vernon (1985) résume ainsi :

... les différences individuelles dans l'habileté mentale peuvent être considérées comme fonction d'un facteur général d'efficacité neurale. À un premier stade, l'efficacité neurale permet à l'information d'être traitée rapidement, empêchant la surcharge de l'espace limité de la mémoire active. À un deuxième stade, ce facteur s'exprime sous la forme d'adaptabilité neurale (c'est-à-dire la tendance à produire des potentiels évoqués de grande amplitude en réponse à des stimulations inattendues et des potentiels de faible amplitude en réponse à des stimulations prévisibles) reliée aussi à l'utilisation efficace des ressources neurales limitées. Enfin, à un troisième stade, l'efficacité neurale sera un jour, inévitablement, reliée à quelque processus biochimique dans le neurone. (Vernon, 1985, p. 146.)

Bref, la neuropsychologie considère l'intelligence dans ses assises biologiques, forte de la certitude que les processus mentaux ont leur siège dans le cerveau et forte aussi des contributions significatives que la neuropsychologie clinique apporte au diagnostic et au traitement des lésions cérébrales. Mais en revanche, la neuropsychologie ne dispose pas d'une explication claire de la relation entre la pensée et le cerveau. Si les travaux empiriques appuient l'idée que l'intelligence est reliée à l'efficacité du système nerveux dans le traitement de l'information (Vernon, 1985), on est encore loin d'une explication biochimique cohérente de l'apprentissage et de la pensée consciente.

7.2.3 L'approche psychométrique

En psychométrie, on s'intéresse à la mesure de l'intelligence ; les différences entre les individus dans leur performance mentale sont alors utilisées comme base d'élaboration de théories sur l'intelligence. L'analyse du rendement d'un grand nombre de personnes dans des tâches variées (vocabulaire, analogies verbales ou non verbales, séries logiques, assemblage de blocs, mémoire, jugement, connaissances, résolution de problèmes mathématiques, etc.), à l'aide d'outils statistiques comme l'analyse factorielle, permet d'identifier des tendances qui servent d'appui aux théories sur l'organisation des processus mentaux. Sternberg (1986) affirme que la théorie psychométrique s'est développée selon trois traditions distinctes : celle de Galton, celle de Binet et celle de Spearman.

En Angleterre, sir Francis Galton (1822-1911), cousin de Charles Darwin, appliqua à la mesure de l'intelligence les conceptions évolutionnistes de Darwin selon lesquelles les capacités humaines sont en continuité avec celles observées chez les animaux, et les capacités intellectuelles sont en relation avec les capacités physiques. Galton mit au point une cinquantaine de tests psychophysiques mesurant diverses aptitudes : la force de préhension de la main, la vitesse de réaction, la discrimination sensorielle (comme la distance qui doit séparer deux pointes d'aiguille sur la peau pour qu'elles soient perçues comme distinctes) ou encore les seuils de différenciation de poids, etc. L'idée centrale est donc que de tels tests physiques mesurent l'habileté mentale. Cette tradition partage sans doute certains éléments

avec l'approche de l'efficacité neurale en neuropsychologie, mais elle a perdu beaucoup de son attrait lorsque l'on se rendit compte que plusieurs de ces aptitudes psychophysiques avaient peu de relation entre elles et pouvaient difficilement être considérées comme faisant partie d'une même entité : l'intelligence.

Le psychologue français Alfred Binet (1857-1911) est considéré comme le premier à proposer une méthode d'évaluation de l'intelligence des jeunes enfants. Pour lui et son collègue Théodore Simon (1873-1961), les mesures psychophysiques passent à côté du vrai domaine de l'intelligence qui est l'activité mentale et non pas l'activité physique. Ils mirent au point le premier test mental standardisé après que le gouvernement français, intéressé à dépister dès leur entrée dans le système scolaire les enfants susceptibles d'éprouver des difficultés, les eut chargés de concevoir une méthode d'identification de cette population. Binet conçut une série de problèmes qu'il testa auprès de populations d'enfants. Vignola (1986) décrit le premier test de Binet. On propose à l'enfant une feuille sur laquelle est tracé un cercle interrompu à un endroit, puis on lui demande d'imaginer que le cercle est son jardin et qu'il y a perdu une balle invisible parce qu'elle est petite et qu'il y a de l'herbe. L'interruption du cercle représentant l'entrée du jardin, l'enfant doit montrer avec un crayon le chemin qu'il parcourrait pour chercher la balle. Cette épreuve permet de voir comment l'enfant organise sa recherche dans l'espace, s'il explore de façon rationnelle sans retourner sur ses pas ou bien au hasard, sans organisation.

Pour Binet et Simon, les activités essentielles de l'intelligence sont : bien juger, bien comprendre et bien raisonner ; et trois éléments composent la pensée intelligente : la direction, l'adaptation et la critique.

La *direction* consiste à savoir ce qui doit être fait et comment le faire : par exemple, pour la recherche d'un livre dans une bibliothèque, il s'agit de connaître les étapes à franchir pour atteindre le livre (l'étage de la bibliothèque où se trouve le livre, la cote du livre, le catalogue où je peux trouver cette cote, le nom de l'auteur et le titre exact du livre, etc.) et la séquence selon laquelle ces opérations doivent être exécutées (qui n'est pas l'ordre d'énumération précédent). La direction correspond à la programmation de l'exécution.

L'*adaptation* implique la sélection d'une stratégie et la conformité avec celle-ci lors de l'exécution de l'opération : ainsi, dans la recherche du livre, aller directement au rayon pour tenter de le trouver risque fort d'occasionner une perte de temps ; aussi il vaut mieux rechercher sa cote dans le catalogue de la bibliothèque et, si on n'a pas le titre exact, aller dans l'index des sujets puis, si on ne trouve pas la référence, corriger son action et aller dans l'index des auteurs, etc. L'adaptation correspond donc à l'adoption puis à l'exécution d'une stratégie adéquate.

Enfin, le troisième élément de la pensée intelligente selon Binet, la *critique*, est la capacité d'évaluer avec justesse l'activité. Si le sujet n'arrive pas à reconnaître assez tôt qu'il perd son temps à rechercher un livre sur les rayons sans disposer de sa cote, il risque fort d'être inefficace dans sa recherche. La critique, intimement reliée à l'adaptation de la stratégie, correspond donc au contrôle de la qualité de la démarche mentale.

La version moderne de l'échelle d'intelligence de Binet, la Stanford-Binet (standardisée à l'Université de Stanford, aux États-Unis, par Lewis Terman et Maud Merrill) est encore en usage pour l'évaluation entre 2 ans et l'âge adulte. Sternberg (1986) situe les tests de type « Wechsler » dans la lignée de celui de Binet ; le Barbeau-Pinard (1951) est l'équivalent québécois du Wechsler et l'un des tests les plus couramment utilisés pour évaluer l'intelligence.

Charles Spearman (1863-1945), psychologue et mathématicien anglais, est considéré comme le fondateur de la tradition factorielle dans l'étude de l'intelligence. L'intelligence est-elle une fonction unique ou une série de fonctions distinctes ? Selon Spearman (1927), il y a deux types de facteurs dans l'intelligence humaine :

1- un facteur général (le facteur « G ») qui est commun à l'ensemble des habiletés cognitives ; et

2- des facteurs spécifiques à chaque habileté (mémoire, raisonnement logique, spatial, numérique, etc.).

C'est par l'analyse factorielle du rendement intellectuel de nombreux sujets dans différentes tâches que Spearman en est arrivé à cette théorie. Pour cet auteur, le facteur « G » reflète le caractère universel de la fonction cognitive ; il repose sur l'énergie mentale, ce potentiel de base qui peut s'actualiser de façon plus ou moins avancée dans différents domaines plus particuliers de l'intelligence, actualisation qui donne lieu aux facteurs spécifiques de l'intelligence.

La tradition factorielle de Spearman a été suivie par de nombreux chercheurs qui n'ont toutefois pas nécessairement adopté la conception théorique du fondateur en ce qui concerne l'importance du facteur « G » ; Thurstone (1938) et Guilford (1967) sont de ceux-là.

En psychométrie, l'analyse factorielle est une technique statistique basée sur les corrélations entre les items ou les questions du test. Elle permet de regrouper en facteurs les items dont la réussite est plus étroitement reliée, indépendamment de la réussite d'autres problèmes formant un ou des facteurs différents. J.P. Guilford (1967) est probablement le psychométricien qui a poussé le plus loin l'utilisation de l'analyse factorielle pour élaborer un modèle d'organisation de l'intelligence (figure 7.2). Selon lui, toute activité mentale met en cause :

1- la cognition ;

2- la mémoire ;

3- la production divergente ;

4- la production convergente ; et

5- l'évaluation.

Il y a six sortes de produits : 1- des unités ; 2- des classes ; 3- des relations ; 4- des systèmes ; 5- des transformations ; et 6- des implications. Enfin, il y a quatre sortes de contenus sur lesquels peut porter la pensée : 1- figuratif ; 2- symbolique ; 3- sémantique ; et 4- comportemental.

FIGURE 7.2 : La structure de l'intelligence selon J.P. Guilford

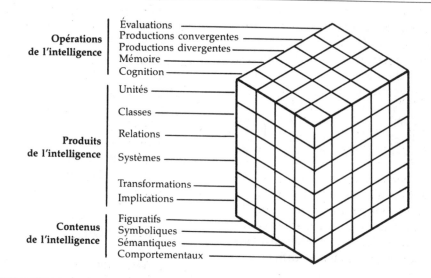

Opérations
de l'intelligence
- Évaluations
- Productions convergentes
- Productions divergentes
- Mémoire
- Cognition

Produits
de l'intelligence
- Unités
- Classes
- Relations
- Systèmes
- Transformations
- Implications

Contenus
de l'intelligence
- Figuratifs
- Symboliques
- Sémantiques
- Comportementaux

Source : GUILFORD, J.P. (1967) *The Nature of Human Intelligence*, New York, McGraw-Hill.

Prenons par exemple le problème suivant :

étant donné la série o □ o □,

complétez la série ∞ △ ? ? ;

il s'agit d'une cognition sur un contenu figuratif pour produire une relation.

Ou encore le problème suivant :

identifiez le plus rapidement possible les chiffres plus petits que 4 dans la série suivante :

864572022393489874556748211512344557689709429482391293293721828937328542938405836710182020347304821084875765667509 ;

il s'agit d'effectuer des opérations d'évaluation (identifications) sur un contenu symbolique pour produire des unités.

La combinaison des trois dimensions (opérations, produits et contenus) donne lieu à une possibilité théorique de 120 facteurs différents. Si Guilford a réussi à identifier plusieurs facteurs différents, un bon nombre des 120 cellules de son cube n'ont pas encore été isolées empiriquement.

Dès ses débuts, l'approche psychométrique visait à mesurer l'intelligence de l'enfant comme celle de l'adulte. Mais comment cette approche situe-t-elle l'intelligence de l'enfant par rapport à celle de l'adulte ? Autrement dit, quel est l'effet du développement sur l'intelligence ?

Évidemment, les tests psychométriques, comme nous le verrons dans la section qui suit, tiennent compte de l'âge du sujet dans la mesure du rendement. Les normes ne sont pas les mêmes d'une tranche d'âge à l'autre, de sorte que le rendement d'un enfant de 3 ans n'est pas comparé avec celui d'un enfant de 6 ans mais bien avec la performance d'autres sujets de 3 ans. On s'attend ainsi qu'à mesure que l'enfant vieillit, il soit en mesure de résoudre plus de problèmes et des problèmes plus complexes, et ce jusqu'à l'âge adulte. L'approche psychométrique reconnaît donc que les capacités intellectuelles se développent pendant l'enfance et l'adolescence, pour ensuite rester stables au cours de la vie adulte.

L'approche psychométrique ne fournit toutefois pas d'explication dynamique ou structurale du développement de l'intelligence, comme le fait Piaget. Les problèmes posés aux sujets dans les tests peuvent être classés en fonction de leur contenu ou du facteur qu'ils visent mais non pas en fonction de la notion en jeu (comme la notion d'accélération, la notion de probabilité, la notion de temps, de volume, de poids, etc.). L'approche psychométrique offre donc une perspective quantitative du développement de l'intelligence, qui démontre une augmentation des capacités cognitives dans différents secteurs de l'activité mentale mais n'explique pas logiquement la façon dont l'évolution cognitive se déroule au cours de l'enfance.

La première partie de ce chapitre 7 a porté sur les conceptions de l'intelligence et les grandes approches qui avaient pour but de cerner sa réalité. Nous allons maintenant tourner notre attention vers les tests d'intelligence et les facteurs qui influencent le rendement intellectuel de l'enfant. Nous voulons ainsi d'une part fournir un aperçu concret de la nature des tests couramment utilisés pour évaluer l'intelligence de l'enfant, et d'autre part identifier les conditions favorables et défavorables à la réalisation du potentiel intellectuel au cours de l'enfance.

7.3 LES TESTS D'INTELLIGENCE

7.3.1 La mesure de l'intelligence chez les enfants

Même si l'intérêt pour la mesure des performances humaines existait à la fin du XIXe siècle, les mesures élaborées au début étaient directement influencées par la psychophysique et elles portaient plutôt sur les différences individuelles de sensibilité chez l'adulte que sur les processus mentaux supérieurs. C'est avec Alfred Binet, dont l'approche portait plus directement sur les processus mentaux supérieurs, que les premiers tests d'intelligence pour enfants sont apparus. Le courant s'est vite propagé de la France vers l'Angleterre et les États-Unis où des adaptations des tests de Binet ont été réalisées. Rappelons que Piaget avait fait des stages au laboratoire de Simon, l'associé de Binet à Paris, et que dès cette

époque, en s'intéressant au moins autant aux erreurs des enfants qu'à leurs bonnes réponses dans les tests, il a élaboré son approche structurale de l'intelligence, distincte de celle du mouvement psychométrique naissant.

Certaines grandes questions ont surgi dès cette époque, qui constituent encore des stimulants pour la recherche dans ce domaine : À partir de quel âge peut-on mesurer de façon fiable l'intelligence de l'enfant ? Est-ce que l'intelligence du bébé, pour autant qu'on puisse l'évaluer, demeure stable jusqu'à l'âge adulte ? Est-ce l'hérédité ou l'environnement qui détermine la capacité intellectuelle ?

7.3.2 Les normes de l'intelligence

Le rendement intellectuel d'un individu à un test ne prend sa signification qu'en comparaison avec celui d'autres individus au même test. Aussi, le groupe de comparaison doit posséder certaines caractéristiques communes avec la personne évaluée : de la même façon qu'il serait invraisemblable de comparer la performance d'un coureur à pied avec celle d'un cycliste sur le même parcours, il ne serait pas logique de comparer le rendement d'un enfant à un test d'intelligence avec celui d'un adulte au même test.

Sachant qu'à mesure qu'il se développe, l'enfant intègre normalement de nouvelles connaissances et habiletés, l'âge doit être pris en considération lorsqu'il s'agit de déterminer si le jeune affiche un rendement supérieur à la moyenne, dans la moyenne ou inférieur à la moyenne. Le rendement aux tests est donc fonction de l'âge chronologique en même temps que des aptitudes intellectuelles de l'enfant.

L'âge mental et le quotient intellectuel

La notion d'âge mental renvoie à cette base de comparaison : un enfant dont le rendement intellectuel est élevé obtient un score au test qui se compare à celui obtenu par des enfants plus vieux. Par exemple, on peut dire qu'un enfant de 5 ans a un âge mental de 7 ans parce que ses résultats au test sont aussi élevés que ceux de la moyenne des enfants de 7 ans. Au contraire, un enfant dont le score au test est faible aura un âge mental inférieur à son âge chronologique.

Le quotient intellectuel est justement le rapport entre l'âge mental (AM) et l'âge chronologique (AC) :

$$AM/AC \times 100 = QI$$

Un enfant de 5 ans qui obtient un score aussi élevé que la moyenne des enfants de 7 ans sur l'ensemble du test, c'est-à-dire qui a un âge mental de 7 ans, aura un QI de 140 (7/5 × 100 = 140). Le QI moyen de la population est donc de 100 (5 ans d'âge mental/5 ans d'âge chronologique × 100 = 100). La figure 7.3 présente la distribution de la population par rapport au quotient intellectuel.

Wechsler (1967) définit les catégories suivantes selon le QI de la personne :

a) *130 et plus (2,2 % de la population) : intelligence très supérieure ;*

b) *120-129 (6,7 % de la population) : intelligence supérieure ;*

c) *110-119 (16,1 %) : intelligence normale supérieure ;*

d) *90-109 (50 %) : intelligence moyenne ;*

e) *80-89 (16,1 %) : intelligence moyenne inférieure ;*

f) *70-79 (6,7 %) : cas frontière ;*

g) *moins de 69 (2,2 %) : déficience mentale.*

L'administration standardisée

En plus de l'âge et du potentiel intellectuel, d'autres caractéristiques peuvent aussi influencer la position relative du rendement à un test : la motivation, le sexe, la culture de provenance, le niveau socio-économique de la famille, etc. L'influence de ces dernières caractéristiques demeure cependant méconnue et la plupart des tests d'intelligence pour enfant n'en tiennent pas compte dans leurs normes de comparaison, ce qui fait perdurer les polémiques

FIGURE 7.3 : Courbe normale (dite de « Gauss ») illustrant la répartition théorique du quotient intellectuel (QI) dans la population

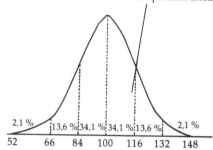

Dans cette figure, la moyenne du QI est 100 et l'écart type est 16. Le total des pourcentages n'atteint pas 100 parce qu'il y a une petite fraction de la population dont le QI est supérieur à 148 et une autre dont le QI est inférieur à 52.

quant à l'universalité des tests. Nous aborderons ce sujet plus en détails à la section 7.4 portant sur les facteurs d'influence du rendement intellectuel.

La façon d'administrer le test à l'enfant doit aussi être maintenue constante, et l'appellation « standardisée » indique que l'administrateur de l'épreuve ne peut rien modifier dans la technique de passation. En effet, tout changement dans la procédure peut invalider la comparaison du rendement avec le groupe de référence. Ainsi, dans le domaine athlétique, les normes d'exécution des performances sont scrutées à la loupe par souci d'équité dans les comparaisons. De la même façon, le principe d'uniformité de la mesure est valable pour l'évaluation de l'intelligence.

La grande majorité des tests d'intelligence tient compte de trois dimensions du rendement :

1- la vitesse d'exécution des problèmes proposés ;

2- la quantité d'acquis du sujet (par exemple la quantité de mots de vocabulaire dont dispose l'enfant) ; et

3- la complexité des problèmes qu'il arrive à résoudre (il est plus complexe de réussir à dessiner un cube en perspective que de dessiner un carré).

Le respect de ces dimensions dans la mesure du comportement nécessite une procédure très disciplinée où tout accroc peut avoir des conséquences sur la cote attribuée au sujet en fin de compte. Une maîtrise des techniques psychométriques en jeu est donc une condition essentielle à la valeur du diagnostic posé.

La validité et la fiabilité

La validité et la fiabilité des tests sont deux autres caractéristiques essentielles à la crédibilité d'une évaluation psychométrique.

La *validité* d'un test renvoie à sa capacité de vraiment mesurer ce qu'il prétend mesurer. C'est pourquoi la définition que l'on donne à l'intelligence est très importante. Si, comme les psychophysiciens du XIXᵉ siècle, on inclut la vitesse de réaction et la sensibilité tactile dans l'intelligence, le test sera basé sur ces dimensions et les scores ne seront probablement pas en corrélation étroite avec des mesures contemporaines de l'intelligence. La comparaison des résultats au test avec d'autres indices courants de l'intelligence constitue un moyen courant de validation dite « critériée ». Le rendement à d'autres tests standardisés, les notes scolaires, l'appréciation du rendement intellectuel par les professeurs, constituent des critères employés dans la validation de tests. Force est de constater que ce type de critère de validation laisse de côté plusieurs dimensions que l'on pourrait inclure, à juste titre, dans une conception moins étroite de l'intelligence : orientation spatiale (permettant par exemple de se retrouver en forêt), aptitude à comprendre autrui, habiletés musicales, « leadership » social, aptitude au dessin, etc.

La *fiabilité* d'un test renvoie à sa consistance interne et à sa stabilité dans le temps. La consistance interne est élevée lorsque, par exemple, les scores aux numéros pairs du test donnent une mesure du rendement intellectuel semblable à celle des numéros impairs. La stabilité ou fidélité du test peut être estimée en comparant les résultats obtenus à deux passations séparées dans le temps : si le score des sujets au test monte ou descend de façon imprévisible, le test n'est pas stable.

7.3.3 Des exemples de tests d'intelligence

Il existe aujourd'hui une grande variété de tests d'intelligence (Chéné, 1986 ; Buros, 1972). Nous présentons ici quelques exemples à titre illustratif, sans prétendre refléter l'ensemble des outils disponibles aux psychologues. Nous distinguons cependant les échelles d'intelligence destinées aux petits enfants de celles qui sont en usage auprès d'enfants ou d'adolescents en raison, d'une part, des conduites différentes qui font l'objet de l'évaluation dans ces tranches d'âge. D'autre part, les résultats obtenus par les bébés aux échelles de développement n'affichent qu'une corrélation moyenne ou faible avec le QI de l'adolescence, alors que la corrélation entre le rendement intellectuel pendant l'enfance est en relation assez forte avec celui observé à la fin de l'adolescence.

Les échelles d'intelligence pour petits enfants

La figure 7.4, tirée de Bayley (1949), permet de visualiser le changement dans la force de la corrélation des mesures de la performance intellectuelle de la petite enfance à l'adolescence. Cet auteur a suivi l'évolution du rendement de 40 sujets de l'âge de 3 mois jusqu'à 18 ans, calculant selon son échelle la relation entre leur rendement en bas âge et leur quotient intellectuel mesuré périodiquement par la suite. Les résultats ont indiqué que, dans la population normale, le rendement aux tests pour bébés ne peut

FIGURE 7.4 : **Variations de la corrélation entre des mesures du quotient intellectuel (QI) obtenues à différents âges et avec différents tests**

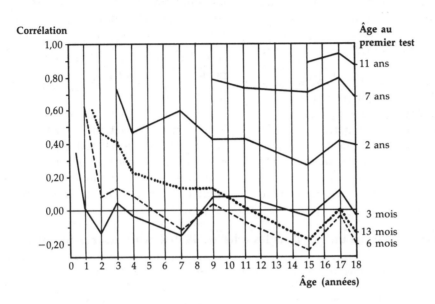

Les données ont été obtenues auprès d'un échantillon de 40 sujets évalués à partir de l'âge de 3 mois jusqu'à 18 ans (*Berkeley Growth Study*). Une corrélation qui se rapproche de 1,00 indique une similitude entre la mesure initiale et la reprise du test, et une corrélation de 0,00 indique l'absence de relation. Chaque point des courbes représente une passation différente et chaque courbe représente un test différent. Selon ces données, il est clair que les QI obtenus avant 2 ans n'ont pas de valeur prédictive pour le QI à 18 ans ; mais, déjà, à 3 ans la valeur prédictive augmente.

Source : Bayley, N. (1949) « Consistency and Variability in the Growth of Intelligence from Birth to Eighteen years », *Journal of Genetic Psychology*, 75, p. 165 à 196.

être considéré comme un bon prédicteur du QI ultérieur dans la vie. La figure 7.4 montre que ce n'est qu'à partir de 5 ans environ que la corrélation s'élève autour de 0,6, pour atteindre 0,8 et plus entre 11 et 18 ans. Les travaux plus récents de Honzik (1983) et de Fagan et Singer (1983) ont confirmé cette faible relation entre les résultats aux échelles du développement obtenus au cours de la première année et les scores aux tests d'intelligence obtenus au cours de l'enfance.

L'observation de la figure 7.4 pourrait porter à croire que ce qui est mesuré chez les petits enfants

n'est pas de la même nature que ce qui est mesuré plus tard en tant que conduites intellectuelles. Le bref examen des items que nous présentons dans ce chapitre laissera en effet voir manifestement un écart entre la nature des indices utilisés chez les bébés et ceux qui sont utilisés plus tard à la fin de l'enfance. Les indicateurs de performance chez les jeunes enfants reflètent plutôt la maîtrise des habiletés sensorimotrices que des processus mentaux supérieurs couramment associés à la notion d'intelligence.

Comment expliquer que la fidélité test—retest, c'est-à-dire la relation entre deux administrations successives du même test, soit faible chez les jeunes enfants ? Lamb et Bornstein (1987) fournissent plusieurs raisons qui ont été invoquées dans le passé pour expliquer cet état de fait. D'abord, la petite enfance est une période où le développement n'est pas régulier, affichant des poussées et des accalmies dans le temps, de sorte qu'un même enfant peut ne pas se comporter de la même façon lors de deux mesures, même si elles sont assez rapprochées dans le temps. D'autres ont affirmé que les items varient tellement d'un niveau d'âge à l'autre que l'on ne peut s'attendre à une grande stabilité de performance. On a aussi suggéré que la petite enfance est une époque de grande susceptibilité aux influences du milieu et à l'expérience, de sorte que les habiletés peuvent alors réellement varier dans le temps. Enfin, certains observateurs ont affirmé que les jeunes enfants ne sont simplement pas assez développés, motivés, disciplinés, pour qu'on puisse s'attendre que leur rendement à un test soit stable et représentatif de leur vrai potentiel futur.

La partie du haut du tableau 7.3 présente une série d'items tirés des échelles de Bayley du développement de l'enfant à différents moments au cours des deux premières années de la vie.

Selon ce tableau, la complexité des problèmes est croissante d'une tranche d'âge à l'autre mais, globalement, l'évaluation, même mentale, repose largement sur les capacités sensorimotrices de l'enfant plutôt que sur la manipulation de concepts. Évidemment, cela tient au fait qu'avant la deuxième année,

TABLEAU 7.3 : Exemples d'items utilisés dans les échelles d'intelligence pour petits enfants

	Items tirés des échelles de développement de l'enfant de Bayley	
Âge en mois	**Capacité psychomotrice**	**Capacité mentale**
0	Peut tourner sa tête sur le côté	Réagit au son d'une cloche
1	Se tient la tête en position verticale	Suit des yeux une lumière en mouvement rotatif
2	Peut se soulever avec ses bras	Reconnaît sa mère visuellement
3	Ouvre volontairement ses mains	Peut prendre un anneau suspendu
4	Peut balancer sa tête	Cherche à prendre un cube placé devant lui
5	Peut se hisser en position assise à l'aide de ses bras	Aime les jeux espiègles
6	Peut se tenir seul assis pendant 30 secondes	Suit des yeux une cuillère qui tombe
8	Peut se hisser en position debout à l'aide de ses bras	Peut découvrir un jouet recouvert d'un voile
10	Peut s'asseoir seul	Peut regarder les images d'un livre
12	Peut marcher seul	Peut exprimer des choses en baragouinant
14	Peut marcher à reculons	Fait spontanément des gribouillis avec un crayon
16	Peut se tenir un jambe avec de l'aide	Réussit lorsqu'on l'aide à placer des chevilles dans des trous sur une planche
18	Peut se tenir debout sur une planche étroite	Exécute sur demande des tâches qui comportent la manipulation d'une poupée
20	Peut marcher sur une planche étroite	Peut identifier trois images en pointant du doigt
22	Se tient sur une jambe sans aide	Peut nommer trois images
24	Peut marcher sur une ligne	Peut copier des lignes simples horizontales et verticales

l'enfant ne dispose que de très peu de concepts, son activité mentale étant dominée par les conquêtes sensorimotrices à réaliser, phénomène que Piaget a très clairement décrit.

Les tests pour enfants

Avec le test Stanford-Binet, les échelles élaborées par David Wechsler (1963, 1974) constituent probablement les outils psychométriques les plus couramment utilisés dans l'évaluation du rendement intellectuel de l'enfant. Les échelles de Wechsler proposent une série de sous-tests regroupés en deux grandes catégories : les sous-tests verbaux et non verbaux. Plutôt que d'utiliser l'âge mental (AM/AC),

le quotient intellectuel est obtenu ici en situant directement le score obtenu par l'enfant sur la distribution normale des enfants de son âge dans la population qui a servi à l'étalonnage du test. De plus, l'étude du rendement à chaque sous-test permet de définir le profil de fonctionnement de l'enfant, ses forces et ses faiblesses selon l'habileté mentale en jeu. En extrapolant les résultats du sous-test le mieux réussi à l'ensemble du test, c'est-à-dire en faisant comme si l'ensemble du test était aussi fort que ce sous-test, on obtient une idée du potentiel intellectuel de l'enfant. La présence d'écarts importants dans les résultats d'un sous-test à un autre permet aussi de poser l'hypothèse d'un rendement global diminué par certaines difficultés personnelles (Chéné, 1973).

TABLEAU 7.4 : Exemples d'items utilisés dans des tests d'intelligence pour enfant : le Stanford-Binet et le Wechsler

Exemples d'items utilisés dans l'échelle d'intelligence Stanford-Binet		
Âge	**Domaine cognitif**	**Description du problème posé à l'enfant**
	Vocabulaire en image (raisonnement verbal)	On présente une image à l'enfant en lui disant : « Voici une image. C'est une image de quoi ? Comment appelle-t-on cela ? » Images présentées :
2 ans		automobile livre rose (fleur) horloge ciseau marteau
4 ans		goéland bâton de hockey râteau route
6 ans		pont sur une route agneau (mouton)
	Absurdités (raisonnement verbal)	On présente à l'enfant une image et on lui dit : « Voici des images où il y a quelque chose qui ne va pas, quelque chose d'impossible. Dis-moi ce qui ne va pas là-dedans, quelle est l'erreur. » Images présentées :
2 ans		une maison à l'envers sur le sol un garçon qui se renverse de la nourriture sur la tête avec sa fourchette
3 ans		un garçon qui a son chapeau à l'envers sur la tête une poule avec des oreilles de lapin un tricycle dont les roues sont carrées
4 ans		un garçon qui se sert d'une cuillère pour écrire sur une feuille un homme en cage et un lion qui le regarde devant la cage

TABLEAU 7.4 : (suite)

	Exemples d'items utilisés dans l'échelle d'intelligence Stanford-Binet	
Âge	**Domaine cognitif**	**Description du problème posé à l'enfant**
6 ans		un garçon qui se brosse les dents avec la brosse à l'envers, les poils dirigés vers l'extérieur de la bouche une femme qui parle au téléphone en tenant le combiné à l'envers, le fil sortant de la partie appuyée sur l'oreille
	Mémoire des phrases (mémoire à court terme)	Il s'agit de phrases plus ou moins complexes que l'on présente au sujet oralement et qu'il doit répéter. Exemples de phrases :
2 ans		Grand garçon Gros chien
3 ans		Regarde là Les avions vont vite
4 ans		Va à la maison Regarde la drôle de poupée
6 ans		Le petit enfant n'arrête pas de courir La lune reluit à travers ma fenêtre

Description de types d'items utilisés dans les échelles d'intelligence de Wechsler WIPPSI (4 à 6 ans) et WISC (6 ans ½ à 14 ans)

Échelles verbales

Connaissances	Les questions sondent la maîtrise de connaissances avec lesquelles la plupart des enfants ont été mis en contact dans leur environnement. Exemples : Combien de doigts as-tu ? Quelle est la couleur de la neige ? Nomme-moi les jours de la semaine. De quel côté le soleil se lève-t-il ?
Vocabulaire	On demande à l'enfant de donner la signification de mots dont la difficulté croît selon l'ordre de présentation. Exemples : botte, fourchette, vache, casquette, enveloppe, siffler, imiter, troubler, accélérer, coordonner
Jugement	L'enfant doit expliquer la chose à faire (ou à ne pas faire) dans un contexte donné. Exemples : Pourquoi a-t-on besoin de se brosser les dents ? Que dois-tu faire si tu casses le jouet de ton ami ? Pourquoi faut-il bien fermer les portes de la maison en hiver ? Pourquoi les gens doivent-ils dormir ?
Similitudes	Il s'agit pour l'enfant de dire en quoi deux choses sont semblables, ou encore de compléter une phrase en établissant une relation de similitude. Exemples : On peut voyager en train mais aussi _____ Comment une pomme et une orange sont-elles semblables ? En quoi un chapeau et des gants sont-ils semblables ? On peut faire du ski sur l'eau mais aussi _____
Arithmétique	L'enfant doit répondre à des problèmes de difficulté variable allant du simple dénombrement jusqu'à des calculs plus complexes. Exemples : Voici deux boîtes (images) contenant des billes ; dans quelle boîte y a-t-il plus de billes ? Voici une rangée de jetons (10) ; compte-les avec ton doigt. Une petite fille avait 35 sous. Elle en a dépensé 10 et donné 5 à son amie. Combien de sous lui reste-t-il ?
Mémoire des chiffres	Une série de chiffres de longueur variable est présentée oralement à l'enfant et il s'agit pour lui de les répéter dans le même ordre ou dans l'ordre inverse.

TABLEAU 7.4 (suite)

	Échelles non verbales
Images à compléter	L'enfant doit indiquer l'élément qui manque sur l'image d'un objet qui lui est présentée. Exemples : Un garçon qui n'a pas de bouche Un râteau qui a une dent en moins Un tricycle auquel il manque une roue Un camion auquel il manque un phare
Labyrinthes	À l'aide d'un crayon, l'enfant doit indiquer le chemin à prendre pour se rendre, sans arriver dans un cul-de-sac, d'un point de départ jusqu'à un but identifié. Une série de labyrinthes de difficulté croissante est présentée et le nombre d'erreurs dans chacun est compté.
Dessins géométriques	L'enfant doit reproduire au crayon une série de dessins de complexité croissante. Exemples : un cercle, une croix, deux cercles tangents, un losange, un cube en perspective
Dessins avec blocs	Une image modèle est présentée à l'enfant qui doit la reproduire en combinant des blocs dont chaque côté peut être rouge, blanc, moitié rouge, moitié blanc.
Arrangement d'images	Il s'agit de mettre en ordre des séries d'images afin d'illustrer une histoire qui a un début et une fin. C'est un peu comme d'ordonner les images d'une bande dessinée de façon que l'histoire ait un sens.
Assemblage d'objets	L'enfant doit reconstituer l'image d'un objet démantelée ; c'est comme un casse-tête de complexité variable où il s'agira, par exemple, de reproduire une table, un visage, etc.

7.3.4 La controverse sur l'utilisation des tests d'intelligence

Les tests d'intelligence pour enfants sont utilisés dans différents contextes sociaux tels l'éducation, l'orientation professionnelle, la psychothérapie, etc. L'éducation est probablement le milieu dans lequel les jeunes sont le plus couramment mis en contact avec les tests. Le dépistage et le diagnostic de troubles d'apprentissage ou le classement des enfants selon leur rendement ont été des fonctions traditionnelles des tests standardisés en milieu scolaire.

On se souviendra en effet que le premier test standardisé, celui de Binet-Simon, avait justement pour but de répondre à une préoccupation de classement scolaire, c'est-à-dire d'identifier les élèves susceptibles de présenter des déficits du développement et d'en tenir compte dans l'intervention de l'école. D'une part, la corrélation relativement élevée entre le rendement scolaire et le rendement aux tests d'intelligence et, d'autre part, l'idée que tous les enfants ne sont pas nécessairement aptes à poursuivre des études avancées justifient la place de choix historiquement donnée, aux test d'intelligence dans le fonctionnement éducatif, en matière de classement d'élèves dans différents programmes.

L'idée de fond sous-jacente à l'utilisation systématique des tests pour le classement scolaire pourrait se résumer comme suit : l'intelligence est une caractéristique personnelle qui est stable dans le temps, dont la mesure est possible avec une approche standardisée et dont l'indice constitue un prédicteur puissant du succès scolaire futur. Dans le contexte de ressources éducatives restreintes traditionnellement destinées à une élite sociale, cette approche offrait beaucoup d'assurance.

Au Québec par exemple, avant la révolution tranquille des années 1960, on était loin d'un accès universel au diplôme secondaire et encore moins post-secondaire. Le cours classique était pratiquement la seule porte d'entrée à l'université et il était clair que seule une élite pouvait accéder au diplôme universitaire. Pour faire son cours classique, donné dans des collèges privés, il fallait, soit avoir les moyens d'en payer les frais, soit obtenir une bourse, ou avoir la vocation religieuse qui permettait l'intégration à une communauté où le pré-adolescent doué était pris en charge. La minorité qui parvenait à l'université était donc plus riche ou plus douée (et l'on confondait souvent les deux). Les tests d'intelligence de groupe, plus économiques, étaient couramment utilisés dès la fin de l'élémentaire pour faire des prédictions sur le rendement scolaire futur des enfants.

Carroll (1982) rapporte une situation équivalente en Angleterre ; dès les années 1920-1930, le système public ne disposait pas de suffisamment de places pour accueillir tout le monde et les tests standardisés en plein essor servaient de base à la sélection des élèves. À Londres, sir Cyril Burt (psychologue anglais et consultant pour le London County Council) donnait dans un exposé public en 1933 un bel exemple de l'extrême que l'on pouvait atteindre dans la croyance au caractère permanent de l'intelligence et à la possibilité de sa mesure :

Par intelligence, le psychologue veut dire l'habileté intellectuelle globale innée. Elle est héréditaire et intouchée par l'enseignement ou l'entraînement ; elle est intellectuelle et non pas émotionnelle ou morale, et elle échappe à l'influence du travail ou du zèle ; elle est générale et non pas spécifique, c'est-à-dire non limitée à un type de tâche donné, mais elle entre dans tout ce que nous faisons, disons ou pensons. De toutes nos qualités mentales, c'est celle qui va le plus loin. Heureusement, elle peut être mesurée avec précision et facilité. (Simon, 1974, p. 90.)

Dans les pays occidentaux, à partir du moment où l'éducation secondaire, dans le système public, est passée de sa position de privilège à celle de droit et même d'obligation pour l'ensemble des enfants, l'usage systématique des tests d'intelligence comme moyen de sélection a connu un fort déclin. Au cours des années, en Amérique et en Europe, avec la prise de conscience des abus passés en psychométrie et aussi le rejet des conceptions sociales élitistes, incompatibles avec la montée de la démocratisation des chances, une sorte de mouvement anti-tests s'est développé.

La conviction que les tests fournissent une image fidèle et juste de ce trait plus ou moins immuable qu'est l'intelligence a été ébranlée par un certain nombre de constatations :

1- Les tests, surtout les tests de groupe utilisés en série dans les classes, mettent souvent en jeu des raisonnements et des habiletés verbales probablement plus développés dans les classes favorisées de la population, ce qui donne lieu à un biais culturel au désavantage des autres couches de la population ;

2- Les tests fournissent une mesure des acquis antérieurs du sujet et dépendent donc au moins autant de la richesse de l'environnement éducatif antérieur que du potentiel du sujet à apprendre du matériel nouveau dans le futur ;

3- La prédiction du rendement scolaire peut souvent être plus précise lorsqu'elle est basée sur le rendement scolaire antérieur que sur des résultats à des tests influencés par les conditions de passation et la motivation de l'enfant au moment de la mesure ;

4- La position intellectuelle d'un enfant par rapport à la moyenne de son groupe d'âge peut fluctuer significativement d'une année à l'autre, de sorte que le caractère de permanence attribué au QI est relatif ;

5- Les conduites évaluées possèdent un caractère essentiellement cumulatif et ne tiennent pas compte de la dynamique des opérations mentales fondamentales, c'est-à-dire que l'on s'intéresse au nombre de bonnes réponses que le sujet peut produire dans divers problèmes disparates sans s'occuper des processus et stratégies cognitifs dont il dispose pour s'adapter ;

6- Les évaluations de l'intelligence sont plus centrées sur les manquements et les limites des aptitudes qu'elles ne désignent les forces actives et potentielles de l'enfant sur lesquelles les interventions éducatives pourraient s'appuyer ;

7- L'« étiquetage », c'est-à-dire la divulgation du rendement intellectuel des élèves, peut susciter chez les intervenants des biais susceptibles de nuire à l'enfant dans son milieu scolaire.

L'effet Pygmalion ou les attentes prophétiques

Plusieurs études psychologiques ont montré que les attentes d'efficacité personnelle influençaient le rendement : si un individu croit que ses chances de réussir une tâche sont très bonnes, son rendement dans cette tâche sera probablement plus élevé que s'il croit que ses chances sont faibles (Bandura, 1977 ; Kaley et Cloutier, 1984).

En 1968, Rosenthal publiait une étude indiquant que les attentes des enseignants à l'égard du rendement de leurs élèves pouvaient avoir un effet significatif sur ce rendement : lorsque les attentes sont élevées à l'égard des enfants, leur rendement intellectuel et scolaire serait meilleur que lorsque les attentes sont faibles. La plus grande confiance de l'enseignant augmente probablement le sentiment d'efficacité personnelle de l'enfant, ce qui favorise un meilleur rendement de sa part.

Dans son expérience, Rosenthal (1966, 1968) administra un test à l'ensemble des élèves d'une école primaire, un test d'intelligence qui devait prédire le potentiel de croissance du rendement scolaire. En début d'année, on donna à chaque professeur les noms de certains élèves supposément très prometteurs. En fait, ces élèves n'étaient pas meilleurs que les autres au test initial. À la fin de l'année, on réadministra le même test à tous les élèves de l'école et on constata qu'en 1re et 2e année, les élèves que l'on avait indiqués aux professeurs comme très prometteurs affichaient un gain de rendement supérieur aux autres. Ce phénomène ne s'appliqua cependant pas pour les élèves de 3e à 6e année.

De nombreuses études ont par la suite tenté de revérifier ce phénomène appelé l'effet Pygmalion (Brophy, 1983). Récemment, Crespo (1988) a démontré, à partir d'une population de 2524 élèves du primaire de la région de Montréal, que les attentes positives des enseignants influençaient significativement le rendement en français et en mathématiques au primaire, et ce surtout de la 4e à la 6e année.

L'auteur conclut cependant :

L'effet Pygmalion est repérable et, par conséquent, les enseignants devraient en tenir compte dans leur démarche d'enseignement. Mais l'effet Pygmalion n'est pas aussi important que le laisserait supposer la croyance répandue dans les milieux d'éducation et alimentée par une documentation sensationnaliste sur les effets prophétiques des perceptions. D'autres variables ont un impact plus stable et plus important, notamment le fonctionnement intellectuel de l'enfant et la scolarité de la mère. (Crespo, 1988, p. 20.)

Les attentes positives des intervenants éducatifs peuvent donc influencer le rendement intellectuel et scolaire de l'enfant, mais on ne doit pas surestimer cette source d'influence qui intervient parmi de nombreux autres facteurs.

La considération de ces arguments nous permet de comprendre que, derrière le mouvement anti-test, se profilent des motivations sociales profondes, dont l'épine dorsale est le rejet de l'élitisme au profit d'une plus grande justice distributive. La dénonciation des injustices sociales basées sur le sexe ou sur la race, question qui est encore loin d'être réglée, participe directement à cette visée. L'objectif d'ouvrir l'éducation supérieure à tous de façon à donner à l'ensemble des enfants des chances réelles d'accéder à une position sociale enviable sans égard au sexe, à la religion ou à la race est très difficile à contester, surtout dans un pays comme le Canada, où, comme aux États-Unis, l'égalité et la liberté d'entreprise individuelle sont des valeurs fondamentales inspirant beaucoup de respect. La motivation de « ceux qui sont déterminés à travailler fort pour réussir » ne doit pas être éteinte.

À cet égard, les recherches qui démontrent le caractère héréditaire de l'intelligence s'inscrivent à contre-courant : comment convaincre une population pour qui la réussite passe par la noble valeur du travail que, dès le départ, les dés sont jetés car le potentiel de développement intellectuel est inscrit dans les gènes ?

L'auteur qui a probablement été le plus clairement identifié à cette perspective déterministe du potentiel intellectuel est Arthur R. Jensen de l'Université de Californie (Berkeley). En 1969, Jensen publiait dans la *Harvard Educational Review* un article intitulé « Dans quelle mesure peut-on augmenter le QI et la réussite scolaire ? » qui eut l'effet d'une bombe dans le débat sur la question de l'héritabilité de l'intelligence. Dans cet article, Jensen inscrivait sa perspective dans la lignée de celles de Galton (1869) et de Burt (1940, 1972) et proposait que 80 % de la variance observée dans l'intelligence (le QI) d'une population est attribuable à l'hérédité. Dans le même article, Jensen indique cependant que la réussite scolaire est moins directement déterminée par les gènes que le QI, l'environnement familial y jouant un rôle important.

Jensen a passé plusieurs années de sa vie à tenter d'expliquer les différences de QI entre des groupes distincts par leur race ou leur niveau socio-économique. Ce faisant, il a proposé deux niveaux d'habiletés intellectuelles :

1- Le niveau 1 renvoie aux habiletés qui n'impliquent pas de manipulation mentale consciente des stimuli, comme la mémoire à court terme (l'emmagasinage et le rappel immédiat de l'information). Les tests de mémoire des chiffres où il s'agit de répéter une série de chiffres qui vient d'être lue ont typiquement été utilisés pour évaluer le niveau 1 d'intelligence.

2- Le niveau 2 renvoie aux habiletés à transformer les stimuli de façon efficace, comme l'établissement de relations, de stratégies de résolution de problèmes, etc. Les tests d'intelligence usuels portent surtout sur ce niveau 2.

Vernon (1987) rapporte que la race et le niveau socio-économique ont très rarement été associés au rendement de niveau 1.

Brièvement, Jensen posait aussi l'hypothèse d'une cause génétique au QI moins élevé de la race noire aux États-Unis. Sa position concernant l'héritabilité de l'intelligence lança un vif débat et fut l'objet de plusieurs critiques dont voici un exemple :

La question de la contribution relative de l'hérédité et de l'environnement au développement et au comportement humain a une longue histoire de controverse en psychologie. La recherche récente indique que les facteurs environnementaux jouent un rôle depuis le moment de la conception. L'enfant à naître se développe selon une interaction complexe et mal comprise entre des facteurs environnementaux et des facteurs héréditaires ; cette interaction se poursuit pendant toute la vie. L'élaboration de questions concernant des comportements complexes au sujet de l'hérédité versus l'environnement constitue une simplification exagérée de l'essence et de la nature du développement et du comportement humain. (SPSSI [Society for the Psychological Study of Social Issues], 1969.)

Jensen répondit à cette critique en soulignant premièrement que dans son article même il consacre une section aux effets de l'environnement prénatal sur le développement mental ; et deuxièmement qu'une section particulière vise à briser l'opposition contenue dans l'expression « l'hérédité versus l'environnement » pour la remplacer par l'idée de l'interaction entre l'hérédité et l'environnement. En effet, la nature parfois propagandiste des critiques adressées à la position de Jensen permet de croire qu'on ne voulait simplement pas entendre ce discours.

Mais est-ce parce qu'une idée déplaît socialement que l'on doit la cacher ? L'histoire humaine contient plusieurs exemples de rejets de théories sur la base de leur impopularité. Dans ce débat, actif encore aujourd'hui, Jensen a dû se défendre constamment ; en 1980 il publie un ouvrage imposant intitulé *Bias in Mental Testing* dans lequel il relève et détruit systématiquement les arguments selon lesquels l'évaluation du QI comporterait des biais. Face aux nombreuses réactions à ce livre, Jensen (1984) affirme :

Plus de 100 revues, critiques et commentaires ont été consacrés à mon livre Bias in Mental Testing *depuis sa publication en janvier 1980. Il est très intéressant de constater que personne n'a mis en doute la principale conclusion du livre. Cela m'apparaît remarquable, considérant que cette conclusion va directement à l'encontre de la position populaire concernant les biais dans les tests. Nous avons tous été élevés avec la conviction que les tests d'habileté mentale de presque toutes sortes sont biaisés culturellement au désavantage des minorités raciales ou ethniques et* des pauvres et qu'ils favorisent les Blancs de classe moyenne. La négation de cette croyance au moyen de données empiriques considérables utilisées pour tester directement l'hypothèse d'un biais culturel a donné lieu à un degré de consensus qui est rare en sciences sociales. Voici les conclusions principales avec les tests standardisés les plus utilisés : les différences observées entre les distributions des scores des groupes raciaux anglophones nés aux États-Unis ne sont pas le résultat d'artefacts ou de faiblesses des tests eux-mêmes ; elles représentent des différences raciales — certainement phénotypiques — entre les groupes sur le plan des habiletés, aptitudes ou réussites mesurées. Je n'ai pas trouvé une seule critique qui, après lecture de l'ouvrage, ait sérieusement mis en doute cette conclusion en présentant des faits contraires ou en mettant en défaut la méthodologie utilisée pour détecter les biais dans les tests. (Jensen, 1984, p. 531-532.)

Les tests d'intelligence se trouvent donc au cœur du débat sur l'influence respective de l'hérédité et de l'environnement sur le développement et le comportement humain. D'un côté, avec le courant *human behavior genetics*, il y a la position très bien appuyée empiriquement, qui accepte l'évidence de l'hypothèse d'un rôle génétique majeur dans les aptitudes humaines. Pour les tenants de cette théorie, la naïveté environnementale entretient l'illusion que l'on peut contrôler le développement de l'intelligence des individus, contredit l'évidence et correspond à une contamination idéologique de la recherche en psychologie.

De l'autre côté, il y a la position plutôt psychosociale, selon laquelle les distributions psychométriques ne font que reproduire la distribution des richesses sociales, les classes favorisées affichant systématiquement des cotes plus élevées. Cette approche se fonde aussi sur des données et des arguments convaincants, dont certains sont plutôt extrêmes. Carroll (1982) rapporte ceux de Putnam (1973), un philosophe des sciences adoptant une perspective marxisante :

Prenons l'exemple du concept d'intelligence — un concept à la mode chez les scientifiques racistes ces jours-ci. La notion d'intelligence est à la fois un concept du langage courant et un concept technique (sous le vocable « QI »). Mais le concept technique a été façonné de façon à se conformer en tous points aux usages politiques du langage ordinaire.

Les trois caractéristiques principales du concept du langage courant sont :

1- *L'intelligence est difficile, sinon impossible à changer. Lorsqu'on attribue une performance excellente ou faible à une* habileté *élevée ou basse, il n'est pas question de penser qu'elle n'a pas été acquise ou qu'elle ne peut pas se changer ; mais lorsque la même performance est attribuée à une* intelligence *élevée ou basse, on implique définitivement que l'inné, l'essence même de la personne est en jeu ;*

2- *L'intelligence aide à réussir là où le succès correspond au succès individuel, au succès en compétition ;*

3- *L'intelligence est utile peu importe la tâche. L'intelligence est considérée comme une habileté unique pouvant être utile aussi bien à réparer une automobile qu'à peler une banane ou à résoudre une équation différentielle.*

Pris ensemble, ces postulats définissent une certaine théorie sociale, soit la théorie de l'élitisme, selon laquelle, il y a d'une part quelques personnes « supérieures », dotées de ce facteur mystérieux appelé « intelligence » et qui sont bonnes dans tout, et d'autre part, un grand nombre de badauds qui ne sont guère bons à grand-chose. (Putnam, 1973, p. 141-142.)

Adoptant une position peut-être moins catégorique, Labov (1969) a montré de façon relativement convaincante que les classes sociales défavorisées aux États-Unis étaient handicapées dans les tests standardisés d'intelligence. D'abord, la langue des classes socio-économiquement faibles n'est pas celle de la classe moyenne, puis les mots utilisés dans les tests ne sont pas ceux qu'elles utilisent dans leurs opérations mentales. En effet, les membres de ces classes moins favorisées utilisent plutôt un anglais non standard qui possède sa propre logique, et des tests formulés dans un langage adapté, administrés par des gens qui le comprennent, sont mieux en mesure de faire ressortir le vrai potentiel de ces populations.

Donc, d'un côté il y a le courant *human behavior genetics* qui a connu un vif regain de vie avec la controverse sur les tests et dont les fondements empiriques s'appuient sur des décennies de travaux démontrant la transmission héréditaire d'une fraction importante du rendement intellectuel (Bouchard, 1987). De l'autre côté, il y a ceux qui estiment que la conception de l'intelligence comme un facteur unique (le facteur « G »), permanent et déterminé par l'hérédité n'est pas acceptable et ne tient pas compte des multiples dimensions de la capacité humaine de s'adapter ainsi que des contextes culturels très nombreux. Selon cette dernière position, la détermination des chances sociales sur la base du QI est une source d'injustice et la répartition des positions sociales devrait plutôt obéir à des critères de représentation sociale. En ce sens, une discrimination positive doit être pratiquée selon le sexe ou la race jusqu'à ce que les sous-groupes sociaux aient des chances égales de s'intégrer dans les rouages sociaux. Ce fonctionnement « par quotas » apparaît injuste à d'autres puisque, dans des pays comme les États-Unis, il occasionnerait une ségrégation négative à l'égard de minorités culturelles comme les Juifs ou les Asiatiques, ethnies typiquement surreprésentées dans la population universitaire et professionnelle.

Voici un exemple pratique de cette question en fonction du sexe plutôt que de la race. Dans les années 1970, le nombre de femmes étant moindre que le nombre d'hommes dans la clientèle de l'École de psychologie de l'Université Laval à Québec, on résolut de réserver 50 % des places aux femmes et 50 % aux hommes. Quelques années plus tard, la situation scolaire ayant évolué, il fallait aux femmes 2 points de plus sur la cote d'admission pour être admises en psychologie : en effet, la moyenne du groupe féminin étant plus élevée, un homme pouvait être admis avec une cote pour laquelle une femme était refusée. À la suite de ce constat, on enleva la répartition égale des places selon le sexe et aujourd'hui, les candidats admis à l'École de psychologie sont des femmes dans plus de 70 % des cas. Devrait-on maintenant instaurer une formule de discrimination positive pour les hommes ?

Voyons l'opinion de Havender :

La seule position moralement équitable va justement dans la direction opposée [à la politique des quotas] : la justice pour les groupes doit dériver du traitement équitable des individus composant le groupe. Ainsi, la juste proportion des groupes, c'est-à-dire celle qui existerait dans un monde parfaitement juste, doit résulter d'un traitement équitable de chaque personne. (Havender, 1987, p. 350.)

Au-delà de cette controverse quant à la discrimination positive, l'usage des tests demeure un élément utile au diagnostic et au pronostic en milieu d'intervention clinique ou éducative auprès des enfants. À partir du moment où l'on reconnaît que les capacités des individus affichent des différences, c'est-à-dire que tout le monde ne fonctionne pas de la même façon sur le plan intellectuel, l'adaptation des ressources éducatives aux besoins des clientèles peut bénéficier de moyens d'évaluation des profils personnels.

Si l'on est d'accord sur l'idée des ressources éducatives adaptées aux besoins particuliers des enfants, par contre la façon de réaliser cette adaptation ne fait pas consensus : vaut-il mieux offrir des classements homogènes où les surdoués, les mésadaptés socio-affectifs, les handicapés physiques ou ceux qui ont des troubles graves d'apprentissage sont rassemblés en « classes spéciales » ou s'il vaut mieux intégrer tout le monde dans des classes où tous les éléments de la clientèle scolaire peuvent avoir leur place ?

7.4 LES DÉTERMINANTS DU RENDEMENT INTELLECTUEL

Qu'est-ce qui fait qu'un enfant aura un rendement intellectuel supérieur à un autre ? Dans notre examen des fondements biologiques du comportement humain, nous avons vu que les relations étroites entre l'intelligence de jumeaux identiques élevés séparément constituent une preuve que le bagage génétique influence le rendement intellectuel. L'hérédité constitue donc un déterminant du rendement intellectuel. Au-delà des caractéristiques génétiques, il existe cependant d'autres facteurs susceptibles d'intervenir dans le rendement intellectuel. La qualité physique et psychologique de l'environnement dans lequel l'enfant se développe peut jouer un rôle important dans l'actualisation plus ou moins complète de son potentiel. L'environnement prénatal, la nourriture, l'hygiène, les soins de santé disponibles, la richesse de stimulation intellectuelle et sociale, etc., constituent autant d'exemples de déterminants environnementaux du rendement intellectuel.

7.4.1 Les facteurs reliés à la tâche

Lorsque la tâche proposée à l'enfant est utile pour l'adaptation réelle au monde qui l'entoure, on dit qu'elle est pour lui d'une bonne *validité écologique*. Au contraire, lorsque l'enfant doit résoudre un problème qui est artificiel par rapport à ce dont il a besoin dans sa vie courante, on dit que la tâche a une faible validité écologique. Évidemment, on peut prétendre que pour effectuer une évaluation dont les résultats sont généralisables, indépendamment du contexte immédiat de la vie courante, il faut chercher à cerner les composantes nécessaires à l'adaptation au monde réel. Dans cette recherche de composantes généralisables, on peut aller fort loin dans le réductionnisme et se retrouver avec des tâches expérimentales qui n'ont pas vraiment de validité écologique (Sternberg et Powell, 1982).

Parmi les facteurs reliés à la tâche susceptibles d'influencer le rendement intellectuel de l'enfant à un test, nous trouvons :

1- le répertoire des tâches évaluées ;

2- la difficulté de la tâche ; et

3- l'indice de performance utilisé pour mesurer.

Le répertoire des tâches évaluées

Nous pourrions affirmer que l'une des forces du mouvement psychométrique amorcé au début du siècle par Alfred Binet fut de rechercher une mesure de l'intelligence basée sur l'évaluation des processus mentaux supérieurs plutôt que sur des rendements comme la sensibilité ou le temps de réaction simple ainsi que l'avait préconisé auparavant le courant psychophysique. En plus de favoriser cette validité écologique plus grande, ce mouvement psychométrique

poursuivi par Wechsler vint à placer l'enfant devant une diversité de tâches verbales et non verbales afin de répertorier plusieurs dimensions du fonctionnement cognitif. Cette importance accordée à la diversité des tâches se trouve probablement à son maximum dans l'approche de Guilford (1967) qui propose de couvrir 120 dimensions différentes dans l'évaluation du rendement intellectuel.

L'ampleur du répertoire mesuré constitue donc un déterminant important de la valeur de l'évaluation : si le diagnostic est basé sur une petite partie de ce que comprend l'intelligence, la généralisation des résultats n'est pas possible.

La difficulté de la tâche

Sternberg et Powell (1982) rapportent que certaines approches expérimentales de la mesure des processus cognitifs plutôt tournées vers les temps de réaction dans la performance ont utilisé des tâches qui sont réussies dans environ 99 % des cas par le sujet, tandis que d'autres chercheurs inscrits dans le courant du traitement cognitif de l'information utilisent des tâches très difficiles pour la plupart des sujets et dont la résolution peut prendre plusieurs minutes. Pourtant, les deux approches parlent d'intelligence. En psychométrie, il importe d'utiliser des tâches offrant un degré de difficulté suffisant pour passer de la zone d'échec à la zone de réussite chez les sujets évalués. Un test trop facile ou trop difficile ne situe pas bien le potentiel de l'enfant.

L'indice de performance

La plupart des tests psychométriques évaluent la performance du sujet à partir du nombre de bonnes réponses qu'il a pu fournir aux items dans le temps accordé. Cette méthode ne tient pas compte de l'effet de la contrainte de temps et, pour certains enfants, le fait d'allouer un peu plus de temps augmente le score de beaucoup. Cette approche ne tient pas compte non plus de la proportion du problème que l'enfant peut résoudre correctement avant de dévier pour fournir une réponse erronée. C'est précisément ce dont Piaget se rendit compte lorsqu'il fit un stage en psychométrie au laboratoire de Simon au début du siècle : les bonnes réponses que donnent les enfants sont souvent moins révélatrices des processus mentaux qui leur sont propres que les réponses erronées. Dans toute son œuvre, Piaget a considéré qu'une réponse erronée pouvait être au moins aussi révélatrice des processus mentaux qu'une bonne réponse ; les deux ont une logique que l'on peut retracer dans le raisonnement du sujet, ce qui n'est certes pas possible lorsque l'on fonde l'évaluation sur le nombre de bonnes réponses. Les tests qui se basent seulement sur le nombre de bonnes réponses fournies dans le temps accordé ne tiennent donc pas compte de :

1- l'effet de la contrainte de temps sur le rendement ; et

2- la portion du problème que l'enfant peut réussir avant de fournir une réponse erronée.

7.4.2 Les facteurs reliés à la personne

Du côté de la personne, nous aborderons les déterminants du rendement intellectuel suivants :

1- l'âge ;

2- la race et la culture ; et

3- la condition personnelle lors de l'évaluation.

Mentionnons d'abord qu'après l'âge, le niveau d'intelligence lui-même est certainement le facteur que l'on souhaite le plus important dans la détermination du rendement. Évidemment, et comme veut le souligner l'ensemble de notre discussion sur ce sujet, il est difficile de savoir avec certitude quelle proportion de la réalité de l'intelligence couvre tel ou tel instrument de mesure. L'hypothèse centrale demeure donc que l'intelligence détermine le rendement aux tests.

L'âge

Nous avons vu que dès le début de la recherche d'indicateurs de l'intelligence, l'âge s'est avéré un pilier de première importance. En effet, l'âge mental a servi de première base à la détermination du quotient intellectuel. Il est donc clair, pour les psychométriciens comme pour les piagétiens, que les opérations mentales se développent avec l'âge. La conception de l'intelligence varie toutefois avec l'âge que l'on considère et cela n'est pas étranger au fait que les outils et les notions utilisés pour décrire le fonctionnement mental varient d'une tranche d'âge à l'autre. Ainsi, la façon de mesurer les aptitudes chez les jeunes bébés repose principalement sur des tâches sensorimotrices, alors que ce type de rendement n'affiche qu'une faible corrélation avec le rendement intellectuel ultérieur. Plus tard, entre 2 et 5 ans par exemple, le langage n'étant pas un outil de communication encore bien installé, on devra proposer des situations très concrètes mais sans symboles comme des lettres ou des chiffres, sous forme de jeux, pour que l'enfant y participe. Ensuite, les problèmes pourront graduellement porter sur des relations symboliques, avec par exemple des chiffres (mémoire, arithmétique, mesure, etc.), mais ce ne sera qu'à partir de l'adolescence que l'on pourra vraiment parler de pensée abstraite pouvant fonctionner sans support concret. Enfin, on ne fait que commencer à songer à l'apparition de processus mentaux spécifiques au vieillissement.

L'âge est donc central dans la conception de l'évolution des processus mentaux au cours de l'enfance et tout au long de la vie, mais on est encore loin d'une approche intégrée (théorique et psychométrique) de l'intelligence pour l'ensemble de la vie, qu'il s'agisse de l'intelligence d'enfants ou d'adultes, de bébés ou de vieillards. Actuellement, les concepts et les outils pour mesurer l'intelligence varient en fonction de l'âge.

La race et la culture

La controverse sur l'utilisation des tests d'intelligence révèle la vivacité du débat entourant la question de la race en tant que déterminant du rendement intellectuel. D'une part, il y a la recherche qui démontre que la corrélation entre le rendement intellectuel de deux personnes grandit avec leur communauté génétique : jumeaux identiques élevés ensemble, la corrélation est de 0,86, et elle passe à 0,76 s'ils sont élevés séparément ; chez une même personne testée deux fois, la corrélation est de 0,87 ; pour des enfants adoptés élevés ensemble, elle est de 0,0 (Scarr, Weinberg et Levine, 1986). D'un autre côté, il y a les données qui montrent que certains groupes raciaux affichent un rendement intellectuel moyen tantôt inférieur, tantôt supérieur à l'ensemble de la population. Est-ce que le rendement variable des groupes raciaux est dû à l'hérédité qu'ils partagent ou s'il s'agit du résultat de l'influence de la culture ?

Certains auteurs, comme Jensen (1980), ont tenté de démontrer que les tests n'étaient pas nécessairement biaisés culturellement et qu'ils pouvaient mesurer de façon fiable le rendement intellectuel. D'autres ont souligné le fait que les tests reflétaient systématiquement la position socio-économique des groupes raciaux. Aux États-Unis par exemple, le rendement intellectuel moyen des Noirs est inférieur à celui des Blancs (Jensen, 1969). En France, on a observé que le QI des enfants était relié à la profession du père : ceux de pères occupant des professions libérales et de cadres supérieurs ont un QI moyen de 112 ; ceux d'industriels, de 107 ; ceux d'ouvriers qualifiés, de 98 ; ceux d'agriculteurs, de 96 ; ceux de manœuvres, de 93 (Hurtig, 1981). Est-ce que c'est l'hérédité ou la culture qui est en cause ?

Plus récemment, Cunningham (1984) rapportait une étude basée sur la comparaison du rendement à des tâches cognitives de base (correspondant plutôt aux tâches de niveau 1 de Jensen) et du rendement intellectuel verbal (vocabulaire, compréhension, arithmétique) de 5000 enfants de 1re et de 5e année au Japon, à Taiwan et aux États-Unis. D'une part, les résultats ont démontré que le rendement des enfants américains était inférieur à celui des deux autres groupes dès la 1re année du primaire

et se maintenait par la suite. D'autre part, les données indiquaient que le niveau moyen d'éducation des parents américains était supérieur à celui des parents des groupes asiatiques (Cunningham, 1984 ; Scarr, Weinberg et Levine, 1986).

Or, contrairement à Jensen (1969) qui formulait l'hypothèse que la différence de rendement moyen des Noirs américains sur des tâches de niveau 2 était due à un facteur génétique, les auteurs ont cette fois proposé que les valeurs familiales étaient à l'origine de l'infériorité des groupes d'enfants américains. L'importance accordée à la réussite scolaire, à l'effort soutenu et au travail bien fait serait beaucoup plus grande dans les familles asiatiques que dans les familles américaines. Dans ces dernières, 40 % des parents se déclaraient très satisfaits des résultats scolaires de leurs enfants, tandis que 10 % seulement des mères japonaises et taiwanaises se situaient à ce niveau de satisfaction par rapport aux résultats de leurs enfants (Scarr, Weinberg et Levine, 1986).

Nous aborderons plus en détail le rôle de la famille lors de notre examen des agents de socialisation de l'enfant. Toutefois, il apparaît ici que la distinction entre l'hérédité et la culture n'est pas facile à cerner avec certitude et que la recherche doit prendre des précautions extrêmes pour maintenir sa crédibilité lorsque les enjeux sociaux sont aussi grands.

La condition personnelle lors de l'évaluation

Le rendement à un test peut être influencé par plusieurs facteurs internes à la personne, circonstanciels ou durables : si un individu doit passer un test d'intelligence dans cinq minutes, tout de suite certains agents stressants lui viendront à l'esprit, dont la plupart auront tendance à diminuer son rendement maximal plutôt qu'à l'augmenter.

La fatigue, le stress psychologique, une motivation faible, une perturbation émotionnelle (chagrin, colère, vive inquiétude), la dépression, constituent des exemples de facteurs internes pouvant diminuer le rendement et empêcher le plein potentiel de s'exprimer. Si une certaine dose d'anxiété peut stimuler la motivation et éveiller l'esprit à la tâche, en revanche une dose trop forte pourra embrouiller la personne, lui faire perdre ses moyens et empêcher sa performance de refléter son potentiel réel. Les athlètes des jeux olympiques savent bien qu'au-delà des aptitudes et de l'entraînement intensif, la performance maximale ne se manifeste qu'en présence de tous les ingrédients contextuels favorables ; un seul accroc et le rendement baisse. Dans le domaine de la performance intellectuelle, c'est un peu le même phénomène : au moment du test, il y a plus de facteurs susceptibles de diminuer la performance qu'il y en a pour l'augmenter. Il est en effet très rare que la personne obtienne une bonne réponse par chance, les tests étant conçus pour diminuer au maximum la probabilité du succès dû au hasard.

7.4.3 Les facteurs reliés à l'environnement extérieur

Voici des exemples de conditions externes pouvant influencer, le plus souvent à la baisse, le résultat obtenu par l'enfant à un test d'intelligence :

1- la qualité de l'environnement physique dans lequel l'enfant est évalué (distractions, interruptions, bruit, chaleur, froid, éclairage, ameublement, etc.) ;

2- le degré de familiarité de l'enfant avec le milieu dans lequel la mesure est effectuée, le fait de se trouver dans un milieu inconnu avec des personnes étrangères pouvant constituer un handicap plus ou moins important pour les enfants ;

3- l'accessibilité du langage (mots utilisés, façon de communiquer l'information dans les consignes, façon requise de transmettre la réponse, représentation des problèmes, etc.) ;

4- l'intensité de la demande, les tests d'intelligence étant souvent administrés dans un contexte de performance maximale avec une limite de temps.

Étant donné le caractère anxiogène d'un tel contexte, certaines personnes fonctionnent beaucoup mieux lorsqu'elles sont laissées à elles-mêmes qu'avec de la tension. Selon Sternberg et Powell (1982), les gens réagissent de façon différente à de telles conditions, et certains potentiels intellectuels se révèlent mieux en dehors d'un contexte de demande maximale.

Dans l'évaluation du potentiel intellectuel des enfants, il est très difficile de vraiment pondérer l'ensemble de ces facteurs internes et externes. Or, comme la majorité d'entre eux ont pour effet de diminuer le rendement, il est plus juste de mettre en question une faible performance qu'une performance élevée. Un enfant qui affiche un rendement intellectuel élevé dans un test ou un sous-test donné démontre qu'il peut, dans certaines circonstances, fournir un rendement élevé. C'est pourquoi la pratique consiste à évaluer le potentiel intellectuel de l'enfant en prenant son rendement le plus élevé, à un sous-test par exemple, et en calculant son QI comme si tout son test était aussi réussi. De plus, compte tenu de l'habileté mesurée par chacun, les écarts entre le sous-test le mieux réussi et les autres permettent de poser des hypothèses sur les facteurs qui diminuent l'expression du potentiel maximal de l'enfant dans son rendement observé.

POST-TEST

1- Sternberg et Detterman (1986) ont demandé à 24 chercheurs de fournir leur définition de l'intelligence. En 1921, les éditeurs du *Journal of Educational Psychology* avaient réalisé la même démarche auprès de 14 experts. Indiquez deux composantes que les experts de 1921 et ceux de 1986 s'accordent pour attribuer à l'intelligence.

2- *Vrai ou faux.* En ce qui concerne les aspects importants sur lesquels devrait porter la recherche sur l'intelligence, les experts du début du XXe siècle étaient surtout préoccupés par la question des demandes cognitives de l'environnement, tandis que ceux de la fin du XXe siècle sont plutôt intéressés par les questions de statistiques reliées à la psychométrie.

3- Identifiez deux des étapes que Spearman (1923) a mises en lumière dans la résolution du problème suivant : « L'aéroport est à l'avion ce que le port est au .... ».

4- Certains chercheurs se sont intéressés aux processus complexes de traitement de l'information dans la résolution de problèmes. Identifiez l'une des deux voies d'étude que Sternberg (1986) distingue dans ce courant.

5- Identifiez trois stratégies qu'un enfant de 10-12 ans peut utiliser pour mémoriser des chiffres.

6- Prenons un texte de 400 mots qu'il faut mémoriser en 5 minutes de n'importe quelle façon ; indiquez deux stratégies qu'utilisent spontanément bon nombre d'élèves de secondaire V mais que des élèves de 5e année du primaire n'utilisent que rarement.

7- Parmi les caractéristiques suivantes, identifiez celles qui se rapportent à la mémoire humaine :

a) rétention graduée de l'information ;

b) efficacité élevée de mémoire ;

c) capacité fixe de mémoire ;

d) le rappel dépend de l'exercice antérieur de rappel.

8- Énumérez trois domaines dans lesquels on a développé des systèmes experts informatisés.

9- *Complétez la phrase*. En neuropsychologie, la perspective .... situe chaque fonction cognitive dans un endroit spécifique du cerveau.

10- *Vrai ou faux*. On s'accorde généralement aujourd'hui avec l'idée qu'il n'y a pas de fonction cognitive qui dépend exclusivement d'une région spécifique du cortex cérébral, chaque partie du cerveau jouant un rôle plus ou moins important dans différentes fonctions mentales.

11- Quel est l'objet d'intérêt de la neuropsychologie clinique ?

12- *Complétez la phrase*. L'approche .... porte sur la mesure de l'intelligence.

13- *Vrai ou faux*. La tradition psychophysique a conservé son attrait parce que l'étroite corrélation entre les aptitudes psychophysiques et l'intelligence générale a été reconnue.

14- Le premier test standardisé d'intelligence destiné aux enfants fut conçu par Binet. On y demande au sujet de montrer, à l'aide d'un crayon, le chemin qu'il parcourrait pour chercher une balle perdue dans le jardin représenté par un cercle sur une feuille. Quel était le but de cette épreuve ?

15- Identifiez deux des trois éléments qui composent la pensée intelligente selon Binet et Simon.

16- Vous demandez à un enfant de se rappeler d'un numéro de téléphone ; quelle opération, quel contenu et quel produit sont-ils en cause, dans le langage de Guilford ?

17- *Vrai ou faux*. Le rendement brut aux tests d'intelligence n'est pas fonction de l'âge chronologique de l'enfant mais bien de ses aptitudes intellectuelles.

18- Quel serait le quotient intellectuel d'un enfant de 5 ans qui aurait un âge mental de 7 ans ?

19- Dans le domaine des performances athlétiques, on comprend bien l'importance des normes strictes d'exécution des performances pour les comparaisons et le suivi des records. Dans le domaine des tests d'intelligence, quel est le principe équivalent ?

20- La validité et la fiabilité des tests sont deux caractéristiques essentielles à la crédibilité d'une évaluation psychométrique. Indiquez à quelle réalité renvoie chacune de ces notions : 1) la validité ; 2) la fiabilité.

    a) La capacité du test de vraiment mesurer ce qu'il prétend mesurer ;

    b) la consistance interne et la stabilité du test.

21- Voici une série d'items couramment utilisés dans les échelles d'évaluation des capacités motrices des petits enfants. Ordonnez les habiletés mentionnées depuis celle qui est normalement acquise le plus tôt vers celle qui est normalement acquise le plus tard par l'enfant :

    a) peut marcher seul ;

    b) ouvre volontairement ses mains ;

    c) se tient sur une jambe sans aide ;

    d) peut tourner sa tête sur le côté.

22- Les échelles psychométriques de type Wechsler pour enfant proposent une série de sous-tests regroupés en deux grandes catégories. Identifiez ces deux catégories de sous-tests.

23- Nommez une fonction traditionnelle des tests psychométriques en milieu scolaire.

24- La conviction que les tests fournissent une image fidèle et juste de l'intelligence a été ébranlée par un certain nombre de constatations. Identifiez trois de ces constatations.

25- *Complétez la phrase en choisissant la bonne réponse.* Pour Jensen, le potentiel intellectuel dépend beaucoup plus de

    a) l'hérédité que de l'environnement ;

    b) l'environnement dans lequel l'enfant se développe que de son bagage génétique.

26- Quelle est votre position personnelle par rapport à la pertinence de la discrimination positive en fonction du sexe, de la race ou du QI en ce qui a trait aux chances sociales et aux ressources éducatives ?

27- *Vrai ou faux.* En psychométrie, il est important d'utiliser des tâches offrant un niveau de difficulté moyen, pour ainsi être en mesure d'adapter le test au rendement moyen de la population visée.

28- Identifiez un aspect du rendement de l'enfant dont ne tiennent pas compte les tests parce qu'ils ne se basent que sur le nombre de bonnes réponses fournies dans un temps donné.

29- Identifiez deux facteurs reliés à la condition personnelle susceptibles d'influencer le rendement de l'enfant à un test d'intelligence.

Chapitre 8

Douance et créativité

PLAN

PRÉTEST

1- Donnez une brève définition de la douance.

2- Choisissez l'affirmation qui vous paraît la plus vraie concernant la « sur-performance ».

    a) le rendement observé est supérieur au rendement intellectuel ;

b) il s'agit de la performance intellectuelle supérieure à la moyenne ;

c) on ne peut pas parler de « sur-performance » ;

d) a et b sont vraies.

3- *Vrai ou faux*. L'idée d'intervenir de façon particulière auprès des enfants qui semblent posséder un grand potentiel n'est apparue qu'au cours des dernières décennies.

4- La douance n'implique pas seulement .... élevé mais aussi des facteurs motivationnels et sociaux pour se révéler dans la vie.

5- Donnez deux dimensions qui distinguent la douance scolaire chez l'enfant et la productivité innovatrice chez l'adulte.

6- Parmi les caractéristiques psychologiques suivantes des personnages exceptionnels, identifiez celle qui est fausse.

   a) montre des indices d'une grande intelligence, d'un haut niveau de raisonnement ou d'une grande mémoire depuis l'enfance ;

   b) est personnellement engagé intensément dans les études ou le travail pendant la jeunesse ;

   c) tire profit du vécu d'expériences riches et denses avec le monde artistique ou intellectuel ;

   d) affiche une préférence pour le travail en équipe.

7- Quel pourcentage des adultes exceptionnels affichent des perturbations émotionnelles réelles ?

   a) 0,2 % ;

   b) 5 % ;

   c) 25 % ;

   d) 17 %.

8- D'après certaines études, les enfants doués auraient une .... moins positive d'eux-mêmes que la moyenne et afficheraient une baisse accrue de celle-ci à l'entrée de l'adolescence.

9- Comment Hollingworth explique-t-elle l'observation voulant que l'adaptation socio-affective des enfants surdoués dont le QI est supérieur à 180 soit moindre que celle d'enfants dont le QI varie entre 125 et 150 ?

10- *Vrai ou faux*. L'impression que l'on ne peut faire grand chose pour influencer ce qui nous arrive peut stimuler l'effort pour atteindre un but.

11- Nommez trois caractéristiques des enfants doués sous-productifs.

12- Nommez deux des trois types de composantes proposés par Sternberg (1985) dans la douance intellectuelle.

13- *Vrai ou faux*. Selon Sternberg, la meilleure tâche pour mesurer l'intelligence est celle qui requiert au moins partiellement le traitement inhabituel d'information.

14- *Vrai ou faux*. Dans sa relation avec l'environnement, le sujet doué aura tendance à réduire les frictions dans le but de s'adapter plus facilement.

15- Identifiez la ou les affirmations qui sont fausses.

   a) Selon la distribution normale, il y a autant d'enfants qui ont un QI supérieur à 130 qu'il y a d'enfants ayant un QI inférieur à 70 ;

   b) Les élèves doués qui ont des résultats scolaires sous la moyenne ont des besoins particuliers en matière d'éducation compensatoire ;

c) Les enfants doués qui connaissent des échecs scolaires seraient plus souvent issus de familles à niveau socio-économique faible ;

d) Les besoins particuliers des enfants doués, lorsque non comblés, occasionnent une perte individuelle et sociale indéniable.

16- Décrivez sommairement les deux principaux facteurs à considérer dans l'identification des enfants doués.

17- Dans le modèle de Renzulli, les activités de type .... correspondent à des exercices de groupe destinés à développer des habiletés cognitives comme la résolution de problèmes, la pensée critique, les techniques de recherche, etc.

18- Quelles sont les deux caractéristiques majeures du programme élaboré à partir du modèle d'accélération de Stanley et Benbow, en ce qui concerne le cheminement de l'élève ?

19- Identifiez l'affirmation qui est fausse.

Afin de mettre au point des contenus pédagogiques visant à répondre aux besoins particuliers des élèves doués et talentueux, il faut :

a) reconnaître que les élèves doués ont des besoins pédagogiques particuliers et que l'école a pour rôle d'y répondre ;

b) adopter une politique d'identification des élèves doués et talentueux ;

c) adopter une approche pédagogique basée sur le modèle de l'accélération ;

d) munir les intervenants et intervenantes pédagogiques de ressources et d'outils appropriés pour animer les programmes.

20- *Vrai ou faux.* La créativité, comme la douance, est intimement associée à un QI élevé.

21- La pensée .... se manifeste dans une situation où il n'y a pas nécessairement une bonne réponse et où l'on peut arriver à plusieurs solutions différentes.

22- Identifiez les quatre dimensions servant à mesurer la pensée créative d'après Torrance.

a) originalité ;

b) flexibilité ;

c) rapidité ;

d) fluidité ;

e) élaboration.

23- *Vrai ou faux.* Malgré les critiques formulées à l'égard de la méthode de Torrance, la valeur des tests objectifs de pensée divergente n'est pas à discuter.

24- *Vrai ou faux.* L'originalité est l'aptitude du sujet à développer, embellir, élargir ses idées.

25- Parmi les propositions suivantes, identifiez celles qui ne correspondent pas à des caractéristiques personnelles distinctives des enfants créatifs.

a) conformistes ;

b) indépendants ;

c) non persévérants ;

d) moins sujets à des difficultés scolaires.

26- Donnez trois recommandations visant à promouvoir la créativité chez les enfants en classe.

8.1 INTRODUCTION

La douance et la créativité constituent deux notions distinctes mais interreliées. Ce sont ces liens, et notamment celui qui place la créativité comme un sous-ensemble de la douance, qui justifient leur présentation dans ce même chapitre. Nous traiterons d'abord de la douance et ensuite de la créativité en examinant quelques conceptions importantes, les méthodes d'identification et d'évaluation chez l'enfant, les effets sur son développement et les moyens connus pour répondre aux besoins particuliers des enfants touchés par le phénomène.

Dans ce chapitre, nous ne rendrons pas justice à la multitude de définitions possibles de la douance et de la créativité. Plutôt, nous adopterons rapidement une définition générale, quitte à ce que celle-ci s'affine à la lumière des contenus présentés ultérieurement.

La douance correspond à une compétence supérieure à la moyenne dans un domaine d'habiletés donné (Gagné, 1983). Ici, il est important de distinguer la notion de compétence de celle de performance. La performance renvoie à la manifestation observable de la compétence, c'est-à-dire au talent dans le cas de la douance ou de la créativité. De telles manifestations apparaissent dans la vie courante aussi bien que dans le contexte de mesures psychométriques destinées à évaluer le rendement. Dans ce dernier cas cependant, on évalue une performance quelconque, un rendement observable dont on ne peut jamais être absolument sûr qu'il révèle le vrai potentiel du sujet. Si le rendement observé ne traduit pas toutes les capacités intellectuelles de la personne, on parlera alors de « sous-performance ». Par contre, une personne qui manifeste beaucoup de talent est certainement douée, de sorte que l'on ne peut pas parler de « sur-performance ».

Ainsi, douance est à talent ce que potentiel est à rendement ou compétence à performance. Force est de constater que la douance ou la créativité ne seront reconnues chez une personne que dans la mesure où elles se manifestent d'une façon ou d'une autre. En conséquence, nous parlerons de douance sur la base de l'observation de talents manifestes et non pas sur l'hypothèse d'une grande compétence ou d'un grand potentiel qui n'est pas observable directement.

Première partie
LA DOUANCE

8.2 LA NATURE DE LA DOUANCE

La question de la douance est traitée de façon variable d'une région à l'autre : au Québec par exemple, certaines commissions scolaires n'ont pas de programme d'identification et d'enseignement particulier pour les élèves doués et talentueux, d'autres ont élaboré des politiques depuis quelques années (CECM à Montréal) et d'autres en sont à l'amorce d'une démarche organisée (CECQ à Québec). Les grandes questions sur lesquelles on a dû se pencher aux États-Unis, en France ou ailleurs sont :

1- Qu'entend-on par enfant doué ?

2- Comment identifier les enfants doués ?

3- Comment combler leurs besoins éducatifs particuliers ?

8.2.1 Les conceptions de la douance

Depuis l'Antiquité, la reconnaissance des différences individuelles a débouché sur l'identification d'individus plus doués dans la plupart des sphères de l'activité humaine. Les écrits anciens des premières sociétés organisées (par exemple la Bible ou les écrits de Platon) témoignent de la croyance en une élite sociale composée de personnes talentueuses. Ces documents révèlent aussi la croyance en la nécessité d'intervenir de façon précoce pour développer les dons des enfants : la formation d'une élite sociale repose sur un effort éducatif organisé pour cultiver les talents (Hildreth, 1966). L'idée d'intervenir de façon particulière auprès des enfants qui semblent posséder un grand potentiel n'est donc pas nouvelle.

D'une époque à l'autre cependant, la nature des talents recherchés a varié considérablement. À l'époque de l'Empire romain par exemple, les habiletés reliées au maniement des armes et les qualités d'orateur public côtoyaient celles qui relèvent des connaissances militaires, politiques et des humanités. Dès cette époque et pratiquement jusqu'à la moitié du xxe siècle, la notion d'élite sociale concernait presque exclusivement les hommes, les femmes en étant plus ou moins consciemment exclues.

Il serait naïf de s'imaginer que les conceptions actuelles de la douance ne se transformeront pas avec le temps ; de la même façon qu'elles ont beaucoup changé depuis cent ans, elles continueront sans doute à évoluer dans le futur sous la pression des besoins sociaux nouveaux. Nous pourrions comparer cette évolution à celle de l'usine entre le xixe siècle et la fin du xxe : la force physique du travailleur a d'abord laissé sa place à celle de la machine, entraînant alors une valorisation de la constance, de la fiabilité et de l'endurance chez l'ouvrier qui devait alimenter ou suivre sa machine. L'apprentissage des rôles dans l'usine se faisait sur le tas, et même des enfants y étaient employés, ce qui témoigne de la faible importance accordée à la scolarisation. Le processus d'automatisation s'est poursuivi et, plus récemment, la robotique a permis d'entrevoir la possibilité d'usines complètes fonctionnant avec un nombre très limité d'employés qui régissent l'activité des machines-robots. Les qualités requises pour produire le même type de produit, du papier par exemple, sont complètement différentes, et l'employé doué de la fin du xxe siècle n'a plus du tout le même profil de compétences que celui du xixe. Chaque époque a son élite ouvrière, mais les critères de talent sont radicalement transformés.

Certains principes de base des conceptions anciennes de la douance subsistent encore aujourd'hui : il existe des personnes plus douées que d'autres, et l'ensemble de la société peut bénéficier des talents de ces gens exceptionnels ; si l'on n'intervient pas à temps pour favoriser l'éclosion du talent chez les gens doués, ces talents peuvent se perdre, etc. Ainsi, les questions relatives à l'identifi-cation des enfants doués et la recherche d'une éducation adaptée à leurs besoins ne datent pas d'hier.

Sans chercher à couvrir l'ensemble des approches théoriques, nous tenterons ici d'identifier les grandes lignes de force dans ce domaine d'intérêt (pour un examen plus détaillé, voir : Chauvin, 1975 ; Sternberg et Davidson, 1986). Le tableau 8.1 présente les différentes dimensions de plusieurs conceptions contemporaines de la douance. Ces cinq thèmes définissent le plan que nous suivrons ici dans notre examen de la douance.

8.2.2 Le domaine dans lequel s'inscrit la douance

Le domaine dans lequel s'inscrit le talent est central à l'étude de la douance puisqu'il y va du critère d'évaluation de cette dernière chez l'individu. Voici un test qui met en jeu trois problèmes dans des domaines différents.

1- On vous dépose au centre d'une forêt de 2 km de côté puis on mesure le temps que vous prenez pour vous trouver au coin nord-est du quadrilatère défini.

2- Vous devez résoudre une série de problèmes mathématiques (arithmétique, géométrie, algèbre, statistique) le plus rapidement possible et sans l'aide d'une calculatrice.

3- Vous écoutez deux pièces musicales de deux minutes chacune et devez les reproduire le plus fidèlement possible en chantant, sifflant, ou avec l'instrument de votre choix.

La performance individuelle dans chaque problème pourra varier selon toute un série de facteurs. Le groupe de référence servant à situer le niveau de rendement compte aussi : être comparé à un groupe de trappeurs professionnels dans la première situation ou à un groupe de musiciens compositeurs dans la troisième situation n'avantagerait certainement personne. Comme c'est le cas dans l'évaluation de l'intelligence, le test qui sert de base à la mesure influence fortement la position occupée par l'individu dans un groupe donné. Ce problème est parti-

TABLEAU 8.1 : Principales dimensions dans les conceptions contemporaines de la douance

1- **Le domaine**
   - Interne à la personne (mémoire exceptionnelle, aptitude pour les mathématiques, compréhension musicale extraordinaire, etc.)
   - Éducationnel (grande capacité d'apprentissage scolaire)
   - Social (leadership, compréhension sociale, etc.)

2- **Les habiletés et processus cognitifs**
   - Habileté à dégager l'essentiel de l'accessoire, à planifier l'action, capacité d'évaluation, etc.

3- **Les antécédents**
   - Indices qui permettent de prédire la douance
   - Contextes favorables à l'actualisation du talent
   - Etc.

4- **La motivation à la réalisation du potentiel**
   - Détermination à réussir des tâches ou à atteindre des buts, intérêt pour une cause, qui permettent aux dons latents de se manifester concrètement

5- **L'intégration fonctionnelle des diverses dimensions**
   - Combinaison des habiletés articulées entre elles et canalisées par la motivation dans une démarche d'expression du talent qui tient compte des pressions sociales

culièrement présent lorsqu'il s'agit de comparer la douance chez l'enfant d'âge scolaire avec la douance chez l'adulte.

Lorsqu'il est question d'enfant doué ou surdoué, on a souvent le réflexe de faire l'association directe avec un quotient intellectuel exceptionnellement élevé, comme si seul cet indice pouvait en rendre compte. En fait, la majorité des chercheurs intéressés à cette question estiment que la douance n'implique pas seulement le rendement intellectuel mais aussi des facteurs motivationnels et sociaux pour se révéler dans la vie (Siegler et Kotovsky, 1986).

On a parfois l'impression que la douance est présente chez l'individu depuis sa naissance et le sera toujours chez lui, comme si c'était une caractéristique reliée à la personne et non pas à une performance. En effet, la douance scolaire des enfants et des adolescents reconnue à partir d'un rendement scolaire exceptionnel ou d'un QI élevé serait une caractéristique personnelle durable ; mais la douance chez l'adulte, généralement décelée à partir de la création de produits innovateurs, est éva-

luée à partir de la qualité de cette production et peut n'être qu'une contribution momentanée dans la vie plutôt qu'une caractéristique permanente reliée à la personne. Le tableau 8.2 présente les distinctions de conception entre la douance scolaire et celle qui est fondée sur la productivité innovatrice.

L'examen de cet ensemble de distinctions donne l'impression que la notion de douance étudiée chez l'enfant ne renvoie pas au même phénomène que la douance étudiée chez l'adulte. Il est particulièrement intéressant de noter l'importance différente de la créativité dans chaque type de douance. Les enfants peuvent afficher un rendement scolaire ou un QI exceptionnel sans pour autant manifester une grande créativité tandis que les contributions éminentes d'adultes en impliquent presque toujours une forte dose. Comme nous le verrons plus loin, le lien entre la créativité chez l'enfant telle quelle est évaluée par un rendement élevé aux tests de pensée divergente (voir section 8.8) et la productivité créative observée ultérieurement chez l'adulte n'est pas clairement établi (Feldhusen, 1986). Cette différence de conception entre la douance de l'enfant

TABLEAU 8.2 : Distinctions entre la douance scolaire chez l'enfant et la productivité innovatrice chez l'adulte*

Dimensions distinctives	Douance scolaire	Productivité innovatrice
Population typique où le phénomène est étudié	Enfants d'âge scolaire	Adultes
Nature des contributions	Apprentissage ou rendement aux tests	Découvertes
Niveau de réussite requis et base de comparaison	Très bon comparativement au groupe d'enfants de même niveau	Autres productions existantes dans le monde sur le même sujet
Étendue du domaine d'évaluation	Généralement assez large	Peut être très étroit
Niveau de motivation requis	Variable	Généralement très élevé
Rôle de la créativité	Pas essentielle	Essentielle
Intérêt de la recherche dans le secteur	Réussite future	Productions antérieures

* Élaboré à partir de SIEGLER, R.S. et KOTOVSKY, K. (1986) « Two Levels of Giftedness : Shall Ever the Twain Meet ? », *in* STERNBERG, R.S. et DAVIDSON, J.E. (édit.) ***Conceptions of Giftedness***, Cambridge, Cambridge University Press.

et celle de l'adulte met certainement en cause le domaine d'expression du talent.

Même si le lien entre la douance de l'enfant et celle de l'adulte n'a pas été démontré hors de tout doute, c'est-à-dire qu'il n'est pas certain qu'un enfant doué sera aussi un adulte doué, il est clair que pour la psychologie du développement, la douance scolaire constitue une zone d'intérêt majeur. La réponse aux besoins éducatifs particuliers des enfants doués est aussi légitime que l'adaptation des programmes aux besoins des élèves affichant des difficultés d'apprentissage. Si l'environnement éducatif n'est pas sensible à la réalité psychologique de l'enfant doué, le potentiel exceptionnel de l'enfant peut devenir un obstacle à son adaptation sociale. Aussi, nous réservons ici une place importante à la douance scolaire tout en prenant soin de ne pas confondre cette dernière avec l'ensemble de la douance humaine.

8.2.3 Les antécédents de la douance

Les connaissances sur les antécédents de la douance proviennent principalement d'analyses biographiques d'adultes célèbres, tandis que celles sur le développement de la douance sont surtout tirées de l'application d'efforts éducatifs destinés aux

enfants d'âge scolaire. Les adultes ayant à leur crédit des réalisations extraordinaires font donc l'objet d'études a posteriori qui retournent dans leur passé personnel, et les enfants identifiés comme doués sont placés dans des programmes particuliers de formation afin de favoriser l'éclosion future de leurs talents même s'il n'est pas certain qu'un enfant doué fournira une contribution exceptionnelle à l'âge adulte.

Caractéristiques psychologiques de personnages exceptionnels

Feldhusen (1982, 1986) rapporte l'analyse biographique d'une vingtaine de personnages célèbres par leur contribution exceptionnelle, afin d'identifier dans leur vie des indicateurs précoces de talents spéciaux. Les noms de Charles Darwin, Albert Einstein, Mohandas Gandhi, Thomas Jefferson, Wolfgang Mozart, Lewis Terman, figurent sur la liste des personnages étudiés. L'analyse de Feldhusen (1982) a permis d'identifier les indicateurs psychologiques suivants chez les personnages doués :

— maîtrise précoce pendant l'enfance, dans un secteur donné, de connaissances, de techniques ou d'expression artistique ;

— indices d'une grande intelligence, d'un haut niveau de raisonnement ou d'une grande mémoire depuis l'enfance ;

— engagement personnel intense dans les études ou le travail pendant la jeunesse ;

— grande indépendance, préférence pour le travail individuel et l'individualisme ;

— grande confiance en sa créativité personnelle et sentiment de pouvoir influencer le cours de sa vie ;

— capacité de profiter de la stimulation provenant des contacts avec d'autres personnes talentueuses (jeunes ou adultes) ;

— grande sensibilité aux détails, formes ou phénomènes dans l'environnement physique ;

— capacité de tirer profit du vécu d'expériences riches et denses avec le monde artistique ou intellectuel.

Dès 1925, Lewis Terman (dont le nom figure sur la liste de Feldhusen), à la suite de son étude sur un millier d'enfants doués, distinguait essentiellement les mêmes antécédents de la douance (Terman, 1925). Son étude avait le grand mérite d'être longitudinale, c'est-à-dire de mesurer l'évolution des caractéristiques des enfants dans le temps. Par après, plusieurs autres études sur les caractéristiques des enfants doués sont venues confirmer les données de Terman (Cox, 1926 ; Gallagher et Crowder, 1957 ; Amabile, 1983). Selon nous, la précocité, la persistance et l'intensité du talent ressortent comme trois lignes de force dominantes de l'ensemble de ces caractéristiques.

Caractéristiques socio-émotionnelles des gens doués

Il existe un préjugé courant selon lequel le génie est plus près de la folie que de l'équilibre mental normal. Cette conception a probablement été encouragée par certains travaux publiés à partir d'études a posteriori menées en milieu psychiatrique et mettant en évidence le fait que des personnes psy-

chotiques pouvaient tout de même afficher des traits de génie (Lombroso, 1891 ; Lange-Eichbaum, 1932). Suivant ce même raisonnement, la précocité elle-même chez l'enfant peut être vue comme un risque que le jeune prodige se gâte plus rapidement que l'enfant normal. Nous verrons plus loin, dans la prochaine section sur le développement des talents, que l'enfant doué dont on ne tient pas compte des besoins particuliers peut en effet devenir désabusé.

Pourtant, dès les premières recherches systématiques sur le sujet, il est apparu que moins de 5 % des adultes exceptionnels affichaient des perturbations émotionnelles réelles (Ellis, 1904 ; Cox, 1926). Par rapport à la moyenne de leurs pairs, les enfants de l'étude longitudinale de Terman étaient évalués comme :

1- plus populaires,

2- plus mûrs émotionnellement,

3- plus sensibles esthétiquement,

4- affichant un jugement moral plus avancé,

5- plus volontaires,

6- plus persévérants,

7- plus confiants en eux-mêmes,

8- ayant un sens de l'humour plus développé, et

9- affichant une humeur plus égale (Callahan, 1981).

Devenus adultes, ces mêmes sujets de l'étude de Terman affichaient un taux moins élevé de divorce, d'alcoolisme, de suicide, de maladie physique, de maladie mentale et de mortalité précoce. Les hommes qui jouissaient de la réussite sociale la meilleure parmi les garçons de l'échantillon initial étaient ceux qui manifestaient un plus grand désir de réussite, une meilleure concentration vers un but, une plus grande persévérance et une plus grande confiance en soi (Terman et Oden, 1959).

Callahan (1981) fait toutefois ressortir un certain nombre de facteurs dont nous devons tenir compte dans l'interprétation de ces données. Premièrement, les sujets de Terman provenaient, au début du siècle, de classes sociales favorisées et fréquentaient l'école (à cette époque, l'analphabétisme était courant). Ensuite, certains travaux plus récents ont donné des résultats différents de ceux de Terman en ce qui a trait à l'image de soi : les enfants doués auraient une image d'eux-mêmes moins positive que la moyenne, une baisse accrue apparaissant à l'entrée dans l'adolescence, à moins que les talents ne s'expriment aussi dans le domaine athlétique où, à cet âge, la réussite est positivement reliée à l'estime de soi.

Par ailleurs, Hollingworth (1942) a trouvé que l'adaptation socio-affective des enfants surdoués de QI supérieur à 180 était moindre que celle d'enfants dont le QI variait entre 125 et 150. Pour l'auteure, cela peut s'expliquer par le fait que les enfants de la première catégorie vivent une isolation sociale plus grande que ceux de la deuxième. Ainsi, plus la douance est exceptionnelle quant à l'éloignement de la moyenne normale, moins l'enfant peut entrer facilement en relation avec ses pairs ; il est alors plus probable qu'une isolation sociale s'ensuive. Bref, l'adaptation socio-affective des enfants doués semble fortement reliée à leur intégration sociale. Pour réussir cette dernière, l'enfant doit trouver dans son milieu des défis appropriés à ses capacités et des contacts interpersonnels satisfaisants.

8.3 LA MOTIVATION À L'EXPRESSION DU TALENT

La motivation joue un rôle clé dans l'expression du talent : sans la volonté d'exprimer son potentiel dans une production observable, la plus grande douance passera inaperçue. Or la motivation n'est pas un trait isolé, mais plutôt une dimension psychologique interactive. L'humain est motivé à faire quelque chose dans la mesure où il attend un gain quelconque de l'entreprise, que ce gain soit interne comme la satisfaction d'avoir relevé un défi personnel, réussi quelque chose de nouveau, acquis une nouvelle habileté, etc., ou qu'il soit extérieur à soi comme l'admiration sociale, un pouvoir ou privilège quelconque, de l'argent, etc.

Comme nous l'avons vu plus tôt dans notre examen du développement cognitif du jeune enfant, dès son berceau le bébé peut développer ou pas le sentiment de réussite, de pouvoir sur les objets et les personnes qui l'entourent. Ce sentiment de compétence donne éventuellement lieu à une bonne image de soi qui, élaborée au contact de l'environnement physique et social, conditionne fortement la confiance avec laquelle l'enfant explorera son milieu. En effet, l'impression de ne pas pouvoir influencer les événements de sa vie est incompatible avec l'effort pour atteindre un but, avec la persévérance, la ténacité qui a si souvent été reconnue dans la vie des personnages exceptionnels.

Pour que l'enfant prenne conscience de son potentiel de réussite, il doit être placé dans des situations où ses capacités sont pleinement mises à l'œuvre, de façon à comprendre jusqu'où il peut réussir. Si au contraire, en raison de son âge ou de son groupe scolaire, les défis auxquels il a accès ne sont pas stimulants parce qu'ils sont beaucoup trop faciles, l'enfant doué ne déploiera pas d'efforts et perdra l'intérêt. Bien sûr les programmes scolaires sont ici en cause, mais le rôle de la famille est peut-être encore plus important dans l'éclosion du talent. On sait que l'environnement peut susciter une motivation plus ou moins grande chez l'enfant doué selon les réussites qu'il lui permet d'atteindre. On sait aussi que l'environnement peut stimuler ou pousser l'enfant de façon plus ou moins importante. La pression qu'exerce la famille par rapport à la réussite de l'enfant entre certainement en jeu ici.

La relation n'est toutefois pas nécessairement directe entre cette pression et la motivation réelle de l'enfant. Il est clair qu'un enfant très doué pour la musique qui n'a jamais vu un instrument dans sa famille a moins de chance d'exploiter son don que l'autre qui a grandi parmi des instruments de musique. Même l'enfant très doué musicalement doit être encadré dans son apprentissage du piano, du violon, de la flûte, etc., et les grands talents connus dans ce domaine ont subi des entraînements précoces. En revanche, cette pression peut se retourner contre la motivation de l'enfant, car trop le pousser, trop lui demander et le contraindre peut saturer son intérêt. Le développement d'élites musicales, athlétiques ou scientifiques nécessite en effet un équilibre fort subtil entre les capacités d'évolution de l'enfant doué et sa motivation personnelle à se dépasser dans le contexte de pressions environnementales. Une stimulation trop faible peut empêcher l'éclosion maximale du talent de l'enfant doué, mais une contrainte trop forte peut démotiver ce dernier en créant chez lui le sentiment d'être « obligé » de faire ce que les autres veulent, eux qui s'accaparent plus ou moins son talent.

Selon Borthwick, Dow, Lévesque et Banks (1980), 90 % des enfants doués sous-productifs sont des garçons. Les enseignants perçoivent ces enfants comme rêveurs, facilement distraits, ayant une piètre opinion d'eux-mêmes et dérangeants pour le groupe. En fait, les enseignants sont facilement frustrés par ce type d'élèves dont la motivation n'est pas stimulée par les mêmes activités que les autres et qui affichent une divergence de conduite par rapport au groupe. Les enfants doués sous-productifs auraient souvent les caractéristiques suivantes :

1- un langage évolué et une utilisation appropriée d'un vocabulaire riche ;

2- des connaissances exceptionnelles, souvent approfondies dans un domaine d'intérêt particulier ;

3- une mémoire supérieure ;

4- un esprit inventif ;

5- un sens autocritique développé associé à du perfectionnisme, ce qui conduit à une image négative de soi ;

6- une compréhension des situations avancée pour son âge ;

7- un QI supérieur (Borthwick et coll., 1980).

Wolf (1966) et Trotman (1977) ont démontré, chez des enfants de niveau variable de douance, que trois types de pression dans la famille entraient significativement en relation avec la réussite scolaire ; le tableau 8.3 décrit ces trois modes et leurs composantes.

L'interaction entre l'environnement familial et la motivation à l'expression des talents n'est pas un phénomène simple et il subsiste encore des zones grises quant aux éléments de l'influence qui sont responsables de la réussite future des enfants doués (Colangelo et Dettman, 1983). Pour un enfant donné, un environnement familial sera très favorable, tandis que pour un autre, le même environnement ne conduira pas à l'engagement de l'enfant doué dans sa réussite. C'est comme si chaque combinaison était unique, sans qu'il soit possible de généraliser une recette, et ce malgré les tendances statistiques claires pour souligner l'importance majeure de l'environnement familial dans l'éclosion des talents. On sait que la famille est importante mais on ne sait pas encore de quelle façon exactement elle intervient dans la réussite.

8.4 LES FONCTIONS COGNITIVES : LA THÉORIE DE STERNBERG

La notion de douance renvoie à des fonctions cognitives supérieures ; on s'accorde là-dessus. Mais l'accord est moins clair lorsqu'il s'agit de spécifier la nature de ces fonctions cognitives. Sternberg (1985, 1986) propose une théorie de la douance intellectuelle à trois volets qui constitue pour nous la synthèse intéressante de cette question.

La théorie de Sternberg s'appuie sur trois sous-théories. La première, celle des *composantes*, explique les mécanismes sous-jacents au comportement intelligent selon trois composantes :

1- apprendre à faire les choses ;

2- planifier quoi faire et comment le faire ; et

3- effectuer réellement les choses.

La deuxième sous-théorie de Sternberg, celle de l'*expérience*, traite du lien entre le rendement dans une tâche donnée et l'expérience antérieure à cette tâche, et ce avec une importance particulière accordée au rôle de la nouveauté et de l'automatisation.

TABLEAU 8.3 : Types de pression familiale associés à la réussite scolaire*

Modes de pression	Composantes
Mode 1 La motivation à réussir	a) Les attentes de l'enfant lui-même par rapport à son rendement intellectuel
	b) Les attentes parentales par rapport au rendement intellectuel de l'enfant
	c) La quantité d'informations dont les parents disposent sur le développement intellectuel de l'enfant
	d) Les récompenses parentales associées au développement intellectuel de l'enfant
Mode 2 Le développement du langage	a) L'accent mis sur l'utilisation du langage dans diverses situations courantes
	b) La quantité et la qualité des occasions de développement du langage offertes
	c) L'accent mis sur l'usage correct du langage
	d) La qualité des modèles langagiers à la maison
Mode 3 Les conditions générales d'apprentissage	a) Les chances d'apprentissage offertes à la maison
	b) Les chances d'apprentissage offertes en dehors de la maison et de l'école
	c) Le matériel d'apprentissage disponible à la maison
	d) Les livres disponibles à la maison et dans une bibliothèque publique du voisinage et les encouragements parentaux à utiliser ces livres
	e) La quantité et la qualité du soutien parental dans l'apprentissage

* Élaboré à partir de TANNENBAUM , A.J. (1986) « Giftedness : A Psychological Approach », *in* STERNBERG, R.J. et DAVIDSON, J.E. (édit.) *Conceptions of Giftedness*, Cambridge, Cambridge University Press, p. 45-46.

La troisième sous-théorie, celle du *contexte*, porte sur la relation entre l'intelligence et le monde extérieur de la personne et sur la façon dont la personne douée choisit et façonne son environnement puis s'y adapte.

Sternberg (1986) croit que cette théorie en trois volets permet de comprendre la nature du comportement extraordinairement intelligent et de spécifier les types de tâches les plus appropriées pour mesurer la douance. Notre présentation plus détaillée de cette approche vise à :

1- clarifier la nature des composantes de la douance ; et

2- fournir un exemple d'une théorie de la douance, même si celle-ci ne traite pas de tous les points identifiés au tableau 8.1 et doit être complétée.

8.4.1 Premier volet : les composantes de la douance

La notion de composante renvoie ici à un processus opérant sur des représentations mentales. La composante peut traduire un stimulus sensoriel en une représentation mentale, changer une représentation pour une autre ou traduire une représentation en une réaction motrice.

Sternberg (1985) propose trois types de composantes :

1- les métacomposantes en jeu dans les processus supérieurs qui donnent lieu à la planification, à l'évaluation et à la prise de décision dans l'exécution de tâches ;

2- les composantes de rendement ou de performance en jeu dans l'exécution des tâches ; et

3- les composantes d'apprentissage en jeu dans l'acquisition de nouvelles connaissances.

Le tableau 8.4 fournit plusieurs exemples de fonctions appartenant à chacune de ces trois catégories de composantes.

8.4.2 Deuxième volet : la dimension expérientielle de la douance

Selon Sternberg (1985, 1986), une tâche peut servir à mesurer l'intelligence dans la mesure où elle met en jeu l'habileté à :

1- s'adapter à des demandes nouvelles ; et

2- automatiser le traitement de l'information.

Ces deux points sont particulièrement critiques dans la conduite intelligente lorsque la relation entre la personne et la tâche se modifie rapidement.

L'habileté à s'adapter à des tâches et à des situations nouvelles

La meilleure tâche pour mesurer l'intelligence serait celle qui requiert au moins partiellement le traitement inhabituel d'information, c'est-à-dire en dehors de l'expérience ordinaire de la personne. Ainsi, non seulement la tâche peut-elle comporter de nouveaux concepts mais aussi de nouvelles sortes de concepts. Car l'intelligence est plus sollicitée lorsque la personne doit mettre en branle autre chose que les systèmes ou stratégies conceptuels qui lui sont déjà familiers dans l'exécution de la tâche. Il doit cependant subsister un lien entre la tâche à exécuter et les acquis antérieurs, sans quoi la personne ne pourra pas y fonctionner, de la même façon que si l'on demandait à un enfant de maternelle qui ne sait pas compter jusqu'à 10 de diviser 33 par 11.

Quant aux situations, le principe est le même, c'est-à-dire que l'intelligence est plus sollicitée lorsque l'environnement amène une certaine quantité de demandes nouvelles plutôt que les seuls contextes routiniers de tous les jours. Mais la contrainte est aussi la même : si la personne est placée dans un contexte complètement étranger à son environnement habituel, elle ne pourra pas s'actualiser. La situation doit donc comporter une part de connu suffisante pour permettre une amorce de fonctionnement.

L'habileté à automatiser le traitement de l'information

Selon Sternberg, les personnes douées peuvent automatiser le traitement de l'information dans des tâches intellectuelles de façon particulièrement efficace, conservant leur « espace mental » pour s'adapter à des situations nouvelles. Par exemple, la lecture d'un enfant de 1re année est relativement peu automatisée : son attention est tellement occupée au décodage des symboles et à leur traduction sonore qu'il ne saura pas résumer le contenu du texte, si simple soit-il, après l'avoir lu à voix haute. À mesure que les mots du texte lui deviennent familiers cependant, sa vitesse de lecture augmente et il peut consacrer une partie de sa charge mentale à donner un sens global à l'ensemble des phrases ; les composantes cognitives de décodage des lettres s'automatisent et l'activité consciente peut être occupée par d'autres composantes impliquées dans le décodage du sens des phrases, par exemple.

Sternberg estime que l'habileté à s'adapter au nouveau et l'habileté à automatiser le traitement de l'information sont en étroite relation l'une avec l'autre. En effet, plus la personne acquiert rapidement des automatismes, plus elle dispose de son activité consciente pour donner du sens aux tâches ou situations nouvelles. En retour, plus elle surmonte rapidement la nouveauté d'une tâche ou d'un contexte, plus elle peut y automatiser le traitement de l'information. Le comportement est exceptionnellement intelligent lorsqu'il fait montre d'une efficacité inhabituelle dans l'adaptation à la nouveauté ou l'automatisation de la performance. L'évaluation de la douance intellectuelle doit donc être doublée du contrôle de la nouveauté dans les tâches et situations employées.

TABLEAU 8.4 : Composantes de la douance intellectuelle selon Sternberg

Première catégorie : les métacomposantes

Les métacomposantes sont des processus de contrôle du fonctionnement mental. Sternberg en propose sept :

1- L'identification du problème à résoudre
2- La sélection d'une ou plusieurs façons de représenter ou d'organiser l'information disponible
3- La sélection des composantes subordonnées pertinentes au problème à résoudre
4- Le choix d'une stratégie pour combiner entre elles les composantes subordonnées
5- La répartition des énergies disponibles (par exemple la répartition de l'effort dans le temps)
6- Le suivi et l'évaluation de la démarche de résolution
7- La sensibilité à la rétroaction extérieure

Deuxième catégorie : les composantes de performance

Les composantes de performance entrent en jeu dans l'exécution des tâches et elles s'organisent selon trois grands stades de résolution du problème :

1- L'encodage des stimuli
2- La combinaison ou comparaison des stimuli
3- La réponse

Troisième catégorie : les composantes d'apprentissage

Les composantes d'apprentissage sont de trois types :

1- L'encodage sélectif, c'est-à-dire la séparation des informations pertinentes de celles qui ne le sont pas, dans la perspective de l'atteinte d'un objectif identifié
2- La combinaison sélective, c'est-à-dire la combinaison des informations pertinentes de façon à former un tout qui a du sens (plutôt qu'une série d'éléments pertinents mais disparates les uns par rapport aux autres)
3- La comparaison sélective, c'est-à-dire la mise en relation de l'information nouvelle avec les données déjà connues
Cette comparaison aide aussi à l'exécution des deux composantes précédentes, car l'encodage et la combinaison sélectifs sont guidés par les connaissances antérieures.

8.4.3 Troisième volet : la dimension contextuelle de la douance

Ce troisième volet de la théorie de Sternberg sur la douance intellectuelle concerne la relation du sujet avec son environnement. Le choix d'environnements pertinents, le façonnement de ces milieux et l'adaptation intentionnelle à ces environnements sont considérés comme des éléments de l'intelligence exceptionnelle. Dans cette perspective, la personne intelligente se caractérise d'abord par un ajustement avec son environnement : elle adopte intentionnellement des comportements propres à réduire les frictions avec celui-ci, mais pas jusqu'au détriment des objectifs ou valeurs fondamentales. Comme il ne s'agit pas de se conformer à tout prix, la personne peut d'autre part transformer son environnement afin de mieux poursuivre ses objectifs. Enfin, si l'adaptation ou le façonnement ne constituent pas des voies adaptées à la réalisation de ses objectifs personnels, elle peut choisir un autre environnement.

L'intégration des trois volets

Comment les trois volets de la théorie de Sternberg s'intègrent-ils entre eux ? Comment une personne très douée dans un volet et plutôt faible dans les deux autres se compare-t-elle avec une autre qui est dans la moyenne pour les trois volets ?

Comparons deux personnes. La première est très douée sur le plan des composantes du fonctionnement intellectuel, mais elle a de la difficulté à être efficace dans des tâches ou situations nouvelles. La deuxième personne est plutôt faible au chapitre des composantes opérationnelles mais très à l'aise dans des tâches ou situations nouvelles. D'après Sternberg, la première personne serait probablement considérée comme brillante par son entourage mais pas particulièrement créative, tandis qu'inversement la deuxième serait perçue comme créative mais pas particulièrement brillante.

Pour la moyenne du rendement, ces deux personnes seraient au même niveau, même si dans la réalité elles affichent des styles fort différents. Cela souligne l'importance de ne pas considérer l'intelligence comme une seule et unique dimension mais plutôt comme une mosaïque de plusieurs dimensions cognitives et sociales, la douance pouvant se définir par une maîtrise exceptionnelle de l'une ou de plusieurs de ces dimensions. Comme l'intelligence, donc, la douance peut se manifester à des degrés variables d'une personne à l'autre mais aussi sous des dimensions différentes.

8.5 LES MÉTHODES D'IDENTIFICATION DES ENFANTS DOUÉS

8.5.1 Pourquoi chercher à identifier les enfants doués ?

Les enfants doués ne sont-ils pas déjà suffisamment avantagés sans que l'on cherche à augmenter encore leur distance par rapport aux autres ? N'est-ce pas là le projet d'une mentalité élitique peu conforme au caractère démocratique de notre société ? Dans notre contexte de rareté des ressources éducatives, ne devons-nous pas chercher à combler d'abord les besoins des plus démunis avant de s'attarder à renforcer les plus forts ? Voilà des arguments qui peuvent être utilisés à l'encontre des efforts spéciaux d'éducation des enfants doués.

Les démarches visant à identifier les enfants doués s'inscrivent dans l'optique d'apporter une réponse particulière aux besoins éducatifs de ces jeunes. Examinons maintenant les arguments à l'appui des programmes scolaires spéciaux pour enfants doués.

On estime que la proportion d'enfants doués équivaut à celle des enfants déficients intellectuellement : selon la distribution normale, il y a autant d'enfants qui ont un QI supérieur à 130 qu'il y a d'enfants ayant un QI de moins de 70. Le caractère manifeste des besoins spéciaux des déficients par rapport aux groupes d'enfants normaux, l'importance de leur développement maximal par rapport à leur autonomie ultérieure, ont justifié les efforts d'éducation spéciale qui leur ont été consentis. Ce n'est pas que ces derniers efforts aient été exagérés ou qu'ils aient atteint leur objectif, mais les ressources consenties pour venir en aide aux enfants doués ont comparativement été beaucoup moindres (MEQ, 1983). D'autre part, même s'il n'existe pas de moyen pour l'évaluer, le fait que les enfants doués ne développent pas pleinement leur talent faute de stimulation éducative appropriée est indéniable. Enfin, la recherche récente indique clairement que les élèves doués qui ont des résultats scolaires sous la moyenne ont des besoins particuliers en matière d'éducation compensatoire (Janos et Robinson, 1985). Ces enfants doués qui connaissent des échecs scolaires seraient plus souvent issus de familles qui éprouvent des difficultés relationnelles ; ils seraient peu stimulés par les programmes scolaires usuels, réagiraient négativement à la rigidité du fonctionnement de la classe, à l'insistance sur les notes et subiraient une attitude négative de la part de leur professeur.

Ces arguments nous amènent à constater que les enfants doués ont des besoins particuliers qui, lorsqu'ils ne sont pas comblés, occasionnent une perte individuelle et sociale indéniable. Les travaux sur la question de la douance chez les femmes font comprendre l'ampleur de cette perte potentielle (Callahan, 1981 ; Eccles, 1985). Comment expliquer l'écart historique entre le nombre d'hommes et de femmes ayant contribué de façon exceptionnelle à la société, sinon par la différence non moins historique dans l'appui social offert à la réussite masculine par rapport à celui offert à la réussite féminine ?

Le talent affiché par un homme qui peut manger une bicyclette (en la coupant en morceaux, bien sûr) est-il comparable à celui qui a réussi à vivre le plus grand nombre de mois en haut d'un poteau sans en descendre ? La personne qui peut mémoriser la plus longue série de chiffres se compare-t-elle au réalisateur de cinéma dont les films ont eu le plus de succès au guichet ? Le talent du compositeur musical dont les œuvres ont été jouées le plus souvent par les orchestres publics à travers le monde peut-il être comparé à celui dont l'œuvre picturale a la plus grande valeur financière ? N'est-il pas difficile de répondre avec assurance, par oui ou non, à de telles questions. La part qui revient au talent et celle qui revient au goût du public est difficile à estimer exactement.

Tannenbaum (1986) affirme que, dans les civilisations contemporaines, les talents sont de quatre ordres : moral, social, économique et éducatif. Si chacune de ces catégories occupe une position hiérarchique par rapport aux autres, la question est de savoir quelle est cette position. En effet, selon les époques et les pays, le prestige rattaché à la réussite dans chacune de ces catégories peut varier considérablement. Est-il plus prestigieux d'être très riche aujourd'hui que d'être un homme politique connu et apprécié ? Un prêtre très influent a-t-il plus de prestige qu'un savant professeur ? Selon que l'on se trouve au Canada, en Yougoslavie, en Iran ou en Chine, ou selon que l'on se place au IIe, XVe, XVIIe ou XXe siècle dans l'histoire, la réponse à ces questions variera.

Les talents individuels peuvent aussi être regroupés selon leur nature. Tannenbaum (1986) en suggère quatre types, soit les talents :

1- rares,

2- de surplus,

3- contingentés, et

4- anormaux.

Les talents « rares » correspondent pour l'auteur à ceux qui sont toujours en faible quantité et dont l'humanité aura toujours besoin parce qu'ils sont reliés à la survie humaine. Pasteur, Curie, Freud, peuvent être rangés dans cette catégorie parce qu'ils ont apporté à l'homme les moyens de surmonter des obstacles à sa santé.

Les talents « de surplus » sont ceux qui contribuent à l'élévation humaine mais qui sont considérés comme des luxes parce que, même s'ils améliorent la beauté du monde, ils ne garantissent pas la réponse à des besoins existentiels. Picasso, Fellini, Chopin, pourraient faire partie de cette catégorie.

Les talents « contingentés » mettent en jeu des habiletés hautement spécialisées requises pour combler des besoins sociaux particuliers (juge éminent, chef d'entreprise, ministre, etc.). Comme les deux catégories précédentes, ces talents émergent en réponse à la demande sociale ; mais tandis que dans les deux premières catégories, il n'y a pas de limite socialement imposée au nombre de génies qui peuvent apparaître, le nombre de postes en politique, au banc des juges ou à la tête de grandes entreprises, etc. est limité et variable dans le temps et dans l'espace. L'actualisation du talent dépend des possibilités créées par une demande sociale contingentée.

Enfin, les talents « anormaux » correspondent en gros aux records Guinness. Il s'agit de talents exceptionnels par leur caractère inusité, dont certains ont une utilité sociale, une valeur artistique ou athlétique, mais d'autres ne trouvent de sens que dans la curiosité publique qu'ils suscitent. Le nombre d'esquimautages, c'est-à-dire de tonneaux en kayak, que peut accomplir un athlète en deux heures dans une piscine, la vitesse à laquelle une personne peut lire un volume donné, le nombre de mariages qu'un homme peut avoir contractés dans sa vie, sont des démonstrations de ce type de talents « anormaux ».

Il est probable que les efforts éducatifs pour encourager les enfants doués à développer leurs talents ne sont pas aussi importants d'une catégorie à l'autre. Quelle est à votre avis la catégorie de talents la plus valorisée par l'école ?

8.5.2 Les principales méthodes d'identification

La douance ne correspond pas à un trait unique, semblable chez tous les doués ; au contraire, elle peut s'exprimer de différentes façons dans différentes formes de talents. L'éclosion du talent peut se réaliser à différents moments de la vie, sous l'impulsion de contextes propices. L'idée que l'on se fait de la nature de la douance influence évidemment la méthode privilégiée pour l'identifier.

Or, dans les conceptions de la douance, la place accordée à l'intelligence est très grande et elle se manifeste dans les méthodes en usage pour identifier les enfants doués. Ajoutées à ce rôle central de l'intelligence dans la notion de douance elle-même, la fiabilité métrique des tests d'intelligence, leur disponibilité et leur facilité d'administration en milieu scolaire en font des outils de choix dans l'identification des potentiels exceptionnels. On s'accorde cependant à dénoncer le caractère arbitraire des cotes ou critères de douance et à souligner le besoin de compléter les résultats de performance intellectuelle aux tests standardisés par d'autres indices :

... les tests d'intelligence courants fournissent des indices fiables pour évaluer la douance. Mais il n'y a pas de critère de niveau de rendement généralisable d'un champ de fonctionnement intellectuel à un autre, ni même à l'intérieur des champs eux-mêmes. Une pratique courante est de considérer comme doués les enfants dont le QI se situe à plus de deux écarts types au-dessus de la moyenne, ou au-dessus de 130, mais il s'agit là d'une décision arbitraire. Nous croyons qu'à l'heure actuelle, l'admission aux programmes spéciaux destinés aux enfants doués devrait reconnaître la valeur du QI comme un indicateur de douance parmi d'autres résultats, évaluations ou observations, et devrait impliquer un jugement professionnel concernant le potentiel des jeunes. (Feldhusen, 1986, p. 113.)

Comment identifier les enfants doués ? Renzulli (1977) estime que plusieurs facteurs doivent être pris en considération. Voici deux de ces facteurs, qui nous apparaissent particulièrement importants.

1- Connaître la personne : l'identification des enfants doués devrait passer par la connaissance de chacun sur une base individuelle, de son expérience socio-culturelle et des domaines d'activité dans lesquels il ou elle est engagé. Pour ce faire :

a) au moins une partie du processus d'identification devrait être individualisée puisque l'administration collective de tests standardisés en classe ne permet pas de connaître l'enfant personnellement ;

b) les techniques d'identification peuvent être mises au point ou adaptées localement de façon à mieux convenir à la population à l'étude ;

c) le processus d'identification devrait systématiquement inclure la participation des intervenants professionnels qui sont couramment en contact avec les enfants concernés et qui peuvent mettre leur connaissance à contribution ;

d) dans le domaine des arts en particulier, la démarche devrait inclure une évaluation de la valeur du produit ou de la performance de l'enfant par des personnes hautement qualifiées ;

e) le processus devrait mettre en jeu des personnes qui connaissent la culture des enfants et le contexte socio-culturel dans lequel ils sont invités à fournir le rendement évalué.

2- Offrir un choix de tâches : le processus d'identification des enfants doués ne devrait pas comprendre uniquement des tâches imposées mais aussi des épreuves choisies par l'enfant lui-même et laisser un minimum de liberté dans la façon de répondre à l'examen.

À la suite de ces recommandations, le tableau 8.5 montre l'importance relative des moyens couramment utilisés dans le processus d'identification des enfants doués à l'école.

TABLEAU 8.5 : Importance relative des moyens couramment utilisés pour dépister les enfants doués en milieu scolaire*

Tests d'intelligence standardisés	34,5 %
Tests de rendement intellectuel spécialisés	11,6 %
Tests de créativité	9,9 %
Échelles d'évaluation (*check-lists*)	11,7 %
Identification par questionnaire aux parents, professeurs, etc.	33,3 %
Total	100,0 %

* Tableau élaboré à partir d'ALVINO, J., McDONNEL, R.C. et RICHERT, S. (1981) « National Survey of Identification Practices in Gifted and Talented Education », *Exceptional Children*, 48, p. 130.

8.6 LES PROGRAMMES ÉDUCATIFS POUR ENFANTS DOUÉS

De la même façon que la plus grande partie des travaux de recherche sur la douance ont porté sur le fonctionnement cognitif des enfants doués, la plupart des programmes éducatifs mis sur pied se sont adressés à la stimulation intellectuelle de ce type d'enfants. Il existe bien par ailleurs des écoles et des programmes d'élite sportive ou artistique, mais ces efforts ne sont pas très répandus (Horowitz et O'Brien, 1986).

Quand on parle d'adapter l'éducation aux enfants doués, une question centrale se pose : faut-il enrichir les programmes ou accélérer le cheminement des élèves doués ? Les deux exemples que nous fournissons ici représentent chacune de ces tendances.

8.6.1 La stratégie de l'enrichissement : le programme de Renzulli

Le programme de Renzulli (1977) s'adresse aux enfants qui affichent à l'école :

1- une grande aptitude,

2- un potentiel créatif, et

3- une grande motivation au travail.

Selon cette approche, les élèves doués ne cheminent pas plus vite que les autres dans la séquence du programme mais, une fois qu'ils ont maîtrisé la base comme tout le monde, ils développent leur connaissance des contenus en participant à des projets et activités spéciales sur les mêmes thèmes. L'enrichissement consiste donc à élargir et à approfondir la matière en respectant le même rythme que les autres dans le programme. Renzulli a conçu un modèle applicable en milieu scolaire normal, dans des classes ordinaires où les enfants doués continuent d'évoluer avec les autres et où les besoins particuliers sont satisfaits par des activités pédagogiques plus poussées sur les mêmes thématiques.

Renzulli (1977) propose trois niveaux d'activités dans la poursuite de cet objectif. Les activités de « type I » correspondent à l'exploration générale des contenus compatibles avec le programme habituel de la classe au moyen de lectures sur différents thèmes qui permettront à l'élève de choisir des contenus intéressants pour les activités de « type III ». Les activités de « type II » sont des exercices de groupe destinés à développer des habiletés cognitives comme la résolution de problèmes, la pensée critique, les techniques de recherche, etc. Ces activités doivent être pertinentes au programme de la classe et l'on doit tenir compte, dans leur sélection, des intérêts manifestés par les élèves durant les activités d'exploration individuelle de type I. Les activités de type I et II sont appropriées pour tous les élèves et ce sont les activités de « type III » qui représentent l'effort d'enrichissement comme tel.

Les activités de type III correspondent à de la recherche sur des problèmes réels rencontrés dans la vie. Cette recherche peut se faire individuellement ou en petit groupe. Renzulli associe au moins cinq caractéristiques à ces activités de type III :

1- elles font passer l'élève doué d'une position de consommateur de connaissances à une position de producteur de savoir ;

2- elles suscitent un grand engagement personnel dans la tâche ;

3- elles font vivre à l'élève la différence entre une vraie recherche et un exercice pédagogique préparé par le professeur ;

4- elles mettent l'accent sur un produit fini ; et

5- elles laissent une grande place aux intérêts personnels et à la liberté de l'élève.

Le modèle de Renzulli a l'avantage de pouvoir s'appliquer dans un contexte scolaire normal, mais il repose sur la motivation à participer des élèves, ce qui peut exclure une certaine proportion d'élèves doués moins intéressés.

8.6.2 Le modèle d'accélération de Stanley et Benbow

Différentes versions du modèle de Stanley et Benbow ont été élaborées à l'Université Johns Hopkins depuis le milieu des années 1970. Ce programme , *The Study of Mathematically Precocious Youth* (SMPY), s'adresse spécifiquement aux élèves doués en raisonnement mathématique. Ceux-ci sont sélectionnés sur la base de leur résultat à la section mathématique du *College Board's Scholastic Aptitude Test* (SAT-Maths), un test que les élèves américains passent en 7e année en vue de leur admission éventuelle au collège.

Suivant ce modèle, l'élève peut progresser rapidement dans le programme normal et parcourir plusieurs années dans une. Il peut profiter du tutorat de ses pairs doués plus avancés.

Stanley et Benbow (1986) donnent une série de raisons pour justifier leur choix de l'accélération du cheminement dans les programmes courants plutôt que l'enrichissement. Premièrement, les programmes qui existent déjà sont généralement bien rodés dans leur séquence de sorte qu'on n'a pas à reconstruire les contenus pour les élèves doués. Deuxièmement, la maîtrise des programmes courants est valorisée socialement, de sorte qu'il y a une

récompense réelle à réussir des examens reconnus de tout le système scolaire. Troisièmement, dans les programmes d'enrichissement, l'élève doué est souvent placé dans la situation où il doit travailler pour rien, c'est-à-dire plus fort que ses compagnons, sur des contenus qu'il maîtrise déjà, ou travailler sur des contenus dont la pertinence n'est pas évidente ou qui ne l'intéressent pas vraiment, ce qui peut contribuer à le démotiver. Enfin quatrièmement, Stanley et Benbow mentionnent une série de mathématiciens célèbres qui ont en commun une grande précocité de cheminement scolaire, ce qui illustre bien le fait que la douance et la précocité font bon ménage dans l'éclosion du talent observable.

8.6.3 Conclusion sur les modèles

Horowitz et O'Brien (1986) mentionnent que dans la discussion des mérites respectifs des programmes basés sur l'enrichissement et sur l'accélération, on perçoit chez les intervenants en éducation une sorte d'antipathie à l'égard de l'accélération. Ce sentiment serait issu du principe selon lequel l'éducation ne devrait pas devancer le développement psychologique de l'enfant sans quoi des difficultés d'adaptation socio-affectives peuvent en découler. Les tenants de l'accélération soulignent alors que leurs clientèles n'affichent pas de tels problèmes d'inadaptation et qu'il est par ailleurs fort possible que les élèves doués qui échouent à l'école soient désabusés par des programmes qui ne stimulent pas leurs talents.

Parmi les nombreuses questions qui se posent encore en matière d'interventions éducatives auprès des enfants doués, on note le manque de connaissances précises sur le processus de développement psychologique des enfants doués et sur les facteurs qui favorisent l'éclosion et le maintien des talents. On sait qu'un environnement sain, soutenant et stimulant est généralement favorable à l'éclosion du talent, mais au-delà de ce constat global, c'est souvent l'improvisation qui guide les interventions.

8.7 LA DOUANCE ET L'ÉCOLE PUBLIQUE AU QUÉBEC

Mettre au point des contenus pédagogiques destinés à répondre aux besoins particuliers des élèves doués et talentueux exige une certaine démarche :

1- il faut d'abord reconnaître que les élèves doués ont des besoins pédagogiques particuliers auxquels l'école a pour rôle de répondre au même titre qu'à ceux des enfants ayant des difficultés d'apprentissage ;

2- il faut adopter une politique d'identification des élèves doués et talentueux ;

3- il faut adopter une approche pédagogique structurée et choisir entre l'« accélération » ou l'« enrichissement » des programmes offerts ; et

4- il faut munir les intervenants et intervenantes pédagogiques de ressources et d'outils appropriés pour animer les programmes adoptés.

Ces différentes étapes s'enchaînent logiquement, mais l'obstacle vite rencontré est celui des ressources financières requises pour aller de l'avant dans un contexte de rareté où d'autres cibles entrent en compétition avec la douance. Ainsi, Morand (1987) mentionne :

De plus en plus, la société québécoise et les parents en particulier questionnent, adressent des critiques souvent fondées au système éducatif en place. On s'inquiète de la piètre performance des élèves en langue maternelle et dans les autres matières de base, du manque de rigueur, de discipline intellectuelle. On ne demande pourtant pas au système éducatif de s'embarquer dans de nouveaux chambardements de structures ou de programmes. On lui demande en fait de faire mieux, on lui demande des résultats satisfaisants. On lui demande, rien de moins, dans un contexte de fréquentation scolaire fort généralisé, de faire en sorte que tous les élèves du Québec obtiennent un D.E.S. (diplôme d'études secondaires). Les pressions exercées par une telle démocratie scolaire sont fortes et l'objectif est loin d'être atteint. (P. 19.)

Dans un contexte où l'État ne veut pas s'engager prématurément dans des voies mal explorées, argent pour argent, il est plus attirant de chercher à mieux atteindre les objectifs connus de démocratisation des chances sociales, sans changer les structures, que

d'opter pour de nouveaux développements s'adressant à un sous-groupe d'élèves doués.

Ambivalence donc, entre la recherche d'un minimum assuré pour tous et la rencontre des besoins particuliers des mieux nantis. Avec cette toile de fond, l'étapisme, la prudence, l'exploration, le questionnement sont les avenues les plus sûres. Le moindre doute devient motif de retarder l'action : Est-on certain des outils utilisés pour identifier les enfants doués ? Devrait-on chercher à identifier une élite ou plutôt les forces particulières du plus grand nombre d'élèves possible ? Doit-on s'occuper de tous les élèves doués ou seulement des doués performants ?

Morand (1987) rapporte que dans une enquête menée en février 1986, à laquelle ont participé 75 % des commissions scolaires du Québec, on observait que 57 % d'entre elles avaient amorcé une réflexion sur la douance, mais que 25 % travaillaient réellement à élaborer des instruments pédagogiques destinés aux besoins des enfants doués et talentueux. En fait, le ministère de l'Éducation, en 1988, ne finance pas de services particuliers pour cette catégorie d'enfants. Sa position est essentiellement la même qu'en 1985, et trois orientations sont privilégiées :

1- la reconnaissance et l'identification des élèves doués et talentueux ;

2- la mise en place d'activités d'enrichissement comme moyen de répondre aux besoins ; et

3- l'exploitation maximale du cadre scolaire ordinaire (Morand, 1987).

Les options « enrichissement » et « accélération » sont au cœur de la question de la douance. D'une part, les tenants de l'enrichissement placent le problème dans un vaste ensemble social et sont très soucieux de la conservation du caractère démocratique de l'école, au risque, dans un contexte de rareté financière, de diluer l'action en renvoyant à la classe ordinaire le mandat d'« enrichir » sans lui fournir de richesse nouvelle. D'autre part, les tenants de l'accélération constatent l'existence d'enfants exceptionnellement doués et, sans perdre de temps à discourir sur la nature psychologique ou sociale de la douance, s'emploient à offrir des contenus qui exploitent les talents de l'élève dans la matière visée elle-même et non pas dans des activités pédagogiques artificielles. Ainsi, en mathématiques, ce sont de vrais problèmes pertinents aux programmes reconnus que l'on propose aux jeunes et non pas des activités marginales non rattachées ; en langue ou en écriture c'est la même chose (Stanley et Benbow, 1986).

Certes, une telle optique basée sur l'action plutôt que sur la réflexion laisse peut-être à d'autres le soin de se pencher en priorité sur la question de la démocratie des chances scolaires. La tension entre le souci de justice et la recherche d'excellence est donc au centre des politiques éducatives concernées par la douance, en même temps qu'il est possible d'utiliser l'ambiguïté de la notion d'enrichissement pour justifier l'inaction (Horowitz et O'Brien, 1986). On reconnaît l'existence de la douance et l'on charge la classe ordinaire, sans l'appuyer de façon particulière, de s'occuper de la question. Pour l'école publique au Québec, la douance est un dossier pour l'avenir, et la vitesse du cheminement observé au cours des dernières années permet de croire qu'il ne s'agit pas d'un avenir rapproché.

Deuxième partie
LA CRÉATIVITÉ

Pourquoi, dans un chapitre intitulé « Douance et créativité », séparer l'étude de la créativité de celle de la douance ? La créativité ne fait-elle pas partie intégrante de la douance ? Oui, en effet, la créativité est la plupart du temps considérée comme un sous-ensemble de la douance. Nous devons cependant reconnaître que la douance est une notion où l'intelligence joue un rôle central. En effet, certaines conceptions de la douance sont si près de celle de l'intelligence qu'il faut faire un effort pour se rappeler que c'est de potentiel exceptionnel dont il s'agit alors et non pas simplement de potentiel intellectuel. Or, peut-on associer aussi intimement créativité et intelligence que douance et intelligence ? La créativité n'est-elle pas distincte de l'intelligence ?

Le débat sur le caractère distinct de la créativité par rapport au rendement intellectuel n'est pas encore résolu même s'il a été amorcé depuis fort longtemps. Callahan (1981) rapporte qu'en 1898 déjà, Dearborn mentionnait que les réponses les plus imaginatives à une épreuve projective du type « taches d'encre » n'étaient pas nécessairement fournies par les sujets les plus intelligents. En 1915, Whipple proposait des tests spécifiquement consacrés à l'évaluation de l'originalité et de l'inventivité, tandis qu'en 1927, Spearman ne croyait pas que le talent créatif nécessitait autre chose que l'intelligence.

Les rapports entre la créativité et l'intelligence font toujours l'objet d'une controverse. On accepte que l'intelligence est une composante importante de la douance mais que cette dernière peut inclure autre chose qu'un QI élevé, notamment la créativité. L'intelligence et la créativité seraient donc deux sous-ensembles de cet ensemble plus vaste qu'est le fonctionnement intellectuel. Peut-on être exceptionnellement créatif sans être particulièrement intelligent ? Peut-on être exceptionnellement intelligent sans être particulièrement créatif ? La section qui suit répondra au moins partiellement à ces questions.

8.8 QU'EST-CE QUE LA CRÉATIVITÉ ?

La notion de créativité renvoie à la capacité d'inventer de nouvelles façons de faire, de comprendre ou d'exprimer quelque chose. Le caractère innovateur de la réalisation est central dans la reconnaissance de la créativité.

Guilford, un pionnier dans l'étude psychologique de la créativité, a proposé deux modes de pensée qui peuvent aider à comprendre la nature de la créativité : la pensée convergente et la pensée divergente (Guilford, 1954, 1956, 1957). Dans un problème donné, la pensée convergente implique l'intégration et le traitement de l'information disponible de façon à arriver à la réponse correcte attendue ; il y a alors convergence de l'activité mentale vers un but préétabli. La pensée divergente se manifeste dans une situation où il n'y a pas nécessairement une seule bonne réponse ; le traitement de l'information peut suivre plusieurs parcours et arriver à plusieurs solutions différentes. L'activité cognitive comporte donc une large part d'exploration de différentes solutions possibles au problème posé, à la diversification des solutions. Selon Guilford, la créativité est associée à la pensée divergente.

Feldman (1980) distingue deux approches, soit la créativité en tant que trait et la créativité en tant que processus. En tant que trait, la créativité est considérée comme un potentiel stable chez la personne d'une situation à l'autre. Cette perspective a dominé les travaux psychologiques sur la créativité, travaux fortement influencés par la psychométrie. Dans cette optique, la créativité est un trait plus ou moins présent chez l'individu, une caractéristique personnelle au même titre que l'intelligence ; elle est durable et elle est mesurable dans différentes situations.

En tant que processus, la créativité est le résultat d'une interaction entre la personne et son environnement. Elle est alors perçue comme la rencontre du talent, du travail et de l'occasion de s'exprimer. Dans cette optique, l'objectif premier est d'identifier les facteurs associés à une expression plus ou moins complète du potentiel créateur de la personne. Cette deuxième approche diffère de la première notamment par l'idée que la créativité est une rencontre entre une personne et un contexte favorable à la création et non pas un trait personnel qui suit l'individu et qui se manifeste partout.

Comme le soulignent Siegler et Kotovsky (1986) et Renzulli (1977), depuis que la psychologie s'intéresse à la créativité et à la douance, deux grandes tendances se manifestent, chacune se rapprochant de l'une ou l'autre des conceptions précédentes. Premièrement, la *douance scolaire*, dont ferait partie la créativité, est considérée comme un trait présent chez l'enfant et durable par la suite. Deuxièmement, il y a la *production créatrice* décelée par la qualité de la production, cette dernière pouvant être abondante ou ne correspondre qu'à un seul produit ou idée révolutionnaire. Un peu comme la créativité conserve quelque chose de distinct par rapport à la douance, ces deux lignes de force n'ont pas encore été intégrées théoriquement. Il n'est pas nécessaire d'avoir été doué à l'école pour réaliser une production créatrice, et le fait d'être reconnu comme doué-créatif pendant l'enfance ne garantit aucunement la production créatrice plus tard.

Lors de notre présentation des méthodes d'évaluation de la créativité, c'est l'approche de la créativité en tant que trait qui servira de toile de fond, phénomène que l'on estime pouvoir évaluer chez l'enfant à partir de tests appropriés. La prochaine section propose une réflexion sur la nature de la créativité, qui distingue son aspect subjectif de son aspect objectif.

8.9 LA CRÉATIVITÉ SUBJECTIVE ET LA CRÉATIVITÉ OBJECTIVE

La créativité peut aussi être considérée comme possédant une double nature : subjective et objective. Dans sa dimension subjective, elle renvoie à la découverte qui apporte quelque chose qui est neuf dans l'univers individuel mais pas nécessairement nouveau ou original pour les autres. L'enfant qui découvre comment siffler n'apporte rien de nouveau au monde mais, pour lui, il s'agit d'un tout nouvel outil d'expression. Dans sa dimension objective, la créativité renvoie à une découverte originale, un nouveau produit, une nouvelle relation, à une idée qui est neuve pour l'ensemble de la collectivité.

Tandis que la créativité subjective n'a pas de norme à respecter, la créativité objective est soumise à certaines règles sociales. La création subjective est indépendante de l'originalité de l'invention en jeu, de la perfection du produit par rapport à ce qui existe déjà ; il peut s'agir d'une expression nouvelle sans valeur réelle pour les autres mais qui permet un dépassement, un renouvellement personnel.

Paradoxalement, la créativité objective, qu'elle s'inscrive en art, en science, en sport, etc., a quelque chose de conformiste et de politique. Elle tient du conformisme parce que la production doit être accessible, comprise, elle doit pouvoir être médiatisée vers autrui. Elle tient également du politique parce que le produit doit pouvoir convaincre les autres de sa valeur, de son unicité, de son originalité par rapport à ce qui est connu pour l'heure. Il existe en effet un « *zeitgeist* », c'est-à-dire une période propice à certaines idées neuves en dehors de laquelle celles-ci sont refusées par la collectivité. Galilée en sait quelque chose.

Les dimensions subjective et objective ne sont pourtant pas étanches l'une par rapport à l'autre. Dans une certaine mesure, la créativité subjective est préalable à la créativité objective. En effet, il est difficile de concevoir une production originale qui ne comporte pas une part de nouveauté subjective pour son auteur. Il peut sembler qu'un nouveau dessin, pour Picasso, ne représentait pas beaucoup de « nouveau subjectif » dans le contexte d'une production de milliers d'autres dessins, pourtant tous reconnus maintenant comme « objectivement » créatifs. Mais une telle impression néglige la valeur subjective de l'expression artistique qui, même pour les grands maîtres, et peut-être surtout pour eux, répond à un vif besoin de trouver du neuf, d'évoluer. C'est peut-être chez les grands créateurs que l'on retrouve le plus nettement l'intense motivation du jeune enfant qui recherche le nouveau en combinant les éléments de son monde de toutes les façons possibles.

Sinclair (1982) a mené une étude intéressante sur le processus de découverte chez le jeune enfant ; le tableau 8.6 résume les activités spontanées de l'enfant de 10 à 24 mois et permet de comprendre les bases élémentaires de la créativité subjective dans son développement cognitif. Aussi, le contenu du tableau illustre concrètement la nature particulière de la créativité subjective.

8.10 L'ÉVALUATION DE LA CRÉATIVITÉ CHEZ L'ENFANT

Un bon nombre d'instruments ont été mis au point en psychologie pour évaluer la créativité chez l'enfant. Une majorité d'entre eux s'inscrivent dans la tradition instaurée par le groupe de Guilford (1956, 1959). Notre objectif n'étant pas de fournir ici un inventaire des méthodes disponibles, nous nous limiterons à présenter l'une des approches les plus connues, celle de Torrance (1966), et à donner des exemples représentatifs de tâches utilisées pour évaluer la créativité.

8.10.1 La méthode de Torrance

Dans la tradition de Guilford, la créativité est associée à la pensée divergente, et Torrance propose un modèle où quatre dimensions servent à mesurer la pensée créative :

1- la fluidité,

2- la flexibilité,

3- l'originalité, et

4- l'élaboration.

Les cotes sont obtenues dans le cadre d'épreuves d'expression verbale (utilisant des mots) ou figurative (utilisant des dessins) que le sujet doit terminer dans un temps limité. Par exemple, on demande à l'enfant d'écrire sur une feuille toutes les questions qu'il peut imaginer en rapport avec une image donnée (expression verbale), ou on lui demande de compléter un dessin (épreuve figurative).

1- La fluidité

La fluidité correspond à la capacité du sujet de produire un grand nombre d'idées. Le résultat est calculé d'après le nombre total de réponses acceptables fournies dans le contexte de la tâche proposée.

2- La flexibilité

La flexibilité renvoie à la capacité du sujet de produire des réponses variées, de catégories différentes. Par exemple, si l'on demande à l'enfant d'imaginer toutes les choses les plus intéressantes et les plus ingénieuses qu'il est possible de faire avec des boîtes de conserve vides, les réponses utilisant la boîte comme « contenant » (verre pour boire, contenant pour mettre des billes, tirelire, cendrier) appartiennent à une même catégorie et indiquent donc une faible flexibilité. Des réponses comme abat-jour, cloche, pot à fleurs, objet décoratif, pesée pour pendule appartiennent à des catégories différentes et se voient décerner une cote de flexibilité plus élevée.

TABLEAU 8.6 : Activités spontanées de jeunes enfants comportant une part de créativité subjective*

Âge approximatif	Description de l'activité	Objet(s) en jeu
Avant 10-12 mois	- Bouger, ouvrir, fermer	Bouche, main, corps propre
	- Toucher, gratter, sucer, prendre, jeter, secouer, taper	Un seul objet
À partir de 12 mois	- Réunir, séparer, mettre dans, fractionner, mettre sur, placer contre, etc.	Début de combinaisons d'objets et évolution vers une expérimentation plus active
À partir de 24 mois	- Prolongement des activités précédentes (mettre dans, fractionner, etc.)	Exploitation des rapports entre les objets pour créer des combinaisons qui prennent un sens
	- Relations spatiales de position, de grandeur, d'emboîtement	Transformation des objets eux-mêmes pour répondre à un besoin prévu dans la création recherchée
	- Fabrication d'objets nouveaux par combinaison d'éléments et attribution de signification	

* Élaboré à partir de SINCLAIR, H. (1982) « La créativité dans le développement cognitif », *in* NICOLAÏDIS, N. et SCHMID-KITSIKIS, E. *Créativité et/ou symptôme*, Paris, Clancier-Guénaud.

3- **L'originalité**

L'originalité renvoie à l'aptitude du sujet à produire des réponses qui sortent de l'ordinaire ; elle est évaluée en fonction de la rareté des réponses par rapport à celles de l'ensemble de la population. Par exemple, une réponse qui n'apparaît que 2 fois sur 100 (2 %) sera considérée comme originale.

4- **L'élaboration**

L'élaboration est l'aptitude du sujet à développer, à embellir, à élargir ses idées. Elle est fonction du nombre de détails fournis en plus de l'idée de base de la réponse. Ainsi, dans une tâche de dessin où il faut indiquer de quoi il s'agit, le sujet qui désignera son dessin comme « un bonhomme » aura une cote d'élaboration moindre que celui qui le décrit comme « un bonhomme de neige décoré pour le concours du carnaval d'hiver ».

Ces quatre indices de créativité de Torrance sont donc appliqués à la production des enfants dans une série de tâches. Les épreuves peuvent être utilisées depuis la maternelle jusqu'à la fin du secondaire, mais leur administration collective n'est pas possible avant la troisième année du primaire. Chez les jeunes, les tests doivent être administrés individuellement puisque, alors, les enfants ne maîtrisent pas encore suffisamment l'écriture.

8.10.2 Critique de la méthode de Torrance

L'utilisation de ce matériel d'évaluation s'est fortement répandue au cours des années 1965-1970, et plusieurs travaux de recherche ont permis d'évaluer leur valeur psychométrique. Dès 1970, Wallach faisait la recension de ces travaux sur le sujet et formulait une critique de la méthode de Torrance pour évaluer la créativité chez l'enfant.

Premièrement, pour Wallach (1970), le contexte d'administration des tests de Torrance comporte des aspects « convergents » peu compatibles avec la pensée divergente que l'on prétend mesurer :

— les sujets disposent d'un temps limité pour fournir leurs réponses ;

— l'administrateur typique, selon Torrance, est le professeur, de sorte que pour certains enfants, la situation d'évaluation de la créativité aura la même connotation « évaluative » que le travail de classe et l'idée de présenter les épreuves comme des jeux amusants n'atteindra pas l'objectif de détente souhaitée ;

— dans les consignes, on indique subtilement aux sujets que certaines réponses sont meilleures que d'autres en disant, par exemple, « qu'il s'agit de mentionner tous les usages les plus intéressants ou les plus ingénieux possibles pour des boîtes de conserve vides ».

Deuxièmement, Wallach conclut de son examen de plusieurs recherches pertinentes que les résultats aux tests de Torrance sont en corrélation avec les tests traditionnels de QI et avec les notes scolaires. De plus, des études montrent que d'ajouter les résultats aux test de Torrance à ceux du QI n'améliore pas la prédiction du rendement scolaire, et donc que ces indices de créativité n'apportent pas une contribution spécifique. Wallach conclut de la façon suivante :

Les données examinées dans la présente section appuient la conclusion selon laquelle le type d'habileté cognitive le plus clairement mesuré par la batterie de Torrance est en fait ce que l'on appelle la pensée convergente ou l'intelligence générale, plutôt qu'un domaine distinct qui pourrait s'appeler pensée créative. (Wallach, 1970, p. 1229.)

Depuis les années 1970, l'intérêt pour la douance et la créativité s'est constamment accru, en raison notamment des programmes scolaires spéciaux qui s'adressent aux enfants dits doués ou créatifs. Cependant, dans ce contexte, il ne semble pas que la valeur des moyens pour évaluer la créativité ait changé, ce qui, en 1986, fait dire à un éminent chercheur :

Même si peu de gens seraient opposés à l'inclusion de la variable créativité dans un modèle de douance, les conclusions et recommandations discutées plus haut soulèvent la question obsédante de la subjectivité de sa mesure. À la lumière de ce que la recherche suggère concernant la valeur douteuse des tests objectifs de pensée divergente, le temps est peut-être venu pour les personnes intéressées à la douance de concevoir des méthodes plus soignées pour évaluer les productions des candidats aux programmes scolaires spéciaux pour doués. (Renzulli, 1986, p. 72.)

8.10.3 Les tâches utilisées pour évaluer la créativité

Le tableau 8.7 présente une série d'exemples de tâches qui ont été utilisées par divers auteurs dans le but d'évaluer la créativité.

TABLEAU 8.7 : Exemples de tâches utilisées pour évaluer la créativité chez l'enfant

1- Façons de rendre un objet plus amusant (Torrance, 1966)

Propose des transformations à un petit singe en peluche (« peu importe si cela coûte cher »), transformations qui seraient susceptibles de le rendre encore plus amusant pour les enfants.

2- Usages inhabituels (Guilford, 1954 ; Torrance, 1966 ; Harrington, Block et Block, 1983)

Énumère autant d'usages différents que tu peux imaginer pour : a) un cure-dent ; b) une brique ; c) un trombone pour papier ; d) une boîte de conserve vide ; e) un journal ; f) un couteau de table.

3- Conséquences (Guilford, 1954)

Imagine toutes les choses qui pourraient arriver si les lois étaient soudainement abolies.

4- Association de mots (Getzels et Jackson, 1962)

Écris autant de significations différentes que tu le peux pour chacun des mots suivants : a) noyau ; b) demeure ; c) terre ; d) véhicule ; e) marche ; f) atmosphère.

5- Signification de dessins

Voici différents dessins de formes géométriques, imagine toutes les choses différentes que chacun des schémas pourrait représenter.

o o o o o o ――――――――――― !!!! !!!!! !!!!! !!!!!

L'examen de ces exemples de problèmes posés dans les tests de créativité permet d'estimer l'importance de l'intelligence verbale dans ce domaine : plusieurs impliquent en effet l'utilisation de mots pendant la tâche ou pour communiquer la réponse. Or, une étude menée plus récemment par Kershner et Ledger (1985) a montré que la créativité évaluée à l'aide de problèmes non verbaux (dessins, images, formes à assembler, etc.) serait plus indépendante du QI et plus susceptible de constituer une dimension cognitive autonome.

8.11 LA RELATION ENTRE LA CRÉATIVITÉ ET L'INTELLIGENCE

La similitude entre la douance et l'intelligence est relativement forte. Elle le serait encore davantage si la douance n'incluait pas la créativité, cette dimension qui ne peut se réduire au QI. Nous avons vu plus haut qu'il existe différents tests destinés à évaluer la créativité. Mais n'est-ce pas paradoxal de vouloir « mesurer la créativité » par une démarche identique pour tous ? Le concept même de créativité ne renvoie-t-il pas à du nouveau, du différent, à quelque chose qui n'est pas standard ?

Les mesures de créativité tentent de contourner ce problème en évaluant la pensée divergente plutôt que convergente, comme c'est le cas dans plusieurs mesures du QI. Il s'agit alors, non pas de rechercher la capacité de fournir la bonne réponse à un problème, mais plutôt d'évaluer la capacité de fournir le plus de réponses acceptables différentes possible face au problème. L'originalité de la production est aussi évaluée sur la base de la fréquence statistique à laquelle on obtient telle ou telle réponse dans la population (la réponse acceptable plus rare étant plus originale).

Selon Callahan (1981), il existe un certain nombre de caractéristiques personnelles distinctives des enfants créatifs. Ces derniers seraient plus sujets au doute, au non-conformisme, à l'indépendance. Ils partageraient avec les enfants doués les caractéristiques d'intelligence et de persévérance, mais seraient plus enclins à des difficultés scolaires parce que, dans le contexte de la classe ordinaire, leur comportement non conventionnel ne trouverait pas un accueil positif, ce qui aurait pour effet de les démotiver ou encore de décourager les conduites de type créatif dans le contexte scolaire.

Un certain nombre de recherches ont, dans le passé, tenté de faire la distinction entre l'intelligence et la créativité en isolant quatre classes d'individus définies par ces deux variables :

1- intelligent – créatif ;
2- intelligent – moins créatif ;
3- moins intelligent – créatif ; et
4- moins intelligent – moins créatif (Getzels et Jackson, 1962 ; Wallach, 1970).

Des travaux ultérieurs ont montré qu'il semblait y avoir un seuil minimal d'intelligence pour que la créativité se manifeste tandis que l'intelligence n'est pas une garantie d'originalité (Crockenberg, 1972).

Aujourd'hui, on accepte l'idée que pour être créatif, il faut aussi être d'intelligence supérieure à la moyenne, mais au-delà de 120 de QI, on peut trouver des gens très intelligents qui sont proportionnellement faibles en créativité et, à l'inverse, des gens proportionnellement plus créatifs qu'intelligents (Scarr, Weinberg et Levine, 1986).

8.12 LA PROMOTION DE LA CRÉATIVITÉ DE L'ENFANT

Le développement de la créativité chez l'enfant, en raison de la nature divergente de cette dimension psychologique, n'est pas nécessairement encouragé par les milieux de vie de l'enfant. Par exemple, Piaget croyait que la créativité en tant que découverte de quelque chose de nouveau, d'un principe inconnu de la personne auparavant (et non pas une invention objective) « est maximale chez les bébés dont presque toute activité est nouvelle, qu'elle est encore considérable chez les enfants, et qu'elle diminue chez les adolescents, pour devenir rare chez les adultes qui, le plus souvent ne font que se répéter et s'imiter » (Sinclair, 1982, p. 16).

Cette perspective donne de la pertinence à la distinction faite plus haut entre la créativité subjective et la créativité objective ; le conformisme social requis par plusieurs milieux de vie (famille, école, groupes sociaux, etc.) ne fait-il pas décroître l'importance et le respect de la recherche individuelle de nouveauté à mesure que la personne avance dans sa vie ? Les personnes qui demeurent créatives ne conservent-elles pas cette recherche enfantine du nouveau ? Les époques ou les lieux de grande créativité ne se sont-ils pas caractérisés par l'abandon du conformisme et les remises en question radicales ? Comment un milieu comme l'école, structuré de façon universelle, affichant des attentes précises et essentiellement « collectif » dans son organisation, peut-il faire la promotion d'une réalité aussi divergente que la créativité ? Feldhusen et Treffinger (1980) formulent une série de suggestions visant à promouvoir la créativité chez les enfants en classe ; pour une bonne part, l'essentiel de ces recommandations pourrait aussi s'appliquer au contexte de la relation parent—enfant :

1- appuyer et récompenser les réponses et idées inhabituelles des enfants ;

2- utiliser l'échec de façon positive comme outil d'identification des erreurs de façon à faciliter l'évolution vers les objectifs dans une atmosphère soutenante ;

3- autant que possible, adapter les activités de la classe aux intérêts et idées des élèves ;

4- comme les idées créatives ne surgissent pas toujours instantanément, donner du temps aux enfants pour concevoir et développer leurs idées ;

5- créer un climat de respect et d'acceptation mutuels dans la classe de façon à favoriser les échanges enrichissants et à permettre l'apprentissage indépendant ;

6- être conscient du fait que la créativité ne se manifeste pas seulement en art mais peut se trouver dans toutes les matières scolaires ;

7- encourager les activités d'apprentissage divergentes, c'est-à-dire l'utilisation de différentes approches plutôt qu'une seule imposée à tous ;

8- écouter les élèves et rire avec eux ; une atmosphère chaleureuse favorise une exploration sécurisante des modes de pensée ;

9- laisser du choix aux élèves et leur permettre d'assumer une part de responsabilité dans leur cheminement éducatif ;

10- favoriser l'engagement du plus grand nombre possible en expliquant clairement la valeur de la participation et en témoignant concrètement d'un appui aux initiatives personnelles.

On peut comprendre que l'enseignant ou l'enseignante qui réussit à intégrer ces recommandations dans son fonctionnement quotidien soit très populaire. Ces caractéristiques ne sont-elles pas celles des classes que nous avons le plus appréciées dans notre enfance en même temps que celles dont nous gardons le meilleur souvenir ? Deux dimensions ressortent probablement comme facteurs communs à ces recommandations :

1- le respect de l'enfant en tant qu'individu ; et

2- l'appui apporté à ses projets personnels.

POST-TEST

1- Qu'entend-on par « sous-performance » ?

2- *Vrai ou faux*. En éducation, la douance est une question qui est traitée de façon uniforme d'une région à l'autre du Québec.

3- Nommez deux des cinq dimensions principales incluses dans les conceptions contemporaines de la douance.

4- *Vrai ou faux*. La douance est une caractéristique reliée à la personne pour toute la vie, ce qui signifie qu'on est doué ou qu'on ne l'est pas.

5- Identifiez la ou les affirmations qui sont vraies.

a) L'enfant doué ne deviendra pas nécessairement un adulte doué ;

b) L'enfant doué est caractérisé par une adaptation sociale remarquable ;

c) La douance scolaire découle principalement de la productivité créatrice ;

d) Même si la psychologie du développement n'accorde que très peu d'importance à la douance scolaire, l'environnement éducatif est très sensible à cette réalité.

6- Nommez deux des trois lignes de force dominantes de l'ensemble des caractéristiques des enfants doués.

7- *Vrai ou faux.* Lors de l'étude longitudinale de Terman, les sujets doués devenus adultes affichaient un taux plus élevé de divorce, d'alcoolisme, de suicide, de maladie physique, de maladie mentale et de mortalité précoce.

8- Donnez un exemple de gain interne et un exemple de gain externe.

9- Comment une trop grande pression éducative peut-elle se retourner contre la motivation de l'enfant ?

10- Laquelle des affirmations suivantes est vraie ?

Borthwick, Down, Lévesque et Banks (1980) rapportent que :

a) 20 % des enfants doués sous-productifs sont des garçons ;

b) 20 % des enfants doués sous-productifs sont des filles ;

c) 90 % des enfants doués sous-productifs sont des filles ;

d) 90 % des enfants doués sous-productifs sont des garçons.

11- Nommez deux des trois grandes zones de pression éducative familiale associées à la réussite scolaire.

12- Quelles sont les trois sous-théories sur lesquelles Sternberg appuie sa théorie triarchique ?

a) les composantes, l'expérience, le contexte ;

b) l'apprentissage, la planification, l'action ;

c) les composantes, les relations, l'apprentissage ;

d) le rendement, l'intelligence, les capacités.

13- Associez, en respectant l'ordre de mention, les exemples suivants au type de composante auquel il appartient.

1) le choix d'une stratégie pour combiner entre elles les composantes subordonnées ;

2) l'encodage des stimuli ;

3) la combinaison sélective, c'est-à-dire la combinaison des informations pertinentes de façon à former un tout qui a du sens ;

a) les métacomposantes ;

b) les composantes de performance ;

c) les composantes d'apprentissage.

14- Identifiez trois des quatre niveaux hiérarchiques de talent dans les civilisations contemporaines.

15- Associez les quatre types de talents individuels à leur description respective en respectant l'ordre de mention.

1) talents rares ;

2) talents anormaux ;

3) talents de surplus ;

4) talents contingentés.

a) Ceux dont l'humanité aura toujours besoin parce qu'ils viennent combler des besoins de survie humaine ;

b) Ceux qui contribuent à l'élévation humaine mais qui sont considérés comme des luxes parce que, même s'ils améliorent la beauté du monde, ils ne garantissent pas la réponse à des besoins essentiels ;

c) Ceux qui mettent en jeu des habiletés hautement spécialisées requises pour combler des besoins sociaux particuliers ;

d) Ceux qui sont exceptionnels par leur caractère inusité ; certains ont une utilité sociale, une valeur artistique ou athlétique mais d'autres ne trouvent de sens que dans la curiosité publique qu'ils suscitent.

16- *Vrai ou faux.* Selon le modèle de Renzulli, les élèves doués ne cheminent pas plus vite que les autres dans la séquence du programme mais, une fois qu'ils ont maîtrisé la base comme tout le monde, ils développent leur connaissance des contenus en participant à des projets et activités spéciales sur les mêmes thèmes.

17- Donnez deux caractéristiques des activités de « type III », selon le modèle de Renzulli.

18- Selon Stanley et coll., en quoi les programmes d'enrichissement peuvent-ils être démotivants pour l'élève ?

19- Dans un problème donné, la pensée .... implique l'intégration et le traitement de l'information disponible de façon à arriver à la réponse correcte attendue.

20- *Vrai ou faux.* Selon l'approche de la créativité en tant que trait, celle-ci est considérée comme le résultat d'une interaction entre la personne et son environnement.

21- Lesquelles des affirmations suivantes sont vraies ?

a) Dans sa dimension subjective, la créativité renvoie à la découverte qui apporte quelque chose qui est neuf dans l'univers individuel mais pas nécessairement pour les autres ;

b) La créativité objective n'a pas de norme à respecter, la créativité subjective est soumise à certaines règles sociales ;

c) La créativité subjective tient de l'originalité de l'invention concernée ;

d) La créativité objective a quelque chose de conformiste et de politique ;

e) Dans une certaine mesure, la créativité objective est préalable à la créativité subjective.

22- Qu'est-ce que la flexibilité ?

23- Donnez deux exemples de tâches utilisées pour évaluer la créativité.

24- *Vrai ou faux.* Certains travaux ont montré qu'il semblait y avoir un seuil minimal d'intelligence pour que la créativité se manifeste tandis que l'intelligence n'est pas une garantie d'originalité.

25- Quels sont les deux facteurs communs aux recommandations énumérées dans le but de promouvoir la créativité chez l'enfant ?

Chapitre 9

Déficience mentale et troubles d'apprentissage

PLAN

PRÉTEST

1- Parmi les propositions suivantes, identifiez la limite de QI sous laquelle le diagnostic de déficience mentale commence à être possible.

   a) 90 ou 85 ;

   b) 70 ou 65 ;

   c) 50 ou 45.

2- Laquelle de ces deux affections indiquait le retard mental le plus profond pour Étienne Esquirol (1772-1840) ?

   a) l'imbécillité ;

   b) l'idiotie.

3- Identifiez un facteur qui a contribué à la désuétude du système de classification de Binet à partir des années 1950 ?

4- Parmi les propositions suivantes, identifiez les caractéristiques cognitives associées à l'enfant déficient mental par l'approche des différences individuelles.

   a) L'enfant déficient mental utilise des processus cognitifs différents ;

   b) L'enfant fonctionne comme les autres mais il est moins avancé ;

   c) L'enfant affiche un retard du développement par rapport aux normes ;

   d) L'enfant déficient n'affiche pas de retard mais il pense différemment.

5- *Complétez la phrase.* En expliquant que la déficience mentale peut provoquer une psychose ou une névrose chez l'enfant, l'approche .... souligne l'effet relationnel de la déficience mentale.

6- Nommez deux dimensions permettant d'établir la valeur d'un système de classification des déficiences mentales.

7- *Vrai ou faux.* Le système fonctionnel des déficiences du développement est un système de classification qui rejette l'utilisation du QI comme outil de classification.

8- À partir de quel moment l'ensemble de la population enfantine peut-elle faire l'objet d'études de prévalence réelle ?

9- Identifiez le système de classification que la littérature considère comme le moins fiable parmi les suivants :

   a) le système de l'AAMD (*American Association on Mental Deficiency*) ;

   b) le système du *DSM-III* (*Diagnostic and Statistical Manual of Mental Disorders*) ;

   c) le système DD (*The Developmental Disabilities Definition*).

10- Quel est le syndrome qui, à lui seul, est à l'origine de plus du tiers des cas de déficience mentale profonde ?

11- *Vrai ou faux.* La fréquence de la déficience mentale est plus grande chez les garçons que chez les filles.

12- Expliquez comment l'intelligence constitue l'outil le plus puissant de développement psychologique de l'enfant.

13- *Vrai ou faux.* Chez l'enfant déficient mental, l'intervention précoce n'est pas nécessaire puisque le retard est déjà présent en bas âge.

14- *Choisissez l'énoncé qui est vrai.* Chez l'enfant déficient mental,

   a) le développement cérébral devance généralement le développement somatique ;

   b) le rendement est habituellement supérieur dans des tâches psychomotrices par rapport à des tâches spatio-temporelles.

15- Identifiez deux éléments ressortant comme essentiels au diagnostic d'un trouble d'apprentissage chez l'enfant.

16- *Complétez la phrase en choisissant la bonne réponse.* Les élèves qui ne sont pas choisis par leur pairs comme partenaires d'activités (jeu, tâche scolaire, etc.) font partie de la catégorie ....

   a) rejetés ;

   b) isolés ;

   c) populaires.

17- *Vrai ou faux*. Le fait de ne pas renforcer autant les autres pour leurs bons coups et d'émettre plus de commentaires compétitifs pourrait expliquer le taux plus élevé de rejet par leurs pairs des enfants ayant des troubles d'apprentissage.

18- Expliquez pourquoi, à partir des années 1970 environ, l'accent n'est plus autant mis sur des causes neurologiques pour expliquer les troubles d'apprentissage possibles chez les enfants.

19- Selon l'approche de Feuerstein (1980), quels sont les deux facteurs responsables de l'intelligence chez l'enfant ?

20- Quelle idée est à la base des programmes d'éducation préscolaire compensatoire ?

21- Identifiez les quatre facteurs pouvant intervenir dans la fréquence plus grande des troubles d'apprentissage chez les enfants issus de milieux défavorisés ou chez ceux déjà évalués comme ayant une difficulté quelconque.

22- *Complétez la phrase*. La difficulté à apprendre à lire et à écrire a longtemps été appelée ....

23- Qu'est-ce que la dysorthographie (ou dysgraphie) ?

24- Parmi les propositions suivantes, identifiez le pourcentage d'enfants normaux par ailleurs affichant un problème d'apprentissage de la lecture.

    a) 8 à 15 % ;

    b) 85 à 90 % ;

    c) 1 à 7 % ;

    d) 20 à 27 %

25- Parmi les habiletés suivantes, identifiez celles qui jouent un rôle dans le processus de décodage.

    a) l'analyse de la structure du texte ;

    b) la compréhension du texte ;

    c) la discrimination sensorielle ;

    d) la discrimination auditive.

26- *Complétez la phrase*. Des facteurs ...., psychologiques et .... peuvent être en cause dans le problème de lecture vécu par l'enfant.

27- *Vrai ou faux*. Le non-respect de la grammaire peut changer le sens du texte, tandis que le non-respect de l'orthographe ne l'influence pas.

28- L'écriture d'un texte requiert de combler l'écart important qui existe entre le son des mots et leur orthographe. Expliquez brièvement comment cela se répercute dans les erreurs d'écriture courantes chez l'enfant.

29- Identifiez, à l'aide des lettres, la définition qui correspond à chacun des trois concepts numérotés en respectant l'ordre de mention de ceux-ci.

    a) habileté à se concentrer sur les éléments pertinents d'une tâche plutôt que sur d'autres ;

    b) autocontrôle cognitif ou habileté à gérer son propre fonctionnement mental ;

    c) capacité de reconnaître ou d'évoquer un contenu auquel on a été antérieurement exposé.

    1) métacognition ;

    2) mémoire ;

    3) attention sélective.

30- *Vrai ou faux.* Les enfants souffrant de troubles d'apprentissage se souviennent moins bien des éléments périphériques du problème tout en affichant une rétention aussi bonne sinon meilleure des données centrales à la tâche comme telle.

31- *Complétez la phrase.* La métacognition renvoie à l'activité de penser à ....

32- *Complétez la phrase.* Même si la tradition de recherche en métacognition est plutôt récente en rapport avec les problèmes d'apprentissage, les travaux tendent à appuyer l'hypothèse d'une .... de l'apprentissage, hypothèse formulée par Torgensen (1982).

33- *Vrai ou faux.* Autour des années 1970, on s'est rendu compte que les classes spéciales avaient des conséquences négatives pour l'élève.

34- *Vrai ou faux.* Récemment, on s'est rendu compte que la classe spéciale et l'intégration complète en classe régulière constituent les deux pôles d'un continuum et qu'il est souhaitable d'utiliser ces deux approches de façon complémentaire.

35- *Complétez la phrase.* Dans le contexte de l'enseignement traditionnel et selon l'approche de .... , chaque élève passe le même temps sur l'apprentissage, mais c'est l'approfondissement du contenu qui est différent pour chacun.

36- En quoi le modèle en profil diffère-t-il du modèle hiérarchique ?

37- Nommez deux des trois prémisses qui servent d'appui aux promoteurs de l'intégration scolaire selon Gresham (1982).

38- *Vrai ou faux.* Selon Feuerstein, notre intelligence est un système ouvert, essentiellement limité par un QI mais qui peut se développer s'il est placé dans des contextes appropriés.

39- Nommez trois des six déficits cognitifs associés par Feuerstein à l'entrée de l'information.

40- Qu'est-ce que l'étroitesse du champ mental selon Feuerstein ?

41- *Vrai ou faux.* L'approche de Feuerstein est dite statique parce qu'elle établit un niveau de base, cherche à faire progresser l'enfant sur le même contenu et évalue le changement.

9.1 INTRODUCTION

Le présent chapitre porte sur la déficience mentale et les troubles d'apprentissage chez l'enfant, deux notions distinctes qu'il ne faut pas confondre. La déficience mentale renvoie à un déficit de l'intelligence tandis que l'enfant qui affiche un trouble d'apprentissage possède habituellement une intelligence évaluée comme normale ou supérieure mais connaît des problèmes d'apprentissage à l'école.

Nous traitons de ces deux problèmes psychologiques dans le même chapitre parce qu'ils soulèvent des questions et des défis communs aux environnements éducatifs. Les deux notions posent la question des normes et des critères d'évaluation psycholo-gique, la question des stratégies d'interventions éducatives et d'intégration sociale des enfants. Les deux notions posent le défi du dépistage et de l'intervention précoce, de l'adaptation des interventions scolaires aux profils individuels de développement, de la motivation de l'enfant à participer activement à son apprentissage.

Si ce n'était de la nécessité de limiter le texte, le chapitre aurait pu traiter de plusieurs autres handicaps chez l'enfant, comme les handicaps physiques ou sensoriels qui, à des degrés divers, affectent les capacités psychomotrices des jeunes qui en sont atteints et influencent le rythme du développement psychologique au cours de l'enfance. Cependant, notre examen des deux champs retenus ici, soit la déficience mentale et les troubles d'apprentissage, devrait être pertinent pour d'autres formes de handicaps chez l'enfant.

Première partie
LA DÉFICIENCE MENTALE CHEZ L'ENFANT

Certains enfants se développent plus lentement, ils ont de la difficulté à s'adapter à certains environnements, ils raisonnent plus lentement, n'apprennent pas aussi vite que les autres et ne semblent pas pouvoir maîtriser certains contenus plus complexes : ils affichent un retard mental.

Mais la notion de retard est éminemment relative : en retard par rapport à quoi ? par rapport à quelle norme ? Puisque, comme nous l'avons étudié de façon détaillée dans les chapitres 6, 7 et 8, l'intelligence peut donner lieu à plusieurs conceptions différentes et que les normes de fonctionnement intellectuel varient en fonction de l'âge et de la culture, le concept de déficience mentale repose, lui aussi, sur une définition arbitraire de limites.

Voici la définition que propose l'*American Association on Mental Deficiency* (AAMD) : « L'arriération mentale renvoie à un fonctionnement intellectuel général significativement inférieur à la moyenne, à des déficits comportementaux se manifestant avant l'âge adulte. » (Grossman, 1983.) Cette définition est recommandée par l'Organisation mondiale de la santé et elle est probablement la plus répandue dans le monde occidental.

Dans la pratique, on reconnaît la déficience mentale par les critères suivants :

1- un QI inférieur d'au moins deux écarts types par rapport à la moyenne, c'est-à-dire de moins de 70 ou de 65 ;

2- une incompétence sociale manifeste ou des problèmes évidents d'autonomie personnelle se manifestant avant l'âge adulte.

Si elle est couramment acceptée, la définition de l'AAMD (1983) de l'arriération mentale ne permet cependant pas de différencier les niveaux de gravité du retard. De leur côté, Ajuriaguerra (1974) et Dailly (1983) proposent de distinguer deux variétés principales de déficience intellectuelle :

1- les formes graves d'arriération se manifestant par un QI inférieur à 50 et comportant fréquemment une atteinte cérébrale identifiable ; et

2- les formes plus légères appelées débilités mentales où le QI se situe entre 50 et 75, et où interviennent fréquemment des facteurs familiaux héréditaires ou socioculturels.

Dès le départ, certaines questions se posent : Est-ce que les retards mentaux sont permanents ? Peut-on modifier l'intelligence d'un enfant ? Les tests standardisés d'intelligence sont-ils fiables pour tous ou comportent-ils des risques de classer à tort des enfants comme déficients alors qu'ils ne le sont pas ?

9.2 LES CONCEPTIONS DE LA DÉFICIENCE MENTALE

9.2.1 La perspective historique

La déficience mentale existe certainement depuis toujours, mais elle n'a été distinguée d'autres formes de problèmes psychosociaux qu'à partir du XIXe siècle, avec les premiers travaux scientifiques sur le sujet.

Avant 1800, les demeurés sont confondus dans la catégorie des êtres anormaux, non seulement avec les insensés et autres hébétés et stupides, mais avec les indigents, les prostituées et les criminels qui sont venus à la Renaissance prendre le relais des lépreux dans les hôpitaux généraux. De ces hôpitaux devenus de véritables asiles-prisons, ceux de la Salpêtrière et Bicêtre en donnent le modèle le plus au point au début du XVIIIe siècle. Il n'est pas étonnant que ce soit dans les murs de Bicêtre que Philippe Pinel (1745-1826), gagné par les attitudes humanitaires de la Révolution française, ait entrepris le grand tri qui l'a amené à distinguer les fous des criminels et à les délivrer spectaculairement de leurs chaînes. (Dailly, 1983, p. 12.)

Philippe Pinel confondait cependant sous le nom d'idiotisme les déficiences intellectuelles, les démences et les états de stupeur ; c'est son élève Étienne Esquirol (1772-1840) qui établit cette distinction en associant au terme idiotie un retard grave du développement mental constaté très jeune et définit la démence comme une régression postérieure à un développement normal. Esquirol associe d'ailleurs la notion d'« idiotie » aux cas de retards mentaux profonds le plus souvent accompagnés de malformations corporelles majeures et relie celle d'« imbécillité » aux individus moins atteints mentalement et généralement bien conformés (Dailly, 1983). C'est avec Édouard Séguin (1812-1880), élève d'Esquirol, que la notion d'« arriération mentale » fait son apparition, notion relative faisant le pont entre la normalité et l'idiotie.

Avec les travaux d'Alfred Binet (1857-1911) et son Échelle métrique de l'intelligence, conçue en collaboration avec Théodore Simon (1873-1961), le moyen de mesurer le retard est apparu. Dans le domaine des retards mentaux, l'approche de Binet allait permettre d'évaluer la distance, sur un continuum métrique, entre un enfant normal et un enfant déficient. Très commode pour situer la gravité du retard, cette métrique a permis, jusque dans les années 1950, d'associer la terminologie traditionnelle de l'arriération mentale à des niveaux de QI et de définir quatre grandes zones de retard :

1- les idiots ou arriérés profonds dont le QI est inférieur à 30 et dont l'âge mental ne dépasse pas 2-3 ans considérés comme non dressables et probablement confinés en établissement en permanence ;

2- les imbéciles dont le QI va de 30 à 50 et dont l'âge mental est de 6-7 ans maximum, considérés comme non scolarisables mais semi-éducables, notamment dans les domaines reliés à l'autonomie de base (alimentation, propreté, etc.) ;

3- les débiles moyens, d'un QI de 50 à 70, pouvant recevoir une éducation de base en calcul, lecture et écriture ; et

4- les débiles légers considérés comme scolarisables au niveau primaire et dont le QI varie de 70 à 85.

Parmi les facteurs qui ont contribué à la désuétude de ce système de classification, on trouve son inefficacité à différencier les sujets à l'intérieur de chaque zone de QI. En éducation spécialisée par exemple, on a vite constaté que l'identification d'un débile moyen ne suffit pas pour structurer une intervention éducative pertinente. Compte tenu des causes variables pour une même « quantité de retard », les besoins éducatifs peuvent varier considérablement d'un enfant à l'autre de même que le pronostic de rattrapage futur.

Mais comme nous le verrons bientôt à la sous-section 9.2.3 sur la classification des déficiences mentales, le consensus n'a pas été atteint sur les règles diagnostiques à utiliser.

9.2.2 Quelques courants théoriques

L'approche développementale

Piaget, important représentant du courant développemental en psychologie, s'est surtout intéressé à l'évolution cognitive normale. Certains de ses collaborateurs ont cependant travaillé sur la déficience mentale en fondant leur démarche sur le principe de l'universalité des stades de développement, c'est-à-dire sur l'idée que les enfants déficients passent par le même chemin que les autres enfants, en allant plus lentement et moins loin. Ainsi, Inhelder (1963) a tenté de démontrer que les enfants déficients affichent les mêmes conduites intellectuelles que les enfants normaux plus jeunes : ils évolueraient à travers la même séquence de stades. Perron (1977) a toutefois fait ressortir que les enfants dont le rendement intellectuel déficient est associé à une psychose affichent des inversions notoires par rapport à la séquence prétendument universelle des stades. D'autre part, des travaux ont démontré qu'il était possible de « débloquer » les structures cognitives de certains enfants déficients en utilisant des épreuves de type piagétien comme base d'intervention pédagogique (Paour, 1979).

L'approche des différences individuelles

Par rapport à l'approche développementale, celle des différences individuelles souligne le fait que l'on trouve plus de variabilité entre les sujets retardés d'un même niveau de rendement qu'entre des sujets normaux appartenant à un même niveau ; en plus, un même sujet retardé affiche une variabilité plus grande qu'un sujet normal d'une situation à une autre. Il y aurait donc des différences inter- et intra-individuelles plus grandes chez les déficients, ce qui va à l'encontre de l'hypothèse développementale selon laquelle ces derniers fonctionnent comme des sujets normaux plus jeunes. Selon l'approche des différences, la déficience mentale est plutôt due à des processus cognitifs fonctionnant différemment, par exemple la mémoire à court terme ou le contrôle de l'attention (Baumeister, 1987). Dans cette optique, la déficience mentale implique :

1- un retard du développement ; et

2- des processus cognitifs différents.

Si l'approche des différences individuelles sert à identifier des déficits cognitifs particuliers en plus d'un retard du développement global, peut-on croire que ces déficits sont immobiles ? Peuvent-ils être changés et comment ? Face à ces questions, Baumeister (1984, 1987) parle de structures et de processus en les associant respectivement au matériel et au logiciel des ordinateurs : les structures ne seraient pas modifiables par l'intervention éducative car elles correspondraient à des invariants fonctionnels, mais les processus assurant le contrôle des fonctions pourraient être influencés.

L'approche psycholinguistique

Les enfants déficients intellectuellement ont souvent des retards de langage. Lorsque l'on compare leur rendement verbal aux tests d'intelligence (dans les tâches où l'enfant doit utiliser des mots pour réussir) à leur rendement non verbal (où l'usage des mots n'est pas requis), on observe que le déficit est généralement plus grand du côté verbal que non verbal.

De plus, selon les psycholinguistes, le langage n'est pas seulement un outil pour s'exprimer ou comprendre l'expression des autres mais aussi, et peut-être surtout, un outil pour penser. La privation relative de cet outil occasionnerait non seulement un déficit dans le rendement intellectuel présent mais, en tant qu'instrument de pensée, affecterait l'apprentissage que l'enfant peut tirer de son interaction avec son milieu, créant ainsi un retard cumulatif du développement. Il ne tirerait pas autant de sens de son expérience (Perron et Misès, 1984).

L'approche psychanalytique

Perron et Misès (1984) estiment que l'approche psychanalytique de la déficience apporte une contribution importante en ce qu'elle « rend compte des évolutions déficitaires, non pas en isolant le déficit cognitif et en l'analysant comme construction d'une machinerie opératoire insuffisante, mais bien comme partie intégrante d'une psychogenèse caractérisée par certaines anomalies » (p. 17-18).

Ce courant distingue, d'une part, ce qui appartient au déficit génétique lui-même de ce qui est dû aux distorsions de la relation psychologique de l'enfant avec son milieu et, d'autre part, le moment où ces distorsions surgissent dans la trajectoire du développement. Car les psychoses infantiles entraînent des distorsions plus précoces que les déficiences de structure névrotique qui, elles, apparaissent plus tardivement dans la psychogenèse.

Dans l'un et l'autre cas, mais à des niveaux structuraux et sur des modes bien différents, les processus de symbolisation apparaissent particulièrement touchés, qu'il s'agisse des processus primaires à l'œuvre dans l'activation des fantasmes archaïques, du jeu des images et identifications, ou enfin des processus secondaires par quoi se définit la pensée, y compris la pensée logique. (Perron et Misès, 1984, p. 18.)

L'approche psychanalytique souligne l'effet relationnel de la déficience mentale : si la déficience empêche très tôt l'établissement de relations objectales significatives, l'enfant peut développer une psychose ; il se retire mentalement d'un monde qu'il ne comprend pas et qui ne le comprend pas.

L'approche multifactorielle

Constatant le caractère incomplet des approches théoriques de la déficience mentale, qui peuvent se classer en deux grandes catégories selon qu'elles situent son origine à l'intérieur de l'enfant (problèmes organiques ou anomalies dans le développement psychologique) ou à l'extérieur de l'enfant (pauvreté de la stimulation environnementale), Misès (1975) propose une approche multifactorielle qui repose sur les principes suivants :

1- Le développement de tout enfant, qu'il soit normal, surdoué ou déficient, résulte de l'interaction des facteurs (organiques) et externes (relationnels et sociaux). Le poids relatif de chacune de ces dimensions peut varier dans l'explication du déficit d'un enfant à l'autre mais, une fois la déficience en place, on ne peut en situer la cause à l'intérieur ou à l'extérieur de l'enfant ;

2- Pour vraiment comprendre l'enfant déficient, il faut suivre le processus de structuration de son déficit intellectuel en considérant le sujet dans son ensemble et non pas seulement dans son rendement intellectuel :

> *Il importe d'analyser ces mécanismes divers, car le trouble du raisonnement ou de l'intelligence n'est plus concevable aujourd'hui comme l'atteinte isolée d'une fonction distincte, mais il renvoie toujours à une perturbation plus large qui implique l'individu dans sa totalité et oblige à prendre en considération le contexte socio-familial.* (Perron et Misès, 1984, p. 20.)

9.2.3 La classification des déficiences

C'est au moyen d'une série de règles explicites que les diagnostics de déficience mentale sont établis. Il existe plusieurs systèmes de classification qui, chacun de leur côté, reflètent une conception de la déficience. Ces règles définissent les caractéristiques que la personne doit posséder ou ne pas posséder pour être classée dans un sous-groupe ou un autre. Selon Seltzer (1983), la valeur d'un système est établie à partir de cinq dimensions :

1- sa clarté de formulation, c'est-à-dire le degré selon lequel les règles à suivre pour les décisions diagnostiques sont claires, précises et explicites ;

2- son champ d'application, son degré de réussite dans l'inclusion de tous les cas qui doivent être inclus et dans l'exclusion de tous ceux qui ne doivent pas être inclus pour la population concernée par le diagnostic ;

3- sa fiabilité, c'est-à-dire le taux d'accord dans la classification de juges appliquant chacun de leur côté le système aux mêmes sujets ;

4- l'utilité clinique, c'est-à-dire le degré selon lequel le système de classification permet de maintenir une continuité entre le diagnostic initial et les traitements ou interventions subséquents ; et

5- son acceptabilité, c'est-à-dire le degré selon lequel les spécialistes qui utilisent le système et les clients du système ne perçoivent pas ou perçoivent peu d'aspects péjoratifs dans son application.

Nous décrirons maintenant trois systèmes de classification des déficiences mentales et présenterons ensuite une évaluation selon les cinq dimensions précitées : le système de l'*American Association on Mental Deficiency* (AAMD), celui du *DSM-III* (*Diagnostic and Statistical Manual of Mental Disorders*) et la définition des déficiences du développement (*The Developmental Disabilities Definition* [DD]).

Le système de l'Association américaine pour la déficience mentale (AAMD)

Le système de l'AAMD est basé sur le QI et sur les comportements adaptatifs : pour qu'une personne soit considérée comme déficiente, elle doit afficher un déficit dans son rendement intellectuel et un ou des déficits comportementaux. Le tableau 9.1 fournit la description des quatre niveaux de fonctionnement intellectuel en fonction du QI et les comportements adaptatifs où une carence doit être observée pour que la déficience mentale soit reconnue.

TABLEAU 9.1 : Système de classification des déficiences mentales de l'AAMD*

Catégories de rendement intellectuel

Niveau de la déficience	Quotient intellectuel
Légère	56 à 70
Modérée	41 à 55
Sérieuse	26 à 40
Profonde	25 et moins

Comportements adaptatifs utilisés selon l'âge

Pendant la petite enfance et l'âge préscolaire

1- habiletés motrices
2- habiletés de communication (incluant le langage)
3- habiletés relatives à l'autonomie de base (élimination, alimentation, habillage, etc.)
4- habiletés à interagir avec les autres (sociabilité)

Pendant l'enfance et le début de l'adolescence

5- capacité d'appliquer les acquis scolaires de base dans la vie de tous les jours (lecture, arithmétique, etc.)
6- qualité du jugement et du raisonnement dans l'interaction avec l'environnement
7- habiletés sociales reliées aux activités de groupe et aux relations interpersonnelles

À la fin de l'adolescence et au cours de la vie adulte

8- capacité d'assumer des responsabilités sociales et de travail

* Tableau réalisé à partir de Seltzer, G.B. (1983) « Systems of Classification », *in* Matson, J.L. et Mulick, J.A. (édit.) ***Handbook of Mental Retardation***, New York, Pergamon Press.

Si l'inclusion de critères comportementaux, en plus du QI, est généralement considérée comme une bonne chose, elle pose certains problèmes d'application. D'abord, l'évaluation du comportement au moyen de l'échelle n'implique pas de comparaison objective avec un groupe de référence mais centre l'appréciation subjective d'un informateur (parent, éducateur, etc.) sur l'enfant sans critère extérieur. Ensuite, la validité des réponses a été mise en question parce que différents informateurs ne font pas nécessairement la même évaluation du même enfant (Seltzer, 1983).

La méthode du *DSM-III*

Le *DSM-III* est probablement le système de classification des troubles mentaux le plus connu. La troisième version du manuel, publiée par l'*American Psychiatric Association* en 1980, classifie l'ensemble des problèmes mentaux selon cinq axes. L'axe 1 inclut toutes les catégories traditionnelles de désordres mentaux (schizophrénie, névrose obsessionnelle, dépression, etc.) sauf des troubles spécifiques du développement ou de la personnalité (troubles d'apprentissage, etc.), qui sont regroupés dans l'axe 2. L'axe 3 concerne l'identification des problèmes physiques affichés par la personne tandis que l'axe 4 porte sur l'évaluation des stress psychosociaux qu'elle a subis (l'échelle va de « aucun » à « catastrophique »). Enfin, l'axe 5 porte sur l'évaluation des comportements adaptatifs de la personne au cours des derniers mois dans les domaines suivants : relations sociales, occupation, emploi du temps de loisir.

La classification des déficiences mentales de l'axe 1 du système *DSM-III* est basée sur les critères de l'AAMD présentés précédemment (l'échelle comportementale et le QI). Cependant, au lieu de baser l'évaluation comportementale sur le jugement d'un informateur qui dresse l'échelle, on suggère que ce soit le clinicien qui exerce son jugement au moyen de l'échelle. Donc, l'emploi de ce système requiert la familiarisation avec les critères du système précédent (AAMD) et aussi la connaissance des quatre autres axes de classification. Le tableau qui permet de tracer le portrait de la déficience est relativement détaillé, mais le système n'est pas à l'abri des critiques relatives à la validité formulée à l'égard du précédent puisqu'il comporte encore plus de sources d'erreurs de mesure possibles.

Le système fonctionnel des déficiences du développement (DD)

Ce diagnostic de la déficience mentale est basé sur le comportement observable. Il s'agit de tracer un bilan fonctionnel de l'enfant, c'est-à-dire ce qu'il peut faire, à partir de l'évaluation de son répertoire comportemental. Cette approche tient compte de l'interaction de l'enfant avec son environnement : « Une personne retardée a un répertoire limité de comportements résultant de l'histoire de ses interactions vécues avec son environnement. » (Bijou, 1963, p. 101.) Mais l'utilisation du QI comme outil de classification est rejetée. L'opérationnalisation la plus connue de ce système de diagnostic fonctionnel se trouve dans la loi américaine régissant la dispense des services publics aux clientèles déficientes. La définition de la déficience du développement y est la suivante :

L'expression « déficience du développement » renvoie à une déficience personnelle profonde et chronique qui :

1- *est attribuable à un handicap physique ou mental ou à une combinaison des deux ;*

2- *apparaît avant que la personne atteigne l'âge de 22 ans ;*

3- *continuera probablement de se manifester indéfiniment ;*

4- *se traduit par des restrictions fonctionnelles dans au moins trois des domaines d'activité suivants :*
   a) *soins personnels,*
   b) *expression et compréhension du langage,*
   c) *apprentissage,*
   d) *mobilité physique,*
   e) *orientation dans l'espace,*
   f) *capacité de vivre de façon autonome, et*
   g) *indépendance économique ;*

5- *reflète le besoin de la personne de bénéficier d'une gamme de soins particuliers à caractère multidisciplinaire, de traitements ou d'autres types de services, pour une durée prolongée ou pour toute la vie, et dont la coordination et la planification doivent se faire sur une base individuelle. (Acte sur les déficiences développementales [1978], loi publique n° 95-602, Washington [D.C.].)*

Cette façon de classifier la déficience mentale, manifestement orientée vers la distribution de services sociaux, met l'accent sur la chronicité, l'apparition précoce et la multiplicité des domaines d'activité touchés. Seltzer (1983) affime que l'avantage de ce système de classification réside dans son orientation fonctionnelle tandis qu'en revanche il manque de clarté opérationnelle.

Comparaison des trois systèmes de diagnostic

Seltzer (1983) effectue une comparaison des trois systèmes que nous venons de présenter brièvement. Le tableau 9.2 fournit ses résultats selon les cinq critères évaluatifs mentionnés à la sous-section 9.2.3.

TABLEAU 9.2 : Comparaison évaluative de trois systèmes de diagnostic de la déficience mentale*

Critère	AAMD	*DSM-III*	DD
Clarté	4**	4	2
Champ d'application	4	4	2
Fiabilité	4	3	2
Utilité clinique	4	5	4
Acceptabilité	4	4	4

* D'après SELTZER, G.B. (1983) « Systems of Classification », *in* MATSON, J.L. et MULICK, J.A. (édit.) *Handbook of Mental Retardation*, New York, Pergamon Press.

** Les cotes vont de 1 à 5, la valeur 1 définissant le degré le plus bas.

Pour établir les cotes apparaissant au tableau 9.2, Seltzer s'est basé sur un examen des ouvrages critiques de chaque système diagnostique. Cette démarche comporte elle-même des risques de biais et sa fiabilité est relative. Elle permet toutefois de synthétiser efficacement la situation présente dans les milieux où on s'intéresse à la déficience mentale. L'auteur souligne enfin que la jeunesse du système DD est sans doute une cause de sa faiblesse sur les plans de la clarté, du champ d'application et de la fiabilité ; il est probable que son usage, au cours des années, permettra d'améliorer sa qualité à ces égards.

Dans la pratique, les établissements offrant des services aux enfants déficients utilisent des grilles élaborées localement qui répondent aux besoins

TABLEAU 9.3 : Exemple de fiche d'observation clinique d'un sujet déficient mental*

1- Nom : *X*   Prénom : *Ric*

Date de naissance : *01-01-71*

Date d'entrée à la Fondation Vallée : *01-02-78*

Âge à l'entrée : *7 ans*

Contexte socio-familial (parents, fratrie, mode de vie, etc.)

- *Mère : Grande fragilité, immaturité, absence de repères.*

- *Père : Instabilité professionnelle, absence de repère ; alcoolisme, dépression, violence et impulsivité (?) ; énurésie jusqu'au mariage.*

- *Désaccords constants dans le ménage avec passages à l'acte* [c'est-à-dire manifestations concrètes impulsives et irrationnelles] *de l'un ou l'autre. Milieu social modeste.*

- *2 frères : David (1969) l'aîné ; Pascal (1973) le cadet : asthmatique, Ric en est jaloux.*

Pavillons (noter les dates d'entrée dans chacun des pavillons où l'enfant a été pris en charge jusqu'à présent) :

Pavillon B dès l'entrée

(éventuellement) Date de sortie de la F.V. :

2- Filières suivies avant l'entrée à la Fondation Vallée (lieux, modes et dates de dépistage ; symptômes et éléments de diagnostic et dégagés ; P.M.I. [protection maternelle et infantile], médecin de famille, école ; C.M.P.P. [Centre médico-psycho-pédagogique], dispensaire, etc.) :

- *Prématuré (8 mois) ictère néonatal (couveuse et exsanguino-transfusion).*

- *Élevé jusqu'à 20 mois par les grands-parents paternels.*

Novembre 1976 : Centre médico-psychologique de Villejuif (Dʳ S.) : adressé par l'école maternelle pour troubles du langage et du comportement (une consultation sans suite).

Décembre 1977 : Centre médico-psychologique de Villejuif (Dʳ S.) : l'école (C.P.) contraint les parents à une nouvelle consultation en raison d'agitation et de refus d'acquisitions scolaires. Diagnostic :
- dysharmonie évolutive de type prégénital
- intrication des pulsions partielles
- traits abandonniques
- énurésie, encoprésie
- carence des repères spatio-temporels et corporels
- retard du langage.

Janvier 1978 : adressé à la Fondation Vallée par le Centre médico-psychologique de Villejuif (Dʳ S.).

3- Éléments de diagnostic à l'entrée :

Dysharmonie évolutive à préciser.

Révision ultérieure du diagnostic :

Dysharmonie évolutive avec immaturité psycho-affective et position régressive.

4- BILAN CLINIQUE Nº *1*

Bilan en date du : *juin 1978*   âge : *7 ans*

A- Éléments tirés des observations :

  a) Manifestations pathologiques dominantes :

    - *Carence totale des repères spatio-temporels ; pas de limites.*
    - *Énurésie et encoprésie diurne (pas d'encoprésie nocturne).*
    - *Régression importante, avec retrait, isolement, dépression, opposition.*
    - *Manifeste des affects (aime se faire câliner).*

TABLEAU 9.3 (suite)

b) Autonomie pratique dans les conduites de la vie quotidienne, dépendance—indépendance vis-à-vis des adultes :

Peu autonome du fait de son manque total de repères (se perd dans la Fondation Vallée, ne retrouve pas son lit, sa place à table...).

c) Adaptation générale, insertion dans la maison :

Pas très bien accepté dans le groupe. « Paumé ».
A un peu déçu l'équipe par rapport aux possibilités présupposées.

d) Langage :

Assez bon ; a fait illusion au début, laissant entrevoir des capacités qu'il n'a pu exprimer.
Dysarthrie. Dit « Je ».

e) Types de relations (agressivité, etc.) :

- *avec les autres enfants : souvent seul ; peu accepté par les autres enfants ; pas de notion d'agressivité.*
- *Avec les adultes : sait se faire câliner.*

BILAN CLINIQUE N° 2

Bilan en date du : *juin 1981*   âge : *10 ans*

A- Éléments tirés des observations

a) Manifestations pathologiques dominantes :

- *Se repère nettement mieux dans le temps et l'espace mais ces repères ne sont pas encore totalement acquis.*
- *L'encoprésie a plus ou moins disparu après avoir un temps dominé le tableau.*
- *Périodes régressives parfois, avec dépression.*
- *Suggestibilité importante ; plasticité de la personnalité.*

b) Autonomie pratique dans les conduites de la vie quotidienne, dépendance—indépendance vis-à-vis des adultes :

Plus autonome (s'habille seul ; bien repéré pour les repas...)

c) Adaptation générale, insertion dans la maison :

Bien intégré maintenant dans le groupe où il garde cependant une place à mi-chemin entre grands et petits.

d) Langage :

Bon mais reste un peu pauvre.

e) Types de relations (agressivité, etc.) :

- *avec les autres enfants : participe en suivant les autres enfants ; est mis dans des positions parfois difficiles du fait de sa suggestibilité.*
- *avec les adultes : aime se faire câliner et reprendre une position infantile par moments ; aime la relation privilégiée avec les adultes mais ne la recherche pas systématiquement.*

B- Éléments tirés des examens psychologiques (WISC, EDEI, etc.) (date, résultats) :

EDEI (1978) (7 ans) : Q.D., moyen 63 (verbal 57, non verbal 70).
Bonne et rapide adaptation, sans manifestation d'anxiété. Mieux repéré dans ce cadre que dans la vie courante. S'intéresse, pose des questions, peut fixer son attention si on le soutient.
Efficiences intellectuelles meilleures que ce qui pouvait être attendu par rapport à son comportement très désorganisé et régressif, dans le groupe.
EDEI (octobre 1982) : Q.D. moyen 64 (verbal 56, non verbal 65).

C- Actions entreprises

a) Actions individuelles (rééducation, psychothérapie, etc.) (noter la date de début, éventuellement la date d'arrêt, le nom de la personne responsable et toutes observations utiles : motifs de cette action, évolution, résultat, etc.)

TABLEAU 9.3 (suite)

b) Action auprès de la famille (son évolution, ses modalités) :

Famille très désorganisée, vue épisodiquement par Mme B. ; notamment, la mère vient parfois lorsque le couple va mal. Un travail suivi ne peut être entrepris.
C'est le frère aîné qui vient pendant une longue période chercher Ric le week-end.

c) Scolarisation (jardin d'enfants, scolarisation sur place, extérieur, etc.) :

- *1978 : Va à l'école à mi-temps. Un essai de temps plein est un échec. Au début, énormément de mal à se repérer et déçoit l'institutrice qui l'avait dans sa classe.*
- *1979 : Change de maîtresse. Semble un peu plus investir la classe mais n'y est qu'à mi-temps. Peu d'acquisitions scolaires.*

5- Autres observations et avis de la personne qui a élaboré cette fiche :

Le travail a surtout porté sur la mise en place de repères spatiaux, temporels, identificatoires, qui ne sont que très partiellement acquis. Enfant qui reste très dysharmonique et fragile ; périodes de régression intense avec retour à des mécanismes de défense très archaïques.

* D'après PERRON, R. et MISÈS, R. (1984) **Retards et perturbations psychologiques chez l'enfant**, Paris, Les Publications du CTNERHI.

diagnostiques et de suivi des cas. On y retrouve plusieurs des éléments des systèmes présentés ici. À titre d'illustration, le tableau 9.3 présente une fiche d'observation clinique utilisée dans un centre médico-psychologique français.

9.3 LA FRÉQUENCE ET LES CAUSES DE LA DÉFICIENCE

9.3.1 La fréquence de la déficience mentale

La déficience mentale est le type de handicap le plus répandu dans les sociétés occidentales (Robinson, 1987). Le critère couramment adopté de l'AAMD consiste à considérer les enfants de QI inférieur à 70 comme affichant une déficience intellectuelle. En traduisant ce critère sur la courbe normale de la distribution des QI, on peut déduire qu'environ 2,5 à 3 % de la population est atteinte de déficience mentale légère, modérée, sérieuse ou profonde.

Théoriquement, cette proportion devrait être stable d'un pays à l'autre en raison de la nature même du QI qui est essentiellement dépendante de la courbe normale. En pratique cependant, la méthode utilisée, l'âge concerné par les enquêtes et la définition de la déficience peuvent en faire varier la fréquence. Ainsi, les méthodes d'évaluation seraient plus fiables entre 5 et 15 ans, car ce n'est souvent que lors de l'entrée à l'école que l'ensemble de la population peut faire l'objet d'études de prévalence réelle. Il importe aussi de bien distinguer la déficience profonde des formes plus légères souvent déterminées en utilisant des indicateurs d'adaptation socio-affective ou scolaire, en plus du rendement intellectuel.

D'Anthenaise et Salbreux (1979) ont effectué un revue des ouvrages composant en tout 14 études différentes sur la fréquence de la déficience mentale grave dans une population totale de 945 613 enfants de 5 à 9 ans. Ils ont obtenu une prévalence de 2,85 pour mille (0,285 %) de déficiences mentales profondes (QI $\leq$ 50).

Les distributions de QI en zones rurales étant légèrement plus basses que celles des milieux urbains, on observe une fréquence plus grande des déficiences légères (D'Anthenaise et Salbreux, 1979 ; Col et Bred-Charrenton, 1978). Mais en ce qui concerne la déficience mentale profonde (QI $\leq$ 50), il ne semble pas y avoir de différence significative en fonction de la région ou du niveau socio-économique de la famille d'origine, les facteurs prénatals étant à l'origine d'environ les deux tiers des cas de déficience profonde (le syndrome de Down, ou trisomie 21, est à lui seul la cause du tiers des cas) (Garant, 1980).

L'âge considéré est aussi une source importante de variation dans la fréquence de la déficience mentale : les progrès de la médecine permettent de maintenir en vie des nouveau-nés qui autrefois n'auraient peut-être pas survécu, mais qui affichent une déficience intellectuelle. D'autre part, la sensibilité du milieu aux problèmes de « sous-normalité » serait variable d'un âge à un autre. Si l'on se base sur les échelles d'inadaptation sociale, l'école peut rapporter une proportion de 25,6 % de mésadaptation entre 10 et 14 ans contre 10,8 % entre 15 et 19 ans (Dailly, 1983). Il est certain qu'on ne parle plus alors de déficience mentale profonde. La figure 9.1 fournit les données canadiennes sur la fréquence selon l'âge de l'ensemble des déficiences mentales dans la population.

FIGURE 9.1 : Courbe de fréquence de la déficience mentale selon l'âge*

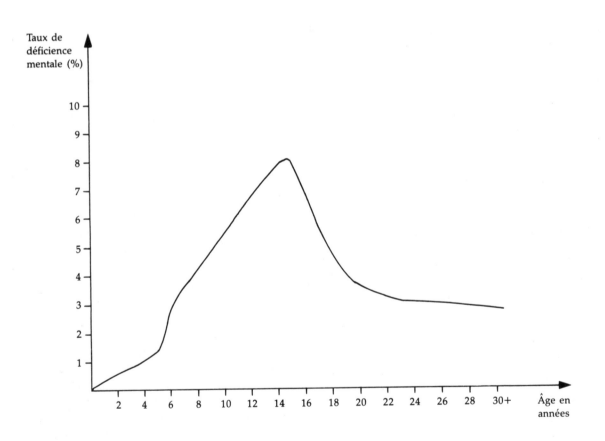

* D'après l'Association canadienne pour les déficients mentaux (ACDM) (1978) *Manuel d'orientation sur la déficience mentale*, Première partie, Ottawa.

Cette courbe appuie l'hypothèse selon laquelle la puberté provoquerait une augmentation des difficultés mentales. Ces données permettent aussi de constater que les enfants affichant une déficience intellectuelle qui se traduit généralement par un problème de fonctionnement scolaire peuvent changer de statut et éventuellement reprendre un fonctionnement considéré comme « normal ». Par ailleurs, Garant (1980) rapporte dans sa revue des ouvrages sur le taux de la déficience mentale que les garçons sont plus susceptibles d'être affectés puisqu'ils représentent 55 % de l'ensemble des cas dans la population.

Dans la pratique des services socio-éducatifs toutefois, on se rend bien compte que l'on ne peut classer tous ceux qui ont un QI inférieur à une limite donnée dans la même catégorie :

On conçoit aisément que, même à QI égal et ayant tous deux des troubles d'adaptation sociale, les procédures éducatives à appliquer à un trisomique 21 ou à un enfant autistique ne puissent être les mêmes sans dommage. (Dailly, 1983, p. 28-29.)

Le tableau 9.4 présente la répartition des clientèles spéciales dans le système d'éducation québécois au primaire et au secondaire en 1983. On constate que les services éducatifs peuvent placer dans le même ensemble des 11,78 % d'élèves en difficulté d'adaptation ou d'apprentissage les enfants reconnus comme déficients intellectuels et d'autres qui affichent des troubles d'apprentissage ou des handicaps sensoriels ou moteurs sans être reconnus comme déficients. Également, pour des raisons administratives reliées au financement ou autres, certains enfants appartenant à la catégorie « déficient léger » peuvent être classés parmi ceux affectés de « troubles graves d'apprentissage », avec des « mésadaptés socio-affectifs » ou dans d'autres sous-catégories.

Les sections précédentes montrent l'importance de la psychométrie dans la classification des déficiences intellectuelles et des problèmes d'ap-

TABLEAU 9.4 : Répartition des élèves requérant une assistance particulière au Québec en 1983

Population scolaire totale (primaire et secondaire)	1 039 711 =	100 %
Nombre d'élèves requérant une assistance particulière	122 478 =	11,78 %
Répartition de ces 122 478 élèves selon la catégorie de problème		
Troubles légers d'apprentissage (T.L.A.)		49 %
Troubles graves d'apprentissage (T.G.A.)		26 %
Mésadaptations socio-affectives (M.S.A.)		11 %
Handicaps multiples (H.Mult.)		6 %
Déficiences mentales légères (D.M.L.)		4 %
Déficiences mentales moyennes et profondes		2 %
Handicaps physiques (H.P.)		1 %
Handicaps visuels et auditifs (H.V./A.)		1 %
Total	(122 478)	100 %

* Élaboré d'après BRETON, A. (1988) *Statistiques sur les clientèles scolaires spéciales*, Direction de l'adaptation scolaire et des services complémentaires, Gouvernement du Québec, Québec.

prentissage : l'utilisation de tests standardisés pour le classement des enfants en catégories s'avère fort importante depuis le début. Mais les effets négatifs des classifications pour les enfants et les risques d'erreur qu'elles comportent ont soulevé la critique et encouragé la recherche d'autres solutions. Ysseldyke (1987) concluait sa revue des publications sur le sujet en soulignant l'existence d'une recherche d'une classification basée sur l'évolution de l'élève dans le programme plutôt qu'en fonction de normes générales de rendement, qui tiendrait compte des diverses dimensions de son rendement plutôt que des catégories fixes. On estime aujourd'hui que les caractéristiques de l'élève peuvent changer dans le temps, ce qui explique cette volonté d'intervenir de façon plus souple et en s'adaptant à ce qui se passe réellement dans son fonctionnement.

9.3.2 Les causes de la déficience mentale

Traditionnellement, on considérait que la déficience était d'origine soit biologique soit culturelle-familiale. Il faut comprendre que cette tradition s'est établie dans un contexte biomédical centré sur la recherche de la « maladie » ou de la « cause pathogène » du problème. Or, comme une telle relation causale n'est possible que chez une minorité de déficients, on ne connaît pas la cause biomédicale précise de la déficience mentale dans 40 à 50 % des cas (Bernard et coll., 1972 ; Costil et Robain, 1971 ; Dailly, 1983). En fait, 75 % de tous les cas de retard mental sont classés comme étant d'origine « culturelle-familiale », y compris les cas pour lesquels une origine biomédicale n'a pu être identifiée (Scott et Carran, 1987).

Aujourd'hui, les efforts épidémiologiques ne se concentrent plus seulement sur ces deux grandes catégories de causes, mais aussi sur leur interaction qui semble jouer un rôle majeur dans l'évolution mentale de l'enfant. Ainsi, le risque de déficience mentale ne pourrait être évalué avec réalisme si l'on ne tenait pas compte de l'effet que les facteurs biologiques et psychosociaux peuvent avoir l'un sur l'autre. En effet, la déficience mentale n'est pas le résultat d'une seule cause mais le résultat de l'interaction de plusieurs facteurs plus ou moins importants dans la manifestation du problème.

Le concept de risque de déficience mentale est associé à une telle démarche : étant donné telle caractéristique de l'enfant à un âge déterminé, quels sont les risques qu'il affiche ultérieurement une déficience mentale ? Les résultats d'une étude de Davie, Butler et Golstein (1972) rapportée par Dailly (1983), menée sur l'ensemble des enfants nés en Angleterre pendant une semaine précise, illustrent

bien cette notion d'interaction de facteurs par rapport au risque de difficultés du développement ultérieures. Lorsque les enfants ont atteint l'âge de 7 ans, les auteurs anglais ont comparé le dossier scolaire avec l'âge gestationnel à la naissance en tenant compte du niveau socio-économique de la famille. L'étude a révélé que la prématurité augmente le risque de retard scolaire chez l'ensemble des enfants, mais que le risque est plus élevé pour les enfants de travailleurs manuels et chez les derniers-nés de famille nombreuse. L'étude a aussi indiqué que les prématurés de classes sociales favorisées affichent un retard scolaire moindre que les enfants nés à terme dans les classes de travailleurs manuels (Dailly, 1983).

Il ne faut pas associer directement la notion de déficience mentale à l'apparition de difficultés scolaires mais, dans la mesure où de telles difficultés font partie de ce que l'on appelle les « déficiences du développement », force est de constater que le milieu familial dans lequel l'enfant grandit influence significativement ses chances de réussite. L'enfant qui affiche un retard du développement au cours de sa petite enfance mais qui est élevé dans une famille favorisée économiquement aurait plus de chances de récupérer son déficit que s'il est élevé dans une famille socio-économiquement faible. Certes, il s'agit d'une tendance statistique qui n'exclut pas les exceptions, mais c'est probablement la richesse de la stimulation environnementale offerte par la famille qui est en jeu ici. Plusieurs études convergent vers l'identification de la prématurité et du bas niveau scolaire des parents comme facteurs significatifs de risque de déficience mentale (Papiernik, 1980 ; Rumeau-Rouquette, 1975, 1979).

L'effet cumulatif de la déficience mentale dans le développement de l'enfant

L'intelligence constitue l'outil de développement psychologique le plus puissant pour l'enfant : ce qu'il comprend aujourd'hui lui servira à mieux comprendre autre chose demain. Les concepts acquis servent à l'élaboration des nouveaux concepts, ils servent à organiser les connaissances. De la même façon qu'un handicap visuel en bas âge retarde l'acquisition de l'information normalement transmise visuellement, le retard mental du bébé ralentit ses acquisitions parce que la signification psychologique de son expérience en est appauvrie. Dans les rapports avec les autres, le fait de ne pas disposer des mêmes véhicules de pensée, des symboles ou des concepts pertinents, empêche l'enfant de bien se faire comprendre ou de vraiment comprendre les autres, un peu de la même façon qu'il est plus difficile de saisir une blague lorsque nous ne maîtrisons pas bien la langue employée pour la raconter.

On comprend alors l'importance des interventions compensatoires précoces dont le but est d'éviter le cumul du retard, en exploitant au maximum et au plus tôt les capacités de l'enfant. Le retard à mettre en branle tout le potentiel intellectuel de l'enfant déficient a des effets cumulatifs sur son déficit. Malheureusement, il semble que plus la déficience est profonde, plus il est difficile d'obtenir des progrès significatifs par l'intervention éducative (Not, 1986).

D'autre part, il importe de souligner que les effets d'une déficience mentale ne sont pas les mêmes dans tous les secteurs de l'activité de l'enfant. Pour décrire ce phénomène, le psychologue français René Zazzo (1969) parle de l'« hétérochronie » du développement chez les enfants déficients. Cette notion correspond au degré d'écart des capacités dans une zone d'activité par rapport à une autre. L'hétérochronie est généralement plus importante chez les enfants déficients mentaux que chez les normaux. Cet écart du développement d'une sphère psychologique à une autre se traduit souvent, chez les premiers, par un rendement supérieur dans des tâches psychomotrices (perception sensorielle, mouvements, etc.) comparativement à des tâches spatio-temporelles, c'est-à-dire qui impliquent l'orientation dans l'espace et dans le temps. L'hétérochronie serait d'autant plus grande que la déficience est profonde. Selon Zazzo, ce phénomène s'explique par l'existence d'une « hétérochronie fondamentale entre la croissance physique et la croissance mentale, entre le développement somatique et le développement cérébral » (1969, p. 9). Le corps et l'esprit de l'enfant déficient mental ne connaissent pas le même rythme de développement.

9.3.3 Les principes d'intervention pratique en déficience mentale

Après avoir étudié les publications disponibles sur la déficience mentale dans le domaine de la psychologie du développement de l'enfant, Landesman et Ramey (1989) formulent trois principes de base pour guider l'intervention auprès des enfants qui en sont affectés :

1- la prévention environnementale ciblée ;

2- le transfert d'informations métacognitives aux enfants ; et

3- la qualité de l'interaction avec l'environnement.

Le premier principe, celui de la prévention ciblée, découle du constat que des interventions visant spécifiquement certains milieux à risques de générer de la déficience ont un potentiel important. A titre d'exemple, les auteurs mentionnent qu'en intervenant précocement auprès d'enfants dont la mère était déficiente (QI < 70) et vivant dans un environnement très peu stimulant, on a pu réussir à réduire la déficience mental d'un facteur de 5,9. Des analyses subséquentes du fonctionnement de ces enfants ont révélé qu'ils affichaient un QI de 31 points de plus, en moyenne, que celui de leur mère (minimum de 20 points de plus). Il semble que ce type de population peut bénéficier d'interventions préventives dans des proportions considérables.

Le deuxième principe, celui du transfert d'informations métacognitives vers l'enfant, s'appuie sur le constat que le jeune peut apprendre beaucoup sur les processus de pensée et qu'il peut utiliser adéquatement cette information pour mieux gérer sa propre pensée. Certains travaux ont rapporté que l'apprentissage de stratégies cognitives pouvait avoir un effet de généralisation plus puissant que l'exercice direct d'habiletés spécifiques (Borkowski et Turner, 1988).

On montre alors à l'enfant à utiliser une stratégie ainsi que les forces et les limites de celle-ci selon le contexte de son application. L'enfant se monte ainsi un répertoire de stratégies parmi lesquelles il apprend à choisir selon le problème auquel il fait face. L'enfant apprend aussi qu'il est avantageux de planifier, de faire l'effort de développer des stratégies, et que la réussite ou l'échec dépend de la façon dont on s'y prend pour résoudre un problème et non pas seulement de l'intelligence générale.

Le troisième principe, celui de la qualité de l'interaction avec l'environnement, repose sur l'idée que les caractéristiques du milieu social dans lequel évolue l'enfant déficient constituent d'importants déterminants de son comportement et du niveau de compétence qu'il peut atteindre. L'adaptation quotidienne dépend beaucoup de la relation entre la personne et son milieu humain, des préférences mutuelles, des affinités naturelles, des modes d'interaction, de la réussite des routines, du sentiment d'être à l'aise ou pas, etc. Dans un contexte scolaire, les auteurs recommandent de porter une attention particulière à la qualité des contacts interpersonnels (avec les enseignants, les pairs, les parents, etc.), de façon à favoriser le développement de sentiments de compétence et d'une communication réussie. Les auteurs soulignent que la psychologie a souvent tendance à considérer que les problèmes se situent soit dans l'élève, soit dans l'environnement. Il leur semble toutefois que c'est souvent dans l'interaction enfant—environnement que l'on peut observer des variables qui facilitent ou nuisent au développement optimal. Selon ce troisième principe donc, lorsqu'un élève semble ne pas progresser, on recherche la cause du problème non pas seulement en lui mais aussi dans l'environnement ou dans l'interaction entre ces deux entités.

9.4 LES PROBLÈMES PSYCHOLOGIQUES ASSOCIÉS À LA DÉFICIENCE MENTALE

L'intelligence est probablement l'outil le plus précieux pour l'adaptation humaine. Dès le début de la vie, la déficience mentale affecte la compréhension que l'enfant peut développer de son monde, rend plus difficile l'établissement des relations nécessaires au dégagement de la signification des choses ou des personnes. Le sens de l'expérience n'est pas aussi clair. Pour le développement du moi et l'établissement de liens sociaux significatifs, la déficience mentale peut être lourde de conséquences.

Philips et Williams (1975) ont observé des indications de problèmes psychologiques chez 87 des 100 enfants déficients mentaux qu'ils ont examinés. Ces enfants affichent une plus grande fréquence de troubles sensoriels (visuels, auditifs, etc.) et physiques (moins bonne coordination motrice, hyperactivité, etc.) qui interfèrent avec la relation qu'ils entretiennent avec leur milieu de vie physique et social puisqu'ils retardent le développement conceptuel et langagier. Ainsi, le maintien de modes plus primitifs de pensée (pensée magique, préconcepts) fait que l'enfant a plus de difficulté à comprendre les liens de cause à effet entre certains événements et sa frustration ou son plaisir ; l'enfant n'accède qu'à une compréhension partielle des motifs du comportement d'autrui (compréhension sociale).

Si les peurs se maintiennent plus longtemps et les mécanismes de défense contre elles se cristallisent, cela peut provoquer de la rigidité. Si la mémoire est plus faible et la capacité opératoire réduite, l'enfant arrive plus difficilement à planifier son activité et se trouve plus souvent en situation d'échec, ce qui accroît les sources de frustration pour lui et pour son entourage, et contribue à diminuer son image de soi (La Vietes, 1978). Du côté de l'enfant, le besoin de valorisation est aiguisé par la rareté de la réussite, mais du côté de l'environnement social, on éprouve plus de difficulté à récompenser un enfant constamment moins « performant » que ses pairs. Dans ce contexte, l'enfant éprouve des difficultés à se faire des amis et à les conserver.

La Vietes (1978) mentionne qu'« en réaction à ses traumatismes chroniques l'enfant retardé mental peut réagir par la méfiance, le retrait, l'inhibition, l'anxiété, la peur des défis, la colère, et rechercher des sources agressives ou régressives de satisfaction » (p. 203). En établissement, le contrôle restrictif, le manque d'intimité personnelle et de soutien affectif du milieu, la faiblesse des incitations à développer des comportements appropriés peuvent avoir pour effet de rendre l'enfant très dépendant, craintif face au changement et stéréotypé dans ses habitudes.

Il est clair que la déficience mentale n'a pas seulement pour effet de retarder l'évolution scolaire de l'enfant ; sa capacité mentale réduite affecte l'ensemble de son développement socio-affectif et en fait une personne dont la santé mentale est particulièrement fragile et qui est plus à risques de troubles psychopathologiques.

Deuxième partie
LES PROBLÈMES D'APPRENTISSAGE CHEZ L'ENFANT

9.5 LA NOTION DE TROUBLE D'APPRENTISSAGE

Comme nous l'avons mentionné plus haut, ce n'est pas parce que nous traitons des déficiences intellectuelles et des problèmes d'apprentissage dans le même chapitre que l'on doit confondre ces deux notions. Tandis que le diagnostic de déficience mentale nécessite le constat d'un faible QI, le diagnostic de trouble d'apprentissage implique une intelligence normale ou supérieure en combinaison avec un retard significatif dans les acquis scolaires ou sociaux.

Dans le contexte d'un processus éducatif, la notion de trouble d'apprentissage est donc fonction des attentes et des normes en vigueur pour l'âge, le sexe et la culture concernés. Un enfant est considéré comme présentant un trouble d'apprentissage s'il affiche un écart significatif entre ses acquis scolaires ou sociaux et le potentiel qu'on lui reconnaît par ailleurs. Théoriquement, ce diagnostic exclut donc les retards scolaires dus à un handicap sensoriel ou moteur, à une perturbation émotionnelle ou à une déficience intellectuelle. On tente même d'en

exclure les cas de « motivation faible à apprendre » et « d'environnement familial appauvri ». En pratique toutefois, il s'avère fort difficile de cerner l'influence spécifique de ces deux derniers facteurs par rapport aux précédents. Comme nous le verrons plus loin, le milieu de vie de l'enfant peut entrer subtilement en interaction avec ses caractéristiques personnelles pour faire éclore un trouble d'apprentissage.

C'est l'écart entre le potentiel d'apprentissage estimé et les acquisitions observées chez l'enfant qui définit l'ampleur du trouble d'apprentissage (Schroeder, Schroeder et Davine, 1978). À titre illustratif, voici le critère diagnostique rattaché au trouble spécifique de l'acquisition de la lecture du *DSM-III* :

Les résultats aux tests standardisés d'aptitude à la lecture passés de façon individuelle sont significativement inférieurs au niveau escompté, compte tenu de la scolarisation du sujet, de son âge réel et de son âge mental (déterminé par un test d'intelligence passé de façon individuelle). De plus, à l'école, les résultats de l'enfant à des tâches demandant des aptitudes à la lecture sont significativement inférieurs à ceux qui laisseraient présager ses capacités intellectuelles. (Mini DSM-III, 1988, p. 59.)

Au Québec, le ministère de l'Éducation (1978) a adopté la définition suivante, qui s'apparente fortement à la précédente :

Un élève ayant des troubles d'apprentissage, c'est celui qui, pour un apprentissage scolaire spécifique, présente suite à une évaluation pédagogique, un rendement significativement inférieur aux attentes que l'on a face à lui en fonction de son potentiel et du cadre de référence que constituent les groupes-classes. Cet élève nécessite des services éducatifs spéciaux. (Tiré de Yegin, 1986, p. 186.)

Deux éléments doivent donc être présents pour poser le diagnostic de trouble d'apprentissage :

1- que l'enfant affiche un retard important de rendement par rapport à son potentiel ;

2- que le retard et le potentiel aient été déterminés dans le cadre d'une évaluation objective et fiable et non pas à partir d'un contexte isolé de performance ou d'une opinion individuelle.

Quelle est l'origine des troubles d'apprentissage ? Comment un enfant développe-t-il un problème d'apprentissage ? Indiquons tout de suite que nous n'apporterons pas ici de réponse satisfaisante à ces questions. Les connaissances disponibles actuellement ne permettent pas de formuler une réponse définitive à ce problème. Cependant, si nous ne pouvons identifier les causes exactes et directes, nous disposons d'indications intéressantes sur les éléments en présence. Les enfants qui affichent des troubles d'apprentissage présentent des particularités cognitives ; nous verrons plus bas ce qui particularise leur façon de penser.

Face à la notion de problème d'apprentissage, la réaction la plus courante consiste à penser à l'apprentissage scolaire. Si, en effet, l'apprentissage scolaire est la zone fonctionnelle la plus clairement touchée par ce problème, elle n'est pas la seule : les relations sociales de l'enfant sont aussi généralement affectées. Avant de traiter de la façon particulière de penser des enfants présentant un problème d'apprentissage, nous aborderons les problèmes relationnels qu'ils vivent dans leurs milieux familial et scolaire.

9.6 LES PROBLÈMES RELATIONNELS ASSOCIÉS AUX TROUBLES D'APPRENTISSAGE

Plusieurs chercheurs ont constaté que les enfants affichant des troubles d'apprentissage vivent des difficultés socio-affectives (Hallahan et Bryan, 1981 ; Plante, 1978 ; Yegin, 1986). Plusieurs comportements négatifs leur ont été attribués : hyperactivité, distractivité, impulsivité, difficulté à soutenir une communication, etc. Ces enfants auraient plus de difficulté à se faire des amis et à maintenir des contacts positifs et chaleureux avec les adultes (Bryan et Bryan, 1978).

Sans prétendre qu'il s'agit là de causes, examinons maintenant les particularités attribuées à ces enfants sur le plan des relations sociales, d'abord par les parents et les enseignants, puis par les pairs.

9.6.1 La perception des parents et des enseignants

Comparativement aux parents d'enfants sans trouble d'apprentissage, les parents d'enfants ayant des troubles d'apprentissage ont tendance à décrire plus négativement ceux-ci dans les domaines suivants :

1- habileté à communiquer : il a de la difficulté à exprimer ses idées et ses sentiments, il n'aime pas écouter et il est difficile de lui parler ;

2- autocontrôle : il éprouve de la difficulté à contrôler ses impulsions ;

3- autonomie : il s'organise moins bien par lui-même comparativement à ses frères et sœurs ; et

4- échanges affectifs : il démontre moins de considération pour les autres, est moins en mesure de recevoir de l'affection tout en étant plus « collant » ou dépendant que les autres (Hallahan et Bryan, 1981).

Les enseignants percevraient aussi plus négativement les enfants présentant des troubles d'apprentissage que les enfants normaux : ils les disent moins coopératifs, moins attentifs, moins autonomes, plus difficiles à accepter socialement (Bryan et McGrady, 1972).

Cette immaturité sociale perçue par les parents et les enseignants peut être considérée comme un problème suffisamment grave pour en faire une question de première importance dans l'intervention éducative et plutôt que d'être traitée seulement comme secondaire au problème d'apprentissage. Siegel (1974) mentionne que chaque jour, l'enfant a plus de chances de côtoyer des pairs que d'avoir à diviser 342 par 19. L'intégration sociale est vraiment une dimension cruciale dans le développement de l'enfant.

9.6.2 L'attitude des pairs

La perception moins positive des adultes à l'égard des enfants ayant des troubles d'apprentissage se retrouve-t-elle chez les pairs de ces derniers ? Afin de jeter de la lumière sur cette question, plusieurs chercheurs ont utilisé des échelles sociométriques pour évaluer des dimensions comme l'« attrait social » ou le « rejet social » dans la classe. Les élèves sont alors invités à choisir, parmi les noms ou mieux les photos des élèves de la classe, ceux ou celles avec qui ils ou elles aimeraient le plus ou le moins faire une activité (jeu, tâche, etc.). Les élèves qui ne reçoivent pas de choix des autres sont considérés comme « isolés » comparativement aux deux autres dimensions obtenues, soit « populaires » ou « rejetés ».

Après un examen des ouvrages portant sur ces études, Hallahan et Bryan (1981) rapportent que, dans l'ensemble, les enfants ayant des troubles d'apprentissage sont moins populaires et ont tendance à être plus souvent rejetés, sans pour autant être plus isolés que les autres. Il importe de souligner ici que les filles de cette population sont évaluées encore moins positivement que les garçons, ce qui indique que l'entourage social réagirait plus vivement à la présence du problème chez une fille que chez un garçon.

Afin d'éviter l'effet possible d'un préjugé relié au rendement scolaire, Bryan et Perlmutter (cités dans Hallahan et Bryan, 1981) ont demandé à des adultes étrangers d'observer des bandes vidéo présentant des enfants ayant ou pas des troubles d'apprentissage, en situation de jeu avec une étudiante universitaire neutre. Les observateurs étrangers devaient évaluer les enfants après quatre ou cinq minutes d'observation seulement. Les résultats ont montré que, même en l'absence de connaissance préalable, ils évaluaient ceux qui avaient des troubles d'apprentissage moins positivement que leurs pairs normaux, la différence étant encore plus marquée pour les filles que pour les garçons. Les observateurs estimaient que ces enfants avaient moins de présence physique et mentale que les autres dans l'interaction observée.

Les études sur le comportement social des enfants ayant des troubles d'apprentissage indiquent généralement que ceux-ci se perçoivent plus positi-

vement que leur entourage ne le fait ; leur évaluation de leur propre statut social serait moins précise que celle des autres enfants (Bruinincks, 1978). Sur le plan de la communication interpersonnelle, il semble que les enfants ayant des problèmes d'apprentissage auraient plus de difficulté à saisir l'état émotionnel des autres et à bien faire comprendre le leur (Hallahan et Bryan, 1981). En situation de jeux de groupe, ils produiraient plus d'énoncés compétitifs (« J'aurais pu faire mieux que lui », « Ce n'est pas si bon que cela », etc.) et moins de renforcement des succès des autres (« C'est beau », « Bravo, tu as bien réussi », etc.) que les enfants normaux. Bryan et Bryan (1978) y voient une explication possible à la réaction moins positive des pairs : le fait de ne pas renforcer autant les autres pour leurs bons coups et d'émettre plus de commentaires compétitifs pourrait expliquer le taux plus élevé de rejet de ces enfants de la part de leurs pairs.

L'immaturité sociale des enfants présentant des problèmes d'apprentissage se traduit donc par une appréciation plus négative de la part de leur entourage social (parents, enseignants, pairs). Cette immaturité pourrait s'expliquer par le sous-développement des habiletés à communiquer verbalement et non verbalement avec autrui, et ce dans les deux sens, c'est-à-dire à comprendre les messages en provenance des autres (décodage) et à exprimer clairement ses idées et sentiments en direction des autres (se faire comprendre). Le déficit de la cognition sociale alors en cause pourrait constituer une cible privilégiée dans les interventions rééducatives (Fiske et Taylor, 1984 ; Selman, 1980 ; Shantz, 1983).

9.7 LA DIMENSION SOCIOCULTURELLE DES TROUBLES D'APPRENTISSAGE

Les troubles d'apprentissage, fortement associés à l'échec scolaire, ne se trouvent-ils pas plus souvent dans certaines classes sociales ? S'agit-il d'un problème intrapsychique ou d'un problème mettant aussi l'environnement de l'enfant en question ?

Compte tenu du critère central dans la définition du trouble d'apprentissage, c'est-à-dire un rendement scolaire significativement inférieur à ce que le potentiel de l'enfant devrait donner, est-il possible de soutenir que le problème est dans l'enfant seulement ? Depuis le début de l'intérêt pour les enfants vivant des échecs à l'école, c'est-à-dire le début du siècle, avec notamment les travaux d'Alfred Binet en France, l'hypothèse de la présence de dysfonctions cérébrales mineures subsiste pour expliquer les troubles d'apprentissage chez les enfants. C'est l'hypothèse d'un problème intrapsychique dû à un trouble des circuits fonctionnels dans le cerveau (Dailly et Henocq, 1983).

À partir des années 1970 environ, l'accent mis sur une cause neurologique a beaucoup diminué en raison du manque de fondements sûrs dans l'identification de telles lésions : c'est sur les comportements et non pas sur le repérage de lésions neurologiques que les diagnostics sont fondés (Kauffman et Hallahan, 1970 ; Hallahan et Bryan, 1981 ; Jouvenet, 1985). C'est peut-être la parenté de certains comportements des enfants présentant des troubles d'apprentissage avec ceux des enfants ayant des problèmes neurologiques bien identifiés qui a servi à maintenir l'hypothèse de lésions neurologiques mineures ; mais, en l'absence de base neurologique sûre, une telle parenté ne suffit plus, d'autant plus que l'adhésion à cette idée rend le pronostic de rééducation encore plus pessimiste.

La situation actuelle pourrait donc se résumer comme suit : l'enfant a un QI normal ou supérieur à la moyenne ; il affiche un retard significatif dans ses acquisitions scolaires ou sociales ; certains comportements sociaux et cognitifs le particularisent ; l'hypothèse de lésions cérébrales mineures n'est pas confirmée empiriquement mais n'a pas été rejetée non plus.

Dans ce contexte, n'est-il pas possible que les caractéristiques du milieu de vie interagissent avec celles de l'enfant pour favoriser ou entraver l'éclosion du trouble d'apprentissage ? Devant cette interrogation, nous examinerons maintenant le rôle potentiel de deux milieux cruciaux pour le développement personnel : la famille et l'école.

9.7.1 La famille

En ce qui a trait à la famille, Brantlinger et Guskin (1987) rapportent qu'un faible niveau socio-économique constitue l'un des facteurs les plus souvent associés à l'échec scolaire de l'enfant : les enfants provenant de familles défavorisées réussissent généralement moins bien à l'école. Le niveau socio-économique de la famille est un facteur composite, c'est-à-dire qu'il résulte de plusieurs variables : la scolarité, le revenu, le type d'emploi des parents ; les valeurs culturelles et la conception de l'école ; la stimulation éducative à la maison (habiletés sociales, langage, aspirations, présence de livres, de jouets éducatifs, etc.). Au moment de son entrée à l'école, l'enfant a déjà toute une histoire culturelle derrière lui. Sa capacité de comprendre les autres et de se faire comprendre d'eux, son image de lui-même, sa capacité de s'organiser par lui-même et les concepts utiles qu'il a développés sont autant d'acquis. Or ces acquis préscolaires, étroitement reliés à la stimulation éducative offerte dans la famille, déterminent si l'enfant entre à l'école avec une longueur d'avance ou une longueur de retard par rapport à la moyenne.

Feuerstein (1980) a fondé son approche sur l'idée que l'intelligence est le résultat d'un contact direct avec les stimuli de l'environnement et la transmission d'expériences d'apprentissage (*mediated learning experience*). La plupart des enfants du monde ont accès au premier facteur, c'est-à-dire qu'ils reçoivent des stimulations de l'environnement, en quantités variables. À cet égard, dans nos contextes modernes de vie, la quantité de stimuli ne manque pas autour de l'enfant, surtout dans certains milieux où la télévision et la radio fonctionnent du matin jusqu'au soir sans discernement. C'est le deuxième facteur qui détermine la qualité de l'environnement parce qu'il requiert une intervention humaine, une médiation qui organise les stimuli, leur donne un sens : « Ce médiateur de connaissances, guidé par ses intentions, sa culture, ses valeurs émotionnelles, choisit et organise le monde des stimuli pour l'enfant. » (Feuerstein, 1980, p. 16.)

Dès les années 1960, la relation entre la stimulation précoce et la réussite scolaire était suffisamment claire pour qu'une série de programmes d'éducation préscolaire compensatoire voient le jour (DEDAPAM, Opération Renouveau, au Québec ; Réforme Haby, en France ; *Head Start, Title-One, Follow-through, Brookline Early Education Project*, aux États-Unis). L'idée à la base de ces interventions est qu'un déficit dans les acquis préscolaires de l'enfant le place en situation de risque d'échec à l'école. En conséquence, il faut intervenir le plus tôt possible auprès des populations à risques afin de compenser le manque de stimulation reçue dans le milieu familial et de contribuer à fournir à chacun des chances réelles de réussite dans la vie.

Nous verrons plus en détail dans le chapitre portant sur les agents de socialisation de l'enfant que la famille, en tant que premier milieu de vie, joue un rôle vraiment déterminant sur le développement psychologique. Tout au cours du cheminement scolaire, dans le contexte changeant des professeurs, des groupes-classes, ou même des écoles, l'enfant qui ne peut compter sur l'appui constant et vigilant de ses parents se trouve souvent seul et, en cas de difficulté, les ressources de l'école suffisent rarement à rétablir la situation sans le concours de la famille.

Dans la recherche d'une explication aux troubles d'apprentissage, il semble que la stratégie consistant à rechercher une cause unique, à l'intérieur ou à l'extérieur de l'enfant, n'est pas appropriée. Il n'y a pas qu'un seul type de trouble d'apprentissage, mais plusieurs. Il nous apparaît probable que dans la majorité des cas, une interaction entre les caractéristiques de l'enfant d'une part (y compris des lésions neurologiques le cas échéant) et, d'autre part, les caractéristiques du milieu dans lequel il a grandi soit nécessaire pour expliquer les problèmes spécifiques.

9.7.2 Le système scolaire

De son côté, l'environnement scolaire peut jouer un rôle significatif dans la prévalence de l'échec dans les milieux moins favorisés de la population. Si l'école participe d'une façon quelconque à l'éclosion des troubles d'apprentissage, ce n'est certainement pas volontairement, car les systèmes scolaires publics exercent généralement une grande vigilance à l'égard de la démocratisation des chances sociales. Jusqu'à un certain point cependant, ils constituent le reflet de l'organisation sociale qui les fait vivre et peuvent, de la même façon qu'il existe des familles mieux nanties que d'autres, afficher des disparités selon les régions socio-économiques qu'elles desservent (Jouvenet, 1985).

L'examen des publications pertinentes nous permet d'identifier les facteurs suivants pouvant intervenir dans la fréquence plus grande des troubles d'apprentissage chez les enfants issus de milieux défavorisés ou chez des enfants déjà connus comme ayant une difficulté :

1- Répartition des ressources : malgré l'apparente homogénéité des systèmes scolaires, il existe des différences dans la distribution des ressources humaines et matérielles selon les milieux socio-économiques, les écoles situées dans des quartiers à bas revenus étant souvent moins bien nanties (CEQ, 1982).

2- Normes en vigueur : les standards de réussite scolaire et de compétence sociale pour les élèves sont souvent moins élevés dans les quartiers défavorisés de sorte que, selon les indicateurs nationaux de rendement, les échecs peuvent y être plus nombreux (Brantlinger et Guskin, 1987) ; par ailleurs, parce que l'État subventionne les efforts de rééducation des enfants affichant des troubles d'apprentissage, certains milieux scolaires moins bien nantis sont tentés de gonfler le nombre de ceux-ci parmi leurs clientèles (Senf, 1987).

3- Communication école—famille : pour de très nombreuses raisons, la communication école—famille est moins bonne dans les milieux défavorisés (participation moindre des parents aux activités qui leur sont destinées, difficulté pour l'école d'« apprivoiser » ces parents qui se sentent moins compétents dans ce milieu scolaire où souvent eux-mêmes ont eu des échecs, etc.), ce qui prive l'enfant d'une supervision parentale adéquate (Falardeau et Cloutier, 1986).

4- Attitude face au diagnostic : le fait pour l'enfant d'être identifié comme élève ayant des troubles d'apprentissage crée des attentes négatives parfois durables à son égard de la part des intervenants, ce qui lui cause un préjudice potentiel (Hallahan et Bryan, 1981).

Il est important de noter que les trois premiers de ces quatre facteurs concernant le système scolaire n'existent qu'en interaction avec un faible niveau socio-économique de la famille.

9.8 LES TROUBLES DE LA LANGUE ÉCRITE

Dès l'origine des organisations scolaires, les différences individuelles dans le rythme d'apprentissage sont devenues l'objet de préoccupation. Or, certains contenus scolaires constituent des moteurs essentiels pour les autres apprentissages, et la langue écrite est certainement une base capitale. Un enfant qui n'arrive pas à apprendre à lire est en panne dans toutes ses matières. L'écriture aussi est très importante à l'école puisqu'elle constitue un médium de communication privilégié en même temps qu'un univers de contenu à intégrer.

La difficulté à apprendre à lire et à écrire a longtemps été appelée dyslexie. Ce trouble de la langue écrite se trouverait chez des enfants de différents niveaux intellectuels et non pas seulement chez les déficients. Certains auteurs ont posé l'hypothèse d'un lien entre la dyslexie et un problème de latéralisation cérébrale (Corballis, 1983 ; Hetherington et Parke, 1986). Lobrot (1972) mentionne qu'environ 10 % des enfants connaissent un problème de dyslexie caractérisé par un véritable blocage dans l'apprentissage de la lecture avec, encore à 10-11 ans,

une vitesse de lecture orale de cinq mots et moins par minute.

9.8.1 Les troubles d'apprentissage de la lecture

Le concept de dyslexie a été plus étroitement associé à un problème de lecture qu'à un problème d'écriture, ce deuxième volet étant désigné parfois plus spécifiquement sous le terme dysorthographie ou dysgraphie.

Une série de fautes ont été plus ou moins étroitement associées à la dyslexie. En voici des exemples tirés de Leunen (1982) :

1- Confusions des lettres à graphie semblable : p — q, b — d, m — n, u — n (don et bon, brave et drave, non et mon, etc.) ;

2- Confusions des lettres proches par le son : t — d (dard pour tard), p — b (bottin pour potin), f — v (foulez pour voulez).
L'auteur note que ce dernier groupe fait partie des sourdes et des sonores. Ces lettres se ressemblent dans la mesure où elles se prononcent de la même manière avec, en plus, une vibration de la gorge pour les sonores. P, T, K, F, S, CH, font partie des consonnes sourdes, tandis que B, D, V, Z, J, font partie des consonnes sonores ;

3- Omissions de lettres : domir pour dormir, leture pour lecture, caculer pour calculer.

4- Additions de lettres : caravate pour cravate.

5- Inversions de lettres : car — cra — arc, cor — cro — orc, cur — cru — urc, crou — cour — ourc.

De façon générale, plusieurs études ont démontré que l'enfant ayant un problème de lecture organise mal sa lecture : il omet des syllabes, répète deux fois la même, substitue un mot à un autre qui sonne de la même façon (pompe pour pomme) ou termine un mot par une syllabe qui ne lui appartient pas (chaussette pour chaussure), manifestant par là une attention mal soutenue à la tâche. C'est probablement ce problème d'organisation du comportement de lecteur qui a le plus clairement été retenu.

TABLEAU 9.5 : Composantes reliées au processus de lecture*

Décodage

Définition

Le décodage correspond au processus de traduction des symboles écrits en leurs équivalents sonores (entendus ou représentés mentalement). Avec l'augmentation de l'habileté à lire, cette traduction s'automatise progressivement de sorte que le lecteur ne s'en rend plus compte.

Exemples d'habiletés jouant un rôle dans le processus de décodage

Discrimination visuelle :
- perception des similarités et différences entre les objets ou symboles graphiques
- capacité d'apparier des symboles (former des paires selon une consigne)
- capacité de reconnaître des lettres
- capacité de reconnaître des mots

Discrimination auditive :
- discrimination des sons associés aux lettres et syllabes
- discrimination des rythmes
- capacité d'apparier des sons
- capacité de répéter des sons, des lettres et des syllabes

Analyse de la structure du texte :
- discrimination des mots composés
- discrimination de la ponctuation
- identification des préfixes (avant-, contre-, entre-, plus-, etc.) et des suffixes (-ette, -aille, etc.)
- discrimination du singulier et du pluriel, du masculin et du féminin
- découpage du mot selon ses syllabes (syllabation)

Compréhension du texte

Définition

La compréhension correspond à la saisie de la signification appropriée du texte tel qu'il est décodé. Le décodage des symboles écrits peut se faire sans qu'il y ait compréhension : une personne peut lire à haute voix un texte en anglais, en italien ou en espagnol et arriver à le faire comprendre à une personne compétente sans elle-même en saisir le sens. La compréhension de la lecture repose sur la connaissance de la langue et les connaissances générales antérieures acquises par l'expérience personnelle. Face au même texte, le degré de compréhension peut atteindre des degrés très variables selon l'appareil mental dont dispose le lecteur pour se construire une représentation de la signification de l'ensemble.

Exemples d'habiletés en jeu dans la compréhension du texte

- saisie de l'objectif de la lecture
- adaptation de la stratégie de lecture (lecture très attentive ou survol rapide) en fonction du but poursuivi
- saisie de la signification des mots
- identification des concepts
- activation des connaissances déjà en mémoire
- classification et catégorisation des contenus
- comparaison, mise en opposition
- mémorisation du contenu à mesure qu'il est décodé
- lien entre la nouvelle information et celle qui a déjà été fournie dans le texte
- distinction des idées principales et secondaires
- perception de l'organisation logique du texte (sa structure) et utilisation comme base de rappel ou de résumé
- établissement des inférences
- extraction des conclusions
- perception de la signification du style littéraire employé selon le contexte
- évaluation de la qualité de la forme et du fond du texte
- évaluation du degré de compréhension acquis et relecture au besoin

---

* Élaboré à partir de :
- DESCHÊNES, A.-J. (1986) *La Compréhension de textes et le développement de la pensée opératoire*, thèse de doctorat non publiée, Québec, Université Laval.
- *Id.* (1988) *La Compréhension et la production de textes*, monographies de psychologie, Sillery, Presses de l'Université du Québec.
- FLAVELL, J.H. (1985) *Cognitive Development*, 2ᵉ éd., Englewood Cliffs (N.J.), Prentice-Hall.
- LUFTIG, R.L. (1987) *Teaching the Mentally Retarded Student. Curriculum, Methods, and Strategies*, Boston, Allynand Bacon.

Toutefois, nous verrons bientôt que cette « organisation » du comportement de lecture sous-tend plusieurs dimensions complexes et nous comprendrons mieux pourquoi l'étiquette unique de dyslexie n'est pas très raffinée comme diagnostic.

La notion de dyslexie est beaucoup moins employée dans les ouvrages récents parce qu'elle constitue un concept unique et global qui n'arrive pas à véhiculer efficacement la complexité psychologique des problèmes d'apprentissage associés à la langue écrite. Un concept global et indifférencié sert mal la recherche dans un domaine aussi subtil que les troubles d'apprentissage, car « ... il n'existerait pas une ni deux mais une pluralité de mauvais lecteurs » (Fijalkow, 1986, p. 198). Nous parlerons donc plutôt de trouble de la lecture et de trouble de l'écriture plutôt que de dyslexie ou de dysorthographie.

Le retard dans la capacité de lire constitue l'un des problèmes d'apprentissage les plus courants : tandis qu'entre 8 et 15 % des enfants normaux ont des problèmes d'apprentissage de la lecture, entre 85 et 90 % des enfants affichant des troubles d'apprentissage éprouvent des difficultés à cet égard (Kaluger et Kolson, 1978 ; Wallace, 1981). Sachant que les contenus écrits constituent la base de l'information scolaire, on peut comprendre que l'enfant, même brillant, qui n'y a pas accès est sérieusement handicapé dans sa progression scolaire.

Dans le langage courant, on associe parfois, à tort, l'ensemble des problèmes de lecture à la dyslexie. Le tableau 9.5 décrit certaines composantes couramment liées au processus de lecture, et permet ainsi de comprendre que si la dyslexie a trait au décodage des symboles écrits, plus spécifiquement à leur discrimination, plusieurs autres dimensions interviennent également dans la lecture. En fait, ce processus est si complexe que certains pédagogues affirment mieux comprendre pourquoi un enfant n'apprend pas à lire que comment il fait pour y arriver.

Malgré son caractère incomplet, le tableau 9.5 permet de saisir la grande complexité du processus en jeu dans la lecture d'un texte. Cette grande complexité n'est certainement pas étrangère à la difficulté qu'éprouvent les chercheurs à se mettre d'accord sur des catégories de troubles de la lecture, taxonomie qui n'est pas encore disponible aujourd'hui (Vaughn et Bos, 1987).

Des facteurs organiques (dans la discrimination visuelle ou auditive notamment), psychologiques (compréhension, mémoire, etc.), éducationnels (mauvais départ avec expériences d'échecs au début de la scolarisation) peuvent être en cause dans le problème de lecture vécu par l'enfant. Une foule de dimensions différentes peuvent donc être en jeu sous l'étiquette globale « trouble de lecture ». C'est pour cette raison que des instruments spécialisés d'évaluation sont apparus au fil des ans, qui permettent de tracer de façon assez précise le bilan des forces et des faiblesses des enfants ou des adultes aux prises avec cette difficulté (voir Wallace, 1981, ou Luftig, 1987, pour un inventaire des batteries de tests disponibles).

Le test de *closure* constitue une méthode assez répandue pour mesurer globalement la capacité en lecture (Taylor, 1953 ; Bormuth, 1971 ; De Landsheere, 1978). Il s'agit de donner à lire un texte dont un mot sur cinq a été supprimé et remplacé par un trait de longueur uniforme (une lacune) ; l'enfant doit reconstituer le texte original. Le score obtenu au test correspond au pourcentage d'éléments réussis dans le texte, c'est-à-dire au nombre de lacunes qu'il arrive à remplacer par le mot juste (et non pas par un synonyme de ce mot). Bon nombre de travaux ont montré la fiabilité de cette approche pour évaluer la capacité de comprendre un contenu écrit. Des normes particulières pour chaque âge peuvent être instituées à partir de différents textes que l'on soumet à des échantillons représentatifs d'enfants et dont l'analyse permet d'établir la difficulté et les rendements moyens attendus. Cette méthode peut aussi servir de base à l'entraînement à la compréhension de texte écrit. Le tableau 9.6 présente un exemple de texte mutilé.

TABLEAU 9.6 : Exemple de texte mutilé pour le test de closure

La loi du groupe chez les loups

Les loups peuvent vivre _____ groupe parce qu'ils _____ à certaines règles. Chaque meute a un _____ auquel les autres loups _____ . Le chef mange et _____ toujours avant les autres _____ se réserve la meilleure _____ . Après le chef, chaque _____ occupe un rang déterminé _____ dépend de sa puissance _____ de son habileté. Les _____ d'un rang inférieur _____ obéir et céder la _____ aux loups d'un _____ supérieur. Cet ordre strict _____ empêche de se battre.

(*Corrigé :* en, obéissent, chef, obéissent, boit, et, nourriture, loup, qui, et, loups, doivent, place, rang, les.)

Source : TOWNSEND, A. et LOUMAYE, J. (1979) *Le Loup*, Montréal, Granger Frères.

Pour être valable, un texte doit comporter environ 250 mots et ainsi présenter 50 lacunes. Des travaux ont montré que si l'on évalue la compréhension du texte non mutilé par des questions objectives ou à développement court, un score de 44 % en *closure* correspond à environ 75 % en compréhension, alors que 55 % en *closure* correspond à 90 % en compréhension (De Landsheere, 1978).

9.8.2 Les problèmes de l'écriture

Si l'écriture est une fonction beaucoup moins sollicitée que la lecture dans nos sociétés modernes, elle n'en reste pas moins une habileté nécessaire à l'adaptation sociale et un outil de travail indispensable. En quoi l'écriture est-elle différente de la lecture ? Certains auteurs ont montré qu'il existait beaucoup de communauté psychologique dans la compréhension et la production d'un texte (Deschênes, 1988). Dans les deux cas, le sujet doit activer les connaissances qu'il a en mémoire pour donner un sens au texte dont le contenu, dans les deux cas aussi, est linéarisé, diffusé au fil des mots et des lignes selon une structure d'ensemble mettant les différentes parties du contenu en rapport les unes avec les autres.

Dans l'écriture comme dans la lecture, le sens des mots repose sur l'orthographe, la grammaire, le contexte de la phrase, etc. Ne pas respecter l'orthographe ou la grammaire peut changer le sens du texte. Il faut lire certaines traductions du mode d'emploi d'articles importés pour bien saisir l'importance de l'orthographe et de la grammaire dans la communication écrite.

Selon Lobrot (1972), l'acte d'écrire pose des problèmes plus difficiles à résoudre que l'acte de lire. La lecture repose sur la capacité de reconnaître les lettres et les mots tandis que l'écriture requiert l'évocation des graphèmes correspondant aux mots que l'on veut transmettre. La reconnaissance est alors moins difficile que l'évocation à partir du savoir. Ensuite, l'écriture étant une forme de dessin, elle implique l'exécution motrice suffisamment réussie des formes que sont les lettres pour permettre leur lecture ultérieure. Elle constitue donc une tâche motrice. L'écriture d'un texte requiert aussi de combler l'écart important qui existe entre le son des mots et leur orthographe : dans les erreurs couramment commises, le plus souvent la structure phonétique est respectée et le problème vient de la grammaire ou de l'orthographe. Écrire correctement demande beaucoup de mémoire et un grand soin dans le rappel et l'analyse grammaticale.

Mais pourquoi les enfants affichant des problèmes de lecture ont-ils assez souvent des problèmes d'écriture ? Il semble que la question du manque d'attention ou de soin dans l'exécution de la tâche soit un facteur commun important. L'enfant qui organise mal son activité de lecture, qui ne porte pas une attention soutenue au décodage du texte dans lequel il chemine est aussi, souvent, celui qui dessine mal ses lettres, en oublie, en inverse ou écrit « au son ». Les hypothèses explicatives de ce manque de fini dans l'activité sont nombreuses et il ne nous appartient pas ici de les discuter dans le détail. Contentons-nous seulement d'en énumérer quelques-unes : problèmes psychomoteurs engendrant de la maladresse dans l'activité d'écriture, incompréhension du lien de base entre les lettres (dessins), leur son et leur sens, faible motivation à réussir dans un milieu chargé d'échecs, problèmes socio-affectifs avec anxiété et sentiment d'être incompris dans son milieu familial et marginalisé à l'école, etc.

Dans ce contexte de complexité où il est illusoire de croire qu'une étiquette diagnostique générale (genre « dyslexie ») peut rendre service à l'enfant dont le profil est unique, une constante existe cependant : l'intervention rééducative peut aider à diminuer le problème, surtout si elle est entreprise tôt dans le processus de scolarisation.

9.9 LES CARACTÉRISTIQUES COGNITIVES DES ENFANTS AYANT DES TROUBLES D'APPRENTISSAGE

La section précédente a fait ressortir la présence de composantes sociales et socioculturelles dans le syndrome que constitue le trouble d'apprentissage chez l'enfant. Mais dans sa tête, cet enfant pense-t-il de façon différente des autres enfants ? La section qui suit tentera de jeter de la lumière sur cette question.

Trois dimensions cognitives ont reçu une attention spéciale de la part des chercheurs intéressés à comprendre les mécanismes cognitifs particuliers aux enfants affichant des troubles d'apprentissage : l'attention sélective, la mémoire et la métacognition.

L'attention sélective correspond à l'habileté à se concentrer sur les éléments pertinents d'une tâche plutôt que sur d'autres. La mémoire renvoie ici à la capacité de reconnaître ou d'évoquer un contenu antérieurement exposé. La métacognition, notion apparue plus récemment dans les ouvrages, renvoie à l'autocontrôle cognitif ou l'habileté à gérer son propre fonctionnement mental. Nous ferons un examen sommaire de ces trois axes, utiles pour comprendre les mécanismes sous-jacents aux problèmes d'apprentissage chez l'enfant. Mentionnons tout de suite qu'il ne s'agit pas de trois zones de préoccupation étanches l'une par rapport à l'autre. Nous verrons

par exemple que l'on utilise des tâches de rappel (mémoire) pour étudier l'attention sélective des enfants et que la plupart des tâches cognitives comportent potentiellement une composante métacognitive.

9.9.1 L'attention sélective

Après un examen des recherches sur le sujet, Hallahan et Bryan (1981) formulent les trois observations suivantes concernant l'attention sélective particulière des enfants qui ont des troubles d'apprentissage.

Premièrement, les enfants souffrant de troubles d'apprentissage réussissent généralement moins que leurs pairs normaux à concentrer leur attention sur les dimensions pertinentes d'un problème. Deuxièmement, ils se souviennent moins bien des éléments centraux mais, troisièmement, ils retiennent aussi bien sinon mieux les données périphériques de la tâche. C'est comme s'ils traitaient l'essentiel de la même façon que le secondaire.

Le type d'expérience habituellement utilisé pour ce genre d'évaluation consiste à présenter à l'enfant une série de cartes (dont le nombre peut varier entre 2 et 7) sur lesquelles apparaît l'image d'un animal et d'un objet usuel de maison. On lui demande de porter attention à l'ordre dans lequel apparaissent les animaux ; on lui montre chacune des cartes et on les place ensuite l'une à côté de l'autre, face contre table, devant lui. Lorsque toute la série a été passée, on lui montre une autre carte où est représenté l'un des animaux et on lui demande de montrer où, dans la série alignée sur la table, se trouve la carte de cet animal. On répète cette démarche plusieurs fois en mélangeant les cartes et on enregistre le nombre de réussites de l'enfant afin de déterminer sa capacité de porter attention aux éléments importants de la tâche. Ensuite, on montre à l'enfant des images de différents objets de maison (ustensiles, meubles, appareils ménagers, etc.) qui étaient constamment associés au même animal et on lui demande d'indiquer avec quel animal chacun apparaissait sur la carte initiale. Cette deuxième opération sert à évaluer la mémoire de l'enfant pour les éléments secondaires de la tâche principale.

Plusieurs études ont observé que la mémoire dans la tâche centrale augmente avec l'âge chez les enfants normaux tandis que la mémoire pour la tâche secondaire n'augmente qu'un petit peu ou pas du tout. Certaines recherches ont même montré que l'apprentissage dans la tâche centrale était en corrélation négative avec celui dans la tâche secondaire à partir de 12-13 ans : plus le sujet se souvient des éléments secondaires, moins sa mémorisation des éléments centraux est grande. Or, chez les enfants affichant des problèmes d'apprentissage, la mémoire des éléments centraux est moins bonne, mais celle des éléments secondaires est aussi bonne sinon meilleure.

Selon Hallahan et Bryan (1981), les enfants ayant des troubles d'apprentissage ne fonctionnent pas différemment des autres (ils n'ont pas une stratégie particulière). Le retard de performance de deux à trois ans qu'ils affichent dans le domaine de l'attention sélective serait dû à leur difficulté à se répéter mentalement la tâche qu'ils doivent accomplir. En effet, les enfants normaux se rappelleraient spontanément la consigne dans leur tête en exécutant la tâche, ce qui ne serait pas le cas des enfants affichant des troubles d'apprentissage. Lorsque par des interventions éducatives on a réussi à développer cette habileté chez ces derniers, des améliorations importantes de performance ont été enregistrées (Hallahan et Reeve, 1980).

9.9.2 La mémoire

Dans le langage courant, on a parfois tendance à considérer la mémoire comme une habileté de deuxième ordre, associée à l'apprentissage « par cœur », à l'enregistrement de données sans compréhension réelle. Or les travaux dans le domaine de la compréhension et de l'intelligence démontrent bien que la mémoire est une composante centrale dans le fonctionnement cognitif (Deschênes, 1986 ; Piaget, 1968). Évidemment, il faut accepter de concevoir la mémoire comme autre chose que la capacité de mémoriser des noms de capitales ou des numéros de téléphone. Piaget (1968) fait bien comprendre que la mémoire n'est pas l'enregistrement passif des stimuli, comme un magnétoscope par exemple, mais plutôt l'assimilation des contenus en fonction des structures cognitives. Si on demande à un enfant de 5 ans de dessiner sa maison, ce rappel implique la reconstruction d'un ensemble, et cette opération requiert plus que la juxtaposition d'éléments connus. La compréhension nécessite manifestement la manipulation d'information, or la mémoire joue un rôle crucial dans la gestion de celle-ci, qu'il s'agisse de son appréhension, de sa conservation ou de son rappel opportun (Torgensen, 1981).

Les travaux menés sur la mémoire des enfants affichant des troubles d'apprentissage arrivent à des conclusions similaires à celles découlant des recherches sur l'attention sélective : ils ont de la difficulté à utiliser des stratégies cognitives appropriées à la tâche. À l'étape de l'encodage de l'information par exemple, il n'auront pas spontanément tendance à faire des regroupements de l'information (regrouper des données narratives en fonction de l'étape dans le récit, regrouper les chiffres d'un numéro de téléphone, etc.), ou à utiliser des moyens mnémotechniques (associer une image à un concept connu, des chiffres à retenir à une date d'anniversaire ou à un âge connu, se répéter mentalement les contenus, etc.).

Vellutino, Harding, Phillips et Steger (1975) ont montré que les enfants ayant des troubles d'apprentissage avaient de la difficulté à encoder verbalement les stimuli à mémoriser. Ces auteurs ont observé que les enfants normaux se souvenaient mieux de cartes affichant une figure géométrique et un mot sans signification que leurs pairs ayant des problèmes de lecture, mais qu'il n'y avait pas de différence entre les groupes d'enfants dans la mémoire de cartes portant deux figures géométriques. Selon les chercheurs, le meilleur rappel d'enfants normaux dans la première tâche venait du fait que, contrairement aux enfants ayant des difficultés à lire, ils pouvaient utiliser l'association verbale entre le mot sans signification et la figure géométrique, moyen qui n'était plus utile dans la deuxième tâche ne présentant pas de mot.

Torgensen (1982) a formulé une hypothèse intéressante selon laquelle le déficit de mémoire ou d'attention sélective des enfants affichant des troubles d'apprentissage viendrait du fait que ces enfants sont des « apprenants passifs » : face à une tâche, ils ne mettraient pas en branle les stratégies cognitives appropriées pour optimiser leur performance (se rappeler la consigne, s'efforcer de donner une signification au contenu à retenir en rattachant le nouveau au connu, se rappeler verbalement le but à atteindre dans la tâche afin de ne pas se laisser distraire par des informations secondaires, etc.). Cette hypothèse de passivité cadre bien avec les développements apportés en métacognition dans l'explication fonctionnelle des troubles d'apprentissage chez l'enfant.

9.9.3 La métacognition

La métacognition renvoie à l'activité de penser à sa pensée : *meta*cognition pour cognition sur cognition. Les habiletés métacognitives joueraient un rôle important dans toute une série d'activités psychologiques : communication orale, lecture, écriture, développement du langage, résolution de problèmes, conscience sociale, autocontrôle, etc. Flavell (1985), auteur auquel on attribue le plus directement cette notion, distingue la connaissance métacognitive et l'expérience métacognitive.

La connaissance métacognitive correspond aux croyances et connaissances que l'on accumule au cours des ans au sujet de la pensée humaine et de son fonctionnement. Elle peut porter sur des personnes, sur des tâches ou sur des stratégies. Sur les personnes, il s'agit de l'ensemble des connaissances sur la façon dont les gens réagissent, se comportent ou se distinguent entre eux dans différents contextes de vie. Les connaissances métacognitives sur les tâches concernent la nature de l'information à traiter ou l'opération mentale à effectuer. Par exemple, quelqu'un peut se savoir plus à l'aise avec des mots qu'avec des chiffres, être conscient qu'il est plus difficile de faire une division qu'une addition de chiffres, qu'il est plus facile de reconnaître le visage d'une personne lorsqu'il la rencontre que d'évoquer son visage en son absence, etc. Les connaissances métacognitives sur les stratégies renvoient à ce que l'on sait sur la façon dont une tâche cognitive peut être accomplie, qu'il s'agisse de mémoriser un numéro de téléphone ou de réussir un examen universitaire. Elles concernent les méthodes à suivre pour contrôler l'appareil cognitif en vue de l'atteinte d'un but. Comparativement à la stratégie cognitive qui permet d'atteindre le but, la stratégie métacognitive consiste à superviser l'actualisation de la stratégie cognitive. Si on répète mentalement un numéro de téléphone pour s'en souvenir, on exécute une stratégie cognitive, mais si on cesse de se répéter mentalement le numéro de téléphone parce qu'on estime bien l'avoir acquis, on exécute une stratégie métacognitive, on maîtrise la stratégie cognitive. Si on reprend la lecture d'un paragraphe parce qu'on estime ne pas avoir bien saisi son contenu, on gère cette capacité cognitive particulière qu'est la lecture de texte.

Les expériences métacognitives correspondent aux expériences cognitives ou affectives associées à une activité cognitive. Elles peuvent être claires ou indifférenciées, elles peuvent durer longtemps ou être très brèves. Elles contribuent à la connaissance métacognitive un peu de la même façon que les idées ou les sentiments que l'on éprouve en regardant une joute de hockey contribuent à la connaissance du hockey, ou que les idées ou sentiments que l'on éprouve au moment de passer une entrevue de sélection contribuent à la connaissance du processus de recherche d'un emploi.

Dans le domaine de la lecture de texte, Brown et coll. (1983) ont montré que les connaissances métacognitives progressaient régulièrement au cours de l'enfance et que les enfants affichant des problèmes d'apprentissage de la lecture témoignaient d'un retard sur ce plan. Par exemple, il semble que la simple stratégie consistant à relire un passage de texte mal compris n'est pas tellement présente chez les jeunes lecteurs et qu'elle ne s'acquiert que progressivement.

Hallahan et Bryan (1981) rapportent une série d'activités de dépannage reliées aux connaissances métacognitives et qui ont été identifiées en compréhension de texte :

1- clarifier les buts de la lecture (explicites et implicites) ;

2- identifier les aspects importants du contenu ;

3- maîtriser l'attention de façon à être plus vigilant dans les parties importantes du texte que dans l'ensemble ;

4- assurer le suivi du degré de compréhension acquis pendant la lecture même ;

5- se questionner afin d'évaluer le degré d'atteinte des objectifs ;

6- entreprendre des activités de compensation (ex. : relire des passages du texte) lorsqu'on décèle de l'incompréhension ; etc.

Même si la tradition de recherche en métacognition est plutôt récente en rapport avec les problèmes d'apprentissage, les travaux tendent à appuyer l'hypothèse d'une « passivité de l'apprentissage » formulée par Torgensen (1982). Les enfants affichant des problèmes d'apprentissage seraient moins actifs que les autres dans l'application de stratégies comme les activités de dépannage énumérées ici dans le domaine de la compréhension de texte. En fait, les interventions auprès des enfants en difficulté qui ont porté sur le développement et l'utilisation autonome de ces stratégies ont eu des résultats intéressants (Hallahan et Bryan, 1981 ; Sullivan-Palincsar et Brown, 1987). Il semble que l'enfant comprend mieux l'enjeu des tâches cognitives qu'il entreprend mais devient aussi plus habile à faire le suivi de son progrès dans la tâche.

Un déficit métacognitif, c'est-à-dire dans l'autocontrôle cognitif, occuperait donc une place importante dans les problèmes des enfants ayant des troubles d'apprentissage, phénomène pouvant se manifester aussi bien sur le plan socio-affectif que cognitif comme tel.

9.10 L'INTERVENTION ÉDUCATIVE FACE AUX PROBLÈMES D'APPRENTISSAGE

Depuis une quinzaine d'années, nous avons assisté à un accroissement de l'intérêt pour la mise en place d'innovations destinées à augmenter la capacité de l'école à mieux s'adapter à la diversité des besoins de ses clientèles (Walberg et Wang, 1987). Évidemment, dans un système fondé sur le groupe-classe depuis Charlemagne, il n'est pas facile de restructurer l'ensemble de l'intervention pour les besoins individuels.

Malgré des variantes importantes d'un pays ou même d'une région à l'autre, deux grandes tendances se trouvent à la base des interventions auprès des enfants présentant des troubles d'apprentissage :

1- le placement des enfants dans des classes spéciales, et

2- leur intégration dans des classes ordinaires (*mainstreaming*).

Les deux approches ont un même objectif : offrir à l'élève en difficulté des services adaptés à ses besoins. Au cours des années 1960, la tendance la plus importante était la classe spéciale : « Auparavant, une fois que l'enfant était diagnostiqué, évalué et étiqueté comme ayant des troubles d'apprentissage, le remède était déjà prêt : classe spéciale. » (Yegin, 1986, p. 195.)

Autour des années 1970 toutefois, on s'est rendu compte que les classes spéciales avaient des conséquences négatives pour l'élève, notamment :

1- les programmes et les exigences des classes spéciales sont souvent appauvris par rapport aux classes ordinaires, ce qui contraste avec le but d'accélérer les progrès de l'élève pour rattraper les autres ;

2- une fois que l'élève est inscrit dans une classe spéciale, il s'avère difficile de l'en faire sortir, et l'étiquette d'enfant à problèmes risque de le suivre pendant toute sa scolarisation ; et

3- le fait d'exclure au départ l'élève en difficulté de sa classe ordinaire n'est pas nécessairement la meilleure façon de le préparer à y retourner.

Face à ces constats, le concept d'*intégration scolaire* s'est développé : il s'agit de répondre aux besoins particuliers de l'élève en difficulté dans le contexte de la classe ordinaire et de faire en sorte, selon des étapes graduées, qu'il en vienne à évoluer par lui-même dans le programme régulier, sans assistance spéciale (COPEX, 1976 ; Yegin, 1986).

Récemment, malgré l'attrait indéniable de la stratégie d'intégration des élèves ayant des problèmes d'apprentissage (attrait qui est aussi perceptible pour plusieurs autres difficultés : handicap physique, auditif, linguistique, mental, etc.), on s'est rendu compte que la classe spéciale et l'intégration complète en classe ordinaire constituent les deux pôles d'un continuum et qu'il est possible, voire souhaitable, d'utiliser ces deux approches de façon complémentaire. Il est devenu apparent :

1- que l'on ne pourra pas réussir à intégrer tous les enfants exceptionnels dans les classes ordinaires ;

2- que sans les moyens concrets appropriés, la classe ordinaire ne peut réussir le processus d'intégration et, par conséquent, que l'élève « intégré » ne coûte pas nécessairement moins cher que l'élève en classe spéciale ; et

3- que l'on ne peut réussir l'intégration si la classe qui reçoit n'est pas d'accord avec l'objectif ou si elle n'est pas bien outillée pour relever le défi.

Examinons maintenant les caractéristiques particulières de ces deux approches.

9.10.1 Les classes spéciales

Selon Walberg et Wang (1987), les efforts en éducation spéciale ont significativement contribué à augmenter l'efficacité de l'ensemble de l'école au cours de la dernière décennie. Les programmes d'apprentissage adaptés font usage d'un certain nombre de techniques pédagogiques éprouvées dans différents contextes scolaires, tels les devoirs corrigés ultérieurement, le travail en équipes d'élèves, la recherche personnelle, l'enseignement individualisé, etc. Par rapport à la classe ordinaire, la pédagogie de la classe spéciale peut se distinguer de plusieurs façons, par exemple :

1- le programme est adapté aux capacités de chacun des élèves, évaluées au préalable ;

2- le rythme de progression est individuel et non pas collectif ;

3- des activités d'apprentissage différentes sont disponibles pour aider l'élève à atteindre les objectifs essentiels ; et

4- l'élève dispose d'un choix dans les activités et les contenus d'apprentissage.

Essentiellement, quand il s'agit de répondre aux besoins particuliers des individus à l'école, la stratégie consiste à faire un pas vers l'individualisation de l'enseignement, si bien que la notion d'éducation spéciale est parfois considérée comme un synonyme d'intervention individualisée.

Les modèles traditionnels : enrichissement et accélération

Dans le contexte de l'enseignement traditionnel, les méthodes individualisées les mieux connues sont celles de l'« enrichissement » et de l'« accélération ». Selon l'approche de l'enrichissement, chaque élève consacre le même temps à l'apprentissage, mais l'approfondissement du contenu est différent pour chacun : certains élèves vont plus loin que d'autres dans la même matière, ce qui souvent se traduit par des résultats aux examens qui définissent une courbe normale pour l'ensemble de la classe. Walberg et Wang (1987) estiment que la méthode de l'enrichissement a dominé l'enseignement scolaire en Amérique depuis le début du siècle. Le Québec n'échappe pas à cette règle ; dans notre classe typique, les différences individuelles se manifestent par la quantité de contenu acquise dans une période de temps donnée et non pas par la vitesse de progression dans la matière.

L'approche de l'accélération diffère de la première en ce que chaque élève y évolue à son propre rythme : une fois un critère préétabli de réussite atteint (par exemple 15/20 à l'évaluation), il peut passer à l'étape suivante. L'idée de base ici est que chacun peut prendre un temps variable pour apprendre le même contenu, et qu'en y mettant plus de temps, un élève déficient peut atteindre les mêmes objectifs qu'un autre qui ne l'est pas.

Le modèle hiérarchique

Selon le modèle hiérarchique, chaque élève doit être prétesté avant d'entreprendre l'apprentissage d'un contenu, et le niveau d'entrée dans la matière est déterminé selon les résultats à ce prétest. On assume ainsi que tous n'ont pas à couvrir la même matière puisque certains éléments peuvent être maîtrisés au préalable. Selon cette approche cependant, la séquence d'apprentissage est unique : un niveau 2 ne peut être abordé avant la maîtrise d'un niveau 1 qui lui est préalable.

Le modèle en profil

Suivant le modèle en profil, comme pour le modèle hiérarchique, un prétest est utilisé pour évaluer la maîtrise initiale du contenu avant que l'élève n'aborde une nouvelle unité de matière. Cependant, il n'y a pas une séquence unique où une section du programme est préalable à une autre : selon le profil personnel de compétence, certains élèves peuvent avoir besoin d'un contenu apparaissant au milieu de la séquence du programme, mais maîtriser adéquatement un contenu programmé pour la fin.

Le modèle en profil partage avec le modèle hiérarchique l'idée que les élèves n'ont pas tous les mêmes habiletés ou connaissances au départ : il faut évaluer les acquis et faire commencer l'enfant à l'endroit qui lui convient dans le programme. Par contre, le modèle en profil diffère du modèle hiérarchique parce qu'il ne prévoit pas une séquence unique, l'ordre

des unités de matière étant particulier à chacun des élèves.

Selon Walberg et Wang (1987), les modèles hiérarchique et en profil demeurent plutôt théoriques car dans la réalité concrète de l'enseignement, il s'avère difficile d'évaluer chaque élève au préalable et de prescrire les leçons qui conviennent le mieux à chacun individuellement. Ces auteurs entretiennent cependant l'espoir que l'usage de l'ordinateur permettra d'opérationnaliser les évaluations et le suivi individuel.

9.10.2 L'intégration scolaire des élèves présentant des troubles d'apprentissage

L'intégration complète de l'élève correspond à son cheminement en classe ordinaire sans aucune aide particulière, tandis que l'absence d'intégration correspond à un cheminement complet en classe spéciale. Entre ces deux extrêmes, plusieurs formules sont possibles. Une illustration pratique de cette continuité possible entre la classe spéciale et la classe ordinaire se trouve dans le document du ministère de l'Éducation du Québec (MEQ, 1987) sur l'organisation des cheminements particuliers au niveau secondaire. Le tableau 9.7 décrit sommairement les six cheminements particuliers suggérés par le MEQ pour des élèves du secondaire qui présentent un retard scolaire de plus d'un an en langue maternelle ou en mathématique.

Au Québec, le ministère de l'Éducation s'est prononcé officiellement en faveur de la stratégie d'intégration scolaire et l'on recourt à la classe spéciale seulement s'il n'est pas possible d'« intégrer » :

Conformément à la politique gouvernementale déjà en vigueur, chaque école devra, dans toute la mesure du possible, favoriser l'intégration des élèves en difficulté d'adaptation et d'apprentissage dans les classes et les activités régulières. Cette intégration se fera après consultation des parents et des personnels concernés. (MEQ, 1981, p. 81.)

Quelle est la logique de l'intégration ? En plus des critiques mentionnées plus haut quant à l'at-

TABLEAU 9.7 : Cheminements particuliers proposés par le MEQ pour les élèves de secondaire présentant des difficultés d'adaptation ou d'apprentissage

Degré de particularisation du cheminement	Description du cheminement
I	Intégration en classe régulière avec soutien à l'enseignement et à l'élève : un intervenant spécialisé intervient dans la classe ou à l'extérieur (dénombrement flottant, orthophonie, etc.) *jusqu'à trois heures par semaine*
II	Intégration à une classe régulière *pour plus de la moitié du temps scolaire* avec participation à une classe-ressource à effectifs restreints pour plus de trois heures par semaine
III	Cheminement en classe spéciale où se trouvent des élèves *d'une seule grande catégorie de difficultés* (ex. : troubles d'apprentissage)
IV	Classe spéciale où se trouvent des élèves *de plus d'une grande catégorie de difficultés* (ex. : troubles d'apprentissage, mésadaptations socio-affectives, handicaps physiques, etc.)
V	*École spéciale*, c'est-à-dire où plus de 50 % des élèves sont identifiés en difficulté
VI	Scolarisation en *centre d'accueil*

Source : Ministère de l'Éducation du Québec (1987) *L'École publique : une école qui sait s'adapter. Les cheminements particuliers de formation, Guide d'organisation et de planification pédagogique*, Québec, Éditeur officiel du Québec (ISBN 2-550-13701-9).

teinte des objectifs scolaires comme tels, la classe spéciale risque de créer des ghettos d'élèves, c'est-à-dire de les marginaliser et ainsi de les exclure du processus normal de socialisation. Donc, l'idée de l'intégration repose en bonne partie sur une base sociale, c'est-à-dire une volonté d'offrir à tous les enfants un milieu social le plus « normal » possible.

Selon Gresham (1982), trois prémisses servent d'appui aux promoteurs de l'intégration :

1- la cohabitation d'enfants normaux et d'enfants ayant des difficultés d'apprentissage (ou un autre handicap) dans la classe augmentera le nombre de leurs interactions ;

2- la présence d'enfants ayant un handicap augmentera leur acceptation sociale par les élèves réguliers ; et

3- les enfants en difficulté utiliseront leur pairs normaux comme modèles pour leurs propres comportements.

À l'instar d'autres chercheurs américains mettant en doute l'actualisation de ces prémisses dans la réalité, Comeau et Goupil (1984) se sont appliquées à évaluer le statut sociométrique d'enfants mésadaptés socio-affectifs et en troubles d'apprentissage dans la classe ordinaire où ils étaient intégrés. Leurs résultats montrent que ceux-ci sont significativement moins choisis que les autres élèves de la classe ordinaire qu'ils fréquentent, qu'il s'agisse d'effectuer une activité scolaire ou sociale. Les résultats indiquent aussi qu'il n'y a pas de différence sociométrique entre les enfants affichant des troubles d'apprentissage et ceux qui présentent une mésadaptation socio-affective : les enfants normaux ont tendance à rejeter ou à ignorer de la même façon ces deux groupes différents de la norme.

Enfin, les données de l'étude indiquent que les enfants présentant un problème sont relativement conscients de leur statut sociométrique (leur estimation du nombre de choix dont ils font l'objet est assez précise) tandis que les élèves normaux sous-estiment le leur. Cette tendance diffère de celle rapportée par Hallahan et Bryan (1981), selon laquelle les enfants ayant des troubles d'apprentissage surestiment leur statut sociométrique : ici, ils ne surestiment pas leur statut, mais ce sont ceux du groupe témoin qui sous-estiment le leur. Les fondements empiriques à l'appui de la logique « sociale » de l'intégration scolaire des élèves en difficulté restent donc à établir.

Même s'il existe une sorte de consensus moral en faveur de l'intégration en classe ordinaire des élèves présentant des difficultés d'apprentissage, il semble que dans la réalité concrète les problèmes vécus sont nombreux. Ce processus requiert des ressources humaines et matérielles accrues dans et pour la classe (Lavoie, 1986), un changement de mentalité pédagogique où la norme laisse la place aux individus. A la limite, puisque aucun élève ne présente exactement le même profil d'apprentissage, la classe ordinaire devrait pouvoir s'adapter à chaque personne. Nous sommes encore loin d'une telle « individualisation normale » de l'enseignement scolaire.

9.10.3 L'approche de Feuerstein

Reuven Feuerstein a consacré une grande partie de sa vie à élaborer une méthode d'intervention auprès des enfants affichant des retards d'apprentissage, soit le Programme d'enrichissement instrumental (*Instrumental enrichment program*). L'objectif poursuivi est de développer la plasticité cognitive de l'enfant en lui fournissant des expériences d'apprentissage appropriées. Selon Feuerstein, l'intelligence n'est pas un système fermé, limité par un QI, mais un système ouvert qui peut se développer s'il est placé dans des contextes appropriés.

L'auteur croit que la plupart des programmes d'intervention auprès des enfants sous-performants dans le système scolaire ont abouti à diminuer les exigences posées à leur égard plutôt qu'à leur donner les outils pour mieux s'adapter de façon autonome, car on a tendance à changer l'environnement plutôt que l'enfant. Comme l'adaptation humaine requiert l'habileté à faire face à des situations changeantes et non pas la répétition des mêmes actions dans un environnement maintenu constant, l'enfant doit posséder une plasticité cognitive et pouvoir s'adapter aux demandes extérieures. Cette capacité de s'adapter, la plasticité cognitive, n'est pas innée mais se développe en relation avec l'environnement.

Pour Feuerstein, les enfants qui n'ont pas eu les stimulations appropriées, qui n'ont pas vécu les expériences sociales aptes à transmettre ce potentiel d'adaptation affichent des retards de toutes sortes. Selon lui, la première intervention à poser auprès de l'enfant sous-performant est de créer une diversion dans le cours de son développement actuel en le plaçant dans un contexte de stimulation active qui développe en lui son potentiel cognitif. Il ne s'agit donc pas de viser l'acquisition de contenus scolaires particuliers mais plutôt de processus cognitifs de base, généralisables dans toutes sortes de contextes de la vie : capacité de différencier les choses, de comparer, d'évaluer, de poser des hypothèses, de tirer des conclusions de différents contenus, dans différentes situations.

La notion de plasticité cognitive renvoie non pas à des comportements, habiletés ou connaissances spécifiques mais à des structures cognitives de base. Ces changements structuraux concernent la façon dont l'organisme entre en interaction avec son environnement ; ils peuvent modifier la façon dont l'enfant se développe, sa façon d'apprendre. Feuerstein (1979, 1980) cherche à implanter un processus de « redéveloppement » chez l'enfant qui connaît des retards de développement. Cet auteur (1980, p. 69) ne croit pas à la notion de période critique du développement ; il fait le pari que le retard est réversible, que l'on peut se « redévelopper » tout au long de la vie.

Pour Feuerstein, une des principales causes de retard du développement réside dans ce qu'il appelle la « privation culturelle », c'est-à-dire le phénomène par lequel les produits essentiels à l'adaptation culturelle ne sont pas transmis à l'enfant. S'il lui manque les concepts de base, il ne pourra assimiler les connaissances nécessaires à son adaptation.

Dans cette optique, l'individu apprend à partir de son contact direct avec l'environnement, mais aussi par l'intermédiaire de personnes significatives qui deviennent des agents de transmission de connaissances, soit les parents, la fratrie, les éducateurs, les amis, etc.

Le tableau 9.8 présente les trois grandes catégories de déficits que Feuerstein a associés au retard du développement et aux problèmes d'apprentissage en résultant. Notons que les trois phases identifiées dans la résolution de tout problème, soit l'*input*, le *traitement* et l'*output*, correspondent respectivement à la saisie des données de la situation, au traitement de l'information et à la réponse fournie par le sujet.

TABLEAU 9.8 : Catégories de déficits du développement décrits par Feuerstein

---

1- Les déficits cognitifs à l'entrée de l'information

a) Perception qui ne fait qu'effleurer les données
Il ne s'agit pas d'un problème des sens mais de stratégie ; le sujet va trop vite, ne se soucie pas des détails.

b) Exploration perceptuelle impulsive, erratique, non systématique
L'examen des données ne suit pas d'ordre, de plan ; le sujet oublie des aspects et en revoit d'autres plusieurs fois sans s'en rendre vraiment compte parce qu'il ne procède pas systématiquement.

c) Manque de concepts utiles à la discrimination
L'enfant peut ne pas être en mesure de saisir une différence dans les données à saisir parce qu'il ne dispose pas de terme pour la nommer, pour en conserver la nature dans sa tête.

d) Manque d'un système stable de référence dans l'espace ou dans le temps. Dans une tâche où un objet doit être localisé dans l'espace, l'enfant ne peut se représenter sa position selon les termes gauche—droite—devant—derrière, système de coordonnées qu'il ne maîtrise pas ; il doit plutôt se rabattre sur les mouvements de son corps parce que c'est plus facile de faire les choses dans l'espace que de les conceptualiser. C'est la même lacune quant au système de temps : horaire quotidien, jours de la semaine, mois, saisons, années, etc.

e) Difficulté de conservation
L'invariance de constantes est difficilement maintenue (formes, dimensions, orientation des objets) ; par exemple, l'enfant qui voit un carré disposé sur l'une de ses pointes oublie sa propriété de carré et le perçoit comme un losange ; ou encore l'enfant qui doit catégoriser des objets selon leur forme change de critère en cours de classification pour adopter la couleur parce que deux objets voisins sont de même couleur même si leur forme diffère.

f) Manque de précision dans l'appréhension des données
L'enfant ne perçoit pas la nécessité d'atteindre un bon niveau de compréhension dans sa lecture des données ; il commence par exemple à agir sans avoir bien lu la consigne ou encore il commence à additionner sans avoir bien saisi les nombres à cumuler.

2- Les déficits cognitifs à la phase du traitement de l'information

a) Difficulté à comprendre l'existence ou le but du problème
L'enfant ne reconnaît pas le problème, il ne perçoit pas le déséquilibre d'une situation. Par exemple, l'enfant ne voit pas de problème dans une illustration qui fait voir une fourchette pour manger une soupe, où un personnage a mis ses souliers à l'envers, etc.

b) Incapacité de choisir les indices pertinents
Dans la définition du problème, l'enfant ne distingue pas les éléments pertinents de ceux qui n'ont pas de rapport. Par exemple si on lui propose une série d'objets de même couleur variant alternativement selon trois formes et qu'on lui demande de continuer la série, il doit saisir que la série est fonction de l'alternance de la forme et que la couleur n'a pas de rapport avec la variation sériale puisqu'elle est maintenue constante.

c) Difficulté à établir spontanément des comparaisons
L'enfant peut être en mesure de comparer des objets, symboles ou autres lorsqu'on lui demande de le faire, mais, s'il est laissé à lui-même devant un problème, il peut ne pas y arriver spontanément ; or, comme la comparaison est parfois préalable à la compréhension d'un problème, l'enfant peut ne pas en saisir le sens parce qu'il omet d'effectuer une comparaison qui n'est pas explicitement requise.

TABLEAU 9.8 (suite)

d) Étroitesse du champ mental
L'enfant n'arrive à maintenir dans sa mémoire active qu'une petite quantité d'information, de sorte que dans la résolution d'un problème, le fait de porter son attention sur un facteur lui fait oublier d'autres facteurs importants qu'il a déjà vus mais oubliés. Par exemple, dans la comparaison du volume de deux cubes, l'enfant pourra tenir compte de la hauteur et de la largeur mais oublier de considérer la profondeur des blocs.

e) Difficulté à faire la synthèse
L'enfant ayant parcouru l'ensemble des données n'arrive pas à en tirer une perspective d'ensemble, à en faire la somme, il les laisse isolées. Feuerstein (1980) croit que le besoin de « faire la somme » s'exprime chez les enfants par leur tendance à dénombrer les poteaux de téléphone sur la route, les voitures rouges, les personnes qui portent un chapeau, etc. Selon l'auteur, il s'agit là d'un exercice très utile dans l'entraînement à établir des relations entre les stimuli de l'environnement, à construire des classes d'objets et à contrôler l'évolution de ces ensembles. Les enfants culturellement carencés n'afficheraient pas cette tendance à exercer leur capacité de faire des bilans, des dénombrements, des synthèses.

f) Difficulté à projeter des relations virtuelles
Par exemple, l'enfant ne voit pas que trois points équidistants sur une feuille peuvent servir à tracer un triangle mais aussi un cercle ou deux droites qui se croisent, etc.

g) Faible motivation à rechercher la solution à un problème
Même si le problème est bien compris, l'enfant peut ne pas avoir le désir d'en rechercher la solution, ne pas être stimulé par le défi d'en retracer la solution.

h) Difficulté à planifier la séquence des opérations
Dans la recherche d'une solution, l'enfant n'arrive pas à se faire un plan d'opérations et il fonctionne de proche en proche, par tâtonnement.

3- Les déficits cognitifs à la phase de la réponse

a) Communication égocentrique
L'enfant n'arrive pas à rendre sa réponse claire pour l'interlocuteur parce qu'il est centré sur sa perspective ; il ne tient pas compte du fait que l'autre ne sait pas ce que lui sait, ou encore il ne voit pas l'intérêt d'expliquer une idée à un professeur qui connaît déjà la réponse dans le contexte d'un examen.

b) Blocage
L'enfant n'arrive pas à donner une réponse. Ce type de problème survient souvent après une démarche de tâtonnement qui n'a pas abouti et après laquelle l'enfant n'a pas plus d'idée de la réponse qu'au début du traitement de l'information.

c) Réponse au hasard par essais et erreurs
L'enfant répond en fonction de ce qui lui passe par la tête ou selon les indices qu'il peut percevoir dans le contexte, sans avoir rationalisé. Ce problème reflète le sentiment de ne pas avoir la maîtrise de la situation (contrôle externe) souvent rencontré chez les enfants qui présentent des troubles d'apprentissage.

d) Manque de concepts et de mots
L'enfant se trouve un peu dans la même situation qu'une personne qui doit s'exprimer dans une langue étrangère qu'elle maîtrise mal, il manque de mots appropriés pour communiquer sa réponse efficacement.

Les difficultés présentées au tableau 9.8 sont toutes conditionnées par des facteurs affectifs et motivationnels : l'enfant qui n'a pas le sentiment d'être aimé ou qui, à la suite d'échecs scolaires, n'est pas motivé à participer à l'activité ne peut actualiser son potentiel. Pour Feuerstein, le contact positif entre les médiateurs de la connaissance (parents, éducateurs, etc.) et l'enfant constitue un préalable à tout effort de rééducation. Si l'enfant n'est pas lui-même engagé dans la démarche, le milieu extérieur ne pourra pas mettre en branle le processus de « redéveloppement ».

Comment fonctionne l'approche rééducative d'« enrichissement instrumental » de Feuerstein ? D'abord, l'intervention doit être programmée sur mesure, c'est-à-dire s'adresser au profil particulier de difficultés de l'enfant en misant sur ses forces. Afin d'évaluer le potentiel de l'enfant, Feuerstein (1979) propose l'approche dynamique d'évaluation du potentiel d'apprentissage.

Partant du principe que les tests d'intelligence évaluent ce que le sujet connaît déjà, c'est-à-dire ce qu'il a acquis dans le passé et non pas ce qu'il peut apprendre dans le futur, Feuerstein (1979) propose une évaluation en trois étapes :

1- évaluation du rendement spontané ;

2- mise en situation d'apprentissage du contenu évalué, et

3- évaluation du rendement après apprentissage.

Cette approche est dite dynamique parce qu'on établit un niveau de base, cherche à faire progresser l'enfant sur le même contenu et évalue le changement. Ainsi est mesurée la capacité de l'enfant à apprendre et non pas ce qu'il a déjà appris dans un environnement que l'on ne maîtrise pas. Comme Feuerstein croit qu'une forte proportion des retards du développement est reliée à une stimulation inappropriée de l'environnement, il est normal que les enfants issus de milieux plus pauvres aient moins d'acquis que les autres. Pour mesurer leur vrai potentiel d'apprentissage, il faut leur donner la possibilité d'apprendre à l'intérieur de l'évaluation même. Une fois le bilan de l'enfant dressé au moyen d'une telle méthode dynamique, des activités choisies lui sont proposées de façon à développer sa plasticité cognitive (figure 9.2).

FIGURE 9.2 : Exemples de situations utilisées par Feuerstein en rééducation cognitive

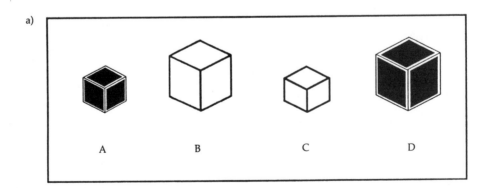

Quels dessins vont bien ensemble ? Regardez ces dessins et regroupez ceux qui vont ensemble en les reliant à l'aide d'une flèche. Faites autant de groupes que possible.

FIGURE 9.2 (suite)

b)

Identifiez chacun des objets en écrivant son nom sur la ligne placée en dessous. Ensuite, classez-les dans la catégorie appropriée :

- moyens de transport : _____ ,
- vêtements ou chaussures : _____ ,
- objets qui donnent de la lumière : _____ ,
- outils : _____ ,
- meubles : _____ .

FIGURE 9.2 (suite)

c)

	Caractéristique commune	Différences
laid mauvais	_____	_____ _____
lac rivière	_____	_____ _____

En premier lieu, indiquez ce qu'il y a de commun aux deux mots. Puis, à droite, indiquez vis-à-vis chacun ce qui le distingue de l'autre.

 d)

Il y a cinq différences entre les deux images. Identifiez chacune d'entre elles en la marquant d'un « X » sur la figure de gauche.

FIGURE 9.2 (suite)

e)

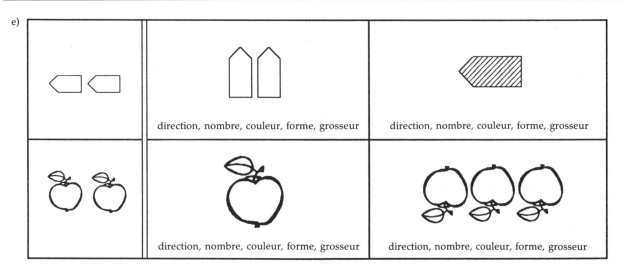

Quelles sont les différences entre le dessin modèle de gauche et les autres dessins sur la même ligne ? Parmi les mots proposés au bas du dessin, encerclez ceux qui identifient une différence entre le dessin modèle de gauche et chacun de ceux apparaissant à sa droite sur la même rangée.

POST-TEST

1- *Vrai ou faux.* Avant le XIXᵉ siècle, les déficients mentaux étaient confondus avec les indigents, les prostituées et les criminels.

2- *Vrai ou faux.* Dans le cadre de l'approche de Piaget, Inhelder a tenté de démontrer que les enfants déficients mentaux évoluent à travers la même séquence de stades que les enfants normaux.

3- *Vrai ou faux.* Les enfants déficients mentaux affichent rarement un retard de langage.

4- Selon l'approche multifactorielle de Misès, une fois la déficience mentale en place chez l'enfant, on ne peut en situer la cause à l'intérieur ou à l'extérieur de l'enfant. Pourquoi ?

5- *Vrai ou faux.* Selon le système de classification des déficiences mentales de l'Association américaine sur la déficience mentale (AAMD), le QI ne suffit pas pour diagnostiquer la déficience de l'enfant.

6- Nommez deux des cinq axes selon lesquels le *DSM-III* classifie les problèmes mentaux.

7- *Vrai ou faux.* La déficience mentale est le type de handicap le plus répandu dans les sociétés occidentales.

8- *Vrai ou faux.* Des facteurs prénatals seraient à l'origine d'environ deux tiers des cas de déficience mentale profonde (QI ≤ 50).

9- Parmi les tranches d'âge suivantes, quelle est celle où l'école rapporte la proportion la plus élevée de mésadaptation ?

    a) 0-4 ans ;

    b) 5-9 ans ;

    c) 10-14 ans ;

    d) 15-19 ans.

10- *Complétez la phrase en choisissant la bonne réponse.* Dans 75 % des cas, le retard mental est classé comme étant d'origine « culturelle—familiale » mais, en fait, on ne connaît pas la cause biomédicale précise de la déficience mentale dans ....

    a) 10 à 15 % des cas ;

    b) 30 à 35 % des cas ;

    c) 40 à 50 % des cas ;

    d) 70 à 75 % des cas ;

    e) 80 à 85 % des cas.

11- Qu'est-ce que l'hétérochronie du développement ?

12- Qu'est-ce qui définit l'ampleur du trouble d'apprentissage de l'enfant ?

13- Parmi les propositions suivantes, identifiez deux difficultés relationnelles souvent attribuées par les parents à l'enfant ayant des troubles d'apprentissage :

    a) éprouve de la difficulté à respecter l'horaire ;

    b) s'organise moins bien par lui-même comparativement aux autres ;

    c) éprouve plus de difficulté à exprimer ses idées et à écouter les autres ;

    d) est plus inhibé dans l'expression de ses impulsions ;

    e) démontre trop de considération pour les autres par rapport à lui-même.

14- *Complétez la phrase.* C'est à l'aide d'échelles .... que l'on évalue des dimensions comme l'« attrait » ou le « rejet » social de l'enfant dans sa classe.

15- *Choisissez le ou les énoncés qui sont vrais.*

    a) Les études sur les relations des enfants affichant des troubles d'apprentissage avec leurs pairs indiquent que ceux-ci ne sont pas plus souvent « isolés » que les autres dans leur groupe-classe ;

    b) Les enfants ayant des troubles d'apprentissage ne sont pas plus souvent « rejetés » que leurs pairs dans leur classe ;

    c) Socialement, on a observé que les filles ayant des troubles d'apprentissage ont tendance à être moins positivement évaluées par leurs pairs que les garçons qui sont dans le même cas.

16- *Vrai ou faux.* Dans la situation actuelle, lorsqu'un enfant au QI normal ou supérieur à la moyenne affiche un retard significatif dans ses acquisitions scolaires ou sociales, l'hypothèse de lésions cérébrales mineures n'est pas confirmée empiriquement mais n'est pas pour autant rejetée.

17- *Vrai ou faux.* Les enfants provenant de familles défavorisées réussissent généralement moins bien à l'école que les autres enfants.

18- Identifiez les acquis préscolaires de l'enfant parmi les énoncés suivants :

a) la capacité de comprendre les autres et de se faire comprendre par eux ;

b) l'image de lui-même ;

c) la capacité de s'organiser par lui-même ;

d) la capacité de former des concepts logiques ;

e) le milieu social.

19- *Choisissez le ou les énoncés qui sont faux.*

a) L'homogénéité des systèmes scolaires fait en sorte que la distribution des ressources humaines et matérielles est la même dans toutes les écoles des différents milieux socio-économiques ;

b) Les standards de réussite scolaire et de compétence sociale pour les élèves sont souvent moins élevés dans les quartiers défavorisés ;

c) La communication école—famille est moins bonne dans les milieux défavorisés, ce qui prive l'enfant d'une supervision parentale adéquate ;

d) Le fait pour l'enfant d'être identifié comme élève ayant des troubles d'apprentissage crée des attentes négatives à son égard.

20- *Choisissez la bonne réponse.* Selon Lobrot (1972), quel pourcentage d'enfants est caractérisé par un véritable blocage dans l'apprentissage de la lecture (dyslexie) avec, encore à 10-11 ans, une vitesse de lecture orale de cinq mots et moins par minute ?

a) 2,5 % ;

b) 7 % ;

c) 17 % ;

d) 10 %.

21- Identifiez trois fautes plus ou moins étroitement associées à la dyslexie.

22- Quelles sont les deux composantes reliées au processus de lecture de texte ?

23- Parmi les énoncés suivants, identifiez ceux qui sont vrais.

a) La compréhension correspond à la capacité d'analyser les composantes du texte avant le décodage ;

b) Le décodage des symboles écrits peut se faire sans qu'il y ait compréhension ;

c) Une personne peut lire à haute voix un texte en langue étrangère et arriver à le faire comprendre à une personne compétente sans elle-même en saisir le sens ;

d) Il n'y a pas de degrés intermédiaires possibles dans la compréhension d'un texte.

24- En quoi consiste le test de closure (Taylor, 1953 ; Bormuth, 1971 ; De Landsheere, 1978) et comment détermine-t-on le score ?

25- *Complétez la phrase.* .... repose sur la capacité de reconnaître les lettres et les mots tandis que .... requiert l'évocation des graphèmes correspondant aux mots que l'on veut transmettre.

26- Donnez le facteur qui est souvent à la base du fait que les enfants affichant des problèmes de lecture ont souvent aussi des problèmes d'écriture.

27- *Choisissez le ou les énoncés qui sont vrais.*

a) Les enfants normaux se rappellent spontanément la consigne dans leur tête en exécutant la tâche contrairement aux enfants affichant des troubles d'apprentissage ;

b) Les enfants ayant des troubles d'apprentissage fonctionnent d'une toute autre façon que les autres ;

c) Chez les enfants affichant des problèmes d'apprentissage, la mémoire des éléments centraux est moins bonne, mais celle des éléments secondaires est aussi bonne sinon meilleure ;

d) La mémoire pour la tâche centrale augmente avec l'âge chez les enfants normaux ;

e) La mémoire pour les tâches secondaires augmente avec l'âge chez les enfants normaux ;

f) À partir de 12-13 ans, plus le sujet se souvient des éléments centraux, plus sa mémorisation des éléments secondaires est grande.

28- Comment nos structures cognitives entrent-elles en jeu dans le processus de mémorisation ?

29- Expliquez en quoi, selon Torgenson (1982), les enfants souffrant de troubles d'apprentissage seraient des « apprenants passifs ».

30- Distinguez la connaissance métacognitive de l'expérience métacognitive selon Flavell (1985).

31- Donnez deux activités de dépannage reliées aux connaissances métacognitives et qui ont été identifiées en compréhension de texte par Hallahan et Bryan (1981).

32- Nommez les deux grandes tendances qui se trouvent à la base des interventions auprès des enfants présentant des troubles d'apprentissage.

33- Qu'est-ce que l'intégration scolaire ?

34- Parmi les énoncés suivants, identifiez les distinctions entre la pédagogie de la classe spéciale et celle de la classe ordinaire.

a) Le programme offre un choix à l'élève dans les activités et les contenus d'apprentissage ;

b) Chaque activité est guidée de façon systématique par le professeur afin d'assurer un certain contrôle sur le groupe ;

c) Le rythme de progression est individuel plutôt que collectif ;

d) Chaque élève est évalué puis placé dans un groupe où l'enseignement est adapté à la moyenne des résultats.

35- Laquelle des deux méthodes d'enseignement traditionnel a dominé l'enseignement scolaire au Québec depuis le début du siècle ?

36- *Complétez la phrase.* Selon l'approche de .... , chaque élève évolue à son propre rythme : une fois un critère préétabli de réussite atteint, il peut passer à l'étape suivante.

37- *Vrai ou faux.* Au Québec maintenant, le ministère de l'Éducation préconise le placement en classe spéciale pour tout élève souffrant d'un trouble d'apprentissage quelconque.

38- Parmi les énoncés suivants, choisissez ceux qui sont faux, selon l'étude de Comeau et Goupil (1984).

a) Les élèves présentant des troubles d'apprentissage sont autant choisis que les autres élèves de la classe ordinaire qu'ils fréquentent lorsqu'il s'agit d'effectuer une activité sociale ;

b) Il n'y a pas de différence sociométrique entre les enfants affichant des troubles d'apprentissage et ceux qui présentent une mésadaptation socio-affective ;

c) Les enfants présentant un problème sont relativement conscients de leur statut sociométrique ;

d) Les élèves normaux surestiment leur niveau sociométrique, c'est-à-dire le nombre de choix dont ils font l'objet.

39- Quel est l'objectif poursuivi par le Programme d'enrichissement instrumental conçu par Reuven Feuerstein ?

40- Qu'est-ce que la « privation culturelle » selon Feuerstein ?

41- Nommez trois des huit déficits cognitifs associés à la phase du traitement de l'information dans le modèle de Feuerstein.

42- Nommez deux des quatre déficits cognitifs associés à la phase de la réponse dans le modèle de Feuerstein.

Chapitre 10

Personnalité de l'enfant

PLAN

PRÉTEST

1- *Vrai ou faux*. Toutes les étapes du développement ne sont pas nécessaires à la construction de la personnalité, et une étape peut être esquivée sans nuire à son harmonie.

2- Nommez cinq facteurs du développement.

3- *Vrai ou faux*. Les attentes parentales et les rôles sociaux influencent relativement peu le développement de la personnalité.

4- *Vrai ou faux*. L'utilisation que fait l'enfant de ses apprentissages n'est pas vraiment conditionnée par le degré de développement cognitif.

5- *Vrai ou faux*. Le développement cognitif constitue une émulation puissante à l'évolution de la personnalité.

6- *Vrai ou faux*. Le développement de la personne étant un mouvement instinctif et naturel, la personne ne résiste pas à ce mouvement.

7- Laquelle des réactions suivantes est presque impossible chez l'enfant qui a subi un échec du développement ?

   a) régression et fixation ;

   b) poursuite normale du développement ;

   c) fuite en avant et compulsion de répétition ;

   d) insécurité et dépendance ;

   e) autre.

8- *Vrai ou faux.* Sous certaines conditions, la fixation et la régression deviennent des mécanismes pathogènes du fonctionnement de la personnalité.

9- *Vrai ou faux.* Il est impossible d'agir et de modifier une personnalité.

10- *Choisissez la bonne réponse.* Qui suis-je ? Je suis une manière d'être à la vie et au monde environnant, une organisation dynamique composée de plusieurs systèmes qui déterminent une qualité unique et originale.

   a) le caractère ;

   b) le tempérament ;

   c) un mécanisme d'apprentissage ;

   d) le système nerveux ;

   e) autre.

11- *Choisissez la bonne réponse.* Qui suis-je ? Je suis une idée ou image que la personne se fait d'elle-même.

   a) le soi ;

   b) la personnalité ;

   c) le caractère ;

   d) l'estime de soi ;

   e) autre.

12- *Complétez la phrase en choisissant la bonne réponse.* Si la personne n'aime pas l'image qu'elle a développée d'elle-même, si le monde extérieur lui renvoie une image négative d'elle-même, s'il y a contradiction entre les attentes familiales et celles posées en dehors de la famille, s'il y a un trop grand écart entre ce que la personne a le sentiment d'être et à ce qu'elle aspire idéalement, on constate généralement...

   a) un arrêt du développement ;

   b) le développement d'un trouble de la personnalité ;

   c) une diminution de l'estime de soi ;

   d) une régression du Moi ;

   e) autre.

13- Le Soi est composé de deux dimensions d'égale importance et différemment nommées par les auteurs. Recréer les paires de dénominations de ces deux dimensions.

   a) Soi-Je ;   1) Soi-Subjectif ;

   b) Soi-Sujet ;   2) Soi-Moi ;

   c) Soi-Objectif ;   3) Soi-Catégoriel ;

   d) Soi-Existentiel ;   4) Soi-Objet.

14- Définissez le Soi-Objet.

15- *Vrai ou faux.* L'estime que le Soi porte aux autres est liée à celle qu'il se porte à lui-même.

16- Le Soi tend à .... les gestes et attitudes appréciés qui lui attirent l'affection et la tendresse et à .... les conduites et manières d'être qui suscitent la répulsion et le mépris.

17- *Vrai ou faux.* Les concepts de Soi et d'Autrui sont contemporains dans le développement de la personnalité.

18- *Vrai ou faux.* Les développements du Soi-Sujet et du Soi-Objet sont simultanés.

19- L'individualité de la personnalité entraîne plusieurs conséquences, nommez-en quelques-unes.

20- *Vrai ou faux.* L'individualité est assez peu marquée chez les nouveau-nés qui se ressemblent beaucoup au début de la vie.

21- *Complétez les phrases.* La personnalité est une organisation progressive de plus en plus ferme et .... dans son orientation structurelle. Les .... dans la structure sont possibles, mais de plus en plus difficiles et faibles jusqu'à la fin de .... À l'intérieur même de la structure de la personnalité, tous les mouvements sont possibles mais appelés à .... avec le temps.

22- Nommez cinq facteurs favorisant les changements dans la personnalité.

23- *Complétez la phrase.* Selon Mahler, la .... de l'objet affectif signifie que l'image de la mère s'est révélée intrapsychiquement valable tout comme la mère réelle fut valable libidinalement pour l'alimentation, le confort et l'amour.

24- *Vrai ou faux.* Dès la phase symbiotique, l'enfant reconnaît sa mère par le biais d'indices primaires, tels le ton de la voix, l'odeur, le rythme respiratoire ou cardiaque.

25- *Vrai ou faux.* En symbiose avec sa mère, l'enfant ne perçoit pas sa mère comme différenciée de lui, il ne la voit pas comme une personne autonome et indépendante de lui, il ne distingue pas ses désirs et besoins des satisfactions apportées par la mère.

26- *Complétez la phrase.* Dans le processus de séparation—individuation, le processus de séparation renvoie à la différenciation entre .... et .... , au développement du .... , alors que le processus d'individuation renvoie à la conscience croissante du Soi en tant qu' .... et .... et au développement du ....

27- Décrivez brièvement les tâches du développement qui incombent à l'enfant dans le sous-stade de différenciation (5 à 10 mois environ) de la phase de séparation—individuation.

28- *Vrai ou faux.* L'explication que Mahler donne de la personnalité limite est confirmée par d'autres auteurs, tels Kernberg et Kohut.

29- *Choisissez la bonne réponse.* L'hypothèse principale de la thèse de Bowlby peut se résumer ainsi :
   a) l'élaboration d'une représentation mentale de la mère en tant qu'objet affectif ;
   b) l'acquisition par l'être humain, par sélection naturelle en cours d'évolution, de comportements potentiels essentiels à la survie et à l'adaptation ;
   c) le développement de la personnalité par crises psychosociales successives ;
   d) la formation de la personnalité par un ensemble d'habitudes apprises ;
   e) autre.

30- Bowlby rassemble des conduites diverses et même contraires, mais visant un même but, en quatre systèmes. Nommez ces systèmes de comportements et le but spécifique visé.

31- *Complétez les phrases.* L'activation d'un système de comportement influence le fonctionnement des autres. Ainsi, si le système « peur et inquiétude » est activé, il y a inhibition des systèmes .... et .... et activation du système ....

32- *Complétez la phrase.* À partir de son expérience vécue des relations avec les personnes significatives de son environnement, l'enfant développe des .... à travers lesquels il perçoit le monde et comprend les événements de sa vie.

33- La théorie de Bowlby a motivé plusieurs recherches sur les effets du placement précoce en établissement sur la personnalité. On a mis en évidence certains traits de la personnalité fréquemment observés chez ces enfants. Décrivez brièvement le portrait psychologique de l'enfant confié à de telles maisons.

34- Appariez l'auteur et la théorie.

    a) Hull ;   d) conditionnement opérant ;

    b) Skinner ;   e) conditionnement classique ;

    c) Bandura ;   f) conditionnement social (par modelage).

35- *Choisissez la bonne réponse.* Je suis un trait relativement stable de la personnalité, une association apprise par conditionnement entre un stimulus et une réponse satisfaisante.

    a) une tendance ;

    b) la personnalité ;

    c) une habitude ;

    d) un besoin ;

    e) autre.

36- *Complétez la phrase.* Il y a deux types de tendances : les tendances ……………………………… ou ……………………………… et les tendances ……………………… ou ………………………

37- *Choisissez la bonne réponse.* Quel auteur suggère que le comportement humain soit le résultat de réponses à des stimuli externes plutôt qu'à des stimuli internes ou à des tendances ?

    a) Hull ;

    b) Skinner ;

    c) Bandura ;

    d) Sears ;

    e) autre.

38- *Vrai ou faux.* Selon les théories humanistes, le but ultime de toute personne, la motivation profonde de tout comportement est la réalisation, l'actualisation, l'épanouissement du Soi.

39- *Choisissez la bonne réponse.* Être aimé pour soi-même, pour ce que la personne est vraiment favorise le développement des capacités propres. Quel besoin fondamental est-il ainsi satisfait, selon Rogers ?

    a) besoin d'un regard positif sur Soi ;

    b) besoin d'un regard autocritique de Soi ;

    c) besoin de récompense et de punition ;

    d) besoin d'acceptation inconditionnelle ;

    e) autre.

40- Résumez les caractéristiques de la personnalité actualisée, selon Maslow.

10.1 INTRODUCTION

Reconnaissons d'emblée que chaque être humain jouit d'une personnalité unique et originale : il n'y a pas deux personnalités semblables, et toute imitation demeure imparfaite. L'évolution de chaque être humain est singulière, mais tous participent à une même nature et chacun représente une parcelle d'une même espèce comptant une variété infinie et inexhaustible d'individus. Esquisser le développement de la personnalité est, d'une certaine manière, dessiner une pure abstraction. Il est probable qu'aucun individu ne correspond parfaitement au modèle théorique élaboré, tout comme à l'inverse une moyenne statistique peut ne pas avoir son équivalent dans l'ensemble des résultats individuels.

Le développement de l'être humain est spécifique, et toute personne possède en elle-même l'essentiel du potentiel de développement propre à l'espèce. Ce potentiel s'épanouit selon des lois, des principes et des étapes qu'il est possible de mettre en évidence. L'élaboration d'une personnalité suit un cheminement à la fois spécifique à l'espèce humaine et propre à l'histoire de chaque individu. Toute personne se développe selon un modèle cyclique impliquant une phase d'inaptitude due à l'immaturité, une période de maturation et d'équilibration progressive, un moment de maturité et d'équilibre, suivi d'un moment de crise, de déséquilibre et de déclin qui force la recherche d'une restructuration plus large et harmonieuse. Ce cycle se répète jusqu'à la fin de la vie. Chaque cycle est plus ou moins long et contribue de façon particulière à la construction de la personnalité. En ce sens, chacune des étapes du développement est nécessaire et inévitable.

Au début de la vie, le petit être est impuissant et sa survie dépend entièrement de la qualité des soins que son environnement lui procure. Des liens étroits se tissent alors avec les personnes qui pourvoient à ses besoins fondamentaux, personnes qui gagnent une signification et une importance dont le sujet reste empreint toute sa vie. Plusieurs acquisitions et de multiples expériences sont nécessaires avant que l'individu n'atteigne une relative autonomie. Devenir une personne adaptée, épanouie et en harmonie demande plusieurs années de maturation et d'apprentissage. L'enfant doit composer avec une société, une culture, un milieu pour construire et utiliser les éléments essentiels à son développement. Il doit tenir compte des idées reçues et des façons de faire établies pour affirmer harmonieusement sa propre manière d'être à la vie et au monde.

Les multiples composantes de la personnalité ne se développent pas toutes en même temps ni au même rythme. Le processus ne suit pas pour autant une courbe en dents de scie, mais plutôt une courbe faite parfois de montées aussi abruptes que soudaines, d'autres fois de paliers plus ou moins larges suivis d'ascensions lentes, etc. Des moments de crise succèdent aux périodes de quiétude. Les changements d'attitudes et de comportements se préparent plus ou moins longtemps en coulisses avant de prendre le devant de la scène pour satisfaire ou mécontenter les spectateurs. Chaque phase amène de nouvelles potentialités à exploiter, des espaces à explorer, des défis à relever, l'apprentissage d'autres habiletés, l'exercice d'autres aptitudes, etc. À un nouveau stade de développement, les énergies sont canalisées vers des voies relativement neuves qui nourrissent l'enthousiasme et le désir de grandir.

Tout gain de développement modifie de façon plus ou moins manifeste les relations établies entre l'enfant et son environnement. L'enfant et les personnes de son entourage sont alors appelées à composer différemment, ce qui provoque parfois quelques tensions de part et d'autre. Des changements d'attitudes et de comportements s'imposent. Certains comportements sont récompensés, alors que d'autres entraînent des réprobations et des punitions. Progressivement, l'enfant développe une meilleure maîtrise de lui-même et atteint un nouvel équilibre plus large et plus harmonieux. Progressivement aussi, les parents et leurs substituts s'adaptent à cet être grandissant qui occupe toujours un peu plus d'espace, qui s'affirme un peu plus fermement et qui modifie plus ou moins subrepticement ou ostensiblement l'organisation des relations conjugales, familiales et sociales.

L'objectif de ce chapitre est d'esquisser le développement de la personnalité, de mettre en évidence le travail intérieur nécessaire pour atteindre une relation harmonieuse et adaptée de l'individu dans son milieu. Plusieurs dimensions du développement sont abordées sans que nous prétendions pour autant épuiser le sujet.

10.2 LES FACTEURS DU DÉVELOPPEMENT

Aussitôt l'adaptation à une nouvelle situation atteinte, de nouveaux changements se préparent, un nouveau déséquilibre est en voie de sourdre par le biais de nouvelles composantes, de nouveaux apprentissages, comportements, désirs, besoins, etc. Divers facteurs forcent ainsi le passage d'une phase à une autre, enclenchent le développement (Lidz, 1968).

10.2.1 La maturation

L'acquisition de certaines aptitudes, habiletés et comportements dépend d'une maturation de l'organisme. Aucun apprentissage n'est possible sans le degré de maturité nécessaire à sa réalisation. Autant la maturation est indispensable, autant elle est insuffisante à elle seule, car si elle permet l'acquisition de nouvelles caractéristiques, elle ne les produit pas. L'apprentissage et l'exercice sont essentiels à la maîtrise d'une habileté, d'une conduite, d'une connaissance, etc. Développer les nouvelles composantes qu'autorise la maturation implique un processus long et complexe.

Le temps et les efforts nécessaires à l'enfant pour utiliser adéquatement la préhension, la marche, le langage, le jugement, la réflexion, l'espace, la réalité, la représentation, etc., sont considérables. C'est bien parce que ces acquisitions se font très progressivement, au hasard des jours et des situations, que la quantité et la qualité des efforts nécessaires sont souvent négligées. Pourtant, la maîtrise d'habiletés simples est préalable à la maîtrise de conduites complexes intégrant les premières. Certains changements sont donc provoqués par la croissance et par l'équilibre nouveau que suscite la maturation. La métamorphose de la puberté en est un exemple.

10.2.2 La société

Vivre entouré des parents, de la fratrie, des pairs, composer avec les rôles établis et alloués par la culture et la société aux divers âges de la vie, imposent des contraintes qui incitent l'enfant à modifier ses façons d'agir, de comprendre et d'être. Les attentes sociales et les allocations de rôles existent dans toute société et leurs effets se font sentir jusque dans les institutions et les systèmes composant la société et la

rendant opérante. On s'attend qu'un enfant, à la fin de sa première année de vie, s'efforce d'apprendre à marcher ; vers 2 ans, il doit commencer à parler, et vers 5 ans, commencer sa scolarité, etc. Les parents et le milieu en général exercent des pressions sur l'enfant pour qu'il réponde à ces normes.

Ainsi, certaines garderies préscolaires exigent que les enfants marchent, soient propres et parlent pour les accueillir, alors que d'autres garderies pour nourrissons dirigent ceux-ci vers un autre centre dès qu'apparaît la marche et que l'enfant devient propre. Ces attentes successives impliquent plusieurs nouvelles demandes et autant de nouveaux privilèges qui incitent et encouragent l'enfant à devenir grand. Cependant, pour l'équilibre personnel de l'enfant et l'harmonie de la vie en société, il importe que ces attentes et ces rôles soient compatibles avec les capacités et les besoins des individus à chacune des périodes de la vie.

10.2.3 Le temps

Le simple passage du temps incite à changer, à évoluer vers une nouvelle phase de la vie, vers un rôle mieux approprié à l'âge de la personne (comme la fréquentation scolaire obligatoire à 5 ans). Mais aussi, avec le temps survient la maturation, la croissance, une apparence physique différente, des attentes et des pressions sociales nouvelles qui amènent l'adoption d'autres conduites, des changements d'attitudes et d'image de soi. Ainsi, la taille de l'enfant de 6 ans, le fait de fréquenter l'école, de participer à une vie de groupe et d'y occuper une certaine place, d'y bénéficier d'une forme de reconnaissance et de confirmation gratifiante de son image, etc., soutiennent l'enfant dans le renoncement aux bénéfices de la petite enfance (ne plus sucer son pouce, être propre, se séparer de sa mère pendant plusieurs heures, ne plus faire de grosses crises de colère à la moindre frustration, etc.).

La dimension temporelle est inhérente à la durée de l'apprentissage et de l'exercice nécessaires à la maîtrise d'une conduite, au succès d'une tentative. Il y a un temps propice à l'acquisition de telle aptitude, au développement de tel intérêt, à la réalisation de tel apprentissage. En deçà ou au-delà de ce moment critique, la performance de l'enfant n'atteint pas le rendement optimal. Commencé trop tôt, l'apprentissage s'avère par trop pénible et sape la motivation de l'enfant, le place inutilement en situation d'échec, diminue d'autant sa confiance en lui-même et dans son entourage, et lui fait redouter le développement à venir. Si l'apprentissage tarde, l'enfant n'a plus la même disposition, il est alors intéressé par autre chose et expédie les apprentissages nécessaires ou, au contraire, il s'habitue à l'apprentissage facile, se décourage devant la difficulté et est porté à remettre à plus tard ce qui lui semble exiger un effort. Évidemment, toutes les nuances sont possibles entre ces deux extrêmes.

10.2.4 Le développement cognitif

L'évolution des processus cognitifs constitue un stimulant important dans l'enchaînement des divers stades du développement. La capacité d'assumer certaines responsabilités, de diriger sa vie, de prendre des décisions, etc., dépend largement de l'habileté à penser, à communiquer, à connaître et à comprendre la nature des choses et des gens. La capacité de penser est relativement limitée avant l'acquisition du langage. Le langage devient non seulement un instrument de pensée et de communication, mais il est un outil de réflexion, de jugement, d'évaluation et de représentation du monde.

Le développement cognitif ne progresse pas de façon régulière et au même rythme dans les divers domaines de la pensée (voir chapitre 6). Tout comme la maturation, le développement cognitif est une sorte de préalable à l'apprentissage ; il est un des instruments utilisés par l'enfant en phase d'apprentissage, mais il est aussi indispensable dans l'usage même des apprentissages acquis. Le niveau de développement cognitif détermine la qualité de la représentation et de la compréhension du monde. Ainsi,

l'égocentrisme normal de l'enfant d'âge préscolaire l'empêche de comprendre le besoin de repos de sa mère malade et l'incite à réclamer d'elle les mêmes soins et à se fâcher contre elle si sa réponse diffère.

10.2.5 L'intériorisation des attentes parentales

Au début de la vie, l'enfant est absolument dépendant des soins que lui procurent ses parents ou leurs substituts. Il ressent profondément le besoin d'eux pour survivre et guider sa vie. Aussi est-il très influencé dans sa manière de développer ses aptitudes, attitudes, intérêts, conduites, sentiments, pensées, jugements, langages, etc., d'assumer les rôles et les images liés aux divers âges de la vie par les désirs, aspirations, attitudes, sentiments, etc., de ses parents et de tous ceux qui s'occupent de lui. Il intériorise ces attentes, les fait relativement siennes et fait des efforts inouïs pour y répondre et s'y conformer tout en œuvrant à sa réalisation personnelle. Plus il a le sentiment de correspondre à ces idéaux, plus il se sent aimé et aimable, moins il a le sentiment d'y correspondre, moins il se sent aimé et moins il s'estime lui-même.

L'influence de l'intériorisation des attentes parentales est considérable et se fait sentir toute la vie, principalement dans l'image de soi et dans la manière de vivre sa relation avec les personnes, les animaux et les objets. La confiance en soi, l'estime de soi, la capacité d'établir de bonnes relations avec autrui, etc., sont autant de traits personnels marqués par l'intériorisation des attentes des parents et de leurs substituts. L'expérience de la vie, le développement cognitif et la socialisation aident à nuancer cette influence sans jamais la réduire à zéro. Des efforts sont déployés durant toute la vie, avec plus ou moins de succès, pour correspondre à ces attentes. L'adaptation de la personne à son entourage social et son style relationnel en sont fortement marqués. Toute la psychopathologie peut être considérée et relativement expliquée sous cet angle.

10.3 LES CRISES DU DÉVELOPPEMENT

La progression dans la vie comprend inévitablement des crises du développement qui jaillissent du besoin de faire face aux défis et aux obstacles inhérents au fait même de vivre. En surmontant les moments critiques du développement, la personne gagne en force, en autonomie et en intégrité. L'évitement des crises entraînerait la stagnation. Chaque individu développe une manière singulière de surmonter les moments difficiles et, devant toute nouvelle situation pénible, il recourt spontanément à un mode privilégié de composition avec les personnes, les événements et les choses.

Le développement ne tient pas un rythme régulier et une pause précède souvent l'assaut vers de nouveaux sommets. Tout se passe comme si l'enfant prenait le temps de trouver en lui-même la sécurité et la vitalité nécessaires pour se lancer vers une nouvelle phase de la vie, avant d'abandonner un équilibre et un calme relatifs pour aborder les incertitudes d'une prochaine séquence. La sécurité affective est indispensable au développement harmonieux. Cette sécurité ponctue en quelque sorte l'évolution de la personnalité et marque l'intensité des crises du développement.

L'enfant ressent continuellement deux tendances opposées en lui. Une force le pousse irrésistiblement vers l'avant, vers la nouveauté, vers la maîtrise d'autres habiletés, d'autres situations ; une notion entretient le désir d'une plus grande autonomie, l'appétit pour de nouvelles prérogatives, la motivation à devenir grand, aussi grand sinon plus que ses parents. Cependant, les nouveaux espaces, l'inconnu, l'inhabileté initiale provoquent généralement de l'angoisse, insécurisent l'enfant et le placent devant de nouvelles frustrations, des renoncements difficiles, etc. L'angoisse soulevée incite l'enfant à revenir à la sécurité perdue, à la dépendance d'antan, à renoncer temporairement aux plaisirs incertains, à mettre sur le proverbe *Un tiens vaut mieux que deux tu l'auras*. Une résistance au développement l'invite à stagner, voire à revenir à la situation antérieure.

L'enfant a besoin de soutien et d'encadrement pour se développer harmonieusement. D'une certaine manière, il peut avoir besoin d'être restreint, encadré dans l'usage de ses nouvelles capacités. Ainsi, lorsqu'il tente de faire ses premiers pas, de devenir propre, de former ses premières lettres, une assistance particulière lui est indispensable. Il a besoin de surveillance et d'aide pour éviter les accidents, les insuccès cuisants. Parfois, c'est pour progresser vers une nouvelle phase qu'il a besoin d'incitation. Lorsqu'il hésite à quitter sa mère pour fréquenter l'école, accomplir certaines tâches, une pression extérieure peut constituer le coup de pouce indispensable. Toutefois, il a plutôt besoin d'être laissé à lui-même, de faire personnellement des expériences pour apprendre l'autonomie, régler les querelles avec ses pairs.

Les hasards inhérents au développement jouent autant en faveur qu'en défaveur de la motivation à la croissance. Trop de soutien, un encadrement trop étroit, renforcent parfois la dépendance d'un enfant, alors qu'un autre y réagit par la révolte et la fuite en avant dans une forme d'autonomie à laquelle la maturité fait défaut. Trop de liberté peut laisser l'enfant prisonnier de son insécurité et de sa dépendance, de son impuissance à dépasser par lui-même une situation difficile, de son inhabileté incrustée, de son non-développement, ou, au contraire, l'inciter à se débrouiller, à profiter de toutes les expériences, le rendre audacieux, curieux, inventif, etc.

L'incapacité de maîtriser les multiples tâches liées au développement laisse l'enfant insuffisamment préparé pour les prochaines étapes. L'insécurité affective, le retard dans la maturation, les pressions précoces sur l'enfant pour qu'il compose avec certaines situations alors qu'il n'a pas encore l'habileté et la sécurité nécessaires sont parmi les principales raisons de l'échec du développement. Des enfants démissionnent et recherchent la sécurité, régressent au niveau de développement où ils ne connaissaient pas ces tensions. D'autres fuient en avant et gaspillent une quantité considérable d'énergie à essayer de façon compulsive, répétitive et vaine de maîtriser la situation difficile. La lutte contre les problèmes anciens non résolus entraîne une dépense énergétique considérable qui peut retarder le développement, et même l'arrêter. L'enfant qui souffre d'insécurité continue de sucer son pouce, de chercher la gratification manquante, de réclamer la présence de sa mère. Au contraire, l'enfant plein d'assurance est attiré par la nouveauté et renonce aux privilèges d'antan au profit des nouvelles prérogatives.

On appelle fixation un arrêt du développement, et régression un retour à un niveau antérieur de développement. Toute personne normale compte dans son évolution plusieurs points de fixation et plusieurs mouvements régressifs. La fixation constitue en quelque sorte un moment que prend l'individu pour refaire ses forces, retrouver une confiance perdue, une sécurité éraflée. Ce point de fixation agit par la suite comme un lieu de ressourcement, un point de ralliement. De tels arrêts doivent évidemment être temporaires. La fixation devient pathologique lorsqu'elle constitue un refuge que le sujet refuse de quitter. La régression peut être aussi considérée comme un mécanisme de développement. En effet, la régression devant une difficulté trop grande permet de trouver la sécurité, la stabilité et l'équilibre nécessaires pour affronter et surmonter ce qui paraissait à première vue un obstacle infranchissable. La sécurité affective de l'enfant est indispensable à son développement, elle en est le moteur. Cette sécurité dépend largement de la disponibilité et de l'affection authentique de ses parents. La régression doit elle aussi être temporaire, faute de quoi le développement accuserait bientôt un retard.

La sécurité affective se perd assez facilement. Malgré les recours aux fixations et aux régressions, l'enfant éprouve toujours une angoisse plus ou moins grande devant la difficulté, une frustration plus ou moins intense devant l'échec. L'insuccès communique à l'enfant le sentiment d'être insuffisamment préparé pour faire face à la vie et au monde en général. La confiance nécessaire en lui-même pour oser la nouveauté lui fait alors défaut. Les adultes ne font pas toujours preuve de patience et

refusent parfois d'attendre que l'enfant soit prêt à affronter certaines tâches. La société ne peut pas toujours tolérer l'incompétence, l'inaptitude, l'impuissance. Aussi, chaque individu demeure marqué dans sa personnalité par les succès et insuccès rencontrés dans la vie, par la bonté et la méchanceté des personnes avec lesquelles il a eu à composer, la tolérance et l'irritation des gens qui exerçaient quelque autorité, la patience et l'impatience de ses éducateurs, la générosité et l'égoïsme de son milieu, etc.

Au total, il demeure que les forces progressives l'emportent généralement sur les forces régressives dans le développement de la personne humaine. Le désir de grandir, le besoin de nouvelles stimulations, la curiosité pour les nouvelles expériences, les pulsions, le besoin d'approbation et d'affection, la camaraderie, les aspirations vers l'autre, le désir sexuel, la survivance, les rôles alloués par la société et les gratifications qui y sont liées, etc., se révèlent au fond autant d'incitations au développement.

10.4 LA PERSONNALITÉ

La personnalité joue un rôle important dans l'adaptation à la vie moderne. Dans les sociétés primitives, les fortes règles et traditions guident la personne dans son adaptation au milieu. Les différences interpersonnelles sont ainsi moins prononcées que dans les sociétés modernes. Des façons d'agir sont déjà établies et très tôt enseignées à l'enfant pour le pourvoir de réponses devant les situations nouvelles auxquelles il doit faire face. Dans les sociétés occidentales, les styles de vie sont beaucoup plus variés, les différences individuelles sont plus exploitées et la lutte pour l'adaptation, la réussite sociale et professionnelle, l'accès à une vie aisée, la jouissance des loisirs, etc., exigent beaucoup des individus qui doivent maîtriser le plus possible les ressources de leur personnalité propre. La compétition, l'affirmation de soi sont privilégiées, plutôt que la conformité et la soumission. L'accent est précocement mis sur le développement de la personne, sur l'épanouissement maximal des ressources, sur l'aptitude à s'adapter spontanément et rapidement.

Les recherches psychologiques ont beaucoup contribué à l'expression du culte de la personnalité : elles ont depuis longtemps démontré que l'apprentissage, plutôt que l'hérédité, déterminait la personnalité et, par surcroît, la qualité de l'adaptation de la personne à son environnement. Comme d'autres dimensions de l'être humain, la personnalité est une variable sur laquelle il est possible d'agir. Avec une aide adéquate, l'enfant peut maximiser sa personnalité, optimiser son adaptation et son épanouissement. La personnalité peut être modifiée de manière à améliorer l'adaptation de la personne à l'environnement et aux exigences de la vie en société, à accroître l'épanouissement personnel et à mettre à profit les richesse personnelles de l'individu.

Au contraire de la croissance physique, on ne connaît pas de limite d'âge au développement de la personnalité. Il apparaît tout de même évident que les premières années de la vie marquent davantage la personnalité. Celle-ci est beaucoup plus malléable au début de la vie. Au fur et à mesure des années, la personnalité devient plus forte et de moins en moins influencée par les expériences multiples, sans pour autant se mettre à l'abri de toute nouvelle influence.

La personnalité, c'est ce qui distingue une personne, c'est la manière dont elle interagit avec la vie et le monde qui l'entoure, c'est ce qu'elle pense, ce qu'elle ressent, c'est son être psychique (Hurlock, 1972). Il ne s'agit donc pas d'un attribut défini, spécifique, mais plutôt d'une manière d'être ; c'est une organisation dynamique composée de plusieurs systèmes qui déterminent une qualité unique, originale, d'adaptation à l'environnement (Allport, 1961). Le caractère dynamique de la personnalité entraîne des changements plus ou moins importants chez un individu. La personnalité n'est pas le résultat d'un certain nombre de traits simplement ajoutés les uns aux autres, mais plutôt d'une organisation intégrée de plusieurs ensembles de traits, d'une véritable combinaison de caractéristiques multiples. Certains de ces traits ou ensembles de traits prennent progressivement le devant de la scène, pour ainsi dire, alors que d'autres s'estompent au fur et à mesure que l'enfant acquiert une expérience de vie et qu'il compose avec son environnement. La personnalité, c'est un ensemble composé des intérêts, des attitudes, des aptitudes d'un individu, de son tempérament, de sa morphologie, de sa physiologie et de ses besoins (Guilford, 1959, *in* Travers, 1977). Le développement de la personnalité produit ainsi un agencement unique des caractéristiques qui spécifient un individu et le différencient de tous les autres.

L'enfant n'est pas un sujet passivement influencé par son milieu. Il agit sur celui-ci, comme par choc en retour, par sa manière d'être (Maccoby et Martin, 1983). Les systèmes composant la personnalité renvoient aux habitudes, attitudes, valeurs, croyances, intérêts, états émotionnels, sentiments, motivations, etc. Ces systèmes sont évidemment de nature psychologique, mais ils s'étayent sur des bases physique, physiologique, neurologique, endocrinologique, musculaire, squelettique, etc. Tout en prenant assise sur des fondations héréditaires, ces systèmes demeurent profondément psychologiques dans leur nature et représentent le produit des apprentissages successifs à travers les différentes expériences de la vie. Ces acquisitions constituent en quelque sorte les forces, les motivations fondamentales, qui incitent l'enfant à tel ou tel type d'adaptation.

Puisque chaque enfant vit des expériences différentes, la nature des adaptations demeure unique. Aucun autre enfant, même un jumeau identique, ne réagit exactement de la même manière à une même stimulation (Hurlock, 1972). Bee et Mitchell (1980) rapportent diverses études démontrant que les jumeaux identiques, quoique plus semblables sur le plan du tempérament, affirment des différences individuelles évidentes dans la vigueur de leur réponse, leur réactivité globale, leur niveau général d'activité, leur agitation durant le sommeil, leur irritabilité, leur rapidité d'habituation et d'adaptation à une situation nouvelle, leur appétit de rapprochements physiques et d'étreintes. Il appert que certains traits sont largement tributaires du bagage héréditaire, alors que d'autres seraient plus acquis sous les influences multiples de l'environnemment physique et social. Ainsi, la personnalité n'est pas le produit de l'hérédité seule, mais plutôt le résultat d'un ensemble considérable de variables.

10.4.1 Le Soi et les traits de la personnalité

La personnalité apparaît composée de deux entités distinctes appelées à s'intégrer mutuellement : le Soi et les traits personnels.

Le Soi, c'est l'« idée » qu'une personne se fait d'elle-même. C'est une image en miroir largement déterminée par les rôles, les interrelations avec autrui et par ce que la personne perçoit de la réaction de l'autre à ce qu'elle est. Le Soi-Idéal est l'image à laquelle une personne aimerait ressembler. Le Soi implique une dimension physique et une autre psychologique. L'aspect physique concerne l'image de l'apparence physique, les caractéristiques sexuelles primaires et secondaires, l'importance de cette image corporelle dans la relation à autrui et le prestige que procure l'image corporelle aux yeux des autres. L'aspect psychologique renvoie aux sentiments qu'une personne développe face aux qualités et aux défauts, à la valeur personnelle et aux relations avec autrui. Au début, les dimensions physiques et psychologiques sont relativement indépendantes, mais elles s'intègrent progressivement les unes aux autres au fur et à mesure que la personnalité se développe. Les traits reliés au Soi sont des qualités spécifiques concernant le comportement et la manière de s'adapter aux situations, par exemple la manière de réagir à une frustration, de faire face à un problème, de composer avec des attitudes agressives ou défensives, de s'avancer ou se retirer en présence d'autrui. Les traits sont ainsi intégrés au Soi et en même temps influencés par le Soi. Certains sont séparés et distincts, alors que d'autres sont rassemblés en syndrome ou reliés à certaines manières d'agir plus ou moins complexes. Les traits ont deux caractéristiques principales : l'individualité, qui renvoie à la variation quantitative du trait entre les personnes plutôt qu'à la spécificité ou à l'exclusivité du trait pour une personne donnée, et la consistance, qui rappelle que la personne se comporte approximativement toujours de la même manière dans des situations semblables. (Hurlock, 1972, p. 463.)

La qualité d'organisation du Soi et de ses traits détermine le caractère « normal » ou « anormal » de la personnalité. La personne normale est généralement bien organisée, la personne anormale est plutôt désorganisée. La gravité de l'anormalité est en relation directe avec le degré de désorganisation ou de non-organisation (Hurlock, 1972).

La stabilité du Soi joue un rôle important dans le degré et la qualité d'organisation de la personnalité. L'instabilité augmente lorsque l'enfant n'aime pas ce qu'il est ou l'image de lui-même que lui renvoie son entourage. Le résultat est le même s'il cumule plus d'échecs que de succès dans ses tentatives pour composer avec les situations auxquelles il doit faire face. Une contradiction entre les attentes familiales à son endroit et celles posées en dehors de la famille (à l'école, chez ses grands-parents, par exemple) peuvent être à l'origine d'un conflit majeur. Un écart trop grand entre ce que l'enfant a le sentiment d'être et ce à quoi il aspire idéalement bouleverse aussi l'estime de soi et entraîne des sentiments négatifs envers soi-même.

Le Soi constitue en quelque sorte le noyau de la personnalité. Les traits de la personnalité se construisent autour de ce noyau, et une influence réciproque s'installe entre ces deux entités. L'enfant qui se perçoit positivement développe davantage la confiance et l'estime de lui-même, la capacité de s'évaluer à sa juste valeur, d'établir des relations franches et honnêtes avec autrui, etc. De tels traits soutiennent et facilitent l'adaptation tant personnelle que sociale. Si l'enfant est facilement insécurisé, s'il se sent inférieur aux autres, inhabile, et n'a pas confiance en lui-même, il s'estime peu et développe de lui-même une image peu gratifiante. Son adaptation personnelle et sociale s'en ressent d'autant. C'est la différence entre un concept de Soi positif ou négatif. Le sentiment que le sujet entretient envers ce noyau, ce Soi, c'est l'estime de soi.

Le Soi apparaît marqué par la qualité de l'interaction des premières figures significatives (la mère d'abord, puis le père, la fratrie, les membres de la famille élargie, les éducateurs) et de l'environnement avec l'enfant. L'enfant contribue à cette interaction par une constitution biologique sexuée, des besoins, des pulsions, des capacités intellectuelles, qui déterminent ses réactions et sa manière de composer avec ces figures significatives (Rainwater, 1956).

Très rapidement, l'apprentissage influence grandement le développement de la personnalité. Les attitudes envers soi-même et les manières de composer avec les gens et les situations sont apprises par répétition et soutenues ou réprimées par les satisfactions ou insatisfactions qu'elles engendrent. Les expériences précoces marquent ainsi le développement de la personnalité.

10.4.2 Le Soi-Sujet et le Soi-Objet

La littérature récente consacre une part de plus en plus large au concept de Soi (*Self*). Il est intéressant de constater que cet effort scientifique, ce mouvement presque, apparaît à un moment où la politique et l'incurie mondiale face à l'environnement menacent la survie de l'être humain (pensons aux possibilités de déclenchement d'une guerre nucléaire, aux nombreuses sources de pollution de l'air, de l'eau, de la nourriture, de la vie en général). Cette menace accroît l'urgence chez l'être humain d'assumer la responsabilité de sa destinée tant individuellement que collectivement (Mack et Ablon, 1983). Selon Yankelovich (1981), une plus grande responsabilité individuelle entraînera une meilleure conscience de Soi et, bientôt, cette conscience sera très valorisée socialement, la connaissance de Soi et l'accomplissement de Soi étant de plus en plus appréciés. En fait, le développement récent et croissant de la psychologie du Moi met en évidence l'importance accordée à la conscience, à la connaissance et à l'accomplissement de Soi.

Le concept de Soi couvre deux dimensions déjà signalées par William James en 1890 (Mack et Ablon, 1983 ; Harter, 1983). D'une part, il y a le Soi-Je ou, selon Kernberg (1980), le Soi-Sujet ou, selon Jacobson (1964), le Soi-Subjectif ou, selon Lewis et Brooks-Gunn (1979), le Soi-Existentiel. D'autre part, il y a le Soi-Moi, ou le Soi-Objet (Kernberg), le Soi-Objectif ou représentation de Soi (Jacobson), le Soi-Catégoriel (Lewis et Brooks-Gunn). Le Soi-Sujet, c'est la perception de Soi comme agent actif dans le monde, comme cause de certains effets provoqués par l'action propre. C'est le Je qui se sait exister et

agir, sentir et vivre, s'isoler ou se socialiser. Le Soi-Objet, c'est le regard évaluateur porté sur Soi, l'objet qu'est la personne parmi d'autres objets, ce que la personne sait sur elle-même. C'est le Moi réservoir des connaissances. L'estime de soi résulte ainsi du jeu combiné du Soi-Sujet qui agit et du Soi-Objet qui juge selon les critères et attentes du Soi-Sujet. L'émotion qui accompagne l'estime de soi est pressentie par le Soi-Sujet en relation avec le Soi-Objet. C'est une résonnance, une interaction dynamique entre les deux composantes du Soi.

L'estime de soi est donc étroitement liée à la qualité de la relation avec soi-même et avec le monde extérieur. Le sentiment de la valeur personnelle est intériorisé très tôt dans l'enfance et contribue à la constitution d'un noyau stable en soi qui influence par la suite la manière de composer avec les succès et les échecs, de s'adapter au milieu. Il est aussi évident que la valeur que s'accorde la personne n'est pas entièrement indépendante de l'estime qu'elle porte aux autres personnes de son environnement et de l'estime que ces personnes lui retournent. Le Soi a besoin que sa propre estime soit reconnue par ses vis-à-vis, par les personnes significatives de son milieu. Ainsi, dans la dyade mère—enfant, ce dernier apprend très tôt à répéter les comportements et attitudes qui lui méritent l'affection et la tendresse de sa mère et à réprimer les gestes et manières d'être qui suscitent la répulsion, la distance, la froideur chez celle-ci. Le même apprentissage recommence lorsque l'enfant entre en relation avec de nouvelles personnes, avec le groupe des pairs, les éducateurs et autres substituts parentaux. La recherche d'affection et l'évitement du rejet durent toute la vie et réussissent plus ou moins selon les personnes et les circonstances.

L'émergence du Soi apporte à l'individu le sentiment d'être une personne, le sentiment de continuité, de cohésion, voire d'identité. Le Soi est en quelque sorte le lieu de l'intimité continue et de l'intégration constante des mondes internes et externes dans un processus d'adaptation dynamique jamais achevé (Sander, 1979). L'être humain ne vit pas de façon entièrement autonome, solitaire, replié sur lui-

FIGURE 10.1 : Influence de l'environnement sur le Soi*

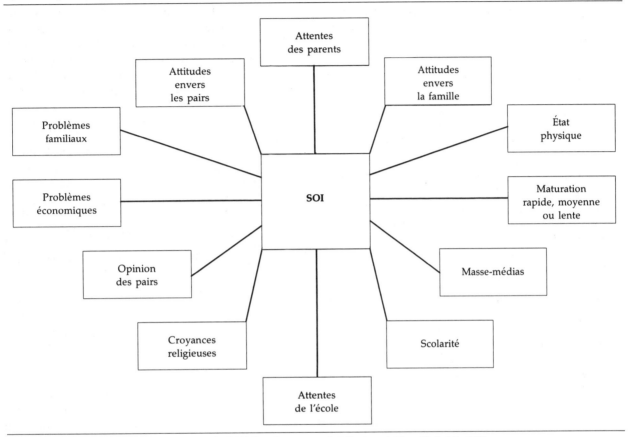

* Inspirée de CROW, A.D. et CROW, A. (1962) *Child Development and Adjustment*, New York, MacMillan.

même, il ne lui est pas possible de tout faire seul. Le Soi n'est pas un Sujet, ni un Objet isolé, enfermé dans un système corporel, une conscience individuelle emprisonnée dans un corps. Le concept de Soi se développe parallèlement au concept d'Autrui. Ce que l'enfant apprend sur lui-même l'aide à mieux comprendre autrui et ce qu'il apprend sur autrui soutient sa connaissance de lui-même. Il développe progressivement le sentiment d'une existence propre, séparée de sa mère et des autres de son entourage. Alors le Soi-Sujet émerge.

En tant que Soi-Sujet, l'enfant apprend que ses actions et perceptions sont ressenties et expérimen-tées par lui-même, séparément et différemment des actions et perceptions des autres. Il comprend qu'il est un agent actif, causal et distinct des autres de son environnement. Il est source et maître d'actions. L'enfant se reconnaît aussi lui-même parmi les autres, se définit vis-à-vis des multiples objets du monde extérieur, se sait enfant, garçon ou fille, grand ou petit, blond ou brun, gentil ou détestable, etc. C'est la notion de Soi-Objet.

En tant que Soi-Objet, il apprend à reconnaître les caractéristiques qui le différencient et le spéci-fient à l'égard des autres, les caractéristiques qu'il partage avec les autres et celles qui sont propres aux autres. Le développement du concept de Soi ne se fait pas d'un coup et semble suivre un processus de différenciation progressive, un processus de séparation—individuation (Mahler, 1967 ; Mahler et coll., 1975). Le processus ne se limite pas à l'enfance, il se prolonge dans l'adolescence, et peut-être même dans la vie adulte.

L'enfant apprend sur lui-même par les rétroactions kinesthésiques. Ainsi, s'il ferme les yeux, le monde devient sombre, s'il se frappe contre quelque chose, il ressent une douleur. Il a faim, il a mal, la mère vient, le nourrit, le malaise disparaît, il s'apaise. Il apprend aussi par les effets de son action. Il tient un objet dans sa main, il ouvre la main, l'objet tombe et fait un bruit. Il pleure, sa mère s'approche, lui parle et le prend dans ses bras.

On devine que la manière d'être des parents et de tous ceux qui prennent soin de l'enfant offre une information importante à l'enfant sur sa propre existence et sur sa manière d'assumer cette existence. Lorsque les parents jouent avec leur enfant, lorsqu'ils l'imitent dans son gestuel, ses vocalises, ils lui offrent une rétroaction efficace et stimulante sur le plan social (Harter, 1983).

Il ressort des diverses recherches (Bretherton et Bates, 1970 ; Field, 1977 ; McCall, Parke et Kavanaugh, 1977 ; Papousek et Papousek, 1974 ; Lewis et Brooks-Gunn, 1979 ; Fisher, 1980) que le développement du Soi-Sujet précéderait légèrement le développement du Soi-Objet. Les recherches sur ce point sont toutes fondées sur la recognition visuelle. On étudie les réactions de l'enfant au reflet de sa propre image dans un miroir, à la perception de son image en photo, sur l'écran de télévision, etc.

À notre connaissance, Bertenthal et Fisher (1978) sont les premiers chercheurs à avoir élaboré une théorie du développement fondée sur les réactions comportementales de l'enfant à sa propre image. Ils ont découpé l'émergence du concept de Soi en cinq stades. Chacun des stades est défini par un type de comportement observable et de com-

plexité croissante en ce qui a trait à la coordination psychomotrice. Les chercheurs ont mis au point une activité type de reconnaissance de soi pour chacun des stades, et toutes les activités ont été proposées à 48 enfants répartis en 6 groupes d'âge : 6, 8, 10, 12, 18 et 24 mois. Les résultats ont démontré que 46 des 48 enfants correspondaient au schéma de développement de la reconnaissance de Soi comme Sujet et comme Objet.

Les cinq activités sont les suivantes :

1- Explorer par le toucher : placé devant le miroir, l'enfant doit se regarder et tenter de toucher l'image perçue.

2- Localiser un chapeau sur sa tête : l'enfant portant un gilet et un chapeau et placé devant le miroir doit localiser dans l'espace l'objet perçu dans le miroir et tenter de le toucher sur sa propre tête.

3- Saisir un jouet : un jouet attrayant est suspendu légèrement derrière et un peu au-dessus de la tête de l'enfant placé devant le miroir ; celui-ci apercevant le jouet dans le miroir doit se tourner aussitôt vers l'objet.

4- Reconnaître le caractère étrange de son nez ; on rougit le nez de l'enfant avant de le placer devant le miroir ; il doit toucher son propre nez ou manifester verbalement qu'il perçoit l'apparence nouvelle et étrange de son nez.

5- Se nommer : placée devant le miroir avec son enfant, la mère demande, en pointant du doigt l'image de l'enfant dans le miroir, qui c'est, et l'enfant doit répondre par son prénom ou par un pronom personnel approprié.

Les résultats de Lewis et Brooks-Gunn (1979) corroborent ceux de Bertenthal et Fisher (1978). Lewis et Brooks-Gunn ont utilisé des photos et des images vidéo en direct et en différé. Le tableau 10.1 résume les résultats de plusieurs recherches et présente le développement des deux composantes du Soi en cinq stades.

TABLEAU 10.1 : Émergence du Soi-Sujet et du Soi-Objet*

Comportement	Âge approximatif en mois	Interprétation
A - Émergence du Soi en tant que sujet actif et indépendant		
1- L'enfant manifeste de l'intérêt pour l'image dans le miroir ; il regarde, s'approche, touche, sourit, vocalise. Il offre la même réponse aux représentations de soi ou des autres dans le miroir, sur photos ou vidéo.	5-8	Il n'existe aucune évidence de perception du Soi comme agent causal, indépendant des autres, et pas de différenciation entre les traits personnels et ceux des autres.
2- L'enfant comprend le reflet de son image dans le miroir et joue avec ; il fait des mouvements rythmiques, se cambre, applaudit ou tape des mains ; il localise un objet dans l'espace et sur son corps. Il différencie les représentations conformes et non conformes à soi.	9-12	Le Soi apparaît comme un agent actif, conscient des relations de cause à effet entre les mouvements du propre corps et les mouvement de l'image.
3- L'enfant utilise le reflet du miroir pour localiser les personnes et les objets dans l'espace ; il se tourne et tente d'atteindre la personne ou l'objet et non leur reflet perçu dans le miroir. Il différencie ses propres mouvements de ceux des autres perçus sur images vidéo.	12-15	Il y a différenciation Soi–Autrui avec regard sur Soi comme agent actif, causal, indépendant, séparé des autres, aussi perçus comme la cause de leurs propres déplacements.
B - Émergence du Soi en tant qu'objet de connaissance		
4- Devant le miroir ou le vidéo, l'enfant a des comportements intentionnés ; il voit l'image et touche son nez rouge. Il se perçoit, se distingue des autres sur photos ou images vidéo.	15-18	C'est la reconnaissance des traits personnels ; la représentation mentale de son propre visage est comparée à l'image perçue dans le miroir ou sur vidéo.
5- L'enfant se nomme par son prénom ou par un pronom personnel approprié à la vue de son image. Il se différencie des autres enfants de même sexe sur photos ou vidéo.	18-24	L'enfant sait qu'une seule personne possède les traits reconnus comme siens et il se nomme lui-même.

* Traduction libre de HARTER, S. (1983) « Developmental Perspectives on the Self-System », *in* MUSSEN, P.H. ***Handbook of Child Psychology***, vol. IV : ***Socialization, Personality and Social Development***, New York, John Wiley & Sons, p. 283.

Au premier stade, même si l'enfant s'intéresse à l'image reflétée par le miroir, il n'est pas évident qu'il se perçoive comme un agent causal indépendant et qu'il se différencie d'autrui. Au second stade, l'enfant démontre une conscience de lui-même comme sujet actif et comprend la relation causale entre ses propres actions et les mouvements perçus dans le miroir. Ainsi, l'enfant utilise le reflet du miroir pour localiser le chapeau sur sa tête, c'est-à-dire situer l'objet dans l'espace qu'il occupe plutôt que de chercher à le saisir dans le miroir. L'enfant démontre alors sa com-préhension de la concordance entre les mouvements de son propre corps et les déplacements du chapeau sur sa tête perçus dans le miroir.

Dans la recherche de Lewis et Brooks-Gunn, l'enfant de ce deuxième stade différencie les images de lui perçues sur un écran de télévision en direct ou en différé. L'opération du vidéo en direct renvoyait à l'enfant l'image de ses propres mouvements, et l'enfant contrôlait ses gestes et en voyait les effets sur l'écran. Les images du vidéo en différé présentaient l'enfant filmé à un autre moment. L'enfant du deuxième stade comprend que ses conduites immédiates n'ont aucun effet sur l'image perçue sur l'écran de télévision.

Au troisième stade, le Soi-Sujet est plus différencié. L'enfant distingue ses propres mouvements des mouvements produits par d'autres personnes ou objets et fait preuve alors d'une différenciation Soi—Autrui. Ainsi, il comprend que les mouvements du jouet perçu dans le miroir sont indépendants de son comportement. Les déplacements de Soi et ceux d'Autrui sont séparés, indépendants.

Au quatrième stade, l'enfant manifeste les premiers indices de l'émergence du Soi-Objet. Le Soi-Objet se reconnaît, distingue les traits caractéristiques qui lui sont propres. Pour comprendre le caractère étrange de son nez rouge dans le miroir, l'enfant doit se référer à une image interne de son propre visage à l'état normal, à une image intériorisée de lui-même, à une représentation mentale de Soi. C'est également à ce stade que les enfants se différencient des autres en se reconnaissant parmi les autres lorsqu'on leur présente des images vidéo en différé, selon l'expérimentation de Lewis et Brooks-Gunn.

Au cinquième stade, l'enfant est capable de verbaliser sa compréhension, de se nommer, de s'interpeller par son prénom (« c'est Jean ») ou par un pronom personnel approprié (« c'est moi »). Selon Lewis et Brooks-Gunn, l'enfant de ce stade discerne son image parmi celles d'autres enfants de même sexe. Ainsi, l'enfant se reconnaît des traits caractéristiques personnels et est capable de les distinguer parmi d'autres. Il possède alors un Soi-Objet qu'il peut nommer.

Le Soi-Sujet se développe donc en trois moments et apparaît acquis au début de la deuxième année de vie. Le Soi-Objet émerge quelques mois plus tard et semble bien en place vers la fin de la deuxième année de vie. L'âge est évidemment très approximatif ici et varie plus ou moins selon le milieu et les expériences de vie de l'enfant.

10.4.3 L'individualité

Chaque personnalité est unique en ce sens qu'elle diffère de toutes les autres dans la manière dont elle combine et organise les traits qui la spécifient, dans la force prêtée à chacun des traits et dans le cohérence et la puissance du Soi. Pour Bronson (1966), la personnalité c'est le style de vie d'un individu, c'est-à-dire un ensemble complexe d'attitudes, de traits de caractère et d'autres attributs qui procurent à chaque personne une couleur particulière. Allport (1961) souligne la spécificité de la personnalité en affirmant qu'elle constitue un phénomène jamais répété, que l'individualité demeure la caractéristique majeure de la personne humaine.

Les différences s'expriment autant à travers le Soi que dans les traits qui y sont reliés. Certains traits sont évidemment communs aux individus d'un même groupe, tels l'authenticité, la générosité, la sociabilité, parce que ces qualités sont partagées et promues par les parents, les éducateurs et le milieu social dans son ensemble. Certains traits appartiennent en propre à une personne et ne se trouvent pas chez d'autres. Ces traits ont été développés par une combinaison inhabituelle du bagage héréditaire, des expériences personnelles et des pressions de l'environnement social.

Même les traits communs à plusieurs individus sont développés par chacun de manière unique. Il n'y a pas deux individus qui partagent un même trait exactement au même degré. Un enfant peut être généreux parce que la générosité est une valeur très appréciée dans son milieu, dans sa culture. Néanmoins, il exprimera cette générosité à sa manière personnelle et cette expression sera très influencée par son Soi. Ainsi, la générosité exprimée chez un enfant peut être assez mercantile s'il s'en sert pour acheter une popularité, des amitiés, alors que celle exprimée chez un autre peut être motivée par un sentiment de redevance à la société, par une culpabilité qu'il liquide en se dévouant pour les moins bien nantis de son milieu.

Les fondements de la personnalité résident dans la maturation de traits héréditaires largement influencés dans leur développement par les apprentissages acquis des expériences, des relations sociales et de certains conditionnements. Lorsqu'un trait quelconque est développé et renforcé par l'environnement, il influence non seulement le comportement individuel, mais aussi les intérêts et les attitudes de la personne. Le trait ainsi renforcé devient plus résistant au changement. En dépit de l'influence de l'environnement social, chaque personnalité développe ainsi un noyau de traits personnels, un Soi assez résistant au changement. C'est la force du Soi jointe aux forces vitales de la personne qui donne à l'individu la capacité de devenir lui-même et de le rester, de demeurer fidèle à ce qu'il est malgré les influences multiples de l'environnement. En raison de cette résistance interne, de cette force personnelle, l'enfant réagit à sa manière propre aux gens et aux choses de son environnement et il accroît ainsi son individualité.

À la naissance, une certaine individualité s'exprime déjà dans la manière du nouveau-né de s'adapter à son nouvel environnement. L'individualité s'exprime dans sa manière de se nourrir, dans sa vivacité motrice, dans sa façon de pleurer. Des nouveau-nés pleurent presque en sourdine, alors que d'autres hurlent. Il est évident que les différences observées chez les nouveau-nés procèdent en partie de variations dans les bagages héréditaires, mais il est évident aussi que certaines perturbations dans l'environnement prénatal, résultant du processus métabolique ou émotionnel de la mère, modifient la manière d'être du nouveau-né.

Les difficultés d'adaptation de l'enfant peuvent le rendre moins désirable aux yeux des parents et influer sur leur manière d'être avec lui. Le lien qui unit les parents et l'enfant implique une régulation réciproque des fonctions d'adaptation. Les parents sont d'emblée disposés à faire beaucoup pour l'enfant, ils veulent l'aider à croître et à s'adapter, mais en retour ils s'attendent à ce que ce dernier sache profiter de leur aide et ainsi leur renvoie une image de bons parents. Plus l'enfant apprend des parents, plus ceux-ci se rendent disponibles à lui enseigner, moins l'enfant profite de la présence attentionnée de ses parents, moins ceux-ci développent leur désir initial de prendre soin de cet être et de lui apprendre à devenir grand.

Même si la personnalité de l'enfant n'est pas développée à la naissance, tout le potentiel de développement est présent. Ce potentiel constitue une force vitale qui s'exprimera, selon des intensités différentes à certaines périodes de la vie, jusqu'à la mort. Au fur et à mesure que l'enfant grandit et fait de nouvelles acquisitions, son comportement, ses attitudes, ses aptitudes, ses intérêts, bref toute sa personnalité, se modifient en conséquence.

Puisqu'il n'y a pas deux individus dotés du même environnement social, malgré un environnement physique identique, les enfants développent des personnalités de plus en plus différentes au fur et à mesure de leur évolution. Dès les premiers stades du développement, divers types de personnalité se dessinent. Certains enfants se présentent d'emblée comme d'excellent seconds, alors que d'autres manifestent déjà les attitudes du chef, de l'initiateur, du rassembleur. Certains s'avèrent plutôt maternels, d'autres despotiques, comédiens, blagueurs, vantards, sentimentaux, solitaires, etc. (Stagner, 1961).

10.4.4 La stabilité de la personnalité

La personnalité démontre une relative stabilité tout au long de la vie mais, évidemment, les transformations physiques la modifient. Ainsi en est-il avec la croissance pubertaire : l'enfant à l'aise dans son corps se retrouve presque soudainement dans un corps étranger d'adulte, toute sa personnalité se transforme promptement et c'est la « crise de l'adolescence ». Un accident, une blessure qui modifie l'appareil locomoteur ou sensoriel entraîne généralement un changement tout aussi important dans la personnalité. Ainsi en est-il de l'enfant normal qui perd accidentellement l'usage des jambes ou de la vue : toute sa personnalité subit un choc et, sous l'effet même de ce choc, se restructure en fonction du nouveau corps occupé.

La constance de la personnalité signifie la stabilité et la congruence. Cela ne veut pas dire qu'il n'y a pas ou plus de changement possible. Cela ne veut pas dire non plus que certains traits restent inchangés ou relativement inchangés malgré l'éducation et les pressions sociales. La personnalité se fonde sur une structuration progressive s'orientant lentement et de plus en plus fermement vers une organisation profonde et stable. Elle constitue la base d'aménagement des éléments métapsychologiques, l'élément organisateur du mode relationnel. Arrive un moment où la personnalité est organisée de façon stable et irréversible avec des modalités défensives installées, avec une manière établie d'être en relation, avec une certaine évolution de la pensée, avec des attitudes arrêtées devant la réalité, avec un jeu limité de la fantaisie, du rêve et de la réalité quotidienne, etc. (Bergeret, 1985).

Très tôt dans le développement de l'enfant, la personnalité s'oriente selon une lignée structurelle, et la probabilité qu'elle conserve ce cap s'accroît avec le temps. On peut croire que jusqu'à la fin de l'adolescence, des modifications importantes dans la structure ou dans la lignée même de la structure sont possibles, mais elles se font de plus en plus rares et ne s'opèrent que sous des pressions de plus en plus fortes. Au-delà de l'adolescence, il semble que la structure de la personnalité soit acquise pour toujours.

TABLEAU 10.2 : Conditions de développement de la personnalité*

A - Les conditions contribuant à la stabilité de la personnalité

1- *L'hérédité :* Un trait de personnalité directement ou indirectement lié au bagage héréditaire présente davantage de stabilité et de résistance au changement qu'un trait sans fondement héréditaire.

2- *L'éducation :* Une éducation et des éducateurs stables favorisent davantage le développement du Soi et de ses propres caractéristiques d'adaptation selon les tendances spontanées et naturelles.

3- *Le système de valeurs des parents :* Les traits de personnalité en accord avec les valeurs parentales sont renforcés par les récompenses matérielles et morales des parents, alors que les traits en désaccord sont réprimandés, voire punis jusqu'à extinction.

4- *L'environnement social :* Un accord entre l'image de soi et celle qui est reflétée par les autres favorise et renforce le développement du Soi et de ses propres caractéristiques d'adaptation. Plus cet accord persiste, plus les attitudes et les habitudes s'ancrent dans la personnalité et moins elles sont par la suite susceptibles de changement.

5- *L'attention sélective :* La personnalité et certains traits dominants déterminent assez précocement une préférence pour un certain environnement social. La stabilité de cet environnement favorise et renforce le développement du Soi et de ses propres caractéristiques d'adaptation.

B - Les conditions favorisant les changements dans la personnalité

1- *Les changements physiques :* Les changements corporels liés à la maturation ou à des troubles organiques ou endocriniens, à des accidents, à la malnutrition, à l'abus de nourriture ou de drogues, à la maladie, modifient souvent de façon importante la personnalité. Les effets se font particulièrement sentir au niveau du Soi, dans l'image et l'estime de Soi.

2- *Les changements dans l'environnement :* Des changements dans l'environnement peuvent entraver ou soutenir l'estime de Soi ; la personnalité peut devenir anxieuse, angoissée et défensive ou au contraire plus affirmée et plus sûre d'elle-même.

3- *Les pressions sociales :* Plus le besoin d'affiliation est fort, plus le besoin d'être accepté par autrui est puissant, plus la personnalité tente de se conformer aux attentes sociales.

4- *L'aide professionnelle :* La psychothérapie aide la personnalité à développer une meilleure image de Soi, à mieux comprendre ses besoins et désirs propres, à agir sur les causes d'une estime de Soi faible et à atteindre une estime plus positive.

5- *Les changements de rôles :* Passer d'un rôle de subordonné à une position d'égal à égal ou à une position de chef à la maison, à l'école, dans le voisinage ou au travail offre au Soi une occasion de grandir, de se valoriser. Un changement de rôle inverse produit un effet semblable mais en sens négatif.

* Traduit et adapté de Hurlock, E. (1972) *Child Development*, 5e éd., New York, McGraw-Hill, p. 469.

À l'intérieur même de cette structure, tous les mouvements de la personnalité sont possibles, mais la structure fondamentale serait presque invariable. Cette liberté même de mouvement à l'intérieur de la structure diminue elle aussi avec le temps. La personnalité perd en souplesse, en possibilité d'adaptation face à l'imprévu. Évidemment, certaines personnes demeurent plus flexibles et adoptent des changements importants, voire radicaux, dans certaines situations nouvelles et différemment exigeantes. D'autres demeurent aussi stables que le granit et éprouvent de la difficulté à s'adapter aux modifications importantes du milieu physique ou social. Ce noyau central et stable de la personnalité devient de plus en plus évident, de plus en plus manifeste au fur et à mesure du développement. Il garantit l'équilibre et l'identité de la personne, sa fidélité à elle-même, sa ressemblance, sa congruence.

Chez le jeune enfant, le noyau de la personnalité n'est pas encore fixé et reste malléable, mais cette flexibilité, cette adaptabilité est appelée à diminuer assez rapidement. Au fil du développement, l'enfant acquiert progressivement certaines attitudes et habitudes devant les gens, les choses, les situations nou-velles ; ces attitudes et habitudes maintes fois répétées deviennent bientôt des automatismes. Il faut de plus en plus un grand effort pour contenir, contrecarrer ces façons de voir, de sentir et de faire les choses.

La stabilité des traits de la personnalité a depuis longtemps été observée chez de jeunes bébés (Shinn, 1909 ; Woolley, 1925). Plus récemment, on a encore une fois mis l'accent sur la persistance de ces traits et on a montré dans quelles conditions ils changent. On a montré que même si les traits de la personnalité évoluent avec le temps, même s'ils changent, ils demeurent consistants : leur développement conserve l'orientation initiale et s'écarte très peu de la lignée originelle (Ames, 1960 ; Bayley, 1968 ; Mahrer, 1969 ; Mischel, 1969 ; Siegman, 1966). Il ressort aussi de ces recherches qu'aucun enfant ne demeure absolument fidèle aux premiers traits de sa personnalité, mais aucun ne s'en écarte de façon marquée.

D'autre part, les changements de personnalité observés s'inscrivent dans une direction conforme à la ligne tracée par les premiers traits (Kagan et Moss,

TABLEAU 10.3 : Trois types de personnalité et stabilité de neuf traits de caractère*

Types Fréquence	Facile (40 %)	Lent (10 %)	Difficile (15 %)
Traits			
1- Activité	basse à modérée	variable	variable
2- Régularité biologique et physiologique	très forte	variable	très faible
3- Distractivité	variable	variable	variable
4- Réactivité à la nouveauté	approche positive	retrait initial et passivité	approche négative et retrait
5- Adaptation	rapide	lente	lente
6- Attention	élevée ou faible	élevée ou faible	élevée ou faible
7- Intensité de la réactivité	modérée ou faible	modérée	forte
8- Sensibilité aux stimuli	élevée ou faible	élevée ou faible	élevée ou faible
9- Humeur générale	positive	légèrement négative	négative

* Traduit de CHESS, S. et THOMAS, A. (1978) ***Annual Progress in Child Psychiatry and Child Development***, New York, Brunner-Mazel, p. 229.

1962 ; Neilon, 1948 ; Shirley, 1941). Ainsi, Bee et Mitchell (1980) démontrent dans une étude longitudinale que les enfants dits difficiles ou faciles en bas âge conservent ultérieurement leur manière d'être à la vie et au monde environnant. Cependant, les enfants très difficiles ou très faciles, influencés par les pressions sociales et les résultats désagréables de leurs attitudes par trop provocantes ou soumises, ont tendance à modifier leur comportement et à adopter des attitudes plus proches de la moyenne. Selon Buss et Plomin (1975), certains traits sont programmés génétiquement et s'avèrent d'une grande stabilité dans la personnalité. Ainsi en serait-il de l'enfant actif ou léthargique, émotif ou impassible, sociable et philanthrope ou indépendant et retiré, impulsif ou réfléchi. Les recherches longitudinales de Chess et Thomas (1977, 1978) mettent en évidence trois types de personnalité foncièrement stables à l'égard de neuf paramètres ou traits de caractère.

Ces types de personnalité et leurs traits de caractère apparaissent relativement persistants dans le développement. Chess et Thomas (1978) précisent en outre que l'enfant tient un rôle actif dans le développement de sa personnalité. Ce serait une grave erreur de concevoir la personnalité de l'enfant comme étant seulement le produit d'un conditionnement de la part des parents et de leurs substituts. Évidemment, le comportement et les attitudes des parents, leurs attentes et aspirations face à l'enfant sont étroitement liés à l'attitude et au comportement de l'enfant, à sa manière d'être à la vie et au monde (Chun et Resnick, 1980). Devant un enfant difficile, des parents se sentent parfois incompétents, menacés, anxieux et blâment l'enfant, lui reprochent plus ou moins amèrement ses exigences, ils demeurent intimidés et impuissants devant les crises de colère, les entêtements. Les enfants reconnus faciles se révèlent généralement plus sensibles à l'émotion implicite dans le discours des parents ou de leurs substituts et ainsi se montrent plus réceptifs et plus coopérants avec les personnes de leur entourage immédiat. Celles-ci se révèlent en retour gratifiantes envers l'enfant, se sentent compétentes et, par conséquent, moins anxieuses, moins hésitantes ; la communica-tion entre l'enfant et l'adulte n'en est que plus claire et plus facile.

10.5 LES THÉORIES DE LA PERSONNALITÉ

Plusieurs approches ont été utilisées pour formuler une théorie de la personnalité. Le premier essai présentant une vision globale de l'évolution de la personne fut la théorie psychanalytique de Freud. Cette théorie laissa dans l'ombre bien des explications que les auteurs, contemporains de Freud et post-freudiens, ont reprises, reformulées et complétées. Aujourd'hui, les théories psychanalytiques de la personnalité sont nombreuses, et chacune met de l'avant un aspect particulier sans exclure pour autant les concepts des autres théories. La psychologie du Moi propose également divers modèles de développement inspirés de la psychanalyse. Il est impossible de présenter ici une synthèse des différentes théories, car la matière est suffisante pour autoriser un manuel sur ce seul point, qui d'ailleurs déborde la psychologie de l'enfant.

D'autres approches ne présentent pas nécessairement une théorie de la personnalité et de son développement, mais en expliquent plutôt le fonctionnement général ou spécifique sans systématiquement tenir compte de l'aspect du développement. Là encore, il est impossible, dans le cadre de ce manuel, de résumer toutes ces approches. Seules les contributions reconnues comme les plus significatives sont présentées ici, celles qui ont servi et servent encore de point de référence.

10.5.1 La théorie psychanalytique

La différenciation entre le Soi et l'Autre, et l'émergence chez l'enfant de la conscience de Soi en tant qu'agent autonome ont tenu une place prédominante dans le discours psychanalytique. Freud (1963, 1968) a déjà discuté du processus général par lequel l'enfant parvient à se différencier de sa mère. Le Moi rudimentaire de l'enfant se développe avec la conscience progressive que la mère ne répond pas automatiquement et pleinement à tous les besoins. Un des points fondamentaux de la pensée freudienne est la conviction que la relation stable et chaleureuse entre la mère et l'enfant est cruciale non seulement pour les besoins primaires du nouveau-né et les besoins relationnels du nourrisson et de l'enfant, mais aussi pour le développement harmonieux des fonctions du Moi (Blanck et Blanck, 1974).

Selon les théories psychanalytiques, deux causes sont responsables de l'absolue dépendance de l'enfant à la mère. L'état d'immaturité des appareils sensoriels et moteurs du nouveau-né crée une dépendance manifeste à l'égard d'une personne capable de suppléer à l'impuissance initiale. En effet, le petit être humain est le plus immature des êtres à sa naissance. La dépendance de l'enfant procède également du fait que le Moi a besoin de s'identifier émotivement à des objets sociaux, principalement à la mère ou à la personne qui en prend régulièrement soin, pour se développer harmonieusement et sortir de l'état général d'indifférenciation manifesté à la naissance. En répondant aux besoins de l'enfant et surtout en établissant avec lui une relation stable et affectueuse, un climat chaleureux et constant, la mère agit comme élément organisateur du développement perceptif, cognitif, social et émotionnel de l'enfant. En conséquence, toute déficience dans ce soutien de la mère (ou de la personne qui prend régulièrement soin de l'enfant), ou toute difficulté chez l'enfant à utiliser la mère à cet effet conduit à des défaillances, des dysfonctionnements, voire des troubles plus ou moins graves de la personnalité.

Plusieurs des tenants de la psychologie du Moi (Hartman 1952, 1964 ; Anna Freud, 1946, 1965 ; Mahler, 1963, 1965, 1967 ; Mahler, Pine et Bergman, 1975) ont exploré l'idée d'une relation entre le développement du Moi chez l'enfant et le concept de la constance de l'objet, un concept qui embrasse autant les aspects libidinal que cognitif de l'attachement de l'enfant à sa mère. Mahler a peut-être élaboré la théorie la plus articulée sur le développement de la permanence de l'objet affectif et le Moi. Elle constitue sans doute l'approche psychanalytique contemporaine la plus acceptée dans le monde scientifique de la psychologie de l'enfant. C'est pourquoi il importe d'expliciter ici le processus de séparation−individuation selon Mahler.

Le processus de séparation−individuation

Pour Mahler, la permanence de l'objet affectif signifie que l'image de la mère s'est révélée intrapsychiquement valable pour l'enfant, de la même manière que la mère réelle s'est révélée libidinalement valable pour l'alimentation, le confort et l'amour (Mahler, 1967). Elle affirme que durant les quatre premières années de la vie, l'enfant normal se développe en trois temps :

1- la phase d'autisme normal,

2- la phase de symbiose normale, et

3- la phase de séparation−individuation.

Chacune des étapes implique des tâches spécifiques. La faible ou mauvaise réalisation de ces tâches conduirait à des troubles plus ou moins graves de la personnalité. La tâche échouée à une des étapes énoncées ou une régression-fixation à une époque antérieure provoquerait un degré moindre d'organisation de la personnalité. Un échec précoce à la première étape produirait l'autisme infantile, à la deuxième phase, une psychose symbiotique et au troisième stade, une personnalité limite.

La phase d'autisme normal (de 0 à 2 mois environ)

Fidèle au théories psychanalytiques, Mahler (1958, 1967) considère le nouveau-né comme impuissant à comprendre son environnement. Aussi la conscience du nouvel être est-elle dominée par les sensations corporelles internes, pendant qu'un pare-excitations le protège de la majorité des stimulations externes, reproduisant ainsi un environnement proche du milieu prénatal. Le premier objectif du nouveau-né est de reconstruire l'équilibre homéostatique. Cet équilibre est étroitement relié à la réduction des tensions. Quelques-unes de ces tensions relèvent de contrôles endogènes (urine dans la vessie, éternuements, etc.) alors que d'autres requièrent l'assistance de la mère (nourriture, propreté, vêtement, réconfort, etc.).

Au début de la vie, le nouveau-né ne connaît que des états de tension généralement suivis de soulagement, diverses sensations de douleur et de confort. Bref, le bébé éveillé se sent bien ou mal ; le reste du temps, il dort. Lorsque la mère pourvoit adéquatement aux besoins de l'enfant, celui-ci en vient à associer la réduction des tensions désagréables aux traits de la mère (ton de la voix, pression contre le corps de la mère, sensation orale de la tétée, odeur, rythme respiratoire et cardiaque de la mère). Si l'enfant ne parvient pas à élaborer cette association élémentaire, il est menacé d'autisme infantile.

L'enfant doit donc comprendre, même vaguement, que les tensions générées par son propre organisme sont abaissées par l'action de quelqu'un d'autre, globalement reconnaissable par la répétition des interventions et l'enregistrement de divers indices. L'autisme correspondrait à la persistance de l'absence de frontière entre le propre corps et le monde extérieur, entre le Soi et l'Autre. Mahler interprète les automutilations si fréquentes chez les enfants autistes comme un symptôme de cette difficulté à démarquer le Soi et l'Autre, un essai pour prendre conscience de leurs frontières.

La phase symbiotique normale (de 2 à 5 mois environ)

L'enfant parvient généralement à une conscience encore vague d'une certaine relation entre la présence de la mère, et même de certaines parties du corps de la mère (objet partiel, comme le sein) et la réduction des tensions. Alors, le pare-excitations dont le nouveau-né faisait montre jusqu'à présent est remplacé par une nouvelle enveloppe protectrice, soit le fantasme d'une unité symbiotique mère—enfant. Selon ce fantasme, l'enfant et la mère ne font qu'un, un noyau tout-puissant face au reste du monde. La phase symbiotique relève donc surtout d'un processus intrapsychique, processus qui se laisse saisir par diverses manifestations observables.

Du point de vue intrapsychique, le bébé est incapable de percevoir la mère comme une personne différente, autonome et indépendante, aussi lui est-il impossible de différencier ses propres besoins de la satisfaction produite par la mère. Il ne peut pas concevoir que ses désirs et la satisfaction apportée par la mère soient deux événements distincts produits par des déterminants différents. Du point de vue de l'observateur externe, la phase symbiotique est caractérisée par une complicité entre la mère et l'enfant, une compréhension spontanée. L'enfant communique par des réactions sensorimotrices affectives primaires telles que les pleurs, les petits cris, les roucoulements, le sourire, etc. Cette communication appelle la mère sensible et disponible à venir prendre soin de lui, à pourvoir adéquatement à ses besoins. Par la réduction de tension qui s'ensuit, l'enfant se trouve dans un état agréable, une impression d'aisance.

La mère ne fait pas que donner des soins à son enfant, elle lui communique aussi son émotion, son affection, sa tendresse. L'enfant reconnaît bientôt la voix de la mère, son toucher, son visage, ses expressions, ses cheveux, son parfum. La mère et l'enfant conviennent ainsi de leurs désirs et réactions réciproques sur la base d'échanges affectifs rudimentaires, primaires. Les propos de Mahler sur la relation symbiotique qui unit l'enfant et la mère, sur cette compréhension spontanée et complice entre les deux partenaires, trouvent des appuis théoriques et empiriques dans la théorie de Bowlby (1969) sur l'attachement, dans les travaux de Brazelton (1983), Sander (1975, 1977), Stern (1977), Tronick, Als et Brazelton (1980), et Campos et coll. (1983).

Pour Mahler, le processus intrapsychique engagé à ce stade est d'une importance capitale pour le développement normal de l'enfant, et plus particulièrement pour son développement social. En fait, toute relation sociale ultérieure restera marquée du vécu de la phase symbiotique. La symbiose influence également l'organisation mnésique du bébé. Elle favorise la formation d'une première trace mnésique de la mère et soutient l'investissement de cette trace d'affects positifs. Cet investissement aide l'enfant à différencier sa mère des autres objets extérieurs, à se différencier lui-même des autres objets. En ce sens, la conscience du Soi est ici engagée. Cette première mémoire devient la base de la différenciation entre deux images internes : la bonne et la mauvaise mère. L'image de la bonne mère correspond à la mère attentive qui comprend les besoins de l'enfant et y apporte rapidement une réponse satisfaisante. L'image de la mauvaise mère renvoie à l'attente d'une réponse comblant le besoin exprimé, à la frustration, au manque.

La grande majorité des enfants parviennent à adapter leur communication aux caractéristiques de leur mère, et les mères se révèlent généralement aptes à saisir les messages de leur enfant et à y répondre adéquatement. L'enfant poursuit ainsi normalement son développement vers la troisième étape. Cependant, si la relation mère—enfant se révélait défaillante, si quelques problèmes constitutionnels s'avéraient graves, l'enfant pourrait maintenir indûment la relation symbiotique, et même régresser vers la phase antérieure. Alors, l'enfant manifesterait, tôt ou tard, une profonde perturbation dans sa perception de la réalité. Il présenterait tous les symptômes de la psychose symbiotique. Cet enfant ne développerait pas le sentiment du Soi, mais seulement un sentiment de fusion avec tout ce qui l'entoure, ressentant une impression générale de contentement ou, au contraire, une rage et un état de panique extrême, selon qu'il a le sentiment d'être fusionné à la mère ou d'en être séparé. En crise, cet enfant tente de s'agripper à quiconque, sans distinction, pour satisfaire ses besoins.

La phase de séparation—individuation (de 5 mois à 3 ans environ)

Cette troisième phase constitue en fait une seconde naissance (Mahler, Pine et Bergman, 1975), soit la naissance du sentiment de Soi et de l'Autre. C'est par l'élaboration d'un processus psychique de séparation—individuation que l'enfant prend conscience de lui-même et de la permanence existentielle de l'objet aimé. Le processus de séparation consiste avant tout en la différenciation entre le Soi et l'Autre, en la compréhension de plus en plus profonde que l'Autre n'est pas un simple prolongement de Soi. L'enfant prend conscience que la mère n'est pas une partie intégrante de lui-même, mais bien une autre personne distincte. Ce processus de séparation constitue une base à partir de laquelle l'enfant apprend beaucoup sur lui-même et sur les autres personnes de son environnement immédiat. Bref, c'est la naissance du Soi-Objet.

Le processus d'individuation concerne la conscience progressive chez l'enfant qu'il est un agent indépendant et autonome, capable de fonctionner en l'absence de la mère. Il s'agit de la naissance du Soi-Sujet. Tout progrès dans la compréhension de la permanence existentielle de l'objet affectif est accompagné d'un progrès similaire dans la différenciation du Soi-Sujet et du Soi-Objet. Le concept de Soi intègre plusieurs dimensions de la personnalité, dont la mémoire, la cognition, les émotions et plusieurs autres fonctions du Moi.

Mahler identifie quatre sous-stades dans le processus de séparation—individuation survenant entre le cinquième mois de vie et l'âge de 3 ans environ :

1- la différenciation,

2- l'entraînement,

3- le rapprochement et la consolidation de l'individualité, et

4- le début d'une permanence de l'objet affectif.

Chacun des sous-stades contribue autant à la différenciation progressive des concepts de Soi et de l'Autre qu'à une organisation plus évoluée et plus complexe de la mémoire, de l'anticipation, de l'intentionnalité des comportements, de la tolérance à la frustration. Les effets se répercutent aussi sur le processus d'identification et d'élaboration d'une identité, sur le développement d'une structure défensive plus économique et d'une meilleure évaluation et préhension de la réalité (Campos et coll., 1983).

Bien que Mahler (1967) ait décrit quatre phases dans le processus de différenciation, ses travaux portent surtout sur le développement d'une représentation mentale stable de la mère en tant qu'objet affectif permanent. Contrairement aux approches cognitives, Mahler se préoccupe assez peu de l'émergence de la représentation du Soi. Néanmoins, sa description des phases de développement rend bien compte de la dynamique interactionelle dans laquelle l'enfant se forme un sentiment de Soi et de l'Autre.

1- La différenciation (de 5 à 10 mois environ)

Le premier sous-stade de cette troisième phase débute vers le cinquième mois de vie et s'étend jusqu'au dixième environ. À la fin de la phase précédente, un lien libidinal est établi entre la mère et l'enfant. L'enfant différencie sa mère des autres personnes et lui manifeste une préférence. Il lui sourit, regarde plus souvent dans sa direction, vocalise en sa présence et cesse rapidement de pleurer lorsqu'elle le prend dans ses bras. Vers 7 ou 8 mois, dans les bras de sa mère, il se cambre pour mieux la voir, la contempler, l'examiner, enregistrer son visage, comme pour mieux comparer ses traits à ceux des autres personnes présentes dans son environnement. Puis apparaissent de nouvelles réactions au moment où sa mère se sépare de lui, quitte son champ visuel : c'est la détresse, l'enfant fixe la porte derrière laquelle sa mère est disparue (Mahler, 1967 ; McDevitt, 1975).

En présence d'une personne étrangère, l'enfant manifeste une forte angoisse et se calme rapidement dès que sa mère le reprend. Mahler affirme une évolution inversement proportionnelle chez l'enfant entre la confiance en la mère et la méfiance à l'égard de l'étranger. Pour elle, l'ensemble des comportements indique bien que l'enfant se différencie de la mère, qu'il développe une mémoire rudimentaire de la mère sensible et disponible à ses besoins. À la suite des travaux de Mahler, Fraiberg (1969) a démontré la difficulté de consoler un enfant en l'absence de sa mère.

2- L'entraînement (de 10-12 mois à 16-18 mois environ)

Dans le deuxième sous-stade, l'enfant dépense beaucoup d'énergie à exercer ses habiletés locomotrices et à explorer son environnement. Il devient rapidement conscient que le corps de sa mère et le sien sont séparés, distincts. Aussi, recherche-t-il activement sa mère absente et l'appelle : « Maman ! Maman ! » Cette attitude laisse croire à une représentation mentale plus claire, plus stable et plus articulée de la mère, à une référence mentale sécurisante en son absence. Il apparaît évident que l'enfant investit davantage la mère d'affects positifs. Progressivement, il démontre une plus grande tolérance à la séparation. Il s'éloigne d'elle et semble ne pas se préoccuper de savoir où elle est. Cependant, dès qu'un besoin surgit, l'enfant recherche activement un contact corporel avec sa mère. Cela montre bien la conscience de l'enfant à propos de la relation qui l'unit à elle. S'il la trouve facilement, lui touche, il est alors rassuré et encouragé, renforcé dans l'exercice de ses nouvelles habiletés et l'exploration de son environnement.

Plus la relation mère—enfant est positive, plus l'image mentale de la mère est réconfortante et plus l'enfant peut s'y référer lorsqu'il s'éloigne d'elle et ainsi mieux tolérer la séparation. Les affirmations de Mahler trouvent un appui empirique dans les travaux de Bowlby (1969), d'Ainsworth (1973, 1979) et de Campos et coll. (1983).

3- Le rapprochement et la consolidation de l'individualité (de 16-18 mois à 2 ans environ)

Dans ce troisième sous-stade, le bambin est plus conscient de son autonomie et de sa séparation d'avec la mère. Il possède de meilleures habiletés locomotrices et une intelligence représentative capable de symboliser les actions et les objets. Il est de plus en plus préoccupé par les absences de la mère, et une plus grande détresse s'empare de lui quand elle lui manque. Il fait l'apprentissage de nouveaux sentiments tels la solitude, la dépression, l'impuissance (Mahler, 1961, 1965, 1966). L'enfant semble éprouver un fort besoin de se rapprocher de sa mère. Sa conscience accrue de la séparation lui donne l'impression qu'on veut lui rendre son environnement frustrant, qu'on veut le priver.

Sa compréhension des conséquences liées au fait que sa mère et lui soient deux êtres distincts, indépendants et autonomes demeure encore vague. Pour le moment, ce fait lui apparaît une menace dramatique. Il appréhende l'indépendance de la mère : si elle s'occupe de lui, c'est bien parce qu'elle le veut, elle pourrait l'abandonner quand bon lui semble. L'ambivalence des sentiments atteint alors son paroxysme. L'enfant veut s'unir à sa mère, la garder avec lui, comprend qu'il n'en a pas le pouvoir et, en réaction, cherche à s'en séparer, à ne plus dépendre d'elle. Les crises de colère, les gémissements, les pleurs, la mauvaise humeur et les autres réactions liées à la séparation sont à leur maximum.

L'enfant reproche à sa mère de ne plus se situer, comme antérieurement, dans un prolongement de lui-même. Il s'inquiète et ne comprend pas pourquoi les choses ont changé entre lui et elle, entre lui et le monde environnant. Pour la première fois, l'enfant comprend que des conflits peuvent surgir entre ses intérêts et ceux de sa mère. Le désir de conserver l'affection de la mère joue un rôle important dans l'intériorisation des valeurs et des règles de vie en vigueur dans son milieu. Cette opération inconsciente contribue à la formation du Surmoi.

La stabilité de la représentation mentale de la mère durant ce sous-stade de rapprochement est amoindrie par l'ambivalence des sentiments et l'angoisse de séparation. Cet affaiblissement de la représentation mentale de la mère lui enlève son pouvoir sécurisant, et l'angoisse s'empare de l'enfant en l'absence manifeste de cette dernière. L'insécurité incite le nourrisson à rechercher de fréquents contacts avec le corps de la mère et à se cramponner à elle. Par ses comportements, l'enfant essaie de sauvegarder une image de la bonne mère. Aussi déplace-t-il sur une autre personne la rage ressentie envers la mère séparée de lui. L'autre personne devient le mauvais objet, la mauvaise mère insensible et non disponible. Par ce clivage de la représentation de l'objet, l'image de la bonne mère est protégée de toute contamination par l'image de la mauvaise mère.

4- **Le début d'une permanence émotionnelle de l'objet (de 2 à 3 ans environ)**

Durant le quatrième sous-stade, l'absence de la mère et les autres frustrations sont mieux tolérées, et l'enfant s'engage progressivement dans des activités autonomes et indépendantes de celle-ci. Il se réfère de plus en plus à l'image mentale de la mère plutôt qu'à la mère réelle pour se sécuriser et se guider dans le monde. Cette sécurité soutient l'enfant dans ses efforts pour développer ses propres intérêts et acquérir le sens de son individualité. Se rapportant davantage à cette représentation mentale, il sait en tout temps, même lorsque la mère réelle est absente, ce que celle-ci lui recommanderait en telle et telle circonstance. Il connaît ses attentes. Le lien libidinal qui l'unit à la mère est maintenant stable. La représentation mentale de celle-ci est affectivement aussi fortement investie que l'a été et l'est encore la mère réelle.

La mère est maintenant clairement perçue comme une personne parmi d'autres du monde extérieur, une personne d'une qualité particulière, avec autant de valeurs positives que négatives. Les images de la bonne et de la mauvaise mère sont intégrées en une seule représentation-synthèse. L'enfant est ainsi de plus en plus capable de neutraliser les mouvements d'agressivité envers la mère réelle. C'est vers l'image mentale de la mère que l'enfant dirige ses charges destructrices, alors que son comportement manifeste demeure acceptable, gentil, sage, aimable.

L'enfant parvient à ce niveau cognitivo-émotionnel lorsqu'il peut tolérer l'absence de la mère pendant de longues périodes et l'accueillir affectueusement au retour. Ce stade de développement procure à l'enfant des sentiments croissants de sécurité, d'affection, de confiance en lui-même et dans le monde environnant, et des capacités accrues de coopération et de partage, d'empathie et de tolérance à la frustration.

L'échec de l'enfant aux tâches relatives au développement propres à cette phase de séparation—individuation conduirait à l'élaboration d'une personnalité de type état limite. Selon le sous-stade où surviennent ces difficultés, les troubles de la personnalité limite se situent entre les limites de la psychose symbiotique et des troubles névrotiques. Au premier sous-stade, la personne demeure déchirée par des désirs et des peurs de fusion et d'aliénation. Au deuxième sous-stade, la personne craint continuellement de perdre l'objet d'amour. Toute séparation, même momentanée, d'avec l'objet aimé équivaut à la mort ou à la perte définitive de l'objet.

À un stade un peu plus avancé, l'individu ne craint plus de perdre l'objet d'amour, mais plutôt son affection. Tout changement d'attitude ou de comportement chez l'autre provoque d'intenses réactions émotives. Ces réactions constituent en fait des manifestations défensives contre des mécanismes archaïques d'adaptation. La personne lutte contre sa tendance au clivage, c'est-à-dire à faire de l'autre un être exclusivement bon ou mauvais, et contre sa tendance à agir comme si l'autre était tel. La perception de la réalité est alors évidemment grandement touchée.

Mahler affirme que les comportements maternels jouent un rôle important dans le développement de la personnalité limite. Certaines attitudes de la mère peuvent même inciter à la régression vers la psychose symbiotique ou l'autisme infantile. La mère peut ne pas apporter à son enfant le soutien affectif nécessaire pour qu'il accepte la séparation physique du processus de séparation—individuation et pour qu'il supplée à cette distanciation manifeste par une intériorisation mentale de la mère et de ses valeurs. La mère peut aussi éprouver quelques difficultés à accepter que son enfant se détache d'elle et le retenir en renforçant les liens de dépendance et en agissant à sa place ; celui-ci est alors empêché d'exercer librement ses habiletés et d'explorer son milieu. L'anxiété de la mère peut inhiber la curiosité de l'enfant et renforcer sa passivité et son indifférenciation. L'enfant pressent bien que son autonomie menace la mère et risque de lui faire perdre l'affection de celle-ci.

Une critique de la théorie de Mahler

Comme toute théorie, la théorie de Mahler recèle des forces et des faiblesses. Parmi les points forts, retenons :

1- la conviction profonde que la qualité de la relation mère—enfant joue un rôle majeur dans le développement normal et pathologique de la personnalité ;

2- l'insistance sur le fait que l'affection constitue le matériau fondamental de la relation mère—enfant et, en conséquence, influence profondément le développement du Soi et de toute relation sociale ;

3- l'idée que l'enfant se sépare de la mère et s'individualise selon un processus séquentiel de développement ;

4- le postulat que certains troubles s'installent dans la personnalité à la suite de l'échec de certaines tâches de développement chez l'enfant insuffisamment assisté par sa mère.

Mahler suggère que certains comportements locomoteurs sont associés à l'émergence d'habiletés perceptuelles, cognitives, émotionnelles et sociales. Plusieurs recherches empiriques soutiennent ce point de vue. Les enfants agiles sur le plan locomoteur démontrent une communication émotionnelle plus intense avec leur mère, une plus grande sensibilité aux messages affectifs de celle-ci et une réaction plus prompte et mieux adaptée que les enfants moins agiles (Campos et coll., 1983 ; Bertenthal, Campos et Barrett, 1983).

Les faiblesses de la théorie résident particulièrement dans le manque d'appui empirique de certaines hypothèses, malgré les nombreuses descriptions anecdotiques et rapports cliniques de Mahler. Ainsi, la séquence des stades du processus de séparation—individuation n'a pas encore reçu de confirmation empirique ; par conséquent, plusieurs des points affirmés n'ont, d'un point de vue strictement scientifique, qu'une valeur spéculative. Par exemple, il n'est pas évident qu'un échec à une des tâches de développement propres à un stade entraîne forcément un trouble de la personnalité. De plus, la théorie de Mahler sur l'origine de la personnalité limite ne correspond pas aux théories d'autres auteurs psychanalytiques (Kernberg, 1979 ; Kohut, 1972). Elle contredit également le modèle transactionnel de développement élaboré par Sameroff et Chandler (1975).

Mahler a fondé sa théorie sur l'analyse de cas cliniques et sur la reconstruction rétrospective propre à la métapsychologie psychanalytique. Même si Mahler utilise occasionnellement des facteurs constitutionnels pour expliquer le développement normal ou pathologique, sa théorie ne tient pas compte des recherches contemporaines sur les tempéraments, ni des recherches affirmant de plus en plus les prédispositions génétiques et les dysfonctionnements organiques liés à la psychose (Snyder, 1978).

Enfin, la terminologie de Mahler est souvent suggestive et confuse. Ainsi, ses concepts de phase symbiotique ou de sous-stade d'entraînement semblent plutôt décrire des comportements observables, alors qu'en fait il parle d'états psychiques internes dont on ne peut constater que les manifestations. Son style littéraire et poétique est séduisant, mais il manque de précision scientifique (Campos et coll., 1983).

10.5.2 La théorie éthologique de la personnalité

Les recherches sur la personnalité de l'enfant des deux dernières décennies furent particulièrement influencées par la perspective éthologique et développementale offerte par Bowlby (1958, 1969, 1973, 1980), Ainsworth (1969, 1973, 1979), Ainsworth et Bell (1969), Ainsworth et Wittig (1969), Ainsworth, Bell et Stayton (1971, 1972, 1974) et Ainsworth, Blehar, Waters et Wall (1978).

Psychanalyste de formation, Bowlby cherche une explication éthologique à l'attachement de l'enfant à ses parents et à ceux qui en prennent soin. Cette explication tient compte autant de l'évolution biologique de l'être humain que des systèmes de comportements de son milieu. Il considère improbables et incomplètes les nombreuses théories expliquant l'attachement de l'enfant à ses parents par la seule association entre la satisfaction des besoins de faim et la présence des parents. L'hypothèse principale de Bowlby est qu'au cours de son évolution, l'être humain a acquis, par sélection naturelle, une série de comportements potentiels extrêmement importants pour la survie et l'adaptation de l'enfant à son milieu.

Ainsi le nouveau-né, incapable de prendre soin de lui-même, recherche la proximité et le contact physique des adultes capables de le protéger et de lui procurer la nourriture et les soins nécessaires à sa survie. Incapable d'atteindre par lui-même l'adulte, il provoque son rapprochement par des pleurs et des cris. Évidemment, il faut qu'en retour l'adulte manifeste la tendance complémentaire de répondre aux signaux émis par l'enfant. La complémentarité de ces deux tendances (l'enfant émet des signaux de détresse et l'adulte y répond par des soins appropriés) traduit un gain dans l'évolution des conduites d'adaptation de l'espèce. Plusieurs données empiriques récoltées par diverses techniques psychophysiologiques appuient cette affirmation (Frodi et Lamb, 1978 ; Frodi, Lamb, Leavitt et Donavan, 1978 ; Frodi, Lamb, Leavitt, Donavan, Neff et Sherry, 1978). Selon l'approche éthologique, l'enfant développe, grâce à l'évolution des conduites d'adaptation, un attachement aux personnes qui répondent de façon stable, répétée et adéquate à ses signaux de détresse. Ces personnes procurent à l'enfant la protection et les soins dont il a absolument besoin. Le fondement de la relation affective entre l'enfant et l'adulte est donc un profond sentiment de confiance, de sécurité et d'assurance. Les variations dans la disponibilité de l'adulte à répondre promptement et adéquatement aux besoins de l'enfant provoquent des différences individuelles dans l'attachement de l'enfant à l'adulte (Ainsworth, 1969 ; Ainsworth, Bell et Stayton, 1971).

Bowlby est également influencé par la théorie des systèmes. Selon cette approche, divers comportements servant une même fonction ou visant un même but sont regroupés dans un même ensemble, un même système. Ainsi, des comportements aussi différents que sourire, pleurer, crier, se mouvoir peuvent tendre au même objectif, à savoir garder un lien physique avec l'adulte. Le système a pour but de contrôler le comportement afin d'atteindre l'objet recherché.

Le désir de proximité ou de contact physique n'est pas constant chez l'enfant et varie selon divers facteurs tant endogènes qu'exogènes. De ces conditions dépend le taux de proximité ou de contact physique nécessaire à l'enfant pour se sentir en sécurité. Si ce dernier ne se sent pas en sécurité, le système est activé et plusieurs comportements signifient la recherche de rapprochement d'un adulte capable de pourvoir adéquatement aux besoins. Lorsque l'enfant se sent en sécurité, le système visant le rapprochement est alors inhibé et un autre système de comportements activé ; par exemple, l'enfant peut explorer son environnement et essayer d'interagir avec les autres personnes de son milieu. L'inquiétude devant la nouveauté, la fatigue, la maladie, etc., augmentent le besoin de sécurité et déclenchent le système de comportements produisant divers signaux de détresse ; ceux-ci incitent l'adulte au rapprochement. Au fur et à mesure que la nouveauté devient familière, que l'inquiétude diminue, que la fatigue et la maladie disparaissent, un autre système de comportements entre en action et dirige l'enfant vers d'autres personnes, vers d'autres situations, l'éloigne de la personne qui généralement en prend soin et à laquelle l'attachement est le plus évident.

Ces variations du comportement dépendent largement de l'évaluation que la personne fait de ses propres besoins. Cette évaluation est influencée par l'expérience passée. En effet, l'expérience passée module la perception de la fréquence et de l'intensité des contacts physiques nécessaires pour se sentir en confiance. Ainsi, l'enfant dont l'attachement aurait été déçu dans le passé par le manque de disponibilité et de sensibilité de la personne qui en avait charge pourrait maintenant exiger une proximité plus grande, un contact physique plus assidu (Ainsworth et Wittig, 1969).

Bowlby classe la conduite du jeune enfant sous quatre grandes fonctions, chacune renvoyant à un système particulier de comportements.

1- Le système « attachement » : ensemble de conduites visant la proximité et le contact physique afin de recevoir la protection et les autres soins.

2- Le système « peur et inquiétude » : ensemble de conduites visant à éviter les événements, objets ou individus perçus comme dangereux.

3- Le système « affiliation » : ensemble de conduites visant l'interaction sociale, le contact social avec d'autres personnes sans pour autant rechercher de la protection et des soins.

4- Le système « exploration » : ensemble de conduites visant l'exploration de l'environnement et des objets physiques.

Toute activation d'un des quatre systèmes ou fonctions influence le fonctionnement des autres. Ainsi, l'inquiétude entraîne l'inhibition de tout comportement d'affiliation et d'exploration, et renforce les comportements d'attachement. À l'inverse, une absence d'inquiétude réduit d'autant les conduites d'attachement et favorise les conduites d'affiliation et d'exploration (Campos et coll., 1983)

La théorie de Bowlby n'apporte pas seulement une nouvelle conception de la relation mère—enfant, mais ouvre aussi de nouvelles possibilités d'observations et de mesures empiriques, ainsi qu'une nouvelle vision de l'organisation du comportement infantile.

Tout comme Freud et Mahler, Bowlby (1969, 1973, 1980) dessine une séquence de développement ontogénétique de l'attachement entre l'enfant et l'adulte. Durant les deux premiers mois de la vie, l'enfant émet indistinctement divers signaux de détresse, recherchant la proximité et le contact physique avec l'adulte. Si quelqu'un répond à ses signaux, l'enfant est satisfait et retrouve la quiétude. Cependant, au fur et à mesure que l'enfant développe ses capacités de différencier parmi les adultes celui qui en prend régulièrement et adéquatement soin et de se rappeler la fréquence et la qualité hédoniste des interactions passées avec eux, il manifeste certaines préférences. Il est plus rapidement calmé par certaines personnes que par d'autres et répond de plus en plus positivement aux interactions sociales des personnes qu'il préfère.

Jusqu'à 6 ou 8 mois, l'enfant semble accepter volontiers les soins et l'attention de personnes moins connues. À partir de ce moment, il proteste lorsqu'il est séparé de la mère ou de la personne qui en prend généralement soin et refuse le contact avec l'étranger. Ce changement coïncide avec l'apparition de la locomotion. L'enfant devient capable de se mouvoir par lui-même et, selon son besoin, de se rapprocher ou de s'éloigner de la personne préférée. Vers la troisième année, l'enfant prend conscience que l'autre possède aussi des désirs et des besoins propres dont il doit tenir compte pour sauvegarder la relation.

La théorie de l'attachement et le développement de la personnalité

Bowlby apporte plusieurs éléments importants à une théorie de la personnalité de l'enfant. Un des aspects importants et controversés de la théorie de l'attachement concerne l'influence critique de la première relation d'attachement dans la formation de la personnalité. La controverse soulevée par cette assertion procède le plus souvent d'une mauvaise compréhension de la position de Bowlby (Campos et coll. 1983).

Bowlby propose que durant le petite enfance, l'enfance et l'adolescence, la personne se construit diverses représentations du monde et d'elle-même. Ces représentations constituent des modèles, des schèmes de pensée et d'action par lesquels la personne perçoit et comprend les événements qui surviennent dans la vie, anticipe le futur et élabore des projets. Ces représentations de Soi et du monde sont élaborées à même l'expérience vécue dans les relations avec les personnes significatives de l'environnement. Chaque expérience vécue donne lieu à l'élaboration de représentations complémentaires, de schèmes nouveaux. Ces schèmes concernent, d'une part, l'Autre, c'est-à-dire la disponibilité de l'Autre, la réponse et l'affection de la personne significative à laquelle l'enfant s'attache ou, au contraire, l'inaccessibilité, le manque de présence et d'affection, la piètre qualité des réponses de l'Autre. D'autre part, ces schèmes concernent le Soi, perçu comme une personne aimable, engageante, importante ou, au contraire, comme une personne sans valeur et détestable.

Ces schèmes guident, conditionnent les réactions de la personne à son environnement physique et social. Si par exemple l'enfant a élaboré à travers son expérience un schème négatif à l'égard de la disponibilité et de la qualité de réponse de l'Autre, sa détresse est d'autant plus grande lorsqu'il se sent inquiet face à quelque situation nouvelle et étrangère. Il n'est plus en mesure d'interagir avec son environnement ni de composer socialement avec les personnes en présence. Il régresse, devient déprimé et ressent une profonde impuissance qui sape toute valeur personnelle. Il demeure anxieux, inhibé, craintif et devient passif pour éviter les situations anxiogènes. Au contraire, si le schème est positif, l'enfant demeure confiant en lui-même et dans son environnement, explore son milieu, recherche les objets et croit pouvoir trouver les meilleures réponses possibles, comme le lui indique son schème de pensée et d'action.

Tout en reconnaissant l'importance du rôle de la constitution physique d'une personne, Bowlby insiste sur l'importance de la relation d'attachement avec les figures significatives dans le développement de la personnalité. Il se démarque considérablement ici des théories maturationnelles voulant que dans un environnement à peu près normal, un individu réagisse davantage selon les fondements biologiques de son tempérament plutôt que selon l'expérience acquise (Kagan, 1974). Le point de vue de Bowlby (1973) contraste également avec celui de Mahler. Selon Bowlby, un développement atypique peut être le résultat de séparations traumatisantes survenant à n'importe quelle étape du développement. Le développement normal ne procède pas, selon Bowlby, du passage fructueux de l'enfant à travers une série de stades, mais plutôt de la formation et du maintien de représentations positives de Soi et du monde, de schèmes positifs de pensée et d'action. L'élaboration même de ces schèmes de Soi et du monde ne suit pas non plus une construction par stades ; au contraire, elle est continue et de tous les instants. En effet, tout au long de sa vie, l'individu redéfinit et modifie continuellement ces schèmes de pensée, sa représentation de lui-même et du monde. Ainsi, au fur et à mesure de son développement, l'individu se donne des modèles mieux définis et articulés, de plus en plus orientés vers une manière personnelle d'être à la vie et au monde, un style de plus en plus stable et de moins en moins susceptible de changer radicalement.

Le développement de la personnalité est donc largement influencé par l'attachement du jeune enfant aux figures significatives de son environnement. Toutefois, l'enfant ne s'attache pas également à toutes les figures significatives qu'il rencontre. Selon Bowlby (1969), une des figures se révèle toujours plus importante que toutes les autres ; il nomme cette disposition à participer à une relation particulière d'attachement la « monotropie » (*monotropy*). Généralement, la personne affectivement élue chez l'enfant est celle qui en prend régulièrement soin, et il n'est pas nécessaire qu'il s'agisse de la mère biologique. Cet attachement se développe avant tout autre et demeure le plus important. Cette élection particulière laisse croire à une hiérarchie dans les multiples attachements qu'établit l'enfant. Comme plusieurs recherches le démontrent, la qualité, la stabilité et la durée de cette relation privilégiée auraient certainement une influence sur le développement de la personnalité et la qualité d'adaptation de la personne à son environnement social et physique.

Campos et coll. (1983) rapportent plusieurs publications de Tizard et coll. (1971, 1975, 1978) à propos d'un ensemble de recherches longitudinales sur les enfants placés en crèches publiques ou en foyers d'accueil. Les enfants, nés de jeunes femmes célibataires de la classe ouvrière, furent confiés à divers établissements avant l'âge de 4 mois. Ils habitèrent le même établissement jusqu'au moment de leur adoption, d'un placement dans un foyer d'accueil ou du retour vers leur mère naturelle. Les maisons étaient en tout point de bonne qualité, et les puéricultrices veillaient à ce que chaque enfant ne s'attache pas trop étroitement à l'une d'entre elles, afin de lui éviter des séparations difficiles et traumatisantes. Comme le roulement du personnel est toujours relativement élevé dans ces établissements, à l'âge de 4 ans et 1/2, les enfants avaient en moyenne rencontré quelque 50 puéricultrices.

Lorsque les enfants atteignirent les âges de 4 ans et 1/2 et 8 ans, Tizard et ses collaborateurs examinèrent les enfants et les classèrent en quatre groupes :

1- les enfants qui avaient toujours vécu en établissement,

2- les enfants qui après un séjour en établissement avaient été adoptés,

3- les enfants qui après un séjour en établissement avaient été repris par leur mère naturelle,

4- le quatrième groupe (groupe témoin) était constitué d'enfants ayant toujours vécu avec leurs parents de même classe sociale que les mères célibataires.

À 4 ans et 1/2, les enfants ayant déjà vécu ou vivant encore en établissement manifestaient un comportement social atypique. Ils se montraient indifféremment amis aussi bien avec des personnes inconnues que connues, cherchaient exagérément à attirer l'attention, se révélaient très dépendants, cherchaient continuellement à s'agripper à l'adulte et entretenaient des relations sociales plutôt faibles avec leurs pairs. Des 26 enfants ayant toujours vécu en établissement, deux seulement manifestaient une préférence pour une puéricultrice. Cependant, ils faisaient preuve d'un attachement assez superficiel, ne manifestant aucune réaction lorsque cette puéricultrice, pourtant préférée, les quittait ou s'absentait quelques jours, puis revenait vers eux. Les autres enfants ne manifestaient aucune préférence.

À l'âge de 8 ans, les enfants ayant séjourné en établissement et repris plus tard par leur mère naturelle présentaient plusieurs difficultés importantes. Les deux tiers de ces enfants affichaient de sérieux troubles du comportement, comparativement à moins d'un tiers pour les enfants vivant encore en établissement et les enfants du groupe témoin, et à moins d'un dixième pour les enfants adoptés. Les enfants vivant encore en établissement et les enfants repris par leur mère naturelle manifestaient plus ou moins d'attachement à l'égard des personnes qui s'occupaient d'eux, alors que les enfants adoptés et les enfants du groupe témoin se montraient nettement attachés à leurs parents. De plus, l'apathie affective des enfants déteignait sur les personnes qui en avaient la garde. En effet, plus de la moitié des mères qui avaient repris leur enfant et près de la moitié des puéricultrices affirmaient ne pas se sentir très attachées aux enfants, leur manifester peu de tendresse et ne pas jouer avec eux, comparativement à 90 % des parents adoptifs et à 72 % des parents du groupe témoin qui affirmaient aimer leurs enfants, le leur manifester et jouer avec eux.

Bohman et Sigvardson (1980) rapportent des résultats semblables. Les enfants placés en établissement à la naissance, puis repris par leur mère naturelle 7 mois plus tard ou placés en foyer d'accueil 9 à 11 mois plus tard, manifestaient, à l'âge de 15 ans, plus de difficultés d'adaptation que leurs pairs qui avaient toujours vécu avec leurs parents. Ces adolescents étaient plus tendus, agressifs, incapables de concentration ; ils entretenaient des relations sociales pauvres avec leurs pairs et se révélaient le plus souvent retirés et solitaires.

Ces recherches suggèrent que le placement précoce en établissement affecte négativement l'enfant et le développement de sa personnalité. Il devient plus anxieux, établit des liens superficiels avec ceux qui s'occupent de lui, éprouve des difficultés à composer avec les pairs et les professeurs en

classe. Il fait également preuve d'un faible contrôle de ses impulsions et de son comportement. Ces résultats de recherches confirment plusieurs des hypothèses de Bowlby (1973) à propos des conséquences sur le développement de la personnalité de l'enfant d'une séparation ou d'une perte d'amour au moment où l'enfant cherche à établir une relation stable avec un adulte protecteur et pourvoyeur, à s'attacher à une figure significative qui répond promptement et adéquatement à ses besoins. Cependant, les hypothèses selon lesquelles il existe une relation étroite entre la séparation, la perte d'amour et la phobie scolaire ou autre demandent d'autres vérifications empiriques.

10.5.3 Une théorie psychosociale de la personnalité

Erikson (1972, 1974) affirme que la personnalité est soumise à l'influence culturelle et sociale, et qu'elle progresse par crises psychosociales successives. La façon dont chacune de ces crises est résolue détermine le développement du Moi. Une crise psychosociale traduit une tension entre le Moi et les institutions sociales établies ou la société et ses valeurs. L'évolution d'un stade à un autre se fait par la croissance physique d'une part, et par la réorientation de l'énergie pulsionnelle vers d'autres sphères de la personnalité d'autre part.

Ces mouvements internes font que l'individu se trouve plus vulnérable à certains moments donnés ; la personne connaît alors une crise de croissance. La crise devient un point tournant dans la vie de tout individu, c'est une période cruciale de vulnérabilité accrue et de potentialités accentuées. La crise libère en quelque sorte une force créatrice par le déséquilibre des énergies et la circulation de celles-ci dans l'organisme et la personnalité tout entière ; elle provoque une réorganisation de la personnalité. L'importance de la crise et de ses effets détermine le degré des modifications.

La situation de nutrition constitue le premier moment crucial dans le développement de la confiance fondamentale en soi et dans le monde environnant (*basic trust*). L'issue positive des 18 premiers mois de la vie est donc capitale. Cette confiance dépend largement de la qualité de la relation établie avec la mère ou la personne qui dispense les soins à l'enfant et de la quantité des soins et des attentions donnés. La qualité et la quantité des réponses aux besoins physiologiques et psychologiques fondamentaux du nourrisson conditionnent la confiance de celui-ci en lui-même et dans les personnes qui entrent en interaction avec lui.

Avec la maturation, le bébé devient plus habile à saisir les objets autour de lui. Il fait progressivement confiance à son corps, se l'approprie et se débrouille de mieux en mieux dans le milieu grâce à ce corps. Le monde environnant devient plus rassurant. Les enfants qui se sentent en sécurité dorment et mangent généralement bien. Après chaque repas, le nourrisson connaît le repos, la relaxation profonde, et il perçoit de plus en plus son milieu comme un endroit où il fait bon vivre. L'enfant développe la confiance fondamentale en lui-même et en autrui. Inversement, si la qualité et la quantité des réponses aux besoins fondamentaux de l'enfant font défaut, la confiance se développe plus ou moins bien, et l'enfant cède plutôt à la méfiance tant à l'égard de lui-même que de son milieu. Évidemment, entre ces deux extrêmes, toutes les nuances sont possibles. Le tableau 10.4 esquisse le développement de la personnalité dans son interaction sociale, selon Erikson.

10.5.4 L'approche behavioriste de la personnalité

On considère John Watson (1878-1958) comme le père du behaviorisme. Selon ce chercheur, le nouveau-né n'est pourvu que de quelques réflexes de base à son arrivée dans le monde, et l'ensemble de son comportement sera bientôt le fruit d'un apprentissage. Selon cette approche en effet, le comportement humain est foncièrement appris. L'être vivant apprend en fonction de ses capacités à intégrer les expériences vécues dans un environnement donné. Dans les dernières décennies, l'approche behavioriste a particulièrement été marquée par les apports de trois chercheurs : Hull, Skinner et Bandura.

Hull et le conditionnement classique

Hull élabore une théorie de la personnalité fondée sur les principes de la psychologie de l'apprentissage. Cette théorie fut reformulée et étayée à l'aide de nombreux résultats scientifiques recueillis par

---

TABLEAU 10.4 : Développement de la personnalité dans son interaction sociale selon Erikson*

1- **Confiance ou méfiance fondamentale** (1re année de vie environ)

Si l'enfant parvient à apprivoiser ses sensations et ses expériences et si son entourage lui devient familier, alors il perçoit le monde comme un lieu bienveillant, à tout le moins fiable. Il apprend à se faire confiance dans ce monde et à faire confiance à ce monde. À l'inverse, si pour diverses raisons il ne parvient pas à se familiariser avec son vécu et avec son environnement, il développe plutôt la méfiance à l'égard de ses propres capacités et celles de son milieu. La résultante fondamentale de ce stade est une sécurité de base, et la mère est la personne significative.

2- **Autonomie ou honte et doute** (2e année de la vie environ)

L'enfant parvient à un meilleur contrôle de sa locomotion, de l'ensemble de ses mouvements et de ses sphincters. Il a besoin d'encadrement pour être protégé de l'anarchie de son monde pulsionnel. Une saine surveillance de l'enfant de cet âge favorise chez lui le développement d'une autonomie empreinte de bonne volonté et de fierté personnelle. L'enfant mal encadré, trop rigidement surveillé ou par trop laissé à lui-même, ne parvient pas à une autonomie raisonnable et développe davantage des sentiments de honte et de doute compulsif à l'égard de lui-même et des autres. La résultante de ce stade est le développement d'un contrôle de soi, de la volonté et de la souplesse. Les deux parents sont les personnes les plus significatives.

3- **Initiative ou culpabilité** (de 2 à 5 ans environ)

L'enfant de cet âge a une énergie presque illimitée et acquiert rapidement et avidement diverses habiletés et informations. Il est plus sensible à la réussite qu'à l'échec et fait plein d'activités pour le simple plaisir d'agir. Ses nouvelles forces physiques et mentales lui communiquent une grande ambition qui peut l'entraîner dans des activités au-delà de ses capacités ou qui sont interdites par les parents ou leurs substituts. Faute de pouvoir composer avec ses limites et celles posées par l'éducation, l'enfant de cet âge est souvent troublé par la culpabilité. La résultante de ce stade est la constitution d'une orientation personnelle, d'un but dans la vie. La famille au sens large représente ici l'environnement humain significatif.

4- **Travail ou infériorité** (de 6 à 12 ans environ)

Ayant déjà développé la confiance, l'autonomie et l'initiative, l'enfant de cette période devient débrouillard. À l'école, il apprend à lire et à écrire, fait l'exercice de la collaboration et de la coopération, acquiert les outils nécessaires pour devenir un membre actif et productif de la société. Il expérimente la satisfaction de persévérer jusqu'à la fin d'une tâche et d'utiliser ses habiletés selon ses attentes personnelles et celles des autres. La difficulté propre à ce stade est double : d'une part l'enfant peut valoriser plus que tout l'accomplissement par le travail, et ainsi développer un esprit de compétition exagéré, d'autre part il peut se sentir incapable de réaliser, de produire ce que l'on attend de lui et ainsi développer un sentiment d'infériorité l'empêchant d'essayer quoi que ce soit. La résultante de ce stade est un sentiment de compétence ou d'incompétence personnelle. L'environnement humain significatif est constitué de la famille, du voisinage, des professeurs et des compagnons de classe.

5- **Identité ou diffusion des rôles** (de 12 à 18 ans environ)

L'adolescent vit une période de questionnement provoquée par sa croissance physique rapide et sa maturation sexuelle, à un moment où il a enfin acquis un sentiment de compétence personnelle. Sa tâche principale est de se trouver une identité propre et un rôle ou une carrière correspondante. La diffusion des rôles menace l'adolescent ambivalent dans son identité. En conséquence, celui-ci devient anxieux et se sent incapable de prendre une décision ou de choisir un rôle. En guise de compensation, un adolescent peut s'identifier à un héros ou à un idéal à la mode. Un autre peut chercher une valorisation temporaire dans une relation amoureuse précoce et tenter ainsi de se définir une identité par le biais d'une relation étroite. La résultante principale de cette période est un sentiment d'identité personnelle, un sens de soi parmi les autres. Les personnes significatives sont les pairs.

6- **Intimité ou isolement** (jeune adulte)

Le corps et le Moi devraient être maintenant suffisamment en harmonie pour laisser tomber les moyens habituels de défense dans certaines situations qui l'exigent et s'abandonner à quelque expérience sans craindre d'y perdre son identité (par exemple l'amour, l'amitié, suivre une intuition, etc.). L'incapacité de s'abandonner à l'expérience profonde entraîne un sentiment d'isolement et, tôt ou tard, un repli plus ou moins marqué sur soi. La personne adulte devient donc capable d'amour stable et d'un travail productif. La régulation des tensions entre les personnes devient plus facile et fait de la relation sexuelle un échange véritable, profond et confiant avec un être aimé, avec lequel on veut partager sa vie (travail, procréation et récréation), faire des enfants et assurer à ceux-ci les conditions nécessaires à un développement satisfaisant.

7- **« Générativité » ou stagnation** (adulte)

La capacité d'abandon atteinte au stade précédent mène normalement à l'expansion des intérêts personnels et de la libido au profit de la prise en charge de la génération suivante et d'un intérêt authentique pour son éducation. Faute d'enfants ou d'intérêt manifeste pour l'humanité, et particulièrement pour la génération montante, l'adulte risque de se replier sur lui-même et sur des intérêts immédiats. Ses contributions à l'espèce humaine et à la société sont plutôt orientées vers l'utilité immédiate que destinées à la postérité, et ses relations interpersonnelles plus centrées sur le présent.

8- **Intégrité personnelle ou désespoir** (vieillesse)

À cette étape de la vie, la personne arrive à intégrer son expérience de vie et à en sentir l'unité, la satisfaction et la fierté. C'est le sentiment que ce qui devait être accompli l'a été, et l'acceptation sans regret de la relativité des choses, des gens et des travaux. Elle accepte que la vie ait un début, un développement et une fin. Sans cette satisfaction profonde et relative de la vie vécue, la personne craint que la mort ne vienne lui prendre la vie avant qu'elle n'ait eu le temps de réaliser ce qu'elle souhaitait. Elle ne se nourrit alors que de regrets, d'insatisfaction et d'amertume.

---

* Inspiré de :
- AMBRON, S.R. (1981) *Child Development*, 3e éd., New York, Holt, Rinehart and Winston.
- ERIKSON, E.H. (1974) *Enfance et société*, 5e éd., Neuchâtel, Delachaux et Niestlé.

Dollard, Miller et Sears (*in* Shaffer, 1979 ; Malcuit et Pomerleau, 1980). Cette approche constitue une réaction aux théories psychanalytiques. Les pulsions agressives et libidinales décrites par Freud sont remplacées par le concept de tendance (*drives*) pour expliquer l'élan, l'énergie inhérente au comportement. La personnalité n'apparaît plus comme le résultat de l'interaction de trois instances psychiques internes (Ça, Moi, Surmoi), mais comme le fruit de processus relativement complexes d'apprentissage dont les variables peuvent être contrôlées. Un tel contrôle permettrait, en principe, de maîtriser les résultats de l'apprentissage. Le développement de la personne ne progresse pas selon une série de stades, mais selon un continuum n'impliquant pas nécessairement de périodes critiques.

La personnalité devient donc un ensemble d'habitudes issues des interactions sociales de l'individu. Ces habitudes acquises modifient et conditionnent les dispositions et les potentialités de la personne face aux actions futures. Une habitude est un trait relativement stable de la personnalité, une association apprise par conditionnement entre un stimulus et une réponse satisfaisante. Les besoins individuels et la vie sociale structurent plusieurs habitudes qui dans l'ensemble caractérisent la personnalité. Celle-ci apparaît alors comme un système en transition continuelle. Les gens interagissent constamment et les nouvelles associations, les apprentissages récents, transforment les réponses déjà acquises et, par surcroît, modifient la personnalité. Puisqu'il n'y a pas deux individus soumis exactement aux mêmes expériences sociales, chaque personne développe une structure unique d'habitudes apprises qui la caractérise.

L'apprentissage des habitudes s'accomplit selon des principes, des mécanismes précis ; ce sont les règles du conditionnement. Le conditionnement est une association contiguë de deux stimuli. Ainsi, par le couplage répété d'un stimulus (S-1) n'ayant aucune valeur initiale particulière et d'un stimulus (S-2) déclenchant habituellement une réponse stable (R-2), le premier (S-1) parvient pas association et contiguïté à provoquer la réponse (R-2) habituelle-

ment associée au second (S-2). Le tableau 10.5 donne un exemple du conditionnement classique ou pavlovien.

TABLEAU 10.5 : Illustration du mécanisme de conditionnement classique

1- On fait entendre une clochette (S-1) à un animal qui ne réagit pas de façon particulière.

2- Puis on présente de la nourriture (S-2) à l'animal qui répond habituellement à ce stimulus par une salivation (R-2).

3- Les stimuli (S-1 et S-2) sont présentés simultanément (contiguïté) à l'animal qui salive (R-2).

4- On fait entendre la clochette (S-1) à l'animal et il salive (R-2).

Les composantes motivationnelles de la personnalité sont liées aux tendances. Celles-ci sont exo-énergétiques et motivent la majorité des comportements humains. Une tendance est un stimulus suffisamment puissant pour produire une réponse chez la personne. L'organisme veut naturellement réduire ou éliminer la source de la tendance. L'efficacité des efforts de l'organisme relève de la qualité des apprentissages. La personne apprend à répondre efficacement aux stimuli, elle acquiert des habitudes pour réduire ou éliminer la source des tendances.

Les auteurs s'entendent sur deux types de tendances : les tendances primaires ou innées (la faim, la soif, l'élimination, le sommeil, la sexualité, la douleur, etc.) et les tendances secondaires ou apprises. Ces dernières sont créées par l'élaboration d'une ou plusieurs tendances primaires associées par apprentissage. Ainsi, la douleur (tendance primaire) associée à la morsure d'un chien produit par apprentissage la peur des chiens. Lorsque la réponse au stimulus apporte une réduction ou l'élimination de la tension créée par la tendance, il se produit alors un renforcement de la réponse. Les renforcements sont primaires ou secondaires selon le type de tendance en cause.

Le développement de la personnalité répond en définitive aux paramètres suivants :

— vouloir ou désirer quelque chose produit une tendance ;

— remarquer ou observer quelque chose crée un stimulus ;

— faire quelque chose pour réduire ou éliminer la tension constitue une réponse ;

— réussir à réduire ou à éliminer la tension représente la récompense qui renforce la réponse et incite à sa répétition et à sa transformation en habitude.

Skinner et le conditionnement opérant

Contrairement à Hull, Skinner (1953) suggère que la majorité des comportements humains sont des réponses à des stimuli externes plutôt que des réactions à des stimuli internes (tendances). Skinner explique le développement de la personnalité par la relation établie entre un stimulus et une réponse. Le comportement est appris selon les principes du conditionnement opérant. Il s'agit d'une association par contingence, donc accidentelle, d'un stimulus et d'une réponse. La réponse d'un organisme à un stimulus est généralement suivie d'événements spécifiques qui augmentent ou diminuent la probabilité de répétition de cette réponse en des circonstances similaires. Les renforcements sont donc positifs ou négatifs selon leur influence sur la répétition ou la répression du comportement. Les renforcements positifs (récompenses) seraient plus opérants que les négatifs (punitions).

Bandura et le conditionnement social

Il y a évidemment plusieurs ressemblances entre la théorie de Bandura et celles de Hull et de Skinner. Les expériences d'apprentissage social conditionnent la manière d'être de l'individu, c'est-à-dire sa personnalité. On retrouve les mêmes termes (stimulus, réponse, renforcement, etc.) pour expliquer le comportement de la personne. Cependant, Bandura critique et rejette la notion de tendance. Cette notion lui apparaît comme une simplification outrée de la réalité et de la complexité du comportement. Il propose plutôt d'identifier les stimuli qui motivent un comportement donné et les conséquences (récompenses ou punitions) qui maintiennent, modifient ou suppriment ce comportement.

Bandura critique également la proposition de Skinner selon laquelle le comportement serait une réponse à des stimuli extérieurs. Il lui reproche d'oublier le rôle des processus cognitifs dans l'élaboration et le maintien d'un comportement. Selon Bandura, l'apprentissage provient d'une expérience directe de l'individu dans une situation donnée, ou d'une expérience vicariante dans laquelle l'individu apprend un comportement en observant une autre personne (modèle) et les conséquences liées au comportement observé. Ce processus d'apprentissage par modelage (*modeling*) accorde une large place à l'imitation.

Partant, Bandura affirme que la majorité des traits de la personnalité sont autant de réponses acquises en observant le comportement de modèles sociaux. En ce sens, l'enfant participe activement au développement de sa personnalité et à sa socialisation. Il règle son comportement et ses attitudes en accord avec les modèles sociaux. Cette accommodation augmente la probabilité d'être récompensé, apprécié, aimé. La composante psychique du comportement réside dans une interaction réciproque et continue entre les facteurs personnels, comportementaux et environnementaux. Le milieu influence l'enfant dans la modulation de ses comportements, mais en retour, celui-ci influence son environnement par ses comportements et attitudes.

10.5.5 Les théories humanistes de la personnalité

Les théories dites humanistes sont particulièrement centrées sur les intérêts, les valeurs, les capacités de la personne d'actualiser ses potentialités. Tout individu possède une richesse fondamentale et une capacité de traduire et de réaliser cette potentialité dans sa personnalité, ses comportements et attitudes, et d'assumer les responsabilités qui lui sont propres. Toute personne désire se réaliser, s'actualiser, s'épanouir pleinement ; c'est le but ultime de la vie, la motivation profonde de la personne. L'expérience passée n'a de valeur que dans la mesure où elle se répercute directement dans le présent, dans l'ici et maintenant de la vie. Dans sa situation actuelle, l'individu est davantage influencé par ses ambitions immédiates et futures que par son expérience passée.

Les auteurs sont ici nombreux, mais Carl Rogers et Abraham H. Maslow sont peut-être les représentants les plus significatifs de cette approche (Chun et Resnick, 1980 ; Sherman, 1980).

Carl Rogers

Il y a chez l'être humain un désir biologiquement et profondément ancré de réalisation de Soi, d'actualisation de ses capacités. Rogers (1968) considère plus particulièrement les expériences subjectives de l'individu, le sens que prend pour la personne chacune de ses expériences de vie. La façon dont une personne se sent, se perçoit, et sa compréhension de l'environnement sont plus influentes dans la détermination de la personnalité que la réalité objective perçue par un observateur externe et neutre. L'individu et la subjectivité de ses perceptions sont au centre de cette approche. Rogers met en évidence trois caractéristiques essentielles de la personnalité :

— l'expérience de chaque personne est unique et représente la réalité propre de la personne ;

— toute personne a une tendance intrinsèque à se développer ;

— la première conséquence de cette tendance est l'actualisation d'un Soi unique.

Les réponses à quatre besoins fondamentaux étayent le développement de la personnalité selon Rogers ; il ne décrit aucune priorité dans les besoins. Le maintien d'une perspective de futur suffit à motiver le développement.

1- Le besoin d'un regard positif

Le jeune enfant interagissant avec ses parents se voit approuvé dans certains comportements et désapprouvé dans d'autres. Il préfère de beaucoup le regard positif de ses parents, il se sent alors aimé, accepté. Aussi, tend-il à répéter les conduites, attitudes qui lui apportent l'approbation, l'affection, la sécurité de la part de ceux qui l'entourent.

2- Le besoin d'un regard autocritique positif

L'expérience de l'approbation et de la désapprobation accorde aux attitudes et aux comportements une valeur intrinsèque positive ou négative. La reproduction de ces attitudes et comportements positivement perçus apporte à l'enfant la même gratification qu'il en a déjà reçue et contribue à un sentiment positif de Soi. À l'inverse, la répétition des conduites désapprouvées entraîne une diminution de l'estime de soi. Ainsi, une autocritique personnelle intérieure se développe et guide la personne dans sa manière d'être et de faire.

3- Le besoin de récompenses et de punitions

Ce besoin fait appel à deux systèmes. Le premier est inné et personnel. C'est l'évaluation et la récompense des expériences personnelles lorsqu'elles sont en accord avec la tendance inhérente de la personne à s'actualiser. Il en va de l'harmonie et de l'authenticité de la personne. Le second système est appris à même les interactions sociales et renvoie au besoin d'un regard positif de l'Autre sur Soi et au besoin d'une autocritique positive du Soi.

4- Le besoin d'une acceptation inconditionnelle

L'enfant qui jouit d'une acceptation inconditionnelle se sent aimé pour lui-même et tend à développer davantage ses capacités propres, à affirmer son autonomie, à se réaliser, à s'actualiser. L'enfant qui ne se sent accepté qu'à la condition de répondre à telles ou telles des attentes parentales tend à se développer en fonction de ces attentes et délaisse ses potentialités personnelles. Il ne peut affirmer son autonomie sans risquer de déplaire et de perdre l'affection. Il ne tend plus à se réaliser, à s'actualiser, mais s'efforce de réaliser les désirs de ses parents, d'actualiser leurs ambitions. Les attentes parentales et les potentialités de l'enfant ne sont pas nécessairement en désaccord. Plus les ambitions parentales et les capacités de l'enfant coïncident, plus l'actualisation des capacités propres est facilitée.

Abraham H. Maslow

Maslow (1972) croit également que le but ultime de la vie est l'actualisation de Soi. Il introduit un ordre de priorité dans les besoins étant le développement de la personnalité. Ainsi, si les besoins fondamentaux de l'organisme biologique (faim, soif, sommeil, chaleur...) n'atteignent pas une satisfaction minimale, le développement ultérieur de la personnalité s'en trouve d'autant compromis. Maslow a figuré sous forme pyramidale les besoins de la personnalité.

Le Soi est le centre, le noyau intérieur, instinctif, intrinsèque de la personnalité. Ses racines sont autant héréditaires qu'acquises. C'est dans ce noyau intérieur que Maslow situe les besoins fondamentaux instinctifs, les capacités, les talents, les données anatomiques et physiologiques. La formation du Soi résulte du développement de ce matériel brut dans son contact avec le monde extérieur. La réalisation de Soi est une tendance inhérente à l'individu. La personne est poussée vers la plénitude de son Être, vers les valeurs positives et élevées, telles la bonté, le courage, l'honnêteté, l'amour, etc.

La réalisation de Soi présuppose l'acceptation du noyau intérieur par une prise de conscience pro-

FIGURE 10.2 : Pyramide des besoins selon Maslow*

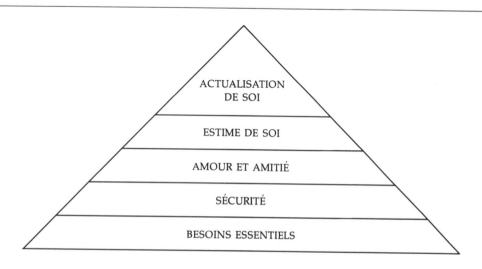

* Tirée de MASLOW, A.H. (1972) *Vers une psychologie de l'être*, Paris, Fayard.

gressive et de plus en plus profonde du Soi, par le fait d'être soi-même, d'être vrai avec soi, d'oser reconnaître les sentiments profonds qui surgissent et influencent la manière d'être. La réalisation de Soi implique également la mise en œuvre des capacités et potentialités latentes de la personne. Il s'agit donc d'un effort vers l'unité, l'intégration. Maslow fait une mise en garde : la réalisation de Soi ne constitue pas un repliement sur soi sous forme d'égoïsme ou d'individualisme. Au contraire, la réalisation comporte une progression dans l'acceptation des autres, une amélioration des relations interpersonnelles. L'individuation réside dans un processus objectif de relation avec l'Autre.

La réalisation personnelle n'a pas pour but d'éliminer tous les conflits, mais plutôt de libérer la personne des problèmes névrotiques afin qu'elle puisse faire face aux problèmes réels de l'existence. La personnalité en voie de réalisation comprend et accepte la condition humaine réelle, elle reconnaît ses limites et assume ses insuffisances, elle s'en amuse même au lieu de les nier ou de les compenser à tout prix.

La personnalité actualisée est authentique et en mesure d'entendre ses propres voix intérieures, sa vérité unique. Elle reconnaît ses désirs, ses pensées, ses sentiments profonds. Son action est vraie, harmonieuse, congruente. Libérée de ses blocages, elle vit en fonction de ses lois et règles propres. Tout en restant ouverte et en relation avec son environnement, elle sait trouver et affirmer sa vérité, et ne se laisse plus ballotter au gré des vents et des modes. Le Soi peut aussi se refermer sur lui-même, se laisser dominer ou supprimer. La personne n'a plus accès alors aux voix intérieures qui, seules, peuvent la guider vers sa vérité profonde.

Même niée, réprimée, la nature intérieure profonde ne disparaît jamais complètement. Elle demeure présente et se manifeste sous la forme d'une force dynamique qui tend sans cesse à s'exprimer malgré tout. C'est la force essentielle de la volonté de santé, de développement, de la réalisation de Soi, de l'édification de son identité propre. Les profondeurs humaines sont foncièrement bonnes, belles et désirables. Elles s'enracinent profondément dans le Soi intérieur et inconscient. Ce sont ces forces vives qui donnent naissance à l'amour, à la créativité, à l'art. La santé psychologique exige la conscience de Soi, l'acceptation et le respect du noyau intérieur.

POST-TEST

1- *Vrai ou faux.* La personne en développement doit composer avec les idées reçues et les façons de faire établies dans le milieu pour s'adapter et s'affirmer personnellement.

2- Le temps influence le développement de la personnalité de trois façons distinctes. Expliquez.

3- *Vrai ou faux.* Le niveau de développement cognitif détermine pour une part la qualité de la représentation et de la compréhension du monde.

4- L'intériorisation des attentes parentales marque le développement de la personne pour trois raisons. Expliquez.

5- Donnez deux raisons de l'échec du développement.

6- *Vrai ou faux.* La fixation et la régression sont des mécanismes normaux inhérents au développement.

7- *Vrai ou faux.* L'hérédité marque davantage la personnalité que les apprentissages réalisés après la naissance.

8- *Vrai ou faux.* Dépassé un certain âge, la personnalité atteint sa limite de développement et ne peut plus croître et s'épanouir davantage.

9- *Vrai ou faux.* Il est rare mais possible que deux individus aient la même personnalité.

10- La personnalité se compose de deux dimensions distinctes, nommez-les.

11- *Choisissez la bonne réponse.* Qui suis-je ? Le noyau de la personnalité.

    a) le caractère ;

    b) le Soi ;

    c) le tempérament ;

    d) le bagage héréditaire ;

    e) le corps.

12- *Complétez la phrase en choisissant la bonne réponse.* La perception de Soi comme agent actif dans le monde, comme cause de certains effets, le sentiment d'exister et d'agir, de vivre, l'isolement ou la socialisation, sont autant d'attributs relevant du...

    a) Soi-Moi ;

    b) Soi-Subjectif ;

    c) Soi-Objet ;

    d) Soi-Sujet ;

    e) Autre.

13- *Complétez la phrase.* Le sentiment entretenu à l'égard de soi, la valeur personnelle que s'accorde le Soi traduit ....

14- *Vrai ou faux.* L'estime que le Soi s'accorde est indépendante de la valeur que le monde environnant lui accorde.

15- *Vrai ou faux.* Le Soi constitue un système fermé, une conscience privée limitée au propre corps.

16- *Vrai ou faux.* C'est durant l'enfance que le Soi se développe et atteint son plein épanouissement.

17- On a découpé le développement du Soi en cinq stades basés sur l'apparition de comportements observables face à certaines tâches. Unissez le comportement au stade et à l'âge approximatif correspondants.

    a) L'enfant reconnaît les traits caractéristiques qui lui sont propres, se reconnaît sur une image parmi d'autres enfants de son âge, se réfère à une image interne de son propre visage ;

    b) L'enfant manifeste de l'intérêt pour l'image dans le miroir, mais ne comprend pas la relation causale entre ses propres actions et les mouvements perçus dans le miroir ;

    c) L'enfant se reconnaît et se nomme, se reconnaît sur des images parmi d'autres enfants de son âge et de même sexe ;

    d) L'enfant localise, en se regardant dans le miroir, l'objet sur sa propre tête ; il comprend la concordance entre les mouvements de son corps et les déplacements perçus dans le miroir ;

    e) L'enfant différencie les mouvements qu'il provoque de ceux provoqués par d'autres ; il comprend les mouvements indépendants de son action.

        1) stade 1 ;   f) 12-15 mois ;

        2) stade 2 ;   g) 9-12 mois ;

        3) stade 3 ;   h) 18-24 mois ;

        4) stade 4 ;   i) 15-18 mois ;

        5) stade 5 ;   j) 5-8 mois.

18- *Complétez la phrase en choisissant la bonne réponse.* Lorsqu'un trait de personnalité est renforcé par l'attitude du milieu, il devient alors plus...

    a) résistant au changement ;

    b) malléable ;

    c) superficiel ;

    d) soumis à l'influence de l'éducation ;

    e) autre.

19- *Vrai ou faux.* La stabilité de la personnalité signifie qu'après un certain âge il n'y a plus de changement possible, les traits restent inchangés devant les pressions sociales et éducatives.

20- Nommez cinq facteurs contribuant à la stabilité de la personnalité.

21- Énumérez deux causes responsables de l'extrême dépendance de l'être humain à sa naissance.

22- Énumérez, dans l'ordre, les trois phases de développement de la petite enfance selon Mahler, et indiquez l'âge approximatif.

23- *Vrai ou faux.* Dans un univers autistique, l'enfant nouveau-né vit un fantasme de fusion avec sa mère.

24- *Vrai ou faux.* Toute relation sociale reste marquée du vécu de la phase symbiotique.

25- *Vrai ou faux.* Le processus de séparation—individuation peut être considéré comme une seconde naissance.

26- *Vrai ou faux.* Le développement de la permanence existentielle de l'objet affectif est accompagné d'un progrès similaire dans la différenciation du Soi-Sujet et du Soi-Objet.

27- *Vrai ou faux.* Dans ses travaux, Mahler s'intéresse particulièrement à l'émergence de la représentation du Soi et assez peu au développement d'une représentation mentale stable de la mère en tant qu'objet affectif.

28- Indiquez quatre points majeurs de la théorie de Mahler.

29- *Vrai ou faux.* La théorie de Mahler ne tient pas assez compte des recherches récentes sur les facteurs constitutionnels, les prédispositions génétiques et les dysfonctionnements organiques des psychoses.

30- *Vrai ou faux.* Dès qu'une personne répond adéquatement au moins une fois à un besoin d'un enfant, celui-ci développe une relation d'attachement à cette personne.

31- *Complétez la phrase en choisissant la bonne réponse.* Un des points les plus controversés de la théorie de Bowlby est ....

    a) l'importance accordée à la première relation d'attachement dans la formation de la personnalité ;

    b) la détermination de divers troubles de la personnalité par l'échec de tâches précises du développement ;

    c) la difficulté de vérifier dans des comportements observables l'attachement de l'enfant à sa mère ;

    d) la personnalité à laquelle s'attache l'enfant doit être la mère biologique ;

    e) autre.

32- *Vrai ou faux.* La théorie de Bowlby peut être classée dans la catégorie des théories dites maturationnelles.

33- Quel auteur affirme : « La personnalité est influencée par la culture et la société, elle progresse par crises psycho-sociales successives dont l'issue détermine le développement du Moi ».

   a) Bowlby ;

   b) Mahler ;

   c) Skinner ;

   d) Erikson ;

   e) autre.

34- Énumérez dans l'ordre les huit étapes du développement de la personnalité selon Erikson.

35- Qu'est-ce qu'une tendance ?

36- *Choisissez la bonne réponse.* Je suis un système en transition continuelle, chez qui les nouvelles associations, les nouveaux apprentissages transforment les traits acquis et modifient l'ensemble.

   a) une structure de conditionnement ;

   b) une habitude ;

   c) une tendance ;

   d) la personnalité ;

   e) autre.

37- *Vrai ou faux.* La réduction ou l'élimination de la tension créée par la tendance produit le renforcement de la réponse.

38- *Vrai ou faux.* C'est Bandura qui rejette la notion de tendance parce qu'il la trouve trop simple et qu'elle ne traduit pas la complexité du comportement humain.

39- Nommez trois caractéristiques essentielles de la personnalité selon Rogers.

40- Énumérez dans l'ordre les besoins fondamentaux de la personne selon Maslow.

Chapitre 11

Stades de développement de la personnalité

PLAN

PRÉTEST

1- La notion de stade renvoie à trois concepts, nommez et définissez chacun de ces concepts.

2- *Vrai ou faux.* Il existe aujourd'hui des théories globales du développement qui décrivent avec précision les multiples dimensions de la personnalité.

3- *Vrai ou faux.* L'activité de l'enfant de moins de 2 ans est assez restreinte et ses contacts avec le monde extérieur sont également assez restreints, aussi cette période a-t-elle une influence limitée sur le développement de la personnalité.

4- Énumérez trois faits cliniques confirmant l'assertion selon laquelle les deux premières années de la vie constituent une période critique dans le développement de la personnalité.

5- *Vrai ou faux.* Les besoins primaires sont de nature biologique seulement.

6- *Vrai ou faux.* C'est entre 2 et 4 mois environ que le bébé pressent que sa mère ne fait pas partie intégrante de son propre corps.

7- *Complétez la phrase.* La mère incapable de répondre adéquatement aux besoins de son enfant provoque chez celui-ci un fort sentiment d'impuissance qui s'imprègne profondément dans les fondements mêmes de sa personnalité et crée une blessure ....

8- *Complétez la phrase en choisissant la bonne réponse.* L'angoisse de l'étranger, manifeste chez l'enfant de 8-9 mois, démontre de façon évidente l'existence ....

    a) d'une différenciation moi—non-moi ;

    b) d'une permanence de l'objet ;

    c) d'un moi individualisé ;

    d) d'une relation objectale avec la mère ;

    e) autre.

9- *Complétez la phrase en choisissant la bonne réponse.* L'émotion la plus fortement vécue par l'enfant entre 6 et 12 mois est ....

    a) l'angoisse ;

    b) la colère ;

    c) l'insécurité ;

    d) la joie ;

    e) la peine.

10- *Vrai ou faux.* Durant la deuxième année de la vie, l'enfant supporte assez facilement une séparation d'avec la mère.

11- C'est après l'âge de 2 ans qu'il est préférable d'entraîner un enfant à la propreté.

12- *Vrai ou faux.* On doit aider l'enfant de 18 mois environ à réprimer ses peurs pour lui éviter de développer l'habitude de réagir par la peur à la moindre occasion.

13- *Complétez la phrase.* La région anale du corps semble naturellement canaliser les pulsions .... , tandis que la région génitale semble plus propice à canaliser les pulsions ....

14- *Vrai ou faux.* La prise de conscience des défécations et mictions sous-tend la consolidation du Soi et de l'Objet en tant qu'entités séparées, distinctes, différenciées et autonomes.

15- *Complétez la phrase en choisissant la bonne réponse.* L'enfant découvre généralement ses organes génitaux et la différence anatomique des sexes avant l'âge de ....

    a) 1 an ;

    b) 2 ans ;

    c) 3 ans ;

    d) 4 ans ;

    e) autre.

16- *Vrai ou faux.* Il est très rare d'observer une première forme de masturbation chez l'enfant avant 5-6 ans.

17- *Vrai ou faux.* À l'âge préscolaire l'enfant ne tente plus tellement d'imiter les adultes, il cherche plutôt à prendre l'initiative d'actions nouvelles, à inventer de nouveaux comportements, de nouveaux jeux.

18- Entre 3 et 5 ans, l'enfant développe de façon importante deux traits de sa personnalité, selon Erikson. Nommez-les.

19- *Vrai ou faux.* Entre 3 et 5 ans, l'enfant progresse considérablement dans son langage et développe une réelle communication et un dialogue opérationnel dans ses jeux et avec ses pairs.

20- *Vrai ou faux.* L'enfant régulièrement puni pour des comportements de dépendance reste malgré tout plus dépendant que l'enfant dont les parents acceptent les attitudes et comportements de dépendance.

21- *Vrai ou faux.* C'est vers 4-5 ans que l'enfant se différencie par son prénom dans la famille et par son nom dans le voisinage.

22- *Complétez la phrase en choisissant la bonne réponse.* L'enfant d'âge préscolaire qui recommence à mouiller son lit, ou à sucer son pouce, ou à parler en bébé est un enfant ....

a) qui adopte un comportement régressif ;

b) qui développe une névrose ;

c) qui fait une fixation ;

d) qui est en colère ;

e) autre.

23- *Complétez la phrase.* Une des causes des querelles et bousculades agressives durant l'enfance est la difficulté de l'enfant de distinguer le comportement .... du comportement ....

24- *Vrai ou faux.* Le langage peut difficilement être au service des fantasmes névrotiques.

25- *Vrai ou faux.* L'enfant de 4-5 ans confond encore facilement la réalité et le fantasme.

26- Le développement d'une identité sexuelle relève de trois types de facteurs. Nommez-les.

27- Les théories sur le développement de l'identité sexuelle sont divisées en quatre groupes. Nommez-les.

28- *Vrai ou faux.* La rivalité fraternelle est un phénomène familial qui pourrait être éliminé si les parents développaient des attitudes et des sentiments plus équitables envers chacun des enfants.

29- *Complétez la phrase en choisissant la bonne réponse.* Le rang dans la fratrie semble jouer un rôle dans le développement de la personnalité. Les recherches mettent en évidence que la position la plus avantageuse est celle ....

a) de l'aîné ;

b) du cadet ;

c) du milieu ;

d) de l'enfant unique ;

e) autre.

30- *Choisissez la bonne réponse.* Dans la résolution œdipienne, la famille a un rôle à jouer. Quel est ce rôle ?

a) pourvoir aux besoins sexuels de l'enfant ;

b) désexualiser quelque peu les relations parents—enfant ;

c) favoriser l'identification au parent de même sexe ;

d) assouplir la rigidité du Surmoi ;

e) permettre l'expression de la sexualité.

31- *Choisissez la bonne réponse.* Qui suis-je ? Je suis un obstacle majeur à une conduite éthique chez l'enfant.

   a) l'angoisse des représailles ;

   b) l'envie ;

   c) le désir de possession exclusive ;

   d) la socialisation insuffisante ;

   e) l'égocentrisme.

32- *Vrai ou faux.* Le style de discipline des parents a un effet direct sur l'attitude altruiste de l'enfant.

33- Énumérez quatre ensembles de facteurs influençant le développement de la personnalité à l'âge scolaire.

34- *Vrai ou faux.* À l'âge scolaire, l'apparence physique et la taille de l'enfant ne jouent pas un rôle important ; il faut attendre la puberté pour que ces facteurs influencent vraiment la personnalité.

35- *Vrai ou faux.* Parvenu à la phase de latence, l'enfant ne subit plus l'influence du complexe d'Œdipe maintenant résolu.

36- La phase de latence est divisée en deux sous-stades. Décrivez les caractéristiques de la personnalité propres à chacun de ces sous-stades.

37- Qu'est-ce qu'avoir le sens des responsabilités ?

38- *Vrai ou faux.* De nos jours et dans nos sociétés modernes, les croyances populaires sexistes n'ont plus beaucoup d'influence sur le développement de la personnalité de l'enfant.

39- *Vrai ou faux.* Dans le développement de l'identité sexuelle de l'enfant d'âge scolaire, la présence active et chaleureuse du père est particulièrement importante pour le garçon, et celle de la mère pour la fille.

40- *Complétez la phrase en choisissant la bonne réponse.* Le succès scolaire est souhaité non seulement par les professeurs mais aussi par les parents. En ce sens, le rendement scolaire influence ....

   a) l'identité sexuelle de l'enfant ;

   b) l'affection des parents pour l'enfant ;

   c) l'affection de l'enfant pour ses parents ;

   d) l'estime de soi ;

   e) autre.

41- *Vrai ou faux.* En classe les amis deviennent en quelque sorte des compétiteurs, des rivaux.

42- *Vrai ou faux.* Généralement les enfants de milieu socio-économique et socioculturel défavorisé se révèlent très motivés aux apprentissages scolaires perçus comme de bons instruments de promotion personnelle et sociale.

43- *Vrai ou faux.* L'utilisation d'un niveau et d'une qualité de langage traduit et renforce la structure socioculturelle et socio-économique d'un milieu introjeté dans la personnalité en développement.

44- *Complétez la phrase en choisissant la bonne réponse.* L'enfant fait l'apprentissage de l'autodiscipline surtout ....

   a) à la maison ;

   b) à l'école ;

   c) dans le groupe des pairs du voisinage ;

   d) dans les équipes sportives ;

   e) autre.

45- *Complétez la phrase.* Face à un enfant plus jeune et plus petit, un enfant d'âge scolaire a plus tendance à ....

    a) s'amuser ou à se battre avec lui ;

    b) lui commander ou à en prendre soin ;

    c) lui obéir et à rechercher son aide ;

    d) lui manifester une grande indifférence ;

    e) autre.

11.1 INTRODUCTION

Plusieurs théories ont décrit et expliqué le développement de la personnalité. Certaines demeurent globales en ce sens qu'elles traitent du fonctionnement de la personnalité dans son ensemble, sans préciser s'il s'agit d'un enfant, d'un adolescent ou d'un adulte, sans découper le développement en étapes ou stades. D'autres, au contraire, abordent précisément l'évolution de la personne en se centrant sur la dynamique fonctionnelle propre à chaque cycle de vie, en découpant le développement en plusieurs périodes et chacune de ces périodes en stades.

Certaines de ces théories développementales sont dites générales parce qu'elles traitent du développement global de l'enfant, alors que d'autres sont dites spécifiques parce qu'elles élaborent un schéma d'évolution d'une dimension donnée. Ainsi, on a élaboré des stades du développement de l'intelligence, de l'affectivité, de la sexualité, de la socialisation, etc. Vouloir expliquer le développement de la personnalité au moyen de stades est une tâche relativement complexe qui, pour être complète, devrait couvrir toutes les théories, tant globales que spécifiques. En effet, la relation entre les théories globales et spécifiques est la même qui lie la personnalité et ses différentes composantes (Trang Thong, 1976).

Le stade correspond à un *contenu*, à une *succession* et à une *organisation dans un système*. Le *contenu* d'un stade renvoie à une série de comportements, d'attitudes, d'apprentissages, etc., propres à une période de développement délimitée par un âge initial et un âge terminal. Dire que l'enfant est rendu à tel stade de son développement explicite les acquis et précise les nouveaux apprentissages propres à ce stade. La *succession* des stades signifie l'ordre chronologique d'apparition des stades. Dans son développement, l'enfant passe progressivement d'un stade à un autre sans jamais en sauter un. Ainsi, le degré de développement atteint se traduit par la valeur ordinale du stade. L'*organisation des stades en un système* décrit les liens étroits entre les stades, l'intégration progressive des apprentissages et des capacités nouvelles en un tout cohérent et harmonieux, en un nouvel équilibre.

Les théories sont nombreuses et aucune n'est vraiment complète. Les mêmes faits et comportements sont différemment nommés et interprétés selon les approches. Chaque théorie élabore une explication plus ou moins articulée d'une ou de plusieurs dimensions de la personnalité. Il en résulte différents degrés d'élaboration traduisant plus ou moins bien les facteurs et les lois du développement. Les stades de développement précisés par les multiples théories traduisent les préoccupations des auteurs. Ainsi, Piaget a montré la genèse des notions logiques dans sa théorie du développement de l'intelligence, Freud a compris les conduites pathologiques de l'adulte en suivant l'évolution des pulsions sexuelles, Gesell a jalonné le développement normal de l'enfant pour mieux évaluer les enfants déficients, etc. (Trang Thong, 1976).

La notion de stade introduit une chronologie des acquisitions, une normalisation des étapes de la maturation et une précision des points de repère soulignant les transformations successives et significatives du développement. Le concept de stade est un instrument précieux pour poser et situer plus correctement les problèmes, formuler plus méthodiquement des hypothèses de travail ou de recherche et interpréter plus judicieusement et plus complètement les résultats.

Les théories développementales assignent une séquence précise à la croissance et aux changements. De nouvelles formes de fonctionnement émergent progressivement. Les nouveaux équilibres sont généralement plus larges et ne représentent pas simplement une addition des équilibres antérieurs, mais une intégration, une nouvelle organisation, une restructuration du tout. Ces équilibres successifs donnent au développement une allure discontinue. Les modifications quantitatives (fréquence, intensité et durée) et l'intégration des stades en une organisation cohérente et équilibrée soulignent plutôt le caractère continu du développement.

Tous les êtres passent obligatoirement à travers la même succession de stades ; cependant, tous ne progressent pas au même rythme. C'est là une des sources des différences individuelles. Certains évoluent plus lentement que d'autres, mais poursuivent sans arrêt leur développement, alors que d'autres stagnent à un moment donné. D'autres progressent rapidement et devancent leurs pairs. L'appellation et le nombre des stades ainsi que le découpage du développement varient d'une théorie à une autre. Dans le présent chapitre, le développement de la personnalité de l'enfant est découpé en trois grandes périodes : la petite enfance, l'âge préscolaire et l'âge scolaire. Chacune de ces périodes est divisée en un certain nombre de stades conformes aux diverses théories résumées.

11.2 LA PETITE ENFANCE

On appelle « petite enfance » les deux premières années de la vie. Pour diverses raisons, cette phase constitue une période critique dans le développement de la personnalité. En effet, c'est pendant cette période que sont jetés les fondements de la personnalité. Plusieurs faits cliniques et recherches scientifiques soutiennent cette assertion (Hurlock, 1980) ; en voici quelques bases :

1- Par exemple, les enfants négligés en bas âge vivent de fortes privations émotionnelles, et leur personnalité s'en trouve marquée de façon presque ineffaçable.

2- L'environnement de l'enfant de moins de 2 ans est souvent limité à ses parents et à l'appartement habité par la famille. L'enfant est la plupart du temps sous les soins de ses parents, les seuls, ou presque, avec qui il entretient une relation. Il s'ensuit que cette relation influence profondément la personnalité de l'enfant. La santé mentale des personnes qui en prennent soin, leurs attentes, leurs attitudes, jouent un rôle important dans les premiers fondements de la personnalité de l'enfant.

3- Les premiers exercices d'une fonction sont très sensibles aux influences extérieures. Ainsi, les premiers essais de l'enfant affirmant son autonomie, par exemple, sont très marqués par l'encouragement ou la réprobation de son milieu.

4- Les différences liées au sexe de l'enfant sont déjà actives à cet âge précoce et offrent très peu de résistance aux pressions sociales. Ainsi, certaines attitudes sexistes manifestées dans l'éducation risquent de créer facilement chez l'enfant des attitudes, des sentiments, des comportements stéréotypés.

5- Enfin, la stabilité et la persistance naturelles des premiers traits de la personnalité ajoutent à l'importance des premières années de vie.

Les comportements de base de la petite enfance marquant de façon presque indélébile la personnalité se résument à deux : une recherche instinctuelle de la satisfaction des besoins primordiaux et une réaction aux obstacles inhérents à cette recherche. Les besoins primaires sont de nature biologique et psychologique. Le petit enfant ressent d'abord les besoins sous forme de malaise, voire de douleur vague et générale. La satisfaction des besoins apporte au début une sensation indifférenciée de confort et de bien-être. Ce n'est que très progressivement que ces sensations d'inconfort et de confort se différencient, deviennent plus précises et suscitent des comportements plus orientés. Les besoins sont donc initialement ressentis sous forme d'une tension pénible, désagréable, que l'enfant n'est pas en mesure d'abaisser par lui-même. Il se débat, agite tout son corps pour exprimer la douleur et chasser la tension. C'est la manifestation des premières motivations humaines. Celles-ci construisent simultanément les premières relations avec le monde extérieur.

En effet, la satisfaction des besoins primaires est soumise à l'intervention du monde extérieur. Ces premières relations fondent le psychisme de la personnalité. Pour l'enfant, ces relations sont essentiellement captatives et plusieurs années passeront avant qu'elles ne deviennent oblatives. Au début, l'enfant s'active pour provoquer la relation et devient passif dès que la relation est établie, alors que l'adulte passif s'active à l'appel de l'enfant. Une régulation progressive de la passivité et de l'activité des protagonistes dans la relation exige aussi plusieurs années et marque leur personnalité. L'enfant a foncièrement besoin de cette relation et il a également besoin que cette relation soit la plus affective, intime, continue et stable possible. Il en va de la sécurité fondamentale de l'enfant et du développement de son aptitude à établir des relations avec le monde extérieur.

C'est donc dans la mesure où l'enfant parvient à associer la satisfaction de ses besoins fondamentaux à une figure stable, une figure dite « maternelle », qu'il s'intéresse au monde extérieur et investit celui-ci d'affects positifs et négatifs. La sécurité de l'enfant dépend de cette association. C'est par cette association qu'il reconnaît le monde extérieur et se reconnaît. De cette association sécurisante découle une première estime de soi et du milieu environnant. Cette première évaluation s'inscrit dans les fondements de la personnalité.

Si la satisfaction des besoins primaires fait l'objet des premières motivations humaines, il faudrait considérer parmi celles-ci la recherche de la sécurité et de l'association par laquelle l'enfant a le sentiment de reconnaître son milieu et de se reconnaître lui-même. C'est par le biais de cette association sécurisante que l'enfant développe le sentiment

d'exister, de la continuité de son existence et de son environnement.

Tôt ou tard, la recherche de la satisfaction des besoins primaires et de la sécurité rencontre indubitablement des obstacles. Les difficultés sont de deux ordres : les *conflits* et les *frustrations*. Il arrive que la recherche de satisfaction d'un besoin soit contraire à la satisfaction d'un autre : c'est le conflit, deux motivations s'opposent, deux forces se révèlent contraires. Ainsi, l'enfant affamé pleure, s'agite et recherche le sein pendant que la gardienne tente de lui donner le biberon, qu'il refuse parce qu'il ne reconnaît pas la figure maternelle qui seule répondrait à son besoin de sécurité. L'enfant qui résiste au plaisir pressenti d'une conduite parce qu'il craint de perdre l'amour de sa mère est aussi en situation de conflit. D'autres fois, l'enfant se sent, à tort ou à raison, privé de satisfaction. La réponse agréable déjà reçue n'apparaît plus, ses efforts pour tenter d'en provoquer la reproduction demeurent vains : c'est la frustration. Celle-ci peut être réelle, voire matérielle, ou imaginaire et fantasmée ; le résultat est le même.

L'enfant doit apprendre à composer avec les conflits et les frustrations pour poursuivre le développement de sa personnalité. Les obstacles non résolus, ou résolus de façon insatisfaisante, provoquent des fixations et des régressions qui entraînent progressivement la personnalité dans l'immaturité. Souvent le milieu, les parents, l'éducation, les règles et conventions sociales apportent des solutions satisfaisantes, mais c'est la personne qui, en dernier ressort, décide du caractère adéquat ou non de la réponse offerte.

Selon Chun et Resnick (1980), l'apprentissage des rôles sexuels débute dès la naissance ; déjà là, le tempérament de la personne commence à se manifester et, partant, à se former conséquemment aux renforcements et aux répressions enregistrés. Durant les deux premières années de la vie, la qualité des liens affectifs marque profondément la personnalité. C'est particulièrement par le biais des gratifications orales que l'enfant prend régulièrement le pouls des relations établies avec son environnement. L'enfant de cet âge n'a pas la capacité d'établir facilement une relation ; aussi craint-il les étrangers jusque vers l'âge de 1 an environ. Cette peur de la personne étrangère atteint son point culminant entre 6 et 9 mois, puis elle diminue progressivement. L'angoisse de la séparation, la crainte d'être abandonné, apparaît vers la même époque (6 mois) et dure jusqu'à la fin de la première année environ.

La deuxième année de la vie marque le début d'une autonomie relative de l'enfant envers ses parents. Il est maintenant capable de se déplacer, de s'éloigner ou de se rapprocher par lui-même des personnes qui en ont la garde. Il commence à explorer son milieu. Les encouragements reçus et les restrictions subies influencent largement son audace et son habileté, sa curiosité et sa confiance en lui-même et dans le monde environnant. Il a encore grand besoin d'encadrement et de surveillance, de protection et d'assistance. Il ne comprend pas et n'anticipe pas encore le danger. Dans son exploration du monde environnant, l'enfant accentue son apprentissage des rôles sexuels. Il observe et enregistre les attitudes de ses éducateurs, il ressent leurs réactions et se sent approuvé ou désapprouvé dans ses gestes et attitudes. La maturation psychomotrice se révèle un facteur important d'équilibration au cours des deux premières années de la vie (Gesell, 1980).

11.2.1 Le premier mois

Selon Gesell (1980), les premières adaptations vitales du nouveau-né demeurent fragiles et instables, et requièrent de la part de l'adulte un grand soutien jusqu'à la fin du premier mois de la vie. Les deux tiers de la mortalité infantile surviennent durant les 28 premiers jours de la vie (Nelson, 1975). Ce n'est qu'après avoir acquis un premier équilibre physiologique que l'enfant s'intéresse à la personne qui prend soin de lui, qu'il recherche son contact et qu'il investit cette personne de sentiments alternativement affectueux et agressifs. Mahler (1980) qualifie ce premier mois d'autisme normal, pour signifier combien le nouveau-né vit replié sur lui-même sans amorcer de relation avec le monde extérieur. Piaget

(1977) décrit ce premier mois comme le stade des réflexes, mettant en évidence combien l'adaptation de l'enfant à son nouveau milieu de vie relève de comportements biologiquement programmés. Bowlby (1978) affirme que la succion, le regard, les pleurs, le sourire, constituent autant de conduites d'attachement de l'enfant à la personne qui en prend soin.

Quoi qu'il en soit, la nature et la qualité de la vie durant ce premier mois semblent constituer une barrière psychologique et physiologique protectrice contre le monde environnant. Les parents, et plus particulièrement la mère, notent bien l'existence de cette barrière protectrice et, par surcroît, l'absence d'élan de l'enfant pour établir une relation avec son environnement. Robson (1979) rapporte plusieurs commentaires de mères à ce sujet, semblables à ceux souvent entendus en clinique : « Je n'ai pas le sentiment d'exister pour elle, elle me prend mon lait et s'endort aussitôt... » Une autre disait de son petit garçon de 5 semaines : « Je n'ai pas encore pu m'amuser avec lui, il pleure, mange et s'endort en tétant... Il ne fait que commencer à me regarder... ».

Ainsi à l'abri du monde extérieur, certains enfants, voire certains adultes en état de régression avancée, échouent à lever la barrière protectrice, le *pare-excitations*, et demeurent retirés dans une sorte de mort psychologique. Heureusement, la grande majorité des êtres humains parvient à dépasser ce premier stade de la vie.

11.2.2 La période de 2 à 4 mois

C'est au cours du deuxième mois de la vie que le nouveau-né semble naître au monde qui l'entoure, et plus particulièrement à sa mère. Cette impression de pouvoir échanger avec l'enfant constitue, chez les parents, une puissante motivation à s'en occuper davantage.

Mahler (1980) qualifie la période de 2 à 4 mois de symbiose normale entre l'enfant et la mère. Dans la phase symbiotique, l'enfant prend conscience de sa mère, mais il pressent également que celle-ci n'est pas solidement liée à son corps. Il appréhende une séparation et s'agrippe à sa mère, il nie l'impression de dé-fusion. C'est la première menace que l'enfant ressent. En fait, il redoute ce qu'il devine confusément, à savoir que sa mère ne fait pas partie intégrante de son propre corps. Il est menacé de ne plus jouir à volonté de la toute-puissance de la mère répondant à tous les besoins.

Piaget (1977) souligne le manque de conduite intentionnelle chez l'enfant et l'importance croissante de la perception visuelle dans l'organisation cognitive du nourrisson. Emde et Robinson (1979) notent l'apparition des premiers regards dans les yeux, les premières vocalisations et les premiers sourires sociaux vers la fin du deuxième mois. Ils soulignent l'importance de ces premiers comportements dans l'élaboration des conduites d'attachement réciproque. Le sourire de l'enfant en réponse au visage de la mère constitue selon Spitz (1965) un premier organisateur psychique. Le sourire de l'enfant exprime sa reconnaissance du visage humain, d'une bonne forme (*gestalt*). Spitz ne tient pas compte ici de la théorie sur la séparation–individuation de Mahler, mais sa théorisation n'en suit pas moins une voie parallèle. Cela signifie qu'en plus de capter les réponses répétées de la mère pourvoyant à ses besoins, l'enfant développe une organisation significative fondée sur une attente, une cognition et une mémoire primitives. Cette organisation lui permet d'intérioriser son environnement, plus particulièrement la personne qui pourvoit régulièrement à ses besoins.

C'est le narcissisme de l'enfant qui se construit. Le visage de la mère s'associe à la satisfaction des besoins, à l'état de bien-être après la tension. Cette relation porte en elle-même la détente et provoque le sourire. À l'inverse, si la mère éprouve quelque difficulté à comprendre les besoins de son enfant et à y répondre adéquatement, le processus de différenciation qui émerge à cette période provoque une blessure narcissique importante dans l'organisation psychique du nourrisson. L'association entre le visage de la mère et la détente et le bien-être ne se fait pas. L'enfant et la mère restent impuissants à chasser la tension désagréable croissante issue du besoin insatisfait ou insuffisamment ou irrégulièrement satisfait. L'enfant prend vaguement conscience de son impuissance et de son incapacité à réduire cet état. La blessure narcissique causée réside dans ce sentiment d'impuissance, dans l'incapacité profondément ressentie de changer quelque chose.

Les mères prennent généralement plaisir à jouer avec ce bébé qui s'éveille à la vie. Les réactions plus nombreuses de l'enfant sont interprétées par la mère comme une reconnaissance d'elle-même, de son utilité, de son amour. Par ces conduites, l'enfant développe l'habileté à engager une relation duelle, à être un élément significatif dans la dyade sociale qu'il compose avec la mère. Cette habileté renforce l'attachement de la mère envers l'enfant. Cela est d'autant plus important que le comportement de l'enfant est encore très indifférencié et que son besoin d'affection se résume à être aimé plutôt qu'à aimer. Ce n'est que vers la fin du quatrième mois que l'attachement des parents envers l'enfant semble suffisamment consolidé pour être à l'abri des frustrations qu'inéluctablement l'enfant provoque. L'affection est évidemment indispensable à l'enfant et la qualité des soins apportés par les parents y tient une large part (Robson, 1979).

11.2.3 La période de 4 à 6 mois

Entre 4 et 6 mois, l'enfant consolide son ancrage auprès des parents. Selon Mahler (1980), la phase symbiotique cède progressivement le pas à un long cheminement vers une séparation lentement assumée et l'individuation progressive du nourrisson. Plus la relation dyadique a été de bonne qualité, plus l'enfant ose des conduites affirmant son autonomie. Piaget (1977) entrevoit alors les premières conduites intentionnelles. L'enfant démontre un intérêt marqué pour les conséquences de ses conduites dans l'environnement. Il examine avec attention les objets, plus particulièrement ceux que ses parents lui présentent. Il scrute le visage de sa mère, ses cheveux, ses boucles d'oreilles, son collier, etc. En même temps, apparaît la peur des étrangers. Cela laisse entendre que l'enfant « compare » mentalement le visage connu de sa mère au visage de l'inconnu. Plus le visage de la mère lui a apporté la sécurité et le confort, plus il s'est attaché à ce visage et plus il a intériorisé certaines données de ce visage, données auxquelles il se réfère mentalement.

11.2.4 La période de 6 à 12 mois

À 6 mois, l'enfant s'intéresse manifestement aux autres personnes. Il amorce la relation sociale par ses sourires et ses vocalisations (Provence, 1979). Ses réactions démontrent clairement qu'il distingue sa mère des autres personnes. Il est de plus en plus conscient d'une différenciation entre Soi et l'Autre. Il pressent de plus en plus clairement qu'une personne existe en dehors de lui et qu'il peut influencer les actes de cette personne par ses propres conduites. La relation d'attachement envers elle n'en est que plus forte et plus consciente. Confiant dans cette personne, il accepte progressivement et prudemment les soins apportés par quelqu'un d'autre qui lui paraît bien intentionné, mais il préfère nettement la mère ou celle qui en prend régulièrement soin. Une réelle relation sociale s'élabore avec celle-ci. Il prend plaisir à lui sourire, à vocaliser en sa présence, à la regarder, etc. Il ressent nettement une émotion plus agréable en sa présence.

Face à la personne étrangère et en l'absence de la mère, il devient manifestement anxieux, craintif et retiré. L'anxiété face à l'étranger atteint un point paroxistique. Spitz (1965) considère cette angoisse des 8 mois comme la démonstration évidente d'une réelle relation objectale entre la mère et l'enfant, et que dans cette relation, la mère représente l'objet libidinal. L'angoisse de l'étranger se révèle donc un organisateur psychique. La perception du visage étranger est confrontée avec la mémoire du visage maternel. Constatant la différence, l'enfant s'effraie, rejette le visage inconnu et recherche celui de la mère. Cette réaction démontre bien que l'enfant saisit l'extériorité de l'objet au Soi et les limites de son pouvoir sur l'objet.

L'enfant commence à comprendre que les expériences avec la mère ne sont pas toutes et tou-

jours satisfaisantes. Si elle lui procure satisfaction et confort, elle est aussi source de frustrations et de privations. Selon Spitz (1950) et Benjamin (1963), l'intensité de la relation mère—enfant et la prise de conscience progressive de l'enfant provoquent non seulement le développement cognitif, mais aussi le développement et la différenciation progressive des sentiments tendres et agressifs. L'angoisse devant l'étranger sous-tend et intègre les jeux des fonctions perceptive, cognitive, mnésique et anticipatrice en une structure cohérente du Moi.

Entre 8 et 12 mois apparaissent les objets et phénomènes transitionnels (Roiphe, 1968 ; Winnicott, 1953, 1965) témoignant des capacités d'intégration du Moi. L'objet, autant que le phénomène transitionnel, est à la fois régressif et progressif, régressif parce qu'auto-érotique, progressif parce qu'altéro-érotique. L'objet transitionnel se situe en quelque sorte entre le pouce sucé par l'enfant et la poupée avec laquelle l'enfant s'amuse. Il est lié à l'objet interne, par exemple le sein intériorisé de la mère, et à l'objet externe, le sein réel de la mère, sans pour autant se confondre avec l'un ou l'autre. En d'autres mots, le sein nourricier est sans cesse mentalement reconstruit par l'enfant chaque fois qu'il est nourri, intérieurement reconstruit au-delà du besoin de nourriture, au-delà de son besoin d'affection. L'enfant recrée ainsi le sein maternel à l'intérieur de lui-même. Ainsi, lorsque la mère donne manifestement le sein ou le biberon à l'enfant, celui-ci le reçoit intérieurement à l'endroit même où il le reconstruit sans cesse.

La correspondance entre l'objet réel et l'objet intériorisé renforce le schème mental de l'objet. Il s'agit donc ici d'une création primaire et toute subjective du Moi de l'enfant. Progressivement, celui-ci différencie le monde intérieur et le monde extérieur. Bientôt, il sent bien que la mère est extérieure à lui-même, que le sein n'est qu'un objet parmi d'autres objets. Il y a là une séparation difficile à assumer et l'objet intériorisé ne suffit pas à sécuriser l'enfant de cet âge. L'objet transitionnel vient en quelque sorte jeter un pont entre le monde interne et le monde externe, entre la créativité primaire et subjective propre au jeune nourrisson et la perception objective de la réalité, l'épreuve de la réalité. Il se crée ainsi un espace transitionnel, un lieu intermédiaire d'expérience relevant indiscutablement autant de la réalité interne que du monde extérieur, une zone tampon entre les expériences intimes, les désirs, les pulsions, les phénomènes subjectifs et la réalité extérieure objective.

Les phénomènes transitionnels procurent à l'enfant le soutien nécessaire pour approcher les objets du monde extérieur, les reconnaître progressivement comme hors de son Soi (par exemple, l'ourson en peluche indispensable à l'endormissement de l'enfant). Ainsi, le processus de différenciation construisant la séparation entre le Soi et Autrui, entre le Soi et l'objet externe est appuyé, voire protégé, par les phénomènes transitionnels. En effet, lorsque la différenciation impose à l'enfant une séparation encore trop difficile affectivement à assumer, l'objet transitionnel annule temporairement la différenciation, rétablit la fusion par le biais d'un objet possédant toutes les qualités de l'objet initial (par exemple, l'enfant qui, devant sa gardienne, sert contre lui sa couverture préférée).

Même s'il est fondé sur une illusion jamais dénoncée par la mère, l'objet transitionnel aide l'enfant à vivre l'épreuve de la réalité. C'est un objet inanimé et externe sur lequel le Moi projette les qualités de l'objet intériorisé. Ainsi, l'objet devient sécurisant, réconfortant tout comme l'objet initial qu'il symbolise (par exemple, l'enfant qui recourt à son biberon dès qu'un phénomène nouveau surgit). Par son caractère externe, l'objet transitionnel étaye le processus de différenciation et diminue le narcissisme primaire de l'enfant. C'est encore contre l'objet transitionnel que l'enfant décharge ses pulsions agressives, protégeant ainsi l'objet réel et l'objet interne. En ce sens, l'objet transitionnel est aussi un organisateur psychique puisqu'il pose en quelque sorte les fondements affectifs de la fonction symbolique.

Entre 8 et 12 mois apparaît l'intérêt pour les autres enfants. Dès 6 mois, l'enfant manifeste un intérêt et une excitation agréable à la vue d'un autre enfant de son âge ou à peu près. Il lui sourit, essaie de le toucher, de le prendre, de le manipuler comme s'il s'agissait d'un objet inanimé. À la fin de la première année, il est plus conscient que l'autre bébé est une autre personne capable de produire ses propres actions et réactions.

Les nouvelles capacités de s'asseoir, de ramper, de marcher, etc., permettent au nourrisson une nouvelle perspective du monde environnant et l'incitent à engager davantage la relation à l'Autre. Il est plus éveillé et intéressé aux activités des autres et tente de s'y immiscer. Il commence à imiter ceux qui l'entourent et devient rapidement habile. Il imite les sons, les expressions faciales, les gestes et divers mouvements du corps. Il s'intéresse aux jeux de « coucou », il s'amuse à donner un objet à une autre personne et à le reprendre. Ce sont là des interactions sociales importantes qui forment sa personnalité. Il est également plus actif avec les objets, les manipule plus attentivement, les explore, recherche leur intérieur. Il est aussi plus curieux dans son environnement, il multiplie les contacts avec les personnes ou les évite manifestement.

Les premiers efforts d'une communication verbale apparaissent. Les vocalisations traduisent de plus en plus explicitement les intérêts et les initiatives de l'enfant pour prendre contact avec le monde extérieur. Les premières syllabes sont clairement prononcées avant la fin de la première année : papa, mama, dodo, tata, bobo, etc. La communication non verbale s'enrichit considérablement. L'enfant devient de plus en plus sensible à ce type de message de la part de ses proches. La manière dont il est levé, tenu, posé dans son lit ou dans sa chaise, le regard de l'autre, la manière dont il est retenu, etc., lui apprennent beaucoup sur les intentions de l'autre, sur la disponibilité émotive de l'autre. Il réagit à cette communication par diverses conduites non verbales et de plus en plus explicites : agitation, yeux hagards, battements des mains, sautillement, mouvements de la tête, des yeux, etc.

L'enfant de cette période poursuit l'exploration de son corps, s'amuse avec les parties découvertes, se réconforte en suçant son pouce. Il devient conscient de son Soi corporel. Vers 9 mois, il reconnaît son nom lorsqu'on l'appelle, et avant la fin de la première année, il identifie diverses parties de son corps (yeux, nez, bouche, oreilles, cheveux, mains, pieds, etc.). Indiquer les parties de son corps devient même un jeu actif avec l'adulte. Il démontre ainsi qu'il se distingue de l'autre, différencie l'intérieur de l'extérieur de son Soi.

L'expression des états affectifs de l'enfant est de plus en plus différenciée et compréhensible. L'émotion la plus forte est l'anxiété (Benjamin, 1963). Avant 6 mois, l'anxiété était facilement provoquée par un dérangement dans les habitudes ; après 6 mois, c'est la présence de l'étranger en l'absence de la mère qui inquiète le plus l'enfant. Tous les enfants manifestent de l'anxiété. Chez l'enfant bien soigné, les manifestations d'anxiété sont passagères. Certains enfants plus sensibles ressentent plus intensément et plus longtemps cette émotion trouble et éprouvent quelques difficultés à retrouver la paix intérieure, à être consolés. Si l'anxiété s'exprime de façon intense et continue, une attention particulière devrait être apportée à l'enfant, car il manifeste un malaise important qui risque d'inhiber le développement de la personnalité. À l'inverse, l'absence de manifestation anxieuse est tout aussi révélatrice d'un attachement faible dans la relation de l'enfant aux personnes significatives de son environnement. L'enfant vit également d'autres émotions importantes, mais elles sont souvent difficiles à observer parce qu'à cet âge, les émotions sont labiles. Généralement, avant la fin de la première année, l'enfant est capable de conduites expressives suffisamment évidentes signifiant la joie, la peine, l'anxiété, le dégoût, la colère, la perplexité, la réprobation, la honte, etc.

11.3 LA DEUXIÈME ANNÉE DE LA VIE

11.3.1 L'attachement et la séparation

Un peu avant la fin de la première année de la vie, l'enfant suit la mère dans ses déplacements, la poursuit de chambre en chambre, garde un œil constant sur elle au cas où il en aurait besoin. La faci-lité du nourrisson à rejoindre sa mère, ou une personne qui lui inspire une confiance à peu près équivalente, le sécurise et l'encourage à explorer son environnement, à assumer une relative autonomie au cours de la deuxième année. Une absence de la mère ou de son substitut entraîne diverses manifestations d'angoisse chez l'enfant. Ainsworth et Bell (1970) ont observé le comportement du nourrisson de 1 an dans la situation expérimentale suivante. L'enfant et la mère sont ensemble dans une pièce. Après quelques minutes, l'enfant est laissé seul. Sa détresse est manifeste dès que la mère franchit le pas de la porte. Il fait tout ce qu'il peut pour provoquer son retour immédiat : il pleure, crie, surveille attentivement la porte, s'en rapproche, la frappe et tente de l'ouvrir. En désespoir de cause, certains enfants démissionnent, s'écrasent sur le plancher, compensent l'absence de la mère par une autostimulation en balançant leur corps, ignorent les jouets avec lesquels ils s'amusaient quelques minutes plus tôt. Dès le retour de la mère, la détresse disparaît et l'enfant demeure collé à sa mère pendant plusieurs minutes et hésite à s'en éloigner pendant un bon moment par la suite.

Coates, Anderson et Hartup (1972) ont repris cette expérience avec des enfants de 12, 14 et 18 mois. Ils ont observé les mêmes réactions chez tous les enfants. Celles-ci peuvent être résumées sous le terme d'angoisse de séparation. Selon Ainsworth et coll. (1978), l'attachement de l'enfant à sa mère et l'angoisse de séparation sont deux phénomènes normaux du développement. Dans une de leurs nombreuses recherches sur l'attachement et la séparation, ils observèrent trois types de réactions à l'intérieur du même schéma expérimental de l'absence et du retour de la mère. Les enfants présentent le premier type de réaction (groupe A) évitent la rencontre avec la mère, ils l'ignorent et s'éloignent d'elle. Les enfants réagissant selon le deuxième type de réaction (groupe B) font preuve d'un attachement sûr à la mère ; à son retour, ces enfants se tiennent proches d'elle jusqu'au moment où ils se sentent à nouveau en sécurité et reprennent alors l'exploration de leur environnement, tout en faisant rapidement appel à elle à la moindre difficulté. Les enfants

TABLEAU 11.1 : Stades du développement selon Gesell

Stade 1 (de 0 à 1 mois)

Les premières adaptations vitales consécutives à la naissance sont instables et oscillantes. Le nouveau-né parvient à un premier équilibre physiologique vers 1 mois.

Stade 2 (de 1 à 7 mois)

Avant la fin du troisième mois, l'enfant recherche les contacts sociaux, plus particulièrement avec la personne qui en prend soin. Vers le cinquième mois, il connaît un certain déséquilibre, il réagit négativement aux changements apportés dans les soins et dans les attitudes des personnes ; il fuit les personnes inconnues. Vers 7 mois, il retrouve une certaine stabilité affectivo-motrice.

Stade 3 (de 7 à 18 mois)

L'enfant apprend à marcher et se lance progressivement dans l'exploration de son milieu. Les premières conduites intelligentes apparaissent. L'enfant affirme ses premières tentatives d'autonomie. Plusieurs déséquilibres suivis d'équilibres exigent encore un secours facile et constant.

Stade 4 (de 18 mois à 3 ans)

Entre le 18e et le 27e mois, l'enfant acquiert une meilleure conscience de l'autre et recommence à craindre l'étranger. Cela donne lieu, vers 30 mois, aux premières conduites d'une phase de négativisme. L'enfant s'oppose systématiquement, ne semble plus savoir ce qu'il veut et ce qu'il aime. La maturation psychomotrice entraîne progressivement un nouvel équilibre vers 3 ans. L'enfant redevient facile pour quelque temps.

Stade 5 (de 3 à 5 ans)

Au cours de sa troisième année de vie, l'enfant retrouve une phase d'instabilité, avec le fléchissement du contrôle moteur. L'enfant est incertain de ses gestes, il craint l'erreur et devient gauche. Il connaît souvent une période de bégaiement. Les craintes phobiques apparaissent, aussi nombreuses qu'irrationnelles ; l'insécurité est facile. Tout cela n'est pas indépendant du début de la vie intérieure élaborée sur des fantaisies mentales de plus en plus articulées.

Encore une fois, la maturation psychomotrice entraîne un nouvel équilibre vers 4 ans. L'enfant alors poussé vers de nouveaux comportements et une extériorisation plus grande de ses sentiments, une verbalisation plus active de ses pensées, une expression plus manifeste de son imagination créatrice très fertile. Cela provoque une phase d'agitation qui se calme généralement avec l'entrée en classe de maternelle.

Stade 6 (de 5 à 10 ans)

L'entrée à l'école correspond au début d'une nouvelle période de tensions et de crises provoquées par les changements fondamentaux sur les plans physique et psychologique : deuxième dentition, sensibilité aux maladies contagieuses, nouvelle affirmation d'autonomie accompagnée de craintes diverses, fortes impulsions sociales et cognitives, nouvelles sensations et actes fréquents de cruauté, etc. L'indécision, l'incapacité de choisir entre des possibilités opposées est courante. Les manifestations débordantes d'amour et d'agressivité sont le lot quotidien des enfants de cet âge.

La septième année apparaît par la suite comme un moment de grâce. Il s'agit en fait d'un nouvel équilibre qui favorise l'intériorisation. L'enfant agit beaucoup moins selon ses pensées et fantaisies et il conserve un meilleur contrôle sur l'ensemble de son comportement. Affectivement, il achève le détachement nécessaire de sa mère pour accéder à une socialisation plus accentuée. La huitième année consiste encore en une nouvelle phase d'expansion et d'extériorisation. L'enfant déborde d'activités.

La neuvième année s'avère un âge intermédiaire durant lequel l'enfant reprend le contrôle sur son comportement débordant de l'année précédente. Ses attitudes sont mieux intégrées dans une organisation plus harmonieuse. Enfin, une phase importante d'organisation de la personnalité s'achève avec l'avènement de la dixième année. L'enfant devient plus stable sur le plan affectif, il acquiert une plus grande confiance en lui et assume davantage son individualité avec ses qualités et ses défauts. Il compose mieux avec la différence de l'autre. La prépuberté fera suite.

correspondant au troisième type de réaction (groupe C) se montrent dépendants et peu intéressés à explorer leur milieu après avoir retrouvé leur mère ; ils s'accrochent à elle et refusent d'être déposés, de quitter les bras de la mère.

Sroufe et Waters (1977) observent des enfants de 2 ans dans une tâche trop difficile qui exige l'assistance de la mère. Les chercheurs constatent les trois mêmes types de réactions. Les enfants dont l'attachement à la mère est sûr (groupe B) s'attaquent avec enthousiasme et persévérance à la tâche, recherchent au besoin l'aide de leur mère et suivent ses instructions. Le comportement des mères de ce type d'enfants est remarquable. Elles assistent d'emblée leur enfant, lui procurent l'encouragement et les conseils pertinents. Les enfants dépendants et peu intéressés à leur entourage (groupe C) se révèlent complètement désorganisés devant la tâche trop difficile. Frustrés, ils enragent et participent de moins en moins à la tâche, tout en réclamant de plus en plus l'aide de leur mère. Les mères de ce type d'enfants interviennent de plus en plus auprès de leur enfant, mais leur aide se révèle peu efficace, peu adéquate, et même pauvre. Les enfants qui évitent leur mère et ne s'occupent plus d'elle à son retour (groupe A) abandonnent plus ou moins devant la tâche. Tout comme leur mère, ils ne s'engagent pas vraiment dans la tâche et ne cherchent pas à modifier leur manière de faire pour réussir. Le suivi de ces enfants jusqu'à la fin de la première année scolaire montre que les enfants en sécurité dans l'attachement à leur mère (groupe B) sont perçus par leur professeur comme vaillants, autonomes, curieux et actifs. Les enfants du groupe A sont décrits comme inhibés, et ceux du groupe C comme impulsifs.

Ces résultats de recherches montrent que la sécurité de l'enfant relève de la qualité de l'attachement à la mère. C'est durant les deux premières années de la vie que le soutien de la mère est le plus important. L'enfant a besoin d'une personne chaleureuse qui sait pourvoir efficacement à ses besoins. L'enfant a besoin de liberté pour explorer son milieu et de l'assurance d'un appui sûr, stable et immédiat auquel il peut s'adresser en toute confiance s'il en ressent le besoin.

11.3.2 L'ambivalence

Vers la fin de la première année de la vie, la relation parents—enfant commence à changer. L'enfant est maintenant capable de se déplacer par lui-même, il est conscient de sa propre existence et ses relations sociales se multiplient au fur et à mesure qu'il connaît de nouveaux visages. L'enfant commence à comprendre ce que les autres attendent de lui. Il constate qu'il ne peut pas toujours en faire seulement à sa tête, mobiliser tout son milieu pour la satisfaction exclusive de ses désirs. Il commence à comprendre qu'il doit aussi tenir compte des désirs des autres. Il entre dans une nouvelle phase marquée par l'ambivalence.

La différence entre les nouvelles possibilités psychomotrices accrues et les aptitudes mentales plus lentes à se développer crée un conflit plus ou moins manifeste. L'enfant de cet âge ressent une forte pulsion à profiter de ses nouvelles capacités locomotrices, à explorer son milieu, mais il ne maîtrise pas encore suffisamment ses aptitudes verbales et cognitives pour traduire clairement ses intentions. Aussi, certaines limites s'avèrent nécessaires pour contenir ses comportements, pour sa propre sécurité et celle de son environnement. La mère ou une personne responsable doit surveiller l'enfant, prévoir à sa place certains dangers et prévenir les accidents.

L'enfant ne comprend pas pour autant les motifs incitant cette personne aimée à lui interdire autant d'activités. Son seuil de tolérance à la frustration est encore bas et sa capacité à différer un plaisir immédiat demeure très limitée. Sa relation avec les adultes change considérablement. Il y a quelques mois encore, la mère pourvoyait à tous ses besoins et l'encourageait régulièrement à se développer. Maintenant, elle lui pose des limites et attend de lui qu'il les respecte et qu'il renonce à certaines gratifications immédiates. Les attentes des adultes à l'égard de l'enfant deviennent plus explicites. La tâche n'est pas facile pour un enfant encore incapable de raisonner et d'être raisonné. Il est pourtant déjà en pleine socialisation.

Les parents et ceux qui l'entourent sont les premiers agents de sa socialisation. Leur rôle est fondamental. L'enfant apprend à percevoir le monde physique et social à travers les manières de voir et d'agir des parents. La personnalité, la sexualité, la classe sociale, les croyances religieuses et politiques, l'éducation, etc. de chacun des parents et des adultes proches influencent l'image du monde présentée à l'enfant. Ce dernier ne subit pas passivement cette influence. Il intervient avec ses propres manières de voir et d'agir, il influence ses parents à son tour par sa manière d'être et de réagir. En ce sens, il est un agent actif de son développement social et personnel.

Vers la fin de la première année et au début de la deuxième année, l'enfant passe donc d'une passivité relative à une activité débordante, stimulée par la découverte des mille et une choses nouvelles et étranges qui composent son environnement. Sa tendance à l'activité est également soutenue par son besoin de maîtriser son corps et son environnement.

Les nouvelles attentes des parents et des autres adultes vont dans le sens d'une plus grande autonomie, d'une plus grande indépendance de l'enfant. Erikson (1966) affirme que l'enfant développe à cet âge un sentiment d'autonomie personnelle qui lui procure la fierté ou, au contraire, un sentiment d'impuissance dont il a honte. Le sentiment d'autonomie renforce chez l'enfant sa motivation à se réaliser, à grandir, à devenir quelqu'un. L'enfant de cet âge découvre deux nouveaux modes de fonctionnement : la rétention et l'élimination. Son développement locomoteur et musculaire lui procure une bien plus grande puissance sur son environnement immédiat. Il est maintenant capable d'atteindre par lui-même les objets qui l'intéressent et de les retenir ; aussi commence-t-il à ramasser et à conserver divers objets. Il est aussi capable d'éviter plus promptement ce qu'il n'aime pas, de fuir ou de tenir à distance ; ainsi le voit-on lancer au loin les objets, les rejeter, les repousser. Il est de plus en plus capable de s'approprier ou de rejeter les choses. Les modes rétentifs-« éliminatifs » donnent lieu à l'ambivalence, aux tendances contradictoires dont l'enfant fait alors l'apprentissage.

C'est pourquoi les réactions parentales sont à ce stade si importantes et si difficiles à prévoir. Autant l'enfant de cet âge peut attendrir l'adulte par sa manière d'être, autant il peut l'exaspérer. L'enfant peut se montrer un moment très intéressé par une chose, une personne, s'y cramponner avec rage, et le moment d'après l'abandonner tout bonnement, voire s'en éloigner, la tenir à distance. L'enfant vit de façon plus ouverte les frustrations, les conflits soulevés par l'ambivalence de ses sentiments et les contradictions entre son activité et les contraintes posées par le milieu.

11.3.3 Le contrôle du corps

Une dimension importante de l'autonomie est le contrôle des sphincters. Lié à un meilleur contrôle de la motricité et de la musculature, le contrôle des sphincters apporte à l'enfant le sentiment de maîtriser son corps et sa propre production. L'enfant apprend qu'il peut se retenir ou se relâcher selon sa propre volonté. Brazelton (1962) et White (1975) affirment que l'entraînement à la propreté pratiqué après l'âge de 2 ans évite bien des difficultés inutiles. L'exemple d'enfants plus âgés et proches affectivement peut aider un enfant dans son apprentissage de la propreté. La qualité de la relation parents–enfant exerce ici une influence considérable. Un entraînement coercitif et rigide déclenche généralement des réactions émotives qui indisposent l'enfant à apprendre, alors qu'une relation chaleureuse et affectueuse réduit de plus de la moitié les difficultés généralement associées à cette éducation (Sears, Maccoby et Levin, 1957). La majorité des auteurs considèrent l'entraînement à la propreté comme une expérience de socialisation des plus importantes. Freud (1905) a depuis longtemps mis en relation un entraînement rigide et sévère à la propreté avec une fixation au caractère anal de la personnalité : obsession de la propreté et de l'ordre, de l'économie (avarice), de la ponctualité, de la tenue soignée, etc. ou de l'inverse.

L'enfant n'acquiert pas le contrôle des sphincters pour son seul plaisir, mais aussi parce que les parents et le milieu en général le requièrent. Le plus souvent, la relation parents—enfant est suffisamment affectueuse et chaleureuse pour que l'enfant n'ait pas le sentiment d'y perdre son autonomie. Il choisit d'autres situations pour démontrer ses nouvelles capacités, sa liberté d'action, faire valoir sa volonté naissante, son autonomie.

Lorsque la relation parents—enfant s'avère par trop rigide, froide et exigeante, l'enfant éprouve le sentiment que l'amour de ses parents à son égard dépend de son aptitude à se contrôler ou à s'abandonner à leur contrôle. Selon Erikson (1966), l'enfant ressent alors un profond sentiment d'échec et, généralement, se rebelle. L'enfant s'entête et refuse plus ou moins de répondre à l'exigence parentale. Il s'ensuit le plus souvent une détérioration marquée de la relation aux parents et au milieu. L'enfant est en lutte, il s'affirme à outrance pour se défendre contre un sentiment de dépossession. L'enfant peut aussi se soumettre à la demande de propreté des parents, mais se révolter autrement dans d'autres sphères d'activités pour prouver son autonomie. L'enfant devient audacieux, téméraire et rencontre inévitablement l'échec, l'accident. Il tombe, se fait mal, s'échappe, se souille ; il a honte, se cache. Si cet état persiste, il doute bientôt de lui-même, de ses capacités, de son autonomie, de l'affection de son milieu, etc. ; ou bien l'enfant devient soumis, passif et n'ose plus agir par lui-même. Bientôt il constate son incapacité à faire ce que les autres de son âge font déjà. C'est encore la honte et le doute qui s'installent.

Lorsque l'enfant de cet âge essaie par lui-même de manger, de s'habiller, de jouer, l'aide de l'adulte devrait se limiter à observer et à laisser faire l'enfant. L'enfant en retire alors de la fierté et de l'assurance, il devient autonome. Pour apprendre à choisir, l'enfant doit choisir par lui-même. Pour devenir autonome, il doit oser essayer.

11.3.4 La peur et la rage

Au cours de la deuxième année, la vie émotive de l'enfant connaît deux états particulièrement diffi-ciles à contrôler : la peur et la rage. C'est en effet entre 1 et 2 ans que l'enfant explorant plus activement son milieu risque d'être confronté, malgré lui, à des personnes, des animaux et des objets qui l'effraient ou le frustrent.

Avant, l'enfant avait peur de l'étranger et, de façon générale, de la séparation d'avec sa mère. Maintenant les peurs de l'enfant se multiplient et leur objet change. La majorité des peurs sont apprises (acquises), et souvent elles disparaissent d'elles-mêmes comme elles sont apparues, sans qu'on sache trop pourquoi ni comment. Les peurs de cet âge sont encore associées à la séparation et aux changements imprévus. Les enfants de cette période requièrent leur mère, leur père, leur lit, leurs jouets, leur cuillère, etc. Même les enfants les plus téméraires se révèlent audacieux seulement s'ils sont sûrs de pouvoir rapidement regagner la situation sécurisante (Wolman, 1978). Les parents influencent grandement l'enfant en ce qui concerne ses peurs. L'enfant de cet âge sent bien si ses parents craignent pour lui, s'ils redoutent eux-mêmes la pluie, le tonnerre, les animaux, les étrangers, etc. Il observe minutieusement leurs réactions devant la peur et tente de les imiter. C'est pourquoi les peurs des enfants doivent être considérées avec attention. Si les parents acceptent la peur de l'enfant, s'ils lui expliquent calmement ce qui fait peur dans telle ou telle situation, devant tel ou tel objet, ils peuvent rassurer l'enfant et le préparer à ne plus craindre la situation ou l'objet en cause. Tous les enfants développent tôt ou tard quelques peurs, il est donc vain d'exiger d'un enfant qu'il n'ait pas peur. Évidemment il ne faut pas davantage forcer un enfant à faire face à l'objet de sa peur avant qu'il ne soit prêt, avant qu'il ne se sente suffisamment sécurisé.

Les crises de colère sont également fréquentes et inévitables à cet âge. L'ambivalence des sentiments atteint son paroxysme. L'enfant essaie diverses choses, s'adonne à différentes activités, s'exerce dans de multiples situations. Tout ne se déroule pas toujours selon ses désirs ou sa volonté. Son seuil de tolérance à la frustration est encore relativement faible et l'explosion agressive est indubitable. Il ne sert à rien de faire taire les colères, elles doivent plutôt être progressivement canalisées. Il est préférable de montrer à l'enfant l'objet réel de sa colère et contre quoi et comment il peut l'exprimer plutôt que d'exiger qu'il contienne son sentiment. Il ne s'agit absolument pas de laisser l'enfant tout briser sous prétexte de ne pas brimer son expression, mais plutôt de diriger sa colère vers un objet approprié. Progressivement, l'expression de l'agressivité passe de la décharge motrice à la décharge verbale.

Enseigner à l'enfant à contrôler ses accès d'agressivité et à exprimer sa colère de façon socialement acceptable est une tâche difficile. Les parents aident efficacement l'enfant lorsque les premiers ils dominent leur propre colère. Ce qui effraie le plus l'enfant dans sa colère, c'est l'intensité des sentiments éprouvés. Si cette intensité déconcerte également les parents, l'enfant devient plus angoissé et agité. Si, au contraire, l'enfant sent que ses parents ou ses éducateurs demeurent calmes devant ce qui le trouble, alors il se sent en confiance et sait pouvoir compter sur eux, il sent qu'ils vont maîtriser ce que lui ne maîtrise plus et il accepte plus facilement de s'en remettre à leur jugement, à leurs soins. Il apparaît nettement que les crises de colère sont plus fortes et plus fréquentes chez les enfants de parents éprouvant eux-mêmes des difficultés à contrôler leurs colères (Sears, Maccoby et Levin, 1957).

Souvent les colères sont provoquées par les pressions « socialisatrices » des parents et autres éducateurs qui contrecarrent et frustrent les tendances de l'enfant. Le changement rapide d'une situation à une autre provoque également la colère et l'angoisse chez l'enfant. Ainsi ce père qui, en fin de journée, se présente en toute hâte à la garderie, habille rapidement son enfant afin de passer à l'épicerie avant la fermeture, se trouve en quelques secondes devant un enfant en crise, fâché que son père ne lui ait pas laissé le temps de lui montrer ce à quoi il s'amusait si bien, ne lui ait pas laissé le temps de quitter son activité, de renoncer à son jouet. La séparation est trop brusque, l'enfant ne supporte pas pareil changement sans préparation. Son seuil de tolérance à la frustration est d'emblée débordé.

Une stimulation trop forte, des stimulations trop nombreuses bousculent également l'enfant et le font exploser de colère. La perte d'attention souvent associée à un sentiment de jalousie ou d'envie suscite aussi assurément une décharge agressive. C'est pourquoi la majorité des anniversaires des enfants de cet âge se terminent par des larmes et des colères dont les parents sont peu fiers et par lesquelles ils se sentent rapidement dépassés. Les parents émotivement non disponibles à l'enfant peuvent s'attendre à une réaction forte de la part de ce dernier.

Même si la mère et les autres adultes ne sont pas réellement en danger devant l'enfant en colère, il n'en demeure pas moins que l'intégrité et la cohérence du Soi de l'enfant et des objets intériorisés sont menacées par ces motions agressives incontrôlées. Une des tâches de développement propres à cet âge est précisément de trouver une voie de décharge aux pulsions agressives de manière à protéger les structures psychiques acquises. L'illusion de la fusion que permettait l'objet transitionnel un peu avant la fin de la première année ne garantit plus ici la protection du Soi et de l'Objet. Le Moi doit donc établir des voies discrètes de décharge des pulsions autant sexuelles qu'agressives. Une des stratégies utilisées est le clivage. Le clivage permet de séparer le mauvais Soi du bon Soi, le mauvais Objet du bon Objet. Le clivage s'avère un mécanisme archaïque de défense utile jusqu'à ce que le Moi soit suffisamment fort pour modifier la nature et les buts des pulsions. Alors le Moi réalise une synthèse du bon et du mauvais en un Objet unique, en un Soi unique. La synthèse est un long processus débutant un peu avant la fin de la première année et se prolongeant tout au long de la deuxième.

11.3.5 L'analité et la génitalité

C'est dans ce contexte dynamique et instable que surgissent de nouvelles sensations dans les régions anale et génitale (Roiphe, 1968, 1979). En vertu de ses propriétés de rétention et d'élimination, la zone anale traduit facilement les sentiments de l'enfant dans le processus de séparation−individuation.

Les modes de rétention et d'élimination conviennent naturellement à l'enfant pour exprimer l'ambivalence de ses affects, et plus particulièrement les motions agressives. La zone génitale semble plus canaliser les motions libidinales que les motions agressives. Les zones anale et génitale apparaissent comme deux voies découvertes par l'enfant au cours de sa deuxième année pour assumer la réalité du monde environnant et l'organisation progressive interne d'un Soi plus articulé et d'un Objet mieux différencié, tout comme la zone orale constituait, au cours de la première année, la région corporelle étayant l'organisation psychique propre à cette période.

À la fin de la première année et certainement tôt au cours de la deuxième année, le corps de l'enfant devient parfois plus rigide, tendu et paraît momentanément paralysé. L'enfant suspend pendant de courts instants son intérêt croissant pour le monde extérieur et porte davantage d'attention aux sensations ressenties dans son corps, particulièrement aux mouvements digestifs. Il s'immobilise, surpris par les sensations de sa digestion. Il devient le visage rouge, les yeux fixes, le regard perdu. Il est en train d'éliminer. Il en devient très conscient.

La conscience de ses défécations et mictions est contemporaine de l'émergence d'un conflit à propos de la séparation qu'implique la consolidation du Soi et de l'Objet intérieur. À cet âge, la digestion exprime bien le double mouvement d'une construction interne : quelque chose qui apparaît comme une partie du Soi, ressenti à l'intérieur du corps, en mouvement dans le corps mais non vivant pour autant et qui est expulsé à un moment précis et fort. Ce quelque chose a une texture, une odeur et, plus important encore, une relation avec la nourriture ; qui plus est, une fois extériorisé, il se révèle ne pas être ni le Soi ni l'Objet. Ses mouvements et sa consistance sont sujets aux vicissitudes de la santé ou de la maladie et aux sentiments d'amour et de haine pour l'Objet.

Le contrôle des sphincters survient généralement après que le conflit concernant la crainte d'une dissolution du Soi et de la perte de l'Objet a été au moins partiellement résolu. L'ensemble de la séquence, à partir de l'attention portée par l'enfant à ses propres mouvements intestinaux jusqu'à la nouvelle relation qu'il établit avec l'objet expulsé, marque un nouveau développement dans les relations entre le Soi et l'Objet. En ce sens, ce développement est indépendant de toute demande parentale.

La démonstration la plus spectaculaire de la nouvelle dimension qu'apporte le sentiment de la perte de l'objet et la dissolution du Soi à la phase anale est sans doute l'anxiété croissante que manifeste l'enfant au moment où sa mère veut le changer de couche. Il s'oppose souvent avec force, tant physiquement que verbalement, par un nouveau mot dont il commence à saisir le sens profond : « Non ! » L'enfant traverse généralement une période plus ou moins longue, variant de quelques semaines à quelques mois, durant laquelle il éprouve le besoin de rester souillé un certain temps avant d'accepter d'être changé de couche. C'est un temps nécessaire pour détacher des fèces la valeur émotionnelle liée au Soi et à l'Objet (Roiphe, 1970).

Les modes d'élimination et de rétention influencent l'activité générale de l'enfant de cet âge. En effet, c'est vers ce moment qu'il s'adonne à des jeux et des gestes inlassablement répétitifs. Ces actions semblent bien exprimer les sensations et les sentiments mobilisés par le mouvement de l'intestin se vidant. L'enfant aime bien se loger dans des endroits petits et fermés, souvent caché des parents, et y rester de longs moments à répéter compulsivement le même jeu. Il est fasciné par les déchets qu'il examine avec grand intérêt, particulièrement les petits objets ouatés, les poussières, les filtres de cigarettes, etc. Ces objets sont souvent nommés « caca », « sale », « pas bon ». On remarque aussi un regain pour les jeux du « coucou », du « caché/j'te vois ». Il s'amuse aussi à introduire des objets dans un autre et à les transvaser, à les passer un à un par un trou, une fente, une ouverture quelconque.

Cette phase favorise un progrès marqué du processus de symbolisation. Le bâton fécal prolonge en quelque sorte l'objet transitionnel de la fin de la première année et est chargé des mêmes significations émotionnelles et symboliques. Ainsi, chez l'enfant démontrant une grande confiance en sa mère, on constate de fréquentes évacuations lorsqu'il est laissé avec une gardienne. L'enfant ne semble pas conscient des évacuations répétées. En présence de sa mère, il défèque moins souvent et s'avère très conscient du mouvement d'évacuation. Il y a vraiment une intériorisation progressive du processus de symbolisation (Galenson, 1971). Les progrès de ce processus résultent de la structuration plus grande du Moi selon le contexte psycho-dynamique propre à chacune des étapes du développement et dont le Moi conserve l'intégrité tout au long de la vie.

Si, dès le début de la deuxième année, la région anale canalise plus particulièrement les pulsions agressives, la région génitale exprime surtout, à peu près dans le même temps, les pulsions libidinales. L'enfant découvre et manipule activement ses organes génitaux dès la deuxième année de vie (Spitz et Wolf, 1949 ; Spitz, 1962 ; Kleeman, 1965, 1966, 1971, 1975 ; Provence et Lipton, 1962 ; Freud et Burlingham, 1973). L'enfant se procure lui-même des sensations agréables dans son corps. Ces nouvelles sensations ressemblent grandement à celles que sa mère lui procure en lui donnant des soins, en le lavant, en le changeant de couche, etc. Cette phase génitale précoce contribue également à la consolidation du Soi et du schème de l'Objet. Le développement sexuel y est semblable chez le garçon et la fille. Dès les premiers mois de la deuxième année, l'enfant découvre ses organes génitaux et la sensibilité de cette région corporelle. Bientôt, les manipulations deviennent masturbation. La sensibilité cutanée des parties génitales procure à l'enfant des chatouillements agréables, un réel plaisir sensuel (Roiphe, 1973a).

Cette masturbation paraît dirigée vers l'objet d'amour, c'est-à-dire la mère. C'est en effet en présence de la mère que l'enfant manipule au début ses organes génitaux. Au fur et à mesure que la masturbation devient une conduite organisée, elle se pratique de plus en plus souvent lorsque l'enfant est seul, séparé de la mère. Le plaisir de la masturbation remplace les sensations agréables que la mère présente procurait à l'enfant. Encore une fois, c'est dans le prolongement de l'objet transitionnel que se situe ce plaisir sensuel.

Avant la fin de la deuxième année, la sensibilité des régions anale et génitale suscite généralement chez l'enfant une curiosité pour le corps et les organes génitaux en particulier, curiosité qui le conduit tôt ou tard à découvrir la différence anatomique des sexes. Les sensations agréables qu'il retire de la manipulation de ses organes génitaux l'incitent à regarder et à toucher davantage ses propres organes, ceux de ses parents, des autres enfants, des animaux, des poupées, etc. C'est alors qu'il constate, souvent avant la fin de la deuxième année de vie, la différence des sexes entre les garçons et les filles (Galenson et Roiphe, 1976).

La découverte de l'enfant prend un sens bien particulier selon les attitudes des parents et autres adultes à l'égard de la sexualité et de l'identité sexuelle. En effet, on sait que les parents se comportent différemment avec l'enfant selon que celui-ci est un garçon ou une fille (Seavy, Katz et Zalk, 1975 ; Sidorowitz et Lunney, 1980 ; Maccoby et Jacklin, 1974). Ces attitudes parentales influencent la compréhension tant cognitive qu'affective de l'enfant devant la différence anatomique des sexes. L'intégration de la découverte des deux sexes dans l'organisation psychique de l'enfant est ainsi teintée par la manière d'être des parents face à la sexualité.

Ainsi, jusqu'à présent, les recherches (Galenson et coll., 1975 ; Roiphe, 1973b, 1979) montrent qu'en général, les garçons réagissent à la découverte de l'existence de deux sexes différents par une forte négation de la différence perçue. Cette négation s'accompagne le plus souvent d'une activité motrice et musculaire accrue et d'une inhibition relative des jeux symboliques et du développement de l'image corporelle (Roiphe, 1979). Les filles accusent généralement une réaction de surprise plus ou moins forte. Cette réaction incite la fille à répéter l'expérience compulsivement comme pour vérifier la justesse de sa perception. Pendant un certain temps, la fille semble incapable d'un comportement cohérent et organisé, suivi d'une négation active et forte. Elle déplace son intérêt vers la région anale, le nombril, les seins, les yeux, les oreilles, le nez, la bouche, etc., et compare son corps à celui des parents. Tant chez le garçon que chez la fille, l'angoisse de la perte de l'Objet, soulevée par la différence perçue, regagne en intensité. Cette angoisse provoque parfois des troubles du sommeil, des réveils en sursaut, une intolérance renouvelée devant l'absence de la mère et une agressivité accrue envers elle. L'objet transitionnel reprend de l'importance, l'enfant s'y attache davantage.

La conscience de la différence anatomique des sexes vient donc accroître l'ambivalence des sentiments de l'enfant envers ses parents, et plus particulièrement envers la mère ou la personne qui s'en occupe régulièrement. Si les régions anale et génitale offrent à l'enfant deux nouvelles voies de décharge des excitations tant agressives que libidinales, la découverte des deux sexes jette dans ces voies d'expression l'angoisse, déjà existante depuis le début du processus de séparation—individuation, l'angoisse de la perte de l'objet et l'ambivalence des sentiments. La différence anatomique des sexes ébranle le narcissisme de l'enfant. Il constate la différence et en cherche le sens, la valeur, et il craint d'y perdre quelque chose puisqu'il sait, maintenant plus que jamais, que les personnes sont différentes. C'est un peu comme s'il se posait la question suivante : « Narcissiquement parlant, vaut-il mieux être un garçon ou une fille, comme papa ou comme maman ? »

La deuxième année de vie est très chargée sur le plan psychologique ; c'est une période très active d'organisation complexe de la personnalité. Ce n'est qu'à l'adolescence que le développement de la personnalité redeviendra aussi dense et large. La deuxième année de la vie marque des progrès considérables par rapport à plusieurs dimensions : le développement physique et moteur, l'acquisition du langage, la découverte du corps et de ses fonctions, les débuts de la socialisation, le passage d'une intelligence sensorimotrice à la représentation mentale, l'exaspération de l'ambivalence des sentiments, la recherche d'une maîtrise du propre corps, de l'objet et du milieu, etc.

11.4 L'ÂGE PRÉSCOLAIRE

C'est au début de la troisième année de vie que l'on cesse généralement de considérer l'enfant comme un bébé. On le perçoit davantage comme une « petite fille » ou un « petit garçon ». En tant que bébé, puis nourrisson, l'enfant a établi une relation étroite avec ses parents, et plus particulièrement avec la personne qui en avait régulièrement charge. Ce lien intense s'est progressivement et réciproquement érotisé. L'enfant et la mère prenaient plaisir à être ensemble, à se regarder, à se toucher, à babiller, à marcher, à jouer. L'enfant doit maintenant renoncer quelque peu à cette relation pour libérer progressivement son attention, se rendre disponible à son milieu et profiter de toutes ses énergies pour s'ouvrir au monde, voire naître au monde environnant. Le passage ne se fait pas sans quelques résistances.

La phase préscolaire constitue une période critique de l'achèvement de l'autonomie. La dépendance infantile est lentement remplacée par de nouveaux modes de comportements sociaux. L'agressivité devient plus circonscrite et mieux canalisée dans des modes d'expression socialement acceptables. Évidemment, l'expérience vécue jusqu'à présent influence grandement la manière d'aborder les nouvelles tâches de développement. L'enfant a-t-il été suffisamment initié à la frustration et encouragé par la suite pour avoir élevé son seuil de tolérance ? Est-il assez en sécurité dans la relation qui l'attache à la mère pour accepter de s'en séparer, de s'en éloigner et s'élancer dans le monde extérieur, rencontrer les membres de la communauté immédiate (petits voisins et compagnons de jeux) ? A-t-il assez confiance en lui et dans le monde pour oser essayer et se reprendre s'il échoue à la première tentative ? Assume-t-il sa capacité d'initiative ou demeure-t-il passif et en retrait ?

L'enfant de cette période gagne en autonomie et en expériences diverses. Il élabore les outils nécessaires pour vivre progressivement l'épreuve de la réalité et se guider de plus en plus par lui-même dans le monde physique et social extérieur à la famille. Les processus cognitifs permettent maintenant la représentation et l'élaboration mentales de projets à court terme et de fantaisies. Le langage et la communication verbale en général acquièrent le statut d'un instrument relationnel fiable et valide. Le Moi intériorise les règles et façons d'agir établies et développe une conscience morale qui se socialise progressivement jusqu'à tard dans l'adolescence.

Au seuil de la rentrée scolaire, l'enfant aura appris ses premières leçons de socialisation extra-familiale et, parvenu à un meilleur contrôle des impulsions, il sera capable de différer dans le temps une satisfaction immédiate. Les grandes lignes de la personnalité sont déjà tirées. L'organisation d'ensemble de la personnalité commence à s'affirmer. L'enfant se sait garçon ou fille et s'accepte tel ou telle, en apprécie les qualités et les implications sociales. Il se perçoit et se reconnaît comme un enfant participant à un groupe distinct des bébés, des grands enfants et des adultes, et en évalue les limites et les prérogatives. Il se perçoit comme un enfant parmi d'autres avec lesquels il doit composer, rivaliser et nuancer ses besoins et désirs afin de mériter et de conserver l'attention et l'affection. Il commence à situer sa famille par rapport à l'ensemble de son milieu, commence à apercevoir, à jauger et parfois à envier certaines différences matérielles, culturelles et morales entre les personnes et les familles.

La découverte de la sensibilité des régions anale et génitale faite l'année précédente et celle de la différence anatomique des sexes qui s'ensuivit se prolongent ici dans un apprentissage du sens familial, social et moral de la sexualité et de l'appartenance à un sexe. L'enfant se reconnaissant garçon ou fille doit renoncer à la possession des deux sexes et se comporter selon son propre sexe. Il s'identifie surtout au père ou à la mère selon qu'il se reconnaît et se désire garçon ou fille. C'est l'époque du complexe d'Œdipe, selon la théorie psychanalytique (Freud, 1905). Cette situation fort dynamique entraîne de nouveaux sentiments chez l'enfant et une nouvelle manière d'être. Selon Erikson (1966), l'enfant devient de plus en plus actif et prend plus d'initiatives selon le résultat qu'il obtient, il est de plus en plus confiant et offensif ou, au contraire, il

développe une culpabilité qui inhibe son action, le rend craintif et défensif. Ce développement est soutenu par l'expansion extraordinaire de l'imagination et de la communication verbale. En effet, l'imaginaire de l'enfant de cet âge atteint un niveau de créativité difficile à retrouver ultérieurement. Selon Mahler (1968), l'enfant achève durant cette période son processus d'individuation.

Le programme est encore une fois chargé. Les apprentissages sont tout aussi importants que nombreux et donnent à la personnalité de l'enfant un style indélébile et déjà observable (Ambron, 1981) qui devra être adapté aux diverses situations de la vie. La souplesse ou la rigidité de la personnalité commence déjà à se faire valoir. D'autres adaptations viendront évidemment modifier ce style de base, mais cette base est de plus en plus difficile à transformer. C'est ce qui fait dire à plusieurs auteurs et que Dodson (1972) résume en un titre de livre : « Tout se joue avant six ans ». Évidemment, ce n'est là qu'une image pour souligner l'importance capitale des premières années de vie sur l'organisation de la personnalité ; bien des jeux sont encore possibles, mais, encore pour faire image, on peut considérer qu'à 6 ans, la majorité des cartes à jouer sont déjà distribuées.

11.4.1 Un participant actif

L'enfant de cette période devient nettement plus facile, plus souple, et il provoque souvent le plaisir et l'amusement des adultes qui en ont charge. Il devient de plus en plus un compagnon et de moins en moins quelqu'un dont on doit prendre soin. Il essaie de participer aux activités des adultes : il imite sa mère, veut l'assister dans ses tâches, suit son père et tente de travailler avec lui. Il devient de plus en plus un être social actif qui sait attirer l'attention et gratifier ceux qui lui en accordent. C'est l'âge de grâce.

L'équilibre psychomoteur étant atteint ou presque, l'enfant consacre beaucoup moins d'énergie à la maîtrise de son corps et de ses fonctions, et de plus en plus à poursuivre des buts, à orienter son activité vers un objet ou une personne avec laquelle il veut faire quelque chose. Dans ses jeux, l'enfant exécute symboliquement et de plus en plus fréquemment des actions réelles, des tâches réalisées par les adultes autour de lui. Ainsi, avec sa petite pelle en plastique, il assiste vraiment son père ou sa mère dans le jardinage, en poussant le panier à provision dans le supermarché, il achète les aliments nécessaires à la préparation des repas pour toute la famille, etc.

À 3 ans, l'enfant empile des blocs pour faire la plus haute tour possible qu'il a plaisir à détruire peu après, mais déjà à 4 ans, il empile des blocs pour une construction qu'il a imaginée mais dont le résultat final ressemble assez peu à son intention première. À 5-6 ans, son projet plus réaliste lui procure un meilleur sentiment de réussite. Dès le début de la troisième année, grâce à la fonction symbolique, n'importe quel objet peut représenter n'importe quel autre. Un bloc peut être successivement un bateau, un train, une télévision, un ami, un outil, etc., selon la situation de jeu et les besoins immédiats.

Le langage soutient l'orientation de l'activité. L'enfant accompagne son activité d'une description verbale. Il apprend beaucoup des parents qui lui indiquent de plus en plus verbalement les consignes à suivre, les interdictions à respecter, etc. : « Ne touche pas aux boutons de la télévision », « Viens, c'est l'heure de te coucher », « Viens t'habiller pour jouer dehors », etc. Depuis fort longtemps, les parents accompagnent leurs actions de narrations verbales (« Maman s'en va travailler », « Papa va te mettre ton habit de neige », etc.). L'enfant intériorise ce langage et l'utilise en retour pour accompagner sa propre activité. Il se dit quoi faire, monologue sur son activité. Les monologues sont fréquents à cet âge. La personne qui veille sur l'enfant l'entend régulièrement parler et, souvent, participe à son discours.

L'activité fantasmatique occupe de plus en plus de place et des êtres imaginaires apparaissent parfois dans le discours. Ces créations imaginaires peuvent être aussi bien des animaux que des êtres humains, enfants ou adultes, masculins ou féminins, et ils entretiennent avec l'enfant toutes sortes de relations fantastiques, aussi bien affectueuses qu'hostiles. Les fillettes semblent plus souvent inventer ces compagnons imaginaires. Les enfants extravertis recourent souvent à ce procédé de même que les aînés de famille. Ces compagnons fantasmatiques disparaissent généralement d'eux-mêmes au fur et à mesure que l'enfant entre en relation avec des pairs (Manosevitz, Prentice et Wilson, 1973).

La compréhension du langage l'aide à remettre à plus tard un plaisir immédiat. Il peut maintenant se représenter symboliquement l'objet désiré, parler de la satisfaction espérée. Il devient capable de retarder temporairement une réponse spontanée, d'en vérifier la justesse par anticipation et de la modifier au besoin. Le langage interne s'articule progressivement et soutient l'enfant pensant à voix haute. Ces monologues se produisent encore assez souvent chez l'enfant des premières classes du primaire. Selon les diverses théories, cette voix intérieure représente la conscience, le Surmoi, le Soi interne, le Je, etc.

La compréhension du système des récompenses et des punitions tempère également le comportement spontané de l'enfant. Cependant, sa tolérance à la frustration, sa patience et son anticipation dans le temps demeurent encore limitées. Le débordement de ses capacités provoque encore des crises de colère, des peurs phobiques, des insécurités. Cependant, les crises sont nettement plus courtes, le soleil reluit promptement après la tempête. Le retour plus rapide et plus facile de l'enfant à la bonne humeur n'autorise pas à sous-estimer l'importance de ces manifestations anxieuses. Les parents empathiques au vécu de l'enfant aident considérablement ce dernier à retrouver la paix intérieure et l'estime de lui-même après une grosse colère, une grande peur, fût-elle de courte durée. L'enfant de cet âge est très sensible et très en quête de valorisation personnelle. Il est conscient de sa petitesse face aux adultes, des limites de ses capacités, et l'acceptation n'est pas facile. Aussi, cherche-t-il à réussir, sans trop savoir ce qu'il veut réussir. Il s'agit davantage d'une question de prestige personnel que de constructions manifestes et concrètes de quelque chose de précis. Il se veut utile, veut être perçu comme indispensable. C'est pourquoi il valorise souvent à outrance ses parents. L'enfant se réclame de sa mère pour affirmer son autorité sur les autres : « Ma mère a dit... », et de son père pour accroître son importance dans le groupe : « Moi, mon père peut faire... ».

L'enfant d'âge préscolaire traverse une nouvelle crise de développement, selon Erikson (1966). Il devient moins dépendant et doit assumer plus d'initiatives sans culpabilité. Au fur et à mesure que l'enfant gagne en maturité physique et intellectuelle, il devient plus conscient de ses pouvoirs, de ses habiletés. Il maîtrise de mieux en mieux son environnement physique en même temps qu'il contrôle son corps et ses fonctions. Il comprend que les motivations et les perceptions des autres personnes de son environnement diffèrent souvent des siennes et il apprend à en tenir compte. Tout cela encourage l'enfant dans ce qu'Erikson appelle l'initiative. L'enfant est désireux de progresser, de travailler, de collaborer avec d'autres pour faire quelque chose. Il apprend à planifier et accepte l'aide de l'adulte. L'énergie de l'enfant est dirigée vers le possible et le tangible, et sert à rattacher en quelque sorte ses rêves et son imaginaire aux tâches quotidiennes des adultes. L'enfant prend l'initiative de « jouer sérieusement à l'adulte ».

À cette période, le danger est que les nouvelles énergies de l'enfant l'incitent à agir ou à tenter d'agir de manière à soulever la culpabilité. Ainsi, plus conscient de ses capacités, l'enfant peut désirer passer outre à certaines règles, voire les transgresser et, après coup, se sentir menacé de perdre l'affection de ses parents. Il comprend qu'il ne peut pas toujours agir à sa guise. Ses parents et les autres personnes de son entourage, y compris les pairs, s'attendent à un certain contrôle de lui-même, des impulsions qui l'assaillent parfois. Il sait que l'absence de maîtrise de soi entraîne la réprobation, et même le rejet. Ayant intériorisé les attentes parentales, l'enfant de cet âge se comporte face à lui-même de la même manière que ses parents réels, et même de manière plus sévère, moins nuancée. C'est pourquoi la culpabilité est facile à ce stade. Si tout se passe bien, l'enfant prend progressivement plaisir à agir, à tenter divers projets et à les réaliser et il accroît son estime de lui-même. Il trouve diverses voies de décharge à son énergie accrue, des voies socialement acceptables. À l'inverse, l'enfant souffre d'une culpabilité à fleur de peau, refoule sa tendance à l'initiative et son action manque le plus souvent de maîtrise. L'estime de soi diminue d'autant.

11.4.2 Un être social

Le monde social de l'enfant de cette période s'agrandit naturellement et considérablement, plus encore s'il fréquente la garderie. Il apprend à jouer avec d'autres enfants. Il serait plus juste de dire « en présence » d'autres enfants. Il découvre des amis dans le voisinage immédiat et leur présence devient un puissant stimulant au développement. L'observateur qui écoute la « conversation » des enfants de cette période jouant ensemble se rend vite compte qu'il s'agit d'une série de monologues collectifs. Les enfants ne se répondent manifestement pas les uns aux autres, mais ils se stimulent mutuellement à parler, à agir, à imaginer, à jouer. C'est pourquoi les accidents sociaux sont nombreux, les mésententes et les querelles fréquentes, mais passagères.

Certains enfants éprouvent d'emblée un fort besoin de compagnons de jeux. Ils sont presque incapables de s'amuser seuls un certain temps, ils réclament la présence constante d'au moins un autre enfant. Ils s'empressent de prendre leur petit déjeuner, et même s'empêchent de manger pour courir chez le petit ami ou lui téléphoner dès son réveil pour l'inviter à jouer. D'autres se révèlent plus solitaires dans leurs jeux et moins empressés à partager leur espace ou leurs jouets, semblent se divertir mieux et plus longtemps seuls ou avec un ou des compagnons imaginaires. Certains se montrent déjà très compétitifs, agressifs, voire batailleurs ; d'autres paraissent plus isolés, plus soumis, plus conciliants. D'autres encore préfèrent la relation avec des adultes et s'intéressent peu aux autres enfants qui dérangent plus qu'ils ne stimulent. L'enfant affirme déjà un style social, une manière d'être avec les autres qui relève de son tempérament et de son expérience.

Personne n'est totalement indépendant. Chacun a besoin des autres à divers degrés. Les êtres humains se lient les uns aux autres par besoin d'information, de soutien et de réconfort. L'intensité de la dépendance varie selon les personnes en relation. L'enfant de 3, 4 et même de 5 ans exprime encore un besoin de dépendance. Ces comportements peuvent être classés en deux catégories : la recherche d'affection et la recherche d'aide (Ambron, 1981). La recherche d'affection se traduit chez l'enfant par des comportements visant à être admiré, louangé, gratifié. La recherche d'aide s'exprime lorsque l'enfant fait face à une situation nouvelle ou difficile. L'enfant qui reçoit une réponse à ces deux besoins exprimant sa dépendance gagne en sécurité et en estime de lui-même, en confiance en lui-même et dans les autres.

La difficulté pour les parents est de trouver le juste équilibre entre le laisser-faire et la surprotection. Les parents tentent de protéger l'enfant du danger et de la frustration indue, mais en même temps, ils essaient de l'aider à faire face au danger et à tolérer la frustration. Contrairement à la conception populaire, les études démontrent que l'enfant régulièrement puni pour des comportements dépendants ou parce qu'il proteste d'un manque d'amour ou d'attention tend généralement à rester dépendant, contrairement aux enfants dont les parents acceptent la dépendance. En d'autres mots, l'enfant qui ne reçoit pas une réponse suffisante à son besoin de dépendance poursuit, malgré sa croissance, sa quête d'une réponse satisfaisante chez les substituts des parents, les amis et les pairs. D'autre part, des parents surprotecteurs qui encouragent la dépendance de l'enfant, qui assistent l'enfant lorsque ce n'est pas nécessaire peuvent tout autant nuire au développement harmonieux de la personnalité. L'enfant surprotégé devient lent à pourvoir lui-même à ses besoins et cherche à se lier étroitement aux personnes de son entourage afin d'obtenir d'elles la sécurité et la protection qu'il ne sait pas se construire (Baumrind, 1971 ; Ambron, 1981).

Les enfants de parents chaleureux, compréhensifs, confiants en eux-mêmes, capables de demander, voire de se montrer exigeants à l'occasion, se révèlent confiants en eux-mêmes, ouverts, déterminés et capables de contrôle d'eux-mêmes. Les enfants de parents indulgents, permissifs, mais aussi surprotecteurs et incapables d'expliquer clairement leurs attentes se montrent également sans objectif dans leurs attitudes et comportements, et manquent de talent d'affiliation. Ils restent dépendants et passifs malgré l'apparence d'une activité comportementale, mais d'une activité sans but, d'une activité qui n'est qu'imitation des autres (Baumrind, 1971).

Au fur et à mesure que l'enfant se développe, il devient moins dépendant de ses parents et plus en relation avec d'autres adultes et d'autres enfants. L'enfant d'âge préscolaire s'assume mieux en présence d'étrangers sans l'assistance de ses parents. Cependant, il exprime plus facilement ses sentiments, tant positifs que négatifs, en présence de la mère qu'en face d'un étranger ou même d'un ami. L'enfant en arrive à moins dépendre exclusivement de la mère et des parents, et à assumer les risques et anxiétés liés à certaines situations (Schwartz, 1968).

Vers 4 ans, l'enfant a besoin de peu de support pour inventer un scénario, créer une situation. Un cheval de bois en fait un cow-boy des plaines, un bâton le consacre soldat de la guerre des étoiles, une casquette le propulse dans l'espace cosmique, etc. L'enfant participe au monde de la fantaisie. Tout dilemme est facilement résolu par une modification fantaisiste dans la représentation du monde. L'imaginaire étaye la majorité de son activité. Évidemment, au début, les jeux reproduisent largement la vie familiale, les manières d'agir des parents, les situations quotidiennes. La télévision contribue à varier le menu des activités, à accroître l'inventaire perceptuel de l'enfant, à multiplier les scènes de la vie quotidienne. Par la suite, l'enfant élabore selon son expérience et ses intérêts les thèmes qu'il a pu observer à la télévision. La télévision n'a pas toujours l'influence immédiate, directe et causale qu'on lui prête (Papalia et Olds, 1982 ; Parke et Slaby, 1983).

L'enfant se perçoit progressivement comme un membre de la famille et non plus seulement comme l'enfant de maman et papa. Il comprend qu'il occupe une certaine place dans la famille, et les attentes liées à cette position ne sont pas toujours faciles à accepter et à assumer. Il envie facilement le frère aîné ou la sœur cadette. Il jalouse les prérogatives liées à la position de l'un et de l'autre. Les querelles et la rivalité apparaissent régulièrement au menu quotidien. La rivalité fraternelle ne peut pas être annulée. C'est un phénomène normal chez l'enfant désireux de profiter de tous les avantages et incapable de tenir compte de plusieurs points de vue en même temps (égocentrisme). Même à l'égard des parents, la rivalité et l'envie sourdent dans la relation. Il constate que ce qui unit ses parents diffère de ce qui le lie à l'un et à l'autre et il leur en tient ombrage. Il sent bien que l'affection des parents l'un pour l'autre relève d'autres dimensions que celle qui lui est manifestée ; il comprend confusément que les avantages de cette affection diffèrent et s'expriment autrement que celle qu'il reçoit. Il en est jaloux. Il exige la même chose, veut que l'amour de maman pour papa lui revienne, que l'amour de papa pour maman lui soit rendu.

Sa représentation de lui-même entre ses deux parents, entre ses frères et sœurs, parmi d'autres enfants du voisinage ou de la garderie supporte sa compréhension du lien d'appartenance à une famille. Son prénom l'identifie parmi les siens et son nom de famille indique au monde extra-familial son appartenance familiale.

11.4.3 Une personne émotive

La plus grande autonomie dont jouit l'enfant de cette période entraîne quelque insécurité dans son sillage. Il n'est pas rare de voir surgir des comportements régressifs comme sucer son pouce, mouiller son lit, parler en « bébé », etc. L'imaginaire de l'enfant peut provoquer de fortes anxiétés. Les scénarios qu'il invente le conduisent parfois à des déroulements dramatiques dont il redoute la réalisation manifeste. Ainsi, il lui est très facile de penser que son frère rival se fasse enlever par quelque monstre et disparaisse. Le scénario se prolonge parfois malgré lui, alors le monstre revient et mange sa mère, son père ou, pire encore, lui-même. Sa jalousie naturelle l'incite à développer facilement des scènes de vengeance, mais la loi du talion s'applique immanquablement à cette époque et l'enfant redoute les représailles dans ses scénarios.

Le rêve et la réalité se mélangent facilement et l'ambivalence des sentiments et désirs entraîne l'enfant dans des jeux imaginaires d'amour et de haine, d'union et de désunion, de naissance et de mort. Il n'est pas rare, la nuit, que l'enfant se réfugie dans le lit de ses parents, recherche la sécurité dans les bras des parents tout-puissants. Les cauchemars et peurs nocturnes débutent souvent vers la fin de la troisième année ou le début de la quatrième année et atteignent leur apogée vers l'âge de 5 ans pour disparaître presque complètement vers l'âge de 7 ans. Il va de soi que la manière des parents de composer avec ces anxiétés influence grandement le développement futur de la personnalité de l'enfant.

Dans notre société, l'agressivité n'est pas toujours considérée comme un comportement indésirable. Au contraire, une personne incapable d'agir agressivement au moment opportun peut être perçue comme inefficace et être rejetée. Dans une société qui promeut le culte de la personnalité, l'affirmation agressive devient une composante nécessaire pour l'intérêt personnel. Lorsqu'une personne devient l'objet d'une expression agressive, il y a alors agression. L'agression doit être considérée comme instrumentale lorsque son expression vise l'atteinte d'un objectif non agressif en soi (ex. : une querelle d'enfants pour la possession d'un jouet jugé nécessaire au déroulement d'une activité). L'agression devient hostile lorsqu'elle vise la destruction, l'élimination de l'autre (ex. : le frère aîné repoussant brutalement son cadet).

L'élément déclenchant habituellement l'agressivité est la frustration. L'enfant d'âge préscolaire a fréquemment l'occasion d'être frustré. Plusieurs fois par jour, il désire faire, atteindre, élaborer quelque chose qu'il ne peut pas, qu'il n'est pas capable, qui lui est interdit. Le conflit inhérent aux modulations difficiles entre l'initiative et la culpabilité provoque également une bonne dose de frustration. Devant une frustration, le réflexe naturel est de tenter d'en éliminer la source. Si l'élimination est impossible, alors c'est généralement l'agression hostile, l'attaque contre la source frustrante. Si l'agressivité soulevée constitue une réaction à la frustration, la punition de l'enfant agressif n'améliore pas son humeur. La punition risque fort d'être reçue comme une agression et de susciter davantage la frustration, voire de servir de modèle de comportement et ainsi de renforcer les comportements agressifs. D'autre part, la crainte de représailles, réelles ou imaginaires, peut inhiber l'expression de l'agressivité et accroître le taux de frustration. L'agression hostile devrait plutôt être minimisée par une diversion, en aidant l'enfant à décharger sa colère d'une manière non destructive et socialement acceptable, à évacuer son énergie, dans une activité physique par exemple.

À l'âge préscolaire, l'agressivité s'exprime par des crises de colère aussi soudaines qu'intenses. Ces crises surviennent généralement lorsque l'enfant est émotionnellement perturbé, trop stimulé ou frustré de l'attention des personnes qui lui sont chères. Les accidents sociaux sont fréquents à cette époque et déclenchent facilement des comportements agressifs. Dans les jeux à plusieurs, l'enfant devient facilement excité, agité, et la bousculade accidentelle ne rate jamais, la bagarre éclate soudainement. L'enfant ne sait pas encore distinguer le comportement intentionnel du comportement accidentel.

La pensée égocentrique de l'enfant n'aide pas à faire la différence. Progressivement, l'agression physique diminue et est remplacée par l'agression verbale. Les bousculades cèdent le pas aux injures. Bientôt, au moment de la rentrée scolaire, l'enfant sera plus agressé et blessé par les sobriquets et les injures verbales que par les coups de bâton et les cailloux lancés. Il va de soi que la manière des parents de composer avec les comportements agressifs de l'enfant influence grandement ce dernier dans sa manière d'exprimer sa colère.

La peur est généralement provoquée par l'inconnu, l'incompréhensible. La tranche des situations et phénomènes qui échappent à l'intelligence de l'enfant est très large et les peurs sont nombreuses. Le stress social constitue une source importante des peurs infantiles : ne pas savoir comment agir dans une nouvelle situation, devoir composer avec des personnes étrangères, occuper une place inconnue, provoquent facilement la gêne et le retrait silencieux. L'enfant peut avoir besoin d'assistance et d'encouragement pour faire face et composer avec le monde social nouveau qu'il découvre. Faute d'un soutien adéquat, l'enfant peut développer la timidité, la gêne, comme réaction habituelle ou trait personnel. Les peurs peuvent aussi être acquises par conditionnement et renforcement (voir sous-section 11.5.4). L'enfant de cet âge a facilement peur des insectes, de la noirceur, du bruit, du drain de la baignoire et de la toilette, etc. Les peurs les plus terribles proviennent de l'imagination même de l'enfant. Ces peurs ne doivent pas être sous-estimées car, pour l'enfant, elles sont réelles. Son mode de penser rend probables tous les scénarios imaginaires, fussent-ils objectivement impossibles. L'enfant doit être encouragé, soutenu, réconforté lorsqu'il est anxieux, pour éviter que la honte, le doute et la culpabilité s'installent comme trait de caractère.

Progressivement, les peurs imaginaires cèdent le pas aux peurs de dangers plus réels, de blessure physique, de maladie grave, de la mort, etc. Il est rare qu'une peur quelconque ne soit pas surmontée par l'enfant de cet âge après un an ou deux. Plus l'enfant est jeune, plus la peur s'éclipse rapidement si l'enfant est sécurisé et rassuré chaleureusement par les parents ou leurs substituts. La peur persiste plus longtemps chez l'enfant plus âgé. Celui-ci est plus en mesure de justifier sa peur, de l'intégrer dans un système de pensée, dans une façon de concevoir le monde et ses dangers (Graziano, DeGiovanni et Garcia, 1979). Généralement, l'enfant parvient à surmonter ses peurs et réussit à composer avec celles relevant de dangers plus réels.

11.4.4 Un être intelligent

L'enfant de 2 ans ou 2 ans 1/2 parle généralement assez pour se faire comprendre facilement. Il possède un vocabulaire relativement étendu et maîtrise déjà l'essentiel des règles syntaxiques. C'est entre 2 et 6 ans que l'enfant saisit l'utilité et la validité de la communication verbale, qu'il applique à cette nouvelle forme de communication la confiance en lui-même qu'il a antérieurement développée. Le contrôle intérieur du comportement et, dans un sens plus large, de l'orientation dans la vie, l'assurance et la sécurité personnelle dans les relations avec autrui dépendent de plus en plus du langage, du sens des mots et de la logique avec laquelle des mots significatifs sont utilisés. Il faudra encore plusieurs années avant que l'enfant saisisse la pleine signification des mots et qu'il soit en mesure de raisonner avec logique. L'enfant n'en acquiert pas moins ici les fondements d'une communication qui durera toute la vie.

Au début, le mot dénomme l'objet particulier et n'a pas de caractère générique. Bien que l'enfant sache que les chats et les chiens sont des animaux, il ne saisit pas encore le sens générique du mot « animal ». Ce n'est qu'à l'âge scolaire que l'enfant sera capable de classification et de sériation.

L'enfant apprend beaucoup de ses interactions avec autrui, et plus particulièrement avec ses parents, selon que les mots et la communication verbale l'aident à résoudre les situations difficiles et à mieux connaître la réalité, tant intérieure qu'extérieure, à laquelle il doit s'adapter. En effet, les parents et éducateurs traduisent verbalement à l'enfant une part de la réalité physique, sociale, affective, émotionnelle, morale, etc. dont il doit tenir compte. Devant un enfant en pleurs, la mère traduit : « Il a de la peine... », « Il est fâché... ». Il arrive aussi que le langage masque les sentiments, altère la réalité, cache, trompe, justifie le Soi et manipule Autrui pour répondre à certains besoins affectifs. Ainsi en est-il si, devant un enfant peiné, le parent affirme : « Il est fatigué... », devant un enfant en colère : « Il est triste... », devant un enfant blessé : « Ce n'est rien... »

D'autres fois, le langage est capté par les fantasmes et l'imaginaire, et il ne traduit plus la réalité. Le langage peut alors être utilisé pour fuir la réalité ressentie comme désagréable. C'est le cas lorsque l'enfant blessé, peiné, apeuré ou anxieux est distrait de ses sensations et sentiments par des fantaisies comiques, par une tentative de « lui changer les idées », de le détourner de la réalité, plutôt que de l'aider à traduire en mots cette réalité pénible, à exprimer avec des mots ce qu'il ressent. Le plus souvent, en pareille situation, c'est l'adulte qui ne veut pas entendre, qui ne veut rien savoir du caractère pénible de la réalité de l'enfant. Ce dernier comprend alors, autant pour lui-même que pour autrui, que ce qui est dit importe davantage que ce qui est vécu, ressenti, fait.

C'est entre 2 et 6 ans que l'enfant développe une confiance ou une méfiance dans la communication verbale comme outil relationnel. Si les mots qui accompagnent les gestes sont justes et vrais, l'enfant croit le discours de l'Autre. Si au contraire, les mots d'affection sont accompagnés de gestes brusques, de manipulations agressives, l'enfant sent la différence, l'incompatibilité entre le mot et le geste, et il ne sait plus où est la vérité, ne comprend plus le discours de l'Autre. Ainsi en était-il de cet enfant agité auquel le père recommandait quotidiennement d'être sage avec grand-maman qui le gardait, mais qui ne se faisait jamais disputer lorsqu'en fin de journée la grand-mère se plaignait de son agitation désagréable. Au contraire, le père le prenait dans ses bras avec affection et contentement. L'agitation de plus en plus marquée, dangereuse et généralisée de l'enfant traduisait le malaise ressenti devant le double message reçu. Cet enfant ne pouvait pas comprendre pourquoi il pouvait être agité chez grand-maman, agacer celle-ci à l'extrême et être aimé quand même de son père, et d'autre part être pénalisé pour une attitude semblable à la garderie, souffrir alors les reproches et la menace de perte d'amour de son père qui semblait le féliciter ailleurs pour la même conduite. Il ne pouvait pas comprendre pourquoi son agitation chez grand-maman faisait plaisir à papa alors que le même comportement à la garderie semblait tant lui déplaire.

L'enfant de cet âge différencie encore assez peu la fantaisie de la réalité. C'est pourquoi certains tirent davantage satisfaction de leurs propres fantasmes que de la réalité, alors que d'autres paraissent manquer d'imagination. Si la communication verbale n'assiste pas suffisamment l'enfant dans ses tâches adaptatives, si la réalité physique ou sociale devient par trop anxiogène, si les gratifications provenant du monde extérieur sont trop clairsemées, l'enfant peut se réfugier dans un monde intérieur, imaginaire et délaisser la réalité. Il se détourne alors de la communication sociale qu'est le langage verbal au profit d'une communication fantaisiste le plus souvent refermée sur elle-même. L'enfant qui est considéré par ses parents comme un objet passif pour lequel ils font tout ne ressent pas le besoin de s'exprimer verbalement, il n'a qu'à gémir ou pleurer et ses parents interviennent. Bien comprendre le fonctionnement cognitif de l'enfant de cet âge aide à mieux saisir son développement affectif et, inversement, l'étude de la vie émotionnelle et relationnelle éclaire les progrès réalisés sur le plan intellectuel.

L'enfant d'âge préscolaire intériorise les symboles visuels, les mémorise et les arrange selon ses propres fantaisies. Cette activité est largement soutenue par le langage, c'est-à-dire par le jeu des symboles et signes verbaux. L'enfant devient capable de traduire ses expériences sensorimotrices et affectives passées en symboles, et de les projeter dans un futur proche. Ultimement, ce rappel du passé produit un comportement plus réfléchi, une manière d'être tempérée par l'expérience. L'intériorisation des symboles et des signes favorise également le développement de l'imaginaire, lequel n'a pas besoin de référence explicite au passé. Par l'imaginaire, l'enfant élabore divers scénarios pour faire face à certaines situations problématiques. Il est manifestement plus facile de régler un problème dans l'imaginaire que dans la réalité. L'enfant de cet âge fait généralement grand usage de cette nouvelle capacité. L'enfant frustré, qui ne trouve pas de réconfort immédiatement dans la réalité, qui a peine à composer avec les plus grands que lui, peut facilement résoudre dans son monde imaginaire les difficultés éprouvées, se réfugier dans le fantasme.

Il n'est pas facile à l'enfant de cette période de distinguer son monde imaginaire et la réalité. Son expérience de vie est encore assez limitée, et sa représentation du monde ne reflète que ce qu'il peut en saisir avec les moyens dont il dispose. Ces moyens sont encore relativement limités. En ce sens, l'imaginaire vient suppléer aux carences de sa compréhension, aux limites de ses capacités pour appréhender la réalité. Ainsi, un enfant affirmait avec sincérité et conviction s'être rendu au bout du monde avec son tricycle, alors qu'il n'était allé qu'au bout de la rue, lieu que la mère inquiète avait qualifié de « bout du monde ».

La pensée de l'enfant de cet âge demeure essentiellement égocentrique. L'enfant ne peut considérer que son propre point de vue, il est incapable de se représenter le point de vue d'une autre personne. Il ne peut réfléchir que sur une seule dimension à la fois. Devant une problématique comportant deux dimensions distinctes mais reliées, il ne peut qu'alterner de l'une à l'autre sans tenir compte des régulations et compensations successives de l'une sur l'autre. L'égocentrisme de la pensée incite l'enfant à croire que les animaux et les objets sont motivés par les mêmes désirs que lui. Aussi établit-il avec eux un type de relation semblable à celle vécue avec ses parents.

À cet âge, l'intelligence est pré-opératoire (Piaget, 1964). C'est une intelligence égocentrique à cause de l'expérience limitée de l'enfant, de l'absence de système de références et de la difficulté de différencier la réalité subjective de la réalité objective. L'imaginaire et la réalité s'entremêlent facilement, et les difficultés posées par la réalité sont contournées par le recours à l'imaginaire de manière à répondre aux besoins subjectifs de l'enfant. La signification des mots demeure limitée, et le caractère générique échappe à la compréhension. La pensée est animiste et confère aux objets inanimés des désirs, des intentions, des mouvements, bref, la vie. La pensée est artificialisme, elle explique superficiellement le monde environnant. Ainsi, le mouvement des feuilles dans les arbres fait le vent qui pousse les nuages qui déplacent l'air qui fait ainsi bouger les feuilles des arbres. La causalité est comprise de façon animiste (voir les sections 6.6 et 6.7).

Il est facile de deviner l'ampleur du recours à l'imaginaire d'une telle pensée. L'enfant a peine à différencier ses rêves de la réalité. C'est pourquoi il est si facilement convaincu que son ourson puisse se transformer la nuit en un véritable gros ours méchant. C'est également pour cette raison que les règles d'un jeu sont si difficiles à suivre et qu'elles sont naturellement modifiées au gré des besoins. Une seule règle est valable à cet âge dans les jeux, c'est celle de gagner à tout prix.

11.4.5 Un être sexué

Le développement d'une identité sexuelle est fondamental. Cette identité constitue une part importante de la stabilité affective, émotionnelle et relationnelle ultérieure et de la cohérence du Soi. Même s'il est possible à une personne de vivre comme si elle était de l'autre sexe, d'être sexuellement attirée par une personne de son sexe, il n'en demeure pas moins que ce type d'adaptation demande des efforts considérables et répétés, et provoque plusieurs tensions dans la personnalité. Il importe d'étudier le processus par lequel l'enfant développe une identité sexuelle et la façon dont celle-ci le conforte dans sa manière d'être à la vie et au monde, comment elle lui apporte confiance et sécurité. Selon la théorie psychanalytique, le complexe d'Œdipe constitue la pierre angulaire de ce développement.

Bien que le sexe de l'enfant soit génétiquement déterminé (voir sous-section 2.2.5), les facteurs biologiques ne font qu'influencer l'identité sexuelle, ils ne la construisent pas. Aux facteurs biologiques se mêlent les influences psychologiques et sociales. La façon dont l'enfant a vécu les relations objectales jusqu'à présent et la nature de ces relations influencent grandement son identité sexuelle. Les attitudes passives de l'enfant ont-elles été particulièrement renforcées, ou était-ce plutôt les attitudes actives ? Les tendances masochistes et sadiques ont-elles été fortement encouragées ou désapprouvées ? Les désirs de maîtriser autrui et le monde environnant et d'être maîtrisé pour sa propre protection ont-ils été

récompensés ou réprimés ? Toutes ces dimensions sont déjà présentes dans la personnalité au moment où l'enfant commence à affirmer une identité sexuelle. Selon Erikson (1966), la configuration de l'organe sexuel influence également la manière d'être de l'enfant. La possession du pénis, organe extérieur et érectile, incite le garçon à une activité particulièrement intrusive. Le petit garçon fonce activement vers l'avant, il court, crie, fouille partout, se veut fort et puissant. La petite fille, selon les caractéristiques de son organe sexuel, se révèle plus réceptive, accueillante et portée à séduire. Elle développe assez tôt divers sentiments et idées à propos de son monde intérieur, monde créateur qui influence profondément sa manière d'être en relation.

Malgré la détermination biologique du sexe, le sexe attribué à l'enfant par ses parents est encore plus marquant. Évidemment, la grande majorité des parents accordent à leur enfant le même sexe que l'anatomie révèle. Cependant, la signification de ce sexe en particulier peut largement varier. Les attitudes émotionnelles des parents face à la sexualité en général et face au sexe de leur enfant en particulier sont introjectées dans l'identité sexuelle que l'enfant développe. Dans les faits, les parents n'éduquent jamais leur enfant dans un accord parfait avec son sexe. Les parents ne constituent jamais des modèles d'homme et de femme parfaitement consistants et, partant, ils ne renforcent pas seulement ce qui est masculin chez le garçon et féminin chez la fille. Aucun enfant ne développe une masculinité pure ou une féminité pure. La part de masculin et de féminin dans chaque être humain est donc toute relative. Bref, au-delà des facteurs biologiques qui déterminent le sexe de l'enfant et les conséquences organiques liées à ce sexe, la sexualité de l'enfant et son identité sexuelle sur le plan psychologique sont plus marquées par les expériences relationnelles, les investissements d'objets, l'éducation reçue et les valeurs socioculturelles transmises. La détermination du sexe est biologique, mais la sexualité et l'identité sexuelle sont foncièrement psychosociales. Le genre de la personne relève davantage de la façon dont elle se perçoit et est perçue par les autres. L'identité sexuelle procède davantage de l'apprentissage que de l'hérédité (Money et Tucker, 1975 ; Condry et Condry, 1976 ; Smith et Lloyd, 1978).

La différence des sexes n'est pas qu'une question d'anatomie. Les garçons et les filles établissent des relations différentes avec leur entourage et y réagissent de façon spécifique. Leurs intérêts et leur manière de voir et de comprendre varient. Les tâches de développement et les rôles diffèrent également. La façon dont le petit garçon et la petite fille vivent leur appartenance sexuelle marque considérablement le développement futur de leur personnalité (Seavy, Katz et Zalk, 1975 ; Sidorowitz et Lunney, 1980).

Les théories sur le développement de l'identité sexuelle peuvent être classées en trois approches. *La théorie psychanalytique* apparaît comme une théorie à part et sera rapportée plus loin. *Les théories biologiques* mettent l'accent sur le rôle de la physiologie, de la génétique et de l'endocrinologie dans la détermination des différences sexuelles. La présence ou l'absence de certaines hormones et la suffisance ou l'insuffisance de ces hormones détermineraient les caractéristiques sexuelles des attitudes et du comportement de la personne. La critique généralement formulée vis-à-vis de cette approche est la difficulté de préciser les comportements sexuels, autres que ceux en jeu dans le processus de la reproduction, influencés par les facteurs biologiques.

Les théories fondées sur l'apprentissage social expliquent les différences sexuelles par l'observation et l'imitation exercées par l'enfant dans un processus de socialisation. Ces théories s'inspirent largement de l'apprentissage par conditionnement. L'enfant est en quelque sorte conditionné, par récompenses et punitions, à tenir certains rôles propres à son sexe. Cependant, l'enfant n'a pas toujours besoin d'être directement récompensé ou puni pour une attitude ou un comportement en accord ou en désaccord avec son identité sexuelle. L'observation des autres et l'imitation des modèles informent l'enfant sur les comportements et attitudes attendus de lui par son entourage. Bandura et Walters (1963) ont montré que les personnes bien vues dans la société étaient davantage imitées que celles qui sont peu considérées.

Les théories basées sur le développement cognitif justifient les différences sexuelles par l'organisation de la pensée et la maturation des processus cognitifs. S'inspirant largement de la théorie de l'intelligence de Piaget, Kohlberg (1966) explique l'acquisition d'une identité sexuelle irréversible vers l'âge de 6 ans. Ce n'est pas avant ce moment que l'enfant comprend qu'il est pour toujours un garçon ou une fille. Fort de cette certitude, le garçon recherche alors activement des modèles masculins à imiter, et la fille, des modèles féminins. Partant, l'enfant élabore des règles de conduite en accord avec son identité sexuelle. Ces règles sont au début exagérées et rigides. Le développement intellectuel apporte progressivement l'assouplissement et les nuances nécessaires aux modes de conduite établis.

Vers 2 ans ou 2 ans 1/2, l'élaboration d'une identité sexuelle chez l'enfant est déjà engagée. Malgré la libération sexuelle et l'éducation plus libérale, les parents et les éducateurs se comportent différemment à l'égard du petit garçon et de la petite fille, et ce depuis la naissance (Seavy, Katz et Zalk, 1975 ; Sidorowitz et Lunney, 1980). La mère se révèle généralement plus active dans sa relation avec le garçon qu'avec la fille. La relation du père avec le petit garçon est souvent plus physique, plus active, plus musculaire, alors que sa relation avec la petite fille est plus tendre, plus affectueuse (Cohen, 1966).

Bien que l'élaboration d'une identité sexuelle soit déjà engagée à l'âge de 2-3 ans, la question n'est pas pour autant définitivement tranchée. Les limites de la pensée pré-opératoire de l'enfant et le recours facile à l'imaginaire dans la construction d'une représentation du monde entraînent plusieurs distorsions et aberrations dans la représentation de Soi, d'un Soi sexué selon un seul des deux sexes. Le garçon aussi bien que la fille s'identifient dans un premier temps à la personne la plus près d'eux. Dans notre société, cette personne se révèle être encore le plus souvent la mère, la grand-mère, la gardienne, la jardinière ou la technicienne en garderie, bref une femme. Il n'est pas rare d'entendre des petits garçons et des petites filles de 3-4 ans affirmer qu'ils seront plus tard « maman » comme leur mère. Au début de la vie, les garçons et les filles vivent en symbiose avec leur mère et ils ne s'en différencient que progressivement. Elle est la source principale d'affection et de sécurité. Le lien à la mère est encore très intense au moment où l'enfant se découvre garçon ou fille. Il sait alors ce qu'il est, mais il ne sait pas encore ce qu'il va devenir. Aussi, les garçonnets et les fillettes croient, dans leur monde imaginaire, qu'ils peuvent changer de sexe en grandissant.

La découverte de la différence anatomique des sexes constitue un moment critique dans le développement. L'enfant constate ce qui est le plus perceptible, le plus concret : un enfant a un pénis et l'autre n'en a pas. Il ne comprend pas la différence et ne l'admet pas d'emblée. La petite fille peut imaginer plusieurs scénarios : son pénis n'est pas encore poussé, son pénis lui a été enlevé, la mère a omis de lui faire un pénis, etc. Le garçon imagine également diverses explications semblables auxquelles il ajoute la crainte de perdre son pénis à son tour. Les deux sont très concernés par la différence traduite en présence ou absence de pénis. Certains enfants se rebellent et tentent de changer la situation, d'annuler la différence perçue. La petite fille veut uriner debout comme le petit garçon. Le petit garçon affirme fermement avoir vu le pénis de sa sœur. L'enfant croit les parents responsables de la différence et redoute quelque vengeance de leur part. L'attitude des parents à l'égard de la sexualité et des caractéristiques attribuées à l'un et l'autre sexe joue ici un rôle de premier plan, renforce ou discrédite les théories sexuelles élaborées par l'enfant.

Ainsi, si la petite fille sent que sa mère et les femmes qui l'entourent ressentent profondément une grande estime pour la femme et qu'elles sont fières de l'être, que le père éprouve lui aussi de l'estime et de l'affection sincères pour son épouse et pour les femmes en général, alors la différence perçue devient moins menaçante. La différence n'est plus sentie comme un appauvrissement ou un manque, mais comme un gain, un avantage, un acquis enviable. La petite fille s'identifie alors à la femme et assume son identité sexuelle. La manière dont la fille parvient à composer avec la différence oriente la suite du développement de sa personnalité. Plusieurs fillettes adoptent des attitudes garçonnières pour un certain temps durant l'enfance et l'adolescence. Ces attitudes accompagnent souvent des fantasmes inconscients, ou conscients mais non exprimés, d'appartenance au sexe masculin. Le plus souvent, l'allure garçonnière s'estompe progressivement au fur et à mesure que la fille retrouve la confiance et la sécurité dans son identité, l'estime de son identité sexuelle. Accepter son appartenance sexuelle et assumer son identité sexuelle correspondent à une résolution satisfaisante de la situation œdipienne.

Le petit garçon développe une grande fierté de la possession du pénis. Cette fierté est souvent, inconsciemment ou consciemment, encouragée par les parents, autant la mère que le père. La masturbation apparaît non seulement comme une source de plaisir érotique, mais aussi comme un moyen de réconfort et de regain de fierté et d'estime chez l'enfant perturbé ou bouleversé. La masturbation est souvent accompagnée de fantasmes mettant en scène la mère et les soins qu'elle procure à l'enfant.

La différence anatomique des sexes est aussi angoissante pour le garçon. Il craint de perdre ou qu'on lui enlève son pénis. L'angoisse peut être telle que l'enfant nie l'absence de pénis chez la fille. Il se convainc que sa mère possède et cache un pénis. C'est l'angoisse de castration, selon la théorie psychanalytique. Cette angoisse joue un rôle important chez le garçon, plus particulièrement à l'égard du complexe d'Œdipe. Pour se soustraire à cette angoisse, bien des garçons souhaitent dans leurs fantasmes ne plus avoir de pénis, être une femme. D'autres voient leur angoisse accrue lorsqu'ils constatent la différence de dimension entre le pénis de leur père et le leur. Par crainte de ne pas posséder un pénis suffisant, le petit garçon peut désirer rester enfant, ne plus vouloir grandir. D'autres, enfin, cherchent à compenser leur angoisse par des attitudes méprisantes à l'égard de la petite fille et de la femme en général. Selon Freud (1925) et ses successeurs, c'est l'angoisse de castration qui est à l'origine de toutes ces attitudes et de tous ces comportements chez l'homme.

La sécurité et la confiance que l'enfant développe par rapport à son appartenance sexuelle relèvent en grande partie des attitudes parentales. Les parents acceptent-ils vraiment le sexe de leur enfant ? Les parents qui souhaitaient une fille parviennent-ils à surmonter leur déception et à accepter le petit garçon qui se présente ? Devant des parents qui désiraient très fort un garçon, la petite fille peut développer des attitudes très garçonnières pour leur plaire et être ainsi renforcée dans cette manière d'être. L'époux peut démontrer si peu d'estime pour son épouse que la petite fille n'a pas du tout envie de ressembler à sa mère. Le petit garçon peut préférer être fille lorsqu'il voit sa mère critiquer si sévèrement son époux. Le garçon ou la fille peut aussi décevoir ses parents, ne pas répondre à leurs aspirations, et les parents peuvent, plus ou moins secrètement ou ouvertement, regretter d'avoir donné naissance à un garçon ou à une fille et croire qu'un enfant de l'autre sexe aurait mieux rempli leurs attentes et aspirations.

Évidemment, le développement d'une identité sexuelle demeure le plus souvent harmonieux et il y a correspondance entre les données biologiques, psychologiques, culturelles et les désirs et attitudes des parents à l'égard de l'enfant sexué. La petite fille souhaite ressembler à sa mère. Le garçon s'identifie à son père et veut devenir un époux et un père à son tour. Il nie sa dépendance à l'égard de sa mère et manifeste une plus grande activité pour affirmer son autonomie. Les résultats des recherches sur le développement d'une conduite dite masculine ou féminine sont le plus souvent contradictoires (Lamb, 1976). Bien sûr, toutes les conduites relatives à un sexe ou l'autre, toutes les attitudes stéréotypées demandent à être nuancées et adaptées à la personnalité et aux milieux familial et social. La manière propre à chaque enfant de développer une identité sexuelle et d'en assumer les répercussions dans le comportement et les attitudes est largement influencée par la manière d'être des parents, par leur

manière d'interagir. L'identité sexuelle et la manière dont cette identité est vécue, assumée et traduite dans le comportement et les attitudes s'inscrivent dans la personnalité et lui donnent une couleur originale qui la caractérise pour de très nombreuses années, voire pour la vie.

À la période préscolaire, l'enfant s'interroge aussi sur l'origine des enfants et sur leur conception. Les histoires de cygognes exploitent la crédulité de l'enfant et ne le renseignent pas sur la réalité et sur la vérité. Des explications simples sur le fait que l'enfant se construit dans le sein maternel et qu'il vient au monde par une ouverture spéciale satisfont généralement l'enfant pour un temps. S'il sent ses parents à l'aise dans leur discours, il n'hésite pas à poser d'autres questions plus précises. Une première explication par trop détaillée déborde la capacité de compréhension de l'enfant et n'informe pas adéquatement. L'enfant réorganise généralement à sa manière l'explication donnée et construit sa propre théorie. Il en fait plusieurs révisions au fur et à mesure du développement de la compréhension et de la qualité des informations récoltées.

Les théories sexuelles infantiles sont aussi nombreuses qu'il y a d'enfants. Certains croient que la mère mange une graine d'un type particulier, d'autres pensent qu'un insecte ou un petit animal entre dans la mère par un des orifices (bouche, yeux, nez, oreilles, anus, urètre, pores de la peau) et y dépose un œuf. L'enfant se représente parfois le fœtus dans le ventre de la mère durant la grossesse : assis, la bouche ouverte, il mange tout ce que la mère avale afin de grandir et de grossir suffisamment pour devenir un bébé. Beaucoup d'enfants croient que la naissance se fait par l'anus. C'est pourquoi on trouve dans l'inconscient une équation entre bébé et caca. D'autres croient que la mère est hospitalisée afin que le médecin donne naissance au bébé par le biais d'une intervention chirurgicale. La conception, le développement et la naissance du bébé est un des premiers mystères de la vie avec lequel l'enfant est en contact. Ici comme ailleurs, les théories élaborées par l'enfant traduisent en bonne partie les attitudes parentales. Il accepte facilement les explications des parents s'il les sent sincères, vraies, authentiques et il questionne à nouveau au besoin. S'il sent que ses parents le trompent, qu'ils sont gênés, mal à l'aise devant les demandes d'informations, il n'ose plus les provoquer ; il n'aime pas lui non plus le malaise, la gêne. Les parents ne doivent donc pas se surprendre de voir leurs explications déformées et de devoir reprendre plus d'une fois l'information.

11.4.6 Un être parmi d'autres

Le développement de l'identité sexuelle est aussi influencé par les relations avec les pairs. La rivalité fraternelle, la jalousie à l'égard du nouveau-né, l'envie des privilèges de l'aîné, l'affection et l'identification entre les pairs sont autant de dimensions importantes et actives dans l'élaboration de la personnalité de cette époque.

La rivalité fraternelle semble avoir toujours existé. La jalousie entre Caïn et Abel remonte à l'*Ancien Testament*. Le théâtre grec exploite largement ce thème. La rivalité fraternelle sous diverses formes fut aussi la source d'inspiration des auteurs classiques (Shakespeare, Corneille, Molière, Racine, etc.). L'enfant désire naturellement l'exclusivité de l'affection maternelle et n'accepte pas facilement le partage. La rivalité fraternelle prend peut-être autant de visages différents qu'il y a d'enfants frères et sœurs. De la haine ouvertement déclarée avec agression physique ou verbale jusqu'à la surprotection affectueuse envers le petit frère ou la petite sœur qui ne peut plus rien faire sans assistance, en passant par l'indifférence, le mépris ou, au contraire, la promotion assidue et compromettante, la mise en valeur de l'autre, etc., la rivalité fraternelle imprègne toutes les familles.

L'arrivée d'un nouveau membre dans la fratrie soulève inéluctablement une jalousie. L'organisation totale de la famille est troublée, les relations entre les membres sont perturbées. L'enfant a le sentiment de perdre l'attention de la mère au profit du nouveau-né. Les parents espèrent souvent que l'enfant accueille avec bonheur le nouveau petit frère, la

nouvelle petite sœur, qu'il partage leur enthousiasme. Même si, durant toute la grossesse, il a semblé attendre impatiemment ce nouveau membre, il est maintenant déçu. Le bébé est trop petit pour jouer, trop impuissant pour faire quoi que ce soit. Ce qui s'annonçait un nouveau jouet se révèle une nuisance, un embarras, une charge, un interdit. L'enfant est très sérieux lorsqu'il demande aux parents s'il est possible de retourner le bébé. Il n'est pas rare de constater des comportements régressifs chez l'enfant en réaction à la naissance du nouveau-né. Certains enfants exigent un biberon, d'autres mouillent leur lit, se souillent, parlent en bébé, bégaient, présentent des tics, etc. Ce sont là aussi autant de manifestations agressives devant l'arrivée du nouvel intrus.

Les parents poussent un soupir de soulagement lorsque, plusieurs mois plus tard, l'aîné semble accepter le bébé et composer avec cette nouvelle présence. Il ne faut pas croire pour autant que les difficultés sont terminées. D'autres surgissent lorsque le petit frère ou la petite sœur commence à marcher et que ses gros pieds écrasent les jeux de construction, que ses mains avides s'approprient les jouets et autres objets personnels. Les parents partagent maintenant leur attention entre deux enfants actifs. Les gestes agressifs de l'aîné envers le cadet provoquent parfois le premier conflit ouvert entre l'enfant et les parents qui doivent protéger le plus faible et qui ne peuvent plus faire preuve de leur tolérance habituelle envers l'aîné. Certains enfants, par crainte de perdre l'amour de leurs parents, tentent de modifier leur comportement, leurs attitudes, leurs sentiments envers le cadet. Ils n'y réussissent pas toujours au premier essai et n'y parviennent pas toujours parfaitement. D'autres, au contraire, inversent catégoriquement leurs attitudes et deviennent tendres et affectueux envers le petit, en prennent soin avec grande attention. Il s'agit là d'une formation réactionnelle tournant en contraire les sentiments réels. La défense fait parfois défaut et l'enfant peut devenir sournois et hypocrite : gentil avec la petite sœur en présence des parents, il sera sadique et provocant en leur absence.

Si l'aîné est jaloux du bébé, le cadet envie souvent les avantages du grand frère ou de la grande sœur. Le plus jeune tente d'imiter l'aîné, de s'approprier ses biens. Cette envie l'incite parfois à des conduites qui dépassent ses capacités et le laissent frustré et craintif, lui faisant ressentir son impuissance comme insurmontable. Si le jeune parvient à réaliser certaines choses comme l'aîné, il en tire une grande fierté et reprend confiance dans ses capacités.

Les sentiments positifs entre frères et sœurs, leurs désirs mutuels et leur affection passent souvent inaperçus en raison de leurs frictions et querelles. L'ambivalence des sentiments est un phénomène normal. Ils oublient rapidement leurs querelles et reprennent, sans mot dire, leur relation fraternelle affectueuse pendant que les parents continuent de s'inquiéter et de s'interroger sur une solution à ce problème insoluble.

Les motifs des conflits fraternels et les désirs d'affection exclusive sont les mêmes chez les frères et les sœurs, ce qui les rapproche dans une compréhension mutuelle, même s'ils provoquent des querelles et des batailles. Mieux que toute autre personne, le frère saisit bien la motivation de telle conduite, de telle attitude chez la sœur et vice-versa. Les causes des conflits qui les séparent et les opposent en apparence au fond les rapprochent grandement. La manière de voir la situation familiale est la même, les valeurs et les désirs sont très semblables. Ces ressemblances les aident à comprendre ce que l'autre pense, ressent, désire, sans qu'ils éprouvent le besoin d'en parler ouvertement ensemble. En fait, les valeurs partagées par la fratrie sont aussi importantes que celles des parents dans l'élaboration d'un système de valeurs, d'une conscience morale, d'un Surmoi. Les besoins d'affection et d'estime mutuelles entre frères et sœurs peuvent même parfois avoir préséance sur les besoins d'amour parental. Les parents traduisent ce fait lorsqu'ils affirment que leurs enfants se querellent fréquemment mais qu'ils ne peuvent pas pour autant se séparer l'un de l'autre. Les enfants en viennent à se partager divers rôles de façon à répondre aux attentes parentales et à éviter, entre eux, l'empiétement et les conflits.

Les effets de la position de l'enfant dans la famille ont été maintes fois étudiés (Altrus, 1966).

Les études statistiques ont limité l'importance du rang de l'enfant sur le développement de sa personnalité. Apparemment, le premier-né profite de certains avantages, particulièrement sur le plan intellectuel et sur celui de la réussite professionnelle. Comparativement aux puînés, l'aîné développe une perspective différente face à la vie. Il jouit de l'attention exclusive des parents et des autres adultes du milieu jusqu'à l'arrivée d'un nouvel enfant. Cette relation exclusive et dense marque la personnalité. Il semble également que l'aîné conserve une place privilégiée dans l'affection de sa mère, même si le cadet peut, quant à lui, profiter (peu importe son âge réel) de la place du « bébé » dans le cœur de sa mère. Le premier-né souffre cependant de l'insécurité, des incertitudes et des ambitions parfois grandioses et urgentes des jeunes parents en train de s'installer dans la vie. Pour sa part, le cadet profite certainement de l'expérience acquise des parents et du modèle que représente l'aîné. C'est l'enfant du milieu qui semble vivre la situation la plus inconfortable, facilement jaloux et envieux des privilèges de l'aîné et du cadet. Il ne semble donc pas exister une position vraiment privilégiée dans la fratrie.

L'enfant unique connaît d'autres difficultés. Il se sent parfois seul et privé de frères et sœurs. Il a peu ou n'a pas l'occasion de composer avec la jalousie, l'envie, la rivalité fraternelles, les compromis. Il est moins incité à développer diverses défenses contre les impulsions déplacées. Il n'a pas la possibilité de partager intimement avec d'autres membres de la famille que ses parents, de se sentir parfois appuyé et parfois contredit par quelqu'un de proche de lui devant les parents, de se familiariser avec un enfant de l'autre sexe, d'assumer quelque responsabilité vis-à-vis d'un frère ou d'une sœur, d'éprouver quelque fierté des succès de son frère ou de sa sœur, etc. Les petits voisins et les compagnons de garderie ne remplacent pas la fratrie même s'ils constituent une excellente compensation. Malgré la rivalité et les querelles, l'intimité et la proximité entre frères et sœurs demeurent incomparablement plus étroites que celles établies avec l'ami intime.

11.4.7 La résolution de la situation œdipienne

L'attachement de l'enfant, garçon ou fille, à sa mère repose pour une bonne part sur d'importantes composantes sensuelles, érotiques. La relation mère–enfant est motivée de part et d'autre par de forts sentiments affectueux exprimés dans le toucher, la chaleur dégagée, le confort ressenti, etc. D'importantes sensations orales, anales et tactiles composent la matière érotique de la relation. Lorsque la zone génitale devient plus sensible, l'enfant éprouve diverses sensations génitales dont la mère devient naturellement l'objet. La représentation mentale de ces sensations demeure vague et confuse et se mélange facilement aux autres sensations.

Les sentiments d'amour et les désirs de possession exclusive de la mère en tant qu'objet sont accentués. L'enfant se considère comme le centre de l'affection maternelle tout comme la mère est le centre de sa vie. La pensée égocentrique de l'enfant de cet âge s'exprime ici avec force. La mère s'est révélée la source de confort, d'alimentation et de protection de l'enfant et, jusqu'à présent, elle a joué le rôle de substitut du Moi de l'enfant, pourvoyant à ses besoins et lui procurant ce qui lui était utile et nécessaire à son développement et que son Moi trop faible ne pouvait pas savoir ni prévoir.

Des changements survenant avec la situation œdipienne altèrent la manière d'être et les relations avec l'environnement. L'enfant tente dans un premier temps d'éviter, de nier le changement, mais la réalité inéluctable s'impose et oblige l'enfant à bientôt faire face à la situation œdipienne. Le renoncement à la mère comme premier et unique objet d'amour, la conscience de ne pas être l'unique objet d'amour de la mère, la répression des composantes érotiques dans l'attachement à la mère, l'identification au parent de même sexe et l'intériorisation des attentes parentales apparaissent les éléments constituant la résolution œdipienne, le pivot autour duquel se réorganisent le comportement, la pensée et la personnalité.

La manière dont le complexe d'Œdipe est résolu exerce une influence majeure sur le mode relationnel et la structure de la personnalité. La résolution œdipienne dépend évidemment des expériences antérieures, de la manière particulière d'être que l'enfant a déjà commencé à développer, du climat conjugal et familial, de la configuration de la famille, etc. Pour le meilleur ou pour le pire, des changements interviennent ; bientôt l'enfant atteint l'âge de la rentrée scolaire et de nouvelles tâches de développement l'attendent.

Freud s'inspire du théâtre de Sophocle (*Œdipe roi*) et de Shakespeare (*Hamlet*) pour expliquer la situation œdipienne de l'enfant à la phase phallique (de 3 à 6 ans environ). Dans des analyses d'adultes, Freud constate que le jeune enfant développe un amour sexualisé intense pour le parent du sexe opposé. Cet amour soulève la jalousie, la culpabilité et l'angoisse qui incitent l'enfant à réprimer ses sentiments, à refouler ses désirs dans l'inconscient. Ce faisant, l'enfant apprend à composer avec sa position dans la famille, position d'enfant entre les parents, enfant de même sexe que la mère ou le père. L'enfant comprend alors que la famille et la société en général s'attendent à ce qu'elle devienne comme maman si elle est une fille, ou qu'il devienne comme papa s'il est un garçon. C'est l'identification au parent du même sexe et l'intériorisation des attentes parentales en un Surmoi. Freud explique le conflit et sa résolution en suivant les vicissitudes des pulsions libidinales.

Après la phase anale, la libido investit la zone génitale. Cet investissement de la région érogène soulève chez l'enfant des pulsions sexuelles qui se traduisent souvent dans le comportement par une masturbation plus marquée. Les sentiments sexuels du garçon l'attachent davantage à la mère et ceux de la fille la rapprochent du père. Freud a modifié à plusieurs reprises son explication de ce mouvement chez la fille, de ce passage de la mère au père comme objet d'amour sexuel, sans jamais être satisfait de sa théorie (Freud, 1905, 1917, 1925, 1931). L'enfant recherche des gratifications érotiques de la part du parent constituant l'objet d'amour et élabore des fantasmes érotiques lui conférant l'exclusivité de l'amour du parent en question. Le garçon croit fermement qu'il épousera sa mère un jour, et la fillette, son père. Le parent de même sexe est ressenti par l'enfant comme un intrus, un rival superflu et importun. L'enfant désire prendre la place de ce parent dans la relation conjugale et requiert l'exclusivité de l'attention. Aussi souhaite-t-il la disparition du parent rival qui parfois s'approprie l'objet. Il peut élaborer inconsciemment certains fantasmes de mort accidentelle, voire de meurtre du parent rival. Il faut se souvenir ici de la facilité et de l'intensité de l'imaginaire chez l'enfant de cet âge.

Le Moi de l'enfant a peine à contenir pareils sentiments hostiles et les projette sur le parent rival. La pensée égocentrique joue ici son rôle et incite l'enfant à penser que le parent rival pense la même chose, ressent les mêmes impulsions que lui. L'enfant devient alors angoissé ; apparaissent souvent les cauchemars nocturnes, les peurs et les rituels à l'heure du coucher, les phobies de toutes sortes. L'angoisse de castration surgit chez le garçon qui craint alors que son père lui enlève, par vengeance, son pénis. Le complexe de castration entraîne la fille à croire qu'on lui a enlevé, par envie ou représailles quelconques, le pénis qu'elle possédait à la naissance. Incapable de porter pareille angoisse, le Moi de l'enfant refoule les sentiments et désirs œdipiens et tente plutôt de devenir l'allié du parent rival, de s'identifier à ce parent pour se protéger des représailles et poursuivre son développement.

Les interdits posés par les parents et les menaces réelles ou imaginaires sont intériorisés et aident l'enfant à réprimer ses impulsions incestueuses. Freud considère que cette intériorisation provoque un développement accéléré du Surmoi et en constitue le matériau essentiel. La libido œdipienne ainsi refoulée, le développement sexuel devient latent pour quelques années et le Moi entame une nouvelle phase de développement plus axée sur des activités intellectuelles et sociales.

Par le biais de l'identification, le Moi de l'enfant acquiert de nouvelles attitudes et de nouvelles forces intérieures. En général, le garçon conserve la mère comme premier objet d'amour et établit le père comme premier objet d'identification. La fille conserve la mère comme premier objet d'identification. Le garçon cherche à devenir quelqu'un qui, comme son père, méritera l'amour de la mère. La fille cherche quelqu'un qui l'aimera comme sa mère fut aimée. L'identification aux parents renforce le Moi, procure un meilleur contrôle des impulsions, une perception de la réalité mieux articulée et une plus grande autonomie face au besoin de gratifications immédiates.

Si l'enfant refoule ses désirs incestueux par crainte de représailles quelconques, il faut aussi reconnaître que la mère devient plus frustrante en laissant de plus en plus l'enfant prendre soin de lui-même à travers le sevrage, l'entraînement à la propreté (Klein, 1928). Consciemment ou non, elle pose progressivement une distance de plus en plus marquée entre elle et l'enfant. Le processus s'appuie souvent sur la naissance d'un nouvel enfant qui capte considérablement l'attention de la mère. De plus, au fur et à mesure du développement cognitif, l'enfant découvre que sa manière égocentrique de voir le monde et de comprendre les situations ne correspond pas à celle de ses parents. Ainsi, il s'aperçoit que l'importance accordée à l'objet d'amour qu'est le parent élu n'est pas réciproque : l'amour du parent est divisé. En effet, le parent qui est l'objet du désir œdipien aime autant l'autre parent que l'enfant, il ne partage pas le désir d'exclusivité de celui-ci. La déception est grande et incite l'enfant à se détourner, à passer à autre chose pour oublier sa peine, pour ne pas ressentir la blessure narcissique. Souvent, l'enfant amoureux et déçu se montre hostile envers le parent aimé, il se détourne et se montre méprisant envers lui (Klein, 1928).

La structure et la dynamique familiales jouent ici un rôle important dans la manière dont l'enfant tente de résoudre le complexe d'Œdipe. Des parents qui s'entendent bien, qui distinguent les intérêts spécifiques au couple et aux enfants, qui assument leur sexualité et communiquent ouvertement créent un climat propice au développement harmonieux, à la verbalisation des conflits et à leur solution. L'enfant éduqué dans un tel milieu a de fortes chances de résoudre adéquatement le complexe d'Œdipe et d'en retirer un Moi fort et équilibré. La « désexualisation » relative de la relation parents—enfant est une des tâches de développement importantes de la famille. Cette désexualisation ne relève pas tellement de l'intensité des pulsions sexuelles ou de l'angoisse de castration chez l'enfant, mais bien davantage de la façon dont la réalité conjugale est présentée à l'enfant, de la nature de la relation entre l'homme et la femme, parents de l'enfant.

Le parent qui se tourne vers l'enfant pour satisfaire ses besoins de gratifications, d'affection et de sécurité sème la confusion dans l'esprit de l'enfant, renforce le lien œdipien, le désir de possession exclusive, la rivalité envers l'autre parent, le désir d'éliminer ce dernier, de séparer les parents, etc. L'identification au parent de même sexe devient difficile, voire impossible, et le Moi manque d'éléments essentiels au développement. L'enfant reste dans une position infantile. Une relation harmonieuse entre les deux parents, fondée sur l'amour et le respect réciproques, favorise le développement du Moi, la maturation de la personnalité et le passage vers des stades plus avancés de croissance.

11.4.8 Un être moral

Pour une saine adaptation sociale, il importe de distinguer le bien du mal, le bon du mauvais. Le développement moral, la conduite éthique et la conscience des valeurs promues exigent des efforts quotidiens de la part de l'enfant pour régler sa conduite selon les normes socialement admises. Se conduire moralement n'est pas seulement se comporter de manière à éviter les punitions, le rejet ou la menace de perte d'amour. Une conduite éthique implique la perception des besoins et désirs d'autrui et la compréhension du fait que ceux-ci sont aussi importants que ses besoins et désirs propres. Rendre un objet trouvé par crainte d'avoir été vu et d'être puni pour vol, c'est sans doute se conduire prudemment, mais une telle attitude n'est pas pour autant morale ou éthique. Rendre l'objet trouvé à son pro-

priétaire sans autre considération que d'agir avec justice et bonté démontre une conscience morale, une manière éthique d'être. L'altruisme, c'est tenir compte d'autrui dans la manière d'être à la vie et avec les personnes de l'entourage.

Un tel comportement implique la présence de sentiments empathiques. Or, les travaux de Piaget (1956) montrent bien que le comportement et les attitudes éthiques s'acquièrent progressivement, et qu'à l'âge préscolaire, l'égocentrisme de l'enfant constitue un obstacle majeur à pareille conduite. Borke (1971) démontre que, dès l'âge de 3 ans, l'enfant commence à prendre conscience des sentiments et désirs des autres et que ces états d'âme varient selon que l'autre vit une situation ou une autre. L'enfant pressent et reconnaît la joie et la peur chez autrui dès l'âge de 3 ans, alors que la tristesse et la colère sont reconnues un peu plus tard. Selon la thèse de Piaget, l'égocentrisme décroît au fur et à mesure du développement cognitif, et plus particulièrement vers la fin de la période préscolaire. Ainsi, l'enfant se montre capable d'empathie avant de pouvoir raisonner avec logique.

Plusieurs recherches (Ross et Ross, 1968 ; Irwin et Moore, 1971) démontrent qu'avant l'entrée à l'école, l'enfant acquiert un sentiment de justice sociale et qu'il éprouve un grand désarroi devant ce qui lui apparaît injuste.

Évidemment, la conscience sociale de l'enfant étaye largement les manifestations précoces de sympathie, d'empathie, de générosité et de conscience d'autrui. Plus l'enfant devient conscient des besoins et désirs d'autrui, plus il se dispose en conséquence et tente de satisfaire ces attentes tout en répondant aux siennes propres. Ainsi, son comportement démontre bientôt une capacité de partage avec autrui et une sensibilité aux désirs de l'autre. Rutheford et Mussen (1971) observent que la générosité chez l'enfant d'âge préscolaire est souvent accompagnée d'autres comportements et attitudes comme la coopération, l'absence d'agression, la sympathie. Ils constatent aussi que le développement moral de l'enfant est étroitement lié à sa perception de l'affection, de la chaleur et de l'attitude interpersonnelle du parent du même sexe.

Hoffman (1979) met en évidence le fait que le style de discipline des parents influence également l'attitude altruiste du jeune enfant. Les parents qui indiquent à l'enfant les conséquences nuisibles de son comportement pour autrui favorisent son développement moral. Ils lui enseignent ainsi la relation entre son comportement, ses attitudes et le bien-être d'autrui. La répétition des leçons favorise l'intériorisation des normes et des valeurs établies dans le milieu. Les parents qui punissent régulièrement l'enfant pour ses écarts de conduite, punitions physiques ou privations de privilèges, édifient une moralité sur la peur plutôt que sur l'empathie. Les enfants soumis à ce type de discipline se révèlent moins coopérants, moins sensibles à autrui et plus indifférents à l'égard du confort d'autrui. Loeb, Horst et Horton (1980) ont constaté que les enfants de parents autoritaires développaient une estime de soi moindre et une maîtrise de soi moins intériorisée et moins articulée que les enfants de parents démocratiques dans leur comportement avec leurs rejetons.

Les résultats de recherches sur le développement moral se révèlent souvent contradictoires et il semble difficile d'établir un lien sûr entre telle attitude chez les parents et telle attitude chez l'enfant (Maccoby et Martin, 1983). Évidemment, chaque famille possède ses propres manières d'agir, ses valeurs et traditions, et la manière de transmettre ces normes à l'enfant varie amplement de l'une à l'autre. Il y a un processus d'adaptation réciproque entre l'enfant et les parents, entre l'enfant et la famille (Solnit, 1979).

11.5 L'ÂGE SCOLAIRE

La personnalité de l'enfant de cet âge se développe sous l'influence d'innombrables facteurs, les uns plus importants que les autres. Mussen (1973) regroupe ces divers facteurs sous quatre catégories. Le facteur le plus puissant réside incontestablement dans l'histoire vécue de chaque individu. La majorité des acquisitions de l'enfant d'âge scolaire provien-

nent d'expériences sociales. Elles sont largement supervisées par les parents, les professeurs et leurs substituts, et surviennent le plus souvent spontanément à l'intérieur même de la famille, dans le voisinage ou à l'école. Il n'y a pas deux enfants, même jumeaux, qui vivent les mêmes expériences avec la même intensité et la même valeur personnelle (Ambron, 1981).

La deuxième catégorie de facteurs influençant le développement de la personnalité est la culture du milieu dans lequel l'enfant vit quotidiennement. Il est influencé par la musique, la télévision, les médias, les discours des adultes, les remarques et commentaires qu'il glane au hasard de ses allées et venues sans trop saisir le sujet de la conversation, en en comprenant à peine le contenu, le sens. Tout lui sert à se modeler, à se conformer aux idéaux perçus, aux images valorisées.

La troisième catégorie d'influences concerne certains éléments spatio-temporels qui favorisent l'apparition de certains traits de la personnalité tandis qu'ils en inhibent d'autres, et inversement lorsqu'il se produit d'autres changements de temps et de lieux. Ainsi, l'enfant ne se comporte pas tout à fait de la même manière à l'école ou au centre de loisirs, en présence des parents ou de ses pairs seuls. Les traits inhibés n'en sont pas moins subrepticement actifs.

Enfin, la quatrième catégorie rassemble les éléments biologiques tels la taille, le poids, le tempérament, l'apparence physique, etc. Le bagage génétique est ici largement en cause, mais il y a aussi la qualité de la nutrition, du sommeil, de l'élimination, de la respiration, de l'exercice physique, des soins de santé, etc. Ces quatre types de facteurs s'entremêlent et interagissent les uns avec les autres, les uns contre les autres, alternativement ou ensemble, et influencent immanquablement le développement de la personnalité.

L'âge scolaire couvre la période de 6 à 12 ans environ. La fréquentation scolaire constitue l'expérience la plus marquante de toute cette période. L'enfant se libère davantage de sa dépendance émotionnelle à l'égard des parents et de la famille pour développer des relations amicales avec les pairs. Il se construit une nouvelle identité parmi ses pairs, à distance des parents et des autres éducateurs. Il fait l'apprentissage de la signification sociale d'être un garçon ou une fille. Il n'est plus aimé automatiquement, gratuitement. Il apprend à aimer les autres. Il découvre les règles et les valeurs de la vie en groupe et l'importance de les respecter. Il doit composer avec le monde physique et en comprendre le fonctionnement, développer des habiletés de psychomotricité fine, utiliser facilement et de plus en plus clairement le langage, etc. (Powell, 1979).

L'enfant de cette période jouit généralement d'une excellente santé. Les maladies courantes (oreillons, rougeole, varicelle, coqueluche) sont aujourd'hui médicalement bien maîtrisées par la vaccination. Les maladies plus graves comme les troubles cardiaques, la tuberculose, la pneumonie, l'influenza, l'appendicite, etc. provoquent beaucoup moins la mort qu'autrefois. Les accidents constituent la principale cause de mortalité à cet âge (Powell, 1979). Ces enfants sont actifs, curieux et hardis. Ils ignorent souvent le danger et leur expérience est insuffisante pour les prémunir adéquatement. La difficulté est de surveiller suffisamment les enfants pour prévenir les accidents sans pour autant brimer leur goût et leur besoin naturels pour l'aventure et la découverte. Pour éviter la surprotection ou les punitions après coup, mieux vaut prendre le temps de maintes fois répéter à l'enfant les règles élémentaires de prudence, d'expliquer et de re-répéter pourquoi ces règles sont importantes. Lorsque l'enfant comprend qu'il y a de bonnes raisons pour que ces règles existent, il est davantage porté à en tenir compte.

Le problème majeur de santé à cet âge et contre lequel aucun vaccin n'existe est la carie dentaire (Myers et coll., 1968 ; Ambron, 1981). L'enfant de cet âge a généralement bon appétit et mange à peu près tout ; il a souvent tendance à se gaver de produits néfastes pour les dents et peu nourrissants. Pourtant, il est à cet âge en mesure de comprendre l'importance d'une alimentation saine. C'est durant la phase précédente que l'enfant a généralement acquis de bonnes ou mauvaises habitudes alimentaires.

L'apparence physique influence la personnalité de façon plus manifeste. Le corps devient un instrument important, particulièrement dans les activités sportives. Les habiletés physiques et motrices procurent à l'enfant prestige et reconnaissance. Évidemment, la taille n'assure pas le succès scolaire, mais elle semble quand même responsable d'effets indirects (Mussen, 1973 ; Tanner, 1966). Les enfants de petite taille, malhabiles sur le plan psychomoteur et relativement faibles sur le plan musculaire se révèlent généralement timides, craintifs et facilement anxieux. Les enfants grands, forts, énergiques et habiles sont généralement enjoués, expressifs, créateurs, sociables et productifs (Mussen, 1973). Les attributs physiques semblent bien influencer les aptitudes et les intérêts de l'enfant et la réaction des autres à ses réalisations. Évidemment, la personnalité en plein développement s'en trouve largement influencée (Ambron, 1981).

Ainsi, les adultes et les pairs ont tendance à considérer l'enfant de petite taille comme délicat, fragile, dépendant et incompétent. Ces enfants sont généralement peu encouragés à pratiquer des sports, on ne leur fait pas confiance et on les surprotège en quelque sorte contre les accidents, les mauvais coups, etc. Cette attitude entraîne souvent chez l'enfant, par ricochet, un manque de confiance en lui-même. Ainsi, il évite bientôt les activités physiques et les diverses formes de compétition, perpétuant ainsi, malgré lui, l'image de l'enfant fragile. Il se conforme progressivement aux attentes des gens autour de lui qui le perçoivent faible et incompétent (Ambron, 1981). C'est un cercle vicieux difficile à briser. Quelques enfant y parviennent en excellant dans d'autres domaines, en développant d'autres talents.

D'autres recherches mettent en évidence le fait que les enfants de milieux socio-économiques aisés reçoivent généralement une meilleure alimentation, profitent d'un sommeil plus calme et participent à des activités physiques mieux équilibrées, ce qui favorise un meilleur développement physique (Ambron, 1981). Enfin, le stress, les tensions psychiques et les troubles relationnels conjugaux et familiaux peuvent parfois provoquer une inhibition de la croissance physique (Powell, Brasel et Bilzzard, 1967).

11.5.1 Une période de latence

L'âge scolaire est souvent décrit comme une période de latence où le caractère des pulsions sexuelles est plus discret. Cela ne veut pas dire que la sexualité devient inopérante entre 6 et 11-12 ans, au contraire, elle reste présente et active parmi les facteurs influençant la personnalité et les relations interpersonnelles, mais son influence n'est plus aussi exclusive et dominante. La sexualité ne joue plus ici le premier rôle comme dans la phase précédente. En quelque sorte, elle occupe le devant de la scène avec la socialisation et la scolarisation. Il n'y a aucune raison de croire à une diminution des pulsions sexuelles, même si la masturbation disparaît presque complètement et si la curiosité sexuelle est moins évidente. Disons plutôt que l'enfant canalise ses intérêts vers le milieu extra-familial, le groupe des pairs et les apprentissages scolaires et sociaux. Les relations d'attachement sont multipliées et partagées entre les membres de la famille, les professeurs et les nouveaux compagnons de classe et de jeux. Avec autant de nouveaux intérêts et de nouvelles préoccupations, l'enfant passe de moins en moins de temps dans la famille, ce qui diminue d'autant les conflits et laisse croire à une accalmie. Les transformations physiques et psychologiques sont plus graduelles, moins soudaines. Le terme « latence » convient bien pour signifier l'équilibre passager des forces psychiques et l'harmonie temporaire entre les multiples dimensions de la personnalité. Le développement du Moi et du Surmoi favorise la maîtrise des demandes instinctuelles et l'orchestration des désirs avec la réalité physique et sociale.

Bien que la période œdipienne soit maintenant dépassée, l'influence de ce jeu complexe n'est pas pour autant éteinte. L'enfant, l'adolescent et même l'adulte doivent composer tous les jours de leur vie avec les enjeux du conflit œdipien et les solutions adoptées. La résolution plus ou moins parfaite du conflit provoque une consolidation importante de la personnalité, une intégration manifeste et particulière de l'individualité. Il peut sembler paradoxal d'affirmer une telle consolidation, une pareille intégration de la personnalité alors que l'enfant s'est à peine aventuré au-delà de sa famille immédiate et que la majorité des connaissances nécessaires pour se débrouiller de façon autonome dans la vie sont encore à acquérir. Cependant, toutes les approches théoriques, toutes les cultures, reconnaissent l'importance capitale des six premières années de la vie et l'effet déterminant de cette expérience sur l'ensemble de la personnalité. Il est évident que le développement de la personnalité n'est pas achevé pour autant ; plusieurs influences significatives marqueront encore l'enfant et joueront un rôle déterminant avant l'intégration ferme de la personnalité et la stabilisation d'une identité propre.

La période de latence est depuis longtemps divisée en deux temps (Bornstein, 1951). La première phase couvre la période de 5 à 8 ans environ, et la seconde celle de 8 à 10 ans environ. La prépuberté s'engage vers 10-11 ans et cède le pas à la puberté proprement dite vers 11, 12 ou 13 ans.

Durant la première phase de latence, l'importante maturation psychosexuelle de l'enfant se poursuit ; la maîtrise des pulsions sexuelles et des fantasmes incestueux marque le terme de cette première étape vers 8-9 ans environ. Vers 5-6 ans, le rideau provoquant la répression des désirs demeure encore quelque peu transparent et le Surmoi réagit sévèrement et après coup seulement. Il se montre encore assez peu prévoyant et son soutien au Moi demeure faible. On observe souvent à cet âge diverses régressions : l'enfant peut exiger d'avoir lui aussi un biberon comme son petit frère, il peut recommencer à se souiller la nuit, et même le jour. L'enfant n'a souvent pas atteint la maîtrise suffisante des pulsions pour se rendre pleinement disponible aux apprentissages scolaires et sociaux auxquels l'école le soumet. Certains connaissent des départs scolaires difficiles. L'enfant est encore très porté à blâmer les autres de ses difficultés, à projeter sur les autres des sentiments de culpabilité, des sentiments négatifs, voire agressifs. Il redoute facilement les représailles punitives de la part des personnes représentant l'autorité. Il projette ainsi sur ces gens la sévérité de son Surmoi, celui-ci lui inspirant facilement la culpabilité et lui faisant craindre le pire.

Dans la seconde phase de la période de latence, de 8-9 ans jusqu'à 10-11 ans environ, les choses se passent assez différemment. Le Surmoi, mieux établi, sait anticiper et mieux soutenir le Moi, prévenir et guider au lieu de réprimander. Le Moi plus fort et mieux organisé contrôle beaucoup mieux les pulsions sexuelles et agressives, les fantasmes œdipiens sont très atténués et le Moi parvient davantage à canaliser ses énergies au profit de son adaptation sociale et scolaire. La régulation entre les mondes intérieur et extérieur est nettement meilleure. Les identifications sont plus subtiles, plus complexes, plus intériorisées.

Le groupe des pairs et l'activité scolaire aident à distancer les fantasmes œdipiens. L'autorité des professeurs atténue celle des parents et nuance les identifications aux parents idéalisés. L'attitude envers ceux-ci devient plus critique, et souvent l'enfant, percevant plus objectivement ses parents, ressent une déception plus ou moins profonde, une désillusion plus ou moins blessante. Il perçoit des différences entre ses deux parents et comprend davantage la personnalité propre de chacun. Il s'aperçoit qu'il lui est plus facile de composer avec la mère dans certaines situations, et avec le père dans d'autres circonstances. Il est beaucoup plus disponible aux apprentissages scolaires et sociaux. Sa pensée devient beaucoup plus objective et adopte une attitude scientifique, critique et investigatrice. Plus guidé par la réalité que par la recherche de gratifications immédiates, l'enfant accepte mieux de remettre à plus tard une satisfaction, de devoir attendre un plaisir. Les traits de la personnalité commencent vraiment à se cristalliser, à s'affirmer, à s'installer de façon définitive.

Williams (1972) décrit une troisième phase de latence située entre 9-10 ans et 11-12 ans. Cette phase inclurait la prépuberté et consisterait principalement en une consolidation du Moi et du Surmoi en prévision de la puberté, une sorte d'introduction à l'adolescence.

11.5.2 L'adaptation à un monde nouveau

L'entrée à l'école correspond à un jour J depuis longtemps attendu autant des parents que de l'enfant. Cette démarche constitue une sorte d'initiation à la vie sociale, à la vie dans la société large, au-delà du milieu étroit et relativement homogène de la famille, de la garderie et du voisinage. L'enfant est généralement fier d'atteindre ce moment crucial. Son entrée à l'école le classe dans le groupe des grands, les bébés restant à la maison. Dans ce nouveau milieu, il se sent quelque peu perdu au début. Le nombre des enfants est beaucoup plus élevé à l'école qu'à la garderie et dans le voisinage. Les manières d'agir lui sont étrangères et les grandes personnes également. Plusieurs enfants vivent péniblement les premiers jours, les premières semaines, parfois même les premiers mois, regrettant la vie calme et monotone de la maison, du voisinage, de la garderie.

L'équilibre atteint est légèrement rompu. À l'école, l'enfant est jugé selon ses mérites et doit se faire lui-même une place dans un groupe beaucoup plus large. Bien que le milieu scolaire et le groupe des pairs ne soient pas une réalité complètement nouvelle, la différence demeure de taille. De nouvelles attentes lui sont communiquées. Il n'est plus seulement un enfant dans une famille, mais il devient un représentant de la famille à l'extérieur de celle-ci. Il pressent bien que ses parents souhaitent être fiers de lui, de son rendement scolaire, de ses succès, de ses réalisations. Il se compare aux autres enfants et espère lui aussi un résultat positif.

Dans la famille, l'acceptation de l'enfant est quelque peu inconditionnelle comparativement à celle qu'il doit s'attirer dans le milieu scolaire. Il doit apprendre à se faire accepter en se pliant à des consignes, des normes et des règles, certaines explicites et d'autres implicites. Il doit apprendre à taire certains désirs, à inhiber certaines tendances de manière à correspondre à ce que l'on attend de lui, aussi bien chez les adultes que chez les autres enfants du milieu scolaire. Il devient un des nombreux éléments d'une collectivité. L'attention et l'affection ne lui sont plus aussi facilement données comme à la maison, mais accordées de façon presque impersonnelle, selon sa performance dans le groupe. Les pairs deviennent des rivaux et des juges sévères. Dans ces conditions nouvelles, dans ce nouveau milieu, la personnalité de l'enfant enregistre une réorganisation majeure et acquiert de nouvelles habiletés pour l'adaptation sociale.

Erikson (1966) perçoit cette phase comme celle où l'enfant devient débrouillard, où il développe le sens du travail. Il apprend à lire, à écrire, à compter, à collaborer, à coopérer à une tâche commune ; il acquiert les outils nécessaires pour devenir un membre actif et productif, fier de lui-même et sûr de sa valeur dans le groupe. C'est pourquoi la compétition et la rivalité se mélangent étroitement à l'amitié et à la camaraderie. Certains enfants deviennent manifestement compulsifs dans leurs efforts de réussite, au point parfois de s'épuiser, de se quereller avec leurs meilleurs amis et compagnons de jeux. L'enfant qui échoue à développer les habiletés au travail et à produire un rendement satisfaisant les attentes de son milieu tant familial que scolaire développe des sentiments d'infériorité, d'impuissance, d'incompétence qui le marquent profondément. Devient-il exagérément combatif pour compenser son manque ou démissionne-t-il aisément en concluant d'emblée qu'il n'est pas capable ?

C'est également en fréquentant l'école et en s'intégrant au groupe scolaire que l'enfant développe un sentiment d'appartenance, un sentiment d'être accepté, d'avoir une place bien à lui, une place sûre et enviable tant dans le groupe des pairs que dans la société au sens large. Ce sentiment est à la base d'une identification au groupe et à la société à laquelle l'individu participe, d'un engagement à l'égard des valeurs en vigueur. Faute de ce sentiment d'appartenance, d'acceptation, l'enfant se sent à part, inadéquat ou marginal. Il ne se sent plus à l'aise dans le groupe, il est anxieux et mal à l'aise, craint le rejet. Ce n'est souvent qu'à la fin de l'adolescence que les

effets de cet échec deviennent évidents, mais l'origine de la difficulté n'en remonte pas moins à cette période cruciale de réorganisation de la personnalité dans son effort pour s'adapter à l'école et à tout ce qu'elle entraîne sur le plan social.

Le sens des responsabilités s'acquiert également durant cette période. Savoir assumer ses responsabilités implique une volonté et une capacité chez l'enfant de relever le défi des attentes posées. L'apprentissage des connaissances et des techniques nécessaires pour conduire sa vie de façon autonome est insuffisant si l'enfant ne sait pas utiliser ces acquis de manière à s'attirer l'approbation et la confiance des pairs et de ceux qui en ont charge. L'enfant doit démontrer sa fiabilité et non seulement son honnêteté, sa capacité d'initiative altruiste et non seulement sa loyauté, sa créativité et non seulement son obéissance, pour mériter la confiance et le respect des autres.

Le sentiment d'appartenance et le sens des responsabilités contituent la base du pouvoir. L'enfant accepté parmi les siens et dépositaire de la confiance des autres peut assumer un rôle de chef, peut influencer efficacement le groupe des pairs. Il sait pouvoir le faire et il accepte d'agir de la sorte. Certains enfants acceptés dans le groupe et méritant la confiance des autres, mais à un degré moindre, deviennent des soutiens plus ou moins importants dans la hiérarchie du groupe et de la société. Certains se présentent comme des exécutants fiables et d'autres encore sont relégués aux tâches en apparence moins valorisantes, mais adaptées aux sentiments d'acceptation et de confiance de leurs camarades. D'autres enfin se sentent rejetés ou marginalisés et tentent par divers moyens, parfois asociaux, souvent délinquants, de compenser leur position sociale peu enviable par des gestes d'éclat qui attirent l'attention, font réagir, inspirent la crainte, etc. Ces jeunes ont ainsi le sentiment d'être reconnus, d'être quelqu'un. Pour eux, la valeur sociale importe moins que le fait d'avoir une valeur.

L'enfant apprend aussi à s'auto-évaluer grâce aux images de lui-même que lui renvoient sans cesse

FIGURE 11.1 : Hiérarchie des pairs dans le groupe selon le sentiment d'appartenance, le sens des responsabilités et les qualités de leader

X	Leader
X X X	Soutiens de première importance
X X X X X	Soutiens de seconde importance
X X X X X X X	Exécutants fiables et importants
X X X X X X X X X	Exécutants fiables de moindre importance
X X X X X X X X X X X	Autres membres dans le groupe

ses professeurs, ses compagnons de classe, ses résultats scolaires, sa participation aux sports, sa popularité sociale, etc. Toutes ces images provoquent une régulation du concept de Soi et informent l'enfant sur ses capacités et ses limites, l'aident à régler ses ambitions et sa façon de se relier aux autres. L'enfant réalise que certaines personnes le tiennent en haute estime et le considèrent comme un ami ou comme un membre de l'équipe, alors que d'autres le respectent tout simplement sans chercher ni à s'en rapprocher ni à s'en éloigner ; quelques-uns encore lui manifestent plus ou moins ouvertement une quelconque aversion dont il ignore souvent le motif. Il fait de même avec ceux qui l'entourent. Il recherche, par préférence, la présence de certaines personnes et en évite d'autres. Il critique, juge, évalue ses pairs ; il établit des alliances, les unes importantes, les autres moins, et il développe des aversions, des répulsions vis-à-vis de certains copains, de certaines activités et situations. Il sent bien que ses professeurs apprécient son travail, le trouvent brillant ou, au contraire, insignifiant.

L'enfant apprend qui il est et la place que lui confère ce qu'il est dans le système de valeurs sociales, dans la hiérarchie sociale. Il commence à comprendre ce qui le caractérise personnellement et le différencie des autres, ce qui signe les différences individuelles et les inscrit sur une échelle de valeurs. Conscient de ces faits, il porte plus attention à sa manière d'être et d'agir, de même qu'il observe davantage les manières d'être et d'agir des autres autour de lui, à la télévision, au cinéma, etc. Toutes ces expériences mettent à rude épreuve son égocentrisme et l'amènent à se décentrer de sa famille immédiate, de son point de vue étroit. Elles l'obligent à regarder davantage autour de lui, à considérer d'autres perspectives que la sienne propre.

11.5.3 L'identité sexuelle

L'entrée à l'école provoque un agrandissement et une diversification considérable de l'environnement de l'enfant. À l'extérieur de l'école, les garçons et les filles vivent dans deux mondes relativement distincts. L'élaboration de la personnalité en est conséquemment influencée ainsi que la manière d'être à la vie et au monde environnant.

L'enfant se sait maintenant garçon ou fille et adopte progressivement des attitudes et des comportements propres à son identité sexuelle, identité qu'il affirme et confirme dans et par le groupe des pairs. Les stéréotypes masculins et féminins dominants dans la société sont acquis et renforcés par les réactions des adultes : « Un grand garçon comme toi ça ne pleure pas », « Une belle fille comme toi ça ne se querelle pas », etc. Les croyances populaires favorisent certaines attitudes et certains comportements chez le garçon et chez la fille (Huston, 1983). Ainsi, on s'attend généralement que les garçons soient plus agressifs, plus sportifs, plus compétitifs, et les filles plus studieuses, plus sensibles, plus polies, etc.

L'identité sexuelle est plus apprise que donnée héréditairement (Ambron, 1981). L'enfant apprend à se comporter selon son sexe par apprentissage et conditionnement social. C'est en observant les attitudes et comportements sexuels des gens autour de lui et les réactions d'approbation, d'admiration et de prestige ou, au contraire, les réactions de rejet, de mépris et de dévalorisation, que l'enfant tend à imiter et à adopter ou à mépriser et à éviter telle attitude ou tel comportement. Tout son apprentissage dépend des renforcements positifs ou négatifs en jeu.

Il en va de même des émotions et sentiments ressentis, et de la manière de les exprimer ou de les réprimer. L'apprentissage social procure à l'enfant les indices nécessaires pour évaluer et réguler le comportement et les attitudes, les sentiments et l'expression de ceux-ci, afin de correspondre aux normes et de recevoir en retour l'approbation et d'éviter la dévalorisation. Très rapidement, l'enfant intériorise ces indices d'évaluation, les attentes et les normes de conduite qui y sont liées. Bientôt, les renforcements, positifs ou négatifs, ne viennent plus principalement du monde extérieur, mais bien du monde intérieur, d'une conscience intime, d'une éthique personnelle qui reprend fidèlement à son compte les règles et les valeurs sociales, un Surmoi plus souple et plus articulé qu'à la phase précédente.

Selon que l'environnement social et physique est rural, banlieusard, métropolitain ou urbain, les expériences de vie diffèrent, mais toujours et partout l'enfant tente de se lier à ses pairs et d'exclure plus ou moins ouvertement l'adulte de ses activités de groupe.

Ces quelques années (de 4 à 6 ans environ) représentent souvent une période très heureuse de la vie, particulièrement si la vie familiale demeure relativement stable et si les relations entre parents et entre parents et enfants ne sont pas trop conflictuelles. Hors de l'école et de la famille, l'enfant retrouve rapidement ses amis, s'engage dans diverses activités qui lui donnent un fort sentiment de liberté et lui font souvent oublier ses engagements, ses travaux, ses difficultés, etc. Il est maintenant suffisamment autonome pour se prendre lui-même en charge pendant plusieurs heures, pour explorer par lui-même de nouveaux intérêts et assumer quelques responsabilités adaptées à son âge. Les parents demeurent importants pour l'enfant parce qu'ils lui assurent une réponse aux besoins essentiels et un refuge lorsqu'il est en brouille avec ses compagnons, un professeur, etc.

Si l'école lui transmet les outils techniques et intellectuels nécessaires pour se débrouiller dans la vie, il demeure que c'est dans le groupe des pairs qu'il exerce divers modèles de comportements et d'attitudes qui marquent profondément la personnalité. C'est dans ce groupe qu'il vit plusieurs fantasmes et qu'il connaît les réactions ainsi provoquées, qu'il développe et raffine certaines habiletés psychomotrices et sociales, qu'il apprend l'application des règles dictées par les adultes, le jeu des normes établies, les modulations du permis et de l'interdit. La participation à la vie de groupe devient un laboratoire d'expériences concrètes et multiples. L'enfant fait l'apprentissage de l'autonomie et de ses aléas. Dans ce groupe, il est jugé par ses pairs, et les règles et les valeurs diffèrent du monde organisé des adultes. L'enfant participe à une culture différente de celle en vigueur à l'école et à la maison. Il y trouve ses nouveaux héros, ses nouveaux modèles d'identification. C'est par ce groupe qu'il se sèvre lui-même des parents et de la famille, et qu'il apprend à se sécuriser par d'autres ressources.

Les recherches ont mis en évidence le rôle du père dans le développement de l'identité sexuelle, aussi bien pour la fille que pour le garçon. Lynn (1974) conclut à son extrême importance. C'est le père qui lance en quelque sorte l'enfant dans la société, dans le monde extérieur à la famille. L'enfant perçoit le plus souvent le père comme le représentant du monde extérieur et, au moment de prendre une part plus active dans ce monde, il se réfère davantage au père qu'à la mère, même si celle-ci travaille à l'extérieur. Jusqu'à présent, malgré l'évolution des rôles et le partage des tâches familiales entre le père et la mère, entre l'homme et la femme, la mère est encore perçue par l'enfant comme la responsable de l'organisation et du bon fonctionnement du foyer et de la famille. Le père sert d'intermédiaire entre l'enfant et le monde social, et assiste l'enfant, garçon ou fille, dans le développement d'une pensée qui l'aide à se débrouiller à l'extérieur de la famille (Sarnoff, 1983).

Il ne suffit pas cependant que le père soit un bon représentant du monde extérieur et un bon exemple du pouvoir, encore faut-il qu'il soit un éducateur chaleureux et compréhensif (Hetherington 1965). Cependant, la relation entre la masculinité du père et la féminité de la mère n'est pas directement proportionnelle à la masculinité développée chez le garçon et à la féminité développée chez la fille. Toutefois, la féminité de la fille apparaît en relation avec la masculinité du père (Ambron, 1981).

Le groupe apparaît plus important et plus étendu pour le garçon que pour la fille et il devient plus significatif après l'âge de 7 ou 8 ans. La compétition y occupe une place importante et offre au garçon une voie de décharge à l'agressivité. L'exclusion des filles aide les garçons à élaborer leur identité en toute sécurité. Malgré l'évolution et la libération des rôles sexuels, un garçon efféminé s'attire encore aujourd'hui les foudres et la risée de ses pairs et même des adultes plus qu'une fille garçonnière. Se faire traiter de « fille » ou de « garçon manqué » est la pire insulte à faire au garçon de cet âge ; la fille reçoit cette dernière épithète avec fierté et est même enviée par ses copines.

En excluant la fille de ses activités, le garçon tente de se distancier du féminin pour affirmer le masculin, de prendre un recul par rapport à l'identification à sa mère et à l'importance encore très grande de celle-ci. Il devient méprisant envers les filles et envers tout ce qui a trait au féminin. D'autres garçons luttent contre leur désir d'être une fille, contre leur envie de la sensibilité et de la dépendance dont la fille semble pouvoir profiter. La répression de ces désirs inconscients est active, à divers degrés, chez tous les garçons et c'est là une des tâches de la période de latence.

De tout temps, les garçons de cet âge ont joué à la guerre sous toutes ses formes : barbares et chevaliers, indiens et cow-boys, polices et bandits, soldats et espions, martiens et terriens, etc. Les jeux organisés commencent à les intéresser : base-ball, basketball, football, hockey ; mais les règles sont souvent contestées, modifiées, ré-établies selon les probabilités de succès ou d'échecs. Les accusations de tricheries sont fréquentes. Les luttes et bousculades corps à corps sont quotidiennes ou presque. Les querelles entre amis sont nombreuses vers 6-7 ans et diminuent progressivement pour devenir occasionnelles et surtout verbales à l'adolescence.

Les filles passent plus de temps à la maison et autour de la maison, restent à proximité des parents. Elles ne se rassemblent pas en groupe aussi large que les garçons, sauf dans les jeux organisés. Elles sont assez peu portées vers les jeux physiques, les bousculades. Leurs activités sont généralement moins tapageuses, moins bruyantes que celles des garçons. Elles échangent des secrets et suscitent la curiosité et l'attention des autres par ce commerce. Elles sont nettement moins agressives et tentent, au contraire des garçons, de se rapprocher de leur mère, de s'identifier à elle, ou à celle d'une amie.

Elles mûrissent plus rapidement que les garçons, tant et si bien que vers 10 ans, la majorité d'entre elles sont en pleine prépuberté. Avoir une ou deux compagnes fidèles semble souvent répondre à leurs besoins. Entre elles, elles discutent de tout et de rien pendant des heures et, aussitôt rentrées à la maison, elles se téléphonent pour poursuivre la conversation interrompue. Elles sont intéressées par les gens et les relations interpersonnelles. Leur image d'elle-même dépend aussi largement de la perception de leurs amies et, plus tard, avant les garçons, de la perception des pairs de l'autre sexe.

Certaines adoptent des attitudes plus masculines et côtoient les garçons, sont acceptées dans leur groupe et participent à leurs activités. Ces filles sont souvent enviées par leurs compagnes, et leur proximité avec les garçons est perçue comme un privilège envié. Cependant, plusieurs d'entre elles connaîtront quelques difficultés à la prépuberté lorsque, comme les autres filles, elles souhaiteront être reconnues et acceptées pour ce qu'elles sont réellement et non pour une image qui ne leur correspond plus. Si les garçons se défendent de quelque désir inconscient d'être fille, les filles se défendent également de désirs plus ou moins inconscients d'être garçon. Certaines entretiennent pendant plusieurs années le rêve qu'elles pourront un jour décider de leur sexe.

Les différences individuelles deviennent de plus en plus évidentes. L'enfant vantard s'acharne à convaincre tout le monde de sa supériorité. Le gagnant naturel remporte succès après succès avec une aisance parfois déconcertante. Le travailleur acharné reprend patiemment ses exercices. L'enfant heureux et souriant côtoie l'enfant solitaire et abandonné à lui-même. L'enfant surprotégé redoute et envie l'audacieux. L'enfant immigrant tente de se faire accepter en prenant timidement contact avec l'enfant moyennement populaire, etc.

11.5.4 L'influence du développement cognitif

L'enfant d'âge scolaire est considéré comme ayant atteint l'âge de raison. La fréquentation scolaire laisse facilement croire qu'il sait maintenant convenablement raisonner. Dans les faits, vers 6-7 ans, l'enfant développe une intelligence opératoire (voir section 6.8), mais cette intelligence progressera jusqu'à tard dans l'adolescence. Il est difficile à l'adulte de saisir les limites des capacités intellectuelles de l'enfant et la lente progression du développement. C'est sans doute ce qui explique les attentes parfois irréalistes des parents, et même des professeurs. Cette incompréhension peut susciter de fortes tensions chez l'enfant soumis à des demandes dépassant ses capacités. La crainte de décevoir ou d'être rejeté s'installe et rend plutôt dysfonctionnelle une intelligence en plein essor. Les enfants de 7-8 ans se contredisent encore dans leur raisonnement, et ce dans plusieurs domaines. Il arrive encore à l'enfant de 7 et même de 8 ans de confondre des fabulations et la réalité, le fantasme et la réalité. Partant, l'adulte accuse parfois rapidement et à tort l'enfant de dire des mensonges.

D'autre part, la pensée de l'enfant s'organise en un système mieux différencié, moins égocentrique et de plus en plus logique, tenant davantage compte des dimensions spatio-temporelles de la réalité. L'apprentissage scolaire assiste l'enfant dans le développement d'une approche cognitive mieux articulée du monde environnant. Il apprend le sens des mots portés par la culture pour désigner les classes, les catégories, les sériations d'objets. On lui enseigne les règles syntaxiques afin que sa communication soit mieux structurée. Il acquiert les opérations mathématiques nécessaires pour quantifier les choses. Il devient habile à résoudre des problèmes de plus en plus complexes, à prendre en considération les relations causales, à juger des éléments précurseurs d'événements divers, etc.

La connaissance du monde est grandement améliorée et l'enfant peut de plus en plus et de mieux en mieux faire la distinction entre son expérience, ses capacités et ses limites. Cet apprentissage se déroule cependant très progressivement jusqu'à 8-9 ans, s'accentue après 9-10 ans et davantage après 12-13 ans. Encore faut-il que l'enfant ait le sentiment de suivre le développement de ses pairs, d'être leur égal, de correspondre aux attentes. Il doit inscrire des succès dans ses nombreuses tentatives pour conserver une estime suffisante de lui-même qui l'incite à poursuivre son chemin, à essayer encore malgré l'échec. Le succès est source de motivation, l'échec est démotivant. Le groupe scolaire et le professeur jouent un rôle important sur le plan du soutien nécessaire à l'enfant dans la réalisation des nombreux apprentissages auxquels il est soumis.

11.5.5 L'influence de l'école

La fonction première de l'école est de présenter à l'enfant les connaissances et habiletés nécessaires à un fonctionnement autonome et productif dans sa vie personnelle et dans la société. En ce sens, l'école constitue un agent majeur de socialisation. Prenant en quelque sorte la relève de la famille, elle poursuit les mêmes fonctions et en ajoute de nouvelles. La nature des groupes scolaires confère à l'école une fonction socialisante élargie par rapport à celle déjà exercée par les parents et la famille. Pour la première fois, l'enfant à l'école est considéré et apprécié selon ses réussites. Le statut de l'enfant dans la classe est fondé sur la différence de rendement dans les tâches assignées par le professeur. L'enfant n'est plus aimé parce qu'il est un membre de la famille, parce qu'il est l'enfant de sa mère ou de son père, ou parce qu'il a été désiré et attendu. Il est « aimé » selon sa réussite dans les apprentissages qui lui sont commandés.

Le changement du mode d'évaluation de l'estime de soi est ici important. Même si l'enfant est fin prêt à trouver son chemin dans le monde, il n'est pas prêt pour autant à renoncer à l'affection de ses parents et à leur protection. Son rendement scolaire risque de ne pas répondre aux attentes des parents et de leurs substituts. Les parents ont misé beaucoup sur leur enfant et son bien-être demeure encore leur préoccupation principale. Cependant, l'adaptation de l'enfant à l'école et les succès scolaires font maintenent partie des attentes parentales. L'enfant va-t-il pouvoir répondre à ces ambitions, ou va-t-il au contraire décevoir ? Les parents vont-ils davantage aimer cet enfant, ou leur déception les entraînera-t-elle dans une forme de rejet plus ou moins explicite ?

Les parents renforcent l'influence de l'école en récompensant les succès scolaires et en attendant de l'enfant qu'il fasse de son mieux pour s'adapter et réussir. Très tôt, certains enfants comprennent que l'attitude de leurs parents varie en fonction de leurs succès scolaires. Ainsi, certains acceptent de jouer le jeu et tentent de sauvegarder l'affection de leurs parents par une bonne réussite scolaire. D'autres se révoltent, refusent d'être aimés pour leurs succès scolaires et exigent un amour gratuit. C'est parfois le blocage scolaire, les troubles d'apprentissage, la mésadaptation socio-affective qui s'installent.

Pour sa part, l'enseignant doit prendre un certain recul à l'égard de la relation affective qui le lie à l'enfant et évaluer objectivement le degré de réussite des apprentissages. Il lui incombe d'évaluer honnêtement chacun des enfants de la classe et ainsi de témoigner des habiletés de chacun à apprendre et à assumer des responsabilités. Le développement moral de l'enfant, sa disponibilité à accepter l'autorité représentée par le professeur et à composer ultérieurement avec celle-ci, la qualité des évaluations effectuées entre les enfants et la nature des interrelations futures, etc. dépendent en grande partie de l'habileté et de l'honnêteté du professeur à évaluer les enfants de cet âge à leur juste valeur.

Au début de la fréquentation scolaire, l'enseignant aborde les enfants de façon presque maternelle et porte attention aux besoins individuels. Son attitude devient plus exigeante et plus neutre au fur et à mesure que l'enfant vieillit. Le professeur devient un personnage important dans la vie de l'enfant. Il est le premier adulte qui lui renvoie une image « objective » de lui-même, une évaluation de sa valeur personnelle fondée sur sa réussite et non sur un lien affectif depuis longtemps établi. L'enfant passe plusieurs heures par jour avec cette personne, dans des contacts nombreux et variés. Il s'identifie à son professeur, le compare à ses parents, s'y attache, l'aime et ainsi prend un recul à l'égard de ses parents, ses premiers objets d'amour. La personnalité de l'enseignant marque définitivement celle de l'enfant ; la marque est parfois profonde, parfois superficielle, parfois blessante et parfois réparatrice, selon la qualité de la relation établie.

Les pairs jouent également un rôle important dans le développement social et la réorganisation de la personnalité de l'enfant d'âge scolaire. Les pairs contribuent à l'évaluation de l'enfant, ils rivalisent pour se faire une place et jouir d'un certain statut social. L'enfant doit alors composer autant avec les attentes de l'adulte qu'avec celles de ses pairs. Ces deux types d'attentes se correspondent sur certains points et divergent sur d'autres.

L'enfant recherche l'approbation, l'acceptation autant de la part de ses pairs que de la part des adultes. À cet effet, il s'identifie autant aux enfants de son âge qu'aux adultes proches de lui. Ce qui a pour effet premier de diluer quelque peu les identifications réalisées dans la famille et de renforcer le lien avec les pairs et plus particulièrement avec les leaders.

Le groupe de pairs à l'école diffère également du groupe des pairs du voisinage. Le premier demeure supervisé par un adulte et inséré dans un système dont l'objectif est bien orienté, alors que le second échappe le plus souvent à la surveillance de l'adulte et repose principalement sur des relations personnalisées. La personnalité devient plus complexe. L'enfant doit maintenant apprendre à composer quotidiennement avec trois, quatre groupes différents et parfois davantage, comprendre les attentes de chacun des groupes et offrir une réussite suffisante, trouver la manière de se relier pour se faire accepter, développer et maintenir une identité personnelle, etc. Dans chacun de ces groupes, l'enfant trouve des compagnons et des compagnes auxquels il s'attache, s'identifie et veut ressembler, qu'il tente d'imiter afin d'être « pareil comme... », puis « semblable à... » avant d'accepter d'être « différent de... », à la toute fin de l'adolescence ou au début de la période adulte.

La fréquentation scolaire place donc l'enfant dans une nouvelle situation relativement stressante. Il doit savoir répondre à ses professeurs qui, malgré certaines ressemblances avec les parents, en diffèrent largement sur plusieurs points importants. Au début surtout, il n'a pas l'habitude d'être évalué selon ses mérites, d'être comparé et sérié selon une échelle de performance. Ses besoins individuels sont maintenant plus souvent ignorés. Parfois, un trait de sa personnalité facilement accepté par ses parents, telle la timidité, devient embarrassant et refusé, le professeur cherchant à corriger l'attitude ou le comportement. L'enfant n'échappe plus aux règles régissant le fonctionnement du groupe et de l'école en étant gentil, séducteur ou comique, en faisant une crise de colère ou de larmes comme il lui arrivait parfois à la maison. Il se frotte parfois à d'autres enfants plus brillants, plus débrouillards que lui et peut se sentir inférieur, inadéquat ; ou au contraire, ses relations lui donnent plutôt le sentiment d'être plus intelligent, plus fort et le confortent dans l'estime de lui-même.

Le stress soulevé par toutes ces situations nouvelles peut inciter l'enfant à régresser plus ou moins temporairement. Il peut tenter d'échapper à l'école et la maladie devient souvent un refuge : maux de tête, de ventre, indigestion, etc. L'enfant exprime par là sa détresse et son besoin d'aide. La tension diminue généralement après quelque temps, après que l'enfant s'est familiarisé avec le nouveau milieu et a découvert de nouveaux amis. Si au contraire une phobie scolaire se développe, l'enfant a besoin d'une aide spécifique. Souvent, l'angoisse scolaire de l'enfant traduit une angoisse semblable et inconsciente chez les parents, angoisse que l'enfant dénonce par sa phobie mais qu'il demeure incapable de surmonter par lui-même.

Les enfants originaires de foyers défavorisés socialement ou économiquement font face à une difficulté supplémentaire en entrant à l'école. Ils ont besoin d'aide pour éviter que cette difficulté ne devienne un blocage. Le plus souvent, le système de valeurs de l'enfant de milieu défavorisé ne correspond pas à celui en vigueur dans la classe moyenne et dans l'école. Les parents n'accordent souvent pas autant d'importance aux succès scolaires, de sorte que l'enfant n'utilise pas la réussite scolaire comme moyen de promotion personnelle, comme facteur d'estime personnelle. Les parents ne constituent généralement pas de bons modèles d'intérêt et de réussite scolaire auxquels l'enfant pourrait s'identifier ; aussi son intérêt pour les activités scolaires demeure faible et secondaire, et son rendement de bas niveau. Les attitudes des professeurs et des pairs envers l'enfant défavorisé, sa famille et son milieu sont introjectées dans le concept de Soi que développe l'enfant, dans l'estime qu'il porte à ses parents comme modèles et dans son engagement envers la société.

Non seulement la qualité du langage et le niveau de discours d'un enfant reflète sa culture et son milieu social, mais l'usage d'un langage renforce la structure sociale correspondante, qui s'intègre progressivement à la personnalité de l'enfant en formation. Les enfants de milieu socio-économique défavorisé adoptent généralement un langage et un discours relativement limités au sens commun et tendent davantage à agir dans des situations concrètes et immédiates plutôt qu'à élaborer verbalement sur les situations. Ils sont éduqués à obéir aveuglément aux règles sans chercher à savoir pourquoi telle conduite est autorisée, telle autre proscrite, telle autre encouragée, telle autre tolérée, etc. Ainsi, l'enfant n'acquiert pas les outils nécessaires à son meilleur développement intellectuel et social (Bernstein, 1964).

Les professeurs apprécient les enfants de leur classe pour leur réussite scolaire, leur civilité et leur sociabilité. En dépit de leur effort pour évaluer chacun à sa juste valeur et pour les considérer également selon des critères comparables, ils demeurent des êtres humains avec des forces et des faiblesses, des goûts et des préférences, des désirs et des manques ; et il arrive souvent que les professeurs soient spontanément attirés par des enfants intelligents, cultivés, polis, etc. Les intérêts et attentes d'un professeur à l'égard de l'enfant marquent toute sa relation aux élèves. La nature de cette relation peut influencer le développement de l'intelligence, de la socialisation, voire de toute la personnalité de l'enfant. Rappelons l'expérience de Rosenthal (1966). Celui-ci a démontré que lorsqu'on persuadait un professeur que sa classe n'était composée que d'élèves brillants, ceux-ci accusaient non seulement de meilleurs résultats scolaires, mais une augmentation du quotient intellectuel. Malgré des défauts méthodologiques (absence de groupe témoin), cette recherche demeure tout de même révélatrice d'une attitude et de l'effet de cette attitude sur le développement.

De plus, tout le système scolaire favorise les enfants qui ont développé à la maison des habiletés verbales, une curiosité, le désir et le plaisir d'apprendre, la maîtrise des impulsions qui distraient et déconcentrent, etc. Les enfants de niveau socio-économique supérieur se révèlent généralement mieux préparés aux attentes du système scolaire, ils ont reçu une information plus large sur un plus grand nombre de sujets et ont été davantage entraînés aux échanges verbaux. Il est de plus en plus évident que l'éducation familiale influence grandement la qualité de l'adaptation de l'enfant à l'école, bien que ce ne soit pas là le seul facteur important responsable.

11.5.6 Le développement moral de la personnalité

La fréquentation scolaire change les valeurs morales infantiles. L'école enseigne à l'enfant des normes différentes et plus impartiales pour juger des gens, des choses et des situations. Celui-ci acquiert progressivement un système de valeurs plus formelles et plus socialisées. En même temps, le groupe des pairs, et plus particulièrement le groupe du voisinage, constitue une mini-société possédant sa propre culture, qui influence profondément le système de valeurs de l'enfant.

La constitution d'un système de valeurs relève de la variété et de la richesse des expériences vécues dans diverses situations et avec différentes personnes. Les valeurs acquises ne sont pas toujours en accord avec les impulsions profondes de la personnalité. L'enfant a appris à la phase précédente qu'il devait parfois remettre à plus tard une gratification immédiate pour conserver l'affection des adultes et obtenir ultérieurement ce qu'il désire. À 7-8 ans, il croit au caractère infaillible des valeurs parentales et s'y réfère d'emblée pour juger de sa conduite et de celle des autres. Ce n'est qu'au contact d'autres adultes significatifs dont les valeurs diffèrent de celles des parents que l'enfant commence, vers 9-10-11 ans, à nuancer les valeurs acquises et à tenir compte d'autres normes. Le groupe des pairs encourage cette remise en question. Les points de vue se multiplient rapidement et l'enfant doit bientôt considérer des circonstances spécifiques et des intentions de la personne pour élaborer un jugement.

Avant l'âge de 10 ans environ, l'enfant exerce donc une moralité de contrainte. La crainte des représailles guide son comportement. Après cet âge, il acquiert une moralité de coopération qui lui permet de tenir compte des motivations et des implications sociales d'un geste, d'une conduite ou d'une attitude avant de juger (Piaget, 1956).

Le passage d'une moralité contraignante à une moralité coopérative dépend largement de l'environnement social. Les parents et professeurs rigides et l'autorité arbitraire favorisent le développement et le maintien d'une morale basée sur la contrainte et la crainte de la punition, sur le permis et l'interdit. C'est le rôle de l'éducation de faciliter le passage à une morale fondée sur la coopération. Les activités de groupe et les projets exigent l'élaboration de règles et l'établissement de procédures, et entraînent l'enfant à comprendre l'utilité, le pourquoi et le comment des lois. Il atteint alors une moralité plus articulée et plus mûre.

C'est particulièrement dans le groupe des pairs du voisinage que l'enfant fait l'apprentissage de l'autodiscipline, qu'il apprend à régir son comportement et ses attitudes en l'absence de l'adulte, à se lier aux autres selon ses propres façons d'agir, à tenir compte des idées et désirs des autres et des conséquences qu'entraîne le fait d'en tenir plus ou moins compte. C'est dans ce groupe qu'il apprend à juger un comportement plus selon les intentions de la personne que selon les conséquences factuelles.

11.5.7 L'influence des pairs

On désigne par « pair » l'enfant du même âge ou presque lorsque l'enfant a moins de 2-3 ans, l'enfant du même âge plus ou moins un an jusqu'à 7-8 ans environ et l'enfant du même âge plus ou moins deux ans jusqu'à la puberté. Par la suite, la différence d'âge peut dépasser les trois ans et avoir de moins en moins d'importance, les groupes d'âge étant de plus en plus larges. Il s'agit d'enfants qui partagent à peu près le même niveau d'interactions sociales et un comportement de même niveau de complexité (Hartup, 1983).

Les pairs occupent une place de plus en plus importante dans le développement de la personnalité de l'enfant au fur et à mesure que celui-ci avance en âge. Ainsi, vers 2 ans, l'enfant consacre à peine 10 % de son temps en des interactions avec d'autres enfants de son âge (Konner, 1975), alors qu'à 11 ans, il passe plus de 50 % de son temps avec ses pairs (Heathers, 1955). Très tôt dans l'enfance, les enfants se distinguent les uns des autres en fonction de l'âge et de la taille, et adoptent un type d'interaction adaptée au rang de l'autre. Ainsi, très tôt les enfants se perçoivent mutuellement comme semblables ou comme plus petits ou plus grands, et leurs relations découlent de cette perception. (Hartup, 1983 ; Allen et Feldman, 1976 ; Ahlbrand et Reynolds, 1972). Ainsi, avec quelqu'un du même âge et de la même taille, les enfants ont plus tendance à s'amuser ou à s'agresser mutuellement. En présence d'un enfant plus jeune et de taille plus petite, ils tendent à commander et à prendre soin de l'autre. Devant l'enfant plus âgé et plus grand, ils obéissent plus, recherchent et acceptent son aide.

Le groupe des pairs, c'est bien connu, rassemble surtout des enfants du même sexe. Le clivage sexuel entre les enfants débute de façon manifeste dès l'âge de 3 ans et atteint son apogée au seuil de la puberté (Serbin, Tonick et Sternglanz, 1977 ; Clark, Wyon et Richards, 1969 ; Charlesworth et Hartup, 1967 ; McCandless et Hoyot, 1961). À l'âge préscolaire, les interactions entre enfants de même sexe étaient deux fois plus fréquentes que les interactions avec les enfants de l'autre sexe. À l'âge scolaire, les interactions entre garçons ou entre filles sont maintenant quatre fois plus fréquentes que celles entre garçons et filles (Serbin, Tonick et Sternglanz, 1977). De plus, les confirmations, reconnaissances et renforcements surgissent davantage des interactions entre enfants de même sexe qu'entre enfants de sexe opposé (Charlesworth et Hartup, 1967). La majorité des recherches expliquent ce clivage par le jeu réciproque des facteurs suivants : l'encouragement des adultes (parents et professeurs) en ce sens, la compatibilité plus grande dans les activités entre enfants du même sexe et les stéréotypes sexuels inhérents à l'interaction entre pairs.

Les parents incitent à ce clivage par des vêtements et des jouets spécifiques au sexe de l'enfant, en recherchant dans le voisinage des compagnons de jeu de même sexe (Rheingold et Cook, 1975 ; Lewis, Young, Brooks et Michalson, 1975). Les professeurs renforcent également le clivage par leurs attitudes et comportements. Serbin, Tonick et Sternglanz ont bien démontré ce jeu en demandant à des professeurs d'approuver manifestement en classe les interactions entre garçons et filles. En l'espace de deux semaines, les interactions entre enfants de sexe opposé avaient augmenté de 20 % et les interactions entre enfants de même sexe étaient aussi fréquentes qu'avant. Puis lorsqu'on a demandé aux professeurs de cesser de manifester leur approbation, les interactions garçons—filles ont retrouvé leur faible fréquence d'antan. Cependant, il est peu probable que le clivage sexuel entre pairs ne relève que de la dimension culturelle, d'autres facteurs encore mal connus pourraient jouer un rôle important.

Le facteur sexuel n'est pas le seul critère de clivage entre pairs, et la race constitue également un motif de ségrégation. Des réactions de ségrégation raciale ont été enregistrées chez des enfants de 4 ans, et ce type de réactions apparaît de plus en plus fréquemment par la suite, jusque dans l'adolescence (Hartup, 1983). Tout comme les interactions entre enfants de même sexe, les interactions entre enfants de même race dans une école multi-ethnique sont plus fréquentes qu'entre enfants de races différentes, bien que ces interactions existent (McCandless et Hoyot, 1961 ; Schofield et Sagar, 1977 ; Asher, Singleton et Taylor, 1982 ; Singleton et Asher, 1979).

L'entrée à l'école accentue l'importance et l'influence du groupe des pairs. Les relations entre pairs sont favorisées par le déclin de l'égocentrisme et y contribuent en même temps par la multiplication des idées et des points de vue, par les divers rôles que chacun joue dans le groupe et les différences individuelles plus nombreuses.

Le groupe des pairs représente à cet âge une véritable organisation sociale. Les liens tissés entre les enfants forment une culture spécifique transmise de l'un à l'autre. L'enfant consacre de quatre à six ans de sa vie à cette sous-culture, et dès qu'il quitte le groupe pour accéder à la puberté et à l'adolescence, un autre plus jeune le remplace. Ainsi, par un roulement infini, le groupe persiste et la culture se communique de génération en génération. Les enfants de cet âge ne sont pas encore des adolescents et ne sont plus des « petits » qui restent à la maison. Ce sont des enfants qui apprennent entre eux et par eux-mêmes les éléments de cette culture juvénile. Les plus jeunes observent les plus vieux avant d'être à leur tour, quelques années plus tard, imités par d'autres plus jeunes. L'enfant gagne en importance et en prestance au fur et à mesure qu'il avance en âge dans ce groupe. L'enfant de 9-10-11 ans devient responsable du plus jeune et celui-ci est valorisé lorsqu'un plus grand lui consacre son attention et son temps, et lui montre son savoir-faire. La tâche d'apprendre à composer avec le groupe et d'être évalué selon son mérite représente un réel défi pour l'enfant d'âge scolaire.

À cet âge, la conscience de Soi passe par la comparaison avec les pairs. Comme il évalue et estime l'autre, l'enfant est évalué et estimé par l'autre. Bien que l'estime de Soi relève d'un jugement personnel porté sur soi-même, sur ses propres capacités, sur son influence et sa popularité parmi les autres, ce jugement personnel est grandement influencé par l'estime des autres envers Soi (Sullivan, 1953). Le degré d'estime de Soi influence le comportement en limitant ou en favorisant la gamme des expériences, des essais et des succès. Une faible estime de Soi rend l'enfant moins original, moins créateur et plus soumis aux autres ; elle le porte à imiter les autres plutôt qu'à innover. Cet enfant préfère se retirer, passer inaperçu plutôt que de risquer un affrontement ; il reste généralement silencieux et, craignant de nuire, préfère s'abstenir de participer à quelque activité ou discussion. Il doute de lui-même et ne se fait pas confiance pour évaluer et juger d'une situation ou d'une personne ; il ne croit pas en ses capacités. Une estime de Soi positive incite l'enfant à prendre des initiatives et à être indépendant et confiant dans ses capacités. Il consacre plus de temps aux autres et aux activités extérieures parce qu'il est moins préoccupé par lui-même, par son image, par ce que les autres pensent de lui. Il s'affirme et fait connaître son opinion, même s'il risque la désapprobation. Il assume le rôle de leader au besoin (Coopersmith, 1967 ; Mack et Ablon, 1983 ; Harter, 1983).

Le développement d'un concept de Soi dans le groupe des pairs est complexe et subtil. L'enfant apprend à se percevoir comme les autres le perçoivent et s'ajuste aux modèles prisés par le groupe. Les pairs établissent les normes d'élection du compagnon de jeu, de l'ami-confident, du membre du groupe. Ces normes sont au début rigides et inflexibles, et ne tiennent pas compte des nuances apportées par les circonstances, les intentions, etc. La loyauté et la justice sont les valeurs primées. Les vols et les jurons sont reconnus comme mauvais et malhonnêtes, mais ils sont acceptés et non dénoncés parce qu'ils constituent des manifestations d'indépendance, de courage et de défi. Rapporter aux autorités les mauvais coups des autres, aller pleurer auprès des parents à la moindre blessure, s'en prendre à des plus petits, être un mauvais perdant au jeu, sont autant de conduites bannies et méprisées.

Le garçon efféminé est très mal accepté, souvent ridiculisé et utilisé comme bouc émissaire. L'enfant craintif et anxieux devient aussi l'objet de risées et se voit exclu du groupe. Ces enfants doivent surmonter leur réputation par un comportement différent et approprié, faire leurs preuves pour acquérir une situation plus enviable ou accepter tous les sobriquets et toutes les moqueries pour garder une place dans le groupe. C'est là un apprentissage difficile et souvent blessant qui marque l'estime de Soi.

À l'inverse, les prouesses sportives rendent l'enfant populaire, mais n'en font pas un ami pour autant. Les sports et autres activités (philatélie, photographie, musique, bricolage, camping, collections diverses, etc.) contribuent à organiser le groupe et les temps libres au fur et à mesure que les enfants approchent de la fin de la période. À 6-7 et même 8 ans, l'enfant a peine à composer avec les règles inhérentes aux sports et aux jeux organisés pour s'y donner avec plaisir et y trouver du liant avec ses pairs. À 9-10-11 ans, et encore plus par la suite, le groupe des pairs devient plus stable et plus souvent rassemblé par diverses activités sportives ou autres. Les jeunes s'organisent en clubs, se donnent un nom, une devise, un signe qui sacralisent leur union, leurs liens.

Le « gang » a souvent une connotation négative dans l'esprit des parents, il est facilement perçu comme délinquant, antisocial et chaotique. Heureusement, tel n'est pas toujours le cas. Le gang est organisé, édicte ses règles et coutumes qui s'harmonisent le plus souvent avec les normes et valeurs du milieu. Sans doute à cause de la connotation négative associée au gang, les adultes tentent de rassembler et d'organiser les jeunes de cet âge. On met sur pied des clubs sportifs (hockey, base-ball, basket-ball, natation, gymnastique...), des groupes culturels (scouts, club 4-H, échecs, bricolage, ballet, musique...), des terrains de jeu, des colonies de vacances, des voyages, on planifie des rencontres, on encadre les compétitions, etc.

Bien sûr, les enfants de cet âge ont besoin de supervision et d'encadrement, il est évident qu'un manque d'organisation et d'occupation de la jeunesse dans un milieu favorise la délinquance (Lidz, 1969). Mais il importe aussi, pour un harmonieux développement de la personnalité, que les enfants puissent profiter d'une certaine liberté d'action et d'organisation, qu'ils puissent établir leurs normes, leur hiérarchie des valeurs, apprendre à jouer du coude, voire se mêler à quelques bousculades, composer à leur manière avec les plus forts et les plus faibles, agir et réagir sans la supervision d'un adulte en autorité.

Tous les enfants de cette période s'adonnent tôt ou tard à quelques activités considérées comme indésirables, voire interdites par les adultes. Loin de la famille et de l'école, l'enfant utilise un langage scatologique, raconte des histoires de sexe que la plupart du temps il ne comprend pas et qu'il n'admet évidemment pas ne pas comprendre, vole dans les tabagies et les grands magasins de menus objets de valeur variable, fume en cachette, jure, crache, « pète », « pisse » dans le jardin ou sur le mur du magasin, s'adonne à des jeux sexuels traduisant plus sa curiosité naturelle qu'une recherche de plaisir ou qu'une tendance homosexuelle, etc. Cet enfant n'est pas délinquant pour autant. À sa manière, il s'initie au monde des adultes, s'affranchit de l'enfance et du milieu familial, s'introduit dans le monde mystérieux de ses aînés.

Vers l'âge de 10 ans apparaît l'ami-confident, le « chum » ; celui qui se démarque des autres dans le groupe des pairs par l'étroitesse de l'attachement qui le lie à l'enfant. L'ami est de même sexe, il devient un *alter ego*, un autre moi. L'enfant s'identifie à l'ami, l'imite, adopte son langage, ses gestes, ses goûts, etc. L'estime de soi est augmentée ou diminuée par la place de cet ami dans le groupe des pairs. Si l'ami est généralement bien considéré, alors l'estime de Soi est maintenue ou augmentée. Si au contraire l'ami n'est pas bien perçu par les pairs, alors l'estime de soi peut être maintenue ou diminuée. Deux enfants peu estimés dans le groupe des pairs peuvent unir leur solitude et s'aider mutuellement à acquérir une meilleure estime d'eux-mêmes et à surmonter leur solitude.

L'altruisme se développe dans le creuset de cette amitié, l'empathie y prend ses racines. En s'identifiant à son ami, l'enfant tente de parfaire sa personnalité, de s'approprier des qualités qu'il craint ne pas avoir, des talents manquants. L'ami déplaît parfois aux parents, qui sont alors tentés de mettre fin à cette relation. L'enfant reçoit pour lui-même toute critique négative adressée à l'endroit de l'ami. Les parents disent ne pas aimer l'ami, l'enfant entend que ses parents ne l'aiment pas lui. Il ne sert à rien d'intervenir par la négative et par l'interdit. Le plus souvent, ces amitiés sont de courte durée, et l'enfant passe bientôt à un nouvel ami possédant d'autres qualités qu'il admire et envie.

POST-TEST

1- *Vrai ou faux.* Il peut arriver à un enfant particulièrement brillant et précoce de sauter un stade de développement et ainsi de prendre une avance dans son développement.

2- *Choisissez la bonne réponse.* La recherche de la satisfaction des besoins primaires rencontre indubitablement des difficultés ; celles-ci sont de deux ordres. Nommez-les.

    a) la sécurité et l'insécurité ;

    b) les conflits et les frustrations ;

    c) biologiques et psychologiques ;

    d) parental et fraternel ;

    e) autre.

3- *Vrai ou faux.* L'apprentissage des rôles sexuels débute dès la naissance.

4- *Choisissez la bonne réponse.* J'ai décrit le premier mois de la vie comme une période d'autisme normal. Qui suis-je ?

    a) Gesell ;

    b) Malher ;

    c) Piaget ;

    d) Freud ;

    e) Nelson.

5- *Vrai ou faux.* La notion de pare-excitations explique le fait que l'enfant mène une vie en retrait du monde environnant.

6- *Complétez la phrase en choisissant la bonne réponse.* Le processus de séparation—individuation débute chez l'enfant ....

    a) entre la naissance et 2 mois ;

    b) entre 2 et 4 mois ;

    c) entre 4 et 6 mois ;

    d) entre 6 et 12 mois ;

    e) entre 1 et 2 ans.

7- *Vrai ou faux.* L'angoisse de l'étranger est considérée comme un organisateur psychique.

8- *Complétez la phrase.* La séparation et l'individuation sont un processus qui suscite une angoisse importante chez l'enfant, mais celui-ci utilise des objets, des espaces, des situations d'une manière particulière pour les assumer. Winnicott rassemble ces mécanismes d'adaptation sous le nom de phénomènes ....

9- Décrivez trois types de réactions de l'enfant de 18 mois environ lorsqu'il est séparé de sa mère.

10- *Complétez la phrase en choisissant la bonne réponse.* La sécurité de l'enfant entre 1 et 2 ans dépend de ....

   a) l'affection de la mère ;

   b) la sécurité de la mère ;

   c) la disponibilité physique de la mère ;

   d) la qualité de l'attachement à la mère ;

   e) toutes ces réponses sont également bonnes.

11- *Vrai ou faux.* Entre 1 et 2 ans, l'enfant démontre généralement un seuil de tolérance à la frustration assez bas.

12- Selon Erikson, l'enfant développe durant la deuxième année de la vie un sentiment d' .... ou d' .... qui lui procure la .... ou la ....

13- *Complétez la phrase en choisissant la bonne réponse.* Si un enfant de 18 mois environ tente de s'habiller par lui-même, la mère devrait ....

   a) l'observer et le laisser faire ;

   b) rapidement intervenir pour l'aider ;

   c) intervenir pour lui signifier les vêtements à mettre ;

   d) ne pas s'en occuper ;

   e) le féliciter tout de suite.

14- *Vrai ou faux.* On ne devrait pas exiger d'un enfant qu'il contienne sa colère, mais l'aider à l'exprimer de façon socialement acceptable.

15- Les causes des peurs et colères infantiles sont nombreuses, mais elles peuvent être résumées comme suit ;

   a) les changements imprévus et rapides ;

   b) la séparation d'avec la mère ou l'équivalent ;

   c) les stimulations nombreuses et fortes ;

   d) l'insécurité, l'angoisse, l'impatience et l'indisponibilité des parents ;

   e) toutes ces réponses sont bonnes.

16- *Complétez la phrase en choisissant la bonne réponse.* La première réaction défensive de l'enfant découvrant la différence anatomique des sexes est ....

   a) la projection ;

   b) l'introjection ;

   c) la régression ;

   d) la fixation ;

   e) autre.

17- *Vrai ou faux.* À l'âge préscolaire l'enfant érotise facilement les relations établies avec les personnes affectivement proches de lui.

18- Nommez les facteurs qui aident l'enfant à remettre à plus tard un plaisir immédiat.

19- Décrivez deux formes de comportements de dépendance présents entre 3 et 5 ans.

20- *Vrai ou faux.* Vers 4 ans, l'imaginaire de l'enfant n'est pas suffisamment développé pour nourrir ses jeux et fantasmes ; aussi est-il largement influencé par les images de la télévision.

21- *Vrai ou faux.* La culpabilité provoque la frustration chez l'enfant.

22- Énumérez trois causes des peurs infantiles.

23- *Vrai ou faux.* Plus l'enfant avance en âge, plus le contrôle intérieur de son comportement, son assurance relationnelle et sa sécurité personnelle dépendent du langage.

24- *Vrai ou faux.* L'identité sexuelle que les parents attribuent à l'enfant est plus déterminante dans le développement de la personnalité que celle révélée par l'anatomie.

25- *Choisissez la bonne réponse.* Qui suis-je ? J'entraîne plusieurs distorsions et aberrations dans la représentation de Soi sexué selon un seul des deux sexes.

    a) l'angoisse de castration ;

    b) le complexe d'Œdipe ;

    c) la pensée pré-opératoire et l'imaginaire ;

    d) l'attitude des parents ;

    e) autre.

26- *Vrai ou faux.* L'enfant découvrant la différence anatomique des sexes devient d'emblée curieux et fier de la différence perçue et tente d'affirmer celle-ci par diverses manières d'être et d'agir.

27- *Complétez la phrase en choisissant la bonne réponse.* La sécurité et la confiance de l'enfant en son appartenance sexuelle relève en grande partie ....

    a) des attitudes parentales ;

    b) des données biologiques ;

    c) de l'angoisse de castration ;

    d) de la différence anatomique des sexes ;

    e) de son développement cognitif.

28- Énumérez au moins trois éléments constitutifs de la résolution œdipienne.

29- Dans l'élaboration du complexe d'Œdipe, l'enfant perçoit le parent de même sexe comme un intrus et un rival dans sa relation au parent de sexe opposé. En ce sens, il lui arrive de désirer l'élimination définitive du parent rival, la mort même. Mais une pensée l'empêche de mettre à exécution son projet secret. Expliquez.

30- *Vrai ou faux.* Dans une saine résolution œdipienne, le garçon et la fille conservent la mère comme premier objet d'amour exclusif.

31- *Complétez la phrase en choisissant la bonne réponse.* Rendre un objet trouvé par crainte d'avoir été vu et d'être puni pour vol est une conduite ....

    a) morale ;

    b) éthique ;

    c) prudente ;

    d) altruiste ;

    e) juste.

32- *Vrai ou faux.* C'est à la maison et avant l'âge scolaire que l'enfant acquiert de bonnes ou mauvaises habitudes alimentaires.

33- *Vrai ou faux.* Durant la phase de latence, les pulsions sexuelles deviennent inopérantes.

34- *Vrai ou faux.* La fréquentation scolaire impose à la personnalité une réorganisation majeure.

35- *Complétez la phrase.* Selon Erikson, l'âge scolaire est la période durant laquelle l'enfant développe le sens du .... ou le sentiment ....

36- *Complétez la phrase.* L'enfant doit aussi développer sur le plan social un sentiment .... au groupe, sans quoi il se sent ....

37- Le leadership chez l'enfant d'âge scolaire repose sur deux éléments. Nommez-les.

38- *Vrai ou faux.* Les degrés de masculinité du père et de féminité de la mère ont une influence directement proportionnelle sur le développement de l'identité sexuelle de l'enfant, garçon ou fille.

39- *Vrai ou faux.* S'il est humiliant pour le garçon d'âge scolaire d'être perçu efféminé, il est tout aussi humiliant pour une fille du même âge d'être perçue garçonnière.

40- *Complétez la phrase.* En classe le professeur doit évaluer honnêtement chacun des enfants et ainsi témoigner des .... de chacun à .... et à assumer des ....

41- *Vrai ou faux.* Le degré de popularité de l'enfant dans le groupe scolaire ou le groupe des pairs du voisinage n'a pas de relation avec l'estime de Soi.

42- *Complétez la phrase en choisissant la bonne réponse.* L'enfant croit au caractère infaillible des valeurs parentales avant d'être capable de les nuancer, vers l'âge de ....
  a) 5-6 ans ;
  b) 6-7 ans ;
  c) 7-8 ans ;
  d) 9-10 ans ;
  e) 10-11 ans.

43- *Complétez la phrase.* Les travaux de Piaget ont révélé que l'enfant suit une morale fondée sur la .... avant d'accéder à une morale basée sur la ....

44- *Vrai ou faux.* À l'âge scolaire, garçons et filles se rassemblent dans le groupe des pairs du voisinage et organisent plusieurs activités mixtes.

45- *Vrai ou faux.* L'estime de Soi à l'âge scolaire passe indubitablement par la comparaison de Soi avec les pairs.

46- *Complétez la phrase en choisissant la bonne réponse.* Une faible estime de Soi incite l'enfant à ....
  a) prendre des initiatives valorisantes ;
  b) sélectionner les actions d'éclat pour attirer l'attention ;
  c) imiter les autres et ne pas se faire remarquer ;
  d) a et b sont deux bonnes réponses ;
  e) autre.

Chapitre 12

Identité et rôles sexuels

PLAN

PRÉTEST

1- *Vrai ou faux.* De toute évidence les rôles sexuels sont multidimensionnels.

2- *Vrai ou faux.* Les apprentissages liés aux rôles sexuels sont de nature bidimensionnelle et les deux dimensions sont opposées l'une à l'autre : la sexualité masculine et la sexualité féminine.

3- *Vrai ou faux.* Le comportement de l'enfant ne reflète que ses préférences.

4- *Complétez la phrase.* .... est un nouveau concept pour signifier un amalgame de traits masculins et féminins perçus par différentes approches théoriques.

5- Nommez les deux principales théories qui ont guidé les recherches des 15 à 20 dernières années.

6- Identifiez les deux processus inclus dans tout apprentissage social.
   a) le conditionnement opérant et l'apprentissage par modelage ;
   b) les rôles sexuels et l'identification ;
   c) les processus cognitifs et l'apprentissage social ;
   d) les processus cognitifs et le conditionnement opérant.

7- Pourquoi un renforcement peut-il influencer un premier comportement chez l'enfant ?

8- Identifiez la ou les affirmations vraies.

a) La façon dont un modèle de comportement est codé dépend de la fréquence des renforcements déjà reçus ;

b) Une fois que le modèle de comportement est emmagasiné dans la mémoire, l'imitation du modèle relève uniquement de la motivation de l'enfant à le faire ;

c) Lorsque le modèle est de même sexe, l'enfant est davantage incité à l'imiter à moins que le modèle ait été puni ;

d) Les behavioristes radicaux et les tenants de l'apprentissage social conçoivent les rôles sexuels comme autant de comportements appris en réponse à des stimulations ou à des situations incitant un type de réponse.

9- *Vrai ou faux.* Les théories du développement cognitif supposent des antécédents de nature exclusivement organique comme responsables de l'élaboration des rôles sexuels.

10- L'enfant comprend que son identité sexuelle est une donnée stable et irréversible vers :

a) 1 an ;

b) 3 ans ;

c) 5 ans ;

d) 7 ans.

11- Ordonnez selon les étapes du développement entre 8 et 18 ans les stéréotypes sexuels suivants :

a) L'enfant affirme que les rôles et comportements sociaux masculins et féminins sont inhérents et nécessaires pour le bon fonctionnement du système social ;

b) Il comprend que les rôles sociaux sont arbitraires ;

c) Il comprend que les rôles et comportements sociaux ne sont pas nécessités par les différences physiques entre les sexes ;

d) Il perçoit que les rôles et comportements stéréotypés n'ont rien à voir avec les questions de nécessités psychologiques ou de qualité d'adaptation ;

e) Il affirme que le partage des rôles sociaux entre les hommes et les femmes est nécessaire au bon fonctionnement psychologique d'un couple et d'une famille.

12- Nommez deux des mécanismes qui poussent l'enfant à adopter certaines attitudes et certains comportements sexuellement stéréotypés.

13- Ordonnez chronologiquement l'apparition des différents stades suivants :

a) La personne devient autonome et consciente d'elle-même, elle nuance davantage les rôles et stéréotypes sexuels ;

b) Durant ce stade, les rôles sexuels subissent une orientation critique en raison des différentes pressions sociales ;

c) La personne découvre l'importance de se conformer aux règles et aux rôles ;

d) L'enfant devient capable d'introspection et, par le fait même, d'une plus grande conscience de soi.

14- Parmi les affirmations suivantes sur le modèle de développement de Pleck (1975), déterminez celles qui sont vraies :

   a) Dans une première phase, l'enfant fait l'apprentissage des attentes culturelles à l'égard des garçons et des filles ;

   b) La deuxième phase entraîne une dépolarisation des rôles sexuels ;

   c) Durant la troisième phase, les valeurs individuelles, les choix et intérêts personnels tiennent compte des règles et des rôles socialement prescrits ;

   d) La troisième phase est dite androgyne.

15- Les stéréotypes sexuels constituent sur le plan cognitif autant de schèmes servant à élaborer ....

16- Selon la théorie psychanalytique, qu'est-ce qui serait à l'origine du sentiment d'infériorité chez la fille et de son attitude soumise ?

17- *Complétez la phrase.* Si à l'âge adulte un homme en relation avec une femme tente par divers moyens de la contrôler et de la dominer, tout en conservant les aspects positifs de la dépendance à l'égard de celle-ci et en maintenant une attitude paternelle ; ou s'il se montre ouvertement méprisant et hostile ou au contraire charmeur et Don Juan envers la femme, cela pourrait, selon les théories psychanalytiques, découler des ....

18- *Complétez la phrase.* Si la femme nourrit une forte rivalité, une grande compétition à l'égard de l'homme, si elle envie l'homme et aimerait être homme plutôt que femme, cela serait lié, selon les théories psychanalytiques, à des attitudes inconscientes rassemblées sous le nom de ....

19- Selon Johnson (1975), quelles sont les deux composantes majeures de la féminité ?

20- Identifiez parmi les énoncés suivants les affirmations fausses :

   a) Les enfants d'âge préscolaire ne possèdent pas encore de stéréotypes sexuels face aux occupations des adultes ;

   b) Les enfants de 3 ans répondent souvent au hasard concernant les questions reliées aux stéréotypes sexuels ;

   c) Le jouet sexuellement stéréotypé apparaît très tôt dans l'enfance ;

   d) Vers 4-5 ans, les enfants aspirent occuper plus tard des postes sexuellement stéréotypés.

21- *Vrai ou faux.* Du début à la fin du cours primaire, l'évolution du jeune démontre une stéréotypie sexuelle de moins en moins marquée en ce qui concerne les carrières et professions, mais les stéréotypes sexuels demeurent encore puissants à l'égard des activités des pairs.

22- Nommez deux aptitudes perçues comme masculines et deux aptitudes perçues comme féminines chez les enfants d'âge primaire et secondaire.

23- *Complétez la phrase.* Les filles perçoivent davantage .... comme étant une matière difficile et elles ont une ambition moindre d'y réussir, malgré l'équivalence des résultats aux examens entre garçons et filles.

   a) le français ;

   b) la musique ;

   c) les cours de langue ;

   d) les mathématiques.

24- Parmi les énoncés suivants, identifiez les affirmations vraies :

  a) Comparativement aux garçons, les filles ont généralement moins d'ambition, un niveau moindre d'aspiration face au succès et une plus grande anxiété face à l'échec ;

  b) Les différences sexuelles dans les performances apparaissent beaucoup plus tôt que les stéréotypes sociaux ;

  c) La plus grande habileté des filles dans l'apprentissage de la lecture est évidente dès le début de la fréquentation scolaire ;

  d) Des comparaisons interculturelles et intermilieux laissent croire à une influence très faible de la culture dans la manifestation de différences concernant le fonctionnement cognitif.

25- Vers quel âge environ l'enfant commence-t-il à utiliser les stéréotypes sexuels pour qualifier la personnalité ?

  a) 3 ans ;

  b) 5 ans ;

  c) 7 ans ;

  d) 9 ans.

26- Selon la conclusion de Maccoby et Jacklin (1974), les garçons seraient davantage .... , ... (donnez deux caractéristiques) que les filles, et celles-ci seraient plus .... , ... (donnez deux caractéristiques) que les garçons.

27- *Vrai ou faux.* Les composantes des stéréotypes sexuels sont dépendantes les unes des autres.

28- Laquelle des deux notions suivantes survient en premier selon Marcus et Overton (1978) ?

  a) la notion de conservation de la matière ;

  b) la notion de la permanence de l'appartenance sexuelle.

29- Parmi les énoncés suivants, identifiez la ou les affirmations qui sont vraies :

  a) La compréhension de l'irréversibilité de l'appartenance sexuelle est remarquablement dépendante des autres composantes des stéréotypes sexuels ;

  b) Chez les enfants de 10-11 ans, la dénomination des genres est en relation avec les stéréotypes sexuels ;

  c) Plusieurs études mettent en évidence l'absence de relation entre la compréhension de l'appartenance sexuelle et celle des stéréotypes sexuels chez l'enfant de 3 à 7 ans ;

  d) Entre 5 et 7 ans, les enfants comprenant l'irréversibilité de leur appartenance sexuelle considèrent comme appropriés aux deux sexes un plus grand nombre d'activités, d'intérêts et de rôles que les enfants du même âge qui n'ont pas encore atteint ce stade.

30- *Vrai ou faux.* Chez les enfants d'âge préscolaire, l'association entre les stéréotypes et les rôles sexuels est relativement forte.

31- *Vrai ou faux.* Les stéréotypes sexuels influencent l'appréciation que fait l'enfant de ses compétences et de ses préférences, ainsi que ses attitudes, sa motivation et sa persévérance dans une activité.

32- *Vrai ou faux.* Les caractéristiques dites féminines sont plus positivement associées à l'estime de soi que les caractéristiques dites masculines.

33- Selon Welch (1981), les filles androgynes confrontées au succès ou à l'échec dans des activités sexuellement neutres réagissent d'une façon particulière. Expliquez.

34- Les filles androgynes attribuent généralement leur succès...

a) à leur propre habileté ;

b) à la chance ;

c) à la faiblesse d'autrui ;

d) à leur intérêt marqué pour ce genre d'activité.

35- *Vrai ou faux.* Déjà au niveau de la maternelle, les garçons qui choisissent des jeux dits masculins et les filles qui choisissent des activités dites féminines s'amusent probablement davantage avec des compagnons de jeux du même sexe.

36- *Vrai ou faux.* Il semble peu probable que les concentrations prénatales d'hormones influencent le fonctionnement cognitif et le comportement ultérieur.

37- En quoi les parents sont-ils souvent à leur insu et malgré eux des modèles de comportements sexuellement stéréotypés envers leurs enfants ?

38- Donnez deux interprétations de la surreprésentation masculine à la télévision.

39- Donnez un exemple de transmission des stéréotypes sexuels par des masse-médias.

40- À partir de quel âge environ les enfants comprennent-ils relativement bien les connotations sexuelles stéréotypées inhérentes à la forme des messages transmis par la télévision mais en étant tout de même influencés par le contenu ?

a) 1 an ;

b) 3 ans ;

c) 6 ans ;

d) 9 ans.

41- En quoi l'acquisition de schèmes influence-t-elle l'imitation de divers modèles chez l'enfant ?

42- Parmi les choix proposés, identifiez ceux à l'origine de la tendance des enfants à répéter les comportements observés chez les modèles de même sexe :

a) influence des médias ;

b) schèmes sexuels déjà acquis ;

c) appartenance sexuelle du modèle ;

d) sexe du parent préféré.

43- *Complétez la phrase.* Les enfants d'âge préscolaire et scolaire qui observent des modèles .... expriment davantage de perceptions égalitaires à propos des occupations adultes, des rôles parentaux, des activités des enfants et des caractéristiques personnelles et sociales que ne le font les enfants qui observent des modèles neutres ou traditionnels.

44- Selon Perry et Bossey (1979), en quoi le degré de similarité dans le comportement des hommes et dans celui des femmes influence-t-il l'imitation du comportement ?

45- Selon Maccoby et Jacklin (1974), chez les enfants d'âge scolaire et ceux fréquentant l'école primaire, il y a deux domaines où les garçons et les filles sont traités différemment par leurs parents. Nommez-les.

46- En quoi l'influence paternelle dans l'acquisition et la transmission des stéréotypes sexuels semble-t-elle plus importante que l'influence maternelle ?

47- Parmi les énoncés suivants, identifiez les affirmations vraies concernant le comportement des adultes vis-à-vis du sexe de l'enfant :

 a) Les adultes offrent plus souvent des objets dits masculins aux filles qu'aux garçons ;

 b) Les filles sont plus encouragées que les garçons aux relations interpersonnelles et aux jeux de maternage ;

 c) Les femmes interviennent plus rapidement auprès d'un enfant en pleurs lorsqu'elles le croient fille ;

 d) Lorsqu'un enfant de 2 ans est présenté comme étant un garçon, les adultes lui procurent davantage de renforcements et manifestent de plus grandes attentes à son égard. S'il est dit fille, ils le complimentent et le soutiennent davantage dans ses activités.

48- Identifiez les distinctions relatives aux façons de jouer du père avec son fils.

49- Selon Fagot (1974, 1978), les parents critiquent et encouragent à la fois davantage le garçon ou la fille ?

50- *Vrai ou faux.* Les parents, plus particulièrement les pères, interagissent davantage avec l'enfant du sexe opposé qu'avec l'enfant de même sexe.

51- *Vrai ou faux.* Tant les données expérimentales que les résultats d'enquêtes confirment le fait que garçons et filles sont incités à composer différemment avec le monde extérieur et les personnes rencontrées.

12.1 INTRODUCTION

Il y a 20 ans à peine, les rôles sexuels spécifiques à l'homme et à la femme étaient considérés comme un fait de socialisation que l'enfant devait apprendre et assumer. Aujourd'hui on souhaite qu'aucune situation, aucune tâche, aucune fonction ne soit spécifiquement réservée à l'homme ou à la femme. Les divers mouvements de libération de la femme ont certainement contribué au changement des mentalités en démontrant, en dénonçant et en combattant la discrimination faite aux femmes tant sur le marché du travail que dans la société en général. Le mouvement humaniste a aussi démontré, dénoncé et combattu les effets restrictifs de la ségrégation sexuelle sur l'épanouissement de la personnalité, l'accomplissement des potentialités et la réalisation intégrale de soi.

Les recherches en psychologie du développement et en psychologie sociale ont mis en évidence l'influence des valeurs sexuelles sur l'élaboration des théories et des recherches en sciences humaines, sociales et de la santé. Ainsi, plusieurs traits de personnalité négativement évalués pour les femmes au début des années 1940, et perçus comme masculins, agressifs ou mésadaptés, devinrent positivement considérés au début des années 1970, et jugés

affirmatifs, compétents et fonctionnels. Aucune recherche n'est absolument exempte de l'influence des valeurs, des biais et des préférences des chercheurs (Huston, 1983).

Des auteurs considèrent toute différenciation sexuelle dans les rôles, activités et traits de personnalité comme autant d'indications de stéréotypes sexuels, alors que d'autres accordent une grande importance aux caractéristiques socialement prescrites comme masculines ou féminines. Depuis le livre *Le deuxième sexe* de Simone de Beauvoir, paru en 1949, jusqu'à nos jours, les écrits sur le sujet sont très nombreux, parfois généraux et flous, parfois fortement spécialisés, parfois très féministes, d'autres fois hautement philosophiques, portant sur l'éducation, la culture, la littérature elle-même, traitant des personnes de tous âges et de toutes races, etc. Il est aujourd'hui impossible de couvrir tout le domaine dans le cadre d'un manuel de psychologie de l'enfant.

Le présent chapitre vise particulièrement à mettre en évidence le jeu de l'appartenance sexuelle dans le développement de la personnalité et de l'identité chez l'enfant. Plusieurs résultats de recherches et quelques théories sont rapportés.

12.2 LES RÔLES SEXUELS

De toute évidence, les rôles sexuels sont multidimensionnels et il n'est pas facile d'en préciser toutes les composantes et d'en déterminer le poids spécifique. Des auteurs (Kagan, 1964a ; Biller, 1971 ; Lynn, 1966) ont élaboré des théories en vue de définir les diverses dimensions des apprentissages sexués chez l'enfant. Certains apprentissages concernent l'identité même du sujet et lui permettent de se percevoir comme étant conforme aux caractéristiques de son sexe. D'autres traits relèvent de préférences personnelles s'exprimant par l'exercice de certaines activités liées à un rôle sexuel. Ainsi, un garçon aime jouer au hockey alors qu'un autre préfère apprendre le piano. Enfin, certaines dimensions sexuelles de la personnalité sont socialement adoptées et manifestées par des comportements et des attitudes observables et culturellement liés à un sexe.

Spence et Helmreich (1978) distinguent les rôles sexuels définis par les activités et tâches socialement prescrites aux femmes et aux hommes (par exemple infirmières, secrétaires, routiers, menuisiers, etc.) des traits personnels instrumentaux et expressifs propres à chacun et chacune (par exemple sensibilité, agressivité, etc.). Constantinople (1973) différencie sur deux axes les composantes en jeu. Sur l'axe vertical elle pose les caractéristiques de contenu et sur l'axe horizontal, les théories. Elle présente ainsi une matrice de classification et d'analyse des résultats recueillis au moyen de diverses mesures. Cette grille est utile pour organiser la discussion et clarifier les arguments et résultats de recherches contradictoires. Cette classification permet d'identifier les théories et contenus sur lesquels les études ou mesures portent simultanément, les points où les auteurs débordent les limites de leur étude par une généralisation trop large de leurs conclusions. Ainsi, des résultats divergents ou des conclusions opposées relèvent parfois du fait que des théories ou des contenus différents sont simultanément abordés, à l'insu du chercheur. Le tableau 12.1 met en évidence les aspects délaissés par les ouvrages scientifiques. Ainsi, certaines attitudes non verbales communiquent parfois des informations importantes à propos de l'identité socio-sexuelle, mais elles sont jusqu'à présent ignorées dans les écrits scientifiques.

En pratique, les définitions opérationnelles des préférences et des comportements mis de l'avant se recoupent plus ou moins largement. Le phénomène est encore plus marqué chez les jeunes enfants. Ainsi, la préférence d'un rôle sexuel est souvent évaluée en recherche par les choix comportementaux de l'enfant jouant librement ou par le choix des jouets. Même s'il est justifié de croire que le comportement d'un enfant reflète ses préférences, son comportement manifeste peut être motivé par d'autres facteurs que l'appartenance sexuelle (par exemple conserver l'affection de ses parents).

Au début des recherches sur la question, les premières conceptualisations assumaient la bipolarité des rôles sexuels, mais cette idée fut maintes fois remise en question (Bem, 1974 ; Block, 1973 ; Constantinople, 1973). Certains aspects des rôles sexuels, particulièrement l'identité sexuelle, sont bipolaires par définition, mais plusieurs autres dimensions sont indépendantes. Ainsi, les intérêts et activités associés à la masculinité n'excluent pas, chez une même personne, ceux associés à la féminité. Un intérêt pour la couture ou la poésie n'implique pas d'emblée le rejet de toute forme d'intérêt pour le football ou les sciences.

Au milieu des années 1970, l'hypothèse de la bipolarité a perdu de sa popularité. La démonstration empirique de l'indépendance de plusieurs traits dits féminins ou masculins fut faite avec le BSRI (*Bem Sex-Role Inventory*, Bem, 1974) et le PAQ (*Personal Attributes Questionnaire*, Spence, Helmreich et Stapp, 1975). Malgré des différences de construction, les deux tests reposent sur des adjectifs considérés comme sexuellement stéréotypés et socialement désirables.

Les résultats recueillis autant auprès d'adultes que d'enfants ne soutiennent pas l'hypothèse de la bipolarité (Bem, 1974, 1977 ; Hall et Halberstadt, 1980 ; Spence et Helmreich, 1978). Les corrélations entre l'échelle masculine et l'échelle féminine sont

TABLEAU 12.1 : Les stéréotypes sexuels*

		Construits		
Contenus	A. Concepts	B. Identité et perception de soi	C. Préférences et attitudes prescrites	D. Comportements manifestes
1. Genre biologique	A1. Constance du genre	B1. Identité sexuelle masculine ou féminine et perception de son identité propre comme masculine ou féminine	C1. Désir d'être garçon ou fille et croyance qu'une plus grande valeur est accordée à un sexe plutôt qu'à l'autre	D1. Exhibition des attributs corporels propres à un sexe (vêtements, coiffure, corps, etc.)
2. Activités et intérêts ; jouets, jeux, occupations, tâches et compétences	A2. Connaissances des stéréotypes sexuels et concepts de rôles sexuels ou performances réussies ou échouées	B2. Perception de soi à travers les intérêts et habiletés ou attribution d'un type sexuel selon la réussite ou l'échec	C2. Préférence pour les jeux, jouets, activités ; réalisation de soi selon des valeurs stéréotypées, attitudes à l'égard des activités des autres selon leur sexe (par exemple les rôles traditionnellement attribués aux femmes)	D2. Participation à des jeux, des activités, des occupations ou des réalisations de tâches stéréotypés sexuellement
3. Caractéristiques personnelles et sociales	A3. Concepts de stéréotypes sexuels ou de comportements appropriés au sexe	B3. Perception de soi (par exemple questions d'auto-évaluation)	C3. Préférence ou désir de posséder une caractéristique personnelle ou sociale, attitudes à l'égard du comportement des autres	D3. Exhibition d'un comportement personnel ou social conforme aux stéréotypes sexuels (par exemple un comportement agressif ou dépendant)
4. Base sexuelle des relations sociales	A4. Concepts de normes sexuelles dans les interrelations sociales	B4. Perception de son propre mode relationnel, de son orientation sexuelle	C4. Préférence pour des amitiés avec des hommes ou des femmes, amour, attachement à l'autre, désir d'être comme un homme ou une femme, attitudes envers les autres	D4. Engagement dans des relations sociales ou sexuelles avec les autres selon l'identité sexuelle de soi et de l'autre (par exemple des pairs de même sexe)
5. Styles et symboles sexuels : gestes, comportements non verbaux, langage et communication, style dans les jeux, fantaisies, dessins, rythme, taille, etc.	A5. Conscience des symboles et des styles sexuels	B5. Perception de son apparence non verbale et des caractéristiques de son style personnel	C5. Préférence pour certains styles et symboles, caractéristiques personnelles, attitudes à l'égard de la communication non verbale des autres et de leur langage	D5. Manifestation d'un comportement verbal ou non verbal en accord avec les valeurs sexuelles, les fantaisies, le dessin, etc.

* Traduit de Huston, A.C. (1983) « Sex-Typing », *in* Mussen, P.H. (édit.) ***Handbook of Child Psychology***, 4ᵉ éd., vol. IV : ***Socialization, Personality and Social Development***, New York, John Wiley, p. 390, 391.

faibles. Cela signifie bien que lorsque les traits dits masculins ou féminins sont définis séparément et mesurés de façon indépendante, ils ne s'excluent pas mutuellement.

Pour donner une image plus précise et complète des stéréotypes sexuels, les auteurs (Helmreich, Spence et Wilhelm, 1981 ; Spence, Helmreich et Holahan, 1979) ont construit une échelle parallèle composée de traits masculins ou féminins socialement indésirables. L'hypothèse de la bipolarité des traits fut rejetée une nouvelle fois. Cependant, lorsque les traits socialement désirables sont disposés sur un axe vertical (les plus désirables dans la partie supérieure et les moins désirables dans la partie inférieure) et lorsque les traits masculins et féminins sont posés sur un axe horizontal (les traits masculins dans la partie gauche et les traits féminins dans la partie droite), on obtient une image globale traduite dans la figure 12.1. Les corrélations entre les échelles suggèrent une bipolarité lorsque les stéréotypes sexuels sont mis en relation avec les qualités socialement désirables.

La figure 12.1 présente des groupes de comportements rassemblés sous un modèle type. Tous ces comportements d'enfants ont été évalués par des adultes utilisant une échelle bipolaire de traits. Les deux axes de la figure sont constitués par la désirabilité sociale du trait (axe vertical) et par la ligne bipolaire masculinité—féminité. La correspondance est frappante entre les adjectifs regroupés dans les quatre quartiers de la sphère et ceux partageant le cercle en quatre parties. Les caractéristiques dans le quartier droit supérieur décrivent un comportement positif et expressif (bienveillance, coopération, prévenance, amabilité), celles qui sont incluses dans le quartier supérieur gauche traduisent des comportements instrumentaux positivement évalués (affirmation de soi, indépendance), celles qui sont classées dans le quartier inférieur droit correspondent à des traits féminins communs et négativement perçus (docilité et conformité aux autres), celles qui sont logées dans le quartier inférieur gauche sont négatives et masculines (opposition, indiscipline, etc.).

L'adoption de comportements sexuellement stéréotypés et socialement encouragés a été maintes fois observée chez les enfants, même à l'âge préscolaire. Les recherches démontrent parfois une absence de corrélations, d'autres fois des corrélations positives entre divers comportements, tels des comportements agressifs, sympathiques, indépendants, altruistes (Friedrich-Cofer et coll., 1979 ; Stein et Friedrich, 1972 ; Wright, 1960).

Bref, l'auto-évaluation ou l'évaluation du comportement d'autrui, aussi bien entre enfants, entre adultes et enfants ou entre adultes, démontrent les multiples dimensions des traits personnels et sociaux sexuellement stéréotypés. L'hypothèse de la bipolarité des traits n'est au fond qu'une dimension parmi toutes les autres. La valeur sociale des aspects masculins ou féminins n'implique pas une opposition de polarité. Les aspects indésirables des traits masculins ou féminins sont relativement indépendants les uns des autres. Cependant, il semble bien y avoir d'une part un lien de bipolarité entre la valeur sociale désirable des qualités dites masculines et la valeur sociale indésirable des qualités dites féminines, et d'autre part entre la valeur sociale désirable des qualités féminines et la valeur sociale indésirable des qualités masculines.

12.3 L'ANDROGYNIE

Les concepts définissant l'identité sexuelle et les traits de personnalité dits masculins ou féminins se sont révélés tellement abusifs, limités et imprécis d'un point de vue scientifique et ils furent si fréquemment l'objet de critiques acerbes et justifiées de la part des mouvements féministes, que les auteurs n'osaient plus s'y référer. Un nouveau concept est apparu, l'« androgynie », pour signifier un amalgame de traits masculins et féminins perçus selon différentes approches théoriques (Bem, 1974 ; Block, 1973 ; Rebecca, Hefner et Oleshansky, 1976 ; Spence, Helmreich et Stapp, 1975). Le nouveau concept est rapidement devenu populaire. Bem (1974) classait comme androgynes les personnes dont les scores

FIGURE 12.1 : Groupes de comportements selon leur valeur sociale et sexuelle*

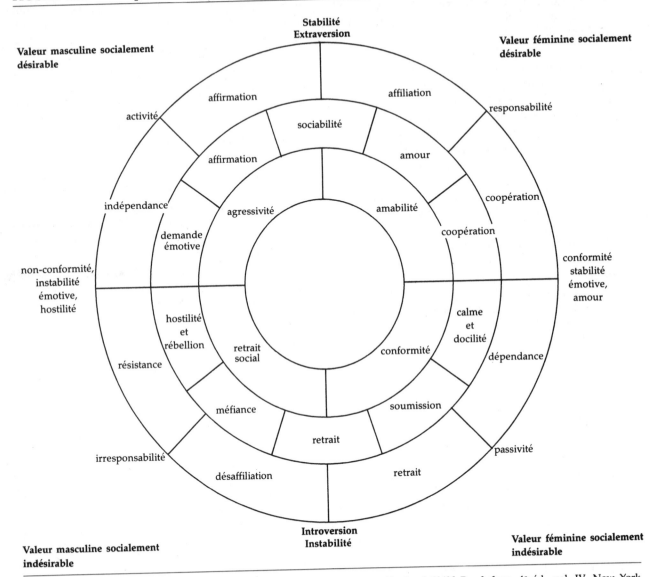

* Traduite de HUSTON, A.C. (1983) Sex-Typing, *in* MUSSEN, P.H. (édit.) ***Handbook of Child Psychology***, 4ᵉ éd., vol. IV, New York, John Wiley, p. 394.

aux échelles de masculinité et de féminité étaient semblables, peu importait le résultat élevé ou faible. Elle expliquait qu'une personne androgyne n'accordait aucune importance aux traits masculins ou féminins lorsqu'elle devait prendre une décision ou agir (Bem, 1981).

La personne androgyne possède divers traits socialement désirables, indépendamment de leur connotation sexuelle (Bem, 1975). Ainsi, les traits masculins et féminins socialement valorisés sont sains et adaptés autant pour l'homme que pour la femme : on a d'une part les caractéristiques qui rendent facile l'adaptation psychologique et sociale de la personne et, d'autre part, celles qui ne contribuent pas à l'adaptation ou peuvent même la gêner. Avant, on croyait facilement que les traits féminins étaient sains pour les femmes seulement et les traits masculins pour les hommes exclusivement.

Beere (1979) a présenté une importante critique des recherches sur les stéréotypes sexuels chez l'enfant. Il montre que plusieurs études étaient fondées sur des hypothèses erronées. Ainsi, plus de la moitié des travaux amenaient à considérer la préférence de l'enfant pour certains jouets comme le reflet d'une orientation sexuelle stéréotypée de la personnalité. La mesure d'une seule dimension ne peut pas être généralisée à l'ensemble de la personnalité ou à l'ensemble de la problématique des stéréotypes sexuels. Les études utilisant plusieurs mesures de diverses dimensions sont rares.

Par ailleurs, plusieurs mesures possèdent un bon niveau de fiabilité et de validité (Beere, 1979), mais en fait très peu de mesures s'appuient sur la méthode test—retest. Cette fidélité est pourtant très importante lorsqu'il s'agit de jeunes enfants. La validité est le plus souvent démontrée par la preuve que les sujets des deux sexes se différencient dans le test. En l'absence d'une telle différence, on s'interroge sur la validité du test. Pourtant la simple présence d'une différenciation entre les deux sexes n'est pas suffisante.

12.4 LES THÉORIES

Presque toutes les recherches des 15 à 20 dernières années ont été guidées par deux corpus théoriques : les théories de l'apprentissage social et les théories du développement cognitif. Malgré la simultanéité d'élaboration des deux corpus, les théories diffèrent fondamentalement et ont suivi des voies fort différentes, bien qu'elles se rejoignent sur certains points.

Les théories de l'apprentissage social s'inspirent d'un modèle mécaniciste et renvoient parfois à des processus cognitifs comme mécanismes d'organisation des informations et d'orientation du comportement. L'origine des processus et leurs modifications sont conceptualisées relativement à l'apprentissage. Les théories du développement cognitif s'inspirent plutôt d'un modèle organique. Les processus cognitifs sont actifs et constructifs, donc dynamiques, et l'organisme possède les moyens de modifier les processus.

Plus récemment, un nouveau corpus hybride fondé sur les modèles de traitement de l'information est apparu. La théorie prévoit des modèles rassemblant divers processus cognitifs, dont la fonction est d'organiser, de transformer et de construire les représentations du monde et le monde lui-même. Malgré que les modèles mis à jour par le biais de cette approche soient perçus comme actifs et constructifs, elle diffère de l'approche cognitive en ce sens qu'elle ne se fonde pas sur le processus de développement même comme source de la construction des schèmes et de leur modification.

12.4.1 Les théories de l'apprentissage social

Dans cette approche, les rôles sexuels étaient initialement perçus comme une conséquence de l'incitation sociale à adopter certaines attitudes et conduites appropriées au sexe de la personne. Les rôles sexuels sont acquis par les mêmes mécanismes utilisés dans tout autre apprentissage social. Le comportement devient sexuellement stéréotypé par le jeu des renforcements. Garçons et filles sont régulièrement récompensés ou punis selon que leurs comportements et attitudes correspondent aux modèles quotidiennement présentés. Les deux processus en cause ici — conditionnement opérant et apprentissage par modelage — forment le noyau de tout apprentissage social dont les rôles sexuels ne représentent qu'un aspect.

Un des principes majeurs de l'apprentissage social est la spécificité situationnelle d'un comportement. Mischel (1968, 1970) a démontré que plusieurs comportements sexuellement stéréotypés, tels l'agression, la dépendance ou l'indépendance, n'étaient pas nécessairement reproduits dans des situations différentes. Les enfants apprennent ces comportements en réponse à une situation spécifique. Ainsi, un enfant peut se montrer particulièrement agressif envers son jeune frère à la maison et faire preuve d'un manque d'agressivité à l'égard des pairs à l'école. Selon le principe de la spécificité situationnelle, un enfant pourrait ne pas avoir suffisamment acquis de caractéristiques masculines ou féminines pour généraliser son comportement à d'autres situations. Se fondant sur la fréquence des comportements stéréotypés, les théories de l'apprentissage social affirment que les garçons acquièrent un modèle masculin de comportement et d'attitude dans un plus grand nombre de situations que les filles et, inversement, que les filles sont soumises à un échantillon plus restreint de situations où prédomine un modèle féminin de comportement. Le principe de la spécificité situationnelle implique la régularité d'un comportement. Jusqu'à ce que de nouvelles conditions d'apprentissage surviennent, le comportement de l'enfant devrait, en principe, demeurer constant d'une situation à l'autre. Cela signifie qu'un même enfant peut apprendre divers modèles de comportement dans différentes situations, et qu'un modèle peut changer assez rapidement à l'intérieur d'une même situation si l'orientation des renforcements ou les conditions d'apprentissage en sont modifiées.

Les théories de l'apprentissage social découlent largement de l'approche behavioriste, bien que plusieurs chercheurs se réfèrent à l'approche cognitive pour expliquer certains processus internes d'apprentissage et de comportement. Bandura (1977) et Mischel (1973, 1977, 1979) ont élaboré une théorie d'apprentissage cognitivo-social attribuant un rôle important à certains processus mentaux. Les auteurs affirment que l'enfant enregistre les conséquences découlant de certaines expériences et s'attend, lorsque les mêmes situations se reproduisent, aux mêmes conséquences. Le renforcement et la punition n'ont pas un effet automatique sur la réponse de l'enfant à un stimulus, mais leur effet est indéniable lorsqu'il est attendu. Un renforcement peut influencer un premier comportement parce qu'il apporte une information à l'enfant (sa réponse à un problème de mathématiques a été jugée bonne ou mauvaise), ou parce qu'il incite l'enfant à agir de la même manière ou d'une manière différente (Bandura, 1977).

L'apprentissage social est influencé par les processus cognitifs quant à l'attention et à la conservation des comportements observés. Selon Bandura, lorsqu'un enfant observe un modèle de comportement, quatre processus sont en cause dans l'observation et le résultat de cette observation : l'attention, la conservation, la reproduction motrice et les variables motivationnelles. L'attention est influencée par diverses variables motivationnelles et par les attentes créées par les expériences antérieures. Une de ces variables est le sexe de la personne offrant le modèle de comportement et le sexe de l'enfant. La théorie prévoit que l'enfant a de plus grandes attentes face à un modèle de même sexe qu'à un modèle de sexe opposé à cause des fréquents renforcements reçus lorsqu'il imite les personnes de son sexe.

La conservation d'un modèle de comportement s'effectue à travers un code ou une représentation symbolique. La façon dont un modèle de comportement est codé dépend du niveau de développement cognitif de l'enfant et des schèmes mentaux déjà existants. En conséquence, un enfant peut négliger certains aspects du modèle observé parce qu'ils ne correspondent pas aux schèmes existants ou parce qu'ils sont difficiles à coder. Ce processus de conservation agit de manière à sélectionner certains modèles de comportement dans le but de les reproduire et à en éliminer ou ignorer d'autres qui contredisent ou ne présentent pas de liens avec les modèles conservés. ⁄

Une fois que le modèle de comportement est emmagasiné dans la mémoire, l'imitation du modèle relève d'une part de la capacité de l'enfant à le reproduire sur le plan moteur et d'autre part de sa motivation à le faire. Celle-ci dépend des attentes de l'enfant à propos des effets déjà enregistrés des renforcements antérieurs, positifs ou négatifs, à l'égard des imitations déjà faites. Lorsque le modèle est de même sexe, l'enfant est plus incité à l'imiter, à moins que le modèle ait été puni ; alors l'enfant évitera d'agir comme le modèle par crainte de représailles.

En résumé, les behavioristes radicaux et les tenants de l'apprentissage social conçoivent les rôles sexuels comme des comportements appris en réponse à une stimulation quelconque, à une situation concernant la personne et exigeant d'elle une certaine réaction. Une définition sociale des comportements dits masculins ou féminins est présentée de diverses manières à l'enfant, sous diverses formes de renforcement ou de punition, par divers modèles masculins ou féminins. La base des stéréotypes et des rôles sexuels réside plutôt dans l'environnement social que dans l'organisme. Des changements d'attitudes et de comportements surviennent assez rapidement si les conditions d'apprentissage sont modifiées.

12.4.2 LES THÉORIES COGNITIVES

Les théories du développement cognitif expliquent généralement les stéréotypes sexuels du comportement et des attitudes comme la conséquence des concepts courants de la masculinité, de la féminité, de l'adaptation du comportement au sexe propre. Le comportement est alors secondaire à la pensée, contrairement à l'importance accordée au comportement dans les théories de l'apprentissage social. Les schèmes de pensée de l'enfant à propos

des rôles sexuels agissent comme des catégories organisant la quête de l'information dans l'environnement. Les schèmes constituent une organisation active et constructive, capable de transformer tout ce qui peut être intégré aux schèmes existants.

L'évolution des rôles sexuels et les changements survenant en cours de développement relèvent de la maturation générale des processus cognitifs et du fonctionnement de la personnalité. Jusqu'à un certain point, ces changements relatifs au développement sont déjà inscrits dans l'organisme, et les modifications des rôles sexuels relèvent de la maturation et de l'interaction de diverses variables internes avec l'environnement social. C'est pourquoi ces théories énoncent généralement des antécédents autant organiques qu'environnementaux à l'élaboration des rôles sexuels et suggèrent certaines limites quant au degré et à la vitesse des changements possibles dans les stéréotypes sexuels. Trois auteurs retiennent particulièrement l'attention : Kohlberg, Block et Pleck.

La théorie de Kohlberg

C'est Kohlberg (1966) qui appliqua le premier la théorie du développement cognitif aux rôles sexuels. Il affirme que les rôles et stéréotypes sexuels relèvent de l'organisation cognitive élaborée par l'enfant à propos du monde social, tout comme il organise une représentation mentale du monde physique. La première étape de cette organisation mentale est l'identité sexuelle, une autocatégorisation en tant que garçon ou fille, laquelle sert alors à organiser l'information reçue et les attitudes à adopter en telle ou telle circonstance. L'identité sexuelle relève d'un jugement porté sur la réalité physique voulant que les hommes et les femmes diffèrent physiquement. La différence anatomique des sexes ne constitue pas le fondement de la discrimination sexuelle chez l'enfant. L'enfant est d'abord conscient des différences relatives à la taille, à la coiffure, aux vêtements, etc., plus apparentes que la différence anatomique des sexes. Ces indices différencient les hommes et les femmes adultes aux yeux de l'enfant. La théorie affirme que le premier concept sexuel de l'enfant relève d'une différenciation—classification des adultes en hommes et en femmes selon des caractéristiques externes facilement observables, suivie d'une auto-classification de soi dans la classe des hommes ou des femmes verbalement identifiée comme telle.

Kohlberg propose que l'identité sexuelle ou l'utilisation d'une appellation juste de sa propre identité sexuelle est acquise vers l'âge de 3 ans, mais le concept stable et irréversible de l'identité sexuelle ne serait pas acquis avant 7 ans. Au fur et à mesure que l'enfant devient capable d'opérations concrètes sur le monde physique, de même sa compréhension du monde social se traduit en opérations de catégorisation, telle l'identification sexuelle. La constance de l'identité sexuelle suppose la compréhension que l'appartenance à un sexe ne change pas avec le temps, que l'enfant ne peut pas passer d'un sexe à un autre, que le sexe d'une personne ne change pas à la suite de modifications de son apparence externe liées aux vêtements, à l'activité, à la coiffure, et enfin que cette sexualité ne peut être altérée par le simple désir de changer. Au début l'enfant classe les personnes selon un sexe ou l'autre à partir de critères assez superficiels, mais qui suivent généralement l'appartenance sexuelle (vêtements, coiffure, barbe, bijoux, etc.). Avec le temps, il apprend que la classification des personnes selon leur sexe ne relève pas vraiment de tels critères : l'enfant comprend que certaines caractéristiques ne changent pas malgré les variations apparentes de certains traits. Il existe un parallèle ici entre les notions concernant la conservation de la matière et la conservation de l'identité sexuelle de la personne malgré les modifications d'apparence.

Au fur et à mesure que l'identité sexuelle se stabilise, elle devient un élément organisateur significatif de l'information sociale. L'enfant acquiert les stéréotypes sexuels socialement partagés en observant le comportement, l'attitude et les rôles des hommes et des femmes qui l'entourent. L'enfant rassemble beaucoup d'informations de plusieurs sources différentes à partir d'un concept représentant le modèle dominant plutôt que le modèle manifesté par une personne en particulier. C'est pourquoi un enfant

éduqué dans une culture donnée a plus tendance à acquérir les stéréotypes de cette culture. Le concept construit par l'enfant dépend surtout de ce qu'il a observé.

Les stéréotypes sont particulièrement rigides durant la période de 2 à 7 ans, au moment de la construction de l'identité sexuelle stable. Lorsque l'enfant atteint le niveau opératoire concret et qu'il saisit l'irréversibilité de son appartenance sexuelle, l'adhésion aux rôles et aux stéréotypes sexuels devient beaucoup moins rigide. Lorsque l'enfant comprend que les caractéristiques superficielles comme les vêtements, la coiffure, les activités, etc. ne sont pas essentielles à l'identité sexuelle, il comprend alors qu'une démarcation des stéréotypes socialement prescrits ne modifie en rien son appartenance et son identité sexuelle. La capacité cognitive d'effectuer des opérations concrètes aide l'enfant à comprendre la possibilité que les hommes et les femmes peuvent partager certaines caractéristiques sans altérer leur identité sexuelle. L'enfant continue de rassembler de l'information sur les stéréotypes sociaux, les perçoit de manière plus flexible, moins généralisée et plus variable. Des variations dans la rigidité et la flexibilité des stéréotypes sexuels apparaissent entre 7 et 12 ans et durant l'adolescence. Vers 8 ans, l'enfant comprend que les rôles et comportements sociaux ne sont pas nécessités par les différences physiques entre les sexes ; à 10 ans environ, il affirme que ces rôles et comportements sociaux masculins et féminins sont inhérents et nécessaires pour le bon fonctionnement du système social. À 12 ans, il comprend que ces rôles sont arbitraires, mais, quelques années plus tard, il réaffirmera que le partage de ces rôles entre les hommes et les femmes est indispensable au bon fonctionnement psychologique d'un couple et d'une famille. Plus tard encore, vers 17-18 ans, il percevra que ces rôles et comportements stéréotypés n'ont rien à voir avec les questions de nécessités psychologiques ou de qualité d'adaptation (Kohlberg et Ullian, 1974 ; Ullian, 1976).

Des motivations fondamentales poussent l'enfant à adopter certaines attitudes et certains comportements sexuellement stéréotypés. Il s'agit des besoins de cohérence et d'estime de soi. Cinq mécanismes sont en jeu :

1- la tendance à organiser les intérêts en schèmes et à répondre aux intérêts nouveaux cohérents avec les anciens ;

2- la tendance à valoriser les choses et les personnes semblables à soi ;

3- la tendance à associer les valeurs comme le prestige, la compétence ou l'estime aux stéréotypes sexuels ;

4- la tendance à percevoir moralement bon et juste ce qui correspond au rôle sexuel propre et à le percevoir comme en accord avec l'ordre sociomoral jusqu'à ce que le sujet transgresse lui-même la norme et la morale admises ;

5- la tendance à imiter les personnes prestigieuses, compétentes, bonnes et puissantes pour posséder les qualités valorisant le soi.

Ces mécanismes semblent favoriser davantage tout ce qui traditionnellement valorise les caractéristiques masculines et contrevenir à ce qui valorise habituellement les caractéristiques féminines. Les rôles féminins semblent moins associés aux valeurs de prestige et de compétence que les rôles masculins. Kohlberg croit quand même que les rôles féminins sont suffisamment valorisants pour que la petite fille s'efforce d'en faire des valeurs féminines.

La théorie de Block

Block (1973) propose une séquence relative au développement de l'acquisition de l'identité sexuelle et des rôles qui y sont associés en se fondant sur les stades de développement du moi esquissés par Lœvinger (1976). Elle définit la masculinité et la féminité comme la manifestation de deux composantes de la personnalité : l'agence et la communion (Bakan, 1966). L'agence est la tendance à l'individualisme, à l'affirmation et à la réalisation de soi. La communion est la tendance à rechercher l'accord harmonieux avec le groupe, à suspendre l'intérêt personnel au profit du bien commun, à coopérer et à chercher le consensus, la bonne entente.

Le très jeune enfant, garçon ou fille, est d'abord une agence du soi. Il est principalement sensible à l'affirmation et à la réalisation du soi, sans trop tenir compte des limites que ses parents lui tracent. Par la suite, l'enfant des deux sexes découvre l'importance de se conformer aux règles et aux rôles. Durant ce stade, les rôles sexuels subissent une orientation critique en raison des pressions sociales différentes exercées sur la petite fille et le petit garçon. Ce dernier est encouragé à contrôler et à inhiber ses sentiments tendres, et la petite fille est incitée à inhiber son affirmation et son agressivité. Au stade suivant, l'enfant devient capable d'introspection et, par le fait même, d'une plus grande conscience de soi. Il entre alors dans une longue période durant laquelle les rôles sexuels demeurent, à quelques nuances près, semblables. À l'âge adulte, deux autres stades de développement sont possibles. La personne devient alors autonome et consciente d'elle-même, nuance davantage les rôles et stéréotypes sexuels. Dans le dernier stade, certaines personnes parviennent à intégrer harmonieusement les polarités masculine et féminine : c'est le stade de l'androgynie.

Dans cette théorie comme dans la majorité des théories cognitives du développement, le contenu des rôles sexuels est déterminé par l'environnement culturel et social de l'enfant. Cependant, la maturation joue un rôle capital dans la structure de la pensée à propos du contenu des stéréotypes sexuels. Autrement dit, la réponse de l'individu au message culturel et à la pression sociale au chapitre des rôles et stéréotypes sexuels est avant tout fonction du degré de développement du moi, lequel est partiellement déterminé par la maturation et les processus relatifs au développement.

La théorie de Pleck

Un modèle de développement en trois phases est proposé par Pleck (1975) et élaboré par Rebecca, Hefner et Oleshansky (1976). Ce modèle découle de celui que propose Kohlberg pour le développement moral : la phase prémorale durant laquelle le jugement moral est dominé par le système des récompenses et des punitions, la phase de la conformité conventionnelle durant laquelle la conduite se conforme aux règles et normes sociales établies, la phase post-conventionnelle durant laquelle le jugement moral repose davantage sur des principes personnels.

Dans une première phase d'indifférenciation des rôles sexuels, l'enfant fait l'apprentissage des attentes culturelles à l'égard des garçons et des filles. La deuxième phase entraîne une polarisation des rôles sexuels, et l'enfant en arrive à croire que la masculinité et la féminité s'excluent mutuellement. La troisième phase amène une transcendance des rôles sexuels. Durant cette troisième phase, les valeurs individuelles, les choix et intérêts personnels tiennent compte des règles et des rôles socialement prescrits. Cette troisième phase est dite androgyne par Rebecca, Hefner et Oleshansky (1976), mais les auteurs précisent que leur définition de l'androgynie diffère des définitions généralement données. Dans cette phase de transcendance des rôles sexuels, la personne comprend progressivement que les attitudes et actions sexuellement stéréotypées et socialement valorisées manquent de fondement réel, elle sélectionne et rejette certains stéréotypes, certaines croyances, et tente davantage de se référer à la réalité des hommes et des femmes.

12.4.3 Les modèles de traitement de l'information

Deux modèles fondés sur la théorie du traitement de l'information expliquent l'acquisition des stéréotypes sexuels. Le premier est proposé par Bem (1981), et le second par Martin et Halverson (1981). Le premier concept utilisé est le « schème », une structure cognitive constituant une série d'attentes ou un réseau d'associations qui guide et organise la perception individuelle. Un « schème » fonctionne comme une structure d'anticipation incitant l'individu à rechercher ou à recevoir certaines informations correspondant au « schème ». L'information perçue comme en désaccord avec le « schème » est carrément ignorée ou modifiée en fonction de celui-ci.

Martin et Halverson (1981) suggèrent que les stéréotypes sexuels servent de « schèmes » pour organiser et structurer l'information sociale. De tous les « schèmes » appris, les « schèmes » sexuels sont largement utilisés parce qu'ils sont étroitement liés au soi et facilement observables dans l'environnement. Les stéréotypes sexuels fonctionnent en deux étapes. D'abord l'enfant évalue l'information reçue comme étant adéquate ou inadéquate pour lui-même, c'est-à-dire appropriée ou non à son identité sexuelle. Les stéréotypes masculins et féminins sont des « schèmes » au service d'une élaboration de l'identité sexuelle propre. La deuxième étape commence lorsqu'un stimulus dans l'environnement est jugé approprié au soi. L'enfant explore alors davantage l'information reçue et recherche un supplément de données pertinentes. Partant, les « schèmes » concernant l'information appropriée à l'identité sexuelle sont davantage élaborés que les autres concernant les messages non appropriés. Ainsi, une fille sait que les garçons jouent au football et que les filles jouent à la poupée, aussi recueillera-t-elle davantage d'informations sur les enfants, les vêtements, les activités ménagères et éducatives que sur les sports.

Bem (1979, 1981) souligne l'importance des « schèmes » d'identité sexuelle comme organisateurs de l'information. Il met l'accent sur les différences individuelles à propos de l'importance des « schèmes ». Pour les gens sexuellement très stéréotypés, l'identité personnelle est étayée par un « schème » sexuel important appliqué à toutes sortes de situations quotidiennes. Le seuil d'organisation de l'information sociale sur les concepts de masculinité et de féminité est alors bas. Pour les personnes androgynes, le « schème » est présent et bien enraciné, mais il domine moins la pensée sociale de l'individu. La personne se réfère à d'autres critères de classification et de jugement que ceux des personnes sexuellement très stéréotypées. Partant, Bem (1981) définit l'androgynie non pas comme une combinaison des caractéristiques masculines et féminines, mais plutôt comme une liberté relative de la pensée et du jugement face aux rôles et stéréotypes sexuels.

Outre les différences individuelles dans l'usage des « schèmes » sexuels, les multiples situations interpelant ces « schèmes » diffèrent aussi considérablement, et l'importance de leur influence varie d'autant. Ainsi certaines situations marquent probablement davantage les « schèmes ». En recherche, la formulation même des questions posées aux enfants risque de susciter un « schème », de le renforcer ou d'aller à son encontre (Blakemore, LaRue et Olejnik, 1979).

Une seconde implication de la théorie est que les traits et intérêts masculins et féminins devraient être plus étroitement reliés les uns aux autres chez les personnes très stéréotypées que chez les personnes androgynes. En effet, les personnes plus stéréotypées se réfèrent régulièrement à leurs « schèmes » sexuels pour organiser toutes sortes d'informations, celles-ci se trouvent donc classées dans un nombre restreint de « schèmes », alors que les personnes androgynes utilisent un plus grand nombre de « schèmes » et des « schèmes » autres que sexuels pour recueillir, classer et organiser les informations sociales.

Bien que la théorie des « schèmes » ressemble à l'approche cognitive en ce qui concerne l'accent mis sur l'activité constructive des processus cognitifs, les deux approches diffèrent dans leurs explications de l'origine des « schèmes ». Bem (1981) affirme que la valeur culturelle des informations sexuelles joue un rôle majeur. Elle critique l'hypothèse de l'approche cognitive voulant que l'identité sexuelle soit inhérente à la différence anatomique des sexes. En d'autres mots, si garçons et filles étaient éduqués de la même manière et si la société n'accordait pas tant d'importance à la différence sexuelle, les « schèmes » relatifs à l'identité sexuelle seraient beaucoup moins importants.

12.4.4 La théorie psychanalytique

Selon la théorie psychanalytique freudienne, les caractéristiques masculines et féminines sont acquises par le biais d'un processus d'identification, lequel aboutit à l'angoisse de castration pour le garçon et au complexe de castration pour la fille. D'un point de vue strictement psychologique, l'explication freudienne fut toujours insatisfaisante. Freud était le premier à reconnaître ce fait et à espérer que ses successeurs trouvent une meilleure explication. La théorie freudienne de la féminité et de la masculinité a provoqué des scissions parmi les psychanalystes. L'envie du pénis chez la fille serait à l'origine de son sentiment d'infériorité, de son attitude soumise et de son désir d'avoir un enfant, un garçon de préférence, en guise de compensation à l'organe manquant.

D'autres formulations psychanalytiques posent l'hypothèse de l'envie chez l'homme d'être femme, d'avoir des seins, de porter un enfant (Horney, 1932 ; Klein, 1968, Lerner, 1974, 1978). Lerner (1978) suggère que cette envie apparaît en partie parce que le jeune garçon vit dans un régime matriarcal. Il perçoit sa mère comme une personne toute-puissante distribuant gratifications et punitions. Ses soins provoquent l'ambivalence des sentiments de l'enfant à l'égard de sa mère. Il l'aime parce qu'elle lui procure les réponses essentielles à ses besoins. En ce sens, il dépend d'elle entièrement. En même temps il redoute la puissance de celle-ci et rage contre elle, contre la crainte de perdre son amour et ses soins. L'envie, la peur et la rage de l'enfant découlent de ce sentiment d'impuissance et de ce besoin d'assistance, sentiment et besoin qu'il combat en dévalorisant sa mère, mépris et crainte qu'il généralise à l'ensemble des femmes. À l'âge adulte, des hommes, marqués par ces craintes, s'assurent la domination dans leurs relations avec les femmes tout en maintenant le caractère positif de la dépendance. Ils établissent parfois une relation paternelle avec la femme, relation dans laquelle l'homme a le sentiment sécurisant de dominer. D'autres se montrent ouvertement méprisants, tentent de se rassurer en jouant les Don Juan ou en manifestant des attitudes hostiles ou macho.

Si des femmes acceptent et recherchent ce type de relation avec l'homme, c'est parce qu'elles vivent leur propre identité sexuelle comme dévaluée par rapport à l'homme. Il s'agirait éventuellement d'une des manifestations possibles du complexe de castration. D'autres tentent par tous les moyens de faire comme les hommes et de rivaliser avec eux ; leurs relations sont alors ouvertement teintées d'hostilité et d'envie. Il existe évidemment plusieurs manifestations du complexe de castration, certaines positives, d'autres négatives, certaines plus névrotiques et d'autres moins. Ces réactions sont motivées par des raisons inconscientes et partant échappent souvent à l'observation systématique et à l'analyse comportementale. Les motivations latentes sont complexes et difficiles à mettre à jour.

Cette dynamique relationnelle à la suite de la différenciation des sexes, dynamique engagée à un âge relativement précoce, n'en guide pas moins les rôles, attitudes et comportements des hommes et des femmes adultes. La manière d'être des hommes et des femmes peut être modifiée de façon plus ou moins marquée, si le père et la mère, autant l'un que l'autre, prennent soin ensemble et alternativement de l'enfant selon les circonstances, si l'un et l'autre apportent assistance et protection. L'enfant établit alors une relation positive de dépendance et une relation négative composée d'envie, de peur et de rage avec ses deux parents. Ces sentiments sont inévitables dans la relation adulte—enfant et la dévalorisation de l'adulte envié s'adresse autant à l'homme—père qu'à la femme—mère.

12.4.5 Les théories psychosociales

Les théories psychosociales des stéréotypes sexuels sont largement inspirées des hypothèses de Parson (1970) sur les structures sociales. Ces hypothèses supposent une structure instrumentale et une structure expressive. Johnson (1963) affirmait que le père jouait un rôle plus important que la mère dans l'élaboration d'une identité sexuelle et l'acquisition de stéréotypes, et ce autant pour le garçon que pour la fille. Le père constituerait un modèle instrumental pour le garçon et un modèle expressif pour la fille, ainsi qu'un modèle complémentaire à l'un et à l'autre. Johnson (1975) définit deux composantes majeures de la féminité : le rôle maternel et le rôle hétérosexuel. Le rôle maternel consiste à pourvoir aux

besoins de l'enfant, à en prendre soin, à comprendre ce qu'il exprime et à lui apprendre à s'exprimer. Garçons et filles, quand ils sont enfants, profitent de ce rôle maternel, et l'un et l'autre s'identifient initialement à la mère. Le rôle paternel apporterait plutôt à l'enfant quelques-unes des normes et des attentes du monde extérieur. Le père, se comportant différemment de la mère avec l'enfant, répond à la sexualité de la fille en se montrant séduit par elle ou, de façon plus subtile, en lui montrant que les femmes sont sexuellement attirantes. Le père influence ainsi sa fille en lui enseignant que l'hétérosexualité est une dimension importante de la féminité. C'est la mère qui enseigne à sa fille l'importance de la maternité comme composante de la féminité.

La mère ne joue pas un rôle équivalent à celui du père face à l'hétérosexualité du garçon, à cause du lien fondamental d'attachement et de dépendance qui lie l'enfant et la mère. Ce lien serait rapidement trop menaçant et menacé si la sexualité s'y immisçait de façon importante. La relation affective avec le père survenant un peu plus tard, la sexualité s'avère moins menaçante à l'égard de la sécurité relationnelle chez l'enfant.

Bref, selon les théories psychosociales, le père traduit à sa fille le fait qu'elle est sexuée et qu'elle possède tout ce qu'il faut pour être une partenaire sexuelle valable. La mère ne semble pas jouer un rôle équivalent auprès de son fils. La théorie est plus explicite pour le développement de la fille qu'elle ne l'est pour le développement du garçon.

12.4.6 D'un point de vue théorique

Les théories actuelles, on le constate, ne ressemblent en rien à celles qui primaient il y a 15 ou 20 ans. Malgré l'importance de l'imitation et de l'apprentissage social, toutes les théories modernes rejettent l'importance primordiale traditionnellement accordée à l'identification aux parents. Ceux-ci sont aujourd'hui perçus comme une des influences socialisantes. La tendance actuelle prévoit une période plus longue d'acquisition des rôles et stéréotypes sexuels, et un temps également plus long de liberté et d'autonomie de la personne face à ces conduites. Les théories psychanalytiques, mettant l'accent sur les cinq premières années de la vie et une récapitulation à la puberté, ont ouvert la voie à la croyance que des changements surviennent au moins jusqu'à la phase adulte et peut-être même toute la vie. Les recherches empiriques sur les processus d'acquisition et de libération des identifications premières et des rôles et stéréotypes sexuels ont démontré que ce travail dure, en effet, presque toute la vie.

Certaines théories ont mis l'accent sur les concepts d'androgynie, de transcendance des rôles sexuels, sur l'apprentissage des rôles et stéréotypes sexuels traditionnels prescrits par la société. D'autres, plus récentes, ont davantage prêté attention au développement et à la libération de la femme. La principale différence entre les théories traditionnelles et les théories modernes réside sans doute dans l'abandon d'une explication globale du comportement humain. Les théories actuelles tentent davantage de circonscrire et d'expliquer des problèmes particuliers. Elles regroupent des hypothèses fondées sur des données empiriques ou sur des observations rapportées plutôt que de tenter une construction théorique cohérente et globale.

12.5 LES CHANGEMENTS RELATIFS AU DÉVELOPPEMENT

Plusieurs des études empiriques ont porté sur les effets des changements relatifs au développement et à la cognition chez l'enfant à propos des stéréotypes sexuels, des perceptions de soi, des préférences manifestées, etc. Bien que la personnalité s'affermisse avec le temps (voir la sous-section 11.4.4, intitulée *La stabilité de la personnalité*), certaines données empiriques soutiennent l'idée d'un développement curviligne, particulièrement à propos d'un gain en flexibilité

face aux stéréotypes sexuels rigides du début de l'âge scolaire. Les relations entre diverses composantes des stéréotypes sexuels sont analysées avec une attention particulière par rapport à certaines théories cognitives comme la permanence de l'identité sexuelle et certains stéréotypes sexuels organisateurs de la perception de soi et du comportement.

12.5.1 L'enfant d'âge préscolaire

Entre 2 et 3 ans, l'enfant se perçoit garçon ou fille et se classe correctement dans le groupe des enfants de même sexe (Slaby et Frey, 1975 ; Thompson, 1975). Mesurer chez l'enfant la compréhension de la notion de genre implique au moins trois dimensions :

1- L'enfant croit-il pouvoir changer de sexe s'il le voulait ?

2- L'enfant croit-il avoir toujours été de même sexe et croit-il le rester ?

3- L'enfant croit-il que l'appartenance à un sexe est une donnée fondamentale que certains artifices comme la coiffure, les vêtements, les jeux et autres activités ne peuvent pas altérer ?

Les résultats de la majorité des études menées auprès d'enfants de 2 à 9 ans vont dans le même sens. La compréhension de la permanence de l'identité sexuelle suit une séquence du développement dans laquelle l'enfant comprend d'abord que l'intention ou le désir ne détermine pas le sexe — c'est le stade d'une pseudo-permanence de la notion de genre (3-4 ans) ; puis il comprend la stabilité — c'est le stade de la permanence de l'identité sexuelle (5-6 ans) ; il atteint finalement la cohérence du genre malgré les changements d'apparence physique ou d'activités — c'est le stade opératoire (7-8 ans) ; (DeVries, 1969 ; Emmerich, 1981 ; Emmerich, Goldman, Kirsh et Sharabany, 1977 ; Emmerich et Shepard, 1982 ; Marcus et Overton, 1978 ; McConaghy, 1979 ; Slaby et Frey, 1975).

Vers l'âge de 3 ans, l'enfant américain possède déjà quelques stéréotypes sexuels à propos des jouets, des jeux, des vêtements, des outils, du travail et de divers objets dans la maison. Les études menées auprès d'enfants de 2 à 3 ans donnent des résultats instables. Cet âge pourrait bien constituer la première période d'acquisition de stéréotypes.

Les enfants de 2 ans répondent souvent au hasard, comme s'ils prenaient une chance selon les circonstances, la question, l'expérimentateur, etc. (Blakemore, LaRue et Olejnik, 1979 ; Myers, Weinraub et Shetler, 1979 ; Thompson, 1975 ; Weinraub et Leite, 1977). Plusieurs chercheurs ont enregistré des réponses un peu plus articulées pour les enfants d'environ 2 ans ½ (Kuhn, Nash et Brucken, 1978 ; Thompson, 1975 ; Venar et Snyder, 1966). Les enfants de 3 ans et plus font nettement preuve de certains stéréotypes sexuels (Huston, 1983). Bref, il est possible que certains apprentissages sexuellement stéréotypés puissent être réalisés dès l'âge de 18 mois, mais la mesure et la démonstration scientifiques en demeurent difficiles. L'enfant fait preuve d'activités et d'intérêts sexuellement stéréotypés à travers ses jeux libres et spontanés. Il se perçoit et perçoit les autres comme appartenant à un des deux sexes, classe plusieurs objets et activités selon la valeur masculine ou féminine attribuée par le milieu culturel.

Les raisons d'un tel choix à un âge si précoce demeurent obscures. Dans une des études, on a mis à la disposition des enfants un même nombre de jouets dits masculins, féminins et neutres. Les jouets étaient semblables quant au nombre de pièces et de parties mobiles, à la taille, etc., et les enfants n'ont pas moins préféré les jouets stéréotypés et joué davantage avec ces derniers (O'Brien, Huston et Risley, 1981).

Les enfants d'âge préscolaire et les enfants de l'école primaire possèdent également des stéréotypes sexuels face aux occupations des adultes (Garrett, Ein et Tremaine, 1977 ; Kleinke et Nicholson, 1979 ; Marantz et Mansfield, 1977 ; Nemerowicz, 1979). Ruble et Ruble (1980) présentent une revue importante des écrits sur le sujet.

Les stéréotypes se manifestent dans les jouets et jeux préférés des enfants. Le jouet sexuellement stéréotypé apparaît très tôt dans l'enfance, déjà vers l'âge de 2 ans parfois et certainement avant l'âge de 3 ans. Même à l'âge 1½-2 ans, l'enfant préfère les jouets et jeux sexuellement stéréotypés à ceux qui sont prévus pour l'enfant de l'autre sexe (Fagot, 1974 ; Fein et coll., 1975 ; Weinraub et Leite, 1977). Ces résultats sont confirmés par des recherches menées en laboratoire. Les mêmes résultats sont obtenus lorsqu'on présente à l'enfant des photos de jouets et qu'on lui demande avec lesquels il aimerait s'amuser (Beere, 1979 ; Blakemore, LaRue, Olejnik, 1979 ; Edelbrock et Sugawara, 1978 ; Maccoby et Jacklin, 1974 ; Mischel, 1970). Vers 4-5 ans, les enfants aspirent occuper plus tard des postes sexuellement stéréotypés : les filles souhaitent devenir infirmière, professeure, secrétaire ; les garçons optent pour des métiers traditionnellement masculins (policier, pompier, chauffeur de camion, conducteur de train ou pilote d'avion, etc.).

L'enfant acquiert progressivement la compréhension de l'irréversibilité de son appartenance sexuelle et manifeste de plus en plus de préférence pour les pairs de même sexe (Hartup, 1970, 1983). Les caractéristiques personnelles et sociales marquent déjà des différences entre filles et garçons, différences manifestées dans des comportements et des attitudes de plus en plus spécifiques à chacun des deux sexes. Les jeunes laissent voir leurs préférences pour des modèles d'identification de même sexe (Kohlberg et Zigler, 1967). La conséquence principale de cette période de développement est l'acceptation de l'irréversibilité de l'appartenance sexuelle.

12.5.2 L'enfant d'âge scolaire

Après l'âge de 7 ans, l'enfant se révèle de plus en plus conscient des stéréotypes sociaux. Ainsi, des enfants du deuxième cycle du primaire et de jeunes adolescents interrogés sur les champs d'activités, d'intérêts et de réalisations socialement définis comme masculins ou féminins répondaient davantage dans le même sens que les adultes et se démarquaient nettement des enfants plus jeunes (Stein, 1971 ; Stein et Smithells, 1969). La rigidité des stéréotypes et de la morale régresse durant l'âge scolaire et l'adolescence. Lorsqu'une activité semble appropriée aux deux sexes, plutôt que de forcer la classification, l'enfant du deuxième cycle du primaire et le jeune adolescent font preuve de souplesse et concèdent l'activité aux deux sexes (Garrett, Ein et Tremaine, 1977 ; Kleinke et Nicholson, 1979 ; Marantz et Mansfield, 1977 ; Meyer, 1980 ; Nemerowicz, 1979). Les adolescents démontrent une stéréotypie encore moins marquée des carrières et professions que les enfants de l'école primaire (Cummings et Taebel, 1980 ; Emmerich, 1979). Cependant, lorsque les questions portent sur les activités des pairs, les enfants de la fin du cours primaire présentent une pensée aussi stéréotypée que celle des enfants plus jeunes (Kleinke et Nicholson, 1979). Une étude démontre une parallélisme entre la croissance de la conscience sociale et la souplesse de la pensée (Carter et Patterson, 1979). Ainsi, on demandait à des enfants répartis entre le niveau de la maternelle et la troisième année du secondaire qui, du garçon ou de la fille, s'engageait généralement dans telle ou telle activité et s'il y avait un pays où l'activité était réservée au sexe opposé. Les plus vieux connaissaient mieux les stéréotypes sexuels, étaient plus conscients des exceptions aux normes sociales et comprenaient mieux le caractère spécifique à la culture des modèles de comportement ou d'attitude socialement proposés et stéréotypés.

Même si on constate, dès 9-10 ans, une plus grande souplesse du raisonnement chez l'enfant, il semble bien que les préférences des garçons et des filles suivent un modèle de développement différent. Tout se passe comme si la valeur différente liée aux rôles masculins et féminins influençait la préférence et l'adoption des traits stéréotypés. Les garçons démontrent une croissance continue des préférences pour les activités masculines. Les préférences des filles pour les activités féminines augmentent vers 5-6 ans, mais diminuent durant les années d'école élémentaire au profit d'une augmentation pour les activités masculines (Blakemore, LaRue et Olejnik, 1979). Il est évident que les filles ne portent pas la même attention que les garçons aux caractères sexuellement appropriés. Selon Kohlberg et Zigler (1967), reprenant l'analyse des données longitudinales du test de Terman et Merrill, l'intérêt des filles pour les activités masculines augmente entre 14 et 20 ans.

C'est entre 3 et 8 ans que l'enfant différencie progressivement les caractéristiques essentielles au genre et celles qui y sont culturellement associées sans pour autant être essentielles. L'enfant acquiert une compréhension plus articulée de ce qui est culturellement défini comme féminin ou masculin. Il développe la conscience des stéréotypes sexuels qui existent dans son milieu, qui sont valorisés par sa nature et encouragés par son environnement, tout en comprenant que ceux-ci ne sont pas essentiels à la nature masculine ou féminine.

Dans les années 60, on a cru fermement que les filles réussissaient mieux que les garçons à l'école parce que cette dernière représentait un milieu féminin. Quelques recherches menées auprès d'enfants fréquentant les premières classes soutenaient cette assertion (Hill, Hubbs et Verble, 1974 ; Kagan, 1964b). D'autres recherches ont bientôt démontré que l'interprétation était biaisée par une perception des faits. Les études menées auprès des enfants répartis entre la deuxième année du primaire et la cinquième année du secondaire démontrèrent que les aptitudes athlétiques, spatiales et mécaniques étaient perçues comme masculines alors que les aptitudes verbales, artistiques et sociales étaient considérées comme féminines. Les mathématiques et les sciences n'apparaissent pas sexuellement stéréotypées chez les enfants de l'école primaire, mais elles sont toutes deux considérées comme masculines chez les adolescents (Boswell, 1979 ; Fennema et herman, 1977 ; Kaczala, 1981 ; Stein, 1971 ; Stein et Smithells, 1969).

Une forme subtile de stéréotypie sexuelle apparaît dans l'explication de la réussite ou de l'échec. Les enfants perçoivent la réussite dans une activité généralement appropriée à l'autre sexe comme un coup de chance qui pourrait ne pas se répéter, alors que l'échec est généralement perçu comme l'indice d'une habileté insuffisante qui ne peut être changée. Ainsi, les enfants expliquent que les hommes réussissent moins bien à cuisiner parce qu'ils n'ont pas appris à le faire ou par un manque d'effort, ce qui constitue une déficience récupérable. Par contre, ils estiment que les femmes réussissent moins bien dans une tâche masculine à cause de leur manque de force, d'aptitude ou d'habileté, donc par une déficience définitive. Le succès dans des tâches dites masculines est donc dû à l'habileté naturelle des hommes ou à l'effort des femmes et l'échec, au manque d'habileté (Bond, 1979 ; Dweck et Elliot, 1983 ; Nemerowicz, 1979 ; Parsons, 1982). En général, un garçon inhabile dans une activité masculine est plus sévèrement critiqué et plus négativement jugé par ses pairs qu'une fille inhabile dans une activité féminine (Hawkins et Pingree, 1978).

En général, garçons et filles accordent une plus grande valeur aux activités appropriées à leur identité sexuelle qu'aux activités reconnues propres à l'autre sexe, ambitionnent d'y exceller et s'y efforcent davantage. Ainsi, l'ambition et l'importance du succès sont plus grandes pour les garçons que les filles eu égard aux aptitudes sportives et mécaniques, alors que l'inverse caractérise les aptitudes artistiques, verbales et sociales (Stein, 1971). Ces différences sont plus accentuées à l'école au regard de la langue maternelle et des mathématiques. Les filles perçoivent davantage les mathématiques comme difficiles et ont une ambition moindre d'y réussir, malgré l'équivalence des résultats aux examens (Brush, 1979 ; Kaczala, Futterman, Meece et Parsons, 1979). Les garçons accordent une plus grande valeur aux mathématiques et il leur importe davantage de paraître compétents dans cette matière. Aussi, de la liste des cours optionnels, les cours de mathématiques sont plus souvent sélectionnés par les garçons, tant au niveau secondaire que collégial (Brush, 1979 ; Kaczala, Futterman, Meece et Parsons, 1979 ; Steel et

Wise, 1979), alors que les cours de langue sont plus fréquemment choisis par les filles (Kaczala, 1981).

Comparativement aux garçons, les filles aspirent généralement moins fortement que les garçons au succès et accusent une plus grande anxiété de l'échec, une plus grande tendance à éviter les risques d'échec et un sentiment plus fort de responsabilité personnelle face à l'échec. (Parsons, Ruble, Hodges et Small, 1976). Ces différences sexuelles apparaissent très tôt dans le développement. Crandall (1978) a enregistré pareilles différences d'attitudes et de comportements dès l'âge de 4 ans. Les enfants seraient précocement influencés par les stéréotypes socioculturels concernant les compétences attribués aux hommes et aux femmes (Huston, 1983).

En effet, les différences sexuelles dans les performances apparaissent parallèles aux stéréotypes sociaux. Maccoby et Jacklin (1974) concluent à l'évidence d'une supériorité de la femme pour les aptitudes verbales et à une supériorité de l'homme pour les aptitudes spatiales et mathématiques. Les différences d'aptitudes verbales apparaissent tôt dans le développement, et la plus grande habileté des filles dans l'apprentissage de la lecture est évidente dès le début de la fréquentation scolaire (Dwyer, 1973 ; Terman et Tyler, 1954). Il n'y aurait pas de différence entre garçons et filles quant à leurs performances en mathématiques avant l'adolescence, et d'autres études plus récentes n'ont trouvé aucune différence (Brush, 1979 ; Sherman et Fennema, 1977). Maccoby et Jacklin (1974) concluent que les différences entre garçons et filles dans leurs aptitudes à visualiser l'espace apparaissent de façon stable à l'adolescence. D'autres études basées sur des échantillons plus considérables et une bonne méthodologie ont démontré l'existence d'aptitudes spatiales différentes entre garçons et filles dès l'âge de 9-10 ans (Harris, 1978 ; Liben, 1978 ; Ray, Georgiou et Ravizza, 1979 ; Richmond, 1980 ; Vanderberg et Kuse, 1979) et même à l'âge préscolaire.

Cependant, même si la tendance des différences de moyennes entre les sexes est relativement stable, l'écart entre les performances demeure toujours relativement mince. Plomin et Foch (1981), révisant les données de Maccoby et Jacklin (1974), rapportent que l'appartenance à un sexe ne compterait que pour 1 à 2 % de la variance dans les performances en lecture et à peine 4 % en mathématiques. Non seulement la différence entre les moyennes demeure-t-elle étroite, mais la variation des résultats entre les études, même lorsque les échantillons portent sur plusieurs centaines de sujets, suggère que le type de différences sexuelles observées pourrait bien varier d'une population à une autre. Des comparaisons interculturelles et intermilieux laissent croire à l'influence considérable de la lecture dans les manifestations des différences sexuelles à l'intérieur du fonctionnement cognitif (Huston, 1983).

La notion de permanence d'appartenance sexuelle surviendrait après l'apprentissage de plusieurs stéréotypes. En fait, l'acquisition de la notion d'irréversibilité de l'appartenance sexuelle constituerait un point critique dans le développement de l'identité sexuelle et personnelle. L'enfant devient alors plus souple dans la manifestation des stéréotypes, les rôles sexuels perdent en rigidité. Vers 8-9 ans, deux tendances apparaissent. D'une part, une compréhension plus articulée des attentes culturelles à l'égard du masculin et du féminin, compréhension qui s'accroît avec l'âge. D'autre part, garçons et filles deviennent plus souples dans leur compréhension des rôles sexuels, ils saisissent bien que ces stéréotypes ne sont pas absolus et que les exceptions sont possibles. Les filles cessent dès lors d'investir les activités et champs d'intérêts dits féminins au profit d'un investissement des activités et intérêts reconnus masculins. Cette tendance ne relève pas du mouvement de libération sexuelle ou du mouvement féministe des années 70 puisque des observations semblables étaient déjà rapportées dans les années 20, 50 et 60.

12.5.3 Les caractéristiques personnelles et sociales

Les enfants acquièrent une connaissance des caractéristiques personnelles et sociales sexuellement stéréotypées bien après l'acquisition des premières notions concernant les activités et les intérêts. Cela s'explique en partie par le fait que les caractéristiques personnelles et sociales représentent une abstraction comportementale plutôt qu'un comportement concret, qu'une activité ou qu'un jeu observables. Néanmoins, dès l'âge scolaire, l'enfant adopte plusieurs des stéréotypes adultes et manifeste promptement un biais favorable à l'égard des caractéristiques personnelles appropriées à son sexe (Silvern, 1977).

La majorité des études démontrent que les enfants de moins de 5 ans sont peu conscients des caractéristiques personnelles et sociales sexuellement stéréotypées (Etaugh et Riley, 1979 ; Haugh, Hoffman et Cowan, 1980 ; Katz et Rank, 1981 ; Kuhn, Nash et Brucken, 1978). Tant en Amérique qu'en Europe, 5 ans semble l'âge où l'enfant commence à utiliser les stéréotypes sexuels pour qualifier la personnalité. Cette connaissance se développe davantage durant les années de fréquentation scolaire.

Plusieurs des informations glanées dans les écrits scientifiques sur la question de la stéréotypie sexuelle des caractéristiques personnelles et sociales de l'enfant proviennent d'études utilisant le *Sex Stereotype Questionnaire*, un instrument composé de 32 items présentant des qualificatifs reconnus masculins ou féminins qui doivent être attribués à l'image du garçon ou de la fille (Best et coll., 1977). À 5 ans, les enfants attribuent 61 % des qualificatifs selon le modèle attendu ; à 8 ans, le taux passe à 77 % ; à 11 ans, le pourcentage s'approche de celui des adolescents et adolescentes composant l'échantillon de normalisation du test (Huston, 1983).

The Personal Attributes Questionnaire a aussi été largement utilisé. Ce questionnaire demande aux sujets si le comportement décrit est plus typiquement masculin ou féminin. Les enfants fréquentant l'école primaire ont déjà fait leur la majorité des stéréotypes (Huston, 1983). Les perceptions stéréotypées des enfants à propos des rôles des mères et des pères ont également été l'objet de diverses études. Vers 6-7 ans, les enfants considèrent que le soin des enfants relève de la compétence de la mère et qu'il s'agit là d'une caractéristique féminine, alors que la domination, le pouvoir, les punitions, relèvent davantage de la compétence du père (Huston, 1983).

Les théories cognitives du développement prévoient qu'après l'âge de 7 ans l'enfant accroît sa connaissance et sa souplesse à l'égard des stéréotypes sexuels. Cette prédiction apparaît plus difficile à démontrer lorsqu'il s'agit des caractéristiques personnelles et sociales plutôt que des intérêts et des activités. Les recherches mettent en évidence une stéréotypie plus grande des caractéristiques au fur et à mesure que l'enfant avance en âge, du milieu de l'école élémentaire jusqu'à tard dans l'adolescence (Best et coll., 1977 ; Greer, 1980 ; Tucker et Friedrich-Cofer, 1980 ; Urberg, 1979b). La stéréotypie des caractéristiques personnelles et sociales semble s'accroître davantage avec l'âge lorsqu'il s'agit des caractéristiques concernant l'autre sexe que celles concernant son propre sexe. Ces résultats sont sans doute influencés par le biais de désirabilité sociale constaté chez les jeunes enfants. Ainsi, Rothbaum (1977) ne voit aucune différence entre garçons et filles, entre 7 et 14 ans, au regard du stéréotype masculin de domination et du stéréotype féminin concernant l'éducation des enfants. Cependant, après 14 ans, les filles considèrent la domination comme plus masculine, et les garçons considèrent l'éducation des enfants comme plus féminine.

Dans une importante revue des écrits sur le sujet, Maccoby et Jacklin (1974) concluent que les garçons se révèlent en définitive plus agressifs que les filles, plus actifs, compétitifs et dominants. Les filles apparaissent plus anxieuses, timides, plus soumises et dévouées que les garçons. Les auteurs concluent qu'il n'y a pas de différence significative entre garçons et filles quant à la sociabilité, suggestibilité, conformité, estime de soi et motivation à la réussite. Les différences considérées par Maccoby et Jacklin sont confirmées et enrichies par les études recensées

par Block (1976). Les différences sexuelles apparaissent de façon plus évidente chez les enfants plus vieux et chez les adolescents. Tieger (1980) confirme le fait que les garçons sont plus agressifs que les filles ; cependant, cette différence ne serait pas significative chez les enfants de moins de 6 ans. Dans une relance de leurs travaux, Maccoby et Jacklin (1980) redémontrent que les garçons sont plus agressifs.

Il s'avère difficile de déterminer quand et comment apparaissent certaines différences sexuelles dans la personnalité. Ce qui semble sûr, c'est que la stéréotypie des caractéristiques personnelles et sociales se manifeste plus tard dans le développement de la personnalité et de façon moins prononcée que dans le développement des intérêts et des activités.

12.6 LES COMPOSANTES DES STÉRÉOTYPES SEXUELS

Les différentes composantes des stéréotypes sexuels sont souvent considérées comme indépendantes les unes des autres. Spence et Helmreich (1978) croient même à l'indépendance du comportement manifeste de l'individu par rapport à la perception de soi que développe la personne. Un comportement peut être fortement stéréotypé, et l'auteur peut ne pas se percevoir tel au moment où il s'exécute ou plus tard.

12.6.1 Le développement intellectuel

Selon les théories du développement cognitif, la notion d'irréversibilité de l'appartenance sexuelle apparaît avec l'acquisition de la pensée opératoire. Lorsque l'enfant devient capable de conserver les qualités physiques de la matière, il devient capable de conserver aux êtres vivants leurs qualités essentielles. Toutes les recherches soutiennent cette affirmation. Avant 6 ou 7 ans, les enfants s'appuient sur des caractéristiques perceptives et superficielles pour déterminer l'appartenance sexuelle d'une personne : cheveux, vêtements, activités, etc. Ainsi, lorqu'on demande aux enfants de déterminer si une poupée jouet représente un garçon ou une fille et de justifier leur décision, la majorité des enfants d'âge préscolaire indiquent la longueur des cheveux comme critère déterminant (McConaghy, 1979 ; Thompson et Bentler, 1971).

La capacité de l'enfant de conserver à la matière ses propriétés malgré les modifications de formes qui lui sont imprimées est un bon indice de sa compréhension de la permanence de son appartenance sexuelle (DeVries, 1974 ; Kohlberg, 1966). Marcus et Overton (1978) suggèrent que la notion de conservation de la matière précède légèrement celle de la permanence de l'appartenance sexuelle. Des mesures du fonctionnement intellectuel comme le QI, l'âge mental, le vocabulaire, etc. obtiennent généralement des corrélations positives avec la notion de constance du genre (Emmerich, 1979b ; Gouze et Nadelman, 1980 ; Kohlberg, 1966 ; Thompson, 1975). Ces données soutiennent l'affirmation de Kohlberg voulant que la compréhension de la permanence de l'appartenance sexuelle est fonction d'un développement cognitif général et est consolidée seulement lorsque le principe de conservation de la matière et de ses attributs est compris.

Après 7-8 ans et durant l'adolescence, c'est le développement social et cognitif de l'enfant plutôt que le développement des notions de conservation qui détermine la stéréotypie des attitudes, comportements, intérêts, activités, etc. Entre 7 et 13 ans, la souplesse de la pensée de l'enfant à propos des conventions sociales est à mettre en relation avec la souplesse des stéréotypes sexuels plutôt qu'en relation avec sa compréhension des lois régissant la matière physique (Huston, 1983). Chez les adolescents, la pensée morale post-conventionnelle se révèle davantage en relation avec la perception d'un soi androgyne (Leahy et Eiter, 1980).

La permanence du genre

Les auteurs reconnaissent que la compréhension de l'irréversibilité de l'appartenance sexuelle est remarquablement indépendante des autres composantes des stéréotypes sexuels. Chez les enfants de 2 et 3 ans, la dénomination des genres est en relation avec les stéréotypes sexuels (Kuhn, Nash et Brucken, 1978). Plusieurs études mettent en évidence l'absence de relation entre la compréhension de l'appartenance sexuelle et celle des stéréotypes sexuels chez les enfants de 3 à 7 ans (Baruch, sans date, *in* Huston, 1983 ; Katz et Rank, 1981), entre l'attirance pour les activités des enfants de même sexe et les modèles d'identification de même sexe (Emmerich, 1981 ; Katz et Rank, 1981 ; Marcus et Overton, 1978). Il y aurait peut-être une tendance chez les enfants qui acquièrent précocement la notion de permanence d'appartenance sexuelle à être plus attentifs et plus souvent influencés par les modèles de même sexe, (Frey et Ruble, 1981 ; Ruble, Balaban et Cooper, 1981 ; Slaby et Frey, 1975). Le phénomène serait plus marqué chez les garçons que chez les filles. Cependant, les résultats varient suffisamment pour empêcher toute conclusion générale.

Les différents ouvrages laissent souvent entendre que la compréhension de l'irréversibilité du genre permet à l'enfant de développer une plus grande souplesse face aux rôles et aux stéréotypes sexuels. Ainsi, entre 5 et 7 ans, les enfants comprenant l'irréversibilité de leur appartenance sexuelle considèrent comme appropriés aux deux sexes un plus grand nombre d'activités, d'intérêts et de rôles que les enfants du même âge qui n'ont pas encore atteint ce stade (Urberg, 1979a). Frey et Ruble (1981) démontrent que les enfants ayant atteint ce stade critique manifestent moins de comportements et d'attitudes stéréotypés que les enfants n'ayant pas atteint la permanence de l'appartenance sexuelle, après avoir visionné des films illustrant des scènes contre-stéréotypées. Emmerich (1981) explique que cette compréhension de la permanence sexuelle incite l'enfant à porter attention au sexe de l'autre plutôt qu'à l'activité de l'autre comme critère favorisant la sélection et l'adoption de comportements et d'attitudes appropriés au sexe propre.

Les stéréotypes et la réussite

Chez l'enfant d'âge préscolaire, l'association demeure faible entre les stéréotypes et les rôles sexuels. Les écrits scientifiques ne soutiennent pas la proposition voulant que la notion de genre précéderait les préférences ou l'adoption de comportements et d'attitudes stéréotypés (Blakemore, LaRue et Olejnik, 1979 ; Edelbrock et Sugawara, 1978 ; Weinraub et Leite, 1977). Les manifestations stéréotypées des enfants d'âge scolaire, des adolescents et même des adultes ne permettent pas de prédire le type ou la nature des perceptions ultérieures de soi (Simms et coll., 1978). Selon Davis, Williams et Best (1983), les traits de personnalité les plus stéréotypés sont utilisés par les filles pour se décrire personnellement. Cette association n'apparaît pas chez les garçons. Ces résultats suggèrent que les variations individuelles à l'égard des stéréotypes sexuels sont relativement faibles et de peu d'importance. Les stéréotypes sexuels encouragés par la culture ne correspondent pas nécessairement aux descriptions sexuées de soi.

Les variations individuelles face aux stéréotypes sont souvent évoquées pour expliquer le rendement scolaire. Cependant, la documentation scientifique met en évidence des résultats variables et contradictoires. La démonstration la plus forte de l'importance précoce des stéréotypes à l'égard de la réussite scolaire est apportée par Crandall (1978) avec des enfants de 4 à 6 ans. Les stéréotypes concernant les performances intellectuelles se sont révélés positivement associés aux attentes de succès des enfants. D'autres recherches menées auprès d'enfants d'âge scolaire ont mis en évidence une corrélation positive entre divers rôles sexuels et les valeurs acquises, les attentes et les performances (Boswell, 1979 ; Dwyer, 1974 ; Stein 1971).

La supériorité des garçons en mathématiques à la fin de l'école secondaire s'expliquerait davantage par le fait que ceux-ci cumulent, dans leur cursus scolaire, un plus grand nombre de cours de mathématiques (Meece et Parsons, 1982). Au début et à la fin de l'école secondaire, les filles perçoivent parfois les mathématiques comme un domaine masculin, aussi les éliminent-elles de leur choix de cours (Sherman, 1980 ; Sherman et Fennema, 1977). Selon Brush (1979), Kaczala (1981), Steel et Wise (1979), lorsque les filles considèrent les mathématiques comme étant utiles à leur carrière future, elles n'hésitent pas à suivre des cours supplémentaires dans la matière. Ainsi, le stéréotype à l'égard du choix de cours en mathématiques procéderait davantage de la perception de leur utilité ou inutilité dans la pratique ultérieure d'un travail. Le succès dans un domaine donné influence la motivation, l'effort et ultimement, par voie de conséquence, la performance. D'un autre point de vue, on pourrait croire que les personnes adoptent et adaptent les stéréotypes aux besoins de leurs comportements (Huston, 1983).

L'effort et la performance

Plusieurs études expérimentales démontrent une relation de cause à effet entre les stéréotypes sexuels et la perception de soi, les préférences et les intérêts appropriés au sexe propre. Le fait qu'une tâche soit reconnue comme masculine, féminine ou neutre (également appropriée aux deux sexes) influence la performance des enfants de 11 et 12 ans. L'effort est plus soutenu et la performance meilleure lorsque la tâche est considérée comme appropriée au sexe de l'enfant plutôt qu'à l'autre sexe (Gold et Berger, 1978 ; Krauss, 1977 ; Montemayor, 1974 ; Stein et Friedrich, 1972). Certaines études ne rencontrent cet effet que chez les garçons, alors que d'autres recherches ne le constatent pas, sans doute en raison d'instructions et d'activités différentes (Etaugh et Ropp, 1976 ; Gold et Berger, 1978 ; Lanktree et Hamilton, 1980 ; Stein et Friedrich, 1972). Les étudiants des niveaux secondaire et collégial réussissent mieux des problèmes de logique et de mathématiques lorsque la formulation respecte les intérêts stéréotypés appropriés au sexe de l'étudiant (Milton, 1958 ;

Stein et Bailey, 1973). Dans l'ensemble, les résultats soutiennent largement l'hypothèse d'une influence des stéréotypes sexuels sur l'appréciation que fait l'enfant de ses compétences et préférences et sur ses attitudes, sa motivation et sa persévérance dans une activité.

12.6.2 Les caractéristiques personnelles

Les recherches et théories récentes sur l'identité sexuelle tentent de mesurer l'effet des caractéristiques masculines et féminines sur les autres composantes de la personnalité, les attitudes et le comportement.

L'estime de soi

Les auteurs démontrent une corrélation positive entre l'androgynie psychique et l'estime de soi, confirmant l'hypothèse voulant que les personnes combinant les caractéristiques masculines et féminines positives soient mieux adaptées socialement et présentent un meilleur fonctionnement psychique. Cependant, les caractéristiques dites masculines sont davantage associées positivement à l'estime de soi que les caractéristiques dites féminines (Bem, 1977 ; Spence et Helmreich, 1978). Ces résultats pourraient également traduire le fait que les caractéristiques masculines sont plus valorisées dans la société, mais ces résultats pourraient aussi refléter un recoupement de contenu des caractéristiques évaluant l'estime positive de soi et les caractéristiques dites masculines. Par exemple la confiance en soi et le sentiment d'être supérieur représentent autant des valeurs d'estime de soi que des valeurs masculines (Huston, 1983). Par une mesure multidimensionnelle, Flaherty et Dusek (1980) démontrent que les traits masculins sont positivement associés à l'estime de soi concernant la réussite et le leadership, et les traits androgynes et féminins sont positivement associés à d'autres dimensions de l'estime de soi.

Spence, Helmreich et Holahan (1979) ont exploré la relation entre l'estime de soi et les caractéristiques masculines et féminines négatives. Les traits masculins négatifs n'entretiennent aucune relation avec l'estime de soi. Les traits féminins négatifs sont associés à une faible estime de soi. Les caractéristiques féminines négatives détériorent donc l'estime de soi. Les traits masculins négatifs et les traits féminins positifs sont plus faiblement associés à une bonne estime de soi que les traits masculins positifs. Cette double relation soutient l'hypothèse que l'expression de la masculinité contribue positivement et davantage à l'estime de soi que l'expression de la féminité.

Le comportement social

Dès les premiers travaux de Bem (1975) sur l'androgynie, les personnes dites androgynes et masculines se révélaient plus indépendantes des pressions du groupe que celles qui étaient reconnues comme féminines. Les hommes androgynes et féminins se sont révélés davantage dévoués envers les autres et plus sympathiques que les hommes seulement masculins. Les femmes androgynes et masculines se comportaient de la même manière, ces femmes se montraient même plus dévouées envers les autres que les femmes dites féminines (Bem, 1976 ; Bem, Martyna et Watson, 1976). Les stéréotypes féminins incitent la femme à une prudence extrême lorsqu'elle vit une situation où l'initiative lui est laissée et qu'elle sait en même temps qu'un certain comportement est attendu d'elle. Les femmes féminines font preuve d'un comportement supérieur dans les situations requérant un comportement initialement passif.

Les activités et les intérêts

Spence et Helmreich (1978) affirment que les tests mesurant les caractéristiques instrumentales et expressives sexuellement stéréotypées de la personnalité sont théoriquement et empiriquement distincts de toute mesure existante des rôles et des comportements sexuels. Les caractéristiques personnelles et sociales ne manifesteraient pas de relation étroite avec les activités, intérêts et rôles sexuellement stéréotypés. Les tests actuellement disponibles ne permettraient pas de prédire la forme et l'intensité de la stéréotypie sexuelle des caractéristiques de la personnalité.

Deux recherches ont tenté d'évaluer la relation entre l'identité sexuelle et le choix d'activités dites masculines ou féminines. Les personnes plus androgynes tentaient de performer aussi bien dans les activités dites masculines que dans celles reconnues féminines. Les personnes sexuellement stéréotypées s'efforçaient de mieux performer dans les activités appropriées à leur sexe (Bem et Lenney, 1976). Storms (1979) a démontré que la perception masculine ou féminine de soi jouait un rôle dans l'association entre les caractéristiques de la personnalité sexuellement stéréotypée et les préférences pour certaines activités.

Les études tant expérimentales que statistiques suggèrent que les caractéristiques sociales et personnelles sexuellement stéréotypées sont associées à d'autres composantes des stéréotypes sexuels. Une étude menée auprès d'élèves en dernière année de l'école primaire et d'élèves des trois premières années du niveau secondaire démontre que les filles préférant être garçon se décrivaient davantage avec des caractéristiques personnelles masculines que celles préférant être fille (Nash, 1975). Les recherches suggèrent que la perception des traits sexuellement stéréotypés de la personnalité est en relation avec l'adoption de comportements stéréotypés dans divers domaines de l'activité humaine. Ainsi, les rôles sexuels apparaissent multidimensionnels, et personne ne peut prétendre qu'une composante implique toutes les autres.

La réussite personnelle et sociale

La perception masculine ou féminine de soi semble en relation avec les modèles sexuellement stéréotypés de réussite. Chez des jeunes de 10 à 18 ans, la perception masculine ou androgyne de soi carac-

térise garçons et filles qui manifestent de l'ambition, de l'intérêt et du succès en mathématiques, pour les problèmes logiques à contenu masculin, pour les activités requérant une grande indépendance, pour les épreuves piagétiennes concernant les concepts logiques et les habiletés spatiales (Ferguson et Maccoby, 1966 ; Kaczala, 1981 ; Milton, 1958 ; Nash, 1975 ; Signorella et Jamison, 1978). De façon moins régulière, les perceptions féminines et androgynes de soi caractérisent étudiants et étudiantes manifestant de l'ambition et de l'intérêt pour l'étude de la langue maternelle (Kaczala, 1981).

Dans une recherche menée auprès d'étudiantes de niveau secondaire, Welch (1981) découvre que les filles androgynes affichent des attitudes et des comportements dits masculins lorsque confrontées au succès ou à l'échec dans des activités reconnues sexuellement neutres. Ces filles réagissent au succès par une amélioration marquée de leur performance et à l'échec par une détérioration. Elles attribuent leur succès à leur habileté propre et leur insuccès à des causes autres qu'à leur inhabileté. Les filles démontrant des caractéristiques dites féminines améliorent peu leur performance devant le succès et, devant l'échec, leur performance décroît considérablement.

En résumé, les personnes qui se perçoivent comme masculines ou féminines (donc qui sont typées sexuellement) affichent des comportements et des intérêts sociaux en accord avec leur autoperception, malgré que les relations entre les variables en jeu soient relativement faibles (Nash, 1979). Une corrélation n'explique pas pour autant une relation causale. Il est sans doute normal et logique que les adolescentes et les femmes adultes s'immisçant dans des activités traditionnellement réservées aux hommes se perçoivent elles-mêmes comme davantage masculines, malgré qu'elles ne soient pas pour autant moins féminines que celles qui suivent la lignée des activités et des intérêts traditionnellement réservés aux femmes (Huston-Stein et Higgins-Trenk, 1978 ; Spence et Helmreich, 1978 ; Stein et Bailey, 1973). Cette perception de soi peut tout aussi bien être le résultat d'un choix d'activités non traditionnelles plutôt que cause de ce choix. Sans doute y a-t-il dans le développement de la personne une interaction complexe entre un nombre incalculable de petits changements dans la perception de soi, dans la perception chez soi de traits dits masculins ou féminins, dans la perception de ce qui est « approprié ou non » à son genre, dans la perception du succès et de l'échec, dans l'engagement personnel dans divers domaines d'activités. D'autres recherches sont encore nécessaires pour mieux connaître et mieux comprendre les interactions entre toutes les variables en cause tout au long du développement, pour un jour mettre en évidence la ligne du développement des rôles sexuels et de l'identité sexuelle.

Les préférences personnelles et sociales

À la suite d'une importante revue des écrits sur le sujet, Mischel (1970) mettait en doute la possibilité de prédire le comportement du garçon ou de la fille en se fondant sur les préférences stéréotypées des enfants pour les jouets et les jeux. Brush et Goldberg (1978) arrivent à la même conclusion dans une recherche menée auprès des enfants d'âge préscolaire. La préférence stéréotypée pour certains jouets ou pour des compagnons de même sexe demeurerait indépendante des comportements adoptés par l'enfant au début de sa fréquentation scolaire.

Des instruments de mesure inadéquats expliquent peut-être les résultats négatifs des études revues par Mischel. Dans les premiers travaux sur la question on utilisait des échelles unidimensionnelles composées d'indices préférentiels bipolaires. Lorsque les préférences des enfants pour les jouets et jeux dits masculins ou féminins sont évaluées de façon indépendante, il ressort que les préférences masculines prédisent bien la présence de l'agressivité dans le comportement (Huesmann et coll., 1978), la persévérance dans les tâches masculines (Stein, Pohly et Mueller, 1971) et la performance en mathématiques (Boswell, 1979) chez les enfants d'âge scolaire primaire.

L'organisation des classes de maternelle favorise le choix de certains jouets et des compagnons de jeu de même sexe. Les garçons qui choisissent des jeux dits masculins et les filles qui choisissent des activités dites féminines s'amusent probablement davantage avec des compagnons de jeu de même sexe. Ainsi, les filles de 2½ ans à 4 ans préférant les jouets dits féminins jouent assurément plus souvent avec des compagnes de jeu plutôt qu'avec des compagnons. Cette préférence n'entretient pas pour autant de corrélation avec le type de vêtements portés par les pairs (robes versus pantalons), le niveau d'activité et le pourcentage de jeux extérieurs (Eisenberg-Berg, Boothby et Matson, 1979). Les garçons préférant les jouets masculins s'amusent plus fréquemment avec d'autres garçons et ceux préférant les jouets féminins s'amusent davantage avec les filles. Les filles choisissant les jouets féminins se révèlent plus persévérantes dans leurs jeux, peut-être parce que les activités féminines sont plus sédentaires (Connor et Serbin, 1977).

12.7 LES FONDEMENTS BIOLOGIQUES

Se fondant sur les différences génétiques et biochimiques des sexes, plusieurs théoriciens ont affirmé que les différences comportementales relevaient au moins partiellement des influences génétiques ou hormonales. En poussant l'argumentation un peu plus loin, on en arriverait facilement à croire que les différences sexuelles observées pour un même modèle de comportement seraient associées aux variations biochimiques entre les personnes, et chez une même personne ces variations biochimiques joueraient différemment en fonction de l'âge. Plusieurs des recherches vérifiant les bases biologiques des comportements sexuellement stéréotypés ont été menées auprès d'animaux avec injection ou extraction d'hormones, modification des structures anatomiques, etc.

Les écrits sur le sujet rapportent des résultats maintes fois vérifiés et des explications bien documentées à propos des différences sexuelles chez les animaux. La généralisation et l'application de ces résultats aux êtres humains se révèlent problématiques, parce que les relations entre les facteurs génétiques et biochimiques du comportement humain comportent des variables plus nombreuses et plus complexes. Les études sur les animaux suggèrent l'existence d'un substrat biologique orientant le comportement selon le sexe. Un noyau semblable existerait probablement aussi chez l'être humain. La question est de savoir jusqu'à quel point ce substrat peut faire obstacle à l'influence de l'environnement et de l'expérience vécue.

Les naturalistes (défenseurs de l'influence biologique) et les tenants de l'influence du milieu et de l'éducation s'opposent lorsqu'ils discutent la valeur des éléments biologiques pour justifier les différences sexuelles. Prendre partie catégoriquement et exclusivement pour l'une ou l'autre des positions constitue certainement de nos jours une simplification outrancière de la problématique. Personne ne réfute l'existence de différences génétiques, biochimiques et anatomiques entre les sexes. Même les défenseurs du milieu comme fondement principal des différences sexuelles dans le comportement reconnaissent que l'éducation diffère selon qu'elle s'adresse aux garçons ou aux filles. L'importance des différences biologiques sexuelles ne provoque pas en soi la discussion ; le problème est plutôt de déterminer si les variables biologiques influencent directement ou indirectement le comportement social. Par exemple une forte concentration d'androgène influence le système nerveux central et dispose davantage la personne à l'action. Si un garçon est plus actif qu'une fille, cela relève-t-il d'une influence directe du substrat biologique ? Autre exemple : une forte concentration d'androgène produit un surdéveloppement de la musculature. Il arrive souvent qu'un garçon ou une fille musclés soient d'emblée perçus comme étant athlétiques. Si, de plus, ce garçon ou cette fille pratiquent avec succès divers sports, faut-il y voir un effet indirect de l'androgène ?

Il ressort clairement que les transgressions les plus extrêmes des rôles sexuels socialement acceptés n'ont aucun fondement biologique. Les garçons adoptant les comportements, les attitudes, les préférences, les intérêts les plus féminins ne démontrent aucune anormalité chromosomique ou physique à l'examen médical (Green, 1976 ; Rekers, Crandall, Rosen et Bentler, 1979). L'association entre les variables biochimiques et comportementales ne constitue pas une chaîne associative à sens unique ; les stimuli sociaux et sexuels influencent également l'état physiologique, plus particulièrement les taux d'hormones (Hoyenga et Hoyenga, 1979 ; Rogers, 1976 ; Rose, Gordon et Bernstein, 1972).

L'effet premier de la combinaison chromosomique XX ou XY est de produire une différenciation dans le tissu premier des testicules et des ovaires, c'est-à-dire les gonades (voir le chapitre 2). Chez l'homme, les testicules sont formées dès la sixième semaine de gestation. La suite de la différenciation sexuelle est assurée par les sécrétions hormonales produites par les gonades du fœtus, particulièrement la sécrétion d'androgène. L'androgène est évidemment présent chez les deux sexes, mais dans des proportions différentes, les enfants mâles en sécrètent davantage. À la naissance, le garçon a aussi une plus forte concentration de testostérone dans son système sanguin, mais la concentration d'œstrogène et de progestérone est la même pour les deux sexes (Maccoby, Doering, Jacklin et Kraemer, 1979). La différenciation des organes sexuels externes autres que les gonades relève également de la concentration d'androgène. Ainsi, si le fœtus est exposé à une forte concentration d'androgène, même s'il possède des gonades femelles normales, il développe un pénis et un scrotum. S'il est exposé à une concentration moindre d'androgène, les organes génitaux externes ont alors l'apparence des organes féminins, peu importe le sexe génétique de l'enfant. Dans la majorité des cas, les sécrétions des gonades produisent les caractéristiques physiques correspondant au sexe génétique, et les rares exceptions procurent l'occasion d'étudier davantage l'effet des concentrations hormonales à différents moments du développement. Une documentation plus détaillée sur le développement des différences sexuelles prénatales peut être consultée dans Hoyenga et Hoyenga (1979).

On s'est beaucoup interrogé sur les fondements biologiques du fonctionnement intellectuel sexuellement stéréotypé, particulièrement à l'égard des habiletés spatiales et verbales. L'hypothèse admise affirmait que l'habileté spatiale était héritée en tant que gène récessif localisé dans le chromosome X. Bien que soutenue par les premiers travaux effectués, d'autres plus récents questionnent sérieusement, voire rejettent cette hypothèse (Boles, 1980 ; McGee, 1979 ; Sherman et Fennema, 1978 ; Vandenberg et Kuse, 1979 ; Wittig, 1976). Certaines recherches démontrent que les femmes adultes font preuve d'une latéralisation moindre que les hommes en ce qui concerne les hémisphères. Ce fait expliquerait peut-être la performance moindre des femmes dans le raisonnement spatial et leur plus grande habileté verbale (Bryden, 1979 ; Harris, 1978). Chez les enfants, aucune recherche ne démontre avec évidence une spécialisation des hémisphères, cette spécialisation surviendrait peut-être à la fin de l'adolescence (Harris, 1978 ; McGee, 1979 ; Waber, 1979). Les adolescents et les adultes dont la forme du corps ne correspond pas très bien au type masculin pour les hommes et au type féminin pour les femmes réussissent mieux dans les tâches spatiales que les personnes dont la forme corporelle correspond presque parfaitement au modèle type (Berembaum et Resnick, 1982 ; Broverman, Klaiber, Kobayashi et Vogel, 1968 ; Broverman et coll., 1964 ; Petersen, 1976, 1979). De plus les garçons et les filles qui atteignent leur maturité lentement réussissent relativement mieux dans les tâches spatiales que ceux et celles qui y arrivent précocement (Waber, 1979). Les résultats des recherches demeurent très variés et parfois contradictoires.

On a cherché aussi à savoir si les intérêts et comportements sexuellement stéréotypés avaient un quelconque fondement biologique. Les filles exposées durant la période prénatale à l'androgène démontrent des intérêts masculins plus marqués et des intérêts féminins plus faibles que les femmes normales, mais ces résultats fréquemment cités reposent sur des données de recherches relativement minces (Ehrhardt et Baker, 1974 ; Money et Ehrhardt, 1972). Le comportement humain pourrait éventuellement correspondre aux démonstrations expérimentales faites en laboratoire avec des animaux montrant qu'une forte concentration d'androgène durant la phase prénatale influence la forme et la fréquence des comportements sexuels chez les rongeurs et les primates. Cependant d'autres études mieux circonscrites sont nécessaires avant de pouvoir appliquer aux êtres humains ces résultats de recherches. Un grand nombre de recherches démontrent le peu d'influence des concentrations prénatales de progestérone et d'œstrogène sur le comportement ultérieur (Dalton, 1968 ; Ehrhardt et Meyer-Bahlburg, 1981 ; Lynch, Mychalkiw et Hutt, 1978 ; Reinisch et Karow, 1977 ; Reinisch, Gandelman, Spiegel, 1979 ; Yalom, Green et Fisk, 1973). L'influence des hormones dans le processus de différenciation sexuelle ne fait pas de doute, mais la relation entre les facteurs biochimiques et les comportements sexuellement typés (masculins ou féminins) est loin d'être claire (Huston, 1983 ; Lamb et Bornstein, 1987).

Avec la venue de la psychobiologie et de la sociobiologie, on redéfinit, on réarticule des méthodologies très sophistiquées et on favorise les recherches multidisciplinaires. Les études souffrent souvent de problèmes méthodologiques, du recours à des instruments de mesure pas tout à fait appropriés, d'absence de groupe témoin et d'autres déficiences, particulièrement par rapport aux mesures des variables psychologiques et comportementales. Certaines conclusions reposent parfois sur des données offrant des conclusions difficiles à généraliser. De tels efforts interdisciplinaires entraînent une compréhension plus complète et globale des variables et du phénomène, une compréhension plus articulée de l'inter-action complexe des variables bio-psycho-sociales.

12.8 LA SOCIALISATION ET LES RÔLES SEXUELS

Les théories identifient généralement deux processus pour expliquer l'apprentissage des rôles sexuels : l'apprentissage social par observation de modèles et l'apprentissage social par conditionnement. L'on pose d'emblée que les principaux agents de socialisation sont les parents, la fratrie, les professeurs, les pairs et les masse-médias.

12.8.1 L'apprentissage social

Toute personne, homme ou femme, et en raison de ce fait même se comportant d'une certaine manière, constitue un modèle potentiel à l'enfant dans l'apprentissage des rôles sexuels. Selon les premières théories, fondées sur le concept d'identification, les parents représenteraient les premiers et principaux modèles de masculinité et de féminité. On comprend aujourd'hui que l'enfant apprend divers rôles en observant plusieurs modèles variés tant dans son environnement immédiat que dans le milieu élargi par le biais des masse-médias.

Le premier milieu

Malgré l'évolution des sociétés, la grande majorité des adultes continuent de manifester, souvent à leur insu, divers modèles de comportements sexuellement stéréotypés. De nos jours encore les enfants voient davantage leur mère et d'autres femmes faire la cuisine, le ménage, le lavage, la couture, travailler dans des emplois reconnus féminins, se distraire en dansant, brodant, tricotant, jouant aux cartes, s'adonnant aux activités artistiques et littéraires plutôt que scientifiques et mécaniques. Le même enfant voit davantage son père et d'autres hommes tondre le gazon, laver la voiture, effectuer diverses réparations autant à l'intérieur qu'à l'extérieur de la maison, travailler dans des emplois dits masculins, participer à des équipes sportives, pratiquer la pêche, la chasse, sortir et s'amuser avec les amis, s'intéresser aux mathématiques, aux sciences et autres activités techniques plutôt qu'à la peinture, la poésie, etc. À l'école, dans les premières années, les professeurs sont des femmes ; dans les années plus avancées, ce sont plutôt des hommes. Les administrateurs et les gens dans les postes de commande sont surtout masculins. L'enfant apprend ainsi à s'intéresser aux activités, aux jeux et aux travaux sexuellement stéréotypés en évitant de s'engager dans des activités perçues comme réservées à l'autre sexe.

La télévision

Les masse-médias présentent généralement des hommes et des femmes campés dans des rôles traditionnels stéréotypés. Les enfants de tous âges passent plus de temps devant la télévision qu'avec n'importe quel autre masse-média. L'enfant met en moyenne plus de temps à regarder la télévision qu'à n'importe quelle autre activité, sauf le sommeil (Comstock et coll., 1978 ; Gross et Jeffries-Fox, 1978). Or la télévision s'avère une source abondante de stéréotypes. Les programmations offertes par la télévision ont donc maintes fois été analysées et l'on a fait ressortir le portrait type d'hommes et de femmes qui y sont présentés.

L'analyse de contenu appliquée à une multitude de programmes démontre que les femmes sont sous-représentées et les hommes surreprésentés par rapport à leur proportion respective dans le monde réel, que les adultes sont le plus souvent présentés dans des rôles sexuellement stéréotypés tant en ce qui concerne le travail à l'extérieur du foyer que les occupations à l'intérieur et autour de la maison, que les comportements personnels et sociaux sexuellement stéréotypés regorgent.

Ainsi, les hommes occupent les deux tiers, voire même les trois quarts du temps d'antenne des meilleures heures d'écoute. Dans les programmations faisant place aux minorités, la femme occupe une place moindre que l'homme de la même minorité (Lemon, 1977 ; United States Commission on Civil Rights, 1977). Certaines catégories de programmes présentent un meilleur équilibre entre les deux sexes, mais jamais les femmes n'y occupent la plus grande place (Lemon, 1977 ; Stein et Friedrich, 1975). La surreprésentation masculine est interprétée comme le symbole d'un statut, d'une valeur, d'un pouvoir attaché au rôle masculin dans la société, comme une indication que les hommes participent à une variété plus large d'activités et de situations que les femmes. Les dessins animés, les récits d'aventures, les dramatiques, les nouvelles, les émissions d'affaires publiques constituent autant de domaines masculins si l'on en croit le message laissé par la télévision.

Les activités, occupations, préférences pour les jouets et rôles domestiques présentés à la télévision correspondent fidèlement aux modèles sociaux sexuellement stéréotypés. La télévision montre des situations, des personnages, des rôles plus stéréotypés que ne le sont les mêmes situations, personnages et rôles dans le monde réel. Ainsi, entre 1960 et 1970, la proportion des femmes adultes travaillant à l'extérieur du foyer n'a cessé d'augmenter dans la réalité. Durant cette même période, la femme présentée au petit écran travaillait également plus souvent à l'extérieur, mais le pourcentage de ces femmes demeurait certes moindre que dans la réalité (DeFleur, 1964 ; Tedesco, 1974 ; United States Commission on Civil Rights, 1977). De plus, les femmes du petit écran travaillant à l'extérieur du foyer le faisaient à l'intérieur de tâches stéréotypées : infirmières, professeures, commis de bureau, ou encore elles assistaient un homme important dans son travail. Les professions libérales, les fonctions d'administrateurs et de juristes sont encore de nos jours occupées en très grande majorité par les hommes.

Bref, l'appartenance sexuelle obtient une corrélation positive avec le type d'occupations sexuellement stéréotypées telles qu'elles sont présentées à la télé-

vision. Les hommes noirs occupent des emplois plus valorisants socialement que les femmes blanches (Busby, 1975 ; Tedesco, 1974 ; United States Commission on Civil Rights, 1977). Dans les réclames publicitaires en général et dans les programmes s'adressant aux enfants, la femme occupe le plus souvent un rôle domestique et parental ; elle est montrée à l'intérieur de la maison et semble y passer la majorité de son temps (Courtney et Whipple, 1974 ; McArthur et Eisen, 1976b). Les hommes sont plus souvent présentés comme des figures d'autorité. La voix narrant les images présentées est le plus souvent celle d'un homme, même lorsque le produit publicisé est féminin (Courtney et Whipple, 1974 ; Stein et Friedrich, 1975).

Les hommes apparaissant au petit écran mettent davantage en évidence les caractéristiques personnelles et sociales masculines. La programmation du samedi matin adressée aux enfants présente des hommes actifs, autonomes, qui essaient de résoudre des problèmes (McArthur et Eisen, 1976b). Les hommes se révèlent agressifs, constructifs, serviables (Sternglanz et Serbin, 1974). Par contre, les femmes s'avèrent passives et respectueuses (McArthur et Eisen, 1976b ; Sternglanz et Serbin, 1974 ; Streicher, 1974). Les hommes reçoivent plus de rétroactions positives ou négatives sur leurs comportements. Les femmes apparaissent plus souvent punies pour leurs activités (Sternglanz et Serbin, 1974). La télévision renforce, par les images qu'elle présente, l'idée que la domination, l'agression, l'autonomie et l'action sont des caractéristiques proprement masculines, alors que l'image de la féminité semble être un large *vacuum* ; les femmes font relativement peu de choses si ce n'est de suivre la direction donnée par un compagnon masculin et actif.

Une image très semblable se dégage dans les ouvrages destinés aux enfants, peu importe l'âge. Les caractéristiques présentées comme masculines sont valorisées et nettement mises en évidence (Busby, 1975 ; Child, Potter et Levin, 1946 ; Key, 1975 ; Weitzman, Eifler, Hokada et Ross, 1972). Les femmes et les hommes sont majoritairement campés dans des fonctions et des activités traditionnelles. Les hommes sont plus souvent engagés dans l'action principale et les femmes paraissent passives, observatrices et dépendantes de l'activité de l'homme. La majorité des études notent que les filles et les femmes sont sous-représentées et que leurs activités, intérêts et comportements restent prisonniers des caractéristiques féminines traditionnellement stéréotypées ou passent carrément inaperçus.

L'utilisation, la persistance et l'évolution des images

Le contenu des stéréotypes sexuels présentés dans les masse-médias est assez évident. L'image des modèles stéréotypes masculins et féminins passent subtilement dans la publicité. Dans une analyse des réclames publicitaires de diverses revues, Goffman (1979) démontre que les messages concernant l'autorité, la domination et autres caractéristiques semblables sont communiqués par le biais de certaines particularités significatives dans l'arrangement de l'image (homme placé de manière à paraître plus grand ou plus élevé que la femme, homme debout et femme assise) ou dans l'orientation du corps et du regard (posture infantile de la femme qui offre peu de raison d'être relativement au produit annoncé).

La publicité s'adressant aux enfants utilise les mêmes stratégies d'arrangement des caractéristiques de l'image. Les messages publicitaires concernant les garçons utilisent une plus grande variété de situations, des jouets plus actifs, des raccourcis pour atteindre le but, de la musique forte et plusieurs autres effets sonores. Les messages publicitaires visant les filles se servent davantage d'effets d'effacement, de dilution et de fondu que permettent la caméra et la musique (Welch, Huston-Stein, Wright et Plehal, 1979). Ces caractéristiques de production visent à reproduire symboliquement les traits masculins (rapidité, précision, force) ou féminins (gradation, douceur, légèreté) socialement et culturellement favorisés chez le garçon ou chez la fille. La publicité utilise donc une forme plus subtile de com-

munication des rôles et des stéréotypes sexuels. Le message n'en est que plus difficile à identifier et plus efficace.

Les contenus présentés par la télévision, les livres et les revues ont évolué en raison de la plus grande conscience sociale à l'égard du sexisme. Une évolution s'est effectivement produite durant ces 15 ou 20 dernières années. Plusieurs livres publiés à l'intention des enfants visent une désexualisation des rôles traditionnels. Certaines séries télévisées luttent justement contre les stéréotypes sexuels et présentent des femmes engagées dans des fonctions et des activités non traditionnelles. Cependant, il ne s'agit là que de quelques gouttes dans un océan de stéréotypes, et les modèles présentés par les médias évoluent très lentement. L'analyse des ouvrages américains pour les enfants met en évidence une réduction progressive et constante, entre 1950 et 1971, des caractéristiques féminines stéréotypées (Key, 1975), tandis qu'une analyse de contenu des séries télévisées indique assez peu de changement dans les images d'hommes et de femmes entre 1967 et 1977 (Gerbner, 1972 ; Lemon, 1977). De plus, les programmes de télévision et livres anciens disparaissent très lentement du marché. Plusieurs séries télévisées adressées aux enfants sont des reprises d'émissions réalisées il y a parfois plus de 20 ans. Les masses-médias évoluent lentement et restent en deçà de l'évolution réelle de la société. Il ressort nettement que les portraits d'hommes et de femmes modernes esquissés par les masse-médias demeurent davantage conservateurs que ne le seraient les portraits moyens d'un échantillon d'hommes et de femmes rassemblés au hasard (Huston, 1983).

Les masse-médias

Étant donné le contenu des présentations télévisées, on pourrait croire que plus les enfants regardent la télévision, plus ils sont renforcés dans la stéréotypie sexuelle de leurs rôles, attitudes et comportements. Les études corrélationnelles apportent peu d'appui à cette affirmation (Beuf, 1974 ; Frueh et McGhee, 1975 ; Leary, Greer et Huston, 1982), voire la démentent catégoriquement (Gross et Jeffries-Fox, 1978 ; Perloff, 1977).

Miller et Reeves (1976) démontrent que si des enfants regardent régulièrement des séries télévisées dans lesquelles les femmes occupent des rôles non traditionnels et font preuve de caractéristiques personnelles et sociales non stéréotypées, ces enfants développent une perception élargie des rôles et des occupations possibles des femmes comparativement aux enfants qui ne suivent pas de telles séries. Des adolescentes obtenant une cote élevée à une mesure d'androgynie adoptent des attitudes positives envers les femmes faisant preuve d'affirmation dans les programmes télévisés, alors que les adolescentes cotés plus « féminines » désapprouvent le comportement affirmatif de ces femmes (Friedrich-Cofer, 1978). Évidemment, ce type de corrélations ne prouve pas une relation causale entre le visionnement de tels programmes et les attitudes personnelles et sociales. Ces statistiques démontrent tout au plus que les différences individuelles incitent à une sélection différente des programmes télévisés.

Dès 6-7 ans les enfants comprennent assez bien les connotations sexuelles stéréotypées inhérentes à la forme des messages transmis par la télévision, mais ils demeurent plus influencés par le contenu. Ainsi, on a demandé à des enfants de la première à la sixième année inclusivement de visionner trois messages publicitaires catégorisés selon les caractéristiques masculines ou féminines, soit :

1- une réclame annonçant un produit sexuellement neutre ;

2- une annonce publicitaire expérimentale avec un contenu significatif sexuellement ;

3- des descriptions verbales de certaines caractéristiques sans contenu associé.

Les enfants ont classifié les trois types de stimuli selon les caractéristiques dites masculines, féminines ou neutres conformément aux prévisions de l'hypothèse. À l'égard du produit sexuellement neutre, les enfants identifiaient davantage le stéréotype sexuel utilisé en se référant au contenu. Lorsqu'on leur a demandé de porter particulièrement attention à la forme du message publicitaire plutôt qu'au contenu, soit aux effets sonores et visuels, ils ont également pu reconnaître les stéréotypes utilisés (Huston, 1983). Ces résultats suggèrent deux interprétations. Il se peut que les enfants soient plus influencés par le contenu, mais il se peut également que les données concernant la forme soient plus insidieuses que les données du contenu et par conséquent plus difficiles à reconnaître.

12.8.2 L'apprentissage par modelage

On avance souvent l'idée que l'enfant imite plus facilement les modèles de même sexe plutôt que les modèles de sexe opposé. Les écrits scientifiques apportent peu d'appui à cette hypothèse (Maccoby et Jacklin, 1974). L'apprentissage par modelage joue certainement un rôle dans le développement de l'identité et l'acquisition des stéréotypes sexuels, mais une imitation préférentielle des modèles de même sexe apparaît a priori une idée simpliste et peut-être généralisée à tort (Huston, 1983).

Jusqu'à présent, les théories de l'apprentissage social et les théories cognitives ne prennent pas ouvertement appui sur cette affirmation. Plusieurs variables influencent l'apprentissage par imitation. Le maternage, la puissance, le prestige, la compétence, les systèmes de récompenses et de punitions, les ressemblances autres que la similitude du genre entre le modèle et l'enfant constituent autant d'exemples de variables influençant l'imitation d'un modèle.

La question est de savoir quand la variable sexuelle atteint suffisamment de poids pour influencer l'imitation, la compréhension et la reproduction d'un comportement, quand elle est suffisamment saillante pour incliner l'imitation. Les données situationnelles faisant appel aux rôles sexuels peuvent rendre l'enfant sensible à cette dimension. Les schèmes déjà acquis peuvent aussi prédisposer l'enfant à remarquer davantage l'appartenance sexuelle d'une personne lorsque son comportement et ses attitudes sont associés aux rôles sexuels plutôt que de s'avérer sexuellement neutres. Il est également plausible que l'imitation d'un modèle de même sexe apparaisse plus facile dans des situations mettant en scène des comportements culturellement stéréotypés. Enfin, la tendance à imiter un modèle de même sexe peut varier chez un même individu selon les circonstances (Bem, 1981). Dans une situation faisant peu ou prou appel aux stéréotypes sexuels, la personne peut ne pas imiter un modèle de même sexe, voire imiter un modèle de l'autre sexe, parce que le comportement apparaît relativement neutre. Dans une situation faisant davantage appel aux rôles sexuels, la même personne pourrait volontiers imiter un modèle de même sexe.

Selon les théories cognitives, l'imitation (pas nécessairement préférentielle a priori) de modèles de même sexe pourvoit l'enfant d'exemples de comportements et d'attitudes appropriés à son identité sexuelle et aux attentes du milieu. L'enfant se forge progressivement une idée de la masculinité et de la féminité en enregistrant les traits communs à plusieurs modèles. Ainsi, l'enfant apprend et répète plus facilement les schèmes les plus généralisés, les plus manifestes et les plus consistants associés aux modèles de son sexe. Les comportements contraires aux schèmes sexuels de l'enfant ne sont pas remarqués ou sont rapidement oubliés s'ils ont été soit perçus, soit assimilés par les schèmes en phase de restructuration. L'enfant imite divers modèles dans la mesure où ceux-ci correspondent aux schèmes acquis. Il porte donc davantage attention aux modèles de même sexe et apprend plus facilement et plus fréquemment les rôles associés à son propre sexe que ceux associés à l'autre sexe. L'imitation d'un modèle de même sexe est donc plus forte lorsque l'enfant perçoit le modèle comme un exemple approprié aux aspirations de son sexe socialement encouragées.

L'attention sélective

On trouve peu de données expérimentales à l'appui d'une imitation préférentielle des modèles de même sexe. Les résultats de recherches sont contradictoires. Ainsi, ayant placé des enfants d'âge préscolaire devant un homme et une femme en action, Slaby et Frey (1975) constatent que les garçons observent davantage l'homme que la femme, et ce de façon statistiquement significative ; les filles regardent davantage la femme, mais la fréquence et la durée des regards n'est pas significative statistiquement. Bryan et Luria (1978) reprennent l'expérience et enregistrent l'attention portée par l'enfant à l'un ou l'autre modèle au moyen du tracé de l'électro-encéphalographie. Les auteurs ne constatent aucune différence significative entre l'attention portée aux deux modèles.

Grusec et Brinker (1972) ont vainement tenté de démontrer les jeux de renforcements dans l'imitation d'un modèle de même sexe. Les auteurs récompensaient les garçons et les filles lorsque le modèle masculin était imité dans sa tâche et non le modèle féminin. Puis dans une tâche subséquente, malgré le renforcement antérieur, les garçons et les filles imitaient indifféremment l'un et l'autre modèle.

Les recherches menées en laboratoire apportent généralement des résultats négatifs, alors que les recherches menées hors laboratoire produisent plutôt des résultats positifs. Ainsi, placés devant le petit écran, des enfants portent plus attention aux caractéristiques de leurs héros lorsque ceux-ci sont de même sexe que lorsqu'ils sont de l'autre sexe. Cette plus grande attention n'est significative statistiquement que lorsque le contenu du programme correspond aux rôles sexuels (Sprafkin et Liebert, 1978).

L'hypothèse d'une attention sélective portée aux modèles de même sexe demeure précaire, et d'autres recherches sont nécessaires avant de conclure. Jusqu'à présent la majorité des recherches expérimentales sur le sujet utilisent une seule variable à la fois. L'enfant n'est appelé à réagir qu'à un seul stimulus. Dans la réalité hors laboratoire, l'attention sélective implique autant la perception des stimuli auxquels le sujet réagit que la liberté d'accorder plus ou moins d'attention aux stimuli présents.

La compréhension et le rappel

Les études visant à mesurer ce qu'un enfant enregistre d'une observation sont remarquablement unanimes. Elles démontrent que garçons et filles se remémorent davantage et adoptent plus fréquemment et plus facilement les comportements et attitudes correspondant aux rôles et stéréotypes sexuels culturellement associés au sexe propre que ceux associés à l'autre sexe. Cette tendance est suffisamment forte pour inciter les enfants, dans certaines situations, à modifier à leur insu une information afin de la faire correspondre aux schèmes acquis. Il y existerait donc une tendance à répéter les comportements observés chez les modèles de même sexe. Cependant, il paraît peu probable que l'appartenance sexuelle du modèle soit une variable suffisante pour déterminer à elle seule l'enregistrement et la répétition d'un comportement observé. Il s'avère plutôt qu'à l'appartenance sexuelle doit se joindre une correspondance minimale entre le comportement observé chez le modèle et les schèmes sexuels acquis.

La tendance à reproduire les comportements sexuellement stéréotypés est plus prononcée chez les enfants d'âge scolaire que chez les enfants d'âge préscolaire (Martin et Halverson, 1981). De la lecture d'histoires, les élèves de 5e année se souviennent mieux des comportements en accord avec les stéréotypes et rôles sexuels que les comportements contraires (Koblinsky, Cruse et Sugawara, 1978). Après le récit d'une histoire, les enfants se souviennent mieux des activités appropriées à leur genre que des activités attribuées à l'autre sexe, peu importe le sexe du modèle (Bryan et Luria, 1978). Des garçons d'âge préscolaire retiennent plus souvent d'un film ou d'une histoire les comportements masculins exécutés par un modèle masculin (McArthur et Eisen, 1976a, 1976b).

Certaines données appuient les théories cognitives voulant que les enfants enregistrent mieux et

plus facilement les comportements correspondant aux schèmes sexuels acquis que ceux qui leur sont contraires. Les enfants transforment même l'information contraire aux stéréotypes afin de l'adapter à leurs schèmes de pensée.

Ainsi, on a présenté à des enfants des messages publicitaires de divers jouets. Une publicité présentait des enfants s'amusant avec des jouets stéréotypés, une autre montrait des enfants s'activant avec des jouets contraires aux stéréotypes. Plus tard on demanda aux enfants si les acteurs des messages publicitaires étaient des garçons ou des filles. La moitié des enfants qui avaient vu l'annonce contraire aux stéréotypes se sont trompés sur le sexe des enfants acteurs, tandis que la majorité des enfants qui avaient visionné le message conforme aux stéréotypes définissaient correctement le sexe des enfants acteurs (Atkin, 1975 ; Frey et Ruble, 1981 ; *in* Martin et Halverson, 1981). De pareilles distorsions surviennent lorsque de jeunes enfants visionnent l'un des quatre films dépeignant le travail d'un médecin et d'une infirmière, avec toutes les combinaisons possibles de l'homme et de la femme dans les deux rôles. Lorsqu'on montre aux enfants les photographies des acteurs et qu'on leur demande lequel des deux jouait le rôle du médecin ou de l'infirmière, tous les enfants ayant visionné le film dans lequel l'homme jouait le rôle du médecin et la femme celui de l'infirmière répondirent correctement. À l'inverse, parmi les enfants ayant visionné la version dans laquelle l'homme jouait le rôle de l'infirmier et la femme celui du médecin, une minorité identifièrent correctement les deux acteurs selon leur sexe respectif. Plus de la moitié des enfants de ce groupe affirmèrent que l'homme jouait le rôle du médecin et la femme, celui de l'infirmière (Cordua, McGraw et Drabman, 1979).

Dans l'ensemble, plusieurs résultats de recherches soutiennent l'hypothèse voulant que les concepts développés par les enfants à propos des rôles et stéréotypes sexuels guident la sélection et l'enregistrement des informations communiquées par les modèles. Cependant, si le comportement des modèles de même sexe est parfois mieux appris que celui des modèles de l'autre sexe, cela dépend davantage de la correspondance entre le comportement en question et les stéréotypes sexuels acquis que du lien d'appartenance sexuelle entre le modèle et le sujet qui l'imite. Les comportements contraires aux stéréotypes sont ignorés ou modifiés afin de les faire correspondre aux schèmes appropriés au sexe. Les enfants fortement stéréotypés sont plus portés à enregistrer et à retenir l'information selon le sexe du modèle ou selon la stéréotypie des comportements que les enfants moins stéréotypés.

Ainsi, il ressort que les théories exagèrent quelque peu lorsqu'elles tentent d'expliquer l'apprentissage de l'enfant par l'observation de modèles de même sexe. Les modèles stéréotypés des deux sexes et non seulement les modèles du sexe propre guident l'enfant dans ses apprentissages. Il se forge un concept autant de la masculinité que de la féminité. L'enfant n'articule pas qu'un seul concept approprié à son sexe. Les concepts de la masculinité et de la féminité sont par la suite utilisés pour sélectionner, enregistrer et remémorer les comportements et attitudes des modèles. L'enfant n'apprend pas seulement les actions et attitudes appropriées au modèle de son sexe, mais aussi celles attribuées à l'autre sexe. Les concepts fondamentaux concernant la féminité et la masculinité constituent la base de schèmes qui apparaîtront appropriés au sexe propre ou au rôle sexuel préféré du sujet, schèmes par la suite élaborés en conformité avec les concepts fondamentaux (Martin et Halverson, 1981).

Même s'il y a effectivement tendance chez les enfants, particulièrement chez les garçons, à reproduire plus facilement les comportements conformes au sexe propre plutôt que les comportements appropriés aux deux sexes, il semble bien que la sélection des comportements sexuellement stéréotypés n'apparaît pas pour les premières acquisitions, mais pour l'élaboration cognitive qui s'ensuit et la performance réalisée. Les enfants apprennent et comprennent les attentes sociales à l'égard des deux sexes ; certains facteurs motivationnels et certaines attitudes influencent assurément l'intensité de la recherche de conformité dans l'apprentissage de

modèles de comportements appropriés au sexe propre.

Les croyances et les attitudes

Dans les recherches sur la compréhension, on demande aux enfants de se rappeler ce qu'ils viennent juste de voir ou d'entendre. On pourrait aussi demander aux enfants ce qu'ils croient être vrai à propos des stéréotypes concernant les hommes et les femmes, ou ce qu'ils approuvent ou désapprouvent. En dépit de la tendance générale des enfants à enregistrer et à se rappeler davantage les informations correspondant aux stéréotypes sexuels, quelques recherches suggèrent que ces concepts ou stéréotypes peuvent être modifiés si l'enfant peut observer des modèles contraires aux stéréotypes et rôles sexuels.

Les modèles utilisés dans ce type de recherches consistent essentiellement en histoires réelles racontées dans des livres ou présentées à la télévision ou sur film. Les enfants d'âge préscolaire et scolaire qui observent des modèles non traditionnels expriment davantage de perceptions égalitaires à propos des occupations adultes, des rôles parentaux, des activités des enfants et des caractéristiques personnelles et sociales que ne le font les enfants qui observent des modèles neutres ou traditionnels (Atkin, 1975 ; Davidson, Yasuna et Tower, 1979 ; Flerx, Fidler et Rogers, 1976).

Cependant, même si l'observation de modèles contraires aux stéréotypes sexuels modifie ce que les enfants croient vrai ou faux, vraisemblable ou impossible, bien ou mal à propos des stéréotypes sexuels, cela n'assure pas pour autant un changement en profondeur des attitudes, ou que les modèles contraires aux stéréotypes reçoivent la pleine approbation des enfants. Au contraire, il semble que les enfants approuvent davantage les personnages conformes aux stéréotypes que ceux se comportant de manière contraire (Connor, Serbin et Ender, 1978 ; Jennings, 1975). Par contre, sous certaines conditions expérimentales, des enfants de 8 et 13 ans ayant observé des réclames télévisées contraires aux stéréotypes expriment moins d'attitudes traditionnelles à propos des rôles féminins que ceux qui ont visionné des publicités traditionnelles et stéréotypées. Par contre, des garçons de 13 ans ont repris des attitudes traditionnelles encore plus marquées à propos des rôles féminins après avoir visionné des annonces publicitaires contraires aux stéréotypes (Pingree, 1978).

Une exposition plus étendue dans le temps et plus intensive aux portraits d'hommes et de femmes contraires aux stéréotypes a été réalisée durant tout un trimestre dans une classe utilisant la série télévisée *Freestyle*. La série met en évidence des hommes et des femmes dans des activités contraires aux stéréotypes, avec des comportements personnels et sociaux favorisant le changement des croyances, des attitudes et des intérêts stéréotypés des enfants, particulièrement à l'égard d'un futur choix de carrière. L'évaluation faite en plusieurs points du pays et auprès de divers groupes ethniques indique que la série télévisée avait réussi à modifier les croyances et attitudes des enfants dans le sens d'une meilleure acceptation des comportements non traditionnels.

Les enfants qui avaient suivi la série ont développé moins de croyances stéréotypées et des attitudes plus souples à l'égard des activités des enfants, comme la participation des filles dans des activités athlétiques, sportives et mécaniques, la participation des garçons dans des rôles d'aide, d'assistance et à propos des occupations adultes et des rôles domestiques. Il s'est produit également quelques changements dans certains comportements et attitudes stéréotypés comme l'indépendance, l'affirmation, le risque, mais les enfants n'en sont point venus à accepter les filles comme meneuses de groupe mixte. La majorité de ces changements persistaient encore neuf mois après la fin du visionnement de la série télévisée. Ces transformations apparaissaient donc relativement durables. Les domaines dans lesquels la série a influencé les intérêts propres des enfants ou leurs préférences ont été les activités athlétiques et mécaniques. Les filles ont montré plus d'intérêt dans ce domaine après avoir vu la série (Johnston, Ettema et Davidson, 1980).

L'imitation

Il semble donc y avoir bel et bien une tendance chez l'enfant à imiter les comportements des modèles de même sexe, mais encore une fois, cette imitation ne relève pas seulement de la similitude de genre entre le modèle et l'enfant, mais plutôt par la nature sexuée du comportement, par l'appartenance sexuelle stéréotypée du comportement. En effet, l'imitation est généralement plus grande lorsque le modèle de même sexe exécute un comportement approprié au sexe ou lorsqu'un comportement est reconnu propre au sexe de l'enfant et nommé comme tel. De la même manière les préférences des enfants pour certains objets et certaines activités sont davantage influencés lorsque le modèle manifeste des comportements et des intérêts reconnus appropriés au sexe et nommés comme tels (Liebert, McCall et Hanratty, 1971 ; White, 1978). Dans plusieurs études on montrait aux enfants des films ou on leur lisait des histoires mettant en scène des comportements stéréotypés. Les garçons imitent davantage les comportements dits masculins. L'imitation est plus forte lorsque le modèle est aussi masculin. De façon moins systématique, les filles imitent davantage les comportements dits féminins, et ce de façon plus marquée lorsque le modèle imité est féminin (Barkley, Ullman, Otto et Brecht, 1977 ; Franzini, Litrownik et Blanchard, 1978 ; Frey et Ruble, 1981 ; McArthur et Eisen, 1976a ; Zimmerman et Koussa, 1975). Devant les résultats, on suppose que l'enfant assimile le comportement du modèle selon le schème sexuel fondamental.

Une étude a directement évalué l'importance relative des étiquettes sexuelles en fonction du sexe du modèle. Deux jeux neutres étaient étiquetés masculins ou féminins, et d'autres n'étaient pas qualifiés. Les préférences des enfants et leur imitation étaient très nettement influencées par la qualification « a priori » (masculine ou féminine) des activités ou des jouets et plus encore lorsque le modèle était de même sexe que l'enfant et que le qualificatif (Masters et coll., 1979).

Ces recherches démontrent la tendance de l'enfant à utiliser les concepts sexuellement stéréotypés disponibles dans son milieu. Ces concepts déterminent en quelque sorte l'influence des modèles sur les préférences et comportements de l'enfant. Ces études n'indiquent pas que l'enfant acquiert ses concepts en observant les modèles. Le processus d'acquisition a été démontré par quelques études dans lesquelles des comportements initialement neutres ont été expérimentalement stéréotypés en les associant à des modèles féminins ou masculins.

En se fondant sur la théorie de l'apprentissage social, Perry et Bussey (1979) suggèrent que l'enfant développe des concepts sexuellement stéréotypés en observant ce qu'il y a de commun entre les hommes et entre les femmes, en observant la fréquence avec laquelle les hommes et les femmes reproduisent divers comportements. L'enfant en arriverait ainsi à se faire une idée générale de ce qui est approprié à un sexe et à l'autre. Les auteurs ont exposé les enfants à huit modèles : quatre femmes et quatre hommes. Dans une première expérience le degré de similarité entre les modèles variait. Lorsque le degré de similarité était élevé, c'est-à-dire lorsque tous les hommes démontraient le même comportement et toutes les femmes agissaient de la même manière, les enfants faisaient preuve d'une imitation plus grande du modèle de même sexe. Lorsque le degré de similarité était faible entre les modèles de même sexe, la prépondérance de l'imitation du modèle de même sexe n'apparaissait pas.

Dans une seconde expérience, les enfants imitaient le modèle de même sexe si le comportement du modèle correspondait à celui de la majorité des modèles du même sexe que l'enfant ; ils n'imitaient pas un modèle de même sexe dont le comportement différait du comportement type de la majorité des modèles. Un résultat semblable a été obtenu auprès d'enfants d'âge préscolaire visionnant une réclame télévisée d'un jouet neutre dans laquelle les acteurs étaient deux garçons ou deux filles. Par la suite les enfants jouaient davantage avec l'objet annoncé à la télévision lorsque la publicité présentait des acteurs de même sexe (Ruble, Balaban et Cooper, 1981).

Les conclusions possibles

En général, les recherches appuient l'hypothèse voulant que l'enfant acquiert des concepts stéréotypés auxquels il assimile par la suite les comportements et attitudes des modèles observés. Il élabore des schèmes de pensée pour les deux sexes et non seulement des schèmes correspondant aux attentes liées à son sexe propre. La sélection des comportements et attitudes apparaît plus manifeste dans l'exécution que dans l'acquisition. Lorsque le comportement observé correspond au concept stéréotype, ou lorsque la situation fait appel aux stéréotypes, alors l'imitation de l'enfant est davantage fidèle au modèle stéréotypé. Le sexe du modèle n'est qu'une donnée parmi d'autres qui déterminent l'imitation.

L'exposition à un modèle contraire aux stéréotypes peut influencer les croyances d'un enfant à propos de ce qui est dit masculin ou féminin, mais cela n'entraîne pas pour autant un changement majeur des préférences, attitudes et réactions affectives de l'enfant face aux comportements non stéréotypés. Ainsi, une exposition par trop brève ou occasionnelle n'influence pas le comportement et les attitudes de manière importante et durable. Cependant, une exposition fréquente et prolongée à plusieurs modèles de comportements et d'attitudes contraires aux stéréotypes, particulièrement si ces comportements et attitudes sont ceux de la majorité des modèles observés, peut provoquer une imitation effective contraire aux stéréotypes. L'évaluation de la série télévisée *Freestyle* indique bien qu'une exposition continue peut avoir un effet relativement important sur plusieurs types de comportements et d'attitudes. Si les études expérimentales apportent peu d'informations, cela dépend peut-être du fait que les modèles présentés demeurent le plus souvent étrangers et sans valeur affective pour l'enfant, sans importance dans sa vie.

12.9 LES RÔLES SEXUELS DANS LA FAMILLE ET L'ENVIRONNEMENT

Dans la dernière décennie on a tenté de préciser l'influence des parents dans l'acquisition des stéréotypes sexuels. Les parents d'aujourd'hui éduquent-ils différemment leurs fils et leurs filles ? Si l'éducation des garçons et des filles s'avère manifestement différente, cette différence relève-t-elle d'une conséquence des différences sexuelles observées par les parents et donc d'une adaptation de leur méthode éducative aux différences perçues, ou est-ce plutôt l'éducation différente des garçons et des filles qui cause les différences, ou un peu les deux à la fois ? On a recherché les corrélations existantes entre certaines pratiques éducatives et certaines caractéristiques des enfants. L'ensemble des résultats de recherches permettent des conclusions plus importantes que celles autorisées par chacune des recherches considérée séparément.

12.9.1 L'éducation

Maccoby et Jacklin (1974) étudièrent la socialisation des garçons et des filles et tentèrent de rapprocher cette différence des pratiques éducatives des parents à l'égard des deux sexes. Durant la petite enfance, il n'y aurait pas de différence majeure dans les interactions entre les parents et le fils ou la fille. Une seule différence significative serait que les garçons reçoivent davantage de stimulations motrices et d'encouragement à l'activité physique que les filles. Chez les enfants d'âge préscolaire et ceux fréquentant l'école primaire, les recherches rapportent que garçons et filles sont traités un peu différemment quant aux manifestations affectives, aux restrictions imposées et à l'intensité de l'émulation au succès. Les garçons sont plus fréquemment punis, surtout physiquement, mais ils reçoivent également plus de louanges, de félicitations et d'encouragements que les filles. Les écrits ne fournissent aucune indication selon laquelle les parents éduqueraient différemment leur garçon et leur fille quant à la dépendance et à l'agressivité.

Des difficultés diverses inhérentes aux recherches réduisent la généralisation des conclusions. Les études sont souvent menées auprès d'enfants d'âge préscolaire (Maccoby et Jacklin, 1974 ; Block, 1978). Les différences sexuelles entre garçons et filles tout comme les attentes parentales liées aux rôles sexuels peuvent s'accroître avec l'âge, devenir plus prégnantes. Les recherches limitent leur exploration aux aspects sociaux et personnels des stéréotypes et ne prêtent manifestement pas attention à la socialisation différente des activités et des intérêts (Huston, 1983). Évidemment les parents encouragent parfois certains stéréotypes chez leurs enfants en leur procurant tels jouets, en les encourageant à certaines activités spécifiques (Maccoby et Jacklin, 1974). Les caractéristiques personnelles et sociales, comme la dépendance et l'agressivité, n'apparaissent pas aussi précocement et aussi manifestement stéréotypées que les activités, intérêts, occupations des adultes. Une autre difficulté réside dans le fait que les recherches mettent majoritairement l'accent sur le rôle de la mère, alors que les recherches plus récentes démontrent que le père semble se comporter davantage de manière différente avec sa fille et son fils et, conséquemment, pourrait jouer un rôle plus important que la mère dans l'acquisition ou la transmission des stéréotypes sexuels, particulièrement chez le garçon.

12.9.2 La perception des adultes

Un moyen de savoir si l'adulte se comporte foncièrement de façon différente selon qu'il se trouve devant un garçon ou une fille est d'explorer leurs croyances sur l'appartenance sexuelle d'un jeune enfant dont les apparences en masquent l'identité. On présente un film mettant en scène un jeune enfant dont l'âge peut varier entre 9 mois et 3 ans environ. Peu importe le sexe de l'enfant, on annonce à certains spectateurs qu'il s'agit d'un garçon et à d'autres, d'une fille. On leur demande par

la suite d'évaluer l'enfant selon une liste de caractéristiques sexuelles stéréotypées. Garçons et filles
sont perçus de façon très semblables, malgré une
tendance chez les spectateurs masculins à percevoir
l'enfant de manière un peu plus stéréotypée que les
spectateurs féminins. Les spectateurs plus habitués
aux jeunes enfants révèlent une perception un peu
moins stéréotypée, mais la tendance n'est pas statistiquement significative (Condry et Condry, 1976 ;
Gurwitz et Dodge, 1975 ; Meyer et Sobieszek, 1972 ;
Sobieszek, 1978).

Les parents de nouveau-nés ont nettement tendance à décrire les filles comme moins vives, plus
petites, avec des traits plus fins et plus doux que les
garçons, malgré le fait qu'aucune différence physique
ne soit significative. Les pères perçoivent plus de
différences sexuelles que les mères. Ils voient leur
fils comme plus fort et plus hardi que leur fille
(Rubin, Provenzano et Luria, 1974). Selon les études
recensées par Maccoby et Jacklin (1974), les parents
perçoivent les filles plus fragiles que les garçons et
davantage préoccupées de leur bien-être. Plusieurs
études démontrent que les parents ont des perceptions, des attentes et des valeurs sexuellement stéréotypées vis-à-vis de leurs enfants d'âge préscolaire
(Atkinson et Endsley, 1976 ; Fagot, 1981b ; Marcus et
Corsini, 1978 ; Schau, Kahn, Diepold et Cherry,
1980).

12.9.3 Le comportement des adultes

D'autres résultats sont obtenus lorsque les
adultes sont observés dans leur manière d'être avec
l'enfant selon qu'ils le croient garçon ou fille. Le
même enfant est présenté tantôt comme un garçon,
tantôt comme une fille. La majorité des adultes, eux-
mêmes parents, avaient une bonne expérience avec
les jeunes enfants. Les enfants choisis ont entre 3 et
14 mois. Dans chaque cas, les jouets dits féminins,
masculins ou neutres sont disponibles. Les adultes,
hommes et femmes, offrent plus souvent des poupées aux enfants qu'ils croient filles qu'à ceux qu'ils
croient garçons, les jouets dits masculins sont plus
souvent offerts aux garçons qu'aux filles (Frisch,

1977 ; Seavey, Katz et Zalk, 1975 ; Sidorowicz et
Lunney, 1980 ; Smith et Lloyd, 1978 ; Will, Self et
Datan, 1976). Les adultes encouragent et répondent
davantage à l'activité motrice des garçons qu'à celle
des filles. Celles-ci sont plus encouragées que les
garçons aux relations interpersonnelles et aux jeux
de maternage avec les poupées et les petits animaux.
Les femmes interviennent plus rapidement auprès
d'un enfant en pleurs lorsqu'elles le croient fille,
tandis que les hommes répondent avec le même
empressement qu'il s'agisse d'un garçon ou d'une
fille (Condry, Condry et Pogatshnik, 1978). Lorsqu'un enfant de 2 ans est présenté comme un garçon,
les adultes lui procurent davantage de renforcements et manifestent de plus grandes attentes à son
égard ; s'il est dit fille, ils le complimentent et le soutiennent davantage dans ses activités (Block, 1979).

Les études expérimentales démontrent que la
manière d'être de l'adulte avec l'enfant s'avère indépendante de la manière d'être de l'enfant. Les
adultes offrent plus facilement des jouets sexuellement stéréotypés aux enfants et encouragent davantage les comportements des filles. Ils offrent plus
facilement leur aide aux filles et les rassurent plus
fréquemment. Cependant, ces expériences placent
les adultes en présence d'enfants étrangers et provoquent peut-être des comportements plus stéréotypés
que lorsqu'ils se trouvent avec leurs propres enfants
ou des enfants plus connus. La connaissance de
l'identité sexuelle est une des quelques indications
qu'un adulte peut posséder au sujet d'un enfant. S'il
s'agit de la seule information donnée, elle peut avoir
une influence beaucoup plus marquée sur la
manière d'être de l'adulte que lorsqu'il connaît
l'enfant dans ses autres caractéristiques spécifiques.

12.9.4 Les attitudes parentales

Durant la première année de vie de l'enfant, les
parents ont presque les mêmes attitudes envers le
bébé garçon et le bébé fille (Field, 1978 ; Lamb,
1977). On note une plus grande verbalisation de la
part des deux parents à l'égard des bébés filles

(Goldberg et Lewis, 1969). Père et mère jouent avec le bébé, la mère se comporte de la même manière avec le bébé garçon et le bébé fille, le père s'amuse différemment avec l'un et l'autre. Il est plus physique, plus rude, plus moteur et utilise moins de jouets et davantage son corps avec son fils (Parke et Suomi, 1980 ; Power et Parke, 1983). Ainsi, on constate dès la première année de vie une stimulation physique et motrice plus marquée du garçon que de la fille (Block, 1979, Maccoby et Jacklin, 1974).

Les premières différences sexuelles émergent de façon manifeste dans les jeux dès la deuxième année de vie. Les parents se comportent différemment envers l'enfant selon que celui-ci est un garçon ou une fille.

On a observé des enfants de 18 à 24 mois avec leurs parents dans leur milieu naturel. Selon Fagot (1974, 1978), les parents américains interagissent davantage avec la fille et laissent davantage le garçon jouer seul. Les filles sont plus encouragées et critiquées que les garçons. Selon Smith et Daglish (1977), les petits Anglais sont davantage arrêtés dans leurs jeux et plus fréquemment punis que les filles. Les garçons transgressent plus fréquemment les règles édictées par la mère et sont, par conséquent, plus souvent réprimandés que les filles (Minton, Kagan et Levine, 1971). La mère américaine exigerait autant du garçon que de la fille et anticiperait aussi facilement les transgressions et demandes de sa fille que de son fils.

Les parents réagissent favorablement quand l'enfant s'adonne aux activités traditionnelles de son sexe plutôt qu'à celles de l'autre sexe (Fagot, 1978). La réaction des parents se révèle davantage stéréotypée lorsque leur enfant s'amuse près d'eux. Les pères soutiennent et encouragent l'enfant dans les jeux appropriés à son sexe et le désapprouvent lorsqu'il s'adonne à des jeux habituellement attribués à l'autre sexe. Cette réaction est plus marquée lorsqu'il s'agit du fils. Les mères encouragent particulièrement leur fille dans des activités dites féminines et se révèlent instables en ce qui concerne l'encouragement et la désapprobation devant les activités du fils (Langlois et Downs, 1980). Les parents s'engagent plus facilement et plus fréquemment dans des activités physiques avec leurs garçons et dans des activités sociales avec leurs filles. Les pères encouragent leurs fils et non leurs filles dans des activités physiques et motrices, et les mères répondent plus positivement à leurs filles cherchant un contact physique qu'à leurs garçons (Tauber, 1979). Ces résultats de recherches en laboratoire indiquent que les parents encouragent les garçons à être actifs, physiques et moteurs, les filles à être dépendantes et à s'adonner à des jeux appropriés à leur sexe. Les pères se révèlent davantage stéréotypés que les mères dans leurs attitudes face aux activités de l'enfant (Huston, 1983).

Les observations en laboratoire autant que celles en milieu naturel suggèrent que les parents, plus particulièrement les pères, interagissent davantage avec l'enfant de même sexe qu'avec l'enfant de sexe opposé (Cherry et Lewis, 1976 ; Lamb, 1977 ; Margolin et Patterson, 1975 ; Weinraub et Frankel, 1977). L'interaction plus active du père à l'égard du fils a été également observée dans diverses enquêtes menées auprès de parents de jeunes enfants. Lorqu'on demande aux parents s'ils croient avoir la même attitude à l'égard de la fille que du garçon, les parents de la fille répondent généralement par l'affirmative, tandis que les parents du garçon affirment que le père joue un rôle spécial en tant que modèle et compagnon de jeu. Les pères affirment être plus gentils, plus tolérants envers leur fille et encourager davantage leur fils à s'engager dans des activités habituellement considérées comme masculines. Les parents peuvent ressentir une plus grande responsabilité et une plus grande communion avec l'enfant de même sexe qu'avec l'enfant de sexe opposé. Cette hypothèse explicative concorde avec d'autres résultats démontrant que le parent se révèle plus contrôlant, plus restrictif à l'égard de l'enfant de même sexe (Fagot, 1974 ; Rothbart et Maccoby, 1966) et qu'il interpelle celui-ci de façon plus individualisée, alors que sa manière d'entrer en contact avec l'enfant de l'autre sexe est plus formelle (Bearison, 1979).

Le fait que la mère assume le plus souvent en premier lieu la responsabilité de la socialisation de l'enfant explique peut-être pourquoi elle montre moins de différence que le père dans ses réactions vis-à-vis de son fils ou de sa fille. D'un autre point de vue, les pères peuvent être plus influencés par un sentiment de responsabilité face au développement masculin du fils, laissant à l'épouse la responsabilité du développement féminin de la fille.

Block (1978) compare le compte rendu des pratiques éducatives rédigé par les parents à l'égard de leurs enfants de 3 à 18 ans à celui des jeunes adultes se rappelant les pratiques éducatives de leurs parents durant l'enfance. Tous les rapports affirment que les garçons étaient plus encouragés que les filles à la compétition, à ne pas pleurer, à ne pas exprimer leurs sentiments ; que les garçons sont plus fréquemment punis, pressés de se conformer aux normes sociales et invités à taire la colère. Les filles, pour leur part, recevaient davantage de marques d'affection et de chaleur, on leur faisait davantage confiance, et leurs parents étaient toujours préoccupés de savoir où elles étaient, où elles allaient, qui elles fréquentaient. De plus, les parents étaient inquiets de leur sort et n'aimaient pas les voir grandir.

Dès que l'enfant entre à l'école, les parents se révèlent davantage permissifs à l'égard du garçon que de la fille. Le garçon peut plus facilement errer sans surveillance à l'extérieur de la maison, organiser librement ses activités, rester seul à la maison après la classe, aller à l'école et en revenir seul, s'arrêter chemin faisant pour jouer avec un ami, jouer dans la rue, fréquenter les magasins, etc. Les filles sont davantage surveillées : on ne les laisse pas seules à la maison où elles doivent revenir directement après la classe ; on les accompagne plus fréquemment et plus longtemps sur le chemin de l'école ; on préfère les voir s'amuser dans la maison avec des amies que sans surveillance à l'extérieur ; on exige qu'elles répondent rapidement lorsqu'on les appelle, qu'elles ne s'éloignent pas de la maison et qu'elles restent à portée de voix sinon à vue lorsqu'elles s'amusent à l'extérieur ; on les interroge davantage sur leurs activités de la journée, leurs amies et les parents de leurs amies ; on ne les laisse pas fréquenter seules les magasins, etc. (Baumrind, 1979, *in* Huston 1983 ; Gold et Andres, 1978 ; Newson et Newson, 1976).

Les enfants surveillés trop étroitement éprouvent parfois plus de difficultés à se faire confiance, à développer diverses habiletés, et ils procèdent plus facilement à l'introjection des craintes des adultes régulièrement côtoyés. Une trop grande restriction de la liberté personnelle durant l'enfance entraîne parfois des conséquences à long terme plus marquées chez la femme adulte. Celle-ci reste craintive et hésitante devant la possibilité d'utiliser pleinement son autonomie potentielle (Huston, 1983).

Au total, on constate une tendance chez les parents à éduquer différemment leurs enfants selon qu'ils sont filles ou garçons. Tant les données expérimentales que les résultats d'enquêtes confirment le fait que les garçons et filles sont incités à composer différemment avec le monde extérieur et les personnes rencontrées. Cela commence avec les premiers jouets offerts à l'enfant, se poursuit dans une tolérance plus grande envers les garçons engagés dans des activités motrices, musculaires, physiques, dans la participation accrue des adultes aux jeux des garçons, particulièrement celle du père. La tendance est renforcée à l'âge scolaire par des rôles stéréotypés attendus de l'enfant selon qu'il est garçon ou fille, des buts scolaires et parascolaires, des activités éducatives spécifiques aux garçons ou aux filles (Duncan, Schuman et Duncan, 1973).

Les caractéristiques personnelles et sociales apparaissent stéréotypées, mais de façon moins évidente et moins consistante que ne le sont les intérêts et activités des garçons et des filles. Plusieurs études portent à croire que les filles sont davantage incitées à demeurer dépendantes, à afficher des comportements et des attitudes affectueuses, à exprimer des émotions tendres. Les parents réagissent généralement de manière à tolérer, voire à encourager l'expression de l'agressivité chez leur fils et à réprimer pareille expression chez leur fille. Les garçons profitent d'une plus grande liberté d'action et d'expression que les filles à l'extérieur de la maison et jouissent d'une surveillance plus relâchée des adultes à leur endroit, ce qui favorise peut-être chez le garçon une plus grande débrouillardise et une autonomie plus manifeste. Ce contexte d'apprentissage est encore renforcé par des attentes parentales plus élevées à l'égard du fils et une assistance plus prompte à l'égard de la fille.

12.10 CONCLUSION

Des progrès importants ont été réalisés ces 15 dernières années dans la compréhension du développement de l'identité et de l'acquisition des stéréotypes sexuels. Il est maintenant admis que la masculinité et la féminité sont des concepts multidimensionnels et non des notions contraires, opposées. Comme on a pu le constater, ces concepts englobent plusieurs dimensions. Le degré de masculinité ou de féminité atteint par une personne dans chacun des domaines concernés peut varier considérablement, mais progressivement se dégage une orientation de plus en plus ferme au fur et à mesure que se développe la personnalité. Cette orientation se révèle évidente et rigide dans les extrêmes et plus discrète et souple au centre de la courbe normale de distribution.

Aux explications psychanalytiques s'ajoutent aujourd'hui les explications sociales et cognitives. Ces dernières permettent de réaliser que l'enfant articule précocement une représentation du monde tenant compte des deux genres existant dans son environnement social. Déjà à l'âge de 2-3 ans, l'enfant se sait garçon ou fille et perçoit son père et sa mère de sexe différent. Il intègre rapidement cette compréhension ou perception dans ses jeux, ses imitations, ses activités, ses intérêts, etc. Il n'apprend pas seulement les comportements correspondant à son sexe, il acquiert autant le concept de masculinité que celui de féminité. La sélection des attitudes et des comportements appropriés à son genre apparaît davantage dans la performance réalisée que dans l'acquisition. Même si l'enfant organise cognitivement sa représentation du monde selon les schèmes de la masculinité et de la féminité, il demeure que les matériaux associés à ces schèmes cognitifs proviennent du milieu social et culturel. La famille, l'école et les autres institutions sociales enseignent à l'enfant ce qui est considéré comme masculin, ce qui est

perçu comme féminin. Il n'est donc pas étonnant que l'enfant développe dans un premier temps des schèmes dichotomiques, opposés à propos de ce qui appartient à un sexe ou à l'autre. Ces schèmes sont appelés à s'assouplir ou à se rigidifier selon l'expérience de l'enfant avec son environnement socioculturel. La question n'est donc pas seulement cognitive, elle est aussi de nature sociale. Il faut aussi compter sur le développement de l'enfant, son caractère propre, sa sensibilité, etc.

Il demeure que les relations entre les cognitions, la socialisation, le caractère et les comportements et attitudes adoptés par l'enfant ne sont pas encore très connues. Certains auteurs prétendent que le changement des rôles et stéréotypes sexuels peut faire varier les préférences, attitudes et comportements de l'enfant. D'autres affirment au contraire qu'une modification sur un plan n'entraîne pas d'effet sur un autre. D'autres avancent que certains aspects des comportements sexuellement stéréotypés sont développés avant et indépendamment des schèmes cognitifs masculins et féminins. Il semble bien en effet que les comportements et les cognitions s'articulent, au début, sur des voies parallèles pour se joindre plus tard dans le développement, vers 6-7 ans.

On ne considère plus les attitudes et comportements parentaux comme les seuls agents de socialisation de l'enfant. On compte la garderie, l'école, les pairs, les mase-médias et plusieurs autres organisations sociales comme autant d'agents jouant un rôle dans la socialisation. Les parents ne sont qu'un facteur parmi d'autres, facteur tout de même important. Les recherches ont mis en évidence le rôle particulier du père dans le développement d'une identité et l'acquisition des rôles et stéréotypes sexuels. L'absence du père, particulièrement durant les premières années de la vie, correspond à une masculinité moindre chez le garçon et à des difficultés chez la fille dans ses interactions avec les garçons. Le père adopte davantage que la mère des attitudes différentes envers son fils et envers sa fille. Sa relation généralement plus physique et musculaire avec ses enfants favorise le développement de la masculinité tant chez le garçon que chez la fille. Lorsque les parents sont engagés dans des rôles non traditionnels, ils favorisent le développement de schèmes cognitifs, la poursuite d'activités et l'élaboration de projets d'avenir moins stéréotypés. Toutefois, il est évident que l'école, la télévision, les livres, revues et journaux enseignent autant que les parents une désexualisation ou une sexualisation des activités, préférences, intérêts, attitudes et comportements.

Les pairs jouent également un rôle important dans l'acquisition d'une identité et des stéréotypes sexuels. La ségrégation entre les groupes de filles et de garçons est un phénomène de tout temps et de toutes les cultures. Les garçons ont tendance à se rassembler sans les filles, et réciproquement les filles sans les garçons, jusqu'au seuil de la prépuberté, voire parfois de la puberté. Cependant, l'environnement social peut favoriser ou décourager cette ségrégation. La séparation des garçons et des filles favorise une éducation différente. Les compétitions sportives offrent un bel exemple des différences de valeurs attribuées dans l'éducation des garçons et des filles séparés. L'intégration des garçons et des filles dans des groupes communs a des implications à long terme. L'intégration peut prévenir une éducation par trop différente qui peut nuire à l'harmonie des relations hommes—femmes, mais elle peut aussi provoquer certaines difficultés. Ainsi, les ouvrages sur le sujet soutiennent que les garçons ont tendance à dominer les groupes mixtes. Même dans les familles, les filles seraient plus facilement restreintes et dérangées dans leurs activités que les garçons pour les besoins de la famille et de la maison. La question n'est pas tranchée.

Le concept d'androgynie voulait échapper aux stéréotypes dans la manière même d'aborder la problématique. L'androgynie définit une caractéristique favorisant une certaine liberté d'être et de penser à l'égard des stéréotypes sexuels. La sélection des intérêts, des activités, des camarades, etc. se fonde sur d'autres propriétés que l'appartenance sexuelle. L'androgynie signifie aussi une combinaison harmonieuse chez une même personne des traits dits masculins et féminins. Une personne androgyne présente des caractéristiques personnelles et sociales masculines et féminines facilitant et soutenant son adaptation sociale. L'androgynie suppose une bonne maturité intégrant les divers aspects du soi et résistant au besoin de conformité sociale. À y regarder de près, l'androgynie devient un indice de santé mentale, de maturité psychique. Ce concept inclut les caractéristiques associées à une estime positive de soi et à une saine adaptation sociale.

Il demeure encore difficile de préciser l'influence du facteur biologique sur le comportement et l'ensemble de la personnalité, même si on reconnaît les données biologiques comme fondamentales. L'appartenance sexuelle est déterminée par le biologique et joue un rôle capital dans le fonctionnement social d'une personne.

La recherche multidisciplinaire contient une promesse de succès dans ce domaine. Il apparaît évident que la complexité des phénomènes étudiés exige plusieurs disciplines pour en faire le tour et bien saisir les nombreuses interactions et ramifications.

POST-TEST

1- La préférence d'un rôle sexuel en recherche est souvent évaluée par l'observation objective de quel comportement ?

2- Identifiez les affirmations vraies :

a) L'hypothèse de la bipolarité pour expliquer certains aspects des rôles sexuels demeure toujours aussi populaire aujourd'hui qu'autrefois ;

b) Les recherches utilisant des échelles de mesure essentiellement composées de traits masculins et féminins socialement indésirables contredisent l'hypothèse de la bipolarité des traits sexuels de la personnalité ;

c) Des comportements sexuellement stéréotypés parce que socialement encouragés n'ont été observés que chez les adultes, l'enfant semblant échapper à cette influence ;

d) Les aspects indésirables des traits masculins ou féminins sont relativement indépendants les uns des autres.

3- Selon Bem (1981), comment se comporte une personne androgyne ?

4- *Vrai ou faux*. Plusieurs travaux portant sur les stéréotypes sexuels chez l'enfant incitaient à considérer la préférence de l'enfant pour certains jouets comme le reflet d'une orientation sexuelle stéréotypée de la personnalité. Une telle hypothèse serait erronée selon Beere (1979).

5- Laquelle des deux principales théories, dont celles qui ont guidé les recherches des 15 dernières années, s'inspire du modèle organique ?

6- *Vrai ou faux*. Selon le principe de la spécificité situationnelle, un enfant pourrait ne pas avoir suffisamment acquis de caractéristiques masculines ou féminines pour généraliser son comportement à d'autres situations.

7- *Vrai ou faux*. Un comportement appris dans une situation est, selon la théorie de l'apprentissage social, facilement généralisé à d'autres situations.

8- Nommez deux des quatre processus cognitifs en cause lorsque l'enfant observe un modèle de comportement selon Bandura.

9- Comment le sexe de la personne offrant le modèle de comportement influence-t-il l'attention de l'enfant ?

10- *Vrai ou faux*. Selon les théories cognitives du développement, le comportement est conséquent aux catégories conceptuelles élaborées par les processus de pensée.

11- *Vrai ou faux*. Les schèmes, selon les théories cognitives, constituent une organisation passive pour l'évolution des rôles sexuels chez le jeune.

12- Quelle est la première étape de l'organisation cognitive élaborée par l'enfant à propos du monde social ?

13- Comprendre la constance de son identité sexuelle, c'est comprendre que...

14- Associez les deux concepts suivants à la définition qui leur est propre :

1) agence ;

2) communion ;

a) tendance à rechercher l'accord harmonieux avec le groupe, à suspendre l'intérêt personnel au profit du bien commun, à coopérer et à chercher le consensus, la bonne entente ;

b) tendance à l'individualisme, à l'affirmation et à la réalisation de soi.

15- Nommez les trois phases du modèle de développement moral proposé par Pleck (1975).

16- *Qui suis-je ?* Une structure cognitive constituant une série d'attentes ou un réseau d'associations qui guide et organise la perception individuelle.

17- *Complétez la phrase.* Les stéréotypes sexuels constituent sur le plan cognitif autant de schèmes incitant la personne à explorer davantage l'information reçue et à en rechercher d'autres qui sont pertinentes lorsqu'elles semblent appropriées ....

18- Une personne perçoit, comprend et juge les situations de la vie quotidienne par le biais des schèmes cognitifs élaborés. Si les schèmes cognitifs auxquels la personne se réfère sont surtout des schèmes sexuels, il est probable que cette personne soit...

  a) androgyne ;

  b) mûre et articulée ;

  c) très masculine ou très féminine ;

  d) libérée des schèmes sociaux ;

  e) très stéréotypée.

19- *Complétez la phrase.* Les théories psychanalytiques posent l'hypothèse de l'envie du pénis chez la femme et l'hypothèse complémentaire chez l'homme concerne l'envie ....

20- *Vrai ou faux.* Selon Johnson (1963), la mère joue un rôle plus important que le père dans l'élaboration de l'identité sexuelle et l'acquisition de stéréotypes sexuels, et ce autant pour le garçon que pour la fille.

21- *Complétez la phrase.* L'homme dans son rôle paternel apporte et présente à l'enfant garçon et fille quelques-unes des ....

22- *Complétez les phrases.* Selon Johnson (1963), le père constitue un modèle d'identification pour l'enfant. La fonction de ce modèle varie selon qu'il s'agisse d'un garçon ou d'une fille. Ainsi pour le garçon, le père représente un modèle .... et pour la fille, un modèle .... Il constitue également un modèle .... pour l'un et l'autre.

23- Associez les apprentissages suivants concernant l'identité sexuelle au stade auquel ils sont reliés :

  a) L'enfant comprend la notion de stabilité du genre ;

  b) L'enfant comprend la cohérence du genre malgré les changements d'apparence physique ou d'activités ;

  c) L'enfant comprend que l'intention ou le désir ne déterminent pas le sexe ;

  1) Le stade opératoire (7-8 ans) ;

  2) Le stade d'une pseudo-permanence de la notion de genre (3-4 ans) ;

  3) Le stade de la permanence de l'identité sexuelle (5-6 ans).

24- À partir de quel âge environ les enfants se révèlent-ils de plus en plus conscients des stéréotypes sociaux ?

  a) 3 ans ;

  b) 5 ans ;

  c) 7 ans ;

  d) 9 ans.

25- Il semble bien que les préférences des garçons et des filles suivent un modèle de développement différent concernant les stéréotypes sexuels. Décrivez brièvement cette évolution de chacun des deux sexes.

26- *Complétez la phrase.* Pour l'enfant, l'échec est généralement perçu comme l'indice d'une .... qui ne peut pas être changée.

27- *Vrai ou faux.* En général, un garçon inhabile dans une activité masculine est plus sévèrement critiqué et plus négativement jugé par ses pairs qu'une fille inhabile dans une activité féminine (Hawkins et Pingree, 1978).

28- Laquelle des deux acquisitions suivantes s'effectue généralement en premier ?
   a) acquisition de la connaissance, des caractéristiques personnelles et sociales sexuellement stéréotypées ;
   b) acquisition des premières notions concernant les activités et les intérêts.

29- *Complétez la phrase.* Selon les théories du développement cognitif, la notion d'irréversibilité de l'appartenance sexuelle apparaît avec l'acquisition de ....

30- *Complétez l'affirmation suivante à l'aide des mots proposés.* Avant 6 ou 7 ans, les enfants s'appuient sur des caractéristiques .... et .... pour déterminer l'appartenance sexuelle d'une personne.
   a) réelles ;
   b) perceptives ;
   c) superficielles ;
   d) artificielles.

31- *Vrai ou faux.* Un enfant d'âge préscolaire détermine le genre d'une poupée jouet par la longueur des cheveux de la poupée.

32- Donnez un bon indice de la compréhension de la permanence de l'appartenance sexuelle chez le jeune.

33- Après 7-8 ans et durant l'adolescence, la stéréotypie des attitudes, comportements, intérêts et activités, est plus déterminée par :
   a) l'influence des parents ;
   b) le développement social et cognitif ;
   c) des apprentissages scolaires spécifiques ;
   d) la pratique de certains sports ;
   e) la télévision.

34- *Vrai ou faux.* Selon Emmerich (1981), lorsque l'enfant comprend la permanence de l'appartenance, il porte davantage attention au sexe de ses compagnons ou compagnes de jeux plutôt qu'à l'activité dans la sélection et l'adoption de comportements et d'attitudes appropriés au sexe propre.

35- Comment peut-on expliquer la supériorité des garçons en mathématiques à la fin de l'école secondaire ?

36- *Complétez la phrase.* Il y a corrélation positive entre l'androgynie psychique et .... ; c'est pourquoi les personnes combinant les caractéristiques masculines et féminines positives sont mieux adaptées socialement et présentent un meilleur fonctionnement psychique.

37- *Vrai ou faux.* L'androgynie incite homme et femme à un plus grand dévouement social.

38- Donnez un exemple démontrant la relation entre l'identité sexuelle et le choix d'activités dites masculines ou féminines.

39- *Vrai ou faux.* Une perception masculine ou androgyne de soi se trouve plus particulièrement chez des adolescents et adolescentes manifestant de l'ambition, de l'intérêt et du succès en mathématiques.

40- *Vrai ou faux.* Une perception féminine et androgyne de soi se trouve plus particulièrement chez des adolescents et adolescentes manifestant de l'ambition, de l'intérêt et du succès dans l'étude de la langue maternelle.

41- *Vrai ou faux.* Les préférences stéréotypées pour les jouets et les compagnons de jeux de même sexe constituent un bon prédicteur du comportement ultérieur adopté par l'enfant.

42- *Complétez la phrase.* Plusieurs théoriciens ont affirmé que les différences comportementales relevaient au moins partiellement des influences .... ou ....

43- *Vrai ou faux.* De façon générale, les garçons adoptant des comportements, attitudes, préférences et intérêts féminins démontrent certaines anomalies chromosomiques ou physiques à l'examen médical (Green, 1976 ; Rekers, Crandall, Rosen et Bentler, 1979).

44- Quels sont les deux processus généralement identifiés pour expliquer l'apprentissage des rôles sexuels ?

45- Qui représente un modèle potentiel pour l'enfant dans l'apprentissage des rôles sexuels ?
   a) les parents ;
   b) les pairs ;
   c) la fratrie ;
   d) les adultes ;
   e) toutes ces réponses sont bonnes.

46- Lequel des deux sexes occupe généralement les deux tiers voire même les trois quarts du temps d'antenne des meilleures heures d'écoute de la télédiffusion ?

47- *Vrai ou faux.* Plus les enfants regardent la télévision, plus ils sont renforcés dans la stéréotypie sexuelle de leurs rôles, attitudes et comportements.

48- Nommez deux variables autres que la similitude du genre entre le modèle et l'enfant pouvant influencer l'imitation du modèle.

49- *Vrai ou faux.* Les résultats de maintes recherches sont unanimes à dire quels enfants portent une attention plus grande au modèle de même sexe comparativement au modèle de sexe opposé.

50- Parmi les énoncés suivants, identifiez les affirmations vraies :
   a) La tendance à reproduire les comportements sexuellement stéréotypés est plus prononcée chez les enfants d'âge scolaire que préscolaire ;
   b) Les enfants enregistrent mieux et plus facilement les comportements correspondant aux schèmes sexuels non acquis que ceux acquis ;
   c) Les concepts développés par les enfants à propos des rôles et des stéréotypes sexuels guident la sélection et l'enregistrement des informations communiquées par les modèles ;
   d) Les modèles stéréotypés des deux sexes et non seulement les modèles du sexe propre guident l'enfant dans ses apprentissages.

51- Nommez quelques changements observés chez les enfants après qu'ils aient visionné durant tout un trimestre la série télévisée « *Freestyle* ».

52- Selon Maccoby et Jacklin (1974), où se situe la seule différence significative entre l'éducation chez le garçon et chez la fille de la part des parents dans la petite enfance ?

53- *Vrai ou faux.* Les différences sexuelles entre garçons et filles tout comme les attentes parentales liées aux rôles sexuels demeurent relativement constantes dans le temps.

54- Dans une étude, des adultes visionnaient un film mettant en scène un jeune enfant âgé entre 9 mois et 3 ans et prétendu « garçon » à une partie de l'auditoire et « fille » à l'autre partie. Quelle distinction générale ressortait de la perception des hommes et de celle des femmes ?

55- Comment les parents de nouveau-nés ont-ils tendance à décrire les filles ?

56- *Complétez la phrase.* La connaissance de .... , s'il s'agit de la seule connaissance donnée, peut avoir une influence beaucoup plus marquée sur la manière d'être de l'adulte que lorsqu'il connaît l'enfant dans ses autres caractéristiques spécifiques.

57- À quel moment dans la vie de l'enfant les premières différences sexuelles émergent-elles manifestement dans les jeux, au point que les parents se comportent différemment envers l'enfant selon qu'il soit garçon ou fille ?

    a) 2 ans ;

    b) 2 mois ;

    c) 1 an ;

    d) 1 mois.

58- Donnez deux exemples d'attitudes parentales stéréotypées face aux activités de l'enfant.

59- Associez les attitudes parentales suivantes au sexe de l'enfant auquel elles appartiennent. Plusieurs attitudes sont reliées au même genre.

    a) les parents favorisent davantage la compétition et le fait de ne pas pleurer ;

    b) les parents encouragent davantage la non-expression des sentiments ;

    c) les parents font plus confiance ;

    d) les parents sont inquiets de leur sort et n'aiment pas les voir grandir ;

    1) filles ;

    2) garçons.

60- Envers quel genre les parents se révèlent-ils généralement plus permissifs et moins inquiets ?

61- Identifiez parmi les choix suivants ceux représentant les conséquences parfois ressenties par les enfants surveillés trop étroitement :

    a) Ils deviennent plus débrouillards ;

    b) Ils ont de la difficulté à se faire confiance ;

    c) Ils ont une plus grande chance d'être rejetés par les pairs ;

    d) Ils procèdent plus facilement à l'introjection des craintes des adultes régulièrement côtoyés.

Chapitre 13
Difficultés de l'enfance

PLAN

PRÉTEST

1- Identifiez trois facteurs pouvant augmenter la fréquence des maladies cardiaques chez l'humain.

2- Quand est-il préférable d'intervenir pour favoriser le développement d'habitudes de vie propices à la santé ?

3- Identifiez deux postulats sur lesquels la prévention infantile devrait s'appuyer.

4- *Vrai ou faux*. Les enfants de parents fumeurs ne souffrent pas plus souvent de troubles respiratoires que les enfants de parents non fumeurs.

5- Parmi les méthodes suivantes, identifiez celle que l'on considère comme la plus efficace pour l'apprentissage de saines habitudes chez l'enfant :

a) les discussions en groupe ;

b) la récompense associée à l'acte de façon pertinente ;

c) l'information préventive détaillée.

6- Quelle peut être une conséquence des perceptions et des images angoissantes entourant l'expérience de la douleur physique ?

7- Par rapport à l'enfant, quel type d'attente concernant le personnel médical favorise la détermination du jeune envers son rôle dans le déroulement du traitement douloureux ?

8- *Vrai ou faux*. L'état physique et mental de l'enfant au moment où il ressent la douleur n'influence pas sa tolérance à la stimulation.

9- Identifiez deux techniques pouvant être utilisées dans l'entraînement à la régulation perceptuelle de la douleur chez l'enfant.

10- Quel est le mal de croissance le plus fréquemment rapporté par l'enfant ?

11- *Complétez la phrase*. L'enfant .... présente l'un des problèmes de douleur les plus difficiles à contrôler.

12- Face à une opération chirurgicale chez l'enfant, à quelles fins (identifiez deux éléments) l'intervention psychologique préventive utilise-t-elle l'anticipation ?

13- *Vrai ou faux*. L'adulte associe plus facilement maladie et mort que ne le fait l'enfant malade.

14- Donnez un exemple où le problème de santé peut être une source de valorisation pour l'enfant.

15- À l'hôpital, quel peut être le rôle du parent qui reste avec son enfant hospitalisé ?

16- Pour l'enfant, les relations établies entre les situations, les phénomènes et les personnes qui court-circuitent sa vie ne relèvent pas de la « logique officielle ». Comment construit-il son explication de ce qui lui arrive ?

17- En rapport avec un enfant qui sort d'une maladie prolongée, que veut dire l'expression « faire le deuil de sa maladie » ?

18- Donnez deux exemples de maladies dites « à crises » ?

19- Du point de vue psychologique, quel moment de la maladie dite « à crises » est souvent le plus angoissant pour l'enfant ?

20- Vers quel âge l'enfant devient-il en mesure de comprendre le caractère irréversible de la mort ?

21- Quelle est la position la plus fréquemment adoptée par l'adulte à l'égard de son enfant qu'il sait frappé d'une maladie mortelle ?

22- De quoi l'enfant agonisant a-t-il généralement le plus besoin ?

23- Au Québec, en 1979, eut lieu une réforme importante en matière d'aide à l'enfance. Quel est le nom de la direction qui fut créée par la nouvelle loi adoptée alors ?

24- À quel âge l'enfant commence-t-il à être en mesure de composer avec de nouvelles situations sociales et de comprendre l'intention des gens qui l'entourent ?

25- Identifiez deux symptômes possibles associés au syndrome de l'hospitalisme chez l'enfant de 3-4 ans.

26- Au moment de son retour auprès de ses parents après une trop longue absence, quelle réaction l'enfant peut-il afficher en ce qui a trait à son attachement envers ceux-ci ?

27- Identifiez trois conduites fondamentales susceptibles d'être troublées chez l'enfant vivant dans un milieu familial perturbé.

28- *Vrai ou faux*. Les parents d'enfants placés ont souvent eux-mêmes souffert de négligence, de rejet ou de mauvais traitements dans leur propre enfance.

29- Identifiez trois raisons pouvant motiver un couple à accueillir un enfant en difficulté.

30- Quel est le défi psychologique majeur avec lequel l'enfant placé doit composer ?

13.1 INTRODUCTION

La croissance normale d'un enfant comporte à tout moment diverses complications qui influencent, retardent et arrêtent parfois le développement. Ces difficultés sont inhérentes au fait de grandir, de devenir adulte, de vivre en collectivité conformément aux normes socioculturelles. Ces embûches peuvent être internes ou externes, organiques ou physiques, relationnelles ou sociales, réelles ou imaginaires, matérielles ou psychologiques, etc.

Tous les nouveau-nés produisent un effort plus ou moins grand pour s'adapter à la vie après leur expulsion du milieu utérin. Certains sont plus vulnérables et connaissent des difficultés qui les marquent davantage ; ils peuvent avoir des tares héréditaires, des accidents pré ou périnataux, des maladies virales, un milieu de vie aride, des parents qui les rejettent ou sont incapables d'en prendre soin. Plus tard, d'autres difficultés peuvent survenir, et les réactions des enfants diffèrent tout comme les conséquences qui en découlent : problèmes d'alimentation, d'élimination, de respiration, de sommeil, de développement, de fonctionnement, d'adaptation, etc. Des maladies contagieuses, bénignes ou malignes, viennent ponctuer l'évolution et laisser des marques, des déficiences, des infirmités plus ou moins importantes. La séparation progressive d'avec la mère et l'autonomisation de l'enfant exigent d'autres efforts fructueux ou non. Quitter la maison, fréquenter une garderie ou une école, composer avec le groupe des pairs, les étrangers, les autorités, s'adapter aux règles de la vie en collectivité, etc. entraînent d'autres exigences comblées de manière plus ou moins satisfaisante. Les différents apprentissages scolaires peuvent s'avérer une tâche pénible et frustrante. Se protéger des dangers, prendre soin de soi, savoir se reposer, jouer et travailler, s'adapter aux êtres proches ou à la vie en général, obligent des dépenses considérables d'énergie qui ne sont pas toujours récompensées. Se tailler une place dans le groupe social, s'affirmer, se défendre et apprendre à partager représentent autant de problèmes existentiels résolus avec plus ou moins de bonheur. Le programme des tâches à réaliser pour actualiser le développement est d'une envergure telle qu'il s'avère impossible de la mesurer.

Tous ces apprentissages ne se font pas sans peine minimale. Parfois la réussite tarde, d'autres fois c'est l'échec. Que fait alors l'enfant ? Quelles sont les réactions des pairs ? Quelles en sont les conséquences à court, à moyen et à long terme ?

Dans le présent chapitre, nous examinons divers types de difficultés rencontrées par l'enfant dans ses tâches relatives au développement. Nous y abordons les réactions à la douleur, à la maladie bénigne, maligne, mortelle, aux mauvais traitements, aux séparations brutales, aux placements, à l'adoption et à l'émigration. Il est impossible de traiter exhaustivement tous ces sujets, mais certains jalons, relativement généralisables, peuvent être posés. Les psychologues s'intéressent à des questions touchant la santé physique et mentale de l'enfant.

13.2 LES CONDITIONS DE SANTÉ

Les progrès scientifiques et technologiques ont rendu à l'être humain un milieu de vie beaucoup plus confortable, lui ont apporté une meilleure protection contre les intempéries, les catastrophes ou les épidémies. Le taux de mortalité infantile à la naissance est réduit, si bien que l'événement est devenu exceptionnel dans les pays industrialisés. Par contre, dans certains pays « en voie de développement », le taux de mortalité infantile demeure encore tragiquement élevé.

On constate aujourd'hui que les sources majeures de morbidité et de mortalité chez l'homme moderne sont liées au comportement individuel et au style de vie des personnes (Matarazzo, 1983 ; Zeiner et coll., 1985). Les maladies cardiaques, responsables de 37,8 % des décès chez les adultes (Harris, 1981), sont principalement provoquées par le tabagisme, l'hypertension, un taux excessif de cholestérol, la mauvaise alimentation, le manque d'exercice, le stress, etc. Les tumeurs malignes et cancers, responsables de 20,4 % des mortalités (Harris, 1981), sont en étroite relation avec le tabagisme, les éléments cancérigènes manipulés dans les milieux de travail ou en suspension dans l'air ambiant, l'alcool, la mauvaise alimentation, etc. Les accidents de la route provoquent également la mort de milliers d'individus tous les ans. Chez les enfants, les principales causes de mortalité sont aussi liées aux habitudes et au style de vie des personnes qui en ont la charge. Matarazzo (1983) qualifie de « pathogènes » ces habitudes et styles de vie jouant un rôle dans les causes de la morbidité et de la mortalité.

13.2.1 Les habitudes et styles de vie

La mortalité infantile, chez des enfants âgés entre 1 et 4 ans, est provoquée dans 31,5 % des cas par des accidents qui auraient pu être évités. Ce taux diminue à 20,1 % chez les enfants de 5 à 14 ans (Zeiner et coll., 1985). En outre, les problèmes contemporains de santé sont fréquemment liés aux mauvaises habitudes acquises durant l'enfance ou à de mauvaises conditions de développement. Ainsi, les naissances prématurées et le faible poids à la naissance résultent souvent de facteurs nocifs au développement normal de l'enfant *in utero*, par exemple la malnutrition de la mère durant la grossesse, l'absorption abusive de drogues, d'alcool, le tabagisme, les troubles émotionnels, etc. (Matarazzo, 1983).

Les fonds publics consacrés aux soins de santé et à la prévention augmentent régulièrement. Ainsi, aux États-Unis, les différents paliers de gouvernement consacraient 4,5 % du produit national brut aux soins de santé en 1950. En 1981, ce pourcentage double et atteint les 9,8 % (Matarazzo, 1982). Au Québec, de 1975-1976 à 1984-1985, les dépenses totales du ministère des Affaires sociales sont passées de 9,4 milliards à 25,6 milliards de dollars, ce qui représente 25,5 % du produit intérieur brut (Roy et coll., 1985).

Depuis quelques décennies, au-delà et en deçà des rôles nécessaires joués par divers organismes publics et parapublics, s'est amorcé un mouvement de responsabilisation sociale et personnelle à l'égard des soins de santé. Plus récemment encore, l'accent mis sur la santé psychologique, la sensibilisation aux effets nocifs du stress, au manque d'exercice, à la malnutrition, à l'usage abusif des divers médicaments et drogues, une meilleure connaissance des médecines douces et des autres approches de remplacement ainsi que des conditions favorables à la santé tant physique que mentale, ont favorisé une éducation orientée vers l'atteinte et le maintien d'un bon niveau de santé globale, d'une meilleure qualité de vie.

La santé est beaucoup plus qu'une absence de maladie, c'est un mode de vie, une manière d'être à la vie, au monde, c'est le maintien de l'élan vital, du mouvement dynamique de réalisation maximale des potentialités individuelles et collectives (Renaud, 1983). La santé dépend des valeurs sociales et culturelles qui déterminent la « normalité » en fonction du milieu et des époques. La santé est illimitée, elle ne tient pas dans une règle, elle est par essence au-delà de tout modèle (Chiland, 1971). Cependant, la santé est incompatible avec l'instabilité chronique du mode de vie. L'inconstance est plutôt un signe d'adaptation difficile, une manière d'être qui ne trouve pas d'assise sûre.

13.2.2 L'apport des sciences du comportement

En matière d'habitudes de vie, les sciences du comportement humain prennent de plus en plus d'importance. Toujours plus de gens acceptent de changer leurs habitudes pour améliorer leur santé et leur qualité de vie. Les personnes menant une vie ordonnée, stable et équilibrée apparaissent moins atteintes par les facteurs micro-biologiques, psychologiques et sociologiques pathogènes que celles qui ont une vie désordonnée, des heures irrégulières de sommeil et d'alimentation, une occupation inégale de leur temps, une activité inconstante (Zeiner et coll. 1985).

Quand est-il préférable d'intervenir pour favoriser le développement d'habitudes de vie propices à la santé ? Théoriquement, l'intervention la plus efficace et la moins dispendieuse pour sauvegarder la santé ou pour traiter une difficulté et favoriser le recouvrement de la santé est celle qui a lieu le plus tôt possible. Ainsi, s'inspirant des théories de l'apprentissage social, Evans et coll. (1981) ont démontré que le moment optimal pour initier les enfants à un programme de prévention contre le tabagisme se situe autour de 5-6 ans.

La prévention en santé infantile devrait s'appuyer sur les trois postulats suivants (Matarazzo, 1983) :

1- Les parents ont besoin d'être assistés dans leur tâche afin que leur influence sur le développement de l'enfant prévienne et corrige si nécessaire les difficultés inhérentes au fait de vivre et de grandir.

2- Le dépistage et l'intervention précoce en matière de difficultés de l'enfance, particulièrement auprès des populations à risques, permettent l'utilisation plus efficace des ressources.

3- Le développement de la compétence sociale de l'enfant favorise son adaptation au milieu.

Certaines habitudes de vie, même généralement reconnues comme malsaines, persistent dans la population en général et plus particulièrement chez les adolescents et les populations à risques. La prévention et les interventions correctrices surviennent peut-être trop tard, après que les mauvaises habitudes sont fortement ancrées. Il s'avère alors très difficile, voire impossible, à certaines personnes de s'en défaire (Lund et Kegeles, 1982). Ainsi, les méthodes de traitement du tabagisme, de l'alcoolisme, de la dépendance aux drogues et aux médicaments ne réussissent qu'une fois sur quatre (Hunt et coll. 1971 ; Hunt et General, 1973 ; Hunt et Matarazzo, 1970, 1973 ; Hunt et Bespulec, 1974). La persistance de tels comportements inadaptés dépend de la force de l'habitude acquise. Les habitudes deviennent des comportements automatiques, relativement peu conscients, régulièrement renforcés et associés à d'autres comportements et situations, associations qui entretiennent la conduite dans son schème. Une habitude se renforce d'elle-même par sa répétition et par la réponse compensatoire qu'elle apporte à des

besoins autrement frustrés et bien souvent inconscients.

Il n'est pas aussi facile qu'on serait porté à le croire d'enseigner de bonnes habitudes de vie aux enfants alors que les adultes qui en ont la charge font déjà montre de pratiques nocives quotidiennement traduites en comportements concrets servant de modèles à l'enfant. Les médias et la publicité viennent ajouter au « mauvais exemple ». Jeffrey et coll. (1982) démontrent que la télévision présente significativement plus de messages publicitaires vantant la camelote alimentaire (*junk food*) que de saines habitudes.

Les parents influencent grandement l'enfant dans le développement d'habitudes saines ou malsaines de vie. Ainsi, les enfants de parents fumeurs souffrent nettement plus souvent de troubles respiratoires que les enfants de parents non fumeurs (Bonham et Wilson, 1981). Dans la famille, toute action améliorant les habitudes de vie des parents peut avoir un effet secondaire positif sur la santé de l'enfant. Les croyances et pratiques des enfants à l'égard de la santé sont en effet marquées par la valeur que les parents y accordent et par leur propres habitudes de vie. Il existe une communication inconsciente entre les parents et l'enfant sur ce point comme sur bien d'autres. Pratt (1973) a constaté que les enfants précocement informés des questions de santé et exposés à des modèles sains de comportements développaient davantage de saines habitudes de vie et s'avéraient plus aptes à bien prendre soin d'eux-mêmes que les enfants simplement soumis à des méthodes éducatives traditionnelles. En effet, des parents qui imposent une discipline de vie sans trop d'explications, qui reprochent aux enfants les mauvaises habitudes, voire les punissent pour les en corriger, qui leur conseillent de bonnes habitudes de vie sans pour autant les mettre eux-mêmes en pratique sous prétexte que ces conduites n'ont plus d'importance ou d'effet pour les adultes ayant terminé leur croissance n'auraient pas une très grande influence.

Bruhn et Parcel (1982) constatent qu'à leur arrivée en classe maternelle, très peu d'enfants ont été sensibilisés par leurs parents aux questions de santé, d'hygiène et à l'importance de certaines habitudes. Les valeurs et pratiques parentales à l'égard de la santé constituent le fondement de l'apprentissage de saines habitudes chez l'enfant. Cet apprentissage se ferait inconsciemment et sans effort pour les deux parties. D'autres chercheurs croient plutôt à la nécessité d'un système de récompenses associées à l'acte de façon pertinente, tangible, pour soutenir l'acquisition de bonnes habitudes de vie. Les parents doivent être vigilants afin d'encourager et d'accroître la motivation et la participation de l'enfant dans l'installation de ces conduites et de provoquer chez ce dernier un accord intérieur et une pratique manifeste des habitudes qu'on souhaite lui transmettre (Greenberg, 1977 ; Martens et coll., 1973 ; Kegeles et coll., 1978 ; Lund et Kegeles, 1982 ; Lund et coll., 1977). On a observé que la récompense pertinente accroît davantage l'apprentissage de saines habitudes que les discussions en groupe et l'information préventive, même détaillée et illustrée.

Au cours de l'enfance, ce sont les parents qui exercent l'influence la plus significative sur les habitudes de vie de l'enfant. Il s'agit d'une période cruciale puisque, bien souvent, les acquis de l'enfance persisteront longtemps par la suite. Des habitudes de vie saines peuvent donc éviter des problèmes de santé généralement porteurs de souffrance. La section qui suit est justement consacrée à la douleur physique, une dimension très souvent présente dans les difficultés de l'enfance.

13.3 LA DOULEUR PHYSIQUE

Les études psychologiques sur la douleur en général sont relativement récentes et peu nombreuses. Elles sont rarissimes chez les enfants (Eland et Anderson, 1977). La douleur physique constitue une réponse physiologique à l'endommagement ou à l'irritation de tissus organiques. Cette sensation peut être favorisée et maintenue par certaines stimulations dépassant le seuil de tolérance des tissus (Sanders, 1979).

La réponse à la douleur est d'abord physiologique et traduite par une agitation de tout le corps ou d'une partie du corps, par une tentative de fuite, par des grimaces, plaintes, pleurs, cris, hurlements. Il y a lutte contre la douleur, effort pour chasser cette sensation le plus promptement possible. La douleur entraîne sur le plan psychologique des pensées, des attitudes, des perceptions, des images subjectives persistantes et facilement ravivées par la suite dans des contextes semblables de stimulation.

Les réponses physiologiques et psychologiques associées à la douleur aiguë sont invariablement suscitées par quelques stimuli nocifs, irritant le corps. L'atteinte peut être interne ou externe. Il est rare qu'une douleur physiquement ressentie soit d'abord provoquée par quelques facteurs strictement psychologiques (Bonica, 1979). La douleur aiguë aurait une fonction adaptative en tant que signal d'une pathologie organique ou d'une attaque corporelle qui requiert une attention médicale prompte et un diagnostic rapide. Les perceptions et images angoissantes qui entourent l'expérience de la douleur peuvent amplifier la sensation ressentie subjectivement.

13.3.1 Les composantes psychologiques de la douleur physique

L'angoisse liée à la douleur est surtout rencontrée chez les enfants souffrant d'hémophilie, d'anémie, d'arthrite, de cancer ou encore de maux de ventre, de tête, de bras, de jambes, etc. La peur de la douleur est particulièrement présente chez l'enfant devant subir des examens ou des traitements médicaux ou dentaires répétés. La douleur peut être aiguë, lancinante ou d'intensité plus faible mais irritante ; elle peut être périodique ou chronique. À la douleur physique s'ajoute la contribution des facteurs psychologiques. Est-il possible d'utiliser des analgésiques ou des sédatifs ? L'enfant souffre-t-il fréquemment ? L'anxiété semble-t-elle jouer un rôle dans la sensation douloureuse ? Y a-t-il des facteurs environnementaux qui entretiennent la douleur et la peur ? Quelle signification subjective l'enfant accorde-t-il à la douleur ressentie ? L'évaluation de toutes ces dimensions influence le choix de l'intervention, la manière de procéder autant que le résultat.

L'enfant hémophile se plaint souvent de douleurs arthritiques réelles et importantes. Les hémorragies internes sont douloureuses parce que l'accumulation de sang dans les tissus provoque leur gonflement et des pressions indues sur les tissus voisins. La répétition des hémorragies provoque une irritation, une sensibilité aiguë dans certaines régions du corps. Le caractère inéluctable de ces douleurs demande un soutien psychologique afin d'aider l'enfant à mieux composer avec son état et les traitements requis. Il ne suffit pas, ici comme dans bien d'autres situations, de se contenter d'une réduction de la douleur par des moyens médicaux, tout en reconnaissant leur utilité, voire leur nécessité. Ces moyens ont parfois des effets secondaires provoquant des douleurs d'une autre nature et ne changent pas les cognitions, les images subjectives élaborées conséquemment aux douleurs et ravivées par tout ce qui a trait de près ou de loin aux sensations liées à la maladie et aux traitements.

Les réactions de l'enfant devant la douleur peuvent être influencées par certains facteurs. Des stimuli antécédents, concomitants ou conséquents maintiennent ou intensifient la réaction de l'enfant à la douleur (Fordyce, 1976). Que s'est-il passé juste avant et après l'apparition de la douleur ? Comment les autres personnes significatives autour de l'enfant ont-elles réagi à sa douleur ? Qu'est-ce qui semble accroître ou calmer la douleur ? Ce court questionnaire aide à identifier certains facteurs organiques ou psychologiques liés à la douleur.

L'attitude et le comportement des parents jouent un rôle majeur dans l'intensité et la durée de la réaction de l'enfant. Certaines attitudes et attentes parentales influencent la perception et la réaction de l'enfant face à la douleur. Jay et Elliott (1983) observent une corrélation très positive entre l'anxiété des parents et la détresse de l'enfant durant les ponctions de la moelle. Les enfants composant le mieux avec la douleur et coopérant le mieux avec le personnel médical lors des traitements étaient ceux dont les parents soutenaient l'enfant durant le traitement tout en attendant de lui une bonne collaboration. Ces parents ne renforçaient pas la réaction de l'enfant à la douleur en lui accordant davantage d'attention, de

sympathie ou de soins. Ils renforçaient les comportements de coopération plutôt que les comportements de détresse. Ces parents n'étalaient pas devant l'enfant et le personnel médical leur propre anxiété et détresse. Certains enfants collaboraient mieux lorsque les parents étaient absents durant les traitements et semblaient mieux accepter les inconvénients des soins prodigués comme étant une nécessité pénible mais non catastrophique. Par contre, dans les cas de soins mineurs, tels que les injections, prises de sang ou changements de pansements, la présence des parents améliore la collaboration de l'enfant et le soutient dans l'expression de sa détresse (Shaw et Routh, 1982).

Les attentes et les réactions du personnel médical s'associent à certaines contingences de la réaction de l'enfant à la douleur et aux traitements. L'anxiété de l'enfant varie en fonction de sa confiance dans la personne qui procède au traitement. Aussi, la réponse du personnel médical à la détresse de l'enfant influence l'attitude de celui-ci. Par rapport à l'enfant, une attente de maîtrise de soi et de franche collaboration influence favorablement la détermination qu'a le jeune dans son rôle à l'intérieur du déroulement du traitement douloureux.

L'expérience de la douleur varie évidemment en fonction de l'âge, du niveau de développement et de facteurs de développement. Les recherches suggèrent que la détresse des enfants de moins de 7 ans souffrant de cancer est beaucoup plus grande au moment d'une ponction de la moelle que chez l'enfant de plus de 7 ans (Jay et Elliott, 1983). La détresse des enfants d'âge préscolaire serait amplifiée par l'immaturité des processus cognitifs propres à cet âge et à la signification subjective très négative attribuée à l'expérience douloureuse. Ces enfants ne comprennent pas encore la logique des relations de cause à effet. Aussi élaborent-ils facilement des conceptions erronées et des relations inappropriées entre la douleur, la maladie et d'autres situations ou comportements de la vie quotidienne (Simeonsson, 1974 ; Willis et coll., 1982). Certains enfants craignent de saigner jusqu'à en mourir lors d'une prise de sang. D'autres perçoivent facilement la maladie et la douleur comme la punition pour leurs mauvaises actions ou leurs désirs agressifs envers leurs parents, frères, sœurs ou amis.

L'état physique et mental de l'enfant au moment où il ressent la douleur influence sa tolérance et sa réaction à la stimulation (Gardner et Olness, 1981). La fatigue, l'inconfort, l'anxiété et la dépression sont autant d'états faisant varier le seuil de tolérance à la douleur et l'intensité de la réaction.

Les cognitions de l'enfant constituent donc un élément important. Cependant les méthodes d'évaluation des styles cognitifs décrits dans les ouvrages scientifiques ne sont valides que pour les adultes ; il n'y a pas de recherche sur les styles cognitifs chez l'enfant (Zeiner et coll., 1985). Neuhauser et coll. (1978) ont montré que les enfants qui assument intérieurement la maîtrise de la situation se perçoivent comme ayant plus de pouvoir sur le processus de guérison et semblent moins souffrir que les enfants qui laissent entièrement au monde extérieur le contrôle de ce qui leur arrive. Par contre, Jay et coll. (1983) n'ont trouvé aucune relation entre le lieu de contrôle, interne ou externe, et l'intensité de la détresse de l'enfant durant des procédés médicaux désagréables ou pénibles. Il y a certainement une interaction étroite entre la douleur et l'anxiété, même si l'on ignore le contenu réel de cette relation. L'anxiété accroît facilement la douleur.

13.3.2 La réduction de la douleur et de l'anxiété

Varni (1983) classe les diverses stratégies d'intervention auprès des enfants souffrants et angoissés en deux groupes : les méthodes de régulation perceptuelle et les méthodes de régulation comportementale. L'entraînement des enfants à la régulation perceptuelle de la douleur leur enseigne, par le biais d'un moniteur, à maîtriser leurs perceptions de la douleur au moyen de techniques comme le rêve éveillé dirigé, l'hypnose, la relaxation, la rétroaction biologique, etc. Ces interventions sont particulièrement efficaces avec les enfants souffrant de douleurs

aiguës plutôt que chroniques. La régulation comportementale implique la manipulation et la modification de facteurs socio-environnementaux influençant la tolérance à la douleur. Ces interventions sont spécialement indiquées avec les enfants devant supporter des douleurs chroniques. Ainsi, avec des enfants hémophiles subissant d'intenses douleurs arthritiques, Varni (1981, 1983) combine avec succès des techniques de rétroaction biologique pour le contrôle de la température du corps, de relaxation musculaire progressive et de rêve éveillé dirigé. Cette approche diminue le recours aux analgésiques et aux sédatifs.

Zeltzer et coll. (1979) rapportent l'efficacité de l'hypnose pour réduire la douleur et l'absorption d'analgésiques chez les enfants anémiques. Leur induction hypnotique faisait appel à la fixation des yeux et à la relaxation progressive. Les patients étaient alors guidés dans une imagerie mentale plaisante concernant les traitements sans douleur avec des suggestions pour accroître la température du corps et favoriser la vasodilatation. Un moniteur périphérique montrait les résultats de la rétroaction biologique.

Les enfants affligés d'une maladie chronique risquent plus facilement de manifester des réactions de plus en plus fortes face aux douleurs persistantes et d'être maintenus dans ces attitudes par des parents et du personnel médical qui lui procurent divers bénéfices secondaires en relation avec sa maladie et ses souffrances. En pareille situation, on a utilisé avec profit certaines techniques de conditionnement (Zeiner et coll., 1985). Cependant, les techniques sont parfois difficiles à appliquer en raison de la pauvre collaboration des parents par trop sensibles devant les troubles de leur enfant. Ils se révèlent alors incapables d'utiliser adéquatement les techniques proposées ; ils accusent le personnel soignant d'être cruel envers l'enfant, d'être insensible et incompétent à améliorer les conditions de vie de l'enfant. Ils se sentent responsables, voire coupables des soins requis par leur enfant malade et s'immiscent, sans s'en rendre compte, dans le plan de traitement. L'amour que les parents portent à l'enfant et leur trop grand désir de lui venir en aide les entraînent à lui accorder des marques exagérées d'affection à des moments inappropriés et, à d'autres moments, à exiger de lui une contenance, une performance au-delà de ses capacités. Pour une meilleure collaboration, il importe d'aider les parents de l'enfant malade, d'écouter leurs angoisses, leurs cognitions, leurs fantasmes et leurs réactions, puis de leur expliquer clairement les objectifs des techniques et les raisons de leur application. Modifier les réactions des parents ou celles de l'équipe soignante exige une grande sensibilité et une grande discrétion de la part du praticien.

13.3.3 Les maux de croissance

Nombreux sont les enfants qui se plaignent de diverses douleurs : maux de ventre, de tête, de bras, de jambes, etc. Ces maux sont souvent qualifiés de « maux de croissance ». Le mal de ventre est le plus fréquemment rapporté. À peine 5 % des enfants se plaignant de maux de ventre souffrent réellement de problèmes organiques (Apley, 1967). Le point culminant de ces maux de ventre récurrents se situe aux environs de 5 ans, même si plus d'un tiers des enfants continuent à s'en plaindre périodiquement jusqu'à l'adolescence et même au-delà (Apley, 1975 ; Christensen et Mortensen, 1975 ; Stickler et Murphy, 1979). Dans une forte proportion, ces enfants affirment aussi souffrir à l'occasion, simultanément ou alternativement, de maux de tête, de bras, de jambes, etc. L'histoire familiale de ces enfants compte de nombreux cas semblables (Apley, 1975). Certains facteurs de stress contribueraient aussi à l'apparition de ces maux (Barr, 1983). De plus, ces enfants souffrent souvent de perturbations émotionnelles incluant des peurs indues, des désordres du sommeil, de l'alimentation et de l'élimination et des crises anxieuses (Apley, 1975).

Entre 2 et 5 % des enfants selon Green (1983a) et entre 15 et 20 % des enfants selon Deubner (1977) et Oster (1972) souffrent de maux de tête. De fréquentes céphalées peuvent avoir une origine organique ou être fondées sur des causes psychosomatiques.

Les migraines peuvent éventuellement traduire une tumeur au cerveau ou une hémorragie intracranienne (Curless et Corrigan, 1976 ; Tomasi, 1979) ou un milieu social trop angoissant (Bille, 1982 ; Brown, 1977 ; Moe, 1978).

Les douleurs aux bras et aux jambes atteignent 15 % des enfants d'âge scolaire (Oster, 1972). Il s'agit souvent d'une douleur de croissance sans atteinte organique. Ces douleurs sont suffisantes pour provoquer des pleurs et de l'angoisse (Green, 1983b).

Les douleurs dues à la croissance apparaissent plus fréquemment chez les enfants prostrés souffrant déjà de maux de ventre ou de tête. Si les massages, la chaleur et les analgésiques sont des traitements couramment utilisés pour apporter un soulagement, la possibilité de troubles émotionnels se traduisant par des plaintes psychosomatiques n'est pas à négliger.

13.3.4 Les examens et traitements médicaux

Les examens médicaux et dentaires provoquent facilement la peur et l'anxiété chez l'enfant (Jay et coll., 1983 ; Katz et coll., 1983). Aussi, toute intervention devrait tenir compte autant de l'anxiété sous-jacente que de la justesse du processus d'examen ou de traitement à exécuter. Les enfants malades chroniques subissant régulièrement divers traitements anticipent parfois avec plus ou moins d'anxiété les visites chez le médecin ou à l'hôpital. La détresse s'installe chez ces enfants qui requièrent un soutien psychologique.

L'enfant brûlé, par exemple, présente l'un des problèmes de douleur les plus difficiles à maîtriser. L'intensité des douleurs est souvent exacerbée par les traitements. Les analgésiques sont généralement utilisés pour calmer la douleur, mais cela est insuffisant (Perry et Heidrich, 1982). Les techniques de relaxation musculaire, de rêve éveillé dirigé, de suggestion de maîtrise de la douleur et certaines techniques d'hypnose s'avèrent de bons compléments (Wakeman et Kaplan, 1978 ; Andolsek et Novik, 1980 ; Turk, 1978).

L'hospitalisation et l'intervention chirurgicale constituent en soi une expérience stressante pouvant entraîner une importante détresse émotionnelle chez l'enfant. Cette expérience se révèle plus pénible si l'enfant n'est pas adéquatement préparé. Face à une opération chirurgicale, l'intervention psychologique préventive recourt à l'anticipation en vue de diminuer l'anxiété, d'aider l'enfant à composer avec les douleurs postopératoires et les processus de traitement, ainsi que de faciliter la convalescence. Les informations préopératoires représentent une forme de prévention qui facilite l'expression des émotions et favorise aussi la relation de confiance entre l'enfant, les parents et le personnel médical. Plusieurs techniques ont été utilisées avec profit : visite détaillée de l'hôpital, de la salle de chirurgie, de la salle de réveil, de la chambre, etc. avant l'hospitalisation. La présentation du chirurgien, de l'anesthésiste, des infirmiers et infirmières qui prendront soin de l'enfant avant, pendant et après l'intervention, etc. aide l'enfant et les parents à développer un climat de confiance réciproque et de collaboration. L'utilité et l'importance de la préparation de l'enfant et des parents ont été depuis longtemps démontrées (Peterson et Ridley-Johnson, 1980 ; Johnson, 1974 ; Malamed et Siegel, 1975).

Plus de 14 % des adultes souffrent d'une peur phobique des piqûres, des injections et des prises de sang (Agras et coll., 1969). Il est facile de penser qu'un enfant, l'immaturité cognitive et l'impuissance aidant, ait davantage peur de la seringue et fantasme encore plus que l'adulte ; il imagine toutes sortes de dangers et redoute encore plus la douleur (Willis et coll., 1982). Encore une fois, une bonne préparation de l'enfant se révèle utile à court, à moyen et à long terme. Informer l'enfant de ce qui lui sera fait, lui permettre de manipuler la seringue, lui faire exécuter le geste sur une poupée, lui présenter le personnel, discuter avec lui de ses peurs et de ses autres émotions, répondre à toutes ses questions, etc. constitue une bonne préparation préventive. À cette préparation relative à l'empathie, on peut ajouter avec profit quelques techniques de relaxation, de désensibilisation, de modelage, de psychodrame, d'imagerie

mentale, etc. (Ayer, 1973 ; Dash, 1981 ; Katz, 1974 *in* Zeiner et coll., 1985).

Une revue des écrits sur le sujet montre les importants progrès réalisés depuis 15 ans, tant du point de vue de la recherche que de la pratique clinique, pour comprendre et aider l'enfant souffrant. Beaucoup de problèmes restent encore sans solution. On ne comprend pas toujours, pour une technique donnée, ce qui aide tel enfant souffrant et ce qui annule tout effort avec certains autres. Notre connaissance de la physiologie de la douleur demeure encore lacunaire. Certaines techniques demandent des études supplémentaires pour en améliorer la maîtrise, la fiabilité et la validité. D'autres méthodes plus efficaces manquent encore à l'appel.

13.4 L'ENFANT MALADE

Devant l'enfant malade il importe de dépasser la symptomatologie et de comprendre les mécanismes mêmes de la maladie et de sa signification dans la vie de l'enfant.

Se fondant sur les réactions de ses parents et des autres adultes de son environnement, l'enfant se fait très tôt une idée de ce qui est bien ou mal, de ce qui est bon ou mauvais. Le mal ou le mauvais sont généralement réprouvés par les grandes personnes. Tous les interdits clairement posés ou implicitement entendus se confondent avec ce qui est mal. La maladie et la douleur sont jugées mauvaises, classées dans la catégorie cognitivo-émotionnelle « mauvais » et perçues comme la manifestation de ce qui est « mal ».

L'enfant échafaude, au fur et à mesure de son développement, ses propres théories. Il intègre la douleur et la maladie à sa compréhension du monde, à sa représentation de la réalité. En ce sens, l'idée de l'enfant sur la maladie procède des schèmes tant cognitifs qu'affectifs. L'intégration de cet « objet étrange et mauvais » modifie plus ou moins tragiquement ou subtilement, par choc en retour, sa conception de l'univers, son image personnelle et ses relations avec l'environnement. On doit comprendre la maladie en tenant compte de la manière dont la souffrance est ressentie par le corps et l'esprit de l'enfant. Elle peut être de longue ou de courte durée, douloureuse ou bénigne, visible ou discrète, temporaire ou chronique, elle est aussi parfois mortelle. Les effets secondaires de la maladie sont parties intégrantes de la maladie. Des émotions déterminantes accompagnent toutes les phases de la maladie et de la convalescence. Toute maladie entraîne l'imposition de restrictions plus ou moins importantes de la liberté d'action, diminue certaines capacités actuelles ou à venir de façon temporaire ou chronique. Ces restrictions sont parfois tout à fait justifiées, mais souvent aussi apportées à tort, servant davantage à renforcer l'angoisse des parents qu'à aider l'enfant.

Devant l'enfant malade, l'adulte pense inéluctablement à l'éventualité de la mort. La faiblesse, la dépendance de l'enfant le font percevoir comme étant impuissant à lutter contre la maladie. L'adulte se sent personnellement sollicité. Il veut intervenir, soigner, guérir. Quant à l'enfant, il n'associe pas aussi facilement la maladie et la mort. Devant une maladie mortelle, la pensée de l'enfant et sa compréhension évoluent lentement. Grâce aux informations qu'il glane à gauche et à droite, il s'informe sur son état et sur la guérison possible. Il en sait souvent plus long que l'adulte ne l'imagine. La compréhension de l'irréversibilité de certaines maladies et de la mort dépend évidemment de l'évolution des processus cognitifs et de la maturité affective.

La famille de l'enfant malade réagit et interagit avec la maladie et les traitements imposés à l'un des siens. L'enfant associe sa famille aux souffrances et aux traitements. Il devine le questionnement des parents sur l'origine éventuellement héréditaire de la maladie. Il perçoit la réaction mi-envieuse pour l'attention reçue, mi-agressive à cause de la douleur ressentie du frère aîné ou de la sœur cadette à son égard.

Au-delà de la famille, l'enfant malade découvre l'équipe soignante. Par le biais des soins l'enfant établit diverses relations significatives rapidement chargées d'émotions multiples, d'espoirs tantôt satisfaits, tantôt déçus. Les gestes, les instruments et les techniques prennent une importance considérable

parce que l'enfant s'intéresse d'abord à ce qui lui arrive, à ce qu'on lui fait pour diminuer, chasser la douleur, le mal. Sa position éminemment subjective limite une compréhension large et objective de la maladie et des traitements. Les réactions tant affectives que cognitives du personnel médical face à cet enfant fragilisé par la maladie marquent la nature de leur relation au patient. Tout adulte devant l'enfant souffrant veut être un soignant efficace, un guérisseur puissant. Des différences pénibles à vivre s'installent souvent entre le désir et la réalité.

13.4.1 La maladie selon le niveau de développement

Une maladie peut être conçue comme la traduction d'un message non exprimé en mots. Cette communication appelle l'autre. La réponse dépend de nombreuses variables cognitives, affectives et sociales. Le personnel soignant canalise une réponse très individuelle dans un geste professionnel qui ne parvient pas toujours à dissimuler entièrement la réaction personnelle. Il s'ensuit une manière particulière de prendre contact et d'appliquer les connaissances et techniques apprises, ce qui peut, involontairement, accentuer ou atténuer la souffrance et l'angoisse du jeune patient.

Chaque enfant vit à sa manière la maladie (Kipman, 1981). Une maladie crée une situation dans laquelle il vit ou revit diverses expériences. La gêne physique, les souffrances, les plaintes qu'entraîne la maladie colorent la situation particulière de chaque enfant.

> Claude, 10 ans, a peine à comprendre et à accepter de ne pas pouvoir courir et jouer avec les autres enfants en raison de sa malformation cardiaque qui pourrait lui être fatale si l'effort s'avérait trop exigeant.
>
> Pierre, 10 ans, est bien fier de se pavaner dans la cour de l'école avec un plâtre et des béquilles. Cela lui mérite une popularité et un intérêt inconnus jusqu'à présent.

Le problème de santé prend une tonalité spécifique pour chaque enfant et son environnement. Ses relations avec l'entourage s'en trouvent modifiées et éventuellement marquées par l'angoisse. Il élabore une explication à son problème, une théorie adaptée à sa représentation du monde et à sa personnalité. Il cherche à s'expliquer sa souffrance, les soins et leurs effets, d'où l'importance d'écouter l'enfant blessé ou malade se raconter. *Comprendre, c'est d'abord écouter* (Kipman, 1981, p. 22).

Évidemment, le vécu de l'enfant malade varie en fonction de son développement, de son milieu, de sa culture et de l'expérience vécue jusqu'au moment de la maladie. L'angoisse surgit chez tout enfant malade avec plus ou moins d'intensité ; elle participe à la maladie sur un mode ou un autre selon le niveau de développement de l'enfant.

Si le nouveau-né est relativement bien protégé à cause d'un pare-excitations assuré par l'immaturité de son organisme et par les soins des parents, il se trouve rapidement dans une position tragiquement précaire dès que le pare-excitations cède sous la pression des stimulations internes ou externes. Aussitôt l'angoisse prend des proportions considérables. L'enfant pleure, crie, s'agite, ne dort plus, vomit, évacue en diarrhée, etc. Si les parents ne viennent pas promptement régler le malaise ou la douleur, c'est la panique et l'enfant éprouve de plus en plus de mal à surmonter sa peur. Cette angoisse peut marquer cruellement l'enfant dans le fondement même de sa personnalité.

La présence d'une équipe soignante est déjà en soi inquiétante pour le bébé de moins de 1 an. Ces étrangers le séparent de sa mère et de son père bien malgré eux. Ces inconnus sont, par essence, plus angoissants que rassurants malgré leurs bonnes intentions. Leur présence signifie la séparation d'avec les parents, la perte de l'affection et de la chaleur à laquelle il est déjà habitué, le jeune enfant devant vivre des séjours plus ou moins prolongés dans des services pédiatriques. Auprès du bébé malade, la présence d'un des deux parents s'impose. Il a fallu plusieurs années avant de comprendre ce fait, mais aujourd'hui la majorité des hôpitaux sont en mesure de recevoir le jeune bébé et sa mère ou son père. Le fait que le parent soit hospitalisé avec l'enfant rassure celui-ci en plus de garantir les soins qu'exigent la toilette quotidienne, l'alimentation, le jeu, etc. De plus, le parent peut participer aux soins médicaux requis.

L'enfant de quelques années qui, explorant son environnement, a dû composer avec les normes disciplinaires, la loi parentale et les interdits, va vivre la maladie sur un autre mode. Il a déjà découvert la culpabilité avec les réprimandes parentales et il craint de perdre l'affection des parents lorsque son action trop impulsive lui a fait faire une « bêtise ». La maladie risque fort d'être vécue comme représailles à son action et à sa désobéissance impulsives.

Vers 5-6 ans, alors qu'il découvre son corps et les plaisirs sensuels, l'érotisme, il lui devient difficile de faire la distinction entre les caresses, la masturbation, les soins affectueux et les soins médicaux, entre une agression sadique ou masochiste et une piqûre, etc.

À l'âge scolaire, les effets de la socialisation, de la scolarisation, des activités parascolaires, etc. sont intégrés à la réaction de l'enfant. Celui-ci découvre que la maladie entraîne des conséquences parfois agréables, parfois désagréables. Ainsi obtient-il la permission de s'absenter de l'école, de rester au lit et d'y recevoir toute l'attention de sa mère ou de son père, même d'y déballer des cadeaux, d'être le centre d'intérêt de ceux qui lui rendent visite. En contrepartie, il ne profite pas de ses amis aussi longtemps qu'il le désire, la solitude de sa chambre lui pèse, les limites posées à son activité et la douleur physique lui deviennent rapidement contraignantes, etc.

13.4.2 Le besoin d'explication

L'enfant a un besoin insatiable de savoir. S'il ne harcèle pas toujours l'adulte pour recevoir des explications, cela ne l'empêche pas de se construire une théorie au sujet de ce qui lui arrive. Les relations causales que l'enfant établit entre les événements lui apportent une cohérence, une unité devant un univers qu'il a souvent peine à se représenter. Les relations établies entre les situations, les phénomènes et les personnes qui court-circuitent sa vie ne relèvent pas nécessairement de la « logique officielle ». Il construit son explication concernant ce qui lui arrive à partir autant de ses fantasmes que des faits réels. Ses théories correspondent davantage à ses besoins qu'à la réalité scientifique. L'affectivité le guide plus que les connaissances objectives, factuelles ou scientifiques.

Étienne, 5 ans, est hospitalisé pour une malformation cardiaque. Il doit subir une intervention chirurgicale qui l'angoisse autant que ses parents. Il est médicalement suivi depuis deux ans déjà. Étienne ne comprend rien à la nature congénitale des troubles qui l'assaillent. Quand on lui explique que dans la famille de maman il y avait déjà grand-papa, oncle Jean-Charles et tante Berthe qui ont souffert du même trouble cardiaque que lui, il ne saisit pas la filiation héréditaire. Un jour, l'attention de l'infirmière est attirée par un dessin plusieurs fois répété. Il s'agit d'un bonhomme contenant un autre petit bonhomme couché à la place du cœur. Elle apporte le dessin au moment où l'équipe médicale discute du cas d'Étienne. L'interprétation première des adultes est que l'enfant se représente mentalement son cœur malade comme une personne fatiguée dans sa poitrine. La fatigue cardiaque était un des éléments maintes fois répétés à l'enfant tant par l'équipe médicale que par ses parents pour lui faire accepter le fait qu'il ne puisse pas jouer à l'extérieur avec les autres enfants. Devant l'humeur maussade, voire dépressive d'Étienne, une consultation psychologique est demandée. Lors d'une rencontre avec l'enfant, nous lui présentons le dessin en question et lui demandons de nous le raconter.

— *C'est une maman... elle a un bébé dans son ventre.*

Nous lui demandons s'il a déjà connu une maman qui avait un bébé dans son ventre. Il répond par l'affirmative :

— *Ma maman, quand ma sœur est née* (ajoute-t-il après hésitation).
— *Tu te souviens de ce qui s'est passé alors ?*
— *Ma maman était très malade... il fallait qu'elle reste tout le temps couchée...*
— *Après...*
— *Après, moi j'ai attrappé sa maladie...*

Nous lui interprétons :

— *C'est depuis que ta maman a eu un autre bébé... que toi tu as mal au cœur.*

Il répond :

— *Tu sais... avoir un autre bébé... c'est très dur...*

Voilà bien comment l'enfant s'expliquait ses difficultés cardiaques. Sa mère a dû s'occuper d'un autre enfant dans le même temps où on découvrait la malformation cardiaque d'Étienne. Celui-ci a tôt fait de lier ensemble les deux événements. La rivalité à l'égard de la petite sœur qui lui prenait sa mère le fatiguait effectivement beaucoup.

Les enfants dépensent ainsi une énergie considérable à s'expliquer leurs maladies. Faute de bien saisir ce qui se passe, faute d'en discuter librement avec les adultes, ils élaborent des théories explicatives guidées par leur perception et leur compréhension subjectives plutôt que par les faits réels. À regarder de près ces explications, on constate que l'enfant ne cherche pas vraiment une cause, mais une raison qui le rassure, une explication pour apaiser l'angoisse. *La maladie réveille l'angoisse* (Kipman, 1981, p. 33). Ainsi, Étienne était convaincu que s'il se reposait bien, comme sa mère l'avait fait après la naissance de son deuxième enfant, il allait bientôt être guéri.

Selon l'âge, le niveau de maturité tant affective que cognitive ou selon la personnalité de l'enfant, celui-ci cherche à s'expliquer la maladie de diverses façons. Il tente d'en trouver une cause extérieure, en accuse quelqu'un de son entourage, en retrace les racines dans sa propre conduite ou son attitude. L'enfant perçoit la maladie comme une conséquence punitive ou au contraire se sent l'objet injustifié de forces maléfiques et mystérieuses. Bref, l'angoisse prend diverses formes. Chacun interprète à sa manière la maladie, les causes, le déroulement et la conclusion, les mécanismes en jeu et l'atteinte subie par les fonctions organiques. L'enfant perçoit également l'inquiétude de ses parents, épie leur discours pour en savoir davantage. Les enfants ont de ces antennes invisibles qui leur communiquent les pensées des parents. Évidemment un parent, un médecin ou un adulte sûr de lui qui intervient auprès d'un enfant malade s'avère d'emblée rassurant, mais si l'inquiétude la tourmente, cette personne ne peut plus sécuriser l'enfant malade. Au contraire, son inquiétude nourrit celle de l'enfant qui en arrive tôt ou tard à percevoir l'adulte de façon négative et tente ensuite de le fuir.

13.4.3 Une maladie, une réaction

Toutes les maladies sont classées selon différents barèmes scientifiques plus ou moins complexes selon les organes atteints, les mécanismes pathologiques, les causes ou les traitements possibles (Kipman, 1981). Le diagnostic posé tient compte évidemment de la maladie en soi et peu ou prou du malade qui n'en représente qu'un cas. Le nom, la localisation et le type de la maladie ne disent rien de la manière dont le malade vit sa maladie ou de l'idée qu'il s'en fait.

Si la façon de donner importe davantage que ce qui est donné, la manière de vivre une maladie importe aussi plus que la maladie elle-même. Toute maladie draine dans son sillage une charge affective, une signification symbolique qui marque la personnalité en évolution.

C'est au sujet d'une partie corporelle spécifique que malade, médecins, infirmières et autres membres de l'équipe soignante se rencontrent. La partie malade sert non seulement de lieu de rencontre, mais elle peut même symboliquement représenter un mode de vie. Les maux de jambes si fréquents chez les enfants rentrant de l'école ne signifient-ils pas souvent une hésitation à marcher dans ce nouveau système que constitue l'école, une difficulté à aller vers les autres et à composer avec eux ? Bref, ce n'est pas seulement aux jambes que l'enfant a mal, ce

n'est pas seulement le système respiratoire ou digestif qui présente des difficultés fonctionnelles, mais un enfant qui emprunte cette voie peut vouloir signifier ce qu'il ne parvient pas à dire en mots, souvent faute d'en être lui-même conscient.

La durée de la maladie est une donnée plus subjective qu'objective. Les minutes douloureuses sont les plus longues. Une journée à jouer est plus courte qu'une journée au lit. Une maladie de longue durée s'incruste davantage dans la vie d'un enfant et de sa famille. Elle s'enregistre dans la personnalité un peu comme les handicaps physiques ou sensoriels. La maladie, les soins, les précautions requises marquent son mode de vie et ses relations interpersonnelles. Tout cela fait bientôt partie intégrante de sa personnalité, tellement qu'une guérison entraîne un sentiment de perte et oblige l'enfant à réapprendre à composer avec la vie et le monde environnant. Il devra faire le deuil de sa maladie, des attentions qu'elle apportait, des bénéfices et des prétextes qu'elle fournissait.

Évidemment, la longueur d'une maladie est relative à plusieurs variables. Un jeune nourrisson malade pendant un mois peut enregistrer des conséquences persistantes sinon chroniques dans son développement général. Le rendement scolaire d'un enfant de 10 ans malade pendant un mois est éventuellement susceptible de subir quelques retards d'apprentissage rapidement récupérés avec ou sans aide. Une telle absence peut aussi provoquer la reprise de toute une année scolaire chez un autre enfant.

Une maladie de courte durée comporte des bénéfices de développement : elle peut représenter une occasion de faire le point, de vérifier certains attachements. Elle est à même de donner à l'enfant la possibilité de faire le plein d'énergie pour se lancer dans la vie avec plus de vigueur par la suite, elle permet aussi d'acquérir une certaine maturité. Chez tel autre enfant, une grippe de quelques jours semble avoir bouleversé son équilibre relationnel, avoir suscité une crainte morbide de perdre tous ses amis, une angoisse de l'affaissement possible de son état de santé, une peur d'être plus fragile qu'il ne se percevait, une inquiétude indue d'être déclassé dans ses apprentissages scolaires.

Les maladies à crises sont certes les plus angoissantes pour l'enfant. Ainsi, l'enfant épileptique ou asthmatique se sent continuellement menacé par ces forces mystérieuses qui le terrifient. Après une crise, il vit dans l'angoisse de la prochaine. Quand, où, comment, pourquoi ? L'angoisse de ces enfants ne relève pas du nombre ou de l'intensité des crises, mais de la menace de la prochaine crise, de la probabilité même d'une prochaine crise. Entre deux crises, l'enfant est pratiquement considéré comme étant normal. Pourtant, du point de vue psychologique, c'est dans l'entre-deux crises que l'enfant est le plus angoissé, que la tension est la plus forte. Durant la crise, il n'a plus rien à faire, on s'occupe de lui. Tandis que dans l'intervalle, malgré ses efforts pour s'occuper à autre chose, il surveille la crise, porte une attention continue au moindre indice et la redoute. Celle-ci traduit en quelque sorte un message qu'il ne parvient pas à communiquer autrement. L'angoisse ressentie dans l'intervalle ne réussit pas toujours à s'exprimer et à disparaître. La tension s'accroît et c'est la crise qui sert d'exutoire. L'enfant se sait porteur d'un trouble contre lequel il ne peut rien, contre lequel il ne sait pas lutter. Il tente le plus longtemps possible de cacher son problème, il en a souvent honte si par malheur une crise s'est produite en classe. Malgré l'ouverture d'esprit manifestée aujourd'hui dans les écoles, même si les professeurs sont davantage sensibilisés et mieux informés, il n'en demeure pas moins que l'observateur d'un enfant en crise reste éberlué, se sent impuissant et ne sait souvent pas quoi faire. Aussi évite-t-il autant que possible l'enfant malade susceptible de faire une crise.

D'autres maladies provoquent également une répugnance plus ou moins ouvertement manifestée ou habilement camouflée. Certaines formes d'eczéma et de psoriasis, l'obésité ou le rachitisme suscitent un malaise chez l'observateur. Des maladies beaucoup moins visibles, voire invisibles, accablent tout autant l'enfant. Ces maladies impalpables suscitent souvent un état dépressif. L'invisibilité favorise la négation. L'enfant ne comprend pas le pourquoi de tous les soins, de toutes les précautions. Il a le sentiment

qu'on veut l'empêcher de vivre et de faire ce qu'il désire. Toutes sortes de fantasmes grandissent autour de cette maladie invisible, de l'équipe soignante, des parents qui amènent régulièrement l'enfant à l'hôpital pour un examen ou un traitement. Il subit toutes ces manipulations sans pouvoir les ancrer dans une perception de la douleur, une sensation de malaise. Lui qui se sent comme tous les autres, pourquoi ne peut-il pas vivre comme eux, faire ce que tous les autres font ? Il ressent le milieu comme hostile et rejetant.

13.4.4 La maladie mortelle

Certains enfants sont atteints d'une maladie mortelle. Les fantasmes de l'adulte au sujet de l'idée de la mort refont souvent surface devant l'état de l'enfant malade. Cela procède, pour une part, de l'expérience de la mort de personnes chères dont le deuil n'est jamais totalement résolu. L'idée de la mort procède également de l'angoisse soulevée par l'impuissance ressentie par l'adulte devant l'enfant souffrant. Le pire est d'emblée redouté. Pour l'enfant, l'idée de la mort, de sa mort, ne ressort pas aussi facilement, bien qu'il puisse se sentir menacé dans son être ou avoir le sentiment de mourir, mais la compréhension de la mort demeure limitée, floue (Ferrari, 1985). La notion de mort évolue avec la maturation des processus cognitifs et affectifs de l'enfant. Même s'il lui arrive de jouer à tuer ou à faire le mort, le caractère irréversible de la mort n'est pas compris. Tous les enfants morts dans le jeu savent qu'ils ne font que semblant, que leur mort n'est que temporaire pour les besoins du jeu.

L'enfant élabore une première idée de la mort autour de la violence, une idée d'agression terrible, un combat qui comporte un perdant privé de quelque chose d'important. Cette première compréhension apparaît facile à l'enfant qui perçoit tout événement nouveau, étranger, imprévu comme une forme plus ou moins explicite d'agression. Klein (1946, *in* Klein et coll., 1976) a bien mis en évidence les angoisses persécutrices, les angoisses de destruction que peut ressentir le nourrisson de quelques mois devant le moindre conflit dans sa relation avec son entourage. Un peu plus tard, la mort est plutôt perçue par l'enfant comme l'absence, la privation d'une personne significative et chaleureuse. Déjà vers 9 mois l'enfant craint l'étranger en l'absence de sa mère (Spitz et Cobliner, 1968). Il ne comprend la permanence des objets que vers l'âge de 24 mois (voir chapitre 6). Aussi, l'absence est-elle vécue comme catastrophique jusqu'à ce moment, l'absence de l'être cher signifie sa disparition. Cette absence est ressenti comme une agression dont l'enfant se défend en appelant à l'aide par les pleurs ou les cris. Vers 2 ans, l'enfant saisit que l'absence de sa mère ou de son père n'est que temporaire. Il conserve l'image de ses parents durant leur absence et compose temporairement avec elle. Le retour des parents le rassure et l'aide à accepter la séparation. Il conservera longtemps l'idée que la mort est une forme d'absence prolongée mais provisoire.

Vers 6-7 ans, l'accès à la pensée opératoire lui fait comprendre le caractère irréversible de la mort de plus en plus perçue comme une perte définitive de l'être aimé. L'enfant comprend que la mort d'une personne est l'impossibilité de la rencontrer à nouveau, c'est l'absence à jamais. *Mourir, c'est une forme de solitude absolue* (Kipman, 1981). L'intelligence de la mort ne permet pas à l'enfant de comprendre pour autant que la mort signifie la destruction totale et irrévocable de la personne (Ferrari, 1985). Il lui est impossible de se représenter la suppression totale d'une personne. Ce serait là un geste agressif par trop intense que son psychisme refuse d'envisager.

Il faut attendre l'adolescence pour constater une compréhension de la mort en ce sens. Cette mort totale, cette disparition définitive, cette absence de matière corporelle n'est cependant envisagée que pour les autres. La mort est toujours la mort de l'autre, rappelait Freud (1915), parce qu'elle est toujours trop pénible à envisager pour soi. Cette lente évolution de la notion de mort complique quelque peu le travail de l'adulte accompagnant l'enfant malade en phase terminale.

13.4.5 Le soutien apporté à l'enfant mourant

Devant la maladie, les souffrances, le caractère pénible des traitements inhérents à plusieurs maladies mortelles, certains enfants semblent démissionner et se laisser mourir. Les intervenants adultes (le médecin, l'infirmière, les parents) traduisent souvent cet état comme une acceptation de la mort de l'enfant. Il faut bien voir dans cette interprétation une défense contre la pénible difficulté d'assister, impuissant, à la mort d'un enfant. L'enfant n'accepte pas la mort. Il ne peut pas accepter une chose qu'il ne comprend pas, qu'il n'est pas en mesure d'imaginer (Kipman, 1981). Il se perçoit cependant en train de subir quelque chose qui lui échappe, quelque chose qui n'a pas de sens pour lui. De là surgit une grande et profonde angoisse. Si l'adulte perçoit dans le discours de l'enfant une quelconque allusion à la mort, à sa mort prochaine, il faut plutôt y percevoir le malaise et la gêne que provoque la mort prochaine d'un enfant chez un adulte paralysé par l'impuissance et frustré de ne pouvoir concrètement aider l'enfant dans cette démarche. Le plus souvent l'adulte se fera plutôt rassurant et niera l'échéance prochaine : *Ce n'est rien... tu vas t'en sortir...*

Doit-on révéler à l'enfant le risque mortel de sa maladie ? Doit-on informer l'enfant de l'inefficacité des traitements en cours ? Doit-on parler ouvertement de la mort avec lui ? Il n'y a pas de réponse toute faite à ces questions difficiles. Une attitude cependant prévaut. Seul l'enfant peut décider de la vérité qu'il peut entendre et comprendre. L'enfant et l'enfant seul sait ce qui est bien pour lui (Kipman, 1981). C'est donc à l'enfant de décider. Ce que l'adulte lui racontera et les réponses qu'il formulera aux questions devront tenir compte de la personnalité de l'enfant, de son âge, de sa maturité affective, de sa perception de la maladie, etc.

On ne force pas une prise de conscience et on ne refuse pas une réponse. Il peut être plus douloureux et angoissant pour un enfant de sentir le silence autour de lui, de ressentir la peur, la peine des gens qui l'entourent et de n'y rien comprendre (Ferrari, 1985).

Sophie, 9 ans, atteinte de leucémie, pleure en serrant sa maman par le cou et en lui demandant pourquoi elle pleure toutes les fois qu'elle vient la voir. Courageuse et aimante, cette mère a su répondre la vérité toute simple à sa fille : *Parce que tu es malade et malgré tous les efforts des médecins pour te guérir, malgré tes gros efforts à toi, tu es encore malade et la maladie continue ; je pleure parce que je suis de plus en plus inquiète, je ne veux pas te perdre et j'ai peur de te perdre. Et Sophie de répondre : Moi aussi je t'aime maman et je ne veux pas te perdre..., mais je suis si fatiguée...*

Il faut beaucoup d'amour et de confiance dans l'enfant pour pouvoir ainsi lui parler simplement sans faux-fuyant. Il faut faire connaître les risques à l'enfant, lui parler de la menace qui plane si les traitements ne parviennent plus à combattre la progression de la maladie. Il faut exprimer la peine ressentie et permettre à l'enfant d'agir de même. L'exemple de l'adulte est la meilleure pédagogie. Parler à l'enfant de la mort qui approche est une obligation, lui en parler en des termes qui lui conviennent est un devoir. De toute évidence, il est plus facile d'affirmer cela théoriquement que de le mettre en pratique. Il n'est pas facile d'échanger avec celui que l'on aime au sujet de la séparation inéluctable, de la perte à venir, de la peine que cela entraîne. D'autant que l'enfant est encore vivant et qu'on le préfère vivant plutôt que mort. Certaines personnes luttant contre leur peine outrepassent le rythme de l'enfant et parlent de la mort comme d'un fait accompli, agissent comme si elles étaient déjà en deuil. C'est symboliquement tuer l'enfant pour lui éviter de mourir. Annoncer au malade sa mort avant même qu'il ne s'interroge sur le sujet est une autre façon défensive d'aborder le sujet. On se débarrasse de l'angoisse insupportable sans tenir compte du malade.

Si on veut vraiment aider un enfant, il est préférable de lui laisser l'initiative sans éviter la question lorsqu'elle se présente d'une manière évidente ou non. Si l'on se rend vraiment disponible, si l'on se dispose à affronter cette difficulté, alors on percevra la question et on lui répondra. L'enfant sert alors de guide. On ne prépare pas un enfant à mourir, on l'accompagne vers l'issue fatale en le suivant et non en le précédant, sans rien précipiter, en faisant preuve de patience. Cela exige une grande disponibilité et une vigilance constante. On répond aux questions à peine esquissées. On l'aide à prendre conscience de son état, de l'aggravation de sa maladie, des espoirs de plus en plus minces de guérison ; on ne lui cache rien, sans toutefois outrepasser les besoins de l'enfant, on reste présent et on répond à ce qu'il demande.

Être présent à l'enfant et répondre à sa demande ne signifie nullement qu'on l'entretient au sujet de la mort, de sa mort. Il lui est impossible de s'imaginer clairement sa propre mort. Même quand la fin approche, même lorsqu'il semble abandonner la partie, rien n'indique qu'il comprend sa mort et qu'il l'accepte, surtout s'il est jeune. L'enfant est plutôt épuisé, accablé par la fatigue ; il est atteint d'une immense lassitude (Kipman, 1981) et par une profonde dépression (Ferrari, 1985). Il ne sait pas pour autant ce qu'est la mort. Ce n'est pas de cela qu'il faut l'entretenir, mais de l'angoisse que les choses n'aillent pas en s'améliorant, que les traitements n'agissent plus, que toute manipulation risque de devenir de plus en plus désagréable et inutile, de la peur de se perdre mutuellement, de la peine ressenti tant devant sa souffrance que devant l'éventualité de se perdre. Voilà qui est beaucoup plus significatif pour l'enfant.

Il se pourrait aussi que tout se déroule dans le silence d'une présence vraie et disponible, au service de l'enfant, à attendre patiemment et affectueusement jusqu'à la fin. Plus l'enfant approche de l'agonie, plus il réclame la présence, la présence seulement. Il faut en pareil cas que l'adulte accepte son impuissance, que la souffrance de l'impuissance ne l'emporte pas sur la souffrance de la perte de l'être cher. Il faut accepter d'avance que les derniers moments soient pénibles, voire atroces, inacceptables, mais que la nature des choses est ainsi et qu'il faut, malgré tout, continuer à vivre avec les autres, poursuivre la vie et non la mort.

13.5 L'ENFANT SÉPARÉ DE SA FAMILLE

Pour des raisons variées, certains enfants sont temporairement séparés de leur famille et placés en famille ou foyer d'accueil. Évidemment, le retrait de l'enfant de sa famille d'origine vise son mieux-être et sa protection, mais il provoque en même temps de nouvelles difficultés que plusieurs enfants ne parviennent pas à surmonter. Certains enfants ont retrouvé leur milieu d'origine et ont pu, de même que leur famille, profiter de la séparation. D'autres ne réintègrent jamais leur famille naturelle et se promènent de foyer en foyer, aboutissant un jour ou l'autre, faute de pouvoir s'intégrer de façon stable à un milieu, dans un établissement spécialisé ou un centre d'accueil jusqu'à leur majorité, à 18 ans.

Cette situation particulière et toujours complexe du retrait d'un enfant de son milieu et de sa transplantation dans un autre concerne différentes entités : la famille naturelle, l'enfant, la famille ou le centre d'accueil et les intervenants des services sociaux.

De tout temps des enfants ont été abandonnés, d'autres, soustraits à leur milieu et confiés à des personnes jugées plus aptes à leur garantir de meilleures conditions de vie. Au Québec, dès la fin du XVIIe siècle, le séminaire Saint-Sulpice accueillait les enfants abandonnés ou orphelins. Au début du XVIIIe siècle, madame D'Youville et la Communauté des Sœurs de la Charité prenaient soin des pauvres, des « filles perdues » et des « enfants trouvés ». Au XIXe siècle, le gouvernement se préoccupait plus étroitement de la situation des enfants et instituait la *Loi des écoles industrielles* en 1869. Ces écoles accueillaient les orphelins, les enfants négligés, maltraités, les infirmes, les vagabonds, les abandonnés, etc., âgés entre 6 et 14 ans. En 1921, la *Loi de l'assistance publique* assurait un soutien financier aux établissements prenant en charge les enfants en difficulté. Un tiers était payé par le gouvernement, un autre tiers était assumé par les municipalités et le dernier tiers relevait de la charité publique. Une longue succession de lois et d'amendements ont créé divers services d'aide à la famille et à l'enfant en difficulté. La dernière réforme importante au Québec sur ce point date de 1979 avec la loi créant la Direction de la protection de la jeunesse (Bourgault et De La Harpe, 1988).

13.5.1 La relation enfant–parents

L'être humain est l'animal le plus démuni de la nature à sa naissance. Son immaturité et son impuissance le rendent totalement dépendants des soins de son entourage. Les travaux de Bowlby (1969, 1973, 1980) et d'Ainsworth et coll. (1969, 1971, 1972, 1973, 1974, 1978, 1979) ont bien mis en évidence l'attachement de l'enfant à sa mère et les conséquences d'une séparation sur le développement (voir sous-sections 10.5.2 et 11.3.1). L'enfant a besoin d'un entourage stable pour pouvoir s'y reconnaître, s'y enraciner et y établir une relation de confiance. La qualité de réponse du milieu aux besoins de l'enfant conditionne son développement.

On devine d'emblée qu'une séparation n'a pas le même effet sur le très jeune enfant que sur l'enfant plus vieux. Dans les premiers mois de la vie, la qualité des soins apportés à l'enfant est plus importante que la personne qui assume ces soins. Dès 5-6 mois, l'enfant commence à comprendre que quelque chose doit se produire dans le monde extérieur pour qu'il obtienne satisfaction à ses besoins. Il accorde alors de plus en plus d'importance à la personne qui s'occupe de lui, à la manière dont elle lui prodigue ses soins. Il s'attache manifestement à elle et redoute l'étranger (angoisse de l'étranger). Séparé de « sa mère », l'enfant proteste, pleure, refuse de manger. Si la séparation perdure, on voit apparaître des indices de dépression et de régression (Spitz, 1965). Si une nouvelle personne le prend en charge, elle doit faire preuve de patience et de tendresse authentiques pour se faire accepter dans son univers. Cela implique que l'enfant se détourne de la première personne à laquelle il s'était attaché. Rendu à sa mère naturelle après une absence prolongée, il ne la reconnaît pas, ne s'en occupe pas (voir section 11.3).

L'enfant d'âge préscolaire est un peu mieux armé pour faire face à une séparation. Plus actif, un peu plus autonome, il sait s'amuser seul, mais il a encore besoin de quelqu'un de stable et de sécurisant pour l'aider. En l'absence des parents, il peut s'occuper seul un certain temps, mais réclame bientôt leur retour, leur présence et leur affection. Si la privation perdure, il devient en colère et peut réagir agressivement ou, au contraire, se replier sur lui-même et engager un mouvement dépressif. Il lui est difficile de s'attacher à de nouveaux parents. La blessure causée par la perte de ses parents d'origine le rendent craintif à toute nouvelle relation. Les parents naturels sont le plus souvent idéalisés et c'est à cette image que l'enfant compare les personnes qui le prennent en charge (Kruger, 1983).

À l'âge scolaire, la socialisation et l'apprentissage d'une foule d'habiletés et de connaissances l'emportent sur le lien affectif étroit, bien que celui-ci soit toujours important et actif. Vers 7-8 ans, l'enfant commence à être en mesure de composer avec de nouvelles situations sociales et de comprendre l'intention des gens qui l'entourent. Ainsi, certains enfants de cet âge profitent facilement d'une courte séparation de leur famille pour participer à un camp de vacances, par exemple. L'enfant peut même réussir à bien composer avec le placement au pensionnat durant l'année scolaire. Mais il lui importe encore d'avoir la certitude de la possibilité de retrouver ses parents quand il le voudra. Faute de cette certitude, l'enfant peut réagir agressivement, provoquer son entourage, chercher à se venger de la perte subie, voler pour compenser son manque, devenir difficile dans son comportement, antisocial même, parce qu'il refuse l'idée de ne plus avoir « ses parents » (Kruger, 1983).

Évidemment, plus la séparation se prolonge, plus les effets sont importants. L'enfant n'a pas la même notion du temps que les adultes. Une absence trop longue apporte à l'enfant un sentiment de perte et de manque, ainsi qu'un désarroi affectif. Plus l'enfant est jeune, plus il développe promptement cette impression pénible du manque et adopte des attitudes et des comportements traduisant sa détresse. Chez le bébé, quelques heures d'absence suffisent pour soulever les pires angoisses. Chez le nourrisson, quelques jours de privation de ses parents rendent

l'enfant profondément inquiet. Après 2 ans, l'enfant peut tolérer une absence de quelques semaines, vers 5-6 ans, une absence de quelques mois, vers 7-8 ans, une séparation de six mois ou plus peut être vécue sans trop de dommage et enfin, vers 10-11 ans, l'absence peut atteindre un an et un peu plus dans certains cas (Goldstein et coll., 1978). Après la période critique, l'enfant qui ne retrouve pas ses parents commence à subir les effets négatifs de la séparation. Ces effets deviennent pathologiques si l'enfant ne parvient pas à se lier de façon significative avec une autre personne adulte.

Ainsworth (1973), Bowlby (1969), Mahler et Pine (1980) et Spitz (1965) ont illustré les conséquences psychologiques de l'abandon ou de la séparation sur l'enfant de moins de 2 ans. Ils ont décrit le syndrome de l'hospitalisation chez le jeune bébé et de la dépression anaclitique qui s'ensuit si la durée de l'absence déborde la période critique. L'enfant de 3-4 ans recommence à se souiller, son langage perd de sa qualité et parfois le bégaiement s'ajoute ; il ne sait plus s'habiller seul et régresse de façon générale. L'enfant d'âge scolaire, en pleine phase de socialisation, pourra se montrer indifférent aux adultes ou les agresser, les affronter ou les provoquer de plein fouet (Goldstein et coll., 1978).

Toute séparation de l'enfant d'avec ses parents se prolongeant au-delà de la période critique, peu importe l'âge du sujet, soulève des angoisses d'abandon, des sentiments de rejet (Freud, A., 1976). Tant que l'enfant n'a pas complété son processus de séparation—individuation, toute absence prolongée des parents risque de compromettre le développement psychique de la personnalité (voir section 11.5.1).

L'absence prolongée des parents provoque chez l'enfant une carence affective plus ou moins sérieuse et peut engager un processus psychopathologique relativement profond. Malgré toute l'attention que le milieu tente d'apporter à l'enfant séparé de ses parents, celui-ci, en raison même du processus psychopathologique qui a commencé à cause de la carence affective, est incapable de recevoir pleinement, de profiter de l'attention et de l'affection qui lui sont offertes. La carence enlève aux objets de l'envi-

ronnement la signification acquise, annule les identifications, blesse la personnalité dans son fondement
narcissique, dans sa valeur première (Lemay, 1979).
Un enfant subissant plusieurs séparations développe
une carence affective encore plus marquée.

Le retour de l'enfant auprès de ses parents
après une trop longue absence ne se fait pas sans
peine. Blessé, meurtri, l'enfant tend à ignorer ceux
qu'il rend responsables de son état. Comme un chat
échaudé craint l'eau froide, il hésite à s'attacher à
nouveau à ceux qu'il perçoit comme l'ayant abandonné. Tant par crainte d'être à nouveau rejeté que
par agressivité à l'égard de ses parents, il se détourne
d'eux. C'est souvent un choc pour les parents qui
doivent être avisés de ce type de réaction. Faute
d'être suffisamment préparés, ils peuvent réagir
agressivement à ce refus de leur enfant, par exemple
se fâcher contre l'enfant, le violenter ou le négliger ;
ils peuvent se sentir tellement coupables, angoissés
et insécurisés qu'ils ne parviennent pas à rassurer
l'enfant et à rétablir avec lui une relation positivement significative.

Évidemment, si un placement d'enfant est
requis, c'est parce que la famille est assiégée de difficultés qui rendent les parents impuissants ou inaptes
à assumer les soins d'un enfant pendant un certain
temps. Une instance sociale responsable de la protection de l'enfance porte un jugement sur la situation qui lui est soumise, à savoir qu'il est préférable
ou moins nocif pour l'enfant de subir une séparation
temporaire plutôt que de rester dans ce milieu
« toxique ».

13.5.2 Les raisons d'un placement

Palardy-Laurier (1986) voit deux grandes catégories de raisons motivant le placement d'un enfant.
D'une part, il se peut que des problèmes d'adaptation ou de comportement de l'enfant justifient une
assistance particulière et nécessitent son retrait de la
famille. D'autre part, des problèmes familiaux peuvent être jugés défavorables au développement
harmonieux d'un enfant et justifier son placement
dans un foyer d'accueil.

Bourgault et De La Harpe (1988) ont recensé
les écrits sur le sujet pour arriver à dresser une liste
des indications et contre-indications au placement
familial ; ils y ajoutent leur expertise professionnelle.
L'enfant dont le développement général paraît bien
amorcé peut éventuellement, dans le cas d'une
situation familiale difficile, profiter d'un placement
temporaire et ainsi éviter les effets négatifs des
tensions et des angoisses qui assaillent la famille. Cet
enfant, n'ayant généralement pas connu de rupture
relationnelle importante, ne risque pas d'être atteint
dans son identité. Il développe des intérêts exprimés
concrètement par la réalisation de divers travaux. En
classe son rendement est satisfaisant et laisse croire à
un certain potentiel. Ses faiblesses dans des activités
spécifiques sont compensées par un rendement
supérieur dans d'autres, etc.

L'enfant déjà carencé profite difficilement d'un
placement en famille d'accueil. Les séparations
subies sont déjà nombreuses et sa capacité relationnelle est atteinte. Cet enfant ressent sans cesse le
besoin de tester sa relation à l'autre, d'en éprouver la
valeur, la solidité, les limites. À son insu, il provoque
l'irritation, le ressentiment et le rejet de l'autre. Il fait
preuve de superficialité dans ses relations. Les nombreux troubles du comportement sont difficilement
tolérés par l'entourage. Il accuse souvent un retard
dans le développement du schéma corporel, s'oriente
mal dans l'espace et ne se situe pas bien dans le
temps. Une anxiété flottante marque sa personnalité.
Souvent il vaudra mieux placer un tel enfant, si on
doit le retirer temporairement de sa famille, dans un
milieu spécialisé, un centre d'accueil ou un centre
hospitalier. Il pourra alors profiter de soins spécialisés qu'une famille d'accueil ne pourrait pas raisonna-
blement assumer.

L'enfant caractériel ou psychotique requiert
également des soins spécialisés. La formation et
l'expérience tant personnelles que professionnelles
de même que le cadre de travail des intervenants en
centre d'accueil ou en milieu hospitalier habilitent
davantage ces personnes à composer avec ce genre
d'enfants. Des parents d'accueil, même avec la meilleure volonté du monde, risquent de se trouver rapidement débordés par les angoisses, les peurs, les

attitudes et comportements particuliers de l'enfant. La tâche éducative en centre spécialisé est partagée entre plusieurs éducateurs, psychologues, psychiatres, médecins, qui se soutiennent mutuellement. La tâche pèse moins lourdement sur chacun et chacune dont le repos est assuré par une convention de travail qui prévoit un nombre raisonnable d'heures de présence auprès de l'enfant. Les parents d'accueil reçoivent parfois une aide occasionnelle, mais ils doivent assumer une présence constante auprès de l'enfant.

L'enfant vivant dans un milieu familial perturbé vit un stress insécurisant ; il se défend des éléments nocifs qu'il perçoit et lutte pour sa survie. Le processus d'individuation est alors difficile à réaliser. Les conduites fondamentales sont troublées : alimentation, élimination, soins du corps, sommeil, sexualité. L'enfant est mal dans son corps, dans sa peau. Plus il est troublé, plus les fonctions de base doivent retrouver promptement leur régularité. Il importe donc d'évaluer si ce rétablissement a de meilleures chances d'être réalisé en famille d'accueil ou en établissement spécialisé.

Les parents naturels n'acceptent pas facilement que leur enfant leur soit retiré ; ils éprouvent aussi de la difficulté à accepter un besoin d'aide. Aussi se rebellent-ils parfois contre l'intervenant social qui propose le retrait temporaire de l'enfant. Certains vont pousser leur refus jusqu'à menacer l'intervenant et la famille d'accueil. Ces parents acceptent généralement plus facilement un placement temporaire en centre d'accueil ou hospitalier ; ils se sentent alors moins menacés dans leur fonction parentale. Au centre d'accueil les intervenants ne sont pas perçus dans une fonction parentale, mais dans un rôle professionnel d'éducateur, de psychologue, de travailleur social, de psychiatre, de médecin, etc. Ils ont alors moins le sentiment d'être jugés incompétents comme parents.

Le placement en famille d'accueil est particulièrement indiqué lorsque les parents réagissent négativement aux difficultés de l'enfant, lorsqu'ils ne comprennent pas et ne veulent pas comprendre la nature pathologique des problèmes présentés par l'enfant. Le risque est trop grand qu'ils perçoivent les troubles de l'enfant comme une manifestation de sa mauvaise volonté ou de son mauvais caractère, et qu'ils tentent de le corriger par la force, le chantage ou la menace. Pour protéger l'enfant, il vaut mieux le placer dans une autre famille sensibilisée à ses difficultés.

La nature des relations entre les membres d'une même famille peut s'avérer essentiellement et profondément pathogène. Cette famille nie en général avec force le caractère anormal de sa manière d'être avec elle-même et avec la société. L'enfant doit en être retiré et placé dans une autre famille pour sa protection et son meilleur développement personnel et social.

L'enfant qui assume un sentiment de valeur personnelle et paraît conscient de la problématique familiale, qui reconnaît les mauvais traitements subis ou le manque de soins, qui perçoit les difficultés de ses parents, risque de mieux s'adapter à un nouveau milieu (Palmer, 1971). En effet, un enfant fréquentant les milieux familiaux de ses amis, de ses compagnons de classe, de sa parenté ou du voisinage peut prendre conscience des différences dans les manières de faire et les manières d'être. Il peut alors évaluer et juger des bons et mauvais traitements, des avantages et des inconvénients et ainsi situer ce qui se passe dans sa famille sur une échelle de valeurs relative.

Par ailleurs, l'enfant qui a vécu une bonne relation avec sa mère vivra mieux le placement que celui qui a dû se contenter d'une relation pauvre et confuse (Laborey et Beittner, 1972). Dans les familles où les relations sont depuis longtemps perturbées, Briones et coll. (1978) préfèrent un placement en centre d'accueil, de même que dans le cas des familles monoparentales. Étant donné l'intensité des émotions troubles en cause, les auteurs tentent d'éviter à l'enfant l'attachement à un autre milieu, d'autant que les parents naturels peuvent à tout moment revenir sur leur consentement et exiger la présence de l'enfant auprès d'eux. Le placement en centre d'accueil est moins blessant, moins humiliant pour les parents. Ils acceptent plus facilement par la suite l'aide offerte pour résoudre leurs problèmes personnels et relationnels.

13.5.3 La famille naturelle

La famille constitue le premier milieu de l'enfant. C'est elle qui apporte la première réponse aux besoins de l'enfant et qui donne un sens à cette nouvelle vie. L'enfant en est profondément marqué. Il est le jeu et l'enjeu des désirs inconscients des parents, des grands-parents et de la famille élargie (Lemay, 1973). L'enfant vient indéniablement combler un besoin du couple. Ce besoin domine parfois la relation des parents à l'enfant, d'autres fois il cède la priorité aux besoins de l'enfant. Quel compromis doit être consenti ?

Il est toujours difficile et pénible de juger d'une situation familiale et de prendre la décision d'en retirer l'enfant. Le retrait de l'enfant constitue un bris dans un système relationnel. Les parents se sentent jugés inaptes et incompétents, agressés et non respectés dans leurs valeurs et leur être. On a vu que les enfants maltraités provenaient de familles socialement isolées, ayant souvent vécu des situations familiales comportant des mauvais traitements et de la négligence pendant plusieurs générations, des perturbations psychologiques importantes chez les adultes concernés, des réticences à demander et à recevoir de l'aide, etc.

Les parents d'enfants placés ont souvent eux-mêmes souffert de négligence, de rejet ou de mauvais traitements dans leur enfance (Bourgault et De La Harpe, 1988). Ces parents s'étaient tous jurés de ne pas répéter avec leurs enfants ce qu'ils avaient eux-mêmes subi. Et pourtant la situation se répète. Ils en sont les premiers déçus, honteux et blessés dans l'image d'eux-mêmes. Les mauvais parents qu'ils ont connus et qu'ils tentaient de ne pas copier leur sont tout à coup révélés dans leurs propres attitudes, leurs propres comportements.

Le retrait de l'enfant les blesse au plus profond d'eux-mêmes et on ne peut pas s'attendre qu'ils comprennent et partagent facilement ce qui semble logique

aux yeux de l'intervenant. Faire accepter le placement aux parents naturels apparaît indispensable à bien des intervenants (Briones et coll., 1978). Dans les faits, rien n'est moins sûr que cette acceptation. En effet, l'acceptation et la collaboration offertes par les parents naturels se révèlent avec le temps par trop superficielles (Bourgault et De La Harpe, 1988).

Du côté des parents, c'est la maladie mentale de la mère qui incite le plus souvent (26 % des cas) à placer l'enfant dans un autre foyer, puis viennent la négligence et les mauvais traitements des parents envers l'enfant (19 %), la maladie physique de la mère (14 %), l'incapacité ou le refus d'assumer les responsabilités parentales à la suite d'une naissance hors mariage ou même après le mariage (14 %). La mésadaptation socio-affective qui épuise les parents et irrite l'entourage provoque le placement dans 18 % des cas (Jenkins et Norman, 1975 ; Vachon et St-Pierre, 1982, *in* Bourgault et De La Harpe, 1988).

À la suite de la séparation et du placement de l'enfant, les parents naturels ressentent souvent de la colère et de l'amertume (53 %). L'enfant leur a été retiré pour des raisons dont ils ont honte, des motifs qui mettent en évidence leur négligence, leur incompétence ou leur dysfonctionnement. Ils se sentent agressés par le retrait, crient à l'injustice et cherchent parfois à se venger en faisant naître la discorde entre l'enfant et les parents d'accueil, en critiquant ouvertement, devant l'enfant en visite, les parents d'accueil, l'intervenant social, etc. C'est souvent en raison de cette dynamique familiale que les visites de l'enfant dans sa famille d'origine posent d'importantes difficultés et incitent les parents d'accueil ou le centre d'accueil à demander l'arrêt des visites. De retour dans sa famille d'accueil, l'enfant se montre critique, agité, angoissé, agressif, traduisant par ses attitudes et son comportement le ressentiment de ses parents naturels. C'est une manière d'affirmer sa fidélité à son milieu.

D'autres parents (24 %) ressentent plutôt une profonde culpabilité qui les tourmente et les fait souffrir. Ils se sentent responsables du retrait effectué par l'agence sociale et ils se croient accusés d'incompétence, d'incapacité, de faiblesse. Ces parents souffrent souvent de troubles psychiatriques, de mésadaptation sociale ou de difficultés conjugales. Enfin, un certains nombre (17 %) sont soulagés et reconnaissants de l'aide apportée. Dans ce type de situation, le placement est le plus souvent jugé nécessaire en raison même des difficultés présentées par l'enfant. Ils espèrent donc que le placement de l'enfant, le plus souvent en centre d'accueil, va régler tous les problèmes et que l'enfant reviendra guéri (Barr, 1974 ; Bourgault et De La Harpe, 1988). Dans cette situation, l'enfant bénéficie souvent d'activités thérapeutiques planifiées par l'établissement, et l'agence sociale assure un suivi thérapeutique des parents. Nombreux sont les parents qui ne savent pas profiter du placement de l'enfant pour réorganiser leur vie de manière à mieux faire face à leurs responsabilités, à mieux répondre aux besoins de l'enfant.

Souvent les parents, faute de suivi thérapeutique, restent prisonniers de leurs émotions, de leur rancœur, de leur culpabilité et vivent le placement de l'enfant comme une épreuve supplémentaire, une injustice de plus, refusant de voir le bien-fondé du placement et les progrès que l'enfant peut réaliser. Leur attitude demeure foncièrement critique et négative ; ils luttent contre le sentiment d'être de « mauvais parents » et projettent leur malaise sur l'enfant, les parents d'accueil, le centre d'accueil, l'intervenant social, etc.

13.5.4 La famille d'accueil

La sélection des familles d'accueil est évidemment d'une importance capitale. Elles sont appelées à jouer un rôle difficile dans des situations perturbées et complexes. Pourquoi un couple souhaite-t-il accueillir un enfant en difficulté ?

Certaines motivations paraissent tout à fait saines. Certains foyers souhaitent augmenter leur revenu mensuel avec la garde d'un, de deux ou de trois enfants. Cette motivation, franchement reconnue et admise, en vaut bien d'autres et n'apparaît pas incompatible avec la disponibilité et l'affection qu'un couple peut accorder à un enfant. Le plaisir de s'occuper de jeunes enfants, de retrouver une tâche utile une fois que les enfants naturels sont devenus autonomes, soutient la motivation de certains parents d'accueil. Ces parents, valorisés par l'éducation de leurs propres enfants, parviennent à une nouvelle estime d'eux-mêmes en reprenant en quelque sorte du service auprès d'autres enfants. D'aucuns souhaitent fournir à leurs propres enfants des compagnons de jeu, des amis proches, des équivalents de frères et de sœurs. Si l'âge des enfants accueillis correspond sensiblement à celui des enfants naturels, cela peut effectivement constituer un bon réseau relationnel, un champ d'intérêts communs. Tout le monde y trouve alors son compte.

D'autres encore acceptent de recevoir des enfants de familles en détresse afin de réaliser une œuvre sociale ou un geste philanthropique tout en restant à la maison. Il n'est pas impossible, quoique difficile, qu'un couple sans enfants et dans l'impossibilité d'en concevoir eux-mêmes réussisse à compenser son manque par cette générosité à l'égard d'un enfant d'un autre milieu. Il faut évaluer étroitement ici le caractère altruiste de la démarche et pouvoir répondre en quelque sorte de cette qualité essentielle. Des adultes qui ont connu une enfance difficile et qui ont su profiter à un moment donné d'un soutien efficace peuvent vouloir rendre la pareille à un autre enfant. Si leur besoin de reconnaissance n'est pas trop fort ou trop immédiat, cette motivation peut s'avérer tout à fait positive.

Quelques motivations apparaissent morbides et créent une contre-indication. Ainsi des parents pourraient souhaiter remplacer un enfant décédé par un enfant en difficulté. Le danger réside dans l'idéalisation de l'enfant disparu. La probabilité qu'on demande alors à l'enfant en difficulté de correspondre à l'enfant idéal est grande et déraisonnable. Les conflits ne peuvent tarder. Les parents seront déçus et l'enfant rejeté. D'autres parents peuvent désirer réparer l'échec vécu avec un des leurs auprès d'un enfant en difficulté. Les pressions faites sur l'enfant pour qu'il réussisse risquent d'écraser plutôt que de soutenir et d'aider.

Par ailleurs, un fort sentiment de culpabilité face à des échecs personnels non compensés peut pousser des parents à venir en aide à un enfant, tentant par là de se racheter à leurs propres yeux et aux yeux du monde. La culpabilité et l'envie empêcheront de voir les succès de l'enfant et soutiendront plutôt une critique acerbe et permanente qui détruira l'enfant plutôt que de favoriser son épanouissement. Un couple en difficulté ne peut pas demander l'aide d'un enfant pour rétablir sa relation conjugale, pour éviter une rupture. Aucun enfant n'a cette capacité. Pis encore, on ne place pas un enfant en foyer d'accueil afin qu'il intervienne auprès de l'enfant légitime pour l'aider dans ses difficultés. Il est déraisonnable de demander à un enfant séparé de ses parents de jouer un rôle salvateur. Il est lui-même en situation de besoin, angoissé par la séparation, insécurisé par les perturbations familiales qui ont précédé le placement. Il faut dépister les demandes déguisées d'assistance dans l'offre des parents d'accueil (Bourgault et De La Harpe, 1988).

Il faut reconnaître que la famille d'accueil idéale n'a jamais existé et qu'elle n'existera jamais, que la meilleure famille pour un enfant est sa famille naturelle ; lorsque celle-ci ne représente plus le meilleur milieu possible, toutes les autres ne constituent qu'un pis-aller.

L'adaptation de l'enfant dans la famille d'accueil dépend de plusieurs variables : son âge, son vécu familial antérieur, la gravité de sa perturbation, la qualité de sa préparation au placement, la compréhension du placement par les parents naturels et les parents d'accueil, la pathologie des parents naturels, la motivation des parents d'accueil, etc.

Les problèmes de l'enfant ne sont pas provoqués par son placement en famille d'accueil, mais le placement ajoute souvent à la perturbation déjà effective, perturbation tant émotionnelle que relationnelle. Il importe donc que le foyer ait des attentes réalistes à l'égard des retombées bénéfiques de son action philanthropique. Le foyer ne peut prétendre correspondre au milieu idéal, et l'intervenant doit conserver des attentes limitées face à ce foyer. L'enfant aura besoin de maintenir sa relation avec ses parents naturels, et des visites doivent être prévues malgré les difficultés promptement soulevées. Ces visites faciliteront la réintégration de l'enfant dans sa famille après le séjour dans le foyer d'accueil.

13.5.5 L'enfant placé

La réaction de l'enfant à la séparation de sa famille dépend de plusieurs variables. L'ensemble du vécu antérieur et actuel constitue pour nombre d'auteurs le moteur de la réaction (Bowlby, 1969 ; Freud, A., 1976 ; Malher et Pine, 1980 ; Spitz, 1965). Le retrait de l'enfant de sa famille d'origine et son placement dans un autre milieu constituent indéniablement une expérience stressante, angoissante et dramatique. L'enfant est coupé d'un vécu familial et confronté à l'impossibilité d'obtenir de ses parents l'amour et la protection, ce qui déclenche une réaction dépressive plus ou moins grave, un désespoir, un désarroi évident. S'ajoute souvent un sentiment de rejet antérieurement pressenti et concrétisé par le placement.

L'enfant exprime dans son corps et dans son comportement sa réaction au placement. L'anxiété le rend hypersensible, son sommeil devient agité et entrecoupé de réveils, les cauchemars sont plus fréquents, l'alimentation devient exagérée ou presque nulle, la digestion est troublée. Il éprouve une peur disproportionnée de l'échec. Son comportement se ritualise, il devient un phobique ou un tiqueur. L'enfant se montre parfois ouvertement hostile aux parents d'accueil qu'il rend responsables de la séparation, franchement opposé aux parents naturels qu'il accuse de rejet et de trahison. Parfois l'enfant tourne contre lui-même cette agressivité, devient téméraire, sujet à divers accidents, il connaît des échecs à répétition, se dévalorise et provoque le rejet. Il ressent le placement comme une dévalorisation intérieure profonde, se culpabilise et se perçoit négativement différent de ses pairs. Il croit que son placement est dû à ses colères trop fortes et trop nombreuses, à son manque d'obéissance, à ses faibles résultats scolaires, etc.

À l'analyse, toutes les causes évoquées se révèlent fortement exagérées. Le fonctionnement social de l'enfant se détériore parfois et son rendement scolaire traduit son malaise intérieur. L'enfant met ses nouvelles relations à l'épreuve, il les teste pour se sécuriser sans se rendre compte de l'irritation qu'il provoque. À l'école, il manifeste un retrait des activités scolaires. Son agressivité prend la forme de fanfaronnades ou de pitreries. Il ruse avec les représentants de l'autorité parentale sur qui il reporte sa hargne. Parfois l'enfant tente de se faire oublier : par honte et crainte d'être encore une fois rejeté, il s'efface en se conformant minutieusement aux règles.

L'enfant plus âgé (10 ans et plus) comprend mieux le placement et les raisons qui le motivent, alors que l'enfant plus jeune (7 ans et moins) réagit plus négativement parce que la raison ne vient pas soutenir et nuancer la réaction émotive. Le plus jeune ressent des sentiments très ambivalents vis-à-vis des parents d'accueil, alors que le plus vieux cherche davantage un terrain d'entente, une solution de compromis (Palardy-Laurier, 1986).

Le défi psychologique majeur avec lequel l'enfant placé doit composer correspond à la recherche de son identité. De qui est-il l'enfant ? De qui sera-t-il l'enfant ? À qui va-t-il s'identifier : aux parents naturels qu'il ne voit presque plus ou aux parents d'accueil qu'il côtoie tous les jours ? Cela pose la question de sa loyauté envers ses parents d'origine. C'est pour tenir compte de cette dimension que les intervenants sociaux favorisent le maintien des visites de l'enfant dans son foyer naturel malgré les difficultés qu'elles soulèvent. Ces visites aident l'enfant à percevoir ses parents de façon plus réaliste, à maîtriser son angoisse de séparation et à considérer ses parents d'accueil comme étant moins menaçants puisqu'ils lui permettent ces visites.

L'enfant fait face à deux modèles de parents : ses parents d'origine et les parents nourriciers. Ces derniers, pour des raisons pratiques et souvent sans s'en rendre compte, agissent comme s'ils étaient les vrais parents, les seuls parents de l'enfant. Si le modèle familial des parents naturels est trop différent du modèle proposé par les parents d'accueil, la confusion et l'ambivalence de l'enfant n'en est que plus grande. Sa loyauté à ses propres parents pose davantage de problèmes si le milieu d'accueil paraît plus généreux, plus riche en stimulations et en expériences de toutes sortes, mieux pourvu matériellement.

Depuis quelques années, un nouveau concept est utilisé pour comprendre la profondeur et l'étendue de la réaction de l'enfant au placement et aux autres événements stressants de la vie : le degré de vulnérabilité ou d'invulnérabilité (Anthony et Cohler, 1987 ; Palardy-Laurier, 1986). Il s'agit d'évaluer ce que l'environnement apporte à l'enfant pour l'aider à se développer, et le profit que l'enfant tire de cet environnement compte tenu de ses capacités internes, de son âge, de son niveau de développement, de ses conflits psychiques, etc. Ainsi, l'intensité de la réaction d'un enfant à un événement exprime sa vulnérabilité.

L'enfant retiré de sa famille a enregistré depuis un bon moment déjà la menace de la séparation. Le placement ne vient que matérialiser une angoisse déjà active et identifier cette menace que l'enfant pressentait confusément. La vulnérabilité de l'enfant l'a déjà incité à activer des mécanismes de défense ou d'adaptation qui le soutiennent dans cette épreuve ou qui l'incitent à rejeter l'expérience, à refuser de composer avec la situation. Cette vulnérabilité demeure un système dynamique qui peut être modifié si le milieu comprend l'enfant et lui apporte le soutien nécessaire que son état psychique actuel ne lui procure pas. Si le milieu d'accueil sait compenser les faiblesses de l'enfant et reconnaître ses forces, il est possible que l'équilibre se rétablisse et atteigne un seuil plus élevé et plus large. L'enfant entretient des attentes personnelles face à ce nouveau milieu, et si elles y trouvent des réponses satisfaisantes, l'état psychique de l'enfant se renforce et s'enrichit.

POST-TEST

1- *Vrai ou faux.* La santé est incompatible avec l'instabilité chronique du mode de vie.

2- *Vrai ou faux.* Evans et coll. (1981) ont démontré que le moment optimal pour initier les enfants à un programme de prévention contre le tabagisme se situe autour de 5-6 ans.

3- *Complétez la phrase.* Une .... se renforce d'elle-même par sa répétition et par la réponse compensatoire qu'elle apporte à des .... autrement frustrés et bien souvent inconscients.

4- Dans la famille, quel peut être un effet secondaire positif de l'amélioration des habitudes de vie des parents ?

5- Qu'est-ce que la douleur physique ?

6- *Vrai ou faux.* Quand il s'agit de subir un traitement qui peut comporter de la douleur physique, certains enfants collaborent mieux et semblent plus facilement accepter les inconvénients des procédés utilisés lorsque leurs parents sont absents que lorsqu'ils sont présents.

7- Identifiez un facteur psychologique qui contribue à amplifier la détresse des enfants d'âge préscolaire dans l'expérience douloureuse.

8- Identifiez deux types de stratégies d'intervention auprès d'enfants souffrants et angoissés.

9- Identifiez trois types de douleurs souvent qualifiées de « maux de croissance ».

10- Identifiez deux traitements couramment utilisés pour apporter un soulagement aux douleurs dues à la croissance physique chez l'enfant.

11- *Vrai ou faux.* L'hospitalisation et l'intervention chirurgicale impliquent une expérience stressante en soi, mais qui ne peut entraîner de détresse psychologique chez l'enfant.

12- *Vrai ou faux.* Toute maladie entraîne des restrictions plus ou moins importantes. Ces restrictions sont souvent justifiées mais souvent aussi apportées à tort.

13- Chez le personnel soignant l'enfant malade, l'acte professionnel ne parvient pas toujours à dissimuler entièrement la réaction personnelle. Quelle conséquence cette réaction personnelle peut-elle avoir ?

14- *Complétez la phrase.* L'angoisse surgit chez tout enfant malade avec plus ou moins d'intensité, elle fait partie de la maladie sur un mode ou sur un autre selon le niveau de .... de l'enfant.

15- Pour l'enfant d'âge scolaire, identifiez une conséquence agréable et une autre désagréable associée à la maladie.

16- Un parent, un médecin ou un adulte sûr de lui qui intervient auprès d'un enfant malade s'avère d'emblée rassurant, mais si l'inquiétude le tourmente, qu'arrive-t-il généralement ?

17- Identifiez deux bénéfices du développement qu'une maladie de courte durée peut comporter.

18- Dans les maladies dites « à crises », de quoi relève surtout l'angoisse ressentie par l'enfant ?

19- *Vrai ou faux.* Chez l'enfant, la compréhension de la mort est aussi complète que chez l'adulte.

20- Comment les intervenants adultes (médecin, infirmière, parents) traduisent-ils souvent leur observation de l'enfant qui semble se laisser mourir ?

21- Quelle est la personne la plus apte à servir de guide quant à savoir si l'on doit ou non annoncer à l'enfant mortellement atteint sa mort prochaine ?

22- Identifiez trois entités concernées par le retrait de l'enfant de son milieu.

23- *Vrai ou faux.* Pour l'enfant, au cours des premiers mois de sa vie, la qualité des soins qu'il reçoit est plus importante que la personne qui prodigue ces soins.

24- Selon Goldstein et coll. (1978), la capacité de l'enfant de tolérer sans trop de dommage psychologique l'absence de ses parents varie selon son âge. Selon lui, à partir de quel âge l'enfant peut-il supporter une absence parentale de quelques semaines ?

25- *Vrai ou faux.* Toute séparation entre l'enfant et ses parents se prolongeant au-delà de la période critique, peu importe l'âge du sujet, soulève des angoisses d'abandon, des sentiments de rejet.

26- Quels sont les deux grandes catégories de raisons motivant le placement d'un enfant ?

27- *Vrai ou faux.* L'enfant qui a vécu une bonne relation avec sa mère, une relation chaleureuse et généreuse, ne vivra pas mieux le placement que celui qui a dû se contenter d'une relation pauvre et perturbée.

28- À la suite de la séparation et du placement de leur enfant, quels sont les deux sentiments que la majorité des parents ressentent ?

29- Énumérez trois facteurs qui peuvent influencer l'adaptation de l'enfant dans la famille d'accueil.

Chapitre 14
Psychopathologie de l'enfant

PLAN

PRÉTEST

1- Les pathologies infantiles sont reliées à certaines grandes catégories de facteurs. Identifiez trois des quatre catégories que Losson (1988) propose.

2- Plusieurs auteurs ont souligné l'influence déterminante d'une relation spécifique sur le développement d'une psychopathologie de l'enfant. De quelle relation s'agit-il ?

3- Parmi les nombreuses incertitudes qui subsistent dans le domaine de l'adaptation du jeune enfant à son milieu, identifiez une chose que l'on sait de façon sûre.

4- Identifiez quatre fonctions de base de l'enfant susceptibles d'être affectées par des malaises vécus par celui-ci dans sa relation avec son milieu.

5- Identifiez trois types de déviations alimentaires rencontrées chez le nourrisson.

6- Qu'est-ce que commence à réaliser le bébé vers 3-4 mois et qui fait de cette période un moment particulier de son développement ?

7- *Vrai ou faux.* Lorsque les nuits de l'enfant de 18-24 mois sont mauvaises, agitées, il est rare que la cause réside dans l'activité de la journée.

8- Identifiez trois symptômes qui peuvent se trouver en association avec une anorexie mentale non traitée chez l'enfant.

9- *Vrai ou faux.* Dans le traitement de l'anorexie mentale du nourrisson, il importe de ne forcer que graduellement l'enfant à accepter la nourriture qu'il refuse.

10- En quoi consiste le mérycisme ?

11- *Vrai ou faux.* Les bébés mérycoles n'éprouvent habituellement pas d'angoisse devant les personnes étrangères.

12- Décrivez l'asthme.

13- *Vrai ou faux.* L'asthme du nourrisson apparaît entre 6 et 12 mois et disparaît dans 80 % des cas avant 2 ou 3 ans.

14- *Vrai ou faux.* Les explications de l'asthme du jeune enfant sont autant de source biologique que psychologique.

15- Certains auteurs (Spitz et Cobliner, 1968, notamment) estiment que la présence permanente de la mère nuit à l'élaboration de la représentation du visage maternel par le bébé. Expliquez brièvement comment.

16- Expliquez brièvement ce qui se passe dans la forme « bleue » du spasme du sanglot.

17- *Vrai ou faux.* Dans sa forme « blanche », la crise du spasme du sanglot est subite, presque sans phénomènes annonciateurs.

18- Expliquez brièvement comment le « non » si fréquent chez l'enfant vers 2-3 ans est utile au développement de son individuation.

19- Plusieurs auteurs s'accordent pour concevoir la psychose infantile comme un échec dans l'intégration par la pensée des expériences personnelles. Expliquez brièvement.

20- Chez l'enfant affichant des troubles psychotiques précoces, identifiez trois symptômes observables susceptibles d'amener les parents à consulter au sujet de leur enfant.

21- L'autisme infantile atteint de trois à quatre fois plus souvent les filles que les garçons.

22- *Vrai ou faux.* L'enfant schizophrène atteint habituellement un stade de développement un peu plus avancé que l'enfant autistique.

23 Si la psychose infantile renvoie à une perturbation de l'intégration de l'expérience par la pensée, à quoi les traits névrotiques de l'enfance renvoient-ils ?

24- Identifiez trois modes somatiques d'expression de l'angoisse chez l'enfant.

25- À partir de quel indice peut-on présumer que la peur prend une couleur pathologique chez l'enfant ?

26- Identifiez l'âge correspondant à la période où le surmoi de l'enfant est plus rigide :

    a) 4 à 6 ans ;

    b) 5-6 à 8-9 ans ;

    c) 8-9 à 10-11 ans ;

    d) 10 à 12 ans.

27- Dans les cas de troubles du comportement, quel profil de relations sociales l'enfant mal socialisé et agressif presente-t-il habituellement ?

28- *Vrai ou faux.* Il est rare qu'un enfant normal présente des manifestations névrotiques au cours de son développement.

29- Qu'est-ce qu'une phobie scolaire ?

30- Quelle est la fonction des obsessions que l'enfant peut développer ?

31- *Vrai ou faux.* Les symptômes de conversion hystérique associés à des réactions hystériques se rencontrent fréquemment chez les enfants de 6-10 ans, surtout les filles.

32- Quelle croyance trouve-t-on souvent chez l'enfant dépressif en ce qui concerne ses parents ?

14.1 INTRODUCTION

D'importants progrès dans la compréhension de la psychopathologie infantile ont été réalisés avec les travaux de Bowlby (1980), Brazelton (1983), Escalona (1980), A. Freud (1976), Klein et coll. (1976), Kreisler (1978, 1981), Lebovici (1983), Mahler et Pine (1980), Stern (1981), Thomas et Chess (1980), Winnicott (1969, 1971), etc.

Un milieu social inadéquat peut provoquer divers troubles affectifs et ainsi gêner le développement cognitif de l'enfant, son adaptation sociale et scolaire. Certaines déficiences ou mauvais fonctionnements de nature organique peuvent être cause de retards du développement et de difficultés d'apprentissage. Un même handicap physique, moteur ou sensoriel, n'a pas les mêmes répercussions sur les plans psychologique et social selon l'attitude et les disponibilités matérielles et affectives du milieu. Des difficultés émotionnelles peuvent ainsi bloquer des processus cognitifs et nuire des points de vue social et scolaire.

Les pathologies infantiles sont liées soit (Losson, 1988) :

1- à l'insuffisance sous diverses formes (organique, physique, affective, sociale, matérielle, etc.) ;

2- à la surcharge d'excitations ou au manque de protection de l'enfant de la part du milieu immédiat ;

3- aux incohérences quantitatives, qualitatives et temporelles dues à la pauvreté matérielle, sociale ou affective de l'environnement familial ;

4- aux discordances dans les attitudes du milieu à l'égard de l'enfant, attitudes favorisant ou défavorisant telles ou telles fonctions ou aptitudes aux dépens d'autres fonctions.

L'âge auquel apparaissent des symptômes en psychopathologie infantile est révélateur de la gravité et la signification du trouble. Ainsi une anorexie, une insomnie ou une dysharmonie du développement n'ont plus du tout le même sens selon que le sujet qui en souffre est un jeune bébé, un enfant d'âge préscolaire ou un enfant d'âge scolaire. Les stades de développement physiologique et psychologique atteints par l'enfant au moment de l'apparition du trouble conditionnent autant les défenses des systèmes organiques que celles des systèmes psychologiques et sociaux.

Le présent chapitre tient compte de cette dimension et est divisé en trois parties. La première traite de la psychopathologie du premier âge, c'est-à-dire du bébé naissant jusqu'à l'âge de 30 mois environ. La deuxième section traite de la psychopathologie propre au jeune enfant entre 2 et 5 ans, et la dernière division est consacrée à la psychopathologie de l'enfant d'âge scolaire.

Si dans ce chapitre nous utilisons parfois le terme « mère », comme l'ont traditionnellement fait les auteurs marquants dans le domaine de la psychologie, c'est par souci des simplicité et parce que c'est le plus souvent la mère qui prend soin de l'enfant, surtout lorsqu'il est en bas âge. Cependant, qu'il soit clair que ce terme désigne le parent ou un substitut, c'est-à-dire la personne qui s'occupe le plus régulièrement de l'enfant.

14.2 LA PSYCHOPATHOLOGIE DU PREMIER ÂGE

La psychopathologie du premier âge exige une collaboration multidisciplinaire. Le nourrisson est présenté au pédiatre pour le moindre trouble. Celui-ci a souvent besoin des informations de l'obstétricien pour comprendre les pathologies somatiques précoces. Le neurologue peut éventuellement procéder à des examens, mais ce n'est généralement qu'à bout de ressources que l'on fait appel au pédopsychiatre ou au psychologue de la petite enfance.

Plus tard, dès que l'enfant fréquente la garderie ou l'école, d'autres intervenants, sensibles au développement normal de l'enfant et à ses perturbations, peuvent alerter les parents et les autres autorités compétentes pour venir rapidement en aide à l'enfant en situation de besoin. Les professeurs, l'infirmier, le travailleur social, le psychologue, l'orthopédagogue, l'orthophoniste, le psychiatre, etc. s'ajoutent aux parents et aux médecins principalement concernés jusqu'alors, souvent hélas trop uniquement concernés !

L'interaction parent—enfant représente une composante particulièrement importante du vécu de l'enfant. Mahler et Pine (1980), Lemay (1983), Fromm et Smith (1989) ont démontré l'influence marquante de cette relation sur le développement et les vicissitudes des mouvements intrapsychiques de séparation et d'individuation. Évidemment, la personne qui prend habituellement charge de l'enfant risque d'être très engagée dans l'élaboration de toute psychopathologie du très jeune bébé. Un nourrisson n'existe pas sans sa mère affirmait Winnicott (1969). La dépendance du bébé à l'égard du fonctionnement psychologique de la mère engage cette dernière beaucoup plus qu'elle ne le croit et, réciproquement, la manière d'être de l'enfant interfère avec la manière d'être de la personne qui en prend soin (Thomas et Chess, 1980). Cette influence réciproque est bientôt partie intégrante du développement et du fonctionnement psychique de l'un et de l'autre (Brazelton, 1983 ; Stern, 1981). La qualité de la relation agit sur ces influences réciproques. C'est ainsi qu'on peut affirmer que le symptôme dépend autant de l'organisation psychique de l'enfant que de celle de la mère (Kreisler et Cramer, 1985).

Les recherches indiquent des potentialités remarquables chez le bébé pour entreprendre une relation fondamentale et structurante à la mère. Ces études mettent en évidence une organisation adaptative précoce (Brazelton, 1973, 1979 ; Escalona, 1980 ; Fantz, 1963 ; Kestemberg et coll., 1981 ; Tronick et coll., 1978 ; Wolff, 1966). Très tôt l'enfant multiplie les efforts pour s'adapter à la vie et à son milieu. Les résultats ne sont malheureusement pas toujours fructueux malgré les soins apportés par le milieu. Entre le bébé et le milieu s'élabore une relation complexe dans laquelle il n'est pas facile de déterminer les rôles de l'un et de l'autre aussi bien dans le développement normal que dans l'élaboration d'une pathologie. Ce que l'on sait de façon sûre, c'est que l'enfant autant que le milieu, chacun avec les moyens qui lui sont propres, agissent l'un sur l'autre. Si certains milieux peuvent facilement être dénoncés

pour leurs carences ou leurs inaptitudes à prendre soin d'un enfant, il faut reconnaître que certains enfants refusent obstinément ce que le milieu leur offre pourtant adéquatement, d'autres gobent tout ce qui leur est présenté et semblent même en manquer alors que l'offre paraît quantitativement et qualitativement adaptée.

Le jeune bébé ne sait pas « verbaliser » ses malaises et utilise son corps et ses fonctions pour manifester ses difficultés. Les fonctions de base particulièrement touchées sont le sommeil, l'alimentation, la digestion, l'élimination et la respiration. Le pédiatre ou le médecin de famille est le premier consulté. Il constate la difficulté somatique, tente parfois de régler le problème par une médication appropriée ou par quelques conseils fondés autant sur l'expérience acquise que sur le « gros bon sens », mais la cause du trouble n'est pas pour autant éliminée. Faire disparaître un symptôme ne signifie pas pour autant la résorption de la cause. Bien souvent le « temps arrange les choses », mais on ne sait pas trop ce qui s'est arrangé et comment cela s'est fait. Bien des enfants multiplient les appels à l'aide en cumulant les troubles, les maladies : refus de manger, vomissements, insomnies, convulsions, asthme, spasme du sanglot, otites, coliques, constipation, eczéma, allergies diverses, infections à répétition, etc. Ce n'est souvent que plusieurs années plus tard que l'on constate qu'une intervention psychothérapique auprès de l'enfant, des parents ou de la famille aurait été bénéfique et aurait probablement évité bien des difficultés et surtout l'envenimement d'une situation.

Bien que l'on constate ces dernières années une ouverture vers la consultation pluridisciplinaire, on ne peut pas dire que la consultation d'un collègue psychiatre ou psychologue soit une pratique courante chez les pédiatres et médecins omnipraticiens. Le recours rapide aux prescriptions prolongées de sédatifs est carrément à dénoncer. Si le médicament soulage rapidement, il n'aide pas pour autant les parents à s'adapter à leur enfant, et l'enfant à se faire comprendre de ses parents et à s'adapter à son milieu. La capacité de l'enfant sous sédatifs à supporter l'angoisse est artificielle.

Les désordres psychosomatiques du nourrisson les plus fréquents sont (Kreisler, 1985) :

1- Les troubles à expression neurologique :

- les troubles du sommeil : insomnie, hypersomnie, attaque d'angoisse nocturne, convulsions ;

2- Les déviations alimentaires :

- anorexie, sélection alimentaire ;
- inadéquations motrices : absence de mastication, persistance de la déglutition primaire ;
- absorptions alimentaires aberrantes : ingestion de terre, d'excréments ou de substances non comestibles ;
- boulimie ;
- potomanie[1] ;

3- Les désordres digestifs :

- vomissements, mérycisme[2], syndrome des vomissements cycliques ;
- coliques du premier trimestre, douleurs abdominales ;
- colites, rectocolites ;
- ulcère gastroduodénal ;

4- Les troubles de l'élimination :

- constipation, mégacôlon[3] psychogène ;
- diarrhée, côlon irritable ;

5- Les troubles respiratoires :

- asthme, spasme du sanglot ;

6- Les troubles cutanés :

- eczéma, urticaire, pelade, psoriasis ;

7- Les syndromes généraux :

- troubles de la croissance (nanisme psychogène), malnutrition ;
- obésité ;

---

1. Trouble des conduites alimentaires caractérisé par un besoin incoercible de boire constamment (*Dictionnaire de médecine Flammarion*).

2. Retour anormal des aliments de l'estomac dans la bouche (*Petit Robert 1*).

3. Affection congénitale ou acquise, caractérisée par une dilatation anormale d'une partie ou de la totalité du gros intestin (*Dictionnaire de médecine Flammarion*).

- maladies allergiques ;
- infections à répétition.

L'espace disponible dans ce chapitre ne permettant pas de traiter de tous ces sujets, quelques-uns seulement seront abordés.

14.2.1 L'insomnie du nourrisson

L'insomnie du bébé constitue une forme d'appel à l'aide. Il est normal, durant le premier mois de vie, que le nourrisson s'éveille au moins une fois durant la nuit. Il se rendort relativement vite après que l'on s'est convenablement occupé de lui : le changer, le tourner, le nourrir légèrement s'il y a lieu, le langer, etc. C'est vers 3-4 mois que les troubles du sommeil apparaissent ou vers 12-15 mois, ou plus tard encore vers 2-3 ans.

La fréquence de l'insomnie et ses incidences pratiques en font un trouble majeur de la clinique psychosomatique de la petite enfance (Kreisler, 1985). Quelle qu'en soit la cause, l'insomnie entraîne indubitablement des conséquences importantes sur la vie familiale. L'agitation nocturne du bébé, ses cris et ses pleurs suscitent parfois des réactions violentes chez les parents. L'énervement de ceux-ci et leur épuisement se transmettent à l'enfant de plus en plus insomniaque. Un cercle vicieux s'installe et risque de dégénérer en conflit relationnel, en mauvais traitement, en mésentente conjugale, etc.

Le sommeil du nourrisson est léger, vulnérable au bruit, à la lumière, aux tensions familiales et particulièrement à l'angoisse de la personne qui en a la charge. Dans les 3-4 premiers mois, le cycle sommeil—veille est conditionné par les besoins de l'enfant. Celui-ci est réveillé par la faim et la satiété l'endort. Généralement éveillé par une tension désagréable, le nourrisson apprend à chasser de façon efficace cette tension par la succion, le contact corporel avec sa mère, le son de la voix, le bercement et l'odeur de celle-ci. Très tôt il reconnaît sa mère et sa présence le calme. Il est facile d'établir une relation directe entre certaines insomnies et les frustrations archaïques vécues dans cette relation à la mère. En effet, même si l'immaturité sensorielle et mentale protège en quelque sorte le nourrisson contre les excitations extérieures trop fortes, c'est quand même à la personne qui en a la charge que revient la tâche de protéger la tranquillité du bébé, tant durant les phases de sommeil que d'éveil.

Vers 3-4 mois, l'enfant traverse un moment critique de son développement. Il commence à saisir que le monde environnant est parfois frustrant, qu'il ne répond pas automatiquement à tous les besoins. Les états de plaisir et de déplaisir, tout en demeurant intimement liés aux besoins physiologiques, s'orientent de plus en plus vers la personne même qui prend soin du bébé. Il lui sourit, s'apaise à sa vue. Il reste toutefois vulnérable, l'angoisse surgit facilement et le tient en alerte. Il devient criard, excitable, nerveux et irrite aisément ses parents. Vers la même époque, les parents retrouvent généralement avec plaisir leurs intérêts d'antan ou de nouveaux désirs et portent alors une attention moins exclusive à leur enfant. Ce dernier ressent bien ce mouvement chez eux et réagit en redoublant ses exigences à leur endroit. Cette réaction peut agacer les parents, les irriter à leur insu. Une « mésentente » s'amorce, une tension s'installe entre les parents et l'enfant. Le sommeil de celui-ci devient plus surperficiel et l'éveil en est facilité d'autant.

Vers 1 an, dès que la marche est acquise ou presque, les troubles du sommeil augmentent de façon significative. Éveillé, curieux, intéressé au monde qu'il découvre, il a peine à accepter le retrait vers la chambre à coucher, la solitude, la noirceur. Il voudrait poursuivre et accroître sa maîtrise sur les objets et les personnes qui l'entourent. Avide de voir, de toucher, de goûter, d'explorer, il se sent à la fois puissant et faible, et l'un et l'autre sentiment l'excitent. Une alternance entre la dépendance et l'opposition pour affirmer son autonomie s'instaure. Il explore, il ose, mais il demeure malgré les apparences un grand inquiet facilement effrayé. Pour surmonter la séparation qu'imposent le sommeil puis l'angoisse liée à cette séparation, l'enfant aura recours à mille subterfuges. C'est le début des activités auto-érotiques, des rituels du coucher et de l'endormisse-

ment, des objets transitionnels, etc. Le fait que l'enfant conserve ou non sa sieste de l'après-midi n'a rien à voir avec la rapidité de son endormissement et la qualité de son sommeil la nuit. Supprimer la sieste afin que l'enfant dorme mieux et plus promptement en soirée n'est pas le meilleur moyen pour régler le problème, et les résultats sont le plus souvent désastreux. C'est l'âge où les parents doivent entraîner l'enfant à certaines habitudes de vie, à une certaine régularité dans les soins et le sommeil. Pour s'endormir l'enfant aura besoin de calme, de silence, d'obscurité progressivement installée en fin de soirée.

Vers 1½-2 ans survient un autre moment délicat. L'enfant commence à se distancier de ses parents, à tolérer leur absence momentanée, mais il reste attentif à leurs aller et retour. L'angoisse augmente encore une fois et le sommeil peut plus facilement en être perturbé. Le manque de régularité dans l'horaire du coucher, l'excitation et le bruit sont fréquemment cause d'insomnie à cet âge. Une vie trop mouvementée, incohérente le jour, une surstimulation, un climat familial confus, etc. sont aussi en relation avec l'insomnie des enfants de cet âge, particulièrement chez les enfants actifs et en avance dans leur développement. L'enfant ne devrait plus dormir dans la chambre des parents mais dans un lieu séparé. S'il s'éveille, on ne devrait pas le prendre trop vite dans les bras mais plutôt tenter de le consoler tout en le laissant dans son lit.

Le clinicien doit, devant l'insomnie du bébé, vérifier une triple étiologie : difficulté organique, vice dans l'apprentissage du cycle veille—sommeil, trouble psycho-affectif. Le pédiatre ou le médecin omnipraticien portera attention aux possibilités d'infections aiguës ou chroniques, générales ou neurologiques, dont les conséquences douloureuses peuvent tenir l'enfant éveillé et le rendre pleurnichard. Une maladie bénigne ou grave peut aussi être en cause, la fonction même du sommeil peut en être perturbée. Si les résultats de l'examen médical s'avèrent négatifs, il faut, dans un deuxième temps, examiner les conditions du sommeil. Des erreurs diététiques provoquent souvent l'insomnie : suppression trop précoce du repas de nuit ou de fin de soirée, mauvaise connaissance des besoins spécifiques en nutrition (quantité et qualité), mauvais ajustement du rythme et des horaires des repas, insuffisance de la durée de la tétée ou du repas, etc. D'autres fois on découvre un milieu trop bruyant, agité, surpeuplé, ou une incohérence et une instabilité dans les soins apportés. Les conditions ambiantes de vie diurne doivent aussi être vérifiées ; lorsque les nuits sont mauvaises, agitées, la cause réside souvent dans l'activité de la journée. Ces conditions sont facilement corrigées par une information pertinente sur le développement et les besoins de l'enfant et quelques conseils judicieux sur l'éducation. La gravité de l'insomnie est aussi à considérer selon les caractéristiques du sommeil liées à l'âge et au style de l'individu. Il y a de grands et de petits dormeurs. Enfin, il arrive que l'insomnie de l'enfant soit reliée à un conflit chez le sujet lui-même ou dans la relation qui le lie à sa mère ou à ses deux parents. La personnalité de la mère ou du père, la nature de la relation entre les deux conjoints, certaines attitudes profondes, voire inconscientes chez eux peuvent entretenir l'insomnie du nourrisson. C'est dans ces derniers cas que la référence au pédopsychiatre ou au psychologue d'enfant est indispensable.

Certaines formes d'insomnie sont plus graves. Ainsi en est-il de la grande insomnie tapageuse des bébés braillards et criards. Ces enfants épuisent littéralement leurs parents et si le recours à la médication est inévitable, le traitement doit dépasser cette étape et venir en aide plus étroitement à l'enfant qui éprouve de sérieuses difficultés sur le plan de la personnalité. L'insomnie silencieuse constitue aussi un grave problème. Le bébé reste éveillé durant de longues périodes, tant le jour que la nuit, les yeux grands ouverts, silencieux, presque immobile. L'insomnie accompagnée d'activités motrices rythmées et intenses traduit une attitude auto-agressive dont la gravité ne fait pas de doute. Ces formes graves d'insomnie expriment généralement une perturbation psychologique importante. L'univers symbiotique de l'enfant réunit probablement celui-ci à un parent qui éprouve de réelles difficultés à entendre et à traduire convenablement les besoins. Les réponses sont peut-être inadéquates, contradictoires et agressent l'enfant sans qu'il ne s'en rende compte. Ces grandes insomnies ne sont généralement pas liées à quelque cause organique, mais souvent associées à une forme précoce de psychose infantile, autisme[4] ou psychose symbiotique. D'où l'importance d'une consultation en psychiatrie ou en psychologie.

14.2.2 L'anorexie mentale du nourrisson

L'anorexie mentale du nourrisson est certes la plus fréquente des conduites alimentaires déviantes. Elle prend des formes plus ou moins complexes et graves selon les mécanismes engagés dans le symptôme. L'anorexie mentale différencie l'enfant qui ne désire pas manger, qui s'oppose à la nourriture, de l'enfant qui n'a physiologiquement pas faim, souffrant d'anorexie organique. Devant un enfant qui ne se nourrit pas ou se nourrit mal, le médecin vérifie d'abord s'il s'agit d'une maladie organique. Si tel n'est pas le cas, c'est probablement une forme simple ou complexe d'anorexie mentale. Parfois l'appétit manque parce que la faim est déficiente à la suite d'un dysfonctionnement organique ou d'une transposition psychosomatique. D'autres fois, l'appétit manque malgré la présence de la faim, l'enfant ne désirant pas manger. À d'autres occasions, malgré l'appétit et la faim, l'enfant ne veut pas manger, il fait la grève de la faim, il conteste. C'est le cas de l'anorexie mentale simple, la plus fréquente.

Dans l'anorexie mentale simple le nourrisson résiste à la nourriture présentée. C'est une opposition manifestée dans la relation à l'autre. L'interaction devient négative si la personne qui a la charge de l'enfant s'entête à son tour et force ce dernier à ingurgiter à tout prix les aliments offerts. Cette anorexie survient vers 5-6 mois environ. Le médecin est frappé par l'apparence vive et gaie de l'enfant actif, éveillé, de contact facile, très expressif du regard et souriant aisément.

---

4. Repliement sur soi-même, pensée détachée de la réalité extérieure ; attitude caractéristique des malades schizophrènes (*Petit Robert 1*).

L'anorexie mentale de la deuxième année met en place un enfant toujours aussi vif, agile, rapidement à l'aise et qui tourne facilement le cabinet de consultation en terrain de jeux, tout en ne perdant rien de la conversation établie entre la mère et le médecin. La mère décrit promptement la complexité et le caractère dramatique des repas. Elle narre tous les subterfuges du petit pour échapper à la situation, retarder l'échéance de la première bouchée. Elle raconte aussi ses propres stratégies pour le faire manger : chanter, raconter une histoire, échanger un jouet contre une bouchée, prendre une bouchée pour papa, pour grand-maman, pour l'ourson, etc. Elle raconte comment elle profite de sa somnolence pour lui proposer le biberon. Si elle est en confiance et si tel est le cas, elle racontera peut-être qu'elle lui pince parfois le nez afin qu'il ouvre la bouche, et comment elle s'empresse d'y vider la cuillère et de la refermer de force afin « de l'alimenter un peu ». La scène se termine le plus souvent par les vomissements. Elle ne sait plus quoi faire pour le faire manger. « Le problème, c'est de le faire manger ! » Les consultations ont été nombreuses, variées et contradictoires. Parfois l'enfant accepte de se nourrir un certain temps selon le moment, la situation, le lieu, la personne, pour reprendre son comportement anorexique le lendemain ou la semaine suivante. D'autres fois le refus est relatif à certains aliments. La soif demeure normale dans tous les cas d'anorexie mentale, seul l'appétit est touché. Bref, le schéma fondamental est toujours le même malgré les variations infinies ; un enfant refuse de s'alimenter et un entourage cherche des moyens efficaces de l'y contraindre (Kreisler, 1985).

L'anorexie mentale se résorbe rapidement si elle est promptement traitée, ou se perpétue pendant des années et s'associe à d'autres troubles faute d'être corrigée. L'augmentation en poids, quoique régulière, demeure faible. Si au contraire il y a amaigrissement, il ne s'agit peut-être pas d'une anorexie mentale mais organique ou d'une autre maladie non diagnostiquée. L'attitude d'opposition inhérente au comportement anorexique évolue également. Si elle n'est pas traitée, l'opposition peut donner lieu à une organisation autour d'autres dimensions dans la famille ou plus tard à l'école. L'insomnie, les crises de colère, le spasme du sanglot, les terreurs nocturnes, une alternance des comportements boulimiques et anorexiques, sont autant de symptômes s'associant à une anorexie mentale non traitée.

Les causes de l'anorexie sont variées. Ce sera un traumatisme plus ou moins grave : le sevrage, une maladie bénigne ou sérieuse, une intervention chirurgicale, une vaccination, une poussée dentaire douloureuse, une suralimentation, le passage du biberon à la cuillère, un nouvel aliment, etc. Un événement entraîne un refus de la nourriture, le refus s'affermit rapidement et l'anorexie s'installe en l'espace de quelques semaines. Ce comportement traduit parfois une projection plus ou moins intensive sur les aliments du sentiment d'être intérieurement « mauvais ». L'anorexie constitue alors un repli narcissique et une déviation des investissements psychiques tant narcissiques qu'objectaux. L'instinct de conservation s'avère pauvre, voire déficient.

Le caractère particulièrement vif et éveillé de l'enfant anorexique ne doit pas méprendre. Cette manière d'être s'accompagne souvent d'une absence d'angoisse devant la personne étrangère. Cette angoisse est normalement présente dans le second semestre de la première année de vie (voir la sous-section 12.2.4). Fain (*in* Kreisler et coll., 1981) a montré comment l'angoisse suscitée par la nourriture se substituait à l'angoisse normalement ressentie devant l'étranger. Normalement, la crainte qu'inspire le visage de l'étranger n'est rien d'autre qu'une projection sur celui-ci du « caractère étrange » que prend aux yeux de l'enfant la mère frustrante. C'est pour nier l'angoisse de vivre à nouveau la frustration imposée par le parent et nier l'agressivité ressentie envers ce dernier que l'enfant craint ainsi la personne étrangère. Dans l'anorexie, cette projection se fait sur la nourriture plutôt que sur la personne étrangère. Il y a dans le refus de la nourriture un langage symbolique qui doit être décodé. Ce langage est parfois suffisamment éloquent et évident pour que tout le monde comprenne le vrai refus. Ainsi l'anorexie suit parfois la naissance d'un cadet, un déménagement, une séparation des parents, le début de l'entraînement à la propreté, etc. Par contre il serait abusif de réduire l'anorexie à un reflet fidèle de ce qui se passe entre le parent et l'enfant. L'activité alimentaire est largement investie, et tout ce qui se passe autour compte autant que ce qui se passe entre le parent et l'enfant. Toutes les interactions dans les domaines autres qu'alimentaire viennent jouer dans le creuset de la relation parent−enfant au moment du repas.

Dans certains cas, l'anorexie du nourrisson traduit le sentiment de l'enfant de ne pas être accepté pour ce qu'il est. Derrière l'inquiétude anxieuse des parents se cache peut-être une agressivité à l'égard de cet enfant né trop tôt, qui oblige à des réaménagements conjugaux qu'un ou les deux parents n'étaient pas prêts à vivre. Le sexe de l'enfant ne correspond peut-être pas à celui désiré. La mère éprouve peut-être une nostalgie de son travail. L'enfant était-il désiré par un seul des deux parents afin de corriger ou de réparer un début de mésentente conjugale ?

Il importe dans le traitement de l'anorexie simple de convaincre la personne en charge de l'enfant de ne pas forcer celui-ci à manger, de ne pas associer l'affection de l'enfant à son endroit avec la quantité de nourriture ingurgitée, de lui faire accepter son tempérament « petit mangeur ». Le plus souvent, le pédiatre est le seul consulté. Son effort vise à transformer la relation difficile construite autour des repas. Le succès de son intervention dépend largement de la manière dont il est écouté, compris et de la façon dont les conseils sont suivis. Ses chances de succès sont meilleures s'il a lui-même pris le temps d'écouter et de comprendre les parents dans leur plainte, de bien saisir leur angoisse, leur peur d'être jugés mauvais, inadéquats, leur crainte d'être accusés.

L'examen physique minutieux, maintes fois répété, rassure autant le médecin que les parents et, lorsque les résultats sont négatifs, persuade tout le monde de l'évolution normale de l'enfant « petit mangeur ». Sous forme de recommandation diététique, le médecin déconditionne la situation tragique en conseillant une diète excluant tout aliment déjà refusé par l'enfant et en prescrivant des quantités de nourriture inférieures à la normale. L'ordre de présentation en très petites quantités des aliments est stricte. Dès qu'un aliment est refusé, on passe à l'aliment suivant, sans le remplacer. Les quantités de nourriture sont lentement et progressivement augmentées au fur et à mesure que l'appétit revient, mais restent inférieures aux quantités normales tant et aussi longtemps que dure le trouble. Ainsi, le médecin inverse les rôles. L'enfant est placé dans la position de celui qui demande et la mère dans celle qui hésite à donner en petite quantité. Il est évidemment interdit de forcer ou d'inciter le bébé à manger. Les parents ne manifestent pas à l'enfant leur déception devant ses refus, ni leur satisfaction lorsqu'il accepte un aliment. L'important au fond est de supprimer toute contrainte tant de l'enfant par ses parents que des parents par l'enfant.

Les formes graves de l'anorexie précoce sont relativement rares. Elles apparaissent dès les premiers jours de vie (l'anorexie néonatale) ou vers la fin de la première ou au début de la deuxième année de vie. Dans ces formes complexes, la soif est atteinte. Certaines mesures urgentes doivent être appliquées pour éviter la dénutrition et la déshydratation. L'évolution de ces anorexies est rapide et entraîne d'autres troubles : insomnie, phobie, dépression, dysharmonie du développement, etc. Dans l'anorexie phobique, l'enfant paraît terrorisé à l'approche de toute nourriture. Il ne s'agit pas seulement d'un dégoût sélectif pour certains aliments, toute nourriture est refusée.

Dans l'anorexie dysharmonique évolutive, le bébé démontre une pauvreté, voire une absence d'activités auto-érotiques orales. L'enfant est pâle, a les traits tirés par l'insomnie ; la maigreur inquiète d'emblée, sa motricité est figée, saccadée ; il est sujet à des terreurs angoissantes et paraît à la fois très dépendant de sa mère tout en s'en tenant à distance. L'anorexie dépressive attaque le besoin même de la faim et correspond très souvent à une dépression chez la mère ou à une séparation brusque. On constate une désorganisation psychosomatique profonde.

Enfin, dans l'anorexie d'inertie, le bébé nouveau-né donne le sentiment de ne pas savoir téter, avaler. Il demeure passif devant la nourriture. Il n'a pas la force de téter ; on doit le nourrir à la cuillère et, faute d'être avalée, la nourriture coule de la bouche comme une bave continue. Les vomissements sont réguliers et sans violence, sans force.

Les thérapies de l'anorexie maligne sont plus compliquées. Ce sont les échanges initiaux les plus significatifs entre la mère et l'enfant qui sont en cause. Un climat difficile et tendu amorce une inter-relation d'emblée perturbée. La consultation psychiatrique ou psychologique minutieuse est indispensable.

14.2.3 Le mérycisme

Il s'agit d'un trouble de la digestion. Le bébé régurgite les aliments, les conserve dans sa bouche et les mâchonne, les rumine avant d'en déglutir une partie et de réingérer le reste. Le mérycisme apparaît plus fréquemment entre 6 et 12 mois chez des garçons apparemment normaux sur les plans intellectuel et neurologique.

Le trouble s'installe progressivement à la suite de quelques vomissements ou régurgitations. Au début les parents n'y portent normalement pas trop attention et n'interviennent pas. Ce n'est que lorsque certains signes de dénutrition et parfois même de déshydratation sont perçus, malgré un appétit normal, voire vorace, que le trouble est cerné. La déperdition alimentaire peut être importante.

La régurgitation n'est pas provoquée par l'intromission des doigts ou d'un autre objet quelconque dans la bouche. Elle est stimulée par un effort volontaire d'expiration thoracique, de contraction du diaphragme, de blocage des muscles intercostaux et des élévateurs de la cage thoracique, ce qui entraîne un effacement de la partie inférieure de l'estomac et une béance du cardia. L'effort paraît tantôt manifeste, tantôt discret, tantôt facile, tantôt difficile (Kreisler, 1985). Le nourrisson est totalement accaparé par son exercice. Ses yeux sont fixes, détournés du monde extérieur. Il est en retrait dans une satisfaction extatique, immobile, insensible aux perceptions. Si une stimulation parvient à percer cette isolation, l'activité cesse d'emblée. Le mérycisme se produit généralement lorsque le bébé est seul ou se croit seul. C'est pourquoi le trouble échappe longtemps et facilement à l'observation.

Ce symptôme surgit à une période importante dans le développement affectif de l'enfant. C'est au cours du deuxième trimestre que l'enfant se différencie du monde extérieur, de sa mère, et qu'il tente intentionnellement d'établir une relation pour combler la séparation constatée. S'il est difficile de préciser les facteurs déterminants du mérycisme, on n'en constate pas moins que ces enfants vivent une relation perturbée avec la personne qui en prend soin généralement, une relation frustrante qu'il compense en mâchonnant ainsi ses régurgitations. La relation est marquée par la discontinuité, l'alternance entre la privation affective et les manifestations de tendresse. Ces enfants ne montrent généralement pas d'angoisse devant l'étranger.

L'hospitalisation de ces enfants est souvent inévitable pour rétablir le métabolisme. Dans l'effort thérapeutique on doit aussi prendre en considération les conditions psychogènes, mettre l'accent sur la qualité de la relation objectale et offrir une psychothérapie s'adressant aux parents et à l'enfant. Les bébés mérycistes font preuve d'une certaine avidité dans leurs contacts avec les adultes sans pour autant parvenir à une introjection durable dans leurs représentations mentales. Ils n'éprouvent donc pas d'angoisse devant le visage étranger, ce qui laisse croire à une facilité relationnelle, à une sociabilité précoce. La réalité est cependant bien différente. Pour eux, les personnes se succèdent sans qu'ils ne parviennent à fixer leur image, à se souvenir et à reconnaître l'autre. Il y a donc un trouble d'élaboration mentale qui nuit considérablement à l'investissement libidinal des objets et des personnes. Cette difficulté semble liée à un manque d'apport narcissique de la part de la mère. Faute d'une affection suffisante, congruente et authentique pour son bébé, l'attitude tendre de la mère s'avère instable, et l'enfant compense les absences en se reproduisant les moments agréables de l'alimentation, d'où le mérycisme (Kreisler, Fain et Soulé, 1981).

14.2.4 Les vomissements

Les vomissements sont d'une grande variété tant en intensité qu'en gravité en raison des modalités psychopathologiques diverses et de la structure de la personnalité. Certains enfants vomissent leur repas sous l'effet d'une émotion forte. D'autres enfants régurgitent presque par habitude, camouflant ainsi une anorexie plus ou moins grave. Parfois les vomissements ne durent que quelques jours, d'autres fois ils persistent pendant des semaines, voire des mois, des années, provoquant alors une perte de poids qui oblige à envisager l'hospitalisation afin d'enrayer une dénutrition et une déshydratation.

En clinique pédiatrique, les vomissements constituent un motif très fréquent de consultation. Lorsque le pédiatre constate l'absence de cause organique, diététique ou autre, il pense souvent à une cause fonctionnelle quelconque qui échappe au diagnostic. Un bon tiers des cas de vomissements restent inexpliqués (Kreisler, 1985).

On considère de plus en plus les vomissements comme une manifestation d'une pathologie psychosomatique. Le phénomène apparaît généralement chez l'enfant ayant établi une bonne relation avec sa mère, mais cette relation est brusquement perturbée. Un événement plus ou moins important trouble la relation mère—enfant et traumatise l'enfant qui y réagit en son point le plus vulnérable de son organisation somatique. Le rejet alimentaire traduit un refus de l'enfant de procéder à l'introjection d'un « objet mauvais », d'une crainte de porter en lui le « pas bon ». La défensive développée alors par l'enfant est certes archaïque, mais efficace et persistante. Les vomissements durent tant et aussi longtemps que la perception du « mauvais » persiste. La fonction physiologique demeure prisonnière d'une fonction psychologique de défense des intérêts de la personne. La défense peut aller jusqu'au refus de la

vie dans des conditions qui ne conviennent pas à l'enfant.

Pour le traitement, on doit donc tenir compte de la qualité de la relation parents—enfant et tenter de découvrir ce qui est venu troubler cette relation. L'événement peut paraître anodin à un adulte mais s'avérer vital pour un enfant faible qui se sent menacé par l'inhabituel.

14.2.5 Les coliques des premiers mois

Les coliques des premiers mois mettent à rude épreuve les parents. L'enfant pleure à fendre l'âme, crie désespérément sa douleur. Les coliques apparaissent tôt, dès la deuxième semaine de vie. Elles surviennent tôt le matin ou en soirée et durent parfois plusieurs heures. Le trouble, déclenché peu après le repas, réveille l'enfant et l'agresse dans tout son corps. Ses contorsions, son expression et ses pleurs excessifs ne font aucun doute, l'enfant souffre. Le médecin constate bel et bien une distension gazeuse de l'abdomen et les gaz sont fréquents. L'accumulation des gaz dans le côlon est perceptible par radiographie. La mère et le médecin sont souvent tentés de modifier l'alimentation de l'enfant, ce qui est le plus souvent inefficace. Au contraire s'ajoutent alors aux coliques des troubles digestifs. Les médicaments ont généralement peu d'effet. Puis, vers 2-3 mois, les coliques disparaissent comme elles sont venues, sans avertissement.

Certains enfants réagissent positivement au bercement ou à la succion d'une tétine. Le fait que l'enfant se calme en tétant une sucette est souvent traduit comme un signe de faim. On offre alors d'autre nourriture au bébé, on multiplie les repas, sans se rendre compte qu'on aggrave ainsi le trouble. Bercer ou promener (en voiture ou en poussette) suffit à certains bébés pour trouver une sensation satisfaisante couvrant celle de la douleur.

Ces bébés ont souvent un tonus musculaire important dès la naissance ; de plus ils sont très vifs.

L'intensité de l'hypertonie[5] physiologique et des réflexes archaïques est évidente, de même que la réactivité aux stimulations. Le corps est déjà tendu et raide. Il a généralement un appétit vorace et s'avère rapidement « petit dormeur ». Il arrive que les coliques disparaissent dès qu'une autre personne s'occupe de l'enfant. Par ses pleurs et ses cris, il rend rapidement l'entourage anxieux. L'impatience et la lassitude des parents, voire de toute la famille, complètent le tableau clinique.

L'examen médical attentif est nécessaire. Si le médecin ne note pas de vomissements, de diarrhée ou d'autres retentissements sur la nutrition, il conclut à la colique. Malheureusement, le plus souvent, il se contente d'encourager les parents, de les rassurer très superficiellement en leur affirmant que ce trouble fréquent n'est que passager. Les médecins affichent une attitude souvent dédaigneuse envers la problématique, sous prétexte qu'elle ne menace pas vraiment la santé du bébé. Pareille attitude est à dénoncer et fait preuve de négligence psychologique tant envers les parents qu'à l'égard du bébé réellement souffrant. Les parents quittent le médecin avec le sentiment de n'avoir pas été pris au sérieux. On n'a pas considéré leurs soucis. Ils craignent d'avoir indûment exagéré les difficultés de leur enfant, d'avoir fait preuve d'incompétence, d'impatience, bref, de ne pas avoir été de bons parents.

La colique devrait plutôt être considérée par le médecin comme l'indice d'un malaise dans la relation précoce que tentent d'établir ces parents et ce bébé. La colique peut traduire une tension excessive chez la mère, dans le couple parental, dans la famille, être le résultat d'attitudes affectives et éducatives contraires, la conséquence de sollicitations trop nombreuses et trop irrégulières. Le médecin devrait comprendre que l'état de quiétude généralement retrouvé par le bébé repu est troublé, que son univers narcissique primaire est menacé. Ce bébé traduit dans son corps des tensions qu'il ne sait pas gérer autrement. Est-il trop facilement excitable ?

Pourquoi ? Est-il trop exigeant ? Que cherche-t-il ? Le médecin doit essayer de comprendre ce qui se passe pour venir en aide aux parents et à cet enfant en détresse. Leur santé physique n'est pas menacée, mais leur santé psychologique l'est.

Selon Kreisler et coll. (1981), la dyade mère—enfant constitue une entité complexe fonctionnant par réactions réciproques. Les attitudes des parents issues de sentiments ambivalents agissent comme des signaux contradictoires qui viennent brouiller la « compréhension » de l'enfant, sa quiétude, perturber son équilibre narcissique. Les parents agissant normalement comme « barrière de protection » pour leur bébé, deviennent ceux qui, pour des raisons que le médecin doit découvrir, brisent cette barrière. À certains moments, dans certaines circonstances, ils ne savent plus agir comme « pare-excitations ». Les conséquences psychologiques et relationnelles ne sont pas à sous-estimer.

14.2.6 L'asthme du nourrisson

L'asthme constitue un trouble respiratoire relativement fréquent, près de 4 à 10 % des nourrissons en souffrent, selon les auteurs (Foliot, 1985). Il s'agit d'une suffocation due à une obstruction trachéo-bronchique. La suffocation s'accompagne d'un sifflement à l'expiration. La crise dure quelques heures et apparaît par épisodes de quelques jours à quelques semaines selon les cas. Kreisler et coll. (1981) ont noté une absence d'angoisse chez l'enfant en crise contrairement à la panique qui s'empare généralement des parents et des autres intervenants redoutant l'asphyxie et ses conséquences néfastes, voire mortelles. La symptomatologie traditionnellement associée à l'asthme apparaît généralement chez les enfants après 3 ans. Par contre, l'asthme du nourrisson survient au cours du second semestre de vie et disparaît très fréquemment (80 à 90 % des cas) avant 2 ou 3 ans (Foliot, 1985 ; Losson, 1988).

Chez certains nourrissons, la crise d'asthme prend parfois la forme d'une crise respiratoire aiguë à l'allure d'une pneumopathie infectieuse (affection pulmonaire) et dure quelques jours seulement.

---

5. Augmentation pathologique du tonus musculaire (*Dictionnaire de médecine Flammarion*).

Entre deux crises, l'enfant conserve un bon état général de santé. Il demeure normalement enjoué et souriant. Plus fréquemment, la crise prend plutôt la forme d'un épisode de bronchites qui ressemblent à l'asthme. Ces crises commencent et se terminent brusquement. La tolérance de l'enfant entre les crises contraste avec la symptomatologie respiratoire composée de dyspnée[6] et de tirage[7]. Ce type de crise dure plus longtemps, une ou deux semaines, et se répète plus souvent.

Étant donné les affections nombreuses en bas âge, le diagnostic de l'asthme est difficile. Ce sont les répétitions identiques des symptômes qui constituent l'indice le plus sûr. Un symptôme allergique concomitant est aussi un signe précieux. L'eczéma précoce précède ou accompagne très fréquemment la crise d'asthme et disparaît aussi vers 2-3 ans. Les nourrissons souffrant d'exzéma deviennent souvent asthmatiques quelques années plus tard (Foliot, 1985).

Les explications de l'asthme sont autant de source biologique que psychologique. Lorsque l'explication biologique domine, on se rapporte au fonctionnement des globulines spécifiques et aux mécanismes enzymatiques réglant l'expulsion ou la rétention intracellulaire des médiateurs chimiques responsables de l'obstruction bronchique. Durant la première année de vie, le système immunitaire demeure fragile. L'asthme apparaît lorsqu'il est provoqué par un pneumallergène, le plus courant étant la poussière de maison. La thérapeutique tente de repérer les allergènes, de les éliminer, d'annuler ou de réduire leur action par une désensibilisation de l'organisme. On traitera aussi l'infection provoquée par les germes et levures.

L'explication psychosomatique met plutôt l'accent sur la présence de facteurs psychologiques comme déclencheurs de la crise. Les facteurs émotionnels semblent se résumer à des peurs, des colères et autres émotions fortes suscitées par des conflits conjugaux ou familiaux ou des difficultés d'adaptation sociale. On tient compte également des effets secondaires des crises. Comme toute maladie psychosomatique, la crise d'asthme modifie la personnalité, accentue la vulnérabilité psychique et les voies d'expression somatique des tensions psychiques vécues. Encore une fois, c'est le plus souvent l'inefficacité des traitements médicaux devant certaines formes persistantes qui incite le médecin à se tourner vers une causalité psychologique d'expression somatique. Hélas, les dégâts ont souvent eu le temps de s'étendre et d'atteindre d'autres fonctions.

Sur le plan psychopathologique, l'observation de bébés asthmatiques démontre une relation entre la crise et la réalisation hallucinatoire du désir. Ainsi, il arrive qu'une mère accepte mal de confier son enfant à une autre personne, d'en partager les soins et la garde. La mère tolère mal la présence d'une personne « étrangère » près de son enfant. L'univers du bébé est alors clivé ; dans un monde il vit avec sa mère, dans un autre il vit avec d'autres personnes sans sa mère. La relation de la mère avec son enfant n'est plus la même lorsqu'elle est seule avec son petit et lorsqu'elle est entourée d'autres personnes. La relation de l'enfant avec son milieu diffère donc lorsqu'il est seul avec sa mère, lorsqu'il est avec sa mère et d'autres personnes ou avec d'autres personnes sans sa mère. Le climat affectif propre à chacune des situations varie au point que l'enfant ne parvient pas à les intégrer en un seul univers. Les différences sont trop marquées et dépassent les capacités de synthèse de l'enfant qui reste alors fixé au premier point organisateur, le visage de sa mère (Spitz et Cobliner, 1968), et sans cette référence structurante, il ne vit plus, il étouffe.

D'autres fois, on constate une rivalité entre les deux parents. Le père s'empresse de répondre aux appels de l'enfant, particulièrement la nuit, non pas pour remplir sa fonction paternelle, mais pour materner l'enfant. Au lieu de collaborer pour offrir des soins de qualité à leur enfant, les parents s'en disputent le monopole pour se mériter l'amour

---

6. Perception consciente d'une gêne respiratoire (*Dictionnaire de médecine Flammarion*).

7. Dépression inspiratoire des parties molles du thorax, traduisant soit une obstruction bronchique, soit une diminution de l'élasticité pleuropulmonaire (*Dictionnaire de médecine Flammarion*).

exclusif de ce dernier. Ils se valorisent en étant la personne la plus proche, la plus sécurisante auprès du bébé, celle qui réussit le mieux à le calmer.

Certaines mères éprouvent un plaisir exagéré à prendre soin de leur bébé, au point même d'éprouver librement du plaisir uniquement dans cette situation. Il y a là un surinvestissement libidinal qui empêche l'enfant de vivre les frustrations et les privations nécessaires à sa différenciation, à sa « séparation » et à son « individuation » (Mahler et Pine, 1980). En effet, la présence permanente de l'objet maternel nuit à la construction du premier point organisateur (le visage maternel). C'est dans la mesure où l'objet manque que l'enfant s'efforce de le revoir dans sa mémoire, d'en retrouver les traits parmi les visages qu'il croise, que ce visage lui devient significatif et qu'il le reconnaît au point de craindre la présence d'inconnus, d'éprouver une angoisse devant l'« étranger », deuxième point organisateur de la personnalité (Spitz et Cobliner, 1968). Ce besoin de la mère d'être ainsi rivée et indispensable à son bébé traduit un désir de garder ce dernier à l'état « fœtal ». Ce désir existe normalement, à un degré moindre, chez toutes les femmes. Elles éprouvent plus ou moins de peine à ne plus contenir leur bébé après l'accouchement, à ne plus le sentir en elles. Il y a là un réel travail de deuil à faire. Certaines femmes refusent ce deuil et enveloppent leur bébé d'une sollicitude extrême, recréant ainsi à l'extérieur d'elle un second milieu utérin dans lequel elles sont, comme avant l'accouchement, en relation intime avec leur bébé. Elles veulent assurer seules et totalement le développement de leur enfant comme s'il était encore en leur sein.

14.2.7 Le spasme du sanglot

Le spasme du sanglot touche 4 à 5 % des enfants entre 6 et 18 mois, plus rarement avant ou après, et rejoint une symptomatologie précise (Losson, 1988 ; Kreisler et Cramer, 1985 ; Kreisler, 1985). Ce trouble paroxystique est classé parmi les convulsions de l'enfance et n'est ni relatif à l'épi-

lepsie ni à la spasmophilie[8]. Les garçons autant que les filles en souffrent. Il s'agit d'une forme intense de pâmoison ; l'enfant perd le souffle, ce qui met fin de manière radicale aux pleurs et aux cris. Le trouble survient chez des enfants à croissance normale dont le développement général et intellectuel semble excellent.

Dans la forme « bleue », la crise la plus fréquente, l'enfant sanglote, pleure de plus en plus fort, sa respiration s'accélère, s'emballe et, après une secousse striduleuse[9] sans reprise, se bloque net en pleine inspiration forcée et provoque une cyanose[10] et une perte de conscience de quelques secondes accompagnée parfois des globes oculaires révulsés. Les phénomènes convulsifs sont rares. Le trouble psychosomatique atteint ici la respiration. Le spasme du sanglot dans sa forme « bleue » apparaît davantage chez des enfants généralement actifs, opposants et colériques. La crise est suscitée par un affect brusque, intense et déplaisant lié à une frustration, à une réprimande ou à une douleur physique quelconque.

La forme « blanche », « pâle » ou « syncopale », contrairement à la forme « bleue », ne comporte presque pas de symptômes avant-coureurs. Elle est subite. L'enfant pousse un cri à peine ébauché ou un braillement bref, pâlit et tombe inconscient. La convulsion suit généralement. Les spasmes sont parfois considérés comme des manifestations épileptiques. Il n'est est rien. Les causes provocatrices sont multiples : une douleur, un traumatisme, une chute, une émotion forte, une surprise désagréable. Cette forme se rencontre plutôt chez des enfants passifs et calmes. Le diagnostic n'est pas facile. Il faut rechercher minutieusement la chronologie des événements précédant la crise. Si la crise est régulièrement provoquée par les mêmes causes, il y a de fortes

---

8. Spasmophilie : tendance aux spasmes musculaires et viscéraux due à une excitabilité nerveuse et musculaire anormale (*Petit Robert 1*).

9. Striduleux : qui a un son aigu et sifflant, provenant parfois d'une obstruction partielle du larynx ou de la trachée.

10. Coloration bleue, quelquefois noirâtre ou livide de la peau, produite par différentes affections (troubles circulatoires), (*Petit Robert 1*).

chances qu'il s'agisse d'un spasme du sanglot et non d'une crise épileptique.

Il existe une crise mixte, simultanément « bleue » et « blanche » difficile à classer. Quelle que soit la crise, l'épisode est toujours de courte durée, de quelques secondes à une minute tout au plus. L'enfant reprend rapidement conscience, reste un peu abattu, parfois il s'endort, d'autres fois il se met à pleurer sans récidive. Il paraît avoir oublié la contrariété initiale. Les crises sont souvent semblables d'une fois à l'autre.

L'explication psychosomatique du spasme du sanglot se présente comme celle de tout trouble psychosomatique. En effet, il s'insère dans une étape du développement psychique dont la dynamique se prête bien à cette forme d'expression. Il survient à un moment où le besoin de dépendance entre en conflit avec le désir d'autonomie étayé par la poussée pulsionnelle. L'enfant acquiert progressivement une liberté locomotrice et un début de langage. Les structures mentales sont en quelque sorte bouleversées et accueillent la pensée symbolique. Le spasme apparaît alors comme une réaction à une situation pénible. Au lieu de réagir comme la majorité des enfants par la colère, les pleurs ou une désolation plus ou moins bruyante, l'enfant se désorganise soudainement (Kreisler, 1985).

Le spasme du sanglot se produit généralement dans la famille en présence de la personne la plus facile à impressionner et la plus inapte à intervenir. C'est l'attitude de cette personne envers le bébé qu'il faut modifier, faute de quoi elle devient prisonnière de sa propre angoisse suscitée par les sanglots de l'enfant et de moins en moins en mesure d'assister ce dernier.

14.3 LA PSYCHOPATHOLOGIE DU JEUNE ENFANT

Entre 2 et 6 ans, l'enfant traverse une autre phase importante de son développement. Il émerge d'une période de dépendance quasi totale pour acquérir progressivement une individuation qui le conduira au seuil de la socialisation. Durant ce temps, l'enfant défendra farouchement son individualité et connaîtra toutes les difficultés à accepter l'individualité de l'autre. Il s'affirmera en s'opposant. Le « non » constitue sans doute le mot le plus utilisé. Il s'agit du troisième organisateur de la personnalité, selon Spitz (1962). L'enfant apprend à affirmer sa volonté et ses désirs. Cette affirmation est indispensable à son individuation, et les limites qu'il rencontre lui sont aussi indispensables pour cerner ses propres limites et celles des autres. Une impossibilité de s'affirmer en s'opposant risque à cet âge d'entraîner des troubles graves de l'individuation (Houzel, 1985).

Le développement du moi est également marqué par l'accès à une pensée symbolique, par la possibilité de représenter une chose par une autre (Piaget, 1968). Cette évolution permet le langage et accroît considérablement l'autonomie déjà étayée par la marche. L'enfant explore et découvre par lui-même le monde environnant. Il apprend à apprendre. À 6 ans, son intelligence devient opératoire. Ce sera déjà l'âge de raison.

C'est aussi la période où l'enfant découvre son sexe et sa sexualité. Il acquiert une identité à laquelle il attache fierté ou déception et envie. Son moi porte plus d'attention aux valeurs et aux normes fonctionnelles du milieu. Il apprend qu'à transgresser les interdits il risque de perdre l'amour et d'encourir d'autres représailles.

C'est la période où l'enfant acquiert la maîtrise des principaux instruments de sa personnalité : psychomotricité, langage, intelligence, image de soi, identité personnelle, sexualité, système de valeurs, etc. Bref, l'enfant acquiert la faculté de penser au début de cette phase, et atteint son identité individuelle sexuée qui le rend apte à se socialiser et à se scolariser à la fin de cette phase et au début de la suivante.

On peut présenter la psychopathologie associée à cette période selon que les troubles relèvent de la pensée ou des désirs liés à l'identité sexuelle. Même s'il est difficile de découper nettement entre névrose et psychose, on constate que les perturbations de la personnalité d'allure névrotique ont davantage à faire avec les avatars du désir sexuel, de l'identité sexuelle dans la relation à l'autre, alors que les troubles de nature psychotique procèdent davantage d'une non-organisation de la pensée, d'un trouble de « l'appareil à penser les pensées » (Bion, 1979).

14.3.1 Les psychoses

Les auteurs traitant de la psychose infantile sont nombreux à souligner la difficulté pour le sujet à contenir ses pensées dans un lieu, un espace, un objet « conteneur ». Bion (1979) fait allusion à un « appareil à penser les pensées » comme à un contenant préalable à l'activité même de penser. Anzieu (1985), s'appuyant sur les recherches de Bowlby (1969, 1973, 1980), affirme un « moi-peau » enveloppant les pensées, impressions, humeurs, sensations, etc. de l'enfant et permettant ainsi de contenir son expérience vécue et d'y donner progressivement un sens. À peu près dans le même sens, Bick (1968) renvoie à une « peau psychique » suffisamment imperméable pour contenir le vécu du jeune enfant et le protéger contre les stimulations trop fortes du monde extérieur, mais aussi suffisamment perméable pour autoriser une communication adaptée aux capacités du moi. Faute de cette enveloppe permettant au moi d'élaborer mentalement son expérience vécue et d'y donner sens, le moi se construit une « peau-carapace » pour contenir les éléments du soi. Malheureusement cette carapace enferme, emprisonne le moi dans une coquille coupée du monde extérieur. C'est en s'appuyant en partie sur un tel concept que Tustin (1977) élabore une explication de l'autisme infantile. Mahler (1967), se référant à la deuxième phase du développement, la phase symbiotique (voir la section 10.5), parle d'une « membrane symbiotique » enveloppant la mère et l'enfant dans un même contenant à l'intérieur duquel le moi conserve et protège les « bons objets » et à l'extérieur duquel il rejette les « mauvais objets ». Winnicott (1970, 1971, 1972) élabore le concept d'« espace transitionnel » comme « conteneur » des projections de l'enfant, espace indispensable au développement

entre l'état de dépendance totale et l'état d'autonomie de l'enfant plus âgé.

Tous ces concepts impliquent la relation mère—enfant et concordent sur le fait que c'est la mère, ou la personne qui prend régulièrement soin de l'enfant, qui, au début, aide l'enfant à contenir ses pensées en les contenant à sa place et en les lui rendant progressivement au fur et à mesure du développement de ses capacités à mentaliser son expérience vécue. Si la mère n'est pas en mesure de contenir les « pensées » de l'enfant ou s'il lui est impossible de les lui rendre après coup, c'est l'« appareil à penser les pensées » qui déraille, qui ne fonctionne pas. L'enfant n'apprend pas à « penser » ses expériences affectives, émotives, physiques, sociales et autres. Les diverses situations de la vie quotidienne demeurent éparses, morcelées, non liées entre elles, non intégrées au moi.

La mère agit comme « conteneur » lorsqu'elle voit aux soins indispensables de son enfant, qu'elle pense à ce qu'il aime, à ce qui lui fait plaisir, à le protéger contre ce qui lui fait peur, à lui éviter ce qu'il n'aime pas, lorsqu'elle ressent sa douleur, ses besoins, ses désirs, etc. Elle contient les pensées de l'enfant lorsqu'elle lui parle et traduit ses gazouillis, ses lallations, ses pleurs et ses cris en demandes de toutes sortes. Elle pense alors à la place de l'enfant incapable de « penser », de mentaliser ses impressions, sensations, perceptions, etc. Elle donne un sens au vécu de l'enfant. Sa « pensée » est-elle suffisamment empathique, rejoint-elle les vrais besoins de l'enfant ? Permettra-t-elle ultérieurement à son enfant de se détacher progressivement d'elle, de se priver de son aide pour « penser » par lui-même, pour tenter de trouver réponse à ses désirs et à ses besoins par lui-même, pour élaborer mentalement lui-même une signification à son vécu ?

Les troubles psychotiques atteignent environ 10 à 11 % des jeunes enfants (Jongen et coll., 1973) et suscitent plusieurs dénominations différentes selon le niveau de développement et l'accent mis sur telles ou telles autres dimensions. Pelsser (1989) rassemble les diverses appellations dans le tableau 14.1.

TABLEAU 14.1 : Répartition des troubles psychotiques*

Âge	Appellation
0 à 2½ ans	− Autisme infantile précoce (Kanner) − Psychose autistique (Mahler) − Psychose autistique primaire (calme) et secondaire (agitée) (Geissmann) − Autisme secondaire à carapace (Tustin) − États autistiques d'encapsulation (Tustin)
2½ à 6 ans	− Psychose symbiotique (Mahler) − Psychose interactionnelle (GAP) − Psychose désintégrative (Rutter) − Schizophrénie pseudo-déficitaire (Bender) − Schizophrénie infantile − Autisme secondaire régressif (Tustin) − États autistiques confusionnels (Tustin) − Dysharmonie évolutive de structure psychotique (Misès) − Distorsions psychotiques précoces de la personnalité (Geissmann)
6 à 12 ans	− Schizophrénie pseudo-névrotique (Bender) − Psychose schizophrénique (GAP)

* Tiré de PELSSER, R. (1989) *Manuel de psychopathologie de l'enfant et de l'adolescent*, Montréal, Gaëtan Morin, p. 27.

Houzel (1985) distingue les psychoses infantiles précoces, les prépsychoses et les dysharmonies d'évolution. Les psychoses infantiles, même si elles débutent avant l'âge de 2 ans, ne sont souvent dépistées et diagnostiquées de façon relativement précise que plus tard.

Les troubles psychotiques précoces traduisent donc une non-organisation, une non-intégration, une non-différenciation de la personnalité. L'adaptation sociale est déficitaire et la communication est presque nulle. C'est souvent ce qui incite les parents à consulter, sur recommandation du personnel de la garderie ou de la maternelle. L'enfant accuse un retard important dans son développement général et dans l'acquisition du langage en particulier.

L'autisme infantile

L'autisme infantile est une forme de psychose précoce relativement rare, soit 1 à 5 cas par 10 000 enfants selon les milieux et les définitions de l'autisme. Le trouble atteint de trois à quatre fois plus souvent les garçons que les filles. La définition classique de l'autisme fut apportée par Kanner (1943, 1954). L'enfant est incapable d'établir une relation sociale, demeure isolé, tranquille et indifférent aux personnes de son entourage. Pour éviter une angoisse panique, il exige que rien ne soit modifié dans son milieu immédiat et entretient une mémoire des routines auxquelles il tient obstinément. Il n'acquiert pas le langage proprement dit, n'émet que quelques mots, des syllabes ou des cris et bruits de bouche, ou il ne développe qu'un langage rudimentaire, écholalique[11] et utilise le « il » ou le « tu » au lieu du « je » ; son discours ressemble à un monologue ne s'adressant à personne. L'enfant est fasciné par la manipulation de divers objets et ses conduites sont le plus souvent stéréotypées, ressemblant parfois à des tics plus ou moins complexes.

L'explication génétique demeure faible pour conclure à une cause héréditaire déterminante. On observe fréquemment des complications au cours de la grossesse ou de l'accouchement, sans pour autant être sûr que l'autisme en soit une conséquence. Les recherches biochimiques produisent des résultats souvent contradictoires, et bien que l'autisme soit accompagnée de dysfonctions neurologiques évidentes, celles-ci demeurent non spécifiques. De plus, le tracé de l'EEG (électro-encéphalogramme) est anormal, mais sans profil particulier.

L'enfant autiste opère sur le plan perceptif une sursélectivité des stimuli sans pour autant intégrer ses perceptions en un ensemble significatif. Le retard intellectuel est manifeste et important sans que l'on puisse déterminer si c'est la déficience qui provoque la psychose ou si c'est la psychose qui provoque la débilité de l'enfant. Aucune preuve scientifique ne

---

11. Écholalie : répétition automatique par un sujet des phrases prononcées devant lui (*Dictionnaire de médecine Flammarion*).

permet d'incriminer spécifiquement l'attitude des parents ou de la mère en particulier comme cause du trouble infantile. Il est évident qu'un enfant autiste blesse les parents dans leur narcissisme et les décontenance par ses réponses.

Tustin (1977) explique que l'autisme primaire semble associé à une carence plus ou moins grave des soins occasionnée par un comportement inerte et passif de l'enfant. L'autisme secondaire serait plus lié à une rupture précoce des soins maternels maintenant ainsi une indifférenciation primitive entre le moi et le non-moi, à la suite d'une négation active et ferme du non-moi, d'où la constitution d'une « peau-carapace » protectrice contre le monde extérieur nié, mis à distance.

Les causes de l'autisme infantile sont encore assez mal connues et le pronostic est généralement réservé. Si l'enfant profite d'un bon potentiel intellectuel et acquiert un langage communicatif avant 5 ans, il peut atteindre un niveau de fonctionnement aux limites de la normalité. Toute thérapie est longue et nécessite le recours à plusieurs types d'approches et à plusieurs ressources.

La schizophrénie infantile

Bender (1942, 1947) développa le concept de schizophrénie infantile. Mahler (1967) parle plutôt de psychose symbiotique, Tustin (1977, 1986) d'une régression à l'autisme secondaire et à des états autistiques confusionnels. Le *DSM-III* (Manuel diagnostique et statistique des troubles mentaux) rassemble ces difficultés sous le terme de « trouble global du développement », et l'American Psychiatric Association utilise l'expression « psychose atypique ». En Europe, Diatkine (1969) et Widlöcher (1973) parlent plutôt de « prépsychose ».

La fréquence du trouble est plus faible que celle de l'autisme, et son apparition est généralement plus tardive (3-4 ans). L'enfant éprouve d'importantes difficultés sur le plan relationnel, il s'isole comme l'autiste ou reste obstinément avec sa mère de façon symbiotique. Il semble inconscient de lui-même et

insensible à la douleur, d'où des comportements d'automutilation, bien qu'il puisse d'autres fois faire preuve d'une grande sensibilité à certains bruits, à certaines sensations. Il est fasciné par des objets utilisés de façon inappropriée et ne supporte aucune modification, aucun changement dans son environnement immédiat sous peine d'une crise d'angoisse aiguë, d'une désorganisation totale, d'une confusion complète, d'une rage intempestive. Il exprime des affects inappropriés et ne comprend pas les sentiments exprimés par les autres. Le langage demeure rudimentaire, retardé, écholalique et à peine communicatif. Les conduites motrices traduisent une excitation instable ou une diminution de la tonicité musculaire, les postures sont étranges et le maniérisme est fréquent. Le fonctionnement intellectuel est globalement déficitaire et très inégal ; il excelle dans certaines tâches et s'avère déficient dans d'autres, ce qui permet parfois à l'enfant de conserver « l'air intelligent » (Losson, 1988).

L'anxiété extrême est généralement suscitée par la séparation d'avec la mère. L'enfant s'avère incapable d'acquérir une autonomie personnelle minimale. Il se sent perdu sans sa mère et refuse les contacts avec d'autres personnes, enfants ou adultes (Mahler, 1967 ; Mahler et Pine, 1980). De même, la crise d'angoisse surgit si une personne autre que la mère, mais familière et habituellement présente dans l'entourage de l'enfant, s'absente. L'enfant redoute la catastrophe, craint la fin du monde, l'hécatombe ; aussi s'agrippe-t-il désespérément à sa mère, à un objet familier comme pour s'en faire un bouclier. Ses réactions sont souvent exagérées et persistantes, des peurs injustifiées durent des semaines, des mois, voire des années. Une confusion demeure entre le monde de ses rêves et le monde de la réalité, d'où une propension à l'hallucination, aux délires et aux sensations cénesthésiques[12]. Le comportement général ne dépasse guère le niveau primaire et régresse facilement. Les humeurs sont instables, l'enfant est tantôt affectueux, tantôt agressif sans raison apparente.

---

12. Cénesthésie : impression générale d'aise ou de malaise résultant d'un ensemble de sensations internes non spécifiques (*Petit Robert 1*).

L'enfant schizophrène a atteint un stade de développement un peu plus avancé que l'enfant autiste. Il différencie partiellement le moi du non-moi, l'intérieur de l'extérieur, mais s'accommode mal de cette distinction, la refuse sans pour autant parvenir à l'éliminer, d'où sa lutte constante pour nier cette perception. Le processus de séparation—individuation est engagé malgré lui, contre son désir, d'où sa défense assidue contre l'angoisse de séparation. L'angoisse est un sentiment d'anéantissement, de menace sur la cohérence du moi par le non-moi. La relation à autrui n'est pas ambivalente mais clivée. Les pulsions libidinales sont investies sur certains objets et les pulsions agressives sur d'autres (Diatkine, 1969 ; Widlöcher, 1973 ; Houzel, 1985).

Les troubles instrumentaux dominent le tableau clinique et soulèvent la question difficile et complexe des relations entre la maturation neurobiologique et le développement de la personnalité. D'un point de vue plus « organiciste », le développement des fonctions instrumentales, de l'intelligence, de la psychomotricité, du langage, etc. est perçu relativement à la maturation neurobiologique. Les troubles sont alors expliqués par des anomalies héréditaires, des dysfonctions cérébrales lentes, diffuses et difficiles à localiser. On ne peut évidemment pas nier le rôle de la maturation neurobiologique dans l'acquisition des fonctions instrumentales, mais les conclusions des recherches demeurent prudentes (Houzel, 1985). Dans l'école américaine de la « psychologie du moi » (Hartman, 1958 ; Kris, 1950 ; Loewenstein, 1950) on perçoit les fonctions instrumentales comme autant de noyaux du moi se développant avec une énergie neutre, une énergie autre que libidinale ou agressive. Les efforts du moi visant d'abord l'adaptation peuvent être à un moment donné contaminés par des conflits pulsionnels et ainsi perturber plus ou moins gravement le développement des fonctions instrumentales.

Pour l'approche psychothérapique, les troubles instrumentaux constituent une expression symptomatique de conflits psychiques. Sur un plan clinique on constate de plus en plus souvent qu'un trouble instrumental peut, quelles qu'en soient les causes, être isolé ou s'inscrire dans une organisation pathologique globale de la personnalité. C'est en ce sens que certains auteurs parlent des psychoses infantiles en utilisant les termes « dysharmonie d'évolution » ou « dysharmonie du développement » (Wallon, 1968 ; Male, 1964 ; Zazzo, 1969).

Des études sur les jumeaux portent à croire à un certain fondement génétique de la schizophrénie infantile, cependant la transmission de l'anomalie demeure inexpliquée (Pelsser, 1989). Les complications prénatales et périnatales sont fréquentes. Aucun résultat probant ne résulte des études biochimiques.

14.3.2 Les névroses

Si les troubles psychotiques renvoient à une perturbation des processus de la pensée, les troubles de nature névrotique se rapportent à la manière dont la personne compose avec le désir. Cela signifie que le moi est en mesure de contenir et de mentaliser quelque chose qu'il reconnaît comme sien. Dans le processus de séparation—individuation, les pulsions reçues et contenues dans le moi contribuent au développement de la personnalité. Elles étayent l'intégration progressive du moi, lui ouvrent de nouvelles possibilités d'investissements dans le monde extérieur et le pourvoient de meilleurs moyens d'adaptation et d'individuation. L'investissement libidinal des objets extérieurs et du moi renforce le moi et la relation établie avec l'environnement et les personnes qui en font partie. En ce sens, le passage du premier au deuxième stade, c'est-à-dire le stade anal (Abraham, 1966), constitue un gain important, une étape essentielle de la séparation—individuation. Dès que l'enfant atteint le second sous-stade anal, il devient capable de conserver un objet, de l'investir, de l'aimer, de le protéger contre ses tendances destructrices sans craindre de réaction agressive, persécutrice de la part de l'objet. Il peut le maîtriser et l'utiliser dans sa relation à autrui. Cette nouvelle capacité soutient l'enfant dans sa différenciation progressive entre lui et sa mère. L'accès au stade suivant, le stade phallique et le complexe d'Œdipe, entraîne l'enfant vers une idividuation suffisante pour qu'il puisse construire son identité, une identité sexuée. Sa communication à l'autre devient plus personnelle, affirmée et nuancée. Il n'est cependant pas à l'abri de l'angoisse.

L'angoisse est inhérente au développement normal. Elle apparaît à chaque fois que la personne doit composer avec une situation nouvelle, difficile et exigeante, dépassant la capacité spontanée de l'enfant à répondre adéquatement. L'angoisse indique en quelque sorte que le système de défense du moi et son organisation psychique sont pour le moment débordés. C'est précisément dans ce débordement que peuvent se développer des troubles de nature névrotique.

Entre 2 et 6 ans, les auteurs préfèrent parler de réactions névrotiques, de traits névrotiques ou d'organisations névrotiques plutôt que de névrose. Si la fréquence des troubles de nature névrotique est relativement élevée, environ 20 % (Houzel, 1985 ; Pelsser, 1989), on rencontre très peu de névroses avant la fin de la période de latence, voire durant l'adolescence ou à l'âge adulte. Les réactions névrotiques ne s'inscrivent pas encore dans une organisation névrotique globale de la personnalité et n'évoluent que rarement vers une forme de névrose correspondante à l'époque de l'âge adulte. Assez souvent, ces traits névrotiques disparaissent sans laisser de trace ; d'autres fois ils s'inscrivent dans le caractère de la personne sous la forme d'une névrose en harmonie ou non avec le moi ; plus rarement, ces traits régressent vers une organisation prépsychotique ou psychotique.

Il n'est évidemment pas permis de prendre comme prétexte que ces troubles disparaissent souvent d'eux-mêmes, que l'enfant est en pleine croissance, et que les difficultés risquent de s'estomper « avec le temps » pour éliminer le concept de névrose infantile (Pelsser, 1989).

L'angoisse

L'angoisse apparaît toujours à un moment ou à un autre du développement. Elle revient parfois de façon épisodique lors de circonstances particulières, d'autres fois elle est fréquente et s'installe en réponse habituelle aux diverses situations de la vie quotidienne. Elle est tantôt ressentie comme une crainte vague, une peur de l'inconnu, une appréhension d'une catastrophe imminente, un sentiment de malaise généralisé. Tantôt elle s'exprime sur un mode somatique : maux de tête ou de ventre, palpitations, serrements dans la poitrine, difficulté à respirer, étourdissements, transpiration, etc. Tantôt elle s'incruste et provoque une hypervigilance anxieuse, un état d'alerte appréhendant le pire, d'où découlent des troubles du sommeil, de l'appétit, de la digestion, etc. La crise d'angoisse peut être aiguë ou sourde, manifeste ou discrète, mais toujours elle maintient un état de stress plus ou moins épuisant, mobilisant toute l'énergie ou presque de la personne.

Certaines réactions régressives constituent des moyens que le moi utilise pour reprendre la maîtrise de lui-même. Certains enfants exigent à nouveau leur biberon, d'autres recommencent à se mouiller ou à se souiller, d'autres connaissent des terreurs nocturnes, etc. Lorsque ces réactions ne se présentent plus comme passagères, lorsque l'intensité de la crise prend des proportions démesurées et inquiétantes pour l'entourage, alors la réaction névrotique demande une investigation plus étroite. On porte attention à la réaction des parents à l'angoisse de l'enfant. L'enquête porte sur les changements récents dans les attitudes parentales et dans la situation familiale. Il arrive souvent que certaines situations apparaissent tellement anodines aux parents qu'ils sous-estiment la réaction de l'enfant qui se trouve alors seul à combattre l'élément anxiogène. Si les parents connaissent des difficultés personnelles, professionnelles ou autres, ces dernières captent toute leur attention et, sans s'en rendre compte, ils délaissent l'enfant de façon inhabituelle. Celui-ci n'obtient plus le soutien auquel il est habitué.

D'autres fois, un symptôme isolé s'associe à un ensemble de manifestations démontrant une difficulté croissante chez l'enfant à poursuivre son développement. Il devient irritable et nerveux. Les rituels du coucher ne réussissent plus à le sécuriser et à l'endormir, ou s'il s'endort c'est pour se réveiller dans l'heure suivante. L'énurésie[13] ou l'encoprésie[14] apparaît. L'inhibition s'installe. Le développement intellectuel est bloqué, une timidité ou une agressivité excessive perturbe les relations avec l'entourage. Des troubles somatiques variés se répètent. L'enfant peut aussi devenir opposant et tenter continuellement de transgresser les normes, règles et habitudes de vie de son milieu (Losson, 1988). Il est alors évident que l'angoisse domine le moi, et la cause ne relève sans doute pas d'événements extérieurs, de modifications dans l'environnement immédiat, mais plutôt de conflits internes, de la coexistence de désirs contraires. La psychothérapie individuelle s'avère alors une thérapeutique valable et préventive de troubles plus marqués avec le début de la scolarisation.

Les peurs névrotiques

Les phobies sont suffisamment fréquentes chez le jeune enfant pour que Winnicott (1970) considère leur absence comme l'indice d'une pathologie, d'une angoisse tellement forte que le moi la dénie et utilise ainsi des mécanismes de défense archaïques et invalidants. Mallet (1956) et Pelsser (1989) présentent un tableau chronologique des peurs les plus fréquentes chez le jeune enfant : entre 6 et 10 mois, le nourrisson a normalement peur de l'étranger, craint l'abandon et forcément l'obscurité, redoute la nouveauté, l'inconnu, la solitude. Vers 2 ans, il ne supporte pas de rester seul dans le noir et il lui arrive de vivre des terreurs nocturnes. Vers 3 ans, les gros animaux (chiens, chats, loups, serpents, etc.) lui font particulièrement peur ; il craint d'être pourchassé, mordu, dévoré. Vers 4 ans, il éprouve l'angoisse des personnages fantastiques (monstres, fantômes, géants, ogres, sorcières, etc.) et des petits animaux (souris, insectes, chauves-souris, etc.). Vers 5 ans, c'est la phobie des situations, peur des hauteurs, du vide, du

médecin, du dentiste, des barbus, des espaces vastes et réduits, peur de la circulation, du bruit, des accidents, de la saleté, de la maladie, etc.

Les peurs sont généralement globales et archaïques. Très jeune, l'enfant craint pour sa survie ; vers 5-6 ans, il craint pour son intégrité. Les peurs archaïques sont de nature psychotique, alors que les craintes concernant l'intégrité du corps, du moi sont de nature plus névrotique.

Un travail d'élaboration psychique du moi permet à l'enfant de passer des peurs psychotiques aux peurs plus évoluées d'ordre névrotique. Vers 6-7 ans, la majorité des peurs disparaissent progressivement. La maturation psychique de l'enfant lui permet de prendre conscience du caractère exagéré de sa peur, et sa relation plus articulée avec le monde extérieur l'autorise à une meilleure confiance en lui-même et dans le monde qui l'entoure. Il recourt alors à des mécanismes de défense plus évolués comme le déplacement, l'évitement, etc.

L'intensité de la peur entraîne des réactions d'angoisse, voire de panique qui durent parfois plusieurs mois, plus d'une année dans certains cas. La peur prend une couleur pathologique lorsqu'elle arrête le fonctionnement normal de l'enfant en situation de jeu ou l'inhibe dans ses relations sociales. Lorsque son activité quotidienne se voit restreinte en raison des comportements d'évitement, par crainte de rencontrer l'objet anxiogène, lorsque l'enfant délaisse des activités, des personnes, des jouets qu'il aimait par peur d'avoir peur, alors on peut parler de phobie.

Parfois, l'attitude des parents contribue à l'apprentissage de la peur. Ils communiquent leurs propres peurs à l'enfant par leurs réactions anxieuses devant certaines situations, certains objets. Ils surprotègent l'enfant, empêchant ce dernier d'apprendre à faire progressivement face au danger, à l'imprévu et à explorer promptement ses ressources pour composer de manière adéquate avec la nouveauté. Enfin, il arrive qu'un enfant soit forcé de faire face à une situation pour laquelle il n'est prêt ni physiquement ni psychologiquement. En pareil cas, l'enfant se sent

---

13. Émission involontaire et inconsciente d'urine (*Petit Robert 1*).

14. Défécation incontrôlée et habituelle chez l'enfant (*Dictionnaire de médecine Flammarion*).

menacé à raison, et son angoisse est tout à fait justifiée.

Les rituels obsessifs—compulsifs

Les exigences éducationnelles imposent normalement à l'enfant un respect de certaines normes. Cette obéissance ne lui est pas naturelle et il doit faire des efforts pour se soumettre sous peine de perdre l'affection de ceux qui en ont la responsabilité. Cet entraînement disciplinaire débute très tôt et incite l'enfant à élaborer divers moyens pour éviter la transgression, l'oubli, la désobéissance.

Les moyens mis en œuvre adoptent la forme compulsive dans un premier temps et, vers la fin de la période de latence — début de l'adolescence, la forme obsessionnelle. La compulsion consiste en la répétition d'un acte moteur, ritualisé, stéréotypé que l'enfant se croit obligé d'accomplir de crainte qu'un malheur ne survienne à lui-même ou à l'un de ses proches. La compulsion veut contrer le danger pressenti. L'enfant en bas âge n'est pas vraiment gêné par ses rituels compulsifs, d'où le peu d'attention que leur accordent l'enfant et ses parents. Ce n'est qu'à la phase de latence (vers 7-8 ans) que l'obligation d'agir devient embarrassante pour le sujet, que le moi engage une lutte contre la nécessité, la contrainte. C'est alors que la nature névrotique devient plus évidente. À leur insu, les parents encouragent souvent ces rituels qui ponctuent l'apprentissage d'habitudes de vie souhaitées.

Ainsi, vers 2 ans, l'enfant fait l'apprentissage de la propreté. L'alternance entre la soumission et l'opposition est manifeste. Il évacue à la demande des parents, puis refuse comme pour affirmer son contrôle. Il alterne ainsi entre la propreté et la malpropreté. Il joue avec de nombreux jouets qu'il éparpille un peu partout. En fin de journée ses parents ramassent et rangent ces jouets et l'invitent ou l'obligent à participer au rangement. Il alterne entre l'ordre et le désordre. C'est le prototype du comportement obsessif—compulsif. Les rituels deviennent, pour lui, un moyen de se sécuriser, de maîtriser l'angoisse

face aux exigences disciplinaires, aux changements, à l'imprévu. Les ritualisations s'organisent généralement autour du coucher, des repas, de l'habillement, du bain, etc. Ces rituels disparaissent d'eux-mêmes après un certain temps.

Les manifestations compulsives sont de deux types : les premières apparaissent très tôt, à la fin de la première année de vie, et n'entraînent pas d'angoisse. Ces conduites traduisent davantage les efforts de l'enfant pour maîtriser le monde extérieur qu'il découvre qu'une défense contre l'angoisse interne. Si de telles conduites s'avèrent chargées d'angoisse, suscitent des crises de panique dès qu'elles sont contrecarrées, les symptômes sont alors de nature psychotique plutôt que névrotique. Les compulsions névrotiques deviennent inquiétantes si, par excès, elles interfèrent avec le développement et le fonctionnement normal de l'enfant, si celui-ci tente en vain de se retenir et qu'il en éprouve un malaise de plus en plus grand.

Les compulsions du très jeune enfant ne nécessitent généralement pas d'intervention thérapeutique, si ce n'est une information pertinente auprès des parents sur la fonction des rituels.

14.4 LA PSYCHOPATHOLOGIE DE L'ENFANT D'ÂGE SCOLAIRE

L'enfant est encore en plein développement physique, cognitif, affectif, social, etc. Entre 6 et 12 ans, il se construit une autonomie personnelle de plus en plus affirmée dans sa famille d'abord, dans le groupe des pairs et à l'école. En effet, avec la fréquentation scolaire il prend petit à petit du recul à l'égard de ses parents qui ne lui paraissent plus les seules autorités compétentes. Cette autonomie est également exploitée à l'école où on l'invite progressivement à travailler par lui-même, à prendre diverses initiatives, à exprimer sa pensée, à exercer son jugement. Sur le plan social, graduellement il participe de manière plus active au groupe des pairs et y sélectionne hiérarchiquement des amis proches, des compagnons fidèles, des camarades de jeux, des connaissances, des pairs indifférents et d'autres qu'il ignore ou évite. Sur le chemin entre la maison et l'école, il découvre le centre de loisirs, la tabagie du coin, la maison d'un compagnon et d'autres lieux qu'il fréquente ou évite selon ses désirs, ses craintes et ses initiatives. Il passe le tiers de son temps à l'école. Il y développe normalement un intérêt et une capacité acceptables pour les apprentissages scolaires, même s'il se fait un peu tirer l'oreille pour l'étude. Il comprend petit à petit ce que signifient le respect de l'autre et les règles de vie collective. Il adapte son action, accommode ses désirs aux valeurs sociales progressivement intériorisées. Il apprend à composer avec diverses figures nouvelles, il vit des situations imprévues sans pour autant se sentir angoissé, apeuré, même si un certain stress peut être observé (Berman, 1979).

C'est à une réorganisation plus souple des conflits antérieurs, à un abaissement du système de défense du moi, à une expansion des relations d'objet que l'enfant travaille durant la phase de latence. Le refoulement des pulsions donne lieu à l'élaboration d'intérêts nouveaux, à la naissance de nouvelles tendances, à l'installation d'autres attitudes et d'autres conduites (Freud, 1905). Le milieu favorise évidemment ce réaménagement en encadrant l'enfant de façon presque systématique. Là où sont des enfants en période de latence, il y a des adultes pour s'en occuper (Denis, 1985). Les pairs jouent également un rôle croissant en importance. Kohut (1974) rappelle que même si, d'un point de vue psychanalytique, l'essentiel des matériaux formant la personnalité est déjà en place, cet enfant demeure vulnérable au traumatisme psychique. Winnicott (1970) souligne l'importance pour l'enfant de cet âge de conserver la santé, tant physique que mentale, et que celui qui éprouve quelque difficulté persistante est cliniquement très malade et devrait promptement bénéficier d'une assistance adéquate.

Entre 5-6 ans et 8-9 ans, l'enfant doit composer avec un surmoi rigide, sévère et pas vraiment efficace dans son rôle de guide du moi. Il est relativement facile d'observer des tendances à la régression chez les enfants de cet âge : voyeurisme, suçage du pouce, préoccupations anales, etc. L'ambivalence

entre l'obéissance et la transgression manifeste bien la lutte menée par l'enfant pour devenir grand et la difficulté de renoncer aux avantages d'être petit. Ces défenses luttent contre des désirs sexuels qui échappent encore au contrôle du moi et qui, par conséquent, demeurent difficiles à gérer. L'enfant se culpabilise facilement durant cette phase et s'en défend par identification à l'agresseur ; il devient offensif, imite ceux qui lui paraissent puissants et forts. Il se défend en projetant la culpabilité sur les autres, en accusant naturellement autrui, en condamnant sévèrement ses pairs : « C'est pas moi, c'est lui ! » ; « C'est lui qui a commencé ! ». Entre 8-9 ans et 10-11 ans, le surmoi s'assouplit et conseille plus sagement et plus efficacement le moi, et ce sur un mode plutôt préventif que punitif. Le moi est également plus fort et gère mieux les pulsions. Les nouveaux intérêts sont moins conflictuels, tant sur le plan personnel que social.

Les psychopathologies de cette période prennent souvent racine dans le passé et ce sont les effets de ces difficultés accumulées qui font souffrir l'enfant. D'autres troubles sont plus étroitement liés aux tâches du développement propres à cet âge, et certains apparaissent plutôt comme des réactions à des circonstances particulièrement pénibles. Le traitement psychothérapique est plus facile et généralement plus fructueux lorsqu'il est effectué durant la première partie de la période de latence, à cause des investissements encore mobiles du moi et des défenses en phase d'élaboration ; dans la seconde moitié de la période de latence, le moi commence à fixer plus solidement certaines formations du caractère, et le traitement se révèle moins efficace. Cependant, c'est au début de la puberté que le moi sera le moins disponible à un tel traitement, au point que certains thérapeutes préfèrent attendre quelques années avant d'engager une psychothérapie.

L'espace disponible ne permet pas une étude exhaustive de la psychopathologie de cet âge, mais les quelques distinctions suivantes permettront sans doute de situer les problématiques dans des axes de réflexion utiles pour le choix d'une thérapeutique.

14.4.1 Les troubles de l'adaptation

Les difficultés rassemblées sous ce titre reçoivent diverses appellations : troubles transitoires, mésadaptations réactionnelles, troubles du comportement, etc. Ces problématiques se situent sur une échelle de gravité variant des manifestations symptomatiques normales et temporaires de l'enfant réagissant aux difficultés rencontrées lors de ses expériences familiales, sociales et scolaires, jusqu'aux troubles plus profondément enracinés se rapportant davantage à une structuration psychopathologique de la personnalité (Houde et coll. 1988).

Les troubles de l'adaptation sont variés : troubles du comportement plus ou moins tapageur, conduites régressives, réactions anxieuses manifestes ou déguisées, attitudes dépressives, difficultés relationnelles, etc. Le début des difficultés est généralement récent et il est relativement facile d'établir le lien avec des circonstances précipitantes. Cette réaction aux événements récents qui, tout en influençant la personnalité de l'enfant, sa manière de se relier au monde environnant, risque peu d'en déterminer l'avenir, quoique certains états réactionnels évoluent parfois vers une névrose franche (Misès, 1981 ; Soulé et Soulé, 1974). Devant une situation stressante l'enfant régresse plus ou moins gravement selon la force du moi, le soutien de son milieu et l'intensité du traumatisme vécu vers des conduites impulsives, ou il se replie sur lui-même. Ces situations difficiles varient à l'infini : maladie physique, accident, retrait temporaire de la famille, naissance d'un autre enfant, troubles familiaux, divorce des parents, perte d'un être cher, etc. L'enfant prête un sens personnel et subjectif aux événements et c'est bien ce sens autant que les événements en cause qui provoquent et maintiennent l'état réactionnel. Souvent la réaction du milieu immédiat renforce ou diminue l'intensité du trouble.

Le diagnostic différentiel n'est pas facile et exige du clinicien une attention minutieuse à une symptomatologie variable, une bonne connaissance de l'histoire récente de l'enfant et de sa famille, une bonne expérience personnelle et professionnelle de l'enfance et du rôle toujours difficile de parent, pour arriver à distinguer un trouble réactionnel de l'installation d'une névrose ou encore à dépister une pathologie plus sérieuse et plus ancienne qui se manifeste maintenant ouvertement.

Pelsser (1989) décrit trois degrés de gravité de troubles du comportement. Dans les cas les plus graves l'enfant exprime systématiquement ses conflits dans des agissements transgressifs plutôt que par d'autres modes de défense. Le comportement peut devenir criminel. Dans des cas moins graves, les passages à l'acte sont ponctuels et limités, l'agression d'autrui reste en deçà de l'acte criminel tout en étant antisocial. Enfin, dans les cas plus légers, l'enfant agit de façon impulsive, s'en rend compte et se sent coupable, regrette son geste, comprend le tort causé à l'autre.

L'American Psychiatric Association (1983) départage les troubles du comportement et le comportement délinquant selon que l'enfant est relativement mal ou bien socialisé, selon qu'il est ou non ouvertement agressif. Le comportement typiquement délinquant appartient à l'enfant mal socialisé et agressif. La violence physique est fréquente, et les passages à l'acte nombreux. L'enfant est presque incapable de relation stable, affectueuse, empathique, de relation amicale de plus de six mois ; il n'a pas de préoccupation altruiste, ne ressent pas de culpabilité après son geste répréhensible et dénonce ou accuse facilement ses compagnons pour se blanchir.

L'enfant socialisé n'est pas délinquant, même s'il manifeste un comportement difficile. Il est fréquemment agressif et adopte souvent des conduites et des attitudes propres aux enfants plus âgés. Il n'écoute pas ses parents ni ses professeurs, il transgresse facilement les règles établies, fugue de la maison, de l'école, vole à l'étalage divers objets, etc. Il fait parfois preuve d'affection et d'empathie dans ses relations sociales, entretient ses relations amicales, accepte de rendre service à un copain, peut chercher à le protéger d'une accusation et ressent de la culpabilité devant ses transgressions (Pelsser, 1989).

14.4.2 Les troubles névrotiques

Ce qui a été avancé dans la section 14.3.2 est encore valable pour cette tranche d'âge. Le *DSM-III* (American Psychiatric Association, 1983) souligne bien l'absence de consensus sur la définition de la névrose lorsqu'il s'agit d'enfants. Sous le générique de « troubles névrotiques », on englobe un ensemble de symptômes contre lesquels la personne lutte en vain. Le contact avec la réalité demeure généralement de bonne qualité, la personne ne transgresse pas et ne s'oppose pas sérieusement aux normes sociales. La perturbation reste persistante et dérange plus ou moins le sujet dans son fonctionnement quotidien. Les causes et la présence de facteurs organiques ne sont pas prouvées. Les diagnostics structuraux sont systématiquement évités. On parle plus volontiers de troubles liés à l'angoisse : crise aiguë d'angoisse, angoisse de séparation, angoisse suscitée par certaines personnes, certains objets, certaines situations, etc.

Qu'un enfant normal présente des manifestations névrotiques au cours de son développement est un fait inéluctable. Que ces manifestations soient anxieuses, phobiques, obsessionnelles ou hystériques, ne signifie pas pour autant la présence d'une pathologie structurée (Bergeret et Lustin, 1980). Qu'un enfant profite d'une assistance et d'une attention bienfaisantes dans certaines situations, reçoive la confiance d'un adulte admiré ou de ses pairs lors d'événements particuliers, et on peut assister à une rémission quasi spontanée de certains symptômes névrotiques. Par contre, la persistance de telles manifestations (plus de six mois) indique peut-être la structuration progressive d'un fonctionnement plus ou moins gravement pathologique, l'établissement d'une névrose. D'autres fois, les symptômes névrotiques surgissent d'une organisation psychique encore mal définie qui, pour bizarre qu'elle paraisse, ne se laisse pas saisir et comprendre. Il s'agit alors peut-être d'un état psychotique ou d'une organisation limite de la personnalité.

Les réactions anxieuses

La crise d'angoisse manifeste un malaise intense, un désarroi profond chez l'enfant aux prises avec un fort sentiment d'une catastrophe imminente. Certains enfants ajoutent à leur souffrance morale des maux physiques : maux de tête, de ventre, de jambes, des tremblements, des difficultés respiratoires, des vomissements, etc. L'anxiété domine le comportement et les attitudes de l'enfant, sa manière de prendre contact. Il est toujours prêt à se retirer parce qu'il redoute toujours le pire. L'enfant éprouve donc des difficultés à se séparer de ses parents, de sa mère plus particulièrement, à vivre dans d'autres lieux que dans son foyer, entouré des choses meublant sa vie relativement monotone. Le moindre changement le rend anxieux, irritable. L'hyperémotivité est constante et les troubles du sommeil et de l'appétit sont fréquents. Le trouble se manifeste de diverses façons : hyperactivité, troubles de la conduite, agressivité, inhibition, gaucherie, échec scolaire, etc.

La phobie scolaire

La peur terrifiante et le refus catégorique de fréquenter l'école sont parfois accompagnés de maladies physiques qui surviennent comme pour consolider l'impossibilité de se rendre en classe. Nombreux sont les enfants qui connaissent à un moment ou à un autre, et peut-être même plusieurs fois, une hésitation à aller à l'école, voire une crainte, un refus, mais chez la majorité cette attitude négative s'estompe et l'enfant poursuit normalement sa scolarité. Moins de 1 % des enfants manifestent une vraie phobie scolaire. Il s'agit plus souvent des garçons, particulièrement au début de la fréquentation scolaire, lors d'un changement d'école ou au moment du passage au secondaire.

C'est l'angoisse de séparation qui empêche l'enfant de se séparer de sa famille, de sa mère surtout, pour se rendre à l'école. Il accepte généralement de fréquenter d'autres lieux sans difficulté. Si tel n'est pas le cas, s'il refuse de jouer à l'extérieur de sa famille avec des copains, de sortir seul, de s'éloigner de la maison, alors il ne peut être question de phobie scolaire, mais plutôt d'une forte angoisse de séparation qui empêche non seulement l'enfant de fréquenter l'école, mais aussi de vivre sans sa mère à ses côtés.

L'enfant pleure pour ne pas aller à l'école, supplie ses parents de le garder à la maison, promet d'y aller le lendemain, etc. Les parents sont incapables de raisonner l'enfant qui multiplie les raisons : le professeur est trop sévère, un compagnon lui fait mal, d'autres se moquent de lui, on lui enseigne des choses qu'il sait déjà ou seulement des choses ennuyeuses, etc. À la maison, l'enfant fait assez consciencieusement ses travaux scolaires. C'est pourquoi, dans bon nombre de cas, le rendement scolaire n'est pas vraiment perturbé au début, mais progressivement l'angoisse suscitée par la séparation d'avec la mère, imposée par l'école, dégénère souvent en un désintérêt de plus en plus marqué pour les matières scolaires et les apprentissages en souffrent.

Pelsser (1989) dégage deux dynamiques psychiques étayant la phobie scolaire. L'angoisse de séparation soutient la première et l'angoisse de castration nourrit la seconde. L'enfant éprouve une forte angoisse à se séparer de sa mère parce qu'elle aussi souffre d'angoisse de séparation. Elle est dépressive, phobique et sans s'en rendre compte invite son enfant à rester près d'elle, à ne pas l'abandonner (Coolidge, 1979). La mère sert à l'enfant d'objet pour contrer sa propre phobie. Il ne peut pas se passer de la sécurité que lui inspire sa mère, elle-même fragile. Il s'agit d'une lutte contre l'insécurité de celle-ci, une prise en charge par l'enfant de l'insécurité maternelle. Très souvent la relation mère—enfant prend la couleur d'une relation sado-masochiste (Pelsser, 1989). L'enfant trouve satisfaction de ses désirs de passivité et de dépendance dans la surprotection que sa mère lui procure, mais celle-ci, malgré son dévouement, se plaint des exigences de son enfant. Effectivement, l'enfant devient hyperexigeant envers sa mère, l'agresse par ses demandes répétées, la punit en quelque sorte de le garder dans une position aussi infantile et passive. Il se cache ainsi à lui-même ses tendances à la régression.

Dans la seconde dynamique, l'enfant redoute l'affirmation personnelle qu'exige le milieu scolaire, refuse la compétition avec ses pairs, craint la rivalité parce qu'il craint d'être attaqué, de perdre la face, bref, l'angoisse de castration l'arrête ; il renonce aux désirs de performance par crainte des représailles castratrices.

Les troubles obsessionnels

La fréquentation scolaire exige de l'enfant le respect de nouvelles normes, la soumission à des règles disciplinaires, la compétition sportive et scolaire avec les pairs, l'apprentissage de nouvelles connaissances, etc. On attend de lui qu'il prenne soin des manuels qui lui sont prêtés, qu'il range ses choses, qu'il tienne ses cahiers d'exercices propres, etc. L'utilisation de mécanismes obsessionnels est presque normale durant la phase de latence. Les rituels obsessifs—compulsifs demeurent nombreux, et ce qui a été énoncé dans la sous-section 14.3.2 s'applique encore ici. S'ajoutent maintenant de nouveaux mécanismes plus obsessionnels que compulsifs. L'enfant développe diverses techniques de contrôle et d'isolation pour maîtriser ses élans pulsionnels, éviter les réprimandes et conserver l'affection de ceux qui l'entourent. Les rituels compulsifs et les pensées obsessionnelles l'aident à poursuivre sa socialisation et à refouler les exigences d'une sexualité infantile malvenue dans ce contexte.

Devant ces exigences, l'enfant développe diverses obsessions pour éviter l'angoisse suscitée par les représailles possibles liées à la transgression : punitions, humiliations, moqueries, etc. Il s'oblige à penser, à agir de manière à ne pas oublier de se contrôler. C'est ainsi que certains objets deviennent dotés d'une force mystérieuse qui lui attire la chance et le bonheur ou au contraire la malchance et le malheur. Pour conjurer l'erreur, le mauvais sort, les représailles, il lui faut marcher ou éviter de marcher sur les lignes tracées dans la rue, sur le trottoir, sur un plancher, compter les carreaux sur le plancher, les fenêtres de la maison, de l'école, attendre deux cycles complets aux feux de circulation avant de traverser la rue, placer ses affaires d'une certaine manière dans son tiroir ou son pupitre, ranger ses vêtements dans un ordre ou un désordre précis. Il collectionne divers objets, ramasse ceci, cela, se fait des cachettes, etc. Toutes ces conduites et pensées visent à lui éviter de transgresser les interdits, mais elles lui permettent en même temps une certaine réalisation des désirs interdits.

Ces obsessions et compulsions constituent en quelque sorte des réalisations déguisées, des pulsions refoulées. C'est pour cette raison que le sujet engage une lutte épuisante entre donner libre cours à ses pensées et à ses actions et s'empêcher de penser et d'agir. D'où l'ambivalence, les conduites d'annulation, l'indécision, le manque de spontanéité donnant à l'enfant l'allure d'un sujet par trop sage et inhibé. Le plaisir est progressivement banni parce que soupçonné d'interdit ; on croit qu'il incite à des actes ou à des propos obscènes, à des gestes ou à des paroles absurdes, à attaquer ou à être attaqué, etc. Le plaisir cède le pas aux préoccupations inquiètes de bien faire, de tout savoir, aux doutes et aux scrupules, aux sentiments de culpabilité, de jalousie, aux explosions de colère, à l'alternance entre la soumission et la révolte, etc. (Lemay, 1973). Toutes ces conduites ne sont pas en elles-mêmes pathologiques si elles ne contrecarrent pas le développement et le fonctionnement de l'enfant (Pelsser, 1989).

On ne peut pas parler de névrose obsessionnelle franche avant la fin de la phase de latence ou du début de l'adolescence. Cependant on comprend que ces pensées et conduites « obligatoires » peuvent aboutir à une organisation rigide, conformiste et terne de la personnalité. Si elles persistent et demeurent intenses, fréquentes, si les symptômes ne parviennent pas à lier l'angoisse et à libérer le sujet, si les sentiments de haine et de culpabilité vont en augmentant, si l'inhibition des désirs d'apprendre et de savoir s'accroît, si la capacité de jouer et de prendre plaisir librement diminue, alors le diagnostic de névrose trouve de plus en plus sa justification (Adams, 1979). D'autres fois, ces attitudes et ces comportements s'ajoutent à une structuration psychotique plus ou moins articulée.

Les réactions hystériques

Les troubles hystériques sont assez rares chez les enfants, mais la fréquence augmente avec l'âge dès 10-11 ans. Les garçons autant que les filles dans la phase de latence présentent des réactions de nature hystérique ou histrionique[15]. Il est normal à l'enfant en phase de latence de rechercher l'attention, l'affection et l'admiration. À cet effet, l'enfant dramatise ses récits, exagère ses malaises, ses émotions et leur expression, il cherche à se faire valoir de toutes les manières imaginables. L'enfant a encore besoin de la présence de l'autre et de son approbation. Il cherche à se construire une identité, et pour ce faire il a besoin des adultes qui l'entourent, de leurs réactions à sa présence autant pour se soustraire à leur emprise et exercer son pouvoir sur eux que pour s'appuyer sur eux et se rassurer sur sa valeur propre.

Les symptômes de conversion sont plutôt rares avant 11-12 ans, mais il arrive que des enfants présentent et maintiennent pendant un certain temps des symptômes somatiques. Ils transposent alors sur leur corps les conflits psychiques qu'ils vivent à l'intérieur. Ces malaises adoptent parfois des formes courantes : maux de tête, fatigue, étourdissements, maux de ventre ; d'autres fois l'expression somatique est plus spectaculaire : boiterie, paralysies temporaires, contractures, aphonies, pseudo-cécité, pseudo-surdité. Enfin, la réaction se résume dans certains cas à une inhibition plus ou moins forte des apprentissages scolaires, de l'attention, de la mémoire, du langage, etc.

La distinction entre la conversion hystérique et les troubles psychosomatiques n'est pas toujours facile à faire. La conversion hystérique touche particulièrement l'appareil sensorimoteur relevant du système nerveux central, tandis que les troubles psychosomatiques perturbent particulièrement les fonctions somato-viscérales relevant du système nerveux

---

15. Histrionisme : mode de comportement d'un sujet, le plus souvent hystérique, qui, dans la vie quotidienne, joue un rôle, incarnant un personnage imaginaire à la façon de mauvais acteurs excessifs ou mélodramatiques (*Dictionnaire de médecine Flammarion*).

autonome. Les symptômes sont généralement instables et changeants dans la conversion, stables et fixes dans les troubles psychosomatiques. Le sujet hystérique tire bénéfice de ses difficultés ; le personne psychosomatique souffre et tire peu ou prou d'avantages secondaires directs. Enfin, dans la conversion, il n'y a aucune atteinte lésionnelle ; le trouble n'est pas fonctionnel, alors qu'il peut y avoir une lésion réelle qui explique la difficulté fonctionnelle psychosomatique (Pelsser, 1989).

14.4.3 Les troubles dépressifs

Le *DSM-III* reconnaît aujourd'hui l'existence de la dépression chez l'enfant. On distingue entre l'existence d'affects dépressifs et le syndrome dépressif. Tout comme l'angoisse, le sentiment dépressif fait partie de l'expérience même de vivre. L'affect dépressif apparaît lorsque la personne éprouve des difficultés à résoudre un conflit psychique (Dugas et Mouren, 1980). Foncièrement l'affect est suscité par le sentiment d'impuissance qu'éprouve la personne à se réaliser, à atteindre certains objectifs personnels. L'affect dépressif exprime le désespoir (Dorpat, 1977), alors que l'angoisse exprime davantage le désarroi (Houde et coll., 1988). Le sentiment dépressif aide l'enfant et l'adulte à abandonner des désirs irréalisables, des objectifs impossibles, des buts au-delà des capacités immédiates et l'invite à rechercher d'autres activités, d'autres objets plus à sa portée. Cependant, il arrive que la personne doive renoncer trop souvent à ses désirs, ambitions, idéaux, que les expériences d'échec ou de rejet soient trop nombreuses et intenses ; alors les affects dépressifs sont sérieusement renforcés, le sentiment d'impuissance devient prégnant, le désespoir s'installe. Le sujet éprouve de plus en plus facilement la honte, la culpabilité, le deuil et autres douleurs morales. Les attitudes et les conduites de la personne sont de plus en plus marquées par ces affects. C'est le syndrome dépressif.

Durant l'enfance il est très rare que les affects dépressifs s'associent par alternance avec des états maniaques, des états de surexcitation. En bas âge, avant l'entrée à l'école, les sentiments dépressifs s'expriment par un visage triste, une irritabilité, un affect sombre et changeant. Vers 6-7 ans, l'expression de tristesse et le sentiment d'impuissance dominent l'enfant. Il ne s'enthousiasme jamais. Il aimerait bien ceci ou cela, mais il ne l'espère pas vraiment. Dès 8-9 ans, l'image de lui-même et l'estime de soi sont négatives. Le désespoir et le pessimisme apparaissent vers 10 ans, et la culpabilité devient manifeste dès le début de la puberté (Houde et coll., 1988). L'enfant s'ennuie, il n'a pas d'intérêt manifeste, il ressent de l'indifférence envers tout ce qui lui est présenté, il ne sait pas partager ses plaisirs avec les autres. Les sentiments d'infériorité, d'incapacité, d'abandon, de culpabilité, voire parfois de persécution teintent sa perception et sa compréhension des choses. Les idées morbides, les désirs de mort, les « accidents » suicidaires sont plus fréquents que les parents et les praticiens ne le reconnaissent. L'angoisse de séparation et diverses phobies sont presque toujours présentes. L'hostilité est souvent camouflée sous forme de susceptibilité, d'irritabilité facile, de colères inutiles et inopportunes, de passivité provocatrice, de mauvaise volonté ou de mauvaise foi.

La dépression entraîne à coup sûr une inhibition du fonctionnement intellectuel, une baisse du rendement scolaire, de l'inattention et des difficultés de concentration, un raisonnement lent, un imaginaire pauvre, une créativité faible et une mémoire déficiente. L'enfant tend à s'isoler, ne participe plus aux jeux et aux activités du groupe. Il lui est de plus en plus difficile d'exécuter les tâches qui reviennent quotidiennement ; il est lent, se dit fatigué et ne pense qu'à se réfugier dans un coin à l'abri de toute demande. Il n'éprouve aucun plaisir à manger ni à boire, d'où une perte de poids, ou au contraire un besoin boulimique entraîne une augmentation indue du poids. Le sommeil est souvent troublé : insomnie au coucher, cauchemars et réveils fréquents, hypersomnie au lever.

D'autres enfants engagent une lutte de tous les instants contre les affects dépressifs. Ils deviennent hyperactifs, superenjoués, refusent de se reposer, de dormir. Les affects dépressifs sont donc liés à des sentiments de perte, de séparation, d'abandon. L'enfant déprimé croit, à tort ou à raison, que ses parents ne l'aiment plus, le désapprouvent, le rejettent. Il se sent incapable de répondre aux attentes qu'il croit percevoir. Il est convaincu de ne pas correspondre à leur idéal. Les échecs et déceptions cumulés le convainquent de son impuissance et de son malheur. Souvent, la famille participe à son insu à nourrir ces affects.

Le risque de suicide augmente si les sentiments dépressifs persistent pendant plusieurs mois, si les parents sont eux-mêmes dépressifs et suicidaires, si la perte d'un être cher survient au moment où l'enfant est déprimé depuis un certain temps déjà et que la mort apparaît comme une délivrance, si le climat familial est abusif ou négligent (Pfeffer, 1979 ; Teicher, 1979).

14.4.4 Les troubles psychotiques

Les psychoses de la phase de latence constituent des pathologies graves dont la compréhension demeure encore aujourd'hui limitée. Ces troubles suscitent la controverse entre les auteurs et les appellations varient selon les écoles. Le pronostic demeure toujours réservé. On y trouve les dysharmonies du développement, les psychoses déficitaires et la schizophrénie infantile (Houde et coll., 1988). Elles sont plus rares que les psychoses précoces décrites à la sous-section 14.3.1.

La psychose de la phase de latence est précédée de divers troubles plus ou moins graves, mais c'est à une désorganisation importante de la personnalité qu'on assiste maintenant. Les torts causés sont moins profonds et moins importants que dans le cas des psychoses précoces. Comparativement au nourrisson, l'enfant en phase de latence s'est socialisé, il a développé le langage et a évolué sur le plan cognitif. Ces acquis lui garantissent un niveau de fonctionnement plus élevé.

L'enfant tend maintenant à se retirer, à s'isoler. Il n'éprouve ni plaisir ni intérêt à jouer avec les autres. Il reste dans sa famille, voire s'enferme dans sa chambre où il se perd dans ses pensées ou dans des activités très centrées et restreintes. Sa relation avec autrui est très ambivalente. D'un contact froid et distant, il passe sans raison apparente à une attitude affectueuse ou à une colère violente. Mal à l'aise en présence d'autrui, il se réfugie dans son monde intérieur.

Ce monde intérieur est composé d'idées éparses, de connaissances isolées, de pensées morcelées, d'objets persécuteurs et mauvais dont l'enfant doit continuellement se défendre pour éviter l'anéantissement. Les préoccupations hypocondriaques[16] et cénesthésiques[17] sont nombreuses, les scénarios de persécution demeurent mal organisés mais pas moins efficaces. C'est bien parce qu'il se sent menacé et impuissant à se défendre qu'il s'identifie à des personnages célèbres et puissants. Il lui arrive d'entendre des voix, des bruits, des cris, des chuchotements auxquels il prête une oreille très attentive. Le fait d'enlever le caractère réel des choses ou des personnes complète le tableau clinique (Pelsser, 1989).

Le comportement sensorimoteur est troublé et oscille entre l'inhibition paralysante et l'agitation. Les troubles du comportement sont courants, imprévisibles et apparemment sans lien avec les événements récents. La tendresse et l'agression envers les gens et les objets qui meublent son environnement alternent. Les comportements compulsifs, obsessionnels et phobiques sont présents et exacerbés par des angoisses—paniques disproportionnées. Les délires s'insèrent dans le discours sans pour autant atteindre une organisation cohérente. Le langage sert plus à traduire des préoccupations intimes qu'à communiquer. Le discours devient discordant, incohérent, idiosyncratique, difficile à comprendre. D'autres fois il y a surinvestissement du langage. L'enfant acquiert

---

16. Hypocondrie : état pathologique caractérisé par une préoccupation excessive et anxieuse de l'état de santé et du bon fonctionnement d'un ou plusieurs organes (*Dictionnaire de médecine Flammarion*).

17. Cénesthésie : impression générale d'aise ou de malaise résultant d'un ensemble de sensations internes non spécifiques (*Petit Robert 1*).

un vocabulaire recherché, abstrait à l'excès. D'autres fois c'est le mutisme complet.

L'enfant éprouve des difficultés à organiser sa pensée et à saisir celle d'autrui. Il est incapable d'une attention soutenue et de concentration dans la relation à l'autre, attention et concentration ne sont centrées que sur ses propres activités qui le coupent du monde environnant. Sa pensée établit des associations bizarres, confond des concepts et glisse facilement d'un sujet à un autre. Le rendement scolaire est naturellement très faible et inégal. Malgré des talents évidents dans certains domaines, le blocage intellectuel traduit bien le déraillement de l'« appareil à penser les pensées ».

La fragilité constitutionnelle de ces enfants soutient les problèmes relationnels graves déjà présents dans la relation mère—enfant. L'enfant semble jouir d'excellentes potentialités intellectuelles et cognitives, mais il déconcerte par un rendement extrêmement inégal dans différents domaines et parfois à l'intérieur d'un même domaine, d'où l'appellation « dysharmonies du développement » (Houde et coll., 1988).

Les psychoses déficitaires encore actives durant la phase de latence découlent des psychoses précoces (voir sous-section 14.3.1). L'enfant accuse un déficit dans une ou plusieurs dimensions de son développpement. Il peut ne pas avoir acquis le langage par exemple, ou paraître déficient intellectuellement tout en démontrant de bonnes capacités dans d'autres secteurs.

La schizophrénie infantile apparaît comme une désintégration progressive des acquis de l'enfant, une régression massive. L'enfant semblait jusqu'à présent « normal », mais au fond présentait des problèmes sur lesquels on s'est fermé les yeux. L'évolution est difficile à prévoir. Tout dépend de la qualité relationnelle que l'enfant conserve, de la nature du contact avec la réalité, de la qualité de son milieu et des soins qu'il reçoit. Le traitement est toujours de longue durée et demande une équipe multidisciplinaire, un centre de jour que l'enfant fréquente assidûment, des soins pharmaceutiques, etc. La famille et les parents ont particulièrement besoin de soutien.

POST-TEST

1- *Vrai ou faux.* Le moment où la psychopathologie apparaît dans le développement de l'enfant peut influencer significativement la gravité des symptômes.

2- *Vrai ou faux.* Le symptôme de l'enfant dépend autant de l'organisation psychique de la mère que de la sienne propre.

3- Ne sachant pas verbaliser ses malaises, comment le jeune bébé exprime-t-il ses difficultés ?

4- Identifiez trois types de troubles du sommeil rencontrés chez le nourrisson.

5- Identifiez deux troubles cutanés pouvant posséder un caractère psychosomatique chez le nourrisson.

6- *Vrai ou faux.* Vers 1 an, le fait de supprimer la sieste de l'après-midi n'est pas un très bon moyen pour que l'enfant s'endorme plus vite le soir.

7- Décrivez le schéma fondamental de l'anorexie mentale chez l'enfant.

8- Il survient que le jeune enfant anorexique soit particulièrement vif et éveillé socialement et qu'il ne ressente pas l'angoisse de la personne étrangère normalement manifestée entre 6 et 12 mois. Identifiez la substitution qui expliquerait cette absence de crainte de la personne étrangère.

9- Dans le traitement de l'anorexie mentale du nourrisson, décrivez en quoi consiste la stratégie d'inversion des rôles où l'enfant devient celui qui demande et la mère celle qui hésite à donner.

10- Nommez deux caractéristiques relationnelles souvent associées au mérycisme chez le jeune enfant.

11- *Choisissez la bonne réponse.* Quelle est la proportion des jeunes enfants qui souffrent d'asthme ?

   a) 1 à 2 % ;

   b) 4 à 10 % ;

   c) 12 à 15 %.

12- Quelle est habituellement la durée et la fréquence des crises d'asthme chez le jeune bébé asthmatique ?

13- Étant donné les nombreuses possibilités d'affections respiratoires passagères en bas âge, le diagnostic de l'asthme est difficile à établir. Quel est l'indice le plus sûr de la présence d'asthme à cette époque ?

14- Quel est le pneumallergène (agent qui provoque une réaction allergique respiratoire) le plus souvent en cause dans l'asthme observé au cours de la première année de la vie ?

15- *Vrai ou faux.* Les garçons souffrent plus souvent du spasme du sanglot que les filles entre 6 et 18 mois.

16- Identifiez deux caractéristiques du tempérament des enfants plus sujets à faire des crises « bleues » du spasme du sanglot.

17- Identifiez deux traits du tempérament plus souvent rencontrés chez les jeunes enfants qui affichent des crises « blanches » du spasme du sanglot.

18- Dans la psychopathologie de l'enfant de 2 à 6 ans, il est difficile de découper nettement entre névrose et psychose. Cependant, laquelle de ces deux catégories de perturbations relève davantage d'un trouble de l'organisation de la pensée ?

19- Illustrez comment la mère, dans son interaction avec son enfant, peut aider à « contenir » les expériences de l'enfant.

20- Mentionnez quatre caractéristiques comportementales associées à l'autisme infantile.

21- Qu'est-ce qui caractérise l'activité perceptive de l'enfant autiste ?

22- *Vrai ou faux.* Des études sur les jumeaux n'appuient pas l'idée d'un fondement génétique à la schizophrénie infantile.

23- Il est fréquent que les troubles névrotiques s'estompent avant l'adolescence. Identifiez le pourcentage qui précise le mieux la fréquence des troubles névrotiques au cours de l'enfance :

   a) 5 % ;

   b) 10 % ;

   c) 20 % ;

   d) 30 %.

24- Identifiez trois types de peurs que les enfants sont susceptibles de ressentir entre 2 et 4 ans.

25- Expliquez en quoi consiste un acte compulsif chez l'enfant.

26- Nommez trois catégories de troubles de l'adaptation rencontrés chez l'enfant d'âge scolaire.

27- *Vrai ou faux.* Dans la névrose infantile, le contact de l'enfant avec la réalité demeure généralement de bonne qualité.

28- Décrivez ce qui est habituellement sous-jacent à la crise d'angoisse chez l'enfant.

29- Si le refus d'aller à l'école s'accompagne du refus de jouer à l'extérieur de la maison avec des amis, de sortir seul, etc., de quel problème peut-il s'agir plutôt que de phobie scolaire ?

30- *Vrai ou faux.* On ne peut pas parler de névrose obsessionnelle franche avant la fin de la phase de latence ou du début de l'adolescence.

31- De quel trouble s'agit-il : l'enfant s'ennuie, il n'a pas d'intérêt manifeste, il ressent de l'indifférence envers tout ce qui lui est présenté, il ne sait pas partager les plaisirs avec les autres.

32- *Vrai ou faux.* Les torts causés par les psychoses survenant au cours de la période de latence sont plus profonds et plus graves que dans les cas de psychoses plus précoces.

Chapitre 15

Développement social de l'enfant

PLAN

PRÉTEST

1- *Vrai ou faux.* Au début de la vie, le bébé distingue mal les personnes, de sorte qu'il peut être aussi bien consolé par une personne étrangère compétente que par sa mère.

2- Identifiez le domaine psychologique où l'activité est probablement le rôle le moins important :

a) la cognition sociale ;

b) la cognition non sociale.

3- Identifiez quatre éléments psychologiques d'inférence sociale.

4- *Vrai ou faux.* Dans le modèle de Flavell, une inférence appropriée résulte automatiquement de la présence de l'« existence » et du « besoin ».

5- Identifiez la réaction sociale de l'enfant qui survient vers l'âge de 8-10 mois et qui illustre bien la différenciation que l'enfant est capable de faire entre les personnes.

6- Entre le parent et le bébé, quel est le préalable fondamental à l'établissement de l'attachement selon Flavell (1985) ?

7- Mettez en ordre chronologique d'apparition les phénomènes suivants :

a) L'enfant semble sourire et gazouiller de façon plus active à l'égard d'une personne familière que non familière ;

b) La différenciation entre les personnes familières et non familières est clairement perceptible ;

c) L'enfant n'affiche pas d'attachement émotionnel perceptible à l'égard de personnes ou d'objets ;

d) L'enfant commence à sourire socialement sans différencier la personne.

8- Nommez deux des trois sens que le bébé peut utiliser à la naissance pour repérer le parent (ou son substitut).

9- Quels sont les deux grands stades de développement selon les travaux sur l'origine des représentations de ce que les autres perçoivent visuellement ?

10- Quel type d'empathie décrit le fait que l'enfant observant l'expression d'un sentiment chez une autre personne ressent lui-même ce sentiment ou un sentiment qui y est relié ?

a) l'empathie inférentielle ;

b) l'empathie réciproque ;

c) l'empathie non inférentielle ;

d) l'inférence sans empathie.

11- À quel stade du développement de la compréhension des pensées des autres l'enfant arrive-t-il à considérer deux perspectives différentes de façon séquentielle, l'une après l'autre, plutôt que simultanément ?

12- Décrivez brièvement la méthode utilisée par Gallup (1977) pour vérifier si les chimpanzés possèdent une représentation d'eux-mêmes.

13- À partir de quelle étape du développement de la conscience de soi l'enfant saisit-il qu'il possède un point de vue particulier que les autres n'ont pas nécessairement ?

14- Identifiez la ou les affirmations qui sont vraies :

a) Il est difficile de situer précisément le rôle des pairs dans le processus de socialisation de l'enfant ;

b) Dans ses travaux menés auprès de singes rhésus, Harlow (1969) s'est rendu compte que la privation de contact avec les pairs avait des conséquences très peu significatives sur le comportement social adulte ;

c) Les recherches semblent démontrer l'existence d'une complémentarité dans les rôles que jouent les parents et les pairs dans la socialisation ;

d) Les approches cognitive-développementale et d'apprentissage social véhiculent l'idée que c'est seulement par le biais de l'interation sociale avec les pairs que les enfants expérimentent des rôles de dominance, de réciprocité, etc.

15- *Complétez la phrase.* Selon l'approche éthologique, déjà en garderie les interactions seraient réglées selon des règles ....

16- *Vrai ou faux.* Selon l'approche de l'apprentissage social, les attentes d'efficacité que nous avons à l'égard de notre comportement représentent le meilleur prédicteur de notre comportement.

17- Le développement moral chez l'enfant a été décrit comme un processus d'intériorisation progressive des règles sociales. Expliquez brièvement.

18- Nommez la fonction la plus importante du processus de socialisation chez l'enfant.

19- Selon Bandura, nos jugements sur notre valeur personnelle varient selon les personnes avec qui l'on compare notre performance. Laquelle des comparaisons suivantes est-elle susceptible de mieux soutenir la valorisation personnelle ?

    a) une comparaison avec des personnes systématiquement plus fortes que soi ;

    b) une comparaison avec des personnes égales ou légèrement supérieures à soi ;

    c) une comparaison avec des personnes systématiquement plus faibles que soi.

20- *Complétez la phrase.* Rest (1983) affirme qu'un comportement ne peut être appelé « moral » que si les processus .... qui l'ont suscité sont connus en même temps que le comportement lui-même.

21- De façon générale, comment se comporte l'enfant (7 ans et moins) lors du premier stade du développement moral de Piaget (1932) ?

22- De quel type de morale Piaget parle-t-il lors du premier stade de développement moral ?

    a) morale fautive ;

    b) morale punitive ;

    c) morale de contrainte ;

    d) morale de puissance.

23- *Vrai ou faux.* Lors du deuxième stade du développement moral, l'autorité est considérée comme un partenaire avec qui il est possible de discuter des règles.

24- En respectant leur ordre de mention, associez les trois stades suivants au niveau spécifique auquel ils s'intègrent :

    1) l'orientation du relativisme utilitariste ;

    2) le contrat social ;

    3) la loi et l'ordre ;

    a) le niveau de la morale préconventionnelle ;

    b) le niveau de la morale conventionnelle ;

    c) le niveau de la morale post-conventionnelle.

25- En respectant l'ordre de leur mention, associez les affirmations suivantes au stade auquel elles correspondent.

    1) La bonne action est motivée par la volonté de maintenir de bonnes relations avec l'entourage et d'éviter leur désapprobation ;

    2) Le raisonnement moral est fondé sur l'idée qu'il faut obéir aux règles pour éviter les punitions ;

    3) La personne se place comme un observateur impartial jugeant selon des principes orientés vers le bien commun ;

    4) L'obéissance aux règles est motivée par les avantages qu'elle peut apporter, par les intérêts qu'elle peut servir dans un monde où les autres sont perçus comme agissant aussi en fonction de leurs propres intérêts ;

    a) l'orientation de la punition et de l'obéissance simple ;

    b) l'orientation du relativisme utilitariste ;

    c) l'orientation de la bonne concordance interpersonnelle ;

    d) le contrat social.

26- *Vrai ou faux.* Il y a une forte relation entre le raisonnement moral et le comportement chez le jeune.

27- *Complétez la phrase.* Dans la perspective freudienne, c'est .... qui est responsable des jugements sur soi.

28- En quoi consiste l'approche « de la résistance à la tentation » en psychologie de l'enfant ?

29- Illustrez le fait que l'humeur personnelle de l'enfant influence son autocontrôle par rapport à la tentation.

30- Identifiez deux des trois mécanismes sous-jacents à l'influence des pairs selon Perry et Bussey (1984).

31- À partir de quel âge environ les enfants peuvent-ils échanger des signaux sociaux comme des vocalisations à tour de rôle ?

  a) 3 mois ;
  b) 11 mois ;
  c) 8 mois ;
  d) 6 mois.

32- *Vrai ou faux.* On a observé que les bébés interagissent surtout par le regard et les vocalisations avec un pair et davantage par le toucher avec leur mère.

33- Identifiez les énoncés qui sont vrais parmi les suivants :

  a) Le développement de la pensée symbolique chez le jeune s'effectue entre 5 et 8 ans ;
  b) Progressivement, les jeux coopératifs chez le jeune laisseront place aux jeux parallèles ;
  c) Déjà à l'âge préscolaire, les différences individuelles peuvent être assez facilement observées dans le style d'interaction sociale qu'affichent les enfants ;
  d) On a observé qu'au-delà d'un certain seuil d'activités structurées en groupe, les enfants décrochaient, c'est-à-dire qu'ils ne suivaient plus l'activité.

34- Indiquez deux manières dont les parents peuvent influencer les relations de l'enfant avec ses pairs.

35- *Vrai ou faux.* Entre 6 et 11 ans encore plus peut-être que pendant l'âge préscolaire, les filles comme les garçons ont tendance à interagir plus facilement avec des pairs de leur sexe.

36- Identifiez trois types différents de relations entre pairs.

37- Quel type de relation sociale d'enfant désigne l'énoncé suivant : celui avec qui l'interaction est positive, l'attrait mutuel est élevé, des activités sont partagées et avec qui les rapports sont réciproques.

38- Identifiez les affirmations qui sont vraies parmi les suivantes :

  a) Les enfants choisissent pour amis des pairs avec qui ils ont des choses en commun ;
  b) Les enfants d'âge préscolaire choisissent des copains accessibles et renforçants pour partager leurs jeux ;
  c) Autour de 6-7 ans, la cognition sociale devient beaucoup plus présente dans le processus de sélection des personnes et des comportements ;
  d) Entre 3-4 ans et 5-6 ans, les commentaires négatifs sur les autres apparaissent et peuvent même faire l'objet d'une activité solidaire entre amis à l'égard d'autres pairs.

39- Identifiez la catégorie sociométrique la plus stable au cours de l'enfance parmi les suivantes :

  a) populaire ;
  b) controversé ;
  c) rejeté ;
  d) négligé.

40- Identifiez trois fonctions cognitives du jeu selon Athey (1984).

41- Associez les types de jeux suivants avec l'âge durant lequel ils apparaissent le plus fréquemment :

1) courir dans une pièce, pousser un carosse ;

2) construction d'un objet, jeux de blocs à assembler ;

3) activités requérant la compréhension de règles (comme le ballon prisonnier) ;

4) jeux de rôles, jouer à l'école.

42- Selon Cloutier et Dionne (1981), la fréquence des échanges agressifs entre les enfants atteint un sommet vers quel âge ?

a) 2 ans ;

b) 5 ans ;

c) 8 ans ;

d) 9 ans.

43- *Complétez la phrase.* Au cours des quatre premières années de l'enfance on observe habituellement une diminution du nombre de crises de colère tandis que les réponses .... augmentent au cours de cette période, l'accroissement le plus net se produisant après 3 ans.

44- Nommez les deux sources d'influence du développement de l'agressivité.

45- *Vrai ou faux.* Au début de l'âge préscolaire, l'agressivité verbale serait déjà nettement plus élevée chez le garçon que chez la fille.

46- Qu'est-ce qui est désigné comme étant le premier centre d'entraînement aux conduites antisociales ?

47- En quoi consistent les contingences d'évitement—conditionnement ?

48- Identifiez deux éléments faisant que les familles de milieux défavorisés sont plus susceptibles d'avoir des enfants présentant des problèmes d'agressivité.

49- Il y a une forte transmission entre générations des conduites antisociales chez l'enfant. Expliquez brièvement.

50- À partir de quel âge environ l'enfant commence-t-il à imiter certains comportements gestuels ou verbaux de ses modèles télévisuels préférés ?

a) 4 ans ;

b) 3 ans ;

c) 2 ans ;

d) 1 an.

51- Donnez deux caractéristiques des hommes et deux caractéristiques des femmes comme on les présente généralement à la télévision.

52- Nommez trois facteurs qui augmentent le risque de comportements agressifs chez l'enfant relativement à la télévision (selon Singer et coll., 1983).

53- En ce qui a trait au rapport enfant—ordinateur, identifiez les deux rôles que l'usager peut jouer face à l'appareil.

15.1 INTRODUCTION

Dès sa naissance, l'enfant est un être social. Ses premiers contacts avec l'environnement sont autant de nature sociale que physique et ses capacités innées de sucer, de pleurer, de sentir un contact physique, etc., le prédisposent à entrer en interaction avec les autres. Même si la stimulation que lui procurent les personnes est plus active que celle venant des objets inanimés, le jeune bébé ne fait pas vraiment la différence entre les choses et les personnes. C'est progressivement qu'il différenciera ses mondes physique et social. Le bébé distingue mal les personnes entre elles de sorte qu'il peut être aussi bien consolé par une personne étrangère compétente que par sa mère. Graduellement toutefois, chaque individu prendra pour lui une signification particulière. Les gardiens qui doivent consoler l'enfant de 2 ans qui ne veut pas que ses parents s'en aillent en savent quelque chose.

Nous verrons dans le chapitre portant sur la famille que l'attachement parent—enfant constitue un phénomène central dans le processus de socialisation de l'enfant. Les premières relations sociales sont le prototype de toutes les autres qui viendront par la suite (Cloutier, 1981). Ces premières relations permettent à l'enfant de comprendre des aspects prévisibles de l'environnement, prévisibilité débouchant sur un sentiment de confiance de base chez l'enfant (Brazelton, 1980 ; Erikson, 1950, 1980).

Dans le présent chapitre, nous aborderons le processus de socialisation de l'enfant à travers certains mécanismes psychologiques importants. Le chapitre touche notamment le développement des connaissances sociales (cognition sociale), le développement de la moralité et de l'autocontrôle, le rôle des pairs, des amis, de la télévision et de l'ordinateur dans l'intériorisation des éléments psychologiques utiles à la vie en société.

15.2 LE DÉVELOPPEMENT DE LA COGNITION SOCIALE

15.2.1 La cognition sociale

Comment les enfants développent-ils une conception d'eux-mêmes et d'autrui ? Que comprennent-ils des émotions, pensées, intentions ou points de vue des autres personnes ? Comment comprennent-ils les relations sociales ? La présente section s'intéresse à ces questions. Ce domaine d'intérêt est aussi appelé cognition sociale ou causalité psychologique.

La façon dont les enfants comprennent les autres peut avoir un effet important sur leur façon de se comporter avec eux. Par exemple dans ses interactions avec ses pairs, l'enfant est constamment appelé à poser des inférences sur leurs intentions, leurs sentiments, etc., et il ajuste ses actions en conséquence afin de s'adapter au contexte. Si l'enfant « lit » mal les signes émis par les autres, ses actions ou réactions sociales ne seront pas appropriées. Il pourra interpréter une invitation comme une menace, ou ne pas comprendre que l'autre ne veut pas de lui et s'exposer ainsi à un rejet manifeste. Les inférences que nous posons pour interpréter notre monde social constituent des opérations mentales qui reposent sur l'appareil cognitif dont nous disposons. Or, comme nous l'avons vu plus tôt dans ce livre, l'appareil mental de l'enfant évolue considérablement au cours de l'enfance, ce qui entraîne une évolution significative de la compréhension du monde social chez l'enfant. Il est cependant probable que la cognition sociale n'obéisse pas exactement aux mêmes règles que la cognition portant sur le monde physique (non social). En effet, en plus de la pensée comme telle, une communication affective positive entre deux personnes (l'empathie) implique probablement des réponses viscérales, somatiques ou émotionnelles intervenant pour fournir de l'information à l'autre et à soi-même sur ce qui se passe entre les personnes (Hoffman, 1981). L'affectivité joue sans doute un rôle plus important en cognition sociale qu'en cognition non sociale, ce qui explique, au moins en partie, la différence entre ces deux zones de connaissance. À ce sujet, Flavell (1985) mentionne qu'il ne faut pas exagérer cette différence puisque c'est la même pensée qui fonctionne dans les deux zones cognitives ; les processus cognitifs fondamentaux sont probablement les mêmes dans les deux domaines, même si l'objet sur lequel porte la pensée peut influencer cette pensée.

Nous allons maintenant considérer de façon sommaire les objets et la nature de la cognition sociale pour ensuite étudier comment elle évolue au cours de l'enfance.

15.2.2 Les objets de la cognition sociale

La cognition sociale concerne la façon dont les gens comprennent leur monde social, c'est-à-dire eux-mêmes et autrui. Cela comprend aussi la perception de la compréhension sociale, c'est-à-dire comment les gens pensent qu'ils comprennent leur monde social ou encore leur pensée sur leur pensée sociale. Le tableau 15.1 identifie les objets sur lesquels porte la cognition sociale.

Au tableau 15.1, nous pouvons constater que les éléments psychologiques pouvant faire l'objet d'inférences sociales sont nombreux, mais aussi que les éléments peuvent concerner la personne elle-même, une autre personne ou plusieurs autres personnes. Par exemple la façon dont l'enfant comprend les pouvoirs et les responsabilités de l'ensemble des professeurs de son école fait partie de sa compréhension sociale, de la même façon que sa manière de comprendre pourquoi telle amie l'a invité à fêter son anniversaire. L'enfant peut penser à son intérêt d'accepter ou non cette invitation ainsi qu'à la probabilité qu'une autre amie accepte la même invitation compte tenu de ses intérêts à elle.

Évidemment, un enfant de 4-5 ans ne réfléchira pas avec la même différenciation qu'un autre de 10-11 ans dans un tel contexte, mais les deux auront leur propre compréhension de la situation. Le même type de réflexion peut porter sur les affinités observées ou inférées entre deux groupes de personnes ou entre deux peuples. La cognition sociale va aussi loin que la pensée de l'enfant peut aller dans le monde social lui-même.

TABLEAU 15.1 : Les objets sur lesquels porte la cognition sociale

Éléments psychologiques d'inférence	Cognition sociale
Intentions	
Attitudes	
Pensées	
Émotions	avec soi-même
Buts	avec autrui
Motivations	avec des groupes de personnes
Traits	
Perceptions (visuelles, auditives, etc.)	
Souvenirs	

Types de relations établies entre les personnes	Partenaires relationnels possibles
Amitié	
Amour	
Dominance	des personnes
Influence	des groupes de personnes
Pouvoir	
Responsabilité	

15.2.3 Un modèle théorique de la pensée sociale (Flavell)

Comment fonctionne la cognition sociale ? Flavell (1974, 1985) propose un modèle fondé sur trois concepts constituant autant de préalables à toute pensée sociale :

1- l'existence ;

2- le besoin ;

3- l'inférence.

L'existence renvoie à la conscience de l'existence du phénomène dans le monde social. Si l'enfant ne réalise pas qu'une autre personne située dans une perspective différente de la sienne peut avoir un autre point de vue que le sien, il ne peut réfléchir au point de vue de l'autre dans une situation donnée. Par exemple l'enfant de 3-4 ans (du stade pré-opératoire en termes piagétiens) ne pourra se représenter votre perspective parce qu'il croit que vous voyez la même chose que lui lorsque vous lui faites face ; il n'a pas conscience de l'existence d'une autre perspective que la sienne. Si l'enfant ne sait pas ce qu'est un mensonge, il ne peut ni inférer qu'une autre personne ment, ni lui-même planifier un mensonge. Si une personne ne connaît pas l'existence de problèmes raciaux sur la terre, il ne peut inférer que les Noirs d'Afrique du Sud subissent l'abus de pouvoir des Blancs dans leur pays. Il faut donc être conscient de l'existence d'un phénomène pour pouvoir y penser.

Le besoin renvoie à la disposition à tenter une opération de cognition sociale. Une personne peut connaître l'existence des sentiments qu'une autre peut éprouver dans une situation donnée, mais ne pas penser ou ne pas vouloir faire l'effort de poser une inférence à ce sujet. À Noël, au moment de la distribution des cadeaux, un enfant peut très bien savoir qu'un cadeau peut faire plus ou moins plaisir mais, centré sur sa propre situation, ne pas ressentir le besoin de songer au plaisir ressenti par les autres autour de lui. De même, au cinéma, il est possible de connaître l'existence des sentiments que peut susciter telle ou telle séquence du film chez quelqu'un (joie, tristesse, colère, etc.), mais ne pas ressentir le besoin de songer aux sentiments des voisins dans ce contexte. Il faut ressentir le besoin de poser une inférence pour actualiser celle-ci.

Enfin, l'inférence concerne la capacité d'actualiser avec succès une pensée sociale donnée, de poser l'hypothèse comme telle sur le phénomène dont on est conscient (existence) et que l'on veut expliquer (besoin). Un enfant peut connaître les sentiments pertinents au vécu actuel de sa mère et vouloir fortement identifier ce que ressent celle-ci, mais ne pas

pouvoir l'inférer correctement sur la base des informations dont il dispose, ou à partir de sa capacité de « lire » correctement la réaction de sa mère dans cette situation. Dans un autre contexte, je puis être conscient de l'effet politique d'un débat télévisé entre deux candidats au poste de premier ministre et désirer vivement poser une inférence au sujet d'un débat en particulier, mais je puis me tromper dans mon interprétation parce je n'arrive pas à bien pondérer l'effet combiné de toutes les variables médiatrices de l'image reflétée par chaque candidat sur le public. La capacité opératoire et la quantité d'information disponible constituent donc deux éléments centraux dans la qualité de l'inférence posée. Une inférence appropriée ne découle donc pas automatiquement de la présence de l'« existence » et du « besoin ».

Le modèle théorique de Flavell sur la pensée sociale permet de nous représenter les grandes lignes du développement de la cognition sociale chez l'enfant. D'abord développer une connaissance et une conscience de la grande variété d'objets socio-cognitifs sur lesquels la pensée peut porter (l'existence). Ensuite, l'enfant doit développer une connaissance du « pourquoi » et du « quand » il est approprié de tenter de faire une inférence sociale (le besoin). Enfin, l'enfant doit acquérir des habiletés cognitives pertinentes à l'interprétation de la signification des comportements sociaux (inférence).

Certaines études menées auprès des enfants ont permis d'identifier des stades de développement de la cognition sociale (voir Shantz, 1983, pour une revue détaillée). Nous brosserons ici un tableau sommaire de ce développement.

15.2.4 Le développement socio-cognitif au cours de la petite enfance

Même si la conscience de l'existence des divers phénomènes sociaux ne s'acquiert que graduellement au cours de l'enfance et de l'adolescence, voire même au cours de l'âge adulte, la petite enfance est une période cruciale dans l'élaboration des connaissances sociales (Lamb et Bornstein, 1987 ; Lamb et Sherrod, 1981). Dès sa première année, l'enfant crée des liens d'attachement définissant des relations sociales privilégiées donnant lieu par exemple à la reconnaissance des caractéristiques distinctes de la mère ou du père. La peur de la personne étrangère, qui apparaît vers 8-10 mois, est un autre exemple illustrant la différenciation sociale dont l'enfant est capable : alors qu'auparavant le bébé, confié à une personne chaleureuse qu'il ne connaissait pas, ne se faisait pas de souci, à cet âge il réalise qu'il ne connaît pas cette personne et peut réagir avec beaucoup d'émoi. Kagan (1976) rapporte que, dans plusieurs cultures, la réaction à une telle séparation est à son maximum au début de la deuxième année de la vie.

Le développement des habiletés à communiquer donne à l'enfant un pouvoir d'expression de plus en plus différenciée de ses sentiments, de ses désirs, etc. Au cœur de cette évolution sociale initiale, se trouve un processus fondamental de différenciation, différenciation entre le moi distinct des autres personnes, différenciation des personnes connues et des personnes inconnues, différenciation entre les êtres humains et les objets non humains, etc. La capacité de différencier est donc à la base de la vie sociale. Nous n'avons qu'à imaginer ce que seraient nos relations interpersonnelles si tout le monde avait la même signification pour nous, et que nous-mêmes et autrui n'étions pas différenciés dans notre tête.

Évidemment, ce processus de différenciation sociale ne se termine pas avec la fin de la petite enfance, c'est-à-dire à la fin des deux premières années de vie : il se poursuivra pendant tout le cours du développement. Ces deux premières années n'en jettent pas moins les bases et certains acquis sociaux seront déjà observables au sortir de cette période. Par exemple sur le plan de la différenciation de l'expression faciale des émotions, nous savons qu'avant deux ans, les enfants peuvent différencier l'expression de joie, de colère ou de peur sur un visage humain. Klinnert et coll. (1983) rapportent qu'un enfant de 12 à 18 mois à qui, en présence de sa mère, l'on présente un jouet bizarre qui risque de l'apeu-

rer, se retournera vers celle-ci pour consulter l'expression de son visage avant de réagir à l'étrange objet. Si la mère exprime de la joie, l'enfant ira vers le jouet pour l'explorer, mais si elle exprime de la peur, l'enfant se tournera plutôt vers elle.

Dans le chapitre portant sur le développement de la personnalité, nous avons vu (Ainsworth, 1979) que la relation mère—enfant pouvait donner lieu à trois types d'attachement :

1- sécurisant ;

2- ambivalent ;

3- insécurisant.

Nous décrirons ici les préalables cognitifs au développement de l'attachement.

15.2.5 Les préalables cognitifs à l'attachement social

À l'instar de plusieurs autres auteurs, Flavell (1985) affirme que le préalable fondamental à l'établissement de l'attachement est un fort lien d'affection positive entre le bébé et le parent ou son substitut. Cette affection se manifeste dans la série de conduites adoptées par le bébé afin de maintenir un degré acceptable (pour le bébé) de proximité avec la personne concernée dans le lien d'attachement. Ainsi, selon l'âge, l'enfant pourra sucer, s'accrocher, ramper, sourire, pleurer ou appeler afin de maintenir cette proximité.

Flavell (1985) mentionne que lors des premières semaines de la vie, l'enfant n'affiche pas d'attachement émotionnel perceptible à l'égard de personnes ou d'objets. Vers 2 mois l'enfant commence à sourire socialement, c'est-à-dire de façon dirigée vers une personne mais sans différenciation de cette dernière : il sourit à peu près de la même façon à une personne familière ou étrangère. Entre 3 et 6 mois, l'enfant semble sourire et gazouiller de façon plus active à l'égard d'une personne familière que non familière. Vers 8-10 mois, la différenciation entre les personnes familières et non familières se manifeste clairement lors de la réaction à la personne étrangère décrite précédemment. Au cours de l'enfance, la recherche de proximité de la personne significative se transformera graduellement ; il s'agit d'abord de la recherche de contact physique direct, puis d'un contact perceptuel (voir, entendre sa mère, etc.), enfin d'un contact symbolique, avec le souvenir des manifestations d'affection que l'enfant d'âge scolaire conserve même en l'absence physique du parent et qui lui permettent de maintenir un sentiment de sécurité, de confiance. Encore ici, nous pouvons constater que le développement se traduit par le passage du physique (concret) vers le symbolique (plus abstrait).

Il est difficile d'imaginer ce que serait le développement humain sans relations sociales : l'enfant est un être fondamentalement social, et son développement se nourrit constamment des stimulations sociales qu'il reçoit de son milieu. Cependant, les relations sociales reposent sur les capacités intellectuelles de l'enfant, c'est-à-dire que ces relations sont perçues, interprétées, anticipées, etc. à l'aide des habiletés cognitives disponibles. Si l'enfant ne peut se représenter le point de vue d'un autre enfant, il lui sera fort difficile de comprendre qu'un jouet peut être partagé « chacun son tour » puisqu'un tel système de partage nécessite la capacité de concevoir son propre point de vue et celui de l'autre dans leur ensemble. Toutefois, la présence de la capacité cognitive ne garantit pas la conduite sociale comme telle : l'enfant peut être en mesure de comprendre le système de partage d'un jouet, tour à tour dans le temps, mais ne pas vouloir le faire. L'habileté cognitive est donc une condition nécessaire à la conduite sociale appropriée mais non suffisante en elle-même.

L'établissement d'une relation d'attachement requiert la possibilité de discriminer la personne concernée. La recherche a montré que très tôt dans la vie, sinon à la naissance, le bébé pouvait utiliser toute une gamme de sens pour repérer le parent (ou son substitut) auquel il est attaché :

1- avec la vision pour discriminer le visage ;

2- avec l'audition pour reconnaître sa voix ;

3- avec l'odorat pour reconnaître son odeur, etc.

Il semble en effet que l'espèce humaine soit équipée d'une sensibilité particulière à l'égard du visage humain (c'est-à-dire un objet assez gros, qui bouge, dont le contour entouré de cheveux est contrasté et qui offre des éléments colorés comme les yeux) ou de la voix humaine (Gibson et Spelke, 1983 ; Tronick, 1989). Concernant la préférence pour la voix humaine, une expérience de Butterfield et Siperstein (1972) a montré que des nouveau-nés suçaient activement pour obtenir en renforcement le maintien d'une chanson de folklore, mais ne suçaient pas pour obtenir le maintien d'un bruit blanc de même intensité sonore ; ils discriminaient et préféraient donc la voix chantée par rapport au bruit blanc.

Flavell (1985) affirme que même si les préalables sensoriels sont importants dans l'établissement d'un lien d'attachement, sur le plan conceptuel, c'est le concept de l'objet qui apparaît comme le préalable fondamental. Si l'enfant croit que les objets qui l'entourent ne sont pas distincts de lui-même et qu'ils cessent d'exister lorsqu'il ne les voit pas, alors il ne peut se mettre à les espérer en leur absence, à les rechercher lorsqu'ils sont disparus. De la part de l'enfant, la création d'un lien d'attachement implique donc qu'il ait, au moins partiellement, acquis le concept de l'objet permanent. En fait, il est possible que la mère (ou son substitut) soit le premier objet permanent pour l'enfant ; la constance et la fréquence de l'apparition et de la disparition de la mère dans l'environnement perceptuel de l'enfant et la grande attraction qu'elle exerce sur lui sur le plan visuel, auditif, olfactif, etc., pourraient bien faire de « l'objet—mère » le premier objet permanent au sens piagétien en même temps que le premier objet socio-cognitif. Cela démontre jusqu'à quel point les dimensions cognitive, sociale et affective sont entremêlées dans la réalité de l'enfant.

15.2.6 Les fondements de la communication émotionnelle

Plusieurs recherches ont permis d'observer que les bébés étaient capables de reconnaître et de manifester eux-mêmes plusieurs expressions faciales relatives à des émotions ; la joie, la surprise, la peur, la colère sont de ce nombre (Campos, Barrett, Lamb, Goldsmith et Sternberg, 1983 ; Tronick, 1989).

La capacité du jeune enfant à décoder l'expression faciale de sa mère et d'exprimer par son image des émotions de façon différenciée et coordonnée au contexte constitue les bases du système de communication émotionnelle. À partir de l'âge de 3 mois, l'enfant commence à communiquer avec sa mère par des échanges face-à-face bidirectionnels : le bébé modifie son expression émotionnelle et sa conduite en fonction de son appréciation de l'expression émotionnelle et de la conduite de sa mère (Lester, Hoffman et Brazelton, 1985). On parle alors d'interaction réciproque, synchronisée, coordonnée, etc.

Tronick et Cohn (1989) ont cependant observé que normalement, au cours de la première année, ce synchronisme mère—enfant n'apparaissait que dans 30 % du temps au moment d'interactions face-à-face : les états d'interactions coordonnées alternent environ à chaque 5 secondes avec des états non coordonnés d'interaction mutuelle. Le synchronisme n'est donc pas présent à 100 %. Le tableau 15.2 permet de comparer une interaction coordonnée et une autre qui ne l'est pas.

Dans les deux interactions décrites au tableau 15.2, les membres de la dyade ajustent leur conduite aux expressions de l'autre :

1- dans les deux dyades (« A » et « B »), au moment où l'interaction augmente en intensité, le bébé se retourne pour sucer son pouce, indiquant ainsi son besoin de se calmer ;

2- les deux mères comprennent ce signal et reculent sur leur chaise pour attendre ;

TABLEAU 15.2 : Comparaison de la coordination de deux interactions mère—bébé*

CONTEXTE DE L'INTERACTION

Dans les deux interactions, la mère et le bébé jouent à coucou : le bébé est dans son lit et la mère, assise près de lui, cache un hochet puis le fait apparaître en l'agitant et en disant « coucou le hochet ».

Dyade A — Interaction coordonnée	Dyade B — Interaction mal coordonnée
La mère et l'enfant jouent à coucou ensemble et le niveau d'échange augmente progressivement en intensité. Tout à coup, le bébé détourne son regard de la mère et se met à sucer son pouce avec un air sérieux. La mère cesse alors de jouer et se recule sur sa chaise. Après quelques secondes, le bébé la regarde à nouveau, lui sourit comme pour l'inviter. Sa mère s'approche alors de lui en souriant et dit avec une petite voix haute « Ah oui ! tu es revenu ? ». Le bébé sourit, vocalise, et le jeu reprend. Ensuite, l'enfant se détourne à nouveau en suçant son pouce. La mère se retire pour attendre. Après quelques secondes, l'enfant se tourne à nouveau vers elle en souriant.	La mère et le bébé jouent à coucou ensemble et le niveau d'échange augmente progressivement en intensité. L'enfant détourne alors son regard et suce son pouce d'un air sérieux. La mère se recule alors sur sa chaise pour attendre, mais au bout de quelques secondes elle se rapproche du bébé pour entrer dans son champ de vision et claque sa langue pour attirer son attention. Le bébé ignore sa mère et continue à regarder ailleurs. La mère continue de se manifester et rapproche encore plus son visage du bébé. Le bébé grimace et pousse la figure de sa mère et se retourne encore davantage pour continuer de sucer son pouce.

* Élaboré à partir de :

- Brazelton, T.B., Kolowski, B. et Main, M. (1974) « The Origins of Reciprocity : The Early Mother—Infant Interaction », *in* Lewis, M. et Rosenblum, L.A. (édit.) *The Effect of the Infant on its Caregiver*, New York, Wiley-Interscience.
- Tronick, E.Z. (1989) « Emotions and Emotional Communication in Infants », *American Psychologist*, 44, p. 112 à 119.

3- dans la dyade « A », la mère attend jusqu'à ce que le bébé lui signale positivement son intérêt d'interagir à nouveau, tandis que dans la dyade « B », la mère n'attend pas ce signal et sollicite activement son attention ;

4- l'interaction synchronisée et positive reprend dans la dyade « A » jusqu'à une nouvelle interruption de la participation du bébé, interruption qui est respectée par la mère tandis que dans la dyade « B », l'intrusion de la mère se poursuit et l'interaction s'oriente sur une pente négative, le bébé repoussant sa mère et se retirant plus loin encore.

Cette comparaison caricaturale du tableau 15.2 illustre combien la sensibilité à l'enfant est importante et démontre que la communication réussie repose sur un bon décodage des messages de l'autre mais aussi sur le respect de ces signaux. Tronick et Cohn (1989) mentionnent que l'alternance entre l'interaction positivement coordonnée et l'interaction négativement coordonnée se trouve couramment dans toute dyade normale, et que c'est la proportion de l'une par rapport à l'autre qui détermine le degré d'adaptation de l'échange socio-émotionnel. Les auteurs ont observé que l'interaction anormale entre la mère et le bébé se caractérise par une nette prédominance d'interaction affective négative et par une absence de contingence entre les conduites mutuelles. Ce type d'interaction a été observé notamment dans des dyades concernant des mères fortement dépressives qui ont tendance à se détourner davantage de leur bébé, sont plus impatientes, plus intrusives et affichent moins d'affects positifs que les mères non dépressives.

La réussite d'une communication affective est certainement un élément fondamental dans l'ouverture du bébé au monde ; la confiance de base à pouvoir vivre des interactions positives qu'il développe dans ses premières relations peut constituer pour lui un tremplin dans son développement socio-affectif futur. La capacité de différencier l'expression des émotions et la confiance de base à pouvoir interagir positivement apparaissent donc comme des fondements de la communication émotionnelle.

15.2.7 Le développement des connaissances sociales au cours de l'enfance

Après la petite enfance, c'est-à-dire les deux premières années de la vie, comment la connaissance sociale se développe-t-elle ? C'est à cette question que nous tenterons de répondre dans la section qui suit. Pour ce faire, nous subdiviserons notre examen du développement de la représentation sociale selon les dimensions suivantes :

1- ce que les autres perçoivent ;

2- ce que les autres ressentent ;

3- ce que les autres pensent ;

4- la représentation de soi.

Ce que les autres perçoivent

C'est la perception visuelle qui a servi de base à ce champ d'intérêt, le développement des connaissances sur les autres modalités sensorielles étant à peu près inconnu (Flavell, 1985).

Les travaux sur l'origine des représentations de ce que les autres voient décrivent deux grands stades de développement. Premièrement, l'enfant arrive à différencier ce que les autres voient ou ne voient pas ; c'est le stade de la pensée sur ce qui est vu (ou non). Ensuite l'enfant arrive à penser à la façon dont les autres voient les choses ; c'est le stade de la pensée sur les points de vue possibles.

Au niveau 1, de 2-3 ans à 4-5 ans, l'enfant acquiert progressivement l'idée que les autres ne voient pas nécessairement les mêmes objets que lui-même. Par exemple s'il est placé face à une personne, l'enfant de ce niveau 1 en vient à réaliser que s'il tient une image, tournée vers lui, la personne ne pourra pas voir l'image. À ce stade l'enfant peut donc globalement savoir si une autre personne voit ou ne voit pas ce qu'il voit lui-même. Au niveau 2, à partir de 5 ans environ jusqu'à l'adolescence, l'enfant développe progressivement la capacité de se représenter les points de vue possibles, les perspectives que l'on peut avoir d'un même objet selon la position dans l'espace. Piaget a d'ailleurs observé que la coordination achevée des perspectives nécessitait la capacité d'opérer mentalement les rotations dans l'espace tout en conservant invariante la relation entre les objets, ce qui peut impliquer la pensée formelle.

Afin d'étudier le développement de la connaissance de ce que les autres voient, Lempers, Flavell et Flavell (1977) ont mis au point des tâches où :

1- le sujet doit faire voir à quelqu'un une chose qu'il dit ne pas voir (par exemple on étudie comment l'enfant arrive à montrer l'objet ou à le désigner du doigt : « montre-moi la balle ; où est la balle ? » ;

2- l'enfant doit cacher un objet pour le soustraire à la vue d'autrui (« cache bien la balle pour que personne ne la voit ») ;

3- l'enfant qui arrive doit trouver ce que l'autre regarde ou pointe du doigt (« dis-moi ce que je regarde avec mes yeux maintenant »).

Les représentations sur ce que les autres perçoivent visuellement évolueraient donc selon deux grandes étapes :

1- la pensée sur ce que les autres voient ou non (avant 4-5 ans) ;

2- la pensée sur le point de vue des autres (5 ans environ jusqu'à 11-12 ans).

Il vous est peut-être arrivé de demander à un enfant de 2-3 ans de fermer les yeux puis de lui poser la question « Est-ce que je peux te voir, maintenant ? » et de vous faire répondre que non, vous ne pouvez pas voir l'enfant parce que ses yeux à lui sont fermés. Flavell, Shipstead et Croft (1980) ont voulu tester cette tendance auprès d'enfants de 2½ à 5 ans. Ils ont observé qu'en effet, plusieurs enfants de moins de 5 ans (et non plus à partir de 5 ans) disent qu'on ne les voit pas lorsque leurs propres yeux sont fermés. Toutefois, les auteurs ont réalisé, en sous-questionnant les enfants, que ceux-ci pensent qu'on peut voir leur corps, leurs bras et leurs jambes lorsqu'ils ont les yeux fermés. Il est donc possible que les enfants

croient que la question « est-ce que je te vois ? » implique un contact visuel réciproque ; l'erreur viendrait ainsi d'une interprétation différente du sens de la question chez les moins de 5 ans.

Ce que les autres ressentent

Flavell (1985), à l'instar de Shantz (1975, 1983), distingue trois façons dont l'enfant peut réagir devant une autre personne qui exprime un sentiment ou une émotion. La première possibilité est une « empathie non inférentielle » où l'enfant qui observe l'expression d'un sentiment chez une autre personne ressent lui-même ce sentiment ou un sentiment qui y est relié. Il peut s'agir d'une réaction passive et involontaire aux indices laissés par autrui. Par exemple on a observé que des bébés de 6 mois avaient tendance à réagir plus négativement devant un adulte exprimant de la colère ou de la tristesse que lorsque le même adulte était neutre ou exprimait de la joie. Ce premier niveau n'implique toutefois pas que le bébé ait une représentation de ce que l'autre ressent comme tel. Il s'agirait plutôt d'une sorte de contagion reliée au décodage de l'expression émotionnelle. Ce premier type de réaction (empathie non inférentielle) apparaîtrait donc assez tôt dans la petite enfance.

Un deuxième type de réaction a été identifié comme « l'empathie inférentielle », l'enfant posant une inférence sur ce que l'autre ressent en même temps qu'il réagit lui-même à cette expression émotionnelle. À ce moment, les inférences posées ne sont pas nécessairement correctes, mais elles n'en existent pas moins en tant que concepts socio-cognitifs.

La troisième façon dont l'enfant peut réagir concerne l'« inférence sans empathie ». Devant l'expression émotionnelle de l'autre, l'enfant peut poser une inférence sur ce que la personne ressent, mais sans lui-même ressentir un sentiment qui lui est relié, sans éprouver d'affect. Les deuxième et troisième types de réaction apparaissent progressivement à partir de 4-5 ans et évoluent vers une précision plus grande jusqu'à l'adolescence. La représentation de ce que l'autre ressent traduirait donc une évolution qui va du partage du sentiment sans représentation (empathie non inférentielle) vers une deuxième réaction où le partage du sentiment s'accompagne d'une inférence (représentation), ou encore vers un troisième type de réaction où l'enfant infère le sentiment de l'autre sans nécessairement le partager lui-même (inférence sans empathie). Ces deuxième et troisième types de réaction, déjà présents avant l'entrée à l'école, se raffineront jusqu'à l'adolescence.

Selon Harris, Olthof et Meerum Terwogt (1981), une évolution importante se produirait sur ce plan entre 6 et 11 ans. Avant 6 ans, les enfants tendent à rattacher directement les émotions observées chez les gens aux situations qui les entourent : « Il reçoit un cadeau, donc il est content » ; « il est grondé par son parent, donc il est triste » ; il s'agit ici d'une conception « action—réaction » de l'émotion. Entre 6 et 11 ans, les enfants évolueraient vers une perspective plus mentaliste de l'émotion à l'intérieur de laquelle la personne ne réagit pas automatiquement à une situation mais peut cacher son sentiment, faire semblant d'éprouver un autre sentiment, etc. Au cours de cette période, l'enfant réalise progressivement qu'une même situation peut ne pas avoir la même signification émotionnelle pour tous. À compter de 11 ans environ, l'enfant accéderait à une conception relativiste de la vie émotionnelle, une personne pouvant être à la fois heureuse et malheureuse, contente de recevoir un présent mais déçue de l'objet reçu parce que ce dernier n'est pas désiré, heureuse de pouvoir pratiquer une activité souhaitée, mais déçue parce que son amie n'a pu l'y accompagner, etc.

Ce que les autres pensent

Selman (1980) propose cinq stades de développement de la compréhension des pensées des autres. Entre 3 et 5-6 ans, les enfants sont au stade 0 : ils différencient mal les caractéristiques physiques et les caractéristiques psychologiques des personnes, et ils distinguent peu leur propre perspective de celle des autres. Ce niveau 0 correspond au stade préopératoire de Piaget, caractérisé par l'égocentrisme que cet auteur y a observé. Au stade 1, entre 5-6 et 7-8 ans environ, l'enfant sait que les autres ont une pensée qui leur est propre, que celle-ci peut être différente de la leur, mais il arrive difficilement à intégrer deux perspectives simultanément, il les aborde séquentiellement, l'une après l'autre. Au stade 2 (7-8 ans à 10-11 ans), l'enfant se rend compte que sa pensée peut être l'objet de la pensée d'un autre, en même temps que lui-même peut penser à ce que l'autre pense. C'est la découverte du caractère récursif de la pensée, dimension très importante dans les rapports humains puisqu'elle ouvre la porte aux stratégies interpersonnelles, aux tentatives de camoufler sa pensée à celle de l'autre, etc. L'enfant devient progressivement en mesure de penser à ce que l'autre pense qu'il pense...

Au stade 3 (10-11 ans à 15 ans), l'enfant évolue vers un niveau d'abstraction lui permettant d'objectiver sa pensée et celle de l'autre, puis de réfléchir sur leur distance relative, leurs points communs, etc. Ce niveau d'abstraction permet de se dégager des cas particuliers pour passer à un point de vue général, comme le permet la pensée abstraite acquise à cette époque (la pensée formelle dans la théorie de Piaget). L'amitié, l'amour, la haine entre les personnes deviennent alors objets de réflexion spontanée.

Enfin, à partir du milieu de l'adolescence jusqu'à l'âge adulte, Selman (1980) décrit un stade 4 qui permet encore plus d'abstraction : la société, les philosophies politiques, les rapports entre les nations deviennent objets de réflexion.

Cette séquence du développement est définie en fonction de ce que l'enfant peut faire et non pas de ce qu'il fait constamment ; par exemple un sujet du stade 3 ne réfléchit pas toujours aux pensées des autres avec le niveau 3 d'abstraction et peut afficher des représentations du stade 2 dans certains contextes. La conception des sentiments et des pensées des autres se développe donc du concret vers l'abstrait.

La représentation de soi

Notre étude du développement de la notion d'objet nous a permis de comprendre que la différenciation entre soi-même et l'objet était préalable à l'attribution d'une existence indépendante aux objets physiques et sociaux perçus dans l'environnement. Pour avoir une représentation de soi, il faut pouvoir différencier ce qui est soi de ce qui ne l'est pas, de la même façon que pour avoir une représentation mentale d'un objet, il faut pouvoir le différencier des autres objets.

Dans une étude devenue classique, Gallup (1977) a cherché à savoir si des chimpanzés avaient une représentation d'eux-mêmes. Il plaça un groupe de chimpanzés dans un environnement où ils pouvaient voir leur corps dans un miroir. Il observa bientôt que les primates utilisaient le miroir pour regarder des parties de leur corps qu'ils ne pouvaient voir ou encore pour s'enlever des particules de nourriture entre les dents, etc. Il s'agit là d'indications de l'existence chez eux d'une reconnaissance de leur image personnelle. Ensuite, il anesthésia les chimpanzés pour leur colorer le bout du nez en rouge avec un colorant non irritant et sans odeur. L'idée était de vérifer si les primates se rendraient compte que l'on avait modifié leur image corporelle. Les données montraient qu'en effet, les chimpanzés étaient intrigués par ce changement et se grattaient 25 fois plus souvent le nez qu'ils n'avaient l'habitude de la faire auparavant. Il faut noter ici que c'est leur propre nez qu'ils se touchaient et non pas l'image réfléchie par le miroir, indiquant ainsi leur conscience que le miroir était le reflet de leur corps et non pas simplement l'image d'un singe familier. Gallup (1977) rapporte que le même type d'expérience pratiquée chez des babouins et des rhésus n'entraînait pas de reconnaissance de soi dans la réflexion du miroir, ces espèces n'affichant pas de conscience de leur image corporelle même après des milliers d'heures d'exposition devant le miroir.

La même expérience a été effectuée chez des bébés de 9 à 24 mois par Lewis et Brooks-Gunn (1979). Après avoir observé les enfants devant le miroir pendant un certain temps, les mères appliquèrent un colorant rouge sur le bout du nez de leur enfant et l'observation reprit. Les résultats indiquèrent qu'avant 15 mois les bébés n'avaient pas tendance à se toucher le nez mais qu'entre 15 et 24 mois, le comportement indiquait clairement que le changement d'image était noté.

Si la capacité de pouvoir reconnaître son corps et le différencier constitue la base de la conscience de soi, il ne s'agit certainement pas de l'étape finale du développement du concept de soi. Flavell (1985) rapporte que :

Le développement de la pensée et des connaissances relatives à soi se fait en parallèle avec celui de la pensée sur la pensée (métacognition) et de la pensée sur autrui. Si vous connaissez quelque chose sur le développement métacognitif, vous avez ipso facto *une connaissance du développement du concept de soi, c'est-à-dire que l'acquisition de connaissances métacognitives concernant les personnes, les tâches et les stratégies et d'une conscience appropriée des expériences métacognitives intimes correspond, manifestement, à l'acquisition de connaissances significatives sur soi-même.* (Flavell, 1985, p. 154.)

Perry et Bussey (1984) formulent une description sommaire des étapes du développement de la conscience de soi. On peut y noter la grande correspondance avec les différents niveaux d'abstraction et de différenciation successivement atteints dans la représentation des pensées d'autrui.

— Étape 1 (avant 4-5 ans) : l'enfant comprend qu'il est une personne distincte des autres, qu'il occupe une place dans l'espace comme tous les autres objets visibles et qu'il est une personne vivante avec des particularités spécifiques (apparence physique, son de la voix, etc.).

— Étape 2 (après 5-6 ans jusqu'à 8-9 ans) : l'enfant saisit qu'il possède un point de vue particulier que les autres n'ont pas nécessairement, et que son identité personnelle le suit dans le temps malgré les changements associés à la croissance par exemple. La conception de soi demeure encore plutôt matérielle que psychologique. (« J'ai 7 ans. J'ai une sœur. J'aime colorier. J'ai beaucoup de jouets. », dirait un garçon de 7 ans de lui-même.)

— Étape 3 (après 8-9 ans jusqu'à l'adolescence) : l'enfant arrive progressivement à distinguer l'image qu'il se fait de lui-même de celle qu'il croit que les autres ont de lui. Il peut donc songer à ce que les autres pensent de lui et éventuellement comparer leur perception avec la sienne. À ce moment, la conscience des rôles reliés au genre peut être plus ou moins intégrée ; des projections dans le futur s'articulent pour donner lieu à des idéaux vocationnels. L'enfant se rend progressivement compte de la différence entre ce qu'il est réellement (moi réel) et le moi idéal qu'il voudrait être. Le moi psychologique émerge. Autour de 10 ans, un enfant qui doit se décrire lui-même donnera des indications physiques, mais aussi des précisions sur ses traits personnels (qualités, défauts, préférences), etc.

— Étape 4 (de l'adolescence jusqu'à l'âge adulte) : la personne élabore une représentation articulée de ses traits de personnalité, de ses forces et de ses faiblesses intellectuelles, morales, etc. La représentation se relativise. Fruit de la réflexion personnelle et de l'expérience avec les autres, cette représentation plus « objective » de soi, inscrite dans le temps qui détermine des cycles de vie, augmente encore d'un niveau de différenciation et d'abstraction la conception de soi-même. L'achèvement de cette étape n'est sans doute pas franchie avant l'âge adulte et continue probablement de se réaliser tout au long de la vie. La représentation de soi se raffine ; aidée de ce relativisme, elle s'articule avec la représentation sociale.

15.3 LE DÉVELOPPEMENT DE LA MORALITÉ ET DE L'AUTOCONTRÔLE

Apprendre à se comporter correctement de façon autonome, voilà la fonction la plus importante du processus de socialisation chez l'enfant. Les manières de se conduire peuvent varier d'un milieu à l'autre mais chaque culture possède ses standards, ses règles permettant de différencier ce qui est bien de ce qui est mal. Le contrôle du comportement en fonction de l'existence des autres est central à la notion de morale sociale : « Lorsque les obligations réciproques sont connues et respectées, lorsque les promesses et les contrats sont tenus, le groupe survit. Lorsque les règles morales sont ignorées ou bafouées le groupe s'autodétruit » (Scarr, Weinberg et Levine, 1986, p. 470). L'adhésion à une morale sociale constitue donc une dimension majeure de la vie en société. Or, comme l'homme est un être essentiellement social, son adhésion à un code d'éthique constitue une dimension centrale dans le contrôle de sa conduite.

Le développement de la moralité est abordé ici dans la même section que le développement de l'autocontrôle parce que ces deux dimensions sont intimement reliées : l'enfant apprend progressivement à se conduire par lui-même parce qu'il intériorise les principes et les règles qui lui ont d'abord été présentées de l'extérieur. L'autocontrôle est la résultante du développement moral : le jeune enfant apprend que certains comportements sont acceptés et que d'autres sont rejetés par ses parents. Au début il ne comprend pas toujours le pourquoi des défenses parentales mais petit à petit, il saisit les motifs qui expliquent les « interdits » et les « permis » mis en force par l'autorité. Le développement moral chez l'enfant a été décrit comme un processus d'intériorisation progressive des règles sociales. Au début de sa vie, l'enfant agit en fonction des récompenses et des punitions provenant de l'extérieur, puis avec le temps, il intériorise les standards de son entourage, il se comporte de façon plus autonome, c'est-à-dire qu'il apprend à se contrôler par lui-même sans nécessairement avoir besoin d'une récompense extérieure ou d'une autorité qui supervise ce qu'il fait.

Trois composantes de la moralité ont été identifiées : une composante cognitive correspondant au raisonnement moral, une composante émotionnelle qui renvoie à l'auto-évaluation morale et une composante comportementale qui concerne la mise en œuvre de l'action appropriée ou la résistance à la déviance. Nous adopterons cette division commode pour traiter ici le développement moral sans toutefois prétendre que le raisonnement se produit sans émotion, ou que le comportement se fait sans raisonnement et inversement.

15.3.1 Le développement du raisonnement moral

Rest (1983) affirme qu'un comportement ne peut être appelé « moral » que si les processus intérieurs qui l'ont suscité sont connus en même temps que le comportement lui-même. Vu de l'extérieur, un comportement peut être conforme à une règle, mais si l'on ne connaît pas son origine chez la personne, on ne peut le considérer comme « moral ». Un enfant peut prêter souvent ses jouets à ses pairs parce qu'il aime bien leur faire plaisir, mais il peut aussi le faire parce qu'il n'arrive pas à affirmer un refus devant leur sollicitation.

Piaget (1932) et Kohlberg (1969) sont les deux auteurs les plus fréquemment associés à l'étude du développement du raisonnement moral chez l'enfant ; chacun a proposé un modèle décrivant l'évolution de la pensée morale à travers des stades dont la séquence est invariante, comme c'est le cas pour les stades du développement cognitif dans la théorie de Piaget.

Les deux stades de Piaget

Dans son livre *Le jugement chez l'enfant*, Piaget (1932) proposait deux stades du développement moral, stades identifiés à partir de l'observation de l'activité spontanée d'enfants au jeu et de mises en situation proposées dans le contexte d'interrogations. Voici un exemple du type de scène utilisée par Piaget pour sonder le raisonnement moral :

Un jour, la mère de Pierrot s'était absentée pour aller faire des courses à l'épicerie. Pour rendre service, Pierrot décida de mettre la table pour le repas. En prenant la vaisselle dans l'armoire il fit un faux mouvement et cassa cinq assiettes sur le plancher.

De son côté, son frère Luc profita de l'absence de sa mère pour se prendre une collation et cassa un verre en se versant du jus. Les deux enfants sont-ils également fautifs ou y en a-t-il un qui est plus coupable que l'autre ? Pourquoi ?

Chez Piaget trois dimensions du raisonnement moral font l'objet d'une attention particulière :

1- dans quelle mesure la justice est-elle immanente, c'est-à-dire automatiquement conséquente aux actes ?

2- dans quelle mesure les actes sont-ils jugés en fonction de leurs conséquences objectives sans considération de l'intention de l'auteur ?

3- dans quelle mesure les règles peuvent-elles être modifiées démocratiquement plutôt qu'immuables et imposées d'autorité ?

Le premier stade (7 ans et moins) définit une morale de contrainte où l'enfant se comporte en fonction de règles qui lui sont imposées par l'autorité. Pour le jeune enfant du premier stade, le bien est ce qui se conforme aux ordres de l'autorité et le mal est le contraire. Les méchants sont punis par les conséquences négatives qui suivent leurs actes, et les bons sont récompensés par les bienfaits qui résultent de leurs actes. C'est la justice immanente : ceux qui agissent mal sont punis et ceux qui agissent bien sont récompensés, de sorte que si quelqu'un obtient une récompense, c'est parce qu'il a bien agi et vice versa.

Au cours du premier stade, les actes sont jugés en fonction de leurs conséquences objectives, et l'intention de l'auteur n'est pas prise en considération dans le raisonnement de l'enfant. Dans la situation décrite précédemment, ce serait Pierrot, qui a cassé cinq assiettes, qui serait considéré comme le plus fautif, car Luc n'a brisé qu'un seul verre. Pour l'enfant du stade 1, ce n'est pas bien de casser des assiettes et plus on en casse, plus on est fautif. Piaget parle alors d'une morale de contrainte parce que l'enfant est guidé par des obligations qu'il n'a pas lui-même définies avec d'autres. Les règles existent de façon immanente ; elles proviennent du monde puissant des adultes qui suscitent chez le jeune un mélange d'affection, de crainte et d'admiration (Rest, 1983). Le premier stade se caractérise donc par des rapports d'autorité.

À partir de 8-9 ans, la morale de contrainte laisse place à une morale d'hétéronomie. L'enfant de cet âge accède à la pensée opératoire réversible qui lui permet de considérer mentalement plus d'un point de vue. L'intention peut maintenant être prise en considération dans l'évaluation d'une responsabilité. Dans la scène des deux garçons, c'est Luc qui serait reconnu comme le plus fautif parce qu'il n'agissait pas dans le but d'aider sa mère mais plutôt de profiter de son absence pour manger.

L'autorité n'est plus considérée comme la source de décisions finales mais comme un partenaire avec qui il est possible de discuter des règles. Dans ses rapports avec les autres, avec ses pairs notamment, la jeune personne se rend compte que l'on peut changer des règles pour mieux les adapter aux rapports interpersonnels ; les règles deviennent des outils sociaux, des conventions utiles pour coordonner les activités. De tels rapports de coopération ne sont plus basés sur le respect unilatéral envers une autorité immuable, mais sur le respect mutuel entre partenaires adhérant aux mêmes conventions. Piaget (1932) estime que l'interaction avec les pairs est un puissant stimulant du passage vers le deuxième stade parce que l'enfant peut participer aux décisions, proposer des règles, émettre son point de vue en le comparant avec celui des autres, etc. Il s'agit là d'un contexte propice à l'apprentissage des conventions sociales et du respect mutuel, par opposition à la soumission incontestée à une règle imposée d'autorité. Le deuxième stade de Piaget définit donc ces rapports de coopération entre les personnes.

Certains analystes de la contribution de Piaget à l'étude du jugement moral s'accordent pour concevoir ces deux stades comme des pôles plutôt que des paliers définis par une structure qui leur est propre, différents mélanges des éléments de chaque pôle pouvant se rencontrer dans un même raisonnement

d'enfant (Perry et Bussey, 1984 ; Rest, 1983). Aussi, le seuil de transition (autour de 8 ans) a été remis en question à plusieurs reprises.

Les six stades de Kohlberg

Kohlberg (1969) a prolongé la perspective du développement de Piaget en proposant six stades de développement répartis en trois niveaux. Cette contribution respecte l'idée piagétienne voulant que le raisonnement moral évolue selon une séquence invariante de structures cognitives, chacune définissant un stade qualitativement différent des autres. Kohlberg endosse aussi l'idée que le développement donne lieu à un passage de critères extérieurs de conduite vers des critères intérieurs. Comme le souligne Rest (1983), la valeur centrale du système de Kohlberg (comme celui de Piaget d'ailleurs) repose sur la justice sociale, c'est-à-dire l'établissement progressif d'un meilleur équilibre social entre les individus plutôt que, par exemple, sur l'amour de l'humanité, l'équilibre écologique du monde ou sur le sens sacré du devoir.

La méthode privilégiée par Kohlberg pour recueillir ses données auprès d'enfants et d'adolescents américains fut de proposer des dilemmes moraux plaçant les intérêts personnels d'un protagoniste ou de l'un de ses proches (sa femme, son frère, etc.) en conflit avec les lois sociales ; dans ces situations, il s'agit de choisir entre les intérêts personnels et le respect des lois. Les répondants sont d'abord invités à se prononcer sur ce que le personnage aurait dû faire dans le contexte et ensuite à donner les raisons de leur choix. L'évaluation du niveau de raisonnement moral est basée sur les arguments apportés par les répondants et non pas sur leur solution au dilemme. Voici l'exemple classique de dilemme moral proposé par Kohlberg (1969) :

En Europe, une femme atteinte d'un cancer était condamnée à mourir. Les médecins croyaient qu'il n'y avait qu'un seul médicament qui pouvait la sauver ; c'était une sorte de radium découvert récemment par un pharmacien de la même ville. Le pharmacien demandait 2000 $ pour une dose du médicament alors qu'il lui en coûtait 200 $ pour le fabriquer. Henri, le mari de la femme malade, se présenta chez tous ceux qu'il connaissait pour emprunter de l'argent, mais ne put réunir que la moitié de la somme requise.

Il expliqua au pharmacien que sa femme allait mourir et lui demanda de vendre son médicament moins cher ou de lui faire crédit. Mais le pharmacien refusa. Henri se découragea et la nuit suivante, il alla voler le médicament chez le pharmacien pour sauver sa femme.

Henri a-t-il bien fait en agissant ainsi ? Pourquoi ?

Le tableau 15.3 fournit un résumé des stades du développement moral selon Kohlberg. On y constate que les trois niveaux de développement définissent une évolution, de l'enfance à l'âge adulte, allant de raisonnements qui sont au départ plus primitifs que la loi ou la convention sociale (c'est le niveau prémoral), puis qui correspondent aux normes sociales (conformisme aux règles sociales : niveau conventionnel) et enfin qui transcendent les conventions pour s'appuyer sur des principes intériorisés qui ne dépendent pas des autorités ou de l'engagement personnel dans les situations, mais sur une justice plus universelle (niveau post-conventionnel). Les âges d'accession à chacun de ces niveaux peuvent varier considérablement mais à titre indicatif, on peut concevoir qu'à la fin de l'enfance (12 ans environ), la personne entre dans le niveau conventionnel et que ce n'est qu'aux abords de l'âge adulte qu'elle accède au troisième niveau.

Selon Piaget et Kohlberg, le développement du raisonnement moral donne donc lieu à une intériorisation progressive de normes initialement imposées de l'extérieur : au début, l'enfant agit en fonction des demandes et des interdits qui lui viennent de l'autorité ; peu à peu il apprend à connaître et à adhérer aux conventions sociales pour, éventuellement à l'âge adulte, acquérir une certaine indépendance par rapport aux conventions et guider sa conduite selon des principes personnels.

Quant au lien qui existe entre la pensée morale et le comportement comme tel, l'examen du tableau 15.3 permet de constater qu'un même type de raisonnement peut donner lieu à deux actions contraires ; c'est possiblement ce qui explique la faible relation que l'on a obtenue entre le raisonnement et le comportement : il y a peu d'indication voulant qu'un raisonnement plus avancé dans l'échelle conduise à un comportement plus altruiste, moins agressif, etc. (Perry et Bussey, 1984). Une telle faiblesse du lien entre raisonnement et comportement se trouve dans plusieurs domaines, par exemple entre les habitudes de consommation et les connaissances sur la santé (cigarette, alcool, aliments gras ou salés, exercice physique, etc) ; le chemin est long entre le « savoir » et le « faire ». On a cependant du mal à concevoir comment une personne autonome peut, à long terme, afficher une qualité élevée de conduite morale sans disposer du niveau de raisonnement correspondant.

15.3.2 Le développement de l'auto-évaluation (la composante émotionnelle)

L'acquisition d'un répertoire de conduites socialement adaptées requiert sans doute la capacité de raisonner sur le chemin approprié à prendre, mais elle implique aussi une composante d'évaluation de soi. Apprendre à se réserver les récompenses pour les situations où on les mérite et à se sentir embarrassé lorsqu'on a agi de façon répréhensible constituent des acquis utiles socialement. Deux pôles de conduite peuvent être identifiés à cet égard : à un extrême se trouve le psychopathe qui prend impulsivement toutes les gratifications qu'il peut s'accaparer, sans égard à la qualité de sa conduite et ne se sent pas du tout mal à l'aise face à ses excès ; tandis qu'à l'autre extrême se situe la personne obsessive qui n'est jamais satisfaite d'elle-même, exigeant toujours plus, ou la dépressive qui s'attribue tous les échecs mais aucune réussite.

TABLEAU 15.3 : Six stades de développement du raisonnement moral selon Kohlberg*

NIVEAU I : MORALE PRÉCONVENTIONNELLE

Stade 1 : Orientation de la punition et de l'obéissance simple

Le raisonnement moral est fondé sur l'idée qu'il faut obéir aux règles pour éviter les punitions. On doit respecter l'autorité parce que c'est elle qui décide. Les actes sont jugés en fonction de leurs conséquences.

Il ne devrait pas voler parce que s'il est pris il ira en prison.

S'il laisse mourir sa femme il pourra avoir du trouble.

Stade 2 : Orientation du relativisme utilitariste

Ici l'obéissance aux règles est motivée par les avantages qu'elle peut apporter, par les intérêts personnels qu'elle peut servir dans un monde où les autres sont perçus comme agissant aussi en fonction de leurs propres intérêts. On rend service aux autres pour obtenir leurs faveurs en retour. Ce n'est plus un respect unidirectionnel comme au stade précédent, mais la réciprocité est fondée sur un donnant donnant où les conséquences directes des actes sont encore bien présentes.

S'il tient à ce que sa femme continue de vivre auprès de lui, Henri est mieux de voler le médicament.

Cela ne vaut peut-être pas la peine de voler car s'il va en prison, sa femme mourra peut-être avant qu'il soit sorti.

NIVEAU II : MORALE CONVENTIONNELLE

Stade 3 : Orientation de la bonne concordance interpersonnelle

La bonne action est motivée ici par la volonté de maintenir de bonnes relations avec l'entourage (famille, amis, collègues, etc.) et d'éviter leur désapprobation.

Il devrait voler le médicament : les gens pourraient le blâmer de ne pas aimer suffisamment sa femme pour tenter de la sauver.

Il ne devrait pas voler car s'il est pris, son geste brisera sa réputation et celle de sa famille.

Stade 4 : La loi et l'ordre

Ici le conformisme dépasse les standards fixés par l'entourage personnel pour s'étendre à l'ensemble de la société. Il existe des lois ; les gens ont des responsabilités, des devoirs et des droits qui définissent le chemin à suivre. C'est dans ce cadre que la bonne action est définie, et la déviance est punie par l'autorité légale. L'ordre social doit être maintenu.

Même si Henri souhaite vivement sauver sa femme, il reste que c'est illégal de voler.

NIVEAU III : MORALE POST-CONVENTIONNELLE

Stade 5 : Le contrat social

Ici la personne se place comme un observateur impartial jugeant selon des principes orientés vers le bien commun. Les règles sont perçues comme relatives au groupe ou à la société à laquelle on appartient ; les peuples n'ont pas tous les mêmes lois, il y a des conventions qui servent mieux les peuples que d'autres. La personne s'engage personnellement à promouvoir les lois qui visent le plus grand bien du plus grand nombre. La démocratie peut ainsi être perçue comme le meilleur système politique, le meilleur contrat social.

Tout le monde ne peut pas se mettre à voler en situation d'urgence ; la fin ne justifie pas les moyens.

Les lois ne sont pas bien faites pour de telles situations ; Henri aurait une bonne justification en cour s'il prenait le médicament pour sauver une vie.

Stade 6 : Orientation des principes éthiques universels

Ici la personne se conforme à sa prise de conscience personnelle fondée sur des principes intériorisés possédant un caractère universel, comme le respect de la dignité humaine, de la vie, de la liberté. C'est de l'intérieur que l'on adhère à ces principes auxquels on tient, et on les défend dans toutes les sociétés même si la majorité y adopte des lois qui leur sont contraires. C'est par conscience personnelle qu'il faut se conformer à cette éthique pour éviter de se condamner soi-même, pour être capable de vivre en paix intérieurement.

La vie d'une personne est plus importante que le profit qu'un marchand veut faire sans trop se soucier de la moralité de son attitude.

S'il ne volait pas le médicament, il aurait beaucoup de mal par la suite à croire qu'il a été à la hauteur de ses principes, en toute conscience.

* Élaboré à partir de :
- CLOUTIER, R. (1982) *Psychologie de l'adolescence*, Chicoutimi, Gaëtan Morin.
- KOHLBERG, L. (1976) « Moral Stages and Moralization : The Cognitive-Developmental Approach », *in* LIC KONG, T. (édit.) *Moral Development and Behavior*, New York, Holt, Rinehart and Winston.
- REST, J.R. (1983) « Morality », *in* MUSSEN, P.H. (édit.) *Handbook of Child Psychology*, 4ᵉ éd., vol. 3, New York, Wiley.

Dans la perspective freudienne, c'est le surmoi qui est responsable de ces jugements sur soi : au contact de ses parents auxquels il s'identifie, l'enfant intériorise leurs normes, il apprend à s'autodiscipliner par retrait d'amour ou punition comme ses parents l'ont fait lorsque sa conduite déviait des normes.

Dans la perspective de l'apprentissage social sur le jugement moral, Bandura (1986) endosse aussi l'idée que les guides de la conduite viennent d'abord de l'extérieur : c'est physiquement qu'il faut contrôler l'espace des bébés afin qu'ils ne tombent pas dans les escaliers ou ne se blessent pas avec des objets dangereux, etc. Ensuite, avec la capacité de communiquer verbalement, le contrôle verbal peut suffire, et les explications appropriées peuvent permettre à l'enfant d'apprendre les avantages ou désavantages sociaux de ses actions. Donc, il s'agit d'un processus de substitution graduelle de standards représentés mentalement aux demandes et aux sanctions extérieures initiales. Une fois adoptés, les standards personnels de conduite constituent les guides principaux de l'auto-évaluation, du respect ou du blâme personnel.

Leon (1984) observe que les parents qui évaluent la conduite de leur enfant utilisent des arguments de plus en plus abstraits à mesure qu'il vieillit ; ils ajustent la complexité de leurs explications aux capacités de compréhension de l'enfant, ce qui permet à celui-ci d'accéder à des standards plus subtils d'évaluation de sa conduite. Bandura (1986) accepte qu'en matière de standards personnels de conduite, il existe une tendance du développement régie par la maturation cognitive de l'enfant, mais selon lui, les modèles et les contextes sociaux jouent un rôle de premier plan dans cette acquisition. D'après l'auteur, c'est ce qui explique qu'une même personne peut avoir des normes très variables d'auto-évaluation d'un domaine d'activité à un autre ou d'un contexte social à un autre. Par exemple un enfant peut se sentir très coupable d'avoir volé une barre de chocolat au magasin, tandis qu'en classe il pourra être fier de lui s'il a réussi à ne pas se faire prendre en trichant.

15.3.3 Le développement de l'autocontrôle (la composante comportementale)

Quel est le rapport entre le raisonnement moral, l'auto-évaluation et le comportement comme tel ? Nous savons que le même niveau de raisonnement peut comporter des arguments qui appuient des conduites opposées l'une à l'autre, mais il y a peu de recherches qui apportent un éclairage empirique sur cette question, et les études existantes offrent des messages contradictoires (Bandura, 1986). Par exemple l'on s'entend peu au sujet de la base sur laquelle une conduite doit être évaluée : le comportement tel qu'il est observé ou l'intention de son auteur. Ne tenir compte que du comportement n'équivaut-il pas à ne juger que par les conséquences, à la manière des enfants du stade 1 de Kohlberg ? Le fait de ne tenir compte que des intentions nous amène-t-il à juger que le vol d'un voleur bien intentionné devient un acte moralement louable ?

En psychologie de l'enfant, c'est par le biais de la résistance à la tentation que l'on a le plus souvent approché le volet comportemental de la moralité. Cette approche consiste typiquement à évaluer la capacité de l'enfant à respecter une règle en l'absence de surveillance extérieure à lui. Par exemple dans ce type d'expérience un adulte pourrait demander à l'enfant de recopier une figure géométrique simple autant de fois que c'est possible contre la promesse d'une récompense. Dans la même pièce, une télé présenterait un dessin animé intéressant pouvant distraire l'enfant de sa tâche. Il s'agit de voir dans quelle mesure l'enfant réussit à se maintenir au travail en l'absence de l'expérimentateur. C'est une mesure intéressante de l'autocontrôle qui évite le problème soulevé précédemment relatif au critère d'évaluation (intention versus conduite observée). La capacité de résister à la tentation est considérée comme un indice privilégié du processus d'intériorisation des règles, ce qui renvoie à un objectif central du processus de socialisation : l'adhésion aux règles sociales de façon autonome, c'est-à-dire indépendamment des pressions extérieures.

Quels sont les facteurs responsables d'une plus ou moins grande capacité d'autocontrôle ? Perry et Bussey (1984) identifient plusieurs sources d'influence :

1- le style d'autorité parentale dans la famille ;

2- les modèles offerts à l'enfant ;

3- les pensées de l'enfant en situation ;

4- les caractéristiques du contexte.

Perry et coll. (1980) ont obtenu des résultats appuyant la notion selon laquelle l'idée que se font les enfants d'eux-mêmes influence les standards qu'ils utilisent pour s'auto-évaluer. Un expérimentateur disait d'abord à certains enfants d'école primaire qu'ils étaient exceptionnellement consciencieux et obéissants avant de les payer à l'avance de 30 jetons échangeables contre des prix, pour terminer une tâche ennuyeuse dans un certain laps de temps. L'expérimentateur demandait par ailleurs à d'autres enfants du même âge, sans leur dire qu'ils étaient consciencieux et obéissants, d'achever la même tâche et leur donnait les 30 jetons à l'avance. Dans la pièce de travail, une télé présentait un dessin animé intéressant. Les enfants étaient laissés seuls pour faire le travail. Plus tard, un adulte entrait dans la pièce et faisait constater aux enfants qu'ils n'avaient pas fini. Il leur donnait l'occasion de rembourser des jetons, selon leur appréciation, parce qu'ils avaient échoué dans l'accomplissement de la tâche. On observa alors que les enfants du premier groupe, à qui l'on avait dit qu'ils étaient exceptionnels, se punissaient beaucoup plus que les autres en remboursant des jetons.

Plusieurs auteurs ont noté que les parents qui sont vigilants à l'égard de la conduite de leur enfant, c'est-à-dire constants dans les exigences qu'ils posent, qui expliquent les motifs de leurs demandes et qui affichent une attitude chaleureuse et juste envers leur enfant sont les plus susceptibles de favoriser le développement de l'autocontrôle chez leurs enfants. Au contraire, les parents qui sont peu exigeants, inconsistants dans leurs interventions ont des enfants qui se situent au bas des échelles évaluant l'intériorisation des normes sociales.

Les enfants sont sensibles aux modèles qu'ils observent, c'est-à-dire qu'ils ont tendance à imiter les comportements des autres, principalement si ces derniers sont importants ou puissants à leurs yeux. Par exemple si l'enfant voit ses deux parents transgresser une règle, il est probable qu'il fera peu d'effort pour respecter cette même règle. Au contraire, si l'enfant observe ses parents (ou d'autres modèles adultes importants) résister à la tentation de transgresser une règle, il aura plus de chances de les imiter lorsque laissé à lui-même, surtout si ces modèles ont verbalisé leurs motifs et leur plan personnel pour résister à cette tentation.

Bandura (1986) a observé que lorsque les enfants ont intériorisé un standard de comportement, ils ont tendance à anticiper des auto-évaluations à son égard : ils se disent en eux-mêmes qu'ils seront contents d'atteindre ce but ou qu'ils seront déçus s'ils ne l'atteignent pas. Donc le fait de faire sienne une règle donne à celle-ci un statut d'objectif personnel dont l'atteinte est satisfaisante. Sur le même sujet, Perry et coll. (1984) citent des études montrant que les enfants qui retardent volontairement leur accès à une récompense jusqu'à l'atteinte d'un niveau de performance qu'ils se sont fixé font plus d'effort pour réussir que les enfants moins exigeants envers eux-mêmes.

Clairement, donc, les parents avisés sont ceux qui essaient d'aider leurs enfants à se fixer leurs propres standards, qui favorisent chez eux l'anticipation d'auto-évaluations négatives en cas de mauvaise conduite (par exemple en discutant avec eux, en les incitant à se mettre à la place des autres et en les sensibilisant au fait qu'ils peuvent faire du mal aux autres) et qui les renseignent sur la nature des situations qui incitent au désengagement en regard des règles personnelles de conduite (Perry et coll., 1984, p. 190).

Nous pouvons ajouter qu'en revanche, des anticipations d'auto-évaluations positives doivent surgir à l'idée de la réussite. Donc, la façon dont l'enfant apprend à réfléchir sur la dynamique de son contrôle personnel semble jouer un rôle significatif sur sa capacité de s'autogérer.

Enfin, l'humeur personnelle de l'enfant influence son autocontrôle face à la tentation. Les enfants déprimés, en colère, perturbés émotionnellement sont plus vulnérables à la tentation, plus facilement dépendants des effets à court terme et moins en mesure de supporter le délai de gratification que suppose l'effort maintenu. Par ailleurs, il est évident que plus le plaisir associé au comportement défendu sera grand, plus l'enfant aura de la peine à y résister ou à s'en sortir.

Le taux de production de comportements socialement désirables dépendrait donc, par le biais du processus d'intériorisation, de l'éducation dans la famille et des modèles auxquels l'enfant a accès, mais aussi des stratégies cognitives qu'il développe pour résister dans l'effort, et du contexte dans lequel il se trouve par rapport à son humeur personnelle et aux enjeux associés aux comportements à contrôler.

15.4 LES PAIRS

Si la famille joue un rôle prépondérant en tant qu'agent de socialisation de l'enfant, elle n'est pas la seule à exercer une influence auprès de lui. Les pairs, souvent même en bas âge, peuvent constituer une source d'influence sociale significative. Les pairs peuvent correspondre aux amis ou aux groupes spontanés, mais ils composent aussi les groupes scolaires. Ainsi, la garderie et l'école, agents de socialisation plus ou moins proches de la famille, constitueront aussi des sources d'influence significatives pour le jeune.

En raison des caractéristiques de la famille moderne où l'on dénombre moins de membres, où les deux parents exercent le plus souvent un métier à l'extérieur du foyer, l'enfant est amené de plus en plus tôt à évoluer dans un milieu extrafamilial et, l'âge scolaire venu, à séjourner de plus longues heures à l'école, en service de garde scolaire après les heures de classe, en attente de l'arrivée de ses parents à la maison. Dans ces milieux, l'enfant entre en relation avec ses pairs de diverses manières, et ces inter-actions peuvent exercer une influence sur lui. Comment les pairs influencent-ils le processus de socialisation de l'enfant ? La présente section porte sur cette question.

Si nous savons que l'influence sociale des parents est déterminante dans le processus de socialisation de l'enfant, il est plus difficile de situer précisément le rôle des pairs dans cette évolution. Harlow (1969), dans ses travaux menés auprès des singes rhésus, s'est rendu compte que la privation de contact avec les pairs avait des conséquences très significatives sur le comportement social adulte : même en présence d'une relation normale avec la mère, les rhésus devenus adultes affichaient de l'immaturité dans leurs jeux, de l'agressivité, des craintes excessives et de la difficulté à coopérer avec les autres. Les auteurs croient que ces difficultés sont reliées au fait que les jeunes animaux n'ont pas eu la chance d'apprendre les rôles sociaux dans les contextes de jeu, de conflits, de communication avec des pairs des deux sexes, etc. Sachant que les animaux, comme les humains d'ailleurs, qui sont privés en bas âge d'une relation d'attachement parent—enfant risquent davantage d'afficher des problèmes sociaux ultérieurement , ces recherches animales semblent démontrer l'existence d'une complémentarité dans les rôles que jouent les parents et les pairs dans la socialisation.

Perry et Bussey (1984) mentionnent que trois courants théoriques majeurs s'accordent sur l'idée que les pairs exercent les uns sur les autres une influence que les adultes n'ont pas sur les jeunes. En effet, les approches éthologique, cognitive-développementale et d'apprentissage social véhiculent l'idée que c'est seulement par le biais de l'interaction sociale avec les pairs que les enfants expérimentent des rôles de dominance, de réciprocité, de coopération, qu'ils apprennent à assumer des responsabilités, à évaluer leurs forces et leurs faiblesses de façon réaliste, etc. Nous allons brièvement considérer les particularités des trois approches théoriques précitées.

15.4.1 Trois conceptions théoriques du rôle social des pairs

L'approche éthologique

Les éthologistes estiment que certains comportements sociaux se maintiennent parce qu'ils possèdent une valeur pour la survie chez les espèces animales et chez les humains. Ainsi, les liens d'attachement aux parents seraient essentiels à la satisfaction des besoins vitaux des jeunes (nutrition, abri, etc.) pour leur apprendre à communiquer avec les autres et pour leur permettre d'explorer leur environnement sans crainte des dangers. Selon cette approche, l'interaction avec les pairs sert au développement et au perfectionnement de la plupart des comportements adultes chez les singes (Suomi et Harlow, 1978). Ces auteurs ont par exemple observé que l'agressivité dans les jeux (menacer, mordre, lutter, poursuivre, etc.) apparaissait rapidement une fois le contact établi avec les pairs, mais que ces agressions ne résultaient que très rarement en blessures, ce qui serait adaptatif pour l'espèce ; les agressions sérieuses seraient réservées aux étrangers, ce qui conviendrait aussi à l'adaptation.

Chez les enfants humains, les tenants de l'approche éthologique ont aussi souligné l'existence d'une fonction socialisante des rapports avec les pairs. Déjà en garderie, les interactions seraient réglées selon des règles hiérarchiques où des enfants seraient dominants par rapport à d'autres et, lorsque la hiérarchie est connue de tous, les affrontements seraient moins fréquents. Quand chacun connaît sa place dans la hiérarchie et qu'un conflit survient, l'enfant le plus élevé dans la hiérarchie peut signifier à l'autre, verbalement ou par expression faciale et gestuelle, qui serait vraisemblablement le vainqueur s'ils en venaient aux coups, ce que l'autre enfant reconnaîtra selon toute apparence pour ensuite agir de façon à éviter l'escalade du conflit vers une bataille coûteuse. Par ses interactions avec des plus grands et des plus petits que lui, l'enfant apprend différentes perspectives des rapports humains, éléments essentiels à son adaptation sociale ultérieure (Hartup, 1980 ; Perry et Bussey, 1984). La conception éthologique propose donc qu'il existe des schèmes d'interaction avec les pairs ayant des racines biologiques et se maintenant chez l'espèce humaine parce qu'ils sont utiles à sa survie et efficaces comme outils d'adaptation sociale à l'âge adulte.

L'approche cognitivo-développementale

Piaget estime que l'interaction avec les pairs constitue une source puissante de stimulation cognitive (Piaget, 1957, 1970). Certains travaux ont en effet démontré que des gains conceptuels significatifs et durables pouvaient être provoqués chez l'enfant par des interactions structurées avec les pairs (Cloutier, 1976).

Sur le plan de la pensée sociale, cette approche considère que déjà chez le jeune enfant, l'interaction avec les pairs stimule le raisonnement, l'échange de perspectives et les rapports basés sur la réciprocité, ce que les interactions avec les figures d'autorité adulte ne permettent pas puisqu'elles favorisent davantage la soumission et l'obéissance que la remise en question et la participation directe aux décisions autonomes.

Même s'il croit que les interactions enfants—adultes peuvent aussi fournir des occasions d'exercer différents rôles sociaux et de participer à des décisions, et non pas seulement la soumission à l'autorité adulte comme pouvait le laisser croire Piaget, Kohlberg (1969) estime que les rapports avec les pairs permettent à l'enfant d'explorer diverses réalités sociales, d'acquérir des concepts utiles à sa compréhension du monde social souvent complexe auquel il aura à s'adapter.

L'approche de l'apprentissage social

La théorie de l'apprentissage véhicule l'idée que l'observation du comportement des autres joue un rôle central dans notre développement ; l'observation des modèles qui nous entourent, c'est-à-dire le modelage, représenterait une source d'information sociale considérable. Selon cette approche, les attentes d'efficacité que nous avons à l'égard de notre comportement, c'est-à-dire ce que nous croyons personnellement pouvoir réussir, représentent le meilleur prédicteur de notre comportement (Bandura, 1986 ; Kaley et Cloutier, 1984). Par exemple après avoir vécu des expériences relativement à cette tâche, si je crois sincèrement que je puis réussir à courir le 100 mètres en moins de 12 secondes, il est probable que mon opinion soit le meilleur prédicteur de mon rendement. Ou encore si une personne croit qu'elle ne peut arriver à cesser de fumer, il est probable que la participation à un programme pour cesser de fumer ne soit pas très efficace dans son cas, du moins tant qu'elle aura cette attente négative d'efficacité personnelle.

Le jugement que l'on porte sur nos capacités personnelles serait associé aux comparaisons que nous établissons avec les personnes qui nous entourent. Par exemple si je me trouve dans un milieu où la plupart des gens peuvent courir le 100 mètres en moins de 11 secondes, ma performance de 12 secondes ne servira pas à rehausser mon estime de moi-même dans ce domaine.

Les travaux de l'équipe de Bandura ont montré que nos jugements sur notre valeur personnelle variaient substantiellement selon les personnes avec qui l'on compare notre performance. Si l'on ne peut comparer celle-ci qu'avec des personnes systématiquement plus fortes, il sera difficile d'avoir une haute estime de la valeur de notre performance. De la même façon, une comparaison avec des modèles invariablement plus faibles que soi ne pourra soutenir une valorisation personnelle. Par ailleurs, une appréciation positive découlera plus probablement de comparaisons avec des personnes égales ou légèrement supérieures à soi parce qu'elles offrent des défis réalistes, certaines chances d'atteindre le succès et constituent des éléments de motivation pour améliorer la performance (Bandura, 1986). L'appréciation de nos capacités influencera évidemment les choix d'activités que nous ferons : le sentiment d'un échec probable dans un domaine ne peut constituer une source d'attrait.

Ces données permettent de comprendre qu'un enfant qui n'a pas de société de pairs et qui n'interagit qu'avec des adultes peut moins facilement trouver des défis à sa mesure. Le groupe de pairs, au contraire, avec des plus forts et des moins forts, présente à l'enfant une société à sa portée. Le groupe de pairs qui pose des défis que l'enfant peut relever, où ce dernier peut réussir à se faire valoir et à développer ses compétences. Dans le contexte familial contemporain où la fratrie est souvent inexistante, on comprend bien le rôle significatif que peuvent occuper les interactions avec les pairs dans le processus de socialisation de l'enfant.

Les mécanismes sous-jacents à l'influence des pairs

Perry et Bussey (1984), à l'instar de plusieurs autres auteurs, identifient trois mécanismes sous-jacents à l'influence des pairs :

1- les pairs constituent une source de récompense et de punition ;

2- les pairs servent de modèles ;

3- les pairs alimentent un processus actif de comparaison.

Dès l'âge préscolaire, les enfants développent la tendance à répéter les comportements approuvés par leurs pairs et à inhiber ceux qui sont désapprouvés. En fait, un enfant qui ne développerait pas une telle tendance vivrait assez tôt des problèmes d'acceptation sociale. Furman et Masters (1980) ont observé que les sourires, les approches de jeu, les manifestations d'intérêt à l'égard des activités des autres, les félicitations, le partage, représentent des comportements prosociaux qui sont généralement accueillis positivement, c'est-à-dire renforcés par les pairs. Au contraire, l'agressivité, le refus de partager ou de considérer la demande d'un autre, la recherche d'attention pour soi, constituent des exemples de conduites que les pairs peuvent sanctionner négativement par le retrait d'attention (ignorer), le ridicule, le refus d'intégrer, la dénonciation à l'adulte responsable, etc.

Les pairs servent aussi de modèles : plusieurs comportements nouveaux sont acquis par l'observation du comportement des autres. Les enfants observent les autres, mais aussi les contextes dans lesquels ils émettent les comportements et les conséquences qui découlent de ces comportements. Il semble que les modèles les plus puissants soient les pairs que l'enfant perçoit comme semblables à lui, donc relativement du même âge et du même sexe, et des pairs qui sont plutôt dominants dans leur groupe que de faible statut social (Perry et Bussey, 1984). Ainsi, un enfant qui voit un ami de son âge et de son sexe ayant un statut élevé dans le groupe afficher une conduite agressive qui est renforcée (par exemple arracher le jouet d'un autre et réussir à jouer avec impunément par la suite) aura plus de chance d'imiter cette conduite indésirable ultérieurement que s'il l'observe chez un pair différent selon l'âge et le sexe, de statut social faible et qui ne réussit pas à atteindre son but.

Les pairs constituent des objets de constante comparaison pour l'enfant. Pour une bonne part, celui-ci élabore son image de lui-même sur une base comparative avec les autres. Il compare ce qu'il réussit avec ce que les autres réussissent et se crée ainsi une représentation de ses capacités. Ce moyen d'auto-évaluation que constitue la comparaison avec les autres se développera tout au cours de l'enfance pour devenir un outil puissant de compréhension sociale.

15.4.2 L'évolution des interactions avec les pairs au cours de l'enfance

La prolifération des recherches sur les interactions sociales entre les enfants et les non-parents s'explique par les changements survenus dans la famille contemporaine qui compte moins d'enfants et plus de parents œuvrant à l'extérieur du foyer, ce qui augmente le recours à des services de garde pour l'enfant, d'autant plus que les garderies et les écoles constituent des milieux privilégiés d'observation pour les chercheurs (Cloutier et Tessier, 1981 ; Lamb et Bornstein, 1987).

L'interaction au cours de la petite enfance

Certaines études ont décrit l'interaction entre les bébés. On y a observé que dès 6 mois, les bébés échangeaient des signaux sociaux tels des vocalisations à tour de rôle. Au début, les séquences sont très courtes puisqu'un bébé émet un son, l'autre y répond puis cela s'arrête. Avec le temps cependant, les cycles d'interaction se prolongent et deviennent plus complexes : vers un an, les enfants peuvent se mimer l'un l'autre, agir à tour de rôle sur un jouet, synchroniser des mouvements, jouer à se poursuivre, etc. (Holmberg, 1980 ; Lamb et Bornstein, 1987 ; Vandell, Wilson et Buchanan, 1980). Cette activité sociale est dominée par le « tour à tour » ; de la même façon que dans une réaction circulaire secondaire de la période sensori-motrice telle qu'elle est décrite par Piaget, la fin du bruit émanant du hochet entraîne un nouveau mouvement vers ce dernier, les pairs font l'objet d'alternance entre action et réaction.

Vandell et coll. (1980) estiment que dès 6 mois, les bébés entrent en contact entre eux, de façon limitée mais harmonieuse. Au cours de la deuxième année les enfants apprendront à changer de rôle, c'est-à-dire non plus seulement à réagir l'un à l'autre. Par exemple l'un pourra jouer à poursuivre l'autre, puis changer pour être poursuivi à son tour. Ces mêmes auteurs ont observé que dans un environnement calme réunissant des enfants accompagnés de leur mère, les bébés affichaient une préférence pour l'interaction avec leurs pairs plutôt qu'avec leur mère. Cependant, ces deux types d'interaction se distinguaient entre elles : les bébés interagissent surtout par le regard et les vocalisations avec un pair et davantage par le toucher avec leur mère. À mesure que le bébé avancera en âge, cette préférence pour l'interaction avec les pairs grandira (Perry et coll. 1984). La venue d'un pair inconnu pourra susciter une certaine appréhension, mais celle-ci ne sera probablement pas comparable en intensité ni en durée à la réaction vis-à-vis d'un adulte étranger.

Les jeunes ont donc généralement un intérêt positif entre eux, même si au départ, il peut y avoir certaines hésitations mutuelles, et que la complexité de leur interaction est limitée. Quant à ces limites, Brownell (1986) estime qu'une véritable mutualité interactive requiert une compréhension des règles de communication humaine que l'enfant d'âge préverbal ne maîtrise pas encore. Des travaux ont cependant observé que les bébés habitués à une interaction active, chaleureuse et sensible avec des adultes, avaient tendance à être plus actifs dans leurs échanges avec les autres bébés (Vandell et Wilson, 1987), tendance qui se continuerait au cours des années préscolaires (Sroufe, 1983).

L'interaction sociale à l'âge préscolaire

Le développement de la pensée symbolique et du langage constituent des appuis privilégiés pour l'interaction sociale. L'avènement de la pensée symbolique permet des activités ludiques beaucoup plus sophistiquées : la possibilité de penser à partir de symboles (plutôt que d'être limité à l'action motrice) ouvre la porte au monde illimité de la fantaisie. Si l'on ajoute à cela la possibilité d'échanger verbalement, on comprend pourquoi la période de 2 à 5 ans transforme l'enfant sur le plan social. Les jeux parallèles où les enfants s'occupent à une activité les uns à côté des autres sans interaction mutuelle laisseront progressivement place à des jeux coopératifs où l'échange réciproque est présent et où les enfants se partagent différents rôles.

Entre 2 et 5 ans, les interactions sociales deviendront plus fréquentes et changeront de nature, passant d'initiatives à sens unique à des interactions réciproques mieux coordonnées. Au début, la communication verbale est encore limitée, les signaux non verbaux (cris, pleurs, gestes, etc.) demeurent d'importants moyens d'échange d'information. Petit à petit cependant, le répertoire des conduites s'élargira et la communication se raffi-

nera : à 5 ans, les échanges verbaux sont plus longs, les enfants se sourient, s'échangent plus souvent des jouets sur une base réciproque, etc. La communication interpersonnelle est devenue plus efficace.

Déjà à cet âge préscolaire, les différences individuelles peuvent être assez facilement observées dans le style d'interaction sociale qu'affichent les enfants. Certains seront beaucoup plus présents dans le groupe que d'autres qui semblent préférer les activités solitaires, ils afficheront une fréquence réduite d'initiatives prosociales. Doit-on s'inquiéter de cette propension envers les activités non sociales ? Dans la mesure où il ne s'agit pas d'une situation où l'enfant est vraiment fermé sur lui-même, répétant des gestes qui n'ont pas de but apparent ni de fonction instrumentale précise, il ne convient pas plus de s'inquiéter de la conduite d'enfants préférant s'occuper seuls que de celle de l'enfant qui n'arrive que rarement à s'occuper seul et à qui il faut sans cesse de l'interaction sociale. Il s'agit de deux tendances que l'on trouve dans la population normale des enfants. Bissonnette, Ingels et Cloutier (1984) ont observé que les enfants en garderie avaient besoin d'un minimum d'intimité personnelle et qu'au-delà d'un certain seuil d'activités structurées en groupe, les enfants « décrochaient », c'est-à-dire ne suivaient plus l'activité.

L'observation des enfants de 2 à 5 ans en garderie indique donc d'une part que chacun développe son propre profil social et qu'il est tout à fait normal que des différences surgissent d'un enfant à l'autre. Le contraire serait plutôt inquiétant. D'autre part, cette même observation des enfants permet de constater que la façon dont le milieu est organisé autour de l'enfant influence significativement son comportement social (Cloutier et Tessier, 1981).

À la maison, les attitudes sociales des parents constituent aussi une source importante d'influence de la conduite sociale de l'enfant. Dans leur propre conduite, si les parents sont actifs socialement, s'ils entretiennent des contacts avec un réseau social étendu et varié, en tant que modèles significatifs pour l'enfant, ils contribueront à développer des attitudes prosociales chez leur enfant parce qu'ils constituent des modèles importants. Aussi, comme les enfants d'âge préscolaire sont encore très dépendants du voisinage pour l'établissement de contacts avec les pairs, le soutien que les parents offriront à leur jeune de cet âge pour qu'il se fasse des amis et les conserve pourra avoir une influence déterminante. Dans une certaine mesure, les parents peuvent exercer un rôle de courtier entre l'enfant et ses amis potentiels.

Les relations avec les pairs à l'âge scolaire (6-11 ans)

Différents éléments permettent d'identifier l'époque de l'entrée à l'école comme un point tournant de la vie sociale des enfants. Sur le plan cognitif, l'accès à la pensée opératoire (6-7 ans) permet d'avoir une pensée sociale mieux articulée, moins centrée sur sa propre perspective. La pensée réversible rend plus apte à saisir le point de vue des autres, à exprimer sa pensée de façon plus cohérente, à anticiper les conséquences de ses gestes, à comprendre les règles des jeux et leurs fonctions, etc. L'enfant d'âge scolaire accède donc à une pensée sociale plus différenciée. Par ailleurs, l'école offre une société plus grande encore que celle qu'offrait la garderie ou le voisinage auparavant. À l'école il y a beaucoup d'enfants, de différents âges, provenant de différents milieux.

C'est au cours de cette période que l'enfant découvrira graduellement les normes qui régissent le groupe. La pression sociale, la compétition, la coopération, la popularité et le rejet social, l'altruisme, etc. sont autant de réalités auxquelles il apprendra graduellement à s'adapter. Ce processus complexe se poursuivra jusqu'à l'âge adulte. La fréquence des interactions sociales avec l'adulte va diminuer graduellement comparativement à celle des interactions avec un pair qui augmentera au cours de cette période.

Harter (1983) affirme qu'entre 6 et 11 ans, l'image que l'enfant se fait de lui-même sera fortement influencée par la façon dont il est perçu par ses pairs. Un processus constant de comparaison de soi avec les autres aura cours et contribuera à façonner une image de soi de plus en plus différenciée chez le jeune. L'enfant se rend compte que certains sont plus forts en mathématiques, d'autres plus faibles en français, d'autres plus forts au gymnase ou issus d'une famille moins riche, etc. À cette époque l'enfant réussit à différencier les caractéristiques personnelles de ses pairs, et il prend conscience que des règles différentes régissent les divers contextes sociaux (classe, gymnase, groupe de jeu spontané, etc.).

Des groupes de pairs se forment autour de la pratique de certaines activités, mais l'on assiste aussi à la formation de dyades d'amis, dyades qui sont susceptibles d'évoluer d'une année à l'autre. Au cours de cette période, encore plus peut-être que pendant l'âge préscolaire, les filles et les garçons ont tendance à interagir plus spontanément avec des pairs de leur sexe.

15.4.3 Les bases des relations d'amitié

Dans le langage courant des adultes, la notion de pair est souvent prise comme synonyme d'ami, de copain, etc. Ainsi, en garderie, l'éducatrice désignera les pairs par le terme « amis ». De leur côté cependant, les enfants font la différence : les amis ne représentant qu'une partie des pairs. Oden (1988), en se basant sur une analyse des données disponibles, propose deux grandes catégories de liaisons avec les pairs : l'amitié et le « partenariat ». L'auteure souligne que dans ces deux catégories il faut comprendre qu'il existe toute une étendue d'implications relationnelles allant de la simple connaissance au rapport intime. Le tableau 15.4 permet de voir que la présence ou l'absence d'amitié ou de « partenariat » peuvent se combiner pour définir quatre types de relations avec les pairs :

1- les amis intimes ;

2- les amis sociaux ;

3- les partenaires d'activité ;

4- les connaissances.

TABLEAU 15.4 : Quatre types de relations entre les pairs et les échanges auxquels ils peuvent donner lieu*

	PRÉSENCE DE « PARTENARIAT »		PAS DE « PARTENARIAT »
Présence d'amitié	**Les amis intimes** Haut degré d'attrait mutuel – Caractéristiques individuelles particulières valorisées réciproquement – Échange d'information personnelle et de secrets – Échange d'aide, partage des problèmes et des activités – Possibilité d'avoir ensemble des projets communs	**Pas d'amitié**	**Les amis sociaux** – Degré d'attrait mutuel variant de minimal à élevé – Présence de plaisir à partager des activités sociales ensemble – Possibilité d'échange d'information personnelle et de secrets – Possibilité d'échange d'aide, de partage de problèmes et d'activités – Possibilité de contribuer avec d'autres aux mêmes projets
	Les partenaires d'activité – Degré d'attrait mutuel variant de minimal à élevé – Partage d'activités, de matériel, d'information et d'aide dans le contexte de tâches ou de jeux – Caractéristiques individuelles valorisées dans la mesure où elles sont pertinentes à l'activité partagée – Échanges d'information personnelle peu fréquents – Participation à l'activité commune		**Les connaissances** – Absence d'attrait mutuel ou attrait allant de minimal à élevé – Rapports amicaux pouvant aller d'inexistants à élevés – Rencontres à l'intérieur d'un contexte spécifique : école, camp d'été, terrain de jeu, association, voisinage, etc. – Peu ou pas d'attention portée aux caractéristiques individuelles particulières – Peu ou pas d'intérêt dans des activités ou projets communs

* Élaboré à partir d'Oden, S. (1988) « Alternative Perspectives on Children's Peer Relationships », *in* Yawkey, T.D. et Johnson, J.E. (édit.) *Integrative Process and Socialization : Early to Middle Childhood*, Hillsdale (N.J.), Erlbaum.

Oden (1988) cite plusieurs travaux appuyant empiriquement l'hypothèse voulant que les enfants, dès le moment où ils entrent à l'école, différencient de façon cohérente les caractéristiques relationnelles suivantes : « meilleurs amis », « amis », et « pas amis ». Elle indique qu'au deuxième cycle de l'élémentaire (4e, 5e et 6e), il y aurait environ la moitié des pairs qui seraient classés « amis », l'autre moitié se partageant entre « meilleurs amis » (± 25 %) et « pas amis » (± 25 %). Ces proportions changeraient aux abords de l'adolescence avec moins de pairs perçus comme amis intimes et plus de pairs considérés comme neutres, tendance qui témoignerait d'une sélectivité croissante.

Smollar et Youniss (1982) ont mené des entrevues auprès d'enfants de divers âges afin de connaître l'évolution de la conception du meilleur ami. À 6-7 ans, « le meilleur ami » est celui avec qui l'attrait mutuel est élevé, l'interaction est positive, des activités sont partagées et avec qui les rapports sont réci-

proques. Vers 12 ans, le meilleur ami est en plus celui dont on découvre la personnalité, qui a des choses en commun avec soi (similitudes) et qui est égal à soi, c'est-à-dire ne s'inscrit pas dans une relation de dominance. Il faut noter que le genre de l'enfant peut influencer significativement les liens entre pairs, et que ces grandes catégories différencient mal les nuances individuelles. Elles doivent donc être prises à titre d'indicateurs de grandes tendances générales.

15.4.4 Comment les enfants se font-ils des amis ?

Même si les enfants choisissent pour amis des pairs avec qui ils ont des choses en commun, ce choix d'amis ne se fait pas sur les mêmes bases tout au long de l'enfance : les enfants d'âge préscolaire choisiront des copains accessibles et renforçants pour partager leurs jeux. Centrées sur le jeu satisfaisant, ces amitiés pourront se transférer assez facilement à un autre pair capable d'assumer le rôle de partenaire de jeu avec succès ; c'est l'activité qui prime. Autour de 6-7 ans jusqu'à 11-12 ans, apparaîtra un souci plus marqué de se faire accepter de l'autre en tant que personne (généralement un pair du même sexe), de respecter les normes du groupe, d'éviter de provoquer le rejet des autres. La cognition sociale devient donc beaucoup plus présente dans le processus de sélection des personnes et des comportements. Gottman (1983) rapporte qu'au cours de cette période, les commentaires négatifs sur les autres font leur apparition et peuvent même faire l'objet d'un activité solidaire entre amis à l'égard d'autres pairs. Les jeunes se disent ou même s'écrivent des remarques dévalorisant d'autres pairs de leur entourage. Ce type d'activité aurait une fonction d'établissement de normes de conduite dans le groupe. On peut aussi concevoir que ce type d'activité canalise des sentiments agressifs envers certains pairs vers l'établissement de liens de solidarité entre ceux qui les partagent.

Tout au cours de l'enfance, il semble que la familiarité, c'est-à-dire le fait de se connaître et d'avoir vécu des choses ensemble auparavant, serait une base importante dans l'établissement de relations d'amitié. Berk (1989) rapporte une série de travaux ayant démontré que, dans des conditions comparables, les échanges réciproques, le jeu spontané, la coopération dans la résolution de problèmes sont autant de comportements qui apparaissent de manière significative plus fréquemment entre des enfants qui se connaissent qu'entre des pairs qui ne se connaissent pas. Les enfants qui se connaissent déjà seraient plus aptes à ajuster leur interaction à leur spécificité mutuelle, seraient plus confiants dans leur exploration sociale (moins intimidés ou maladroits). Les données de Ladd et Price (1987) confirment cette tendance en indiquant que les enfants qui entrent en première année du primaire en même temps qu'un groupe de pairs qu'ils ont bien connus à la maternelle, aiment mieux l'école et y évoluent avec moins d'anxiété que leurs pairs qui ne connaissent pas beaucoup d'élèves. L'acceptation par les pairs et la popularité constituent certainement des

déterminants importants dans l'établissement de liens d'amitié. La section suivante aborde cette thématique.

15.4.5 L'acceptation par les pairs et la popularité

Si la quantité et la complexité des interactions sociales augmentent avec l'âge, tous les enfants n'ont pas le même niveau d'activité avec les pairs. Le degré selon lequel un enfant est recherché par ses pairs renvoie à la notion de popularité.

Typiquement, la popularité des enfants d'âge scolaire est évaluée à partir de techniques sociométriques qui consistent à demander aux enfants d'identifier des pairs qu'ils aiment ou n'aiment pas (Hymel, 1983). Par exemple l'on présente à l'enfant la photo de tous ses compagnons de classe et on lui demande d'indiquer deux personnes avec qui il aimerait jouer, avec qui il n'aimerait pas jouer, avec qui il aimerait travailler, avec qui il n'aimerait pas travailler. On peut aussi demander à l'enfant d'attribuer une cote à chaque pair de sa classe allant de « aime beaucoup » à « aime très peu ». Des enfants de 4 ans arrivent à répondre de façon valide à ce type de questionnaire (Hymel, 1983).

Quatre catégories d'enfants peuvent être identifiées à partir de ce type de mesure sociométrique :

1- les enfants populaires qui reçoivent plusieurs votes positifs dans leur groupe ;

2- les enfants rejetés qui reçoivent plusieurs votes négatifs de la part de leurs pairs ;

3- les enfants controversés qui reçoivent plusieurs votes positifs mais aussi plusieurs négatifs ;

4- les enfants négligés qui ne sont pas choisis par leurs pairs ni positivement ni négativement.

Les études sur les enfants ont montré que ces catégories sociométriques sont modérément stables sur une période de cinq ans, la catégorie la plus stable étant celle des enfants rejetés (Boivin, 1986 ; Core et Dodge, 1983 ; Ladd et Price, 1987). Cette dernière catégorie d'enfants a suscité beaucoup d'intérêt de la part des psychologues parce qu'en plus d'afficher une moins grande mobilité vers d'autres statuts sociométriques, les enfants concernés affichent souvent des difficultés socio-affectives (Achenback et Edelbrock, 1981) et risquent, plus tard, de vivre des difficultés psychosociales comme l'abandon scolaire, la délinquance ou des troubles psychologiques (Parker et Asher, 1987).

L'apparence physique de l'enfant peut influencer sa popularité, mais c'est surtout son comportement qui en est le plus fortement responsable. L'observation des comportements montre que les enfants populaires sont plus coopératifs, amicaux, plus efficaces à résoudre des problèmes et plus sensibles dans leur communication avec les autres. Au contraire, l'observation montre que les enfants rejetés affichent plus de comportements antisociaux : conflits, agression, impulsivité, immaturité, manque d'habileté à communiquer avec les pairs, etc.

Les enfants controversés affichent à la fois des comportements perturbants comme les rejetés et des comportements prosociaux comme les enfants populaires. Ils sont donc des figures pouvant assumer du leadership même s'ils ne sont pas aimés d'une partie de leur groupe.

Enfin, l'observation des enfants négligés indique qu'ils ne s'engagent que dans peu de comportements sociaux ; ils sont souvent perçus comme timides et ils choisissent parfois d'eux-mêmes de jouer seuls. Même si, dans certains cas extrêmes, il y a risque d'inadaptation psychosociale chez ces enfants, la plupart d'entre eux sont socialement compétents et bien ajustés mais préfèrent la solitude à l'intensité de vie du groupe (Berk, 1989).

Compte tenu de la stabilité et de l'importance potentielle du statut de rejeté par rapport à l'adaptation psychosociale future, un bon nombre de programmes d'interventions préventives ont été mis au point pour faciliter l'intervention auprès de ces jeunes à risques. Ces interventions sont du même type que celles qui sont utilisées avec l'enfant agressif ; la description en est présentée dans la section 15.5.

15.4.6 Les fonctions de développement du jeu

La plupart des interactions sociales spontanées au cours de l'enfance se produisent dans un contexte de jeu et elles comportent souvent en elles-mêmes un aspect ludique. Rubin, Fein et Vandenberg (1983) estiment que le jeu se distingue des autres activités de l'enfant au moins de trois façons :

1- il répond à une motivation intrinsèque plutôt qu'à des récompenses extrinsèques ou à des exigences du milieu ;

2- il est orienté vers les moyens et non pas nécessairement vers les buts, c'est-à-dire que c'est l'exercice de l'activité en elle-même et non pas l'atteinte d'un objectif défini qui y prévaut ;

4- il n'est pas sérieux, c'est-à-dire que ses conséquences ne sont pas inscrites dans la « vraie » réalité même si l'enfant peut y trouver des défis très stimulants.

Le jeu exerce plusieurs fonctions dans le développement psychologique de l'enfant. Konrad Lorenz (1976) mentionne : « Quiconque a vu ses propres activités évoluer lentement depuis les jeux curieux de son enfance vers un travail de recherche scientifique ne pourra jamais mettre en doute la similitude fondamentale du jeu et de la recherche » (Lorenz, 1976, cité dans Johnson, 1984, p. XI). Cette observation sur la similitude entre le jeu et l'activité de recherche scientifique est intéressante parce qu'elle permet de saisir facilement l'hypothèse posée en général à l'égard du rôle du jeu. Selon cette hypothèse, le jeu permet d'explorer et de tester des comportements pour voir et connaître leur effets, pour mieux les maîtriser. Cette exploration se fait généralement, non pas dans le cadre des contraintes de la réalité, mais dans des conditions inoffensives où l'échec n'est pas puni mais plutôt utile à mieux organiser la prochaine tentative. Le jeu est un laboratoire servant à explorer des conduites qui, un jour peut-être, trouveront leur utilité dans la réalité adulte (Petersen, Garrigues et De Roquefeuil, 1984). Selon cette hypothèse, le jeu constitue donc une forme privilégiée de recherche, d'exploration. Quels sont les bénéfices du développement de cette exploration ?

C'est peut-être à l'activité physique que le jeu a été le plus couramment associé. Dès la petite enfance, jeu et mouvement sont intimement reliés. Tout au cours de l'enfance, les jeux impliquent des déplacements, des gestes, des mouvements (grimper, courir, sauter, glisser, etc.), même s'ils mettent progressivement plus à profit la fonction symbolique. Les sports de l'enfance, de l'adolescence et de l'âge adulte ne sont-ils pas aussi fortement associés à l'activité sensorimotrice ? Le jeu représente un lieu privilégié de consolidation et de développement des schèmes d'action physique. Il permet la libération des surplus d'énergie physique, l'expression de soi dans l'activité corporelle en même temps que le maintien de la forme physique.

Sur le plan cognitif, Piaget a amplement démontré que l'exercice des schèmes cognitifs impliqués dans le jeu jouait un rôle important dans la consolidation des acquis. Pour Piaget, si le jeu contribue significativement au développement cognitif, il en est aussi un témoin fidèle puisque la manifestation directe : le jeu représente l'effort de l'enfant pour comprendre les choses et leur donner un sens. Bruner (1972) souligne la contribution du jeu à la créativité : dans l'activité ludique, les moyens sont plus importants que les buts, ce qui libère l'enfant d'un accomplissement à faire et stimule l'apparition de nouvelles combinaisons d'actions, des combinaisons inusitées que la poursuite d'un but ne permettrait pas.

Sur le plan langagier, le jeu permet de développer le vocabulaire, d'explorer de nouvelles formes d'expression d'idées, de sentiments, etc. ; le jeu permet de comprendre le sens de nouveaux univers de contenus. Athey (1984) propose quatre fonctions cognitives du jeu :

1- il donne accès à de nouvelles sources d'information ;

2- il sert à consolider la maîtrise des habiletés et des concepts ;

3- il permet de stimuler et de maintenir un fonctionnement efficace de l'intelligence parce qu'il requiert diverses activités mentales ;

4- il favorise la créativité en laissant libre cours à l'usage des habiletés et des concepts dans un contexte de valorisation de l'imaginaire.

Sur le plan social, le jeu est un lieu privilégié d'exploration des rôles qu'éventuellement l'enfant sera appelé à jouer plus tard. Par exemple il peut y apprendre à ajuster ses interactions aux demandes des autres ou à résister à celles-ci ; il peut jouer le rôle d'un personnage dominant et constater l'effet de sa position sur les autres qui y sont symboliquement soumis. Dans ce contexte, les partenaires de jeu constituent une source de rétroaction particulièrement riche pour apprendre à distinguer des phénomènes comme l'agressivité et l'affirmation de soi, le partage et l'égocentrisme, la dépendance et l'indépendance, etc.

Sur le plan affectif, le jeu permet de résoudre des conflits émotionnels, de faire face à l'anxiété et à la peur, d'exprimer les affects, etc. Il s'agit alors d'un théâtre où l'enfant peut mettre en scène les sujets qui le préoccupent, apprendre à les exprimer (entre autres à les objectiver) et à les apprivoiser. La psychanalyse a bien documenté le rôle cathartique que pouvait jouer le jeu sur le plan affectif : il permet l'expression de sentiments et de fantasmes, mais aussi le jeu permet à l'enfant de réinterpréter ses expériences négatives en les remettant en scène dans une activité ludique où il peut exercer un contrôle, ce qui n'est pas nécessairement le cas dans « sa vraie vie ». Parce qu'il privilégie souvent les valeurs d'ouverture, d'honnêteté, de réciprocité, de soutien mutuel, le jeu de groupe représente un lieu privilégié d'établissement de relations interpersonnelles significatives. Les amis que l'enfant se fera au jeu et les expériences personnelles qu'il y vivra pourront contribuer de façon significative à son développement émotionnel.

Différents auteurs se sont intéressés à l'évolution du jeu au cours de l'enfance. Le tableau 15.5 illustre la séquence des types de jeux qui prédominent à différents âges au cours de l'enfance. Notons

TABLEAU 15.5 : Types de jeux observés au cours de l'enfance

Type de jeu	Description	Exemples	Âge où le jeu est le plus fréquent
Jeu fonctionnel	Mouvements simples et répétés, avec ou sans objet	— Courir dans une pièce — pousser un carosse — sauter sur un tapis	1-2 ans
Jeu de construction	Production d'un objet	— Jeu de blocs à assembler — casse-tête — dessin	3-6 ans
Jeu à faire semblant	Jeu de rôles avec ou sans matériel	— Jouer à l'école ou au docteur — théâtre de marionnettes — déguisements	3-7 ans
Jeu avec règles	Activité requérant la compréhension et le respect de règles	— Hockey — ballon — cartes — scrabble — marelle	6-11 ans

Sources : — BERK, L.E. (1989) *Child Development*, Boston, Allyn and Bacon.
— BISSONNETTE, J., INGELS, N. et CLOUTIER, R. (1984) « L'effet du ratio enfant–éducatrice sur le comportement en garderie », *Apprentissage et sociologie*, vol. 7, n° 2.
— SMILANSKY, S. (1968) *The Effects of Sociodramatic Play on Disavantaged Children : Preschool Children*, New York, Wiley.

que la prédominance d'un type de jeu à un âge donné ne présume en rien de la disparition complète des autres types de jeux dans le répertoire des conduites de l'enfant.

Selon Smilansky (1968), les quatre types de jeux présentés au tableau 15.5 comportent des fonctions cognitives différentes et suivent une progression du développement en forme de courbe normale, c'est-à-dire que leur fréquence est d'abord basse et augmente vers un sommet qui apparaît à un âge donné, sommet qui est suivi d'une diminution progressive de l'activité.

L'évolution du jeu au cours de l'enfance traduit bien sa fonction d'intégration des acquis du développement. Les changements observés dans le type d'action, de langage, de symbolique, de jeu de rôles, de stratégie, etc. permettent d'affirmer que si le jeu est un puissant stimulant du développement, il est aussi un reflet fidèle de l'évolution de la personne.

15.5 L'AGRESSIVITÉ CHEZ L'ENFANT

15.5.1 L'incidence de l'agressivité chez l'enfant

Le comportement agressif de l'enfant est souvent considéré comme le contraire du comportement prosocial. Pourtant, combien de parents accepteraient de poursuivre un objectif « zéro » pour leur enfant en matière d'agressivité ? Est-il souhaitable que l'enfant n'affiche pas d'agressivité du tout ? Théoriquement certes, mais pratiquement, des questions nous viennent spontanément à l'esprit : l'enfant dépourvu d'agressivité ne sera-t-il pas la proie des autres ? ne faut-il pas apprendre à se battre pour réussir dans la vie ? comment concilier force et déterminisme sans une base de dynamisme intérieur ?

Sans vouloir répondre à ces questions, précisons tout de suite que l'agressivité dont nous parlons ici ne renvoie pas au dynamisme intérieur, au goût de s'affirmer voire d'entrer en compétition, mais plutôt aux conduites antisociales qui consistent à agresser les autres physiquement ou verbalement. Pourquoi certains enfants ont des problèmes d'agressivité et d'autres pas ?

Patterson, DeBaryshe et Ramsey (1989) citent une série de recherches démontrant que la stabilité des conduites antisociales chez l'enfant rivalise avec celle du QI ; les recherches longitudinales d'enfants antisociaux montrent qu'à l'âge adulte ces personnes contribuent de façon disproportionnée aux problèmes d'alcoolisme, d'accidents, de chômage chronique, de divorce, de maladie physique et mentale et de demande d'aide sociale. Or, c'est dans l'enfance que ce problème social majeur prend racine.

Gagnon (1989) rapporte qu'entre 4 et 10 % des enfants du début de primaire, selon qu'il s'agisse de garçons ou de filles, ou que ce soit la mère à la maison ou l'enseignante à l'école qui en juge, manifestent fréquemment des comportements agressifs : destruction de ses propres choses ou de celles des autres, bataille, coups, intimidation, blâme d'autrui, etc. En revanche, au début de la fréquentation scolaire, entre 50 et 60 % des enfants n'afficheraient pas ces comportements, tandis que 20 à 30 % des enfants adopteraient ces conduites de façon occasionnelle. La fréquence élevée de comportements agressifs serait stable dans le temps chez les sujets extrêmes qui présenteraient par ailleurs d'autres indices de mésadaptation psychosociale tels que le rejet par les pairs et un faible rendement scolaire.

Cloutier et Dionne (1981) indiquent que la fréquence des échanges agressifs entre les petits atteint un sommet vers 2 ans pour diminuer graduellement jusqu'à l'âge de 5 ans. Il semble que l'acquisition du langage permette de développer des substituts au règlement physique des conflits, ce qui serait relié à l'augmentation de la fréquence des échanges agressifs verbaux entre 2 et 4 ans, en même temps que la répression de ce type de conduite par le milieu fait son effet. Au cours des quatre premières années de l'enfance, on observe habituellement une diminution du nombre de décharges d'énergie agressive non dirigées (crises de colère) avec un brusque déclin autour de 4 ans, tandis que les réponses de revanche augmentent au cours de cette période, l'accroissement le plus net se produisant après 3 ans (Cloutier et Dionne, 1981). Cette évolution du type de conduite agressive à l'âge préscolaire va de pair avec la différenciation accrue des conduites interactives : avec le temps, l'enfant apprend à mieux lire les autres et se fait aussi mieux comprendre d'eux.

À mesure que l'enfant apprend à verbaliser ses émotions il remplace graduellement ses expressions physiques d'agressivité par des contenus verbaux. Plus subtils et mieux appropriés à la communication, les échanges verbaux deviennent le mode privilégié d'expression. Cette évolution des manifestations agressives avec l'âge dépend donc de l'aptitude des enfants à exprimer verbalement leurs désirs, leurs émotions ou leurs sentiments. La manifestation physique de l'agressivité, même si elle diminue en fréquence ne disparaît pas complètement. Elle devient plus extrême dans la hiérarchie des manifestations agressives. Une querelle physique d'enfants de 6 ans possède donc une signification différente de celle d'enfants de 3 ans. Pour ces derniers, la bousculade arrive plus vite, va souvent moins loin, cesse plus rapidement et, surtout, laisse des blessures moins profondes d'amour-propre. (Cloutier et Dionne, 1981, p. 27.)

Deux sources d'influence du développement de l'agressivité peuvent être identifiées :

1- les prédispositions biologiques ;

2- l'influence du milieu, surtout de la famille.

15.5.2 Les prédispositions biologiques à l'agressivité

Olweus (1980, 1982) a observé que les garçons ayant un taux de testostérone plus élevé que les autres étaient plus impatients, plus irritables et se percevaient aussi comme plus sujets à répondre agressivement aux provocations des pairs. Certains individus auraient donc des prédispositions biologiques à l'agressivité, prédispositions qui, au contact d'un environnement favorisant les conflits, produiraient ce que l'on appelle des enfants agressifs. Cela est en accord avec les études qui associent au tempérament difficile de l'enfant des difficultés relationnelles persistantes au cours de l'enfance (Maziade et coll., 1986, 1987). Mais l'argument le plus puissant à l'hypothèse de déterminants biologiques de l'agressivité vient de la nette surreprésentation des garçons par rapport aux filles dans l'ensemble du domaine de la violence en psychologie. Certes ce serait trop simple de seulement mettre en cause la testostérone ; pour éclore, les prédispositions doivent trouver un terrain propice. Néanmoins il serait inapproprié de nier le fait que dans l'ensemble, les écrits sur l'agression et l'agressivité humaine concernent surtout les mâles. Dès l'époque de la garderie, les manifestations d'agressivité physique chez le garçon sont beaucoup plus fréquentes que chez la fille (Cloutier et Dionne, 1981). Au début de l'âge scolaire, Gagnon (1989) rapporte que la fréquence de l'agressivité verbale chez les garçons et les filles ne diffère pas beaucoup (« blâme les autres »), mais que les garçons se battent trois fois plus que les filles. La question de savoir quelle est la part de la biologie par rapport à celle de l'éducation dans ces tendances ne sera pas discutée plus à fond ici. Chose certaine, la prévention et le contrôle de l'agressivité chez l'enfant sont plus faciles à envisager à l'intérieur des milieux de vie qui lui sont offerts que du côté de ses prédispositions biologiques.

15.5.3 L'influence du milieu sur le développement de l'agressivité

De façon répétée, la famille dans laquelle se développe l'enfant agressif a été désignée comme le premier centre d'entraînement aux conduites antisociales. Typiquement la famille de ces enfants antisociaux se caractérise par :

1- une discipline rude et incohérente ;

2- un engagement parental déficient auprès des enfants ;

3- une faible supervision des activités de l'enfant (Cloutier, 1985 ; Fréchette et Leblanc, 1987 ; Patterson et coll., 1989).

Ces indicateurs témoigneraient d'un faible attachement parent–enfant qui, à son tour, ferait échec au processus d'identification aux parents et d'intériorisation des valeurs parentales et sociales. Un manque de contrôle interne en résulterait. Certains auteurs estiment que la famille de l'enfant antisocial ne se caractérise pas simplement par ses carences relationnelles, mais qu'elle est un centre actif d'apprentissage aux comportements antisociaux (Patterson, 1982 ; Wahler et Dumas, 1987). L'inconsistance dans la distribution des récompenses et des punitions dans ces familles ferait qu'à chaque jour plusieurs interactions coercitives de l'enfant sont renforcées ou non réprimées.

Alors que certains renforcements sont positifs (attention, rire, approbation), l'ensemble de contingences le plus important consiste en des contingences d'évitement– conditionnement. Dans ces dernières, l'enfant utilise des comportements aversifs pour mettre fin à des intrusions aversives d'autres membres de la famille. Dans ces familles, les comportements coercitifs sont fonctionnels. Ils permettent de survivre dans un système social hautement aversif. (Patterson et coll., 1989, p. 330.)

À mesure que le processus s'implante, il y a aussi escalade dans la hiérarchie des comportements coercitifs pouvant aller jusqu'aux coups. L'enfant apprend à exercer un contrôle sur les autres par des moyens coercitifs.

Parallèlement à cet apprentissage actif de conduites coercitives qui trouvent leur utilité, la famille typique de l'enfant antisocial se caractérise par le faible taux de conduites prosociales qu'on y trouve (manifestations d'empathie, offre d'aide, reconnaissance, etc.) : les tentatives spontanées de l'enfant sont souvent ignorées, les modèles adultes n'en manifestent que très peu eux-mêmes de sorte que l'enfant n'acquiert pas d'habiletés sociales positives.

Lorsque l'enfant sort de son milieu familial pour entrer à l'école, un tel profil d'acquisition débouche généralement sur le rejet par les pairs mais souvent aussi sur l'échec scolaire, car ce type d'enfant n'arrive pas à se contrôler suffisamment pour effectuer de manière efficace les tâches d'apprentissage. Au contraire, il excelle dans la

FIGURE 15.1 : Les étapes de l'évolution vers le comportement antisocial selon Patterson

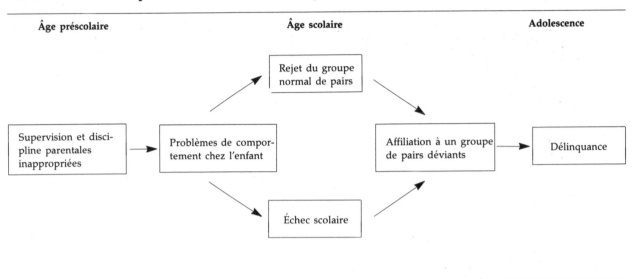

Source : PATTERSON, G.R., DEBARYSHE, B.D. et RAMSEY, E. (1989) « A Developmental Perspective on Antisocial Behavior », *American Psychologist*, 44, p. 329 à 335.

résistance aux tentatives de contrôle des enseignants. Quant au rejet des pairs, Patterson et coll., (1989), appuyés de plusieurs recherches, affirment que ce sont les comportements agressifs qui y mènent et non pas l'inverse (c'est-à-dire le rejet qui amène l'agressivité), d'autant plus que les déficits sur le plan prosocial font que l'enfant agressif est malhabile quand il s'agit de se présenter aux autres, de comprendre les règles du groupe ou de lire les intentions des autres.

Éventuellement, aux abords de l'adolescence, un tel profil favorisera l'affiliation à un groupe de pairs déviants, ce qui prolongera l'entraînement familial vers la délinquance, phénomène que la supervision parentale déficitaire ne parviendra pas à contrer. La figure 15.1 présente un modèle qui résume bien ces étapes de développement du comportement antisocial.

15.5.4 La prévention de l'agressivité chez l'enfant

L'agressivité chez l'enfant est reliée aux habiletés de l'enfant à se comporter de façon adéquate en société, mais elle est aussi reliée aux pratiques en cours dans le milieu familial où il continue de se développer. Aussi, le processus d'implantation des habitudes coercitives commence tôt chez le jeune, dès les premières interactions sociales ; en conséquence le prognostic de traitement variera selon l'âge de l'enfant. Ici, les méthodes de prévention de l'agressivité chez l'enfant sont aussi considérées comme préventives du rejet par les pairs abordé précédemment.

Kazdin (1987) à la suite d'une revue des écrits sur les efforts de traitement d'adolescents délinquants, constate que dans les meilleurs cas, les gains sont temporaires et s'estompent avec le temps. L'auteur observe que le succès est plus tangible lorsque l'intervention a lieu avant l'adolescence et qu'elle concerne le jeune mais aussi ses parents. L'intervention sociale auprès des délinquants est très complexe, comme le laissent comprendre Tremblay, Favard et Jost (1985) : les conceptions de la délinquance varient d'un pays à un autre et d'une époque à une autre, les ressources humaines et matérielles changent aussi, de sorte que le tableau est en constant mouvement. Pourtant, il y a unanimité internationale par rapport à l'idée que l'échec de socialisation des enfants représente l'un des problèmes sociaux les plus importants et les plus durables, celui qui alimente toute une série d'inadaptations psychosociales en plus de la violence et de la criminalité dont elle est mère.

L'importance des parents dans l'apprentissage social de l'enfant est confirmée par la réussite des traitements qui incluent la participation des parents (Dumas, 1988 ; Kazdin, 1987). Cependant, réussir à obtenir l'aide des parents dans une démarche visant la prévention ou le traitement de leur enfant n'est pas toujours facile. L'un des facteurs de risques les mieux connus du comportement antisocial de l'enfant est la présence de comportements antisociaux chez son ou ses parents : il y aurait une forte transmission intergénérationnelle de ce type de conduite (Cloutier, 1985 ; Elder, Caspi et Downey, 1983 ; Robin et Earls, 1985). Les pères qui rapportent l'existence de pratiques disciplinaires explosives de la part du grand-père sont plus irritables avec leur enfant et utilisent à leur tour des pratiques disciplinaires explosives à l'endroit de ces derniers (Elder et coll., 1983 ; Patterson et Dishion, 1988). Les familles de milieux défavorisés sont plus susceptibles d'avoir des enfants présentant des problèmes d'agressivité : moins scolarisés, les parents ont tendance à utiliser une discipline coercitive, à moins stimuler leurs enfants cognitivement. Ces familles vivent aussi des stress qui contribuent à augmenter les conduites parentales coercitives (Bouchard et Desfossés, 1989).

La prévention est-elle possible dans un tel contexte ? Patterson et coll., (1989) croient que oui mais à certaines conditions :

1- intervenir le plus tôt possible auprès de l'enfant pour développer chez lui les habiletés sociales requises, ce qui implique de se munir d'outils efficaces de dépistage ;

2- intervenir aussi sur le plan des apprentissages pour favoriser l'intégration à l'importante société que constitue l'école en même temps qu'éviter les retards irrécupérables ;

3- amener les parents à coopérer, ce qui n'est pas toujours facile compte tenu des problèmes sociaux qu'ils vivent souvent eux-mêmes.

15.6 L'ENFANT, LA TÉLÉVISION ET L'ORDINATEUR

La culture moderne se caractérise par l'intégration de nouvelles technologies dans la vie courante des gens. Nous vivons maintenant entourés de toutes sortes de « machines » que, pour une bonne part, nos grands-parents n'auraient pas su nommer. Parmi celles-ci, il en existe certaines qui dépassent le statut d'outil pour accéder à celui de compagnon de vie, de partenaire interactif. Pour l'enfant qui se développe en contact intime avec eux, la télévision et l'ordinateur peuvent constituer de véritables agents de socialisation. Étant donné son implantation dans la majorité des foyers depuis près de 40 ans, les effets de la télévision sur le développement de l'enfant ont fait l'objet de beaucoup de recherches ; certaines tendances claires émergent mais il reste beaucoup d'éléments qu'on ignore au sujet des effets psychologiques durables de la consommation télévisuelle de l'enfant. L'une des difficultés réside dans l'identification spécifique de la contribution de la télévision à la socialisation de l'enfant, à l'exclusion des innombrables autres sources d'influence. Quant à l'ordinateur, son implantation se poursuit dans les familles mais son rôle peut y varier beaucoup plus que celui de la télé : l'ordinateur peut jouer le rôle de gendarme responsable de la sécurité, de secrétaire personnel, d'instrument de musique, etc., mais pour l'enfant, il transporte souvent à domicile les salles de jeux électroniques proposant toutes sortes de jeux vidéo.

15.6.1 La télévision en tant qu'agent de socialisation

Dans plusieurs pays industrialisés comme le Canada, les États-Unis, la France ou l'Angleterre, la consommation télévisuelle moyenne des enfants se situe autour de quatre heures par jour de sorte que, sur une base annuelle, l'enfant passe plus de temps à regarder la télévision qu'à l'école ou à interagir avec ses parents. Bon nombre de bébés vivent plusieurs heures par jour dans une pièce où la télé émet constamment des sons et des images qu'ils perçoivent. Vers l'âge de 2 ans, l'enfant imite déjà certains comportements gestuels ou verbaux de ses modèles télévisuels préférés (Pearl, 1986 ; Perry et Bussey, 1984 ; Singer et Singer, 1983).

Certes, ces moyennes statistiques ne tiennent pas compte des variations d'un milieu de vie à un autre, mais on ne peut ignorer l'importance de ce média dans le processus de socialisation de l'enfant :

les observations de la recherche ont dissipé depuis longtemps l'illusion voulant que la télévision soit un divertissement inoffensif. Tandis que l'apprentissage qu'elle provoque est principalement secondaire plutôt que direct et structuré, il s'agit d'une proportion significative du processus total d'acculturation.(Cloutier, 1984, p. 185.)

Pourquoi la télévision est-elle si attirante pour l'enfant ? D'abord, la télévision est très présente dans la famille typique : elle est facilement accessible (plusieurs foyers possèdent plus d'un téléviseur), son horaire est étendu et son contenu relativement prédictible. Ensuite elle est bourrée de stimulations visuelles et sonores, changeantes, colorées, impressionnantes. Enfin, la télé offre un choix de contenu inégalé dans la vie concrète : à toute heure du jour, en appuyant sur un bouton, le téléspectateur peut traverser une quinzaine de « mondes » différents (les chaînes) en moins d'une minute et choisir celui qui convient le mieux à son appétit du moment, qu'il s'agisse d'un drame interplanétaire, des aventures en forêt du « petit castor » ou d'un match sportif. La télévision est un univers fantastique pour l'enfant.

Toutefois, mis à part les dossiers techniques qui s'efforcent de fournir une information exacte et fondée, dossiers qui n'intéressent d'ailleurs généralement pas beaucoup les enfants, la télévision offre une image biaisée et caricaturale du monde. Passons outre l'image du monde physique traduite par les contenus fantaisistes non soumis à la loi de la gravité ou à la limite de la vitesse de la lumière, etc., pour considérer l'image de la société que révèlent les analyses systématiques des contenus télévisés. À la télévision, les personnages sont majoritairement de jeunes adultes ou des adultes d'âge moyen et de classe favorisée, les personnes âgées étant nettement sous-représentées, comme c'est aussi le cas pour les gens de classe sociale défavorisée. Les hommes sont généralement plus actifs, plus agressifs et plus souvent récompensés que les femmes qui sont, elles, plus passives, plus soumises et plus sujettes à l'échec dans ce qu'elles font (Singer et Singer, 1983 ; Slaby et Quarfoth, 1980).

C'est la violence à la télévision qui a cependant fait l'objet de la plus grande attention. Avant d'atteindre l'âge de 16 ans, le téléspectateur américain moyen aura été témoin de 13 000 meurtres violents. L'enfant moyen voit environ 20 000 annonces commerciales par an (Hetherington et Parke, 1986 ; Slaby et Quarfoth, 1980).

Une étude des contenus offerts aux États-Unis entre 1967 et 1979 indique une fréquence moyenne de 7,5 actes violents par heure de contenu, fréquence qui augmente à 17,6 par heure pendant les jours de fin de semaine, périodes de temps consacrées particulièrement aux enfants d'âge scolaire (Gerber, Gross, Morgan et Signorielli, 1980). Pearl (1986) indique que lorsque l'indice de violence est fondé sur :

1- la prévalence, c'est-à-dire la présence d'actes violents dans l'ensemble d'une émission ;

2- le taux de fréquence par unité de temps dans l'émission ;

3- le rôle des personnages (agresseurs ou victimes) ;

la violence télévisuelle est demeurée relativement stable depuis 1967. À la suite d'une recension des travaux menés sur 10 ans relativement à la violence à la télévision, Pearl (1986) formule les observations suivantes :

1- les gens qui visionnent beaucoup la télévision ont plus tendance à percevoir le monde comme mesquin, effrayant, et croient qu'il y a plus de violence dans le monde ;

2- l'observation d'événements violents à la télévision contribue à développer chez l'enfant l'idée que l'agressivité est un moyen efficace sinon acceptable d'atteindre les buts que l'on poursuit ;

3- plusieurs études ont noté une relation significative entre l'observation de violence à la télévision et les comportements agressifs chez l'enfant.

Les enfants provenant de milieux défavorisés ou obtenant des résultats faibles à l'école passeraient plus de temps devant la télé et préféreraient davantage les émissions violentes que les autres enfants (Perry et Bussey, 1984). Pour l'enfant, le risque d'afficher des comportements agressifs augmenterait :

1- lorsque la famille ne contrôle pas les contenus visionnés ;

2- quand il s'agit d'enfants qui ont connu une forte consommation télévisuelle à l'âge préscolaire ;

3- lorsqu'il y a eu visionnement de beaucoup d'émissions violentes dans un passé récent ;

4- quand la force physique est couramment employée comme moyen disciplinaire dans la famille (Singer et Singer, 1983).

Évidemment, la responsabilité causale spécifique de la télévision et de chacune de ces variables associées n'est pas connue.

Sachant que la plupart du temps, les enfants sont laissés à eux-mêmes devant la télé, c'est-à-dire sans la présence d'adultes pour superviser leurs choix ou interpréter les contenus plus « délicats » (Cloutier, 1984), la violence télévisée contribue à faire intégrer ce mode de rapport humain dans le répertoire conceptuel et comportemental de l'enfant. La supervision parentale de l'accès aux contenus télévisés apparaît comme un moyen efficace de contrer cet effet potentiellement nocif, surtout si d'autres possibilités intéressantes sont offertes à l'enfant. Un choix éclairé des contenus peut changer significativement la situation, car la télévision peut être utile au développement de l'enfant.

Les études au sujet de l'influence d'émissions comme « Passe-Partout », « *Sesame Street* », « Les 100 watts », « Génies en herbe », etc. indiquent que, par la télévision, l'enfant et l'adolescent peuvent développer une meilleure compréhension du monde physique et social qui les entoure. Comment juger de la pertinence du contenu d'une émission télévisée pour un enfant ? Voici certaines questions que l'on peut se poser devant ce choix. Premièrement, le sujet traité par l'émission est-il accessible à la compréhension de l'enfant ou le place-t-il devant des préoccupations qui ne font pas partie du monde des enfants de son âge ? Certes, l'émission doit intéresser l'enfant, mais est-il susceptible d'y apprendre quelque chose de positif pour lui, qu'il s'agisse de nouveaux concepts, de valeurs intéressantes, de modèles appropriés, etc. ? Sachant que la violence est très présente dans plusieurs contenus, l'enfant est-il en mesure d'en identifier le caractère irréaliste par rapport à la vie courante, sinon quelle information peut lui être fournie afin qu'il y arrive ?

En accompagnant l'enfant dans son visionnement, c'est spontanément que ces questions surgissent à l'esprit des parents qui peuvent en discuter avec l'enfant pour le faire participer à un choix rationnel et non pas lui imposer des choix qu'il percevrait comme arbitraires. Il apparaît que dans la famille, la meilleure façon pour les parents de diminuer les effets nocifs et d'augmenter les effets positifs de la télévision sur l'enfant est de consacrer plus d'attention à la supervision de sa communication télévisuelle.

15.6.2 L'enfant et l'ordinateur

Les prédictions que l'on entend maintenant au sujet des micro-ordinateurs peuvent être comparées à celles qui avaient cours autrefois pour la télévision : certains y voient un autre cran dans l'escalade des besoins artificiels et aliénants par la société de consommation, d'autres y voient un nouveau gadget très amusant et relativement inoffensif, tandis qu'enfin une troisième voie identifie l'ordinateur personnel au moteur d'une révolution culturelle profonde à laquelle personne n'échappera vraiment puisque loisirs, éducation, lieu et nature du travail, communication avec tout le système social, etc. en seront profondément modifiés. (Cloutier, 1984, p. 185.)

D'ores et déjà, l'ordinateur personnel est entré dans les mœurs des adultes puisqu'une proportion importante d'emplois qui requièrent le traitement ou le transfert de textes ou de données ont intégré cet outil de travail, qu'une proportion significative de foyers disposent d'un appareil quelconque et qu'à peu près toutes les écoles en ont quelques-uns pour les élèves.

L'ordinateur peut remplir tellement de fonctions utiles différentes qu'il est plus difficile de s'imaginer qu'il ne nous influencera pas que le contraire. La façon dont cette influence s'exercera sur le développement de l'enfant n'est cependant pas très claire. L'ordinateur deviendra-t-il un agent de socialisation aussi puissant que la télé ? Intègrera-t-il tout simplement cette dernière parmi une foule d'autres de ses fonctions ? Le XXIe siècle nous l'apprendra sans doute.

En ce qui concerne le rapport enfant—ordinateur, une distinction importante doit être faite entre les appareils qui servent à la consommation de logiciels et ceux qui servent à la production, c'est-à-dire à l'expression ou à l'apprentissage. Le premier rôle (consommateur) renvoie surtout aux jeux sur ordinateur souvent aussi appelés « jeux vidéo » plus ou moins assimilables aux jeux dans les salles de jeux électroniques. Le deuxième rôle (production) renvoie à l'interaction avec l'ordinateur personnel pour rédiger du texte, calculer, dessiner ou faire de la musique, etc. La frontière entre les deux rôles de l'usager (consommateur et producteur) n'est pas étanche puisque certains jeux vidéo font apprendre, et que certains logiciels de création sont assimilables à des jeux. Les deux pôles n'en existent pas moins : lorsque l'enfant est placé dans un environnement préétabli, il peut développer des habiletés propres à l'exploration de cet univers, mais il en reste le

consommateur, tandis que l'enfant producteur est en recherche de moyens, d'approches, de connaissances pour atteindre un but, ce qui requiert de sa part une réflexion sur ses propres processus mentaux (Papert, 1981).

La plupart des enfants, sinon des adultes, et ce davantage chez le sexe masculin que féminin, s'amusent bien avec les jeux vidéo à la mode et ont l'impression de développer une habileté quelconque en les pratiquant (Dorval et Pépin, 1986 ; Ferland, 1988). Cependant, certains enfants iront jusqu'à la dépendance dans l'investissement de leur temps pour cette activité ludique, au détriment de leurs devoirs scolaires et autres. Si attrayants soient-ils, les jeux vidéo ne peuvent être rendus complètement responsables de ce genre d'abus ; un profil de dispositions personnelles doit être présent pour que la dépendance se crée, un peu comme c'est le cas pour les jeux de hasard et d'argent, dont plusieurs formes sont maintenant informatisées (Ladouceur et Mireault, 1988). Les jeux vidéo à domicile peuvent alors servir d'échappatoire à l'enfant par rapport à un milieu qui ne lui offre pas autant de gratification, lui servir de lieu de valorisation et lui donner le sentiment de contrôler les événements, choses qu'il ne trouve pas si bien ailleurs.

En ce qui a trait au rôle éducatif de l'ordinateur, Lepper et Gurtner (1989) font un bilan intéressant de la situation en mettant en perspective l'ensemble des initiatives connues dans ce domaine. Leur texte fait comprendre qu'il y a consensus quant au potentiel éducatif de l'ordinateur. Il peut devenir le tuteur le plus patient, offrir une rétroaction fidèle et compétente aux essais et erreurs de l'enfant, lui offrir un contexte agréable et motivant d'acquisition de concepts (en géométrie par exemple) où il est invité à interagir, à relever des défis et à créer tout en suivant son propre rythme. L'ordinateur traite tous les élèves avec autant d'égard. Il peut aussi susciter des collaborations intéressantes entre élèves.

Lepper et Gurtner (1989) font aussi ressortir certaines craintes par rapport à l'ordinateur à l'école, telles que :

1- la déshumanisation de la classe par la diminution des contacts professeur—élève ;

2- la perte de contrôle sur le programme scolaire que le nouvel intervenant « ordinateur » façonnerait dans diverses directions et de façon variable d'un élève à l'autre ;

3- la baisse de motivation de l'élève pour les matières de base comme la grammaire ou l'orthographe, où le code de couleurs utilisé à l'écran ne peut éliminer l'effort de mémorisation des règles.

Enfin, restrictions budgétaires aidant, il semble que l'implantation pratique de l'usage de l'ordinateur en éducation des enfants, à l'école comme à la maison, est loin de se faire aussi rapidement que l'engouement des années 1980 l'aurait laissé présager : l'implantation implique que l'on porte peut-être plus d'attention à la manière dont l'ordinateur s'intégrera dans l'environnement éducatif de l'enfant qu'à la quincaillerie ou aux logiciels que l'on utilisera.

Grâce à son très grand potentiel d'application et à ses précieuses qualités interactives, l'ordinateur peut devenir un agent de socialisation puissant pour l'enfant, mais la façon dont il prendra sa place dans l'environnement matériel et humain de l'éducation reste à préciser. S'il est probable qu'il fera bientôt partie de l'école des enfants, il ne fera pas cette école à lui seul.

POST-TEST

1- *Complétez la phrase.* Les connaissances sociales constituent un domaine d'intérêt qui est aussi appelé .... ou ....

2- Identifiez quatre éléments psychologiques d'inférence sociale.

3- Associez les concepts suivants à leur définition :
   1) existence ;
   2) besoin ;
   3) inférence ;
   a) disposition à tenter une opération de cognition sociale ;
   b) conscience du phénomène dans le monde social ;
   c) capacité d'identifier un élément psychologique donné.

4- *Vrai ou faux.* Dès sa première année, l'enfant crée des liens d'attachement définissant des relations sociales privilégiées.

5- À quelle période environ se termine le processus de différenciation sociale ?
   a) à 2 ans ;
   b) à 5 ans ;
   c) à l'adolescence ;
   d) à la fin du développement.

6- Chez l'enfant, l'habileté cognitive est une condition nécessaire à la conduite sociale appropriée, et sa seule présence garantit cette dernière. Expliquez brièvement.

7- La création d'un lien d'attachement implique, au moins partiellement, le concept de l'objet permanent. Expliquez brièvement.

8- *Complétez la phrase.* Dans l'interaction mère—bébé, la communication réussie repose sur un bon encodage des messages de l'autre mais aussi sur le .... de ces signaux.

9- Décrivez une tâche utilisée pour étudier le développement de la connaissance de ce que les autres voient chez l'enfant.

10- *Vrai ou faux.* Selon Harris, Olthof et Meerum Terwogt (1981), les jeunes enfants avant 6 ans rattachent directement les émotions aux situations qui les entourent.

11- À partir de quel âge environ l'enfant sait-il que les autres ont une pensée qui leur est propre, et que celle-ci peut être différente de la sienne ?

    a) 0-1 et 2-3 ans ;

    b) 5-6 et 7-8 ans ;

    c) 9-10 et 11-12 ans ;

    d) à l'adolescence.

12- *Vrai ou faux.* Le développement de la pensée et des connaissances relatives à soi se fait en parallèle avec celui de la pensée sur la pensée et de la pensée sur autrui.

13- Laquelle des deux propositions suivantes relatives au développement de la conscience de soi témoigne-t-elle de l'évolution la plus avancée ?

    a) La personne élabore une représentation articulée de ses traits de personnalité, de ses forces et faiblesses intellectuelles, morales, etc. ;

    b) La personne peut songer à ce que les autres pensent d'elle et peut comparer leur perception avec la sienne.

14- Nommez les trois composantes de la moralité.

15- Combien de stades du développement moral Piaget (1932) proposait-il dans son livre *Le jugement moral chez l'enfant* ?

    a) deux stades ;

    b) trois stades ;

    c) quatre stades ;

    d) cinq stades.

16- *Vrai ou faux.* Au cours du premier stade du développement moral (Piaget), les actes sont jugés en fonction de leurs conséquences objectives, et l'intention de l'auteur n'est pas prise en considération dans le raisonnement de l'enfant.

17- À partir de quel âge environ la morale d'hétéronomie apparaît-elle ?

    a) 5-6 ans ;

    b) 8-9 ans ;

    c) 11-12 ans ;

    d) 13-15 ans.

18- Décrivez la méthode privilégiée par Kohlberg pour recueillir les données servant à l'étude du développement moral.

19- En respectant l'ordre de leur mention, associez les affirmations suivantes au stade auquel elles correspondent ;

    1) La bonne action est motivée par la volonté de maintenir de bonnes relations avec l'entourage et d'éviter leur désapprobation ;

    2) Le raisonnement moral est fondé sur l'idée qu'il faut obéir aux règles pour éviter les punitions ;

    3) La personne se place comme un observateur impartial jugeant selon des principes orientés vers le bien commun ;

4) L'obéissance aux règles est motivée par les avantages qu'elle peut apporter, par les intérêts qu'elle peut servir dans un monde où les autres sont perçus comme agissant aussi en fonction de leurs propres intérêts ;

   a) l'orientation de la punition et de l'obéissance simple ;

   b) l'orientation du relativisme utilitariste ;

   c) l'orientation de la bonne concordance interpersonnelle ;

   d) le contrat social.

20- *Vrai ou faux.* Dans la perspective de l'apprentissage social sur le jugement moral, Bandura (1986) endosse aussi l'idée que les guides de la conduite viennent d'abord de l'extérieur.

21- *Vrai ou faux.* Une même personne peut avoir des normes d'auto-évaluation très variables d'une situation à l'autre.

22- Nommez deux facteurs responsables d'une plus ou moins grande capacité d'autocontrôle selon Perry et Bussey (1984).

23- *Vrai ou faux.* Les parents qui sont peu exigeants, inconsistants dans leurs demandes et injustes dans leurs interventions ont des enfants qui se situent au bas des échelles évaluant l'intériorisation des normes sociales.

24- À quoi l'approche éthologique attribue-t-elle le maintien de certains comportements sociaux ?

25- Identifiez deux catégories de besoins dont la satisfaction serait reliée à l'attachement aux parents selon l'approche éthologiste.

26- Quelle fonction du développement Piaget attribue-t-il à l'interaction avec les pairs ?

27- Identifiez deux des trois mécanismes sous-jacents à l'influence des pairs selon Perry et Bussey (1984).

28- Nommez trois comportements prosociaux qui sont généralement bien accueillis par les pairs.

29- *Vrai ou faux.* La venue d'un pair inconnu pourra susciter, chez le jeune, une certaine appréhension comparable en intensité et en durée à la réaction vis-à-vis d'un adulte étranger.

30- Nommez deux avantages reliés à l'accès à la pensée réversible chez le jeune dans ses interactions sociales.

31- *Vrai ou faux.* De 6 à 11 ans environ, la fréquence des interactions sociales incluant un adulte va augmenter graduellement comparativement à celle des interactions comprenant un pair qui diminuera au cours de cette période.

32- Nommez trois des quatre types de relations possibles entre les pairs.

33- Selon Oden (1988), quelle proportion des pairs serait classée « meilleurs amis » au deuxième cycle (4, 5, 6ᵉ année) ?

   a) ± 50 % ;

   b) ± 10 % ;

   c) ± 25 % ;

   d) ± 45 %.

34- Nommez trois des quatre catégories d'enfants que les échelles sociométriques permettent typiquement d'identifier.

35- Nommez deux des trois distinctions entre le jeu et les autres activités de l'enfant.

36- *Vrai ou faux.* Selon Piaget, le jeu représente l'effort de l'enfant pour comprendre les choses et leur donner un sens.

37- Quel rôle principal joue le jeu sur le plan social ?

38- *Vrai ou faux.* D'après l'approche humaniste psychanalytique, le jeu joue un rôle cathartique du point de vue affectif : il permet l'expression de sentiments, de fantasmes, mais aussi le jeu permet à l'enfant de réinterpréter ses expériences négatives.

39- Dans quel pourcentage trouve-t-on des enfants du début du primaire qui manifestent fréquemment des comportements agressifs (selon Gagnon, 1989) ?

   a) de 1 à 3 % ;

   b) de 4 à 10 % ;

   c) de 12 à 17 % ;

   d) 18 % et plus.

40- Quelle acquisition chez le jeune permet de développer des substituts au règlement physique des conflits ?

41- Nommez l'hormone qui, lorsque présente en plus grande quantité que la normale, est associée à une plus grande impatience, irritabilité et tendance à l'agressivité chez le garçon.

42- *Vrai ou faux.* Certains individus ont des prédispositions biologiques à l'agressivité.

43- Nommez deux caractéristiques de la famille typique des enfants antisociaux.

44- *Vrai ou faux.* Selon Patterson et coll. (1989), ce sont les comportements agressifs qui mènent au rejet de la part des pairs mais non l'inverse, c'est-à-dire le rejet qui amène l'agressivité.

45- *Vrai ou faux.* Il est relativement facile d'obtenir la participation des parents dans le traitement de leur enfant délinquant.

46- Nommez deux des trois conditions pour la prévention de la délinquance selon Patterson et coll. (1989).

47- *Complétez la phrase.* Pour l'enfant qui se développe, la télévision et l'ordinateur peuvent constituer de véritables ....

48- Identifiez les affirmations qui sont vraies parmi les suivantes :

   a) Les gens de milieu défavorisé sont plus influencés par la violence à la télévision que toute autre personne ;

   b) Il n'y a pas de relation significative entre l'observation de violence à la télévision et les comportements agressifs chez l'enfant ;

   c) Les gens qui visionnent beaucoup la télévision ont plus tendance à percevoir le monde comme mesquin, effrayant et à croire qu'il y a plus de violence dans le monde ;

   d) L'observation d'événements violents à la télévision contribue à développer chez l'enfant l'idée que l'agressivité est un moyen efficace sinon acceptable d'atteindre les buts que l'on poursuit.

49- Nommez deux craintes que Lepper et coll. (1989) font ressortir en ce qui concerne l'ordinateur à l'école.

Chapitre 16

Famille, garderie et école

PLAN

PRÉTEST

1- En respectant l'ordre de mention, indiquez à quel concept particulier chacune des entités suivantes correspond le mieux :

1) regroupement où grands-parents, parents et enfants cohabitent ;
2) ensemble de personnes partageant le même espace de vie ;
3) entité sociale formée d'un couple uni par alliance avec leurs enfants éventuels ;

a) ménage ;
b) famille élargie ;
c) unité domestique.

2- Quelle est la relation qui constitue la base de la notion de famille ?

3- La famille exerce des fonctions bio-psycho-sociales auprès de l'enfant. Énumérez deux fonctions psychologiques de la famille auprès de l'enfant.

4- La famille est appelée à remplir des fonctions bio-psycho-sociales auprès de l'enfant en même temps qu'elle remplit des fonctions qui assurent la survie de la société dans laquelle elle s'inscrit comme cellule de base. Identifiez deux fonctions traditionnelles que la société attend de la famille.

5- Identifiez trois plans sur lesquels la famille de l'an 2000 n'est plus celle des années 1950.

6- Qu'est-ce que la période de parentalité dans le cycle de vie familiale ?

7- Identifiez deux dimensions importantes de la réalité familiale que le modèle en sept stades ignore.

8- Identifiez les trois âges utilisés pour situer la personne dans son cycle de vie.

9- Identifiez trois variables familiales jouant un rôle significatif dans la qualité environnementale offerte à l'enfant.

10- Les parents sont des modèles puissants pour l'enfant. Comment l'identification de l'enfant sera-t-elle influencée par le parent qui ne respecte pas lui-même les règles qu'il impose à l'enfant ?

11- Donnez un exemple d'effet négatif associé à un excès de pression éducative des parents sur l'enfant.

12- Qu'est-ce qu'un message « je » dans l'approche *Parents efficaces* de Gordon ?

13- Mentionnez deux dangers possibles qui ont été associés à une mauvaise utilisation de cette approche.

14- Qu'entend-on par sensibilité parentale à l'enfant ?

15- Quel est le style parental le plus susceptible d'évoluer vers de la négligence parentale ?

16- Dans le modèle d'Olson, la cohésion et l'adaptabilité constituent deux axes situés entre deux pôles chacun. Identifiez les pôles qui concernent la cohésion :

a) rigidité—imprévisibilité ;

b) symbiose commune—désengagement relationnel.

17- Quelle est la proportion approximative d'enfants susceptibles de vivre une séparation parentale avant d'atteindre l'âge de 18 ans ?

18- Identifiez cinq variables reconnues comme ayant une influence potentielle sur les effets de la séparation parentale pour l'enfant.

19- Identifiez deux manifestations comportementales associées à une réaction de type intériorisé de l'enfant à la séparation de ses parents.

20- Plusieurs années après la séparation parentale, souvent les enfants et les parents ne conservent pas la même impression quant à l'effet de cette transition. Expliquez brièvement.

21- À partir de quel pourcentage minimal de partage du temps considère-t-on habituellement que la garde est partagée entre les parents ?

a) partage du temps à 50-50 % entre le père et la mère ;

b) chaque parent assume au moins 30 % du temps de garde ;

c) chaque parent assume au moins 10 % du temps de garde.

22- Qu'entend-on par procédure contradictoire de règlement lors d'une séparation parentale ?

23- *Vrai ou faux.* Le partage de la garde des enfants après la séparation aurait un effet égalisateur des chances de recomposition de couple pour l'homme et la femme.

24- *Vrai ou faux.* La famille reconstituée a moins de chance de vivre une nouvelle séparation que la famille d'origine.

25- Identifiez trois tâches à plus long terme que l'enfant doit réaliser en ce qui concerne la séparation parentale.

26- Mentionnez deux caractéristiques parentales couramment retenues comme facteurs de risque de mauvais traitements ou de négligence envers les enfants.

27- Mentionnez deux caractéristiques familiales qui ont été identifiées comme facteurs de risque de mauvais traitements ou de négligence envers les enfants.

28- Indiquez deux caractéristiques familiales souvent mentionnées comme faisant partie du tableau familial où se vit l'inceste.

29- Qu'entend-on par programme d'autodéfense pour enfants en matière d'abus sexuels ?

30- Qu'est-ce qu'un service agréé de garde d'enfants ?

31- Parmi les enfants « à la clé », quels sont ceux qui sont considérés comme plus susceptibles de vivre des problèmes ?

32- *Vrai ou faux.* Au Canada, la grande majorité des enfants continuent d'être gardés dans des milieux qui ne sont pas agréés et sur lesquels aucun contrôle de qualité n'est exercé.

33- Quel effet a-t-on associé à la fréquentation d'une garderie de mauvaise qualité par rapport à l'attachement mère—enfant ?

34- *Vrai ou faux.* Sur le plan intellectuel, des recherches montrent que la fréquentation régulière d'une garderie publique est associée à une supériorité de rendement par rapport aux enfants gardés au domicile familial, écart qui est encore observable à l'école primaire.

35- Parmi les propositions suivantes, identifiez la dimension scolaire qui a été la plus étudiée en psychologie :

    a) l'apprentissage des contenus éducatifs ;

    b) l'interaction professeur—élève ;

    c) les effets sociaux de l'école.

36- Quelle est l'utilité du « script » scolaire pour l'enfant ?

37- Identifiez un avantage et un inconvénient que l'on a associés à la classe à aires ouvertes.

38- En respectant l'ordre de mention, associez chacune des caractéristiques suivantes au type de relation que le professeur peut entretenir avec l'enfant dans sa classe.

    1) l'enfant réservé et silencieux ;

    2) l'élève qui réussit bien, participe, se conforme aux règles et fait peu de demandes ;

    3) l'élève qui fait beaucoup de demandes déplacées et affiche un comportement problématique en classe ;

    4) l'élève qui n'est pas parmi les plus forts mais qui fait des demandes pertinentes à l'activité de la classe ;

    a) attachement ;

    b) intérêt ;

    c) indifférence ;

    d) rejet.

39- Identifiez deux indicateurs témoignant de la bonne qualité de la gestion qu'un professeur fait de sa classe.

40- Que veut dire l'expression « les enfants des minorités ethniques peuvent pratiquer de "l'accommodation sans assimilation" à l'égard de l'école de la culture dominante » ?

Le chapitre qui suit porte sur les agents de socialisation que sont la famille, la garderie et l'école pour l'enfant. L'importance de chacune de ces trois entités est très différente dans le texte : la famille occupe beaucoup plus de place que la garderie et l'école, ce qui se justifie par son influence nettement plus grande sur l'enfant.

16.1 LA FAMILLE

Qu'est-ce qu'une famille ? Les démographes, les sociologues, les anthropologues, les psychologues, etc. possèdent leur définition distincte de la famille, et même à l'intérieur de chacune de ces disciplines, les conceptions de la famille sont diverses. Dans une optique sociologique où la structure sociale relie la personne et la société, on pourra aborder la famille comme un groupe domestique, c'est-à-dire un ensemble de personnes qui partagent le même espace de vie. Le concept de ménage peut aussi être employé pour décrire l'entité sociale formée d'un couple uni par alliance avec leurs enfants éventuels. Ainsi, un groupe domestique pourra comporter plusieurs ménages de même génération ou de générations différentes, comme dans la famille élargie où grands-parents, parents et enfants cohabitent (Segalen, 1988). Dans une perspective démographique, on pourra utiliser la notion d'unité de logement pour dénombrer les foyers dans une zone géographique donnée.

Derrière le concept de famille, on trouve la notion importante de parenté qui particularise les liens sociaux entretenus entre personnes de même sang ou réunis par alliance ou par adoption. Mère, père, sœur, frère, tante, oncle, cousine, cousin, belle-mère, beau-père, etc. sont autant de référents sociaux sur lesquels sont basés les liens de parenté. Cependant, la définition de la famille n'est pas seulement une affaire théorique ou terminologique :

C'est d'abord une question viscérale, qui met en cause les valeurs des personnes et des groupes sociaux. Personne n'y est indifférent. Tous et toutes prennent partie dans un sens ou dans un autre. (Champagne-Gilbert, 1985, p. 53.)

Si l'on valorise la famille nombreuse offrant à l'enfant des contacts soutenus avec ses parents et grands-parents qui assurent la continuité dans les valeurs familiales, alors la famille contemporaine est décevante, elle qui, rétrécie, ne compte plus que quelques membres, avec des parents qui travaillent à l'extérieur du foyer et confient très tôt leur enfant à des étrangers, en garderie. En revanche, si l'on estime que la famille contemporaine est plus souple, plus généreuse, moins autocratique, moins enfermante que l'autre dite « traditionnelle » et qu'elle sert mieux l'épanouissement des personnes, alors on ne regrette pas l'époque de nos grands-parents. Malheureusement, ce débat très intéressant ne pourra être la cible de notre attention, et la définition que nous adopterons de la famille est directement centrée sur notre premier sujet d'intérêt : l'enfant.

Dans ce contexte, c'est la relation fonctionnelle entre un parent et un enfant qui constitue la base de la famille. Pour nous, une famille est une unité durable de vie incluant au moins un parent (ou son substitut) et au moins un enfant. La famille peut comporter deux parents, comme c'est le cas pour la famille dite nucléaire, mais dès qu'il y a une relation fonctionnelle qui se veut durable entre un adulte agissant comme parent et un enfant, nous parlons d'une famille. Ici le qualificatif « durable » n'est pas synonyme de « permanent » ; il sert à exclure les relations irrégulières et occasionnelles qu'un parent et son enfant pourraient entretenir. Par exemple la relation entre l'adolescente de 17 ans vivant avec son enfant de 6 mois définit la famille de ce dernier, mais la relation entre un homme et une femme sans enfant définit un couple et non pas une famille ; la relation qu'un adulte de 45 ans entretient avec sa mère de 80 ans définirait aussi une famille, tandis que celle de deux sœurs de 30 et de 35 ans vivant ensemble ne le ferait pas. Bref la famille existe si un parent et un enfant vivent ensemble.

16.1.1 Les fonctions de la famille auprès de l'enfant

Pour le meilleur et pour le pire, chacun de nous transporte en soi sa famille originelle, en tant qu'ingrédient, en tant que constituant de son organisation comportementale propre, tantôt comme un poids et une source de limitations, tantôt au contraire comme une force et une richesse (Osterrieth, 1970, p. 152).

La famille exerce des fonctions bio-psycho-sociales auprès de l'enfant, c'est-à-dire qu'elle possède sur lui une influence biologique, psychologique et sociale, chacune de ces zones d'influence pouvant aussi interagir avec les autres. Sauf exception, la famille met biologiquement en présence une femme, un homme et un enfant. Le lien entre la femme et l'homme possède un caractère social, fondé sur une alliance plus ou moins claire, plus ou moins durable, tandis que le lien qui unit l'un et l'autre des géniteurs à l'enfant est un lien d'engendrement, de transmission génétique qui définira l'enfant physiquement. Ce lien du géniteur avec son enfant est permanent, même si évidemment, sur les plans psychologique et social, le rôle parental peut être assumé par un parent adoptif.

Ainsi, parce que le corps constitue le fondement de l'identité personnelle, la première fonction de la famille est de définir l'identité physique de l'enfant. L'apparence extérieure du corps n'est pas la seule composante de cette identité physique puisque les propriétés physiologiques et neurologiques en font aussi partie, elles déterminent la façon dont la « machine corporelle » exécute ses fonctions de base (alimentation, sommeil, fonctions sensorimotrices, etc.) et aussi ce qu'il est convenu d'appeler le tempérament (réactivité générale, sensibilité émotionnelle, etc.). Cette identité physique, définie en bonne partie par le bagage héréditaire, donne un cadre à l'identité

psychologique qui se développera avec le processus de socialisation.

La famille assure aussi la satisfaction des besoins vitaux de l'enfant : nourriture, hygiène et protection (vêtements, habitation, sécurité, etc.). Donc, sur le plan biologique, la famille engendre l'enfant, elle détermine ses caractéristiques physiques (apparence et physiologie) et assure la satisfaction de ses besoins vitaux.

Sur le plan psychologique, la famille représente le principal contexte affectif et cognitif de développement pour l'enfant. En tant que milieu de vie, elle offrira à l'intelligence du jeune des stimulations qui influenceront directement son éveil cognitif. C'est aussi dans le milieu de vie qu'elle définit, que se créeront les premiers liens d'attachement, les premières relations émotionnelles, celles qui serviront de prototypes à toutes les relations qui suivront par la suite (Cloutier, 1981). Les caractéristiques de la composition familiale (le nombre de membres, leur âge, leur sexe, etc.) définiront la position de l'enfant dans la fratrie, et les rôles qu'il sera appelé à jouer dans la dynamique de l'ensemble. Les habitudes de santé (hygiène, nutrition, langage, etc.), les attitudes et les valeurs humaines, les règles morales, etc. sont aussi des exemples de dimensions psychologiques se développant sous l'influence de la famille. Stimulation intellectuelle, établissement des premières relations affectives, inculcation des attitudes et des valeurs humaines, figurent donc parmi les fonctions psychologiques de la famille auprès de l'enfant.

Socialement enfin, la famille est un système en elle-même avec sa structure, ses rapports hiérarchiques, les modèles sociaux qu'elle présente à l'enfant, le réseau de relations extérieures qu'elle offre au jeune. Les ressources économiques dont dispose la famille pour soutenir le développement de l'enfant peuvent influencer le genre de position sociale que ce dernier est susceptible d'occuper plus tard. La famille conditionne directement l'inscription sociale de l'enfant. En effet, les ressources humaines et matérielles de soutien que la famille mettra à la disposition de l'enfant, notamment en matière de scolarisation et de patrimoine hérité, conditionneront la situation socio-économique ultérieure de celui-ci (Segalen, 1988). Fournir des modèles sociaux, inscrire l'enfant dans un réseau de relations sociales, soutenir matériellement son développement social (école, amis, loisirs, etc.) figurent donc parmi les fonctions sociales qu'exerce la famille auprès de l'enfant.

Les fonctions bio-psycho-sociales que la famille joue auprès de l'enfant ne doivent pas être confondues avec les fonctions externes que la famille remplit dans la société en tant que cellule de base. Sur ce dernier plan externe, Winch (1971) indique que la société attend de la famille qu'elle assure les fonctions traditionnelles suivantes :

1- la reproduction des membres de la société (de la population) ;

2- des services économiques (produits ou main-d'œuvre utiles à la continuité de la société) ;

3- une participation au maintien de l'ordre social ;

4- la socialisation des membres de la société selon les valeurs de la culture d'appartenance ;

5- le soutien émotionnel aux membres de la société dans leur participation à des œuvres collectives, soutien qui permet de faire face aux crises (catastrophes, guerres, etc.) et favorise l'engagement réciproque vers des buts communs.

En résumé, la famille est appelée à remplir des fonctions bio-psycho-sociales auprès de l'enfant en même temps qu'elle remplit des fonctions qui assurent la survie de la société dans laquelle elle s'inscrit comme cellule de base. La façon dont la cellule familiale s'est acquittée de ces tâches a varié au cours de l'histoire récente. La section qui suit décrit sommairement cette évolution de la famille depuis un demi-siècle.

16.1.2 L'histoire récente de la famille

Cette section porte sur l'évolution de la famille depuis une cinquantaine d'années. C'est le manque d'espace et non pas d'intérêt du sujet qui nous amène à passer outre à l'histoire plus ancienne de la famille à laquelle l'histoire de l'enfance est si étroitement liée. Burguère, Klapisch-Zuber, Segalen et Zonabend (1986) ont rassemblé une information considérable sur l'histoire lointaine et récente de la famille ; nous invitons le lecteur désireux d'approfondir ce sujet à consulter cet ouvrage. À ce sujet, il est intéressant de constater que souvent les impressions populaires ne correspondent pas aux données historiques relativement aux caractéristiques de la famille. Par exemple, on a souvent l'impression que de façon continue au cours des ans la famille typique des générations précédentes comptait un nombre élevé d'enfants, et que depuis une génération ou deux le nombre moyen d'enfants par famille a commencé à baisser. Or, cette perception ne correspond pas à l'évolution démographique réelle de la famille occidentale depuis deux siècles. Les données démographiques françaises indiquent que le taux de fécondité (c'est-à-dire le nombre moyen de naissances vivantes par femme) n'a cessé de baisser depuis 1800 dans ce pays, passant de 3,4 à 1,9 avant 1900, pour remonter graduellement à 2,9 en 1964 puis redescendre à 1,8 aujourd'hui. Des pays comme l'Angleterre, l'Italie, l'Espagne et la Suède ont connu le même type d'évolution, c'est-à-dire une baisse graduelle pendant plusieurs générations, ensuite une hausse vers les années 1945 à 1960, puis une forte baisse jusqu'à aujourd'hui (Segalen, 1988). Au Québec, le taux de fécondité a grimpé jusqu'à 3,98 en 1956 pour baisser sous les 1,2, bien au-dessous du seuil de remplacement de la population (2,1), en 1989.

Au début de la Nouvelle France, Landry et Légaré (1987) rapportent que le nombre moyen d'enfants par famille ayant émigré de France avant 1680 était de 7,3, ce qui est certainement élevé comme taux de natalité, mais que 37 % des enfants mouraient avant d'atteindre l'âge de la majorité, ce qui porte la moyenne à environ 4,6. L'âge moyen au premier mariage était alors de 28 ans pour les hommes et de 21 ans pour les femmes (Landry et Légaré, 1987), ce qui, même dans ce contexte colonial du XVIIᵉ siècle où la contribution économique des enfants était très valorisée, ne correspond pas à l'idée populaire voulant qu'aux premiers temps du Québec les jeunes se mariaient bien avant 20 ans et avaient généralement plus de 10 enfants. La forte montée du taux de fécondité au Canada après la Seconde

Guerre mondiale, ce que l'on a appelé le *baby boom* et la prégnance de l'image des grandes familles rurales du début du siècle dans le souvenir populaire, contribuent probablement à entretenir ces impressions sur la famille des générations antérieures. L'évolution du taux de fécondité dans le temps n'est pas seulement une donnée démographique intéressante ; pour l'histoire de l'enfant dans sa famille, ce type de facteur revêt une signification psychosociale importante puisqu'elle détermine plusieurs des caractéristiques bien concrètes de l'environnement dans lequel l'enfant se développe : nombre de membres dans la fratrie, partage des ressources humaines et matérielles disponibles, etc.

En Amérique du Nord et en Europe occidentale, la famille de l'an 2000 n'est plus celle de 1950, c'est clair. Premièrement, elle compte moins de membres en raison de la dénatalité importante qui est survenue. Ensuite, les rapports hommes—femmes se sont profondément modifiés au sein de la famille :

1- en majorité les mères occupent un emploi à l'extérieur du foyer (en 1989, 62 % des femmes canadiennes ayant un enfant d'âge préscolaire occupaient un emploi à temps plein ou à temps partiel, selon Statistique Canada) ;

2- une proportion significative de familles sont fondées sur une union libre entre les conjoints plutôt que sur un mariage civil ou religieux, de sorte qu'en 1985 25 % des naissances étaient hors mariage (Dandurand, 1988) ;

3- le nombre de familles ayant vécu une réorganisation à la suite d'une séparation parentale approche les 35 %, ce qui confère à cette cellule sociale de base une mobilité structurelle (familles monoparentales ou reconstituées) qui contraste vivement par rapport à la stabilité des années 1950.

Donc, la dénatalité, le fait que les mères occupent un emploi, la baisse des mariages et la séparation parentale ont transformé la famille.

Ces transformations de la famille influencent l'aspect religieux, juridique, culturel mais aussi psy-chologique de manière importante pour l'enfant. Quelles peuvent être les implications psychologiques d'une enfance passée principalement en interaction avec des adultes sans partenaire de jeu du même âge dans la famille ? Quel est l'effet de la garderie sur le développement psychologique de l'enfant ? Quel est l'effet du divorce sur le développement de l'enfant ? Les différentes sections qui suivent permettront de jeter de la lumière sur ces questions que soulève l'évolution récente de la famille.

16.1.3 Le cycle de la vie familiale

Au cours de son existence, la famille évolue et traverse des stades comme une personne. Le tableau 16.1 présente les sept stades du cycle de la vie familiale couramment adoptés dans la documentation écrite depuis les années 1960 (Duvall, 1957 ; Hill, 1964 ; Hill et Rodgers, 1964 ; Olson et coll., 1983). Hill (1964) décrivait ainsi la conception développementale de la famille :

Selon l'approche développementale de la famille, celle-ci serait un petit système de groupe dont l'organisation interne complexe repose sur des positions pairées de mari—père, femme—mère, fils—frère et fille—sœur. Les normes de comportements appropriés à chacune de ces positions spécifient la mesure selon laquelle les relations réciproques doivent être maintenues et jusqu'à quel point les comportements doivent changer en fonction de l'âge des occupants de ces positions. Ce groupe possède une histoire prédictible, définie par des stades qui commencent avec le couple mari—femme, et devient plus complexe à mesure que des membres s'ajoutent. Le nombre de relations interpersonnelles est le plus élevé à partir de la naissance du dernier enfant, se stabilisant pour une certaine période, pour devenir moins grand avec le départ progressif des enfants devenus adultes vers leur emploi et leur mariage, période où la dimension du groupe diminue jusqu'à redevenir le couple mari—femme du début. À mesure que la composition des âges change, les attentes à l'égard du rôle de chacun des occupants se modifient, ce qui transforme la nature des interactions entre les membres.

On peut identifier plusieurs stades dans le cycle de vie familiale, chacun étant unique sur le plan des conflits, des schèmes d'interaction et de la solidarité qui le caractérisent.

Chaque stade peut être abordé selon trois axes de changement :

1- *le changement dans les tâches développementales et les attentes concernant les enfants à mesure qu'ils vieillissent (donc, les changements concernant les enfants) ;*

2- *le changement dans les tâches développementales et les attentes concernant les parents (donc, les changements concernant les parents) ;*

3- *le changement dans les tâches sociales de la famille, tâches prescrites par les impératifs que la culture pose à chacun des stades. (Hill, 1964, p. 188-189.)*

Le tableau 16.1 présente une description sommaire des stades typiquement traversés par une famille nucléaire dans le cycle de sa vie. On notera que c'est l'âge de l'aîné des enfants qui marque la transition d'un stade à un autre puisque les changements qu'il apporte incitent la famille à faire face à de nouveaux besoins et à de nouvelles interactions, ce par quoi se définissent les transitions.

Dans ce cycle en sept stades de la vie d'une famille nucléaire, la période de parentalité, c'est-à-dire l'époque où les membres du couple ont des enfants à la maison et sont concernés comme parents par leur éducation, va du stade 2 au stade 5 inclusivement. En fonction du nombre d'enfants, l'époque de la parentalité pourra couvrir entre 20-25 ans environ (pour un enfant unique) jusqu'à 30-35 ans (pour une famille de cinq enfants). Selon le nombre d'enfants aussi, le chevauchement des rôles parentaux d'un stade à un autre sera plus ou moins grand, pouvant couvrir plusieurs stades différents lorsque la période de parentalité est longue. On peut concevoir en effet qu'un parent d'une famille comptant six enfants soit à la fois préoccupé par l'adaptation de sa fille cadette à la garderie (3 ans) et par l'entrée de son fils aîné (18 ans) en première année d'université. Mais avec le nombre moyen d'enfants de la famille contemporaine, un tel chevauchement des stades familiaux sera de plus en plus rare. La dénatalité a pour effet de raccourcir la période de parentalité dans le cycle de vie familiale.

Ce modèle de l'évolution de la famille nucléaire est sans doute commode pour dépasser l'étude du développement des membres individuels de la famille et aborder celle-ci comme un système en développement, mais il ne tient pas compte de deux dimensions importantes de la réalité familiale :

1- le statut du développement des parents en tant qu'individus ;

2- la « cohorte historique » dans lequel la famille s'inscrit.

Le statut du développement individuel des parents est important parce qu'il influence directement les acquis dont ils disposent pour assumer leur rôle dans la famille. Par exemple, une adolescente célibataire de 17 ans qui vient de donner naissance à son premier enfant après une grossesse non planifiée, c'est-à-dire qui aborde le stade 2 du tableau 16.1 sans vraiment avoir vécu le stade 1 comme tel, possède sans doute des acquis fort différents pour jouer son rôle de mère comparativement à la jeune femme de 25 ans qui aborde le même stade 2 après une grossesse planifiée dans le contexte d'une union stable avec un conjoint. Le statut du développement du parent peut avoir une influence significative sur le type d'environnement familial offert à l'enfant.

Quant à la notion de « cohorte historique », elle renvoie à l'époque de l'histoire où se déroule le cycle de vie familiale : vivre dans une famille de stade 3 au Québec en 1940 est certainement différent comme contexte de vivre dans une famille de même stade en l'an 2000. Les valeurs, les rôles familiaux, les ressources matérielles, la culture en général dans laquelle s'inscrit la famille, dépendent du moment de l'histoire où elle vit ses stades.

Levinson (1980), dans son modèle du développement adulte, souligne l'importance de tenir compte des trois âges de la vie : l'âge chronologique, l'âge social défini par les rôles assumés par la personne et l'âge historique dans lequel s'inscrit le développement. La figure 16.1 illustre cette idée des trois âges de la vie. C'est donc parce que l'âge chronologique entre en interaction avec les rôles sociaux et avec les caractéristiques de l'époque concernée qu'il est important de situer le cycle de vie selon les trois âges de la vie.

TABLEAU 16.1 : Les stades du cycle de vie d'une famille nucléaire définis en fonction des rôles parentaux auprès des enfants*

Stade 1 : La famille en devenir

Le couple est uni depuis moins de cinq ans, sans enfants. Il ne s'agit pas encore d'une famille puisque la cellule ne compte pas encore d'enfant, mais il y a mise en place graduelle de l'espace familial et ajustement mutuel du couple.

Stade 2 : La famille avec un ou des enfants d'âge préscolaire

À ce stade, la famille est centrée sur les besoins de l'enfant et, pour ce dernier, les parents occupent la plus grande partie de la place relationnelle. Éventuellement, la famille s'adjoindra la collaboration de services réguliers de garde d'enfant, milieux qui offriront à celui-ci de nouveaux partenaires d'interaction et de nouveaux modèles adultes. L'apprentissage de la propreté, le développement du langage, l'autonomie sensorimotrice, l'adaptation sociale de l'enfant en groupe, font partie des objectifs poursuivis par cette famille vis-à-vis de l'enfant.

Stade 3 : La famille avec un ou des enfants à l'école primaire

L'âge de l'aîné de cette famille varie entre 6 et 12 ans. L'objectif de la réussite scolaire s'inscrit dans la famille de même que celui du maintien de l'ajustement socio-affectif du jeune à l'école et avec ses amis.

Stade 4 : La famille qui compte un adolescent

La transition adolescente de l'enfant provoque une redéfinition des territoires mutuels dans la famille et de nouveaux besoins jusque-là inconnus des parents (besoin accru de latitude par rapport à la liberté d'exploration géographique, sociale ou sexuelle, nouvelles exigences financières associées à de nouvelles formes de consommation, participation décisionnelle plus grande, etc).

Stade 5 : Le départ progressif des enfants

Les enfants commencent à quitter la maison pour s'établir dans leur propre logis et accéder au marché du travail ; le rôle de supervision des parents évolue vers un rôle de coopération avec leurs enfants en vue de la réussite de l'établissement autonome de ces derniers.

Stade 6 : Les parents d'âge mûr sans enfants

Les parents sont encore actifs socialement mais sont plutôt préoccupés par leurs besoins de couple et, éventuellement, par le maintien d'une bonne santé. Leur rôle auprès de leurs enfants consiste à fournir une aide occasionnelle qui se combine souvent avec leur rôle de grands-parents qui gagne en importance.

Stade 7 : La retraite

Il s'agit de la période couramment appelée l'« âge d'or » où les parents ne sont plus actifs dans des fonctions sociales officielles, mais maintiennent des activités de leur choix et des relations avec leurs enfants et petits-enfants qui grandissent déjà. Les rapports de coopération avec les enfants évolueront éventuellement vers des rapports de dépendance en raison de la perte progressive d'autonomie des parents.

* Élaboré à partir de :
- CLOUTIER, R. (1986) Le cycle de la relation parent–enfant, *in* DE GRÂCE, G. et JOSHI, P. (édit.) *Les Crises de la vie adulte*, Montréal, Décarie ;
- DUVALL, E. (1957) *Family Development*, Philadelphie, Lippincott ;
- OLSON, D.H. et coll. (1983) *Families : What Makes Them Work*, Beverly Hills (Calif.), Sage.

16.1.4 Les ressources familiales et la socialisation de l'enfant

Les ressources dont dispose la famille en tant que milieu de vie influencent significativement le processus de socialisation de l'enfant. Nous examinerons sommairement ici l'influence de trois catégories de ressources familiales :

1- le niveau socio-économique de la famille qui détermine les ressources matérielles disponibles ;
2- la richesse éducative de l'environnement familial offert à l'enfant ;
3- les compétences parentales.

FIGURE 16.1 : Illustration des trois âges de la vie

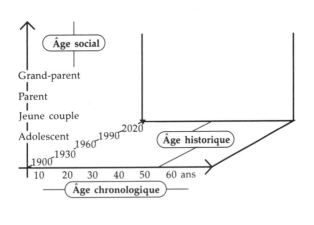

Le niveau socio-économique de la famille

L'argent dont dispose la famille conditionne l'ensemble de ce qu'elle peut s'offrir matériellement : logement, vêtements, nourriture, équipement de loisirs, services éducatifs, services de santé, etc. Même si « l'argent ne fait pas le bonheur », et que l'on ne peut certainement pas dire que plus on a d'argent, plus on est heureux, la santé physique et la santé mentale des membres de la famille peuvent être affectées sérieusement par un manque de ressources matérielles. Un milieu familial économiquement pauvre est généralement moins bien équipé pour offrir à l'enfant une stimulation intellectuelle de qualité, un soutien constant dans la poursuite d'objectifs de scolarisation à long terme, et ce milieu familial s'inscrit souvent dans un réseau d'aide sociale moins adéquate. Les enfants issus de familles défavorisées seraient plus sujets à afficher une faible estime de soi, de la rigidité intellectuelle et un manque de persévérance dans la poursuite d'objectifs professionnels (Cloutier, 1985a). La pauvreté se place en tête de liste des facteurs de risques en santé physique et mentale.

Werner et Smith (1982) ont mené une étude longitudinale qui a permis de suivre 698 jeunes Hawaïens de leur naissance jusqu'à 18 ans ; leurs résultats ont clairement montré que les enfants rendus vulnérables au départ par des complications périnatales, un faible poids à la naissance ou un tempérament considéré comme difficile (irritabilité, difficulté de contact, etc.), avaient beaucoup plus de chances de récupérer et de progresser normalement dans une famille de niveau socio-économique moyen ou supérieur que dans une famille pauvre. Dans ce dernier cas, le risque de développer une maladie mentale ou une forme d'inadaptation sociale s'est avéré très élevé.

Clairement, le faible statut économique représente un déterminant important dans l'adaptation psychologique : l'enfant qui naît dans une famille pauvre a une probabilité plus élevée de vivre des difficultés psycho-sociales au cours de son développement, et par conséquent dans sa vie adulte ultérieure. L'abondance des appuis empiriques à cette affirmation fait contraste avec l'absence de moyens vraiment utiles à contrer cette situation bien connue de la « pauvreté héréditaire » : les enfants nés dans une famille pauvre ont plus de chances de devenir des adultes pauvres. (Cloutier, 1985, p. 91.)

La richesse éducative de l'environnement familial

La capacité de la famille de se procurer du matériel et des services propices à la stimulation intellectuelle et socio-affective de ses enfants est certainement reliée à son niveau socio-économique, mais pas entièrement toutefois puisqu'à richesse égale certaines familles offriront une stimulation plus riche à l'enfant. Les compétences parentales et les valeurs culturelles en cours dans la famille y sont certainement pour quelque chose.

Plusieurs recherches ont montré que les variables familiales suivantes jouaient un rôle significatif dans la qualité environnementale offerte à l'enfant :

1- le climat émotionnel dans la famille (notamment le niveau de conflit) ;

2- la qualité de la communication entre les membres ;

3- la disponibilité d'adultes auprès de l'enfant pour favoriser la réussite de ses apprentissages ;

4- la qualité de l'organisation pratique, c'est-à-dire un fonctionnement pratique bien organisé dans l'espace et dans le temps permettant à l'enfant de prévoir ce qui lui arrive ;

5- des expériences de vie riches et variées permettant à l'enfant d'explorer ses mondes physique, psychologique et social dans la mesure de ses capacités (Cloutier, 1985b ; Elardo, Bradley et Caldwell, 1977).

Intégrant plusieurs de ces facteurs dans son approche écologique de la famille, Bronfenbrenner (1979b) propose quatre contextes dont la présence est reliée à la richesse de la stimulation offerte à l'enfant dans sa famille. Premièrement, il y a le contexte éducationnel primaire où une personne plus développée que l'enfant (le père ou la mère par exemple) consacre son temps à l'enfant en vue de favoriser ses apprentissages. Une famille où l'enfant passe beaucoup de temps dans un tel contexte sera plus stimulante pour ce dernier qu'une famille où l'enfant n'accède que rarement à ce contexte éducatif primaire.

Deuxièmement, Bronfenbrenner (1979b) décrit un contexte éducationnel secondaire correspondant au soutien que la famille donne à l'enfant pour qu'il exerce les habiletés acquises, notamment dans le contexte primaire. Le contexte tertiaire correspond à l'aide que les tiers donnent aux intervenants du contexte primaire pour les appuyer dans leur rôle éducatif auprès de l'enfant. Il s'agira par exemple de l'encouragement concret que la mère offrira au père pour que celui-ci consacre du temps en interaction directe avec son enfant. Enfin, le quatrième contexte proposé par l'auteur, le contexte quaternaire, renvoie à la compétence que la famille affiche dans l'utilisation des ressources communautaires disponibles. Ce quatrième contexte concerne par exemple les habiletés de la famille à bien mettre au service de l'enfant les ressources éducatives, de santé ou de loisirs disponibles dans sa communauté. Donc, selon

Bronfenbrenner (1979a, 1979b), une famille qui est active dans chacun de ces contextes de développement est une famille riche pour l'enfant. Cette richesse de stimulation dépend des ressources matérielles dont elle dispose mais aussi de son fonctionnement systémique. Sur ce dernier plan, la compétence des parents dans leur rôle de guides à l'intérieur du système d'agents de socialisation est certainement importante.

Les compétences parentales

Nous savons que les parents ne sont pas les seuls à exercer une influence sur le système familial, les enfants aussi, à leur façon, exercent un pouvoir. Cependant, en tant que chefs de la cellule, les caractéristiques des parents imprimeront sur le style de vie familiale une influence déterminante. Les parents sont des modèles puissants pour leurs enfants qui les observent et s'identifient à eux. Les parents possèdent aussi leur théorie de la réussite, c'est-à-dire que, consciemment ou inconsciemment, ils se comportent selon certaines valeurs, soutiennent certains projets plutôt que d'autres chez leurs jeunes.

Les parents en tant que modèles

La socialisation de l'enfant, en grande partie, correspond à son apprentissage des règles de la vie en société. La première société de l'enfant étant sa famille, la façon dont les personnes s'y comportent entre elles constitue une source d'informations déterminante. L'enfant observe les façons d'interagir, de communiquer, de réagir, de s'imposer, des autres membres et il assimile ces éléments dans son propre répertoire de conduite sociale pour ensuite les expérimenter lui-même et en observer les effets chez autrui. Dans ce contexte, les parents agissent comme des meneurs parce qu'ils assument généralement le choix et l'application des règles. Ils différencient ce qui se fait de ce qui ne se fait pas et, par leur propre comportement, ils constituent des modèles puissants pour l'enfant qui les observe.

On sait par exemple que les parents jouent un rôle de premier plan dans l'apprentissage de la langue. Non seulement les enfants adoptent-ils le choix des mots utilisés par leurs parents mais ils imitent aussi leur façon de les prononcer. Par ailleurs, l'enfant n'apprend pas seulement de ses parents à partir de ce que ceux-ci lui disent mais aussi à partir de l'observation de leur comportement. Si la conduite personnelle du parent transgresse des règles dont il fait la promotion en paroles, l'enfant décodera bientôt le contraste entre ce que le modèle dit et ce qu'il fait. Au fur et à mesure de son évolution, l'enfant deviendra apte à percevoir des différences de plus en plus subtiles entre ce que ses parents disent et ce qu'ils font, entre les demandes qu'ils formulent à l'enfant et celles qu'il se font à eux-mêmes, eux qui représentent l'autorité dans le système familial. Si cette autorité se caractérise par de constants écarts entre la règle qu'elle veut imposer aux autres et celle qu'elle respecte elle-même, l'enfant intériorisera le modèle tel qu'il se présente à lui avec le contraste qu'il affiche : le « fais ce que je dis et non ce pas ce que je fais » fera partie de sa représentation de l'autorité. L'enfant apprendra que l'autorité impose des règles qu'elle ne respecte pas elle-même. Dans la famille donc, autant la position affective privilégiée des parents en tant que modèles pour l'enfant peut servir à l'acquisition par celui-ci de comportements sociaux appropriés, autant elle peut inscrire chez lui des conduites inappropriées socialement.

La théorie de la réussite des parents et la pression éducative exercée sur l'enfant

Il est très rare qu'un enfant, spontanément et par lui-même, devienne un virtuose du piano, du ballet, du hockey ou de la réussite scolaire. Le soutien que les parents accordent aux projets du jeune, surtout lorsqu'il s'agit de projets à long terme, constitue un ingrédient nécessaire à leur réalisation. Les talents les plus manifestes, s'ils ne trouvent pas d'appui dans le milieu, ne pourront se développer. Les valeurs des parents interviennent au premier chef dans le développement des talents des jeunes parce que leur adhésion au projet de l'enfant est nécessaire pour débloquer les énergies requises par sa réalisation.

C'est ici que la théorie de la réussite des parents entre en scène. La théorie de la réussite parentale correspond au système de valeurs, de croyances ou d'attitudes à partir duquel ils font leurs choix de vie. Pour tel père qui est entré sur le marché du travail à 15 ans et qui est fier de sa réussite à 35 ans, une longue scolarisation pourra constituer une valeur secondaire par rapport au travail comme tel. Selon la théorie de la réussite de ce père, ce qui compte pour réussir dans la vie c'est de travailler fort le plus tôt possible et non pas de s'acharner à passer de longues années sur les bancs de l'école. Au contraire, pour un autre père qui a été forcé d'abandonner ses études avant le collégial en raison des besoins financiers de sa famille, la volonté de pousser ses enfants à terminer un cours universitaire pourra se situer en tête de liste des priorités ; son expérience personnelle l'aura convaincu que la réussite dans la vie est beaucoup plus facile avec un diplôme. Par ailleurs, telle mère qui a suivi des leçons de piano pendant 10 ans depuis l'âge de 5 ans ne pourra concevoir qu'une éducation complète de son enfant fasse abstraction d'une solide formation musicale. De la même façon, une autre mère passionnée de ski alpin « depuis toujours » fera des efforts surhumains pour offrir à ses enfants les meilleures conditions de pratique et de compétition dans ce sport.

Il n'est pas nécessaire que les parents aient eux-mêmes vécu une expérience dans leur propre développement pour qu'elle soit présente dans leur théorie de la réussite ; il peut y avoir interaction entre les goûts et les aptitudes de leur enfant et leur évaluation personnelle des chances de réussite. On pourra rencontrer par exemple des parents qui font le maximum pour soutenir leur fille en compétition de patinage artistique sans jamais eux-mêmes avoir pratiqué cette discipline, simplement parce qu'ils sont convaincus que la participation à une élite est en soi une réalisation de vie inoubliable. L'appui familial dans la réalisation de certains objectifs élitistes est à ce point indispensable que, dans certains cas, on peut avoir de la difficulté à identifier ce qui provient des parents et ce qui émane de l'enfant dans les projets de ce dernier. Des chercheurs ont en effet mis en évidence le fait que certains parents ont parfois tendance à utiliser leurs enfants pour réaliser certains projets qu'ils ont toujours caressés pour eux-mêmes. La question est alors de savoir où la pression parentale exercée sur l'enfant commence à être néfaste pour son développement (Ogbu, 1981). Sans nier l'incroyable quantité d'efforts qu'il faut déployer pour devenir une élite dans la société contemporaine, on peut s'interroger sur la place véritable de l'enfant en tant que personne dans certaines trajectoires athlétiques ou artistiques célèbres aujourd'hui.

Cela permet de saisir que si l'absence de soutien familial aux projets relatifs au développement de l'enfant peut lui être néfaste, l'excès de pression peut aussi être nuisible à l'équilibre de sa croissance personnelle : le surinvestissement d'une zone de compétence peut nuire aux acquisitions dans d'autres domaines. Le premier type de problème est infiniment plus fréquent que le second, mais ce dernier n'en soulève pas moins une question d'éthique familiale importante dans notre société où les perdants ne font pas le poids face aux gagnants.

La pression éducative est nécessaire pour faire émerger le développement dont l'enfant est capable, mais le maintien d'un équilibre dans les demandes faites à l'enfant constitue une facette importante des compétences parentales. Les parents doivent comprendre que l'enfance est une vraie période de la vie et non pas une période strictement consacrée au futur : le présent de l'enfant est aussi important que le présent de l'adulte. Mais comment atteindre et maintenir un équilibre dans la pression exercée sur l'enfant, sans prendre l'enfant en otage par des demandes qui ne laissent pas de place à ses propres besoins spontanés ? La capacité des parents d'être à l'écoute de leur enfant et de remettre leur point de vue en question est certainement en cause ici.

Les parents efficaces

Nous avons vu que la sensibilité du parent constituait une dimension importante dès le début de l'interaction avec le bébé, sensibilité permettant l'établissement d'un rapport de contingence entre le comportement des deux membres de la dyade. L'importance de cette sensibilité parentale se maintient pendant toute l'enfance.

Thomas Gordon (1975), dans sa méthode *Parents efficaces*, a proposé une approche de communication parent—enfant basée sur l'écoute active et sur la résolution de problèmes sans gagnant ni perdant. Dans l'écoute active, le parent s'emploie à s'ouvrir aux pensées et aux sentiments de l'enfant dont il favorise l'expression. Il aide le jeune à saisir la vraie nature du problème en lui reflétant ses émotions. Face à un conflit concernant l'enfant, le parent se demande « qu'est-ce que l'enfant veut vraiment ? », « quels sentiments éprouve-t-il au fond de lui-même ? », « comment puis-je l'aider à comprendre le problème par lui-même, sans lui imposer un point de vue ? ».

La méthode *Parents efficaces* se veut sans gagnant ni perdant parce qu'elle est fondée sur une relation de coopération dans la recherche d'une solution et non pas sur un rapport de dominance d'une position sur une autre. Ni l'enfant ni le parent ne joue un rôle de gagnant ou de perdant. L'idée est d'aborder la situation, non pas comme un combat, mais comme une recherche honnête des différentes solutions possibles, puis d'un choix parmi celles-ci qui soit mutuellement satisfaisant. Dans l'échange, Gordon propose l'emploi de messages « je » plutôt que de messages « tu ». Par exemple le parent dira « je trouve intéressant ton idée de... » plutôt que « tu devrais faire... » ou encore « je deviens impatient lorsque tu ne viens pas manger à l'heure convenue » plutôt que « tu es toujours en retard pour les repas ». Le message « je » exprime donc le sentiment ou l'idée du locuteur plutôt que l'attribution d'une caractéristique à l'interlocuteur. Selon Gordon (1975), les parents qui abordent un conflit ou un problème en suivant les six étapes décrites au

TABLEAU 16.2 : Les six étapes de résolution de problèmes dans la méthode sans perdant de *Parents efficaces*

Étape 1 : Identifier le problème

Au départ, il s'agit de bien cerner la situation. Pour ce faire, les chances sont meilleures si :

a) on choisit un moment où l'enfant et le parent sont disponibles pour parler plutôt que pressés ou occupés à faire autre chose ;

b) l'enfant est clairement mis au courant (sans détour facétieux) qu'il y a un problème à régler ;

c) le parent explique directement, en utilisant les messages « je », comment il se sent, lui, face au problème en question ;

d) le parent évite de blâmer l'enfant « Tu laisses tout à la traîne dans la maison...Tu agis comme un bébé de 2 ans, comme si j'étais à ton service 24 heures par jour... » ;

e) le parent dit explicitement qu'il veut trouver une solution acceptable pour tous, sans gagnant ni perdant.

Étape 2 : Trouver les solutions possibles

À cette étape, il s'agit de trouver une variété de solutions possibles et non pas d'évaluer leur valeur relative : « Qu'est-ce que l'on pourrait faire ?, ...Essayons de trouver des moyens... ». Si possible, le parent tentera de faire ressortir les solutions de l'enfant d'abord et d'ajouter les siennes ensuite. L'idée est d'éviter de laisser entendre que les solutions ne sont pas bonnes ; il faut continuer de chercher jusqu'à ce qu'il n'y ait plus d'autres possibilités qui ressortent.

Étape 3 : Évaluation des différentes solutions trouvées

« Maintenant, parmi ces idées, est-ce qu'il y en a qui nous semblent meilleures ? Voyons quelle solution nous semble la meilleure ; quelle est celle que nous voulons... ». Au cours de l'échange, le parent maintient son attitude franche et l'emploi de messages « je »: « Je ne crois pas que cette solution serait juste pour moi... Cette solution ferait mieux mon affaire que l'autre... ».

Étape 4 : L'adoption de la meilleure solution

À cette étape, l'idée est d'arrêter le choix d'une solution qui rejoint le mieux les besoins mutuels. Il est important de bien vérifier l'accord de l'enfant à cette étape, il doit comprendre que le choix est autant le sien que celui du parent : « Quant à moi j'accepterais cette façon de faire ; toi, de ton côté, serais-tu d'accord pour faire cela ? ». Si la solution comporte plusieurs points, il peut être utile de noter ses différentes facettes. Il s'agit de l'adoption d'une sorte d'entente, de convention satisfaisante pour le parent et pour l'enfant.

Étape 5 : Implantation de la solution choisie

À cette étape, il s'agit de spécifier comment, pratiquement, l'entente sera mise en place et quels sont les rôles de chacun dans cette façon de procéder : « Quand commençons-nous ? Qui sera responsable de... ? À quelle fréquence... ? ». Il est important que cette étape ne soit amorcée que lorsque la précédente est bien terminée, quitte à ce que l'échange soit ajourné pendant la quatrième étape pour laisser du temps de réflexion.

Étape 6 : Suivi de la solution

Il s'agit finalement de spécifier comment l'on vérifiera la valeur réelle de la solution. Cette dernière peut s'avérer ne pas être aussi bonne que prévu et faire que l'enfant ou le parent se sente perdant à la longue. Le suivi permet d'évaluer le degré de rencontre des objectifs de chacun et d'apporter les correctifs appropriés.

---

* Élaboré à partir de GORDON, T. (1978) *Parent-Efficacy Training in Action*, New York, Bantam Books.

tableau 16.2 ont beaucoup de chances de réussir à trouver une solution sans séquelles avec leur enfant.

Même si un bon nombre de travaux ont montré que l'application de ce type de technique de résolution de problèmes avait un effet positif sur l'atmosphère relationnelle dans la famille, certains dangers ont aussi été reliés à une mauvaise utilisation de cette approche :

1- les parents peuvent en venir à se prendre pour les thérapeutes de leur enfant, ce qui est à éviter ;

2- il est possible que certains parents croient que la simple application de la technique, sans trop s'occuper des attitudes de fond, suffit pour régler les problèmes, ce qui constitue une erreur ;

3- l'application mécanique de ce type de technique peut rendre encore plus rigides les interactions, ce qui aurait pour effet de miner la crédibilité du parent qui a perdu sa spontanéité auprès de son enfant ;

4- le fait que le leadership soit placé entre les mains du parent peut d'une part créer le sentiment d'être manipulé chez l'enfant, ou d'autre part créer chez le parent le sentiment d'être entièrement responsable de la façon dont l'enfant se comporte et des échecs à trouver une solution appropriée.

Le succès de l'approche de Gordon repose davantage sur la compréhension des fondements (pas de gagnant ou de perdant, l'écoute active de l'enfant, l'utilisation des messages « je ») que sur la maîtrise de la technique par étapes (Noller et Taylor, 1989).

16.1.5 Les conduites parentales et l'éducation de l'enfant

En psychologie contemporaine, la famille n'est plus conçue comme un système où l'influence s'exerce unidirectionnellement depuis les parents vers les enfants, mais bidirectionnellement, les enfants pouvant aussi bien influencer les parents que l'inverse. Dans le processus d'éducation des enfants, les comportements des parents n'en constituent pas moins un moule qui met en place les limites à l'intérieur desquelles cette influence mutuelle pourra jouer.

Deux grandes dimensions ont été identifiées comme déterminants majeurs dans les effets des conduites parentales sur le développement de l'enfant (Baumrind, 1967, 1971, 1975 ; Maccoby et Martin, 1983) : la sensibilité parentale et le contrôle parental. La sensibilité parentale à l'enfant renvoie à l'aptitude du parent à saisir et à interpréter correctement les signaux émis par l'enfant. La dimension de contrôle correspond aux demandes et aux exigences que posent les parents à l'enfant en tant qu'autorités familiales et superviseurs du développement du jeune.

La sensibilité parentale

Dès la naissance du bébé, la qualité de la communication parent–enfant influence l'ajustement de leur interaction mutuelle. Si l'enfant émet des signaux que le parent n'arrive pas à saisir, les actions de ce dernier ne pourront être aussi bien orientées vers la satisfaction des besoins du bébé. Par exemple, si le bébé pleure parce qu'il a faim, et que le parent le change de position dans son berceau croyant qu'il ressent une douleur quelconque, l'apaisement du bébé sera de courte durée. Plus tard, mais de la même façon, le parent qui réussira à comprendre le message que lui adresse son aîné, par ses comportements régressifs depuis la naissance récente du benjamin, pourra ajuster ses conduites sur les vrais besoins d'attention du plus vieux et non pas sur ses soit-disant besoins d'être puni. La contingence entre l'action de l'enfant et la réaction du parent et vice versa est donc un élément essentiel de la réussite de l'interaction parent–enfant ; la sensibilité du parent à l'enfant est au cœur du synchronisme des rôles. Cette sensibilité parentale est en bonne partie fonction de la vigilance qu'accorde le parent au vécu de son enfant, c'est-à-dire de l'énergie personnelle qu'il consacre pour se maintenir à l'écoute de son enfant.

Le contrôle parental

Au cours de l'enfance une proportion significative des interventions éducatives des parents auprès de l'enfant correspondent à des demandes car, pour une bonne part, la socialisation procède selon une intériorisation progressive de normes et de règles imposées par le milieu social. Les exigences que posent les parents à l'enfant contribuent donc de façon importante à orienter sa conduite, ses réussites et ses acquis en général. La façon dont les parents exercent leur pouvoir disciplinaire est un déterminant puissant du contexte familial qui entoure l'interaction mutuelle.

La figure 16.2 illustre les quatre styles parentaux obtenus à partir de la manifestation élevée ou faible de « sensibilité » et de « contrôle » parental auprès de l'enfant.

FIGURE 16.2 : Classification des styles parentaux selon les dimensions « sensibilité » et « contrôle » des parents*

		SENSIBILITÉ	
		Parents sensibles à l'enfant	Parents peu sensibles, centrés sur eux-mêmes
C O N T R Ô L E	Contrôle actif exercé par les parents sur les enfants	Style démocratique	Style autocratique
	Faible contrôle parental	Style permissif	Style désengagé

* Élaborée à partir de MACCOBY, E.E. et MARTIN, J.A. (1983) Socialization in the Context of the Family : Parent-Child Interaction, *in* HETHERINGTON, E.M. (édit.) *Handbook of Child Psychology*, vol. 4 : *Socialization, Personality and Social Development*, 4ᵉ éd., New York, Wiley, P.H. Mussen, éditeur général.

Quatre styles d'autorité parentale sont ainsi définis. Le style démocratique combine une sensibilité élevée à l'égard de l'enfant avec une supervision active. Les parents de ce type s'occupent donc activement de ce qui arrive à leur jeune tout en restant à son écoute, en demeurant sensibles à ses besoins. Sur le plan du contrôle, les parents démocratiques ont donc des attentes élevées à l'égard de leur enfant, ils lui posent des limites claires entre le permis et l'interdit, ils sont consistants et cohérents dans l'utilisation des récompenses et des punitions, mais ils favorisent aussi chez l'enfant l'expression de son point de vue, ils prennent le temps qu'il faut pour rester à son écoute et respectent sa position dans les prises de décisions qui le concernent. Les études portant sur les enfants élevés dans ce type d'atmosphère familiale ont montré qu'ils avaient plus tendance que les autres à afficher les caractéristiques suivantes :

1- confiance en eux-mêmes ;

2- sentiment de pouvoir influencer ce qui leur arrive ;

3- capacité de maintenir par eux-mêmes un effort dans la poursuite d'un objectif ;

4- compétences sociales en tant que collaborateurs recherchés par les pairs ;

5- rendement scolaire supérieur (Baumrind, 1967 ; Dornbush et coll., 1987).

Sans doute le plus désirable des quatre, le style démocratique permet à l'enfant d'apprendre l'autodiscipline dans un contexte de respect mutuel où les exigences sont claires mais peuvent être discutées ouvertement, à l'abri de l'arbitraire.

Le stype permissif concerne les parents qui accordent beaucoup d'attention aux besoins de leur enfant, sans lui imposer activement de contrôle. Le contact peut être ouvert et chaleureux, mais l'enfant peut faire à peu près ce qu'il veut dans un contexte de grande tolérance. La conséquence de ce « laxisme sympathique » est que le potentiel de l'enfant n'est pas vraiment stimulé. Le jeune n'intègre pas d'habitudes d'effort ou de respect des règles, ce qui favorise l'impulsivité, la dépendance à l'égard des adultes, le manque de constance dans la motivation scolaire, surtout chez les garçons (Baumrind, 1971). Sur le plan social enfin, ces caractéristiques personnelles peuvent difficilement favoriser la popularité du jeune qui est plutôt centré sur ses propres besoins et moins soucieux de ceux des autres.

Les parents autocratiques se caractérisent par une centration sur leurs propres besoins plutôt que sur ceux de leur enfant à l'égard duquel ils maintiennent toutefois des exigences élevées. Ces parents exigent que l'enfant respecte les règles de la maison, mais ils n'accordent pas beaucoup de place aux besoins et aux opinions de leur jeune ; ils dictent les consignes et s'attendent à ce qu'elles soient respectées sans discussion sous peine de sanctions. La communication parent−enfant est plutôt froide, unidirectionnelle, allant du parent vers l'enfant. Baumrind (1967) a observé que ce contexte familial avait tendance à produire des enfants inhibés, retirés, conformistes et ayant peu de confiance en eux. Aussi, comme l'enfant n'a pas la chance d'apprendre à décider par lui-même dans un tel contexte, ses acquis d'autocontrôle sont plus faibles, de sorte que lorsqu'il est laissé à lui-même, en l'absence de la supervision de l'autorité, cet enfant a tendance à moins respecter les règles (Hoffman, 1988 ; Maccoby et Martin, 1983).

Le parent désengagé s'intéresse peu à son enfant ; il est plutôt centré sur ses propres besoins et ne pose pas d'exigences à son enfant. Ce style parental a cours souvent dans les familles où les parents sont très préoccupés par leurs propres activités sociales et professionnelles et n'entretiennent pas de relations chaleureuses dans leur famille. Ils semblent faire tout ce qu'ils peuvent pour rester distants et jouer leur rôle de parent le plus rapidement possible en dépensant le moins d'énergie possible. À la limite, le désengagement parental devient de la négligence parentale, ce qui constitue une forme d'abus socialement dénoncé à l'égard de la personne de l'enfant. Compte tenu de l'importance de la supervision parentale relativement aux risques d'inadaptation psychosociale pendant l'enfance et de délinquance antisociale ou sexuelle à l'adolescence, il n'est pas étonnant de constater que les enfants laissés à eux-mêmes dans ce type de famille sont de bons candidats à ces types de difficultés (Fréchette et Leblanc, 1987 ; Patterson, DeBaryshe et Ramsey, 1989).

16.1.6 La famille équilibrée

Cloutier (1986) mentionne que la sensibilité du parent à l'enfant et la clarté des messages dans la communication sont des caractéristiques relationnelles associées à un développement harmonieux du jeune parce qu'elles permettent à ce dernier de comprendre et de prévoir son environnement et ainsi d'acquérir un sentiment de compétence personnelle.

Tout au cours du cycle de sa vie, la famille doit relever des défis d'adaptation que lui posent les transitions d'un stade à un autre et les imprévus de la vie. Certains auteurs se sont employés à identifier les caractéristiques des familles qui réussissent mieux à surmonter les difficultés et à maintenir un bon équilibre. Ainsi, Olson et coll. (1983) proposent un modèle basé sur deux dimensions : la cohésion et l'adaptabilité. La figure 16.3 présente l'illustration du modèle « circomplexe » d'Olson et coll. (1983). Selon ce modèle, la famille forte se situe au centre, c'est-à-dire qu'elle est équilibrée sur le plan de la cohésion et de l'adaptabilité.

FIGURE 16.3 : Illustration du modèle « circomplexe » d'Olson et coll. (1985)*

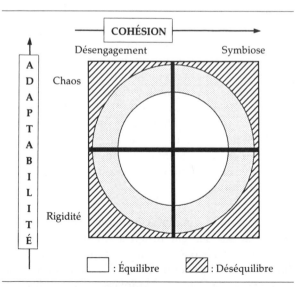

* Adaptée d'OLSON, D.H., McCUBBIN, H.I., BARNES, H., LARSEN, A., NUXEN, M. et WILSON, M. (1985) *Family Inventories*, Family Social Science, University of Minnesota.

La cohésion renvoie au lien émotionnel qui relie les membres de la famille les uns aux autres. Une cohésion élevée indique que les membres de la famille se sentent très proches les uns des autres, tandis qu'une cohésion faible indique qu'ils ont le sentiment d'être très distants les uns des autres. À un extrême c'est la symbiose commune des membres qui ne permet pas leur individuation personnelle, et à l'autre extrême c'est le désengagement relationnel, la séparation.

L'adaptabilité correspond à l'habileté que possède la famille à changer sa structure de pouvoir, ses rôles et ses règles relationnels en réponse aux pressions des situations de la vie ou en fonction des besoins changeants des membres qui se développent. Une adaptabilité très faible indique que le système familial est rigide, qu'il n'est pas flexible. Par exemple, dans une famille rigide, la relation parent—adolescent sera du même type que la relation parent—enfant ; l'ajustement à la réalité nouvelle du jeune ne se fait pas. À l'autre extrême, une adaptabilité très élevée indique que la famille est changeante, imprévisible voire chaotique ; elle manque de stabilité, de prévisibilité.

Dans le modèle d'Olson, la communication est le facteur qui facilite les rapports entre les personnes, celui qui permet l'ajustement des membres entre eux par l'expression et l'écoute des besoins et des sentiments mutuels. La communication n'entre pas dans le schéma de la figure 16.3, car elle ne répond pas à la même fonction d'équilibre dans une zone centrale : la famille peut manquer de communication, mais les auteurs n'ont pas identifié de zone où il y a trop de communication, comme c'est le cas pour la cohésion ou l'adaptabilité.

La famille équilibrée est donc celle dont les membres ses sentent proches les uns des autres (cohésion), mais pas au point d'empêcher leur individualité de s'épanouir. La famille équilibrée peut aussi faire preuve de souplesse, c'est-à-dire se transformer selon l'évolution des besoins des membres, mais pas au point de ne pas avoir de constance

fonctionnelle, de prédictibilité. Enfin, la famille équilibrée permet à tous ses membres de s'exprimer et de voir son point de vue respecté dans le contexte d'une communication ouverte où les gens s'écoutent mutuellement et recherchent ensemble des solutions aux problèmes qui se posent. De l'avis de nombreux auteurs, la communication constitue pour la famille un moyen central d'adaptation, de recherche d'équilibre (voir Olson et coll., 1983 ; Jacob, 1987).

16.2 L'ENFANT ET LA SÉPARATION PARENTALE

Dans la configuration familiale nouvelle, il est un changement qui a particulièrement retenu l'attention des psychologues : la séparation parentale dans ses effets sur le développement de l'enfant.

16.2.1 La complexité du phénomène : un défi pour la recherche

Quel est l'effet de la séparation parentale sur le développement de l'enfant ? Depuis que la fréquence des séparations parentales a commencé à s'accroître dans les pays de l'Europe de l'Ouest et de l'Amérique du Nord, vers 1975, cette question est devenue très importante puisque près de 35 % des enfants sont susceptibles de vivre cet événement avant d'atteindre l'âge de 18 ans. En fait, la recherche d'une réponse à cette question a donné lieu à l'identification de toute une série d'effets spécifiques de la séparation parentale sur le développement de l'enfant. Aujourd'hui, deux tendances dominantes caractérisent ce courant de recherche.

Premièrement, la majorité des études relatives à cette question des effets de la rupture conjugale sur le développement de l'enfant ont, explicitement ou implicitement, entretenu l'hypothèse d'un déficit associé à la séparation, c'est-à-dire qu'elles visaient à identifier ce que les enfants issus de familles réorganisées perdent comparativement aux enfants de familles intactes. La grande majorité des effets spécifiques ainsi identifiés décrivent des déficits. Il est clair aujourd'hui que, sauf exceptions, la séparation des parents constitue une crise pour la famille et qu'elle s'accompagne pour l'enfant d'une série de pertes. Or, comme les ruptures conjugales semblent être une tendance sociale qui ne disparaîtra vraisemblablement pas dans un avenir proche, et que la famille réorganisée n'est plus un phénomène marginal, les chercheurs évoluent progressivement vers une autre question de fond : quelles sont les caractéristiques des familles réorganisées qui réussissent bien à s'ajuster aux transitions suivant la séparation parentale ? Autrement dit, plutôt que de continuer à alimenter la liste des désavantages associés à la séparation, la recherche se tourne maintenant vers l'identification des facteurs de réussite des transitions vécues.

Deuxièmement, sur le plan méthodologique, la recherche dans ce secteur fait face à un défi qu'elle n'a pas encore surmonté, celui des aspects multidimensionnels. La quantité de variables dont il faut tenir compte pour respecter les sources possibles d'influences significatives est considérable (Cloutier et Bourque, 1987 ; Demo et Acock, 1988 ; Hetherington, Stanley-Hagan et Anderson, 1989).

Parmi les variables reconnues comme ayant un effet potentiel sur les effets de la séparation parentale sur l'enfant nous trouvons :

1- l'âge de l'enfant ;

2- son sexe ;

3- la formule de garde adoptée après la séparation ;

4- le degré de conflit entourant le processus de séparation ;

5- les ressources matérielles dont dispose la famille ;

6- le niveau de scolarité des parents ;

7- la composition de la fratrie de l'enfant (nombre, sexe, âge) ;

8- les changements survenus dans le réseau social de la famille (déménagement modifiant les amis et le voisinage, changement d'école, de quartier, etc.) ;

9- la recomposition parentale (nouvelle union parentale et nouvelle fratrie) ;

10- le temps écoulé depuis la séparation.

À ces facteurs reliés aux familles elles-mêmes s'ajoutent ceux qui concernent la façon de recueillir les données auprès des sujets (méthode transversale ou longitudinale, type d'instruments utilisés, méthode de recrutement des sujets, informations obtenues d'un parent seulement ou des enfants et des parents, etc.). Jusqu'ici, il n'y a pas d'étude qui puisse prétendre contrôler l'effet de tous ces facteurs sur les résultats obtenus.

16.2.2 Les conséquences de la séparation pour l'enfant

La séparation des parents s'accompagne d'une distanciation progressive de l'un des parents, le plus souvent le père puisque la mère a plus de chance de devenir le parent gardien. Cet éloignement d'un parent est une perte pour l'enfant, surtout s'il s'agit du parent de son sexe. Cet effet s'enracine dans le processus même de séparation et de l'attribution de la garde de l'enfant. Il existe une façon de contrer cet effet négatif pour l'enfant : dans le processus même de séparation conjugale, valoriser et protéger la relation parent—enfant par le maintien de la coparentalité, c'est-à-dire l'engagement actif des deux parents auprès de l'enfant.

Bon nombre de travaux ont documenté le fait que les garçons seraient plus sensibles à la séparation parentale que les filles (voir Demo et Acock, 1988 ; Furstenberg, 1988 ; Hetherington et coll., 1989 pour revues). Les garçons afficheraient plus de problèmes de comportement et de difficultés scolaires que les filles après la rupture. Généralement, leurs réactions seraient de type extériorisé, c'est-à-dire qu'ils afficheraient des problèmes de maîtrise personnelle conduisant à des difficultés à se concentrer, à de l'impulsivité et de l'agressivité, contrairement aux filles dont les réactions, quoique moins intenses, seraient de type intériorisé, c'est-à-dire qu'elles afficheraient de l'inhibition, une faible estime d'elles-mêmes ou des indices de dépression.

Sachant que dans la grande majorité des cas, la mère assume seule la garde des enfants, il est possible que les difficultés plus grandes d'ajustement des garçons soient reliées à l'absence du père dans leur famille. Le rôle du père sur le plan de l'identification à la figure masculine ainsi que sur le plan du contrôle comportemental des enfants est bien documenté (Wallerstein et Corbin, 1986 ; Fréchette et Leblanc, 1987 ; Cloutier et Villeneuve, en préparation). La plus grande difficulté des filles à s'ajuster à la recomposition familiale, qui implique le plus souvent pour elles le partage de leur mère avec un nouveau parent, irait aussi dans ce sens (Hetherington et coll., 1989).

De plus, il a été observé que les enfants d'âge scolaire s'adapteraient mieux à la séparation lorsqu'ils sont placés sous la garde du parent de leur sexe :

Les garçons sous la garde de leur père sont plus matures, sociables et indépendants ; ils sont moins exigeants et ont une estime de soi plus élevée que les filles sous la garde de leur père. Les fils gardés par leur père sont aussi moins communicatifs et moins ouvertement affectueux, peut-être en conséquence d'une exposition moindre à l'expressivité féminine. Les filles sous la garde de leur père affichent plus d'agressivité et moins de comportements prosociaux que les filles gardées par leur mère. (Hetherington et coll., 1989, p. 306.)

En résumé, il apparaît que la séparation parentale appauvrit la cellule familiale, ce qui a pour effet d'augmenter chez l'enfant le risque de vivre des difficultés psychosociales, surtout chez le garçon. Cependant, les effets négatifs de la séparation peuvent être atténués lorsque les conjoints réussissent à mettre fin à leur lien conjugal sans détruire le lien parent—enfant. Dans la mesure du possible, le maintien de la coparentalité avec tout le partage de responsabilités qu'il permet, apparaît comme un objectif à poursuivre en priorité dans le processus de réorganisation familiale, car en plus des ressources matérielles et humaines qu'elle conserve à la famille de l'enfant, la coparentalité rejoint un besoin important pour l'enfant : conserver sa relation avec ses deux parents. D'ores et déjà toutefois, il est acquis que la rencontre de cet objectif est incompatible avec un processus hostile de séparation conjugale, avec la persistance ultérieure de conflits ouverts entre les parents de l'enfant ou un partage imposé par un jugement de la cour qui n'est pas accepté spontanément par les parents (Kelly, 1988).

16.2.3 Le point de vue des enfants par rapport à la séparation parentale

Dans la très grande majorité des cas, les enfants ne désirent pas la séparation de leurs parents (Barry, Cloutier, Fillion et Gosselin, 1985 ; Hetherington et coll., 1989). Il s'agit d'une décision parentale où la place de l'enfant est souvent secondaire, même dans les décisions qui concernent directement son avenir (Barry et coll., 1985). S'il reste beaucoup de chemin à parcourir, on comprend de plus en plus que l'enfant a besoin d'être informé adéquatement et de pouvoir exprimer son point de vue sur les décisions qui le touchent dans la réorganisation familiale conséquente. Le fait pour lui de pouvoir, dans la mesure de ses moyens, se représenter adéquatement ce qui se passe, d'exprimer ses sentiments et ses inquiétudes et de pouvoir anticiper ce qui arrivera dans le futur, constitue la base de l'ajustement psychologique qu'il doit réaliser (Pedro-Carroll et Cowen, 1985).

Il est nécessaire que l'enfant puisse comprendre ce qui lui arrive et puisse exprimer ce qu'il pense et ressent. Malheureusement, trop de parents et même d'intervenants professionnels estiment que la séparation parentale, « c'est l'affaire des adultes », et que les enfants n'ont pas à être inclus dans cette démarche. Barry (1987) et Cloutier et Barry (1989) ont observé que les parents pouvaient se trouver en conflit d'intérêts lorsqu'ils sont aux prises avec leur propre rupture conjugale tout en voulant conserver l'exclusivité de la représentation des intérêts de leur enfant. En effet, les intérêts des parents en ce moment de crise peuvent très bien ne pas correspondre, sinon être opposés, à ceux de l'enfant.

Plusieurs années après la transition familiale, les enfants gardent souvent en eux l'espoir d'une réconciliation de leurs parents. Même si la plupart des enfants et des parents s'adaptent à leur nouvelle organisation familiale après les deux ou trois ans de stress transitionnel (Hetherington et coll., 1989), lorsqu'ils sont devenus adultes, les enfants conservent plus souvent l'impression que la séparation de leurs parents biologiques a été un élément négatif pour leur développement personnel, tandis que leurs parents estiment que ce fut une crise difficile mais qu'ils en sont sortis positivement (Wallerstein, Corbin et Lewis, 1988).

16.2.4 La formule de garde adoptée pour l'enfant

Traditionnellement, au Canada comme aux États-Unis ou en France, la garde de l'enfant a été confiée de préférence à la mère par les tribunaux. D'autant plus importante lorsque l'enfant est d'âge préscolaire, cette tendance a été associée à « l'hypothèse de l'âge tendre » voulant que la mère soit le parent le plus en mesure d'apporter une réponse adéquate aux besoins de l'enfant, particulièrement avant son entrée à l'école. Il en est résulté qu'avant 1980 une proportion de plus de 85 % des enfants ont été confiés à leur mère au Canada (McKie, Prentice et Reed, 1983). C'est la formule de garde appelée « garde exclusive à la mère », arrangement qui prévoit généralement un droit de visite accordé au père selon un horaire plus ou moins précis.

Lorsque les enfants sont confiés au père, on parle de « garde exclusive au père ». Cloutier et coll. (1989) ont observé que, dans 58 % des cas, la garde au père était une formule de remplacement de la garde à la mère, c'est-à-dire que les enfants étaient allés vivre avec leur père après que la mère eût cessé de pouvoir assumer la garde pour diverses raisons. Ceci veut dire que les enfants vivant avec leur père ne le font pas nécessairement par choix.

La « garde partagée » constitue une formule de garde de plus en plus en usage et qui consiste, pour chacun des parents, à assumer une partie de la garde de l'enfant. Il y a garde partagée à partir du moment où, sur une base régulière et prédictible, chacun des parents assume environ 30 % et plus du temps de garde (Cloutier, 1987 ; Kelly, 1988). Ainsi, l'enfant qui vit chez son père la fin de semaine (du vendredi soir au dimanche soir) et chez sa mère pendant les autres jours de la semaine connaît une garde partagée. Cloutier (1987) fait d'ailleurs la distinction entre la quantité de temps de garde et la qualité du temps de contact : pour le parent qui assure la garde chaque fin de semaine et voit ainsi ses jours de loisirs constamment touchés par cette responsabilité, la quantité de temps de garde avec l'enfant peut être moindre que celle assumée par son conjoint qui assure la garde pendant les jours de classe la semaine mais, qualitativement, la fin de semaine peut représenter plus de 30 % du fardeau et posséder une signification comparable au reste de la semaine quant à l'engagement personnel du parent auprès de l'enfant. En effet, avoir principalement à s'occuper de l'enfant lorsqu'il est en congé définit des rôles différents que d'avoir à s'occuper de l'enfant les jours où il va à la garderie ou à l'école.

Careau et coll. (1989) ont observé que le cycle de partage d'un parent à l'autre se faisait à l'intérieur de la semaine (2,5 versus 4,5 jours par exemple) dans environ la moitié des cas, tandis qu'il débordait la semaine dans l'autre moitié des cas (une semaine versus une semaine, été et vacances de Noël versus année scolaire, un an versus un an, etc.). La garde partagée est une formule qui gagne en popularité parce qu'en plus de répartir le fardeau financier et humain de la garde de l'enfant, elle a l'avantage de maintenir active la relation de l'enfant avec ses deux parents, ce qui rejoint la volonté du jeune dans le contexte de la rupture conjugale de ses parents.

Careau et Cloutier (sous presse) ont observé que les enfants vivant une garde partagée perçoivent plus d'avantages et moins d'inconvénients à l'égard de cette formule de garde que ceux qui vivent une garde exclusive (assumée par la mère ou par le père). Careau et coll. (1989) ont observé que les enfants et les adolescents vivant une garde partagée sont significativement plus satisfaits du fonctionnement familial chez leur père que ceux qui vivent une garde exclusive. Ces résultats appuient ceux de Kelly (1988). Le maintien de la participation des deux parents est aussi associé à des ressources matérielles et humaines plus abondantes pour le milieu de vie de l'enfant. De plus, le fait que les parents ont réussi à trouver eux-mêmes un arrangement, plutôt que de confier à des tiers la négociation (avocats) ou la décision finale (juge), les placerait ultérieurement dans une meilleure position pour ajuster les arrangements aux besoins nouveaux qui apparaissent avec le temps, comparativement aux familles réorganisées à la suite d'un jugement qui, elles, auraient tendance à revenir en cour plus souvent pour faire ajuster la formule (Cloutier et coll., 1989).

La médiation familiale est une procédure où un spécialiste neutre et satisfaisant pour les deux conjoints intervient auprès de la famille pour construire avec elle une entente de réorganisation qui soit acceptable pour tous. Cloutier et coll. (1989) ont observé que la médiation familiale conduisait beaucoup plus souvent au maintien du lien de l'enfant avec ses deux parents que la procédure judiciaire. La structure même de la médiation familiale diffère de la procédure judiciaire de séparation par le fait qu'elle place les conjoints en recherche d'une solution commune (où les enfants peuvent participer), tandis que la procédure judiciaire est contradictoire, c'est-à-dire qu'elle oppose les représentants (avocats) de chaque conjoint dans une attitude visant à obtenir le maximum de l'autre. Dans un tel contexte, les parties demandent souvent un peu plus pour avoir un peu moins et les enfants sont souvent pris « entre deux feux ». Sachant que les conflits qui colorent le processus de séparation peuvent persister pendant plusieurs années et devenir en eux-mêmes plus dommageables, à long terme, que la rupture comme telle (Hetherington et Camara, 1984 ; Wallerstein, Corbin et Lewis, 1988), la gestion non contradictoire de la séparation offre des avantages évidents pour tous les membres de la famille.

16.2.5 Le cycle des réorganisations familiales

Lorsque l'enfant apprend que ses parents vont se séparer, ce n'est pas un événement isolé qu'il s'apprête à vivre, mais tout un cycle de transitions plus ou moins probables dans le futur. La figure 16.4 illustre le schéma du cycle des réorganisations familiales.

Si l'on prend la famille nucléaire comme point de départ, ce qui n'est pas toujours le cas puisqu'un certain nombre d'enfants naissent dans une famille monoparentale, il y a environ 35 % des chances qu'un enfant né aujourd'hui connaisse une séparation parentale avant d'atteindre l'âge de 18 ans. À ce moment, chaque membre de la famille, à sa façon, traversera une période de stress plus ou moins intense. Nous avons vu précédemment que l'hostilité était un agent particulièrement corrosif à ce moment, tandis que le respect des perspectives mutuelles et la communication constituent des agents d'ajustement tant pour les enfants que pour les parents.

FIGURE 16.4 : Le cycle des réorganisations familiales

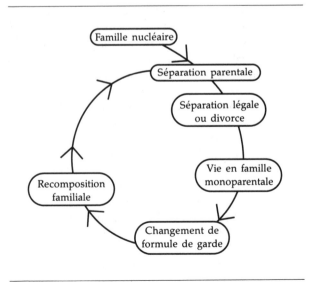

Une fois la séparation réalisée, les parents évolueront éventuellement, mais pas nécessairement, vers une censure légale de leur rupture, ce qui donnera lieu à une séparation légale ou à un divorce. Cloutier et coll. (1989) observent qu'au Québec, près de la moitié des parents séparés qui partagent la garde de leurs enfants ne sont pas divorcés ou séparés légalement, ce qui témoigne d'une volonté d'éviter la judiciarisation du processus de séparation.

Ensuite ce sera l'adaptation à la vie en famille monoparentale, époque dont la longévité moyenne est d'environ 5 ans aux États-Unis (Glick et Lin, 1987). Après cette période d'ajustement souvent marquée par une diminution significative du niveau socio-économique de la famille, il y aura éventuellement une nouvelle union parentale. Glick et Lin (1987) estiment que 75 % des femmes et 80 % des hommes américains se remarient.

Au Québec, le remariage officiel est beaucoup moins fréquent qu'aux États-Unis ; il est difficile d'estimer statistiquement une longévité moyenne de la famille monoparentale mais, pour une majorité d'enfants, le père biologique ne sera pas remplacé de façon stable par un nouveau conjoint de la mère. Le type de garde adopté après la séparation semble relié à la probabilité de recomposition. Par exemple, Drolet et Cloutier (1989) observent que 26 % seulement des mères qui ont la garde de leur enfant vivent une nouvelle union, tandis que 48,3 % de celles qui partagent la garde de leur enfant vivent en famille recomposée. Du côté des hommes, 59 % de ceux qui n'assument pas la garde (parce que c'est leur conjointe qui l'assume) vivent une nouvelle union comparativement à 42 % pour ceux qui partagent la garde. Ainsi, le partage de la garde des enfants après la séparation aurait un effet égalisateur des chances de recomposition de couple pour l'homme et la femme. Ces données doivent cependant être avancées sous réserve de l'évolution rapide de la situation des familles nouvelles au Québec et au Canada.

L'adaptation à la famille recomposée représente un nouveau défi pour l'enfant et ses parents. Il semble que les filles aient plus de difficultés que les garçons à s'ajuster à la venue de nouveaux membres dans la famille mais pour les deux sexes, surtout à l'adolescence, il y a risque de résurgence de problèmes de comportement et de difficultés relationnelles, la venue d'un nouveau parent dont on ne connaît pas vraiment le rôle pouvant constituer une menace pour ces jeunes (Bray, 1988 ; Hetherington et coll., 1989). Un certain nombre d'études ont amené à constater que l'intégration du nouveau conjoint représente un défi considérable d'ajustement familial, mais que cela se faisait plus facilement lorsque ce nouveau parent prend le temps d'établir une relation de confiance avec les enfants, tout en situant clairement sa position plutôt que de tenter de jouer le rôle du père traditionnel qui décide et exerce son autorité sur les enfants (Hetherington, Cox et Cox, 1985 ; Bray, 1988 ; Blais, 1987). En fait, le nouveau parent ne sera jamais le parent biologique et ne s'intégrera pas dans un rôle familial autre que celui de « conjoint de la mère » tant que l'enfant ne l'aura pas adopté comme parent.

Enfin, le cycle des réorganisations familiales évoluera éventuellement vers une nouvelle séparation parentale. En effet, les chances que la famille recomposée ne survive pas sont encore plus élevées que celles de la famille initiale (Hetherington et coll., 1989). Pour sa part, Furstenberg (1988) mentionne que plus de un enfant sur dix vivra deux séparations conjugales ou plus dans la famille avant d'atteindre l'âge de 16 ans.

Chose certaine pour l'enfant, un changement de formule de garde ou une recomposition familiale peut constituer une réorganisation de vie aussi importante que la séparation initiale. Aussi est-il important de concevoir la séparation parentale non pas comme un événement ponctuel isolé, mais comme le début d'un cycle impliquant une série d'étapes possibles, chacune ayant un effet potentiellement important pour le vécu de l'enfant. Dans notre contexte social actuel, les familles réorganisées ne constituent plus un phénomène marginal ; les réactions des enfants aux transitions de leur famille sont variées, et certains enfants s'y adaptent bien. La recherche se tourne maintenant vers l'identification des facteurs d'adaptation, car les connaissances dans ce secteur font encore défaut.

16.2.6 L'intervention auprès des enfants vivant une séparation parentale

Comment aider l'enfant à mieux traverser la crise familiale qu'entraîne généralement la séparation de ses parents ? Un certain nombre de programmes d'aide aux enfants dont les parents se séparent ont vu le jour au cours des dernières années. Généralement, leur application est prévue en milieu scolaire (Cantor, 1977 ; Kalter, Pickar et Lesowitz, 1984 ; Pedro-Carroll et Cowen, 1985 ; Pedro-Carroll, Cowen, Hightower et Guare, 1986) ou en services communautaires (Guerney et Jordan, 1979 ; Kessler et Bostwick, 1977). De tels programmes prennent souvent la forme d'un groupe de soutien offert à l'enfant. L'objectif général de ces interventions est de prévenir les problèmes affectifs, comportementaux et scolaires souvent associés à la crise qui entoure la rupture conjugale des parents. Afin d'obtenir une idée de la nature de ce type d'intervention, examinons maintenant les grandes lignes du programme de Pedro-Carroll, dont l'efficacité a été démontrée (Pedro-Carroll et coll., 1985, 1986).

Le programme CODIP de Pedro-Carroll (*Children of Divorce Intervention Program*) poursuit deux buts spécifiques. Premièrement, il s'agit de réduire le stress de la séparation parentale en fournissant à l'enfant un lieu d'échange avec des pairs qui vivent la même expérience que lui. L'enfant est admis dans un groupe animé par un spécialiste compétent et composé de six à huit pairs (nombre plus ou moins égal de garçons et de filles du même groupe d'âge) vivant la même situation familiale. Dans ce groupe, il sera amené à identifier et à partager ses sentiments en ce qui concerne la séparation ; il pourra se défaire de certaines idées erronées et briser son isolement par rapport à sa transition familiale. Donc, le premier but est de réduire le stress relié à la transition familiale en fournissant un lieu d'échange à l'enfant.

Deuxièmement, il s'agit d'aider à acquérir des habiletés pertinentes à l'ajustement post-séparation.

Parmi ces habiletés, nous trouvons celles qui concernent :

1- l'expression appropriée des sentiments comme la colère, la crainte, la tristesse, etc. ;

2- la résolution de problèmes couramment rencontrés dans les familles réorganisées ;

3- l'exploration des diverses possibilités d'arrangements que l'on peut trouver dans les familles séparées.

Le tableau 16.3 décrit les principes de base de l'animation du groupe, les tâches d'ajustement à plus long terme que le programme peut aider à réaliser, et le thème de chacune des 12 rencontres hebdomadaires d'environ une heure prévues par le programme.

Dans ce programme type, il est intéressant de noter l'importance de la place occupée par le travail sur les représentations de l'enfant face à ce qui lui arrive dans sa famille, ce qui lui permet :

1- de « dédramatiser » sa situation en constatant que d'autres vivent la même chose que lui ;

2- de comprendre les différentes facettes de la séparation ;

3- de pouvoir se situer personnellement dans ce contexte ainsi que de se tourner vers l'avenir en conservant une image positive de soi.

16.3 L'ENFANT MALTRAITÉ DANS SA FAMILLE

L'ensemble des données disponibles permet d'affirmer avec certitude que la famille peut exercer une influence déterminante sur le développement de l'enfant. Une telle influence, lorsqu'elle est canalisée vers l'atteinte d'objectifs sains, ne peut qu'être soutenue par la société, mais elle peut aussi être très nuisible à l'épanouissement de l'enfant. C'est le cas des familles qui traitent mal physiquement, sexuellement ou psychologiquement l'enfant. La section qui suit porte sur les mauvais traitements infligés aux enfants dans certaines familles ; elle vise à identifier la nature de ces problèmes et les moyens disponibles pour contrer leurs effets négatifs sur l'enfant.

TABLEAU 16.3 : Description de la structure du programme d'intervention auprès des enfants de familles réorganisées*

Principes de base de l'animation du groupe

- Mettre l'accent sur le soutien affectif de l'enfant tout au long du programme en favorisant l'expression libre des sentiments, le partage ouvert des expériences communes et l'exploration de différentes perspectives dans l'interprétation des situations familiales ;
- Fournir l'occasion à l'enfant de résoudre par lui-même des problèmes interpersonnels et de développer ses compétences à exprimer son agressivité de façon adaptée ;
- Favoriser la réussite de l'enfant en encourageant sa participation au groupe afin d'améliorer son estime de soi.

Tâches d'ajustement à plus long terme que l'enfant doit réaliser en ce qui concerne la séparation et que le programme peut favoriser

- Accepter la réalité de la séparation de ses parents ;
- Se désengager du conflit conjugal et s'occuper de son propre développement ;
- Assumer les multiples pertes que la séparation impose ;
- Surmonter sa colère et se départir de sa culpabilité vis-à-vis de la séparation ;
- Accepter la permanence de la séparation ;
- Conserver des espoirs réalistes pour ses propres relations interpersonnelles futures.

Thèmes des 12 sessions de groupe prévues par le programme

1- Apprendre à se connaître ;
2- Comprendre les changements qui surviennent dans la famille ;
3- S'ajuster au changement ;
4- S'initier à la résolution des problèmes interpersonnels ;
5- Apprendre à résoudre des problèmes interpersonnels (jeux de rôle), 1re séance ;
6- Apprendre à résoudre des problèmes interpersonnels (jeux de rôle), 2e séance ;
7- Simuler une table ronde d'experts sur la séparation où les rôles sont tenus par les enfants ;
8- Comprendre la colère et s'y ajuster (identification et exploration) ;
9- Comprendre la colère et s'y ajuster (expression par différentes méthodes) ;
10- Connaître les différents types de famille (exploration des structures possibles) ;
11- Identifier des activités intéressantes faites lors des sessions antérieures et échanger des rétroactions positives avec les membres du groupe ;
12- Réussir à bien terminer cette expérience de groupe : vivre la fin du groupe comme la fin d'une relation avec expression des sentiments, évaluation de l'expérience et regard vers le futur.

---

* Élaboré à partir de PEDRO-CARROLL, J.L. (1985) *The Children of Divorce Intervention Program. Procedures Manual*, Rochester (N.Y.), Center for Community Study, University of Rochester.

16.3.1 Les types de mauvais traitements envers les enfants

Cinq grandes catégories de mauvais traitements envers les enfants peuvent être identifiées ; une seule concerne directement la violence physique :

1- les mauvais traitements physiques : agression physique pratiquée sur l'enfant avec pour consé-quences possibles, outre la douleur infligée, des séquelles observables sur le corps (ecchymoses, coupures, brûlures, fractures, etc.) ;

2- l'abus sexuel : attouchements sexuels, coït, exploitation de l'enfant à des fins sexuelles ;

3- négligence physique : défaut de pourvoir à des conditions physiques de vie suffisantes pour les besoins de base de l'enfant (nourriture, hygiène, soins de santé, vêtements, logement, protection physique) ;

4- négligence émotionnelle : défaut de pourvoir à la dose minimale de soutien émotionnel et d'affection requise pour l'équilibre affectif de l'enfant ;

5- les mauvais traitements psychologiques : actions qui perturbent le fonctionnement cognitif, émotionnel ou social de l'enfant (rejeter, humilier, ridiculiser, effrayer l'enfant, etc.).

Comment distinguer ce qui constitue un acte violent dans la famille de ce qui n'en est pas un ? Plusieurs facteurs peuvent entrer en ligne de compte dans l'évaluation d'un problème de violence familiale :

1- la nature de l'acte (son caractère, sa fréquence et son intensité) ;

2- l'effet de l'acte violent sur la victime ;

3- l'intention de l'auteur ;

4- l'influence du contexte circonstanciel ;

5- les normes culturelles locales définissant les conduites appropriées ou pas (Emery, 1989).

À une époque de l'histoire ou dans une culture donnée, nous pouvons savoir ce qui est considéré comme une conduite parentale abusive envers un conjoint ou envers un enfant, mais cette conduite ne sera pas nécessairement abusive dans une autre culture ou à une autre époque. Nous savons aussi que certains contextes de stress extrême (guerre, situation de survie, etc.) peuvent modifier les standards qui régissent les rapports entre les personnes. Au-delà de la difficulté de tracer une frontière précise entre ce qui constitue un acte abusif et un autre, il demeure que certaines conduites sont reconnues localement comme clairement inacceptables ; ce sont ces comportements qui constituent les conduites dites abusives. Dans les cas où le mauvais traitement est clair, par abus ou par négligence, la *Loi de la protection de la jeunesse* requiert un signalement du cas qui, s'il s'avère fondé, peut entraîner une intervention légale auprès de la famille. L'intervention peut conduire au retrait de l'enfant de son milieu familial et à son placement en milieu d'accueil.

16.3.2 La fréquence des mauvais traitements et des abus sexuels

Au Québec, entre 1979 et 1987, plus de 30 000 enfants ont fait l'objet d'un signalement au directeur de la Protection de la jeunesse ; de ce nombre, 10 % concernaient des mauvais traitements physiques ou des abus sexuels d'enfants (Messier et Zeller, 1987). Aux États-Unis, Berk (1989) rapporte que plus de 3,5 % des parents admettent avoir utilisé, au moins une fois au cours de la dernière année, une violence physique qui aurait pu blesser leur enfant de 3 à 7 ans. Sachant que les mauvais traitements signalés concernent davantage des enfants de 1 à 3 ans aux États-Unis (Johnson et Showers, 1985), il devient apparent que cette proportion est inférieure à la fréquence réelle du phénomène chez l'ensemble des enfants.

L'intérêt social vis-à-vis des mauvais traitements infligés aux enfants a connu une croissance très importante au cours des dernières décennies : sont apparus des programmes de prévention de la violence familiale, d'aide aux parents abuseurs, de sensibilisation des enfants à leur droit de faire respecter leur corps, des maisons d'accueil pour femmes violentées et leurs enfants, etc. Le phénomène existait certainement auparavant dans l'histoire, mais la sensibilité sociale à son égard s'est accrue en parallèle avec la reconnaissance des droits des enfants en tant que citoyens à part entière. Aujourd'hui, la *Loi sur la protection de la jeunesse* demande aux citoyens de signaler les abus sérieux constatés dans leur entourage et, advenant la reconnaissance du fondement du signalement, des mesures sont prises pouvant aller jusqu'à la prise en charge de l'enfant en besoin de protection. Après plusieurs années de pratique toutefois, il apparaît que l'État arrive bien mal à remplacer la famille auprès de l'enfant. Le système social de prise en charge est coûteux et rapidement débordé par les urgences. En fait, le placement de l'enfant en famille d'accueil ou en centre d'accueil est souvent accompagné de problèmes qui, non seulement ne pansent pas les blessures des jeunes maltraités, mais ajoutent à leur handicap au sujet de leur développement.

16.3.3 L'origine des mauvais traitements physiques infligés aux enfants

Les premières recherches sur l'origine des conduites parentales abusives ont posé l'hypothèse de la présence de psychopathologie chez les parents concernés (Kempe et coll., 1962). Il est apparu par la suite que seulement 10 % des parents abuseurs affichaient des troubles mentaux comme tels (Messier et Zeller, 1987). Les conceptions contemporaines de l'origine des conduites abusives mettent en cause l'interaction entre les caractéristiques personnelles des parents, les caractéristiques des enfants et les contextes situationnels dans lesquels se trouve la famille.

Du côté des caractéristiques parentales, les dimensions suivantes sont couramment retenues en tant que facteurs de risques :

1- une histoire personnelle d'abus ou de négligence dans la famille d'origine ;

2- des connaissances déficientes en matière d'éducation de l'enfant, souvent associées à une faible scolarité, qui amènent le parent à avoir des stratégies de résolution de problèmes inadéquates et des attentes irréalistes à l'égard de ce que l'enfant peut faire compte tenu de son âge ;

3- une faible tolérance à la frustration occasionnée par des situations courantes telles que les pleurs de l'enfant, sa désobéissance, etc. ;

4- une mauvaise maîtrise de ses pulsions agressives (Bouchard et Desfossés, 1989 ; Cloutier, 1985a ; Laosa, 1982 ; Roy, 1987 ; Spinetta et Rigler, 1972).

Ces caractéristiques ne sont pas sans liens les unes avec les autres. D'abord, les parents qui ont eux-mêmes été l'objet d'abus dans leur enfance ont appris que ce mode relationnel entre parent et enfant était possible sinon acceptable. Ensuite, ces parents maltraités, frustrés émotionnellement dans leur propre enfance, sont souvent absorbés par leurs propres besoins et disposent de peu de ressources et d'informations. Ils peuvent alors rechercher la satisfaction de ces besoins auprès de leurs propres enfants et devenir abuseurs devant l'incapacité de ces derniers à combler leurs attentes irréalistes.

Certaines caractéristiques de l'enfant ont aussi été identifiées comme facteurs de risques d'abus. Ces caractéristiques concernent généralement des enfants qui demandent plus de soins ou d'attention aux parents que les autres, en raison par exemple d'un faible poids à la naissance (bébés prématurés ou présentant un retard du développement), qui ne dorment pas leurs nuits, sont plus irritables, ou encore des enfants présentant un tempérament difficile, un handicap physique ou mental, ce qui alourdit considérablement la tâche parentale (Ayoub et Jacewitz, 1982 ; Cloutier, 1985a).

Du côté des caractéristiques situationnelles, des travaux récents de perspective écologiste ont identifié les éléments suivants comme facteurs de risques d'abus ou de négligence :

1- les conflits conjugaux ;

2- l'isolement social de la famille se caractérisant par un réseau restreint de contacts ;

3- le chômage des parents ;

4- certaines valeurs de l'environnement culturel comme la tolérance à la violence, à la négligence ou à l'abus (Belsky, 1981 ; Bouchard et Desfossés, 1989 ; Emery, 1989 ; Garbarino et coll., 1982).

La transmission entre générations de la violence envers les enfants a retenu l'attention de façon particulière en tant que facteur de risque. Freedman (1975) et Herrenkohl, Herrenkohl et Toedter (1983) ont mené des études qui ont permis de retracer la présence de mauvais traitements envers les enfants dans quatre générations successives. Si tous les enfants maltraités ne deviennent pas eux-mêmes parents abuseurs, plus de 30 % selon Kaufman et Zigler (1987) le deviendraient éventuellement, ce qui appuie l'idée que l'expérience vécue par l'enfant dans sa propre famille d'origine influence significativement les pratiques parentales qu'il aura ultérieurement en tant que parent.

16.3.4 L'abus sexuel des enfants dans leur famille

Dans plus de 75 % des cas, l'inceste concernerait un père et sa fille ; il débuterait au moment où celle-ci est âgée entre 6 et 11 ans, mais peut surgir beaucoup plus tôt ou plus tard qu'à l'intérieur de cette étendue d'âge (Gupta et Cox, 1988). Souvent, les victimes ont de la difficulté à identifier le moment où l'abus sexuel a commencé comme tel, parce qu'il s'est installé graduellement, des comportements faisant partie de la normale (baisers, caresses, etc.) évoluant petit à petit vers des activités clairement sexuelles (masturbation, contacts oraux-génitaux, etc.). Ainsi, au moment où l'enfant prend conscience de ce qui lui arrive, il peut ressentir de la honte à l'égard de sa participation antérieure à ces actes ainsi que de l'humiliation qui peuvent l'empêcher de dévoiler l'abus. L'inceste peut cependant prendre différentes formes, allant de l'évolution subtile et graduelle décrite plus haut à l'assaut violent sous l'effet de drogue ou d'alcool. Contrairement à ce que l'on pourrait penser, le profil type du père abuseur n'est pas celui d'une « bête sexuelle » incapable de se contenir face à des conquêtes potentielles, mais plutôt celui d'un homme autoritaire dans sa famille et perçu dans sa communauté comme rangé, conformiste et bon père de famille. L'isolement social de la famille, l'absence de communication ouverte entre les membres de la famille, la passivité de la mère devant l'autoritarisme du père ont souvent été mentionnés comme faisant partie du tableau familial.

Le dévoilement, c'est-à-dire la dénonciation de l'abus sexuel à l'extérieur de la famille est considéré comme une arme très puissante pour contrer l'inceste : à partir du moment où la situation est connue, il n'est plus possible de camoufler la situation ; des mesures sont requises par la loi et par le sens commun. Toutefois, la crainte des conséquences énormes de ce dévoilement (effondrement de la famille, réputation salie à jamais, haine des membres de la famille se retournant contre la victime) exerce une sorte de chantage puissant contre la divulgation de l'inceste par l'enfant, sa mère et les autres membres de la famille qui en sont conscients.

Au cours des dernières années, bon nombre de programmes préventifs ont été mis sur pied dans le but de munir l'enfant des connaissances et des habiletés nécessaires pour se protéger lui-même. On peut alors parler de programmes d'autodéfense. Appliqué en milieu scolaire, dans les services communautaires ou même à la télévision, ce type de programme est considéré comme potentiellement puissant parce qu'il permet de désamorcer le processus d'abus par son dévoilement précoce : avant que l'abus ne s'actualise comme tel, l'enfant peut le dénoncer parce qu'il est habilité à distinguer ce qui est adapté de ce qui est inacceptable, et qu'il sait que sa position est légitime même s'il s'agit de son père. Malgré le potentiel important que « l'autodéfense » peut avoir, en contexte de violence ou lorsque l'enfant est en très jeune âge, il reste sans défense face à l'agresseur sexuel. Il appartient à l'environnement social d'être vigilant et d'intervenir pour protéger la jeune victime.

Gupta et Cox (1988) fournissent certains indicateurs susceptibles de traduire la présence d'abus sexuel chez l'enfant dans la famille :

... la présence à la maison de pornographie mettant en jeu des enfants ; des blessures physiques inexpliquées ou des problèmes anaux ou génitaux chez l'enfant ; des périodes soudaines de retrait et d'inhibition chez un enfant habituellement extériorisé ; des absences scolaires imprévues et répétées ; une fugue de la maison ; des changements radicaux dans les habitudes d'hygiène et de propreté (toilette) chez le jeune enfant. Dans tout cas soupçonné d'inceste, un examen médical complet devrait être la première étape. Une entrevue devrait aussi être menée auprès de l'enfant. Est-ce que la famille a vécu une épreuve récemment ? Y a-t-il eu mariage ou remariage ? L'enfant se sent-il responsable des problèmes familiaux ? Est-ce qu'il y a abus de drogue ou d'alcool dans la famille ? Y a-t-il des indices de violence familiale ? L'enfant se montre-t-il particulièrement défensif à l'égard d'un de ses parents ? La famille est-elle isolée socialement ? Y a-t-il des précédents d'abus sexuel dans la famille ? Ce type de questions peut certainement dévoiler autre chose que de l'inceste, mais leur chevauchement peut aider le praticien à évaluer la vraisemblance de l'inceste. (Gupta et Cox, 1988, p. 310.)

16.4 LA GARDERIE

Un peu de la même façon que pendant plusieurs années la recherche s'est posé la question des effets de la séparation parentale sur le développement de l'enfant, pendant plusieurs années aussi la recherche avait pour but de répondre à la question « quels sont les effets de la garderie sur le développement de l'enfant ? ». Derrière cette question se trouvait une comparaison implicite entre l'enfant gardé dans sa famille par sa mère et l'enfant fréquentant la garderie. Quels sont les effets d'une séparation quotidienne de la mère et de son enfant par rapport à l'attachement mère—enfant ? Quels peuvent être les effets à long terme du contact soutenu entre le jeune enfant et des éducatrices qui ne sont pas ses parents ? Conséquence d'une préoccupation sociale des années 60-70 à l'égard de ce nouvel agent de socialisation que constituait la garderie publique, ce type de questions n'a jamais vraiment connu de réponse. Les effets de la garderie sur l'enfant dépendent de la garderie d'une part et de l'enfant d'autre part ; il s'agit d'un processus interactif complexe qui ne permet pas d'isoler des effets généralisables à tous. À cela s'ajoute aussi la difficulté de comparer les familles où la mère travaille à l'extérieur avec celles où la mère reste à la maison : les enfants de garderie fréquentent un autre milieu social que leur famille, mais leur famille est elle-même différente du fait que les deux parents travaillent.

Avec les années, la fréquentation de la garderie est devenue un phénomène courant dans la vie des enfants d'âge préscolaire ; les besoins de services de garde créés par le travail des deux parents à l'extérieur du foyer n'ont cessé de s'accroître. Nous avons vu plus haut que la majorité des mères canadiennes d'enfants d'âge préscolaire occupent un emploi à l'extérieur du foyer. Par ailleurs, la chute de la natalité fait qu'une majorité d'enfants n'ont pas de frères et de sœurs dans leur famille, de sorte que les parents peuvent trouver une réponse aux besoins sociaux de leur petit dans la société de pairs qu'offre la garderie. En conséquence, la fréquentation de la garderie n'est plus un phénomène marginal, et elle ne sert plus seulement les parents mais aussi les enfants eux-mêmes.

16.4.1 Les services de garde disponibles

Les services de garde scolaires

Depuis un certain nombre d'années, les ministères responsables des services de garde ont tendance à intégrer dans leurs statistiques les services de garde scolaires encadrant les enfants avant et après les heures de classe, en plus de ceux destinés aux enfants d'âge préscolaire.

En décembre 1988, le Conseil national du bien-être du Canada indiquait que 1,9 million d'enfants de moins de 13 ans avaient besoin d'un type quelconque de service de garde parce que leurs parents travaillaient ou étudiaient à l'extérieur du foyer, mais il n'y avait pour eux que 13 % de places en garderies agréées. Un service agréé est un service reconnu dans le public et soumis à la réglementation officielle en matière de santé et de sécurité, de capacité d'accueil de l'organisme, d'espace disponible par enfant, du rapport enfants—éducatrice selon l'âge, de programmes d'activités, etc. Les normes varient considérablement selon qu'il s'agit de nourrissons, d'enfants d'âge préscolaire ou en milieu scolaire. Ici nous ne pouvons placer ces différents services sur un même pied : l'effet psychologique de la garderie préscolaire publique où l'enfant passe plus de temps que ses aînés en passent à l'école ne peut certainement pas être confondu avec celui de la garde scolaire accueillant l'enfant quelques heures avant ou après l'école.

La garderie scolaire est un service d'appoint axé sur l'encadrement des enfants après ou avant l'école (le midi par exemple) qui seraient autrement laissés à eux-mêmes, leurs parents n'étant pas disponibles pour les superviser à ces heures. On observe cependant une volonté grandissante de munir ces services de garde scolaires d'objectifs éducatifs propres et non pas de leur demander seulement d'assurer un « passage du temps » sécuritaire pour les enfants.

Les « enfants à la clé »

Une proportion importante d'enfants d'âge scolaire ont donc besoin de services de garde avant ou après les heures de classe. Toutefois, ces enfants ne sont pas tous encadrés dans un service de garde ; ceux qui rentrent chez eux et passent du temps seuls, en l'absence de supervision adulte après l'école, sont appelés « enfants à la clé ». La prise de conscience de ce phénomène a soulevé des craintes quant aux risques potentiels associés à cette carence d'encadrement (Steinberg, 1986). Aux États-Unis, Bruno (1987) rapporte que 7 % des 5-13 ans passent du temps sans supervision après l'école. Ce manque de supervision a été associé, chez les adolescents, à des risques de comportements antisociaux en raison d'une susceptibilité à l'influence du groupe en l'absence d'encadrement (Steinberg, 1986).

Plus récemment, Cain et Hofferth (1989) se sont rendu compte que le nombre d'enfants à la clé n'est pas si élevé qu'on le croit, et que les enfants concernés ne sont pas ceux que l'on imagine non plus. Leurs données, issues de 60 000 foyers américains, indiquent que la majorité des 5-13 ans passant du temps seuls à la maison proviennent non pas de familles pauvres qui ne peuvent se payer un service de garde, mais plutôt de foyers de classe sociale moyenne ou élevée, résidant en banlieue, qui se gardent par eux-mêmes une moyenne de deux heures par jour seulement et sont probablement considérés comme responsables et mûrs par leurs parents. Une minorité seulement de ces enfants auraient un profil présentant des risques de vivre des problèmes parce qu'ils sont plus jeunes (5-7 ans) ou passent plus de temps seuls (plus de trois heures par jour sans supervision d'un adulte). Les auteurs mentionnent toutefois que même pour ces derniers, on ne sait pas exactement ce qu'ils font pendant le temps où ils sont laissés à eux-mêmes et on ne connaît pas encore vraiment les conséquences psychologiques réelles d'une telle absence de supervision.

Les garderies préscolaires

Quant aux enfants d'âge préscolaire, clientèle plus typiquement associée à la garderie comme telle, les besoins ont nettement continué à dépasser la capacité d'accueil des services accrédités depuis 20 ans. Il y a 10 ans, Cloutier et Tessier (1981) fournissaient

la répartition des services décrite à la figure 16.5 selon les types de services de garde. Ces proportions apparaissent encore valables aujourd'hui. Compte tenu du fait que l'augmentation de la demande a été plus rapide encore que l'augmentation du nombre de places disponibles, il est même probable que les proportions fournies au tableau 16.5 surestiment un peu l'importance des garderies publiques, c'est-à-dire des garderies de groupe : au Canada, la grande majorité des enfants continuent d'être gardés dans des milieux qui ne sont pas agréés et sur lesquels aucun contrôle de qualité n'est exercé.

Il existe des programmes de subventions gouvernementales pour aider les familles moins bien nanties à offrir des services de garde de qualité à leurs enfants. Ces programmes sont cependant rela-

FIGURE 16.5 : Répartition des places en garderie dans les trois zones de services de garde dans la région de la ville de Québec

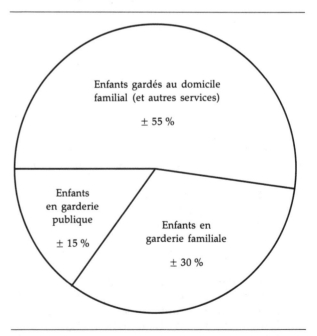

Source : Cloutier, R. et Tessier, R. (1981) *La Garderie québécoise : analyse des facteurs d'adaptation*, Québec, Laliberté, p. 64.

tivement complexes, le plus souvent ils n'offrent qu'une aide partielle au paiement des services et ils font souvent l'objet de modifications. Le Conseil national du bien-être social du Canada (1988) indique que 15 % seulement des familles canadiennes admissibles (14 % au Québec) à une subvention pleine ou partielle recevaient effectivement de l'aide gouvernementale pour les frais de garde en 1987 :

La pénurie de places et l'absence de subventions complètes obligent de nombreux parents à faible revenu à se tourner vers d'autres formules de soins de garde qui sont souvent de piètre qualité. (Conseil national du bien-être social du Canada, 1988, p. 13.)

Au Canada, il s'agit d'un bel exemple de programme social qui n'atteint pas son objectif. Même dans notre contexte démographique où le soutien à la famille devrait être valorisé prioritairement, la garderie préscolaire publique est encore loin de jouir d'un appui social franc, du même type que celui dont l'école bénéficie. C'est en ayant bien à l'esprit cette position sociale fragile des garderies que nous abordons la question des effets de la garderie sur l'enfant.

16.4.2 Les effets de la garderie préscolaire sur l'enfant

Il n'est pas possible de généraliser à tous les enfants et à toutes les garderies les effets observés au moyen d'une recherche dans un milieu donné. Tenant compte de cette limite importante, nous tenterons ici de tracer le profil connu des effets de la garderie sur le développement de l'enfant.

Les travaux menés au cours des années 1970 pour comparer des enfants fréquentant la garderie avec des enfants élevés à la maison ont principalement été effectués dans des garderies de qualité supérieure quant au rapport enfants—éducatrice, à la formation du personnel et aux ressources matérielles disponibles. De façon générale, ces études n'ont pas identifié de différences relatives au développement entre les enfants fréquentant une garderie et ceux qui restaient à la maison. Par la suite cependant, au cours des années 1980, des études ont montré que la

fréquentation régulière d'un service de garde de mauvaise qualité avait des effets négatifs sur l'attachement mère—enfant. On a en effet observé que, dans ce contexte, l'enfant était plus susceptible de développer un attachement de type « esquivé »[1] à l'égard de sa mère, c'est-à-dire un rapport moins sécurisant et marqué par l'ambivalence entre la recherche du contact et la fuite du contact avec la mère. Les compétences de l'enfant à résoudre des problèmes, son obéissance et sa coopération envers ses parents seraient moindres que celles de l'enfant gardé à la maison (Vaughn, Gove et Egeland, 1980 ; Vaughn, Deane et Waters, 1985). Il faut toutefois mentionner que les enfants fréquentant des garderies de mauvaise qualité sont plus souvent que les autres issus de familles moins bien munies et moins organisées, de sorte que l'effet particulier de la garderie est difficile à isoler de celui de la famille elle-même.

Dans sa revue des écrits sur les effets de la garderie, Clarke-Stewart (1989) constate que les enfants qui fréquentent régulièrement une garderie publique pendant leur enfance, surtout ceux qui commencent avant 1 an, ont tendance à être moins obéissants à l'endroit des adultes et plus agressifs envers leurs pairs. L'auteure interprète cependant cette tendance, non pas comme une inadaptation, mais plutôt comme le reflet d'une plus grande exigence et d'une plus grande indépendance :

Les enfants qui ont passé du temps en garderie peuvent être plus exigeants et indépendants, plus désobéissants et agressifs, plus directifs et frondeurs que leurs pairs restés à la maison, parce qu'ils veulent que les choses se passent à leur façon mais n'ont pas les habiletés sociales pour y arriver doucement, et non pas parce qu'ils sont inadaptés. (Clarke-Stewart, 1989, p. 269.)

Sur le plan intellectuel, les travaux disponibles indiquent que la fréquentation régulière d'une garderie publique est associée à des gains aux tests d'intelligence, mais que cette supériorité par rapport aux enfants gardés au domicile familial constitue une accélération temporaire ; en effet, lorsque les enfants

---

1. Terme repris de Pomerleau et Malcuit, 1983.

gardés à la maison entrent à la garderie, à la maternelle ou à l'école, ils rattrapent les autres rapidement sur ces tests (Clarke-Stewart et Fein, 1983). C'est comme si le monde social de la garderie, de la maternelle ou de l'école éveillait le jeune à certaines habiletés cognitives dont l'acquisition précoce donnerait une avance qui n'est pas permanente.

Sur le plan social, Clarke-Stewart (1987) et Haskins (1985) ont observé que la compétence des enfants de garderie était plus grande lorsqu'ils avaient participé à des programmes d'activités bien structurés, incluant des contacts avec des éducatrices compétentes et chaleureuses et des contacts avec des enfants plus vieux et plus habiles qu'eux. Vandell et Corasaniti (1988), pour leur part, ont observé que les garçons avaient plus tendance à développer les côtés négatifs associés à l'expérience de la garderie (agressivité et désobéissance), tandis que les filles avaient tendance à développer surtout les aspects positifs reliés à cette expérience (compétence sociale).

16.4.3 Les indices de qualité d'une garderie publique

Il apparaît aujourd'hui que les effets de la garderie sur le jeune résultent de l'interaction entre les caractéristiques de l'enfant, celles de sa famille et celles de la garderie fréquentée. Quelles sont les bases à partir desquelles il est possible d'évaluer la qualité d'une garderie préscolaire ? Les facteurs suivants sont couramment utilisés au Québec comme dimensions évaluatives.

1- La qualité des lieux physiques
   - l'espace intérieur disponible par enfant, soit un minimum de 4 m² par enfant pour les moins de 18 mois et de 2,75 m² pour les 18 mois et plus ;
   - l'espace extérieur disponible par enfant, soit un minimum de 4 m² dans un espace clôturé pouvant accueillir au moins le tiers du total des enfants fréquentant la garderie ;
   - l'architecture intérieure des espaces de service, c'est-à-dire espace d'accueil, vestiaire, toilettes, lavabos, salle de lavage, salles de repos et de repas, salles réservées aux activités spécialisées, cuisine, etc. ;
   - le système de ventilation, cet élément étant très important pour la qualité de l'air et pour contrer la contagion virale entre les enfants ;
   - les fenêtres et l'éclairage naturel des lieux intérieurs et l'ensoleillement des espaces extérieurs ;
   - l'insonorisation intérieure et le niveau sonore extérieur.

2- Les ressources humaines
   - le nombre total d'enfants fréquentant la garderie, une capacité d'accueil de plus de 60 enfants plaçant la garderie au rang des grosses garderies, ce qui peut comporter certains désavantages, notamment en ce qui concerne la particularisation des rapports entre les personnes ;
   - le rapport enfants−éducatrice : chez les moins de 18 mois une éducatrice ne doit pas avoir plus de cinq enfants à sa charge, tandis que chez les plus de 18 mois elle peut s'occuper d'un groupe de huit enfants ;
   - la constance et la formation du personnel : quelles sont les compétences des éducatrices ? quel est le roulement du personnel ?
   - la structure administrative de la garderie : s'agit-il d'une garderie à but lucratif ? qui fait partie du conseil d'administration ? comment les parents sont-ils représentés dans les instances décisionnelles ?
   - le personnel de soutien aux éducatrices, la présence d'une coordonnatrice, d'une réceptionniste, d'une cuisinière, de personnel d'entretien ménager, de parents bénévoles réguliers constituant un avantage potentiel quant au soutien organisationnel ;
   - les mécanismes de communication entre la garderie et la famille : existe-t-il un journal de garderie ? quels sont les objectifs d'intégra-

tion éducative famille—garderie ? quelle est la fréquence des rétroactions aux parents concernant l'évolution de l'enfant dans son milieu ? existe-t-il un programme de rencontres de l'éducatrice avec les parents concernant chaque enfant ? les parents entre eux ?

— la résolution de problèmes tels les urgences de santé, l'agressivité en garderie, les difficultés de transition famille—garderie, etc.

3- Les ressources éducatives

— le programme d'activités offertes aux enfants : que font les enfants pendant la journée ? quels sont les buts éducatifs poursuivis et les activités pour les atteindre ? comment évalue-t-on le développement de l'enfant ?

— les activités spéciales thématiques : combien de sorties extérieures sont prévues par année (visites, excursions, etc.) ? Y a-t-il parfois des personnes-ressources invitées ? Est-ce que des thèmes regroupent des activités particulières ?

— le matériel éducatif et les équipements de jeu adaptés aux groupes d'âge ;

— les mécanismes de suivi des progrès de l'enfant : développement d'habiletés motrices, verbales, sociales, etc.

Chacune de ces dimensions peut faire l'objet d'un questionnement par les parents désireux de confier leur enfant à un service de garde. Normalement, la garderie devrait être en mesure d'apporter une réponse à ces questions. Il appartient à la famille d'être vigilante sur la qualité des services et d'accorder au moins autant de soin au choix de sa garderie qu'à celui de sa voiture... Il importe en effet de fonder son choix sur d'autres critères que la simple proximité physique de la garderie et de la résidence familiale.

La garderie publique est un milieu social intense où l'enfant passe plus de 90 % de son temps en présence de quelqu'un d'autre. Cependant, il est facile de concevoir que cette omniprésence sociale, si elle n'est pas bien canalisée, puisse dégrader la qualité de la vie en éliminant l'intimité personnelle des tout-petits. Il s'agit d'un milieu potentiellement très riche mais dont la santé est fragile (Cloutier, 1985b).

En tant qu'agent de socialisation, la garderie est certainement là pour rester mais du côté de l'État, au Québec et au Canada du moins, on a constamment abordé les besoins des petits « petit à petit » et le soutien aux familles continue d'être très imparfait en ce domaine ; il reste du chemin à faire pour découvrir que la garderie, ce n'est pas qu'un service de garde offert aux parents qui travaillent mais aussi un service éducatif important pour l'enfant.

16.5 L'ÉCOLE

Le peuple qui a les meilleures écoles est le premier peuple ; s'il ne l'est pas aujourd'hui, il le sera demain. (Périer, 1888.)

16.5.1 L'école en tant que milieu social

Intuitivement, nous savons que l'école joue un rôle important dans le processus de socialisation de l'enfant : la grande majorité d'entre nous avons la conviction que nos longues années d'école ont laissé une marque en nous. Nous savons qu'une bonne partie de nos connaissances de base ont été acquises à l'école, mais les souvenirs spontanés sur la scolarisation portent davantage sur la société scolaire que sur le programme scolaire comme tel. Par exemple, nous pouvons nous souvenir des personnes qui nous entouraient en 3e ou en 5e année du primaire peut-être plus facilement que des éléments du programme scolaire propres à ces années. Nous gardons généralement un meilleur souvenir des caractéristiques de l'environnement scolaire que des caractéristiques des programmes scolaires, même si nous n'avons pas oublié pour autant les contenus acquis dans son cadre.

Au contraire, la psychologie s'est intéressée de beaucoup plus près à l'apprentissage des contenus éducatifs qu'aux effets sociaux de l'école. Dans la section qui suit, c'est la dimension sociale de l'école qui nous intéresse, en tant que reflet de la culture et agent significatif de socialisation de l'enfant.

L'école est le foyer d'acquisition d'une grande variété de compétences en marge des contenus du programme. L'enfant y apprend à entrer en rapport avec des modèles adultes qui ont leur style propre de gestion de leur autorité, il y apprend à se faire une place parmi un groupe de pairs, à se faire des amis, à régler des problèmes interpersonnels, à tenir compte des pressions du groupe, à s'adapter aux règles, à gagner et à perdre, à parler en groupe, à assumer des responsabilités communautaires, etc. Chacune de ces zones d'habiletés, non inscrites au programme officiel, n'en conditionne pas moins l'identité que le jeune se donnera au fil des ans.

16.5.2 Le « script » scolaire

En psychologie cognitive la notion de « script » a suscité un intérêt croissant au cours des dernières années (Abelson, 1981 ; Fayol et Monteil, 1988). Le script est un schéma mental qui relie des contextes connus avec les événements qui y surviennent. Le script scolaire est donc la représentation que se fait l'enfant des choses qui se passent normalement à l'école. Voici un exemple qui permet d'en comprendre la nature : « À la fin de sa journée de travail, Pierre avait très faim et il est entré dans un restaurant. Une fois que le placier lui eût assigné une place, Pierre se rendit compte, en lisant le menu, qu'il n'avait pas d'argent ». La plupart des enfants d'âge scolaire pourront vous expliquer en quoi la situation de Pierre peut lui poser un problème : ils savent qu'au restaurant il faut payer ce que l'on consomme ; ce n'est pas gratuit comme à la maison de sorte qu'il faut de l'argent pour manger au restaurant.

À l'école, l'enfant développe progressivement un script du milieu, c'est-à-dire une représentation de ce qui lui arrive dans ce milieu : les lieux, la séquence des événements dans l'horaire de tous les jours, des semaines, etc. Si vous demandez à un enfant « qu'est-ce que l'on fait dans une école ? », il est probable que sa réponse sera le reflet d'une partie de son script de l'école. Cette représentation comportera des lieux et des actions se déroulant selon un ordre usuel. « On va en classe et on écoute la maîtresse, et quand la cloche sonne on va à la récréation et alors on peut jouer. Ensuite on retourne en classe jusqu'à ce que la cloche sonne encore. Dans la classe on ne peut pas parler mais à la récréation on peut jouer comme on veut. »

Dans le script, les actions sont organisées selon les connaissances dont l'enfant dispose et l'importance qu'il leur donne. C'est ce qui fait qu'à cette question « qu'est-ce que l'on fait à l'école ? », la réponse d'un enfant qui ne va pas encore à l'école sera certainement différente de celle d'un enfant de 4e année, les deux réponses étant le reflet de leur représentation mentale de l'école. Quelle est l'utilité du script scolaire pour l'enfant ? Le script servirait de base pour interpréter les événements qui surviennent dans un environnement scolaire connu. Il serait donc un outil de compréhension du milieu et, par conséquent, un outil mental d'adaptation sociale (Abelson, 1981).

À l'école, l'enfant s'attend à ce que certaines choses se produisent ; il s'attend à ce que le professeur joue un rôle de direction, pose des gestes, initie à des activités. Par ailleurs, l'enfant qui a l'habitude de participer activement en classe s'attendra normalement d'avoir à poser des questions, à fournir des réponses, etc. Il aura un script—classe différent de celui qui ne participe pas et qui sera plutôt désarçonné devant l'obligation de répondre verbalement à une question ; de même l'enfant qui réussit bien aux examens aura aussi un script—examen différent de celui qui connaît des échecs. Au contact d'un milieu, on élabore une image qui sert à identifier facilement ce qui est plausible dans ce milieu et ce qui ne cadre pas et est inusité. L'enfant se fait donc une représentation du milieu scolaire qui lui sert de base d'interprétation de ce qu'il y trouve, notamment des rapports entre les personnes.

16.5.3 Les rapports sociaux à l'école inscrits dans l'espace

C'est par le rapport entre les personnes bien plus qu'au contact des contenus scolaires que l'école joue son rôle d'agent de socialisation. La façon dont ces rapports sont gérés s'inscrit dans l'espace même.

Des travaux ont montré que lorsque la densité de la population scolaire était grande (moins de 1,65 m² par élève) dans un contexte de ressources matérielles limitées, l'agressivité avait tendance à augmenter entre les enfants, la compétition pour l'espace et le matériel étant en hausse (Minuchin et Shapiro, 1983). À l'intérieur de certaines limites cependant, une plus grande disponibilité de matériel éducatif pour les enfants peut annuler l'effet de la densité accrue (Smith et Connolly, 1981).

Dans la classe traditionnelle du primaire, plusieurs recherches ont montré que la majorité des interactions élèves—professeur mettaient en jeu des enfants dont le pupitre était placé sur la première rangée en avant ou sur la rangée centrale de l'avant vers l'arrière de la classe (Minuchin et Shapiro, 1983). Par ailleurs, il est connu qu'un arrangement des pupitres en cercle permettant aux élèves de se voir est beaucoup plus propice à leur participation et au maintien de leur attention que l'alignement traditionnel des rangées de pupitres tournés vers l'avant. Quant à la taille de la classe ou de l'école, on a observé qu'une petite classe (moins de 20 élèves) était associée à un rendement scolaire plus élevé (Berk, 1989) tandis que, globalement, une petite école (plus ou moins 500 enfants) est plus favorable à la participation des élèves aux activités parascolaires et susciterait moins de comportements déviants qu'une plus grosse école (1000 enfants et plus (Minuchin et Shapiro, 1983).

L'organisation spatiale est aussi le reflet d'une philosophie éducative. Par exemple, dans une école à aires ouvertes la structure du groupe-classe diffère automatiquement de celle de la classe fermée où le professeur se tient à l'avant, et où les élèves sont alignés en rangées devant lui. Dans la classe à aires ouvertes, la composition spontanée de petits groupes de travail est plus facile et plus fréquente parce qu'elle est légitime dans la formule pédagogique même. Dans ce type de classe qui n'est pas encadrée par des murs mais plutôt située dans un secteur d'un vaste espace ouvert, plusieurs professeurs peuvent intervenir, former une équipe d'enseignement, et leur entrée n'a pas à être annoncée par l'ouverture et la fermeture d'une porte. Le professeur d'un groupe-classe peut venir aider celui d'un autre groupe pendant un certain temps, et même deux groupes peuvent partager des activités.

L'ouverture de l'espace facilite l'ouverture aux autres, à la diversité, à la divergence, tandis que la fermeture de l'espace encourage la convergence, l'homogénéité. Des études ont montré que les enfants étaient plus satisfaits dans un environnement à aires ouvertes, mais cette approche de l'espace scolaire connaît des difficultés d'implantation parce que le rendement moyen des élèves aux examens standardisés dans les matières traditionnelles (français et mathématiques) a parfois tendance à y être plus faible (Berk, 1989 ; Walberg, 1986). Un rendement dans les matières de base (français et mathématiques) a constamment été associé à une approche traditionnelle de l'organisation de la classe où l'accent porte sur la convergence, avec des activités pédagogiques axées sur des objectifs spécifiques de compétence, des contrôles fréquents des acquis, etc. Dans les faits, il semble qu'une telle approche donne de meilleurs résultats si le but est de faire atteindre un certain niveau de compétence par tout le monde. Les approches alternatives à celles de l'enseignement traditionnel rivalisent mal sur ce plan puisque leurs cibles sont moins précises, que l'énergie des élèves et des enseignants n'y est pas seulement investie sur le contenu mais sur le processus d'apprentissage lui-même : apprendre à apprendre y est un objectif important. Cet exemple des écoles à aires ouvertes nous permet de comprendre que, dans une certaine mesure, les valeurs véhiculées par l'école se trouvent dans la gestion même de l'espace et du temps, et que les rapports sociaux des enfants dans leur milieu scolaire sont influencés par l'organisation physique de l'école.

16.5.4 La relation professeur−élève

Au début des années 1970, Silberman a identifié quatre types de relations que le professeur pouvait entretenir avec l'élève dans sa classe :

1- attachement ;

2- intérêt ;

3- indifférence ;

4- rejet.

Plusieurs chercheurs ont vérifié ultérieurement l'observation de Silberman (1971) selon laquelle le professeur était plus souvent attaché aux élèves qui réussissent bien, qui participent et se conforment aux règles de la classe tout en faisant peu de demandes. Les enseignants auraient tendance à s'intéresser aux élèves qui, sans être parmi les plus forts, font des demandes pertinentes à l'activité scolaire et ils ont tendance à être indifférents à l'égard des enfants réservés et silencieux (les élèves « invisibles ») avec lesquels ils n'ont que peu d'interactions. Le plus souvent, les élèves rejetés du professeur seraient ceux qui font beaucoup de demandes déplacées et qui affichent un comportement problématique en classe.

Rosenthal et Jacobson (1968), avec leur étude intitulée *Pygmalion in the classroom*, ont soulevé beaucoup d'intérêt à l'égard de l'influence potentielle des attentes du professeur sur le rendement des élèves (voir sous-section 7.3.4). Par la suite, plusieurs autres chercheurs ont tenté de répliquer à cette étude mais sans succès. La méthodologie de l'étude de Rosenthal et Jacobson (1968) a souvent été critiquée, mais d'autres travaux menés par la suite ont pu vérifier, peut-être de façon moins spectaculaire, que les attentes du professeur à l'égard de l'élève influençaient sa conduite vis-à-vis du jeune, ce qui en retour pouvait agir sur le rendement scolaire. Nous savons maintenant qui si l'attitude du professeur ne peut pas changer le QI de l'enfant en une seule année, elle peut influer sur sa performance scolaire (Minuchin et Shapiro, 1983).

16.5.5 Quelles sont les caractéristiques d'un bon professeur ?

Il n'y a probablement pas de réponse unique à cette question. Un certain nombre de caractéristiques ont cependant été associées au professeur qui aime son travail et dont les élèves réussissent mieux. De façon générale, le professeur qui réussit à intéresser de manière active ses élèves au travail scolaire les conduit aussi à un meilleur rendement. Mais comment arriver à cette participation ?

Les qualités de gestionnaire du professeur entrent en jeu ici :

1- dans une classe bien menée, les activités proposées s'enchaînent les unes aux autres sans perte de temps lors des transitions ;

2- il y a peu de problèmes de discipline parce que le professeur les prévient et intervient très tôt avant qu'ils n'éclosent ;

3- ceci implique que l'attention de l'enseignant se porte sur tous les élèves, dans tous les coins de la classe et non pas sur quelques élèves seulement ;

4- le professeur intervient calmement mais efficacement pour régler les problèmes, clarifier les confusions (Brophy et Good, 1986 ; Chalvin, 1986).

Le résultat de ces qualités de bon gestionnaire est que l'activité de la classe est menée rondement, dans le calme, sans être perturbée par des « crises » ponctuelles ; les pertes d'énergie et de temps étant minimales, les membres de la classe peuvent explorer les contenus de façon plus spontanée, plus détendue, sans constamment être pressés par l'horloge.

16.5.6 Réussir et comprendre

En tant qu'agent de socialisation, le rôle de l'école est fortement conditionné par le degré d'ajustement auquel l'enfant doit parvenir. Échouer à l'école, c'est aussi ne pas aimer l'école. Réussir à l'école, milieu où l'enfant est quelqu'un par lui-même, muni de sa propre identité sans ses parents pour le définir, c'est aussi l'apprentissage de la possibilité du succès autonome. Les réussites à l'école signifient bien plus que de bonnes notes ponctuelles ; elles permettent à l'enfant de saisir comment il peut atteindre le but qu'il s'est fixé de lui-même. Cet apprentissage implique un savoir qui peut durer plus longtemps en mémoire que les contenus scolaires qui en sont le prétexte. L'échec a l'effet contraire, qui est au moins aussi puissant et durable. Le lien que Piaget (1974) établit entre la réussite et la compréhension s'applique bien au vécu scolaire de l'enfant.

Pour en revenir au problème des rapports entre réussir et comprendre, si le passage de l'action à la conceptualisation consiste en une sorte de traduction de la causalité en termes d'implication, on peut alors se demander ce que cet autre système d'expressions ou autre structuration comporte en fait de progrès. Or, l'implication étant connexion entre significations, ce progrès est notable et consiste en ceci que, si les coordinations causales des actions permettent d'atteindre leurs buts matériels, ce qui est un acquis comportant sa valeur mais un acquis limité, le système des implications signifiantes fournit un élément qui n'est compris ni dans les buts ni dans les moyens employés : c'est la détermination des raisons, en dehors desquelles les réussites ne demeurent que des faits sans signification. En un mot, comprendre consiste à dégager la raison des choses, tandis que réussir ne revient qu'à les utiliser avec succès, ce qui est certes une condition préalable à la compréhension, mais que celle-ci dépasse puisqu'elle en arrive à un savoir qui précède l'action et peut se passer d'elle (Piaget, 1974, p. 241-242).

16.5.7 La relation famille—école

En tant que milieu social, l'école possède ses règles, ses valeurs, ses interdits. Tous les enfants n'entrent pas à l'école avec le même équipement pour s'ajuster ; la compatibilité entre les acquis préscolaires de l'enfant, principalement développés dans la famille, peut être grande mais elle peut aussi être faible. Un des problèmes les plus importants que vivent les enfants de milieux défavorisés par rapport à l'école consiste justement à vivre dans une famille qui ne se sent pas proche de l'école, qui pilote mal

l'enfant dans son projet éducatif. En raison de leur histoire personnelle fréquemment colorée d'échecs, les parents de ces enfants ne participent pas facilement à la vie scolaire de leurs enfants ; ils ont tendance à les laisser se débrouiller par eux-mêmes. Lorsque l'enfant réussit effectivement à atteindre les objectifs, cette absence de soutien parental n'est pas tragique, mais lorsque l'enfant éprouve des difficultés, à elle seule l'école n'arrive pas à compenser les retards, et l'enfant peut alors s'enliser dans l'échec de façon durable.

Voici une citation qui fait bien comprendre les racines de cette distance famille—école si nuisible à la réussite de l'enfant à l'école :

Lieu de frustrations, d'expériences pénibles et parfois aliénantes, l'école représente souvent pour ces parents un endroit où ils sont des étrangers. Ils n'entreront pas spontanément dans l'école pour voir ce qui s'y passe et dialoguer avec les enseignants. Si l'on ajoute à cette résistance psychologique une méfiance souvent observée face à l'ensemble des institutions sociales qui représentent pour ces parents les assises d'une société bien établie où ils sont des laissés-pour-compte, on comprendra mieux l'importance des résistances que ces parents ont à vaincre avant d'entrer de plain-pied dans l'école de leur enfant et d'avoir le goût de s'y engager. Ces parents ont souvent un sentiment profond d'impuissance, parce qu'ils pensent qu'ils ne peuvent rien changer à la société et que les jeux sont faits. (MEQ, 1980, p. 70.)

Dans ce contexte, le rôle de l'école est d'apprivoiser la famille afin d'en faire le partenaire éducatif essentiel à la réussite de l'enfant. La famille, en tant que premier agent de socialisation, doit réussir à communiquer avec l'école pour comprendre le rôle crucial qu'elle joue dans l'accompagnement de l'enfant dans son vécu scolaire. Au cours des années de notre scolarisation, combien de fois aurions-nous simplement abandonné l'école si nos parents n'avaient pas été là pour soutenir notre cheminement ? Les professeurs changent, les écoles se transforment mais la famille reste pour l'enfant. Si la famille ne réussit pas dans ce rôle de soutien à l'enfant, la réussite de ce dernier est beaucoup moins probable. C'est en cela que le rôle de socialisation de l'école doit se synchroniser avec celui de la famille.

La participation des parents à la vie de l'école n'est cependant pas chose facile à susciter (Picard, 1983).

16.5.8 La relation entre l'école et la culture d'origine

La participation des parents à la vie de l'école soulève la question de la concordance entre la culture acquise dans la famille et celle que veut transmettre l'école. Si les acquis de l'enfant dans la famille entrent en contradiction ou ne sont pas du tout en chevauchement, il est très probable que l'influence de la famille prédominera. La divergence famille–école que vivent souvent les enfants issus de groupes ethniques minoritaires illustre bien ce phénomène. Ogbu (1988) donne l'exemple suivant basé sur l'observation d'enfants amérindiens de l'Oregon en classe traditionnelle, exemple que nous pourrions probablement transposer chez les Montagnais du Québec :

La structure de participation de la classe implique que l'enseignant interagisse avec les élèves comme groupe unique, en petits groupes ou individuellement, qu'il maîtrise le sujet de discussion, qu'il dirige les activités comme la lecture et qu'il attribue le droit de parole à tour de rôle. Cette structure de participation demande aussi que chaque élève participe, les réponses individuelles étant utilisées pour évaluer les connaissances de chacun. Au contraire, la structure de participation des communautés amérindiennes n'exige rien de cela ; elle ne demande pas à une personne de diriger les activités verbalement. Les activités sont menées par le groupe et l'action du groupe sert de guide aux individus qui choisissent jusqu'à quel point ils participeront. Les enfants qui ont grandi dans cette structure de participation sont devenus habitués à se diriger eux-mêmes avec très peu de tentatives de supervision de la part des plus vieux, et ce beaucoup plus tôt que les élèves blancs de classe moyenne. Ainsi, lors de leur entrée à l'école, les enfants amérindiens observés ne s'attendaient pas à ce que leurs activités soient vérifiées ou dirigées par des adultes ou des pairs. Ayant été socialisés dans cette sorte de conception et de cadre de conduite, les élèves amérindiens font face à l'école à une structure de participation fort différente. Plus spécifiquement, la structure de participation de la classe leur demandait parfois d'assumer un rôle de leadership que les Amérindiens n'aiment pas assumer. L'enseignant les interpellait pour qu'ils répondent individuellement à des questions, ce qu'ils considéraient comme mauvais parce que cela place l'enfant dans une position contraire à ce que veut la structure de participation de leur communauté d'origine. Dans l'ensemble, les enfants amérindiens étaient plus réticents à adopter les idées de leurs professeurs que les non indiens ainsi que les règles d'interaction sociale et d'usage du langage ; ils semblaient ne pas vouloir apprendre : ils oubliaient de lever leur main, ils se promenaient dans la classe et parlaient à leurs amis pendant que le professeur parlait. (Ogbu, 1988, p. 259.)

Comment apporter une solution à ce manque de concordance entre la culture familiale et la culture de l'école ? La stratégie a souvent consisté à forcer l'assimilation des minorités culturelles, à défaut de pouvoir remettre en question la structure scolaire. Les difficultés massives rencontrées dans la scolarisation des minorités, avec pour conséquence le maintien entre générations de l'échec et de l'abandon scolaire, permet de comprendre jusqu'à quel point une école qui ne participe pas à la culture d'origine n'a que peu d'emprise sur les enfants parce qu'elle ne représente pas un agent de socialisation valable.

POST-TEST

1- *Complétez la phrase.* Mère, père, sœur, frère, tante, oncle, cousine, cousin, belle-mère, beau-père, etc. sont autant de référents sociaux basés sur le lien de ....

2- La famille exerce des fonctions bio-psycho-sociales auprès de l'enfant. Énumérez deux fonctions biologiques de la famille auprès de l'enfant.

3- La famille exerce des fonctions bio-psycho-sociales auprès de l'enfant. Énumérez deux fonctions sociales que la famille exerce auprès de l'enfant.

4- À quoi renvoie la notion de *baby boom* après la Seconde Guerre mondiale ?

5- Identifiez deux axes de changement selon lesquels les stades du cycle de vie familiale peuvent être abordés.

6- Quel est l'effet de la dénatalité sur la période de parentalité dans le cycle de vie familiale ?

7- À quoi la notion de « cohorte historique » dans laquelle la famille s'inscrit renvoie-t-elle ?

8- *Vrai ou faux.* Les enfants de familles défavorisées seraient plus sujets que les autres à afficher une faible estime de soi, de la rigidité intellectuelle et un manque de persévérance dans la poursuite d'objectifs professionnels.

9- Bronfenbrenner (1979b) propose quatre contextes dont la présence est reliée à la richesse de la stimulation offerte à l'enfant dans sa famille. En respectant l'ordre de mention, indiquez à quelle appellation renvoie chacun des contextes suivants :

    1) les compétences de la famille à mettre à profit les ressources communautaires disponibles ;

    2) le soutien que la famille donne à l'enfant pour qu'il exerce les habiletés qu'il a acquises ;

    3) le temps passé par une personne plus développée en interaction directe avec l'enfant en vue de favoriser ses apprentissages ;

    a) contexte primaire ;

    b) contexte secondaire ;

    c) contexte tertiaire ;

    d) contexte quaternaire.

10- Qu'est-ce que la théorie de la réussite des parents ?

11- Qu'est-ce que « l'écoute active » dans la méthode *Parents efficaces* de Gordon ?

12- Gordon propose six étapes de résolution de problème dans la méthode sans gagnant ni perdant de *Parents efficaces*. Identifiez-en trois en respectant leur ordre d'application.

13- Quelles sont les deux grandes dimensions qui ont été identifiées comme déterminants majeurs des effets des conduites parentales sur le développement de l'enfant ?

14- En respectant l'ordre de mention, associez chacun des styles suivants à la description qui leur convient selon les axes « sensibilité » et « contrôle ».

    1) démocratique ;

    2) autocratique ;

    3) permissif ;

    4) désengagé ;

    a) faible sensibilité et faible contrôle ;

    b) sensibilité élevée et contrôle actif ;

    c) faible sensibilité et contrôle actif ;

    d) sensibilité élevée et faible contrôle.

15- Selon le modèle « circomplexe » d'Olson et coll. (1983), quel est le niveau de cohésion et d'adaptabilité qui caractérise la famille équilibrée ?

    a) niveau élevé ;

    b) niveau moyen ;

    c) niveau bas.

16- *Complétez la phrase.* Selon le modèle circomplexe d'Olson, une famille qui empêche ses membres de réaliser leur individualité manifeste trop de ....

17- À quoi renvoie l'hypothèse du déficit dans la recherche sur les effets de la séparation parentale sur le développement de l'enfant ?

18- Identifiez deux manifestations comportementales associées à une réaction de type extériorisé de l'enfant à la séparation de ses parents.

19- Quel est le besoin important pour l'enfant que rejoint le maintien de la coparentalité après la séparation parentale ?

20- En matière d'attribution de la garde de l'enfant après la séparation parentale, à quoi renvoie « l'hypothèse de l'âge tendre » ?

21- *Complétez la phrase.* La .... est une procédure où un spécialiste neutre et acceptable aux deux conjoints intervient auprès de la famille pour construire avec elle une entente de réorganisation qui soit acceptable pour tous.

22- Identifiez trois étapes qui se trouvent dans le cycle des réorganisations familiales que peut traverser une famille.

23- Chez le nouveau conjoint, identifiez une façon de faire avec les nouveaux enfants qui facilite son intégration dans la famille recomposée.

24- Quel sont les deux buts que le programme préventif de Pedro-Carroll poursuit auprès des enfants dont les parents sont séparés ?

25- Identifiez trois types de mauvais traitements envers les enfants.

26- Énumérez deux caractéristiques de l'enfant qui ont été identifiées comme facteurs de risque d'abus.

27- *Vrai ou faux.* Dans plus de 75 % des cas, l'inceste concernerait un père et sa fille.

28- Identifiez un phénomène qui représente une arme très puissante contre l'inceste.

29- *Complétez la phrase.* Les effets de la garderie sur l'enfant dépendent de la garderie d'un part et de .... d'autre part.

30- Qu'entend-on par les enfants à la clé ?

31- *Vrai ou faux.* Depuis 20 ans au Québec et au Canada, l'accroissement des places en garderie a progressé de façon à satisfaire globalement les besoins des familles en services de garde.

32- Ordonnez les services de garde suivants selon leur importance au Québec (du plus important au moins important en nombre de places) :
    a) garderies publiques ;
    b) services de garde à domicile ;
    c) garderies familiales.

33- *Vrai ou faux.* Un bon nombre d'études ont observé que les enfants qui fréquentent régulièrement une garderie publique durant leur enfance ont tendance à être moins obéissants à l'endroit des adultes et plus agressifs envers leurs pairs.

34- Parmi les facteurs de qualité d'une garderie publique, identifiez trois éléments qui concernent les ressources éducatives disponibles.

35- Qu'est-ce que le « script » scolaire de l'enfant ?

36- Dans la classe, identifiez un arrangement des pupitres qui est plus favorable à la participation et au maintien de l'attention des élèves que l'alignement traditionnel en rangées de l'avant vers l'arrière.

37- Quel est le rapport fondamental sur lequel reposent les rôles joués par le professeur dans sa classe àuprès des élèves ?

38- *Vrai ou faux.* L'attitude du professeur à l'égard de l'élève ne peut influencer sa réussite scolaire.

39- Brièvement, indiquez pourquoi la famille défavorisée se sent souvent plus distante de l'école que les autres.

Chapitre 17

Langage et culture

PLAN

PRÉTEST

1- Le langage est à la fois universel et particulier. Expliquez brièvement.

2- Identifiez trois des quatre grandes dimensions du langage.

3- Identifiez deux arguments permettant de se demander si l'enfant ne dispose pas, en venant au monde, d'un potentiel inné pour apprendre à parler.

4- *Complétez la phrase.* La .... s'intéresse à la production de tous les sons possibles du langage, tandis que la .... s'intéresse au sens des sons dans une langue donnée.

5- La sémantique concerne la signification des mots. Dans ce contexte, indiquez à quoi correspond la notion de « signifiant » et celle de «signifié ».

6- Qu'entend-on par LME dans l'étude du langage chez l'enfant ?

7- Comment la conception « skinnérienne » (Skinner) explique-t-elle l'apprentissage de la langue ?

8- Qu'est-ce que la « sémanticité » dans une langue selon Brown ?

9- Selon Chomsky, quel est le type de structure commune aux deux phrases suivantes :

   1) *Louise a aidé Pierre dans son travail ;*
   2) *Pierre a reçu un coup de main de Louise pour son travail.*

10- Comment Chomsky appelle-t-il les règles qui sont supposées relier les structures de surface et les structures profondes d'une langue ?

11- Vers quel âge l'enfant arrive-t-il à interpréter de façon appropriée des métaphores, sans toutefois pouvoir encore les expliquer ?

12- *Vrai ou faux.* La production précède la compréhension dans l'acquisition du langage.

13- Décrivez deux habiletés langagières que les bébés affichent dès la période préverbale.

14- *Vrai ou faux.* Tout bébé non handicapé posséderait à sa naissance les habiletés pour apprendre tout aussi facilement n'importe quelle langue sur terre.

15- Quel facteur serait à l'origine du babillage qui apparaît à la même période dans tous les environnements linguistiques ?

16- *Vrai ou faux.* Il semble qu'au début de leur production verbale, les enfants de tous les pays produisent sensiblement les mêmes sons et que ce sont les intonations qui les distinguent d'abord d'une culture à l'autre.

17- Chez le bébé qui ne sait pas encore parler de façon intelligible, identifiez une fonction intentionnelle de l'utilisation des sons.

18- Qu'est-ce qu'une « protodemande » de la part d'un enfant au stade préverbal ?

19- Nommez trois caractéristiques du « langage maternel ».

20- Identifiez un facteur important dans la compréhension des quasi-mots utilisés par le jeune enfant.

21- Identifiez deux des trois éléments dont la variation permet à l'énoncé binaire de prendre différentes significations.

22- Décrivez brièvement la notion de « schéma rapide » de concepts nouveaux expliquant les progrès sémantiques très rapides chez l'enfant d'âge préscolaire.

23- Identifiez deux erreurs typiques assez courantes dans l'usage des mots chez le jeune enfant.

24- La surgénéralisation se trouve aussi dans le langage adulte. Donnez deux exemples de mots faisant l'objet de fréquentes surgénéralisations dans le langage de tous les jours.

25- À quoi le développement syntaxique correspond-il ?

26- Relativement au LME, comment les deux énoncés suivants diffèrent-ils l'un de l'autre : *ami vient* et *amis viennent* ?

27- Qu'est-ce que la pragmatique d'une langue ?

28- Comment s'appellent les habiletés reliées à l'émission de messages clairs en tant que locuteur et au décodage approprié des messages des autres en tant qu'auditeur ?

29- Identifiez deux limites que le jeune enfant doit surmonter pour réussir à communiquer efficacement.

30- Le langage de l'enfant commence par l'essentiel. Expliquez brièvement.

31- *Vrai ou faux.* Dans le cas de Genie, une enfant totalement privée de stimulation langagière, un milieu chaleureux de rééducation a permis une compensation du déficit autant sur le plan de la syntaxe que du vocabulaire.

32- Dans le même contexte d'apprentissage, lequel a le plus de chances d'apprendre à parler une deuxième langue sans accent (phonologie parfaite) ?

    a) l'enfant ;

    b) l'adolescent.

17.1 INTRODUCTION

Ce chapitre porte sur le développement du langage chez l'enfant. La nature du langage, les grandes dimensions de la langue et les étapes franchies dans son acquisition sont au nombre de ses composantes. L'accent est surtout placé sur l'évolution de 0 à 5 ans mais, par le biais de la dimension culturelle du langage, nous aurons l'occasion d'en projeter l'évolution plus loin dans l'enfance, notamment lors de notre examen du bilinguisme et de la relation entre langage et identité culturelle.

Tout au long de notre examen du processus de socialisation et du rôle de ses principaux agents que sont la famille et l'école, la communication interpersonnelle a représenté la toile de fond des rapports entre l'enfant et son monde. Le langage est souvent considéré comme l'habileté humaine par excellence, celle qui nous distingue des autres créatures. Si les oiseaux, les abeilles, les loups, les singes ou les dauphins peuvent communiquer entre eux, leur communication est du type stimulus—réponse, c'est-à-dire qu'elle est reliée spécifiquement à des situations précises ; il est peu probable que les animaux puissent inventer des phrases nouvelles ajustées à de nouvelles catégories d'expérience. Or, chez l'humain, la possibilité existe de générer un nombre infini de phrases nouvelles, jamais entendues auparavant, pour communiquer de nouveaux contenus.

Le langage humain est un phénomène étonnant parce qu'il renferme plusieurs paradoxes. Ainsi, le langage est universel et particulier à la fois ; il est universel parce que la plupart des enfants du monde franchissent les mêmes étapes d'acquisition selon la même séquence et le même rythme : ils commencent à dire des mots autour de la première année puis, vers 2 ans, à comprendre les autres et à s'exprimer à

l'aide de courtes phrases ; mais en même temps, il n'y a pas deux personnes qui parlent exactement de la même façon, le langage étant aussi une réalité très personnelle. D'un autre côté, le langage apparaît comme quelque chose de très simple mais aussi de très complexe ; simple parce que dans toutes les cultures, il est acquis naturellement sans que l'enfant ait à se faire enseigner formellement à parler ; la langue « s'apprend toute seule », mais en même temps il s'agit d'un des phénomènes comportementaux les plus complexes dont la science contemporaine est loin d'avoir percé tous les mystères. Enfin, l'expression « étude du langage de l'enfant » renferme aussi un paradoxe : le mot enfant est dérivé du terme latin *infans* signifiant « qui ne parle pas ».

17.2 LA NATURE DU LANGAGE

Le langage peut être abordé selon quatre grandes dimensions :

1- les sons (la phonétique et la phonologie) ;

2- les mots (la sémantique) ;

3- les phrases (la syntaxe ou grammaire) ;

4- la communication en contexte social (la pragmatique).

Le tableau 17.1 fournit une description sommaire de ces quatre grandes dimensions du langage.

Le développement du langage de l'enfant affiche une constance remarquable dans l'ensemble des cultures humaines : dès son premier mois l'enfant émet des syllabes ; vers 4 mois il babille et peut vocaliser lorsqu'une personne le stimule verbalement ; vers 1 an il émet ses premiers mots ; entre 1 an ½ et 2 ans il passe des énoncés binaires aux véritables phrases ; vers 5-6 ans il maîtrise la plupart des règles

TABLEAU 17.1 : Les quatre principales dimensions du langage

LES SONS (la phonétique et la phonologie)

La phonétique traite des sons du langage. Tous les sons possibles ne sont cependant pas compris dans chaque langue. Les unités de son qui font partie d'une langue et qui ont une fonction distinctive s'appellent des « phonèmes ». C'est la phonologie qui étudie les phonèmes pour en déterminer les propriétés dans une langue donnée. Donc, la phonétique s'intéresse à la production de tous les sons possibles du langage, tandis que la phonologie étudie les propriétés des phonèmes dans une langue donnée.

Le phonème est l'unité distinctive minimale qui, contrairement à la variante, ne peut être remplacée sans changer le sens du mot auquel elle appartient. Comparez ainsi : *bec* et *bègue*, *lat* et *latte*, *rouge* et *route*, etc. Par contre, prononcer *râteau* en roulant le *r* (*rrâteau*) comme les Montréalais ou en émettant un *r* guttural comme les Sherbrookois ne change pas le sens du mot *râteau*. Ces deux manifestations du son *r* sont donc des variantes du même phonème *r* (Martin, 1983). De même, en japonais, le *l* et le *r* ont la même fonction : il s'agit de variantes d'un phonème unique (de sorte qu'en français les Japonais ont tendance à confondre les *l* et les *r*).

LES MOTS (la sémantique)

La sémantique de la langue parlée concerne la signification des unités linguistiques. Elle porte sur l'ensemble des phénomènes qui sont porteurs de sens dans la langue (mots, expressions particulières, etc).

L'enfant développe rapidement tout un vocabulaire : des quelques mots dont il dispose à 1 an, il passe à 14 000 vers 6 ans. On peut concevoir les mots comme des étiquettes, des signes que l'on appose sur des concepts. L'acquisition véritable du mot (signifiant) implique, au moins partiellement, celle du concept qu'il représente (le signifié).

La motivation très forte de l'enfant à apprendre de nouveaux mots est étroitement reliée au pouvoir de communiquer qu'ils renferment. De là l'importance de la stimulation sociale dans l'acquisition sémantique chez l'enfant. Cette fonction utile des mots est reflétée par le fait que les premiers mots maîtrisés désignent d'abord des objets importants de son environnement (*lulu, toto, lolo, biscuit*, etc.) et des personnes familières (*papa, maman, mado*, etc.). Ensuite, des mots désignant des actions courantes sont acquis (*debout, pas dodo, fini, encore*).

LES PHRASES (la syntaxe)

La syntaxe concerne les règles de formation des phrases. Au début les énoncés de l'enfant ne comportent qu'un seul mot ; on parle alors de « mot—phrase ». Mais aussitôt que l'énoncé en inclut plusieurs, l'ordre dans lequel ces mots apparaissent influence le sens. Selon la signification que l'on veut donner aux mots, on fera varier leur ordre et leur composition. La grammaire, c'est-à-dire l'ensemble des règles de la langue, traite les mots de façon distincte selon leur statut dans la phrase : verbe, nom, pronom, adjectif, adverbe, article, etc.

La complexité syntaxique de la phrase de l'enfant s'accroît à mesure que sa longueur augmente. Ainsi, on évalue les progrès syntaxiques à l'aide de l'indice de « longueur moyenne des énoncés » (LME). La LME représente le nombre moyen de morphèmes que contiennent les phrases de l'enfant. Le morphème est la plus petite unité de parole qui a un sens et il est constitué de phonèmes.

LA COMMUNICATION (la pragmatique)

La pragmatique concerne l'utilisation des signes du langage dans leur contexte d'utilisation. Il ne suffit pas à l'enfant de pouvoir construire des phrases pour communiquer adéquatement : il lui faut inscrire ses énoncés dans les contextes appropriés, là où ils sont utiles pour communiquer. Souhaiter la bienvenue à une personne (*Bonjour, comment allez-vous ?*) sera approprié au moment de la prise de contact, mais sera de manière pragmatique incorrect après 10 minutes de conversation avec elle. Ainsi, la phrase peut être correcte sur le plan syntaxique mais inappropriée sur le plan pragmatique.

Le robot capable d'émettre des phrases grammaticalement correctes ne pourra être un interlocuteur valable que s'il émet des phrases en rapport avec le contexte. La pragmatique se situe à la frontière de l'acquisition du langage et de l'acquisition des habiletés sociales. Les conventions sociales entrent ici en ligne de compte : il y a une façon de saluer quelqu'un, de parler à un pair ou à un adulte étranger, etc. La distinction de ces contextes est nécessaire à une communication appropriée, c'est-à-dire à l'ajustement social du langage. Dès la période préverbale, l'enfant fait des acquisitions pragmatiques (par exemple lorsqu'il apprend à babiller de manière interactive avec sa mère, situation où chacun émet, à tour de rôle, des sons que l'autre reprend par la suite en écho).

grammaticales de sa langue. Dans ce cheminement, l'enfant ne se limite pas à copier ce qu'il entend des autres ; il génère constamment de nouveaux contenus de son cru, guidé par ses besoins d'expression et le contexte dans lequel il se trouve. La facilité avec laquelle l'enfant acquiert sa langue et la grande constance de progression observée dans diverses cultures permettent de se demander s'il ne s'agit pas d'un potentiel inné.

Non seulement le domaine du langage n'a-t-il pas échappé à la controverse entre le rôle de l'inné par rapport à celui de l'acquis, mais il a été l'un des lieux où la controverse a été la plus active avant que, là aussi, les perspectives interactionistes prévalent enfin. Sous l'impulsion des études de type descriptif menées au cours de la première moitié du XXᵉ siècle, des universaux du langage ont été découverts. La régularité de la séquence du développement, peu importe le langage en usage, a constitué un puissant allié à l'existence de processus maturationnels innés du même type que ceux que l'on observe pour la locomotion (se tourner, ramper, marcher à quatre pattes, marcher debout). Selon cette conception basée sur l'innéisme, tout enfant, dans un contexte normal de stimulation langagière, apprend à parler.

Pourtant le langage n'est pas inné, puisque sans l'intervention de l'environnement social, l'enfant ne peut acquérir le langage par lui-même. C'est dans ce sens que Skinner (1957) publia son livre *Verbal Behavior* dans lequel il décrit sa position behavioriste de l'acquisition du langage. Selon lui, le langage, comme tout autre comportement, est appris. Les premiers babils sont renforcés par l'attention que les adultes portent à l'enfant, puis il y a façonnement graduel vers la prononciation de mots, puis de phrases d'abord imparfaites mais qui s'améliorent peu à peu à l'aide des corrections et des renforcements de l'entourage social. Cette conception « skinnérienne » de l'enfant apprenant ses mots et ses phrases par façonnement graduel sous l'influence des renforcements parentaux permet difficilement d'expliquer comment, en pratique, ce processus peut amener l'enfant de 5 ans à maîtriser les quelque 14 000 mots qui composent son vocabulaire, ce qui représente une

moyenne d'acquisition d'environ huit mots par jour (Templin, 1957 ; Rice, 1989). De même l'approche bahavioriste ne put expliquer de façon satisfaisante comment l'enfant utilise parfois des mots qu'il se fabrique lui-même en fonction des relations qu'il établit. En voici quelques exemples amusants tirés de Taulelle (1984) : *je ne suis pas vieille, je suis neuve* ; *sa voix était « entoussée »* ; elle a mis ses bas « encollantés » (pour ses collants) ; *ma clémentine est trop froide, tu peux la « rechaudir » ?* ; en désignant une brosse à dents blanche : *je veux la blanche, la blanche à dents* ; *le soleil est couché maintenant, c'est le « noir »* (pour le soir).

De plus, l'approche behavioriste permet difficilement de rendre compte de l'emploi par l'enfant d'une grande quantité de tournures de phrases qu'il n'a jamais entendues dans son entourage et qui reposent sur sa propre invention.

Roger Brown (1973), un psycholinguiste américain (collègue de Chomsky), identifie trois universaux qui seraient présents dans toutes les langues du monde, que ce soit le français, l'espagnol, le chinois ou le montagnais :

1- la « sémanticité » ;

2- la « productivité » ;

3- la « médiation ».

La « sémancité » renvoie au fait que chaque mot d'une langue possède une signification spécifique, c'est-à-dire représente une personne, un animal, une chose, un événement ou une idée. Le mot constitue donc un véhicule de signification que la personne peut utiliser dans les contextes appropriés. La « productivité » renvoie à la possibilité de produire un nombre illimité de phrases nouvelles par combinaison de mots. La production signifie que lorsque l'enfant parle, il ne fait pas que reproduire, par imitation, les phrases qu'il a entendues auparavant : il peut générer un grand nombre de nouvelles phrases qu'il n'a jamais entendues, trouver de nouvelles combinaisons avec des mots qu'il connaît. Quant à la « médiation », elle renvoie au pouvoir que donne le langage de communiquer de l'information sur des réalités situées ailleurs dans l'espace ou dans le temps : la langue sert de médiateur pour réunir des lieux ou des époques. La « médiation », tout comme la « sémanticité », repose sur la fonction symbolique sous-jacente au langage : des signes verbaux tiennent lieu de représentants (signifiants) de réalités sur lesquelles l'esprit peut opérer (signifiés), que ces réalités soient perceptibles ou non.

Vers la fin des années 1950, le linguiste Noam Chomsky (1957, 1959) proposa, contrairement à Skinner, que l'acquisition du langage repose sur une structure innée d'acquisition du langage. Selon lui, une langue est trop complexe et les progrès des enfants trop rapides et universels pour expliquer le développement linguistique par l'apprentissage dans le milieu. Chomsky (1957) proposa une théorie complexe basée sur l'existence d'une grammaire transformationnelle. Selon cette théorie, il y aurait deux types de structures reliées entre elles par des règles transformationnelles : les structures de surface et les structures profondes. La phrase *Louise a aidé Pierre dans son travail* possède une structure de surface différente de *Pierre a reçu un coup de main de Louise pour son travail*, mais les deux partagent la même structure profonde. Déjà à l'âge préscolaire, grâce à l'acquisition des règles transformationnelles, l'enfant saura convertir les structures de surface en structures profondes et comprendre que les deux phrases veulent dire la même chose : c'est Louise qui a aidé et c'est Jean qui a reçu de l'aide. Du côté de la production, Chomsky propose le même processus abordé dans l'autre sens : l'enfant part des structures profondes et y applique les règles transformationnelles pour produire des phrases acceptables grammaticalement, c'est-à-dire possédant des structures de surface acceptables.

Les critiques de l'approche innéiste de Chomsky dénoncent le peu de connaissances précises sur les processus qui relient les structures profondes aux structures de surface : les règles transformationnelles n'ont pas été décrites précisément de sorte que, selon les critiques, Chomsky ne nous dit pas comment le langage se développe exactement (Maratsos, 1983 ; Whitehurst, 1982). Ce dernier conclut de la façon suivante son examen de la question :

Le fil qui tisse l'étoffe de notre revue des écrits sur le sujet est que les développements sémantique et syntaxique sont fortement dépendants de variables environnementales, et que la contribution de l'enfant réside en grande partie dans les habiletés d'apprentissage et dans les processus cognitifs que l'on trouve dans l'acquisition de tous les comportements complexes. Ceci ne veut pas dire que l'enfant humain n'est pas prédisposé de quelque façon pour apprendre le langage oral ; cela signifie qu'une telle prédisposition explique une partie beaucoup moins grande du processus qu'on l'a récemment supposé. Si le domaine de la psycholinguistique du développement est sur le point de se tourner vers une conception plus sociale du langage, nous pourrions être proches d'une étape où l'interaction entre la prédisposition biologique et l'apprentissage social pourra être étudiée de façon productive. (Whitehurst, 1982, p. 384.)

17.3 LES INDICES DU DÉVELOPPEMENT DU LANGAGE

Comment étudie-t-on le développement du langage chez l'enfant ? Quels sont les indices à partir desquels on évalue les progrès que fait l'enfant ? La section qui suit est consacrée à ces questions. Corrigan (1982) estime qu'environ 80 % des études sur le développement du langage chez l'enfant reposent sur la méthode de l'observation de l'enfant en milieu naturel. Il s'agit de données enregistrées auprès de l'enfant, sur bandes magnétiques ou magnétoscopiques, dans son milieu de vie ordinaire, le plus souvent à la maison dans son environnement familier. Dans peu de domaines de la psychologie, on peut jouir d'une telle facilité de collecte de données en milieu naturel : un grand nombre de phénomènes psychologiques doivent en effet être simulés en laboratoire ou encore être approchés par questionnaires ou entrevues sans pouvoir être observés directement dans le milieu où ils se produisent. L'enregistrement du langage spontané de l'enfant représente donc une méthode privilégiée dans ce domaine d'étude. Avec une connaissance appropriée du contexte d'observation, les dimensions « production » et « compréhension » du langage peuvent alors être l'objet d'analyse.

Le suivi longitudinal (sur plusieurs mois par exemple) du comportement verbal de l'enfant dans son milieu permet d'établir l'ordre dans lequel apparaissent normalement les structures linguistiques. Évidemment, le chercheur doit s'assurer que l'observation est représentative des comportements de l'enfant ; la durée des observations, leur fréquence dans le temps et le contexte environnemental où elles s'effectuent sont alors des facteurs à contrôler. Quant au contexte, il est clair que l'on ne peut s'attendre à ce que le comportement verbal spontané soit exactement le même en situation de jeu libre avec des pairs et au repas avec les parents.

Le langage de l'enfant peut aussi être évalué en situation expérimentale : Wilcox et Webster (1980) ont utilisé une méthode consistant à provoquer de la confusion dans la communication avec des enfants de 17 à 24 mois afin de voir si le jeune comprend le problème de communication. Tantôt ils disaient *quoi ?* à l'enfant pour lui indiquer que son message n'était pas clair, tantôt ils indiquaient à l'enfant que son message était ambigu parce qu'il renvoyait à deux possibilités (*tu veux dire ça ou ça... ?*), ou encore les expérimentateurs fournissaient une réponse inappropriée, sans rapport avec ce que l'enfant avait dit. Les auteurs se sont rendu compte que leurs jeunes sujets interprétaient correctement la confusion du discours parce qu'ils réagissaient différemment à chaque type d'erreur.

Travaillant à un niveau plus élevé de l'échelle d'acquisition du langage, Waggoner et Palermo (1989) ont voulu savoir si des enfants de 5 à 9 ans comprenaient des métaphores. Leur méthode consistait à présenter à l'enfant une histoire suivie de métaphores parmi lesquelles l'enfant devait choisir celle qu'il jugeait appropriée. Voici une de leurs situations :

Betty est allée à la foire avec son père. Ensemble ils ont été dans les manèges et ont joué à certains jeux. Betty a aperçu un gros ourson en peluche et elle désirait très fort que son père le gagne pour elle. Tout ce qu'il avait à faire était de renverser les bouteilles en lançant trois balles. Elle le pria d'essayer. Il paya l'homme pour les trois balles. Betty le regarda lancer et espérait qu'il réussisse. Elle se sentirait si triste si elle ne pouvait gagner l'ourson et si heureuse si elle *pouvait le rapporter à la maison avec elle. Après que son père eut lancé la troisième balle, Betty était :*

	cocher
une bulle sautante (heureuse— métaphore appropriée)	_____
une minute d'argent (heureuse— métaphore inappropriée)	_____
un bateau en naufrage (triste— métaphore appropriée)	_____
une blague usée (triste—métaphore inappropriée)	_____

(Waggoner et Palermo, 1989, p. 162.)

Avec cette méthode les auteurs ont pu observer que dès 5 ans les enfants pouvaient interpréter des métaphores de façon appropriée sans toutefois pouvoir expliquer leur interprétation ; les auteurs concluent que l'habileté à comprendre et à expliquer des métaphores décrivant des phénomènes psychologiques ne se développe pas avant 9-10 ans.

Enfin, une autre méthode pour évaluer le développement du langage consiste à utiliser des tests standardisés : une forte proportion des tests d'intelligence comportent d'ailleurs une partie dite « verbale » mesurant des dimensions comme le vocabulaire, les connaissances, le jugement, etc. Il existe aussi des échelles de développement du langage comme tel (Borel-Maisonny, Inizan, les Images Thiberge, Terman-Merill, cités dans Dailly, 1983).

Dans l'étude du développement du langage il importe de faire la distinction entre la compréhension verbale et la production verbale. L'exemple des métaphores que l'on vient de présenter permet de saisir que l'enfant comprend des concepts avant de pouvoir les expliquer par sa propre production verbale. En fait, dès le début de l'acquisition langagière, on observe que la compréhension précède la production. Benedict (1979) a suivi des bébés dans leur acquisition du langage et a observé que les enfants comprenaient leurs premiers mots vers 9 mois et pouvaient les dire vers 12 mois, que vers 13 mois ils comprenaient la cinquantaine de mots qu'ils ne pourraient dire que vers 18 mois seulement. Il semble que chez certains enfants la compréhension et la production se suivent de près, que d'autres enfants plus timides comprennent bien mais produisent peu, mais qu'aucun enfant ne produit plus qu'il ne comprend (Lamb et Bornstein, 1987). La compréhension d'un mot requiert son décodage sonore et une recherche en mémoire pour l'identification du concept qu'il représente, processus qui est souvent facilité par les indices contextuels de l'émission du mot. La production requiert l'évocation du mot et l'évaluation de sa pertinence pour véhiculer le contenu de signification désiré, ce qui serait un processus cognitif plus exigeant que celui nécessaire à la compréhension (Kuczaj, 1986).

Abordons maintenant les étapes du développement du langage selon les thèmes suivants annoncés au tableau 17.1 : le contrôle des sons, l'apparition des mots, le développement syntaxique, la compétence à communiquer.

17.4 LE CONTRÔLE DES SONS

Le son constitue un pilier du langage et, comme nous l'avons déjà vu, les bébés auraient dès leur naissance une sensibilité particulière à l'égard de la parole humaine. En effet, très tôt dans la vie, les bébés sont capables de distinguer différents sons de voix qu'ils ne sont pas encore en mesure de produire eux-mêmes (Aslin, Pisoni et Jusczyk, 1983). Au cours de la période préverbale, les bébés affichent les habiletés langagières suivantes quant à la perception des sons :

1- l'attention sélective leur permettant de privilégier leur perception de certaines sources sonores ;

2- la discrimination fine de la voix humaine leur permettant de distinguer les personnes par le son de leur voix ;

3- la distinction des structures phonétiques du langage telles que *pa, ma, ta, da, ga, ra, la*, etc. Ces syllabes servant de base aux mots (*mo, ba, ze*) sont appelées phonèmes.

... les nouveau-nés répondent aux distinctions phonétiques sur les éléments des séquences syllabiques. Ils sont également aptes à traiter l'information liée à la structure, et à la durée de la syllabe. Ces capacités doivent permettre à l'enfant de distinguer, très précocement, les séquences qu'il reçoit, sur la plupart de leurs dimensions caractéristiques. Par ailleurs, il semble que le nouveau-né puisse reconnaître certaines similitudes entre les sons de parole, en négligeant des variations acoustiques non pertinentes (Bertoncini, 1984, p. 46.)

Afin de mettre en évidence la capacité des bébés de distinguer des structures phonétiques, Eimas (1985) a soumis à des adultes des sons produits par ordinateur dans le but de distinguer d'une part les éléments que ceux-ci reconnaissaient comme des phonèmes, c'est-à-dire des syllabes de langage verbal, et d'autre part les autres sons. Ensuite il a présenté les mêmes sons à des bébés de 4 mois en utilisant les variations dans leur rythme de succion comme indice de leur attention. L'auteur a observé que les bébés prêtaient attention aux sons considérés comme des phonèmes par les adultes et ignoraient les autres que les adultes ne reconnaissaient pas. La même expérience a été répétée auprès d'enfants issus de différentes cultures avec les mêmes résultats.

Le bébé naîtrait donc avec un équipement sensoriel particulièrement sensible au décodage perceptif de la parole humaine. Cependant, certaines discriminations sonores semblent plus difficiles que d'autres (par exemple *sa* versus *za*) et sont donc acquises plus tardivement au cours de la première année de la vie. On a aussi observé que les enfants perdaient graduellement leur capacité de différencier certains sons qui ne sont pas utilisés dans la langue en usage autour d'eux (Eimas, 1985). Ainsi, tout bébé non handicapé possèderait à sa naissance les habiletés pour apprendre aussi facilement n'importe quelle langue sur terre, mais à partir de 8-10 mois, la sensibilité à certaines sonorités commencerait à décroître, faute de stimulation en provenance de l'environnement linguistique, et aussi parce que l'enfant qui commence à communiquer à ce stade du babillage n'en fait pas usage (Aslin et coll., 1983). C'est ce qui expliquerait par exemple la difficulté qu'éprouvent les Japonais à faire la distinction entre *rah* et *lah*, ou les anglophones à prononcer correctement le *u* dans *tu, rue* ou *lu* qu'ils ont tendance à rendre en *ou*. L'écoute constitue donc la première étape de l'apprentissage de la langue.

17.4.1 Le babillage

Entre 3 et 6 mois, le répertoire verbal de l'enfant évolue depuis le simple cri vers la prononciation de syllabes qui n'ont pas encore de signification, mais qui semblent jouer un rôle dans le contrôle de l'appareil phonatoire ; c'est la période du babillage ou de la lallation qui commence et qui se poursuivra jusqu'à 1 an ou 1 an ½, c'est-à-dire même après que les premiers mots sont acquis. Au début, les sons ne correspondent pas nécessairement à des phonèmes ou à des syllabes du langage. Vers 7 mois cependant, des sons correspondant à des syllabes parlées apparaissent de plus en plus fréquemment dans le « discours » du bébé.

Cette activité de prononciation de syllabes sans signification (babillage ou lallation) semble être déclenchée par un processus de maturation physique parce qu'il apparaît à la même période dans tous les environnements linguistiques, et que le même répertoire sonore est observé partout (Stoel-Gammon et Otomo, 1986). Même les enfants sourds font du babillage, mais ils n'évoluent pas au même rythme vers l'émission de sons de plus en plus proches des syllabes en usage dans la langue parlée : ce n'est qu'au début de la deuxième année que ces syllabes apparaîtraient chez eux et, chez certains enfants totalement sourds, elles n'apparaîtraient pas du tout (Berk, 1989 ; Oller et Eilers, 1988). La présence de lallation chez les enfants auditivement handicapés appuie l'idée d'un fondement inné à cette activité, mais l'évolution particulière de la production sonore de ces enfants indique que la rétroaction auditive en provenance de l'environnement est un outil important dans l'acquisition du contrôle de l'appareil phonatoire. Le fait que le babillage continue de se manifester même après que l'enfant a commencé à exprimer ses premiers mots suggère une interdépendance entre cette activité et le développement du langage, mais les rapports exacts entre les deux sont encore mal connus.

On a tenté, par certains travaux, d'influencer l'activité de lallation par modelage et renforcement : ainsi, les adultes pourraient influencer la quantité de sons émis par l'enfant mais pas les sons comme tels (Dodd, 1972). Le profil universel d'évolution serait grossièrement le suivant : le bébé émet d'abord une gamme réduite de voyelles et de consonnes ; cette gamme s'étend progressivement pour inclure, vers 1 an, toute une série de phonèmes produite selon des intonations variées. Il est intéressant de noter que ce sont les intonations qui s'approchent de plus en plus de celles de la langue en usage et différencient les bébés de cultures différentes, tandis que les sons eux-mêmes se ressemblent dans toutes les cultures (Thevenin et coll., 1985). Par exemple les bébés de différents pays diront tous *bal*, *gof*, *pil*, *gaga* ou *lolo*, mais assez rapidement certains auront davantage une intonation française, japonaise, anglaise, etc.

17.4.2 La compétence à communiquer

Déjà vers 3 mois, on a observé chez le bébé des pseudo-dialogues apparaissant entre l'adulte et le bébé : chacun, à tour de rôle, émet des sons qui n'ont pas de signification, mais le comportement de l'enfant reflète la capacité de celui-ci de prendre son tour de parole ; le bébé émet un son, il arrête, l'adulte émet un son, le bébé répond en émettant un autre son et ainsi de suite.

On peut alors se rendre compte du rôle important que peut avoir l'interaction adulte—enfant pour l'éveil de ce dernier à la compétence à communiquer :

J'ai deux intuitions dont je voudrais démontrer le fondement. La première est que, très tôt, le bébé utilise des vocalisations et des gestes pour contrôler son attention et celle des autres. Je crois qu'il s'agit là de la racine même de la référence. Ma deuxième intuition est que, très tôt aussi, le bébé utilise des vocalisations et des gestes pour contrôler ses actions et celles des autres. S'il s'agit de processus naturels, ils peuvent servir de fonctions de départ qui font évoluer la communication vers un conventionnalisme. Je suis d'accord avec la thèse voulant qu'une bonne partie du conventionnalisme dans la communication dérive de la fixation de réactions naturelles dans des patrons de transactions contingentes qui sont eux-mêmes arbitraires. (Bruner, 1984.)

Donc, avant même de pouvoir parler de façon intelligible, le bébé utilise intentionnellement des sons pour influencer son attention et celle des autres ainsi que pour contrôler son action et celle des autres. On appelle « protodéclarations » les vocalisations que l'enfant du stade préverbal émet en même temps qu'il agit. Par exemple l'enfant peut vocaliser lorsqu'il saisit un objet, en suit un autre du regard ou frappe une table avec sa main. De la même façon, par des « protodemandes », l'enfant peut émettre des sons (vocalises) en même temps qu'il fixe des yeux ou pointe de la main quelque chose en guise de demande à quelqu'un. Ces utilisations intentionnelles du prélangage supposent que l'enfant ait acquis la capacité cognitive de poser des gestes intentionnels ; elles témoignent aussi clairement de l'existence d'une forme de compétence à communiquer avant l'acquisition du langage conventionnel proprement dit. En voici un exemple tiré de Piérault-LeBonniec (1987, p. 60) :

Vanessa (10 mois) est assise sur le tapis, en face de sa mère, à un mètre d'elle. Celle-ci est en train de lui chanter « les petites marionnettes ». Vanessa se met à quatre pattes, va vers sa mère, qui s'arrête de chanter ; elle monte sur ses genoux, s'agrippe à son buste, se met debout en s'accrochant aux épaules de sa mère, puis esquissant un mouvement de balancement du corps chantonne : [ta... to...]. Sa mère la soutenant lui dit : « qu'est-ce que tu veux ? » Vanessa reprend le même geste de balancement et les mêmes syllabes chantées. Alors la mère dit : « Ah ! bateau ! ». Elle commence à chanter « bateau... sur l'eau... » en se balançant et en balançant Vanessa avec elle.

L'expression « parler à un bébé » peut paraître inappropriée, mais elle n'en décrit pas moins une réalité très courante entre la mère et son jeune enfant. Un certain nombre de chercheurs se sont justement employés à identifier les caractéristiques du langage simplifié employé par les adultes de différentes cultures pour parler à leur bébé, langage appelé « langage maternel ». Ainsi, Hoff-Ginsberg (1985, 1986) fait état de travaux permettant d'identifier certaines caractéristiques particulières du « langage maternel » :

1- les phrases sont courtes ;

2- elles sont complètes du point de vue grammatical (pas d'omission) ;

3- les mots sont prononcés plus lentement et avec des variations exagérées dans les tonalités ;

4- le timbre de voix est généralement plus élevé que d'habitude ;

5- le contenu porte sur le contexte immédiat.

Si je vous demande de dire à un bébé de 10 mois : *oh ! regarde comme c'est joli ça ! oh ! qu'elle est belle la fleur !*, vous adopterez probablement plusieurs de ces caractéristiques verbales, en plus d'avoir besoin d'une fleur pour créer le contexte...

Donc, l'adulte a spontanément tendance à adapter son langage au jeune enfant et cela donne lieu, dans la plupart des cultures, au « langage maternel ». Ce phénomène accroît l'efficacité de l'apprentissage de la communication parce qu'il contribue à intégrer l'enfant dans son rôle de récepteur « qui comprend » et lui permet aussi d'apprendre plus facilement de nouveaux éléments de langage.

La stimulation verbale délibérée de l'enfant a souvent été associée à une meilleure compétence communicative chez lui, mais dans certaines sociétés comme celle des Samoa occidentales (Océanie) ou celle de Papouasie—Nouvelle-Guinée, où l'on ne parle que rarement aux bébés et où l'on ne joue pas avec eux, les enfants apprennent pourtant la langue locale dans les mêmes délais que ceux des autres sociétés (Berk, 1989). Il reste toutefois à savoir si leur compétence verbale globale est la même que celle des bébés à qui l'on parle.

Même au stade prélinguistique, le langage est un outil social que l'enfant utilise pour attirer l'attention des autres, approuver, manifester son désaccord, demander, etc. De la même façon qu'il est souvent plus facile d'apprendre une langue étrangère dans le contexte du pays qui l'emploie parce que, naturellement, les progrès effectués comportent des bénéfices nombreux sur le plan de la compétence à communiquer avec les autres, l'enfant qui apprend à communiquer par la parole est constamment renforcé par l'emploi de ses nouveaux acquis dans son contexte naturel de vie.

17.5 L'APPARITION DES MOTS

À son premier anniversaire, l'enfant est généralement en mesure d'utiliser quelques mots, et déjà il en comprend plusieurs. À ce moment, la production verbale constitue un mélange de babillage (activité qui ne s'arrête pas avec l'apparition des premiers mots), de quasi-mots et de mots. Les informations que recèle le contexte immédiat dans lequel les sons apparaissent représentent un facteur très important pour le décodage de la signification des quasi-mots. La familiarité avec l'enfant joue aussi : la personne étrangère à l'enfant doit souvent faire appel à un parent pour traduire la signification des verbalisations du petit. Le développement sémantique en est à ses débuts.

La maîtrise de l'appareil phonatoire pour produire des mots intelligibles, amorcé dès la période prélinguistique, s'accélère au cours de la deuxième année. Au moment de la transition entre la période du babillage et celle où les mots apparaissent, il y a chevauchement de ces deux types de production (babillage et production de mots). Par exemple lorsqu'il est laissé à lui-même, l'enfant s'exerce à répéter des séries de syllabes du type : *tralala, apatapa, galabou, graligrali*, etc. Ces groupements complexes de sons semblent avoir un rôle d'exercice de maîtrise phonétique. Par ailleurs, dans plusieurs contextes, l'enfant utilise des mots types (*ah !, ahah !, tiens, donne, attends*, etc.) pour accompagner son action, attirer l'attention, faire des demandes, etc. L'intention de communication est née.

17.5.1 Le mot–phrase

Lorsque les premiers mots ou quasi-mots apparaissent, ils peuvent représenter plusieurs réalités, vouloir dire plusieurs choses. L'enfant produit des énoncés qui ne comportent qu'un seul mot mais qui, parce qu'ils apparaissent dans des contextes précis, tiennent lieu de phrases compréhensibles par l'entourage ; ce sont les mots–phrases.

Si l'enfant dit *toto* sur un ton interrogatif lorsqu'une auto apparaît, les gens comprendront que l'enfant veut dire *c'est une auto n'est-ce pas ?* ; s'il dit *toto* affirmativement lorsqu'il se tient debout près de la porte de la voiture, on pourra comprendre qu'il veut qu'on lui ouvre la portière pour monter en voiture. C'est la même chose pour *lolo* : l'enfant assis sur sa chaise dans la cuisine, qui dit *lolo*, pourra laisser entendre qu'il a soif. Si par ailleurs il vient de renverser son verre de lait, on comprendra qu'il veut signaler la situation. Le mot–phrase peut véhiculer de l'information parce qu'il s'appuie sur le contexte dans lequel il est prononcé ainsi que sur l'intonation utilisée pour le dire.

17.5.2 Les énoncés binaires

À partir de 18 mois l'enfant commence à combiner ensemble des mots–phrases pour produire ce que l'on appelle des énoncés binaires : *pati papa* pour *papa est parti* ; *maman bulo* pour *maman est au bureau* ; *pas dodo* pour *je ne veux pas me coucher*, etc. Il s'agit des premiers assemblages de mots, des pseudo-phrases. Il est intéressant de souligner que cette façon nouvelle de combiner des mots deux par deux ouvre les portes à toute une série de possibilités de communiquer. Par exemple en combinant l'ordre des mots, la tonalité de leur prononciation avec le contexte dans lequel ils sont produits, les énoncés binaires permettent déjà toute une gamme d'intentions expressives que l'entourage peut comprendre. Le tableau 17.2 illustre les possibilités expressives de l'énoncé binaire *couché chien-chien*. En ordonnant le peu de vocabulaire dont il dispose de différentes façons et en jouant sur les intonations qu'il utilise pour les rendre, l'enfant accède à tout un répertoire de contenus avant même d'atteindre l'âge de 2 ans.

Ainsi, vers l'âge de 2 ans, l'enfant qui dispose d'un nombre croissant de mots, maximise leur potentiel expressif en jouant sur leur ordre d'apparition, sur l'intonation de la voix lorsqu'il les prononce et sur le contexte dans lequel il les utilise : c'est le début de la connaissance de la grammaire parlée ou de la syntaxe. Ainsi, dès que se développe une sémantique (acquisition des mots désignant des concepts), la syntaxe contribue déjà au sens du langage : aussitôt

TABLEAU 17.2 : Illustration des formes expressives d'un énoncé binaire

Affirmation ou constatation	L'enfant dit : *chien-chien couché*, pour montrer qu'il constate que le chien est couché.
Ordre, demande	L'enfant dit : *couché ! chien-chien*, pour demander au chien de se coucher.
Négation	L'enfant dit : *pas couché chien-chien*, pour exprimer le fait que le chien n'est pas couché.
Interrogation	L'enfant, sur un ton interrogatif, dit : *couché chien-chien ?*, pour demander si le chien est couché.

que les mots s'alignent selon un ordre, la phrase apparaît et son organisation prend un sens en elle-même. La phrase a un sens plus grand que la somme des significations des mots qui la composent.

17.5.3 La sémantique

Apprendre la signification des mots constitue un élément central dans l'apprentissage d'une langue. Le mot sert de représentant d'un concept. Pour apprendre un mot, il faut donc disposer du concept qu'il représente sans quoi le mot, à lui seul, n'a pas de sens. C'est pourquoi dans la fonction symbolique de la théorie de Jean Piaget par exemple (voir chapitre 6), le mot est appelé « signifiant », et le concept qu'il représente « signifié ». Le développement sémantique correspond donc à l'acquisition progressive du sens des mots, phénomène qui ne peut exister que si le mot est mis en relation avec un concept. Si je dis que le mot *logotan* veut dire *mot bripal*, et que vous ignorez ce que *bripal* représente, vous n'avez pas fait de progrès sémantique.

Dans plusieurs travaux on observe une progression très rapide du nombre de mots emmagasinés par l'enfant âgé entre 18 mois et 6 ans. Vers 6 ans, l'enfant dispose d'environ 14 000 mots alors qu'au

début de cette période il n'en utilisait que quelques dizaines tout au plus. Il s'agit d'une progression comportant en moyenne l'acquisition d'environ neuf nouveaux mots par jour ! Les enfants font ce progrès impressionnant sans qu'on leur enseigne chaque nouveau mot. Il semble au contraire qu'ils absorbent les nouvelles significations à mesure qu'ils les rencontrent dans leur environnement interactif (Rice, 1989). Ainsi, dans leur milieu social naturel, les enfants sont placés devant des choses, des phénomènes, etc. qui sont nommés de telle sorte que la correspondance entre les signifiants (mots) et les signifiés (concepts) se fait sur le champ. Les enfants affichent une habileté particulière à se construire un « schéma rapide » de concepts nouveaux, ce qui explique la progression sémantique impressionnante à l'âge préscolaire :

Ils élaborent une compréhension rapide et partielle de la signification d'un mot, ce qui provoque un réaménagement de leur espace—mémoire et une restructuration du domaine conceptuel. Ils peuvent faire cette opération sur la base d'une seule rencontre avec un nouveau mot dans un contexte approprié. (Rice, 1989, p. 152.)

Pratiquement, l'enfant fait le lien entre un nouveau mot et un contexte spécifique où il s'applique. Cette représentation ne peut qu'être partielle puisqu'elle n'exprime qu'une partie de la richesse informative potentielle du concept. Par exemple, l'enfant qui apprend que l'objet devant lui se nomme *lampe* ne peut instantanément saisir toutes les instances où le mot *lampe* s'applique. Le caractère partiel se trouve aussi dans la capacité combinatoire du concept représenté : l'enfant peut comprendre que l'on peut acheter des fruits à l'épicerie, mais il ne peut immédiatement saisir que l'on peut acheter une maison, des actions en bourse, des services psychologiques, etc. La capacité combinatoire sera d'autant plus grande qu'un concept pourra être relié à un grand nombre d'autres concepts en mémoire (Ehrlich, 1984). En fait, la richesse informative et la capacité combinatoire évolueront pendant toute la vie, mais la vitesse de cette évolution semble très rapide au cours de la période préscolaire. Cette très grande ouverture à la nouveauté constitue un puissant moteur du développement linguistique de l'enfant, et elle est considérée comme une base importante pour l'acquisition de la lecture ultérieurement.

Clark (1983) propose une classification des premiers mots acquis en trois catégories :

1- les mots désignant des objets ;

2- les mots désignant des actions ;

3- les mots désignant des états (modifiant les objets ou les actions).

Les mots désignant des objets représentent de 50 à 70 % des 100 premiers mots acquis par les enfants dans à peu près toutes les langues (Gentner, 1982). Cette prédominance des noms d'objets semble s'expliquer parce que ces concepts sont plus accessibles aux jeunes enfants : les objets ont une image perceptible et ils sont facilement identifiables. Nous avons vu au chapitre 6 que le concept d'objet représente une acquisition importante au cours des deux premières années. Enfin, il faut noter que les noms d'objets que l'enfant apprend concernent d'abord des choses immédiatement intéressantes pour lui et non pas n'importe quel objet (*papa, maman, joujou, biscuit, toutou*, etc., plutôt que *tapis, toit, poêle*, etc.).

Les mots d'action représenteraient entre 10 et 30 % des 100 premiers mots acquis. L'explication à cette moindre importance des mots représentant des actions, pour un enfant au stade sensorimoteur qui vit surtout dans l'action, est que ces mots sont plus abstraits, qu'ils ne représentent pas quelque chose de concret. À l'âge de 3 ans cependant, les enfants semblent pouvoir distinguer les mots représentant des objets de ceux qui représentent des actions, même s'il s'agit de concepts familiers : si vous leur demandez *sais-tu ce que c'est que de tépir ?*, et que vous leur montrez des images représentant des objets et des actions, ils vous indiqueront une action. Si vous leur demandez *qu'est-ce qu'un tépir ?*, ils vous indiqueront une image d'objet (Brown, 1957).

Les premiers mots désignant des états, les troisièmes en importance dans les 100 premiers mots de l'enfant, sont surtout reliés à l'activité de l'enfant, comme pour les mots d'action eux-mêmes. L'enfant qualifiera les objets qui l'entourent de *beau, doux, sale, dur, bobo*, etc. pour indiquer les états qu'il attribue à ces réalités. Vers 2 ans, l'enfant fera l'apprentissage des mots appréciant la grandeur, la couleur des objets et aussi des possessifs (*ma poupée, mon toutou*). Les mots d'état reflètent les relations que l'enfant établit avec et dans son environnement. Il est intéressant de constater que l'enfant maîtrise d'abord les concepts qui sont proches de lui ou de son action, qui sont frappants pour ses sens, qui sont plus simples, pour ensuite saisir ceux qui sont de plus en plus éloignés. Clark (1983, 1980) a mené des études qui traduisent cette tendance « proximo-distale » dans l'acquisition des mots désignant des états. Le tableau 17.3 en fournit quelques illustrations.

Les mots concernant les états des objets sont intimement reliés aux concepts relationnels, ceux qui permettent de nuancer les informations ; en combinaison avec la maîtrise de la syntaxe, ces acquis permettront à l'enfant d'accéder à une communication de plus en plus raffinée.

TABLEAU 17.3 : Exemples illustrant l'ordre habituel d'acquisition des mots désignant des états chez l'enfant*

Concepts	Ordre habituel d'acquisition
Dimension de l'objet	1) gros−petit 2) haut−bas 3) long−court 4) large−étroit
Localisation de l'objet	1) dans 2) sur 3) sous
Orientation spatiale de l'objet	1) en haut 2) en bas 3) devant 4) derrière
Position temporelle de l'objet	1) aujourd'hui 2) hier 3) demain

* Élaboré d'après :

– CLARK, E.V. (1983) Meanings and Concepts, *in* FLAVELL, J.H. et MARKHAM, E.M. (édit.) *Handbook of Child Psychology :Cognitive Development*, vol. 3, New York, Wiley.

– CLARK, E.V. (1980) « Here's the Top : Non Linguistic Strategies in the Acquisition of Orientational Terms », *Child Development*, 51, p. 329 à 338.

17.5.4 Les erreurs typiques dans l'usage des mots

L'écoute de la production verbale d'un enfant permet d'observer la présence de trois erreurs typiques assez courantes :

1- la non-correspondance ;

2- la sous-généralisation ;

3- la surgénéralisation.

La figure 17.1 illustre ces erreurs typiques.

Évidemment les enfants n'ont pas l'exclusivité des trois erreurs illustrées à la figure 17.1 La non-correspondance se rapporte à l'emploi d'un mot qui ne correspond pas au concept visé : le signifiant n'est pas approprié au signifié. L'enfant qui dit *j'y suis allé demain* fait correspondre l'étiquette *demain* à la réalité *hier*. L'enfant qui réserve le terme *mitaines* pour ses propres mitaines et ne conçoit pas que celles de ses amis de la garderie s'appellent aussi *mitaines* fait de la sous-généralisation : il réserve l'étiquette pour une partie seulement de l'univers de contenu qu'elle représente dans la langue conventionnelle. En revanche, celui qui appelle *auto* tous les véhicules automobiles qu'il voit dans la rue fait de la surgéné-

ralisation parce que l'étiquette *auto* ne s'applique pas aux camions, aux tracteurs, aux autobus, etc. La surgénéralisation consiste donc à appliquer le signifiant à des signifiés connexes (*auto* à *camion, robe* à *chemise*) généralement désignés par d'autres termes dans le langage conventionnel.

Les enfants n'ont pas l'exclusivité de ce type d'erreur ; elles se rencontrent aussi chez les adultes. En fait, un bon nombre de fautes de langage pourraient être classées au moins partiellement dans l'une ou l'autre de ces erreurs types. Si l'on taxait de « non-correspondance » tous les mots qui relèvent des dialectes régionaux, un grand nombre d'adultes québécois seraient souvent en infraction de non-correspondance... La surgénéralisation est aussi très bien représentée dans le langage adulte par l'usage des mots comme *chose, machin, truc, affaire*, qui sont employés comme « mots à tout faire » lorsque l'étiquette appropriée ne vient pas à l'esprit du locuteur.

L'environnement familial dans lequel l'enfant se développe, c'est-à-dire le comportement langagier des parents, représente une source importante d'influence du développement sémantique chez l'enfant :

FIGURE 17.1 : Schéma illustrant trois erreurs typiques dans l'utilisation des mots par l'enfant

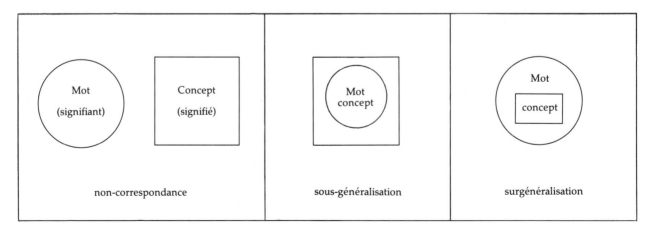

Des données sûres indiquent que le développement séman-
tique de l'enfant est influencé par : 1) la fréquence selon
laquelle les parents nomment les choses ; 2) la constance
des noms utilisés et des objets nommés par les parents
devant l'enfant ; 3) la richesse de l'information transmise
par les mots qu'utilisent les parents ; 4) la valeur, pour
l'enfant, des objets identifiés par les parents. La rétroaction
donnée à l'enfant par les parents représente un déterminant
puissant des progrès du jeune vers un emploi des mots
similaire à celui des parents. (Whitehurst, 1982, p. 384.)

Comme nous le verrons plus loin, la communication
entre les personnes prend des couleurs variables
selon la culture dans laquelle se déroule le processus
de socialisation. Que l'on songe par exemple à l'accent
particulier qu'imprime sur un même langage le fait
de grandir dans une culture régionale plutôt que
dans une autre.

17.6 LE DÉVELOPPEMENT SYNTAXIQUE

Le développement syntaxique correspond à
l'acquisition de la grammaire, c'est-à-dire à l'ensemble
des règles concernant l'organisation des énoncés.
Lors de notre examen de la période préverbale, nous
nous sommes arrêtés à l'étape où les enfants commençaient à faire des énoncés binaires, période que
l'on appelle aussi celle du « langage télégraphique »
parce que seuls les mots essentiels sont prononcés.
Nous avons vu alors que l'ordre dans lequel les mots
sont prononcés, aidé de l'intonation et du contexte,
fait de l'énoncé binaire une première forme de
phrase. Ainsi, **maman** biscuit et **biscuit** maman peuvent avoir des significations différentes. Selon que
l'un ou l'autre des deux mots sert de pivot à la
phrase, l'autre mot étant ouvert (moins accentué en
tonalité), l'énoncé aura une signification différente.

La combinaison des mots étant une caractéristique fondamentale à la grammaire, les progrès de
l'enfant en ce domaine sont évalués à partir de la longueur moyenne des énoncés (LME) déterminée en
fonction du nombre de morphèmes qui s'y trouvent.
Le morphème correspond à la plus petite unité significative du langage. Par exemple *papa part pas* contient
trois morphèmes (*papa, part, pas*) tandis que *papa part*
en contient deux, la négative ajoutant un élément de

signification important au sens de la phrase. Ou
encore *ami vient* contient un morphème de moins
que *amis viennent* parce que la forme plurielle dans
« vien*nent* » indique qu'il y a plusieurs amis, ce qui
constitue une unité supplémentaire de signification
dans l'énoncé binaire et qui montre que si le nombre
de morphèmes est relié au nombre de mots dans
l'énoncé, un même nombre de mots peut contenir
plus d'unités d'information selon la forme que ces
mots adoptent. Les linguistes ont observé que ce
développement se faisait selon un ordre relativement constant (Brown, 1973).

Progressivement l'enfant apprend à contrôler
les flexions, c'est-à-dire ces éléments variables qui
s'ajoutent aux mots pour en faire varier le sens. Les
erreurs que l'enfant fera dans cette appropriation du
code sont d'ailleurs révélatrices des relations qu'il
établit dans l'organisation des mots : *je l'ai prendu* plutôt
que *pris ; le nâne* plutôt que *l'âne* après avoir souvent
entendu *un âne ; sa nauto* après avoir souvent
entendu *une auto* ou *mon auto ; je l'ai ouvri ; deux la*
poule, etc. (Cohen, 1969). Puisque l'enfant n'entend
pas, dans son environnement linguistique, de telles
formes grammaticales, on estime que celles-ci révèlent sa propre activité dans l'organisation de son langage. L'usage excessif de certaines transformations
grammaticales donne lieu à des constructions
comme : *bien plus pire, le plus mieux, ils sontaient* pour
ils étaient ; ce type de surrégularisation de la langue
est courant entre 3 et 5 ans. Il témoigne de la
conscience de la règle et d'une volonté de l'utiliser
comme véhicule de signification.

Valian (1986) a analysé un grand nombre
d'énoncés formulés par des enfants de 2 ans afin d'y
évaluer la présence d'indices d'organisation témoignant de la maîtrise de règles de la part des enfants.
Par exemple si l'enfant place régulièrement l'adjectif
après un article et devant le nom, cela indique qu'il
maîtrise la fonction grammaticale de l'adjectif : il dira
alors *un beau gâteau* et non pas *beau un gâteau* ou *gâteau*
un beau. Valian (1986) s'est rendu compte qu'entre
3 et 4 ans, l'organisation des phrases de l'enfant
témoigne de la connaissance des catégories grammaticales que sont les adjectifs, les articles, les noms et
les prépositions (*à, après, avant, avec, dans, derrière,*

etc.). Entre 2 ans ½ et 3 ans, la longueur moyenne des énoncés dépasse les trois morphèmes, et à 6 ans les quatre morphèmes ; l'apparition des conjonctions (*et, mais, ou, etc.*) donne une impulsion significative à l'organisation du discours : les énoncés peuvent alors se regrouper.

La capacité des enfants de maîtriser, sans effort particulier, un code aussi complexe que la syntaxe d'une langue, quelle que soit cette langue, constitue un phénomène étonnant qui n'a pas encore été expliqué de façon complète. Cette constance dans l'acquisition du langage permet de tracer les jalons typiques de développement présentés au tableau 17.4. Toutefois,

il est important de noter que les données fournies dans ce tableau ne constituent que des moyennes statistiques, et qu'aucun enfant en particulier ne peut y correspondre exactement. En même temps que l'on constate une régularité certaine de la progression de l'acquisition du langage dans différentes langues du monde, des différences importantes existent d'un enfant à l'autre.

Dans la population normale, certains enfants ne parlent pas encore à 3 ans tandis qu'à cet âge, d'autres formulent des phrases complexes et bien structurées.

TABLEAU 17.4 : Développement des habiletés syntaxiques jusqu'à 5 ans*

ÂGE	LME	HABILETÉ SYNTAXIQUE	EXEMPLE
1,6 à 2,6 ans	1,5	Mots—phrases et énoncés binaires L'enfant peut exprimer les relations sémantiques suivantes : • récurrence • négation • attribution • possession • démonstration • sujet—verbe • sujet—verbe—complément	 *encore lait* *fini lait, napu bobo* *gros camion* *ma poupée* *cette pomme* *Marie prend* *Marie prend la balle*
2,6 à 3 ans	2,25	Apparition des morphèmes grammaticaux tels que : • préposition de lieu • pluriel • possessif	 *toto dans garage* *deux chevaux* *son amie*
3 à 3,6 ans	2,75	Verbes auxiliaires Adverbes négatifs Interrogatifs	*je suis tombé* *je ne veux pas* *c'est pas gentil* *pourquoi ?* *comment ?* *où ?*
3,6 à 4 ans	3,25	Membres de phrases	*tu veux que je me lève* *j'ai vu qu'il partait*
4 à 5 ans	3,75	Conjonction de deux phrases	*tu crois que je veux mais je ne veux pas* *Paule et moi, on y va*

** Élaboré à partir de WHITEHURST, G.J. (1982) Language Development, in WOLMAN, B.J. (édit.) **Handbook of Developmental Psychology**, Englewood Cliffs (N.J.), Prentice-Hall, p. 371.*

Des prédispositions universelles et un style propre à chaque enfant semblent interagir dans le processus d'acquisition du langage. Il n'y a pas une formule unique, ou un seul rythme applicable à tous les enfants. Plutôt, chaque enfant s'inspire d'un mélange unique de facteurs biologiques, psychologiques, sociaux et environnementaux pour parvenir aux conventions partagées du langage formel. (Rice, 1989, p. 152.)

17.7 LA COMPÉTENCE À COMMUNIQUER (LA PRAGMATIQUE)

Ce n'est pas tout de pouvoir prononcer correctement des mots et de former des énoncés grammaticalement corrects, encore faut-il savoir utiliser la langue de façon appropriée au contexte social. Si je maîtrise bien l'anglais mais que personne ne comprend cette langue dans mon environnement, celle-ci ne me servira pas à communiquer. Une personne peut parler correctement mais si elle parle seule, sa communication ne sera pas très réussie. De même, si deux personnes parlent en même temps, leur expérience de communication ne sera pas fructueuse. Le langage doit donc s'inscrire socialement en tant qu'outil d'expression et de réception d'information pour être utile à la communication. La compétence à communiquer en contexte social avec une langue correspond à la dimension pragmatique de cette langue. Les acquis pragmatiques d'une langue mettent en jeu la compétence linguistique, mais aussi des connaissances culturelles et sociales particulières. En effet, on n'aborde pas les gens exactement de la même façon en France et en Angleterre ; les cultures diffèrent en même temps que le langage, de sorte qu'il ne s'agit pas seulement de traduire la langue pour devenir un communicateur efficace.

On a observé qu'à 2 ans, les enfants dont les phrases sont très courtes (LME : plus ou moins 2) ont des échanges qui ne dépassent pas souvent deux tours (Berk, 1989). Au cours des années préscolaires, les échanges vont s'accroître considérablement, surtout parce que la longueur moyenne des énoncés augmente de manière significative, ce qui favorise l'établissement de conversations plus soutenues. Trois autres facteurs favorisent aussi l'implantation de la capacité de dialoguer :

1- l'enfant apprend à émettre des « incitatifs d'échange », c'est-à-dire à exprimer des invitations à l'interlocuteur pour qu'il poursuive l'échange en donnant son point de vue (*hein ?, pis toi... ?, O.K. ?, d'accord ?,* etc.) ;

2- l'enfant accroît sa capacité de maintenir le fil de la conversation en respectant le sujet pendant plusieurs tours de parole ou en le modifiant avec nuance, plutôt que de l'interrompre en changeant de sujet abruptement comme il le fait typiquement vers 2 ans (Wanska et Bedrosian, 1985) ;

3- il développe une plus grande sensibilité à l'intention locutoire, c'est-à-dire qu'il apprend à différencier les diverses significations que peut avoir un même énoncé en fonction du contexte. Par exemple l'enfant qui entend *tu veux jouer dans le sable ?* pourra comprendre qu'il s'agit tantôt d'une invitation, tantôt d'une demande d'information ou même d'un ordre dans certains contextes. Donc, des phrases plus longues, des incitations à l'échange, le plus grand respect du fil de la conversation ou son changement nuancé ainsi que la sensibilité locutoire constituent des exemples d'habiletés pragmatiques favorisant une communication interpersonnelle efficace.

17.7.1 La communication référentielle

Une communication efficace implique aussi que l'enfant en tant que locuteur apprenne à émettre des messages clairs, et en tant qu'auditeur sache décoder les messages des autres de façon appropriée, quitte à demander des informations supplémentaires advenant un message qui n'est pas clair. Ces habiletés dans la transmission et la réception d'informations s'appellent « habiletés de communication référentielle ». Elles reposent en bonne partie sur l'avancement cognitif de l'enfant ; c'est ce qui explique qu'au cours de la période préscolaire qui correspond à la pensée préopératoire, l'enfant arrive mal à se décentrer de son propre point de vue dans sa communication. Cet égocentrisme de la pensée se manifeste par exemple dans les monologues collectifs décrits par Piaget (1923) où des enfants jouant côte à côte vont parler en même temps de choses différentes, sans se préoccuper de comprendre ou d'être compris des autres. L'observation en garderie permet d'observer facilement ces monologues collectifs où l'enfant semble plus préoccupé par l'expression de son point de vue que par la communication avec l'autre comme telle. Une autre illustration de la difficulté de l'enfant préscolaire de se décentrer de son point de vue en situation de communication se trouve dans le fait qu'avant 3 ans les jeunes à qui l'on demande d'expliquer davantage leur message, c'est-à-dire de donner plus d'information, ne modifieront pas leur discours et se contenteront de le répéter en y ajoutant éventuellement des gestes (Gallagher, 1981). Dans le contexte d'un jeu où l'on demande à l'enfant d'expliquer à une personne non voyante le chemin à prendre pour aller dans la cour, plusieurs indices de cette difficulté de se mettre à la place de l'autre se manifesteront. Même des adultes placés dans ce contexte commettront des erreurs dans l'adaptation de leur discours aux caractéristiques de leur interlocuteur demandant par exemple à la personne non voyante *vous voyez... ?*, etc.

Ainsi, la réussite d'une communication requiert un partage, une collaboration implicite entre deux ou plusieurs personnes qui adoptent tour à tour les rôles d'auditeur ou de locuteur et partagent un objectif commun d'échange d'information, l'auditeur pouvant donner de la rétroaction au locuteur pour lui dire que son message est clair ou lui demander des précisions, le locuteur pouvant demander à l'auditeur s'il comprend bien ce qu'il dit, etc. Dans ce contexte, le jeune enfant a deux obstacles importants à surmonter pour réussir à communiquer efficacement : d'abord il doit surmonter son égocentrisme pour s'intéresser au message de l'autre, et ensuite il doit dépasser les limites que lui impose la quantité encore restreinte de mots dont il dispose pour véhiculer son message.

17.7.2 Les pensées métalinguistiques

On a cependant observé que l'enfant se préoccupe très tôt de la valeur de la langue en tant que véhicule d'information : il réfléchit spontanément sur le langage. Cette réflexion sur le fonctionnement du langage comme véhicule d'information correspond aux pensées métalinguistiques de l'enfant. Par exemple il s'arrêtera sur un mot pour se questionner au sujet de son sens ou s'étonner de sa forme, etc. Taulelle (1984) a recueilli plusieurs exemples intéressants de ce type de conduite spontanée ; en voici quelques-uns :

- *Michaël (4 ans, 7 mois), demande à sa sœur Djamilia (6 ans, 8 mois) qui vient d'utiliser ce mot :*
  — *« c'est quoi accuser ? »*
  et Dja de répondre
  — *« ça veut dire que c'était lui qui l'avait fait et il disait que c'était l'autre. »*
- *L'enfant, environ 7 ans, qui a renversé de l'eau dans la salle de bain ; sa grand-mère essaie d'être conciliante :*
  Gdm — « oh, mon chéri, pourquoi t'as fait ça ?... »
  B — « pourquoi tu dis pas mon p'tit con... ? »
- *Michaël et Stephane viennent de se disputer ; en représaille, STE critique le premier objet qu'il trouve appartenant — représentant ! — Ml.*
  Ste — « ta photo, elle est pas belle ! ...»
  Mi — « si »
  Ste — « non ! »
  Mi (donne un coup à STE) — « elle est belle, hein ? »
  Ste — «oui »
  Mi (se tourne vers l'observatrice) — « il dit non pour croire et il dit oui pour pas croire ».

(Taulelle, 1984, p. 15, 16 et 27.)

Par ses pensées métalinguistiques, l'enfant observe, se questionne, s'apprend à lui-même le fonctionnement de sa langue et ainsi les règles qui la régissent selon le contexte social. En réfléchissant sur le langage, l'enfant s'approprie cet outil de communication et développe une logique de son fonctionnement, acquis qui lui servira vraisemblablement dans l'apprentissage de la lecture. Tunmer et Bowey (1984) ont ainsi observé que l'entraînement aux habiletés métalinguistiques pouvait faciliter l'apprentissage de la lecture.

Les immenses progrès effectués au cours de l'enfance et en particulier avant l'âge de 5-6 ans en matière de langage ne seraient pas possibles sans la puissante et omniprésente stimulation sociale à parler et à écouter ; il suffit de garder le silence pendant une heure en contexte interpersonnel pour se rendre compte de l'importance vitale de ce bel outil social qu'est le langage. À son entrée à l'école, l'enfant aura fait des progrès langagiers importants, mais le cheminement ne s'arrête pas là puisque nos habiletés de communication évoluent pendant toute notre vie.

17.8 LA COGNITION ET LE LANGAGE

Quelle est la relation entre la pensée et le langage ? Le langage est-il un sous-ensemble de l'ensemble plus vaste que constitue la pensée ? Ou bien est-ce que le langage est la forme extériorisée de la pensée, cette dernière étant une forme intériorisée du langage ? Ces questions ont entraîné beaucoup de recherches et provoqué maintes discussions sans pour autant trouver aujourd'hui une réponse définitive.

Il est cependant largement accepté aujourd'hui que le langage et la pensée évoluent très proches l'un de l'autre et se fertilisent mutuellement. Dans la vie de tous les jours, il est difficile de se représenter nos pensées sans une forme quelconque de langage interne ; pouvons-nous imaginer de compter une série d'objets sans se dire mentalement les chiffres ? Des activités courantes comme la lecture de ce texte impliqueraient aussi une forme de langage interne transformant les signes en mots prononcés intérieurement. La prise de conscience de ce que nous vivons serait intimement reliée au discours interne que nous nous tenons, à notre langage privé (Vygotsky, 1962).

Dans toutes les langues, les enfants parlent d'abord des objets et des personnes qu'ils aiment, puis de ce qu'ils font. Au début ils s'expriment généralement par des mots—phrases, puis des énoncés binaires en langage télégraphique, et ce n'est que plus tard qu'apparaissent les mots qui servent de liens dans les phrases. Le langage de l'enfant commence par l'essentiel et il réussit très tôt à entrer dans le jeu de la communication. Cette trajectoire ressemble beaucoup à celle du développement cognitif de la petite enfance et de l'enfance. Justement, la forte correspondance entre l'acquisition du langage et le développement cognitif observé à la fin de la période sensorimotrice et au début du stade préopératoire a fourni un appui à l'idée piagétienne voulant que le langage soit dépendant du développement cognitif comme tel. Dans cette optique, le langage repose sur des acquis cognitifs comme la permanence de l'objet et la fonction symbolique (voir chapitre 6) : l'enfant prendrait d'abord connaissance des objets, des situations et des propriétés dans son milieu et apprendrait ensuite à exprimer sa connaissance de ces éléments (Clark, 1983). Cette position place le langage comme variable dépendante et la pensée comme variable indépendante. En retour, cela n'empêche pas les acquisitions langagières de stimuler le développement cognitif. De la même façon que les nouveaux concepts appris lui permettent d'acquérir de nouveaux termes, les nouveaux mots qu'apprend l'enfant lui permettent de découvrir de nouveaux concepts, de s'y ouvrir et de redéfinir la position des notions connexes qu'il avait déjà acquises auparavant (Flavell, 1985).

La question des relations entre la pensée et le langage est complexe et tous n'y perçoivent pas aussi clairement que Piaget une préséance de la pensée sur le langage :

Il n'y a pas d'ordre temporel clair plaçant les acquis cognitifs en premier et les progrès linguistiques ensuite. Les compétences linguistiques et non linguistiques semblent plutôt apparaître en même temps. Par exemple, les jeunes enfants commencent à dire « parti » ou « nappu » (il n'y en a plus) à peu près au moment où ils arrivent à solutionner les problèmes avancés de permanence de l'objet. La conclusion serait qu'il y a des relations très spécifiques, plutôt que générales et profondes, entre les développements cognitif et sémantique... La relation entre la cognition et le langage semble être plus forte aux premiers stades du développement du langage. Même au début cependant, il ne semble pas que la connaissance prélinguistique explique les développements du langage. Il semble plutôt que les deux domaines se développent de façon synchronisée. (Rice, 1989, p. 151.)

Comment l'enfant apprend-il les règles du langage ? Y a-t-il une « période critique » pour acquérir le langage ? Rappelons que la notion de période critique, proposée par l'éthologiste Lorenz, renvoie au principe selon lequel certains apprentissages doivent être faits à une époque spécifique du développement où l'organisme est particulièrement sensible à certains stimuli présents dans l'environnement. Si cette rencontre entre les prédispositions momentanées de l'organisme ne se fait pas avec les stimuli appropriés, l'apprentissage ne pourra se faire complètement par la suite.

Il existe une croyance populaire voulant que l'apprentissage d'une langue est plus facile pendant l'enfance que plus tard à l'adolescence ou à l'âge adulte. En psychologie, Lenneberg (1967) a proposé que l'acquisition du langage devait se produire avant la fin de la période de latéralisation du cerveau chez l'enfant : les zones corticales responsables du langage étant principalement situées dans l'hémisphère dominant (le gauche pour les droitiers et le droit pour les gauchers), l'acquisition de la langue doit se produire au cours de cette période de plus grande souplesse ou plasticité cérébrale. À ses débuts, le langage serait appuyé par le fonctionnement des deux hémisphères, mais il se localiserait progressivement dans l'hémisphère dominant au cours du processus de spécialisation hémisphérique. À mesure que ce processus s'accentue, l'hémisphère non dominant devient de moins en moins en mesure de compenser pour d'éventuelles incapacités de l'hémisphère dominant. Ce serait là l'explication au fait que les sujets ayant subi une lésion cérébrale importante à l'hémisphère dominant, après l'âge de 9-10 ans, ont généralement des séquelles linguistiques plus permanentes (aphasie), tandis que les enfants plus jeunes subissant la même lésion peuvent récupérer la parole et les fonctions intellectuelles qu'elle requiert (Bouton, 1976).

Il est possible que la période critique d'acquisition du langage ne soit pas reliée au processus de la latéralisation hémisphérique tel que le postule Lenneberg (1967), et qu'elle puisse s'expliquer par d'autres facteurs biologiques reliés au développe-

ment (Reich, 1986). Cependant les observations restent valides en ce qui a trait aux possibilités plus grandes de compenser une lésion subie en bas âge.

L'hypothèse de l'existence d'une période critique pour l'acquisition du langage a aussi été appuyée par les observations effectuées auprès d'enfants qui s'étaient développés sans stimulation langagière. Un des cas les plus documentés est celui de la petite Genie qui a été placée en isolement complet dans une pièce retirée, située à l'arrière de la maison de ses parents (Curtiss et coll., 1975 ; Curtiss, 1977). Ses parents la tenaient en isolement, attachée à une « chaise-à-pot », et la punissaient sévèrement si elle faisait quelque bruit que ce soit. Découverte à l'âge de 13 ans, elle ne parlait pas et même ses pleurs étaient silencieux. Elle fut par la suite placée dans un milieu chaleureux où l'on tenta activement de compenser les déficits linguistiques que les privations sociale et affective aiguës avaient provoqués. Au cours des années de rééducation, le langage de Genie se développa, mais elle fut loin de pouvoir atteindre le niveau linguistique des jeunes de son âge : Genie put développer un bon vocabulaire et une bonne compréhension du langage courant, mais sa compétence grammaticale pour organiser ses phrases est demeurée beaucoup plus faible, de même que son contrôle des intonations significatives de la voix (tons interrogatif, affirmatif, d'hésitation, etc.). L'explication fournie par Curtiss (1977) à ce plafonnement de la rééducation syntaxique de Genie est que, au moment où l'adolescente fut trouvée, la latéralisation était trop avancée, et les progrès qui ont suivi reposaient sur des zones corticales non spécialisées dans le langage. Ces observations appuient donc l'hypothèse de Lenneberg (1967) sur l'existence d'une période critique de réceptivité dans l'acquisition d'une langue ; au-delà de cette période, la compensation complète ne serait plus possible.

17.9 LE BILINGUISME

Y a-t-il une période où l'on apprend une deuxième langue plus facilement ? Selon la croyance populaire, il serait certainement plus facile d'acquérir une deuxième langue au cours de l'enfance qu'à l'âge adulte. Il est intéressant de noter que les travaux sur le sujet indiquent que ce ne sont pas les jeunes enfants qui font les progrès les plus rapides dans l'apprentissage d'une langue seconde mais les adolescents de 12 à 15 ans qui disposeraient de meilleures stratégies d'apprentissage et feraient des progrès plus rapides ; voilà d'ailleurs ce que révèle l'étude de Snow et Hoefnagel-Höhle (1978). Les auteurs ont comparé les progrès de sujets anglais (de 3 ans à l'âge adulte) plongés dans un milieu allemand (école ou milieu de travail) avec peu d'enseignement comme tel de cette nouvelle langue. Ils ont estimé que les facteurs motivationnels et sociaux seraient plus importants que les facteurs d'ouverture biologique dans l'apprentissage d'une langue seconde. De même, Ekstrand (1980) conclut sa revue des écrits sur cette question en affirmant qu'il n'y a pas de fondement sûr à l'hypothèse d'une période déterminée biologiquement pour apprendre une langue seconde, mais plutôt des avantages à introduire tôt cette langue auprès de l'enfant : plus l'enfant est jeune, plus il a de temps devant lui pour apprendre cette langue et moins il a de progrès à faire pour atteindre le niveau des locuteurs de son âge dont c'est la langue maternelle.

Hamers et Blanc (1983) présentent une série d'études indiquant que les enfants plus âgés sont plus rapides pour acquérir la morphologie et la syntaxe de la langue seconde et sont meilleurs en compréhension auditive que les enfants plus jeunes, mais que ces derniers ont plus de chances d'acquérir une phonologie parfaite dans la deuxième langue. Selon Oyama (1976), de 18 mois à la puberté les sujets traversent une période sensible pendant laquelle il serait possible d'acquérir une maîtrise phonétique parfaite d'une langue seconde ; après cette période il est peu probable qu'une personne puisse parvenir à s'exprimer sans accent dans la langue seconde même si sa compétence d'usage y est élevée.

Est-ce que le fait d'être bilingue représente un avantage positif pour la compétence langagière et conceptuelle de l'enfant, ou est-ce qu'il provoque un appauvrissement ? Il s'agit là d'une question fort

importante dans certains contextes socioculturels comme celui du Québec et du Canada, où deux cultures principales se côtoient depuis plusieurs siècles. Nous ne prétendons aucunement trancher cette question ici mais plutôt l'utiliser comme transition vers notre prochain point, soit l'examen de la relation entre la langue et la culture. Hamers et Blanc (1983) fournissent une analyse intéressante de cette question relative à la valeur psychologique du bilinguisme.

D'abord il y a lieu de s'arrêter sur la notion de bilinguisme ; examinons d'abord deux définitions extrêmes. Pour Bloomfield (1935), le bilinguisme c'est *la possession d'une compétence de locuteur natif dans les deux langues concernées*, ce qui signifie l'expression dans les deux langues sans que les personnes unilingues des deux groupes linguistiques puissent identifier un accent étranger. Selon Macnamara (1967), pour être considérée comme bilingue, une personne doit posséder une compétence minimale dans l'une des quatre habiletés linguistiques de base : comprendre une langue différente de sa langue maternelle, la parler, la lire et l'écrire. Au centre de ces deux pôles extrêmes, nous trouvons la conception de Titone (1972) selon laquelle la personne bilingue peut s'exprimer dans une langue seconde en respectant les concepts et les structures propres à cette langue sans paraphraser sa langue maternelle.

Compte tenu des aspects phonétique, sémantique, syntaxique et pragmatique du langage que nous avons examinés précédemment, que veut dire être bilingue ? Est-ce le fait de maîtriser suffisamment la langue pour être considéré comme faisant partie de la culture du pays où elle est en usage ? À ce moment, c'est la dimension phonétique qui prime, car l'habileté à parler une langue sans accent ne se définit pas nécessairement par un niveau de compétence élevé ; elle renvoie aussi à un contexte culturel particulier. Une personne peut parler sans accent le français de Montréal tout en affichant un niveau de compétence sémantique (mots et concepts) et syntaxique (grammaire) bien moindre que la personne qui parle le français avec un gros accent américain tout en disposant d'un vocabulaire élargi et des structures de phrases irréprochables. La même comparaison pourrait s'établir entre un Parisien et un Marseillais : à compétence linguistique égale, les accents peuvent varier beaucoup. Mais la phonétique peut-elle servir de critère principal au bilinguisme ?

Hamers et Blanc (1983), s'appuyant sur les écrits de Lambert (1977), font bien comprendre que restreindre la « bilingualité » à la compétence phonétique ou à l'équivalence des habiletés linguistiques dans deux langues ne rend pas justice à la réalité. Les auteurs proposent un modèle socio-psychologique du développement de deux langues dont nous tenterons brièvement d'esquisser les principes. Comme nous venons de le voir, le langage est un outil social puissant, mais il est aussi un instrument privilégié de développement des connaissances. Le langage contribue significativement au développement cognitif de l'enfant. Or, pour certains enfants, le fait d'apprendre une autre langue que la langue maternelle représentera une source enrichissante de stimulation cognitive ; on parle alors de forme « additive » de bilingualité, c'est-à-dire que les bénéfices cognitif et linguistique de chacune des deux langues s'additionnent. Pour d'autres enfants toutefois, le contact avec une autre langue sera associé à un déficit cognitif et linguistique général : c'est la bilingualité « soustractive ». Selon Lambert (1977), c'est le milieu culturel dans lequel se développe le bilinguisme qui est responsable de cet état de fait, en particulier le degré de valorisation sociale de chaque langue.

Si les deux langues sont fortement valorisées par le milieu et sont perçues comme telles par l'enfant, celui-ci vivra probablement une bilingualité additive et fera des gains conceptuels linguistiques. Au contraire, si la langue maternelle est dévalorisée dans le milieu de l'enfant (la famille), elle sera perçue comme telle par l'enfant qui n'aura pas tendance à la développer ; cette langue maternelle ne pourra jouer efficacement son rôle de pivot dans la stimulation cognitive de l'enfant dont la compétence conceptuelle linguistique sera freinée.

L'enfant exposé aux deux langues, hautement valorisées par son réseau social pour toutes les fonctions langagières, est capable d'intérioriser les valeurs positives liées à tous les aspects de ses deux langues ainsi qu'au langage en général (L). L'enfant se crée donc des valeurs personnelles très

positives pour chacune de ses langues et pour le langage. Pour cette raison il sera fortement motivé à utiliser l'une ou l'autre de ses deux langues [...] Dans ces conditions un input positif pour le développement de la compétence conceptuelle linguistique proviendra de trois sources. (...Au contraire) Supposons qu'un enfant développe sa langue maternelle L1, peu valorisée par la société, comme c'est le cas pour un grand nombre d'enfants de communautés minoritaires à travers le monde. La société de l'enfant attribue peu de valeur à certains aspects fonctionnels et formels de sa langue maternelle ; l'enfant à son tour y attribuera peu de valeur. Pour cette raison il sera peu motivé à développer sa langue maternelle au-delà d'un certain niveau nécessaire pour la communication avec son entourage et valorisé uniquement par ses réseaux sociaux immédiats. Si toutes les fonctions langagières ne sont pas présentes dans l'entourage de l'enfant (fonction de communication, fonction affective et fonction cognitive), notamment si les fonctions cognitives en sont presque absentes, le développement de la compétence conceptuelle linguistique peut être ralenti. (Hamers et Blanc, 1983, p. 114-115.)

On comprend, dans cette perspective, comment la question de la langue peut être aussi importante pour un peuple dont l'identité culturelle n'est pas assurée. Qu'il s'agisse du peuple montagnais, haïtien, québécois ou autre, vivant une situation de minorité entourée d'une majorité socio-économiquement plus forte, l'attrait vers l'identité culturelle de la majorité peut être puissant, ce qui n'aide pas à valoriser la langue maternelle comme outil de communication et de développement conceptuel. Ce modèle socio-psychologique du développement bilingue indique donc qu'une condition à l'apparition d'un bilinguisme additif réside dans la valorisation réelle, par l'enfant et son entourage, des deux langues pour toutes les fonctions langagières (communication, expression affective et développement cognitif) ; autrement il est plus probable qu'un bilinguisme soustractif apparaisse.

Cet examen sommaire des implications psychologiques du bilinguisme nous permet de comprendre jusqu'à quel point notre identité culturelle peut être étroitement associée à la langue. Plusieurs facteurs entrent en jeu dans cette relation langage—culture. Supposons une situation réunissant deux personnes : Peter, un enfant canadien anglais et

Pierre, un enfant canadien français. Ces deux enfants pourront se différencier l'un de l'autre sous divers aspects : selon l'âge où ils ont acquis la langue non maternelle, selon les fonctions qu'ils remplissent avec chacune, selon la valorisation qu'ils leur donnent, etc. Il est possible que Pierre n'utilise le français que dans son entourage familial immédiat tout en fréquentant une école anglaise qui lui permettra « d'accéder plus facilement au monde des affaires », comme le dit souvent son père. En fait, son père doit lui-même fréquemment travailler en anglais ; il parle souvent anglais à la maison et il considère cette langue comme beaucoup plus efficace, même s'il dit tenir à l'héritage culturel québécois. Éventuellement, Pierre pourra en venir à se considérer davantage comme un Canadien anglais. Il est possible par ailleurs qu'il ne s'identifie à aucune des deux cultures ; on parlera alors d'anomie culturelle. Enfin, si pour Pierre il n'y a pas de conflit entre les deux cultures, il est possible qu'il développe le sentiment de double appartenance culturelle, ce sera le biculturalisme.

17.10 L'IDENTITÉ CULTURELLE ET LE LANGAGE

Toutes nos langues sont des ouvrages de l'art. On a longtemps cherché s'il y avait une langue naturelle et commune à tous les hommes. Sans doute, il y en a une et c'est elle que les enfants parlent avant de parler. (Jean-Jacques Rousseau.)

Même si le développement du langage se fait selon des étapes remarquablement similaires entre les cultures et d'une personne à l'autre, il n'en reste pas moins quelque chose d'essentiellement variable. À l'intérieur d'une même langue, les variations d'usage selon les pays et les régions sont innombrables ; pourtant il s'agit du même code. D'une localité à l'autre, on peut facilement observer des différences d'accent, la phonétique affichant même des variations d'un quartier urbain à un autre. En fait chaque personne se distingue par le timbre de sa voix, le rythme habituel de son débit, les clichés typiques qu'elle emploie, ses habitudes de vocabulaire, etc.

Chaque personne possède un profil personnel de langage définissant une identité linguistique propre.

Si dans une même société linguistique, des groupes de personnes séparées dans l'espace ou par l'échelle des classes sociales utilisent un langage aux règles et au vocabulaire distinctifs contribuant à les particulariser culturellement, à plus forte raison des personnes de langues différentes auront des allégeances culturelles plus distantes encore. Ce particularisme linguistique est la base de l'étroite relation qui existe entre le langage et l'identité culturelle.

Les deux langues de la personne bilingue lui donnent accès, consciemment ou inconsciemment, à deux cultures qui peuvent être semblables ou très différentes. Mais toutes semblables soient-elles, des différences existeront qui causeront des conflits de loyauté. L'apprentissage d'une langue implique l'acquisition des valeurs et des attitudes de la communauté qui l'utilise. (Sharp, 1973, p. 77.)

Ce n'est pas facile d'être à la fois Juif et Russe ou Algérien et Français, et il en est ainsi parce que la personne concernée réalise que deux réseaux séparés de personnes importantes s'attendent à ce qu'elle affiche des signes clairs d'affiliation à un groupe ou à l'autre. C'est très pénible de se trouver pris sous les systèmes d'influence de deux ou de plusieurs groupes ethniques et d'être « testé » par les membres d'un groupe ou l'autre qui veut connaître votre vraie couleur. (Lambert, Giles et Picard, 1975.)

Dans la plupart des sociétés, les classes sociales dominantes utilisent ce que l'on appelle la forme standard de la langue (le français standard, l'anglais standard, l'espagnol standard, etc.). Ceux qui parlent la forme non standard de la langue possèdent un code linguistique aussi riche que les autres (Labov, 1966, 1972), mais se trouvent généralement désavantagés parce que c'est plutôt la forme standard de leur langue qui est valorisée dans le système d'éducation et dans les médias de communication (Lee, 1986). Les recherches sociolinguistiques s'emploient justement à mettre en relation les faits sociaux et les faits de la langue. Or, nous savons maintenant que les classes sociales peuvent influencer non seulement l'accent langagier, mais aussi l'utilisation des règles de composition des phrases (Lee, 1986).

On a longtemps considéré les formes non standard d'usage des langues comme déficientes, mais les sociolinguistes possèdent de plus en plus de données montrant que ces codes sont différents mais aussi riches que les formes conventionnelles :

Plusieurs sociolinguistes ont l'impression que, dans le passé, l'on s'est beaucoup trop préoccupé des aspects négatifs des variations linguistiques comme la privation ou le déficit. On réalise qu'il y a lieu maintenant d'avoir une attitude plus positive à ce sujet. Il y a en effet des indications voulant que les travaux récents en sociolinguistique s'inscrivent dans un climat social de plus grande tolérance à cet égard ; l'une de ces indications réside dans l'embauche par les médias (radio et télévision) de journalistes utilisant des formes non standard de la langue d'usage. (Lee, 1986, p. 211.)

Il reste que, pour l'enfant en contexte scolaire, le fait de parler un langage dit « non standard »

demeure un désavantage ; l'école favorise clairement l'apprentissage de la langue standard. En conséquence, les jeunes issus de milieux qui n'emploient pas la forme standard d'expression ont certainement une longueur de retard par rapport à leurs pairs, souvent issus de classes plus favorisées, qui en font spontanément usage parce que c'est justement cette langue standard qu'ils ont apprise dans leur famille. La relation qui existe entre le rendement scolaire et le niveau socio-économique de la famille n'est pas étranger à ce phénomène d'appartenance culturelle. La langue de l'enfant contribue significativement à définir son identité sociale, mais elle n'agit pas seule pour définir l'identité ethnique ; d'autres variables comme la religion, le genre d'emploi et le niveau de scolarité des parents y contribuent aussi (Tousignant, 1987).

POST-TEST

1- Le langage est quelque chose de simple mais aussi de complexe. Expliquez brièvement.

2- En respectant leur ordre de mention, identifiez la dimension du langage à laquelle correspond chacun des champs disciplinaires suivants :

1) la pragmatique ;

2) la phonétique ;

3) la sémantique ;

4) la syntaxe.

3- *Complétez la phrase.* C'est la .... qui étudie les phonèmes pour en connaître la signification particulière à une langue donnée.

4- Dites brièvement ce qui explique que les Japonais qui apprennent le français ont tendance à confondre les *l* et les *r*.

5- Généralement, qu'est-ce qu'indique le LME par rapport au développement du langage chez l'enfant ?

6- Donnez un exemple d'une phrase syntaxiquement correcte mais inappropriée sur le plan pragmatique.

7- Identifiez deux éléments de l'acquisition du langage chez l'enfant que l'explication behavioriste a eu de la difficulté à expliquer

8- Qu'est-ce que la « productivité » dans une langue selon Brown ?

9- Selon Chomsky, quelle est le type de structure qui diffère dans les deux phrases suivantes :

1) *Louise a aidé Pierre dans son travail ;*

2) *Pierre a reçu un coup de main de Louise pour son travail.*

10- Quelle est la méthode la plus utilisée pour étudier le développement du langage chez l'enfant ?

11- À partir de quel âge un enfant commence-t-il à pouvoir comprendre et expliquer des métaphores décrivant des phénomènes psychologiques ?

12- Benedict a observé qu'il y avait un décalage chronologique entre la production et la compréhension chez les enfants de moins de 18 mois. Donnez-en un exemple.

13- Parmi les paires de phonèmes suivantes, indiquez celle qui est discriminée plus tardivement par le bébé :

a) *sa — za* ;

b) *ta — ba.*

14- Comment appelle-t-on la production verbale du bébé qui consiste à prononcer des syllabes sans signification ?

15- Si la présence de lalation chez les enfants auditivement handicapés appuie l'idée d'un fondement inné à cette activité, qu'est-ce qu'indique l'évolution particulière de leur production sonore par rapport au contrôle de l'appareil phonatoire ?

16- Comment appelle-t-on l'échange qui consiste, entre un adulte et un bébé, à émettre à tour de rôle des sons sans signification : le bébé émet un son, l'adulte émet un son à son tour, le bébé reprend, etc.

17- Comment appelle-t-on les vocalisations que l'enfant du stade préverbal émet en même temps qu'il agit ?

18- Qu'entend-on par l'expression « langage maternel » ?

19- Comment le langage maternel accroît-il l'efficacité de l'apprentissage de la communication entre l'adulte et le jeune enfant ?

20- Comment désigne-t-on les énoncés de l'enfant qui ne comportent qu'un seul mot mais qui, parce qu'ils apparaissent dans des contextes précis, tiennent lieu de phrases compréhensibles ?

21- Nommez trois formes expressives possibles d'un énoncé binaire.

22- L'enfant acquiert plus tôt certaines catégories de mots avant d'autres. Ordonnez les trois catégories suivantes selon leur prédominance dans les 100 premiers mots acquis par l'enfant :

a) les mots représentant des actions ;

b) les mots représentant des objets ;

c) les mots désignant des états.

23- Décrivez brièvement en quoi consiste la surgénéralisation dans l'usage des mots chez le jeune enfant.

24- Identifiez deux caractéristiques du comportement langagier des parents susceptibles d'influencer le développement sémantique chez l'enfant.

25- Qu'est-ce qu'un morphème ?

26- Dans le domaine du développement syntaxique chez l'enfant, donnez un exemple d'erreur de surrégularisation.

27- Identifiez deux facteurs favorisant l'implantation de la capacité de dialoguer chez l'enfant.

28- Qu'est-ce qu'un monologue collectif chez des enfants ?

29- Qu'est-ce qu'une pensée métalinguistique ?

30- *Vrai ou faux.* Ce serait parce que leur spécialisation hémisphérique est plus avancée qu'en cas de traumatisme crânien affectant l'hémisphère dominant, des adolescents ont des séquelles linguistiques plus permanentes que de jeunes enfants affectés du même type de lésion.

31- Parmi les propositions suivantes, identifiez l'âge où l'on a observé les progrès les plus rapides dans l'apprentissage d'une langue seconde en milieu naturel :

a) enfance ;

b) adolescence ;

c) âge adulte.

32- Qu'entend-on par « forme additive de bilingualité » ?

33- Quel est l'élément central sur lequel repose l'apparition d'un bilinguisme additif selon le modèle socio-physiologique du bilinguisme ?

34- Comment désigne-t-on le phénomène par lequel une personne bilingue ne s'identifie à aucune des deux cultures associées à ses langues ?

35- *Choisissez la bonne réponse.* La forme standard d'une langue est généralement utilisée :

a) par les classes favorisées de la société ;

b) par les classes défavorisées.

Corrigés

CHAPITRE 1

PRÉTEST

1- donner une signification aux faits et les organiser
guider les conduites auprès de l'enfant
orienter la recherche

2- la pensée représentative

3- Parce qu'elle constitue une période de changements intenses.

4- L'enfant qui se développe reste le même ; il conserve son identité tout en se transformant. Comprendre le changement qu'il vit, c'est se représenter le chemin parcouru dans sa continuité. Ne pas comprendre un enfant, c'est ne pas pouvoir établir le lien entre le changement qu'il vit et ce qu'il est.

5- c, a, b

6- Ils n'expliquent pas clairement les mécanismes responsables du passage d'un stade à un autre ;
ils ne rendent pas compte précisément des différences individuelles.

7- Ils ont rejeté la question comme telle, alléguant que les deux étaient inséparables dans leur interaction, comme la largeur et la longueur d'un champ en tant que déterminants de sa surface.

8- a

9- Piaget a compris que les réponses erronées des enfants aux épreuves standardisées suivaient une logique cohérente par rapport à elle-même ;
Freud a compris que le contenu des rêves pouvait constituer une source privilégiée d'information au sujet de la vie psychique.

10- b

11- à partir de 7 ans environ

12- l'Église chrétienne

13- b

14- Selon le principe de la sélection naturelle, la vie et la mort sélectionnent naturellement les espèces et les individus selon leur capacité de survie.

15- Watson

16- dans la perspective psychanalytique

17- la libido

18- le ça
le moi
le surmoi

19- L'idéal du moi est défini par les standards et les objectifs que la personne établit pour elle-même.

20- du moi

21- le refoulement
la formation réactionnelle
l'intellectualisation
la négation
la projection
la sublimation

22- À partir d'un problème psychosocial principal, une crise psychosociale qui place la personne entre deux pôles ou tendances qui s'opposent.

23- b

24- L'identité personnelle d'un émigré peut être fortement remise en question par la nouvelle culture avec laquelle il doit composer. Un tel défi peut affaiblir les acquis de l'adolescence et raviver la crise d'identité.

25- enjeux psychosociaux

26- Un pattern fixe d'action est un schème d'action inscrit dans le code génétique de l'espèce qui, au contact de l'environnement approprié à son déclenchement, ferait apparaître des conduites ayant une valeur de survie pour l'organisme.

27- Ce concept implique que, pendant une période limitée de sa vie, l'organisme affiche une sensibilité particulière à certaines expériences vécues dans son milieu.

28- De l'interaction entre les prédispositions biologiques de l'enfant à sourire, à gazouiller et à pleurer d'une part, et la sensibilité naturelle de la mère vis-à-vis de son petit d'autre part.

29- Chaque individu occupe une certaine position hiérarchique dans le groupe. La reconnaissance de cette structure et des positions respectives des membres du groupe serait utile à leur adaptation en évitant les conflits inutiles.

30- À la façon dont les processus de développement et les contextes sociaux où ils prennent place s'influencent réciproquement.

31- d, a, c, b

32- la situation de stress dans laquelle se trouve la famille
l'isolement de la famille
le faible soutien social

33- John B. Watson

34- Plus le renforcement (la récompense) apparaîtra vite après l'émission de la réponse par le sujet, plus il sera efficace à consolider la réponse ;
une réponse qui n'a été renforcée que de temps à autre, de façon intermittente, est plus difficile à faire disparaître qu'une réponse renforcée de façon continue ;
une réponse qui a été émise en présence d'un stimulus donné a tendance à se généraliser à des stimuli semblables.

35- le développement du langage
les changements survenant dans la capacité d'apprentissage de l'enfant à certains âges
36- l'apprentissage par observation
37- le contexte de l'observation
les caractéristiques de l'enfant observateur
38- Le modèle social cognitif accorde une place prépondérante aux processus mentaux dans l'apprentissage ; il décrit l'enfant comme un agent actif de son développement ; il propose un processus d'autorégulation dans l'apprentissage.
39- ordinateur
40- le fonctionnement cognitif
41- Le principe voulant que l'humain soit un système qui traite l'information selon trois grandes phases : input — traitement — output ;
le principe voulant que l'utilisation de modèles soit une stratégie efficace pour comprendre les processus cognitifs ;
le principe de rigueur méthodologique voulant qu'une analyse très fine de la tâche offerte et un contrôle rigoureux de la technique d'observation du sujet soient nécessaires pour formuler une description valable des processus mentaux.
42- L'enfant est un agent actif du développement de ses connaissances ;
le temps est important dans les processus cognitifs ;
la mémoire est importante pour la pensée ;
les stratégies de résolution de problèmes reflètent le fonctionnement de l'intelligence.
43- selon la stratégie employée pour gérer l'information en vue de se souvenir
44- la connaissance du monde en général
la connaissance sur la connaissance (métacognition)
la connaissance du « comment connaître » (stratégies de recherche de connaissances)
45- l'approche normative
46- Il s'agit d'une combinaison des méthodes transversale et longitudinale de collecte de données ; elle consiste à rassembler à plusieurs reprises dans le temps (longitudinale) des données sur plusieurs groupes d'âges différents (transversale).
47- Thorndike
48- d

POST-TEST

1- Quel est le rôle de l'enfance dans le cycle de la vie ?
Qu'est-ce qui se développe chez l'enfant ?
Comment le développement s'opère-t-il ?
Quel est le rôle de l'inné par rapport à l'acquis ?
Quelle est la nature fondamentale de l'humain ?
2- les premières relations d'attachement à des humains
3- un rôle de fondation
4- Les dimensions du développement auxquelles elles s'intéressent ;
la méthode employée pour étudier le développement.

5- Aux changements qui surviennent au cours de l'enfance.
6- b
7- Il croyait que les idées étaient contenues dans l'âme, et comme l'âme précède le corps dans le temps, elles sont présentes en l'homme dès sa naissance.
8- b, a
9- organismique
10- Qui ne parle pas.
11- la petite enfance (0 à 3 ans)
l'enfance (3 à 7 ans)
la fin de l'enfance et l'adolescence (7 ans à l'adolescence)
12- a
13- b, a
14- Jean-Jacques Rousseau
15- L'idée que les comportements qui ont une valeur de survie pour l'espèce ont tendance à se maintenir naturellement ;
l'idée que l'origine de l'homme en tant qu'espèce (sa philogénèse) autant que son origine en tant qu'individu (son ontogénèse) ne peuvent être saisis que dans la nature et chez l'enfant respectivement.
16- a
17- l'instinct de vie (éros)
l'instinct de mort
18- le moi
19- le surmoi
20- Les mécanismes de défense ont pour rôle de faire diminuer l'anxiété en transformant ou déformant la réalité.
21- c, e, f, a, b, d
22- Par exemple une fillette de 11 ans n'est pas prête, physiquement, à avoir des enfants. Dans 10 ou 15 ans, elle sera sans doute préoccupée par cette question, tandis qu'après l'âge de 50 ans, cette préoccupation sera chose du passé. Il existe une interaction entre la maturation de l'organisme et le milieu social pour définir une problématique propre à chacun des huit stades.
23- c, a, b, d
24- Le contexte psychosocial dans lequel la personne s'inscrit.
25- Charles Darwin
26- l'*imprinting*
la danse des abeilles
27- l'observation systématique du comportement en milieu naturel
28- la réaction de l'enfant à une situation étrangère
29- À la façon dont les processus du développement et les contextes sociaux où ils prennent place s'influencent réciproquement.
30- vrai
31- a, c, d
32- la recherche sur l'apprentissage
33- à réfléchir à ses pensées et à ses sentiments intérieurs
34- vrai
35- à l'acquisition, par apprentissage, de tout répertoire de réponses plus ou moins complexes

36- Les enfants sont actifs dans leur processus d'apprentissage, ils ne font pas que réagir aux stimuli de l'environnement ;
l'apprentissage n'est pas un processus uniforme au cours du développement, mais il se transforme de sorte que la façon d'apprendre se modifie d'un âge à un autre ;
à mesure que l'enfant se développe, son apprentissage devient de plus en plus sujet au contrôle cognitif donnant lieu à des stratégies de réponse.

37- Elle étudie directement les processus cognitifs en jeu dans l'acquisition et le maintien des comportements, ainsi que le contexte de leur production.

38- L'imitation de nouveaux comportements qui n'étaient pas dans son répertoire auparavant ;
le renforcement ou l'affaiblissement de son contrôle personnel sur ses tendances agressives ;
l'observation de modèles évoluant dans des situations chargées de violence peut augmenter la réactivité de l'enfant à l'égard du contexte où ces modèles évoluent (bateau en mer agitée, obscurité en forêt, etc.).

39- d, a, c

40- le processus d'autorégulation dans l'apprentissage

41- la direction entre l'entrée (input) et la sortie (output) du système
la séquence des opérations distinctes
l'organisation structurée hiérarchiquement

42- leur adhésion à certains principes de base

43- l'avènement des nouvelles technologies de communication et de traitement de l'information

44- à mesurer les progrès du développement

45- le développement émotionnel et affectif
l'influence du contexte dans lequel se produit le développement

46- La biographie d'enfant consiste à tenir systématiquement un journal des observations des comportements de l'enfant pour en percevoir l'évolution dans le temps.

47- la méthode transversale
la méthode longitudinale

48- l'approche expérimentale du développement de l'enfant

49- Selon la loi de l'effet, les actes acquis de conséquences positives deviennent plus probables, tandis que ceux qui sont suivis de conséquences négatives deviennent moins probables.

50- Les acquis d'une étape ou d'un stade servent de base à l'implantation d'une étape ultérieure.

51- Les actions motrices répétées deviennent des représentations mentales ;
les perceptions sensorielles des mêmes contenus deviennent des images mentales ;
l'image de soi de l'enfant serait le résultat de l'intériorisation des informations obtenues sur lui-même dans son milieu ;
l'ensemble du processus de socialisation.

CHAPITRE 2

PRÉTEST

1- La fixité des espèces implique le fait que deux espèces différentes ne peuvent s'accoupler pour produire un nouveau type de descendant.

2- faux

3- vrai

4- mitose

5- a, b, c

6- faux

7- vrai

8- autosomes

9- L'escalier se divise en deux dans le sens de la longueur. Chaque marche se subdivise au centre pour laisser chaque moitié rattachée à un bord de l'escalier. Par la suite, la partie manquante de chaque marche se reconstruit selon le même code à partir des éléments chimiques disponibles dans la cellule.

10- régulateurs

11- phénotype
génotype

12- la taille
la couleur de la peau
l'intelligence
le tempérament

13- b

14- l'hémophilie
le daltonisme
certaines formes de diabète
certaines formes de dystrophie musculaire
l'atrophie du nerf optique

15- faux

16- L'anomalie génétique résulte d'un problème au niveau d'un gène tandis que l'anomalie chromosomique provient d'une mauvaise distribution d'un chromosome entier et non pas seulement d'un gène.

17- Un troisième chromosome apparaît entre la 21e paire.

18- faux

19- b

20- La fille ne possède que 45 chromosomes car le 2e chromosome de la 23e paire est absent ; elle est XO à la 23e paire.

21- Down ou trisomie 21
Patau ou trisomie 13
Edward ou trisomie 18
Turner ou XO à la 23e paire chez la fille
Klinefelter ou XXY
XYY

22- L'amniocentèse est une technique de dépistage d'anomalies prénatales basée sur le prélèvement et l'analyse biochimique du liquide amniotique.

23- b
24- a) 50 %
   b) 100 %
   c) 50 %
25- c, a, b

POST-TEST

1- La pangénèse est la théorie selon laquelle les caractéristiques individuelles sont transmises d'une génération à l'autre par des gemmules, copies très petites de chaque organe du corps qui sont transportées dans le sang pour être assemblées en gamètes puis transmises au fœtus.

2- gamètes
   somatiques

3- Dans la méiose, un seul chromosome de la cellule mère se retrouve dans la cellule germinale qui en résulte. Chaque nouvelle cellule reproductrice ne contient donc que 23 chromosomes.

4- l'ovule
   le spermatozoïde
   le zygote

5- faux

6- Chacun des 23 chromosomes de l'ovule se combine avec chacun des 23 chromosomes du spermatozoïde pour former le zygote contenant 23 paires de chromosomes.

7- allèles

8- faux

9- L'ARN puise son information dans l'ADN du noyau et s'en va gérer le développement périphérique de la cellule selon le plan génétique.

10- faux

11- homozygote

12- modulateurs

13- vrai

14- Puisque cette combinaison XY ne comprend qu'un chromosome X, si une maladie, même récessive, est portée par ce chromosome X, il n'y a pas de chance que l'apparition de la maladie soit empêchée par l'autre chromosome X qui pourrait en dominer l'action comme ce serait peut-être le cas avec la combinaison XX.

15- la tête plus petite (microencéphalie)
   la faible pigmentation des cheveux et de la peau
   l'arriération mentale
   l'irritabilité
   l'hyperactivité
   les convulsions
   les problèmes de coordination motrice

16- une alimentation à base de lait synthétique contenant peu de phénylalanine

17- les problèmes cardiaques
   la susceptibilité à la leucémie
   les troubles visuels et auditifs

les problèmes de tonus musculaire
   les anomalies du système digestif
   la fragilité respiratoire rendant plus vulnérable aux infections pulmonaires

18- le syndrome de Patau (trisomie 13)
   le syndrome d'Edward (trisomie 18)

19- faux

20- vrai

21- échographie

22- Les gènes, dans leur action, possèdent une certaine variance, par exemple, les empreintes digitales des jumeaux dits « identiques » ne sont pas exactement semblables. Aussi, dès la période prénatale, l'environnement n'exerce pas exactement la même influence : ainsi, un jumeau mieux placé dans l'utérus pourra se développer plus vite et naître avec un poids plus grand.

23- vrai

24- a

CHAPITRE 3

PRÉTEST

1- mitose

2- b

3- blastocyste

4- b, a, c

5- faux

6- fœtale

7- vrai

8- 4

9- la testostérone

10- l'arrêt des menstruations

11- a

12- c

13- tératogènes

14- les agents infectieux
   les agents physiques
   les agents chimiques ou drogues
   les facteurs reliés au métabolisme ou à la génétique maternelle

15- Ils peuvent provoquer la mort des cellules de l'embryon ou du fœtus, affecter la croissance des tissus (hyper-ou hypoplasie...), perturber la différenciation cellulaire ou d'autres processus morphogénétiques de base.

16- d

17- les radiations (rayons-X, radioactivité)
   la chaleur intense
   les pressions mécaniques exercées sur le fœtus

18- vrai

19- les protéines
les lipides (ou graisses)
les glucides (ou sucres)
les minéraux (calcium, fer, phosphore, etc.)
les vitamines

20- le système nerveux central
le système visuel
le système auditif
le système digestif
le système musculaire et squelettique

21- la syphilis
l'herpès simplex
la gonorrhée
le SIDA

22- faux

23- le mercure
les BPC (biphényles polychlorés)
le plomb
le cadmium

24- vrai

25- Kolata (1984) rapporte une étude où un groupe de femmes enceintes ont lu un poème à voix haute deux fois par jour pendant les 6,5 dernières semaines de leur grossesse. Après la naissance, les bébés indiquèrent leur préférence pour le poème connu par comparaison à un autre en suçant une tétine de façon particulière pour entendre la pièce de leur choix.

POST-TEST

1- les effets de contraction et de succion de la trompe de Fallope

2- les périodes germinative (ou stade germinal), embryonnaire et fœtale

3- la période germinative

4- faux

5- Le vernix caseosa est un enduit sébacé qui enveloppe le corps du fœtus à partir du 6ᵉ mois de grossesse et assure une protection à la peau.

6- b

7- vrai

8- psychosexuel

9- la fatigue
la somnolence
le fonctionnement urinaire accéléré
le gonflement et la sensibilité accrue des seins
les nausées

10- vrai

11- a) des craintes diffuses par rapport à l'avenir relié à la venue d'un enfant (responsabilités, perte de liberté, etc.) accentuées par la difficulté de prévoir ce qui va se passer exactement ;

b) des craintes par rapport à l'enfant lui-même : malformations, anomalies, etc. ;

c) des craintes par rapport à son propre corps quant aux séquelles laissées par la grossesse : vergetures, varices, ventre, etc.

12- faux

13- la dose de l'agent à laquelle est exposé l'organisme
le moment de l'exposition dans le cours du développement prénatal
la susceptibilité de l'organisme
l'interaction avec d'autres agents présents

14- faux

15- vrai

16- Une mutation génétique correspond à un changement dans les gènes (dans leur nombre, leur organisation ou leur contenu). Il s'agit d'une sorte d'accident dans la combinaison des gènes qui provoque une nouvelle caractéristique observable chez le descendant.

17- vrai

18- a

19- faux

20- syndrome d'immuno déficience acquise

21- l'insuline contre le diabète
des médicaments contre les convulsions épileptiques

22- la configuration faciale typique
un retard du développement à la naissance
des difficultés de survie post-natale
des possibilités de problèmes reliés au sevrage alcoolique
des possibilités de malformations cardiaques et squelettiques
des anomalies neurologiques diverses

23- thalidomide

24- c, a, b

CHAPITRE 4

PRÉTEST

1- La parturition est le nom technique de l'accouchement naturel.

2- a) le travail
b) le passage du bébé
c) l'expulsion du placenta

3- « ocytocine » ou « oxytocine »

4- dilatation

5- Le deuxième enfant et les suivants évoluent dans un passage dont les tissus ont déjà été dilatés par le premier enfant.

6- C'est une incision de la peau de l'ouverture vaginale pratiquée pour favoriser le passage de la tête du bébé lors de l'accouchement.

7- vrai

8- Leboyer (1974) préconise un environnement physique calme, une température chaude et un éclairage non violent ; il conseille de baigner l'enfant après sa naissance. Socialement, il suggère la présence du père ou d'une personne significative qui puisse appuyer la mère pendant l'accouchement et participer à l'accueil de l'enfant.

9- Il s'agit d'un manque d'oxygène éprouvé par le bébé.

10- 37

11- a) problèmes respiratoires
   b) problèmes de thermorégulation
   c) nutrition plus difficile en raison de problèmes de succion ou de déglutition...

12- Le surfactant est une substance visqueuse qui tapisse les alvéoles pulmonaires et facilite la consommation de l'oxygène.

13- faux

14- C'est une césarienne, c'est-à-dire la naissance d'un enfant par une incision pratiquée dans le ventre et l'utérus de la mère.

15- a) un déficit relatif de certaines capacités motrices comme se tenir assis par soi-même, se tenir debout, se déplacer
   b) une plus grande difficulté à être consolé, c'est-à-dire à cesser
      de pleurer lorsqu'il est consolé
   c) une plus grande distractibilité

16- b, d, e

17- Le sommeil du bébé n'est pas concentré dans une période de la journée, comme la nuit pour la plupart des adultes, mais plutôt réparti en sept ou huit périodes entrecoupées de périodes de veille.

18- 1) a
   2) b
   3) e

19- vrai

20- vrai

21- La capacité de reconnaître et de différencier les visages humains permet d'accéder à la signification des expressions faciales émotionnelles, éléments importants dans la communication interpersonnelle.

22- b, c, a

23- L'expérience dans laquelle les bébés reconnaissaient visuellement une tétine qu'ils avaient préalablement explorée avec leur bouche.

24- c

25- L'habituation est le phénomène d'accoutumance qui amène la diminution progressive de la réponse suscitée par un stimulus.

26- Ces conduites indiquent que le bébé généralise le concept « forme ronde » auquel il est habitué à de nouvelles illustrations de ce concept, préférant explorer visuellement des objets illustrant un nouveau concept.

27- vrai

POST-TEST

1- a) le changement de volume de l'utérus relié à la maturation de l'organisme
   b) la libération d'octytocine par la mère et le fœtus
   c) la libération de cortisone par la glande surrénale du fœtus
   d) certaines conditions psychologiques de la mère

2- le travail

3- c

4- vrai

5- vrai

6- Il y a expulsion des membranes et du placenta auquel est rattaché le cordon ombilical ; cette dernière phase ne dure qu'entre 5 et 20 minutes.

7- Le *vernix caseosa* est un enduit visqueux qui recouvre le corps du bébé et facilite son passage dans le canal pelvien pendant l'accouchement.

8- a) le contrôle respiratoire
   b) la concentration mentale sur certains groupes musculaires à détendre

9- faux

10- vrai

11- Parce que le bébé n'a généralement pas eu le temps de compléter son développement comme en témoigne son faible poids.

12- Lorsque le développement du bébé correspond à son âge gestationnel réel, il n'y a pas de retard de croissance, même si l'enfant naît avant terme.

13- Il est plus difficile de comprendre ce que les prématurés expriment et de répondre de façon sensible à leurs besoins, besoins qui sont d'ailleurs plus irréguliers et instables. Il est aussi plus difficile de comprendre la raison de leurs pleurs. Généralement, le bébé prématuré apporte un stress plus grand pour les parents, plus de soucis et moins de gratifications que le bébé normal né à terme.

14- Parce que le contrôle de plusieurs fonctions organiques et cellulaires est assuré par des enzymes qui n'ont d'effet qu'à l'intérieur des limites normales de température du corps.

15- incubateur

16- a) l'apparence ou couleur du bébé
   b) le pouls ou rythme cardiaque
   c) la grimace ou réflexe d'irritabilité
   d) l'activité mesurée par le tonus musculaire
   e) la respiration

17- vrai

18- vrai

19- a

20- a) la succion du bébé
   b) le rythme respiratoire
   c) les mouvements des yeux

21- Parce qu'il s'agirait d'un stimulus dont les éléments :
   a) bougent (yeux et bouche)
   b) offrent une certaine complexité

c) des contrastes de couleur (peau, yeux, bouche, cheveux, etc.)
22- vrai
23- faux
24- Le conditionnement instrumental n'est pas basé sur un réflexe provoqué mais sur une réponse fournie spontanément par l'organisme.
25- a) la détection
   b) la discrimination
   c) la mémoire
   d) la catégorisation
   e) la formation de concepts
26- moment critique

CHAPITRE 5

PRÉTEST

1- a) Les proportions du corps de l'enfant diffèrent de celles du corps de l'adulte, notamment la taille de la tête du bébé est plus importante par rapport au reste de son corps ;
   b) Plusieurs fonctions physiologiques et physiques rencontrées chez l'adulte ne sont pas encore présentes chez le jeune enfant, notamment le système nerveux n'est pas encore à maturité.
2- faux
3- Selon le principe de développement céphalo-caudal, le processus de croissance s'effectue depuis la tête vers le bas du corps.
4- 25 % environ
5- Une plaque de croissance est une zone de tissus cartilagineux généralement située aux deux extrémités de l'os, entre le tronc et l'épiphyse. Ces plaques permettent la croissance de la longueur de l'os par la transformation graduelle de tissus cartilagineux en tissus osseux ; elle disparaissent à la fin de l'adolescence.
6- vrai
7- vrai
8- b
9- Les névroglies ou cellules de soutien servent à transmettre les éléments nutritifs qui sont apportés par le sang (glucose, acides aminés, etc.) vers les neurones.
10- des grands yeux placés au centre du visage, un front large, la bouche, le nez et les yeux rapprochés
11- vrai
12- a, c, d, e
13- vrai
14- faux
15- La marche sur deux pattes a libéré les mains qui ont pu remplacer la bouche dans la manipulation et le transport d'objets.

La bouche ainsi libérée serait spécialisée dans la communication qui a graduellement évolué vers le langage verbal.
16- faux
17- En multipliant sa hauteur par 1,9, on prédit une taille adulte de 1,62 m.
18- La société a tendance à croire que ce qui est beau est bon. Les gens répondraient plus positivement aux enfants qui sont plus beaux qui, en retour, s'attendent à de telles réponses positives et intériorisent une image plus positive d'eux-mêmes.
19- une meilleure santé publique
   une meilleure nutrition de la population, notamment au cours du développement prénatal et de l'enfance
20- l'alimentation généralement appauvrie
   le stress psychologique important
   la détérioration des conditions sanitaires
   la diminution de la qualité de l'environnement
21- C'est la tendance à se priver de nourriture de façon excessive afin de perdre du poids.
22- b, d, c, e, a
23- Il faut qu'en cours de mouvement, les deux pieds quittent momentanément le sol.

POST-TEST

1- voir le graphique de la figure 5.12
2- Selon le principe de développement proximo-distal, le processus de croissance et de contrôle moteur s'effectue depuis le centre vers la périphérie du corps.
3- vrai
4- Le premier centre d'ossification correspond aux lieux de transformation de tissus cartilagineux en tissus osseux au cours du développement prénatal.
5- La croissance en largeur se fait par l'addition progressive de couches de cellules osseuses sur la surface extérieure de l'os déjà existant.
6- des exercices d'haltérophilie
   certains lancers au baseball
7- Un neurone est une cellule nerveuse comprenant notamment :
   a) un noyau ;
   b) un cytoplasme ;
   c) un axone ou tronc conduisant l'influx nerveux ;
   d) des dendrites, prolongements du corps de la cellule permettant l'établissement de liens entre les neurones ;
   e) des synapses ou zones de contact entre dendrites formant les circuits nerveux entre les neurones.
8- neurones ou cellules nerveuses, névroglies ou cellules de soutien
9- La myélinisation des neurones correspond à l'apparition d'une gaine de tissus gras sur l'axone, qui favorise la conduction de l'influx nerveux.

10- a) La perception visuelle acquise très tôt chez le nouveau-né s'expliquerait par la poussée de myélinisation du cortex visuel entre le 7e mois de gestation et les quelques mois qui suivraient la naissance ;

b) la myélinisation de la région responsable de la perception auditive, amorcée dès le 6e mois de gestation serait plus lente à se finaliser et suivrait le développement du langage jusque vers 4 ans.

11- spécialisation hémisphérique

12- En pratiquant des autopsies sur des patients droitiers ayant perdu l'usage de la parole, il se rend compte de la détérioration de certaines cellules de l'hémisphère gauche.

13- le corps calleux

14- La symétrie du corps a une valeur adaptative : si les jambes pour la marche, les nageoires pour la natation ou les ailes pour le vol n'étaient pas symétriques, le contrôle de la direction de la locomotion en serait fortement affecté. L'adaptation à la locomotion a donc favorisé la symétrie du corps.

15- Si les deux hémisphères sont également responsables de la manipulation, il peut y avoir conflit entre les deux dans l'initiative de l'action et l'exercice du contrôle.

16- a, b

17- faux

18- C'est la tendance de la population à être plus précoce et plus grande physiquement d'une décennie à l'autre.

19- faux

20- une courte stature déterminée génétiquement
un retard normal de rythme de croissance
des anomalies chromosomiques
un problème prénatal
un problème glandulaire
du stress psychologique
un trouble au niveau des cartilages et des os
des problèmes dans l'absorption de nourriture
des maladies organiques

21- C'est le phénomène par lequel l'organisme ayant été privé des éléments nécessaires à sa croissance normale a tendance, lorsqu'il est enfin placé en situation de récupérer, à accélérer sa croissance pour rejoindre le niveau de croissance défini par son potentiel génétique.

22- une perte de poids de l'ordre de 25 % du poids normal
l'aménorrhée
le dessèchement de la peau
l'amincissement des cheveux (voir autres critères dans le texte)

23- b

24- Les mouvements de coups de pieds augmentent significativement avant l'apparition des fonctions de locomotion (ramper, marcher) ; le fait de se bercer sur les mains et les pieds précède la marche à quatre pattes ; des mouvements des mains précèdent les acquisitions d'habiletés manuelles.

25- c

CHAPITRE 6

PRÉTEST

1- suisse

2- Il vit qu'elles n'étaient pas fournies au hasard mais suivaient une logique intéressante pour connaître la structure de la pensée.

3- Ils consistent tous deux en une marche vers une forme d'équilibre, ils procèdent tous deux d'un mécanisme d'équilibration progressive.

4- voir sous-section 6.3.1

5- a) la période sensorimotrice (de 0 à 2 ans)
b) la période pré-opératoire (de 2 à 7 ans)
c) la période des opérations concrètes (de 7 à 12 ans)
d) la période des opérations formelles (de 12 ans à l'âge adulte)

6- vrai

7- le schème de succion
le schème de préhension

8- la maturation
l'expérience de l'environnement physique
l'influence du milieu social
l'équilibration

9- logico-mathématique

10- faux

11- Parce que cette réaction est plus centrée sur le corps de l'enfant, sur la réussite d'une action, que dirigée vers la réussite d'une interaction avec un ou des objets extérieurs.

12- La bouche et l'activité de succion qui s'y rattache agit comme intermédiaire dans l'association vision—préhension : le lien initial main—bouche sert à faire entrer la main et l'objet qu'elle peut tenir dans le champ de vision, ce qui favorise l'association entre la vue et la main.

13- a) L'enfant ne peut imiter le modèle que dans les conduites qu'il a lui-même déjà produites spontanément, sans pouvoir imiter des conduites qui sont nouvelles pour lui ;

b) il ne peut imiter que des conduites qu'il peut s'entendre ou se voir faire.

14- l'exploration par essais et erreurs dans une recherche constante de nouveauté

15- Au stade 6, on parle d'invention de moyens nouveaux parce que la recherche d'une procédure adaptée à la poursuite du but se fait mentalement plutôt que pratiquement dans l'action sur les objets.

16- permanence de l'objet

17- faux

18- c

19- L'image mentale des objets et la possibilité de les représenter par un symbole particulier permet à l'enfant d'évoquer des souvenirs, de faire des projets ou de faire intervenir dans son discours des choses qui ne sont pas présentes immédiatement.

20- la fonction symbolique

21- 1) l'imitation différée
   2) le jeu symbolique
   3) le dessin
   4) l'image mentale
   5) l'évocation verbale

22- En ce qu'elle n'est pas dirigée vers une adaptation au monde réel.

23- le jeu d'exercice
   le jeu symbolique
   le jeu de règles
   le jeu de construction ou de résolution de problèmes

24- Fréquemment, ces conduites apparaissent ensemble, dans un jeu ou une imitation où le langage accompagne le geste, où le dessin peut appuyer le jeu, etc.

25- la centration

26- transductif

27- vrai

28- la méthode clinique

29- Une transformation (ou opération) ne peut être inversée que dans la mesure où elle laisse quelque chose d'invariant lorsqu'elle se produit.

30- c

31- b, c, a

32- baguettes déplacées
   baguettes sectionnées
   champs et vaches

33- Le fait que le nombre d'éléments d'un ensemble demeure invariant (il ne change pas) même si l'on modifie sa disposition dans l'espace.

34- Si A (tour construite) est égal à B (instrument de mesure) et que B est égal à C (tour modèle), donc A est égal à C.

35- tulipes, fleurs, végétaux, organismes vivants
   maison, rue, quartier, ville, province, pays

36- une collection figurale

37- Une tulipe fait partie de l'ensemble des tulipes mais aussi de l'ensemble des fleurs ; un même chien fait partie de la classe des chiens mais aussi de la plus grande classe des animaux qui englobe celle des chiens.

38- Les opérations mentales doivent pouvoir s'appuyer sur des réalités concrètes car elles ne peuvent se faire de façon abstraite, indépendamment de l'action.

39- la perspective
   la représentation de l'espace dans lequel on vit (plan intérieur de sa maison)
   l'image mentale d'un lieu connu il y a plusieurs années par rapport à la perception qu'on en a lorsqu'on le retrouve

POST-TEST

1- en biologie

2- Barbël Inhelder

3- a) La dimension génétique, qui rend compte de la hiérarchisation des conduites ;
   b) Le structuralisme, qui propose que les connaissances constituent des systèmes organisés ;
   c) Le constructivisme, donnant un rôle primordial à l'activité du sujet dans l'élaboration de ses connaissances ;
   d) L'interactionisme, qui situe l'adaptation de l'organisme à son milieu comme le résultat de l'interaction entre l'assimilation du milieu à la structure du sujet et l'accommodation de cette structure au milieu.

4- l'adaptation et l'organisation

5- faux

6- Cela veut dire que chaque nouveau stade correspond à un palier d'équilibre qui intègre les acquis des stades antérieurs et permet une meilleure adaptation.

7- Le schème est ce qu'il y a de commun dans une activité qui se répète.

8- vrai

9- Dans l'exercice, le sujet répète ses schèmes pour les consolider : la principale source d'information est le sujet lui-même. À l'opposé, dans l'expérience physique des objets, ce sont les objets sur lesquels porte l'activité qui représentent la principale source d'information pour le sujet.

10- faux

11- les réflexes

12- la succion du pouce
   la protrusion de la langue
   l'exploration du regard
   le gazouillis

13- vrai

14- Il s'agit de la combinaison de schèmes qui sont déjà eux-mêmes composés de schèmes primaires coordonnés entre eux.

15- au 5e stade

16- b

17- a) L'objet doit avoir son identité propre, c'est-à-dire qu'il doit être conçu comme distinct de nous ou de nos actions sur lui ;
   b) L'identité de l'objet doit être permanente, c'est-à-dire qu'elle ne change pas constamment.

18- L'erreur de stade 4 consiste à rechercher l'objet disparu à l'endroit où il a déjà été trouvé avec succès auparavant, même si ce n'est pas à cet endroit qu'il est disparu la dernière fois.

19- vrai

20- a) la phase préconceptuelle (de 2 à 4-5 ans)
   b) la phase intuitive (de 4-5 à 6-7 ans)

21- L'imitation est une représentation en acte qui devient suffisamment détachée du modèle pour pouvoir apparaître en différé.

22- le monologue collectif

23- vrai

24- faux

25- a) Représentatif : les mots utilisés renvoient à l'image mentale particulière que se fait l'enfant de réalités et non pas aux concepts généraux d'auto, de maison, d'ami, etc. ;
   b) Spatial : l'enfant n'arrive pas à adopter en pensée une autre perspective que la sienne propre ;
   c) Social : l'enfant éprouve de la difficulté d'adapter son langage aux besoins de son interlocuteur.

26- statique

27- une régulation intuitive

28- échec : phase préconceptuelle
   transition : phase intuitive
   réussite : opératoire concret

29- faux

30- la présentation du matériel à l'enfant avec des identifications des éléments

31- vrai

32- a) « Ce sont les mêmes baguettes, on n'a fait que les déplacer » ;
   b) « La baguette va plus loin que l'autre à ce bout-ci mais moins loin à ce bout-là ».

33- vrai

34- Il s'agit de la correspondance entre chaque chiffre (un, deux, trois, etc.) et chaque élément compté : chaque chiffre doit correspondre à un élément et à un seul sans quoi il y a erreur de dénombrement.

35- Une opération mentale est une action intériorisée, une transformation opérée en pensée.

36- C'est un système organisé d'opérations.

37- Il dessinera un carré à peine plus petit et un autre à peine plus grand que le modèle.

38- a

39- la conservation de la substance, du poids et du volume

CHAPITRE 7

PRÉTEST

1- Les tests d'intelligence mesurent.

2- la métacognition
   le contexte culturel de l'intelligence
   les connaissances

3- l'approche du « traitement cognitif de l'information »

4- vrai

5- vrai

6- a) au développement des circuits électroniques (du matériel) de l'ordinateur
   b) au perfectionnement des programmes (du logiciel)

7- faux

8- la capacité de traiter plus d'information
   la recherche d'information plus systématique et plus sélective

la capacité d'appliquer un plus grand nombre de stratégies dont la complexité s'accroît
la plus grande efficacité à assurer le suivi et le contrôle de son activité mentale

9- **vrai**

10- vrai

11- efficacité neurale

12- la force de préhension de la main
   la vitesse de réaction
   la discrimination sensorielle

13- Alfred Binet

14- C'est un facteur d'intelligence générale commun à l'ensemble des habiletés cognitives.

15- Les normes pour situer le rendement du sujet varient d'un âge à l'autre ; ainsi, le rendement d'un enfant se compare avec celui d'individus de son âge et non pas avec le rendement de plus vieux ou plus jeunes.

16- vrai

17- On dit qu'un enfant de 5 ans a un âge mental de 7 lorsque ses résultats aux tests sont aussi élevés que ceux de la moyenne des enfants de 7 ans.

18- la motivation
   le sexe
   la culture de provenance
   le niveau socio-économique de la famille

19- la vitesse d'exécution des problèmes
   la quantité d'acquis (ex. mots de vocabulaire, etc.)
   la complexité des problèmes réussis

20- vrai

21- b, d, c, a

22- a) habileté à déceler une absurdité
   b) habileté à concevoir des similitudes
   c) vocabulaire

23- vrai

24- vrai

25- faux

26- le répertoire des tâches évaluées
   la difficulté de la tâche
   l'indice de performance utilisé

27- vrai

28- les concepts et les outils

29- La qualité de l'environnement physique dans lequel l'enfant est évalué ;
   le degré de familiarité de l'enfant avec le milieu où l'évaluation se fait ;
   l'accessibilité du langage utilisé ;
   l'intensité de la demande.

POST-TEST

1- l'adaptation à l'environnement
   les processus mentaux de base
   la pensée abstraite

2- faux

3- 1) l'appréhension des données ou la saisie de la signification des termes
2) l'extraction des relations
3) l'extrapolation de la relation entre le troisième terme (« port ») de l'analogie et un quatrième terme, nouveau (bateau), ou extraction de la corrélative

4- l'étude des unités cognitives en jeu (inférence, extrapolation, etc.)
l'étude de l'exécution des tâches (comment se fait la planification, l'exécution, l'évaluation de l'activité mentale, etc.)

5- la répétition mentale simple
le regroupement et la répétition mentale
le regroupement et la répétition à voix haute
l'attribution d'une signification aux chiffres
la répétition avec groupements significatifs

6- Ils prennent des notes sur le texte ;
ils soulignent davantage ;
ils soulignent sélectivement les passages plus importants.

7- a, d

8- l'analyse de symptômes en médecine
l'évaluation de la personnalité en psychologie
le forage de puits de pétrole
le sondage auprès du public
la psychothérapie

9- « localisationniste »

10- vrai

11- la mesure des effets de lésions cérébrales sur le comportement, l'intelligence et la personnalité à des fins de diagnostic et de réhabilitation

12- psychométrique

13- faux

14- Il s'agissait de voir comment l'enfant organise sa recherche dans l'espace, s'il explore de façon rationnelle sans retourner sur ses pas ou s'il le fait au hasard, sans organisation.

15- La direction (c'est-à-dire la programmation de l'exécution)
l'adaptation (le suivi de l'action)
la critique (l'évaluation de la qualité de la démarche mentale)

16- opération : mémoire
contenu : symboles
produit : unités

17- faux

18- 140

19- La standardisation des techniques de passation (qui fait que l'administrateur du test ne peut rien changer dans la procédure sans compromettre la valeur de l'épreuve).

20- 1) a,   2) b

21- d, b, a, c

22- les sous-tests : verbaux et non verbaux

23- le dépistage et le diagnostic de troubles d'apprentissage
le classement des enfants selon leur rendement

24- Les tests mettent souvent en jeu des raisonnements et habiletés verbales plus probablement développées dans les classes aisées de la population, ce qui donne lieu à un biais culturel ;
les tests mesurent les acquis antérieurs et dépendent donc autant de la richesse de l'environnement éducatif du sujet que de ses capacités d'apprendre du matériel nouveau dans le futur ;
les conditions de passation peuvent influencer les résultats aux tests de sorte que le rendement scolaire antérieur peut être un meilleur prédicteur du rendement scolaire futur que les tests ;
la position intellectuelle de l'enfant par rapport à la moyenne de son âge peut fluctuer d'une année à l'autre, ce qui fait que la permanence du QI est relative ;
les tests mesurent le nombre de bonnes réponses produites plutôt que les processus et stratégies cognitifs dont l'enfant dispose pour s'adapter ;
les tests décèlent les limites et les manquements plutôt que les forces actives de l'enfant ;
l'« étiquetage » de l'enfant peut susciter chez les intervenants un biais qui lui sera défavorable en milieu scolaire.

25- a

26- Il n'existe pas de réponse « objective » à cette question.

27- b

28- l'effet de la contrainte de temps sur le rendement
la portion du problème que l'enfant peut résoudre correctement avant de fournir une réponse erronée

29- la fatigue
le stress psychologique
une faible motivation
une perturbation émotionnelle

CHAPITRE 8

PRÉTEST

1- La douance correspond à une compétence supérieure à la moyenne dans un domaine d'habiletés donné.

2- c

3- faux

4- le rendement intellectuel ou le QI

5- voir tableau 8.2

6- d

7- b

8- image

9- Elle croit que les enfants de la première catégorie vivent un isolement plus grand, car plus la douance est exceptionnelle quant à l'éloignement de la moyenne normale, moins l'enfant peut entrer facilement en relation avec ses pairs.

10- faux

11- un langage évolué avec utilisation appropriée d'un vocabulaire riche

des connaissances exceptionnelles, souvent approfondies dans un domaine d'intérêt particulier
une mémoire supérieure
un esprit d'invention
un sens autocritique développé associé à du perfectionnisme, ce qui conduit à une image négative de soi
une compréhension avancée des situations pour son âge
un QI supérieur

12- les métacomposantes
les composantes de rendement ou de performance
les composantes d'apprentissage

13- vrai

14- vrai

15- c

16- Connaître l'enfant sur une base individuelle, ainsi que son expérience socioculturelle et les domaines d'activité dans lesquels il ou elle est engagé ;
offrir un choix de tâches, c'est-à-dire non seulement des tâches imposées mais aussi des épreuves choisies par l'enfant lui-même et fournir un minimum de liberté dans la façon de répondre à l'examen.

17- II

18- L'élève peut progresser rapidement dans le programme normal et parcourir plusieurs années dans une. Il peut profiter du tutorat de ses pairs doués plus avancés dans le programme.

19- c

20- faux

21- divergente

22- a, b, d, e

23- faux

24- faux

25- a, c, d

26- voir section 8.12

POST-TEST

1- C'est le phénomène selon lequel le rendement observé ne traduit pas tout le potentiel de la personne.

2- faux

3- le domaine de talent exceptionnel
les habiletés et processus cognitifs
les antécédents et le processus de développement des talents
la motivation à la réalisation du potentiel
l'intégration fonctionnelle des diverses dimensions

4- faux

5- a

6- la précocité
la persistance
l'intensité du talent

7- faux

8- Interne : satisfaction d'avoir relevé un défi personnel
satisfaction d'avoir réussi quelque chose de nouveau
satisfaction d'avoir acquis une nouvelle habileté
Externe : admiration sociale
pouvoir ou privilège quelconque de l'argent

9- trop pousser l'enfant, trop lui demander et le contraindre peut saturer son intérêt

10- d

11- la pression encourageant la motivation à réussir
la pression pour le développement du langage
les conditions générales d'apprentissage

12- a

13- a, b, c

14- moral, social, économique et éducatif

15- a, d, b, c

16- vrai

17- font passer l'élève doué d'une position de consommateur de connaissances à une position de producteur de savoir
suscitent un grand engagement personnel dans la tâche
font vivre à l'élève la différence entre une vraie recherche et un exercice pédagogique préparé par le professeur
mettent l'accent sur un produit fini
laissent une grande place aux intérêts personnels et à la liberté de l'élève

18- Dans les programmes d'enrichissement, l'élève doué est souvent placé dans la situation où il doit travailler pour rien, c'est-à-dire travailler plus fort que ses compagnons sur des contenus qu'il maîtrise déjà, ou travailler sur des contenus dont la pertinence n'est pas évidente ou qui ne l'intéressent pas vraiment, ce qui peut contribuer à le démotiver.

19- convergente

20- faux

21- a, d

22- La flexibilité renvoie à la capacité du sujet de produire des réponses variées, appartenant à des catégories différentes.

23- voir tableau 8.7

24- a

25- le respect de l'enfant en tant qu'individu
l'appui apporté à ses projets personnels

CHAPITRE 9

PRÉTEST

1- b

2- b

3- Son inefficacité à différencier les sujets à l'intérieur de chaque zone de QI.

4- a, c

5- psychanalytique

6- clarté de formulation
champ d'application
utilité clinique
acceptabilité

7- vrai

8- à partir de l'entrée à l'école

9- c

10- le syndrome de Down (ou trisomie 21)

11- vrai

12- Les concepts acquis servent à l'élaboration des nouveaux concepts ainsi qu'à l'organisation des connaissances ; ce que l'enfant comprend aujourd'hui lui servira à mieux comprendre autre chose demain.

13- faux

14- b

15- un retard important du rendement par rapport au potentiel de l'enfant
une évaluation objective et fiable du potentiel et du rendement de l'enfant

16- b

17- vrai

18- L'accent mis sur une cause neurologique a beaucoup diminué en raison du manque de fondements sûrs dans l'identification de telles lésions ; c'est sur les comportements et non pas sur le repérage de lésions neurologiques que les diagnostics sont fondés.

19- les stimuli de l'environnement
la transmission d'expériences d'apprentissage

20- L'idée à la base de ces interventions est qu'un déficit dans les acquis préscolaires de l'enfant le place en situation de risque d'échec à l'école. Il faut donc intervenir le plus tôt possible afin de compenser le manque de stimulation reçue dans le milieu familial et de contribuer à fournir à chacun des chances réelles de réussite dans la vie.

21- la répartition des ressources
les normes en vigueur
la communication école—famille
l'attitude face au diagnostic

22- dyslexie

23- un trouble d'apprentissage de l'écriture

24- a

25- a, d

26- organiques
éducationnels

27- faux

28- Dans les erreurs d'écriture couramment commises, le plus souvent la structure phonétique est respectée et le problème vient de la grammaire ou de l'orthographe.

29- b, c, a

30- faux

31- sa pensée

32- passivité

33- vrai

34- vrai

35- l'enrichissement

36- Il ne requiert pas une séquence unique, les unités de matière n'ont pas à se suivre dans un ordre fixe.

37- a) La présence d'enfants normaux et d'enfants ayant des difficultés d'apprentissage (ou autre handicap) dans la classe augmentera le nombre de leurs interactions ;
b) La présence d'enfants ayant un handicap augmentera l'acceptation sociale des élèves réguliers ;
c) Les enfants en difficulté utiliseront leurs pairs normaux comme modèles pour leurs propres comportements.

38- faux

39- perception qui ne fait qu'effleurer les données
exploration perceptuelle impulsive, erratique, non systématique
manque de concepts utiles à la discrimination
manque d'un système stable de référence
difficulté de conservation
manque de précision dans l'appréhension des données

40- C'est lorsque l'enfant n'arrive à maintenir dans sa mémoire active qu'une petite quantité d'information, de sorte que dans la résolution d'un problème, le fait de porter son attention sur un facteur lui fait oublier d'autres facteurs importants qu'il a déjà vus mais oubliés.

41- faux

POST-TEST

1- vrai

2- vrai

3- faux

4- Parce que le développement de tout enfant résulte de l'interaction des facteurs internes et externes.

5- faux

6- catégories traditionnelles de désordres mentaux
troubles du développement ou de la personnalité
problèmes physiques
stresseurs psychosociaux subis par la personne
comportements adaptatifs

7- vrai

8- vrai

9- c

10- c

11- L'hétérochronie du développement correspond au degré d'écart des acquis dans une zone d'activité par rapport à une autre zone.

12- C'est l'écart entre le potentiel d'apprentissage estimé et les acquisitions observées chez l'enfant.

13- b, c

14- sociométriques

15- a, c

16- vrai

17- vrai

18- a, b, c

19- a

20- d

21- la confusion des lettres à graphie semblable
la confusion des lettres proches par le son
les omissions de lettres
les additions de lettres
les inversions de lettres

22- le décodage et la compréhension du texte

23- b, c

24- Il s'agit de donner à lire un texte dont un mot sur cinq a été supprimé et remplacé par un trait de longueur uniforme (une lacune) ; l'enfant doit reconstituer le texte original. Le score obtenu au test correspond au pourcentage d'éléments réussis dans le texte, c'est-à-dire au nombre de lacunes qu'il arrive à remplacer par le mot juste (et non pas par un synonyme de ce mot).

25- la lecture
l'écriture

26- le manque d'attention ou de soin dans l'exécution de la tâche

27- a, c, d

28- La mémorisation implique l'assimilation des contenus en fonction des structures cognitives.

29- Face à une tâche d'apprentissage, ils ne sont pas actifs à mettre en branle les stratégies cognitives appropriées pour optimiser leur performance (se rappeler la consigne, s'efforcer de donner une signification au contenu à retenir, se rappeler verbalement le but à atteindre dans la tâche, ètc.).

30- La connaissance métacognitive correspond aux croyances et connaissances que l'on accumule au cours des ans au sujet de la pensée humaine et de son fonctionnement. L'expérience métacognitive correspond aux expériences cognitives ou affectives associées à une activité cognitive.

31- clarifier les buts de la lecture
identifier les aspects importants du contenu
contrôler l'attention de façon à être plus vigilant dans les parties importantes du texte que dans l'ensemble
assurer le suivi du degré de compréhension acquis pendant la lecture même
faire de la révision et se questionner afin d'évaluer le degré d'atteinte des objectifs
entreprendre des activités de compensation lorsqu'on décèle de l'incompréhension
etc.

32- le placement des enfants dans les classes spéciales
l'intégration des enfants dans des classes ordinaires

33- Il s'agit de répondre aux besoins particuliers de l'élève en difficulté dans le contexte de la classe ordinaire et de faire en sorte, selon des étapes graduées, qu'il vienne à évoluer par lui-même dans le programme ordinaire, sans assistance spéciale.

34- a, c

35- l'enrichissement

36- l'accélération

37- faux

38- a, d

39- L'objectif est de développer la plasticité cognitive de l'enfant en lui fournissant des expériences d'apprentissage appropriées.

40- C'est le phénomène par lequel les produits essentiels à l'adaptation culturelle ne sont pas transmis à l'enfant, ce qui l'empêche d'assimiler les connaissances nécessaires à son adaptation.

41- la difficulté à comprendre l'existence ou le but du problème
l'incapacité de choisir les indices pertinents
la difficulté à établir spontanément des comparaisons
l'étroitesse du champ mental
la difficulté à faire la synthèse

42- la difficulté à projeter des relations virtuelles
la faible motivation à rechercher la solution à un problème
la difficulté à planifier la séquence des informations
la communication égocentrique
le blocage
la réponse au hasard par essais et erreurs
le manque de concepts et de mots

CHAPITRE 10

PRÉTEST

1- faux

2- la maturation
la société
le temps
le développement cognitif
l'intériorisation des attentes parentales

3- faux

4- faux

5- vrai

6- faux

7- b

8- vrai

9- faux

10- e

11- a

12- c

13- a et 2, b et 4, c et 1, d et 3

14- Le Soi-Objet est un regard évaluateur porté sur Soi, c'est la conscience que le Soi est un objet parmi d'autres, ce sont les caractéristiques que la personne se reconnaît ; c'est ce qu'elle connaît d'elle-même et du monde environnant.

15- vrai

16- répéter
réprimer

17- vrai

18- faux

19- L'individualité entraîne des différences dans la nature même de l'être, c'est la spécification majeure de la personne humaine. Elle s'applique autant au Soi qu'aux traits de la personne ; en effet, ces traits diffèrent toujours par le degré, l'usage qu'elle en fait et la motivation sous-jacente.

20- faux

21- irréversible
changements
l'adolescence
diminuer

22- les changements physiques
les changements dans l'environnement
les pressions sociales
l'aide professionnelle
les changements de rôles

23- permanence

24- faux

25- vrai

26- Soi
Autrui
Soi-Sujet
agent
autonome
causal
Soi-Sujet

27- L'enfant différencie sa mère des autres personnes et lui manifeste une préférence. Il observe attentivement son visage et en enregistre les traits pour mieux la différencier des autres personnes. La réaction de détresse de l'enfant est évidente si la mère s'absente, elle est encore plus forte devant l'étranger, mais il retrouve rapidement son calme avec le retour de la mère. Il développe une mémoire rudimentaire de la mère.

28- faux

29- b

30- a) le système « attachement », visant la proximité et le contact physique
b) le système « peur et inquiétude », évitant les événements, objets et individus perçus comme dangereux
c) le système « affiliation », visant l'interaction sociale
d) le système « exploration », pour l'examen de l'environnement et des objets

31- affiliation
exploration
attachement

32- schèmes

33- Il est généralement anxieux, entretient des liens superficiels avec les personnes significatives de son milieu et des relations sociales difficiles avec ses pairs. Il a un faible contrôle de ses impulsions et de son comportement en général.

34- a et 2
b et 1
c et 3

35- c

36- primaires
innés
secondaires
appris

37- b

38- vrai

39- d

40- La personnalité actualisée est authentique, elle entend les voix intérieures, elle reconnaît sa vérité, ses désirs, pensées et sentiments profonds, elle distingue son action vraie, harmonieuse, elle est libérée des blocages et vit en fonction des lois et règles propres tout en restant ouverte à son environnement.

POST-TEST

1- vrai

2- a) Avec le passage du temps survient la maturation, une nouvelle image de soi et des pressions sociales qui incitent au changement ;
b) Le temps est inhérent à la durée de l'apprentissage et de l'exercice nécessaires à l'acquisition et à la maîtrise de nouvelles conduites ;
c) Il y a un temps propice pour tout apprentissage, trop tôt ou trop tard la qualité de l'apprentissage est amoindrie.

3- vrai

4- À cause de la dépendance à l'égard des parents et leurs substituts, parce que l'estime de soi liée à la réalisation des idéaux parentaux et en raison de la durée prolongée de l'influence parentale sur plusieurs dimensions de la personnalité.

5- l'insécurité affective
le manque de maturation au moment où l'enfant est soumis à certains apprentissages

6- vrai

7- faux

8- faux

9- faux

10- le Soi et les traits personnels

11- b

12- d

13- l'estime de soi

14- faux

15- faux

16- faux

17- a, 4 et i
b, 1 et j
c, 5 et h
d, 2 et g
e, 3 et f

18- a

19- faux

20- l'hérédité
l'éducation
le système de valeurs des parents
l'environnement social
l'attention sélective

21- l'état d'immaturité et le besoin d'identification affective pour se développer et se différencier

22- phase d'autisme normal, de 0 à 2 mois
phase symbiotique normale, de 2 à 5 mois
phase de séparation—individuation, de 5 mois à 3 ans

23- faux
24- vrai
25- vrai
26- vrai
27- faux

28- a) La qualité de la relation mère —enfant joue un rôle majeur dans le développement normal ou pathologique de la personnalité ;
b) L'affection entre la mère et l'enfant est le matériau fondamental du développement du Soi, et la relation sociale en est largement influencée ;
c) L'enfant se sépare de la mère et s'individualise selon un processus de développement séquentiel.
d) Il existe une relation entre le développement de troubles dans la personnalité et l'échec à certaines tâches de développement propres à des stades spécifiques d'évolution.

29- vrai
30- faux
31- a
32- faux
33- d

34- a) confiance ou méfiance ; de 0 à 1 an
b) autonomie ou honte et doute ; de 1 à 2 ans
c) initiative ou culpabilité ; de 2 à 5 ans
d) travail ou infériorité ; de 6 à 12 ans
e) identité ou diffusion des rôles ; de 12 à 18 ans
f) intimité ou isolement ; de 18 à 25 ans
g) « générativité » ou stagnation ; à l'âge adulte
h) intégrité personnelle ou désespoir ; dans la vieillesse

35- C'est un élan, une énergie inhérente au comportement ; cette poussée énergétique motive le comportement, constitue un stimulus suffisamment puissant pour provoquer une réponse.

36- d
37- vrai
38- vrai

39- a) L'expérience de chaque personne est unique et représente la réalité propre de la personne ;
b) Toute personne a une tendance intrinsèque à se développer ;
c) La première conséquence de cette tendance est l'actualisation de Soi.

40- 1) besoins essentiels
2) sécurité
3) amour et amitié
4) estime de Soi
5) actualisation de Soi

CHAPITRE 11

PRÉTEST

1- a) le contenu : comportements, attitudes, apprentissages, etc. propres à une période de développement
b) la succession : ordre chronologique d'apparition des stades
c) l'organisation en un système : liens étroits entre les stades permettant l'intégration des capacités nouvelles en un tout cohérent et harmonieux.

2- faux
3- faux

4- a) Les privations émotionnelles en bas âge marquent la personnalité de façon presque indélibile ;
b) La relation parents—enfants est très importante en raison de l'environnement limité de l'enfant en bas âge ;
c) Dans les premiers exercices d'une fonction, les enfants sont très sensibles à l'approbation ou à la réprobation du milieu ;
d) Les différences sexuelles offrent peu de résistance aux pressions sociales ;
e) Les premiers traits de la personnalité sont naturellement stables et persistants.

5- faux
6- vrai
7- narcissique
8- d
9- a
10- faux
11- faux
12- faux
13- agressives
libidinales
14- vrai
15- b
16- faux
17- faux
18- l'initiative et la culpabilité
19- faux
20- vrai
21- vrai
22- a
23- intentionnel
accidentel
24- faux
25- vrai

26- biologiques, psychologiques, sociaux

27- psychanalytique
biologique
basé sur l'apprentissage social
basé sur le développement cognitif

28- faux

29- e

30- b

31- e

32- vrai

33- a) les expériences sociales
b) le milieu culturel
c) les éléments spatio-temporels favorisant ou inhibant l'expression de certains traits de la personnalité
d) les données biologiques

34- faux

35- faux

36- a) Premier sous-stade (de 5 à 8 ans environ)
poursuite de la maturation psychosexuelle et maîtrise difficile des pulsions sexuelles et agressives
Surmoi sévère qui ne sait pas encore guider le Moi
régressions pré-œdipiennes fréquentes
tendance à blâmer facilement les autres de ses difficultés
projection de la culpabilité et autres sentiments négatifs et crainte des représailles punitives

b) Deuxième sous-stade (de 8 à 11 ans environ)
Surmoi mieux établi qui anticipe et guide le Moi
meilleur contrôle des pulsions agressives et sexuelles
canaliser son énergie au profit de l'adaptation scolaire et sociale
meilleure régulation entre les mondes intérieur et extérieur
identifications plus subtiles, plus complexes et plus intériorisées
fantasmes œdipiens distancés
sens critique plus développé envers les parents mieux différenciés

37- C'est avoir la volonté et la capacité de relever le défi des attentes posées par les parents et l'école, utiliser les acquis de manière à s'attirer l'approbation et la confiance des pairs et des adultes, démontrer sa fiabilité, sa capacité d'initiatives altruistes, sa créativité.

38- faux

39- faux

40- d

41- vrai

42- faux

43- vrai

44- c

45- b

POST-TEST

1- faux

2- b

3- vrai

4- b

5- vrai

6- c

7- vrai

8- transitionnels

9- type a : évitement de la rencontre avec la mère
type b : attachement plein d'assurance à la mère
type c : dépendance à la mère et absence d'intérêt pour le milieu

10- d

11- vrai

12- autonomie
impuissance
fierté
honte

13- a

14- vrai

15- e

16- e

17- vrai

18- le langage, l'imaginaire et la compréhension du système des punitions et récompenses

19- la recherche d'affection et la recherche d'aide

20- faux

21- vrai

22- l'inconnu, l'incompréhensible et le stress social

23- vrai

24- vrai

25- c

26- faux

27- a

28- a) la renonciation à la mère comme premier objet d'amour
b) la conscience de ne pas être l'unique objet d'amour de la mère
c) la répression des composantes érotiques dans l'attachement à la mère
d) l'identification au parent du même sexe
e) l'intériorisation des attentes parentales

29- L'égocentrisme et la loi du Tallion lui font craindre les représailles aussi sévères que les fantasmes qu'il élabore.

30- faux

31- c

32- vrai

33- faux

34- vrai

35- travail
d'incompétence

36- d'appartenance ou affiliation ou acceptation
inadéquat ou marginal ou rejeté
37- le sentiment d'appartenance au groupe et le sens des
responsabilités
38- faux
39- faux
40- habiletés
apprendre
responsabilités
41- faux
42- d ou e
43- contrainte
coopération
44- faux
45- vrai
46- c

CHAPITRE 12

PRÉTEST

1- vrai
2- faux
3- faux
4- l'androgynie
5- les théories de l'apprentissage social et les théories du développement cognitif
6- a
7- Parce que le renforcement apporte une information à
l'enfant ;
parce que le renforcement incite l'enfant à agir de la même
manière ou d'une façon différente.
8- c, d
9- faux
10- d
11- b, a, c, e, d
12- 1) La tendance à organiser les intérêts en schèmes et à
répondre aux intérêts nouveaux cohérents avec les
anciens ;
2) la tendance à valoriser les choses et les personnes semblables à soi ;
3) la tendance à associer les valeurs comme le prestige, la
compétence ou l'estime de soi aux stéréotypes sexuels ;
4) la tendance à percevoir moralement bon et juste ce qui
correspond au rôle sexuel propre et à le percevoir comme
un accord socio-moral jusqu'à ce que le sujet transgresse
lui-même la norme et la morale admises ;
5) la tendance à imiter les personnes prestigieuses, compétentes, bonnes, puissantes pour posséder les qualités
valorisant le soi.
13- c, b, d, a

14- a, c, d
15- l'identité sexuelle
16- l'envie du pénis
17- craintes fortes du jeune garçon de perdre l'amour et les soins
de sa mère
18- complexe de castration
19- le rôle maternel et le rôle hétérosexuel
20- a, b
21- vrai
22- perçues comme masculines : les aptitudes athlétiques, spatiales
et mécaniques
perçues comme féminines : les aptitudes verbales, artistiques
et sociales
23- d
24- a, c
25- b
26- garçons : agressifs, actifs, compétitifs, dominants
filles : anxieuses, timides, soumises, dévouées
27- faux
28- a
29- c, d
30- faux
31- vrai
32- faux
33- Elles affichent des comportements et des attitudes dites
masculines soit en réagissant au succès par une amélioration
marquée de leur performance et à l'échec par une
détérioration.
34- a
35- vrai
36- vrai
37- De nos jours encore, les enfants voient davantage leur mère
effectuer des tâches et des activités dites féminines et leur
père des travaux et des passe-temps dits masculins.
38- La surereprésentation masculine est interprétée comme le
symbole social d'un statut, d'une valeur, d'un pouvoir attaché
au rôle masculin, une indication que les hommes participent
à une variété plus large d'activités et de situations que
les femmes.
39- Le biais de certaines particularités significatives dans l'arrangement de l'image ou dans l'orientation du corps et du
regard. La publicité auprès des enfants utilise des messages
différents pour les garçons et pour les filles.
40- c
41- L'enfant imite divers modèles dans la mesure où ceux-ci correspondent aux schèmes acquis. Les comportements contraires
aux schèmes sexuels de l'enfant ne sont pas remarqués ou
sont rapidement oubliés s'ils ont été perçus ou assimilés par
les schèmes en phase de restructuration.
42- b, c
43- non traditionnels
44- Plus la similarité est grande, plus l'imitation du modèle par
l'enfant est forte.
45- Les recherches rapportent que garçons et filles sont traités un
peu différemment quant aux manifestations affectives, aux

restrictions imposées et à l'intensité de l'émulation au succès.

46- Le père semble se comporter plus différemment avec sa fille et son fils.

47- b, c, d

48- Le père est plus physique, plus rude, plus moteur et utilise moins de jouets et davantage son corps avec son fils.

49- la fille

50- faux

51- vrai

POST-TEST

1- La préférence d'un rôle sexuel est souvent évaluée en recherche par les choix comportementaux de l'enfant jouant librement ou par le choix des jouets.

2- b, d

3- Une personne androgyne n'accorde aucune importance aux traits masculins ou féminins lorsqu'elle doit prendre une décision ou agir.

4- vrai

5- la théorie du développement cognitif

6- vrai

7- faux

8- l'attention, la conservation, la reproduction motrice et les variables motivationnelles

9- La théorie prévoit que l'enfant a de plus grandes attentes face à un modèle de même sexe qu'à un modèle de sexe opposé à cause des fréquents renforcements reçus lorsqu'il imite les personnes de son sexe.

10- vrai

11- faux

12- La première étape de cette organisation mentale est l'identité sexuelle, une auto-catégorisation en tant que garçon ou fille.

13- L'appartenance à un sexe ne change pas avec le temps, on ne peut pas passer d'un sexe à l'autre ; le sexe d'une personne ne change pas à la suite des modifications de son apparence externe liée aux vêtements, à l'activité, à la coiffure ; et enfin cette sexualité ne peut être altérée par le simple désir de changer.

14- 1 et a

2 et b

15- La phase prémorale, la phase de la conformité conventionnelle et la phase postconventionnelle.

16- un schème

17- au soi

18- a

19- d'être femme, d'avoir des seins et de porter un enfant

20- faux

21- normes et attentes du monde extérieur

22- instrumental, expressif, complémentaire

23- 1 et b

2 et c

3 et a

24- c

25- Les garçons démontrent une croissance continue des préférences pour les activités masculines. Les préférences des filles pour les activités féminines augmentent vers 5-6 ans, mais elles diminuent durant les années d'école primaire au profit d'une augmentation pour les activités masculines.

26- habileté insuffisante

27- vrai

28- b

29- la pensée opératoire

30- b, c

31- vrai

32- La capacité de l'enfant de conserver à la matière ses propriétés malgré les modifications de formes qui lui sont imprimées.

33- b

34- vrai

35- Cette supériorité s'expliquerait davantage par le fait que les garçons cumulent dans leur cheminement scolaire un plus grand nombre de cours de mathématiques.

36- l'estime de soi

37- vrai

38- Les personnes plus androgynes tentent de performer aussi bien dans les activités dites masculines que féminines.
Les personnes sexuellement stéréotypées s'efforcent de mieux performer dans les activités appropriées à leur sexe.

39- vrai

40- vrai

41- vrai

42- génétiques, hormonales

43- faux

44- L'apprentissage social par observation de modèles et par conditionnement.

45- e

46- les hommes

47- faux

48- le maternage, la puissance, le prestige, la compétence, les systèmes de récompenses et de punitions

49- faux

50- a, c, d

51- Ils ont développé moins de croyances stéréotypées et des attitudes plus tolérantes à l'égard du choix des activités des enfants.
De plus, certains changements sont survenus au sujet de comportements et d'attitudes stéréotypés comme l'indépendance, l'affirmation, le fait de courir des risques. Les filles ont aussi montré plus d'intérêt pour les activités athlétiques et mécaniques.

52- La seule différence significative est que les garçons reçoivent davantage de stimulations motrices et d'encouragement à l'activité physique que les filles.

53- faux

54- Les spectateurs masculins avaient tendance à percevoir l'enfant de manière un peu plus stéréotypée que les spectateurs féminins.

55- Ils ont tendance à les décrire comme étant moins vives, plus petites et avec des traits plus fins et plus doux que les garçons malgré le fait qu'aucune différence physique ne soit significative.

56- l'identité sexuelle

57- a

58- Les parents réagissent favorablement quand l'enfant s'adonne aux activités traditionnelles de son sexe plutôt qu'à celle de l'autre sexe.

Les parents s'engagent plus facilement et plus fréquemment dans des activités physiques avec leurs garçons et dans des activités sociales avec leurs filles.

Les pères encouragent leurs fils et non leurs filles dans des activités physiques et motrices ; et les mères répondent plus positivement à leurs filles cherchant un contact physique qu'à leurs garçons.

59- 1) c et d

2) a et b

60- envers les garçons

61- b, d

CHAPITRE 13

PRÉTEST

1- le tabagisme
l'hypertension
le taux de cholestérol trop élevé
la mauvaise alimentation
le manque d'exercice physique
le stress

2- Théoriquement, l'invervention la plus efficace est celle qui a lieu le plus tôt possible.

3- Les parents ont besoin d'être assistés dans leur tâche ;
le dépistage et l'intervention précoce permettent une utilisation plus efficace des ressources ;
le développement de la compétence sociale de l'enfant favorise son adaptation au milieu.

4- faux

5- b

6- une amplification subjective de la sensation ressentie.

7- une attente de maîtrise de soi et de franche collaboration.

8- faux

9- le rêve éveillé dirigé
l'hypnose
la relaxation
la rétroaction biologique

10- le mal de ventre

11- brûlé

12- diminuer l'anxiété
aider l'enfant à composer avec les douleurs post-opératoires et les processus de traitement
faciliter la convalescence

13- vrai

14- L'enfant qui est fier de se pavaner dans la cour de l'école avec son plâtre et ses béquilles.

15- Le parent hospitalisé avec l'enfant rassure celui-ci en plus d'assurer les soins qu'exigent la toilette quotidienne, l'alimentation, le jeu, etc. ; il peut aussi participer aux soins médicaux requis.

16- L'enfant construit son explication de ce qui lui arrive autant avec des fantasmes qu'avec les bribes de réalité glanées ici et là. Ses théories correspondent davantage à ses besoins qu'à la réalité scientifique.

17- L'enfant guéri devra vivre sans les bénéfices secondaires de sa maladie : les attentions qu'elle apportait, les bénéfices et les prétextes qu'elle fournissait.

18- l'asthme
l'épilepsie

19- l'entre-deux crises

20- 6-7 ans, avec acquisition de la pensée opératoire

21- Le plus souvent, l'adulte se fera plutôt rassurant et niera l'échéance prochaine (*Ce n'est rien... tu vas t'en sortir...*).

22- d'une présence, sans plus

23- la Direction de la protection de la jeunesse

24- vers 7-8 ans

25- L'enfant peut recommencer à se souiller ;
son langage perd de sa qualité ;
il ne sait plus s'habiller seul ;
il régresse de façon générale.

26- Il peut hésiter à s'attacher de nouveau à ceux qu'il perçoit comme l'ayant abandonné.

27- l'alimentation
l'élimination
le sommeil
les soins du corps
la sexualité

28- vrai

29- augmenter leur revenu
éprouver du plaisir à s'occuper de jeunes enfants
retrouver la satisfaction de se sentir utiles une fois que les enfants naturels sont devenus autonomes
fournir à leurs enfants des compagnons de jeux
réaliser un geste philanthropique tout en restant à la maison

30- la recherche de son identité

POST-TEST

1- vrai
2- vrai
3- habitude
   besoins
4- Cela peut avoir un effet positif sur la santé de l'enfant.
5- La douleur physique est une réponse physiologique à l'endommagement ou à l'irritation de tissus organiques.
6- vrai
7- l'immaturité des processus cognitifs (mauvaise relation de cause à effet)
   la signification subjective très négative attribuée à l'expérience douloureuse
8- les méthodes de régulation perceptuelle
   les méthodes de régulation comportementale
9- maux de ventre
   maux de tête
   maux de bras
   maux de jambes
10- les massages
    la chaleur
    les analgésiques
11- faux
12- vrai
13- La manière personnelle de prendre contact peut, involontairement, accentuer ou atténuer la souffrance ou l'angoisse du jeune patient.
14- développement
15- agréable : permission de s'absenter de l'école, de recevoir de l'attention et des cadeaux
    désagréable : la privation des amis, la solitude de sa chambre, les limites imposées à son activité, la douleur physique
16- Son inquiétude nourrit celle de l'enfant qui en arrive tôt ou tard à percevoir l'adulte de façon négative et tente ensuite de le fuir.
17- Elle peut représenter une occasion de faire le point ;
    elle peut permettre de vérifier certains attachements ;
    elle peut donner à l'enfant la possibilité de faire le plein d'énergie ;
    elle peut permettre d'acquérir une certaine maturité.
18- de la menace de la prochaine crise
19- faux
20- comme une acceptation de la mort de la part de l'enfant
21- l'enfant lui-même
22- la famille naturelle
    l'enfant lui-même
    la famille ou le centre d'accueil
    les intervenants des services sociaux
23- vrai
24- à partir de 2 ans
25- vrai
26- des problèmes d'adaptation ou de comportement de l'enfant

27- faux
28- colère et amertume
29- l'âge de l'enfant
    son vécu familial antérieur
    la gravité de sa perturbation
    la qualité de sa préparation au placement
    la compréhension du placement par les parents naturels et les parents d'accueil
    la motivation des parents d'accueil

CHAPITRE 14

PRÉTEST

1- l'insuffisance sous diverses formes
   la surcharge d'excitations ou le manque de protection de l'enfant
   les incohérences dues à la pauvreté de l'environnement familial
   les discordances dans les attitudes du milieu
2- la relation mère–enfant
3- L'enfant autant que son milieu agissent l'un sur l'autre.
4- le sommeil
   l'alimentation
   la digestion
   l'élimination
   la respiration
5- l'anorexie
   l'inadéquation motrice de la mastication ou de la déglutition
   les absorptions alimentaires aberrantes
   la boulimie
   la potomanie
6- Le bébé commence à saisir que le monde environnant est parfois frustrant, qu'il ne répond pas automatiquement à tous ses besoins.
7- faux
8- l'insomnie
   les crises de colère
   le spasme du sanglot
   les terreurs nocturnes
   une alternance des comportements boulimiques et anorexiques
9- faux
10- Il s'agit d'un trouble de la digestion où le bébé régurgite par un effort volontaire d'expiration et de contraction du diaphragme et de blocage des muscles de la cage thoracique.
11- vrai
12- C'est un trouble respiratoire épisodique qui consiste en une suffocation due à une obstruction, par contraction, des voies respiratoires (trachée et tubes bronchiques).

13- vrai

14- vrai

15- Parce que c'est dans la mesure où l'objet manque que le bébé s'efforce de le retrouver dans sa mémoire, d'en distinguer les traits parmi les autres visages qu'il croise.

16- L'enfant sanglote, pleure de plus en plus fort, sa respiration s'accélère puis s'emballe et se bloque net en pleine inspiration. L'enfant devient bleu et perd conscience quelques secondes.

17- vrai

18- Le « non » est un moyen d'affirmation de sa volonté et de ses désirs. Les limites que rencontre l'enfant et celles qu'il pose lui permettent de se situer, d'identifier ce qu'il est et ce qu'il n'est pas individuellement. La possibilité de s'affirmer en s'opposant est un moyen privilégié d'individuation.

19- L'enfant n'apprend pas à « penser » ses expériences affectives, physiques, sociales, etc. Les diverses situations de la vie quotidienne demeurent éparses, morcelées, sans signification d'ensemble.

20- L'adaptation sociale est déficitaire ;
la communication est presque nulle ;
l'enfant accuse un retard général de développement ;
l'enfant accuse un retard dans l'acquisition du langage en particulier.

21- faux

22- vrai

23- à la manière de composer avec le désir

24- les céphalées
les maux de ventre
les palpitations
les serrements dans la poitrine
la difficulté à respirer
les étourdissements
la transpiration

25- Lorsqu'elle entrave le fonctionnement normal de l'enfant, en situation de jeu ou dans ses relations sociales par exemple.

26- b

27- L'enfant est presque incapable de relation stable, affectueuse, empathique ; il n'a pas de préoccupation altruiste et ne ressent pas de culpabilité après ses transgressions de règles.

28- faux

29- La phobie scolaire est une peur terrifiante et un refus catégorique de fréquenter l'école, parfois accompagnée de maladies physiques.

30- Devant les exigences, l'enfant développe diverses obsessions pour éviter l'angoisse suscitée par les représailles possibles liées à la transgression des règles.

31- faux

32- L'enfant déprimé croit, à tort ou à raison, que ses parents ne l'aiment plus, le désapprouvent, le rejettent.

POST-TEST

1- vrai

2- vrai

3- à l'aide de son corps, souvent par des symptômes concernant les fonctions de base

4- insomnie
hypersomnie
attaque d'angoisse nocturne

5- eczéma
urticaire
pelade
psoriasis

6- vrai

7- Un enfant refuse de s'alimenter, et un entourage cherche des moyens efficaces de l'y contraindre.

8- Chez le jeune enfant anorexique, l'angoisse suscitée par la nourriture se substituerait à l'angoisse normalement ressentie devant l'étranger.

9- Il s'agit de prescrire des quantités sous la normale d'aliments qui n'ont pas encore fait l'objet d'un refus de la part de l'enfant. L'enfant n'est jamais forcé de manger et en cas de refus de sa part on passe, sans aucune manifestation de déception de la part du parent, à un autre aliment sans autre tentative. Les quantités ne s'accroîtront qu'en fonction de l'appétit de l'enfant. L'important est de supprimer toute contrainte tant de l'enfant par ses parents que l'inverse.

10- relation perturbée entre l'enfant et la personne qui en a charge
relation marquée par la discontinuité
relation marquée par l'alternance entre la privation affective et les manifestations de tendresse

11- b

12- La crise dure quelques heures et apparaît par épisodes de quelques jours à quelques semaines selon le cas.

13- les répétitions identiques des symptômes

14- la poussière de maison

15- faux

16- Le spasme du sanglot dans sa forme « bleue » apparaît davantage chez des enfants généralement actifs, opposants et colériques.

17- La forme « blanche » du spasme du sanglot est plutôt rencontrée chez des enfants passifs et calmes.

18- les troubles de nature psychotique

19- Lorsque la mère parle à son enfant, lui traduit ses gazouillis, ses cris en demandes, en désirs, elle pense à la place de l'enfant et donne un sens à son vécu.

20- L'enfant est incapable d'établir une relation sociale (il demeure isolé, indifférent à l'entourage) ;
pour éviter une angoisse, il exige que rien ne soit modifié dans son milieu immédiat ;
il développe une mémoire des routines auxquelles il tient obstinément ;
il n'acquiert que quelques mots de langage et développe un

langage rudimentaire dont le discours ressemble à un monologue ;

l'enfant est fasciné par la manipulation de divers objets ;

ses conduites sont stéréotypées.

21- L'enfant autiste opère une sursélectivité perceptive des stimuli sans pour autant intégrer ses perceptions en un ensemble significatif.

22- faux

23- c

24- peur de la solitude

peur de l'obscurité

peur des gros animaux

peur des personnages fantastiques

peur des petits animaux (insectes, souris, chauves-souris, etc.)

25- L'acte compulsif chez l'enfant est un acte stéréotypé que l'enfant se croit obligé d'accomplir sous peine qu'un malheur ne survienne à lui-même ou à ses proches. L'acte compulsif veut contrer le danger pressenti.

26- les troubles du comportement plus ou moins tapageurs

les conduites régressives

les réactions anxieuses

les attitudes dépressives

les difficultés relationnelles

27- vrai

28- La crise d'angoisse manifeste un malaise intense, un désarroi profond chez l'enfant aux prises avec un sentiment de catastrophe imminente.

29- une forte angoisse de séparation (le plus souvent de la mère)

30- vrai

31- le trouble dépressif chez l'enfant

32- faux

CHAPITRE 15

PRÉTEST

1- vrai

2- b

3- intentions, attitudes, pensées, émotions, buts, motivations, traits, perceptions, souvenirs

4- faux

5- la peur de la personne étrangère

6- l'existence d'un fort lien d'affection positive entre le bébé et le parent (ou son substitut)

7- c, d, a, b

8- la vision (pour discriminer le visage)

l'audition (pour reconnaître la voix)

l'odorat (pour reconnaître l'odeur)

9- 1) L'enfant acquiert l'idée que les autres ne voient pas nécessairement les mêmes objets que lui (la pensée sur ce qui est vu ou pas) ;

2) l'enfant développe graduellement la capacité de se représenter les points de vue possibles, les perspectives que l'on peut avoir d'un même objet selon notre position dans l'espace (la pensée sur les points de vue possibles).

10- c

11- au stade 1 (5-6 ans à 7-8 ans environ)

12- Il plaça un groupe de chimpanzés dans un environnement où ils pouvaient voir leur corps dans un miroir. Il observa bientôt que les primates utilisaient le miroir pour voir des parties de leur corps qu'ils ne pouvaient voir autrement ou encore pour s'enlever des particules de nourriture entre les dents, etc. Ensuite, il anesthésia les chimpanzés pour leur colorer le bout du nez en rouge avec un colorant non irritant et sans odeur. Les chimpanzés étaient intrigués par ce changement et se grattaient 25 fois plus souvent le nez qu'ils n'avaient l'habitude de le faire auparavant.

13- à partir de la 2e étape (après 5-6 ans)

14- a, c, d

15- hiérarchiques

16- vrai

17- Au début de sa vie, l'enfant agit en fonction des récompenses et des punitions provenant de l'extérieur et avec le temps il intériorise les standards de son entourage, il se comporte de façon plus autonome, c'est-à-dire qu'il apprend à se contrôler par lui-même sans nécessairement avoir besoin d'une récompense extérieure ou d'une autorité qui supervise ce qu'il fait.

18- apprendre à se comporter correctement de façon autonome

19- b

20- intérieurs

21- L'enfant se comporte en fonction des règles qui lui sont imposées par l'autorité (morale hétéronome).

22- c

23- vrai

24- a, c, b

25- c, a, d, b

26- faux

27- le surmoi

28- Cette approche consiste typiquement à évaluer la capacité de l'enfant à respecter une règle en l'absence de surveillance extérieure à lui.

29- Les enfants déprimés, en colère, perturbés émotionnellement sont plus vulnérables à la tentation, plus facilement dépendants du court terme et moins en mesure de supporter le délai de gratification que suppose l'effort maintenu.

30- 1) Les pairs constituent une source de récompenses et de punitions ;

2) les pairs servent de modèles ;

3) les pairs alimentent un processus actif de comparaison.

31- d

32- vrai

33- c, d

34- a) Par leur activité sociale, en tant que modèles importants ;
b) par le soutien donné à l'enfant pour qu'il se fasse des amis et les conserve ;
c) en tant que courtier entre l'enfant et des amis potentiels.

35- vrai

36- les amis intimes
les partenaires d'activités
les connaissances

37- le meilleur ami

38- a, b, c

39- c

40- 1) Le jeu donne accès à de nouvelles sources d'information ;
2) le jeu sert à consolider la maîtrise des habiletés et des concepts ;
3) le jeu permet de stimuler et de maintenir un fonctionnement efficace de l'intelligence ;
4) il favorise la créativité en laissant libre cours à l'usage des habiletés et des concepts dans un contexte de valorisation de l'imaginaire.

41- c, b, d, a

42- a

43- de revanche (contre-attaques)

44- les prédispositions biologiques
l'influence du milieu (surtout de la famille)

45- faux

46- la famille

47- L'enfant utilise des comportements aversifs pour mettre fin à des intrusions aversives d'autres membres de la famille.

48- Les parents sont moins scolarisés et ont tendance à utiliser une discipline coercitive ;
les parents ont tendance à moins stimuler l'enfant cognitivement ;
la famille vit plus de stress, ce qui favorise la coercition.

49- Les enfants qui ont un ou des parents affichant des conduites antisociales sont plus susceptibles de le devenir que les autres.

50- c

51- hommes : plus actifs, plus agressifs et plus souvent récompensés que les femmes
femmes : plus passives, plus soumises et plus sujettes à l'échec dans ce qu'elles font

52- Lorsque la famille ne contrôle pas les contenus visionnés ;
quand il s'agit d'enfants qui ont connu une forte consommation télévisuelle à l'âge préscolaire ;
lorsqu'il y a eu visionnement de beaucoup d'émissions violentes dans un passé récent ;
quand la force physique est souvent employée comme moyen disciplinaire dans la famille.

53- consommateur–producteur

POST-TEST

1- cognition sociale, causalité psychologique

2- intentions, attitudes, pensées, émotions, buts, motivations, traits, perceptions, souvenirs

3- b, a, c

4- vrai

5- d

6- Le sujet peut comprendre le contexte social mais ne pas vouloir s'y adapter.

7- Si l'enfant croit que les objets qui l'entourent ne sont pas distincts.

8- respect

9- Le sujet doit faire voir à quelqu'un une chose qu'il dit ne pas voir ;
l'enfant doit cacher un objet pour le soustraire à la vue d'autrui ;
l'enfant doit trouver ce que l'autre regarde ou pointe du doigt.

10- vrai

11- b

12- vrai

13- a

14- Une composante cognitive correspondant au raisonnement moral ;
une composante émotionnelle qui renvoie à l'auto-évaluation morale ;
une composante comportementale qui concerne la mise en œuvre de l'action appropriée ou la résistance à la déviance.

15- a

16- vrai

17- b

18- La méthode privilégiée par Kohlberg pour recueillir ses données auprès d'enfants et d'adolescents américains fut de proposer des dilemmes moraux plaçant les intérêts personnels d'un protagoniste représenté par l'un de ses proches (sa femme, son frère, etc.) en conflit avec les lois sociales ; dans ces situations, il s'agit de choisir entre ses intérêts personnels ou le respect des lois. Les répondants sont invités d'abord à se prononcer sur ce que le personnage aurait dû faire dans le contexte et ensuite de donner les raisons de leur choix.

19- c, a, d, b

20- vrai

21- vrai

22- le style d'autorité parentale dans la famille
les modèles offerts à l'enfant
les pensées de l'enfant en situation
les caractéristiques du contexte

23- vrai

24- Les éthologistes estiment que certains comportements sociaux se maintiennent parce qu'ils possèdent une valeur pour la survie chez les espèces animales et chez les humains.

25- la satisfaction des besoins vitaux des jeunes
l'apprentissage de la communication avec les autres
l'exploration de l'environnement sans crainte des dangers

26- Piaget estime que l'interaction avec les pairs constitue une source puissante de stimulation cognitive.

27- Les pairs constituent une source de récompenses et de punitions ;
les pairs servent de modèles ;
les pairs alimentent un processus actif de comparaison.

28- les sourires
les approches de jeu
les manifestations d'intérêt à l'égard des autres
les félicitations
le partage

29- faux

30- Elle rend plus apte :
à mieux saisir le point de vue des autres ;
à exprimer sa pensée de façon cohérente ;
à mieux anticiper les conséquences de ses gestes ;
à mieux comprendre les règles des jeux et leurs fonctions.

31- faux

32- les amis intimes
les amis sociaux
les partenaires d'activités
les connaissances

33- c

34- populaire
rejeté
controversé
négligé

35- Il répond à une motivation intrinsèque plutôt qu'à des récompenses extrinsèques ou à des exigences du milieu ;
il est orienté vers les moyens et non pas nécessairement vers les buts ;
il n'est pas sérieux.

36- vrai

37- Sur le plan social, le jeu est un lieu privilégié d'exploration des rôles qu'éventuellement l'enfant sera appelé à jouer plus tard.

38- vrai

39- b

40- le langage

41- la testostérone

42- vrai

43- discipline rude et incohérente
peu d'engagement parental auprès des enfants
faible supervision des activités de l'enfant

44- vrai

45- faux

46- Intervenir le plus tôt possible auprès de l'enfant pour développer chez lui les habiletés sociales requises ;
intervenir aussi sur le plan des apprentissages pour favoriser l'intégration à l'école en même temps qu'éviter les retards irrécupérables ;
obtenir l'aide des parents.

47- agents de socialisation

48- c, d

49- La déshumanisation de la classe par la diminution des contacts professeur—élève ;
la perte de contrôle sur le programme scolaire que le nouvel intervenant « ordinateur » façonnerait dans diverses directions et de façon variable d'un élève à l'autre ;
la baisse de motivation de l'élève pour les matières de base telles que la grammaire ou l'orthographe où le code de couleurs ne remplace pas la mémorisation des règles.

CHAPITRE 16

PRÉTEST

1- b, c, a

2- La relation fonctionnelle entre un parent et un enfant (la famille existe si un parent et un enfant vivent ensemble).

3- stimulation intellectuelle
établissement des premières relations affectives
inculcation des attitudes et des valeurs

4- la reproduction des membres de la société (de la population)
des services économiques (produits et main-d'œuvre)
une participation au maintien de l'ordre social
la socialisation des membres de la société
le soutien émotionnel aux membres dans leur participation à des œuvres collectives

5- Il y a moins d'enfants ;
il y a plus de mères sur le marché du travail ;
les unions libres sont plus fréquentes (baisse des mariages) ;
la proportion de séparations parentales est plus élevée.

6- La période de parentalité est l'époque où les membres du couple ont des enfants à la maison et participent comme parents à leur éducation.

7- le statut de développement des parents en tant qu'individus
la « cohorte » historique dans laquelle la famille s'inscrit

8- âge chronologique
âge social
âge historique

9- le climat émotionnel dans la famille (niveau de conflit)
la qualité de la communication entre les membres
la disponibilité d'adultes auprès de l'enfant pour favoriser la réussite de ses apprentissages
la qualité de l'organisation pratique
la richesse des expériences de vie

10- L'enfant apprendra que l'autorité impose des règles qu'elle ne respecte pas elle-même. Le « fais ce que je dis et non ce que je fais » fera partie de son image parentale.

11- Le surinvestissement d'une zone de compétence peut nuire aux acquisitions dans d'autres domaines de compétences.

12- Le message « je » est un message qui exprime le sentiment ou l'idée du locuteur plutôt que l'attribution d'une caractéristique à l'interlocuteur.

13- Les parents peuvent en venir à se prendre pour les thérapeutes de leur enfant ;

les parents peuvent croire que la simple application de la technique suffit pour régler le problème ;

l'application mécanique de cette technique peut rendre l'interaction encore plus rigide ;

l'enfant peut avoir le sentiment d'être manipulé.

14- La sensibilité parentale à l'enfant renvoie à l'aptitude du parent à saisir et à interpréter correctement les signaux émis par l'enfant.

15- le style désengagé

16- b

17- $\pm$ 40 %

18- 1) l'âge de l'enfant

2) le sexe de l'enfant

3) la formule de garde adoptée après la séparation

4) le degré de conflit entourant le processus de séparation

5) les ressources matérielles dont dispose la famille

6) le niveau de scolarité des parents

7) la composition de la fratrie de l'enfant (nombre, âge, sexe)

8) les changements survenus dans le réseau social de la famille

9) la recomposition parentale

10) le temps écoulé depuis la séparation

19- inhibition

faible estime de soi

indices de dépression

20- Les enfants conservent plus souvent l'impression que la séparation a été un élément négatif pour leur développement personnel tandis que, plus souvent, les parents croient que ce fut une crise mais qu'ils en sont sortis positivement.

21- b

22- La procédure est dite contradictoire parce que les représentants (avocats) de chaque partie sont en opposition afin d'obtenir le maximum de l'autre partie.

23- vrai

24- faux

25- accepter la réalité de la séparation de ses parents

se désengager du conflit conjugal et s'occuper de son propre développement

assumer les multiples pertes que la séparation impose

surmonter sa colère et se départir de sa culpabilité vis-à-vis de la séparation

accepter la permanence de la séparation

conserver des espoirs réalistes pour ses propres relations interpersonnelles futures

26- une histoire personnelle de mauvais traitements ou de négligence dans la famille d'origine

des connaissances déficientes en matière d'éducation de l'enfant

une faible tolérance à la frustration occasionnée par des situations courantes telles que les pleurs de l'enfant, sa désobéissance, etc.

un mauvais contrôle sur ses pulsions agressives

27- les conflits conjugaux

l'isolement social de la famille

le chômage des parents

la tolérance culturelle à la violence ou à la négligence

28- l'isolement social de la famille

l'absence de communication ouverte entre les membres

la passivité de la mère devant l'autoritarisme du père

29- Les programmes d'autodéfense pour enfants en matière d'abus sexuel visent à munir l'enfant lui-même des concepts et des habiletés requis pour identifier rapidement les conduites abusives à son endroit et à réagir clairement et de façon appropriée pour désamorcer le processus d'abus par un dévoilement précoce.

30- Un service agréé de garde d'enfants est un service reconnu publiquement et soumis à la réglementation officielle.

31- Ceux qui sont plus jeunes et passent plus de temps seuls sans la supervision d'un adulte.

32- vrai

33- Un risque plus élevé que l'enfant développe un attachement esquivé à l'égard de sa mère.

34- faux

35- a

36- Le « script » scolaire sert de base à l'enfant pour interpréter les événements qui surviennent dans son environnement scolaire connu.

37- avantages : composition plus facile de groupes de travail

formation possible d'équipes de professeurs

inconvénient : le rendement moyen des élèves aux examens standardisés dans les matières traditionnelles (français, maths) peut être plus faible que dans les classes traditionnelles

38- c, a, d, b

39- Les activités s'enchaînent les unes aux autres sans perte de temps ;

il y a peu de problèmes de discipline ;

l'attention de l'enseignant se porte sur tous les élèves ;

le professeur intervient calmement mais efficacement pour régler les problèmes.

40- Ils se plient aux exigences extérieures du milieu scolaire mais n'intègrent pas en eux les valeurs et les contenus qu'on leur y propose.

POST-TEST

1- parenté

2- Elle engendre l'enfant ;

elle détermine ses caractéristiques physiques ;

elle assure la satisfaction de ses besoins vitaux (nourriture, hygiène, protection).

3- fournir des modèles sociaux à l'enfant
inscrire l'enfant dans un réseau de relations sociales
soutenir matériellement son développement social (école, amis, loisirs, etc.)

4- à la forte montée du taux de fécondité

5- les changements concernant les enfants
les changements concernant les parents
les changements dans les tâches sociales de la famille

6- La dénatalité a pour effet de raccourcir la période de parentalité.

7- Elle renvoie à l'époque de l'histoire où se déroule le cycle de vie familiale (ex : l'époque 1900 versus 1950 versus 2000).

8- vrai

9- d, b, a

10- La théorie de la réussite parentale correspond au système de valeurs, de croyances ou d'attitudes à partir duquel ils font leur choix de vie.

11- C'est une approche de communication parent–enfant, sans gagnant ni perdant, basée sur l'ouverture aux pensées et aux sentiments de l'enfant.

12- identifier le problème
trouver les solutions possibles
évaluer les différentes solutions suggérées
adopter la meilleure solution
implanter la solution
faire le suivi de la solution

13- la sensibilité parentale à l'enfant
le contrôle parental

14- b, c, d, a

15- b

16- cohésion

17- À la recherche de ce que les enfants issus de familles réorganisées perdent comparativement aux enfants de familles intactes.

18- impulsivité
agressivité
difficulté à se concentrer

19- le besoin de conserver la relation avec ses deux parents

20- « L'hypothèse de l'âge tendre » veut que la mère soit le parent le plus en mesure d'apporter une réponse adéquate aux besoins de l'enfant, particulièrement avant son entrée à l'école.

21- médiation familiale

22- séparation parentale
divorce ou séparation légale
changement de formule de garde
recomposition parentale
nouvelle séparation parentale

23- Prendre le temps d'établir une relation de confiance avec les enfants plutôt que de tenter de jouer le rôle du père traditionnel qui décide et contrôle les enfants.

24- réduire le stress relié à la transition familiale
faire acquérir des habiletés pertinentes à l'ajustement post-séparation

25- mauvais traitement physique
abus sexuel
négligence physique
négligence émotionnelle
mauvais traitement psychologique

26- un faible poids à la naissance
un tempérament difficile
un handicap physique ou mental

27- vrai

28- Le dévoilement, c'est-à-dire la dénonciation de l'abus sexuel à l'extérieur de la famille.

29- l'enfant

30- Les enfants qui, après l'école, rentrent chez eux et passent du temps seuls, en l'absence de supervision adulte.

31- faux

32- b, c, a

33- vrai

34- le programme d'activités offertes aux enfants
les activités spéciales thématiques (sorties, invités, etc.)
matériel éducatif adapté
mécanismes de suivi des progrès de l'enfant

35- Le script scolaire est la représentation que se fait l'enfant des choses qui se passent normalement à l'école.

36- la disposition des pupitres en cercle

37- la communication

38- faux

39- Parce que les parents ont souvent eux-mêmes une histoire d'échec à l'école, qu'ils ne s'y sentent pas à l'aise et ont l'impression d'y être étrangers.

CHAPITRE 17

PRÉTEST

1- Il est universel parce que la plupart des enfants du monde franchissent les mêmes étapes selon la même séquence et le même rythme.

2- les sons
les mots
les phrases
la communication en contexte social

3- La facilité avec laquelle l'enfant acquiert sa langue ;
la grande constance de progression observée dans diverses cultures.

4- phonétique
phonologie

5- La notion de signifiant correspond aux mots (étiquettes) et celle de signifié l'entité que représente le mot.

6- la longueur moyenne des énoncés de l'enfant

7- L'enfant apprend ses mots et ses phrases par façonnement graduel sous l'influence des renforcements parentaux.

8- La « sémanticité » renvoie au fait que chaque mot d'une langue possède une signification spécifique.

9- la structure profonde

10- les règles transformationnelles

11- vers 5 ans

12- faux

13- l'attention sélective permettant de privilégier certaines sources sonores
la discrimination fine de la voix humaine
la distinction des structures phonétiques du langage (*pa ; da ; ga*, etc.)

14- vrai

15- la maturation

16- vrai

17- Le bébé utilise intentionnellement des sons :
pour influencer son attention et celle des autres ;
pour contrôler son action et celle des autres.

18- La « protodemande » est la situation où l'enfant au stade préverbal vocalise en même temps qu'il fixe des yeux ou pointe de la main quelque chose en guise de demande à quelqu'un.

19- Les phrases sont courtes ;
les phrases sont complètes du point de vue grammatical (pas d'omission) ;
les mots sont prononcés plus lentement et avec des variations exagérées dans les tonalités ;
le timbre de la voix est généralement plus élevé que d'habitude ;
le contenu renvoie au contexte immédiat.

20- Les informations que recèle le contexte immédiat dans lequel les vocalisations sont émises ;
la familiarité avec l'enfant.

21- l'ordre des mots
l'intonation ou la tonalité de prononciation
le contexte dans lequel l'énoncé est émis

22- L'enfant acquiert une compréhension partielle de la signification d'un mot qui provoque une réorganisation de leur domaine conceptuel. Ils peuvent faire cette opération sur la base d'une seule rencontre avec un nouveau mot dans un contexte approprié.

23- la non-correspondance
la sous-généralisation
la surgénéralisation

24- chose
machin
truc
affaire

25- à l'acquisition de l'ensemble des règles concernant l'organisation des énoncés (phrases)

26- Le premier compte deux morphèmes tandis que le second trois.

27- C'est la compétence à communiquer en contexte social dans cette langue.

28- les habiletés de communication référentielle

29- Surmonter son égocentrisme pour s'intéresser au message de l'autre ;
surmonter les limites imposées par la quantité restreinte de mots dont il dispose.

30- Dans toutes les langues, les enfants parlent d'abord des objets et des personnes qu'ils aiment, puis de ce qu'ils font. Ce n'est que plus tard qu'apparaissent les mots qui servent de lien dans les phrases.

31- faux

32- a

33- Lorsque le contact avec une deuxième langue est associé à un déficit cognitif et linguistique général.

34- a

35- Le sentiment de double appartenance qu'une personne bilingue peut développer à l'égard des cultures associées à ses deux langues.

POST-TEST

1- Simple parce que la langue s'apprend toute seule ; complexe parce que multidimensionnelle, la science contemporaine étant loin d'en avoir percé tous les mystères.

2- la communication en contexte social
les sons
la signification des mots
les phrases

3- phonologie

4- En japonais, le *l* et le *r* sont des variantes du même phonème, comme le *r* roulé de Montréal et le *r* guttural de Sherbrooke.

5- les progrès syntaxiques de l'enfant

6- *Bonjour, comment allez-vous ?* lancé à une personne au milieu d'une conversation qui dure depuis 10 minutes.

7- Le fait que l'enfant acquiert son vocabulaire si vite : plus ou moins 14 000 mots vers 5 ans ;
le fait que l'enfant invente des nouveaux mots en fonction des relations qu'il établit ;
le fait que l'enfant emploie des tournures de phrases qui reposent sur sa propre invention.

8- La productivité renvoie à la possibilité de produire un nombre illimité de phrases nouvelles par combinaison de mots.

9- la structure de surface

10- la méthode d'observation de l'enfant en milieu naturel

11- vers 9-10 ans

12- Les enfants comprendraient vers 9 mois les mots qu'ils peuvent dire vers 12 mois ;
les enfants comprennent vers 13 mois la cinquantaine de mots qu'ils peuvent dire vers 18 mois.

13- a

14- babillage ou lalation

15- Que la rétroaction auditive en provenance de l'environnement est un outil important du contrôle de l'appareil phonatoire.

16- le pseudo-dialogue

17- les « protodéclarations »

18- C'est le langage simplifié adopté par les adultes de plusieurs cultures (le plus souvent la mère) pour parler à leur bébé.

19- Parce qu'il contribue à intégrer l'enfant dans son rôle de récepteur « qui comprend » et lui permet d'apprendre plus facilement de nouveaux éléments du langage.

20- les mots−phrases

21- affirmation (ou constatation)
ordre
négation
interrogation

22- b, a, c

23- La surgénéralisation consiste à appliquer le signifiant à des signifiés connexes (*auto* à *camion*, *robe* à *chemise*) généralement désignés par d'autres termes dans le langage conventionnel.

24- La fréquence avec laquelle les parents nomment les choses ;
la constance des noms utilisés et des objets nommés par les parents devant l'enfant ;
la richesse de l'information transmise par les noms qu'utilisent les parents ;
la valeur, pour l'enfant, des objets identifiés par les parents.

25- C'est la plus petite unité significative du langage.

26- *Ils sontaient ;*
bien plus pire ;
la plus mieux.

27- des phrases plus longues
l'apparition des incitatifs d'échange (*hein ? ; pis toi ?*)
le plus grand respect du fil de la conversation
la sensibilité locutoire

28- Des enfants qui parlent en même temps de choses différentes, sans se préoccuper de comprendre ou d'être compris des autres.

29- C'est une réflexion sur le fonctionnement du langage en tant que véhicule d'information.

30- vrai

31- b

32- Lorsque le fait d'apprendre une deuxième langue fournit une stimulation cognitive qui s'ajoute à celle de la langue maternelle (le bénéfice cognitif des deux langues s'additionne).

33- La valorisation réelle, par l'enfant et son entourage, des deux langues pour toutes les fonctions langagières.

34- anomie culturelle

35- a

Bibliographie

ABELSON, R.P. (1981) « Psychological Status of the Script Concept », *American Psychologist*, 36, p. 715 à 729.

ABRAHAM, K. (1966) *Œuvres complètes. Développement de la libido*, Paris, Payot (Coll. « Petite bibliothèque Payot »).

ACHENBACK, T.M. et EDELBROCK, C.S. (1981) « Behavioral Problems and Competences Reported by Parents of Normal and Disturbed Children Aged 4 through 16 », *Monographs of the Society for Research in Child Development*, vol. 46, n° 1, série n° 188.

ACREDOLO, L.P. et HAKE, J.L. (1982) « Infant Perception », *in* WOLMAN, B.B. (édit.) *Handbook of Developmental Psychology*, Englewood Cliffs (N.J.), Prentice-Hall.

ADAMS, P.L. (1979) Psychoneurosis, *in* NOSHPITZ, J.D. (édit.) *Basic Handbook of Child Psychiatry*, vol. 2, New York, Basic Books.

AGRAS, S., SYLVESTER, D. et OLIVEAU, D. (1969) « The Epidemiology of Common Fears and Phobias », *Comprehensive Psychology*, 10, p. 151.

AHLBRAND, W.P. et REYNOLDS, J.A. (1972) « Social Effects of Cross-Age Grouping », *Elementary School Journal*, 73, p. 327 à 332.

AINSWORTH, M.D.S. (1969) « Object Relations, Dependency and Attachment : A Theorical Review of the Infant − Mother Relationship », *Child Development*, 40, p. 969 à 1025.

AINSWORTH, M.D.S. et BELL, S.M. (1969) Some Contemporary Patterns of Mother − Infant Interaction in the Feeding Situation, *in* AMBROSE, A. (édit.) *Stimulation in Early Infancy*, New York, Academic Press.

AINSWORTH, M.D.S. et WITTIG, B. (1969) Attachment and Exploratory Behavior of One-Year-Old in a Strange Situation, *in* FOSS, B. (édit.) *Determinants of Infant Behavior*, vol. 4, New York, Wiley.

AINSWORTH, M.D.S. et BELL, S.M. (1970) « Attachment, Exploration and Separation : Illustrated by the Behavior of One-Year-Old in a Strange Situation », *Child Development*, 41, p. 49 à 67.

AINSWORTH, M.D.S. et BELL, S.M. (1970) « Attachment, Exploration and Strange Situation », *Child Development*, 41, p. 49 à 67.

AINSWORTH, M.D.S., BELL, S.M. et STAYTON, D.J. (1971) Individual Differences in Strange-Situation Behavior of One-Year-Old, *in* SCHAFFER, H.R. (édit.) *The Origin of Human Social Relations*, New York, Academic Press.

AINSWORTH, M.D.S., BELL, S.M. et STAYTON, D.J. (1972) « Individual Differences in the Development of Some Attachment Behaviors », *Merrill-Palmer Quarterly*, 18, p. 123 à 143.

AINSWORTH, M.D.S. (1973) The Development of Infant − Mother Attachment, *in* CALDWELL, B.M. et RICCIUTI, H.N. (édit.) *Review of Child Development Research*, vol. 3, Chicago, University of Chicago Press.

AINSWORTH, M.D.S., BELL, S.M. et STAYTON, D.J. (1974) Infant − Mother Attachment and Social Development : « Socialization » as a Product of Reciprocal Responsiveness to Signals, *in* RICHARDS, M.P.M. (édit.) *The Integration of a Child into a Social World*, Cambridge, Cambridge University Press.

AINSWORTH, M.D.S., BLEHAR, M.C., WATERS, E. et WALL, S. (1978) *Patterns of Attachment*, Hillsdale (N.J.), Erlbaum.

AINSWORTH, M.D.S. (1979) Attachment as Related to Mother-Infant Interaction, *in* ROSENBLATT, J.S., HINDE, R.A., BEER, C. et BUSNEL, M. (édit.) *Advances in the Study of Behavior*, vol. 9, New York, Academic Press.

AJURIAGUERRA, J. (1974) *Manuel de Psychiatrie de l'enfant*, 2ᵉ éd., Paris, Masson.

ALEXANDER, P.C. et LUPFER, S.L. (1987) « Family Characteristics and Long-Term Consequences Associated with Sexual Abuse », *Archives of Sexual Behavior*, 16, p. 235 à 245.

ALLEN, V. et FELDMAN, R.S. (1976) Studies on the Role of Tutor, *in* ALLEN, V. (édit.) *Children Teaching Children : Theory and Research in Tutoring*, New York, Academic Press.

ALLPORT, G.W. (1961) *Pattern and Growth in Personality*, New York, Holt.

ALTEMEIER, W.A., O'CONNOR, S., SHERROD, K.B., TUCKER, D. et VIETZE, P. (1986) « Outcome of Abuse during Childhood among Pregnant Low Income Women », *Child Abuse and Neglect*, 10, p. 319 à 330.

ALTRUS, W.D. (1966) « Birth Order and its Sequelae », *Science*, 151, p. 44 à 49.

ALVINO, J., McDONNEL, R.C. et RICHERT, S. (1981) « National Survey of Identification Practices in Gifted and Talented Education », *Exceptional Children*, 48, p. 124 à 138.

AMABILE, T.M. (1983) *The Social Psychology of Creativity*, New York, Springer-Verlag.

AMBRON, S.R. (1981) *Child Development*, 3e éd., New York, Holt, Rinehart and Winston.

AMBROSE, A. (1969) *Stimulation in Early Infancy*, New York, Academic Press.

AMERICAN PSYCHIATRIC ASSOCIATION (1983) *DSM-III : Manuel diagnostique et statistique des troubles mentaux*, Paris, Masson.

AMERICAN PSYCHIATRIC ASSOCIATION (1988) *Mini DSM-III*, Paris, Masson.

AMES, L.B. (1960) « Longitudinal Survey of Child Rorschach Responses : Older Subjects Aged 10 to 16 Years », *Genetic Psychology Monograph*, 62, p. 185 à 228.

AMES, L.B. (1960) « Longitudinal Survey of Child Rorschach Responses : Younger Subjects Aged 2 to 10 Years », *Genetic Psychology Monograph*, 61, p. 229 à 289.

AMIEL-TISON, C. (1975) Neurological Signs, Etiology and Implications, *in* STRATTON, P. (édit.) *Psychobiology of the Human Newborn*, New York, Wiley.

ANASTASI, A. (1958) « Heredity, Environment, and the Question "How" ? », *Psychological Review*, 65, p. 197 à 208.

ANDERSON, L.M. et SHAFER, G. (1979) « The Character Disordered Family : A Community Treatment Model for Family Sexual Abuse », *American Journal of Orthopsychiatry*, 49, p. 436 à 445.

ANDOLSEK, K. et NOVIK, B. (1980) « Use of Hypnosis with Children », *Journal Family Practice*, 10(3), p. 503.

ANTHONY, J. et KOUPERNIC, C. (1980) *L'Enfant dans sa famille, tome 3 : L'enfant à haut risque psychiatrique*, Paris, Presses Universitaires de France.

ANTHONY, J.E. et COHLER, J.B. (1987) *The Invulnerable Child*, New York, Guilford Press.

ANZIEU, D. (1985) *Le Moi-peau*, Paris, Dunod, (Coll. « Psychisme »).

APGAR, V.A. (1953) « A Proposal for a New Method of Evaluation of the Newborn Infant », *Current Research in Anesthesia and in Analgesia*, 32, p. 260 à 267.

APLEY, J. (1967) « The Child with Recurrent Abdominal Pain », *Pediatric Clinical North America*, vol. 14, n° 1, p. 63.

APLEY, J. (1975) *The Child with Abdominal Pains*, Blackwell, Oxford, England.

ARIES, P. (1973) *L'Enfant et la vie familiale sous l'ancien régime*, Paris, Seuil.

ARMSTRONG, R.J. (1972) *A Study of Infant Mortality from Linked Records by Birth Weight, Period of Gestation, and Other Variables*, National Health Statistics, DHEW Publication No. (HSM) 72-1055, Washington (D.C.), U.S. Government Printing Office.

ASHER, S.R., SINGLETON, L.C. et TAYLOR, A.R. (1982) *Acceptance versus Friendship : A Longitudinal Study of Racial Integration*, paper presented at the meeting of the American Educational Research association, New York.

ASLIN, R.N., PISONI, D.B. et JUSCZYK, P.W. (1983) Auditory Development and Speech Perception in Infancy, *in* MUSSEN, P.H. (édit.) *Handbook of Child Psychology*, vol. 2, New York, Wiley.

ASSOCIATION CANADIENNE POUR LES DÉFICIENTS MENTAUX (ACDM) (1978) *Manuel d'orientation sur la déficience mentale*, Première partie, Ottawa.

ATHEY, I. (1984) Contributions of Play to Development, *in* YAWKEY, T.D. et PELLEGRINI, A.D. (édit.) *Child's Play : Developmental and Applied*, Hillsdale (N.J.), Erlbaum.

ATKINSON, J. et ENDSLEY, R.C. (1976) « Influence of Sex of Child and Parent on Parental Reactions to Hypothetical Parent − Child Situations », *Genetic Psychology Monographs*, 94, p. 131 à 147.

AYER, W.A. (1973) « Use of Visual Imagery in Needle Phobic Children », *Journal of Dentistry for Children*, 40, p. 41.

AYOUB, C. et JACEWITZ, M. (1982) « Families at Risk of Poor Parenting : A Model of Service Delivery, Assessment and Intervention », *Child Abuse and Neglect*, 6, p. 351 à 358.

BADINTER, G. (1980) *L'Amour en plus*, Paris, Flammarion.

BAKAN, D. (1966) *The Duality of Human Existence*, Chicago, Rand McNally.

BANCROFT, J., AXWORTHY, D. et RATCLIFFE, S. (1982) « The Personality and Psycho-Sexual Development of Boys with 47XXY Chromosome Constitution », *Journal of Child Psychology and Psychiatry*, 23, p. 169 à 180.

BANDURA, A. et WALTERS, R.H. (1959) *Adolescent Aggression*, New York, Ronald Press.

BANDURA, A., ROSS, D. et ROSS, S.A. (1961) « Transmission of Aggression through Imitation of Aggressive Models », *Journal of Abnormal and Social Psychology*, 63, p. 575 à 582.

BANDURA, A. et WALTERS, R.H. (1963) *Social Learning and Personality Development*, New York, Holt Rinehart and Winston.

BANDURA, A. (1977) « Self-Efficacy : Toward a Unifying Theory of Behavior Change », *Psychological Review*, 84, p. 191 à 215.

BANDURA, A. (1977) *Social Learning Theory*, Englewood Cliffs, Prentice-Hall.

BANDURA, A. (1986) *Social Foundations of Thought and Action : A Social Cognitive Theory*, Englewood Cliffs (N.J.), Prentice-Hall.

BANKS, M.S. et SALAPATEK, P. (1983) Infant Visual Perception, *in* MUSSEN, P.H. (édit.) *Handbook of Child Psychology*, vol. 2, New York, Wiley.

BANKS, R. (1980) *Les Élèves surdoués au Canada*, Toronto, Association canadienne de l'éducation.

BARBEAU, G.-L. et PINARD, A. (1951) *Épreuve individuelle d'intelligence générale*, Montréal, Institut de recherches psychologiques.

BARCUS, E. (1977) *Children's Television*, New York, Praeger.

BARKER, R.G. (1968), *Ecological Psychology*, Stanford (Calif.), Stanford University Press.

BARKLEY, A., ULLMAN, G., OTTO, L. et BRECHT, M. (1977) « The Effects of Sex Typing and Sex Appropriateness of Modeled Behavior on Children's Imitation », *Child Development*, 48, p. 721 à 725.

BARR, B.W. (1974) « The Family and Placement of the Child », *Family Therapy*, 1, p. 239 à 241.

BARR, R.G. (1983) Recurrent Abdominal Pain, *in* LEVINE, M.D., CAREY, W.B., CROKER, A.D. et GROSS, R.T. (édit.) *Development Behavioral Pediatrics*, Philadelphia, Saunders.

BARRY, S., CLOUTIER, R., FILLION, L. et GOSSELIN, L. (1985) « La place faite à l'enfant dans les décisions relatives au divorce », *Revue québécoise de psychologie*, 6, p. 86 à 104.

BARRY, S. (1987) *Le Droit de parole de l'enfant dans la séparation des parents*, thèse de doctorat inédite, Québec, Université Laval.

BATTELLE, P. (1981) « The Triplets Who Found Each Other », *Good HouseKeeping*, 2, p. 74 à 84.

BATTLE, E. (1966) « Motivation Determinants of Academic Competence », *Journal of Personality and Social Psychology*, 4, p. 634 à 642.

BAUMEISTER, A.A. (1984) Some Methodological and Conceptual Issues in the Study of Cognitive Processes with Retarded People, *in* BROOKS, P., SPERBER, R. et McCAULEY, C. (édit.) *Learning and Cognition in the Mentally Retarded*, Hillsdale (N.J.), Erlbaum, p. 1 à 38.

BAUMEISTER, A.A. (1987) « Mental Retardation : Some Conceptions and Dilemmas », *American Psychologist*, 42, p. 796 à 800.

BAUMRIND, D. (1967) « Child Care Practices Anteceding Three Patterns of Preschool Behavior », *Genetic Psychology Monographs*, 75, p. 43 à 88.

BAUMRIND, D. (1971) « Current Patterns of Parental Authority », *Developmental Psychology Monographs*, vol. 4, n° 1, partie 2.

BAUMRIND, D. (1971) « Parental Disciplinary Patterns and Social Competence in Children », *Youth and Society*, 9(3), p. 239 à 276.

BAUMRIND, D. (1975) Early Socialization and Adolescent Competence, *in* DRAGASTIN, S.E. et ELDER, G. (édit) *Adolescence in the Life-Cycle*, Washington (D.C.), Hemisphere.

BAYLEY, N.A. (1935) *The Development of Motor Abilities during the First Three Years*, Monographs of the Society for Research in Child Development, 1, série n° 1.

BAYLEY, N. (1949) « Consistency and Variability in the Growth of Intelligence from Birth to Eighteen Years », *Journal of Genetic Psychology*, 75, p. 165 à 196.

BAYLEY, N. (1968) « Behavioral Correlates of Mental Growth : Birth to Thirty-Six Years », *American Psychologist*, 23, p. 1 à 17.

BAYLEY, N. (1969) *Bayley Scales of Infant Development*, New York, Psychological Corporation.

BAYLEY, N. (1970) Development of Mental Abilities, *in* MUSSEN, P.H. (édit.) *Carmichael's Manual of Child Psychology*, vol. 1, New York, John Wiley.

BEARISON, D.J. (1979) « Sex-Linked Patterns of Socialization », *Sex Roles*, 5, p. 11 à 18.

BEAUMONT, J.G. (1983) Neuropsychology and the Organization of Behaviour, *in* GALE, A. et EDWARDS, J.A. (édit.) *Physiological Correlates of Human Behaviour*, vol. 1 : *Basic Issues*, Londres, Academic Press.

BEE, H., MITCHELL, S.K. (1980) *The Developing Person : A Life-Span Approach*, San Francisco, Harper & Row.

BEERE, C.A. (1979) *Women and Women's Issues : A Handbook of Tests and Measures*, San Francisco, Jossey-Bass.

BELL, R.Q. (1977) History of the Child's Influence : Medieval to Modern Times, *in* BELL R.Q. et HARPER L.V. (édit.) *Child Effects on Adults*, Hillsdale (N.J.), Erlbaum.

BELL, R.Q. et HARPER, L.V. (1977) *Child Effects on Adults*, Hillsdale (N.J.), Erlbaum.

BELSKY, J. (1981) « Early Human Experience : A Family Perspective », *Developmental Psychology*, 17, p. 3 à 23.

BEM, S.L. (1974) « The Measurement of Psychological Androgyny », *Journal of Consulting and Clinical Psychology*, 42, p. 155 à 162.

BEM, S.L. (1975) « Sex-Role Adaptability : On Consequence of Psychological Androgyny », *Journal of Personality and Social Psychology*, 31, p. 634 à 643.

BEM, S.L. (1976) Probing the Promise of Androgyny, *in* KAPLAN, A.G. et BEAN, J.P. (édit.) *Beyond Sex-Role Stereotypes : Readings Toward a Psychology of Androgyny*, Boston, Little, Brown, p. 47 à 62.

BEM, S.L. et LENNEY, E. (1976) « Sex Typing and the Avoidance of Cross-Sex Behavior », *Journal of Personality and Social Psychology*, 33, p. 48 à 54.

BEM, S.L., MARTYNA, W. et WATSON, C. (1976) « Sex-Typing and Androgyny : Further Explorations in the Expressive Domain », *Journal of Personality and Social Psychology*, 34, p. 1016 à 1023.

BEM, S.L. (1977) « On the Utility of Alternative Procedures for Assessing Psychological Androgyny », *Journal of Consulting and Clinical Psychology*, 45, p. 196 à 205.

BEM, S.L. (1979) « Theory and Measurement of Androgyny : A Reply to the Pedhazur-Tetenbaum and Locksley-Colten Critiques », *Journal of Personality and Social Psychology*, 37, p. 1047 à 1054.

BEM, S.L. (1981) « Gender Schema Theory : A Cognitive Account of Sex-Typing », *Psychological Review*, 88, p. 354 à 364.

BENDER, L. (1942) « Childhood Schizophrenia », *Nervous Child*, 1, p. 138 à 140.

BENDER, L. (1947) « Childhood Schizophrenia », *American Journal of Orthopsychiatry*, 17, p. 40 à 56.

BENEDICT, H. (1979) « Early Lexical Development : Comprehension and Production », *Journal of Child Language*, 6, p. 183 à 200.

BENJAMIN, J.D. (1963) Further Comments on Some Developmental Aspects of Anxiety, *in* GASKILL, H.S. (édit.) *Counterpoint : Libidinal Object and Subject*, New York, International Universities Press.

BEREMBAUM, S.A. et RESNIC, S. (1982) « Somatic Androgyny and Cognitive Abilities », *Developmental Psychology*, 18, p. 418 à 423.

BERGERET, J. et LUSTIN, J.J. (1980) « Les organisations névrotiques de l'enfant et leurs frontières », *Revue de pédiatrie*, vol. 16, n° 4, p. 199 à 210.

BERGERET, J. (1984) *La Violence fondamentale*, Paris, Dunod.

BERGERET, J. (1985) *La Personnalité normale et pathologique*, Paris, Dunod.

BERK, L. (1989) *Child Development*, Boston, Allyn and Bacon.

BERMAN, S. (1979) The Psychodynamic Aspects of Behavior, *in* NOSHPITZ, J.D. (édit.) *Basic Handbook of Child Psychiatry*, vol. 2, New York, Basic Books.

BERNARD, R., PINSARD, N., SPRIET, A., RUFO, M. et TERASSON, C. (1972) « Analyse critique d'une enquête portant sur 100 dossiers normalisés d'encéphalopathies chroniques », *Pédiatrie*, 18(2).

BERNSTEIN, B. (1964) « Social Class, Speech Systems and Psychotherapy », *British Journal of Sociology*, 15, p. 54.

BERTENTHAL, B.I. et FISHER, K.W. (1978) « Development of Self-Recognition in the Infant », *Developmental Psychology*, 14, p. 44 à 50.

BERTENTHAL, B., CAMPOS, J. et BARRETT, K. (1983) Self-Produced Locomotion : An Organizer of Emotional, Cognitive and Social Development in Infancy, *in* EMDE, R.N. et HARMON, R.J. (édit.) *Continuities and Discontinuities in Development*, New York, Plenum.

BERTONCINI, J. (1984) L'équipement initial pour la perception de la parole, *in* MOSCATO, M. et PIERAUT-LE BONNIEC, G. (édit.) *Le Langage, construction et actualisation*, Rouen, France, Publications de l'Université de Rouen, n° 98.

BESS, B.E. et JANSSEN, Y. (1982) « Incest : A Pilot Study », *Hillside Journal of Clinical Psychiatry*, 4, p. 39 à 52.

BEST, D.L., WILLIAMS, J.E., CLOUD, J.M., DAVIS, S.W., ROBERTSON, L.S., EDWARDS, J.R., GILES, H. et FOWLES, J. (1977) « Development of Sex-Trait Stereotypes among Young Children in the United States, England, Ireland », *Child Development*, 48, p. 1375 à 1384.

BEUF, A. (1974) « Doctor, Lawyer, Household Drudge », *Journal of Communication*, 24(2), p. 142 à 145.

BICK, E. (1968) « The Experience of the Skin in Early Objects Relations », *International Journal of Psychoanalysis*, 49, p. 484 à 486.

BIJOU, S.W. (1963) « Theory and Research in Mental and Developmental Retardation », *Psychological Record*, 13, p. 95 à 110.

BILLE, B. (1982) « Migraine in Childhood and its Prognosis », *Cephalagia*, 1, p. 71.

BILLER, H.B. (1971) *Father, Child and Sex-Role*, Lexington, Health Lexington Books.

BINET, A. (1903) *L'Étude expérimentale de l'intelligence*, Paris, Schleicher et Frères.

BINET, A. (1911) *Les Idées modernes sur les enfants*, Paris, Flammarion.

BION, W.R. (1979) *Aux Sources de l'expérience*, Paris, Presses Universitaires de France.

BISSONNETTE, J., CLOUTIER, R. et INGELS, M. (1984) « L'effet du rapport enfant–éducatrice sur le comportement en garderie », *Apprentissage et socialisation*, vol. 7, n° 2, p. 72 à 88.

BLACKEMORE, J.E.O., LARUE, A.A. et OLEJNIK, A.B. (1979) « Sex-Appropriate Toy Preference and the Ability to Conceptualize Toys as Sex-Role Related », *Developmental Psychology*, 15, p. 339 à 340.

BLAIS, M.C. (1987) *L'Aspect relationnel dans la famille restructurée : recherche documentaire et interprétation systémique*, essai de maîtrise non publié, Québec, École de psychologie, Université Laval.

BLANCK, G. et BLANCK, R. (1974) *Ego Psychology : Theory and Practice*, New York, Columbia University Press.

BLASS, E.M., GANCHROW, J.R. et STEINER, J.E. (1984) « Classical Conditioning in Newborn Humans 2-48 Hours of Age », *Infant Behavior and Development*, 7, p. 223 à 235.

BLOCK, J.H. (1973) « Conceptions of Sex-Role : Some Cross-Cultural and Longitudinal Perspectives », *American Psychologist*, 28, p. 512 à 526.

BLOCK, J.H. (1976) « Issues, Problems and Pitfalls in Assessing Sex Differences : A Critical Review of the Psychology of Sex Differences », *Merrill-Palmer Quarterly*, 22, p. 285 à 308.

BLOCK, J.H. (1978) Another Look at Sex Differentiation in the Socialization Behaviors of Mothers and Fathers, *in* SHERMAN, J. et DENMARC, F.L. (édit.) *The Psychology of Women : Future Directions of Research*, New York, Psychological Dimension.

BLOCK, J.H. (1979) *Personality Development in Males and Females : The Influence of Differential Socialization*, communication présentée aux Master Lecture Series, congrès de l'American Psychological Association, New York, sept. 1979.

BLOOMFIELD, L. (1935) *Language*, Londres, Allen and Unwin.

BOHMAN, M. et SIGUARDSON, S. (1980) Long-Term Effects of Early Institutional Care : A Prospective Longitudinal Study, *in* CHESS, S. et THOMAS, A. (édit.) *Annual Progress in Child Psychiatry and Child Development*, New York, Brunner-Mazel.

BOIVIN, M. (1986) *Relations entre les indices sociométriques, le fonctionnement social et l'insertion sociale à la maternelle*, thèse de doctorat non publiée, École de psychologie, Université Laval, Québec.

BOIVIN, M. et BÉGIN, G. (1989) « Peer Status and Self-Perception among Early Elementary School Children : The Case of the Rejected Children », *Child Development*, 60, p. 591 à 596.

BOLES, D.B. (1980) « X-Linkage of Spatial Ability : A Critical Review », *Child Development*, 51, p. 625 à 635.

BOND, L.A. *The Development of Causal Attributions for Success and Failures of Males and Females*, communication présentée au congrès de la Society for Research in Child Development, San Francisco, mars 1979.

BONHAM, G.S. et WILSON, R.W. (1981) « Children's Health in Families with Cigarette Smokers », *American Journal of Public Health*, 71, p. 290 à 293.

BONICA, J.J. (1979) Introduction to Management of Pain of Advanced Cancer, *in* BONICA, J.J. et VENTAFRIDDA, V. (édit.) *Advances in Pain Research and Therapy*, vol. 2, New York, Raven Press.

BONICA, J.J. et VENTAFRIDDA, V. (1979) *Advances in Pain Research and Therapy*, vol. 2, New York, Raven Press.

BORING, E.G. (1923) « Intelligence as the Tests Test It », *New Republic*, 35, p. 35 à 37.

BORKE, H. (1971) « Interpersonal Perception of Young Children », *Developmental Psychology*, 5, p. 263 à 269.

BORKOWSKI, J.G. et TURNER, L.A. (1988) Cognitive Development, *in* KAVAHAGH, J.F. (édit.) *Understanding Mental Retardation : Research Accomplishment and New Frontiers*, Baltimore (Md), Paul H. Brookes, p. 251 à 265.

BORMUTH, J. (1971) *Development of Standards of Readability : Toward a Rational Criterion of Passage Performance*, Chicago, University of Chicago (Wash.), U.S. Office of Education.

BORNSTEIN, B. (1951) On Latency, *in* EISSLER, R.S. *et al.* (édit.) *The Psychoanalytic Study of the Child*, vol. 6, New York, International Universities Press, p. 279 à 285.

BORNSTEIN, M.H. (1981) Two Kinds of Perceptual Organization Near the Beginning of Life, *in* COLLINS, W.A. (édit.) *Minnesota Symposia on Child Psychology*, vol. 14, Hillsdale (N.J.), Lawrence Erlbaum.

BORNSTEIN, M.H. (1984) A Descriptive Taxonomy of Psychological Categories Used by Infants, *in* SOPHIAN, C. (édit.) *Origins of Cognitive Skills*, Hillsdale (N.J.), Lawrence Erlbaum.

BORSTELMANN, L.J. (1983) Children Before Psychology, *in* KESSEN, W. (édit.) *Handbook of Child Psychology : History, Theory and Methods*, vol. 4, P.H. Mussen, General Editor, New York, Wiley.

BORTHWICK, B., DOW, I., LÉVESQUE, D. et BANKS, R. (1980) *Les Élèves surdoués au Canada*, Toronto, Association canadienne de l'éducation.

BORTHWICK, B., DOW, I., LÉVESQUE, D. BOUCHARD, T.J. et McGUE, M. (1981) « Familial Studies of Intelligence : A Review », *Science*, 212, p. 1055 à 1059.

BOSWELL, S.L. (1979) *Sex-Roles, Attitudes and Achievement in Mathematics : A Study of Elementary School Children and Ph. D's*, communication présentée au symposium sur les Gender Differences in Participation in Mathematics, dans le cadre du congrès de la Society for Research in Child Development, San Francisco, mars 1979.

BOUCHARD, C. et DESFOSSÉS, E. (1989) « Utilisation des comporte-ments coercitifs envers les enfants : stress, conflits et manque de soutien dans la vie des mères », *Apprentissage et socialisation*, 12, p. 19 à 28.

BOUCHARD, J.M. et LADOUCEUR, R. (1988) *Awareness and Self-Efficacy Perpection in the Treatment of Tics*, communication pré-sentée au Second European Meeting on the Experimental Analysis of Behaviour, Liège (Belgique).

BOUCHARD, T.J. et McGUE, M. (1981) « Familial Studies of Intelli-gence : A Review », *Science*, 212, p. 1055 à 1059.

BOUCHARD, T. Jr. (1987) The Hereditarian Research Program : Triumphs and Tribulations, *in* MODGIL, S. et MODGIL, C. (édit.) *Arthur Jensen, Consensus and Controversy*, New York, The Falmer Press.

BOURGAULT, D. et DE LA HARPE, F. (1988) *L'Enfant en famille d'accueil*, St-Hyacinthe (Québec), Edisem.

BOUTON, C.P. (1976) *Le Développement du langage : aspects normaux et pathologiques*, Paris, Masson.

BOWER, T.G. (1974) *Development in Infancy*, San Francisco (Calif.), Freeman.

BOWER, T.G.R. (1977) *A Primer of Infant Development*, San Francisco (Calif.), W.A. Freeman.

BOWLBY, J. (1958) « The Nature of the Child's Tie to his Mother », *International Journal of Psychoanalysis*, 39, p. 350 à 373.

BOWLBY, J. (1969) *Attachment and Loss*, , vol. 1 : *Attachment*, New York, Basic Books.

BOWLBY, J. (1973) *Attachment and Loss*, vol. 2 : *Separation*, New York, Basic Books.

BOWLBY, J. (1978) *Attachement et perte : séparation, angoisse et colère*, vol. II, Paris, Presses Universitaires de France.

BOWLBY, J. (1980) *Attachment and Loss*, vol. 3 : *Loss*, New York, Basic Books.

BRACKBILL, Y. (1977) « Long-Term Effects of Obstetrical Anesthesia on Infant Autonomic Function », *Developmental Psychology*, 10, p. 529 à 536.

BRACKBILL, Y. (1979) Obstetrical Medication and Infant Behavior, *in* OSOFSKY, J.D. (édit.) *Handbook of Infant Devel-opment*, New York, Wiley.

BRANTLINGER, E.A. et GUSKIN, S.L. (1987) Ethnocultural and Social-Psychological Effects on Learning Characteristics of Handicapped Children, *in* WANG, M.C., REYNOLDS, M.C. et WALBERG, H.J. (édit.) *Learner Characteristics and Adaptive Education*, vol. 1 : *Handbook of Special Education, Research and Practice*, Oxford, Pergamon Press.

BRAY, J.H. (1988) Children's Development during Early Remar-riage, *in* HETHERINGTON, E.M. et ARASTEH, J.D. (édit.) *Impact of Divorce, Single Parenting and Stepparenting on Children*, Hillsdale (N.J.), Erlbaum.

BRAZELTON, T.B. (1962) « A Child-Oriented Approach to Toilet Training », *Pediatrics*, 29, p. 121 à 128.

BRAZELTON, T.B. (1969) « Behavioral Competence of the Newborn Infant », *Seminars in Perinatalogy*, 3, p. 42.

BRAZELTON, T.B. (1970) « Effects of Prenatal Drugs on the Behavior of the Neonate », *American Journal of Psychiatry*, 126, p. 1261 à 1266.

BRAZELTON, T.B. (1973) « Neonatal Behavioral Assessment Scale », *Clinics in Developmental Medecine*, 50, Philadelphie, Lippincott.

BRAZELTON, T.B. (1973) *Neonatal Behavioral Assessment Scale*, London, Heinemann.

BRAZELTON, T.B., KOLOWSKI, B. et MAIN, M. (1974) The Origins of Reciprocity : The Early Mother—Infant Interaction, *in* LEWIS, M. et ROSENBLUM, L.A. (édit.) *The Effect of the Infant on its Caregiver*, New York, Wiley-Interscience.

BRAZELTON, T.B. (1979) « Behavioral Competence in the Newborn Infant », *Seminars in perinatology*, vol. 3, n° 1.

BRAZELTON, T.B. (1980) Behavioral Competence of the Newborn Infant, *in* TAYLOR, P.M. (édit.) *Parent—Infant Relationships*, New York, Grune and Stratton.

BRAZELTON, T.B. (1983) Precursors for the Development of Emo-tions in Early Infancy, *in* PLUTCHIK, R. et KELLERMAN, H. (édit.) *Emotions in Early Development*, vol. 2, New York, Academic Press.

BRAZELTON, T.B. (1983) « Assessment Techniques for Enhancing Infant Development », *Frontiers of Infant Psychiatry*, New York, Basic Books.

BRETHERTON, I. et BATES, E. (1979) The Emergence of Intentional Communication, *in* UZGIRIS, I.C. (édit.) *Social Interaction and Communication during Infancy*, San Francisco, Jossey-Bass New Direction for Child Development, 4.

BRETON, A. (1988) *Statistiques sur les clientèles scolaires spéciales*, Québec, Ministère de l'Éducation du Québec.

BRIGGS, R. et KING, T. (1952) « Transplantation of Living Nuclei from Blastula Cells into Enucleated Frog's Eggs », *Proceedings of the National Academy of Science, United States*, 38, p. 455.

BRIONES, L., FRUMIGNAC, C., GAGNON, M. et ST-ANDRÉ, M. (1978) « Le placement en foyer thérapeutique », *Cahiers Pédospychia-triques*, 9, p. 51 à 67.

BRONFENBRENNER, U. (1979a) *The Ecology of Human Devel-opment : Experiments by Nature and Design*, Cambridge (Mass.), Harvard University Press.

BRONFENBRENNER, U. (1979b) « Contexts of Child Rearing : Problems and Prospects », *American Psychologist*, 34, p. 844 à 850.

BRONFENBRENNER, U. et CROUTER, A.C. (1983) The Evolution of Environmental Models in Developmental Research, *in* KESSEN, W. (édit.) *Handbook of Child Psychology : History, Theory and Methods*, vol. 4, P.H. Mussen, General Editor, New York, Wiley.

BRONSON, G. (1974) « Postnatal Growth of Visual Capacity », *Child Development*, 45, p. 873 à 890.

BRONSON, W.C. (1966) « Central Orientations : A Study of Behavior Organization from Childhood to Adolescence », *Child Development*, 37, p. 125 à 155.

BROPHY, J.E. (1983) « Research on the Self-Fulfilling Prophecy and Teacher Expectations », *Journal of Educational Psychology*, 75, p. 631 à 661.

BROPHY, J.E. et GOOD, T.L. (1986) Teacher Behavior and Student Achievement, *in* WITTROCK, M.C. (édit.) *Handbook of Research on Teaching*, 3ᵉ éd., New York, MacMillan, p. 328 à 375.

BROVERMAN, D.M., BROVERMAN, I.K., VOGEL, W., PALMER, R.D. et KLAIBER, E.L. (1964) « The Automatization Cognitive Style and Physical Development », *Child Development*, 35, p. 1343 à 1359.

BROVERMAN, D.M., KLAIBER, E.L., KOBAYASHI, Y. et BOGEL, W. (1968) « Roles of Activation and Inhibition in Sex Differences in Cognitive Abilities », *Psychological Review*, 75, p. 23 à 50.

BROWN, A.L. (1975) The Development of Memory : Knowing, Knowing about Knowing, and Knowing how to Know, *in* REESE H.W. (édit.) *Advances in Child Development and Behavior*, vol. 10, New York, Academic Press.

BROWN, A.L. et SMILEY, S.S. (1978) « The Development of Strategies for Studying Texts », *Child Development*, 49, p. 1076 à 1088.

BROWN, A.L. (1979) Theories of Memory and the Problem of Development : Activity, Growth and Knowledge, *in* CERNAK L.S. et CRAIK F.I.M. (édit.) *Levels of Processing in Human Memory*, Hillsdale (N.J.), Erlbaum.

BROWN, A.L., BRANSFORD, J.D., FERRARA, R.A. et CAMPIONE, J.C. (1983) Learning, Remembering, and Understanding, *in* FLAVELL, J.H. et MARKMAN, E.M. (édit.) *Handbook of Child Psychology : Cognitive Development*, vol. 3, New York, Wiley.

BROWN, D.G. (1956) « Sex-Role Preferences in Young Children », *Psychological Monographs*, 70, nº 421.

BROWN, J.K. (1977) « Migraine and Migraine Equivalents in Children », *Dev. Med. Child Neurology*, 19, p. 683.

BROWN, R.W. (1957) « Linguistic Determinism and the Part of Speech », *Journal of Abnormal and Social Psychology*, 55, p. 1 à 5.

BROWN, R.W. (1973) *A First Language : The Early Stages*, Cambridge (Mass.), Cambridge University Press.

BROWNELL, C.A. (1986) « Convergent Developments : Cognitive-Developmental Correlates of Growth in Infant/Toddler Peer Skills », *Child Development*, 57, p. 275 à 286.

BROWNING, D.H. et BOATMAN, B. (1977) « Incest : Children at Risk », *American Journal of Psychiatry*, 134, p. 69 à 72.

BRUCH, H. (1977) Psychological Antecedents of Anorexia Nervosa, *in* VIGERSKY, R.A. (édit.) *Anorexia Nervosa*, New York, Raven Press.

BRUHN, J. et PARCEL, G. (1982) « Preschool Health Education Program : An Analysis of Baseline Data », *Health Education Quarterly*, 9, 2 et 3.

BRUININCKS, V. (1978) « Actual and Perceived Peer Status of Learning Disabled Students in Mainstream Programs », *Journal of Special Education*, 12, p. 51 à 58.

BRUNER, J.S. (1967) *Origins of Mind in Infancy*, communication présentée à l'Assemblée de la 8ᵉ division de l'American Psychological Association, Washington (D.C.).

BRUNER, J.S. (1972) « The Nature and Uses of Immaturity », *American Psychologist*, 27, p. 687 à 708.

BRUNER, J.S. (1984) Contexts and Formats, *in* MOSCATO, M. et PIERAUT-LE BONNIEC G. (édit.) *Le Langage, construction et actualisation*, Rouen (France), Publications de l'Université de Rouen, nº 98.

BRUNO, R.R. (1987) *After-School Care of School-Age Children : December 1984*, current population reports, series P-23, nº 149, Washington (D.C.), U.S. Government Printing Office.

BRUSH, L.R. et GOLDBERG, W.A. (1978) « The Intercorrelation of Measures of Sex-Role Identity », *Journal of Child Psychology and Psychiatry*, 19, p. 43 à 48.

BRUSH, L.R. (1979) *Why Women Avoid the Study of Mathematics : A Longitudinal Study*, report of the National Institute of Education, Abt Associates Inc., Cambridge (Mass.), nov. 1979.

BRYAN, J.W. et LURIA, A. (1978) « Sex-Role Learning : A Test of the Selective Attention Hypothesis », *Child Development*, 49, p. 13 à 23.

BRYAN, T. et BRYAN, J. (1978) *Understanding Learning Disabilities*, 2ᵉ éd., Sherman Oaks (Calif.), Alfred Pub. Co.

BRYAN, T. et McGRADY, H. (1972) « Use of a Teacher Rating Scale », *Journal of Learning Disabilities*, 5, p. 199 à 206.

BRYDEN, M.P. (1979) Evidence of Sex-Related Differences in Cerebral Organization, *in* WITTIG, M.A. et PETERSEN, A.C. (édit.) *Sex-Related Differences in Cognitives Functioning*, New York, Academic Press, p. 121 à 143.

BULKLEY, J. (1985) *Child Sexual Abuse and the Law*, 5ᵉ éd., American Bar Association, Washington, D.C.

BURGUIÈRE, A., KLAPISCH-ZUBER, C., SEGALEN, M. et ZONABEND, F. (1986) *Histoire de la famille*, vol. 1 et 2, Paris, Colin.

BUROS, O.K. (1972) *The Seventh Mental Measurements Yearbook*, New Jersey, Gryphon Press.

BURT, C. (1940) *The Factors of the Mind*, Londres, University of London Press.

BURT, C. (1972) « The Inheritance of General Intelligence », *American Psychologist*, 27, p. 175 à 190.

BUSBY, L.J. (1975) « Sex-Role Research on the Mass Media », *Journal of Communication*, 25(4), p. 107 à 131.

BUSKIRK, S. et COLE, C.F. (1983) « Characteristic of Eight Women Seeking Therapy for the Effects of Incest », *Psychology in the Schools*, 12, p. 145 à 153.

BUSS, A. et PLOMIN, R. (1975) *Temperament Theory of Personality Development*, New York, Wiley.

BUTTERFIELD, E.C. et SIPERSTEIN, G.N. (1972) Influence of Contingent Auditory Stimulation upon Non-Nutritional Suckle, *in* BOSMA, J. (édit) *Third Symposium on Oral Sensation and Perception : The Mouth of the Infant*, Springfield (Ill.), Charles C. Thomas.

CAFFEY, J. (1946) « Multiple Fractures in Long Bones of Infants Suffering from Chronic Subdural Hematoma », *American Journal of Roentgenology*, 56, p. 163 à 173.

CAFFEY, J. (1965) « Signifiance of the History in the Diagnosis of Traumatic Injury to Children », *Journal of Pediatry*, 67, p. 1008 à 1014.

CAIN, V.S. et HOFFERTH, S.L. (1989) « Parental Choice of Self-Care for School-Age-Children », *Journal of Marriage and the Family*, 51, p. 65 à 77.

CALDWELL, B.M. et RICCIUTI, H.N. (1973) *Review of Child Development Research*, vol. 3, Chicago, University of Chicago Press.

CALLAHAN, C.M. (1981) Superior Abilities, *in* KAUFFMAN, J.M. et HALLAHAN, D.P. (édit.) *Handbook of Special Education*, Englewood Cliffs (N.J.), Prentice-Hall.

CAMPOS, J.J., LANGER, A. et KROWITZ, A. (1970) « Cardiac Response on the Visual Cliff in Prelocomotor Human Infants », *Science*, 170, p. 196-197.

CAMPOS, J.J., BARRETT, K.C., LAMB, M.E., GOLDSMITH, H.H. et STENBERG, C. (1983) Socioemotional Development, *in* MUSSEN, P.H. (édit.) *Handbook of Child Psychology*, vol. 2 : *Infancy and Developmental Psychology*, 4ᵉ éd., New York, Wiley.

CAMPOS, J.J. et BERTENTHAL, B.I. (1984) « The Importance of Self-Produced Locomotion in Infancy », *Infant Mental Health Journal*, 5, p. 160 à 171.

CANTOR, W.D. (1977) « School-Based Groups for Children of Divorce », *Journal of Divorce*, 1, p. 183 à 187.

CANTOR, M.S. (1978) Where are the Women in Public Broadcasting ?, *in* TUCHMAN, G., DANIELS, A.K. et BENET, J. (édit.) *Hearth and Home : Images of Women in the Mass Media*, New York, Oxford University Press, p. 78-89.

CAREAU, L., CLOUTIER, R., DESBIENS, N., PARÉ, N. et PIÉRARD, B. (1989) *L'Ajustement de l'enfant à la formule de garde après la séparation parentale : l'effet du genre*, communication présentée à la Société québécoise de recherche en psychologie, Ottawa, oct.

CAREAU, L. et CLOUTIER, R. (1990) « La garde de l'enfant après la séparation : profil psychosocial et appréciation des familles vivant trois formules différentes », *Apprentissage et socialisation*, 13, p. 55-66.

CARROLL, J.B. (1982) The Measurement of Intelligence, *in* STERNBERG, R.J. (édit.) *Handbook of Human Intelligence*, Cambridge, Cambridge University Press.

CAVALLIN, H. (1966) « Incestuous Fathers : A Clinical Report », *American Journal of Psychiatry*, 122, p. 1132 à 1138.

CEQ (Centrale des enseignants du Québec) (1982) *La Crise, il faut en parler à l'école*, cahier pédagogique, document nᵒ D-8090, Québec, mars.

CERNOCH, J.M. et PORTER, R.H. (1985) « Recognition of Maternal Axillary Odors by Infants », *Child Development*, 56, p. 1593 à 1598.

CHALVIN, M.J. (1986) *Comment réussir avec ses élèves*, Paris, Éditions ESF.

CHAMPAGNE-GILBERT, M. (1985) *Le Soutien collectif réclamé pour les familles québécoises*, rapport de la consultation sur la politique familiale, première partie, Québec, gouvernement du Québec.

CHARLESWORTH, R. et HARTUP, W.W. (1967) « Positive Social Reinforcement in the Nursery School Peer Group », *Child Development*, 38, p. 993 à 1002.

CHAUVIN, R. (1975) *Les Surdoués*, Paris, Stock.

CHÉNÉ, H. (1973) *Interprétation clinique des tests d'intelligence*, Québec, Presses de l'Université Laval.

CHÉNÉ, H. (1986) *Index des variables mesurées par les tests de personnalité*, 2ᵉ éd., Québec, Presses de l'Université Laval.

CHERRY, L. et LEWIS, M. (1976) « Mothers and Two-Years-Old : A Study of Sex-Differentiated Aspects of Verbal Interaction », *Developmental Psychology*, 12, p. 278 à 282.

CHESS, S. et THOMAS, A. (1977) *Annual Progress in Child Psychiatry and Child Development*, New York, Brunner-Mazel.

CHESS, S. et THOMAS, A. (1978) *Annual Progress in Child Psychiatry and Child Development*, New York, Brunner-Mazel.

CHILAND, C. (1971) *L'Enfant de six ans et son avenir*, Paris, Presses universitaires de France.

CHILD, I., POTTER, E. et LEVINE, E. (1946) « Children's Textbooks and Personality Development. An Exploration in the Social Psychology of Education », *Psychological Monographs*, 60, n° 3.

CHOMSKY, N. (1957) *Syntactic Structures*, The Hague, Mouton.

CHOMSKY, N. (1959) « Review of B.F. Skinner Verbal Behavior », *Language*, 35, p. 26 à 129.

CHRISTENSEN, M.F. et MORTENSEN, O. (1975) « Long-Term Prognosis in Children with Recurrent Abdominal Pain », *Archives of Diseases Child*, 50, p. 110.

CHRISTIANSON, R.E. (1980) « The Relationship Between Maternal Smoking and the Incidence of Congenital Anomalies », *American Journal of Epidemiology*, 112, p. 684 à 695.

CHUN, F.R. et RESNICK, R.M. (1980) *The Child Development through Adolescence*, Menlo Park, Benjamin Cummings.

CLAPARÈDE, E. (1934) « La génèse et l'hypothèse », *Archives de psychologie*, 24, p. 1 à 155.

CLARK, A.H., WYON, S.M. et RICHARDS, M.P.M. (1969) « Free Play in Nursery School Children », *Journal of Child Psychology and Psychiatry*, 10, p. 205 à 216.

CLARK, E.V. (1980) « Here's the Top : Nonlinguistic Strategies in the Acquisition of Orientational Terms », *Child Development*, 51, p. 329 à 338.

CLARK, E.V. (1983) Meanings and Concepts, *in* FLAVELL, J.H. et MARKMAN, E.M. (édit.) *Handbook of Child Psychology : Cognitive Development*, vol. 3, New York, Wiley.

CLARKE-STEWART, K.A. et FEIN, G.G. (1983) Early Childhood Programs, *in* MUSSEN, P.H. (édit.) *Handbook of Child Psychology*, vol. 2 : *Infancy and Developmental Psychobiology*, New York, Wiley.

CLARKE-STEWART, K.A. (1987) Predicting Child Development from Day-Care Forms and Features : The Chicago Study, *in* PHILLIPS, D.A. (édit.) *Quality in Child Care : What Does Research Tell Us ?*, research monographs of the National Association for the Education of Young Children, vol. 1, Washington (D.C.), National Association for the Education of Young Children.

CLARKE-STEWART, K.A. (1989) « Infant Day Care : Maligned or Malignant ? », *American Psychologist*, 44, p. 266 à 273.

CLOUTIER, R. (1978) « Training Proportionality through Peer Interaction », *Instructional Science*, 7, p. 127 à 142.

CLOUTIER, R. (1981) Psychologie et éducation familiale, *in* HURTIG, M. et RONDAL, J.-A. (édit.) *Introduction à la psychologie de l'enfant*, Bruxelles, Mardaga.

CLOUTIER, R. et DIONNE, L. (1981) *L'Agressivité chez l'enfant*, Montréal, Edisem/Centurion.

CLOUTIER, R. et TESSIER, R. (1981) *La Garderie québécoise : analyse des facteurs d'adaptation*, Québec, Laliberté.

CLOUTIER, R. (1982) *Psychologie de l'adolescence*, Chicoutimi, Gaëtan Morin.

CLOUTIER, R. (1984) L'ordinateur : une nouvelle personne dans la famille ?, *in* TREMBLAY, M.-A. (édit.) *Nouvelles Technologies et société*, Québec, Faculté des sciences sociales, Université Laval.

CLOUTIER, R. (1985a) « L'expérience de l'enfant dans sa famille et son adaptation future », *Apprentissage et socialisation*, vol. 8, n° 4, p. 87 à 100.

CLOUTIER, R. (1985b) « La garderie québécoise : analyse des facteurs d'inadaptation », *Revue québécoise de psychologie*, 6, p. 3 à 15.

CLOUTIER, R. (1986) Le cycle de la relation parent—enfant, *in* DE GRÂCE, G. et JOSHI, P. (édit.) *Les Crises de la vie adulte*, Montréal, Décarie.

CLOUTIER, R. (1987) *La Garde de l'enfant après la séparation des parents*, projet de recherche non publié, Québec, École de psychologie, Université Laval.

CLOUTIER, R. et BOURQUE, P. (1987) *Transitions familiales et communauté*, Centre de recherche sur les services communautaires, Québec, Université Laval (Coll. « Support à l'intervention »).

CLOUTIER, R. et BARRY, S. (1989) *Le Droit de parole de l'enfant dans les transitions familiales*, communication présentée à la Conférence nord-américaine sur la paix et la résolution des conflits, Montréal, mars.

CLOUTIER, R., CAREAU, L., CARON, M-J., MAUL, N., POTVIN J. et RAINVILLE, A. (1989) *Processus de séparation et maintien de la coparentalité*, actes du Colloque provincial des services d'expertise et de médiation familiale du Québec, Québec, CSS de Québec.

CLOUTIER, R. et VILLENEUVE, C. (en préparation) *Relations familiales et risque de grossesse adolescente*, Québec, École de psychologie, Université Laval.

COATES, B., ANDERSON, E.P. et HARTUP, W.W. (1972) « Interrelations in the Attachement Behavior of Human Infants », *Developmental Psychology*, 47, p. 138 à 144.

COATES, S. (1974) Sex Differences in Field Independance among Preschool Children, *in* FRIEDMAN, R.C., RICHART, A.M. et VANDE WIELE, R.L. (édit.) *Sex Difference in Behavior*, New York, Wiley.

COHEN, M. (1969) « Sur l'étude du langage enfantin », *Enfance*, 3, 4, mai, sept.

COHEN, M.B. (1966) « Personal Identity and Sexual Identity », *Psychiatry*, 20, p. 1 à 14.

COL, C. et BRED-CHARRENTON, X. (1978) « Étude épidémiologique de la déficience mentale en Auvergne », *La Revue de pédiatrie*, 14, p. 401.

COLANGELO, N. et DETTMAN, D.F. (1983) « A Review on Research on Parents and Families of Gifted Children », *Exceptional Children*, 50, p. 20 à 27.

COMEAU, M. et GOUPIL, G. (1984) *Le Statut sociométrique d'enfants classés mésadaptés socio-affectifs et en troubles d'apprentissage intégrés dans des classes ordinaires*, rapport de recherche, Montréal, Faculté des sciences de l'éducation, Université de Montréal.

COMSTOCK, G., CHAFFEE, S., KATZMAN, N., McCOMBS, M. et ROBERTS, D. (1978) *Television and Human Behavior*, New York, Columbia University Press.

CONDRY, J.C. et CONDRY, S.M. (1976) « Sex Differences : A Study of the Eye of the Beholder », *Child Development*, 47, p. 812 à 819.

CONDRY, S.M., CONDRY, J.C. et POGATSHNIK, L.W. (1978) *Sex Differences : A Study of the Ear of the Beholder*, communication présentée au congrès de l'American Psychological Association, Toronto, août 1978.

CONEL, J.L. (1939-1967) *The Postnatal Development of the Human Cerebral Cortex*, vol. 1 à 8, Cambridge (Mass.), Harvard University Press.

CONNOR, J.M. et SERBIN, L.A. (1977) « Behaviorally Based Masculine and Feminine-Activity-Preference Scales for Preschoolers : Correlates with other Classroom Behaviors and Cognitive Tests », *Child Development*, 48, p. 1411 à 1416.

CONNOR, J.M., SERBIN, L.A. et ENDER, R.A. (1978) « Responses of Boys and Girls to Aggressive, Assertive and Passive Behaviors of Male and Female Characters », *Journal of Genetic Psychology*, 133, p. 59 à 69.

CONSEIL NATIONAL DU BIEN-ÊTRE SOCIAL DU CANADA (1988) *De Meilleurs Services de garde d'enfants*, rapport du Conseil national du bien-être social du Canada, nº de catalogue : H68-20/1988F, Ottawa, Approvisionnements et Services Canada.

CONSTANTINOPLE, A. (1973) « Masculinity-Femininity : An Exception to a Famous Dictum ? », *Psychological Bulletin*, 80, p. 389 à 407.

CONWAY, E. et BRACKBILL, Y. (1970) « Delivery Medication and Infant Outcome : An Empirical Study », *Monographs of the Society for Research in Child Development*, 35, p. 24 à 34.

COOLIDGE, J.C. (1979) School Phobia, *in* NOSHPITZ, J.D. (édit.) *Basic Handbook of Child Psychiatry*, vol. 2, New York, Basic Books.

COOPER, L.Z. (1975) Congenital Rubella in the United States, *in* KRUGMAN S. et GERSHON, A.A. (édit.) *Infections of the Fœtus and the Newborn in Infant Progress in Clinical Biological Research*, vol. 3, New York, Liss, chap. 1, p. 1 à 22.

COOPERSMITH, S. (1967) *The Antecedents of Self-Esteem*, San Francisco, Freeman.

COPEX (1976) *L'Éducation de l'enfance en difficulté d'adaptation et d'apprentissage au Québec*, rapport du Comité provincial de l'enfance inadaptée (COPEX), Québec, ministère de l'Éducation du Québec.

CORBALLIS, M.C. (1983) *Human Laterality*, New York, Academic Press.

CORDUA, G.D., McGRAW, K.O. et DRABMAN, R.S. (1979) « Doctor or Nurse : Children's Perceptions of Sex Typed Occupations », *Child Development*, 50, p. 590 à 593.

CORE, J.D. et DODGE, K.A. (1983) « Continuities and Changes in Children's Social Status : A Five-Year Longitudinal Study », *Merrill-Palmer Quarterly*, 29, p. 261 à 282.

CORRIGAN, R. (1982) « Methodological Issues in Language Acquisition Research with Young Children », *Developmental Review*, 2, p. 162 à 188.

COSTIL, J. et ROBAIN, O. (1971) *Orientation du diagnostic étiologique d'une déficience mentale*, Journées parisiennes de pédiatrie, Paris, Flammarion.

COURTNEY, A.E. et WHIPPLE, T.W. (1974) « Women in TV Commercials », *Journal of Communication*, 24(2), p. 110 à 118.

COX, C.M. (1926) *Genetic Studies of Genius : The Early Mental Traits of Three Hundred Geniuses*, Standford, Standford University Press.

CRANDALL, V.C. (1978) *Expecting Sex Differences and Sex Differences in Expectancies*, communication présentée au congrès de l'American Psychological Association, Toronto, août 1978.

CRESPO, M. (1988) « Analyse longitudinale de l'effet Pygmalion », *Revue des sciences de l'éducation*, 14, p. 3 à 23.

CROCKENBERG, S.B. (1972) « Creativity Tests : A Boon or a Boondogle for Education ? » *Review of Educational Research*, 42, p. 27 à 45.

CROOK, C.K. (1978) « Taste Perception in the Newborn Infant », *Infant Behavior and Development*, 1, p. 52 à 68.

CUMMINGS, S. et TAEBEL, D. (1980) « Sexual Inequality and the Reproduction of Consciousness : An Analysis of Sex-Role Stereotyping among Children », *Sex Roles*, 6, p. 631 à 644.

CUNNINGHAM, S. (1984) « Cross-Cultural Study of Achievement Calls for Changes in Home », *APA Monitor*, sept., p. 10-11.

CURLESS, R.G. et CORRIGAN, J.J. (1976) « Headache in Classical Hemophilia : The Risk of Diagnostic Procedures », *Child's Brain*, 2, p. 187.

CURTIS, S., FROMKIN, V., RIGLER, D., RIGLER, M. et KRASHEN, S. (1975) An Update on Linguistic Development of Genie, *in* DATO, D. (édit.) *Developmental Psycholinguistics : Theory and Application*, Washington, D.C., Georgetown University Press.

CURTIS, S. (1977) *Genie : A Psycholinguistic Study of a Modern-Day « Wild Child »*, New York, Academic Press.

DAILLY, R. (1983) *Les Déficiences intellectuelles de l'enfant*, Toulouse, Privat.

DAILLY, R. et HENOCQ, A. (1983) Sur le rôle d'une lésion ou d'un dysfonctionnement du cerveau dans la détermination d'un D.I.E., *in* DAILLY, R. (édit.) *Les Déficiences intellectuelles de l'enfant*, Toulouse, Privat.

DALTON, K. (1968) « Ante-Natal Progesterone and Intelligence », *British Journal of Psychiatry*, 144, p. 1377 à 1382.

DANA, J. et MARION, S. (1980) *Donner la vie*, Paris, Seuil.

DANDURAND, R.B. (1988) *Le Mariage en question : essai sociohistorique*, Québec, Institut québécois de recherche sur la culture.

D'ANTHENAISE, M. et SALBREUX, R. (1978) « Prévalence de la déficience mentale profonde chez l'enfant ». Revue de la littérature. Étude comparative », *Neuropsychiatrie de l'enfance et de l'adolescence*, 27, p. 45 à 58.

DARWIN, C. (1871) *The Descent of Man*, New York, W.W. Norton.

DASH, J. (1981) « Rapid Hypno-Behavioral Treatment of a Needle Phobia in a Five-Year-Old Patient », *Journal of Pediatric Psychology*, 6, p. 34.

DAVIDSON, E.S., YASUNA, A. et TOWER, A. (1979) « The Effects of Television Cartoons on Sex-Role Stereotyping in Young Girls », *Child Development*, 50, p. 597 à 600.

DAVIE, R., BUTLER, M. et GOLSTEIN, H. (1972) *From Birth to Seven*, Therefol, Norfolk (England), Lowland Brydon.

DAVIS, S.W., WILLIAMS, J.E. et BEST, D.L. (1983) « Sex-Trait Stereotypes in the Self and Peer Descriptions of Third Grade Children », *Sex Roles* (sous presse).

DECASPER, A.J. et FIFER, W.P. « Of Human Bonding : Newborns Prefer their Mother's Voices », *Science*, p. 1174 à 1176.

DEFLEUR, M.L. (1964) « Occupational Roles as Portrayed on Television », *Public Opinion Quarterly*, 28, p. 57 à 74.

DE LANDSHEERE, G. (1978) *Le Test de closure*, Bruxelles, Labor.

DELOACHE, J.S. (1984) Oh Where, Oh Where : Memory-Based Searching by Very Young Children, *in* SOPHIAN, C. (édit.) *Origins of Cognitive Skills*, Hillsdale (N.J.), Lawrence Erlbaum & Associates.

DEMO, D.H. et ACOCK, A.C. (1988) « The Impact of Divorce on Children », *Journal of Marriage and the Family*, 50, p. 619 à 648.

DE MONTPELLIER, G. (1977) *Qu'est-ce que l'intelligence ?* Bruxelles, Palais des Académies.

DE MONTPELLIER, G. (1979) « La notion d'intelligence », *Bulletin de psychologie*, 32, p. 395 à 399.

DENIS, P. (1985) La pathologie à la période de latence, *in* LEBOVICI, S., DIATKINE, R. et SOULÉ, M. (édit.) *Traité de psychiatrie de l'enfant et de l'adolescent*, vol. 2, Paris, Presses Universitaires de France.

DESCHÊNES, A.-J. (1986) *La Compréhension, la production de textes et le développement de la pensée opératoire*, thèse de doctorat non publiée, Québec, Université Laval.

DESCHÊNES, A.-J. et CLOUTIER, R. (1987 a) « Compréhension de texte et niveau opératoire », *Revue québécoise des sciences de l'éducation*.

DESCHÊNES, A.-J. et CLOUTIER, R. (1987 b) « Production de texte et niveau opératoire », *Revue québécoise des sciences de l'éducation*.

DESCHÊNES, A.-J. (1988) *La Compréhension et la production de textes*, monographies de psychologie, Sillery, Presses de l'Université du Québec.

DESPERT, J.L. (1949) « Dreams in Children of Preschool Age », *Psychoanalytic Study of the Child*, 3(4), p. 141 à 180.

DEUBNER, D.R. (1977) « An Epidemiologic Study of Migraine Headache in 10-20 Years Old », *Headache*, 17, p. 173.

DEVRIES, R. (1969) « Constancy of Generic Identity in the Years Three to Six », *Monographs of the Society for Research in Child Development*, 34, n° de série 127.

DEYONG, M. (1982) *Sexual Victimization of Children*, McFerland, Jefferson, N.C.

DIATKINE, R. (1969) « L'enfant prépsychotique », *Psychiatrie de l'enfant*, 12, p. 413 à 446.

DICK-READ, G. (1944) *Childbirth Without Fear*, New York, Dell Publications.

DIETZ, C.A. et CRAFT, J.L. (1980) « Family Dynamics of Incest : A New Perspective », *Social Casework*, 61, p. 602 à 609.

DODD, B.J. (1972) « Effects of Social and Vocal Stimulation on Infant Babbling », *Developmental Psychology*, 7, p. 80 à 83.

DODSON, F. (1972) *Tout se joue avant six ans*, Paris, Robert Laffont.

DODSON, F. (1987) «*Tout se joue avant six ans*», Paris, Marabout.

DOHRMANN, R.D. (1975) «A Gender Profile of Children's Educational TV», *Journal of Communication*, 25(4), p. 56 à 65.

DOLEYS, D.M. (1979) Assessment and Treatment of Childhood Enuresis, *in* FINCH, A.J. et KENDALL, P.C. (édit.) *Clinical Treatment and Research in Child Psychopathology*, New York, Spectrum.

DORNBUSCH, S.M., RITTER, P.L., LEIDERMAN, P.H., ROBERTS, D.F. et FRALEIGH, M.J. (1987) «The Relation of Parenting Style to Adolescent School Performance», *Child Development*, 58, p. 1244 à 1257.

DORPAT, T.L. (1977) «Depressive Affect», *Psychoanalytic Study of the Child*, 32, p. 3 à 27.

DORVAL, M. et PÉPIN, M. (1986) «Effect of Playing a Video Game on a Measure of Spatial Visualisation», *Perceptual and Motor Skills*, 62, p. 159 à 162.

DROLET, J. et CLOUTIER, R. (1989) *L'Évolution de la garde de l'enfant après la séparation parentale*, communication présentée au Congrès annuel de la Société québécoise de recherche en psychologie (SQRP), Ottawa, oct.

DROZ, R. et RAHMY, M. (1972) *Lire Piaget*, Bruxelles, Dessart.

DUBÉ, R. et ST-JULES, M. (1987) *Protection de l'enfance ; réalité de l'intervention*», Montréal, Gaëtan Morin.

DUBOIS, F. et LABRECQUE, E. (1987) «Les maladies d'amour», *Le Fil des événements*, Québec, Université Laval, nov.

DUBOWITZ, L.M.S., DUBOWITZ, V. et GOLDGERG, C. (1970) «Clinical Assessment of Gestational Age in the Newborn Infant», *Journal of Pediatrics*, 77(1).

DUCRET, J.J. (1984) *Jean Piaget, savant et philosophe : les années de formation 1907-1924. Étude sur la formation des connaissances et du sujet de la connaissance*, Genève, Droz.

DUGAS, M. et MOUREN, M.C. (1980) *Les Troubles de l'humeur chez l'enfant de moins de 13 ans*, Paris, Presses Universitaires de France.

DUKE, P.M., CARLSMITH, J.M., JENNINGS, D., MARTIN, J.A., DORNBUSH, S.M., SIEGEL-GORELICK, B. et GROSS, R.T. (1982) «Educational Correlates of Early Sexual Maturation in Adolescence», *Journal of Pediatrics*, p. 100 à 633.

DUMAS, C. (1985) *Développement de la sensori-motricité et de la permanence de l'objet chez le chat domestique*, thèse de doctorat non publiée, Québec, École de psychologie, Université Laval.

DUMAS, J.E. (1988) La prévention des troubles de la conduite chez l'enfant, *in* DURNING, P. (édit.) *Éducation familiale : panorama des recherches internationales*, Paris, Matrice.

DUNCAN, O.D., SCHUMAN, H. et DUNCAN, B. (1973) *Social Change in a Metropolitan Community*, New York, Russel Sage.

DUVAL, E. (1957) *Family Development*, Philadelphie, Lippincott.

DWECK, C.S. et ELLIOT, E.S. (1983) Achievement Motivation, *in* MUSSEN, P.H. (édit.) *Handbook of Child Psychology*, 4e éd., vol. 4, *Socialization, Personality and Social Development*, p. 643 à 693, New York, Wiley.

DWYER, C.A. (1973) «Sex Differences in Reading : An Evaluation and a Critique of Current Method», *Review of Educational Research*, 43, p. 455 à 461.

DWYER, C.A. (1974) «Influence of Children's Sex-Role Standards on Reading and Arithmetic Achievement», *Journal of Educational Psychology*, 66, p. 614 à 623.

EASTMAN, M.J. et HELLMAN, L.M. (édit.) (1966) *Williams Obstetrics*, 13e éd., New York, Appleton-Century Crofts.

ECCLES, J.S. (1985) Why doesn't Jane Run ? Sex Differences in Educational and Occupational Patterns, *in* HOROWITZ, F.D. et O'BRIEN, M. (édit.) *The Gifted and Talented : Developmental Perspectives*, Washington (D.C.), American Psychological Association, p. 409 à 435.

EDELBROCK, C. et SUGAWARA, A.I. (1978) «Acquisitions of Sex-Typed Preferences in Preschool-Aged Children», *Developmental Psychology*, 14, p. 614 à 623.

EDELSKY, C. (1977) Acquisition of an Aspect of Communicative Competence : Learning what it Means to Talk Like a Lady, *in* ERVIN-TRIPP, S. et MITCHELL-KERNAN, C. (édit.) *Child Discourse*, New York, Academic Press.

EHRHARDT, A.A. et BAKER, S.W. (1974) Fetal Androgens Human Central Nervous System Differentiation and Behavior Sex Differences, *in* FRIEDMAN, R.C., RICHART, R.M. et VANDE WIELE, R.L. (édit.) *Sex Differences in Behavior*, New York, Wiley, p. 33 à 51.

EHRHARDT, A.A. et MEYER-BAHLBURG, H.F.L. (1981) «Effects of Prenatal Sex Hormones on Gender-Related Behavior», *Science*, 211, p. 1312 à 1318.

EHRLICH, S. (1984) Construction des représentations sémantiques : le fonctionnement du sujet, *in* MOSCATO, M. et PIÉRAUT-LE BONNIEC, G. (édit.) *Le Langage, construction et actualisation*, Rouen, Publications de l'Université de Rouen, n° 98.

EIMAS, P.D. (1985) «The Perception of Speech in Early Infancy», *Scientific American*, 252, p. 46 à 52.

EISENBERG-BERG, N., BOOTHBY, R. et MATSON, T. (1979) «Correlates of Preschool Girl's Feminine and Masculine Toy Preferences», *Developmental Psychology*, 15, p. 354-355.

EISENBERG, R.B. (1976) *Auditory Competence in Early Life*, Baltimore, University Park Press.

EKSTRAND, L.H. (1980) « Home Language Teaching for Immigrant Pupils in Sweden », *International Migration Review*, 14, p. 409 à 427.

ELAND, J.M. et ANDERSON, J.E. (1977) The Experience of Pain in Children, *in* JACOX, A. (édit.) *Pain : A Sourcebook for Nurses and other Health Professionals*, Boston, Little, Brown and Company.

ELARDO, R., BRADLEY, R. et CALDWELL, B.M. (1975) « The Relation of Infant's Home Environment to Mental Test Performance from Six to Thirty-Six Months : A Longitudinal Analysis », *Child Development*, 6, p. 71 à 76.

ELARDO, R., BRADLEY, R. et CALDWELL, B.M. (1977) « A Longitudinal Study of the Relation of Infants' Home Environment to Language Development at Age Three », *Child Development*, 48, p. 596 à 603.

ELDER, G.H. Jr, CASPI, A. et DOWNEY, G. (1983) Problem Behavior in Family Relationships : A Multigenerational Analysis, *in* SORENSEN, A., WEINERT, F. et SHERROD, L. (édit.) *Human Development : Interdisciplinary Perspective*, Hillsdale (N.J.), Erlbaum.

ELLIS, H. (1904) *A Study of British Genius*, version révisée en 1926, Boston, Houghton Mifflin.

ELLIS, L. (1982) « Genetic and Criminal Behavior : Evidence Through the End of the 1970's », *Criminology*, 20, p. 43 à 66.

EMDE, R.N. et ROBINSON, J. (1979) The First Two Months : Recent Research in Developmental Psychobiology and the Changing View of the Newborn, *in* NOSHPITZ, J.D. (édit.) *Basic Handbook of Child Psychiatry*, New York, Basic Books.

EMERY, R.E. (1989) « Family Violence », *American Psychologist*, 44, p. 321 à 328.

EMMERICH, W. (1961) « Family Role Concepts of Children Ages Six to Ten », *Child Development*, 32, p. 609 à 624.

EMMERICH, W., GOLDMAN, K.S., KIRSH, B.B. et SHARABANY, R. (1977) « Evidence for a Transitional Phase in the Development of Gender Constancy », *Child Development*, 48, p. 930 à 936.

EMMERICH, W. (1979) *Developmental Trends in Sex-Stereotyped Values*, communication faite au congrès de la Society for Research in Child Development, San Francisco, mars 1979.

EMMERICH, W. (1981) Non-Monotonic Developmental Trends in Social Cognition : The Case of Gender Constancy, *in* STRAUSS, S. (édit.) *U-Shaped Behavioral Growth*, New York, Academic Press.

EMMERICH, W. et SHEPARD, K. (1982) « Development of Sex-Differentiated Preferences during Late Childhood and Adolescence », *Developmental Psychology*, 18, p. 406 à 417.

ERIKSON, E. (1950) *Childhood and Society*, New York, Norton.

ERIKSON, E. (1966) *Enfance et société*, Neuchâtel, Delachaux et Niestlé.

ERIKSON, E. (1968) *Identity : Youth and Crisis*, New York, Norton.

ERIKSON, E. (1980) *Identity and the Life Cycle*, New York, Norton.

ERIKSON, E.H. (1972) *Adolescence et crise : la quête de l'identité*, Paris, Flammarion.

ERIKSON, E.H. (1974) *Enfance et société*, 5e éd., Neuchâtel, Delachaux et Niestlé.

ERLENMEYER-KIMBLING, L. et JARVIK, L.F. (1963) « Genetics and Intelligence », *Science*, 142, p. 1477 à 1479.

ESCALONA, S. (1980) Programmes d'intervention pour les enfants à haut risque psychiatrique : contribution de la psychanalyse des enfants et de la théorie du développement, *in* ANTHONY, J. et KOUPERNIC, C. (édit.) *L'Enfant dans sa famille*, tome 3 : *l'Enfant à haut risque psychiatrique*, Paris, Presses Universitaires de France.

ESTES, W.K. (1980) « Is Human Memory Obsolete ? », *American Scientist*, 68, p. 62 à 69.

ETAUGH, C. et ROSE, S. (1975) « Adolescents' Sex Bias in the Evaluation of Performance », *Developmental Psychology*, 11, p. 663-664.

ETAUGH, C. et ROPP, J. (1976) « Children's Self-Evaluation of Performance as a Function of Sex, Age, Feedback and Sex-Typed Task Label », *The Journal of Psychology*, 94, p. 115 à 122.

ETAUGH, C. et HADLEY, T. (1977) « Causal Attributions of Male and Female Performance by Yound Children », *Psychology of Women Quarterly*, 2, p. 16 à 23.

ETAUGH, C. et RILEY, S. (1979) « Knowledge of Sex Stereotypes in Preschool Children », *Psychological Reports*, 44, p. 1279 à 1282.

EVANS, R.I., ROZELLE, R.M., MAXWELL, S.E., RAINER, B.E., DILL, C.A., GUTHRIE, T.J., HENDERSON, A.H. et HILLS, P.C. (1981) « Social Modeling Films to Deter Smoking in Adolescents ; Results of a Three-Years Field Investigation », *Journal of Applied Psychology*, 66, p. 399 à 414.

FAGAN, J.W. et SINGER, L.T. (1983) Infant Recognition Memory as a Measure of Intelligence, *in* LIPSITT, L.P. (édit.) *Advances in Infancy Research*, vol. 2, Norwood (N.J.), Ablex.

FAGOT, B.I. (1974) « Sex Differences in Toddlers' Behavior and Parental Reaction », *Developmental Psychology*, 10, p. 554 à 558.

FAGOT, B.I. (1978) « The Influence of Sex of Child on Parental Reactions to Toddler Children », *Child Development*, 49, p. 459 à 465.

FAGOT, B.I. (1981) « Stereotypes Versus Behavioral Judgments of Sex Differences in Young Children », *Sex Roles*, 7, p. 1093 à 1096.

FALARDEAU, I. et CLOUTIER, R. (1986) *Programme d'intégration éducative famille — garderie*, Montréal, Office des services de garde à l'enfance du Québec, (Coll. « Diffusion »).

FANTUZZO, J.W. et LINDQUIST, C.U. (1989) « The Effects of Observing Conjugal Violence on Children : A Review and Analysis of Research Methodology », *Journal of Family Violence*, 4, p. 77 à 94.

FANTZ, R.L. (1958) « Patterns of Vision in Young Infants », *Psychological Records*, 8, p. 43 à 67.

FANTZ, R.L. (1961) « The Origin of Form Perception », *Scientific American*, vol. 204, n° 5, mai, p. 66 à 72.

FANTZ, R.L. (1963) « Patterns of Vision in Newborn Infants », *Science*, 140, p. 296-297.

FARRELL, B.A. (1983) The Correlation between Body, Behaviour and Mind, *in* GALE, A. et EDWARDS, J.A. (édit) *Physiological Correlates of Human Behaviour*, vol. 1 : *Basic Issues*, Londres, Academic Press.

FAULKENDER, P.J. (1980) « Categorical Habituation with Sex-Typed Toy Stimuli in Older and Younger Pre-Schoolers », *Child Development*, 51, p. 515 à 519.

FAYOL, M. et MONTEIL, J.-M. (1988) « The Notion of Script : From General to Developmental and Social Psychology », *European Bulletin of Cognitive Psychology*, 8, p. 335 à 361.

FEIN, G., JOHNSON, D., KOSSON, N., STORK, L. et WASSERMAN, L. (1975) « Sex-Stereotypes and Preferences in the Toy Choices of 20-Month-Old Boys and Girls », *Developmental Psychology*, 11, p. 527-528.

FELDHUSEN, J.F. et TREFFINGER, D.J. (1980) *Creative Thinking and Problem Solving in Gifted Education*, Dubuque (Iowa), Kendall-Hunt Pub. Co.

FELDHUSEN, J.F. (1982) *Multi-Source Programming for the Gifted and Talented*, paper presented at the annual convention of the American Psychological Association, Washington (D.C.).

FELDHUSEN, J.F. (1986) A Conception of Giftedness, *in* STERNBERG, R.J. et DAVIDSON, J.E. (édit) *Conceptions of Giftedness*, Cambridge, Cambridge University Press.

FELDMAN, D.H. (1980) *Beyond Universals in Cognitive Development*, Norwood (N.J.), Ablex.

FENNEMA, E. et SHERMAN, J. (1977) « Sex-Related Differences in Mathematics Achievement, Spatial Visualization and Affective Factors », *American Educational Research Journal*, 14, p. 51 à 71.

FERENCZI, S. (1982) « La confusion des langues ; analyses d'enfants avec des adultes », *Psychanalyse, œuvres complètes*, Paris, Payot.

FERGUSON, R. et MACCOBY, E. (1966) « Interpersonal Correlates of Differential Abilities », *Child Development*, 37, p. 549 à 571.

FERLAND, C. (1988) *Effets de la pratique d'un jeu informatisé sur le développement des habiletés visuo-spatiales chez des enfants présentant une dysfonction cérébrale mineure*, thèse de maîtrise inédite, Québec, Université Laval.

FERRARI, P. (1985) L'enfant atteint de maladies mortelles, *in* LEBOVICI, S., DIATKINE, R. et SOULÉ, M. (édit.) *Traité de psychiatrie de l'enfant et de l'adolescent*, tome 2, chap. 68, Paris, Presses Universitaires de France.

FERRILL-ANNIS, L. (1978) *The Child Before Birth*, Ithaca, Cornell University Press.

FEUERSTEIN, R. (1979) *The Dynamic Assessment of Retarded Performers*, Baltimore, University Park Press.

FEUERSTEIN, R. (1980) *Instrumental Enrichment : An Intervention Program for Cognitive Modifiability*, Baltimore, University Park Press.

FIELD, T.M. (1977) « Effects on Early Separation, Interactive Deficits and Experimental Manipulations on Infant—Mother Face-To-Face Interaction », *Child Development*, 48, p. 763 à 771.

FIELD, T.M. (1978) « Interaction Behaviors of Primary Versus Secondary Caretaker Fathers », *Developmental Psychology*, 14, p. 183-184.

FIELD, T.M., WOODSON, R., GREEBERG, R. et COHEN, D. (1982) « Discrimination and Initiation of Facial Expressions by Neonate », *Science*, 218, p. 179 à 181.

FIJALKOW, J. (1986) *Mauvais Lecteurs, pourquoi ?*, Paris, Presses Universitaires de France.

FILLMER, H.T. et HASWELL, L. (1977) « Sex-Role Stereotyping in English Usage », *Sex Roles*, 3, p. 257 à 263.

FINCH, A.J. et KENDALL, P.C. (1979) *Clinical Treatment and Research in Child Psychopathology*, New York, Spectrum.

FINKELHOR, D. (1979) *Sexually Victimized Children*, New York, Free Press.

FINKELHOR, D. (1980a) « Risk Factors in the Sexual Victimization of Children », *Child Abuse and Neglect*, 4, p. 265 à 273.

FINKELHOR, D. (1980b) « Sex among Siblings : A Survey on Prevalence, Variety and Effects », *Archives of Sexual Behavior*, 9, p. 171 à 194.

FINKELHOR, D. (1984) *Child Sexual Abuse : New Theory and Research*, New York, Free Press.

FINKELHOR, D. et REDFIELD, D. (1984) How the Public Defines Sexual Abuse ?, *in* FINKELHOR, D. (édit.) *Child Sexual Abuse : New Theory and Research*, New York, Free Press.

FINKELHOR, D. et BROWNE, A. (1985) « The Traumatic Impact of Child Sexual Abuse », *American Journal of Orthopsychiatry*, 55, p. 530 à 541.

FINKELHOR, D. (1986) *A Sourcebook on Child Sexual Abuse*, Beverly Hills, Sage.

FISCHER, C., BYRNE, J., EWARDS, A. et KAHN, E. (1970) « A Psychophysiological Study of Nightmares », *Journal of American Psychoanalytic Association*, 8(4), p. 747 à 782.

FISHER, C., KAHN, E., EDWARDS, A. et DAVIS, D.M. (1973) « A Psychophysiological Study of Nightmares and Night Terrors », *Journal of Nervous Mental Association*, 157, p. 75 à 98.

FISHER, K.W. (1980) « A Theory of Cognitive Development : The Control and Construction of Hierarchies of Skills », *Psychological Review*, 87(6), p. 477 à 531.

FISKE, S.T. et TAYLOR, S.E. (1984) *Social Cognition*, New York, Random House.

FLAVELL, J.H. (1963) *The Developmental Psychology of Jean Piaget*, New York, Van Nostrand, 1963.

FLAVELL, J.H. (1974) The Development of Inferences about Others, *in* MISHEK, T. (édit.) *Understanding other Persons*, Oxford, England, Blackwell, Basil and Mott.

FLAVELL, J.H., SHIPSTEAD, S.G. et CROFT, K. (1980) « What Young Children Think you See when their Eyes are Closed », *Cognition*, 8, p. 369 à 387.

FLAVELL, J.H. (1985) *Cognitive Development*, 2e éd., Englewood Cliffs (N.J.), Prentice-Hall.

FLERX, V.C., FIDLER, D.S. et ROGERS, R.W. (1976) « Sex-Role Stereotypes : Developmental Aspects and Early Intervention », *Child Development*, 47, p. 998 à 1007.

FOLIOT, C. (1985) L'asthme de l'enfant, *in* LEBOVICI, S., DIATKINE, R. et SOULÉ, M. (édit.) *Traité de psychiatrie de l'enfant et de l'adolescent*, vol. 2, Paris, Presses Universitaires de France.

FORDYCE, W. (1976) *Behavioral Methods for Chronic Pain and Illness*, Mosby, Saint-Louis.

FOREYT, J.P. et RATHJEN, D.P. (1978) *Cognitive Behavior Therapy*, New York, Plenum Press.

FOSS, B. (1969) *Determinants of Infant Behavior*, vol. 4, New York, Wiley.

FOULKES, D. (1967) « Dreams of the Male Child, Four Cases Studies », *Journal of Child Psychology and Child Psychiatry*, 8, p. 81 à 97.

FRAIBERG, S. (1969) « Libidinal Object Constancy and Mental Representation », *in Psychoanalytic Study of the Child*, vol. 24, New York, International Universities Press.

FRANZINI, L.R., LITROWNIK, A.J. et BLANCHARD, F.H. (1978) « Modeling of Sex-Typed Behaviors : Effects on Boys and Girls », *Developmental Psychology*, 14, p. 313-314.

FRANZWA, H. (1978) The Image of Women in Television : An Annotated Bibliography, *in* TUCHMAN, G., DANIELS, A.K. et BENET, J. (édit.) *Hearth and Home : Images of Women in the Mass Media*, New York, Oxford University Press.

FRÉCHETTE, M. et LEBLANC, M. (1987) *Délinquance et délinquants*, Chicoutimi, Gaëtan Morin.

FREEDMAN, D.A. (1975) « The Battering Parent and his Child : A Study in Early Object Relations », *International Review of Psychoanalysis*, 2, p. 189 à 198.

FRENCH, V. (1977) History of the Child's Influence : Ancient Mediteranean Civilizations, *in* BELL, R.Q. et HARPER, L.V. *Child Effects on Adults*, Hillsdale (N.J.), Erlbaum.

FREUD, A. (1946) *The Psychoanalytic Treatment of Children*, London, Imago.

FREUD, A. (1965) *Le Normal et le pathologique chez l'enfant*, Paris, Gallimard.

FREUD, A. et BURLINGHAM, D. (1973) Infants without Families : Reports on the Hampstead Nurseries, *in* FREUD, A. *The Writings of Anna Freud*, vol. 3, New York, International Universities Press, p. 543 à 564.

FREUD, A. (1976) *L'Enfant dans la psychanalyse*, Paris, Bibliothèque connaissance de l'inconscient, Gallimard.

FREUD, A. (1976) *Les Enfants malades*, Paris, Privat.

FREUD, S. (1905) *Trois Essais sur la théorie de la sexualité* Paris, 1945, Gallimard, (Coll. « Idées »).

FREUD, S. (1905) *Trois Essais sur la théorie de la sexualité*, Paris, Gallimard, 1964.

FREUD, S. (1908) « Les théories sexuelles infantiles », *La Vie sexuelle*, Paris, 1969, Presses universitaires de France, (Coll. « Bibliothèque de psychanalyse »).

FREUD, S. (1914) *Totem et tabou*, Paris, Payot, 1925.

FREUD, S. (1915) «Deuil et mélancolie », *Métapsychologie*, Paris, Gallimard, (Coll. « Idées »).

FREUD, S. (1917) « La féminité », *Nouvelles Conférences sur la psychanalyse*, cinquième conférence (1971), Paris, Gallimard.

FREUD, S. (1925) « Quelques conséquences psychiques de la différence anatomique entre les sexes », *La Vie sexuelle* (1977), Paris, Presses Universitaires de France.

FREUD, S. (1931) « Sur la sexualité féminine », *La Vie sexuelle* (1977), Paris, Presses Universitaires de France.

FREUD, S. (1938) *Moïse et le ménothéisme*, Paris, Gallimard, 1948, (Coll. « Idées »).

FREUD, S. (1963) « Au-delà du principe de plaisir », *Essais de psychanalyse*, Paris, Payot.

FREUD, S. (1968) « Pulsions et destin des pulsions », *Métapsychologie*, Paris, Gallimard.

FREUD, S. (1969) *La Vie sexuelle*, Paris, Presses Universitaires de France, (Coll. « Bibliothèque de psychanalyse »).

FREY, K.S. et RUBLE, D.N. (1981) *Concepts of Gender Constancy as Mediators of Behavior*, communication présentée au congrès de la Society for Research in Child Development, Boston, avr. 1981.

FRIAS, J.L. (1975) « Prenatal Diagnosis of Genetic Abnormalities », *Clinical Obstetrics and Gynecology*, 18, p. 221 à 236.

FRIEDRICH-COFER, L.K., TUCKER, C.J., NORRIS-BAKER, C., FARNSWORTH, J.B., FISHER, D.P., HANNINGTON, C.M. et HOXIE, K. (1978) *Perceptions by Adolescents of Television Heroines*, communication présentée au congrès de la Southwestern Psychological Association, New Orleans, avr. 1978.

FRIEDRICH-COFER, L.K., HUSTON-STEIN, A., KIPNIS, D.M., SUSMAN, E.J. et CLEWETT, A.S. (1979) « Environmental Enhancement of Prosocial Television Content : Effects on Interpersonal Behavior, Imaginative Play and Self-Regulation in a Natural Setting », *Developmental Psychology*, 15, p. 637 à 646.

FRISCH, H.L. (1977) « Sex Stereotypes in Adult-Infant Play », *Child Development*, 48, p. 1671 à 1675.

FRITZ, G.S., STOLL, K. et WAGNER, N.N. (1981) « A Comparison of Males and Females Who Were Sexually Molested as Children », *Journal of Sex and Marital Therapy*, 7, p. 54 à 59.

FRODI, A.M. et LAMB, M.E. (1978) « Sex Differences in Responsiveness to Infants : A Developmental Study of Psychophysiological and Behavioral Responses », *Child Development*, 49, p. 1182 à 1188.

FRODI, A.M., LAMB, M.E., LEAVITT, L.A. et DONOVAN, W.L. (1978) « Fathers' and Mothers' Responses to Infant Smiles and Cries », *Infant Behavior and Development*, 1, p. 187 à 198.

FRODI, A.M., LAMB, M.E., LEAVITT, L.A., DONOVAN, W.L., NEFF, C. et SHERRY, D. (1978) « Fathers' and Mothers' Responses to the Face and Cries of Normal and Premature Infants », *Developmental Psychology*, 14, p. 490 à 498.

FROMM, E. (1975) *La Passion de détruire*, Paris, Robert Laffont.

FROMM, G.M. et SMITH, B.L. (1989) *Clinical Applications of Winnicott's Theory*, Madison (Conn.), International Universities Press, Inc.

FROMUTH, M.E. (1986) « The Relationship of Childhood Sexual Abuse with Later Psychological and Sexual Adjustment in a Sample of College Women », *Child Abuse and Neglect*, 10, p. 5 à 15.

FRUEH, T. et McGHEE, P.E. (1975) « Traditional Sex-Role Development and Amount of Time Spent Watching Television », *Developmental Psychology*, 11, p. 109-110.

FRYREAR, J.L. et THELEN, M.H. (1969) « Effects of Sex of Model and Sex of Observer on the Imitation of Affectionate Behavior », *Developmental Psychology*, 1, p. 298.

FURMAN, W. et MASTERS, J.C. (1980) « Affective Consequences of Social Reinforcement, Punishment and Neutral Behavior », *Developmental Psychology*, 16, p. 100 à 104.

FURNISS, T. (1983) « Mutual Influence and Interlocking Professional-Family Process in the Treatment of Child Sexual Abuse and Neglect », *Child Abuse and Neglect*, 7, p. 207 à 223.

FURSTENBERG, F.F. Jr (1988) Remarriage and Stepparenting, *in* HETHERINGTON, E.M. et ARASTEH, J.D. (édit.) *Impact of Divorce, Single Parenting and Stepparenting on Children*, Hillsdale (N.J.), Erlbaum.

GABARINO, J. et coll. (1982) *Children and Families in the Social Environment*, New York, Aldine.

GABER, M. (1981) Malnutrition During Pregnancy and Lactation, *in* BOUME, G.H. (édit.) *World Review of Nutrition and Dietetics*, vol. 36, Basel, Karger.

GAGNÉ, F. (1983) « Douance et talent : deux concepts à ne pas confondre », *Apprentissage et socialisation*, 6, p. 146 à 159.

GAGNON, C. (1989) « Comportements agressifs dès le début de la fréquentation scolaire », *Apprentissage et socialisation*, 12, p. 9 à 18.

GALENSON, E. (1971) A Consideration of the Nature of Thought in Childhood Play, *in* McDEVITT, J.B. et SETTLAGE, C.F. (édit.) *Separation-Individuation*, New York, International Universities Press.

GALENSON, E. *et al.* (1975) « Disturbance and Sexual Identity Beginning at Eighteen Months of Age », *International Review of Psychoanalysis*, 2, p. 389 à 397.

GALENSON, E. et ROIPHE, H. (1976) « Some Suggested Revisions Concerning Early Female Development », *Journal of the American Psychoanalytic Association*, 24, p. 29 à 57.

GALLAGHER, J.J. et CROWDER, T. (1957) « The Adjustment of Gifted Children in the Regular Classroom », *Exceptional Children*, 23, p. 306 à 307 et 317 à 319.

GALLAGHER, T.M. (1981) « Contingent Query Sequences within Adult-Child Discourse », *Journal of Child Language*, 8. p. 51 à 62.

GALLUP, G.G. (1977) « Self-Recognition in Primates : A Comparative Approach to the Bidirectional Properties of Consciousness », *American Psychologist*, 32, p. 329 à 338.

GALTON, F. (1869) *Hereditary Genius : An Inquiry into its Laws and Consequences*, Londres, MacMillan.

GALTON, F. (1883) *Inquiry into Human Acuity and its Development*, Londres, MacMillan.

GARANT, L. (1980) *Revue des études sur la prévalence de la déficience mentale grave*, Service des synthèses de recherche, Direction de l'adaptation scolaire et des services complémentaires, ministère de l'Éducation du Québec, Québec.

GARDNER, G.G. et OLNESS, K. (1981) *Hypnosis and Hypnotherapy with Children*, New York, Grune and Stratton.

GARRETT, C.S., EIN, P.L. et TREMAINE, L. (1977) « The Development of Gender Stereotyping of Adult Occupations in Elementary School Children », *Child Development*, 48, p. 507 à 512.

GENTNER, D. (1982) Why Nouns are Learned before Verbs : Linguistic Relativity versus Natural Partitioning, *in* KUCZAJ II, S.A. (édit.) *Language Development, Language, Thought and Culture*, vol. 2, Hillsdale (N.J.), Erlbaum.

GERBNER, G. (1972) Violence in Television Drama : Trends and Symbolic Functions, *in* COMSTOCK, G.A. et RUBINSTEIN, E.A. (édit.) *Television and Social Behavior. Media Content and Control*, vol. 1, Washington, Government Printing Office, p. 28 à 187.

GERBNER, G., GROSS, L., MORGAN, M. et SIGNORIELLI, N. (1980) « The Mainstreaming of America », *Journal of Communication*, 30, p. 12 à 29.

GESELL, A. et THOMPSON, H. (1929) « Learning and Growth in Identical Infant Twins : An Experimental Study by the Method of Co-Twin Control », *Genetic Psychology Monographs*, 6, p. 1 à 125.

GESELL, A. (1940) *The First Five Years of Life : A Guide to the Study of the Preschool Child*, New York, Harper & Brothers.

GESELL, A. et ILG, F.L. (1949) *Child Development : An Introduction to the Study of Human Growth*, New York, Harper & Row.

GESELL, A. (1980) *Le Jeune Enfant dans la civilisation moderne*, Paris, Presses Universitaires de France.

GETZELS, J.W. et JACKSON, P.W. (1962) *Creativity and Intelligence : Explorations with Gifted Students*, New York, Wiley.

GIARETTO, H. (1982) *Integrated Treatment of Child Sexual Abuse : A Treatment and Training Manual*, Science and Behavior Books, Palo Alto.

GIBSON, E.J. et WALK, R.D. (1960) « The Visual Cliff », *Scientific American*, 202, p. 80 à 92.

GIBSON, E.J. et SPELKE, E.S. (1983) The Development of Perception, *in* FLAVELL, J.H. et MARKMAN, E.M. (édit.) *Handbook of Child Psychology : Cognitive Development*, vol. 3, New York, Wiley (P.H. Mussen, General Editor).

GIL, D.G. (1970) *Violence against Children*, Cambridge, Harvard University Press.

GLAROS, A.G. et RAO, S.M. (1977) « Bruxism : A Critical Review », *Psychological Bulletin*, 84, p. 767 à 781.

GLICK, P.C. et LIN, S. (1987) « Remarriage after Divorce : Recent Changes and Demographic Variations », *Sociological Perspectives*, 30, p. 162 à 179.

GOFFMAN, E. (1979) *Gender Advertisements*, New York, Harper & Row.

GOLD, A.R. et ST ANGE, M.C. (1974) « Development of Sex-Role Stereotypes in Black and White Elementary School Girls », *Developmental Psychology*, 10, p. 461-462.

GOLD, A.R. et ANDRES, D. (1978) « Developmental Comparison between Ten-Year-Old Children with Employed and Non-employed Mothers », *Child Development*, 49, p. 75 à 84.

GOLDBERG, S. et LEWIS, M. (1969) « Play Behavior in the Year-Old Infant : Early Sex Differences », *Child Development*, 40, p. 21 à 32.

GOLDBERG, S. et DIVITTO, B. (1983) *Born Too Soon*, San Francisco, Freeman.

GOLDSTEIN, J., FREUD, A. et SOLNIT, A.J. (1978) *Dans l'intérêt de l'enfant*, Paris, Éditions sociales françaises.

GOODWIN, J., MCCARTHY, T. et DIVASTO, P. (1981) « Prior Incest in Mothers of Abused Children », *Child Abuse and Neglect*, 5, p. 87 à 95.

GORDON, S. (1973) *The Sexual Adolescent*, Belmont (Calif.), Wadsworth.

GORDON, T. (1975) *Parent Effectiveness Training*, New York, Plume.

GORDON, T. (1978) *Parent-Efficacy Training in Action*, New York, Bantam Books.

GOTTESMAN, I.I. et SCHIELDS, J. (1982) *Schizophrenia, the Epigenesis Puzzle*, Cambridge (Mass.), Cambridge University Press.

GOTTMAN, J.M. (1983) *How Children Become Friends*, monographs of the Society for Research in Child Development, 48, (série n° 201).

GOULD, S.J. (1979) « Mickey Mouse Meets Konrad Lorenz », *Natural History*, mai, p. 30 à 36.

GRAHAM, P. (1986) *Child Psychiatry : A Developmental Approach*, Oxford, Oxford University Press.

GRAZIANO, A.M., DeGIOVANNI, I.S. et GARCIA, K.A. (1979) « Behavioral Treatment of Children's Fears : A Review », *Psychological Bulletin*, 86, p. 804 à 830.

GREEN, A. (1976) « One-Hundred Ten Feminine and Masculine Boys : Behavioral Contrast and Demographic Similarities », *Archives of Sexual Behavior*, 5, p. 425 à 446.

GREEN, M. (1983a) Headache, *in* LEVINE, M.D., CAREY, W.B., CROKER, A.D. et GROSS, R.T. (édit.) *Development Behavioral Pediatrics*, Philadelphia, Saunders.

GREEN, M. (1983b) Sources in Pain, *in* LEVINE, M.D., CAREY, W.B., CROKER, A.D. et GROSS, R.T. (édit.) *Development Behavioral Pediatrics*, Philadelphia, Saunders.

GREENBERG, J.S. (1977) « A Study of Behavior Modification Applied to Dental Health », *Journal of School Health*, 47, p. 594 à 596.

GREENE, N.B. (1977) « A View of Family Pathology Involving Child Molest-Form a Juvenile Probation Perspective », *Juvenile Justice*, 13, p. 29 à 34.

GREENOUGH, W.T., BLACK, J.E. et WALLACE, C.S. (1987) « Experience and Brain Development », *Child Development*, 58, p. 539 à 559.

GREER, L.D. (1980) *Children's Comprehension of Formal Features with Masculine and Feminine Connotations*, thèse de maîtrise non publiée, Department of Human Development, University of Kansas.

GREER, L.D., HUSTON, A.C., WRIGHT, J.C., WELCH, R. et ROSS, R. (1981) *Children's Comprehension of Television Forms with Masculine and Feminine Connotations*, communication présentée au congrès de la Society for Research in Child Development, Boston, avr. 1981.

GRESHAM, F.M. (1982) « Misguided Mainstreaming : The Case for Social Skills Training with Handicapped Children », *Exceptional Children*, 48, p. 422 à 433.

GRIMM, E.R. (1967) Psychological and Social Factors in Pregnancy, Delivery and Outcome, *in* RICHARDSON, S.A. et GUTTMACHER, A.F. (édit.) *Childbearing, its Social and Psychological Aspects*, Baltimore, The Williams & Wilkins, Co., p. 1 à 52.

GRIMM, E.R. (1967) Psychological and Social Factors in Pregnancy, Delivery and Outcome, *in* RICHARDSON, S.A. et GRINDER, R.E. (1967) *A History of Genetic Psychology*, New York, Wiley.

GRIMM, E.R. (1967) Psychological and Social Factors in Pregnancy, Delivery and Outcome, *in* RICHARDSON, S.A., GROFF, M.G. et HUBBLE, L.M. (1984) « A Comparison of Father-Daughter and Stepfather-Stepdaughter Incest », *Criminal Justice and Behavior*, 11, p. 461 à 475.

GRINDER, R.E. (1967) *A History of Genetic Psychology*, New York, Wiley.

GROSS, L. et JEFFRIES-FOX, S. (1978) What do You Want to Be when You Grow up, Little Girl ?, *in* TUCHMAN, G., KANIELS, A.K. et BENET, J. (édit.) *Hearth and Home : Images of Women in the Mass Media*, New York, Oxford University Press, p. 240 à 265.

GROSSMAN, H. (1983) (édit.) *Manual on Terminology and Classification in Mental Retardation*, Washington (D.C.), American Association on Mental Deficiency.

GROTBERG, E. (édit.) (1969) *Critical Issues in Research Related to Disadvantaged Children*, Princeton (N.J.), Educational Testing Service.

GRUSEC, J.E. et BRINKER, D.B. Jr. (1972) « Reinforcement for Imitations as a Social Learning Determinant with Implications for Sex-Role Development », *Journal of Personality and Social Psychology*, 21, p. 149 à 158.

GUERNEY, L. et JORDAN, J. (1979) « Children of Divorce, a Community Support Group », *Journal of Divorce*, 2, p. 283 à 294.

GUILFORD, J.P. (1954) *A Factor Analytic Study across Domains of Reasoning, Creativity and Evaluation*, Vol. I : *Hypothesis and Description of Tests*, reports from the Psychology Laboratory, Los Angeles, University of Southern California Press.

GUILFORD, J.P. (1956) « The Structure of Intellect », *Psychological Bulletin*, 53, p. 267 à 293.

GUILFORD, J.P. (1957) « Creative Abilities in the Arts », *Psychological Review*, 64, p. 110 à 118.

GUILFORD, J.P. (1959) *Personality*, New York, McGraw-Hill.

GUILFORD, J.P. (1959) Traits of Creativity, *in* ANDERSON, H.H. (édit.) *Creativity and its Cultivation*, New York, Harper, p. 142 à 161.

GUILFORD, J.P. (1967) *The Nature of Human Intelligence*, New York, McGraw-Hill.

GUNNAR, M., MALONE, S. et FISH, R. (1985) The Psychobiology of Stress and Coping in the Human Neonate : Studies of Adrenocortical Activity in Response to Stress in the First Week of Life, *in* FIELDS, T., McCABE, P. et SCHNEIDERMAN, N. (édit.) *Stress and Coping*, vol. 1, Hillsdale (N.J.), Erlbaum.

GUPTA, R.J. et COX, S.M. (1988) « A Typology of Incest and Possible Intervention Strategies », *Journal of Family Violence*, 3, p. 299 à 313.

GURWITZ, S.B. et DODGE. K.A. (1975) « Adults' Evaluations of a Child as a Function of Sex of Adult and Sex of Child », *Journal of Personality and Social Psychology*, 32, p. 822 à 828.

GUTTMACHER, A.F. (édit.) *Childbearing, its Social and Psychological Aspects*, Baltimore, The Williams & Wilkins, Co., p. 1 à 52.

HALL, J.A. et HALBERSTADT, A.G. (1980) « Masculinity and Femininity in Children : Development of the Children's Personal Attributes Questionnaire », *Developmental Psychology*, 16, p. 270 à 280.

HALLAHAN, D.P. et REEVE, R.E. (1980) Selective Attention and Distractability, *in* KEOGH, B.K. (édit.) *Advances in Special Education*, vol. 1, Greenwich (Conn.), JAI Press.

HALLAHAN, D.P. et BRYAN, T.H. (1981) Learning Disabilities, *in* KAUFFMAN, J.M. et HALLAHAN, D.P. (édit.) *Handbook of Special Education*, Englewood Cliffs (N.J.), Prentice-Hall.

HAMERS, J.F. et BLANC, M. (1983) *Bilingualité et bilinguisme*, Bruxelles, Mardaga.

HAMIL, P., DRIZD, T.A., JOHNSON, C.L., REED, R.B. et ROCHE, A.F. (1976) « NCHS Growth Charts », *Monthly Vital Statistics Report*, 25 (supplément HRA), p. 76 à 112.

HANSON, J.W., STREISSGUTH, A.G. et SMITH, D.W. (1978) « The Effect of Moderate Alcohol Consumption During Pregnancy on Fetal Growth and Morphogenesis », *Journal of Pediatrics*, 92, p. 457 à 460.

HANSON, J.W. (1983) Teratogenic Agents, *in* EMERY, A.E.H. et RIMOIN, D.L. (édit.) *Principles and Practice of Medical Genetics*, New York, Churchill Livingstone, chap. 12, p. 127 à 151.

HARLOW, H.F. (1969) Age-Mate or Peer Affectional System, *in* LEHRMAN, D.S., HINDE, R.A. et SHAW, E. (édit.) *Advances in the Study of Behavior*, vol. 2, New York, Academic Press.

HARRINGTON, D.M., BLOCK, J. et BLOCK, J.H. (1983) « Predicting Creativity in Preadolescence from Divergent Thinking in Early Childhood », *Journal of Personality and Social Psychology*, 45, p. 609 à 623.

HARRIS, L.J. (1978) Sex Differences in Spatial Ability : Possible Environmental, Genetic and Neurological Factors, *in* KINSBOURNE, M. (édit.) *Asymmetrical Functions of the Brain*, Cambridge, Cambridge University Press.

HARRIS, J.R. et LIEBERT, R.M. (1987) *The Child, Development from Birth through Adolescence*, Englewood Cliffs (N.J.), Prentice-Hall.

HARRIS, P.A. (1981) *Health United States 1981 : With Prevention Profile*, Department of Health and Human Services Publication n° (PHS) 81-1232, U.S. Government Printing Office, Washington D.C.

HARRIS, P.L., OLTHOF, T. et MEERUM TERWOGT, M. (1981) « Children's Knowledge of Emotion », *Journal of Child Psychology and Psychiatry*, 22, p. 247 à 261.

HARTER, S. (1983) Developmental Perspectives on the Self-System, *in* MUSSEN, P.H. (édit.) *Handbook of Child Psychology*, 4e éd., vol. IV, New York, Wiley, p. 275 à 386.

HARTMANN, H. (1952) « The Mutual Influences in the Development of Ego and Id », *The Psychoanalytic Study of the Child*, vol. 8, New York, International Universities Press.

HARTMANN, H. (1958) *Ego Psychology and the Problem of Adaptation*, New York, International Universities Press.

HARTMANN, H. (1964) *Essays on Ego Psychology : Selected Problems in Psychoanalytic Theory*, New York, International Universities Press.

HARTUP, W.W. et ZOOK, E.A. (1960) « Sex-Role Preferences in Three- and Four-Year-Old Children », *Journal of Consulting Psychology*, 24, p. 420 à 426.

HARTUP, W.W., MOORE, S.G. et SAGER, G. (1963) « Avoidance of Inappropriate Sex-Typing by Young Children », *Journal of Consulting Psychology*, 27, p. 467 à 473.

HARTUP, W.W. (1970) Peer Interaction and Social Organization, *in* MUSSEN, P.H. (édit.) *Carmichael's Manual of Child Psychology*, vol. 2, 3e éd., New York, Wiley, p. 361 à 458.

HARTUP, W.W. (1980) Children and their Friends, *in* McGURK, H. (édit.) *Child Social Development*, London, Methuen.

HARTUP, W.W. (1983) Peer Relations, *in* MUSSEN, P.H. (édit.) *Handbook of Child Psychology*, vol. IV : *Socialization, Personality and Social Development*, New York, Wiley, p. 103-197.

HASKINS, R. (1985) « Public School Aggression among Children with Varying Day-Care Experience », *Child Development*, 56, p. 689 à 703.

HAUGAARD, J.J. et DICKON REPPUCI, N. *Child Sexual Abuse : A Review of the Research for the Clinician*, Available from the Virginia Treatment Center for Children, Box 1-L, Richmond, Va. 23201.

HAUGAARD, J.J. (1987) *The Consequences of Child Sexual Abuse : A College Survey*, Unpublished manuscript, Department of Psychology, University of Virginia, Charlottesville.

HAUGAARD, J.J. et DICKON REPPUCI, N. (1988) *The Sexual Abuse of Children*, San Francisco, Jossey-Bass.

HAUGH, S.S., HOFFMAN, C.D. et COWAN, G. (1980) « The Eye of the Very Young Beholder : Sex Typing of Infants by Young Children », *Child Development*, 51, p. 598 à 600.

HAVENDER, W.R. (1987) Educational and Social Implications, *in* MODGIL, S. et MODGIL, C. *Arthur Jensen, Consensus and Controversy*, New York, Falmer Press.

HAWKINS, R.P. et PINGREE, S. (1978) « A Developmental Exploration of the Fear of Success Phenomenon as Cultural Stereotype », *Sex Roles*, 4, p. 539 à 547.

HEATHERS, G. (1955) « Emotional Dependence and Independence in Nursery School Play », *Journal of Genetic Psychology*, 87, p. 37 à 57.

HEBB, D.O. (1949) *The Organization of Behavior*, New York, Wiley.

HEBB, D.O. (1971) *Communication personnelle*, Département de psychologie, Université McGill.

HEBB, D.O. (1980) *Essay on Mind*, Hillsdale (N.J.), Erlbaum.

HEBB, D.O. (1982) Elaboration of Hebb's Cell Assembly Theory, *in* ORBACH, O.J. (édit.) *Neuropsychology after Lashley*, Hillsdale (N.J.), Lawrence Erlbaum.

HELD, R. et BOSSOM, J. (1961) « Neonatal Deprivation and Adult Rearrangement : Complementary Techniques for Analysing Plastic Sensory-Motor Coordinations », *Journal of Comparative and Physiological Psychology*, 54, p. 33 à 37.

HELD R. et HEIN, A. (1961) « Movement Produced Stimulation in the Development of Visually-Guided Behavior », *Journal of Comparative and Physiological Psychology*, 54, p. 33 à 37.

HELD, R. et HEIN, A. (1963) « Movement-Produced Stimulation in the Development of Visually Guided Behavior », *Journal of Comparative and Physiological Psychology*, 56, p. 872 à 876.

HELLMUTH, J. (1971) *Exceptional Infant : Studies in Abnormalities*, New York, Brunner—Mazel.

HELMREICH, R.L., SPENCE, J.T. et HOLAHAN, C.K. (1979) « Psychological Androgyny and Sex-Role Flexibility : A Test of Two Hypotheses », *Journal of Personality and Social Psychology*, 37, p. 1631 à 1644.

HELMREICH, R.L., SPENCE, J.T. et WILHELM, J.A. (1981) « A Psychometric Analysis of the Personal Attributes Questionnaire », *Sex Roles*, 7, p. 1097 à 1108.

HERMAN, J. (1981) *Father-Daughter Incest*, Cambridge, Harvard University Press.

HERMAN, J. (1983) « Recognition and Treatment in Incestuous Families », *International Journal of Family Therapy*, 5, p. 81 à 91.

HERRENKOHL, E.C., HERRENKOHL, R.C. et TOEDTER, L.J. (1983) Perspective in Intergenerational Transmission of Abuse, *in* FINKELHOR, D., GELLES, R.J., HOTALING, G.T. et STRAUSS, M.A. (édit.) *The Dark Side of Families : Current Family Violence Research*, Beverly Hills (Calif.), Sage.

HERSEN, M. (1972) « Nightmares Behavior », *Psychological Bulletin*, 78, p. 37 à 48.

HERSEN, M., EISLER, R.M. et MILLER, P.M. (1983) *Progress in Behavior Modification*, New York, Academic Press.

HETHERINGTON, E.M. (1965) « A Developmental Study of the Effects of Sex of the Dominant Parent on Sex-Role Preference, Identification and Imitation in Children », *Journal of Personality and Social Psychology*, 4, p. 87 à 91.

HETHERINGTON, E.M. et CAMARA, K.A. (1984) Families in Transition : The Process of Dissolution and Reconstitution, *in* PARKE, R.D. (édit.) *Review of Child Development and Research*, vol. 7 : *The Family*, Chicago, University of Chicago Press.

HETHERINGTON, E.M., COX, M. et COX, R. (1985) « Long-Term Effects of Divorce and Remarriage on the Adjustment of Children », *Journal of the American Academy of Child Psychiatry*, 24, p. 518 à 530.

HETHERINGTON, E.M. et PARKE, R.D. (1986) *Child Psychology : A Contemporary Viewpoint*, 3e éd., New York, McGraw-Hill.

HETHERINGTON, E.M., STANLEY-HAGAN, M. et ANDERSON, E.R. (1989) « Marital Transitions : A Child's Perspective », *American Psychologist*, 44, p. 303 à 312.

HILDRETH, G. (1966) *Introduction to the Gifted*, New York, McGraw-Hill.

HILL, C.E., HUBBS, M.S. et VERBLE, C. (1974) « A Developmental Analysis of the Sex-Role Identification of School-Related Objects », *Journal of Educational Research*, 67, p. 205-206.

HILL, R. (1964) « Methodological Issues in Family Development Research », *Family Process*, 3, p. 186 à 206.

HILL, R. et RODGERS, R. (1964) The Developmental Approach, *in* CHRISTENSEN, H.T. (édit.) *Handbook of Marriage and the Family*, Chicago, Rand McNally.

HIRSCH, H.V. et SPINELLI, D.N. (1970) « Visual Experience Modifies Distribution of Horizontally and Vertically Oriented Receptive Fields in Cats », *Science*, 168, p. 871-879.

HOFF-GINSBERG, E. (1985) « Relations between Discourse Properties of Mother's Speech and their Children's Syntactic Growth », *Journal of Child Language*, 12, p. 367 à 385.

HOFF-GINSBERG, E. (1986) « Function and Structure in Maternal Speech : Their Relation to the Child's Development of Syntaxe », *Developmental Psychology*, 22, p. 155 à 163.

HOFFMAN, L.W. (1979) « Maternal Employment : 1979 », *American Psychologist*, 34 (10), p. 859 à 865.

HOFFMAN, M.L. (1981) Perspectives on the Difference between Understanding People and Understanding Things. The Role of Affect, *in* FLAVELL, J.H. et ROSS, L. (édit.) *Social Cognitive Development : Frontiers and Possible Futures*, New York, Cambridge University Press.

HOFFMAN, M.L. (1988) Moral Development, *in* BORNSTEIN, M.H. et LAMB, M.E. (édit.) *Developmental Psychology : An Advanced Textbook*, 2e éd., Hillsdale (N.J.), Erlbaum.

HOLLENBECK, A.R., GERWITZ, J.L., SEBRIS, S.L. et SCANLON, J.W. (1984) « Labor and Delivery Medication Influences Parent - Infant Interaction in the First Post-Partum Month », *Infant Behavior and Development*, 7, p. 201 à 209.

HOLLINGWORTH, L.M. (1942) *Children above 180 I.Q. Yonkers-on-Hudson*, New York, World Book.

HOLMBERG, M.C. (1980) « The Development of Social Interchange Patterns from 12 to 42 Months », *Child Development*, 51, p. 448 à 456.

HONZIK, M.P. (1983) Measuring Mental Abilities in Infancy : The Value and Limitations, *in* LEWIS, M. (édit.) *Origins of Intelligence in Infancy and Early Childhood*, New York, Plenum.

HOORWITZ, A.N. (1983) « Guidelines for Treating Father-Daughter Incest », *Social Casework*, 64, p. 515 à 524.

HORNEY, K. (1932) The Dread of Women, *International Journal of Psychoanalysis*, 13, p. 348 à 360.

HOROWITZ, F.D. et O'BRIEN, M. (1986) « Gifted and Talented Children : State of Knowledge and Directions for Research », *American Psychologist*, 41, p. 1147 à 1152.

HOUDE, L., LAURENDEAU, D. et BROCHU, L. (1988) Enfance : de 6 à 12 ans, *in* LALONDE, P. et GRUNBERG, F. (1988) *Psychiatrie clinique : approche bio-psycho-sociale*, Montréal, Gaëtan Morin.

HOUZEL, D. (1985) Les troubles du sommeil de l'enfant et de l'adolescent, *in* LEBOVICI, S., DIATKINE, R. et SOULÉ, M. (édit.) *Traité de psychiatrie de l'enfant et de l'adolescent*, tome 2, Paris, Presses Universitaires de France.

HOUZEL, D. (1985) Psychopathologie de l'enfant jeune, *in* LEBOVICI, S., DIATKINE, R. et SOULÉ, M. (édit.) *Traité de psychiatrie de l'enfant et de l'adolescent*, vol. 2, Paris, Presses Universitaires de France.

HOWE, P.E. et SCHILLER, M. (1952) « Growth Responses of the School Child to Change in Diet and Environmental Factors », *Journal of Applied Physiology*, 5, p. 51 à 61.

HOWELL, R.R. et STEVENSON, R.E. (1971) «The Offspring of Phenylketonuric Women », *Social Biology Supplement*, 18, p. 519 à 529.

HOYENGA, K.B. et HOYENGA, K.T. (1979) *The Question of Sex Differences*, Boston, Little, Brown.

HUESMANN, R., FISCHER, P., ERON, L., MERMELSTEIN, A., KAPLAN-SHAIN E. et MORIKAWA, S. (1978) *Children's Sex-Role Preference, Sex of Television Model and Imitation of Aggressive Behaviors*, communication présentée au troisième congrès de l'International Society for Research on Aggression, Washington, sept. 1978.

HUMPHREY, G.B., DEHNER, L.P., GRINDEY, G.B. et ACTON, R.T. (1983) *Pediatric Oncology*, vol. 3, Boston, Martinus Nijhoff.

HUNT, W.A. (1970) *Learning Mechanisms in Smoking*, Chicago, Aldine Publishers.

HUNT, W.A. et MATARAZZO, J. (1970) Habit Mechanisms in Smoking, *in* HUNT, W.A. (édit.) *Learning Mechanisms in Smoking*, Chicago, Aldine Publishers.

HUNT, W.A., BARNETT, L.W. et BRANCH, L.G. (1971) « Relapse Rates in Addiction Programs », *Journal of Clinical Psychology*, 27, p. 455-456.

HUNT, W.A. et GENERAL, W.A. (1973) « Relapse Rates after Treatment for Alcoholism », *Journal of Community Psychology*, 1, p. 66 à 68.

HUNT, W.A. et MATARAZZO, J. (1973) « Three Years Later : Recent Developments in Experimental Modification of Smoking Behavior », *Journal of Abnormal Psychology*, 81, p. 107 à 114.

HUNT, W.A. et BESPULEC, D.A. (1974) « Relapse Rates after Treatment for Heroin Addiction », *Journal of Community Psychology*, 2, p. 85 à 87.

HURLOCK, E.B. (1972) *Child Development*, 5ᵉ éd., New York, McGraw-Hill.

HURLOCK, E.B. (1980) *Developmental Psychology : A Life-Span Approach*, 5ᵉ éd., New York, McGraw-Hill.

HURTIG, M. (1981) La mesure du développement intellectuel, *in* RONDAL, J.-A. et HURTIG, M. (édit.) *Introduction à la psychologie de l'enfant*, vol. 2, Bruxelles, Mardaga, chap. 9.

HUSTON, A.C. (1983) Sex-Typing, *in* MUSSEN, P.H. (édit.) *Handbook of Child Psychology*, 4ᵉ éd., vol. IV : *Socialization, Personality and Social Development*, New York, Wiley.

HUSTON-STEIN, A. et HIGGINS-TRENK, A. (1978) Development of Females from Childhood through Adulthood : Career and Feminine Role Orientation, *in* BALTES, P.B. (édit.) *Life-Span Development and Behavior*, vol. 1, New York, Academic Press, p. 258 à 296.

HYMEL, S. (1983) « Preschool Children's Peer Relations : Issues in Sociometric Assessment », *Merrill-Palmer Quarterly*, 19, p. 237 à 260.

INGRAHAM, F. (1954) *Subdural Hematoma in Neuro-Surgery Infancy and Childhood*, Springfield, C.C. Thomas.

INHELDER, B. (1963) *Le Diagnostic du raisonnement chez les débiles mentaux*, Neuchâtel, Delachaux et Niestlé.

IRWIN, D. et MOORE, S. (1971) « The Young Child's Understanding of Social Justice », *Developmental Psychology*, 5, p. 406 à 410.

JACKSON, N.E. et MYERS, M.G. (1982) « Letter Naming Time, Digit Span, and Precaucious Reading Achievement », *Intelligence*, 6, p. 311 à 329.

JACOB, T. (1987) *Family Interaction and Psychopathology*, New York, Plenum Press.

JACOBSON, E. (1964) *The Self and the Object World*, New York, International Universities Press.

JACOX, A. (1977) *Pain : A Sourcebook for Nurses and other Health Professionals*, Boston, Little, Brown and Company.

JAMES, B. et MEYERDING, J. (1977) « Early Sexual Experience as a Factor in Prostitution », *Archives of Sexual Behavior*, 7, p. 31 à 42.

JAMES, B. et NASJLETI, M. (1983) *Treating Sexually Abused Children and their Families*, Consulting Psychologist Press, Palo Alto.

JANOS, P.M. et ROBINSON, M.M. (1985) Psychosocial Development in Intellectually Gifted Children, *in* HOROWITZ, F.D. et O'BRIEN, M. (édit.) *The Gifted and Talented : Developmental Perspectives*, Washington (D.C.), American Psychological Association, p. 149 à 195.

JASON, J., WILLIAMS, S.L., BURTON, A. et ROCHAT, B. (1982) « Epidemiologic Differences between Sexual and Physical Child Abuse », *Journal of the American Medical Association*, 247, p. 3344 à 3348.

JAY, S.M. et ELLIOTT, C.H. (1983) Psychological Intervention for Pain in Pediatric Cancer Patients, *in* HUMPHREY, G.B., DEHNER, L.P., GRINDEY, G.B. et ACTON, R.T. (édit.) *Pediatric Oncology*, vol. 3, Boston, Martinus Nijhoff.

JAY, S.M., OZOLINS, M., ELLIOTT, C.H. et CALDWELL, S. (1983) « Assessment of Children's Distress during Painful Medical Procedures », *Health Psychology*, 2(2), p. 133.

JEFFREY, D.B., McLELLARN, R. et FOX, D. (1982) « The Development of Children's Eating Habits : The Role of Television Commercials », *Health Education Quarterly*, 9(203), Summer/Fall.

JENKINS, S. et NORMAN, E. (1975) *Beyond Placement : Mothers View Foster Care*, New York, Columbia University Press.

JENNINGS, S.A. (1975) « Effects of Sex Typing in Children's Stories on Preference and Recall », *Child Development*, 46, p. 220 à 223.

JENSEN, A.R. (1969) « How Much Can We Boost IQ and Scholastic Achievement » », *Harvard Educational Review*, 39, p. 1 à 123.

JENSEN, A.R. (1973) *Educability and Group Differences*, New York, Harper & Row.

JENSEN, A.R. (1980) *Bias in Mental Testing*, New York, Free Press.

JENSEN, A.R. (1984) Test Bias : Concepts and Criticisms, *in* REYNOLDS, C.R. et BROWN, R.T. (édit.) *Perspectives on Bias in Mental Testing*. New York, Plenum, p. 507 à 586.

JENSEN, A.R. (1987) Differential Psychology : Towards Consensus, *in* MODGIL, S. et MODGIL, C. *Arthur Jensen, Consensus and Controversy*, New York, The Falmer Press.

JOHNSON, B.M. (1974) « Before Hospitalization : A Preparation Program for the Child and his Family », *Child Today*, 3, p. 18.

JOHNSON, C.F. et SHOWERS, J. (1985) « Injury Variables in Child Abuse », *Child Abuse and Neglect*, 9, p. 207 à 215.

JOHNSON, J.E. (1984) Foreword, *in* YAWKEY, T.D. et PELLEGRINI, A.D. (édit.) *Child's Play : Developmental and Applied*, Hillsdale (N.J.), Erlbaum.

JOHNSON, M.M. (1963) « Sex-Role Learning in the Nuclear Family », *Child Development*, 34, p. 319 à 333.

JOHNSON, M.M. (1975) « Fathers, Mothers and Sex-Typing », *Sociological Inquiry*, 45, p. 15 à 26.

JOHNSON, P. et SALISBURY, D.M. (1975) « Breathing and Sucking During Feeding in the Newborn », *Parent - Infant Interaction*, Amsterdam, Fondation CIBA.

JOHNSON, R.D. (1962) « Measurements of Achievement in Fundamental Skills of Elementary School Children », *Research Quarterly*, 33, p. 94 à 103.

JOHNSTON, J., ETTEMA, J. et DAVIDSON, T. (1980) *An Evaluation of Freestyle : A Television Series to Recruit Sex-Role Stereotypes*, rapport de recherche du Center for Research on Utilization of Scientific Knowledge, Institute for Social Research, University of Michigan (Mi.), Ann Arbor.

JONGEN, E., MOUVET, G., WUIBAR, A., GABEL, M., KLEIN, F., LEBOUTEILLIER, M.P., BETTSCHART, W. et MERIUS, G. (1973) « Étude comparative des données cliniques des cohortes de trois services de psychiatrie de l'enfant », *Psychiatrie de l'enfant*, 16, p. 515 à 564.

JOSHI, P. et DE GRACE, G. (1983) *Conceptions contemporaines de la santé médicale*, Montréal, Décarie.

JOUVENET, L.P. (1985) *Échec à l'échec scolaire*, Toulouse, Privat.

JOYCE, C. (1988) « This Machine Wants to Help You », *Psychology Today*, 22, p. 44 à 50.

JUSTICE, B. et JUSTICE, R. (1979) *The Broken Taboo*, New York, Human Science Press.

KACZALA, C., FUTTERMAN, R., MEECE, J. et PARSON, J.E. (1979) *Developmental Shifts in Expectancies and Attributions for Performance in Mathematics*, communication présentée au symposium Gender Differences in Participation in Mathematics, dans le cadre du congrès de la Society for Research in Child Development, San Francisco, mars 1979.

KACZALA, C.M. (1981) *Sex-Role Identity, Stereotypes and their Relationships to Achievement Attitudes*, communication présentée au congrès de la Society for Research in Child Development, Boston, avr. 1981.

KAGAN, J., HOSKEN, B. et WATSON, S. (1961) « Child's Symbolic Conceptualization of Parents », *Child Development*, 32, p. 625 à 636.

KAGAN, J. et MOSS, H.A. (1962) *Birth to Maturity : A Study in Psychological Development*, New York, Wiley.

KAGAN, J. (1964a) Acquisition and Significance of Sex-Typing and Sex-Role Identity, *in* HOFFMAN, M.L. et HOFFMAN, L.W. (édit.) *Review of Child Development Research*, vol. 1, New York, Russell Sage, p. 137 à 168.

KAGAN, J. (1964b) « The Child's Sex-Role Classification of School Objects », *Child Development*, 35, p. 1051 à 1056.

KAGAN, J. (1974) Discrepancy, Temperament and Infant Distress, *in* LEWIS, M. et ROSENBLUM, L.A. (édit.) *The Origins of Fear*, New York, Wiley.

KAGAN, J. (1976) « Emergent Themes in Human Development », *American Scientist*, 64, p. 186 à 196.

KAGAN, J. (1983) Classifications of the Child, *in* KESSEN, W. (édit.) *Handbook of Child Psychology : History, Theory and Methods*, vol. 4, P.H. Mussen, General Editor, New York, Wiley.

KALES, J.K., JACOBSON, A. et KALES, A. (1969) « Sleep Disorders in Children », *Progressive Clinical Psychology*, 8, p. 63 à 73.

KALEY, R. et CLOUTIER, R. (1984) « Developmental Determinants of Self-Efficacy Predictiveness », *Cognitive Therapy and Research*, vol. 8, n° 4, p. 643 à 656.

KALTER, N., PICKAR, J. et LESOWITZ, M. (1984) « School Based Developmental Facilitation Groups for Children of Divorce : A Preventive Intervention », *American Journal of Orthopsychiatry*, 54, p. 613 à 623.

KALUGER, G. et KOLSON, C.J. (1978) *Reading and Learning Disabilities*, 2ᵉ éd., Columbus (O.), Merrill.

KANNER, L. (1943) « Autistic Disturbances of Affective Contact », *Nervous Child*, 2, p. 217 à 250.

KANNER, L. (1954) « General Concept of Schizophrenia at Different Ages », *Neurology and Psychiatry in Childhood*, 34, p. 451 à 453.

KATCHADOURIAN, H. (1977) *The Biology of Adolescence*, San Francisco, Freeman.

KATZ, E.R., VARNI, J.W. et JAY, S.M. (1983) Behavioral Assessment and Management of Pediatric Pain, *in* HERSEN, M., EISLER, R.M. et MILLER, P.M. (édit.) *Progress in Behavior Modification*, New York, Academic Press.

KATZ, P.A. et RANK, S.A. (1981) *Gender Constancy and Sibling Status*, communication présentée au congrès de la Society for Research in Child Development, Boston, avr. 1981.

KAUFFMAN, J.M. et HALLAHAN, D.P. (1979) Learning Disability and Hyperactivity (with comments on minimal brain dysfunction), *in* LAHEY, B.B. et KAZDIN, A.E. (édit.) *Advances in Clinical Child Psychology*, vol. 2, New York, Plenum Publishing.

KAUFMAN, I., PECK, A.L. et TAGIURI, C.K. (1954) « The Family Constellation and Overt Incestuous Relations between Father and Daughter », *American Journal of Orthopsychiatry*, 24, p. 266 à 279.

KAUFMAN, J. et ZIGLER, E. (1987) « Do Abused Children Become Abusive Parents ? », *American Orthopsychiatric Journal*, 57, p. 186 à 192.

KAUFMANN-HAYOZ, R., KAUFMANN, F. et STUCKI, M. (1986) « Kinetic Contours in Infant Visual Perception », *Child Development*, 57, p. 292 à 299.

KAZDIN, A.E. (1987) « Treatment of Antisocial Behavior in Children : Current Status and Future Directions », *Psychological Bulletin*, 102, p. 187 à 203.

KEENEY, T.J., CANNIZZO, S.R. et FLAVELL, J.H. (1967) « Spontaneous and Induced Verbal Rehearsal in a Recall Task », *Child Development*, 38, p. 953 à 966.

KEGELES, S.S., LUND, A.K. et WEISENBERG, M. (1978) « Acceptance by Children of a Daily Home Mouth Rinse Program », *Social Science and Medecine*, 12, p. 199 à 210.

KELLY, J.B. (1988) « Longer-Term Adjustment in Children of Divorce », *Journal of Family Psychology*, 2, p. 119 à 140.

KEMPE, C.H., SILVERMAN, B.F., STEELE, P.W., DROEGEMUELLER, P.W. et SILVER, H.K. (1962) « The Battered-Child Syndrome », *Journal of the American Medical Association*, 181, p. 17 à 24.

KEMPE, C.H. (1977) *L'Enfant battu et sa famille*, Paris, Fleurus.

KEMPE, C.H. et HELFER, R.E. (1980) *The Battered Child*, 3ᵉ éd., Chicago, University of Chicago Press, p. 103 à 147.

KERNBERG, O. (1979) *Les Troubles limites de la personnalité*, Toulouse, Privat.

KERNBERG, O. (1980) « Self, Ego, Affects and Drives », *Journal of American Psychoanalytic Association*, 30, p. 893 à 917.

KERSHNER, J.R. et LEDGER, G. (1985) « Effect of Sex, Intelligence, and Style of Thinking on Creativity : A Comparison of Gifted and Average I.Q. Children », *Journal of Personality and Social Psychology*, 48, p. 1033 à 1040.

KESSLER, S. et BOSTWICK, H.S. (1977) « Beyond Divorce : Coping Skills for Children », *Journal of Clinical Child Psychology*, 6, p. 38 à 41.

KESTEMBERG, E., FRÉJAVILLE, A., KREISLER, A., RABAIN-LEBOVICI, M., COVELLO, L. et GRANDIN, D. (1981) « Des psychanalystes observent les relations mère—enfant », *Autrement Vu*, Paris, Presses Universitaires de France.

KEY, M.R. (1975) The Role of Male and Female in Children's Books-Dispelling all Doubt, *in* UNGER, R.K. et DENMARC, F.L. (édit.) *Woman : Dependent or Independent Variable ?*, New York, Psychological Dimensions Inc, p. 55 à 70.

KIMURA, D. (nov. 1985) « Male Brain, Female Brain : The Hidden Difference », *Psychology Today*, p. 50 à 52, 54, 56 à 58.

KINSEY, A.C., POMEROY, W.B., MARTIN, C.E. et GEBHARD, P.H. (1953) *Sexual Behavior in the Human Female*, Philadelphia, Saunders.

KIPMAN, S.D. (1981) *L'Enfant et les sortilèges de la maladie : fantasmes et réalités de l'enfant malade, des soignants et de sa famille*, Paris, Stock.

KIROUAC, G., DORÉ, F. et GOSSELIN, P. (1985) La reconnaissance des expressions faciales émotionnelles, *in* TREMBLAY, R.E., PROVOST, M.A. et STRAYER, F.F. *Éthologie et développement de l'enfant*, Paris, Stock.

KLEEMAN, J. (1965) A Boy Discovers his Penis, *in* EISSLER, R.S. *et al.* (édit.) *The Psychoanalytic Study of the Child*, vol. 20, New York, International Universities Press, p. 239 à 266.

KLEEMAN, J. (1966) Genital Self-Discovery during a Boy's Second Year, *in* EISSLER, R.S. *et al.* (édit.) *The Psychoanalytic Study of the Child*, vol. 21, New York, International Universities Press, p. 358 à 392.

KLEEMAN, J. (1971) « The Establishment of Core Gender Identity in Normal Girls », *Archives of Sexual Behavior*, 1, p. 103 à 129.

KLEEMAN, J. (1975) Genital Self-Stimulation in Infant and Toddler Girls, *in* MARCUS, I. et FRANCIS, J. (édit.) *Masturbation from Infancy to Senescence*, New York, International Universities Press, p. 77 à 196.

KLEIN, M. (1928) « Les stades précoces du conflit œdipien », *Essais de psychanalyse* (1968), Paris, Payot.

KLEIN, M. (1968) *Envie et gratitude, et autres essais*, New York, Gallimard.

KLEIN, M., HEIMANN, P., ISAACS, S. et RIVIERE, J. (1976) *Développements de la psychanalyse*, Bibliothèque de psychanalyse, Paris, Presses Universitaires de France.

KLEINKE, C.L. et NICHOLSON, T.A. (1979) « Black and White Children's Awareness of De Facto Race and Sex Differences », *Developmental Psychology*, 15, p. 84 à 86.

KLINERT, M.D., CAMPOS, J.J., SORCE, J.F., EMDE, R.N. et SVEJDA, M. (1983) Emotions as Behavior Regulators : Social Referencing in Infancy, *in* PLUTCHNIK, R. et KELLERMAN, H. (édit.) *Emotions in Early Development*, vol. 2 : *The Emotions*, New York, Academic Press.

KLINNERT, M.D., CAMPOS, J.J., SORCE, KNOPP, C.B. (1983) Risk Factors in Development, *in* HAITH, M.M. et CAMPOS, J.J. (édit.) *Infancy and Developmental Psychobiology*, vol. 2 : *Handbook of Child Psychology*, New York, Wiley.

KOBLINSKY, S.G., CRUSE, D.F. et SUGAWARA, A.I. (1978) « Sex-Role Stereotypes and Children's Memory for Story Content », *Child Development*, 49, p. 452 à 458.

KOHLBERG, L. (1966) A Cognitive-Developmental Analysis of Children's Sex-Role Concepts and Attitudes, *in* MACCOBY, E.F. (édit.) *The Development of Sex Differences*, Stanford, Stanford University Press, p. 82 à 172.

KOHLBERG, L. et ZIGLER, E. (1967) « The Impact of Cognitive Maturity on the Development of Sex-Role Attitudes in the Years 4 to 8 », *Genetic Psychology Monographs*, 75, p. 89 à 165.

KOHLBERG, L. (1969) Stage and Sequence : The Cognitive-Developmental Approach to Socialization, *in* GOSLIN, D.A. (édit.) *Handbook of Socialization Theory and Research*, Chicago, Rand McNally.

KOHLBERG, L. et ULLIAN, D.Z. (1974) Stages in the Development of Psychosexual Concepts and Attitudes, *in* FRIEDMAN, R.C., RICHART, M.R. et VANDE WIELE, R.L. (édit.) *Sex Differences in Behavior*, New York, Wiley, p. 209 à 222.

KOHLBERG, L. (1976) Moral Stages and Moralization : The Cognitive-Developmental Approach, *in* LICKONG, T. (édit.) *Moral Development and Behavior*, New York, Holt, Rinehart and Winston.

KOHUT, H. (1972) « Thoughts on Narcissism and Narcissistic Rage », *Psychoanalytic Study of the Child*, 27, p. 360 à 401.

KOHUT, H. (1974) *Le Soi*, Paris, Presses Universitaires de France.

KOLATA, G. (1984) « Studying in the Womb », *Science*, 225, p. 302-303.

KONNER, M. (1975) Relations among Infants and Juveniles in Comparative Perspectives, *in* LEWIS, M. et ROSENBLUM, L.A. (édit.) *Friendship and Peer Relations*, New York, Wiley.

KOPP, C.B. et PARMELEE, A.H. (1979) Prenatal and Perinatal Influences on Infant Behavior, *in* OSOFY, J.D. (édit.) *Handbook of Infant Development*, New York, Wiley.

KORBIN, J. (1986) « Childhood Histories of Women Imprisoned for Fatal Child Maltreatment », *Child Abuse and Neglect*, 10, p. 331 à 338.

KRAUSS, I.K. (1977) « Some Situational Determinants of Competitive Performance on Sex-Stereotyped Tasks », *Developmental Psychology*, 13, p. 473 à 480.

KREISLER, L. (1978) « Psychopathologie du premier âge : regroupement clinique, approche nosologique », *Revue de neuropsychiatrie infantile*, vol. 56, nº 5-6, p. 137 à 155.

KREISLER, L. (1981) *L'Enfant du désordre psychosomatique*, Toulouse, Privat.

KREISLER, L., FAIN , M. et SOULÉ, M. (1981) *L'Enfant et son corps : études sur la clinique psychosomatique du premier âge*, Paris, Presses Universitaires de France.

KREISLER, L. (1985) Désordres psychosomatiques du nourrisson, *in* LEBOVICI, S., DIATKINE, R. et SOULÉ, M. (édit.) *Traité de psychiatrie de l'enfant et de l'adolescent*, vol. 2, Paris, Presses Universitaires de France.

KREISLER, L. (1985) Les spasmes du sanglot, *in* LEBOVICI, S. DIATKINE, R. et SOULÉ, M. (édit.) *Traité de psychiatrie de l'enfant et de l'adolescent*, vol. 2, Paris, Presses Universitaires de France.

KREISLER, L. (1985) Les vomissements psychogènes», *in* LEBOVICI, S., DIATKINE, R. et SOULÉ, M. (édit.) *Traité de psychiatrie de l'enfant et de l'adolescent*, vol. 2, Paris, Presses Universitaires de France.

KREISLER, L. (1985) L'insomnie du nourrisson, *in* LEBOVICI, S., DIATKINE, R. et SOULÉ, M. (édit.) *Traité de psychiatrie de l'enfant et de l'adolescent*, vol. 2, Paris, Presses Universitaires de France.

KREISLER, L. et CRAMER, B. (1985) Les bases cliniques de la psychiatrie de nourrisson, *in* LEBOVICI, S., DIATKINE, R. et SOULÉ, M. (édit.) *Traité de psychiatrie de l'enfant et de l'adolescent*, vol. 2, Paris, Presses Universitaires de France.

KRIS, E. (1950) « Notes on the Development and on some Current Problems of Psychoanalytic Child Psychology », *The Psychoanalytic Study of the Child*, 5, p. 24 à 46.

KRUGER, D.W. (1983) « Childhood Parent Loss : Developmental Impact and Adult Psychopathology », *American Journal of Psychotherapy*, 38(4), p. 582 à 592.

KUCZAJ II., S.A. (1986) Thoughts on the Intentional Basic of Early Object Word Extension : Evidence from Comprehension and Production, *in* KUCZAJ II et BARRETT, M.D. (édit) *The Development of Word Meaning*, New York, Springer-Verlag.

KUHN, D., NASH, S.C. et BRUCKEN, L. (1978) « Sex-Role Concepts of Two- and Three-Year-Olds », *Child Development*, 49, p. 445 à 451.

LABOREY, J. et BEITTNER, J. (1972) « Indications et contre-indications au placement familial », *Informations sociales*, 9, p. 27 à 31.

LABOV, W. (1966) *The Social Stratification of English in New York City*, Washington, D.C., Center for Applied Linguistics.

LABOV, W. (1969) « The Logic of Nonstardard Speech », *Georgetown University Monographs on Languages and Linguistics*, 22, p. 1 à 43.

LABOV, W. (1972) *Language and Social Context*, Harmondsworth, Penguin.

LADD, G.W. et PRICE, J.M. (1987) « Predicting Children's Social and School Adjustment Following the Transition from Preschool to Kindergarten », *Child Development*, 58, p. 1168 à 1189.

LADOUCEUR, R. (1979) Habit Reversal Treatment ; Learning on Incompatible Response or Increasing the Subject. Awareness. *Behavior Research and Therapy*, 17, p. 313 à 316.

LADOUCEUR, R. et MIREAULT, C. (1988) Gambling Behaviors among High School Students in the Quebec Area, *in* EADINGTON, W.R. (édit.) *Gambling Research Proceedings of the Seventh International Conference on Gambling and Risk Taking*, vol. 3, University of Nevada Press, p. 211 à 222.

LALONDE, P., GRUNBERG, F. et coll. (1988) *Psychiatrie clinique : approche bio-psycho-sociale*, Montréal, Gaëtan Morin.

LaMAZE, F. (1970) *Painless Childbirth*, Chicago, Henry Regnery Co.

LAMB, M.E. (1976) *The Role of the Father in Child Development*, New York, Wiley.

LAMB, M.E. (1977) « The Development of Parental Preferences in the First Two Years of Life », *Sex Roles*, 3, p. 495 à 497.

LAMB, M.E. et BORNSTEIN, M.H. (1987) *Development in Infancy : An Introduction*, 2e éd., New York, Random House.

LAMB, M.E. et SHERROD, L.R. (édit.) (1981) *Infant Social Cognition : Empirical and Theoretical Considerations*, Hillsdale (N.J.), Erlbaum.

LAMBERT, W.E., GILES, H. et PICARD, O. (1975) « Language Attitudes in a French-American Community », *Linguistics*, 158, p. 127 à 152.

LAMBERT, W.E. (1977) Effects of Bilingualism on the Individual, *in* HORNBY, P.A. (édit.) *Bilingualism : Psychological, Social and Educational Implications*, New York, Academic Press.

LANDESMAN, S. et RAMEY, C. (1989) « Developmental Psychology and Mental Retardation : Integrating Scientific Principles with Treatment Practices », *American Psychologist*, 44, p. 409 à 415.

LANDRY, Y. et LÉGARÉ, J. (1987) « The Life Course of Seventeenth-Century Immigrants to Canada », *Journal of Family History*, 12, p. 201 à 212.

LANGE-EICHBAUM, W. (1932) *The Problem of Genius*, New York, MacMillan.

LANGLOIS, J.H. et STEPHAN, C. (1977) « The Effects of Physical Attractiveness and Ethnicity on Children's Behavioral Attributions and Peer Preferences », *Child Development*, 48, p. 1694 à 1698.

LANGLOIS, J.H. et DOWNS, A.C. (1979) « Peer Relations as a Function of Physical Attractiveness : The Eye of the Beholder or Behavioral Reality ? » *Child Development*, 50, p. 409 à 418.

LANGLOIS, J.H. et DOWNS, A.C. (1980) « Mothers, Fathers and Peers as Socialization Agents of Sex-Typed Play Behaviors in Young Children », *Child Development*, 51, p. 1237 à 1247.

LANKTREE, C.B. et HAMILTON, M.L. (1980) « Sex-Typed Instructions and Sex-Role Preference in Young Children's Task Performance », *Sex-Roles*, 6, p. 463 à 474.

LAOSA, L.M. (1982) « School, Occupation, Culture and Family : The Impact of Parental Schooling on the Parent-Child Relationship », *Journal of Educational Psychology*, 74, p. 791 à 827.

LAPERRIÈRE, A. et QUÉNIART, A. (1985) *Les Diverses Dimensions du vécu de la maternité*, rapport de recherche exploratoire, Québec, Conseil québécois de la recherche sociale.

LARSON, N.R. et MADDOCK, J.W. (1985) Structural and Functional Variables in Incest Family Systems : Implications for Assessment and Treatment, *in* TREPPER, T.S. et BARRETT, M.J. (édit.) *The Assessment and Treatment of Intrafamilial Sexual Abuse*, New York, Haworth Press.

LASHLEY, K.S. (1929) *Brain Mechanisms and Intelligence*, Chicago, University of Chicago Press.

LA VIETES, R. (1978) Mental Retardation : Psychological Treatment, *in* WOLMAN, B.J. (édit.) *Handbook of Treatment of Mental Disorders in Childhood and Adolescence*, Englewood Cliffs (N.J.), Prentice-Hall.

LAVOIE, C. (1986) Le ratio maître/élèves et l'intégration, *in* LAVALLÉE, M. (édit.) *Les Conditions d'intégration des enfants en difficulté d'adaptation et d'apprentissage*, Québec, Presses de l'Université du Québec.

LEAHY, R.L. et EITER, M. (1980) « Moral Judgment and the Development of Real and Ideal Androgynous Self-Image during Adolescence and Young Adulthood », *Developmental Psychology*, 16, p. 362 à 370.

LEARY, M.A., GREER, D. et HUSTON, A.C. (1982) *The Relation Between TV Viewing and Gender Roles*, communication présentée au congrès de la Southwestern Society for Research in Human Development, Galveston, Texas, avr. 1982.

LEBOVICI, S. (1983) *Le Nourrisson, la mère et le psychanalyste : les interactions précoces*, Paris, Paidos/Le Centurion.

LEBOVICI, S., DIATKINE, R. et SOULÉ, M. (1985) *Traité de psychiatrie de l'enfant et de l'adolescent*, 3 vol., Paris, Presses Universitaires de France.

LEBOYER, F. (1974) *Pour Une Naissance sans violence*, Paris, Seuil.

LEDOUX, J.E., WILSON, D.H. et GAZZANIGA, M.S. (1977) « Manipulo-Spatial Aspects of Cerebral Lateralization : Clues to the Origin of Lateralization », *Neuropsychilogia*, 15, p. 743-750.

LEE, D. (1986) *Language, Children et Society*, New York, New York University Press.

LEETON, J.F., TROUNSON, A.O. et WOOD, C. (1982) IVT and ET : What Is It and How It Works, *in* WALTERS, W.A. et SINGER, P. *Test-Tube Babies, A Guide to Moral Question, Present Techniques and Future Possibilities*, Melbourne, Oxford University Press.

LEJEUNE, J., GAUTIER, M. et TURPIN, L. (1959) *Étude des chromosomes somatiques de neuf enfants mongoliens*, Centre de recherche de l'Académie des sciences, Paris, 248, p. 1721-1722.

LEMAY, M. (1973) *Psychopathologie juvénile : les désordres de la conduite chez l'enfant et l'adolescent*, Paris, Fleurus (Coll. « Pédagogie psychosociale »).

LEMAY, M. (1979) *J'ai mal à ma mère : approche thérapeutique du carencé relationnel*, Paris, Fleurus (Coll. « Pédagogie psychosociale »).

LEMAY, M. (1983) *L'Éclosion psychique de l'être humain : la naissance du sentiment d'identité*, Paris, Fleurus.

LEMON, J. (1977) « Women and Blacks on Prime-Time Television », *Journal of Communication*, 27(4), p. 70 à 79.

LEMPERS, J.D., FLAVELL, E.R. et FLAVELL, J.H. (1977) « The Development in Very Young Children of Tacit Knowledge Concerning Visual Perception », *Genetic Psychology Monographs*, 95, p. 3 à 53.

LENNEBERG, E.H. (1967) *Biological Foundations of Language*, New York, Wiley.

LEON, M. (1984) « Rules Mothers and Sons Use to Integrate Intent and Damage Information in their Moral Judgments », *Child Development*, 55, p. 2106 à 2113.

LEPPER, M.R. et GURTNER, J.-L. (1989) « Children and Computers : Approaching the Twenty-First Century », *American Psychologist*, 44, p. 170 à 178.

LERIDON, H. (1977) *Human Fertility : The Basic Components*, Chicago, University of Chicago Press.

LERNER, H.E. (1974) « Early Origins of Envy and Devaluation of Women : Implications for Sex-Role Stereotypes », *Bulletin of the Menninger Clinic*, 38, p. 538 à 553.

LERNER, H.E. (1978) « Adaptive and Pathogenic Aspects of Sex-Role Stereotypes : Implications for Parenting and Psychotherapy », *American Journal of Psychiatry*, 135, p. 48 à 52.

LERNER, R.M. (1972) « Richness Analyses of Body Build Stereotype Development », *Developmental Psychology*, 7, 219.

LERNER, R.M. et LERNER, J.V. (1977) « Effects of Age, Sex and Physical Attractiveness on Child-Peer Relations, Academic Performance and Elementary School Adjustment », *Developmental Psychology*, 13, p. 585 à 590.

LERNER, R.M. et HULTSCH, D.F. (1983) *Human Development, a Life-Span Perspective*, New York, McGraw-Hill.

LESTER, B.M. (1975) « Cardiac Habituation of the Orienting Response to an Auditory Signal in Infants of Varying Nutritional Status », *Developmental Psychology*, 11, p. 432 à 442.

LESTER, B.M. (1983) « A Biosocial Model of Infant Crying », *in* LIPSITT, L.P. (édit.) *Advances in Infant Behavior and Development*, 11, p. 432 à 442.

LESTER, B.M. (1983) A Biosocial Model of Infant Crying, *in* LEVENKRON, S. (1982) *Treating and Overcoming Anorexia Nervosa*, New York, Charles Scribner's Sons.

LESTER, G., HOFFMAN, J. et BRAZELTON, T.B. (1985) « The Structure of Mother—Infant Interaction in Term and Preterm Infants », *Child Development*, 56, p. 15 à 27.

LEUNEN, P. (1982) *Guide Marabout de la dyslexie*, Verviers (Belgique), Marabout.

LEVENKRON, S. (1982) *Treating and Overcoming Anorexia Nervosa*, New York, Charles Scribner's Sons.

LEVINE, M.D., CAREY, W.B., CROKER, A.D. et GROSS, R.T. (1983) *Development Behavioral Pediatrics*, Philadelphia, Saunders.

LEVINSON, D.J. (1986) « A Conception of Adult Development », *American Psychologist*, 41, p. 3 à 13.

LEVI-STRAUSS, C. (1967) *Les Structures élémentaires de la parenté*, Paris, Mouton.

LEVY, J. et LEVY, J.M. (1978) « Human Lateralization from Head to Foot : Sex-Related Factors », *Science*, 200, p. 1291-1292.

LEWIS, M., YOUNG, G., BROOKS, J. et MICHALSON, L. (1975) The Beginning of Friendship, *in* LEWIS, M. et ROSENBLUM, L.A. (édit.) *Friendship and Peer Relations*, New York, Wiley.

LEWIS, M. et BROOKS-GUNN, J. (1979) *Social Cognition and the Acquisition of Self*, New York, Plenum Press.

LIAN, ZHI-HAO, ZACK, M.M. et ERICKSON, J.D. (1986) « Paternal Age and the Occurrence of Birth Defects », *American Journal of Human Genetics*, 39, p. 648 à 660.

LIBEN, L.S. (1978) « Performance on Piagetian Spatial Tasks as a Function of Sex, Field Dependance and Training », *Merrill-Palmer Quarterly*, 24, p. 97 à 110.

LIDZ, T. (1968) *The Person*, New York, Basic Books.

LIDZ, T. (1969) *The Person, His Development Throughout the Life Cycle*, New York, Basic Books.

LIEBERT, R., MCCALL, R. et HANRATTY, M. (1971) « Effects of Sex-Typed Information on Children's Toy Preferences », *Journal of Genetic Psychology*, 119, p. 133 à 136.

LIEBERT, R.M. et WICKS-NELSON, R. (1981) *Developmental Psychology*, 3ᵉ éd., Englewood Cliffs (N.J.), Prentice-Hall.

LIEBERT, R.M., WICKS-NELSON, R. et KAIL, R.V. (1986) *Developmental Psychology*, 4ᵉ éd., Englewood Cliffs (N.J.), Prentice-Hall.

LIPSITT, L.P. (édit.) *Advances in Infant Behavior and Development*, New York, Ablex.

LIPSITT, L.P., KAYE, H. et BOSACK, T.N. (1966) « Enhancement of Neonatal Sucking through Reinforcement », *Journal of Experimental Child Psychology*, 4, p. 163 à 168.

LOBROT, M. (1972) *Les Troubles de la langue écrite et remèdes*, Paris, ESF.

LOEB, R.C., HORST, L. et HORTON, P.J. (1980) « Family Interaction Patterns Associated with Self-Esteem in Preadolescent Girls and Boys », *Merrill-Palmer Quarterly*, New York, Wiley, 26, p. 203 à 217.

LŒVINGER, J. (1976) *Ego Development : Conceptions and Theories*, San Francisco, Jossey-Bass.

LOEWENSTEIN, R.M. (1950) « Conflit and Autonomous Ego Development during the Phallic Phase », *The Psychoanalytic Study of the Child*, 5, p. 47 à 52.

LOMBROSO, C. (1981) *The Man of Genius*, London, Walter Scott.

LORENZ, K. (1966) *On Aggression*, New York, Harcourt Brace Jovanovich.

LOSSON, M. (1988) Petite enfance de 0 à 5 ans, *in* LALONDE, P., GRUNBERG, F. et coll. (édit.) *Psychiatrie clinique : approche bio-psycho-sociale*, Montréal, Gaëtan Morin.

LOVELAND, R.J. (1977) « Distinctive Personality and Discipline Characteristics of Child-Neglecting Mothers », *Dissertation Abstracts International*, 38(1-B), p. 368.

LOWREY, G.H. (1973) *Growth and Development of Children*, New York, Year Book Medical.

LUFTIG, R.L. (1987) *Teaching the Mentally Retarded Student. Curriculum, Methods, and Strategies*, Boston, Allyn and Bacon.

LUND, A., KEGELES, S. et WEISENBERG, M. (1977) « Motivational Techniques for Increasing Acceptance of Preventive Health Measures », *Medical Care*, 15(8), p. 678 à 692.

LUND, A. et KEGELES, S. (1982) « Increasing Adolescents' Acceptance of Long-Term Personal Health Behavior », *Health Psychology*, 1(1), p. 27 à 43.

LURIA, A.R. (1966) *Higher Cortical Functions in Man*, New York, Basic Books.

LYNCH, A., MYCHALKIW, W. et HUTT, S.J. (1978) « Prenatal Progesterone I. The Effect on Development and on Intellectual and Academic Achievement », *Early Human Development*, 2, p. 305 à 322.

LYNCH, M.A. et ROBERTS, J. (1982) *Consequences of Child Abuse*, New York, Academic Press.

LYNN, D.B. (1966) « The Process of Learning Parental and Sex-Role Identification », *Journal of Marriage and the Family*, 28, p. 466 à 470.

LYNN, D.B. (1974) *The Father : His Role in Child Development*, Monterey, Brooks/Cole Publishing Co.

MACCOBY, E.E. et JACKLIN, C.N. (1974) *The Psychology of Sex Differences*, Stanford, Stanford University Press.

MACCOBY, E.E., DOERING, C.H., JACKLIN, C.N. et KRAEMER, H. (1979) « Concentrations of Sex Hormones in Umbilical-Cord Blood : Their Relation to Sex and Birth Order of Infants », *Child Development*, 50, p. 632 à 642.

MACCOBY, E.E. et JACKLIN, C.N., (1980) « Sex Differences in Aggression : A Rejoinder and Reprise », *Child Development*, 51, p. 964 à 980.

MACCOBY, E.E. et MARTIN, J.A. (1983) Socialization in the Context of the Family : Parent – Child Interaction, *in* MUSSEN, P.H., (édit.) *Handbook of Child Psychology*, 4ᵉ éd., vol. IV : *Socialization, Personality and Social Development*, New York, Wiley, p. 78.

MACHOTKA, P., PITTMAN, F.S. et FLOMENHAFT, K. (1967) « Incest as a Family Affair », *Family Process*, 6, p. 98 à 116.

MACK, J.E. et ABLON, S.L. (1983) *The Development and Sustaining of Self-Esteem in Childhood*, New York, International Universities Press.

MACNAMARA, J. (1967) « The Bilingual's Linguistic Performance : A Psychological Overview », *Journal of Social Issues*, 23, p. 58 à 77.

MAGENIS, R.E., OVERTON, K.M., CHAMBERLIN, J., BRADY, T. et LOVREIN, E. (1977) « Parental Origin of the Extra Chromosome in Down's Syndrome, *Human Genetics*, 37, p. 7 à 16.

MAHLER, M.S. (1958) « Autism and Symbiosis : Two Extreme Disturbances of Identity », *International Journal of Psychoanalysis*, 39, p. 77 à 83.

MAHLER, M.S. (1961) « On Sadness and Grief in Infancy and Childhood : Loss and Restoration of the Symbiotic Love Object », *Psychoanalytic Study of the Child*, vol. 16, New York, International Universities Press. p. 307 à 324.

MAHLER, M.S. (1963) « Thoughts about Development and Individuation », *Psychoanalytic Study of the Child*, vol. 18, New York, International Universities Press.

MAHLER, M.S. (1965) On the Significance of the Normal Separation-Individuation Phase : Reference to Research in Symbiotic Child Psychosis, *in* SCHUR, M. (édit.) *Drives, Affects, Behavior*, vol. 2, New York, International Universities Press, p. 161 à 169.

MAHLER, M.S. (1966) Notes on the Development of Basic Moods : The Depressive Affect, *in* LOEWENSTEIN, R.M., NEWMAN, L.M., SCHUR, M. et SOLNIT, A.J. (édit.) *Psychoanalysis : A General Psychology : Essays in Honor of Heinz Hartmann*, New York, International Universities Press, p. 152 à 168.

MAHLER, M.S. (1967) *On Human Symbiosis and the Vicissitudes of Individuation*, vol. 1 : *Infantile Psychosis*, New York, International Universities Press.

MAHLER, M.S., PINE, F. et BERGMAN, A. (1975) *The Psychological Birth of the Human Infant : Symbiosis and Individuation*, New York, Basic Books.

MAHLER, M.S. (1980) *On Human Symbiosis and the Vicissitudes of Individuation : Infantile Psychosis*, vol. 1, New York, International Universities Press.

MAHLER, M.S. et PINE, F. (1980) *Symbiose humaine et individuation : la naissance psychologique de l'être humain*, Paris, Payot.

MAHRER, A.R. (1969) « Childhood Determinants of Adult Functioning : Strategies in the Clinical Research Use of the Personal-Psychological History », *Psychological Record*, 19, p. 39 à 46.

MALAMED, B.G. et SIEGEL, L.J. (1975) « Reduction of Anxiety in Children Facing Hospitalization and Surgery by Use of Filmed Modeling », *Journal of Con. Clinical Psychology*, 43(4), p. 511.

MALAMED, B.G. et SIEGEL, L. (1980) *Behavioral Medecine*, New York, Springer Verlag.

MALCUIT, G. et POMERLEAU, A. (1980) *Terminologie en conditionnement et apprentissage*, Québec, Les Presses de l'Université du Québec.

MALE, P. (1964) *Psychothérapie de l'adolescent*, Paris, Presses Universitaires de France.

MALLET, J. (1956) « Contribution à l'étude des phobies », *Revue française de psychanalyse*, 20, p. 237 à 293.

MANDLER, J.M. (1983) Representation, *in* FLAVELL, J.H. et MARKMAN, E.M. (édit.) (MUSSEN, P.H. édit. général). *Handbook of Child Psychology : Cognitive Development*, vol. 3, New York, Wiley.

MANOSEVITZ, M., PRENTICE, N.M. et WILSON, F. (1973) « Individual and Family Correlates of Imaginary Companions in Preschool Children », *Developmental Psychology*, 8, p. 72 à 79.

MARANTZ, S.A. et MANSFIELD, A.F. (1977) « Maternal Employment and the Development of Sex-Role Stereotyping in Five- to-Eleven-Year-Old Girls, *Child Development*, 48, p. 668 à 673.

MARATSOS, M. (1983) Some Current Issues in the Study of the Acquisition of Grammar, *in* FLAVELL, J.H. et MARKMAN, E.M. (édit.) *Handbook of Child Psychology, Cognitive Development*, vol. 3, 4ᵉ éd., New York, Wiley.

MARCUS, D.E. et OVERTON, W.F. (1978) « The Development of Cognitive Gender Constancy and Sex-Role Preferences », *Child Development*, 49, p. 434 à 444.

MARCUS, T.L. et CORSINI, D.A. (1978) « Parental Expectation of Preschool Children as Related to Child Gender and Socio-economic Status », *Child Development*, 49, p. 243 à 246.

MARG, E., FREEMAN, D.N., PELTZMAN, P. et GOLDSTEIN, P. (1976) « Visual Acuity Development in Human Infants : Evoked Potential Measurements », *Investigative Opthalmology*, 15, p. 150 à 153.

MARGOLIN, G. et PATTERSON, G.R. (1975) « Differential Consequences Provided by Mothers and Fathers for their Sons and Daughters », *Developmental Psychology*, 11, p. 537-538.

MARKERT, C.L. et PETTERS, R.M. (1977) « Homozygous Mouse Embryos Produced by Micro-Surgery », *Journal of Experimental Zoology*, 201, p. 295 à 302.

MARKERT, C.L. et PETTERS, R.M. (1978) « Further Investigations on Homozygous Mouse Embryos Produced by Micro-surgery », *Genetics*, 88, p. 562-563.

MARSH, F.H. et KATZ, J. (1984) *Biology, Crime and Ethics*, Cincinnati (Ohio), Anderson Pub. Co.

MARTENS, L.V., FRAZIER, P.J., HIRT, K.J., MESKIN, L.H. et PROSHEK, J. (1973) « Developing Brushing Performance in Second Graders through Behavioral Modification », *Health Services Reports*, 88(9), p. 518 à 533.

MARTIN, C.L. et HALVERSON, C.F. Jr. (1981) « A Schematic Processing Model of Sex-Typing and Stereotyping in Children », *Child Development*, 52, p. 1119 à 1134.

MARTIN, P. (1983) *Éléments de phonologie fonctionnelle : théorie et exercices*, Chicoutimi, Gaëtan Morin.

MARTY, P. (1976) *Les Mouvements individuels de vie et de mort*, Paris, Payot.

MASLOW, A.H. (1972) *Vers une psychologie de l'Être*, Paris, Fayard.

MASTERS, J.C. et WILKINSON, A. (1976) « A Consensual and Discriminative Stereotypy of Sex-Type Judgments by Parents and Children », *Child Development*, 47, p. 208 à 217.

MASTERS, J.C., FORD, M.E., AREND, R., GROTEVANT, H.D. et CLARK, L.V. (1979) « Modeling and Labeling as Integrated Determinants of Children's Sex-Typed Imitative Behavior », *Child Development*, 50, p. 354 à 371.

MATARAZZO, J.D. (1982) « Behavioral Health's Challenge to Academic, Scientific and Professional Psychology », *American Psychology*, 37, p. 1 à 14.

MATARAZZO, J.D. (1983) Behavioral Health : A 1990 Challenge for the Health Sciences Profession, *in* MATARAZZO, J.D., MILLER, N.E., WEISS, S.M. et HERD, J.A. *Behavioral Health : A Handbook of Health Enhancement and Disease Prevention, Behavioral Health : A Handbook of Health Enhancement and Disease Prevention*, New York, John Wiley and sons.

MATARAZZO, J.D., MILLER, N.E., WEISS, S.M. et HERD, J.A. (1983) *Behavioral Health : A Handbook of Health Enhancement and Disease Prevention, Behavioral Health : A Handbook of Health Enhancement and Disease Prevention*, New York, John Wiley and sons.

MAURER, D. et SALAPATEK, P. (1976) « Developmental Changes in the Scanning of Faces by Young Infants », *Child Development*, 47, p. 523 à 527.

MAURY, L. (1980) « De l'objet à l'espace : le problème de l'erreur de place », *L'Année psychologique*, 80, p. 221 à 235.

MAYER-RENAUD, M. (1985) *Les Enfants du silence ; revue de la littérature sur la négligence à l'égard des enfants*, Centre des services sociaux du Montréal métropolitain, Direction des services professionnels, Montréal.

MAZIADE, M., BOUTIN, P., CÔTÉ, R. et THIVIERGE, J. (1986) « Empirical Characteristics of the NYLS Temperament in Middle Childhood : Congruities and Incongruities with Other Studies », *Child Psychiatry and Human Development*, 17, p. 38 à 52.

MAZIADE, M., BOUTIN, P., CÔTÉ, R. et THIVIERGE, J. (1987) « Temperament and Intellectual Development : A Longitudinal Study from Infancy to Four Years », *American Journal of Psychiatry*, 144, p. 144 à 150.

MAZUR, A. (1986) « Revue du livre "The Physical Attractiveness Phenomena" de Gordon L. Patzer (1985) », *Contemporary Sociology*, 15, p. 481.

MCARTHUR, L.Z. et EISEN, S.V. (1976a) « Achievements of Male and Female Storybook Characters as Determinants of Achievement Behavior by Boys and Girls », *Journal of Personality and Social Psychology*, 33, p. 467 à 473.

MCARTHUR, L.Z. et EISEN, S.V. (1976b) « Television and Sex-Role Stereotyping », *Journal of Applied Social Psychology*, 6, p. 329 à 351.

MCCALL, R.B. (1979) *Infants*, Cambridge (Mass.), Harvard University Press.

MCCALL, R.B., PARKE, R.D. et KAVANAUGH, R.D. (1977) « Imitation of Live and Televised Models by Children One to Three Years of Age », *Monographs of the Society for Research in Child Development*, 42(5), p. 173.

McCANDLESS, B.R. et HOYOT, J.M. (1961) « Sex, Ethnicity and Play Preferences of Preschool Children », *Journal of Abnormal and Social Psychology*, 62, p. 683 à 685.

McCONAGHY, M.J. (1979) « Gender Permanence and the Genital Basis of Gender : Stages in the Development of Constancy of Gender Identity », *Child Development*, 50, p. 1223 à 1226.

McCORMACK, A., JANUS, M.D. et BURGESS, A.W. (1986) « Runaway Youths and Sexual Victimization : Gender Differences in an Adolescent Runaway Population », *Child Abuse and Neglect*, 10, p. 387 à 395.

McDEVITT, J. (1975) « Separation, Individuation and Object Constancy », *Journal of the American Psychoanalytic Association*, 23, p. 713 à 742.

McGEE, M.G. (1979) « Human Spatial Abilities : Psychometric Studies and Environmental, Genetic, Hormonal and Neurological Influences, *Psychological Bulletin*, 86, p. 889 à 918.

McKIE, D.C., PRENTICE, B. et REED, P. (1983) *Divorce : la loi et la famille au Canada, document n° 89-502F*, Ottawa, ministère des Approvisionnements.

McKUSICK, L. (1986) *What to Do About AIDS*, Berkeley (Calif.), University of California Press.

MEAD, M. et NEWTON, N. (1967) Cultural Patterning of Perinatal Behavior, *in* RICHARDSON, S.A. et GUTTMACHER, A.F. (édit.) *Child Bearing : Its Social and Psychological Factors*, Baltimore, The William & Wilkins, Co.

MEAD-ROSEN, C. (1987) « The Feerie World of Reunited Twins », *Discover*, 9, p. 36 à 46.

MÉDINA, J., MORALI, C. et SÉNIK, A. (1984) *La Philosophie comme débat entre les textes*, Paris, Magnard.

MEECE, J.L. et PARSONS, J.E. (1982) « Sex Differences in Math Achievement : Toward a Model of Academic Choice », *Psychological Bulletin*, 91, p. 324 à 348.

MEISELMAN, K.C. (1978) *Incest : A Psychological Study of Causes and Effects with Treatment Recommendations*, San Francisco, Jossey-Bass.

MELTZOFF, A.N. et BORTON, R.W. (1979) « Intermodal Matching by Human Neonates », *Nature*, 282, p. 403-404.

MELTZOFF, A.N. et MOORE, M.K. (1983) « Newborn Infants Imitate Adult Facial Gestures », *Child Development*, 54, p. 702 à 709.

MELZACK, R. (1987) « Pain's Gatekeeper », *Psychology Today*, vol. 21, n° 8, p. 50 à 56.

MEQ (1980) MINISTÈRE DE L'ÉDUCATION DU QUÉBEC, *L'École s'adapte à son milieu*, énoncé de politique sur l'école en milieu économiquement faible, Québec, gouvernement du Québec.

MESSIER, C. et ZELLER, C. (1987) *Des Enfants maltraités au Québec ?* Comité de la protection de la jeunesse, Québec, Les Publications du Québec.

MEYER, B. (1980) « The Development of Girl's Sex-Role Attitudes », *Child Development*, 51, p. 508 à 514.

MEYER, J.W. et SOBIESZEK, B. (1972) « Effects of a Child's Sex on Adult Interpretation of its Behavior », *Developmental Psychology*, 6, p. 42 à 48.

MIAM, M. et coll. (1986) « Review of 125 Children, Six Years of Age and under, Who Were Sexually Abused », *Child Abuse and Neglect*, 10, p. 223 à 229.

MICHAELS, R.H. et MELLIN, G.W. (1960) « Prospective Experience with Maternal Rubella and the Associated Congenital Malformations », *Pediatrics*, 26, p. 200 à 209.

MILLER, A. (1984) *C'est pour ton bien : racines de la violence dans l'éducation de l'enfant*, Paris, Aubier.

MILLER, A. (1986) *L'Enfant sous terreur : l'ignorance de l'adulte et son prix*, Paris, Aubier.

MILLER, G.A., GALANTER, E. et PRIBRAM, K.H. (1960) *Plans and the Structure of Behavior*, New York, Holt, Rinehart and Winston.

MILLER, M.M. et REEVES, B.B. (1976) « Children's Occupational Sex-Role Stereotypes : The Linkage between Television Content and Perception », *Journal of Broadcasting*, 20, p. 35 à 50.

MILLER, P.H. (1989) *Theories of Developmental Psychology*, 2ᵉ éd., New York, Freeman.

MILLER, R.W. (1971) « Cole-Coloured Babies. Chlorobiphenyl Poisoning in Japan », *Teratology*, 4, p. 211-212.

MILTON, G.A. (1958) *Five Studies of the Relation between Sex-Role Identification and Achievement in Problem Solving*, (Technical Report 3), New Haven, Connecticut, Department of Industrial Administration and Department of Psychology, Yale University, déc. 1958.

MINISTÈRE DE L'ÉDUCATION DU QUÉBEC (1978) *L'École québécoise : l'enfance en difficulté d'adaptation et d'apprentissage. Énoncé de politique et plan d'action*.

MINISTÈRE DE L'ÉDUCATION DU QUÉBEC (1981) *L'École québécoise : une école communautaire et responsable*, Québec.

MINISTÈRE DE L'ÉDUCATION DU QUÉBEC (1983) *Les Élèves doués et talentueux à l'école québécoise : voies de développement*, Gouvernement du Québec, MEQ, févr.

MINISTÈRE DE L'ÉDUCATION DU QUÉBEC (1985) *Les Élèves doués et talentueux à l'école*, Direction générale des programmes, Québec.

MINISTÈRE DE L'ÉDUCATION DU QUÉBEC (1987) *L'École publique : une école qui sait s'adapter. Les cheminements particuliers de formation, Guide d'organisation et de planification pédagogique*, Québec, Éditeur officiel du Québec (ISBN 2-550-13701-9).

MINISTÈRE DES APPROVISIONNEMENTS ET SERVICES *Rapport du Comité sur les infractions sexuelles à l'égard des enfants et des jeunes*, Canada.

MINTON, C., KAGAN, J. et LEVINE, J.A. (1971) « Maternal Control and Obedience in the Two-Year-Old », *Child Development*, 42, p. 1878 à 1894.

MINUCHIN, P.P. et SHAPIRO, E.K. (1983) The School as a Context for Social Development, *in* HETHERINGTON, E.M. (édit.) *Handbook of Child Psychology*, vol. 4 : *Socialization, Personality and Social Development*, 4ᵉ éd., New York, Wiley.

MISCHEL, W. (1968) *Personality and Assessment*, New York, Wiley.

MISCHEL, W. (1969) « Continuity and Change in Personality », *American Psychologist*, 24, p. 1012 à 1018.

MISCHEL, W. (1970) Sex-Typing and Socialization, *in* MUSSEN, P.H. (édit.) *Carmichael's Manual of Child Psychology*, vol. 2, 3ᵉ éd., New York, Wiley.

MISCHEL, W. (1973) « Toward a Cognitive Social Learning Reconceptualization of Personality », *Psychological Review*, 80, p. 252 à 283.

MISCHEL, W. (1977) « On the Future of Personality Measurement », *American Psychologist*, 32, p. 246 à 254.

MISCHEL, W. (1979) « On the Interface of Cognition and Personality : Beyond the Person-Situation Debate », *American Psychologist*, 34, p. 740 à 754.

MISÈS, R. (1975) *L'Enfant déficient mental*, Paris, Presses Universitaires de France.

MISÈS, R. (1981) *Cinq Études de psychopathologie de l'enfant*, Toulouse, Privat.

MOE, P.G. (1978) « Headaches in Children ; Meeting the Challenge of Management », *Postgraduate Medecine*, 63, p. 169.

MONEY, J. (1987) « Sin, Sickness, or Status ? Homosexual Identity and Psychoneuroendocrinology », *American Psychologist*, 42, p. 384 à 389.

MONEY, J. et EHRHARDT, A.A. (1972) *Man & Woman. Boy & Girls*, Baltimore, John Hopkins University Press.

MONEY, J. et TUCKER, P. (1975) *Sexual Signatures : On Being a Man or a Women*, Boston, Little, Brown.

MONOD, J. (1969) On Symetry and Function in Biological Systems, *in* ENGSTROM, A. et STRANDBERG (édit.) *Symetry and Fonction of Biological Systems at the Macromolecular Level*, New York, Wiley.

MONTEMAYOR, R. (1974) « Children's Performance in a Game and their Attraction to it as a Function of Sex-Typed Labels », *Child Development*, 45, p. 152 à 156.

MONTPLAISIR, J. et DEMERS, L. (1983) « Le somnambulisme », *L'Union médicale du Canada*, 110, p. 272 à 276.

MONTPLAISIR, J. et GODBOUT, R. (1988) Troubles du sommeil et de la vigilance, *in* LALONDE, P., GRUNBERG, F. et coll. (édit.) *Psychiatrie clinique : approche bio-psycho-sociale*, Montréal, Gaëtan Morin.

MOOR, L. (1973) *La Pratique des tests mentaux en psychiatrie infantile*, Paris, Masson et Cie.

MOORE, M.L. (1983) *Realities in Childbearing*, Philadelphia, W.B. Saunders.

MORAND, M. (1987) *La Douance : un concept et une réalité en évolution*, conférence prononcée à l'ouverture du Colloque sur la douance, Montréal, 1ᵉʳ mai.

MORVAL, M.V.G., CYR, F., PALARDY-LAURIER, Y. et RUBIN-PORRET, J. (1986) *Stress et famille : vulnérabilité, adaptation*, Montréal, Les Presses de l'Université de Montréal.

MULDOON, L. (1981) *Incest : Confronting the Silent Crime*, Minnesota Program for Victims of Sexual Assault, Minneapolis.

MUSSEN, P.H. (1973) *The Psychological Development of the Child*, Englewood Cliffs, Prentice-Hall.

MUUSS, R.E. (1972) Adolescent Development and the Secular Trend *in* ROGERS, D. (édit.) *Issues in Adolescent Development*, New York, Appleton-Century Crofts.

MYERS, B.J., WEINRAUB, M. et SHETLER, S. (1979) *Pre-Schoolers' Knowledge of Sex-Role Stereotypes : A Developmental Study*, communication faite au congrès annuel de l'American Psychological Association, New York, sept. 1979.

MYERS, M.L. *et al.* (1968) « A Nutritional Study of School Children in a Depressed Urban District II : Physical and Biochemical Findings », *Journal of American Dietetic Association*, 53, p. 226 à 234.

NADELMAN, L. (1970) « Sex Identity in London Children : Memory, Knowledge and Preference Tests », *Human Development*, 13, p. 28 à 42.

NADELMAN, L. (1974) « Sex Identity in American Children : Memory Knowledge and Preference Tests », *Developmental Psychology*, 10, p. 413 à 417.

NASH, S.C. (1975) « The Relationship among Sex-Role Stereotyping, Sex-Role Preference and the Sex Difference in Spatial Visualization », *Sex Roles*, 1, p. 15 à 32.

NASH, S.C. (1979) Sex-Role as a Mediator of Intellectual Functioning, *in* WITTIG, M.A. et PETERSEN, A.C. (édit.) *Sex Related Differences in Cognitives Functioning*, New York, Academic Press, p. 263 à 302.

NASJLETI, M. (1980) « Suffering in Silence : The Male Incest Victim », *Child Welfare*, 59, p. 269 à 275.

NDIKUYEZE, A.A. (1987) « Épidémiologie du SIDA au Rwanda », communication présentée au Symposium international sur le SIDA en Afrique, Naples, oct. ; compte rendu résumé publié dans le *Washington Post*, 10 oct., p. A6.

NEEDHAM, J.A. (1959) *History of Embryology*, 2ᵉ éd., Cambridge (Mass.), Cambridge University Press.

NEILON, P. (1948) « Shirley's Babies after Fifteen Years : A Personality Study », *Journal of Genetic Psychology*, 73, p. 175 à 186.

NELSON, C.A. (1987) « The Recognition of Facial Expressions in the First Two Years of Life : Mechanisms of Development, *Child Development*, 58, p. 889 à 909.

NELSON, W.E. (1975) *in* VAUGHAM, V.C. et McKAY, J.M. (édit.) *Textbook of Pediatrics*, Philadelphia, Saunders.

NEMEROWICZ, G.M. (1979) *Children's Perceptions of Gender and Work Roles*, New York, Praeger.

NEUHAUSER, C., AMSTERDAM, B., HINES, P. et STEWARD, M. (1978) « Children's Concepts of Healing : Cognitive Development and Locus of Control Factors », *American Journal of Orthopsychiatry*, 48, p. 334.

NEWELL, A., SHAW, J.C. et SIMON, H.A. (1958) « Elements of a Theory of Human Problem Solving », *Psychological Review*, 65, p. 151 à 166.

NEWELL, A. et SIMON, H.A. (1961) « Computer Simulation of Human Thinking », *Science*, 134, p. 2011 à 2017.

NEWELL, A. et SIMON, H.A. (1972) *Human Problem Solving*. Englewood Cliffs (N.J.), Prentice-Hall.

NEWSON, J. et NEWSON, E. (1976) *Seven Years Old in the Home Environment*, London, Allen et Unwin.

NICHOLS, R.A. (1978) « Heredity and Environment : Major Findings from Twins Studies of Ability, Personality and Interests », *Homo*, 29, p. 158 à 173.

NISWANDER, K.R. et GORDON, M. (édit.) (1972) *The Collaborative Perinatal Study of the National Institute of Neurological Diseases and Stroke : The Women and their Pregnancies*, Philadelphie, Saunders.

NOELTING, G. (1973) *Stadex collectif : série de 10 épreuves de développement cognitif*, Québec, Département de psychologie, Université Laval.

NOELTING, G. (1982) *Le Développement cognitif et le mécanisme de l'équilibration*, Chicoutimi, Gaëtan Morin.

NOLLER, P. et TAYLOR, R. (1989) « Parent Education and Family Relations », *Family Relations*, 38, p. 196 à 200.

NOSHPITZ, J.D. (1979) *Basic Handbook of Child Psychiatry*, 2 vol., New York, Basic Books.

NOT, L. (1986) *Perspectives nouvelles pour l'éducation des débiles mentaux*, Toulouse, Privat.

O'BRIEN, M., HUSTON, A.C. et RISLEY, T. (1981) *Emergence and Stability of Sex-Typed Toy Preferences in Toddlers*, communication présentée au congrès de l'Association for Behavior Analysis, Milwaukee, mai 1968.

ODEN, S. (1988) Alternative Perspectives on Children's Peer Relationships, *in* YAWKEY, T.D. et JOHNSON, J.E. (édit.) *Integrative Process and Socialization : Early to Middle Childhood*, Hillsdale (N.J.), Erlbaum.

OGBU, J.U. (1981) « Origins of Human Competence : A Cultural-Ecological Perspective », *Child Development*, 52, p. 413 à 429.

OGBU, J.U. (1988) Culture, Development and Education, *in* PELLEGRINI, A.D. (édit.) *Psychological Bases for Early Education*, New York, Wiley.

OLDFIELD, R.C. (1971) « The Assessment and Analysis of Handedness : The Edinburgh Inventory », *Neuropsychologia*, 9, p. 97 à 114.

OLLER, D.K. et EILERS, R.E. (1988) « The Role of Audition in Infant Babbling », *Child Development*, 59, p. 441 à 449.

OLSON, D.H. et coll. (1983) *Families : What Makes Them Work*, Beverly Hills (Calif.), Sage.

OLWEUS, D. (1980) « Familial and Temperamental Determinants of Aggressive Behavior in Adolescent Boys : A Causal Analysis », *Developmental Psychology*, 16, p. 644 à 666.

OLWEUS, D. (1982) Development of Stable Aggressive Reaction Patterns in Males, *in* BLANCHARD, R. et BLANCHARD, C. (édit.) *Advances in the Study of Aggression*, vol. 1, New York, Academic Press.

OSTER, J. (1972) « Recurrent Abdominal Pain, Headache and Limb Pains in Children and Adolescents », *Pediatrics*, 50, p. 429.

OSTERRIETH, P. (1970) Les milieux, *in* GRATIOT-ALPHANDÉRY, H. et ZAZZO, R. (édit.) *Traité de psychologie de l'enfant*, vol. 1, Paris, Presses Universitaires de France, p. 145 à 187.

OVERTON, W.J. (1984) World Views and their Influence on Psychological Theory and Research : Kuhn − Lakatos − Loudan, *in* REESE H.W. (édit.) *Advances in Child Development and Behavior*, vol. 18, Orlando (Fl.), Academic Press.

OYAMA, S. (1976) « A Sensitive Period for the Acquisition of a Nonnative Phonological System », *Journal of Psycholinguistic Research*, 5, p. 261 à 283.

PALARDY-LAURIER, Y. (1986) Le placement en famille d'accueil, *in* MORVAL, M.V.G., CYR, F., PALARDY-LAURIER, Y. et RUBIN-PORRET, J. *Stress et famille : vulnérabilité, adaptation*, Montréal, Les Presses de l'Université de Montréal.

PALMER, S.E. (1971) « The Decision to Separate Children from their Natural Parents », *The Social Worker — Le travailleur social*, 39, p. 82 à 87.

PAOUR, J.L. (1979) Apprentissage de notions de conservation et induction de la pensée opératoire concrète chez les débiles mentaux, *in* ZAZZO, R. et équipe HHR, *Les Débilités mentales*, 2ᵉ éd., Paris, Colin, p. 421 à 465.

PAPALIA, D.E. et TENNENT, S.S. (1975) « Vocational Aspiration in Preschoolers : A Manifestation of Early Sex-Role Stereotyping », *Sex Roles*, 1, p. 197 à 199.

PAPALIA, D.E. et OLDS, S.W. (1982) *A Child's World*, 3ᵉ éd., New York, McGraw-Hill.

PAPERT, S. (1981) *Jaillissement de l'esprit*, Paris, Flammarion.

PAPIERNIK, E. (1980) *Les Problèmes périnataux de la prématurité. Progrès ou stagnation*, Journées nationales de médecine périnatale, vol. 1, Paris, Arnette.

PAPOUSEK, H. et PAPOUSEK, M. (1974) « Mirror-Image and Self-Recognition in Young Human Infants : I. A New Method of Experimental Analysis », *Developmental Psychobiology*, 7, p. 149 à 157.

PARIS, S.G. et LINDAUER, B.K. (1982) The Development of Cognitive Skills during Childhood, *in* WOLMAN, B.J. (édit.) *Handbook of Developmental Psychology*, Englewood Cliffs (N.J.), Prentice-Hall.

PARKE, R.D. et SUOMI, S.J.A. (1980) Adult Male — Infant Relationships : Human and Nonprimate Evidence, *in* IMMELMANN, K., BARLOW, G., MAIN, M. et PETRINOVITCH, L. (édit.) *Behavioral Development : The Bielefeld Interdisciplinary Project*, New York, Cambridge University Press.

PARKE, R.D. et SLABY, R.G. (1983) The Development of Aggression, *in* MUSSEN, P.H. *Handbook of Child Psychology*, 4ᵉ éd., vol. IV : *Socialization, Personality and Social Development*, New York, John Wiley & Sons, chap. 7, p. 547 à 641.

PARKER, H. et PARKER, S. (1986) « Father-Daughter Sexual Abuse : An Emerging Perspective », *American Journal of Orthopsychiatry*, 56, p. 531 à 549.

PARKER, J.G. et ASHER, S.R. (1987) « Peer Relations and Later Personal Adjustment : Are Low-Accepted Children at Risk ? », *Psychological Bulletin*, 102, p. 357 à 389.

PARSONS, J.E., RUBLE, D.N., HODGES, K.L. et SMALL, A.W. (1976) « Cognitive-Developmental Factors in Emerging Sex Differences in Achievement-Related Expectancies », *Journal of Social Issues*, 32(3), p. 47 à 61.

PARSONS, J.E. (1982) Attributions, Learned Helplessness and Sex Differences in Achievement, *in* YUSSEN, S.R. (édit.) *The Development of Reflection*, New York, Academic Press.

PATTERSON, G.R. (1982) *Coercive Family Processes*, Eugene (Oreg.), Castilia Press.

PATTERSON, G.R. et DISHION, T.J. (1988) Multilevel Family Process Models : Traits, Interactions and Relationships, *in* HINDE, R. et STEVENSON-HINDE, J. (édit.) *Relationships within Families : Mutual Influences*, Oxford, England, Clarendon Press.

PATTERSON, G.R., DE BARYSHE, B.D. et RAMSEY, E. (1989) « A Developmental Perspective on Antisocial Behavior », *American Psychologist*, 44, p. 329 à 335.

PATZER, G.L. (1985) *The Physical Attractiveness Phenomena*, New York, Plenum.

PAULHUS, D.L. et MARTIN, C.L. (1986) « Predicting Adult Temperament from Minor Physical Anomalies », *Journal of Personality and Social Psychology*, 50, p. 1235 à 1239.

PEARL, D. (1986) Violence and Aggression, *in* FITZGERALD, H.E. et WALRAVEN, M.G. (édit.) *Human Development*, Guilford Connecticut, Annual Editions.

PEDRO-CARROLL, J.L. (1985) *The Children of Divorce Intervention Program. Procedures Manual*, Rochester (N.Y.), University of Rochester.

PEDRO-CARROLL, J.L. et COWEN, L.E. (1985) « The Children of Divorce Intervention Program : An Investigation of the Efficacy of a School-Bases Prevention Program », *Journal of Consulting and Clinical Psychology*, 53, p. 603 à 611.

PEDRO-CARROLL, J.L., COWEN, L.E., HIGHTOWER, A.K. et GUARE, C.J. (1986) « Preventive Intervention with Latency-Aged Children of Divorce : A Replication Study », *American Journal of Community Psychology*, 14, p. 277 à 290.

PELSSER, R. (1989) *Manuel de psychopathologie de l'enfant et de l'adolescent*, Montréal, Gaëtan Morin.

PENDFIELD, W. et LAMAR, R. (1959) *Speech and Brain Mechanisms*, Princeton (N.J.), Princeton University Press.

PENNINGTON, B.F., BENDER, B., PUCK, M., SALENBLATT, J. et ROBINSON, A. (1982) « Learning Disabilities in Children with Sex Chromosome Anomalies », *Child Development*, 53, p. 1182 à 1192.

PÉRIER, E. (1888) *La Seconde Enfance. Guide hygiénique des mères et des personnes appelées à diriger l'éducation de la jeunesse*, Paris, Baillière.

PERLOF, R.M. (1977) « Some Antecedents of Children's Sex-Role Stereotypes », *Psychological Reports*, 40, p. 463 à 466.

PERREAULT, N. (1985) *Mesure de la permanence de l'objet chez le chat adulte par l'administration d'épreuves standardisées adaptées, thèse de maîtrise non publiée*, Québec, École de psychologie, Université Laval.

PERRON, R. (1977) « Dysharmonies évolutives et troubles des fonctions cognitives », *L'Information psychiatrique*, 53, p. 1047 à 1062.

PERRON, R. et MISÈS, R. (1984) *Retards et perturbations psychologiques chez l'enfant*, Paris, Les publications du CTNERHI (Centre technique national d'études et de recherches sur les handicaps et les inadaptations).

PERRY, D.G. et BUSSEY, K. (1979) « The Social Learning Theory of Sex Differences : Imitation is Alive and Well », *Journal of Personality and Social Psychology*, 37, p. 1699 à 1712.

PERRY, D.G., PERRY, L.C., BUSSEY, K., ENGLISH, D. et ARNOLD, G. (1980) « Processes of Attribution and Children's Self-Punishment Following Misbehavior », *Child Development*, 51, p. 545 à 551.

PERRY, D.G. et BUSSEY, K. (1984) *Social Development*, Englewood Cliffs (N.J.), Prentice-Hall.

PERRY, S. et HEIDRICH, G. (1982) « Management of Pain during Debridement : A Survey of Prehospital Preparation for Children », *Journal of Pediatric Psychology*, 5, 1.

PERSAUD, T.V.N., CHUDLEY, A.E. et SKALKO, R.G. (1985) *Basic Concepts in Teratology*, New York, Alan R. Liss.

PETERSEN, A.C. (1976) « Physical Androgyny and Cognitive Functioning in Adolescence », *Developmental Psychology*, 12, p. 524 à 533.

PETERSEN, A.C. (1979) Hormones and Cognitive Functioning in Normal Development, *in* WITTIG, M.A. et PETERSEN, A.C. (édit.) *Sex-Related Differences in Cognitive Functioning*, New York, Academic Press, p. 189 à 214.

PETERSEN, A.F., GARRIGUES, P. et DE ROQUEFEUIL, G. (1984) Jeu et activité autorégulatrice : le jeu en tant que résolution de problème chez l'animal et l'enfant, *in* GUILLEMAUT, J., MYQUEL, M. et SOULAYROL, R. *Le Jeu et l'enfant*, Paris, Expansion scientifique française.

PETERSON, L. et RIDLEY-JOHNSON, R. (1980) « Pediatric Hospital Response to Survey on Prehospital Preparation for Children », *Journal of Pediatric Psychology*, 5, 1.

PETTIS, K. W. et HUGUES, D.R. (1985) « Sexual Victimization of Children ; a Current Perspective », *Behavioral Disorders*, févr., p. 136 à 144.

PFEFFER, R. (1979) « Suicidal Behavior in Latency-Age Children : An Empirical Study », *Journal of the American Academy of Child Psychiatry*, vol. 18, n° 4, p. 679 à 692.

PFEIFFER, J. (édit.) (1964) *The Cell*, New York, Time, Inc.

PHILIPS, I. et WILLIAMS, N. (1975) « Psychopathology and Mental Retardation : A Study of 100 Mentally Retarded Children : Psychopathology », *American Journal of Psychiatry*, 132, p. 1265 à 1271.

PIAGET, J. (1907) « Un moineau albinos », *Le Rameau de sapin*, Neuchâtel, 41, p. 36.

PIAGET, J. (1918) *Recherche*, Lausanne, Édition La Concorde.

PIAGET, J. (1921a) « Essai sur quelques aspects du développement de la notion de partie chez l'enfant », *Journal de psychologie*, 38, p. 449 à 480.

PIAGET, J. (1921b) « Une forme verbale de comparaison chez l'enfant », *Archives de psychologie*, 18, p. 143 à 172.

PIAGET, J. (1922a) « Essai sur la multiplication logique et les débuts de la pensée formelle chez l'enfant », *Journal de psychologie*, 38, p. 222 à 261.

PIAGET, J. (1922b) « La pensée symbolique et la pensée chez l'enfant », *Archives de psychologie*, 38, p. 273 à 304.

PIAGET, J. (1923) *Le Langage et la pensée chez l'enfant*, Neuchâtel, Delachaux et Niestlé.

PIAGET, J. (1924) *Le Jugement et le raisonnement chez l'enfant*, Paris, Alcan.

PIAGET, J. (1926) *La Représentation du monde chez l'enfant*, Paris, Alcan.

PIAGET, J. (1932) *Le Jugement moral chez l'enfant*, Paris, Alcan.

PIAGET, J. (1936 et 1966, 5ᵉ éd.) *La Naissance de l'intelligence chez l'enfant*, Neuchâtel et Paris, Delachaux et Niestlé.

PIAGET, J. (1937) *La Construction du réel chez l'enfant*, Neuchâtel et Paris, Delachaux et Niestlé.

PIAGET, J. (1946) *La Formation du symbole chez l'enfant*, Neuchâtel et Paris, Delachaux et Niestlé.

PIAGET, J. (1953) « How Children Form Mathematical Concepts », *Scientific American*, 189, p. 74 à 79.

PIAGET, J. (1956) *Le Jugement et le raisonnement chez l'enfant*, Neuchâtel, Delachaux et Niestlé.

PIAGET, J. (1957) *Le Jugement moral chez l'enfant*, 2ᵉ éd., Paris, Presses Universitaires de France.

PIAGET, J. (1963) *La Naissance de l'intelligence*, 4ᵉ éd., Paris, Presses Universitaires de France.

PIAGET, J. (1964) *La Formation du symbole*, Neuchâtel, Delachaux et Niestlé.

PIAGET, J. (1964) *Six Études de psychologie*, Paris, Gonthier.

PIAGET, J. (1967) *La Psychologie de l'intelligence*, Paris, Armand Colin.

PIAGET, J. (1968) *La Naissance de l'intelligence chez l'enfant*, Neuchâtel, Delachaux et Niestlé.

PIAGET, J. (1968) *Mémoire et intelligence*, Paris, Presses Universitaires de France.

PIAGET, J. (1970) Piaget's Theory, *in* MUSSEN, P.H. (édit.) *Carmichael's Manual of Child Psychology*, 3ᵉ éd., vol. 1, New York, Wiley, p. 703 à 732.

PIAGET, J. et INHELDER, B. (1971) *Psychologie de l'enfant*, Paris, Presses Universitaires de France (Coll. « Que sais-je ? », n° 369).

PIAGET, J. (1974) *Réussir et comprendre*, Paris, Presses Universitaires de France.

PIAGET, J. (1976) « Autobiographie », *Revue européenne des sciences sociales*, tome XIV, p. 1 à 43.

PIAGET, J. (1977) *La Construction du réel chez l'enfant*, 6ᵉ éd., Paris, Delachaux et Niestlé.

PIAGET, J. (1977) *La Naissance de l'intelligence*, 9ᵉ éd., Neuchâtel, Delachaux et Niestlé.

PICARD, J.-P. (1983) *Les Parents dans l'école... du rêve au défi*, Montréal, Éditions Ville-Marie.

PICHOT, F. et ALVIN, P. (1985) « L'inceste père—fille, expérience clinique à partir de 20 cas », *Revue de neuropsychiatrie de l'enfance et de l'adolescence*, 33(6), p. 235 à 240.

PIÉRAULT-LE BONNIEC, G. (édit.) (1987) *Connaître et le dire*, Bruxelles, Mardaga.

PIERCE, R.L. et PIERCE, L.H. (1985) « The Sexually Abused Child : A Comparaison of Male and Female Victims », *Child Abuse and Neglect*, 9, p. 191 à 199.

PINGREE, S. (1979) « The Effects on Nonsexist Television Commercials and Perceptions of Reality on Children's Attitudes about Women », *Psychology of Women Quarterly*, 2, p. 262 à 277.

PITKIN, R.M. (1976) « Nutritional Support in Obstetrics and Gynecology », *Clinical Obstetrics and Gynecology*, 19, p. 489.

PLANTE, G. (1978) *Le Concept de soi de l'underachiever intellectuellement doué*, mémoire de maîtrise non publié, Université du Québec à Trois-Rivières.

PLECK, J.H. (1975) « Masculinity-Femininity : Current and Alternate Paradigms », *Sex Roles*, 1, p. 161 à 178.

PLOMIN, R. et FOCH, T.T. (1981) « Sex Differences and Individual Differences », *Child Development*, 52, p. 386 à 388.

PLOMIN, R. (1984) Childhood Temperament, *in* LAHEY, B. et KASDIN, A. (édit.) *Advances in Clinical Child Psychology*, vol. 6, New York, Plenum.

POIRIER, J. (1983) « Bref historique de l'éducation pour les élèves doués et talentueux », *Apprentissage et socialisation*, 6, p. 137 à 144.

POLLOCK, C. et STEELE, B. (1977) Une approche thérapeutique des parents, *in* KEMPE, C.H. (édit.) *L'Enfant battu et sa famille*, Fleurus, Paris.

POMERLEAU, A. et MALCUIT, G. (1983) *L'Enfant et son environnement*, Sillery, Presses de l'Université du Québec.

PORTER, F.L., MILLER, R.H. et MARSHALL, R.E. (1986) « Neonatal Pain Cries : Effect of Circumcision on Acoustic Features and Perceived Urgency », *Child Development*, 57, p. 790 à 802.

PORTER, R.H., CERNOCH, J.M. et McLAUGHLIN, F.J. (1983) « Maternal Recognition of Neonates through Olfactory Cues », *Physiology and Behavior*, 30, p. 151 à 154.

POWELL, G.F., BRASEL, J.A. et BILZZARD, R.M. (1967) « Emotional Deprivation and Growth Retardation Simulating Idiopathic Hypopituitarism », *New England Journal of Medicine*, 276, p. 1271 à 1278.

POWELL, J.G. (1979) Psychosocial Development : Eight to Ten Years, *in* NOSBPITS, J.D. (édit.) *Basic Handbook of Child Psychiatry*, vol. 1, New York, Basic Books.

POWER, T.G. et PARKE, R.D. (1983) Play as Context for Early Learning : Lab and Home Analyses, *in* SIGEL, I.E. et LAOSA, L.M. (édit.) *The Family as a Learning Environment*, New York, Plenum.

PRATT, L. (1973) « Child Rearing Methods and Children's Behavior », *Journal of Health Social Behavior*, 19, p. 2 à 21.

PRIBRAM, K.H. (1982) Localization and Distribution of Function in the Brain, *in* ORBACH, J. (édit.) *Neuropsychology after Lashley*, Hillsdale (N.J.), Lawrence Erlbaum.

PROVENCE, S. et LIPTON, R. (1962) *Infants in Institutions*, New York, International Universities Press.

PROVENCE, S. (1979) Development from Six to Twelve Months, *in* NOSHPITZ, J.D. (édit.) *Basic Handbook of Child Psychiatry*, vol. 1, New York, Basic Books, p. 113 à 118.

PUTNAM, H. (1973) « Reductionism and the Nature of Psychology », *Cognition*, 2, p. 131 à 146.

RAINWATER, L. (1956) « A Study of Personality Differences between Middle and Lower Class Adolescents : The Szondi Test in Culture-Personality Research », *Genetic Psychology Monograph*, 54, p. 3 à 86.

RANDALL, C.L. et TAYLOR, W. (1979) « Prenatal Ethanol Exposure in Mice : Teratogenic Effects », *Teratology*, 19, p. 305 à 312.

RATCLIFFE, S.G. et FIELD, M.A.S. (1982) « Emotional Disorder in XXY Children : Four Case Reports », *Journal of Child Psychology and Psychiatry*, 23, p 401 à 406.

RAY, W.J., GEORGIOU, S. et RAVIZZA, R. (1979) « Spatial Abilities, Sex Differences and Lateral Eye Movements », *Developmental Psychology*, 15, p. 455 à 457.

REBECCA, M., HEFNER, R. et OLESHANSKY, B. (1976) « A Model of Sex-Role Transcendence », *Journal of Social Issues*, 32(3), p. 197 à 206.

REICH, P.A. (1986) *Language Development*, Englewood Cliffs (N.J.), Prentice-Hall.

REINHART, M.A. (1987) « Sexually Abused Boys », *Child Abuse and Neglect*, 11, p. 229 à 235.

REINISCH, J.M. et KAROW, W.G. (1977) « Prenatal Exposure to Synthetic Progestins and Estrogens : Effects on Human Development », *Archives of Sexual Behavior*, 6, p. 257 à 288.

REINISCH, J.M., GANDELMAN, R. et SPIEGEL, F.S. (1979) Prenatal Influences on Cognitive Abilities : Data from Experimental Animals and Human Genetic and Endocrine Syndromes, *in* WITTIG, M.A. et PETERSEN, A.C. (édit.) *Sex-Related Differences in Cognitive Functioning*, New York, Academic Press, p. 215 à 240.

REINISCH, J.M. (1981) Prenatal Exposure to Synthetic Progestins Increases Potential for Aggression in Humans, *Science*, 211, p. 1171 à 1173.

REINISCH, J.M., ROSENBLUM, L.A. et SANDERS, S.A. (sous presse) *Masculinity Feminity : Concepts and Definitions*, New York, Oxford University Press.

REKERS, G.A., CRANDALL, B.F., ROSEN, A.C. et BENTLER, P.M. (1979) « Genetic and Physical Studies of Male Children with Psychological Gender Disturbances », *Psychological Medicine*, 9, p. 373 à 375.

RENAUD, A. (1983) Préface, *in* JOSHI, P. et DE GRACE, G. (1983) *Conceptions contemporaines de la santé mentale*, Montréal, Décarie.

RENZULLI, J.S. (1977) *The Enrichment Triad Model : A Guide for Developing Defensible Programs for the Gifted and Talented*, Mansfield Center, CT. Creative Learning Press.

RENZULLI, J.S. (1986) The Three Ring Conception of Giftedness : A Developmental Model for Creative Productivity, *in* STERNBERG, R.J.

et DAVIDSON, J.E. (édit.) *Conceptions of Giftedness*, Cambridge, Cambridge University Press.

REST, J.R. (1983) Morality, *in* MUSSEN, P.H. (édit.) *Handbook of Child Psychology*, 4ᵉ éd., vol. 3, FLAVELL, J.H. et MARKMAN, E.M. (édit.) New York, Wiley.

RHEINGOLD, H.L. et COOK, K.V. (1975) « The Content of Boy's and Girl's Rooms as an Index of Parents Behavior », *Child Development*, 46, p. 459 à 463.

RICE, M.L. (1989) « Children's Language Acquisition », *American Psychologist*, 44, p. 149 à 156.

RICHARDS, M.P.M. (1974) *The Integration of a Child in to a Social World*, Cambridge, Cambridge University Press.

RICHARDSON, D. (1987) *Women and the AIDS Crisis*, Londres, Pandora.

RICHARDSON, S.A., GROFF, M.G. et HUBBLE, L.M. (1984) « A Comparison of Father−Daughter and Stepfather−Stepdaughter Incest », *Criminal Justice and Behavior*, 11, p. 461 à 475.

RICHMOND, P.G. (1980) « A Limited Sex Difference in Spatial Test Scores with a Preadolescent Sample », *Child Development*, 51, p. 501 à 512.

RIMSZA, M.E. et NIGGEMANN, E.H. (1982) « Medical Evaluation of Sexually Abused Children : A Review of 311 Cases », *Pediatrics*, 69, p. 8 à 14.

ROBIN, L.N. et EARLS, F. (1985) A Program for Preventing Antisocial Behavior for High-Risk Infants and Preschoolers : A Research Prospectus, *in* HOUGH, R.L., GONGLA, P.A., BROWN, V.B. et GOLSTON, S.E. (édit.) *Psychiatric Epidemiology and Prevention : The Possibilities*, Los Angeles, Neuropsychiatric Institute.

ROBINSON, N.M. (1987) « Psychology and Mental Retardation », *American Psychologist*, 42, p. 791.

ROBSON, K.S. (1979) Development of the Human Infants from Two to Six Months, *in* NOSHPITZ, J.D. (édit.) *Basic Handbook of Child Psychiatry*, New York, Basic Books.

ROGERS, C. (1968) *Le Développement de la personne*, Paris, Dunod.

ROGERS, C. et TERRY, T. (1984) Clinical Intervention with Boy Victims of Sexual Abuse, *in* STUART, R.I. et GREER, J.G. (édit.) *Victims of Sexual Aggression : Treatment of Children, Women and Men*, New York, Van Nostrand Reinhold.

ROGERS, L. (1976) Male Hormones and Behavior, *in* LLOYD, B.B. et ARCHER, J. (édit.) *Exploring Sex Differences*, London, Academic Press.

ROIPHE, H. (1968) On Early Genital Phase : With an Addendum on Genesis, *in* EISSLER, R.S. *et al.* (édit.) *The Psychoanalytic Study of the Child*, vol. 23, New York, International Universities Press, p. 348 à 365.

ROIPHE, H. (1973a) The Infantile Fetish, *in* EISSLER, R.S. *et al.* (édit.) *The Psychoanalytic Study of the Child*, vol. 28, New Haven, Yale University Press, p. 147 à 166.

ROIPHE, H. (1973b) « Object Loss and Early Sexual Development », *Psychoanalytic Quarterly*, 42, p. 73 à 90.

ROIPHE, H. (1979) A Theoretical Overview of Preœdipal Development during the First Four Years of Life, *in* NOSHPITZ, J.D. (édit.) *Basic Handbook of Child Psychiatry*, vol. 1, New York, Basic Books.

ROSE, R.M., GORDON, T.P. et BERNSTEIN, I.S. (1972) « Plasma Testosterone Levels in the Male Rhesus : Influences of Sexual and Social Stimuli », *Science*, 178, p. 643 à 645.

ROSEN, M.C. (1987) « The Feerie World of Reunited Twins », *Discover*, 8.

ROSENBERG, A. et KAGAN, J. (1987) « Iris Pigmentation and Behavioral Inhibition », *Developmental Psychobiology*, 20, p. 377 à 392.

ROSENBLATT, J.S., HINDE, R.A., BEER, C. et BUSNEL, M. (1979) *Advances in the Study of Behavior*, vol. 9, New York, Academic Press.

ROSENFELD, A.A. (1977) « Sexual Misuse and the Family », *Victimology*, 2, p. 226 à 235.

ROSENTHAL, R. (1966) *Experimental Effects in Behavioral Research*, New York, Appleton-Century Crofts.

ROSENTHAL, R. et JACOBSON, L. (1968) *Pygmalion in the Classroom : Teacher Expectation and Pupils' Intellectual Development*, New York, Holt, Rinehart and Winston, 1968.

ROSS, D. et ROSS, S. (1968) « Leniency toward Cheating in Preschool Children », *Journal of Educational Psychology*, 60, p. 483 à 487.

ROTHBART, M.K. et MACCOBY, E.E. (1966) « Parent's Differential Reactions to Sons and Daughters », *Journal of Personality and Social Psychology*, 4, p. 237 à 243.

ROUYER, M. (1962) « Psychopathologie de la maltraitance », *in* STRAUSS, P. et MANCIAUX, M. *L'Enfant maltraité*, Paris, Fleurus, chap. 4, p. 103 à 129.

ROUYER, M. et DROUET, M. (1986) *L'Enfant violenté : des mauvais traitements à l'inceste*, Paris, Païdos/Le Centurion.

ROVEE, C.K., COHEN, R.Y. et SHLAPACK, W. (1975) « Life-Span Stability in Olfactory Sensitivity », *Developmental Psychology*, 11, p. 311 à 318.

ROY, A. (1987) *Parents abusifs : étude des déterminants du comportement*, essai de maîtrise inédit, École de psychologie, Université Laval.

ROY, Y., SAUCIER, A., ST-PIERRE, M.-A. et coll. (1985) *Le Système de santé et de services sociaux au Québec : annexe statistique*, Québec, Bibliothèque nationale du Québec.

RUBIN, J.Z., PROVENZANO, F.J. et LURIA, Z. (1974) « The Eye of the Beholder : Parents' Views on Sex of Newborns », *American Journal of Orthopsychiatry*, 44, p. 512 à 519.

RUBIN, K.H., FEIN, G.G. et VANDENBERG, B. (1983) Play, *in* MUSSEN, P.H. (édit.) *Handbook of Child Psychology*, vol. 4, New York, Wiley.

RUBLE, D.N. et RUBLE, T.L. (1980) Sex-Stereotypes, *in* MILLER, A.G. (édit.) *In the Eye of the Beholder : Contemporary Issues in Stereotyping*, New York, Holt, Rinehart and Winston.

RUBLE, D.N., BALABAN, T. et COOPER, J. (1981) « Gender Constancy and the Effects of Sex-Typed Television Toy Commercials », *Child Development*, 52, p. 667 à 673.

RUMEAU-ROUQUETTE, C. (1975) « Périnatalité et handicaps », *Revue de pédiatrie*, 11, p. 171.

RUMEAU-ROUQUETTE, C. (1979) *Naître en France*, vol. 1, Paris, INSERM.

RUSH, F. (1983) *Le Secret le mieux gardé : l'exploitation sexuelle des enfants*, Paris, Denoël/Gonthier.

RUSSELL, D.E.H. (1983) « The Incidence and Prevalence of Intrafamilial and Extrafamilial Sexual Abuse of Female Children », *Child Abuse and Neglect*, 7, p. 133 à 146.

RUSSELL, D.E.H. (1984) *Sexual Exploitation, Rape, Child Sexual Abuse and Work Place Harassment*, Beverly Hills, Sage.

RUSSELL, M.J., MENDELSON, T. et PEEKE, H.V. (1983) « Mother's Identification of their Infant's Odors », *Ethology and Sociobiology*, 4, p. 29 à 31.

RUTHERFORD, E. et MUSSEN, P. (1971) « Generosity in Nursery School Boys », *Child Development*, 39, p. 755 à 765.

SALBREUX, R. (1981) « Apport de l'épidémiologie à la notion de déficience mentale et sa prise en charge. À propos de plusieurs enquêtes récentes », *Neuropsychiatrie de l'enfance*, 29, p. 107.

SAMEROFF, A.J. et CHANDLER, M.J. (1975) Reproductive Risk and the Continuum of Caretaking Casualty, *in* HOROWITZ, F. (édit.) *Review of Child Development Research*, vol. 4, Chicago, University of Chicago Press.

SANDER, L.W. (1975) Infant and Caretaking Environment : Investigation and Conceptualization of Adaptive Behavior in System of Increasing Complexity, *in* ANTHONY, E.J. (édit.) *Explorations in Child Psychiatry*, New York, Plenum.

SANDER, L.W. (1977) The Regulation of Exchange in Infant-Caregiver System and Some Respect of the Context-Contrast Relationship, *in* LEWIS, M. et ROSENBLUM, L.A. (édit.) *Interaction Conversation and the Development of Language*, New York, Wiley.

SANDER, L.W. (1979) *Development as Creative Process*, Boston, Boston University Medical Center Press.

SANDERS, S.H. (1979) Behavioral Assessment and Treatment of Clinical Pain : Appraisal and Current Status, *in* HERSEN, M., EISLER, R.M. et MILLER, P.M. (édit.) *Progress in Behavior Modification*, New York, Academic Press.

SARNOFF, C.A. (1983) The Father's Role in Latency, *in* CATH, S.H., GURWITT, A.A. et MUNDER ROSS, J. (édit.) *Father and Child : Developmental and Clinical Perspectives*, Boston, Little, Brown and Co.

SCANLON, J.W. et HOLLENBECK, A.R. (1983) Neonatal Behavioral Effects of Anesthetic Exposure during Pregnancy, *in* FRIEDMAN, E.A., MILUSKY, A. et GLUCK, A. (édit.) *Advances in Perinatal Medecine*, New York, Plenum.

SCARR, S., WEINBERG, R.A. et LEVINE, A. (1986) *Understanding Development*, San Diego (Calif.), Harcourt Brace Jovanovitch.

SCARR-SALAPATEK, S. (1975) Genetics and the Development of Intelligence, *in* HOROWITZ, F.D. (édit.) *Review of Child Development Research*, Chicago, University of Chicago Press.

SCHAFFER, H.R. (1971) *The Origins of Human Social Relations*, New York, Academic Press.

SCHAU, C.G., KAHN, L., DIEPOLD, J.H. et CHERRY, F. (1980) « The Relationships of Parental Expectations and Preschool Children's Verbal Sex Typing to their Sex-Typed Toy Play Behavior », *Child Development*, 51, p. 266 à 270.

SCHEINFELD, A. (1965) *Your Heredity and Environment*, Philadelphia, Lippincott.

SCHEINFELD, A. (1973) *Twins and Supertwins*, Baltimore, Penguin Books.

SCHELL, R.E. et HALL, E. (1980) *Psychologie génétique*, traduit par A. Chauveau, M. Claes et M. Gauthier, Montréal, Éditions du Renouveau pédagogique.

SCHERZER, L.N. et LALA, P. (1980) « Sexual Offenses Committed against Children », *Clinical Pediatrics*, 19, p. 679 à 685.

SCHOFIELD, J.W. et SAGAR, H.A. (1977) « Peer Interaction Patterns in an Integrated Middle School », *Sociometry*, p. 130 à 138.

SCHROEDER, C.S., SCHROEDER, S.R. et DAVINE, M.A. (1978) Learning Disabilities : Assessment and Management of Reading Problems, *in* WOLMAN, B.B. (édit.) *Handbook of Treatment of Mental Disorders in Childhood and Adolescence*, Englewood Cliffs (N.J.), Prentice-Hall.

SCHUETZ, S. et SPRAFKIN, J.N. (1978) Spot Messages Appearing within Saturday Morning Television Programs, *in* TUCHMAN, G., DANIELS, A.K. et BENET, J. (édit.) *Hearth and Home : Images of Women in the Mass Media*, New York, Oxford University Press, p. 69 à 77.

SCHULZ, D. et RODGERS, S. (1980) *Marriage, the Family and Personal Fulfillment*, 2ᵉ éd., Englewood Cliffs (N.J.), Prentice-Hall.

SCHWARTZ, J.C. (1968) « Fear and Attachment in Young Children », *Merill-Palmer Quarterly*, 14, p. 313 à 322.

SCOTT, G.B., FISHL, M.A., KLIMAS, N. et coll. (1980) « Mother of Infants with the Acquired Immunodeficiency Syndrome », *Journal of the American Medical Association*, 255, p. 363 à 366.

SCOTT, K.G. et CARRAN, D.T. (1987) « The Epidemiology and Prevention of Mental Retardation », *American Psychologist*, 42, p. 801 à 804.

SCOTT, R.L. et STONE, D.A. (1986) « MMPI Profile Constellations in Incest Families », *Journal of Consulting and Clinical Psychology*, 54, p. 6 à 14.

SEARS, R.R., MACCOBY, E.E. et LEVIN, H. (1957) *Patterns of Child Rearing*, Evanston (Ill.), Row, Peterson.

SEAVEY, C.A., KATZ, P.A. et ZALK, S.R. (1975) « Baby X : The Effect of Gender Labels on Adult Responses to Infants », *Sex Roles*, 1, p. 103 à 109.

SEDNEY, M.A. et BROOKS, B. (1984) « Factors Associated with a History of Childhood Sexual Experience in a Non-Clinical Female Population », *Journal of the American Academy of Child Psychiatry*, 23, p. 215 à 218.

SEGALEN, M. (1988) *Sociologie de la famille*, Paris, Colin.

SELIGMAN, M.E.P. (1974) Depression and Learned Helplessness, *in* FRIEDMAN, R.J. et KATZ, M.M. (édit.) *The Psychology of Depression : Contemporary Theory and Research*, Washington (D.C.), Winston-Wiley.

SELMAN, R.L. (1980) *The Growth of Interpersonal Understanding*, New York, Academic Press.

SELTZER, G.B. (1983) Systems of Classification, *in* MATSON, J.L. et MULICK, J.A. (édit.) *Handbook of Mental Retardation*, New York, Pergamon Press.

SENF, G.M. (1987) Learning Disabilities as Sociologic Sponge : Wiping up Life's Spills, *in* VAUGHN, S. et BOS, C.S. (édit.) *Research in Learning Disabilities*, Boston, Little, Brown and Co.

SERBIN, L.A., TONICK, I.J. et STERNGLANZ, S.H. (1977) « Shaping Cooperative Cross-Sex Play », *Child Development*, 48, p. 924 à 929.

SERRANO, A.C., ZUELZER, M.B., HOWE, D.D. et REPOSA, R.E. (1979) « Ecology of Abusive and Nonabusive Families », *Journal of Child Psychiatry*, 75, p. 175 à 179.

SGROI, S.M. (1986) *L'Agression sexuelle et l'enfant : approche et thérapies*, Saint-Laurent (Québec), Éditions du Trécarré.

SHAFFER, D.R. (1979) *Social and Personality Development*, Monterey, Brooks/Cole.

SHANK, R.E. (1970) « A Chink in our Armor », *Nutrition Today*, 5, p. 2 à 11.

SHANTZ, C.U. (1975) The Development of Social Cognition *in* HETHERINGTON, M.E. (édit.) *Review of Child Development Research*, vol. 5, Chicago, University of Chicago Press.

SHANTZ, C.U. (1983) Social Cognition, *in* FLAVELL, J.H. et MARKMAN, E.M. (édit.) *Handbook of Child Psychology : Cognitive Development*, vol. 3, New York, Wiley (P.H. Mussen, General Editor).

SHARP, D. (1973) *Language in Bilingual Communities*, London, Arnold.

SHAW, E.G. et ROUTH, D.K. (1982) « Effects of Mother's Presence on Children's Reaction to Aversive Procedures », *Journal of Pediatric Psychology*, 1(1), p. 33.

SHEPARD, T.H. (1977) Maternal Metabolic and Endocrine Imbalances, *in* WILSON, J.G. et FRASER, F.C. (édit.) *Handbook of Teratology*, vol. 1, New York, Plenum Press.

SHERMAN, J.A. et FENNEMA, E. (1977) « The Study of Mathematics by High School Girls and Boys : Related Variables », *American Educational Research Journal*, 14, p. 159 à 168.

SHERMAN, J.A. (1980) « Mathematics, Spatial Visualization and Related Factors : Changes in Girls and Boys, Grades 8-11 », *Journal of Educational Psychology*, 72, p. 476 à 482.

SHERMAN, M. (1980) *Personality : Inquiry and Application*, New York, Pergamon Press.

SHINN, M.W. (1909) *Notes on the Development of a Child*, Berkeley, University of California Press.

SHIRLEY, M. (1931-1933) *The First Two Years. A Study of Twenty-Five Babies*, vol. I, II et III, Minneapolis, University of Minnesota Press.

SHIRLEY, M.M. (1941) « The Impact of the Mother's Personality on the Young Child », *Smith Collection, Studies of Social Work*, 12, p. 15 à 64.

SHOWERS, J. et coll. (1983) « The Sexual Victimization of Boys : A Three Years Survey » *Health Values*, 7, p. 15 à 18.

SIDOROWITZ, L.S. et LUNNEY, G.S. (1980) « Baby X Revisited », *Sex Roles*, 6, p. 67 à 73.

SIEGEL, E. (1974) The Real Problem of Minimal Brain Dysfunction, *in* KRONICK, D. (édit.) *Learning Disabilities : Its Implications to a Responsible Society*, Academic Therapy.

SIEGLER, R.S. et KOTOVSKY, K. (1986) Two Levels of Giftedness : Shall Ever the Twain Meet ?, *in* STERNBERG, R.J. et DAVIDSON, J.E. (édit.) *Conceptions of Giftedness*, Cambridge, Cambridge University Press.

SIEGMAN, A.W. (1966) « Father Absence during Early Childhood and Antisocial Behavior », *Journal of Abnormal Psychology*, 71, p. 71 à 74.

SIGNORELLA, M.L. et JAMISON, W. (1978) « Sex Differences in the Correlations among Field Dependence, Spatial Ability, Sex-Role Orientation and Performance on Piaget's Water-Level Task », *Developmental Psychology*, 14, p. 689-690.

SILBERMAN, M. (1971) Teacher's Attitudes and Actions toward their Students, *in* SILBERMAN, M. (édit.) *The Experience of Schooling*, New York, Holt Rinehart and Winston.

SILVERMAN, F.N. (1953) « The Roentgen Manifestations of Unrecognized Skeletal Trauma in Infants », *Journal of American Roentgenology*, 69, p. 413 à 427.

SILVERN, L.E. (1977) « Children's Sex-Role Preferences : Stronger among Girls than Boys », *Sex Roles*, 3, p. 159 à 171.

SIMEONSSON, R.A. (1974) *Pain Patients : Traits and Treatments*, New York, Academic Press.

SIMMS, R.E., DAVIS, M.H., FOUSHEE, H.C., HOLAHAN, C.K., SPENCE, J.T. et HELMREICH, R.L. (1978) *Psychological Masculinity and Femininity in Children and its Relationships to Trait Stereotypes and Toy Preference*, communication faite au congrès de la Southwestern Psychological Association, New Orleans, avr. 1978.

SIMON, B. (1974) *The Politics of Educational Reform, 1920-1940*, Londres, Lawrence and Wishart.

SINCLAIR, H. (1982) La créativité dans le développement cognitif, *in* NICOLAÏDIS, N. et SCHMID-KITSIKIS, E. *Créativité et/ou symptôme*, Paris, Clancier-Guénaud.

SINGER, J.L. et SINGER, D.G. (1983) « Psychologists Look at Television : Cognitive, Developmental, Personality and Social Policy Implications », *American Psychologist*, 38, p. 826 à 834.

SINGER, W. (1986) Neuronal Activity as a Shaping Factor in Postnatal Development of Visual Cortex, *in* GREENNOUGH, W.T. et JURASKA, J.M. (édit) *Developmental Neuropsychobiology*, New York, Academic Press.

SINGLETON, L.C. et ASHER, S.R. (1979) « Racial Integration and Children's Peer Preferences : An Investigation of Developmental and Cohort Differences », *Child Development*, 50, p. 936 à 941.

SIROIS, M. et CLOUTIER, R. (en préparation) *L'Obésité, une approche bio-psycho-sociale*, Québec, Presses de l'Université Laval.

SKINNER, B.F. (1932) « On the Rate of Formation of a Conditioned Reflex », *Journal of General Psychology*, 7, p. 274 à 286.

SKINNER, B.F. (1953) *Science and Human Behavior*, New York, MacMillan.

SKINNER, B.F. (1957) *Verbal Behavior*, New York, Appleton-Century-Crofts.

SLABY, R.G. et FREY, K.S. (1975) « Development of Gender Constancy and Selective Attention to Same-Sex Models », *Child Development*, 46, p. 849 à 856.

SLABY, R.G. et QUARFOTH, G.R. (1980) Effects of Television on the Developing Child, *in* CAMP, B.W. (édit.) *Advances in Behavioral Pediatrics*, vol. 1, Greenwich, Connecticut, Johnson Associates.

SMART, M.S. et SMART, R.C. (1977) *Children Development and Relationships*, 3ᵉ éd., New York, MacMillan Pub. Co.

SMILANSKY, S. (1968) *The Effects of Sociodramatic Play on Disadvantaged Children : Preschool Children*, New York, Wiley.

SMITH, C. et LLOYD, B. (1978) « Maternal Behavior and Perceived Sex of Infant : Revisited », *Child Development*, 49, p. 1263 à 1266.

SMITH, P.K. et DAGLISH, L. (1977) « Sex Differences in Parent and Infant Behavior in the Home », *Child Development*, 48, p. 1250 à 1254.

SMITH, P.K. et CONNOLLY, K. (1981) *The Behavioural Ecology of the Preschool*, Cambridge (England), Cambridge University Press.

SMOLENSKY, J.A. (1981) *Guide to Child Growth and Development*, 3ᵉ éd., Toronto, Kendall-Hunt Pub. Co.

SMOLLAR, J. et YOUNISS, J. (1982) Social Development through Friendship, *in* RUBIN, K.H. et ROSS, H.S. (édit.) *Peer Relationships and Social Skills in Childhood*, New York, Springer-Verlag.

SNOW, C.E. et HOEFNAGEL-HÖHLE, M. (1978) « The Critical Period for Language Acquisition : Evidence from Second Language Learning », *Child Development*, 49, p. 1114 à 1128.

SNYDER, S. (1978) Dopamine and Schizophrenia, *in* WYNNE, L., CROMWELL, R. et MATTHYSSE, S. (édit.) *The Nature of Schizophrenia : New Approaches to Research and Treatment*, New York, Wiley.

SOBIESZEK, B.I. (1978) « Adult Interpretations of Child Behavior », *Sex Roles*, 4, p. 570 à 588.

SOCIETY FOR THE PSYCHOLOGICAL STUDY OF SOCIAL ISSUES (1969) American Psychological Association », *American Psychologist*, 24, p. 1040.

SOLNIT, A.J. (1979) Psychosexual Development : Three to Five Years, *in* NOSHPITZ, J.D. (édit.) *Basic Handbook of Child Psychiatry*, vol. 1, New York, Basic Books.

SOLOMON, T. (1973) « History and Demography of Child Abuse », *Pediatrics*, 51, p. 773 à 776.

SOULÉ, M. et SOULÉ, N. (1974) « Les troubles réactionnels en psychiatrie de l'enfant », *Confrontations psychiatriques*, 12, p. 63 à 80.

SPEARMAN, C. (1923) *The Nature of « Intelligence » and the Principles of Cognition*. Londres, MacMillan.

SPEARMAN, C. (1927) *The Abilities of Man*, New York, MacMillan.

SPENCE, J.T., HELMREICH, R.L. et STAPP, J. (1975) « Ratings of Self and Peers on Sex-Role Attributes and their Relation to Self-Esteem and Conception of Masculinity and Femininity », *Journal of Personality and Social Psychology*, 32, p. 29 à 39.

SPENCE, J.T. et HELMREICH, R.L. (1978) *Masculinity and Femininity : Their Psychological Dimensions, Correlates and Antecedents*, Austin, University of Texas Press.

SPENCE, J.T., HELMREICH, R.L. et HOLAHAN, C.K. (1979) « Negative and Positive Components of Psychological Masculinity and Femininity and their Relationships to Self-Reports of Neurotic and Acting-Out Behaviors », *Journal of Personality and Social Psychology*, 37, p. 1673 à 1682.

SPENCER, W.J. et DUNKLEE, P. (1986) « Sexual Abuse of Boys », *Pediatrics*, 78, p. 133 à 138.

SPERLING, M. (1955) « Etiology and Treatment of Sleep Disturbances in Children », *Psychoanalytic Quarterly*, 24, p. 358 à 368.

SPERLING, M. (1958) « Pavor Nocturnus », *Journal of American Psychoanalytic Association*, 1, p. 79 à 94.

SPINETTA, J. et RIGLER, D. (1972) « The Child-Abusing Parent : A Psychological Review », *Psychological Bulletin*, 77, p. 296 à 304.

SPITZ, R. (1945) « Hospitalism », *Psychoanalytic Study of the Child*, 1, p. 45 à 74.

SPITZ, R.A. et WOLF, K.M. (1949) Autoerotism : Some Empirical Findings and Hypotheses on Three of its Manifestations in the First Year of Life, *in* EISSLER, R.S. *et al.* (édit.) *The Psychoanalytic Study of the Child*, vol. 3/4, New York, International Universities Press, p. 85 à 120.

SPITZ, R.A. (1950) « Anxiety in Infancy : A Study of its Manifestations in the First Year of Life », *International Journal of Psychoanalysis*, 31, p. 138 à 143.

SPITZ, R.A. (1962) Autoerotism Re-examiner, *in* EISSLER, R.S. *et al.* (édit.) *The Psychoanalytic Study of the Child*, vol. 17, New York, International Universities Press, p. 283 à 315.

SPITZ, R.A. (1962) *Le Non et le oui*, Paris, Presses Universitaires de France.

SPITZ, R.A. (1965) *The First Year of Life*, New York, International Universities Press.

SPITZ, R.A. et COBLINER, W.G. (1968) *De La Naissance à la parole*, Paris, Presses Universitaires de France, (Coll. « Bibliothèque de psychanalyse »).

SPRAFKIN, J.N. et LIEBERT, R.M. (1978) Sex-Typing and Children's Television Preferences, *in* TUCHMAN, G., DANIELS, A.K. et BENET, J. (édit.) *Hearth and Home : Images of Women in the Mass Media*, New York, Oxford University Press.

SPRINGER, S.P. et DEUTSCH, G. (1985) *Left Brain, Right Brain*, New York, Freeman.

SROUFE, L.A. et WATERS, E. (1977) « Attachment as an Organizational Construct », *Child Development*, 48, p. 1184 à 1199.

SROUFE, L.A. (1983) Infant-Caregiver Attachment and Patterns of Adaptation in Preschool : The Roots of Maladaptation, *in* PERLMUTTER, M. (édit.) *Minnesota Symposia on Child Psychology*, vol. 16, Hillsdale (N.J.), Erlbaum, p. 41 à 83.

STAGNER, R. (1961) *Psychology of Personality*, 3ᵉ éd., New York, McGraw-Hill.

STANLEY, J.C. et PERSON BENBOW, C. (1986) Youths Who Reason Exceptionally Well Mathematically, *in* STERNBERG, R.J. et DAVIDSON, J.E. (édit.) *Conceptions of Giftedness*, Cambridge, Cambridge University Press.

STATISTIQUE CANADA (1986) *Naissances et décès, la statistique de l'état civil 1985*, Ottawa, Catalogue 84-204, nov.

STATISTIQUE CANADA (1989) *Enquête sur la population active*, document nº 71-001-45-5, Ottawa, gouvernement du Canada, mai.

STEEL, L. et WISE, L.L. (1979) *Origins of Sex Differences in High School Mathematics Achievement and Participation*, communication présentée au congrès de l'American Education Research Association, San Francisco, mars 1979.

STEELE, B.F. (1980) Psychodynamic Factors in Child Abuse, *in* KEMPE, C.H. et HELFER, R.E., (édit.) *The Battered Child*, 3ᵉ éd., University of Chicago Press, Chicago, p. 103 à 147.

STEELE, S.J. (1985) *Gynaecology, Obstetrics and the Neonate*, Londres, Edward Arnold Publishers.

STEIN, A.H. et SMITHELLS, J. (1969) « Age and Sex Differences in Children's Sex-Role Standards about Achievement », *Child Psychology*, 1, p. 252 à 259.

STEIN, A.H. (1971) « The Effects of Sex-Role Standards for Achievement and Sex-Role Preference on Three Determinants of Achievement Motivation », *Developmental Psychology*, 1, p. 219 à 231.

STEIN, A.H., POHLY, S.R. et MUELLER, E. (1971) « The Influence on Masculine, Feminine and Neutral Tasks on Children's Achievement Behavior, Expectancies of Success and Attainment Values », *Child Development*, 42, p. 196 à 207.

STEIN, A.H. et FRIEDRICH, L.K. (1972) Television Content and Young Children's Behavior, *in* MURRAY, J.P., RUBINSTEIN, E.A. et COMSTOCK, G.A. (édit.) *Television and Social Behavior*, vol. 2, *Television and Social Learning*, Washington, Government Printing Office, p. 202 à 317.

STEIN, A.H. et BAILEY, M.M. (1973) « The Socialization of Achievement Orientation in Females », *Psychological Bulletin*, 80, p. 345 à 366.

STEIN, A.H. et FRIEDRICH, L.K. (1975) Impact of Television on Children and Youth, *in* HETHERINGTON, E.M., HAGEN, J.W., KRON, A. et STEIN, A.H. (édit.) *Review of Child Development Research*, vol. 5, Chicago, University of Chicago Press, p. 183 à 256.

STEIN, Z., SUSSER, M., SAENGER, G. et MORELLA, F. (1975) *Famine and Human Development*, New York, Oxford University Press.

STEINBERG, L. (1986) « Latchkey Children and Susceptibility to Peer Pressure : An Ecological Analysis », *Developmental Psychology*, 22, p. 433 à 439.

STEINER, J.E. (1977) Facial Expressions of the Neonate Infant Indicating the Hedonics of Food-Related Chemical Stimuli, *in* WEIFFENBACH, J.M. (édit.) *Taste and Development*, Bethesda, Maryland Department of Health, Education and Welfare.

STEINER, J.E. (1979) Human Facial Expressions in Response to Taste and Smell Stimulation, *in* REESE, H. et LIPSITT, L. (édit.) *Advances in Child Development and Behavior*, vol. 13, New York, Academic Press.

STEPHAN, C.W. et LANGLOIS, J.H. (1984) « Baby Beautiful : Adult Attributions of Infant Competence as a Function of Infant Attractiveness », *Child Development*, 55, p. 576 à 585.

STERN, D. (1977) *The First Relationship : Infant and Mother*, Cambridge, Harvard University Press.

STERN, D.N. (1981) *Mère et enfant : les premières relations*, Bruxelles, Mardaga.

STERNBERG, R.J. et POWELL, J.S. (1982) Theories of Intelligence, *in* STERNBERG, R.J. (édit.) *Handbook of Human Intelligence*, Cambridge, Cambridge University Press.

STERNBERG, R.J. (1985) *Beyond I.Q : A Triarchic Theory of Human Intelligence*, New York, Cambridge University Press.

STERNBERG, R.J. (1986) A Triarchic Theory of Intellectual Giftedness, *in* STERNBERG, R.J. et DAVIDSON, J.E. (édit.) *Conceptions of Giftedness*, Cambridge, Cambridge University Press.

STERNBERG, R.J. (1986) *Intelligence Applied*, San Diego (Calif.), Harcourt Brace Jovanovitch.

STERNBERG, R.J. et BERG, C. (1986) Quantitative Integration : Definitions of Intelligence : A Comparison of the 1921 and 1986 Symposia, *in* STERNBERG, R.J. et DETTERMAN, D.K. (édit.) *What Is Intelligence ? Contemporary Viewpoints on its Nature and Definition*, Norwood (N.J.), Alex Pub. Corp.

STERNBERG, R.J. et DAVIDSON, J.E. (1986) *Conceptions of Giftedness*, Cambridge, Cambridge University Press.

STERNBERG, R.J. et DETTERMAN, D.K. (1986) *What Is Intelligence ? Contemporary Viewpoints on its Nature and Definition*, Norwood (N.J.), Alex Pub. Corp.

STERNGLANZ, S.H. et SERBIN, L.A. (1974) « Sex-Role Stereotyping in Children's Television Programs », *Developmental Psychology*, 10, p. 710 à 715.

STICKLER, G.B. et MURPHY, D.B. (1979) « Recurrent Abdominal Pain », *American Journal Disease of Children*, 133, p. 484.

STOEL-GAMMON, C. et OTOMO, K. (1986) « Babbling Development of Impaired and Normally Subjects », *Journal of Speech and Hearing Disorders*, 51, p. 33 à 41.

STORMS, M.D. (1979) « Sex-Role Identity and its Relationships to Sex-Role Attributes and Sex-Role Stereotypes », *Journal of Personality and Social Psychology*, 37, p. 1779 à 1789.

STRAUS, M.A., GELLES, R.J. et STEINMETZ, S.K. (1980) *Behind Closed Doors : Violence in the American Family*, Grand City, New York, Doubleday/Anchor.

STRAUS, P. et MANCIAUX, M. (1982) *L'Enfant maltraité*, Paris, Fleurus (Coll. « Pédagogie psychosociale »).

STRAUS, P., XUEREB, J.-C., DAROLLE, B., MICHEL, B., LEYRIE, J. et NEIMANN, N. (1982) *L'Enfant victime ; les enfants maltraités par leurs parents, leur approche par le médecin, le magistrat, l'avocat, le travailleur social et le criminologue*, Toulouse, Érès (Coll. « Faits humains »).

STRAYER, F.F. (1981) « The Organization and Coordination of Asymetrical Relations among Young Children : A Biological View of Social Power. New Directions and Methodologies for the Social and Behavioral », *Sciences*, 7, p. 33 à 49.

STRAYER, F.F. (1984) Biological Approaches to the Study of the Family, *in* PARKE, R.D. (édit) *Review of Child Development Research*, vol. 7, Chicago, University of Chicago Press.

STREICHER, H.W. (1974) « The Girls in the Cartoons », *Journal of Communication*, 24(2), p. 125 à 129.

STREISSGUTH, A.P., MARTIN, D.C., BARR, H.M., SANDMAN, B.M., KIRCHNER, G.L. et DARBY, B.L. (1984) « Intrauterine Alcohol and Nicotine Exposure : Attention and Reaction Time in 4 Years-old Children », *Developmental Psychology*, 20, p. 533 à 541.

STRICKBERGER, M.W. (1985) *Genetics*, 3e éd., New York, MacMillan.

STUART, R.I. et GREER, J.G. (1984) *Victims of Sexual Aggression : Treatment of Children, Women and Men*, New York, Van Nostrand Reinhold.

SULLIVAN, H.S. (1953) *The Interpersonal Theory of Psychiatry*, New York, Norton.

SULLIVAN-PALINCSAR, A.-M. et BROWN, A. (1987) Advances in Improving Cognitive Performance off Handicapped Students, *in* WANG, M.C., REYNOLDS, M.C. et WALBERG, H.J. (édit.) *Learner Characteristics and Adaptive Education*, vol. 1 : *Handbook of Special Education, Research and Practice*, Oxford, Pergamon Press.

SUOMI, S.J. et HARLOW, H.F. (1978) Early Experience and Social Development in Rhesus Monkeys, *in* LAMB, M.E. (édit.) *Social and Personality Development*, New York, Holt, Rinehart and Winston.

SUTTON-SMITH, B., ROSENBERG, B.G. et MORGAN, E.F. Jr. (1963) « Development of Sex Differences in Play Choices during Pre-adolescence », *Child Development*, 34, p. 119 à 126.

SZONDI, L. (1972) *Introduction à l'analyse du destin*, Louvain, Pathei Mathos.

TANNENBAUM, A.J. (1986) Giftedness : A Psychological Approach, *in* STERNBERG, R.J. et DAVIDSON, J.E. (édit.) *Conceptions of Giftedness*, Cambridge, Cambridge University Press.

TANNER, J.M. (1966) « Galtonian Eugenics and the Study of Growth », *Eugenics Review*, 58, p. 122 à 135.

TANNER, J.M. (1973) Physical Growth and Development, *in* FORFAR, J.O. et ARNEIL, G.C. *Texbook of Pediatrics*, Londres, Churchill Livingstone.

TANNER, J.M. (1978) *Fœtus into Man : Physical Growth from Conception to Maturity*, Cambridge (Mass.), Harvard University Press.

TAUBER, M.A. (1979) « Sex Differences in Parent−Child Interaction Styles during a Free-Play Session », *Child Development*, 50, p. 981 à 988.

TAULELLE, D. (1984) *L'Enfant à la rencontre du langage*, Bruxelles, Mardaga.

TAYLOR, R. (1984) « Marital Therapy in the Treatment of Incest », *Social Casework*, 65, p. 195 à 202.

TAYLOR, W.L. (1953) « Close Procedure : A New Tool for Measuring Readability », *Journalism Quarterly*, automne.

TEDESCO, N.S. (1974) « Patterns in Prime Time », *Journal of Communication*, 24(2), p. 118 à 124.

TEICHER, J.D. (1979) Suicide and Suicide Attempts, *in* NOSHPITZ, J.D. (édit.) *Basic Handbook of Child Psychiatry*, vol. 2, New York, Basic Books.

TEMPLIN, M.C. (1957) *Certain Language Skills in Children*, Minneapolis, Minnesota, University of Minnesota Press.

TERMAN, L.M. (1925) *Genetic Studies of Genius* vol. 1 : *Mental and Physical Traits of a Thousand of Gifted Children*, Stanford, Stanford University Press.

TERMAN, L.M. et TYLER, L.E. (1954) Psychological Sex Differences, *in* CARMICHAEL, L. (édit.) *Manual of Child Psychology*, New York, Wiley, p. 1064 à 1114.

TERMAN, L.M. et ODEN, M.H. (1959) *Genetic Studies of Genius*, vol. 5 : *The Gifted Group at Mid-Life*, Stanford, Stanford University Press.

THELEN, E. (1981) « Rhythmical Behavior in Infancy : An Ethological Perspective », *Developmental Psychology*, 17, p. 237 à 257.

THELEN, E. (1984) Learning to Walk : Ecological Demands and Phylogenetic Constraint, *in* LIPSITT, L.P. et ROVEE-COLLIER, C. (édit.) *Advances in Infancy Research*, vol. 3, Norwood (N.J.), Ablex.

THELEN, E., FISHER, D.M. et RIDLEY-JOHNSON, R. (1984) « The Relationship between Physical Growth and Newborn Reflex », *Infant Behavior and Development*, 7, p. 479 à 493.

THEVENIN, D.M., EILERS, R.E., OLLER, D.K. et LAVOIE, L. (1985) « Where's the Drift in Babbling Drift ? A Cross-Linguistic Study », *Applied Psycholinguistic*, 6, p. 3 à 15.

THOMAS, A.D. et CHESS, S. (1980) *The Dynamics of Psychological Development*, New York, Brunner/Mazel.

THOMAS, H. et JAMISON, W. (1975) « On the Acquisition of Understanding that Still Water is Horizontal », *Merrill-Palmer Quarterly*, 21, p. 31 à 44.

THOMPSON, S.K. et BENTLER, P.M. (1971) « The Priority of Cues in Sex Discrimination by Children and Adults », *Developmental Psychology*, 5, p. 181 à 185.

THOMPSON, S.K. (1975) « Gender Labels and Early Sex-Role Development », *Child Development*, 46, p. 339 à 347.

THORNBURG, K.R. et WEEKS, M.O. (1975) « Vocational Role Expectations of Five-Year-Old Children and their Parents », *Sex Role*, 1, p. 395-396.

THORNBURG, P.A. (1973) *Adolescent Development*, Dubuque (Iowa), W.C. Brown.

THORNDIKE, E.L. (1911) *Animal Intelligence*, New York, MacMillan.

THURSTONE, L.L. (1938) *Primary Mental Abilities*, Chicago, University of Chicago Press.

TIEGER, T. (1980) « On the Biological Basis of Sex Differences in Aggression », *Child Development*, 51, p. 943 à 963.

TITONE, R. (1972) *Le Bilinguisme précoce*, Bruxelles, Dessart.

TIZARD, B. et REES, J. (1975) « The Effect of Early Institutional Rearing on the Behavior Problems and Affectional Relationship of Four-Year-Old Children », *Journal of Child Psychology and Psychiatry*, 16, p. 61 à 74.

TIZARD, B. et HODGES, J. (1978) « The Effect of Early Institutional Rearing on the Development of Eight-Year-Old Children », *Journal of Child Psychology and Psychiatry*, 19, p. 99 à 118.

TIZARD, J. et TIZARD, B. (1971) The Social Development of Two Year Old Children in Residential Nurseries, *in* SCHAFFER, H.R. (édit.) *The Origins of Human Social Relations*, New York, Academic Press.

TOBIN-RICHARDS, M., BOXER, A.O. et PETERSEN, A.C. (1984) The Psychological Impact of Pubertal Change : Sex Differences in Perceptions of Self during Early Adolescence, *in* BROOKS-GUNN, J. et PETERSEN, A.C. (édit.) *Girls at Puberty : Biological, Psychological, and Social Perspectives*, New York, Plenum.

TOMASI, L.G. (1979) « Headaches in Children », *Comportemental Therapy*, 5, 13.

TORGENSEN, J.K. (1981) « The Relationship between Memory and Attention in Learning Disabilities », *Exceptional Education Quarterly*, 11, p. 51 à 57.

TORGENSEN, J.K. (1982) « The Learning Disabled Child as an Inactive Learner : Educational Implications », *Topics in Learning and Learning Disabilities*, 2, p. 45 à 52.

TORRANCE, E.P. (1966) *Torrance Tests of Creative Thinking*, Princeton (N.J.) Personnel Press.

TOUSIGNANT, C. (1987) *La Variation sociolinguistique. Modèle québécois et méthode d'analyse*, Sillery, Québec, Presses de l'Université du Québec.

TOWNSEND, A. et LOUMAYE, J. (1979) *Le Loup*, Montréal, Granger Frères.

TRANG THONG (1976) *Stades et concept de développement de l'enfant dans la psychologie contemporaine*, Paris, Urin.

TRAVERS, J.F. (1977) *The Growing Child*, New York, Wiley.

TREMBLAY, R., FAVARD, A.-M. et JOST, R. (1985) *Le Traitement d'adolescents délinquants*, Paris, Fleurus.

TREPPER, T.S. et BARRETT, M.J. (1985) *The Assessment and Treatment of Intrafamilial Sexual Abuse*, New York, Haworth Press.

TRONICK, E., ALS, H., ADAMSON, L., WISE, S. et BRAZELTON, T.B. (1978) « The Infant's Response to Entrapment between Contradictory Messages in Face to Face Interaction » *Journal of American Academy of Child Psychiatry*, vol. 17, n° 1.

TRONICK, E.Z. (1989) « Emotions and Emotional Communication in Infants », *American Psychologist*, 44, p. 112 à 119.

TRONICK, E.Z., ALS, H. et BRAZELTON, T.B. (1980) « Monadic phases : A Structural Descriptive Analysis of Infant–Mother Face to Face Interaction », *Merrill-Palmer Quarterly*, 26, p. 3 à 24.

TRONICK, E.Z. et COHN, J.F. (1989) « Infant – Mother Face-to-Face Interaction : Age and Gender Differences in Coordination and the Occurrence of Miscoordination », *Child Development*, 60, p. 85 à 92.

TROTMAN, F.K. (1977) « Race, I.Q., and the Middle Class », *Journal of Educational Psychology*, 69, p. 266 à 273.

TRUESDELL, D.L., McNEIL, J.S. et DESCHNER, J.P. (1986) « Incidence of Wife Abuse in Incestuous Families », *Social Work*, 86, p. 138 à 140.

TUCKER, C.J. et FRIEDRICH-COFER, L. (1980) *Age-Related Differences in Adolescent's Judgments of Masculine and Feminine Stereotypes*, manuscrit non publié, University of Houston.

TUMA, J. (1982) *Handbook for the Practice of Pediatric Psychology*, New York, Wiley.

TUNMER, W.E. et BOWEY, J.A. (1984) Metalinguistic Awareness and Reading Acquisition, *in* TUNMER, W.E., PRATT, C. et HERRIMAN, M.L. (édit.) *Metalinguistic Awareness in Children : Theory, Research, and Implications*, New York, Springer-Verlag.

TURK, D. (1978) Cognitive Behavioral Therapy in the Management of Pain, *in* FOREYT, J.P. et RATHJEN, D.P. (édit.) *Cognitive Behavior Therapy*, New York, Plenum Press.

TURKINGTON, C. (1987) « Special Talents », *Psychology Today*, vol. 21, n° 9, janv., p. 42 à 46.

TURSTONE, L.L. (1938) *Primary Mental Abilities*, Chicago, University of Chicago Press.

TUSTIN, F. (1977) *Autisme et psychose de l'enfant*, Paris, Seuil.

TUSTIN, F. (1986) *Les États autistiques chez l'enfant*, Paris, Seuil.

TUTEUR, W. et GLOTZER, M. (1966) « Further Observations on Murdering Mothers », *Journal of Forensic Sciences*, 11, p. 373 à 383.

ULLIAN, D.Z. (1976) The Development of Conceptions of Masculinity and Femininity, *in* LLOYD, B. et ARCHER, J. (édit.) *Exploring Sex Differences*, London, Academic Press, p. 25 à 48.

UNITED STATES COMMISSION ON CIVIL RIGHTS (1977) *Window Dressing on the Set : Women and Minorities in Television*, Washington, Government Printing Office.

URBERG, K.A. (1979a) *The Development of Androgynous Sex-Role Concepts in Young Children*, communication présentée au congrès de la Society for Research in Child Development, San Francisco, mars 1979.

URBERG, K.A. (1979b) « Sex-Role Conceptualizations in Adolescents and Adults », *Developmental Psychology*, 15, p. 90 à 92.

VALIAN, V. (1986) « Syntactic Categories in the Speech of Young Children », *Developmental Psychology*, 22, p. 562 à 579.

VANDELL, D.L., WILSON, K.S. et BUCHANAN, N.R. (1980) « Peer Interaction in the First Year of Life : An Examination of its Structure, Content and Sensitivity to Toys », *Child Development*, 51, p. 481 à 488.

VANDELL, D.L. et WILSON, K.S. (1987) « Infants' Interactions with Mother, Sibling and Peer : Contrasts and Relations between Interaction Systems », *Child Development*, 58, p. 156 à 186.

VANDELL, D.L. et CORASANITI, M.A. (1988) *Variations in Early Child Care : Do They Predict Subsequent Social, Emotional and Cognitive Differences ?*, manuscrit non publié, University of Texas at Dallas.

VANDENBERG, S.G. et KUSE, A.R. (1979) Spatial Ability : A Critical Review of the Sex-Linked Major Gene Hypothesis, *in* WITTIG, A.M. et PETERSEN, A.C. (édit.) *Sex-Related Differences in Cognitives Functioning*, New York, Academic Press, p. 67 à 95.

VAN GIJSEGHEM, H. (1988) *La Personnalité de l'abuseur sexuel*, Montréal, Méridien.

VARNI, J.W. (1981) « Self-Regulation Technique in the Management of Chronic Arthritic Pain in Hemophilia », *Behavior Therapy*, 12, p. 185.

VARNI, J.W. (1983) *Clinical Behavioral Pediatrics : An Interdisciplinary Approach*, New York, Pergamon Press.

VAUGHN, B.E., GOVE, F.L. et EGELAND, B. (1980) « The Relationship between Out-of-Home Care and the Quality of Infant-Mother Attachment in an Economically Disadvantaged Population », *Child Development*, 51, p. 1203 à 1214.

VAUGHN, B.E., DEANE, K.E. et WATERS, E. (1985) « The Impact of Out-of-Home Care on Child-Mother Attachment Quality : Another Look at Some Enduring Questions », *Monographs of the Society for Research in Child Development*, 50, 1-2, série n° 209, p. 110 à 135.

VAUGHN, S. et BOS, C.S. (édit.) (1987) *Research in Learning Disabilities*, Boston, Little, Brown and Co.

VELLUTINO, F.R., HARDING, C.J., PHILLIPS, F. et STEGER, J.A. (1975) « Differential Transfer in Poor and Normal Readers », *Journal of Genetic Psychology*, 126, p. 3 à 18.

VENAR, A.M. et SNYDER, C.A. (1966) « The Preschool Child's Awareness and Anticipation of Adult Sex-Roles », *Sociometry*, 29, p. 159 à 168.

VERNON, P.A. (1985) Individual Differences in General Cognitive Ability, *in* HARTLAGE, L.C. et TELZROW, C.F. (édit.) *The Neuropsychology of Individual Differences, A Developmental Perspective*, New York, Plenum Press.

VERNON, P.A. (1987) Level I and II Revisited, *in* MODGIL, S. et MODGIL, C. *Arthur Jensen, Consensus and Controversy*, New York, Falmer Press.

VIGNOLA, J. (1986) *Testez l'intelligence de votre enfant*, Paris, Éditions de Vecchi.

VILLARD, R. D., DALERY, J. et MAILLET, J. (1980) « Le somnambulisme de l'enfant », *Neuropsychiatrie Enfance*, 28, p. 222 à 224.

VURPILLOT, E. et BALL, W.A. (1979) The Concept of Identity and Children's Selective Attention, *in* HALE, G. et LEWIS, M. (édit.) *Attention and Cognitive Development*, New York, Plenum.

VYGOTSKY, L.S. (1962) *Thought and Language*, Cambridge, Massachusetts, M.I.T. Press.

WABER, D.P. (1979) Cognitive Abilities and Sex-Related Variations in the Maturation of Cerebral Cortical Functions, *in* WITTIG, M.A. et PETERSEN, A.C. (édit.) *Sex-Related Differences in Cognitive Functioning*, New York, Academic Press, p. 161 à 186.

WAGGONER, J.E. et PALERMO, D.S. (1989) « Betty is a Bouncing Bubble : Children's Comprehension of Emotion-Descriptive Metaphors », *Developmental Psychology*, 25, p. 152 à 163.

WAHLER, R.G. et DUMAS, J.E. (1987) Family Factors in Childhood Psychopathology : Toward a Coercion Neglect Model, *in* JACOB, T. (édit.) *Family Interaction and Psychopathology*, New York, Plenum Press.

WAKEMAN, A.J. et KAPLAN, J.Z. (1978) « An Experimental Study of Hypnosis in Painful Burns », *American Journal of Clinical Hypnosis*, 21, 3.

WALBERG, H.J. (1986) Synthesis of Research on Teaching, *in* WITTROCK, M.C. (édit.) *Handbook of Research on Teaching*, 3e éd., New York, MacMillan, p. 214 à 229.

WALBERG, H.J. et WANG, M.C. (1987) Effective Educational Practices and Provisions for Individual Differences, *in* WANG, M.C., REYNOLDS, M.C. et WALBERG, H.J. (édit.) *Learner Characteristics and Adaptive Education*, vol. 1 : *Handbook of Special Education, Research and Practice*, Oxford, Pergamon Press.

WALDROP, M.F. et HALVERSON, C.F. (1971a) Minor Physical Anomalies and Hyperactive Behavior in Young Children, *in* HELLMUTH, J. (édit.) *Exceptional Infant, Studies in Abnormalities*, New York, Brunner-Mazel.

WALDROP, M.F. et HALVERSON, C.F. Jr. (1971b) Minor Physical Anomalies : Their Incidence and Relation to Behavior in Normal and Deviant Sample, *in* SMART, R.C. et SMART, M.S. (édit.) *Readings in Development and Relationships*, New York, MacMillan.

WALDROP, M.F., BELL, R.Q., McLAUGHLIN, B. et HALVERSON, C.F. Jr. (1978) « Newborn Minor Physical Anomalies Predict Short Attention Span, Peer Agression, & Impulsivity at Age 3 », *Science*, 199, p. 563-564.

WALKER, L.E.A. (1988) *Handbook on Sexual Abuse of Children*, New York, Springer Publishing Co.

WALLACE, G. (1981) Teaching Reading, *in* KAUFFMAN, J.M. et HALLAHAN, D.P. (édit.) *Handbook of Special Education*, Englewood Cliffs (N.J.), Prentice-Hall.

WALLACH, M.A. (1970) Creativity, *in* MUSSEN, P.H. (édit.) *Carmichael's Manual of Child Psychology*, 3e éd., vol. 1, New York, John Wiley & Sons.

WALLERSTEIN, J.S. et CORBIN, S.B. (1986) « Father-Child Relationship after Divorce : Child Support and Educational Opportunities », *Family Law Quarterly*, 20, p. 109 à 128.

WALLERSTEIN, J.S., CORBIN, S.B. et LEWIS, J.M. (1988) Children of Divorce : A 10-Year Study, *in* HETHERINGTON, E.M. et ARASTEH, J.D. (édit.) *Impact of Divorce, Single Parenting and Stepparenting on Children*, Hillsdale (N.J.), Erlbaum.

WALLON, H. (1968) *L'Évolution psychologique de l'enfant*, Paris, Colin.

WALTERS, W.A. (1982) Cloning, Ectogenesis, and Hybrids : Things to Come ?, *in* WALTERS, W.A. et SINGER, P. *Test-Tube Babies, a Guide to Moral Question, Present Techniques and Future Possibilities*, Melbourne, Oxford University Press.

WANSKA, S.K. et BEDROSIAN, J.L. (1985) « Conversational Structure and Topic Performance in Mother-Child Interaction », *Journal of Speech and Hearing Research*, 28, p. 579 à 584.

WARKANY, J. (1977) History of Teratology, *in* WILSON, J.G. et FRASER, F.C. (édit.) *Handbook of Teratology*, vol. 1, New York, Plenum Press, chap. 1, p. 3 à 45.

WARREN, N. (1973) « Malnutrition and Mental Development », *Psychological Bulletin*, 80, p. 324 à 328.

WATSON, J.B. (1928) *Psychological Care of Infant and Child*, New York, Norton.

WATSON, J.D. et CRICK, F.C. (1953) « Molecular Structure of Nucleic Acids : A Structure for Deoxyribose Nucleic Acids », *Nature*, 171, p. 737-738.

WATSON, J.D. (1976) *Molecular Biology and the Gene*, 3e éd., Menlo Park (Calif.), Benjamin.

WECHSLER, D. (1952) *Weschler Intelligence Scale for Children*, New York, Psychological Corporation.

WECHSLER, D. (1958) *The Measurement and Appraisal of Adult Intelligence*, 4e éd., Baltimore, Williams and Wilkins.

WECHSLER, D. (1963) *Wechsler Preschool and Primary Scale of Intelligence — Revised (WIPPSI)*, New York, The Psychological Corporation.

WECHSLER, D. (1967) *Manual for the Wechsler Preschool and Primary Scale of Intelligence*, San Antonio (Calif.), The Psychological Corporation.

WECHSLER, D. (1974) *Wechsler Intelligence Scale for Children – Revised*, New York, The Psychological Corporation.

WEINRAUB, M. et FRANKEL, J. (1977) « Sex Differences in Parent–Infant Interaction during Free Play, Departure and Separation », *Child Development*, 48, p. 1240 à 1249.

WEINRAUB, M. et LEITE, J. (1977) *Knowledge of Sex-Role Stereotypes and Sex-Typed Toy Preference in Two-Year-Old Children*, communication faite au Congrès de l'Eastern Psychological Association, Boston, avr., 1977.

WEISBERG, D.K. « The "Discovery" of Sexual Abuse : Expert's Role in Legal Policy Formation », *University of California, Davis, Law Review*, 18, p. 1 à 57.

WEITZMAN, L.J., EIFLER, D., HOKADA, E. et ROSS, C. (1972) « Sex-Role Socialization in Picture Books for Preschool Children », *American Journal of Sociology*, 77, p. 1125 à 1150.

WELCH, R.L., HUSTON-STEIN, A., WRIGHT, J.C. et PLEHAL, R. (1979) « Subtle Sex-Role Cues in Children's Commercials », *Journal of Communication*, 29(3), p. 202 à 209.

WELCH, R.L. (1981) *The Effects of Perceived « Task Gender » and Induced Success/Failure upon Subsequent Task Performance of Psychologically Androgynous and Highly Feminine Women*, thèse de doctorat non publiée, University of Kansas.

WENDER, P.H., ROSENTHAL, D., KETY, S.S., SCHULSINGER, S. et WELNER, J. (1974) « Cross-Fostering : A Research Strategy for Clarifying the Role of Genetic and Experimental Factors in the Ethiology of Schyzophrenia », *Archives of General Psychiatry*, 30, p. 121 à 128.

WERNER, E.E. et SMITH, R.S. (1982) *Vulnerable but Invincible : A Longitudinal Study of Resilient Children and Youth*, New York, McGraw-Hill.

WHITE, B.L. (1975) *The First Three Years of Life*, Englewood Cliffs (N.J.), Prentice-Hall.

WHITE, D.G. (1978) « Effects of Sex-Typed Labels and their Source on the Imitative Performance of Young Children », *Child Development*, 49, p. 1266 à 1269.

WHITE, S.H. (1965) Evidence for a Hierarchical Arrangement of Learning Processes, *in* LIPSITT, L.P. et SPIKER, C.C. (édit.) *Advances in Child Development and Behavior*, vol. 2, New York, Academic Press.

WHITEHURST, G.J. (1982) Language Development, *in* WOLMAN, B.B. (édit.) *Handbook of Developmental Psychology*, New York, Wiley.

WIDLÖCHER, D. (1973) « Étude psychopathologique des états prépsychotiques », *Revue de neuropsychiatrie infantile*, 21, p. 735 à 744.

WIENER, N. (1962) *Cybernétique et société : l'usage humain des êtres humains*, Paris, Union générale d'éditions.

WILCOX, M.J. et WEBSTER, E. (1980) « Early Discourse Behavior : An Analysis of Children's Responses to Listener Feedback », *Child Development*, 16, p. 483 à 494.

WILKINS, M.H.F., STOKES, A.R. et WILSON, H.R. (1953) « Molecular Structure of Desoxypentose Nucleic Acids », *Nature*, 171, p. 738 à 740.

WILL, D. (1983) « Approaching the Incestuous and Sexually Abusive Family », *Journal of Adolescence*, 6, p. 229 à 246.

WILL, J., SELF, P. et DATAN, N. (1976) « Maternal Behavior and Perceived Sex of Infant », *American Journal of Orthopsychiatry*, 46, p. 135 à 139.

WILLIAMS, J.E., BENNETT, S.M. et BEST, D.L. (1975) « Awareness and Expression of Sex Stereotypes in Young Children », *Developmental Psychology*, 11, p. 635 à 642.

WILLIAMS, J.E., BEST, D.L., TILQUIN, C., KELLER, H., VOSS, H.G., BJERKE, T. et BAARDA, B. (1979) *Traits Associated with Men and Women by Young Children in France, Germany, Norway, the Netherlands and Italy*, manuscrit non publié, Wake Forest University.

WILLIAMS, M. (1972) Problems of Technique during Latency, *in* EISSLER, R.S. *et al.* (édit.) *The Psychoanalytic Study of the Child*, vol. 27, New Haven, Yale University Press, p. 598-620.

WILLIS, D., ELLIOTT, C.M. et JAY, S.M. (1982) Psychological Effects of Physical Illness and its Concomitants, *in* TUMA, J. (édit.) *Handbook for the Practice of Pediatric Psychology*, Wiley, New York.

WILSON, J. (1977) Current Status of Teratology, *in* WILSON, J.G. et FRASER, F.C. (édit.) *Handbook of Teratology*, Plenum Press, vol. 1, New York, chap. 2, p. 47 à 74.

WILSON, R.S. (1983) « The Louisville Twin Study : Developmental Synchronies in Behavior », *Child Development*, 54, p. 298 à 316.

WINCH, R.F. (1971) *The Modern Family*, 3ᵉ éd., New York, Holt, Rinehart and Winston.

WINICK, M., KNARIG, K.M. et HARRIS, R.C. (1975) « Malnutrition and Environmental Enrichment by Early Adoption », *Science*, 190, p. 1173 à 1175.

WINNICOTT, D.W. (1953) « Transitional Objects and Transitional Phenomena : A Study of the First Not-Me Possession », *International Journal of Psycho-Analysis*, 34, p. 89 à 97.

WINNICOTT, D.W. (1965) *The Family and Individual Development*, New York, Basic Books.

WINNICOTT, D.W. (1969) *De la pédiatrie à la psychanalyse*, Paris, Payot.

WINNICOTT, D.W. (1970) *Processus de maturation chez l'enfant*, Paris, Payot (Coll. « Petite bibliothèque Payot »).

WINNICOTT, D.W. (1971) *La Consultation thérapeutique et l'enfant*, Paris, Gallimard (Coll. « Bibliothèque connaissance de l'inconscient »).

WINNICOTT, D.W. (1972) *L'Enfant et le monde extérieur*, Paris, Payot (Coll. « Petite bibliothèque Payot »).

WITKIN, H.A., MEDNICK, S.A., SCHULSINGER, F., BAKKESTROM, E., CHRISTIANSEN, K.O., GOODENOUGH, D.R., HIRCHHORN, K., LUNSTEEN, C., OWEN, D.R., PHILLIP, J., RUBEN, D.B. et STOCKING, M. (1976) « Criminality in XYY and XXY Men », *Science*, 193, p. 547 à 555.

WITTIG, M.A. (1976) « Sex Differences in Intellectual Functioning : How much Difference do Genes Make ? », *Sex Roles*, 2, p. 63 à 74.

WOLF, R. (1966) The Measurement of Environments, *in* ANASTASI, A. (édit.) *Testing Problems in Perspective*, éd. rev., Washington (D.C.), Council on Education, p. 491 à 503.

WOLFF, P.H. (1966) « The Causes, Controls, and Organization of Behavior in the Neonate », *Psychological Issues*, 5, Monograph nᵒ 17.

WOLMAN, B.B. (1978) *Children's Fears*, New York, Grosset et Dunlap.

WOOLLEY, H.T. (1925) Agnes : A Dominant Personality in the Making, *Journal of Genetic Psychology*, 32, p. 569 à 598.

WRIGHT, H.F. (1960) Observational Child Study, *in* MUSSEN, P.H. (édit.) *Handbook of Research Methods in Child Development*, New York, Wiley.

WULKAN, D. et BULKLEY, J. (1985) Analysis of Incest Statutes *in* BULKLEY, J. (édit.) *Child Sexual Abuse and the Law*, 5ᵉ éd., American Bar Association, Washington, D.C.

WYATT, G.E. (1985) « The Sexual Abuse of Afro-American and White-American Women in Childhood », *Child Abuse and Neglect*, 9, p. 507 à 519.

WYATT, G.E. et PETERS, S.D. (1986) « Issues in the Definition of Child Sexual Abuse Research », *Child Abuse and Neglect*, 10, p. 231 à 240.

YALOM, I.D., GREEN, A. et FISK, N. (1973) « Prenatal Exposure to Female Hormones », *Archives of General Psychiatry*, 28, p. 554 à 561.

YANKELOVICH, D. (1981) *New Rules : Search for Self Fulfillment in a World Turned Upside Down*, New York, Random House.

YEGIN, Z. (1986) L'intégration des enfants ayant des troubles légers d'apprentissage, *in* LAVALLÉE, M. (édit.) *Les Conditions d'intégration des enfants en difficulté d'adaptation et d'apprentissage*, Québec, Presses de l'Université du Québec.

YSSELDYKE, J.E. (1987) Classification of Handicapped Students, *in* WANT, M.C., REYNOLDS, M.C. et WALBERG, H.J. *Learner Characteristics and Adaptive Education*, vol. 1 : *Handbook of Special Education Research and Practice*, Oxford, Pergamon Press.

ZAICHKOWSKY, L.D., ZAICHKOWSKY, L.B. et MARTINEK, T.J. (1980) *Growth and Development : The Child and Physical Activity*, Saint-Louis et Toronto, C.V. Mosby Co.

ZAZZO, R. (1969) *Les Débilités mentales*, Paris, Colin.

ZEFRAN, J. et coll. (1982) « Management and Treatment of Child Sexual Abuse Cases in a Juvenile Court Setting », *Journal of Social Work and Human Sexuality*, 1, p. 155 à 170.

ZEINER, A.R., BENDELL, D. et WALKER, C. (1985) *Health Psychology : Treatment and Research Issues*, New York, Plenum Press.

ZELAZO, P.R. (1984) Learning to Walk : Recognition of Higher Order Influence ?, *in* LIPSITT, L.P. et ROVEE-COLLIER, C. (édit.) *Advances in Infancy Research*, vol. 3, Norwood (N.J.), Ablex.

ZELLER, C. et MESSIER, C. (1987) *Des Enfants maltraités au Québec ?*, Québec, Les publications du Québec.

ZELTZER, L.K., DASH, J. et HOLLAND, J.P. (1979) « Hypnotically Induced Pain Control in Sickle Cell Anemia », *Pediatrics*, 64, p. 533.

ZIMMERMAN, B.J. et KOUSSA, R. (1975) « Sex Factors in Children's Observational Learning of Value Judgments of Toys », *Sex Roles*, 1, p. 121 à 133.

ZIMMERMAN, B.K. (1984) *Biofuture : Confronting the Genetic Era*, New York, Plenum Press.

ZURFLUH, J. (1976) *Les Tests mentaux*, Paris, Jean-Pierre Delarge, 1976.

Index des auteurs

Index des sujets